Benigna von Krusenstjern

»daß es Sinn hat zu sterben – gelebt zu haben«

Adam von Trott zu Solz 1909-1944

Benigna von Krusenstjern

»daß es Sinn hat zu sterben – gelebt zu haben«

Adam von Trott zu Solz 1909 – 1944

Biographie

WALLSTEIN VERLAG

Für Levin

Per aspera ad astra

Inhalt

»Wenn wir uns schon mit einer Epoche abfinden müssen, in der die größere Wahrscheinlichkeit für ein vorzeitiges Ende steht, so sollten wir doch wenigstens dafür sorgen, daß es Sinn hat zu sterben – gelebt zu haben.«

Adam von Trott zu Solz, Notizbüchlein, 1935

Prolog

»Am 9. August 1909«, hört man den Angeklagten auf die Frage nach seinem Geburtsdatum sagen. »Am 9. August 1909«, wiederholt lauthals der Richter – der Präsident des Volksgerichtshofes, Roland Freisler.

Es ist der 15. August 1944. Schauplatz ist der Plenarsaal des Kammergerichts in Berlin. Vor der Kulisse großer Hakenkreuzfahnen und einer Hitlerbüste findet dort der dritte Prozeß statt gegen Beteiligte und Mitwisser des Attentats auf Adolf Hitler vom 20. Juli.

Der Angeklagte ist Adam von Trott zu Solz, ein hochgewachsener, schlanker junger Mann von gerade 35 Jahren. Sein Gesicht ist fahl und verhärmt. Drei Wochen Gestapohaft, endlose und verschärfte Verhöre liegen hinter ihm. Doch er ist sichtlich bemüht, die ganze ihm noch verbliebene Kraft aufzubieten, diese Verhandlung zu bestehen. Freisler wiederum ist hörbar bemüht, alle Register gegen ihn zu ziehen: mal übertrieben freundlich-sachlich, dann wieder schreiend, schimpfend und geifernd. Er möchte Trott als einen »entwurzelten, charakterlosen Intellektualisten von undeutscher Erziehung« vorführen, unter dessen Augen Stauffenbergs »Mord- und Meuterplan« entwickelt worden sei.

Diese Szene vor Gericht ist auf einem Filmstreifen von schlechter Bild- und Tonqualität in nur kurzen Bruchstücken überliefert. Es fehlt die Urteilsverkündung: Adam von Trott wird – zusammen mit fünf weiteren Angeklagten – des »Verrats an allem, wofür wir leben und kämpfen«, des »Meuchelmords an unserem Führer« sowie des Vorsatzes, »unser Volk dem Feinde auszuliefern und es selbst in dunkler Reaktion zu knechten«, für schuldig befunden. Die Strafe lautet: Tod durch den Strang. Aber als reichte der Tod nicht aus, wird auch noch Trotts Leben für wertlos erklärt: »Vor solchem Verrat schwinden alle Leistungen des Verräters in seiner Vergangenheit zu nichts. Denn seine ganze Persönlichkeit hat der Verrat zerstört.«

Elf Tage später, am 26. August 1944, wird Adam von Trott zu Solz in Berlin-Plötzensee hingerichtet.

Von Eltern und Ahnen

Vor der Hof- und Garnisonkirche beim Königsplatz in Kassel scharten sich die Menschen. Denn es gab an diesem 28. Februar des Jahres 1901 eine Prominentenhochzeit zu sehen. Es heirateten der Regierungspräsident von Kassel, August von Trott zu Solz, und Eleonore von Schweinitz, die Tochter des langjährigen früheren deutschen Botschafters in St. Petersburg, General Lothar von Schweinitz. In der Zeitung war tags darauf zu lesen: »Um ein Uhr mittags füllten sich die Emporen des festlich geschmückten Gotteshauses mit Hunderten von Zuschauern. Der Eintritt war nur gegen Karte gestattet. Die Geduld der auf der Straße angesammelten neugierigen Menge wurde auf eine harte Probe gestellt, denn erst nach halb zwei Uhr kamen die ersten Hochzeitsgäste angefahren; die Damen in prächtigen Toiletten, die Herren im Frack; Uniformen waren weniger vertreten.«[1] Die Wartenden dürften auf ihre Kosten gekommen sein, denn das Aufgebot an Prominenz war stattlich: Fürst und Fürstin von Hanau, Prinz und Prinzessin von Sayn-Wittgenstein, der Oberpräsident von Hessen-Nassau, der Landeshauptmann, der Konsistorialpräsident und andere Würdenträger mehr, auch der Fabrikant Carl Henschel, jeweils mit ihren Ehefrauen. Als letzte betraten der Bräutigam, der seine Schwiegermutter führte, und kurz darauf die Braut am Arme ihres Vaters die Kirche. Generalsuperintendent Wilhelm Lohr nahm die Trauung vor. Anschließend waren 70 Personen zum Hochzeitsmahl mit Musik in die Villa Schweinitz in der Sophienstraße geladen. Nach der Feier ging das neuvermählte Paar, wie die Zeitung zu berichten wußte, auf Hochzeitsreise gen Süden.

»Meine älteste Tochter hat einen vortrefflichen Mann geheiratet«[2], kommentierte Lothar von Schweinitz das Ereignis wenig später, kurz vor seinem Tod. Es scheint den General nicht gestört zu haben, daß sein Schwiegersohn als Zivilist und Verwaltungsjurist dem Militär ganz fernstand, was auch die Minderzahl an Uniformen in der Kirche erklärt. Auch in dem erheblichen Altersunterschied – August von Trott war damals 45 und Eleonore 26 Jahre alt – dürfte er keinen Nachteil erblickt haben. Er selbst und seine Frau Anna führten eine glückliche Ehe, ungeachtet der sogar 27 Jahre, die sie trennten. Weder seine Heirat noch die seiner Tochter war arrangiert worden.

August von Trott zu Solz entstammte einer Familie des hessischen Uradels, die seit eh und je in einer waldreichen Mittelgebirgslandschaft im hessischen Nordosten an der Grenze zu Thüringen ansässig war.[3] Der heute noch gebräuchliche Name Trottenwald zeugt von uralten Besitzverhältnissen. Ritter Hermann, der früheste Trott, dessen Name urkundlich überliefert ist, besaß um 1250 die Güter Solz und Lispenhausen. Er war Burgmann und Reichsministerialer auf der Boyneburg am Nordwestrand des Ringgaus. Diese Reichsburg hatte Kaiser Friedrich I. Barbarossa 100 Jahre zuvor mit seinem dreimaligen Besuch beehrt, dort einen Hoftag abgehalten und eine Kapelle gestiftet. Die Nachkommen Hermanns hielten sich noch drei Generationen hindurch als Ritter und Burgmannen auf der Boyneburg bzw. auf den Burgen Rotenburg (auch Trottenburg genannt) und Wildeck und arrondierten ihren Besitz. Nach der Konsolidierung der Landesherrschaft traten die späteren Nachfahren in die Dienste von Landesherren. Ritter Hermann – ein Ururenkel des erstgenannten Trott gleichen Namens –, der in der ersten Hälfte des 15. Jahrhunderts lebte, diente Landgraf Ludwig von Hessen als Geheimer Rat und dem jungen Heinrich III., Herzog von Braunschweig-Grubenhagen, als Vormundschaftsrat. Sein Enkel Friedrich war in der Reformationszeit Rat und Hofmarschall des Landgrafen Philipp des Großmütigen von Hessen und begleitete diesen auf den Reichstag zu Worms 1521. Am weitesten brachte es Friedrichs Sohn Adam († 1564) als Gesandter und Hofmarschall der brandenburgischen Kurfürsten Joachim I. und Joachim II. sowie als Feldmarschall Kaiser Ferdinands I. Adam erwarb in Brandenburg Güter um die Orte Badingen und Himmelpfort. Seine Nachfahren lebten noch bis ins 18. Jahrhundert dort.[4]

Einen im wahrsten Sinne sagenhaften Rang erlangte jedoch ein weibliches Familienmitglied: Eva von Trott, eine Kusine des genannten Adam und Kammerfräulein am herzoglichen Hofe von Braunschweig-Wolfenbüttel. »Weil sie schön und von gutem Verstande war«, liebte Herzog Heinrich d.J. (1489-1568) sie nach einer vielsagenden Formulierung »mehr als seine Gemahlin vertragen konnte«[5]. Um sich von der schönen Eva nicht trennen zu müssen, ließ der Herzog ihren vermeintlichen Tod inszenieren und versteckte sie jahrelang auf verschiedenen Schlössern, wo er sie heimlich besuchte. Vergeblich appellierte die Familie von Trott 1541 an die Reichsversammlung zu Regensburg, der Herzog möge den Tod ihrer Verwandten nachweisen oder sie ausliefern. Die herzogliche Liebesaffäre fand Eingang in Historienwerke, lieferte Stoff für Trauerspiele und Romane und wurde gleichsam unsterblich durch die letzten Verse einer Ballade: »Da weck' ich auf von den Toten / meine schöne Eva von Trott!«[6]

Ungeachtet verschiedenen Wirkens auch in anderen Territorien, blieb die hessische Urheimat in Solz und Umgebung über alle Jahrhunderte hinweg das Zentrum der Familie von Trott zu Solz. Obwohl sie niemals sehr reich und niemals sehr groß wurde, sorgte der Gemeinschaftsbesitz[7], vornehmlich der 1.600 Hektar große Trottenwald, für diese Beharrung und Kontinuität. Im Jahre 1616 teilte sich die Familie in zwei heute noch existierende Hauptlinien – in die Linie Imshausen und die Linie Solz –, benannt nach den beiden benachbarten Gütern und Wohnsitzen. Der hessen-kasselsche Major Rudolf von Trott ließ Ende des 18. Jahrhunderts in Imshausen ein neues Herrenhaus in französischem Stil erbauen. Rudolf war mit Eleonore Christiane von Leyser verheiratet, die einer illustren Gelehrtenfamilie entstammte. Beginnend mit dem Theologen und Cranach-Schwiegersohn Polykarp I. hatten die Leysers vom 16. bis zum 18. Jahrhundert eine große Anzahl an Theologen, Superintendenten, Philosophieprofessoren, Naturforschern und Juristen hervorgebracht. Zu Eleonore Christianes Mitgift hatten zwar keine Gemälde ihrer direkten Vorfahren Lucas Cranach d.Ä. und d.J. gehört, aber es war offensichtlich ihrem Erbe zu verdanken, daß die Imshäuser Trotts von nun an akademisch wurden.

Der erste einer längeren Reihe von Juristen in der Familie war ihr Sohn August Heinrich Polykarp (1783-1840). Während seiner Studienzeit in Jena sagten ihm allerdings Philosophievorlesungen bei Schelling und ein literarischer Kreis in Weimar, wo er auch Goethe kennenlernte, mehr zu als die Rechtswissenschaft. Er wechselte daher an die Göttinger Universität und schloß dort sein Jurastudium ab. Der berufliche Weg A. H. P. von Trotts verlief spannungsreich. Kaum hatte er die Arbeit am ehrwürdigen Reichskammergericht in Wetzlar aufgenommen, wurde dieses im Herbst 1806 aufgelöst. Bald darauf eroberten napoleonische Truppen Kassel, so daß auch seine Verwendung in kurhessischen Diensten unmöglich wurde. Nachdem im Frieden von Tilsit 1807 Kurhessen dem neugebildeten Königreich Westphalen unter König Jérôme Bonaparte, dem jüngsten Bruder Napoleons, eingegliedert worden war, stellte sich Trott schließlich nach längerem Zögern der neuen Regierung zur Verfügung. Er wurde bald Unterpräfekt in Eschwege und 1809 Präfekt des Werra-Departements in Marburg. In dieser Funktion stand er mit anfänglich 26 Jahren inmitten eines völligen Neuaufbaus der Landesverwaltung im Widerstreit der Interessen des französischen Kaiserreichs und des westfälischen Königreichs. Er war für die Eintreibung von Steuern ebenso verantwortlich, wie es die vielfach belastete Bevölkerung vor den Übergriffen der geheimen Polizei zu schützen galt. Nach dem Zusammenbruch der napoleonischen Herrschaft in Mitteleuropa ließ der restituierte hessische Kurfürst Trott wegen seiner »Anhänglichkeit an das usurpatorische Gouvernement«[8] im Jahre 1816 verhaften, die Anklage wurde jedoch später fallengelassen. Seine Laufbahn setzte Trott im Dienst des württembergischen Königs Wilhelm I. fort, zunächst als Geheimer Legationsrat bzw. als Staatsrat in Stuttgart und dann für anderthalb Jahrzehnte bis zu seinem Tode als Gesandter beim Bundestag in Frankfurt am Main.

Obwohl beide Söhne A. H. P. von Trotts ihren beruflichen Weg in Württemberg begannen – der eine als Forstwirt, der andere als Jurist –, blieben sie nicht dauerhaft dort, sondern führten die Familie wieder in die hessische Stammheimat zurück. Der ältere Sohn Bodo übernahm Mitte des 19. Jahrhunderts in Imshausen die Verwaltung des Familienbesitzes. Als Anhänger und Freund von Friedrich Wilhelm Raiffeisen machte er sich später als Vorreiter des ländlichen Genossenschaftswesens in Hessen einen Namen.[9] Der jüngere Sohn Werner Levin folgte dem Bruder und gab seine Tätigkeit am Oberamtsgericht Tübingen auf zugunsten einer Anstellung als Legationsrat im kurhessischen Ministerium der auswärtigen Angelegenheiten in Kassel. Ressentiments gegen die Familie hegte der Kurfürst offensichtlich nicht mehr. Eine schwere Erkrankung zwang jedoch Werner Levin von Trott schon bald, den Dienst zu quittieren. Er starb nach langem Leiden 1858 im Alter von 39 Jahren im Privatsanatorium Kennenburg bei Esslingen an einem unerkannten Gehirntumor. Seine junge Ehefrau Sophie geb. von Lehsten-Dingelstedt war zu seiner Betreuung mit ihrem kleinen Kind nach Esslingen gezogen. Bei seinem Tod hinterließ Trott einen zweieinhalbjährigen Sohn – August.

August von Trott wuchs demnach ohne Vater und, für jene Zeit selten, ohne Geschwister auf. Mit 24 Jahren verlor er auch früh seine Mutter. Obwohl er eine Reihe von Verwandten besaß – durch seine Großmutter mütterlicherseits, eine Solzer Trott, gab es auch zur anderen Familienlinie eine nähere Verwandtschaft –, war er somit auf sich allein gestellt und blieb dies zwanzig Jahre bis zu seiner späten Heirat. Um so stärker entwickelte er – die 16. Generation seit dem ersterwähnten Ritter Hermann – historischen »Familiensinn«, den er »unserem alten Geschlecht schuldig zu sein«[10] glaubte. Dieser bewog ihn zum Einsatz in Ehrenämtern der Althessischen Ritterschaft – zu deren Gründungsmitgliedern die Familie von Trott zu Solz zählte – und ihrer 1532 begründeten mildtätigen Stiftung Kaufungen. Vor allem aber betrachtete er den Erhalt des Familienbesitzes als eine der jeweiligen Generation zukommende und verpflichtende Aufgabe. Als August von Trott einmal mit seinen noch kleinen Kindern Vera und Adam durch familieneigenen Wald und Flur spazierenging, habe Vera, so ihre Erinnerung, beeindruckt ausgerufen: »Und das gehört alles uns?« Der Vater habe dies nicht bejaht, sondern in etwa geantwortet: »Es ist uns anvertraut. Wir sind dafür verantwortlich.«[11] Seiner Auffassung nach bestand eine solche Verantwortung auch für das Gemeinwesen. Er hielt seinen Onkel Bodo für vorbildhaft, der sich in kurhessischer Zeit als Mitglied der Ständekammer und in preußischer Zeit als Mitglied des Provinzial- und Kommunallandtags an der Regionalpolitik beteiligt hatte. Entsprechend seinem familiären Traditionsbewußtsein pflegte von Trott zu Solz, zumindest im Alter, auch historisch und politisch in großen Zeiträumen zu denken. Daß all dies eine konservative Grundhaltung ergab, versteht sich fast von selbst.

Zwei politische Ereignisse hat August von Trott in seiner Kindheit und Jugend als bedeutsam erfahren. Im Juni 1866 wurde er als Zehnjähriger Zeuge davon, daß preußische Truppen in Kassel einmarschierten und der Selbständigkeit des Kurfürstentums Hessen ein Ende bereiteten.[12] Versöhnlich überlagert wurde dieses Geschehen dann von einem anderen Ereignis, das er mit 16 Jahren erlebte und stets als einen Höhepunkt der deutschen Geschichte empfunden hat: der Reichsgründung im Jahre 1871. Der Historiker Heinrich von Sybel hat die zeitgenössische Stimmung unnachahmlich zum Ausdruck gebracht, indem er im Januar 1871 seine eigene innere Bewegung angesichts der Schaffung des ersten deutschen Nationalstaats in die Worte faßte: »Wodurch hat man die Gnade Gottes verdient, so große und mächtige Dinge erleben zu dürfen? Und wie wird man nachher leben? Was zwanzig Jahre der Inhalt alles Wünschens und Strebens gewesen, das ist nun in so unendlich herrlicher Weise erfüllt!«[13] Dem deutschen Nationalstaat anzuhängen, Preußen zu dienen und dennoch vornehmlich der hessischen Heimat verbunden zu bleiben, darin hat August von Trott, ausgehend von diesem prägenden Erlebnis seiner Jugend, keinen Widerspruch, vielmehr eine gegenseitige Ergänzung gesehen. In einem Dankesschreiben anläßlich seines 80. Geburtstags stellte er fest, daß er »im Dienste der Heimat, des Vaterlandes und des Staates«[14] gesucht habe, seine Pflicht zu tun.

Der äußere Lebensweg August von Trotts bis zu seiner Heirat war von zahlreichen Ortswechseln bestimmt.[15] Er wurde am 29. Dezember 1855 in Imshausen geboren, verbrachte seine erste Lebenszeit zumeist in Esslingen oder in Imshausen und nach dem Tode des Vaters in Kassel. Die Mutter führte dort ihrem verwitweten Vater, August von Lehsten-Dingelstedt, den Haushalt, und nachdem dieser 1861 gestorben war, widmete sie sich ganz ihrem Sohn. Sie begleitete ihn auch für einige Jahre nach Dresden, wo August – zusammen mit dem hessischen Landgrafensohn Friedrich Wilhelm – das Vitzthumsche Gymnasium besuchte. Die letzten Schuljahre absolvierte er wieder in Kassel auf dem Gymnasium Fridericianum, wo er im Frühjahr 1875 Abitur machte. Während Sophie von

Trott sich nun in Imshausen in der Mansarde des Herrenhauses niederließ, begann August das Studium der Rechtswissenschaft in Würzburg und trat in das Corps Rhenania ein. Wegen seiner hervorragenden Fechtkünste wurde er für wichtige Partien vom Corps Guestphalia Heidelberg »ausgeliehen«. Er wechselte daher als sogenannter Zweibändermann nach Heidelberg und stieg dort zum Ersten Chargierten auf. An der Universität Leipzig wandte er sich dann gezielt dem Jurastudium zu. 1879 bestand er das Erste Staatsexamen, leistete je zwei Jahre seinen Dienst als Gerichts- und als Regierungsreferendar in Wiesbaden und Potsdam ab und wurde nach dem Zweiten Staatsexamen 1884 als Regierungsassessor im schlesischen Oppeln eingesetzt.

Im Jahr darauf erreichte ihn ein unerwartetes Angebot. Der hessische Landgraf Friedrich Wilhelm[16], nunmehr Major der Kgl. preußischen Armee, plante eine mehrjährige Weltreise und hatte den einstigen Schulkameraden August von Trott zu seinem Reisebegleiter ausersehen. Obwohl die Unternehmung mit Seiner Königlichen Hoheit, mit dem ihn keine Freundschaft verband, nicht nur Vergnügen versprach, ergriff von Trott zu Solz die einmalige Chance. Im Oktober 1885 trat er die Reise an, die später das lebhafte Interesse seines Sohnes Adam erregen sollte. Zunächst weilten sie mehrere Wochen lang in Paris, ein Aufenthalt, bei dem August von Trott die französische Sprache und Kultur wertschätzen lernte. Im Januar ging es weiter über Italien nach Ägypten, wo sich die Reisenden den ägyptischen Altertümern ebenso widmeten wie den Moscheen, Palästen und Basaren der islamischen Welt. In Kairo indes erreichte von Trott zu Solz die ihn erfreuende Nachricht, daß er zum Landrat des neu geschaffenen Kreises Höchst am Main ernannt worden war. Das bedeutete zwar, daß er die Weltreise nicht würde fortsetzen können, aber es war ihm noch möglich, den Landgrafen mehrere Wochen durch den Vorderen Orient und das östliche Mittelmeer zu begleiten: durch den Suez-Kanal nach Palästina (ganz Jerusalem umritten sie auf Eseln – an der Klagemauer beeindruckten Trott die »Charakterköpfe der alten Hebräer«[17]), weiter nach Beirut und Damaskus (hoch auf dem Antilibanon-Gebirge spielten sie im Mondschein Schach) über Zypern, Rhodos und Smyrna, das heutige Izmir, nach Konstantinopel (wo Trott Beobachter einer Zeremonie für den regierenden Sultan Abd ül-Hamid II. wurde). Von dort aus fuhr er nach Deutschland zurück, um sein neues Amt anzutreten.

Dennoch war für August von Trott damit das Kapitel Weltreise nicht beendet: Es gab noch einen dramatischen Schlußakt. Während er sich als Landrat im Kreis Höchst um sozialpolitische Maßnahmen und die Hebung der Landwirtschaft kümmerte,[18] war Landgraf Friedrich Wilhelm

u. a. mit Major Carl von Hugo durch Asien unterwegs und hatte außerdem Abstecher nach Australien, Neuseeland und Neuguinea unternommen. Der 34jährige verhielt sich jedoch zunehmend sonderbar, ja krankhaft, so daß wohl zu seiner Beruhigung – vermutlich auch auf seinen Wunsch – von Trott zu Solz gebeten wurde, sich wieder als Reisegefährte zur Verfügung zu stellen. Mit entsprechendem Dispens und dem kaiserlichen Paß Nr. 100 machte er sich auf den weiten Weg und holte im Spätsommer 1888 die Reisenden auf der Insel Java ein. Wenige Wochen nach seinem Eintreffen, auf dem Wege von Batavia nach Singapur, mußte Trott von der schrecklichen Entdeckung erfahren, daß der Landgraf sich bei übermäßiger Hitze »in einem plötzlichen Anfall von Geistesstörung«[19] unbemerkt aus seinem Kabinenfenster ins Meer gestürzt hatte. Der Vorfall wurde genau untersucht, medizinische Gutachten erstellt und vergeblich nach dem Leichnam gefahndet. Anstatt der geplanten Weiterreise nach Thailand und von dort nach Südamerika kehrten die Begleiter unter traurigen Umständen von Singapur aus nach Deutschland zurück. Genau 50 Jahre später sollte August von Trotts Sohn Adam auch wegen eines Trauerfalls vorzeitig aus Asien heimfahren – sein Vater war gestorben.

1892 wurde von Trott zu Solz als Landrat von Höchst nach Marburg versetzt und zwei Jahre darauf nach Berlin als Geheimer Regierungs- und Vortragender Rat im preußischen Innenministerium. An dieser zentralen Stelle konnte er durch fachliche Leistungen auf sich aufmerksam machen und sich damit für höhere Positionen empfehlen. Von da ab stieg er in augenfällig kurzen Etappen auf. 1898, im gleichen Jahr, als er sein Opus magnum »Die Gemeindeverfassungsgesetze für die Provinz Hessen-Nassau«[20] herausgab, wurde er als Regierungspräsident nach Koblenz berufen und bereits im Februar 1899 in gleicher Funktion nach Kassel. Bereits in Höchst war August von Trott nicht durch adelige Abgehobenheit, sondern durch Offenheit gegenüber jedermann aufgefallen.[21] Als Regierungspräsident in Kassel führte er eine Bürgersprechstunde ein und nahm an den Aktivitäten städtischer Vereine und Organisationen Anteil.[22] In Kassel schließlich lernte er im gastfreundlichen Hause von Lothar von Schweinitz dessen Tochter Eleonore kennen und lieben.

»Das junge Mädchen ist nicht hübsch, unbedeutend, vermögenslos, aber ernst und wohlerzogen«[23], hieß es im Berliner Adelsklatsch über Trotts Braut. Was stand hinter diesem Klatsch, der gewöhnlich mehr über die aussagt, die ihn verbreiten, als über das Objekt selbst? Fotos von Eleonore aus jener Zeit zeigen eine hochgewachsene, schlanke junge Frau von natürlicher Schönheit, indes streng frisiert und gekleidet und somit wohl nicht *fashionable.* Ausschlaggebender war, daß sie nicht als gute Partie galt, besaß doch ihr Vater kein Stück Land. Das genügte in den entsprechenden Kreisen schon für ein solch abschätziges Urteil. Da jedoch aufgefallen war, daß die junge Dame von puritanischer Erziehung soziale Aufgaben den Vergnügungen adeliger Geselligkeit vorzog, erkannte man ihr wenigstens das Attribut »ernst« zu.

Eleonore von Schweinitz wurde am 21. Februar 1875 in Wien geboren, wo ihr Vater seit der Reichsgründung Deutschland als Botschafter vertrat. Hier hatten sich auch ihre Eltern kennengelernt: der fast 50jährige Lothar von Schweinitz die 23jährige Amerikanerin Anna Jay aus New York, eine Tochter seines amerikanischen Kollegen John Jay d. J. Zur Geburt von Eleonore gratulierte Kaiser Wilhelm I. persönlich und übernahm auf eigenen Wunsch die Patenschaft.[24] Schweinitz war einst sein persönlicher Adjutant gewesen und danach auch der des Kronprinzen Friedrich. Als Eleonore ein Jahr alt war, wurde ihr Vater als Botschafter nach St. Petersburg versetzt und blieb dort die nächsten 16 Jahre, bis er in den Ruhestand trat. Vergeblich hatte er zuvor lange um die Ablösung von diesem ebenso heiklen wie nervenaufreibenden Posten gekämpft. Eleonore verbrachte ihre Kindheit und Jugend aber nicht nur in St. Petersburg, denn ihre Mutter vertrug das dortige Klima schlecht. Besonders in späteren Jahren weilte Anna von Schweinitz mit ihrer großen Kinderschar häufig in Bad Homburg oder Wiesbaden, auch an verschiedenen Orten in England und der Schweiz. Lange suchte Lothar von Schweinitz nach einem geeigneten Dauerwohnort für seine Familie in Deutschland, denn in Badeorten, »inmitten einer müßigen, wohlhabenden Bevölkerung«, sollten seine Kinder nicht aufwachsen, da sie dort »ganz falsche Vorstellungen vom Leben und den Pflichten, die es einem jeden auferlegt«[25], bekommen würden. Ihren endgültigen Wohnsitz fand die Familie schließlich 1892 in Kassel. Eleonore hatte einen älteren Bruder, Wilhelm, eine um ein Jahr jüngere Schwester, Maria, und dann noch sieben jüngere Brüder – Hubert, Heinrich, Bernhard, Guido, Eberhard, Friedrich, Viktor –, von denen der jüngste nur ein Jahr alt wurde.

Väterlicherseits stammte Eleonore aus einer Familie des schlesischen Uradels. Im Gegensatz etwa zu der von Trott zu Solz ist die Familie von Schweinitz weit verzweigt und teilt sich zudem in adelige, freiherrliche und gräfliche Linien. Eleonores Vater Lothar von Schweinitz wurde 1822 auf dem Familiengut Klein-Krichen in der Nähe von Lüben geboren. Sieben seiner Geschwister starben im Kindesalter. In seiner Jugend erlebte er mit, daß der Vater, Heinrich von Schweinitz, trotz großer Aktivität als Landwirt bankrott ging und die altererbten Familiengüter, auch Klein-Krichen, verkaufen mußte. Wegen der zerrütteten Ehe der Eltern

August und Eleonore von Trott als junges Paar

zerfiel Lothars Zuhause auch noch in anderer Hinsicht. Der Vater fand als Studiendirektor der Ritterakademie in Liegnitz eine berufliche Stellung, Lothar jedoch mußte für sein Fortkommen selber sorgen. Er entschied sich für die militärische Laufbahn. Seinen mühseligen Aufstieg bis zum General, seine ausgedehnten Reisen und Jagderlebnisse, vor allem aber seine Erfahrungen als Botschafter Bismarcks in St. Petersburg hat Lothar von Schweinitz in seinen »Denkwürdigkeiten«[26] geschildert. Dieses von seinem Sohn Wilhelm herausgegebene Werk zählt zu den Klassikern unter den Diplomaten-Memoiren des 19. Jahrhunderts. Der fehlende örtliche Bezug zu Schlesien nach dem Verlust Klein-Krichens und mangelnde innere Anknüpfungspunkte mögen dazu beigetragen haben, daß die väterliche Herkunft und Familie für Eleonore eine ungleich geringere Rolle gespielt hat als die ihrer Mutter.

Die Vorfahren der Familie Jay waren französische Hugenotten aus La Rochelle, die sich nach der Aufhebung des Edikts von Nantes im Jahre 1685 gezwungen sahen, ihr Land zu verlassen. Pierre Jay floh nach England, und sein Sohn Augustus, Kaufmann wie der Vater, zog weiter nach New York. Durch seine Heirat 1697 mit Anna Maria Bayard, einer Nichte von Peter Stuyvesant, fand Augustus Jay Zugang zu den führenden Familien der Stadt. Auch sein Sohn Peter, der die Kaufmannstradition fortsetzte, heiratete mit seiner Eheschließung mit Mary Van Cortlandt in eine einflußreiche Familie niederländischen Ursprungs ein. Deren jüngstes Kind, John, geboren am 12. Dezember 1745 in New York City, sollte als einer der Gründungsväter der Vereinigten Staaten historische Bedeutung erlangen. Schon in seiner Jugend fiel John Jays hervorragende Begabung auf. Er besuchte das King's College (heute Columbia University), studierte anschließend Jura und ließ sich als Rechtsanwalt nieder. Der amerikanische Unabhängigkeitskrieg und die Gründung der Vereinigten Staaten führten ihn dann in die Politik und in wichtige, hohe Ämter. Von seiner bewegten politischen Laufbahn[27] kann und soll hier nur kurz die Rede sein. John Jay war Delegierter im Continental Congress in Philadelphia (1774), dessen Präsident (1778/79) und Secretary for Foreign Affairs (1784-1789). Neben James Madison und Alexander Hamilton unterstützte er mit der grundlegenden Artikelserie »The Federal Papers« die Durchsetzung der amerikanischen Verfassung. 1789 ernannte ihn der erste amerikanische Präsident, George Washington, zum ersten Chief Justice des neu errichteten Obersten Gerichtshofes. Mehrmals wurde Jay zu diplomatischen Verhandlungen nach Europa gesandt. In Paris unterzeichnete er 1782 zusammen mit John Adams und Benjamin Franklin den Friedensvertrag mit Großbritannien. Der von Jay 1794 mit den Bri-

Der Ur-Ur-Urgroßvater John Jay

ten in London ausgehandelte Staatsvertrag (»Jay's Treaty«) war unter seinen Landsleuten wegen Handelsbeschränkungen und Nachteilen für die amerikanische Schiffahrt höchst unpopulär, half aber einen möglichen Krieg zu verhindern. John Jay hatte es England nie vergessen, daß es seinen Vorfahren Zuflucht vor Verfolgung gewährt hatte. 1795 wurde er zum Gouverneur des Bundesstaates New York gewählt und zog sich nach zwei Amtsperioden 1801 auf seinen Landsitz Bedford in Katonah, N.Y., zurück. Verheiratet war John Jay mit Sarah Livingston, in Paris wegen ihrer Schönheit »la belle Américaine« genannt. Sie starb zu seinem Kummer bereits 1802, 27 Jahre vor seinem Tod am 17. Mai 1829.

Ein Besuch auf Martinique 1779 hatte John Jay die brutale Schinderei der dortigen Sklaven eindrücklich vor Augen geführt und ihn für die Frage der Sklaverei sensibilisiert. Er gründete daraufhin eine Gesellschaft zur Förderung der Freilassung von Sklaven und deren Schutz. Als Gouverneur des Staates New York sorgte er für ein Gesetz zur schrittweisen Beseitigung der Sklavenhaltung. Sein Sohn William (1789-1858)[28], ebenfalls Jurist, machte die Bekämpfung der Sklaverei zu einer seiner Lebensaufgaben. Seinem Abscheu gegen »diese Sünde und diesen Verrat an den amerikanischen Gründungsprinzipien« gab er in zahlreichen Traktaten und Artikeln Ausdruck, die weite Verbreitung fanden. Die Abschaffung der Sklaverei 1863 durch Abraham Lincoln sollte er jedoch nicht mehr erleben. William Jay war außerdem Gründer der *American Bible Society* sowie langjähriger Vorsitzender der *American Peace Society*. In dieser Funktion propagierte er Schiedsverfahren als friedenserhaltende Maßnahme. Sein Sohn John Jay d. J. (1817-1894) – Eleonores Großvater –, auch er Jurist, knüpfte an das Wirken von William Jay an, indem er sich in mehreren abolitionistischen Organisationen engagierte und flüchtigen Sklaven tatkräftig half. Es beruhte also auf Tatsachen und nicht auf einer Familienlegende, wenn Eleonore sich mit diesem Engagement ihrer Vorfahren identifizierte. In einem Brief an ihren 21jährigen Sohn Adam erklärte sie selbstbewußt, sie beide hätten »etwas von den Bekämpfern der Sklaverei in Amerika geerbt«[29].

Eleonores Lebensgrundlage bildete ein tiefer Glaube. Vorgeprägt wurde sie hier ebenso von der mütterlichen Seite – die Jays haben sich alle dezidiert als tätige Christen verstanden – wie von ihrem Vater. Einen Brief an seinen halbwüchsigen Sohn Wilhelm über Goethes »Faust« beendete Schweinitz mit einer schlichten und klaren Devise: »Immer strebend sich bemühen, das ist unsere Aufgabe bis ans Ende, aber dabei nie vergessen, daß uns nichts wirklich retten kann, als was mir mein seliger Bruder Bodo auf dem Sterbebette empfahl: Suche Jesum und sein Licht, alles andere hilft Dir nicht.«[30]

Lothar von Schweinitz hatte sich mehrere Sprachen (auch Russisch) und eine hohe Bildung selbst angeeignet. Er war ein besonderer Kenner Goethes und der klassischen Antike. Wenn es sich zeitlich ergab, machte es ihm Freude, seinen Kindern, und nicht nur den Söhnen, Geschichtsunterricht zu erteilen. Obwohl in seinen »Denkwürdigkeiten« Familiäres nur sehr am Rande behandelt wird, erwähnt er an einer Stelle, daß er seine damals 14- und 13jährigen Töchter in die griechische Geschichte eingeführt und mit ihnen die Odyssee gelesen habe. Dennoch ist die geistige Erziehung Eleonores und Marias entscheidend von der amerikanischen Mutter beeinflußt worden, unterstützt von vermutlich englischen Hauslehrerinnen. Für die Töchter war die Muttersprache im wahren Sinne des Wortes Englisch. Auch als Erwachsene scheinen sie mit ihrer Mutter oder untereinander bevorzugt englisch gesprochen und geschrieben zu haben. Ähnliches gilt für Eleonores Lektüre. Sie hat zwar zeitlebens in beiden Sprachen viel gelesen, aber überwiegend in Englisch und war folglich in der angelsächsischen Literatur mehr zu Hause als in der deutschen. Ergänzend kamen persönliche Eindrücke und Kontakte hinzu. In England ist Eleonore mehrmals gewesen; auch ihre lebenslang beste Freundin, Elsie Swinton, war Engländerin. Mit ihren amerikanischen Verwandten stand sie in dauernder Korrespondenz, und mindestens zwei Reisen von ihr in die USA[31] lassen sich nachweisen. Diese angelsächsischen Prägungen haben jedoch Eleonores Selbstverständnis als Deutsche und speziell als Preußin nicht tangiert. Hier zeigte der Einfluß des Vaters maßgebliche Wirkung. Frühzeitig hat er seine Kinder entsprechend anzuleiten versucht: Nur einen Monat nach der feierlichen Einweihung des Niederwald-Denkmals zur Erinnerung an die Reichsgründung fuhr Schweinitz Ende Oktober 1883 mit seiner Frau und seinen drei ältesten Kindern Wilhelm, Eleonore und Maria – zehn, acht und sieben Jahre alt – nach Rüdesheim und pilgerte zum neuen Denkmal hinauf, um ihnen die Bedeutung der nationalen Einheit und des preußischen Königshauses anschaulich zu machen.[32] In den Geschichtsstunden mit seinen Kindern führte er sie jedoch vornehmlich »in die Täler« der preußischen Geschichte, in denen »die Taten vorbereitet wurden«[33]. Nicht zuletzt aufgrund seiner eigenen schweren Erfahrungen waren Schweinitz soziale Überheblichkeit und Müßiggang zuwider. Bezeichnend für seine Denkungsart, von der sich deutliche Züge bei seiner Tochter Eleonore wiederfinden, ist die folgende Episode. Einst hatte Schweinitz in Birmingham eine Fabrik besichtigt. Dabei war ihm ein jugendlicher Arbeiter aufgefallen, der Tag für Tag, jahraus, jahrein, damit beschäftigt war, rote Punkte auf lackierte Tischplatten zu tupfen. »Wie oft habe ich in Augenblicken der Unzufriedenheit«, schreibt

Schweinitz in seinen Erinnerungen, »an jenen bleichen Knaben zurückgedacht! Und doch habe ich später Menschen, beneidete Menschen kennengelernt, neben denen mir der Knabe beneidenswert erschien, denn dieser machte doch Tupfen, aber jene taten nichts!«[34]

Ungeachtet traditioneller Lebensumstände bewies Eleonore von Schweinitz schon früh eine Bereitschaft zum Nonkonformismus. So ist von ihr überliefert, daß sie ihrer Mutter, die eine Krippe für Säuglinge bedürftiger Frauen ins Leben gerufen hatte, den Ausschluß unehelich geborener Kinder vorhielt.[35] Eleonore betrachtete dies als höchst ungerecht und scheute sich nicht, dagegen zu protestieren, obwohl es sich im 19. Jahrhundert für eine junge adelige Tochter nicht ziemte, ihre Mutter derart zu kritisieren, geschweige denn ein solches Phänomen wie illegitime Geburten überhaupt zur Kenntnis zu nehmen. Für ihre Überzeugungen stritt Eleonore – auch später mit ihren erwachsenen Kindern – temperamentvoll und leidenschaftlich. In ihrer ehrenamtlichen Tätigkeit scheint sie jedoch häufig unter der Erfahrung nicht durchsetzbarer Minderheitspositionen gelitten zu haben. Sie schrieb gewöhnlich wenig über sich selbst, aber einmal äußerte sie in einem Brief an ihren damals 20jährigen Sohn Adam, daß sie dieses »innerliche Unterliegen« krank gemacht habe, und fügte den für eine Mutter erstaunlichen Wunsch hinzu: »Ich hoffe, daß Du stärker sein wirst als ich und es zu einer positiveren Opposition im Leben bringen wirst.«[36]

Schon als junges Mädchen war Eleonore Mitte der 1890er Jahre in Kassel dem Pfarrer Johannes Burckhardt begegnet. Geprägt von der Arbeit als Vereinsgeistlicher der Inneren Mission, betrieb Burckhardt seit 1889 von seiner Berliner Gemeinde aus mit großer Energie die Förderung weiblicher Jugendarbeit. Er initiierte die Gründung eines *Vereins zur Fürsorge für die weibliche Jugend zu Berlin* und einen Dachverband der evangelischen Vereine für weibliche Jugendarbeit in Deutschland[37], das weibliche Pendant zum CVJM. Deren Tätigkeitsfelder erstreckten sich auf Arbeiterinnen-Fürsorge, Bahnhofsmission, Erholungshäuser sowie Freizeitgestaltung und christliche Bildung.[38] Burckhardt gewann Eleonore für seine Arbeit. Sie übernahm in Kassel einen Kreis für junge Fabrikarbeiterinnen und wurde 1895 Vorstandsmitglied des Dachverbands, was sie 38 Jahre blieb.[39] Die Tatsache, daß der Verband 1898 dem Weltbund der *Young Women Christian Association* beitrat, führte sie zur ökumenischen Bewegung. Weitere ehrenamtliche Aufgaben kamen hinzu, vor allem nachdem Eleonore durch ihre Heirat die Frau des Kasseler Regierungspräsidenten geworden war. Im März 1902 kam das erste Kind, Werner, zur Welt und im Juli 1904 das zweite Kind, Irene. Bald danach trat ein Wechsel ein: August von Trott zu Solz wurde im Mai 1905 zum Oberpräsidenten der Provinz Brandenburg berufen[40] und zog mit seiner Familie nach Potsdam.

Potsdam

Mitten in der Königlichen Residenzstadt Potsdam, unweit von Stadtschloß, Marstall und Garnisonkirche, lag an der Ecke der eher schmalen Priesterstraße[1] das Oberpräsidium der Provinz Brandenburg: Nr. 11-12 das unauffällige Oberpräsidialamt sowie Nr. 13 die Residenz des Oberpräsidenten, ein Knobelsdorff-Bau aus der Mitte des 18. Jahrhunderts.[2] In diesem Stadtpalais mit Innenhof und Garten wohnte nun seit Mai 1905 August von Trott zu Solz mit seiner jungen Familie. Die unmittelbare Nachbarschaft des Paradeplatzes neben dem Lustgarten war allerdings wenig vergnüglich. Das tägliche Exerzieren dort wirbelte einen derartigen Staub auf, daß Eleonore von Trott jeden Morgen schleunigst die Fenster schließen mußte, wie sie ihrem Sohn Adam später bei einem gemeinsamen Besuch in Potsdam erzählte.[3]

Ein Oberpräsident war in Preußen Chef der staatlichen Provinzialverwaltung und damit zuständig für alle Angelegenheiten, die das jeweilige Gebiet insgesamt betrafen. Er hatte die Oberaufsicht über die nachgeordneten Behörden, war Beschwerdeinstanz, vertrat die Staatsregierung auf den Landtagen und saß den Schul- und Medizinalkollegien vor. Für die laufenden Geschäfte standen ihm ein Oberpräsidialrat sowie weitere Räte zur Verfügung. August von Trott folgte als Oberpräsident von Brandenburg und zugleich von Berlin Theobald von Bethmann Hollweg nach, der im März 1905 zum preußischen Innenminister berufen worden war. Der damalige Oberpräsidialrat, Joachim von Winterfeldt, fand seinen neuen Chef »kühler und zugeknöpfter als Bethmann, aber wie jenen einen ausgezeichneten Verwaltungsbeamten«. Für ihn, so Winterfeldt in seinen Erinnerungen, sei von Trott zu Solz »im gewissen Sinne bequemer als Bethmann« gewesen. »Er überließ mir im allgemeinen die laufenden Geschäfte, behielt sich aber die Direktive bei allen Gegenständen von Bedeutung vor. Herr von Trott war ein sachlich wohl beschlagener Vorgesetzter, mit dem ich glänzend auskommen konnte.«[4] Winterfeldt berichtet auch, daß es dem neuen Oberpräsidenten »in seiner ruhigen, zurückhaltenden Art« bald gelungen sei, »sich ohne weiteres durchzusetzen«[5].

Wie anderen hohen preußischen Amtsträgern kam den Oberpräsidenten und ihren Ehefrauen auf Lebenszeit Prädikat und Anrede »Exzellenz« zu. Somit war die erst 30jährige Eleonore von Trott nunmehr »Ihre Exzellenz Frau Oberpräsident« mit gesellschaftlichen Verpflichtungen im Gefolge. Mehr am Herzen lagen ihr soziale Aufgaben. Unter Johannes Burckhardt wurde sie die erste Vizepräsidentin des Verbands für weib-

Das Geburtshaus

liche Jugendarbeit. Den großen Haushalt, dem sie nun vorstand, führte Eleonore nach ihrem Grundsatz (»mein System«), so viel Vertrauen wie möglich in die Angestellten zu setzen, was sich zu ihrer Freude bewährte.[6] Im Juni 1906 gebar sie ihr drittes Kind, die Tochter Vera. Ihre amerikanische Kusine Eleanor Taft beglückwünschte sie mit den Worten: »Werner is a charmer, Irene a beauty, I suppose this one will be a reformer – I know you have a weakness for reformers.«[7] Eleonore war erleichtert festzustellen, daß die kleine Vera »ein ruhiges und glückliches Wesen zeigte«, denn während der Schwangerschaft hatte sie selbst »viel Schweres durchgemacht«. Die soziale und moralische Not der nahen Großstadt Berlin, deren Zeugin sie geworden sei, habe »mit so furchtbarem Druck«[8] auf ihr gelastet, daß sie schon befürchtet hatte, das erwartete Kind hätte darunter gelitten. Zwei familiäre Ereignisse prägten das Jahr 1908: die Geburt der Tochter Ursula im Februar und der Tod der vierjährigen Irene im Dezember. Das kleine Mädchen – von seiner Mutter als auffallend graziös, fix und vergnügt beschrieben, auch als begabt, Freunde zu gewinnen – erkrankte von einem Tag auf den anderen. Die konsultierten Ärzte hielten die Sache zunächst für nicht besonders ernst, diagnostizierten dann eine rheumatische Krankheit und später eine Herzkammerentzündung – vermutlich aber war es Typhus. Unter solch ärztlicher Rat- und Hilflosigkeit sah die unglückliche Mutter ihre kleine Irene unerwartet sterben. »Das kleine Grab« symbolisierte von nun ab die fortdauernde Trauer der Eltern.

Die Tatsache ihrer erneuten Schwangerschaft half Eleonore in dieser Situation. Es konnte kein Ersatz sein, aber ein Trostkind, mit dem sie sich, wie sie später erzählte, um so mehr verbunden gefühlt habe, als sie in jener Zeit drastisch mit dem Abtreibungsproblem konfrontiert worden sei. Am 16. Juli war August von Trott zum Kultusminister in das neue preußische Kabinett unter Reichskanzler Bethmann Hollweg berufen worden. Nicht einmal vier Wochen danach kam am 9. August 1909 – noch im Potsdamer Dienstsitz des Oberpräsidenten in der Priesterstraße 13 – das fünfte Kind und der zweite Sohn zur Welt: Adam. Die für ihn engagierte englische Kinderfrau Louisa Barrett nahm den Neugeborenen wenige Stunden später in Augenschein: »a pretty baby with golden hair«[9]. Die Großmutter Anna von Schweinitz, der das Baby mit acht Wochen in Kassel vorgestellt wurde, fand den Enkel »prächtig«[10]. Sie selbst hatte acht Söhne geboren und besaß somit einschlägige Erfahrung. Zunächst hieß er nur der Kleine oder der Junge, denn Eleonore hatte Vorbehalte gegen den von ihrem Mann gewünschten, familienhistorisch bedeutsamen Namen Adam. Nach ihrem damals 20jährigen Lieblingsbruder Friedrich[11] wurde der Name schließlich zu »Friedrich Adam« ergänzt. Doch sollte sich allein »Adam« durchsetzen und auch seine Mutter ihn nie anders nennen. Adams Taufe am 7. Oktober 1909 in Potsdam bildete zugleich den Schlußpunkt der Potsdamer Zeit der Familie von Trott.

Kindheit im Kultusministerium

Die Familie des neuen Kultusministers von Trott zu Solz siedelte nun aus dem vergleichsweise beschaulichen Potsdam über in die Zweimillionen-Metropole Berlin – laut einer zeitgenössischen Stimme, der des Elektroingenieurs Georg Siemens, »die unruhigste und betriebsamste Stadt in der ganzen Welt«[1]. Überall Abriß, Baugruben und Bauzäune: Um die Jahrhundertwende wurde Berlin geradezu von einer Bauwut erfaßt, die die Stadtentwicklung in rasantem Tempo vorantrieb. Kurz vor 1900 empfand die Baronin Spitzemberg den Verkehr in den Hauptstraßen als »förmlich betäubend«. »Die elektrischen Wagen und die Trams bilden eine ununterbrochene Linie, Wagen aller Art, Droschken, Drei- und Zweiräder zu Hunderten fahren neben-, vor-, hinter- und oft aufeinander. Das Läuten aller dieser Vehikel, das Rasseln der Räder ist ohrzerreißend, der Übergang der Straßen ein Kunststück für den Großstädter, eine Pein für den Provinzler«[2], schrieb sie in ihr Tagebuch. – Die Dienstwohnung August von Trotts lag in einem oberen Stockwerk des Kultusministeriums am berühmten Prachtboulevard Unter den Linden – nach der damaligen Hausnumerierung[3] die Nr. 4 – in der Nähe des Pariser Platzes mit Blick auf das Brandenburger Tor. Die hochgeschossige Gebäudeanlage um zwei Innenhöfe reichte mit ihrer Rückfront bis zur Behrenstraße und war seit 1903 durch einen Gang mit einem Erweiterungsbau in der Wilhelmstraße verbunden. Als Bauherr betätigte sich das preußische Kultusministerium auch an der Nordseite »der Linden«: Neben der Universität entstand der monumentale Bau der Königlichen Bibliothek und der Akademie der Wissenschaften, den der Kultusminister dann im März 1914 einweihen konnte.

Es dürfte eher ungewöhnlich gewesen sein, daß mit Adam ein Baby in das Kultusministerium einzog, ebenso daß im April 1911 seine Schwester Monika – das einzige Berliner Kind der Familie – dort geboren wurde. Die beiden Jüngsten standen unter der Obhut der Kinderfrau Louisa Barrett. Sie wurde allerdings nie anders als Nurse genannt – auch die Kinder Schweinitz hatten in St. Petersburg eine Nurse gehabt. In adeligen und großbürgerlichen Familien war es damals gang und gäbe, daß die alltägliche Pflege und Versorgung der Kinder ebenso wie deren Beschäftigung und Beaufsichtigung in den Händen von Kindermädchen lag und die Rolle der Mutter somit einen anderen Zuschnitt hatte. Es war demnach keine singuläre Erscheinung – wie bisherige Darstellungen nahelegen –, daß Adam als kleines Kind mit Mutter und Nurse zwei weibliche Bezugspersonen besaß. Obwohl sich Eleonore von Trott neben den gesellschaftlichen Verpflichtungen, die der herausgehobenen Position ihres Mannes geschuldet waren, vielfach ehrenamtlich engagiert hat, war ihre Anteilnahme am Leben ihrer Kinder umfassend und nicht nur auf deren »moralische und geistige Entwicklung«[4] beschränkt. Die Behauptung gar, »ihre Einstellung zu den Kindern sei mehr die eines Vaters denn die einer Mutter«[5] gewesen, werden durch ihre liebevoll fürsorglichen Briefe und Aufzeichnungen voll und ganz widerlegt. Dem Klischee einer fernen und distanzierten Mutter entsprach sie keineswegs. Sie stillte ihre Kinder, suchte so oft wie möglich ihre Nähe und verzichtete ihretwegen darauf, den Mann auf Reisen zu begleiten. Waren die Kinder krank, übernahm sie selbst die Pflege. Seit der Erfahrung von Irenes Tod ließ sie dafür alles stehn und liegen. Obwohl Eleonore von Trott eine gute Betreuung – neben der Kinderfrau gab es noch ein Kindermädchen oder später eine Erzieherin – für unentbehrlich hielt, hatte dies für sie auch eine Kehrseite. So hat sie sich bedauernd darüber geäußert, daß sie nicht nach Belieben mit ihren Kindern allein sein könne.[6]

Mit der Wahl der englischen Kinderfrau hatte sie einen Glücksgriff getan. Nurse erwies sich als ebenso zuverlässig wie geschickt im Umgang mit den Kindern und war vor allem liebevoll und gütig. Adam hing sehr an ihr und scheint auch ihr besonderer Liebling gewesen zu sein. Louisa Barrett erinnert sich an ihn als einen »good tempered little boy, very kind and thoughtful«[7]. In der weiträumigen Wohnung war für die Kinder ein großes, rundes Spielzimmer eingerichtet, dessen Wände die Mutter nach einem neuen amerikanischen Vorbild mit Leinen hatte bespannen lassen. In dieser Kinderstube oder Nursery spielte sich größtenteils das Leben des kleinen Adam ab. Nurse brachte ihm englische Kinderreime und Kinderlieder bei. Auch die Verse von den einfältig drolligen Jägersleuten in Randolph Caldecotts Bilderbuch »The Three Jovial Huntsmen« im Lancashire-Dialekt konnte Adam aufsagen. Sein liebstes Buch war jedoch »Sang und Klang fürs Kinderherz«, eine Sammlung von Kinderliedern mit Noten, Texten und vielen, bunten Bildern. Der Herausgeber war der Komponist Engelbert Humperdinck, den Adams Vater persönlich kannte.[8] Dieses Buch sei für ihn sehr wichtig gewesen, schrieb Adam rund 20 Jahre später seiner englischen Freundin Diana, denn mit diesen Liedern habe er singen gelernt und würde noch immer mit ihnen die dazugehörigen Abbildungen assoziieren.[9] Auf diese Weise entdeckte Adam früh seine Freude am Singen, die er zeitlebens behielt. Bemerkenswert ist, daß sein Kinderherz von einem wenig kindlichen, vielmehr schwermütig-traurigen Lied am meisten angezogen wurde: »Ich hatt' einen Kameraden« war sein Lieblingslied. Sehr gern hatte es der kleine

Junge, wenn seine Nurse ihm Märchen vorlas, am liebsten die Geschichte von Hänsel und Gretel. Nach dem Bericht der Kinderfrau ist Adam ein höchst aufmerksamer Zuhörer gewesen, aber nicht nur das, er pflegte dabei auch ihre deutsche Aussprache zu korrigieren. Sie halfen sich also gegenseitig: Nurse vermittelte ihrem Schützling die ersten Grundlagen im Englischen, und dieser gab ihr »in his little way«[10] Nachhilfe im Deutschen. Louisa Barrett wußte auch von allerhand Streichen Adams zu berichten. Als Kind hatte er eine große Vorliebe für Süßes und nutzte daher unbeaufsichtigte Momente, um auf einen Stuhl zu steigen und sich an der Zuckerdose zu bedienen; ja, er scheute auch nicht davor zurück, Süßigkeiten aus Nurses Schublade zu stibitzen. Die gute Frau scheint daraus kein Drama gemacht zu haben und hatte die Sache längst vergessen, als Adam sie Jahre später während eines Besuchs bei ihr in England daran erinnerte. – Einmal wollte der kleine Adam durch das Treppengeländer gucken, und dabei geriet sein Kopf so unglücklich zwischen zwei Pfeiler, daß er nicht mehr freikam. Der herbeigeholte Vater ordnete an, einen der Pfeiler abzusägen; Nurse hielt bei dieser Prozedur den Jungen. Mit großer Spannung erwartete Adam den Nikolaus. Als es dann eines Tages klopfte und der Nikolaus leibhaftig in der Kinderstube erschien, waren er und die kleine Monika doch etwas beklommen. Die Mutter hatte sich so geschickt verkleidet und verstellt, daß die Kinder sie nicht erkannten. Beide setzten sich brav hin, sangen ein Weihnachtslied und wurden mit Nüssen und Äpfeln aus dem Nikolaussack beschenkt.

Adam (1910)

Adams Berliner Kindheitswelt war überschaubar, der Tiergarten mit seinen langen Alleen und unzähligen Spazier- und Reitwegen, seinen Wiesen und Wasserläufen, seinen Brücken und Inseln gehörte unbedingt dazu. Unmittelbar hinter dem Brandenburger Tor erstreckt sich die große grüne Lunge der Stadt, damals noch weit ausgedehnter als heute. Tagtäglich führte Nurse Adam und Monika im Tiergarten spazieren. Langweilig dürfte es ihnen nicht geworden sein, denn wie viel gab es dort inmitten all der anderen Spaziergänger zu sehen und zu beobachten, vom großen Goldfischteich über die vielen Denkmäler und Tierplastiken bis hin zum Neuen See, wo man Enten füttern, Boot fahren und im Winter Schlittschuh laufen konnte. Häufig kamen auch die älteren Schwestern Vera und Ursula mit. Adam liebte es, wenn Vera – für die er eine besondere Zuneigung empfand – ihm unterwegs Geschichten erzählte. Das spornte sie an, und ihre Geschichten wurden immer phantastischer: Nachts würde sie abgeholt, verschwände durch eine kleine Tür, die sich in der Wand öffne, würde auf eine ferne Insel geführt, treffe dort eine Fee usw. Der vier- oder fünfjährige Adam bat und bettelte immer wieder, sie möge ihn doch auf die Feeninsel mitnehmen. Als keine Ausrede mehr half, versprach sie es. Vor dem nächsten Tag aber war Vera bange, denn jetzt würde der Schwindel auffliegen und sie vor ihrem kleinen Bruder als Lügnerin dastehen. Der gefürchtete Spaziergang kam herbei, doch Adam reagierte ganz anders als erwartet: »Es war großartig heute nacht!«[11] Noch ein weiteres Erlebnis mit dem etwa vierjährigen Bruder im Tiergarten blieb Vera unvergeßlich. Am Spreebogen hatte sich eine Menschenmenge angesammelt. Adam lief neugierig hin, um zu sehen, was da los wäre. Kreideweiß kehrte er zurück: Er hatte beobachtet, wie ein Ertrunkener aus der Spree geborgen worden war. Der Anblick des Bruders unter dem tiefen Eindruck seiner ersten Begegnung mit dem Tod erschreckte die Schwester mehr als das Geschehen selbst.

Als August von Trott im Juli 1909 das Amt des preußischen Kultusministers übernahm, spottete man in Professorenkreisen, alles bleibe »beim alten Trott«[12]. Diese Ansicht basierte allerdings weniger auf der Kenntnis von dessen Person, ihr lag vielmehr das unglückliche Agieren seines Vorgängers Holle zugrunde. Der einst allgewaltige und ideenreiche Ministerialdirektor Friedrich Althoff war unter Holle verbittert aus dem Amt geschieden. Er blieb nicht der einzige, der erkannte, daß Ludwig Holle seiner Aufgabe nicht gewachsen war, und so wurde dieser bereits nach zwei Jahren wieder abgelöst. Der Theologe Adolf von Harnack, eine zentrale Gestalt des wissenschaftlichen Lebens in Berlin, lernte den neuen Minister und die Zusammenarbeit mit ihm bald schätzen. Obwohl »von streng konservativer Gesinnung«, einschließlich seiner Haltung in theologischen Fragen, sei – laut Harnack – von Trott zu Solz ein Mann »von großer Erfahrung in Verwaltungsgeschäften und von umfassender Bildung« gewesen, der sich »seine Urteile selbständig erworben« und auch den Geisteswissenschaften »Verständnis und Interesse«[13] entgegengebracht habe.

Der Vater
(Gemälde von
Louis Kolitz, 1905)

August von Trott zu Solz ist bis heute nahezu unbekannt,[14] so daß er und sein Wirken als Kultusminister hier erst vorzustellen sind. Dem »Minister der geistlichen und Unterrichts-Angelegenheiten« unterstand verwaltungsmäßig gewiß das Beste, was Preußen unter Wilhelm II. zu bieten hatte, allein wenn man an die Wissenschaft denkt, deren damalige Weltgeltung durch eine ansehnliche Reihe von Nobelpreisträgern bestätigt wurde. Das Ressort des Kultusministers war riesig und erstreckte sich auf die staatlichen Aufsichtsrechte über die Kirchen, auf das gesamte Unterrichtswesen von den Volksschulen bis hin zu den Universitäten, Technischen Hochschulen und Akademien in allen preußischen Territorien sowie auf die Bereiche Kunst und Archäologie. Dem neuen Kultusminister gelang es immerhin, die vielfältigen »Medizinal-Angelegenheiten« im April 1911 an das Innenministerium abzugeben. Eines der bedeutsamsten Ereignisse unter der Ägide von Trott zu Solz war die Gründung der *Kaiser-Wilhelm-Gesellschaft zur Förderung der Wissenschaften* am 11. Januar 1911.[15] Sie war nach den Plänen Althoffs vom Kulturdezernenten Friedrich Schmidt[16] zusammen mit Harnack – dem dann ersten Präsidenten der Gesellschaft – betrieben worden. Somit gehörte von Trott zu Solz zwar nicht zu den Vätern dieses Vorhabens, hatte sich aber nach seinem Amtsantritt voll und ganz dahintergestellt und es verantwortlich durchgesetzt. Am Gründungstag fand in Anwesenheit des Kaiserpaars der erste wissenschaftliche Vortrag der Gesellschaft in der Amtswohnung des Kultusministers statt, gehalten vom Nobelpreisträger für Chemie 1902, Emil Fischer.[17] An der Realisierung eines anderen »geerbten« Projekts war von Trott zu Solz maßgeblicher beteiligt und hat es auch unbeirrt und mit taktischem Geschick gegen alle Angriffe erfolgreich verteidigt: die Gründung der Stiftungsuniversität Frankfurt am Main im Jahre 1914. Er trug mit dazu bei, daß eine neue Form der Universität geschaffen werden konnte, an deren Verwaltung die Stifter mitwirkten. Ihre Besonderheit lag zugleich darin, daß Berufungen vom religiösen Bekenntnis unabhängig gemacht wurden und Wissenschaftler jüdischen Glaubens somit Gleichberechtigung erfuhren.[18] Daß man ihn nicht unterschätzen durfte, bewies von Trott zu Solz auch im Falle der Berufung des Theologen und Philosophen Ernst Troeltsch an die Berliner Universität. Da sich die Professoren der theologischen Fakultät bei der anstehenden Neubesetzung nicht auf eine Vorschlagsliste hatten einigen können, schlug der Kultusminister ihnen ein Schnippchen, indem er den betreffenden Lehrstuhl 1914 auf die philosophische Fakultät übertrug und damit zugleich den Weg für die Berufung des herausragenden Gelehrten Troeltsch von Heidelberg nach Berlin ebnete.[19] In seiner Festrede anläßlich des 100jährigen Bestehens der Universität Breslau 1911 hatte von Trott zu Solz ausgeführt, daß der Staat am besten dazu befähigt sei, »die Freiheit von Forschung und Lehre zu schützen und zu wahren« und dafür zu sorgen, daß auf den Universitäten »jeder Richtung, insofern sie wissenschaftlich legitimiert ist, Luft und Licht gewährt wird«. Denn es entspreche »dem Wesen und dem eigenen Interesse des Staates, Sonderinteressen auszuschalten und den allgemeinen Nutzen zu fördern«[20].

Trotz seiner Abstammung aus dem Uradel ist August von Trott eher als ein Vertreter der bürgerlichen Leistungselite und deren Arbeitsethos anzusehen, eines Ethos, das er später seinem Sohn Adam nahezubringen suchte. Abgesehen von seinem Konservatismus hat er auch in anderer Hinsicht gängigen Vorstellungen von einem adeligen Amts- und Würdenträger der Wilhelminischen Zeit nicht unbedingt entsprochen. Er war kein Reserveoffizier – ja, er hatte überhaupt nicht beim Militär gedient –, dem ostelbischen Adel fühlte er sich wesensfremd, und er war weder antisemitisch noch katholikenfeindlich gesonnen. Im Gegenteil, dieser preußische Kultusminister wurde von Katholiken besonders geschätzt, was sein Sohn Adam noch nach vielen Jahren, sogar in einem

Franziskanerkloster in Peking, positiv zu spüren bekam. Ebenfalls sollte es in den Kondolenzschreiben der deutschen Kardinäle für den einstigen Kultusminister Ausdruck finden.[21] Wenn ein Zeitgenosse über ihn bemerkt hat, er habe »in seiner Person die ganze Hoheit des Staates verkörpert«[22], so ist damit allein sein amtliches Auftreten angesprochen. Persönlich dagegen galt August von Trott als zurückhaltend, bescheiden und uneitel, woran auch viele Ehrungen[23] und Orden nichts änderten. Als Minister hielt er sich nicht für zu gut, im Interesse staatlicher Sparsamkeit auf einen Dienstwagen mit Chauffeur zu verzichten und seine Außentermine per Mietdroschke wahrzunehmen.

Wilhelm II. soll den Kultusminister Studt[24] für den besten aller seiner Minister gehalten haben, und zwar mit der Begründung: »Er führt einfach zuverlässig meine Befehle aus, und alles andere ist ihm egal!«[25] In seinen Erinnerungen hob der Kaiser jedoch zwei andere Kultusminister hervor: »Herr v. Goßler und Herr v. Trott dürften wohl als die bedeutendsten Träger dieses Amtes zu bezeichnen sein«[26] – und dies, obwohl der letztere sich ehrerbietig, aber nicht servil verhalten und keineswegs alle Wünsche Seiner Majestät befolgt hat. Noch nach Jahrzehnten erinnerte sich der einstige Justitiar der Hochschulabteilung daran, daß sein Chef von Trott zu Solz, ein »Ritter ohne Furcht und Tadel«[27], selbst in marginalen Fällen lieber sein Amt zur Verfügung gestellt habe, als eine unsachliche Entscheidung des Kaisers zu decken. Ein autoritärer Ruf im Umgang mit seinen Mitarbeitern haftete dem Minister nicht an. Aufschlußreich ist in dieser Hinsicht die von ihm veranlaßte Dienstanweisung für das Verhalten von Schuldirektoren gegenüber Lehrern, nämlich »das Verhältnis des Vorgesetzten nicht ohne Not zu betonen« und »jedem die Freiheit zu lassen, nach seiner Eigenart sein Bestes zu tun«, um dadurch »das Gefühl der Verantwortung und die Freude am Gedeihen des gemeinsamen Werkes zu kräftigen«[28].

Wie wenig sich die Persönlichkeit August von Trotts auf einen einfachen Nenner bringen läßt, wird besonders im Zusammenhang mit der Berufung eines neuen Personalreferenten für die Universitäten deutlich. Friedrich Schmidt, inzwischen zum Abteilungsdirektor aufgestiegen, hatte seinem Chef für die neu zu besetzende Position den Bonner Professor für Orientalistik Carl Heinrich Becker empfohlen. Der Minister wollte zwar keinen Orientalisten, empfing Becker aber dennoch und entschied sich nach einem kurzen Gespräch im Mai 1916 spontan für ihn. Becker gewann dabei von seinem Gegenüber den Eindruck »einer glatten, gewandten Persönlichkeit, die nicht unbedeutend wirkt«[29]. Bald darauf schrieb er seinem Bruder, daß »sich zur Zeit im Ministerium unter dem persönlichen Einfluß Trotts, der mir sehr imponiert und gefallen hat, eine Reorganisation zu vollziehen scheint«[30]. Die erste große Aufgabe Beckers war die Abfassung einer Denkschrift über die Förderung der Auslandsstudien,[31] in denen eine politische Bildungsaufgabe gesehen wurde. Als der Kultusminister – den die Linke nicht gerade für einen Freund hielt – diese Denkschrift zu Beginn des Jahres 1917 dem preußischen Landtag vorstellte, kam es zu einer bemerkenswerten Resonanz. Der kulturpolitische Sprecher der SPD, Konrad Haenisch, griff die soeben gehörte Forderung »Das politische Denken muß geschult, der junge Deutsche muß politisiert werden« auf und erklärte, dieser Satz bedeute nichts anderes »als eine Bankerotterklärung des alten Obrigkeitsstaates«. »Ich freue mich«, fügte er hinzu, »daß ein preußischer Kultusminister es gewesen ist, der diesen Satz ausgesprochen hat.«[32] Haenisch wie Becker sollten während der Weimarer Republik das Amt des preußischen Kultusministers innehaben.

Den beruflichen Aufgaben ihres Mannes brachte Eleonore von Trott große Achtung entgegen und las interessiert das Presse-Echo auf seine öffentlichen Auftritte im *Berliner Tageblatt*, in der *Täglichen Rundschau* und der *Frankfurter Zeitung*. Sie kannte als Tochter eines Botschafters die Priorität von Dienstpflichten. Mitunter jedoch gingen der besorgten Ehefrau die Zumutungen des Amtes zu weit. Als ihr Mann einmal zu einem kurzen Erholungsurlaub in Lugano weilte, schrieb sie ihm empört: »Ich bin sehr unzufrieden, daß man Dir vom Ministerium Sachen schickt. Sie sollen Dich in Ruhe lassen.«[33] Weder seine hohe Position noch seine starke Beanspruchung machten aus August von Trott einen fernen und distanzierten Vater. Von ihm sind kaum Briefe aus dieser Zeit erhalten, wohl aber eine Reihe von Antwortbriefen seiner Frau, in denen sich seine Anteilnahme am Ergehen der Kinder widerspiegelt. »Den Kleinen wirst Du hoffentlich sehr fortgeschritten finden«[34], teilte Eleonore im September 1909 ihrem für einige Tage verreisten Mann über das vierwöchige Baby Adam mit, und als sie bald darauf mit den drei Jüngsten ihre Mutter in Kassel besuchte: »Ursula ist sichtlich erleichtert, denke nur, vier Zähne an einem Tag!«[35] Im Frühjahr 1914 befand sich der fünfjährige Adam nach einer schweren Krankheit bereits auf dem Wege der Besserung, als der Vater eine Reise antrat. Dennoch berichtete Eleonore ihrem Mann täglich – offensichtlich bestärkt durch dessen ständige Nachfrage – über Adams Befinden: daß er eine ruhige Nacht hatte, daß er keine Schmerzen mehr leidet, daß er schon mal aufstehen konnte, daß er bald rausgehen darf, daß sie noch nicht wagt, ihn zum Ostereiersuchen mitzunehmen usw.[36] Die Frau des Ministerkollegen Clemens Delbrück hatte dem kranken Kind zur Aufmunterung einen Korb mit Spielsachen geschenkt. Die größte Freude des kleinen Adam war jedoch, daß sein 12jähriger Bruder Werner sich in den Osterferien mit ihm befaßte: »Adam ist glücklich über den Werner, nimmt ihn aber auch sehr in Anspruch.«[37] Dem Ältesten wurde wie selbstverständlich eine Vorrangstellung eingeräumt.

Von ihrer umfassenden ehrenamtlichen Tätigkeit in dieser Berliner Zeit hat Eleonore von Trott nie viel Aufhebens gemacht. Nur zufällig erfuhr Adam als Erwachsener von einem ehemaligen Barmer Industriellen, daß dieser zusammen mit seiner Mutter vor dem Krieg in Berlin Kinderhorte gegründet habe.[38] Soweit noch feststellbar, befaßte sie sich u. a. mit Kinderschutz, Jugendfürsorge, Frauenhilfe und Gefängnisarbeit. Voller Interesse begleitete sie von Anfang an das Wirken Friedrich Siegmund-Schultzes, der 1911 mit der *Sozialen Arbeitsgemeinschaft Berlin-Ost* die erste deutsche Nachbarschaftssiedlung in einem Arbeiter- und Armenviertel gründete und ein Pionier der ökumenischen Bewegung war. Noch 20 Jahre später erinnerte sich Siegmund-Schultze an die »Ermutigung«[39], die er einst in ihrem Hause gefunden habe. Eleonore war auch Leserin der von ihm herausgegebenen ökumenischen Zeitschrift *Die Eiche*. Durch Siegmund-Schultze lernte sie so unterschiedliche Persönlichkeiten kennen wie Alice Salomon, die Begründerin des sozialen Frauenberufs, und den amerikanischen Ökumeniker und späteren Friedensnobelpreisträger John R. Mott. Weiterhin widmete sich Eleonore von Trott als Vorstandsmitglied dem *Verband für die weibliche Jugend Deutschlands*. Dieser hatte seine große internationale Bewährungsprobe zu bestehen, als im Mai 1910 die vierte Weltkonferenz der *Young Women Christian Association* in Berlin stattfand. Die Präsidentschaft der Konferenz war ehrenhalber der Frau des Reichskanzlers angetragen worden. Da aber Frau von Bethmann Hollweg wegen Krankheit absagen mußte, ging diese Aufgabe auf Eleonore von Trott über, die dafür allein schon wegen ihrer englischen Muttersprache bestens gerüstet war. In Anwesenheit der Kaiserin eröffnete sie die Konferenz im Kuppelsaal des Reichstags und geleitete als Gastgeberin die 800-900 Delegierten aus rund 30 Nationen aller Kontinente durch die Konferenzwoche.[40] Für ihre Verdienste wurde Eleonore von Trott danach zur Ehrenvorsitzenden des deutschen Verbands ernannt. Auf sie ging auch die Anregung einer Spendensammlung zurück, die eine große Summe für den Bau der neuen Verbandszentrale in Berlin-Dahlem einbrachte. Der von Eleonore verehrte Gründer und Vorsitzende, Johannes Burckhardt, starb im Januar 1914 unerwartet, kurz vor der Einweihung dieses nun nach ihm benannten Burckhardthauses.

Ein anderes Gebiet, das Eleonore von Trott seinerzeit am Herzen lag, waren die deutsch-amerikanischen Beziehungen. Sichtbaren Ausdruck hat dies in der Reihe »Bibliothek der Amerikanischen Kulturgeschichte« gefunden, deren erster Band – die Biographie George Washingtons von Henry Cabot Lodge – »Ihrer Exzellenz der Frau Staatsminister von Trott zu Solz« zugeeignet war.[41] Ihre Bemühungen spielten sich hauptsächlich auf der Ebene persönlicher Kontakte ab, darunter mit dem amerikanischen Botschafter David J. Hill und seiner Frau. Einen regen und freundschaftlichen Verkehr pflegte das Ehepaar von Trott auch mit den amerikanischen Professoren, die im Rahmen eines Austauschprogramms während der Vorkriegsjahre in Berlin lehrten. Im Mai 1913 reiste Eleonore erstmals seit ihrer Heirat zum Verwandtenbesuch in die USA, nach New York und Umgebung. »Ich hab's ja immer gesagt – hier ist es wundervoll«[42], schrieb sie ihrem Mann gleich zu Beginn und etwas später das knappe Fazit: »Alles ist so ganz anders als bei uns, wir können viel voneinander lernen.«[43] Sehr bald sollte der Weltkrieg solche Hoffnungen begraben.

Die Sommermonate verbrachte die Familie von Trott regelmäßig in ländlicher Abgeschiedenheit auf dem Familiensitz Imshausen, wo sie sich das Herrenhaus mit den anderen Verwandten der Imshäuser Linie teilte. Der Vater konnte immer nur für eine kürzere Zeit dabeisein, aber wenn er allzu sehnsüchtige Briefe von seiner Frau erhielt, dann kam er auch mal zusätzlich für ein paar Tage. Eleonore von Trott genoß es ausdrücklich, in Imshausen ihren Lieblingsbeschäftigungen zu frönen: die Kinder zu beaufsichtigen und mit ihnen spazierenzugehen, zu nähen und zu lesen. Für die Kinder war Imshausen ein Paradies. Sie konnten dort ungehindert den ganzen Tag im Freien spielen und bei zunehmendem Alter ihren Radius über Garten, Park und Solz-Bach hinaus immer weiter ausdehnen, auf die Felder, Wiesen und Wälder der reizvollen bergigen Landschaft. Von klein auf entwickelten sie, nicht zuletzt Adam, eine enge Bindung an diesen Heimatort der Familie. Im Juli 1910 berichtete Eleonore ihrem Mann von einer Fahrt durch den Trottenwald, die sie für ihre Kinder, Kinderfrau und Gäste im Leiterwagen arrangiert hatte: »Die Kinder waren alle sehr artig, keins hat geweint. Adam besonders war großartig, voller Interesse und Liebenswürdigkeit.«[44] Eine wirklich frühzeitige Bekundung des erst knapp Einjährigen, wie wohl er sich in dieser Umgebung fühlte – der Trottenwald wird später eine seiner Lieblingslandschaften sein. Kaum ein Brief Eleonores an ihren Mann ohne einen Blick auf das Imshäuser Kinderleben: »Heute habe ich Ulla und Adam zusammen in ein Salzbad gesteckt. Das war ein Vergnügen!«[45] – »Die Kinder sind sehr glücklich über ein Kätzchen, das sie sich aus Vockerode geholt haben.«[46] – »Werner ist viel forscher geworden, reitet, führt die

Pferde, lernt pflügen, lenkt Ochsen. Ich kriege ihn kaum zu sehen.«[47] – »Als die drei, Vera, Ulla und Adam, zusammen auf dem großen Eßtisch saßen und in größter Freude die Bonbons für das Kinderfest in ihre selbst gemachten Körbchen füllten, war es ein reizendes Bild.«[48] – »Die Kinder sind alle sehr wohl, wurden heute morgen naß geregnet, sahen nachher um so frischer aus.«[49]

Adam in Imshausen (1911)

Im Juni 1914, ganz außer der Reihe, fuhr die Mutter mit ihren vier jüngsten Kindern Vera, Ursula, Adam und Monika – damals acht, sechs, knapp fünf und drei Jahre alt – zur Kur ins Solbad Salzungen. Eleonore von Trott kam dieser Thüringer Kurort recht verschlafen vor, aber gerade daß dort »nichts von dem üblichen Badeleben zu merken« war, empfand sie als »ausruhend und wohltuend«[50] und warb sogleich bei ihren Verwandten für Salzungen. Die verschiedenen ärztlichen Verordnungen sorgten für ein volles Tagesprogramm. »Als ich beim Frühstück erzählte, Du fragtest mich, was ich mit meiner freien Zeit anfinge«, berichtete Eleonore ihrem Mann nach Berlin, »haben alle gelacht. Ich habe ja kaum eine freie Minute am Tag!«[51] Selten waren Mutter und Kinder so intensiv zusammen wie hier bei den Mahlzeiten und den täglichen Kuranwendungen: den gemeinsamen Gängen zum Badehaus und zum Gradierwerk und dem zweistündigen Verweilen dort. Dabei stellte die Mutter fest: »Ich freue mich andauernd über den Adam. Er ist wirklich besonders begabt.«[52] Nach den Briefen Eleonores bildeten sie eine fröhliche Gesellschaft. »Die Kinder sprechen oft von Dir«, teilte sie ihrem Mann mit, »sie meinen aber, Du würdest in diese Lachfamilie nicht gut hineinpassen! Da Du so selten lachst.«[53] Adam ließ dem Vater aus Salzungen »sehr viele Grüße«[54] ausrichten. Beide scheinen ein ganz natürliches Verhältnis zueinander gefunden zu haben – angesichts der Generation und der Autorität des hochgestellten Vaters nicht selbstverständlich. Maria von Schweinitz, die häufig bei der Familie zu Gast war, beobachtete schon in Adams früher Kindheit, daß er seinem Vater gegenüber keine Scheu oder Verlegenheit zeigte. »Du bist niemals an ihn herangetreten«, teilte sie Adam später mit, »ohne ihn etwas zu fragen oder ihm etwas zu berichten, und jedes Mal erreichtest Du sofort seinen interessierten und erfreuten Kontakt.«[55] Einen augenfälligen Beweis für die Unbefangenheit des Kindes liefert ein Foto des etwa vierjährigen Adam, der es sich vergnügt gefallen läßt, daß ihm der Vater beim Pferdchenspiel zu Diensten steht.

»Dieser österreichische Mord ist entsetzlich«, hatte Eleonore von Trott am 30. Juni 1914 noch aus Salzungen ihrem Mann geschrieben, nicht ahnend, was dieses Ereignis – die Ermordung des österreichischen Thronfolgers Franz Ferdinand und seiner Frau zwei Tage zuvor im fernen Sarajevo – auslösen sollte. Sie richtete sich derweil wieder mit den Kindern in Imshausen ein und wartete ungeduldig auf den bevorstehenden Urlaubsantritt ihres Mannes. Aber dazu sollte es nicht kommen. Statt dessen bat er sie nach Berlin, um sie über die sich dramatisch entwickelnde internationale Lage zu unterrichten. Auf dem Rückweg in Weimar erfuhr sie von der Mobilmachung. Anders als die häufig dargestellten Reaktionen auf den Kriegsausbruch ließ Eleonore von Trott nichts von Begeisterung oder gar Jubel verlauten, sondern äußerte sich vielmehr anerkennend über »die Ruhe und den Ernst auf der Bahn und auf all den überfüllten Bahnhöfen«. Bei einem mitreisenden Offizier, der zu seinem Regiment nach Straßburg fuhr, nahm sie »tiefsten Ernst, aber leuchtende Augen«[56] wahr. Auf den Dörfern – in Imshausen und Umgebung – begegnete ihr viel Aufgeregtheit. Alle möglichen Gerüchte schossen zu ihrem Ärger während der nächsten Wochen ins Kraut. Dankbar registrierte sie, daß sich der Bürgermeister und der Pächter Carl Cornelius »patriotisch und vernünftig«[57] verhielten. Einmal wurde Eleonore von Trott spätabends von einem Wächter um ein Jagdgewehr gebeten, weil dieser glaubte, einen Verdächtigen gesehen zu haben, sie wies ihn energisch ab. Zur eigenen Beruhigung sorgte sie dafür, daß ihre kleinen Kinder nunmehr in der Nähe des Hauses blieben. Die Zeitungen, wenn sie auch nur unregelmäßig eintrafen, fanden mehr denn je ihre Aufmerksamkeit. Es schien ihr »alles so rein gebrannt im Feuer der Trübsal«[58]. Die »Burgfriedensrede« des – in ihren Briefen bislang so gut wie nie erwähnten – Kaisers am 4. August vor dem Reichstag (»Ich kenne keine Parteien mehr, ich kenne nur noch Deutsche«) beeindruckte sie sehr. Mit größtem Interesse wurden alle Militärmeldungen verfolgt. An Adams fünftem Geburtstag etwa traf die »Nachricht von Lüttich«[59] ein, gerade als das Geburtagskind mit

Mit dem Vater beim Pferdchenspiel (ca. 1913)

einem »Lichterkuchen und einigen sehr kleinen Geschenken«[60] gefeiert wurde.

Dem in Deutschlands Mitte gelegenen Eisenbahnknotenpunkt Bebra – von Imshausen nur wenige Kilometer entfernt – kam beim Soldatentransport eine wichtige Rolle zu. Eleonore von Trott besorgte sich eine Erlaubnis, trotz der Absperrung an den Zug zu dürfen, für den Fall, daß einer ihrer Brüder durch Bebra kommen sollte. Mehrmals half sie an diesen heißen Sommertagen dort die durchfahrenden Soldaten mit Kaffee, Tee und Himbeersaft zu versorgen. »Man kann die Eimer und Becher nicht schnell genug füllen«, berichtete sie ihrem Mann, »ungefähr alle 20 Minuten fährt ein neuer Zug ein.«[61] An manchen Tagen sollen es sogar 200 Züge gewesen sein. Es bedrückte sie, daß die »armen Soldaten« oft fragten: »Können Sie mir vielleicht sagen, wo wir hinfahren?«, denn es werde »alles geheim gehalten«.[62] Bald erreichten sie die ersten Todesmeldungen von Bekannten, auch verzweifelte Gesuche von Personen, die auf ihre oder ihres Mannes Unterstützung hofften, um von der Einberufung befreit zu werden. Eleonore empfand einen unvereinbaren Kontrast zwischen dem herrlichen Sommer (»Imshausen ist noch nie so schön gewesen – ideales Erntewetter«[63]) und der Kriegswirklichkeit (»Aber Bebra! Diese endlosen Züge, diese Tausende von jungen Leuten!«[64]). Louisa Barrett, die keine Post mehr nach England abschicken oder von dort empfangen durfte, verhielt sich ruhig und gefaßt. Eleonore von Trott versorgte sie »schonend«[65] mit Nachrichten und kümmerte sich um unauffällige Reisekleidung (anstelle der erkennbar englischen) für sie, damit sie in Berlin nicht irgendwelchen Feindseligkeiten ausgesetzt sein würde. Adams Kinderfrau durfte im übrigen mit einer Sondergenehmigung bis Ende des Sommers 1915 bei der Familie von Trott bleiben, mußte sich allerdings jede Woche bei der dänischen Gesandtschaft melden, die ihr Heimatland nunmehr diplomatisch vertrat.[66] In der aufwühlenden Zeit des Kriegsbeginns zog es Eleonore unbedingt zurück zu ihrem Mann, aber sie wollte die Reise mit ihren fünf Kindern nicht bei so unsicheren Verkehrsverhältnissen riskieren. 18 Stunden Fahrzeit für die Strecke Bebra–Berlin waren keine Seltenheit, da Privatreisende nur Lokalzüge benutzen durften, häufig umsteigen und überall mit sehr langen Wartezeiten rechnen mußten. Aber noch im August scheint der Familie die Rückkehr nach Berlin geglückt zu sein.

Wegen des Krieges wurden die geplanten Feierlichkeiten zur Eröffnung der Universität Frankfurt am Main abgesagt. Anläßlich der Aufnahme ihres Lehrbetriebs im Oktober 1914 sandte der Kultusminister von Trott zu Solz jedoch an den Rektor und den Senat ein Glückwunschschreiben, in dem er auf »die Opferwilligkeit Frankfurter Bürger« hinwies, der die »neue deutsche Hochschule ihre Entstehung« verdanke. Er betonte, daß nicht allein der Kriegseinsatz der »in großer Zahl zu den Fahnen geeilten« Studenten und der im Feld stehenden Universitätslehrer, sondern auch die Arbeit »an der neuen Stätte wissenschaftlicher Lehre und Forschung Dienst am Vaterlande«[67] sei. Je länger der Krieg dauerte, desto mehr zehrte er an den zivilen Lebensverhältnissen. Dies bekam auch das Kultusressort deutlich zu spüren. Die Bemühungen des Ministers, trotz des »Ausnahmezustands« die unter ihm 1911 begründete Jugendpflege[68] sowie den lehrplanmäßigen Turnunterricht zu erhalten,[69] verdeutlichen den Sog der Militarisierung.

Wie eine traumhafte Oase nahm sich der Sommer aus, den die Familie von Trott noch im Jahre 1915 erlebte. August von Trott hatte seiner Frau einen schon länger gehegten Wunsch erfüllt, nämlich während der Sommermonate – von Mitte Juni bis in den September hinein – ein Haus in (Bad) Saarow am Scharmützelsee[70] zu mieten. »Ich bin glücklich! Wir haben hier alles, was wir wünschen. Das Haus ist hübsch und wohnlich, das Wetter und die Landschaft wundervoll, unsere Nachbarn freundlich und hilfsbereit«[71], lauteten Eleonores erste Eindrücke. Und nachdem die Kinder ihre Freude am Baden und sie selbst am abendlichen Rudern auf dem See entdeckt hatten, ergänzte sie: »Wir haben alle das Gefühl, wir könnten es gar nicht besser haben.«[72] Eleonore von Trott sah in diesem Aufenthalt zugleich eine Erfahrung für die Zukunft, in der sie nicht mehr an große Dienstwohnungen mit viel Personal gebunden sein würden: »Es hat für mich eine besondere Anziehung«, erklärte sie, »ein Haus zu bewohnen und einen Haushalt zu führen, die dem entsprechen, was wir später haben werden.«[73] Zum Haus in Saarow gehörten ein Garten und ein eigener Badesteg, und die Kinder konnten dort nach Herzenslust spielen, planschen und baden. Spielkameraden in der Nachbarschaft gab es auch. »Die Kinder sind vollkommen glücklich, und nun freuen wir uns auf Deinen Besuch und würden es sehr bedauern, wenn noch etwas dazwischen käme«[74], schrieb Eleonore ihrem Mann nach Berlin. Das beabsichtigte Arrangement gelang: August von Trott konnte nun häufig zum Wochenende herüberkommen und blieb dennoch dienstlich jederzeit erreichbar. In den Schulferien gesellte sich Werner mit einem Freund hinzu, und auch Gäste fanden sich ein. Am wichtigsten war Eleonore der Besuch ihres Bruders Heinrich. Er kam direkt von der Front und hatte ihr »Schweres«[75] zu berichten. – Heinrich von Schweinitz sollte im April 1917 am Chemin des Dames in Frankreich fallen, nachdem Eleonore ihren jüngsten Bruder Friedrich bereits im Dezember 1914 bei Kawenczye in Polen verloren hatte. – Unbeschwert konnten nur die Kinder sein. Vera,

Ursula und Adam – letzterer wurde im August sechs Jahre alt – unternahmen schon richtige Wanderungen und setzten sich mit Vergnügen immer weitere Ziele. An einem der letzten Abende führte die Mutter sie »in den dunklen Wald«[76] und zeigte ihnen die Sterne. Der Name Saarow behielt für Adam noch lange einen guten Klang. Am Ende dieses ausgedehnten Sommers standen für ihn der Abschied von seiner Nurse, die nun im zweiten Kriegsjahr nach England zurückkehrte, und der Beginn der Schulzeit.

Adam kam in die Vorschule des Königlichen Französischen Gymnasiums. Für diese Wahl mögen die Tradition und das Ansehen der Institution ebenso gesprochen haben wie ihre Lage in der Nähe. Der Junge mußte zum Schulgebäude am Reichstagsufer[77] nur die kurze Neue Wilhelmstraße entlanglaufen. Auf dieses Gymnasium und seine Vorschule schickten mit Vorliebe frankophile und jüdische Familien ihre Söhne. Da sich kaum jemand besser über die Schulen informieren konnte als der Kultusminister, dürfte der Vater seinem Sohn auch einen längeren Schulweg zugemutet haben, wenn ihm solche Klassenkameraden Adams unsympathisch gewesen wären. Ungeachtet des Krieges scheint die hugenottisch-französische Tradition der Schule weiterhin Wirkung gezeigt zu haben. Ein Schüler des Jahrgangs 1907 hat bezeugt, daß selbst während der Kriegsjahre 1914-1918 keiner der Lehrer jemals versucht habe, »Frankreich gegenüber uns zu verteufeln« oder »als unseren ›Erzfeind‹ hinzustellen«[78]. Von Adam selbst sind aus seiner Schulzeit keinerlei Äußerungen über den Krieg oder die kriegführenden Länder überliefert. Es fällt jedoch auf, daß ihn später keine tiefsitzenden Feindbilder belastet haben – weder gegen Franzosen oder Engländer noch gegen Russen oder Amerikaner.

Seinem Alter nach hätte Adam erst im Frühjahr 1916 eingeschult werden müssen, er trat aber nun im September 1915 vorzeitig und zudem in ein laufendes Schuljahr ein. In seinem ersten Vierteljahreszeugnis ist vermerkt, daß er sich »überraschend gut in die Klasse hineingefunden«[79] habe. Erstaunliche Schönschreibkünste bewies das sechs- bzw. siebenjährige Kind bei zwei Lied-Abschriften für seine Eltern zu Weihnachten, die sich über alle Zeitläufte hinweg erhalten haben.[80] Adam gab Gelerntes gerne weiter und fand in seiner jüngeren Schwester Monika eine bereitwillige Schülerin. Er brachte ihr das Abc bei, nachher auch das griechische Alphabet, und als sie lesen lernte, gewöhnte er ihr ab, dabei vor sich hinzuflüstern. Vor allem schätzte es die kleine Monika, daß der Bruder nie zum Spielen ging, bevor er ihr nicht freundlich bei den »gräßlichen Rechenaufgaben«[81] geholfen hatte. Adam traf sich nun nachmittags häufig mit Klassenkameraden, und auch Vera brachte Kinder mit nach Hau-

Adam und Ulla

se. Sie besuchte seit dem Frühjahr 1916 die Privatschule von »Fräulein« Adelheid Mommsen, einer Tochter des Gelehrten Theodor Mommsen. In ihrer Klasse lernte Vera ein Mädchen namens Sabine Bonhoeffer kennen, und bald luden sich beide gegenseitig und manchmal mit Geschwistern ein. Noch nach Jahrzehnten erinnert sich Sabine Leibholz-Bonhoeffer, daß einmal, als die Kinder Trott im Bonhoefferschen Garten spielten, ihr Zwillingsbruder Dietrich zu ihr gesagt habe: »Die Vera ist sehr nett.«[82] Sabine und Vera verloren sich allerdings nach dem Wegzug der Familie von Trott aus den Augen, und es sollte später Adam vorbehalten bleiben, erneut Kontakt zu den Geschwistern Bonhoeffer zu knüpfen.

Die deutsche Bevölkerung bekam die Auswirkungen des Krieges durch Lebensmittelknappheit drastisch zu spüren. Zu den Folgen der alliierten

Wirtschaftsblockade und unzureichender Vorsorge traten Mißernten sowie der zunehmende Mangel u. a. an Arbeitskräften, Pferden, Saatgut und Futtermitteln. Lebensmittel wurden rationiert und bei der Festsetzung der Mindestbedarf an Kalorien weit unterschritten. Katastrophale Ausmaße nahm der Hunger im sogenannten »Kohlrübenwinter« 1916/17 an, als nicht einmal mehr genug Kartoffeln zur Verfügung standen. Die Hauptbetroffenen waren die große Masse der Städter und vor allem diejenigen, die weder Geld noch Tauschgut besaßen, um sich bei Hamsterfahrten im Umland oder auf den üppig wuchernden Schwarzmärkten zu versorgen. So merkwürdig es anmuten mag, hatte selbst die Minister-Familie von Trott in den letzten Kriegsjahren unter der miserablen Ernährungslage zu leiden. Adam fiel in seiner Klasse mit Brotaufstrich aus gekochten Wintererbsen auf, und auch Sabine Bonhoeffer berichtet, daß ihre Klassenkameradin Vera »immer die traurigsten Frühstücksbrote«[83] bei sich hatte. Als Mittagsgast bei Veras Familie beeindruckte sie, daß das Essen aus der Kriegsküche geholt worden war – und doch war dies unter hohen Amtsträgern keine Ausnahme.[84] Für einen preußischen Beamten, und schon gar für einen Minister, war es seinerzeit undenkbar, direkt oder indirekt auf dem Schwarzmarkt einzukaufen. Während andere Familien der Oberschicht auf die Erträge ihres Landguts zurückgreifen konnten, befand sich das Trottsche Ackerland in Pächterhand.[85] Durch die Familie Michaelis gab es wenigstens für die Kinder eine Milchquelle in nächster Nähe. Die Dienstwohnung von Georg Michaelis[86], Unterstaatssekretär im Finanzministerium, lag auf der Museumsinsel. Das Haus war zwar baufällig, aber idyllisch, zumal – mitten in Berlin – ein großer Garten mit alten Bäumen dazugehörte. In einem Stall hielt die Familie dort nicht nur Hühner, sondern im dritten Kriegsjahr auch eine Kuh, die wegen ihrer schwarzweißen Farbe den Namen Borussia trug.[87] Dank Eleonore von Trotts Bekanntschaft mit Margarete Michaelis bekamen auch ihre Kinder Milch von Borussia.

Im Sommer 1916 diskutierte das Ehepaar von Trott ernsthaft und konkret über die Frage ihres künftigen Wohnsitzes. Eleonore sprach sich in einem Brief vom Juli entschieden für Imshausen aus und versuchte die Bedenken ihres Mannes auszuräumen, ob nicht ihret- und der Kinder wegen einer Stadt der Vorzug zu geben sei. Sie unterstützte vielmehr seinen Plan, sich bei der erforderlichen Herrichtung des Herrenhauses von dem ihm gut bekannten Architekten Bruno Paul beraten zu lassen.[88] All dies deutet auf einen bevorstehenden Rückzug August von Trotts ins Privatleben hin, ohne daß Gründe dafür erkennbar werden, denn das Pensionsalter hatte er noch nicht erreicht.

Die Mutter (1917)

Nicht zu seinem Rückzug, wohl aber zu seinem Rücktritt als Minister kam es ein Jahr danach, im Juli 1917. Sein Ausscheiden stand im Zusammenhang mit dem Ringen des Kabinetts Bethmann Hollweg um die Reform des rückständigen preußischen Dreiklassenwahlrechts. Die Regierung konnte zwar ein Einvernehmen über die Notwendigkeit einer Reform erzielen, auch darüber, daß die Wahlen in Preußen künftig geheim und direkt sein sollten, das gleiche Wahlrecht aber, das vor allem der Ministerpräsident unterstützte, blieb strittig. Zu den entschiedenen Gegnern des gleichen Wahlrechts gehörte neben vier seiner Kabinettskollegen auch von Trott zu Solz. Der Kultusminister befürchtete eine Radikalisierung des preußischen Abgeordnetenhauses mit nachteiligen Folgen für Kirche und Schule – er sah »tiefe Erschütterungen und schwere Kämpfe«[89] voraus – und glaubte zudem nicht daran, daß ein solches »Opfer« den Reichstag beruhigen oder gar eine »Gesundung der ganzen politischen Lage«[90] herbeiführen werde. Nachdem Bethmann Hollweg aber den Kaiser für die Proklamation des gleichen Wahlrechts hatte gewinnen können, zogen die fünf unterlegenen Minister die Konsequenzen und traten zurück. August von Trotts Entlassungsgesuch lag bereits vor, ehe das preußische Staatsministerium am 11. Juli zu seiner letzten Sitzung in dieser Formation zusammentrat.[91] Doch das war vergleichsweise ein Nebenschauplatz in der damaligen sich um den Reichskanzler zuspitzenden »Julikrise«, die unter dem Druck der Obersten Heeresleitung im Sturz Bethmann Hollwegs am 14. Juli gipfelte. Der Kanzlerwechsel verzögerte auch die offizielle Entlassung der zurückgetretenen Minister bis zum 7. August. Der Kaiser verlieh von Trott zu Solz in Anerkennung seiner »hervorragenden treuen Dienste« zum Abschied per Handschreiben den höchsten preußischen Orden, den Orden vom Schwarzen Adler. Zugleich befürwortete er dessen anderweitige Verwendung in einer »Ihrem Wunsche entsprechenden Stellung«[92]. Die hier indirekt angekündigte Ernennung August von Trotts zum Oberpräsidenten der Provinz Hessen-Nassau erfolgte bereits gut zwei Wochen danach. Dieses Amt mag in der Tat seinem Wunsch entsprochen haben, angesichts der herannahenden politischen Umwälzungen kam es für ihn jetzt eigentlich zu spät.

Eleonore von Trott, die schon in den Tagen nach dem Rücktritt ihres Mannes von Imshausen nach Berlin gefahren war, reiste nun nochmals im Juli dorthin: »zum Packen«[93]. Die Berliner Zeit der Familie ging somit ziemlich abrupt zu Ende. Adam erhielt von seinem Freund Herrn Patzer, dem Portier im Kultusministerium – und zwar als einziger, wie seine Schwestern bemerkten –, ein beneidetes Abschiedsgeschenk: ein Taschenmesser mit Bild vom Brandenburger Tor.

Kassel – Imshausen – Kassel

Anfang September 1917 trat August von Trott in Kassel sein neues Amt als Oberpräsident der Provinz Hessen-Nassau an. Wie die Zeitung meldete, »ging die Übernahme geschäftsmäßig vor sich«, denn »in Anbetracht der Zeitumstände war von einer feierlichen Handlung abgesehen worden«[1]. Die Familie von Trott bezog am Wilhelmshöher Platz erneut eine Dienstwohnung. Während die Eltern in eine ihnen bestens vertraute Stadt zurückkehrten, war für die Kinder Kassel eine neue und fremde Umgebung. Adam besuchte zunächst noch eine Vorschule und ab Frühjahr 1918 das Wilhelms-Gymnasium, auf das auch sein Bruder Werner ging. Da Adam in Berlin die ohnehin nur dreijährige Vorschule vorzeitig begonnen hatte, war er erst acht Jahre alt, als er in die Sexta, die erste Gymnasialklasse, aufgenommen wurde.[2] Aus den Anfängen seines Lateinunterrichts dort blieb eine kleine Episode in Erinnerung. Adam hatte in der Lateinstunde seinem Banknachbarn einen Zettel mit der Aufschrift »Magister asinus est«[3] zustecken wollen, den aber der Lehrer ihm abnahm. Voller Empörung suchte dieser daraufhin Seine Exzellenz den Herrn Oberpräsidenten auf, um sich über dessen Sohn zu beschweren. Der familiären Überlieferung zufolge soll der Vater Mühe gehabt haben, nicht vor Lachen loszuprusten, als der Lateinlehrer ihm die Angelegenheit in größtem Ernst vortrug. Es sei ihm dann jedoch gelungen, den erbosten Mann durch reichliche Komplimente zu besänftigen, bewiese der Zettel doch auch, was er Adam schon beigebracht habe.

Im Mai 1918 kam in Kassel der dritte Sohn der Familie zur Welt und erhielt nach dem vor Jahresfrist gefallenen Bruder der Mutter den Namen Heinrich. Zu seiner Betreuung wurde die (bei Adam äußerst beliebte) Säuglingsschwester Herta Gerst und für die älteren Kinder (die wenig beliebte) Marie Wild engagiert. Dies erwies sich um so nötiger, als Eleonore von Trott bald nach der Geburt ihres siebenten Kindes schwer erkrankte und für lange Zeit ausfiel. So mußten die Kinder ihre Mutter schon während der Sommerferien in Imshausen entbehren. Adam vermißte sie dort sehr, und als könnte er sie damit herbeiholen, schilderte er ihr, wie grob ihn »die Frl. Wild« behandele und daß ihm in Solz »ein sehr schwerer Tisch auf den Fuß gefallen« sei. »Wann kommst Du denn eigentlich?«, fragte er. »Letzte Woche hieß es nächste Woche, diese Woche heißt es nächste Woche, und immer heißt es nächste Woche.«[4] Der Junge wußte nicht, daß auch die Möglichkeit bestand, daß seine Mutter, die an Krebs litt, überhaupt nicht mehr wiederkam. Im Dezember und Januar 1918/19 lag Eleonore von Trott mehrere Wochen im Göttinger Klinikum.

Aus dieser Zeit existiert noch ein Briefchen von Adam an die Mutter: »Ich wünschte, ich könnte Dich in Göttingen besuchen!«[5] Eleonore überwand zwar damals die Krankheit[6] – sie bekam sogar noch im Februar 1920 ein achtes und letztes Kind, Eleonore Augusta (Ello) –, ihre Gesundheit aber blieb dauerhaft schwach und anfällig.

Parallel zu diesen privaten Sorgen der Familie von Trott ereignete sich auf nationaler wie internationaler Ebene Grundstürzendes: das deutsche Kaiserreich brach im Herbst 1918 militärisch und politisch zusammen. Deutschland hatte den Weltkrieg verloren, eine revolutionäre Bewegung breitete sich im ganzen Land aus, der Kaiser mußte abdanken und zog sich ins Exil nach Holland zurück, am 9. November wurde in Berlin die Republik ausgerufen und am 11. November der Waffenstillstandsvertrag unterzeichnet. Die Blockade sollte noch bis zum Juli 1919 andauern. Am 9. November übernahm auch in Kassel – von militärischen Kommandostellen ungehindert – ein Arbeiter- und Soldatenrat die Macht, ohne daß es dabei zu größeren Ausschreitungen kam. Als sichtbares Zeichen der neuen Verhältnisse wurde auf dem Kasseler Rathaus, dem Standquartier des Arbeiter- und Soldatenrates, die rote Fahne gehißt. Laut Pressemeldung hatten »Stadtverwaltung, Oberpräsident für die Provinz Hessen-Nassau, Regierungspräsident, Polizeipräsident und Landeshauptmann erklärt, daß sie sich in die Neuordnung der Dinge einfügen, mit dem Arbeiter- und Soldatenrat Kassel die Geschäfte fortführen und insbesondere alles tun, damit die Erfassung der Lebensmittel und ihre Hereinschaffung in bestmöglichster Weise erfolgt«[7]. Der Vorsitzende des Arbeiter- und Soldatenrates, Albert Grzesinski, schreibt in seinen Erinnerungen, daß die betreffenden Herren, darunter der Oberpräsident von Trott zu Solz, »sich widerspruchs- und widerstandslos« unterstellt hätten: »An einen Widerstand haben sie wohl auch nicht gedacht, denn es fehlten ihnen dazu schon alle Machtmittel.«[8] Daß er als Gewerkschaftssekretär noch ein Jahr vorher mit diesen »junkerlichen Spitzen«[9] gemeinsam zur Zeichnung einer Kriegsanleihe aufgerufen hatte,[10] erwähnt Grzesinski nicht. Der Arbeiter- und Soldatenrat richtete wiederholt Appelle an die Kasseler Bevölkerung, die öffentliche Ruhe, Ordnung und Sicherheit einzuhalten. Insbesondere sah man sich veranlaßt, unnötiges Herumtreiben von Kindern und Jugendlichen auf den Straßen zu unterbinden.

Adams behütete Kindheit war schon in Berlin zu Ende gegangen, aber jetzt in Kassel erfuhr der Neunjährige die rauhe Wirklichkeit am eigenen Leibe. Er wurde von Gassenjungen gefangengenommen und kam nur frei, um das versprochene »Lösegeld«, ein Luftgewehr – sein selbsterspartes, kostbarstes Stück –, zu holen. Unterwegs lief er seinem Vater als rettendem Engel in die Arme, und dank dessen Eingreifen ging die Sache glimpflich ab. In das Bild einer unsicheren und aufgewühlten Zeit paßt die Mitteilung Adams an seine Mutter ins Krankenhaus, daß bei Kameraden eingebrochen worden sei.

August von Trott hat sich sehr bald entschieden, aus dem politischen Umbruch Konsequenzen zu ziehen und als jemand, der dem Kaiserreich eng verbunden gewesen war, sein Amt zur Verfügung zu stellen. Ende März 1919 kündigte er auf dem Kommunal-Landtag sein bevorstehendes Ausscheiden an, das er wie folgt begründete: »Es war Pflicht, als der Sturm losbrach, auf seinem Platz, auf seinem Posten auszuharren, um nach Möglichkeit für Ruhe und Ordnung zu sorgen und namentlich mitzuwirken nach Kräften bei der Überwindung der sich steigernden Ernährungsschwierigkeiten, um so wenigstens das Schlimmste zu verhüten. Noch stehen freilich dunkle, schwarze Wolken am Horizont. Gleichwohl aber beginnen die Dinge doch eine Gestalt allmählich anzunehmen, die sich den neuen Verhältnissen anpaßt und zu ihrem Aufbau dienen kann. Wer ein Leben lang für das Königtum, für Kaiser und Reich eingetreten ist, wer darin sein politisches Ideal erblickt hat, für das er sich in seiner Jugend begeistert, als Mann mit Kopf und Herz gestritten und gearbeitet hat, dem wird man nicht verdenken dürfen, wenn er den brennenden Schmerz über das Verlorene nicht überwinden kann, [...] wenn er bei Seite tritt.«[11] Nachdem in dem Elsässer Rudolf Schwander – langjähriger Oberbürgermeister von Straßburg und zuletzt Reichsstatthalter von Elsaß-Lothringen sowie Mitglied der Deutschen Demokratischen Partei – ein Nachfolger gefunden worden war, machte von Trott zu Solz seine Ankündigung wahr und trat zum 1. Juli 1919 als Oberpräsident zurück.[12] Schwander wurde im übrigen von den Trotts sehr geschätzt; Adam hat ihn später noch in Oberursel besucht, wo er nach seiner Pensionierung lebte. Der Rücktritt des Vaters ging einher mit der Übersiedlung der Familie nach Imshausen.[13] Als hätte es dafür noch eine Bestätigung bedurft, fand sie in zeitlicher Nähe von schweren Unruhen in Kassel statt. Banden hatten die Sicherheitsorgane wehrlos gemacht und anschließend stundenlang Geschäfte in der Innenstadt geplündert. Bei Schießereien gab es Tote und Verwundete. Am 21. Juni wurde in Kassel der Belagerungszustand erklärt. Ein Ereignis von größter Bedeutung und Tragweite fiel auch in diese Zeit: die Unterzeichnung des Friedensvertrags von Versailles am 28. Juni 1919.

Trotz seiner erst neun Jahre hat Adam von Trott den Zusammenbruch des Kaiserreichs als tiefgreifend erfahren, vor allem im Blick auf seine Eltern. Wenn er zehn Jahre später in einer Studie »neun- oder zehnjährige Jungen« erwähnt, die eine Zeit erlebt hätten, »in der wirklich alles, was bisher als sicher galt, auf einmal zweifelhaft erschien«, sowie »Elternhäuser, für die eine tiefe Resignation oder Abneigung«[14] gegen die neuen Verhältnisse charakteristisch sei, so ist der Bezug auf das eigene Erleben unverkennbar. Was der Vater in seiner oben zitierten Ansprache zum Ausdruck gebracht hatte, wurde von der Mutter geteilt. Beide Eltern mußten nicht nur mit dem Verlust alles dessen, woran sie geglaubt und wofür sie sich eingesetzt hatten, fertig werden, sondern auch damit, daß ihre eigenen Kinder – laut Adams Formulierung – »in einem anderen Land lebten«[15] und sich dementsprechend anders als sie orientierten. Es wäre jedoch falsch, August und Eleonore von Trott für pessimistisch oder rückwärtsgewandt zu halten. Beide trug die Überzeugung, daß man schwere Zeiten klaglos durchzustehen und sich in ihnen besonders zu bewähren hatte. Ihrem Sohn Adam sollten die Eltern zeitlebens als Vorbild, Ansporn und Quelle der Ermutigung dienen.

Das Imshäuser Herrenhaus, dessen architektonische Schönheit bis heute die Besucher dieser Gegend überrascht, war seit dem Sommer 1919 das »Elternhaus« Adams und seiner Geschwister. Nach einer vertraglichen Regelung hatte August von Trott für seine Familie nunmehr das Haus zur alleinigen Nutzung übernommen, während sein Neffe Bodo mit Familie und dessen verwitwete Mutter Johanna, die andernorts ihren Hauptwohnsitz hatten, das Flügelgebäude erhielten. Mit seinen über 20 Zimmern bot das zweigeschossige Herrenhaus auch für die häufigen Gäste bequem Platz, von einem kleinen Haushalt aber, den Eleonore von Trott sich erträumt hatte, konnte keine Rede sein. Sie hatte weder vorher eine Salonexistenz geführt noch eine solche angestrebt, doch der Einsatz für diesen großen ländlichen Haushalt überstieg Anfang der 20er Jahre oftmals ihre Kräfte. »Ich habe mehr zu tun, als ich leisten kann«[16], bemerkte sie einmal 1921. In den Nachkriegsjahren war es schwer, geeignete Arbeitskräfte zu bekommen, und schon gar längerfristig an einem Ort, der kaum Abwechslung versprach. Erst Ende der 20er Jahre entspannte sich diese Situation, als es gelang, eine Haushälterin zu gewinnen, die Eleonore von Trott wirksam und dauerhaft entlastete. Die Mithilfe der Töchter war im übrigen selbstverständlich. Welche Plackerei allein mit der Wäsche verbunden war – in einer Zeit der Waschbottiche und schweren Bügeleisen –, dies verrät einer der Zukunftsträume, die sich Vera mit 17 Jahren ausmalte, nämlich daß »die Wäsche abgeholt« und sodann »gewaschen, gebügelt und geflickt zurückgebracht wird«[17]. Die Söhne dagegen waren in dieser Hinsicht sehr verwöhnt; infolgedessen machte sich auch für Adam alle Hausarbeit wie von selbst.

Imshausen

Das in vielen Adelshäusern übliche Gesellschaftsleben fehlte in Imshausen ganz. Niemals wurden dort rauschende Feste gefeiert, auch keine Jagdgesellschaften und keine opulenten Diners gegeben. Nicht einmal für die heranwachsenden Söhne und Töchter des Hauses wurden Tanzfeste oder andere Jugendvergnügungen veranstaltet. August und insbesondere Eleonore von Trott legten wenig Wert auf solche Formen der Geselligkeit. Von den ernsten Zeiten abgesehen, schätzte der Hausherr einen schlichten Lebensstil und war die Frau des Hauses puritanisch gesonnen. Beide führten jedoch ein gastfreies Haus für einen weiten Kreis von Bekannten und Verwandten aus dem In- und Ausland. Auch die unterschiedlichsten Freunde und Freundinnen der Kinder waren willkommen. Die Gastfreundschaft der Familie von Trott kannte bezeichnenderweise keine sozialen Grenzen. Ob standesgemäß oder nicht, das war hier keine Frage. Zur Zeit des Ruhrkampfes 1923, als Tausende von Kindern aus dem besetzten Gebiet herausgebracht wurden, fanden gleich mehrere »Ruhrkinder« – Vera holte sie von Sammeltransporten – den ganzen Sommer über in Imshausen Familienanschluß. Jahre später, als die Weltwirtschaftskrise ihren Höhepunkt erreichte, lud Eleonore von Trott junge Arbeitslose in ihr Haus zum Mittagstisch.

Nur knapp zwei Kindheitsjahre lang, vom Frühsommer 1919 bis April 1921, war es Adam vergönnt, ganz in Imshausen zu leben. Mit seinen Schwestern Vera, Ursula und Monika wurde er von der Hauslehrerin Marie Wild unterrichtet. Sie kam aus einer angesehenen Kasseler Familie, und Eleonore von Trott hielt viel von ihr und ihren Fähigkeiten. Die Zuneigung der Kinder zu gewinnen, hat sie aber ganz und gar nicht verstanden. Adam soll an ihr vor allem Güte vermißt haben. Dennoch hat er nach Jahr und Tag, im August 1937, an die einstige Lehrerin gedacht, als er sich auf dem Pazifik mit dem Schiff gerade Manila näherte und an Vera schrieb: »Erinnerst Du Dich an den geographischen Unterricht bei Fräulein Wild? An Asien vielleicht, aber sicher nicht mehr an die Philippinen, die aus 4000 Inseln bestehen.«[18] In Latein wurde Adam vom Pfarrer in Solz unterrichtet und pilgerte deshalb mehrmals in der Woche die zwei Kilometer dorthin. Bei kaltem Wetter wurde er unterwegs vom alten jüdischen Krämer Pinchas (genannt Binnes) Seelig und seiner Frau, deren Häuschen am Solzer Ortsrand lag, zum Aufwärmen eingeladen und mit Drops oder Kuchen bewirtet. Juden waren seit Jahrhunderten in dieser Gegend ansässig, nachdem sie, aus anderen Orten vertrieben, hier bei den Adelsherren von Trott zu Solz, von Frankenberg und von Baumbach Aufnahme gefunden und von dieser Seite nie etwas zu befürchten hatten. Während im benachbarten Nentershausen, wo es eine Synagoge gab, zu Beginn des 20. Jahrhunderts noch etwa 20 jüdische Familien lebten, waren die beiden Seeligs die nunmehr einzigen Juden in Solz.[19] Binnes Seelig scheint für Adam eine Art weiser Ratgeber gewesen zu sein, und der strenggläubige Jude faßte so viel Vertrauen zu dem Jungen, daß er ihn sogar als Sabbatknecht nutzte, d.h. ihn wegen des Gebots der Arbeitsenthaltung am Sabbat die Lampe anzünden ließ. Beim Errichten ihrer Sukka, der Laubhütte, aus Zweigen und Ranken in Seeligs Hühnerstall durfte Adam ebenfalls mithelfen, wenn ihm auch unverständlich geblieben sein mag, warum das alte Ehepaar zur Feier eines Festes dort eine Woche lang frieren mußte.

Bei den Imshäuser Dorfkindern war »Ministersch Aden« gern gesehen; miteinander gesprochen wurde selbstverständlich nur im heimischen Dialekt. Da es in Imshausen mit seinen rund 200 Einwohnern jedoch weniger Jungen seines Alters gab als im mehr als doppelt so großen Solz, zog es Adam zum Spielen häufig dorthin. In Solz wohnte auch sein

Die Geschwister (1921)
(v.l.n.r.): Ello, Heinrich, Monika, Adam, Ursula, Vera, Werner

bester Freund, sein gleichaltriger Vetter Friedrich von Trott, der bei allen nur Bobby hieß. Sie kannten sich schon seit Kleinkindzeiten und bildeten jetzt ein unzertrennliches Duo. Endlos streiften sie durch den Trottenwald und übten sich als künftige Jäger schon mal im Pirschen. Durch Bobby kam Adam auch mit den anderen Solzer Jungen in Kontakt: mit Hans und Stiffel und Schorsch, die den »Imshüser Aden« voll akzeptierten. Als Schorsch bald 20 Jahre später von Bobby hörte, daß ihr alter Spielkamerad sich in China aufhalte und dort mit Stäbchen essen müsse, erkundigte er sich sogleich voller Mitleid, ob man dem Aden nicht ein »Wurschtpaket«[20] schicken könnte. – Adam und Bobby waren allerdings auch Rivalen. Sie schwärmten nämlich für das gleiche Mädchen, die Pächterstochter Lotte Cornelius. Diese ahnte gar nichts von ihrem Glück und erfuhr erst als Erwachsene, was die beiden ihretwegen alles angestellt haben. So entfachten sie ein Feuer und beobachteten gespannt die Rauchentwicklung: Ging der Rauch in Richtung Solz, war dies ein Zeichen, daß Bobby von der Angebeteten bevorzugt wurde, ging er aber in Richtung Imshausen, so stand es zu Adams Gunsten. Eine Probe ihrer eigenen Zuneigung legten sie dadurch ab, daß sie ihre Hände über die Flammen hielten: Die stärkeren Gefühle für Lotte bewies derjenige, der dies am längsten ertrug.[21]

Adam, der mit drei altersnahen Schwestern aufwuchs, spielte auch vorbehaltlos mit Mädchen. Walburg Steinhausen, eine seiner Spielgefährtinnen in einem ganzen Kreis von Kindern in Kassel, als er dort einmal Ferien bei seiner Großmutter und seiner Tante Maria verbrachte, erinnerte sich noch lange Zeit nachher an diesen Jungen, der sich von den üblichen Angebern stark unterschieden habe: »Sein Auftreten war schlicht, sehr bescheiden und von solch heiterer Fröhlichkeit, die jeden von uns gewann, so daß Adam gleich einer der unseren wurde. Das heißt, eigentlich gehörten wir nun zu ihm, denn unsere Spiele bekamen einen neuen Inhalt, den ihnen sein fein gestimmtes, von uns bewundertes, sicheres und klares Wesen verlieh.«[22] Lotte Cornelius ist an Adam von Trott – zu allen Lebenszeiten, in denen sie ihn kannte – ebenfalls »große Bescheidenheit«[23] aufgefallen. In ihrer Kindheit hielt sie ihn auch für ziemlich scheu. Wenn sie Rennen mit ihren Holländer-Fahrzeugen[24] veranstaltet hätten, habe sich Adam immer gefreut, wenn die anderen Kinder sein einfaches Gefährt ausliehen, das sich aber am leichtesten bergauf treten ließ. Aus späteren Jahren blieb ihr Adams Lachen unvergeßlich und daß er urkomisch habe sein können, etwa bei Tischtennis-Schlachten der jungen Leute im Trottschen Ahnensaal in Solz.

Zu Hause wurde viel gelesen, auch von der Mutter vorgelesen. Adams Phantasie wurde nach seiner eigenen Aussage besonders von »Sintram und seinen Gefährten«[25] in Bann gehalten, die in »wildromantischen Burgen in nördlichen Gefilden« hausten und »sonderbare Visionen in stürmischen Nächten«[26] heraufbeschworen. In eine ganz andere Welt führte ihn James Fenimore Cooper, ein Schriftsteller, der sozusagen fast zur Familie gehörte, war er doch ein Schulkamerad und zeitlebens enger Freund von William Jay[27] gewesen. Den Jays in Bedford hatte Fenimore Cooper auch sein allererstes Buchmanuskript vorgestellt, und eine Geschichte, die ihm John Jay d. Ä. persönlich aus eigenem Erleben während des amerikanischen Unabhängigkeitskrieges erzählt hatte, bildete die Anregung zu seinem ersten großen Bucherfolg »Der Spion«. Für Eleonore von Trott lag es daher nahe, dieses Buch ihren Kindern vorzulesen. Einen größeren Eindruck jedoch hinterließ bei Adam »Der letzte Mohikaner«, das wohl berühmteste Werk des Autors. In Adams kindlicher Vorstellung allerdings mischten sich die Lederstrumpf-Geschichte und die Beziehung zwischen Fenimore Cooper und seinen Jay-Vorfahren zu dem Glauben, direkt von Indianern abzustammen. Davon war der Junge so fest überzeugt, daß er es ablehnte, sich als Indianer zu verkleiden.

Der Lernstoff eines Gymnasiums war auf Dauer nicht im Hausunterricht zu erwerben, und so entschieden sich die Eltern, Adam Anfang April 1921 nach Kassel in die Schule zu schicken. Dies bildete einen tiefen Einschnitt im Leben des erst Elfjährigen, denn fortan sollte er nur noch in den Ferien zu Hause sein können. Da bei Großmutter und Tante bereits Vera unterkam, die zur gleichen Zeit in Kassel ein Lyzeum besuchte, gaben die Eltern Adam bei Martin Jaeger, zweiter Pfarrer der reformierten Gemeinde Unterneustadt, und seiner Frau Maria in Pflege. Bei ihnen hatte schon Werner als älterer Schüler einmal zwei Monate gewohnt. So erschien ihre Wahl als Pflegeeltern für Adam nicht eigentlich riskant. Eleonore von Trott, die ihren Sohn nach Kassel in die Waisenhausstraße begleitet hatte, fiel es dennoch schwer, Adam bei Jaegers zurückzulassen, um so mehr als der Arzt bei ihm ein nervöses Herz festgestellt hatte. In einem ausführlichen Brief versuchte Maria Jaeger bald darauf, die Mutter in jeder Hinsicht zu beruhigen. Sie teilte mit, daß sich Adam »sehr vergnügt und wohl befinde«, dennoch halte sie es für notwendig, ihn »vor großen Anstrengungen zu bewahren«. Weiter berichtete sie: »Adam lernt ganz stramm [...] und befolgt alle unsere Wünsche sehr lieb und gewissenhaft. Er macht nicht den Eindruck, als ob er unter Heimweh leide, vielleicht verbirgt er es und macht es abends für sich ab, aber ich denke es verliert sich ganz.«[28]

Die Briefe, die der Junge nach Hause schrieb, zeigen jedoch, wie sehr sich die Pfarrersfrau hier täuschte. Sie lassen keinen Zweifel daran, wie unendlich schwer ihm die Trennung fiel und wie intensiv seine Gedanken in Imshausen weilten. Drei Tage nach der Abreise der Mutter bat er: »Schreib mir bald, liebe Mutter, und denke nicht, das Porto ist zu teuer oder ich freute mich nicht.«[29] Und im nächsten Brief heißt es: »Ach wie gerne wäre ich mal eine Stunde bei Euch allen. Ich denke sehr sehr sehr viel an Euch und freue mich so auf Pfingsten.«[30] Da Adam gehört hatte, daß es dem älteren Bruder schlechtging, erkundigte er sich nach dem »armen Werner« und meinte: »Er tut mir so leid.«[31] Auch eine Verletzung seiner Schwester Ursula bekümmerte ihn. Nach knapp vier Wochen kam Adam die Zeit seiner Abwesenheit bereits endlos vor, und kaum waren die Pfingstferien zu Hause vorüber, so sehnte er schon die Sommerferien in Imshausen herbei. Doch ungeachtet seines Heimwehs beschwerte sich das Kind mit keinem Wort darüber, daß es nun in Kassel leben mußte. Es schickte sich ins Unvermeidliche und bemühte sich, in der neuen Umgebung zurechtzukommen. Nachdem Möbel von der Großmutter eingetroffen waren, richtete Adam laut Frau Jaeger »mit großer Sicherheit«[32] das Zimmer ein, das er mit zwei weiteren Jungen teilte, und erbat sich von der Mutter noch »hübsche Bilder zum Aufstellen«[33]. Die

Pfarrersfrau zeichnete brieflich ein harmonisches Bild von ihrem Familienleben mit den drei neuen Pflegesöhnen. Dieses hatte jedoch einen auffällig kurzen Bestand, denn die beiden anderen Jungen verließen Jaegers bald.

Nach einer Aufnahmeprüfung war Adam am Kasseler Friedrichs-Gymnasium, das einst schon sein Vater besucht hatte, in die Untertertia[34] eingestuft worden, allerdings mit der Auflage, das ihm noch fehlende Quarta-Pensum in Mathematik und Latein durch zusätzliche Stunden nachzuholen. Dem Jungen, der gleichzeitig ein erhebliches Maß an Umstellung und Eingewöhnung zu leisten hatte, kam dieses hart an. Anfang Mai schrieb er der Mutter, daß seine »unerhört vielen Aufgaben« ihm »über dem Kopf zusammenstürzen, vermehrt durch die Nachhilfestunden, in denen ich sehr, sehr viel zu tun kriege«[35]. Und vier Wochen später klagte der Elfjährige: »Ich bin so furchtbar müde – immer! Schon am Morgen kann ich kaum denken, und wenn ich da ein paar Fehler mache, liegt es nicht daran, daß ich nicht fleißig bin, sondern daß ich eben viel zu viel zu tun habe.«[36]

Daneben beschäftigte den Jungen ein zwar kleines, aber lästiges materielles Problem: Er besaß keine Schulmappe. Seine Eltern hielten einen Riemen für ausreichend. »Übrigens habe ich mir so einen Riemen zu 5 Mark gekauft. Am 3. Tage gekracht!!!«, meldete Adam seiner Mutter. »Ich weiß nicht, was ich machen soll, wenn ich jetzt keine Mappe kriege. Meinen Büchern schadet es sehr, wenn sie so oft hinfallen, denn das kann ich auf dem Schulweg nicht verhindern.«[37] Die Mutter scheint ihn vertröstet zu haben, und so mußte er nach zwei Monaten erneut auf dieses Thema zurückkommen: »So leid es mir tut, ich kann nicht mehr ohne Mappe auskommen. Es regnet auf die schlechten Bücher, und diese werden durchweicht und gehen aus dem Leim.«[38] Adam behalf sich vorübergehend damit, daß er sich von einem Klassenkameraden eine alte Mappe ausborgte. Anderthalb Jahre später erlaubte ihm die Mutter schließlich, sich eine Schulmappe zu kaufen: »Ich verlasse mich auf Dein Urteil. Natürlich darf es kein Phantasiepreis sein – also kein echtes Leder –, aber haltbarer Ersatz.«[39]

Adam fand in Kassel schnell Anschluß. Auf dem Schulhof lernte er Helmut Boehncke kennen. Diesem war der neue Schulkamerad sogleich aufgefallen. »Haltung und Ausdruck sprachen etwas Überraschendes aus: eine besondere Art von Klugheit, Kühnheit und Schönheit«, erinnert sich Boehncke an seine damaligen Eindrücke, die er aus der Distanz von mehreren Jahrzehnten aber nicht allein auf »jugendliche Schwärmerei«[40] reduzieren möchte. Boehncke gehörte ebenso wie Adams kurzzeitiger Mitbewohner Wilhelm Albrecht Engelhardt dem *Bund für*

Jugendwandern – Jungwandervogel an, und beide nahmen Adam spontan zu dessen Veranstaltungen mit. »Ich war heute im Liedernachmittag der Wandervögel«, berichtete er der Mutter in seinem ersten Brief aus Kassel, »es war zu nett.«[41] Was lag näher, als daß er auch mitwandern wollte, wenigstens ein einziges Mal, wie er die Mutter bat. Ziel des Ausflugs sollte Schloß Wilhelmsthal sein, aber aus Adams Teilnahme wurde nichts. Denn die Pflegeeltern verboten ihm die Tour, die Frau Jaeger der Mutter nachträglich in abschreckender Weise schilderte. Trotz Kälte und Nässe wären die Wanderer losgegangen und hätten in einer Hütte übernachtet. Solche Ausflüge seien »viel zu unberechenbar«, und da »langes Gehen den Leib ermüdet«, auch zu anstrengend für den Jungen. »Ich nehme an«, zog die Pfarrersfrau daraus das Fazit, »daß es in Ihrem Sinne ist, wenn ich die Wandervogelsache nicht erlaube.«[42] Und so durfte Adam zu seinem großen Kummer während seines Kasseler Aufenthalts keine Wanderung mitmachen.

Die übermäßige Besorgtheit der Jaegers – selbst Eltern von drei kleineren Kindern – ging mit einer bemerkenswerten Verständnislosigkeit für die Bedürfnisse und den Entwicklungsstand eines elf-, dann zwölfjährigen Jungen einher. Die Schule betrachte Adam als »ein notwendiges Übel«, kritisierte der Pfarrer dem Vater gegenüber, und nicht als »die ihm jetzt auferlegte Berufspflicht, in die er seine Seele legt«. Ohne Rücksicht auf dessen großes nachzuholendes Lernpensum bemängelte er, daß es Adam »nicht in den Sinn« käme, »sich durch Selbststudium weiterzubilden«. Außerdem wunderte sich Martin Jaeger über dessen fehlende Neigung zum kindlichen Spiel. »Was habe ich«, erklärte er, »in seinem Alter noch mit Begeisterung Burgen und Schlösser gebaut und ganze Feldzüge mit Bleisoldaten aufgeführt. Dem allen steht Adam mit einer etwas spöttischen Überlegenheit gegenüber.«[43] (Er hatte allerdings für solche Soldatenspiele nie etwas übrig gehabt.[44]) Daß der Junge seine einzige Freude in den Ferien erblickte, kam dem Pfarrer unbegreiflich vor. Er erkannte nicht, daß sich darin Heimweh ausdrückte, denn Ferien waren für Adam gleichbedeutend mit Zuhausesein.

All dies war einem gedeihlichen Verhältnis der Jaegers zu ihrem Pflegesohn wenig förderlich. Ungleich schwerer jedoch wog das tiefe Befremden, das Adam dem Pfarrer gegenüber empfand, verursacht durch nichts Geringeres als dessen Beten. Bereits nach wenigen Wochen schrieb Adam seiner Mutter: »Ich kann die Art des Christentums, die der Herr Pfarrer hat, nicht verstehen, dieses sozusagen Zittern und Beben. Wir sollen mutig sein, nicht immer gleich beten und beten – es klingt mir wie ein Winseln –, sondern es durch Taten gutzumachen suchen. Es steht in der

Bibel: Uns ist nicht ein knechtischer Geist gegeben, daß wir uns abermal fürchten sollen! Luther, Arndt sind solche, die nicht immer in dieser Hinsicht knechtischen Sinn zeigen. Auch kann ich nicht leiden, wenn die Kirche indirekter Zwang ist. Nun bitte versteh mich nicht falsch, sondern denke Dich in mich hinein. Diese Gedanken beschäftigen mich sehr oft, wenn der Herr Pfarrer betet.«[45] Hinter diesen Zeilen steht nichts anderes als die für ein Kind geradezu bestürzende Erkenntnis, daß ausgerechnet der Pfarrer, der sein geistliches Leit- und Vorbild hätte sein sollen, das Wesen des Christentums – jedenfalls so, wie Adam es auffaßte – mißverstanden hatte. Das »Zittern und Beben«, das »winselnde« Beten des Pfarrers betrachtete er als Ausdruck eines unfreien Glaubens, der ihm von Furcht, Passivität und Zwang bestimmt schien. Das erregte so sehr den Widerwillen des Jungen, das hielt er für so unvereinbar mit seinem Verständnis vom Auftrag der Christen in der Welt, daß der Elfjährige selbständig zur Bibel griff und mit Römer 8, Vers 15[46] eine Stelle heraussuchte, die ihm geeignet schien, seine Überzeugung zu stützen. Zusätzlich führte er noch Luther und Arndt als vorbildhafte Beispiele an, um seinen Standpunkt der Mutter gegenüber zu unterstreichen – sie hatte bisher für seine religiöse Unterweisung gesorgt und war somit für ihn eine Autorität in diesen Fragen. Die kindliche Ausdrucksweise sollte nicht über Gewicht und Bedeutung dieser Stellungnahme hinwegtäuschen. Das Kind Adam gab sicher und überzeugt seine Antwort auf die Grundfrage »Wie sollen wir leben?«: Wir sollen uns nicht »in knechtischem Geist« fürchten, sondern »wir sollen mutig sein [...] und es [gemeint sind Sünden oder Verfehlungen] durch Taten gutzumachen suchen«.

Ein Antwortbrief der Mutter ist nicht überliefert; über ein solches Thema dürfte sie ein Gespräch vorgezogen haben. Es ist jedoch nicht sicher, ob sie sich der Folgen dessen, was Adam ihr anvertraut hatte, bewußt gewesen ist. Wenn ein Kind nämlich seinen Pflegebeauftragten so grundlegend in Frage stellte, noch dazu auf dessem ureigensten, dem geistlichen Gebiet, dann war gegenseitiges Vertrauen wohl ausgeschlossen.

Dem Pfarrer ist das Bestehen dieser Kluft nicht verborgen geblieben. Er nahm bei Adam »seelisches Mißbehagen« ebenso wahr, wie er »schmerzlich« seine »innere Abwehrstellung« gegenüber den Pflegeeltern empfand. »Wollen Ew. Exzellenz mir glauben«, gestand er dem Vater, »daß es mir nicht leicht wird, das Vertrauensverhältnis zu ihm [Adam] zu gewinnen, das mich mit Werner fast vom ersten Tage an verbindet.«[47] Martin Jaeger zog daraus die richtige Konsequenz, indem er August von Trott, wenn auch in schöne Worte gekleidet, empfahl, den Jungen von ihnen wegzunehmen. Sein Vorschlag aber, Adam – der seiner Ansicht nach das Klassenziel ohnehin nicht erreichen werde – nach Imshausen zurückzuholen und dann im nächsten Jahr bei der Großmutter unterzubringen, fand beim Vater keine Zustimmung.

Adams älterer Bruder Werner war nach dem Wegzug der Familie in Kassel geblieben. Im Oktober 1920 brach er die Schule in der vorletzten Klasse ab. Unter dem Eindruck des von ihm bewußt erlebten politischen Umsturzes hatte dieser hochsensible junge Mann anscheinend keinen Sinn mehr im Pauken von Latein und Griechisch sehen können. Statt dessen ging er ins Ruhrgebiet nach Essen mit dem Entschluß, Arbeiter zu werden. Lange Zeit hat es ihn aber dort nicht gehalten, er zog weiter bis in den Schwarzwald und kam schließlich in einem angegriffenen Zustand nach Imshausen. Nach seiner Erholung wurde für ihn ein Privatlehrer engagiert, der ihn auf die Fortsetzung des Schulbesuchs vorbereiten sollte. Zum Leidwesen des Vaters ließ sich Werner jedoch für eine Rückkehr aufs Gymnasium nicht gewinnen. Bei einem Besuch in Kassel vertraute August von Trott zu dessen Motivierung Adam an, daß er nun seine Hoffnungen auf ihn, den zweiten Sohn, setze. Dieser zeigte sich beeindruckt davon, daß der Vater ihn, der gerade erst zwölf geworden war, derart wichtig nahm. »Es tut mir so furchtbar leid, daß er [der Vater] am Werner so eine Enttäuschung erlebt hat«, schrieb Adam der Mutter, »nun will ich mir auch Mühe geben, daß er an mir keine erlebt.«[48]

Diesen Ansporn erhielt Adam auf einem Tiefpunkt: »Liebe Mutter! [...] Wenn Du wüßtest, wie unglücklich ich mich fühle, würdest Du mir mehr schreiben. Es hat sich meiner ein anderes Gefühl bemächtigt – nicht Heimweh, es ist das Gefühl der Verlassenheit. Ich dachte durch großen Fleiß die Mängel in der Schule auszumerzen – es gelingt mir nicht. Man wird dann schlaff – das kannst Du Dir denken, wenn man sieht, daß alles fruchtlos bleibt – und gibt anderen Einflüssen nach. Ich hatte früher einmal den Wahlspruch ›Durch!‹. Erst in Fällen, in denen man immer wieder sozusagen abrutscht, lernt man die Bedeutung eines kleinen Wörtchens kennen.«[49] – Die Verzweiflung des Jungen gipfelte in Krankheit. Adam erkrankte an Scharlach, und zwar in einer ziemlich schweren Form, so daß er von Herbst bis Weihnachten die Schule nicht besuchen konnte.[50] Der Scharlach führte ihn für diese Zeit aus der Waisenhausstraße – vermutlich zunächst ins Krankenhaus und anschließend nach Imshausen. Danach verbrachte er nur noch den Rest des Schuljahres bis Ostern bei Jaegers. Trotz der langen Krankheit und trotz aller Zweifel seiner Lehrer und des Pfarrers erreichte Adam, wenn nach eigenen Worten auch »nur mit größter Mühe«[51], im April 1922 mit zwölf Jahren die Obertertia, die fünfte Gymnasialklasse.

Die Waldstadt an drei Flüssen

August von Trott hatte inzwischen eine neue Lösung für seinen Sohn gefunden und nur noch das Ende des Schuljahres abgewartet, um sie in die Tat umzusetzen: Adam kam nach Hannoversch Münden, die Waldstadt an drei Flüssen. Er sollte hier das Städtische Gymnasium[1] besuchen und im Alumnat des evangelischen Klosters Loccum[2] wohnen. Hannoversch Münden lag – von Imshausen aus gesehen – noch in heimatlicher Landschaft, aber nicht nah genug, zumal unter den damaligen Verkehrsverhältnissen, um häufig oder gar ständig hin und her zu pendeln. Der Vater selbst begleitete Adam im April 1922 an den neuen Wohnort: die alte Fachwerkstadt im Weserbergland am Zusammenfluß von Werra und Fulda in die Weser, umgeben von Kaufunger Wald, Bramwald und Reinhardswald. Ob es nun stimmt oder nicht, daß der weitgereiste Alexander von Humboldt diese Stadt zu den schönstgelegenen der Welt gezählt hat, an der Schönheit ihrer außergewöhnlichen Lage ist nicht zu zweifeln.

Obwohl eine Schulstadt mit langer Tradition, besaß Münden erst wieder seit 1901 ein altsprachliches Vollgymnasium. Aus diesem Anlaß war an der Ecke der Garten- und Böttcherstraße ein neues Schulgebäude errichtet worden.[3] Am Eingang erinnert heute eine kleine Gedenktafel an den einstigen Schüler Adam von Trott. In den 20er Jahren gingen auf dieses Gymnasium rund 300 Schüler, davon kamen etwa zwei Drittel aus dem Ort selbst mit seinen damals 11.000 Einwohnern, und das restliche Drittel bildeten Fahrschüler und »Pensionäre«. Zu den letzteren gehörte nun Adam als Zögling des Alumnats. Diese Institution war 1881 vom Kloster Loccum vornehmlich für Pastorensöhne, die im nördlichen Deutschland auf dem Lande lebten, in Hameln gegründet[4] und 1901 nach Hannoversch Münden verlegt worden. Die oberste Aufsicht oblag dem Generalsuperintendenten der Provinz Hannover und die örtliche dem Direktor des Gymnasiums. Jenseits der Bahnlinie am Hang des Kattenbühl mit weitem Blick über Stadt und Tal hatte das Alumnat ein stattliches Haus bezogen. Die Alumnen – ihre Zahl schwankte in den 20er Jahren zwischen 15 und 20 – waren dort in drei Schlafräumen gemeinschaftlich untergebracht. Zu ihrer Verfügung standen auch ein Speisesaal mit Klavier, Arbeitszimmer, Bibliothek und Werkstatt sowie ein großer Garten mit Obstbäumen und Turngeräten. Für die Betreuung sorgte die patente, allerdings schon fast 70jährige Hausdame Frieda Müller sowie ein Inspektor, der zugleich verpflichtet war, am Gymnasium zu unterrichten. Da die Inspektoren aus Kandidaten rekrutiert wurden, die auf eine Berufung in ein Pfarr- oder Lehramt warteten, war ihre Verweildauer jeweils nur kurz. Im Laufe von fünf Jahren erlebte Adam sieben Inspektoren. Falls sich ein Inspektor als ungeeignet erwies, konnte dies für das Alumnat auch mal günstig sein. Grundsätzlich aber war der ständige Wechsel von erheblichem Nachteil, den die Inspektoren selbst empfanden und in ihren Halbjahresberichten zum Ausdruck brachten. Sie konnten weder das Alumnatsleben prägen noch die teilweise schwierigen oder verschlossenen Jungen wirklich kennenlernen, vom Entstehen eines Vertrauensverhältnisses ganz zu schweigen.

Adam erhielt jetzt regelmäßig einen »Sonntagsbrief« von zu Hause, am ersten Sonntag sogar gleich zwei, von Mutter und Vater, damit er nur ja nicht wieder unter Heimweh litte. Aber zur Freude der Eltern kam der Zwölfjährige in seiner neuen Umgebung hervorragend zurecht. Am Anfang mußte er sich noch ein wenig an die Sitten seiner »Klosterbrüder« (so nannten sich die Alumnen untereinander, ohne das Kloster Loccum je zu Gesicht zu bekommen) gewöhnen. Obwohl das Mitbringen von Lebensmitteln seitens der Alumnatsleitung ungern gesehen wurde, packten Adams Zimmergenossen aus den Osterferien mitgebrachte Würste aus und verspeisten sie seelenruhig vor seinen Augen. Brüderliches Teilen war bei den Pastorensöhnen offensichtlich nicht angesagt. Adam lief beim Zugucken das Wasser im Munde zusammen, und er bat seine Mutter, ihm umgehend auch eine Wurst zu schicken, am besten gleich eingewickelt in die Steppdecke, die Fräulein Müller noch angefordert habe. Später im Jahr machte Adam zudem die Erfahrung, von älteren Jungen hereingelegt zu werden, und fand, daß er noch lernen müsse, sich »vor gemeinen Kerlen in acht zu nehmen«[5]. Insgesamt dürfte jedoch für die ersten Jahre unbeschönigt das gelten, was Adam von Trott selbst rückblickend in seinem Lebenslauf zum Abitur geschrieben hat: »Hier [im Alumnat] lernte ich bald die Vor- und Nachteile des Zusammenlebens nicht gleichaltriger und verschiedenartiger Schüler kennen. In dieser Gemeinschaft fühlte ich mich bald sehr wohl und habe manchen guten Kameraden gefunden.«[6] Am nächsten stand ihm Werner Liebermann, der auch in seine Klasse ging, ein Pfarrerssohn aus Hoyel, südöstlich von Osnabrück. Liebermann litt schwer an einem Herzfehler und an Gelenkrheumatismus, war aber desungeachtet ein aufgeweckter und vergnügter Junge, den die Inspektoren wegen seines »feinen, angenehmen Wesens«[7] als »äußerst sympathischen Hausgenossen«[8] schätzten. Adam, »Liebermanns guter Freund«[9], fiel den Inspektoren Schützer und Kühnemund durch sein »frisches, offenes Wesen«[10] sowie durch seine Kameradschaftlichkeit und Feinfühligkeit auf, trotz erster Anzeichen von Flegeljahren.[11]

In der Schule hielt Adam gut mit, nahm zunächst einen Mittelplatz in der Klasse ein und landete in den nächsten Jahren häufig im obersten Drittel. Ehrgeiz auf einen der ersten Plätze oder gar auf die Stellung des Klassenprimus besaß er nicht. Er arbeite nicht für das Erreichen vorderer Plätze, erklärte er schon mit 13 Jahren seinen Eltern, »sondern um mitzukommen und um meine Pflicht zu tun. Ich glaube, damit wird Vater zufrieden sein.«[12]

Die Briefe Adams nach Hause in den fünf Jahren von 1922 bis 1927 enthalten neben praktischen Mitteilungen fast nur Momentaufnahmen seines Alltags. Alle wichtigeren Erlebnisse, alles was genauer berichtet und kommentiert zu werden verdiente, hob sich Adam zum mündlichen Erzählen auf: für die Besuche der Eltern in Münden, für die gelegentlichen Treffen mit der Mutter in Kassel und für die regelmäßigen Intervalle des Schuljahres: die Pfingst-, Sommer-, Herbst- und Weihnachtsferien in Imshausen. Auf ein politisches Ereignis jedoch ist Adam auch brieflich eingegangen: auf die Ermordung des deutschen Außenministers Walther Rathenau am 24. Juni 1922. Der damals knapp 13jährige war darüber empört und hoffte, daß wenigstens »die Täter ordentlich bestraft werden«[13]. Die Mordtat hatte im ganzen Land Unruhen und Massenversammlungen hervorgerufen. In Münden beobachtete Adam am 28. Juni »große Demonstrationszüge«[14], die laut *Mündener Tageblatt* von den Gewerkschaften organisiert worden waren und in einer Kundgebung auf dem Marktplatz endeten.[15] Adam zufolge waren am Rande »sogar Schlägereien vorgekommen«[16], die allerdings in der örtlichen Presse keine Erwähnung fanden. Nicht sehen konnte Adam indes – denn die jüngeren Alumnen hatten abends keinen Ausgang –, daß jugendliche Arbeiter am Abend auf der Treppe des berühmten Renaissance-Rathauses ein Hakenkreuz verbrannten.[17] Mit der Persönlichkeit Rathenaus, den er als kleiner Schuljunge für den »vernünftigsten Politiker von der Demokratischen Partei«[18] hielt, sollte sich der Student Adam von Trott noch näher beschäftigen. Nachdem auf ministerielle Anordnung hin bereits kurz zuvor in allen Schulen und so auch im Mündener Gymnasium eine Trauerfeier wegen der als »gegen alles Recht«[19] aufgefaßten Abtrennung Oberschlesiens von Deutschland stattgefunden hatte, wurde nun eine Woche später, am 30. Juni, eine Gedenkfeier für den ermordeten Außenminister veranstaltet. In der jungen deutschen Republik war im übrigen eine Schulfeier am 11. August zur Erinnerung an die Unterzeichnung der Weimarer Verfassung obligatorisch. In Adams Schule wurde die Verfassungsfeier alljährlich in der Aula mit einer Festrede begangen, umrahmt von Musik und Rezitation.

Zu Pfingsten 1922 bekam Adam in Imshausen ein Fahrrad, dessen Bedeutung für den Jungen mit einem abgelegenen Elternhaus auf dem Lande heute kaum mehr richtig eingeschätzt werden kann. Es war zwar nicht das erträumte NSU-Rad[20], aber dennoch hoch willkommen. »Wir haben jetzt einen Klassenaufsatz über die Pfingstferien geschrieben«, teilte Adam nach Hause mit. »Die Hauptrolle spielte natürlich das Rad, auf dem ich beinah die ganzen Ferien verbracht habe.«[21] Da das Alumnat ihm nicht erlaubte, sein Fahrrad mitzubringen, betrachtete er kummervoll die herrlichen Radwege in Münden an der Fulda entlang und die vielen Kinder, die dort nach Herzenslust radelten. Um so mehr nutzte Adam die idealen Bedingungen zum Schwimmen, die Hannoversch Münden bot. Selbst eine Wassertemperatur von nur 14-15 Grad machte ihm gar nichts aus, »denn ich bin schon ganz daran gewöhnt«[22]. In den Sommerferien zu Hause kam das Rad dann wieder zur Geltung. Außerdem war Georg von Schweinitz, der Lieblingsvetter aus Berlin, zu Gast, und auch die Alumnatsfreunde Werner Liebermann und Rudi Hafner kamen Adam besuchen.

Damit der Junge das Alumnat hin und wieder über Sonntag verlassen konnte, hatte Adams Vater für ihn eine Besuchsmöglichkeit bei der Familie von Bodenhausen arrangiert. Erich Freiherr von Bodenhausen bewohnte mit seiner Familie die Burg Arnstein auf einer steilen Anhöhe oberhalb von Eichenberg zwischen Werra- und Leinetal und bewirtschaftete das dazugehörige Gut. Die fünf Kinder der Familie, vier Söhne und eine Tochter, waren bis auf den jüngsten Sohn Hans schon alle erwachsen, und auch dieser war sieben Jahre älter als Adam. Das Fehlen von gleichaltrigen Gefährten aber hat Adam nicht daran gehindert, eine Vorliebe für »den Arnstein« zu entwickeln. Im Laufe der nächsten Jahre verbrachte er so manchen Sonntag in der ungebundenen und großzügigen Atmosphäre dort – ein echter Kontrast zum engen Zusammenleben und streng geregelten Tagesablauf im Alumnat. Hinzu kam, daß er sich bei Bodenhausens größter Beliebtheit erfreute. Laut Bericht der Tochter Erika, damals bereits mit dem Göttinger Bibliothekar Götz von Selle verheiratet, fand die ganze Familie den »hübschen kleinen Jungen« so süß, daß sie ihn »Bonbon« nannte und später gestaunt habe, als das Bonbon zu einer »langen Lutschstange« hoch aufschoß. Erika von Selle erinnert sich ferner, daß Adam als Junge gerne »halsbrecherische Klettereien«[23] unternommen habe.

August von Trott hatte nach seinem Rückzug von der politischen Bühne 1919 ansehnliche Ehrenämter übernommen: Er wurde Vizemarschall der Althessischen Ritterschaft, Kommendator des Johanniterordens in Hessen und Senator der Kaiser-Wilhelm-Gesellschaft. Im Gegensatz zu anderen adeligen Standesgenossen weigerte er sich nicht, auch der neuen Republik zu dienen. Die Verpflichtung gegenüber Heimat, Vaterland und Staat hatte für ihn unverändert Priorität vor innerer Distanz zu den politischen Verhältnissen der Gegenwart. Seit 1921 vertrat er fünf Jahre lang die Provinz Hessen-Nassau im Reichsrat, nach der neuen Weimarer Verfassung die Ländervertretung bei der Gesetzgebung und Verwaltung des Deutschen Reiches. Dies bedeutete, daß August von Trott über sein 70. Lebensjahr hinaus zwischen Imshausen und Berlin pendelte, im Notjahr 1923 sogar außergewöhnlich häufig. Kurze Treffen mit Adam am Mündener Bahnhof auf der Durchreise sowie Briefe an den Sohn während Sitzungspausen im Reichstagsgebäude veranschaulichen sein gedrängtes Leben in jenem Jahr.

In der Frage des Dauerwohnsitzes war August von Trott gewillt gewesen, mit Rücksicht auf seine Familie, speziell auch auf seine Frau, einer Stadt den Vorzug zu geben, diese aber hatte sich entschieden für Imshausen erklärt.[24] Sie werde dort »glücklich und zufrieden sein, und zwar nicht nur Dir zuliebe«, hatte Eleonore von Trott schon 1916 ihrem Mann geschrieben, mit der Begründung: »Ich weiß, daß ich mich in der Stadt doch immer für tausend Dinge interessieren würde, die außerhalb meines nächsten Kreises liegen.«[25] Eleonore von Trott kannte die dörfliche Abgeschiedenheit nur von den Sommerferien und war erst 44 Jahre alt, als sich die Familie in Imshausen niederließ. Sosehr sie sich auf das schlichte ländliche Leben einstellte und ihm auch schöne Seiten abgewinnen konnte, kam sie sich auf längere Sicht doch abgeschnitten und »aus der Welt« vor. Zudem verlor sie durch den frühen Tod der Solzer Kusine Wilhelmine von Trott – der Mutter von Adams Freund und Vetter Bobby – die einzige Freundin in der Nähe. Trotz ihrer angegriffenen Gesundheit, die ihrem Mann wiederholt Sorgen bereitete, genügten Eleonore von Trott in späteren Jahren, als sie der Haushalt weniger in Anspruch nahm, ein Leben allein für die Familie und einige Ehrenämter nicht. Sie sehnte sich nach sozialem Engagement darüber hinaus, wie sie 1930 einmal in einem Brief an Adam preisgab: »Glaubst Du nicht, daß es mir leidenschaftlichem Menschen oft sehr schwer wird, mich auf die Aufgabe zu beschränken, die mir gestellt ist und ein so passives Leben zu führen? […] Wenn man die Alkoholnot und die Wohnungsnot und all die andern Nöte tief empfindet und keinen Finger rühren kann. […] Mein Konflikt liegt aber nicht auf dem Gebiet: was ist wichtiger, in der Familie oder auf sozialem Gebiet zu wirken, da ist kein Zweifel, wo meine Aufgabe liegt, aber ich möchte doch die Grenzen weiter ziehen und glaube, daß es der Familie nur zu Gute kommen würde.«[26]

Eleonore von Trott und ihre Töchter behaupteten zwar, sie erlebten in Imshausen nichts Berichtenswertes, ihre Briefe aber bestätigen das kaum, jedenfalls nicht aus Adams Sicht. Da gab es im Mai 1922 die große Aufregung um Teddis Verschwinden. Teddi war Adams Hund, von dem getrennt zu sein ihm besonders schwerfiel und nach dessen Befinden er sich oft erkundigte. Und dann eines Tages während Adams Abwesenheit wurde Teddi vermißt, und alles Suchen war vergeblich. Der ganzen Familie fehlte der Hund sehr, aber besonders schlimm erschien es ihr, diesen Verlust Adam mitteilen zu müssen. »Wir hatten immer gedacht«, schrieb die Mutter ihm, »wie traurig Du sein würdest, wenn Du hörtest, Dein Teddi sei weg.«[27] Doch die Geschichte nahm ein gutes Ende. Nach sechs Tagen brachte ein Mann aus der Bebra benachbarten Stadt Sontra den Hund zurück. »Daß Teddi weg war, ist mir sehr unangenehm«[28], lautete Adams um Zurückhaltung bemühte Reaktion. Kein gutes Ende für die Familie von Trott hingegen fand der Kriminalfall, der sich im Januar 1923 in Imshausen ereignete. Bei einem rätselhaften Einbruch im Herrenhaus wurden über Nacht mehrere Silbergegenstände und Besteckteile[29], vermutlich alles alte Erbstücke, gestohlen. Eleonore von Trott gab den Diebstahl im Kasseler Polizeipräsidium zu Protokoll – ihre Hausmädchen hielt sie »unbedingt für ehrlich«[30] – ; ein Detektiv stellte vor Ort genaue Untersuchungen an, doch der Fall blieb unaufgeklärt. Aber auch von erfreulichen Abwechslungen wußte die Mutter manchmal zu erzählen: »Heute war wieder ein sehr aufregender Zigeunerbesuch. Sie haben uns die schönsten Sachen prophezeit.«[31] Althergebrachte und verbreitete Ressentiments gegen Zigeuner teilte Eleonore von Trott offensichtlich nicht.

Ein von Adam schon lange herbeigesehntes Ereignis, eine Art Einzug der modernen Zeit in Imshausen, fand schließlich im Juni 1923 statt. Die Mutter berichtete ihrem Sohn nach Münden: »Seit einigen Tagen brennt das elektrische Licht und ist eine große Verbesserung, aber es ist noch ziemlich ungebärdig. Mal kommt es, mal nicht. Kommt man in ein unbewohntes Zimmer, da brennt es möglicherweise schon seit vielen Stunden, und braucht man es, so will es nicht. Gestern war meine ganze Lampe so geladen, daß ich sie nicht anfassen und nicht anzünden konnte. [...] Heute sind die Elektriker wieder einmal da, um alles zu regulieren.« Adam möge sich doch in der Elektrizität »etwas ausbilden lassen« regte die Mutter an, damit er »im Notfall helfen«[32] könne. Tatsächlich legte er anfänglich ein reges Interesse für das Schulfach Physik an den Tag, das aber später zurücktrat. Nachdem ein Alumne »durch den offenen Hahn der Schlafstubenlampe der Gefahr einer Gasvergiftung ausgesetzt«[33] gewesen war, wurde Ende des Jahres 1924 auch im Alumnatsgebäude in Hannoversch Münden elektrisches Licht installiert.

Adam wurde von seinem Vater zu großer Sparsamkeit erzogen und mußte als Schüler seine Ausgaben regelmäßig auf Heller und Pfennig abrechnen. Die Mutter, der am Herzen lag, daß ihr Mann mit Adams Abrechnungen voll zufrieden war, steckte unter mahnenden Worten (»Sei aber in Zukunft vorsichtig!«[34]) ihrem Sohn ab und an Geld zu, wenn er mal wieder beim Fußballspielen eine Fensterscheibe zerdeppert hatte. Wie aber sollte man sparsam sein, wenn in den Jahren 1922 und 1923 die Preise in maßlose Höhen davongaloppierten? Zu seinem 13. Geburtstag wünschte sich Adam einen Fußball, ließ aber seine Eltern schon zwei Monate vorher wissen, daß »die Dinger haarsträubend teuer«[35] seien. Derartige Erfahrungen sollten gar nicht mehr aufhören, sondern sich zusehens weiter und immerfort weiter steigern. Im Herbst 1922 stellte Adam besorgt fest: »Hier wird der Schuster so unverschämt teuer, daß ich nicht weiß, was ich machen soll. Für etwas flicken nimmt er über 200 Mark. [...] Das wird wohl ein schlimmer Winter werden.«[36] Und nicht nur ein Winter. Im März 1923 berichtete der Junge seinen Eltern: »Die Wäsche ist so furchtbar teuer, daß Ihr die Leute verrückt nennen würdet, wenn Ihr die Rechnung sähet.«[37] Für den Geldschein, mit dem der Vater seinem Sohn zum Geburtstag »einen kleinen Spaß«[38] hatte bereiten wollen, konnte Adam im August 1923 nur noch ein Brötchen kaufen. Es war nämlich gar nicht mehr möglich, das Geld so schnell auszugeben, wie es an Wert verlor. Nach den Sommerferien kam es im Alumnat deshalb zu erheblichen Versorgungsproblemen, die sich besonders im »Mangel an Kartoffeln empfindlich bemerkbar«[39] machten. Der Inspektor versuchte in seinem Halbjahresbericht die Lage herunterzuspielen, mußte allerdings zugeben, daß eine »genügende Ernährung« der Alumnen ohne deren »Lebensmittelsendungen von daheim« nicht mehr gewährleistet werden konnte. In der Praxis sah das so aus, daß Adam von zu Hause Brot, Butter, Wurst, Eier, Zucker, Kakao und Obst geschickt oder mitgebracht bekam, was vorher so nie der Fall gewesen war. Auf einen Klassenausflug zur Wartburg konnte er sich überhaupt nicht freuen, denn dieser sollte 150.000 Mark oder, laut Klassenlehrer, den Gegenwert von zwei bis drei Glas Bier kosten. »Ihr müßt zu begreifen versuchen«, erklärte Adam vorsorglich der Mutter, »daß das sehr, sehr billig ist«, da eine zehnfache Fahrpreiserhöhung unmittelbar bevorstehe; auch sei »mitzufahren leider Zwang«[40]. Kurze Zeit danach empörte sich der Junge: »150.000 Mark sind ja nichts mehr!«[41] Vor drei Wochen habe einmal Wäschewaschen 160.000 Mark gekostet, jetzt aber müsse er 2,4 Millionen dafür bezahlen. Und die Schulhefte, die er benötige, möchten bitte die Eltern besorgen, denn »hier sind sie ganz unverhältnismäßig teuer«[42]. Doch mit den Preisen stand es andernorts nicht besser, wie er von der Mutter erfuhr.

Ob Adam die Kostenexplosion nun haarsträubend, unverschämt, verrückt oder unverhältnismäßig nannte, so drückte er damit sprechend aus, wie sehr das materielle Wertesystem aus den Fugen geraten war und das ihm anerzogene sparsame Preisbewußtsein jeglichen Sinn verloren hatte, ja ihm geradezu wie ein Hohn erscheinen mußte. Wie sollte ein Junge von 13-14 Jahren die Vorgänge dieser ungeheuerlichen Inflation verstehen – verursacht durch eine Zusammenballung zahlreicher negativer Faktoren, in erster Linie Kriegsfolgelasten und Auswirkungen der Ruhrgebietsbesetzung –, standen ihnen doch auch die Erwachsenen, selbst Finanzexperten hilflos gegenüber? Die Zahlen auf den Geldscheinen wurden immer phantastischer, was die Betroffenen keineswegs kurios finden konnten. Im Oktober erhielt Adam von zu Hause 500 Millionen und einen Monat später sogar zwei Billionen Mark für die allerdringlichsten Ausgaben. »Die Teuerung ist jetzt so groß«, schrieb ihm der Vater aus Berlin, »daß wir Dir leider die Freude, Sonnabend nach Kassel zu fahren, nicht machen konnten. Es tut mir das sehr leid, aber die Zeit ist eben sehr schwer, und da heißt es überall sich beschränken.«[43]

Mitte November 1923 gelang es schließlich, mit der Einführung der Rentenmark den Spuk zu beenden und die Reichsfinanzen zu konsolidieren. Der Schaden der Inflation aber war unermeßlich. Ein Zeuge und Opfer dieses Geschehens, der Philosoph Karl Löwith, hat den Schaden als »Auszehrung alles Bestehenden«, als »das Ende der bürgerlichen Sekurität« bezeichnet, was zu einer »Radikalisierung des sozialen und politischen Lebens« geführt habe: »Alte und wohlsituierte Familien waren mit einem Schlage verarmt, und junge Habenichtse waren durch Bankspekulationen zu großen Vermögen gekommen. [...] Selbst der vierjährige Krieg hat weniger auflösend auf die Moral und das gesamte Leben gewirkt als dieser rasende Wirbel, der die Menschen täglich von neuem bodenlos machte und bei den jüngeren einen verzweifelten Wagemut und die Skrupellosigkeit großzog. [...] Die Tugenden des deutschen Bürgertums wurden damals hinweggeschwemmt, und dieser schmutzige Strom trug die Bewegung, die sich um Hitler formierte.«[44] Die Verarmung durch die Inflation traf in erster Linie die bürgerlichen Mittelschichten, aber auch August von Trott – zumal er nicht zu den Großagrariern gehörte – verlor 1923 drei Fünftel seines ererbten und ersparten Vermögens, einschließlich der Mitgift seiner Frau. In den ihm noch verbleibenden 15 Lebensjahren verfolgte er daraufhin einen strengen Sparkurs, um den Verlust zumindest partiell wieder wettzumachen. Dabei ging es ihm um Sicherheiten für den Familienbesitz sowie um die Versorgung seiner viel jüngeren Frau und seiner sieben noch lange nicht selbständigen Kinder im Falle seines Todes. Der Sparkurs bedeutete für die ohnehin nicht durch Luxus verwöhnte Familie vielerlei spürbare Härten, vor allem aber sparte August von Trott an der eigenen Person, unternahm zum Kummer seiner Frau bis zu seinem Lebensende keine einzige Urlaubsreise oder Kur, rauchte die billigsten Zigarren und gönnte sich mit der Ausnahme von Büchern und Zeitungen wenig.

»Gott behüte und segne Dich in Deinem neuen Lebensjahr. Mach uns weiter Freude, wie Du es bisher getan hast und werde ein echter, gottesfürchtiger, wahrer und gütiger Mensch«[45], schrieb Eleonore von Trott ihrem Sohn zum 13. Geburtstag und drückte damit aus, wieviel sie von Adam erwartete, aber auch welches Zutrauen sie zu ihm hatte. Die damalige, auch von anderen Zeitgenossen wahrgenommene »allgemeine Entwertung, nicht nur des Geldes, sondern sämtlicher Werte«[46] beunruhigte Eleonore von Trott so sehr, daß sie ihren hohen Ansprüchen an den Sohn im folgenden Jahr eine weitere Ausrichtung gab. Voller Sorge, daß er, der größtenteils fern von zu Hause heranwuchs, schlechten Einflüssen ausgesetzt sein könnte, teilte sie im August 1923 dem 14jährigen Jungen mit: »Es wird mir doch immer schwerer, Dich so weit fort zu wissen und Dich nur so selten zu sehen. Du weißt, daß meine Gedanken immer bei Dir sind und wie sehr ich hoffe, daß Du mit Gottes Hilfe ein Mann wirst, der auch gegen den Strom schwimmen kann, was unsere schwache, willenlose, demoralisierte Zeit so nötig hat. Lies gute Bücher, die geben oft Kraft und sei stark, im rechten Moment nein zu sagen!«[47]

In den Ferien lasen Mutter und Sohn zusammen die viktorianischen Internats-Klassiker von Frederick William Farrar (»Eric, or Little by Little« und »St. Winifred's«), Geschichten voller Spannung und Dramatik, die davon handeln, daß auch Jungen mit guten Charakteranlagen in Gefahr stehen, verdorben zu werden. Adam würzte diese Lektüre mit Humor und verglich sich nicht etwa mit den positiven Helden, sondern unter Protest seiner Mutter mit einem Jungen, der, so Adam, »wegen zu viel Schulaufgaben verrückt wurde«[48]. An Farrars Buch »Eric« sah er sich bei einem Vorfall im Alumnat lebhaft erinnert. Just als der Generalsuperintendent sich dort aufhielt – angeblich zur Erholung, in Wirklichkeit aber, wie Adam richtig vermutete, um die Zustände im Alumnat zu überprüfen –, büxten einige ältere Alumnen zu einem heimlichen Kinobesuch aus. Seine Hochwürden der Wirkliche Geheime Oberkonsistorialrat und Konventsdeputierte des Klosters Loccum, Generalsuperintendent der Provinz Hannover, D. Ludwig Möller, entdeckte das Fehlen der Betreffenden um neun Uhr abends und verschloß die Haustür, jene aber nicht verlegen, kletterten daraufhin zum Fenster herein. Diese Episode war nur ein Beispiel dafür, daß der damalige, noch sehr junge Inspektor Küh-

Die Schwester Vera

nemund mit seiner Aufgabe überfordert war. In seinem Abschlußbericht erwähnt er, daß er seine »kameradschaftliche Methode« zugunsten einer »militärischen Zucht« aufgegeben habe, »als sich republikanische Neigungen geltend machten«[49] – man beachte die Wortwahl. Adam schildert den Inspektor als »einen Schlappschwanz sondergleichen«. Ihm fehle jeglicher »Mumm«[50] und er könne keine Disziplin halten. Er scheute sich nicht, seiner Mutter außerdem mitzuteilen: »Ich habe Kühnemund auch feste mitgeärgert, weil er willenlos und ängsthäsig ist.«[51] Die Mutter tadelte das Ärgern nicht direkt; als sie ihrem Sohn aber die Bitte an den Inspektor auftrug, er möchte von Adam eine Silhouette schneiden – eine besondere Kunstfertigkeit, die dieser beherrschte –, meinte sie: »Du mußt wissen, ob Du die Bitte Dir noch leisten kannst oder ob Du Herrn Kühnemund zu viel geärgert hast!«[52] Der Inspektor wurde jedoch kurz darauf abgelöst.

Adam besaß selbst geschickte Hände und einen ebenso praktischen wie ästhetischen Sinn. Er fiel zwar nicht an der Hobelbank des Alumnats auf, hatte aber an einem Buchbinderkurs teilgenommen und war begabt im Zeichnen. Dem Jungen kamen solche und andere Fähigkeiten bei der Herstellung von Geschenken sehr zustatten. »Ich habe 20 Weihnachtsgeschenke zu machen, wovon ich erst 13 habe. Das ist sehr schlimm! Zumal mir jegliches Geld für Material fehlt!« berichtete er Vera Mitte Dezember 1923. Einen Ausweg fand er im Erteilen von Nachhilfestunden, was seinen Schwestern sehr imponierte. – Die Schwestern waren Adam herzlich zugetan. Die älteste, Vera, blieb nach dem Realschulabschluß wegen ihrer heiklen Gesundheit vorerst zu Hause und profitierte von den Hauslehrerinnen ihrer jüngeren Schwester Monika. Vera schrieb Adam lange und liebevolle Erzählbriefe – auf die sie nur selten ebensolche Antworten erhielt –, sie schickte ihm gewöhnlich Vergessenes nach und konnte jedesmal sein Kommen in den Ferien kaum erwarten. Auch Monika schrieb ihrem Bruder: »Ich freu mich tüchtig auf Dich, denn es gibt dann wieder ein bißchen Leben hier.«[53] Ursula, die in Kassel in die Schule ging und bei Großmutter und Tante in der Kaiserstraße wohnte, hatte es ebenfalls gern, wenn Adam sie besuchen kam. Diese liebe Schwester stopfte und flickte mit großer Bereitwilligkeit seine zerrissenen Sachen und bat nur einmal, er möge ihr diese doch schicken, »solange die Löcher noch klein sind«[54]. Mit seinem Bruder Werner hatte Adam in diesen Jahren wenig Kontakt. Werner hatte eine Zeitlang bei einer Chemietechnik-Firma in Zittau gearbeitet, war dann aber wieder nach Imshausen zurückgekehrt und bereitete sich auf die Möglichkeit vor, auch ohne Abitur zum Studium zugelassen zu werden. Die beiden jüngsten Geschwister wurden allseits »die Kinder« genannt. Als er das Fotografieren entdeckte, knipste Adam am liebsten sein Schwesterchen Ello. Mit dem kleinen Bruder begann er, sobald dieser schreiben gelernt hatte, erste Briefe zu wechseln. »Heini möchte so sehr gern über den [Solz-]Bach springen, aber der ist so breit geworden!«, berichtete die Mutter Adam über den damals Sechsjährigen. »Er hofft es zu können, ehe Du kommst.«[55]

Zunehmend begann sich Adam in Münden allein zu fühlen und einen wirklichen Freund zu vermissen. Werner Liebermann hatte nach monatelangem Fehlen schließlich Anfang 1924 das Alumnat krankheitsbedingt verlassen, und auch Rudolf Hafner, den Adam gern mochte, schied aus. Adams Kindheitsfreund Bobby aber kam als Alumne von vornherein nicht in Frage, weil er durch seine Mutter katholisch war. Aus den Inspektoren-Berichten geht hervor, daß immer mehr Problemsöhne ins Alumnat gegeben wurden, Jungen von unterdurchschnittlicher Begabung und Lernfähigkeit; mancher erscheint fast stumpf und phlegmatisch. Daher erstaunt es nicht, daß sich Adam wieder verstärkt an seine Kasseler Freunde anschloß. Da einige von ihnen in der Jugendbewegung aktiv waren, bekam er durch sie – wie schon zuvor zu den Jungwandervögeln – jetzt Kontakt zu den *Nibelungen*, dem *Bund für Jugendwandern*, der sich Anfang 1922 vom Jungwandervogel abgespalten hatte und dem die Kasseler Ortsgruppe geschlossen beigetreten war. Im Faltblatt des Bundes werden u. a. »ritterliche Lebenshaltung« und »Kameradschaft«, die Arbeit für die »innere Wiedergeburt des Vaterlandes« sowie die »Opferfähigkeit dem eigenen Lande gegenüber« programmatisch herausgestellt, und zwar unter Wahrung politischer Abstinenz. »Vielfältigkeit, Innerlichkeit, Gesinnung, Treue, Selbstzucht, Selbsterziehung«, heißt es dort, »solches wird erwartet von dem Leben auf der Fahrt, von der Musik im großen Sinne, von aller Kunst, von Spiel und körperlicher Übung.«[56]

Bemerkenswerterweise trennte sich derjenige, der diese Ziele soeben formuliert hatte – es war dies der Kunsthistoriker und Romanist Gustav (Gösta) Ecke, der als junger Feldartillerieleutnant am Weltkrieg teilgenommen hatte – bereits 1923 von der Bewegung und ging als Lektor nach China. Noch kurz vor seinem Abschied war Adam ihm bei einem Nibelungen-Treffen auf dem Tannenberg[57] (nicht weit von Imshausen) begegnet und behielt seine Persönlichkeit in eindrücklicher Erinnerung. Über seine einstigen Ideale urteilte Ecke aus Peking zwölf Jahre später äußerst selbstkritisch und distanziert: »Sprechen wir besser nicht von dem damaligen Bunde; in seinem unheilvollen Namen war seine Zukunft bedeutet, und nachträglich kann man sich über nichts mehr wundern.«[58] Adam von Trott erläuterte Ecke, daß er seinerzeit dem Bund nur deshalb »nahestand«, weil ihm in Hannoversch Münden ansprechende Alternativen gefehlt hätten. Insofern könne er auch keine »Gemeinsamkeit als Nibelunge«[59] für sich in Anspruch nehmen. Mit anderen Worten, es waren keine hehren Ziele, sondern vielseitig interessierte und geistig anregende Freunde, die Adam in den Jahren 1923/24 mehrmals nach Kassel zu den Treffen der Nibelungen führten: Otto Lüning, Helmut Boehncke, Wulf von Dobschütz und wie sie sonst hießen. Hinzu kam, daß diese sehr um seine Freundschaft warben. Die Jungen, ebenso Adam, lasen damals fasziniert Hermann Hesses »Demian«, und Boehncke meinte im nachhinein zu erkennen, daß Adam auf ihn »wie Demian auf Sinclair«[60] gewirkt, ihn auf ähnliche Weise angezogen habe. In Imshausen, wohin Adam einige der Freunde einlud, hinterließen bei Boehncke der »ernste, bärtige Vater« und die »königliche Mutter« großen Eindruck. Adam machte ihn mit Bobby bekannt, während Boehncke seinen Freund Gottlieb Eckhardt mitbrachte. Die »waghalsigen Spiele«, die Adam und Gottlieb »mit einer Feldeisenbahn trieben, die den Tannenberg hinunterschoß«[61], blieben ihm unvergeßlich.

Pfingsten 1924 hat Adam von Trott ein einziges Mal an einem Bundestag der Nibelungen teilgenommen, der am Schönsee bei Urnshausen in der Rhön stattfand. Wie er jedoch diese Versammlung der rund 200 Jungen und jungen Männer unter wehenden Fahnen und bei klingendem Spiel sowie das Programm aus Gottesdienst, Wanderung und sportlichen Wettkämpfen, »Thing« und »Bundesfeuer« erlebt hat, ist nicht überliefert. Nachweisen läßt sich hingegen, daß ihn die »große Fahrt« angezogen hat, die der Nibelungenbund im Sommer 1924 nach Schleswig-Holstein veranstaltete. Sieht man von den Aufenthalten mit der Familie in Salzungen und Saarow in seiner Kindheit ab, hatte Adam noch nie eine Ferienreise unternommen. Mit seinen nunmehr bald 15 Jahren sehnte er sich verständlicherweise danach, herauszukommen, etwas von der Welt und zum ersten Mal das Meer zu sehen. Wenn nur die Kosten nicht gewesen wären. »Du weißt«, schrieb er seiner Mutter, »daß die Sommerfahrt ziemlich viel Geld kostet [...] etwa 35 Mark. Bitte, bitte schenkt es mir!« Da er nicht unbescheiden sein wollte, fügte er auf alle Fälle hinzu: »Wenn es aber zu viel ist, dann will ich auch ganz zufrieden sein.« Seine genauen Reisevorbereitungen, von denen im Brief des weiteren die Rede ist, zeigen jedoch Adams Zuversicht. »Ich freue mich so wahnsinnig«, erklärte er, »daß ich kaum merke, wie schlecht ich es hier habe. Ich habe hier ziemlichen Krach gehabt. [...] Ach, Mutter schick mir dann auch bitte das anfangs erwähnte Geld!?! [...] Wenn Du meine Freude verstehst, dann nimm mir bitte nichts übel! Dein treuer, gehorsamer & was Du sonst noch haben willst Sohn Adam.«[62] Die Eltern mochten ihm die Freude nicht versagen, und Adam durfte mitfahren. Von unterwegs schickte er der Mutter begeisterte Karten: »In Hamburg und Kiel war es fabelhaft! Wir laufen jetzt an der Schlei entlang. Mir geht es sehr gut. Wir kommen vielleicht heute noch zur See! Dann baden wir und bauen uns ein Zelt. Am 12. [Juli] sind wir in Schleswig!«[63] – »Deine Karte erreichte mich glücklich hier in Flensburg. [...] Nächste Post: Rendsburg. [...] Den nördlichsten Punkt unserer Fahrt haben wir bereits hinter uns! Aber das erzähle ich lieber alles mündlich. Ich mache mir Notizen.«[64]

Aber auch diese gemeinsame Fahrt mit den Freunden – einer war sogar eigens wegen Adam nachgereist – machte aus ihm keinen »Nibelungen«. Für Lagerfeuer, Kochen und Zelten konnte er sich nicht sonderlich erwärmen, noch weniger aber für die irreale Zielsetzung des Bundes.[65] Daraus, daß er laut Boehncke »mit dem Nibelungenbund nicht viel im Sinne gehabt«[66] hat, zog Adam von Trott schließlich zum Jahresende 1924 die Konsequenz und trat aus der Kasseler Ortsgruppe aus.[67] Der zuständige Bundesbruder Wulf von Dobschütz zeigte sich in seiner Antwort erschreckt über diesen Schritt, gestand Adam jedoch zu: »Du bist vielleicht schon weiter als ich, und ich kann Dir somit nicht viel erklären.« Er unterzeichnete seinen Brief mit »Dein bester Freund Wulf«[68]. Ohne Groll reagierten auch andere Kasseler Nibelungen und ließen Adam vor Antritt der nächsten Sommerfahrt wissen, wie sehr sie ihn vermißten. Der Nibelungenbund existierte ohnehin nur noch zwei Jahre und wurde nach einem Richtungsstreit Ende 1926 aufgelöst. Adams Kontakte zu dieser Splittergruppe der Jugendbewegung hatten ihm Freundschaftserfahrungen und eine Sommertour eingebracht sowie eine flüchtige Begegnung mit dem bald abtrünnigen Jugendführer Gustav Ecke, die sich für ihn noch als ein wichtiger Anknüpfungspunkt erweisen sollte. Ein Protagonist oder ein Anhänger der Jugendbewegung oder gar, wie behauptet, ihr »Produkt«[69] ist Adam von Trott nicht gewesen.

Eine ganz andersgeartete Freundschaft verband Adam zeitweilig mit Hans von Bodenhausen. Dieser hatte noch vor dem Abitur das Mündener Gymnasium verlassen, um sich der Landwirtschaft zuzuwenden. Obwohl sieben Jahre älter, gab er sich gerne mit Adam ab, ja, er scheint geradezu einen Narren an ihm gefressen zu haben. Adam hingegen zog es in diesen Jahren der beginnenden Pubertät an, von einem fast Erwachsenen und mit seinem Bruder Werner Gleichaltrigen als Freund akzeptiert zu werden. Bodenhausen war ein geübter Reiter – zum elterlichen Gut auf dem Arnstein gehörte ein Reitstall – und lehrte Adam die Anfangsgründe des Reitens. Er nahm ihn zum Reitturnier und zur Jagd mit, ging mit ihm auf Fotostreifzüge, lieh Adam sogar seine Kamera. Immer wieder dachte sich Bodenhausen eine Attraktion für den Jungen aus, um ihn auf den Arnstein zu locken, und dieser ließ sich nicht lange bitten. Mal war es ein neugeborenes Fohlen, das Adam sich unbedingt ansehen müsse, mal war ein älterer Bruder da oder ein Vetter zu Gast, die er kennenlernen sollte, mal war es ein Familienfest, bei dem seine Anwesenheit erwünscht war, mal wurde ihm ein sonntäglicher Gänsebraten in Aussicht gestellt. Im nahrungsknappen Jahr 1923 zeigten sich Bodenhausens als besonders spendabel. Adam seinerseits lud seinen Freund Hans mehrmals nach Imshausen ein. Da dieser aber, wie seine Schwester Erika es formuliert hat, »ganz ungeistig«[70] war – sein Leseinteresse etwa ging über »Peter Voss, der Millionendieb« nicht hinaus –, entwuchs Adam allmählich dieser Freundschaft und übertrug sie auf den Schwager Götz von Selle. Das ergab sich unmerklich, da Adam stets als Gastfreund der ganzen Familie galt, einschließlich Selles aus Göttingen, die häufig auf dem Arnstein weilten. Selle brachte dem mehr als 15 Jahre jüngeren Schüler große Sympathie entgegen und verschaffte ihm für dessen Referate »wunderbare Bücher aus der Göttinger Bibliothek«[71]. Durch Selles lernte Adam auch Göttingen kennen, eine Stadt nach seinem Gefallen.

»In der Schule ist es ganz furchtbar! Die Lehrer sind so eklig zu mir!« Mit diesen alarmierenden Sätzen suchte der 15jährige Adam die Anteilnahme seiner Mutter hervorzurufen. Was war passiert? Der Mathematiklehrer hatte ihn während einer Klassenarbeit dabei erwischt, wie er einem Kameraden helfen wollte, und ihn wegen Täuschungsversuch ins Klassenbuch eingetragen. Nach Adams Ansicht war das kein Betrug, »sondern höchstens unangebrachte Kameradschaft«. Er fühlte sich ungerecht behandelt und fand den Lehrer »direkt gemein«, weil er ihn obendrein einen Lügner gescholten habe. »Schreib mir doch mal 'nen netten Brief«[72], forderte er die Mutter auf. Diese reagierte postwendend und besänftigend: »Halte tapfer durch, lieber Adam. Glaube, daß wir viel und mit Liebe an Dich denken.« Zum Vorfall selbst meinte sie: »Es ist besser, solche Sachen nicht zu machen, aber ich halte es nicht für Betrug, wenigstens die Hilfe nicht. Ich würde es aber unrecht von Dir finden, wenn Du in der Stunde solche Hilfe annähmest.«[73] Gewiß auch wegen derartiger Hilfeleistungen war Adam in seiner Klasse beliebt. Hans W. Buchinger, sein Klassenkamerad auf der Sekundastufe, behielt Adams »großartigen Humor«[74] im Gedächtnis sowie dessen Art, nie »seine Geistesgaben, weil unziemlich, zu offenbar und neid-herausfordernd«[75] hervorzukehren. Besonders auffällig sei sein »inneres Gleichgewicht« gewesen. »Selbst bei der tollsten Losgelassenheit« habe er sich »immer zurückpfeifen«[76] können. Als Buchinger dies nach Jahrzehnten aus der amerikanischen Emigration berichtete, konnte er sich nicht erinnern, Adam in der Schule jemals »über irgendetwas verärgert oder aufgebracht«[77], sondern nur souverän und entspannt erlebt zu haben. Ob dieser Außenwirkung eine innere Gelassenheit entsprochen hat, ist damit natürlich nicht gesagt. Zweifelsfrei hat er sich in der Pubertätszeit an den Verhältnissen in Schule und Alumnat sehr gerieben. Um so mehr empfand er Imshausen als positiven Kontrast, sein Elternhaus als einen »sehr starken Rückhalt«, wie er nach den Weihnachtsferien 1924/25 hervorhob.[78] Bald darauf heimste Adam wegen Unfugs eine Doppelstrafe ein, in der Schule und im Alumnat. Sein Brief, in dem er den Vorfall seinem Vater darlegte, ist nicht erhalten. Die Angelegenheit selbst verdient ohnehin weniger Interesse als die Antwort August von Trotts. Denn sie beleuchtet sein Verhältnis zu Adam und macht über den engeren Zusammenhang hinaus verständlich, weshalb die Vater-Sohn-Beziehung – trotz politischer Divergenzen in späteren Jahren – dauerhaft stabil blieb.

Schimpfen war die Sache des Vaters nicht, statt dessen äußerte er sich betrübt. An die konkrete Stellungnahme zu einzelnen Fragen knüpfte er Mahnung und Kritik: »Du hast ein sehr feines Gefühl und bist leicht verletzt, denkst aber zu wenig daran, daß es bei anderen ebenso sein kann.« – »Gerade wenn Du den Herrn Inspektor nicht leiden magst, solltest Du peinlich vermeiden, ihm berechtigten Grund zum Tadel zu geben, damit Du ihm gegenüber nicht ins Unrecht kommst.« Als ob er mit diesen und anderen Forderungen seine Pflicht zur Strenge ausreichend erfüllt habe, widmete sich der Vater nun, wie man es bei einem solchen Anlaß kaum vermuten würde, dem Zuspruch: »Daß Du jetzt Dich so wenig glücklich fühlst, tut mir sehr leid. Aber Du mußt jetzt als tapferer Junge durchhalten und darfst die Flinte nicht in's Korn werfen. Per aspera ad astra.«[79] Außerdem kündigte der Vater seinen Besuch an, sobald er von einem mehrtägigen Aufenthalt in Berlin zurückgekehrt sei: »Dann werden wir uns, besser als es schriftlich geht, über alles unterhal-

In der Klasse (1924/25, vorne)

ten und verständigen.« Schien damit eigentlich alles gesagt, hielt es August von Trott für wichtig, sich ungeachtet seiner Autorität dem Sohn zu erklären: »Du hast keinen besseren Freund auf der Welt wie mich, und wenn ich Dich tadele, tue ich es, weil ich Dich lieb habe und dazu beitragen möchte, daß Du ein tüchtiger und anständiger Mann, ein echter Edelmann wirst.« Welche Maßstäbe für ihn dabei galten, hatte der Vater schon zu Beginn des Briefes geäußert. »Es kommt nicht allein auf Erfolg an«, betonte er – der selbst eine hohe Karriere gemacht hatte und solches gewiß auch von Adam wünschte –, »sondern vor allem darauf, daß man sich stets anständig und ehrenhaft benimmt und das, was man tut, vor sich selbst und vor Gott vertreten kann. Wer nur und vor allem auf den Erfolg blickt, der entspricht dem nicht.«[80]

Am Palmsonntag 1925 wurde Adam – nach Konfirmationsunterricht in Münden – in Imshausen konfirmiert, ein Ereignis, von dem allein sein Konfirmationsspruch überliefert ist: »Denn Einer ist euer Meister, Christus, ihr aber seid alle Brüder« (Matthäus 23, Vers 8). Innere Barrieren hielten Adam jedoch vorerst von Kirche und Religion fern, und dies offenbar nicht trotz, sondern wegen seines »Sinnes für Spiritualität«, den ihm seine Mutter »als Junge entschieden in besonderem Maße«[81] bescheinigt hat. In seiner Schulzeit erlebte er Religion nicht als umfassende, lebendige Kraft, vielmehr als »etwas Fremdes«, das man »anerkennen oder dem man sogar gehorchen«[82] müsse. Dies manifestierte sich schon in den äußeren Formen. Jeden Morgen beispielsweise, genau 20 Minuten nach dem Aufstehen, mußten die Alumnen gemäß der Hausordnung zur Morgenandacht wie zu einem Appell erscheinen. Einer der Inspektoren hat zur religiösen Einstellung der Alumnen konstatiert: »Ein freudiges, inneres Zustimmen und Bejahen ist nicht vorhanden. Die Jugend verharrt in einer kritischen und skeptischen Haltung«, und sodann den Finger auf die Wunde gelegt: »Zwang auf religiösem Gebiet zerbricht mehr als man dadurch zu erreichen hofft.«[83] Wie tief die Aversion gründete, die Adam von Trott damals ergriffen hatte, zeigte sich noch zwei Jahrzehnte später: Während eines Weihnachtsgottesdienstes 1942 in Berlin stand das seinem Empfinden nach »bürgerlich Gesättigte, Selbstsichere der Kirchenatmosphäre Mündens und des Alumnats mit unwiderstehlicher Gewalt« wieder vor ihm auf und errichtete um ihn das »Bollwerk von Ärgernis«, dem es ihm, wie er seiner Mutter gestand, »noch heute außerordentlich schwer fällt, zu entgehen«[84].

Das Mündener Gymnasium bot seinen Schülern mancherlei kulturelle Abwechslung wie Vorträge, Konzerte und Theater. Ins Kino führte man die Klassen nur ausnahmsweise, so als 1924 in Münden alle vier Teile des Filmes »Fridericus Rex« mit Otto Gebühr zu sehen waren. Fahrten zu Schüleraufführungen ins Staatstheater Kassel fanden hingegen jedes Jahr statt. Gleich sein erstes derartiges Theatererlebnis im Mai 1922 gefiel Adam sehr. Es wurden »Der gehörnte Siegfried« und »Siegfrieds Tod« von Hebbel gegeben. Hauptdarsteller war »Kurt Uhlig, einer der besten Schauspieler Kassels«[85], wie der Zwölfjährige zu berichten wußte. Wenn es sich ermöglichen ließ, ging Adam später auch auf eigene Initiative ins Theater. Im Frühjahr 1926 freute er sich auf einen bevorstehenden Besuch von Ibsens »Peer Gynt«: »Es ist eins der wertvollsten Dramen, die wir haben, und ich glaube, daß es auf der Bühne ungeheuer wirken wird.«[86] Daneben entdeckte er die Musik, als Hörer von Konzerten ebenso wie beim aktiven Musizieren. Adam war mehrere Jahre Mitglied des Schüler-Blasorchesters. Er spielte zunächst Trompete und wechselte dann, offenbar auf Wunsch des Dirigenten, zum Horn. Nach den Sommerferien 1925 schrieb er nach Hause: »Unsere Kapelle ist ganz neu besetzt worden. Ich spiele zwar auf demselben Horn, aber nicht mehr Alt-

Das Schüler-Blasorchester

horn, sondern Waldhorn, und das ist viel schwerer!«[87] Zu allem Üben und den Proben kam stets noch das Abschreiben der Noten hinzu. Das Blasorchester trat bei Konzerten und häufiger bei Schulfeiern auf, auch zur musikalischen Umrahmung von Vorträgen. Geradezu Furore machte die Kapelle aus Hannoversch Münden zu Pfingsten 1925 in Kufstein in Tirol auf der Haupttagung des *Vereins für das Deutschtum im Ausland* vor vielen tausend Zuhörern und wurde für ihre Darbietungen mit einer Ehrenplakette ausgezeichnet.

Die Mitwirkung in Kufstein trug Adam seine erste Reise ins Ausland ein, zu der obendrein noch ein attraktives Rahmenprogramm gehörte: Wanderungen im Kaisergebirge, ein Ausflug nach Innsbruck und schließlich auf der Rückfahrt die Besichtigung Münchens, einschließlich des soeben erst eröffneten Neubaus des Deutschen Museums.[88] Zum Staunen von Monika brachte ihr Bruder als Souvenir einen Tiroler Hut mit, den er aus Freundschaft mit einem Kufsteiner Straßenkehrer gegen seine Schülermütze eingetauscht hatte und noch jahrelang zur Jagd trug.[89] – Die Jagd übrigens entwickelte sich in diesen Jahren während der Ferien im Trottenwald zu Adams ausgesprochener Leidenschaft. Seine Feststellung im Herbst 1926 anläßlich des Lesens von Jagdschilderungen: »Ich werde wohl die Jagdpassion mein Leben lang nicht mehr verlieren und immer meine Erholung von der Arbeit im Wald finden«[90], sollte sich voll bewahrheiten.

Adam war auch Mitglied im Gymnasial-Ruderverein Münden. »Heute werde ich im Ruderverein geburscht, das ist ein kolossales Examen! Hoffentlich falle ich nicht durch«[91], teilte er im Herbst 1925 seiner Mutter mit. Er betrieb den Rudersport mit Energie und hatte besonders Freude am Skullen. Einen Höhepunkt seiner Rudereinsätze bildete eine Fahrt mit dem Vierer die Weser hinunter bis nach Bremen während der Sommerferien 1926. Eleonore von Trott, die in ihrer Jugend begeistert Tennis gespielt hatte, suchte Adam ebenfalls für diesen Sport zu gewinnen. Er fand auch Gefallen daran, aber wegen der Platzmiete war Tennis ihm auf Dauer zu teuer. Adam und seine Geschwister liebten jede Art von Wintersport und liehen sich die erforderlichen Geräte gegenseitig aus: neben Schneeschuh- und Schlittschuhlaufen vor allem Rodeln, wozu die Imshäuser Gegend mit ihren Bergen die herrlichsten Bahnen bot, der aber auch Hannoversch Münden nicht nachstand. – Gegen Ende des Jahres 1925 wurde Adam mit seinen 16 Jahren vom Box-Fieber gepackt. Zu Weihnachten wünschte er sich von seinem Onkel (Eberhard von Schweinitz hatte sich Boxpraxis als Student in Oxford erworben) eine Boxgarnitur und ein Buch über Boxen. Seine Boxkenntnisse versuchte Adam sogleich an seine Ko-Alumnen weiterzugeben – wesentlich zum Ärger des Inspektors. Dieser vermerkte in seinem Bericht: »von Trott hatte nach Weihnachten, ohne um Erlaubnis zu fragen, das Boxen eingeführt, was ich bald verbieten mußte.«[92] Über diesen Fall »schlechten Betragens« habe er den Vater in Kenntnis gesetzt. Boxunterricht nahm Adam indes weiterhin. Als sein Bruder Werner einen Nasenunfall erlitt, versuchte er ihn mit der möglichen Aussicht seiner Leidensgenossenschaft zu trösten: »Früher oder später werde ich meine Nasenknochen ja vielleicht beim Boxen auch verlieren.«[93] Zugleich zeigte er eine sehr empfindsame Seite. Auf einer Kirmes in Münden beobachtete der Sechzehnjährige, wie ein Mann aus einem Fliegerkarussell herunterflog und am Boden liegend, von Krämpfen geschüttelt, um sich schlug, während ihn Sanitäter festhielten – wie die Zuschauer aber lachten und sich darüber amüsierten. »Das ist so was Widerliches. Man sieht dann so recht, wie schlechte Menschen es gibt«, drückte Adam seinen Abscheu vor solchem Verhalten aus und beschloß in jugendlicher Überreaktion, »nie wieder zu so etwas hinzugehen«[94].

Der Mangel an Privatsphäre im Alumnat wurde Adam immer unerträglicher und forderte ihn im Herbst 1925 zur Renitenz gegen den neuen Inspektor, Dr. Walter Kaufmann, heraus. Adam bewunderte dessen Orgelspiel und ging sogar eigens in die Kirche, um ihn dort musizieren zu hören. Als der Inspektor ihn jedoch ständig bei seinen Schulaufgaben zu kontrollieren versuchte, wurde Adam, wie er seiner Mutter schrieb, »kribbelig« und wies derartiges Mißtrauen zurück. Der Inspektor sei daraufhin in Rage geraten und habe sich auf sein Recht berufen, sogar die Privatlektüre zu beaufsichtigen – was ihm nach der Alumnatsordnung tatsächlich zustand. Er selbst habe, so Adam, ihm »ganz ruhig« geantwortet, er würde »immer das lesen«, was er »für richtig hielte«, und »sei keineswegs gewillt«, sich »wie ein dummer Junge« behandeln zu lassen.[95] Kaufmann ließ ihn hinfort in Ruhe, nahm ihn aber in seinem Bericht besonders aufs Korn: »von Trott zu Solz ist sehr schwer zu behandeln, zum Teil liegt das an seinem Selbstbewußtsein. [...] Äußerlich und innerlich läßt er sich oft sehr gehen, poltert und ist vorlaut, widerspricht dauernd. Er müßte stets eine starke Hand fühlen.« Der Inspektor billigte Adam zwar zu, »geistig sehr regsam« und »höchst begabt« zu sein, aber zugleich sei er »entsetzlich unreif«[96]. Heinrich Mensching, der Inspektor im folgenden Halbjahr, kam zu einem ähnlichen, jedoch differenzierten und verständnisvolleren Urteil: »von Trott hat sich nicht mehr so wild aufgeführt, wie er mir noch von dem früheren Inspektor geschildert wurde. Aber er ist doch noch ganz in der inneren Gärung der Pubertätszeit, und diese Gärung ist bei ihm sehr intensiv. [...] Dazu trägt auch viel sein überaus schnelles Wachstum bei. Bei seiner guten Begabung und der großen Aufnahmefähigkeit für alles, was ihm begegnet, ist in seinem Kopfe ein großes Durcheinander der verschiedensten Probleme und Gedanken. [...] In freundschaftlichem Zwiegespräch offenbart er sich sehr freimütig und vertrauensvoll, und er nimmt sich dann auch zu Herzen, was man ihm sagt. [...] Das Haus ist ihm höchst lästig, da sein ganzes Streben auf Freiheit und Unabhängigkeit geht. Von Zeit zu Zeit muß er immer einmal wieder kräftig den Zügel spüren.«[97]

Das Bild, das Adam selbst von seiner Umgebung vermittelte, spiegelt sich in einem Brief des zwei Jahre älteren Gottlieb Eckhardt an ihn: »Wie muß das unangenehm sein, in einem Alumnat eingesperrt zu sein, immer umgeben von Menschen, die einem im Grunde schnuppe sind.«[98] Das »Eingesperrtsein« war durchaus konkret gemeint, denn acht Alumnen hatten sich jeweils einen Gemeinschaftsraum zu teilen, ohne jede Rückzugsmöglichkeit, denn in den Schlafstuben durfte sich tagsüber niemand aufhalten. In dem »so oft beschriebenen Arbeitsraum« könne er unmöglich »ein ordentliches Buch lesen«, ja, nicht einmal einen »vernünftigen Gedanken fassen«, klagte Adam anderthalb Jahre vor seinem Schulende. »Um mich her lacht und redet man, man macht Witze, es ist furchtbar.« Wenn er bis zum Abitur im Alumnat bleiben solle, erklärte er seinen Eltern, dann »muß ich allein arbeiten können«[99]. Mit großer Beharrlichkeit erreichte der Sechzehnjährige schließlich, daß – nach einem Gang durch die Instanzen bis zur Klosterleitung – für zwei Primaner ein zusätzliches Arbeitszimmer eingerichtet wurde.

Während Adam einerseits das »dauernde Zusammenleben als drükkende Last«[100] empfand, litt er andererseits darunter, daß er »so verflucht allein fertig werden«[101] müsse. Als Ausweg begann er, sich der Literatur zuzuwenden, ein für ihn zunächst noch unsicheres Terrain. »Ich lese augenblicklich sehr viele Bücher, gute Bücher. Teils helfen sie mir, teils verwirren sie mich, denn ich bin zu leicht gewogen, dieselbe Ansicht zu haben wie der Schriftsteller«[102], äußerte er mit 15 Jahren. Es war die Schule, die ihn hierbei in den folgenden Jahren entscheidend angeregt und gefördert hat, so daß Adam bald eine besondere Vorliebe für den Deutschunterricht entwickelte. Das erste Werk, das sich ihm nach eigener Aussage erschlossen hat, war Goethes »Iphigenie«, dann wurde er von Ibsens »Peer Gynt« ergriffen, und »etwas ganz Neues« ging ihm in der »Welt Hebbels und seiner Tragödie«[103] auf. »An einem Vortrag, den ich Montag zu halten habe, habe ich soeben zwei Stunden mit großer Freude gearbeitet«, berichtete Adam im Herbst 1926 seinem Vater. »Er behandelt das Problem und den Aufbau von Hebbels ›Judith‹, die wir gerade in der deutschen Arbeitsgemeinschaft lesen. Im anderen[104] deutschen Unterricht lesen wir den ›Faust‹, der mir jedoch lange nicht so viel augenblicklich bedeutet wie Hebbel.«[105] Der 17jährige Oberprimaner war von Hebbel so stark gefesselt, daß er auch die Dramen von ihm las, die nicht auf dem Lehrplan standen, sowie Hebbels Tagebücher und Bücher über ihn, um »immer tiefer in ihn einzudringen«. Damit fand Adam nach eigenen Worten »eine der schönsten Aufgaben«[106] seiner Schulzeit. Seine intensive Beschäftigung mit Hebbel wurde dadurch belohnt, daß er mit einer Arbeit über »Judith und Holofernes« eine Eins erzielte. »Dieses Prädikat kommt in der Oberprima für einen Klassenaufsatz nur alle paar Jahre einmal vor«[107], hielt Adam seiner Mutter entgegen, als diese die Befürchtung geäußert hatte, er könnte möglicherweise als zu jung und unreif vom Abitur zurückgestellt werden. »Ich bin eher zu alt für die äußerliche und oberflächliche Art, die hier den Unterricht (außer Deutsch) beherrscht«[108], meinte er. In seinen letzten Schuljahren befaßte sich Adam auch mit englischen Dramen: Für ein Referat über Shakespeare setzte er sich insbesondere mit »Hamlet« auseinander, und in einem Aufsatz verglich er Schillers und Shaws »Johanna«, ein Thema, das ihm sein Vater vorgeschlagen hatte. Kurz vor dem Abitur schrieb er Vera von seiner »großen Freude« an der Lektüre von »Julius Caesar« im Englischunterricht.[109] Adam las die Rolle des Brutus.

Der Primaner (1926)

Nachdem bereits in Kassel bei ihm ein nervöses Herz festgestellt worden war, wurde Adam im Spätsommer 1923 zeitweilig wegen »einer Herzstörung von jeglichem Turnen befreit«[110]. Zur gleichen Zeit hatte er unter äußerst schmerzhaften Furunkeln zu leiden, ein Übel, das ihn später wiederholt quälen sollte. In den nächsten Jahren allerdings scheint sich seine Gesundheit stabilisiert zu haben. Jedenfalls nahm er sportliche Herausforderungen gerne an, ohne sich dabei zu schonen. Mit 17 Jahren bereitete ihm jedoch »ein dem raschen Wachstum nicht angepaßtes und zu schwaches Herz«[111] erhebliche Probleme, die er nicht ignorieren konnte. Das ganze letzte Schuljahr wurde er erneut vom Turnunterricht befreit, gegen Ende 1926 untersagte ihm sein homöopathischer Arzt auch die geliebten Sportarten Rudern und Boxen, ja erklärte sie »auf Jahre hinaus für unmöglich«[112]. Da Adam ungeachtet seines Wachstums an Körpergewicht verlor, bekam er eine Sahnekur verordnet, die ihm nicht behagte und auch wenig half. Der Inspektor des letzten Halbjahres nahm von solchen Beeinträchtigungen keinerlei Notiz. Er schilderte diesen Alumnen, in dem es »gärt und brodelt«, als Inbegriff von einem »Störenfried« – »für das Haus mehr eine Last«[113]. Zu diesem Bild paßt wenig, daß der Junge soviel Anteil am Geschick von Frieda Müller nahm. Die langjährige Hausdame des Alumnats hatte sich im Sommer 1926 einen Oberschenkelhalsbruch zugezogen und wurde zu Jahresbeginn 1927 durch eine neue Hausdame ersetzt. »Frl. Müller«, schrieb Adam nach Hause, »sieht jetzt aus wie Dürers Mutter.«[114] Ihn bekümmerte sehr, daß sie, kaum genesen, im Februar erneut stürzte: »Es ist doch furchtbar!«[115] Als diagnostiziert wurde, daß jetzt beide Oberschenkel betroffen waren, meinte er: »Das Unglück scheint gar kein Ende zu nehmen.«[116]

In den Weihnachtsferien 1926 hatte sich Adam mit Werners Hilfe auf ein Referat vorbereitet. Der Bruder scheint ihm jedoch eine Ausdrucksweise nahegelegt zu haben, die den üblichen Schülerhorizont überstieg und beim Lehrer nicht gut ankam. Zu Adams bitterer Enttäuschung hieß ihn dieser sein Referat abbrechen, »mit der Begründung, es könne mich niemand verstehen und ich schiene es auch selber nicht verstanden zu haben«[117]. Wie wohl tat ihm danach ein verständnisvoller Brief des Bruders.

Das bevorstehende Abitur begann Anfang des Jahres 1927 zunehmend Adams Nerven zu belasten. Er nahm weiter ab, konnte nicht einschlafen, und wenn er schlief, träumte er »solch verrücktes Zeug« wie »eine Schlägerei mit den Lehrern«[118]. Am meisten plagte ihn die Sorge, er könnte noch in letzter Minute wegen Krankheit das Abitur versäumen. Dieser Fall trat jedoch nicht ein: Mitte Februar absolvierte er die schriftlichen Arbeiten in Latein, Griechisch, Deutsch und Mathematik, von denen ihm die erste am wenigsten und die letzte am besten gelang. »Ich habe Mathematik auch wirklich kolossal gearbeitet«, berichtete er der Mutter, »und so ist es mir gelungen, […] weit über's Ziel hinauszuschießen.«[119] Beim Deutschaufsatz hatte Adam – nicht verwunderlich, aber vielleicht vorschnell – das Hebbel-Thema gewählt: »Das Wesen des ›epochemachenden Dramas‹ soll an einem oder mehreren frei ausgewählten Dramen Hebbels erläutert werden.«[120] Nach dem Urteil des Deutschlehrers hatte er sich »die Aufgabe durch die Wahl seiner Stücke sehr erschwert«[121], denn diese (»Agnes Bernauer« und »Gyges und sein Ring«) waren für das Thema weniger geeignet. Dennoch bewertete der Lehrer die Arbeit mit Gut – nur das vom Abiturienten im stillen erhoffte Sehr gut war es nicht. Die Frage bleibt, ob ihm damals das alternative Thema »Der Widerstreit von Politik und Moral als Problem in C. F. Meyers Jürg Jenatsch«[122] nicht mehr gelegen hätte. Die Oberprima-Lektüre »Jürg Jenatsch« sollte zu den wenigen Werken gehören, die Adam von Trott im August 1944 in der Todeszelle zu lesen möglich war.

Im Februar und März fuhren die Abiturienten noch zweimal ins Theater nach Kassel, um Schillers »Wallenstein« zu sehen. Ansonsten fand Adam diese letzten Schulwochen wegen einer allseits gereizten Stimmung besonders unerfreulich. »Alles bleibt sich hier so gleich«, schrieb er Vera. »Die Schule ist Kuhhandel um Noten, die man verdient bzw. nicht verdient, die Lehrer nichtssagend, das Wetter schlecht, die Augen krank, Alumnat aus dem Häuschen usw. usw.«[123] Am 14. März fanden dann endlich die mündlichen Prüfungen statt. Adam konnte dabei in Latein die Scharte des Schriftlichen auswetzen und in Deutsch mit Erfolg »Hebbels Anschauungen über die Entwicklung der Menschheit (im Anschluß an die damalige Philosophie)« darlegen.[124] Von insgesamt 15 Oberprimanern bestanden fünf das Abitur mit Gut – unter diesen befand sich Adam als der weitaus jüngste.[125] Seine beiden Ko-Alumnen waren durchgefallen. Die Prüfungskommission kam über »Adam von Trott zu Solz« –

übrigens ohne Hinweis auf sein Alter – zu folgender interner Beurteilung: »Er ist erst in OI [Oberprima] eine gewisse kindliche Unreife losgeworden. Er ist mehr künstlerisch als streng logisch veranlagt, besitzt eine lebhafte Phantasie, gutes zeichnerisches Darstellungsvermögen, überhaupt vielseitige Interessen. In den deutschen und kunstgeschichtlichen Arbeits-Gemeinschaften hat er sich hervorragend betätigt.«[126] Sein Reifezeugnis entsprach dieser Einschätzung: Die sprachlich-literarischen (Deutsch, Griechisch, Englisch) und künstlerischen Fächer (Zeichnen, Kunstgeschichte, Musik), dazu Religion, wurden mit Zwei oder Eins, die restlichen Fächer mit Drei benotet.[127] Die Entlassungsfeier am 18. März 1927 beendete Adams Schulzeit. Wie man so sagt, trat der Siebzehnjährige jetzt ins Leben hinaus – die Hälfte seines Lebens aber war zu diesem Zeitpunkt bereits überschritten.

Ende 1943 in Berlin: Adam von Trott war gerade damit beschäftigt, nach einem schweren Luftangriff Gegenstände aus dem Gebäude des Auswärtigen Amts in der Kurfürstenstraße zu retten, da fiel plötzlich der Strahl seiner Taschenlampe auf ein Bild von Hannoversch Münden. »Dieser merkwürdige Moment« brachte ihm, wie er seiner Frau schrieb, »die Erinnerung an die schönen, halb vergangenen, halb bedrohlichen, halb einfältigen Jugendjahre in dieser, in unendliche Wälder und Flußtäler eingebetteten Stadt«, und er bekannte: »Auch dort habe ich das Leben in seiner Art geliebt und bin zeitweilig sehr glücklich gewesen.«[128]

Erstsemester in München

Das Jurastudium hatte im Imshäuser Zweig der Familie von Trott Tradition: Der Urgroßvater hatte in Jena und Göttingen studiert, der Großvater in Tübingen und Göttingen, der Vater in Würzburg, Heidelberg und Leipzig – und Adam, der vierte in der Reihe, wählte zu seinem ersten Studienort München. Kennengelernt hatte er diese Stadt zwei Jahre zuvor auf dem Rückweg von Kufstein, wo er mit dem Schul-Blasorchester aufgetreten war. München mit seiner imposanten Architektur, mit seinen Kirchen, Schlössern, Museen und der Universität, so einladend am Englischen Garten gelegen, hatte ihm offenbar gefallen. Und nicht zuletzt lockten ihn die Berge und Seen in der näheren und weiteren Umgebung. Außerdem war München im Familienbewußtsein fest verankert. Elisabeth von Trott zu Solz geb. von Drechsel, die Großmutter von Adams Vater, hatte hier jahrzehntelang gewohnt – übrigens gegenüber dem einstigen Glaspalast – und war, wie mehrere ihrer Töchter, auch in München gestorben. Die beiden ältesten Töchter waren mit hervorragenden Persönlichkeiten Bayerns verheiratet gewesen: Cäcilie mit Friedrich Freiherrn du Jarrys de La Roche[1], Kgl. bayerischer General der Kavallerie und Generalkapitän der Kgl. Leibgarde der Hartschiere, und Auguste mit dem Kgl. bayerischen Staatsminister Max Emanuel Freiherr von Lerchenfeld[2].

Sein Münchener Semester begann Adam von Trott Ende April 1927 mit einem großen Gang durch die Stadt und ließ sich unterwegs fotografieren. Das Resultat kann man noch heute auf der Studentenkarte[3] betrachten: ein versonnen blickendes Jungengesicht. Ihm entsprechen die – vereinzelt erhaltenen – kindlich wirkenden Briefe, die der Siebzehnjährige aus München seinen Eltern geschrieben hat. In diesem Alter hat man gewöhnlich für Visiten bei fremden Tanten nicht viel übrig, zumal wenn wenig Schmeichelhaftes über sie berichtet wurde. Anders Adam – er scheute sich nicht, »Tante La Roche«, eine Enkelin des Hartschieren-Generals, zu besuchen, und auch gleich am ersten Tag. Er fand, daß diese Tante keineswegs der abfälligen Beschreibung seiner Schwester Vera entsprach, sondern hielt sie, wenngleich »etwas altmodisch«, für interessant und schien weiteren Besuchen nicht abgeneigt. Seine Bereitschaft, Empfehlungen für Kontakte zu folgen – später auch selbst reichlich solche zu geben –, blieb für ihn kennzeichnend, ebenso der Wert, den er schon früh darauf legte, sich über Menschen ein eigenständiges Urteil zu bilden.

Adam lebte in München bei Frau Jank in Pension. Solche kleinen Familien-Pensionen waren seinerzeit sehr beliebt, da sie als zuverlässig und erschwinglich galten. Nicht immer beherbergten die Betreiber alle ihre Gäste selbst, sorgten aber für geeignete Zimmer und durch gemeinsame Mahlzeiten für Anschluß der Pensionäre untereinander. Adams Pensionswirtin Anna Jank, geb. Freiin von Thüngen war mit dem Maler, Illustrator und Professor an der Münchener Akademie der bildenden Künste Angelo Jank verheiratet, und beide hatten drei damals halbwüchsige Kinder. Frau Jank besaß vor allem in deutschen Adelskreisen und im Ausland einen guten Ruf. So fand sich denn eine entsprechende Mischung junger Leute im Jankschen Hause in der Karl-Theodor-Straße 25[4] zu Tisch ein. »Bülow kommt aus Güstrow in Mecklenburg und sein Vater ist Major a.D.«, berichtete Adam nach Hause. »Fräulein von Below ist ganz nett, die Schlieffen etwas backfischartig und der Holländer komisch.«[5] Später gesellten sich noch zwei Amerikanerinnen und ein Italiener hinzu. Dank der Vermittlung von Frau Jank wohnte Adam sehr universitätsnah in der Georgenstraße 15, später Nr. 3. Sein »sauberes und helles« Zimmer kam ihm mit etwa zwölf Quadratmetern winzig klein vor; er konnte es jedoch bald gegen ein größeres tauschen. Dabei herrschte an passablen Studentenbuden in München ein erheblicher Mangel, auf den die mißliche Lage, in die Adams jüdischer Klassenkamerad Hans Plaut geriet, ein bezeichnendes Licht wirft. »Er hat ein furchtbar schlechtes Zimmer in scheußlicher Gegend«, äußerte sich Adam empört, »zahlt 50 M dafür und soll jetzt noch einen andern zu sich ins Zimmer nehmen.«[6] Wie gut er es dagegen getroffen hatte, sah Adam bestätigt, als er sich bald nach seinem Einzug mit einer schweren Angina zu Bett legen mußte. »Die Leute, bei denen ich wohne, kommen alle Augenblicke, um nach etwaigen Wünschen zu fragen und versorgen mich aufs beste«, teilte er seiner Mutter wohl auch zur Beruhigung mit. »Das Essen wird immer von Janks vorbeigebracht. Mit Frau Jank stehe ich sehr gut. […] Heute vormittag saß sie hier fast zwei Stunden an meinem Bett und unterhielt sich mit mir.«[7]

Sein erster Besuch auf der Universität war für Adam ziemlich enttäuschend verlaufen: Ohnehin schon von »abscheulichen Halsschmerzen« geplagt, wartete er wegen des »wahnsinnigen Andrangs, auf den die Büros in keiner Weise eingerichtet sind«[8], mehrere Stunden vergeblich auf die Erledigung der Anmeldungsformalitäten. Die Universität München war Ende der 20er Jahre hinter Berlin und mit weitem Abstand zu den folgenden die zweitgrößte Universität Deutschlands. Sie zählte im Sommersemester 1927 rund 7.400 Studierende, von denen mit rund 2.200 der größte Anteil auf die Juristische, also Adams Fakultät entfiel.[9] Nachdem er die schlimmste Phase der Angina überwunden hatte, war es dann am 6. Mai soweit: Adam von Trott erhielt den Stempel auf die Immatrikulationsunterlagen[10], und sein Studium an der Ludwig-Maximilians-Universität konnte beginnen. Er hatte ein volles Programm an Lehrveranstaltungen belegt: 21 Wochenstunden mit täglichem Beginn um acht Uhr morgens. Die Vorlesungen »Einführung in die Rechtswissenschaft« im Auditorium Maximum und »Deutsche Rechtsgeschichte«, beide gehalten von Konrad Beyerle – einem der maßgeblichen Autoren der Weimarer Verfassung –, »Bürgerliches Recht« bei Wilhelm Kisch und »Volkswirtschaftslehre: Agrarwesen, Industrie, Gewerbewesen, einschließlich Arbeiterfragen« bei Otto von Zwiedineck-Südenhorst standen auf Adams erstem Studienplan.[11] Sozusagen als Ausgleich zu der eher trockenen Materie gönnte er sich auch noch »Übungen in Analyse und im Vergleich von Dichtungen« und »Geschichte des deutschen Dramas von den Anfängen bis Heinrich von Kleist« bei Fritz Strich.[12] Auf diesen Literaturwissenschaftler hatte ihn sein Bruder Werner aufmerksam gemacht, dem er nun mitteilen konnte, daß »das Strich'sche Seminar von etwa 250 Studenten«[13] besucht werde – zu denen er gehörte.

Erst vor wenigen Wochen, Anfang März 1927, hatte ein gewisser Adolf Hitler in München wieder Redeerlaubnis erhalten, und seine Auftritte galten bald als Spektakel besonderer Art. In ihrem »Buch von München – Was nicht im ›Baedeker‹ steht« priesen die Verfasser, beide Redakteure des Simplicissimus, 1928 spottend diese Münchner Touristenattraktion an: »Bietet sich dem Reisenden die Gelegenheit, im oberen [Hofbräu-] Saal einer jener Versammlungen beizuwohnen, in denen Adolf Hitler unter gleichzeitiger dankenswerter Hebung des Bierkonsums von Zeit zu Zeit die Abschüttlung des Fremdjochs vollzieht, so greife der Reisende mit beiden Händen zu, denn der Eindruck starker Persönlichkeiten – noch dazu inmitten ihres eigentlichen Wirkungskreises – ist um so kräftiger, je seltener er wird.«[14] Auch Adam hat sich dieses Original, das außergewöhnliche Rednertalent, nicht entgehen lassen. »Neulich hörte ich Adolf Hitler«, schrieb er eher beiläufig gegen Ende eines langen Briefes an seine Mutter, fügte jedoch anerkennend hinzu: »Er ist schon ein ganzer Kerl.«[15] Hätte der 17jährige Adam von Trott ahnen können, daß er 17 Jahre später wegen dieses Mannes und seines Regimes zum Tode verurteilt und hingerichtet werden wird. Hätte er ahnen können, daß dieser »ganze Kerl« nach seinem gescheiterten Putsch von 1923 kein Mann der Vergangenheit war, sondern einer, dessen politische Rolle noch vor ihm lag mit einer verheerenden weltweiten Wirkung. Wie lautet 1928 der Kommentar der beiden Simplicissimus-Redakteure: »Hitler ist, nein war (denn er ist kaum noch!) eine Saisonerscheinung. Man ließ ihn reden, man ließ ihn putschen – aus! Das Stadtbild von München, das er von Fremdstämmigen reinigen wollte, hat ihn verschluckt und verdaut. Er ist nur noch ein historisches Exkrement.«[16] Von Hitlers Anhängern, denen er auch auf der Universität begegnete, fühlte sich Adam abgestoßen. »Ungebildet und unfähig bis dorthinaus«[17] bezeichnete er sie in seiner jugendlichen Ausdrucksweise. Bei näherer Betrachtung merkte er jedoch, daß deren Schar nicht typisch für die Münchener Studenten war: »Die Studenten sind hier durchweg sehr fleißig und die Kollegs fast alle überfüllt.«[18]

Im juristischen Kolleg, wie man es damals nannte, traf Adam zwei Bekannte aus Hannoversch Münden wieder: einen älteren Ko-Alumnen sowie den Klassenkameraden Hans Plaut. Wenngleich offen für Kontakte, prägte sich Adam von Trotts ungewöhnliches Talent, solche zu knüpfen, erst später aus. Im Gegenteil fiel es ihm zu jener Zeit, wie er selbst feststellte, eher schwer, Menschen kennenzulernen oder sogar Freundschaften zu schließen. So hielt er sich bei der Erkundung der neuen Umgebung neben den beiden Gefährten aus der Schulzeit an seine Mitpensionäre. Mit dem Holländer, der Adam trotz vorbildlicher Eigenschaften »sehr eingebildet«[19] erschien, unternahm er eine Tour mit dem Faltboot die Isar hinab, und mit Bülow, obwohl er ihn als einen »ziemlichen Schafskopf«[20] ansah und sich über dessen gesellschaftlichen Ehrgeiz etwas mokierte, fuhr er mit dem Rad in die Berge – durch das Isartal und die Jachenau bis zum Walchensee. »Der Walchensee«, begeisterte sich Adam, »ist einfach wunderschön, ein richtiger Gebirgsee, ungefähr 200 Meter tief.«[21] Doch machte er zu seinem Kummer die Erfahrung, daß Ausflüge ins Gebirge, selbst bei größter Sparsamkeit, teuer waren und bei seinem eng begrenzten Wechsel schwer zu Buche schlugen. Auch das Radfahren auf den damals noch unbefestigten Straßen erwies sich nicht als Vergnügen: »Hier kann man ohne Motorrad kaum etwas anfangen, da man auf dem Rad von dem unzähligen Motorzeug rasend viel Staub schluckt.« Aber wie zu einem Motorrad kommen? Ob er »vielleicht vorübergehend zum Film gehen sollte oder für die Zeitung schreiben«[22]? Die Mienen der Eltern zu diesen Ideen mag man sich vorstellen.

In den Pfingstferien bot sich Adam überraschend die Möglichkeit, Louis, einen offensichtlich sehr wohlsituierten jungen Ausländer, nach Wien und Budapest zu begleiten. Genaueres über den Hintergrund dieser vermutlich von Frau Jank vermittelten Einladung läßt sich nicht mehr feststellen. Die Reise kam so kurzfristig zustande, daß Adam als Minderjähriger die erforderliche beglaubigte Einverständniserklärung seines Vaters erst nach der Rückkehr einholen konnte, nachdem die Polizei vorher ein Auge zugedrückt hatte. Für Adam, der in Sachen Reisen gänzlich unverwöhnt war und auch keinen Luxus kannte, trug die ganze Unternehmung märchenhafte Züge, und er erlebte sie als »von Anfang bis Ende fabelhaft schön«[23]. Fünf Tage lang besichtigten Louis und er zu Fuß und per Auto »Wien und die Wiener«[24]. Dabei ließen sie keine der bekannten Sehenswürdigkeiten aus – von der Stephanskirche, einschließlich Turm und Katakomben, über die Hofburg, die Jesuitenkirche und den Prater, das Kunsthistorische Museum und die erst vor drei Jahren eröffnete Galerie im Oberen Belvedere bis zum Park und Tiergarten Schönbrunn. Dazu kam ein abwechslungsreiches Abendprogramm, über dessen Höhepunkte Adam seiner Mutter vorschwärmte: »Die Theater in Wien sind das Schönste, was ich bisher gesehen habe. In der Oper habe ich die Meistersinger[25] gehört, im Burgtheater ein Stück von Franz Werfel [»Paulus und die Juden«][26] gesehen, aber das will ich Dir lieber alles erzählen.«[27] Geboten wurden ihm auch noch Rudolf Bernauers »Garten Eden« im Volkstheater, im Kino der Max Reinhardt-Stummfilm »Das Mirakel« sowie der Besuch zweier Wiener Tanzbars, des inzwischen legendären Tabarin und des Moulin Rouge. Hinterher bedauerte Adam, daß er versäumt hatte, sich in Wien, der Geburtsstadt seiner Mutter, das Gebäude der deutschen Botschaft anzusehen, in dem er ihr Geburtshaus vermutete. Doch wäre das ein Irrtum gewesen, denn das Palais in der Metternichgasse wurde erst 1877 errichtet, während Eleonore von Trott als Tochter des Botschafters von Schweinitz 1875 noch im vormaligen Sitz in der Schenkenstraße 10 – vis-à-vis des Burgtheaters – zur Welt gekommen war.[28] Ein zweitägiger Abstecher nach Ungarn rundete die Reise ab: »Hier in Budapest ist es natürlich fabelhaft. Zigeuner machen Musik, und man versteht nirgends ein Wort«[29], liest man auf einer Ansichtskarte Adams. Noch nach Jahren konnte er sich an reizvolle Eindrücke dort erinnern, mit Wien aber wollte er Budapest nicht vergleichen, und auch nicht das »viel rauhere« München. Als er sein exquisites Reiseerlebnis mehrere Wochen später resümierte, meinte Adam mit seinen knapp 18 Jahren, es sei zwar eine interessante Erfahrung gewesen, einmal eine Woche lang zu den reichen Leuten zu gehören, aber von deren sogenanntem Großen Leben denke er nicht sehr hoch.[30]

Bald nach Pfingsten kehrte die Angina in quälender Form zurück und fesselte Adam erneut für längere Zeit ans Bett. Beides deprimierte ihn sehr. Der ganze Aufenthalt in München, wo er so viel vorhatte, schien ihm verdorben. Seine einzige Freude in diesem erzwungenen Zustand war das Lesen. »Auf meinem Tisch liegen ganze Stapel von Büchern, die ich ausgelesen habe«[31], schrieb er dem Vater und empfahl ihm wärmstens seine letzte Lektüre: »Die toten Seelen« von Nikolai Gogol. Schon während seiner Schulzeit hatte Adam gerne und viel, auch selbständig gelesen, aber die Entdeckung des Lesens als eine für ihn elementare Lebensqualität, geradezu als Lebenselixier, das nahm hier seinen Anfang. Gleich nach seiner Ankunft in München waren ihm die vielen Antiquariate und Bibliotheken im Universitätsviertel aufgefallen. Bald lernte er die Freude am Stöbern in Antiquariaten kennen und wurde gleichfalls, da auch ein günstiges Vergnügen, zum »fleißigen Benutzer«[32] der (in dieser Art schon lange nicht mehr existierenden) kleinen, privaten Leihbibliotheken mit anspruchsvollem Repertoire.[33] Ob nun Klassiker oder zeitgenössische Werke – Literatur sollte Adam von Trott zeitlebens begleiten. Mit der Zunahme seiner Interessengebiete erweiterte sich entsprechend das Spektrum seiner Lektüre. Er hat planlos, aber auch systematisch gelesen, auf Empfehlung ebenso wie nach eigener Wahl. Als Dauerleser pflegte er stets ein oder mehrere Bücher bei sich zu tragen, und jeder Platz schien ihm zum Lesen recht: sei es im Bibliothekssaal oder im Bett, im Zug oder, nicht selten, im Wald auf einem Baum. Zu den von ihm geschätzten Genres haben im übrigen Tagebücher, Briefe und Erinnerungen gehört – und auch Biographien.

Nach der Isolierung durch die Krankheit war der junge Student froh, wieder die juristischen Kollegs besuchen zu können[34], und auch sonst bemüht, den Rest der ihm verbleibenden Zeit in München intensiv zu nutzen. Da der Vater ihm zusätzlich Fechtgeld bewilligt hatte, setzte er dieses gerne ein – allerdings für Reitstunden. Außerdem nahm er privaten Sprachunterricht bei einer »sehr netten Engländerin«[35]. Die erworbenen Kenntnisse ließen sich sogleich anwenden, denn die beiden neuen Mitpensionärinnen aus den USA ermöglichten ihm tägliches Sprachtraining. Die Amerikanerinnen fanden an dem Jungen Gefallen und luden ihn mehrmals zu Autofahrten über Land ein. Sosehr ihn diese freuten, Adams sehnlicher Wunsch nach einem Ausflug zur Zugspitze war bisher unerfüllt geblieben. Die Wochen in München schmolzen dahin, ohne daß sich die geringste Aussicht darauf bot. »Meine Geldverwaltung würde Deine Anerkennung erwecken«[36], hatte Adam dem in dieser Hinsicht bekanntlich strengen Vater verkündet, Extrasprünge aber erlaubte diese ihm nicht. Schließlich legte er seinen Wunsch den Eltern offen dar als »eine ganz bescheiden geäußerte Bitte um 15 Mark, die nicht als Bettelei aufzufassen«[37] sei, und er hatte damit Erfolg. Der Vater schickte das erbetene Geld, und Adam erreichte mit der ihm eigenen Beharrlichkeit zu guter Letzt doch noch sein Ziel – die Zugspitze.[38] In den ersten Augusttagen kehrte er nach Imshausen zurück, als passionierter Jäger voller Vorfreude auf die Blattzeit bei Förster Schäfer im Trottenwald.

Corpsstudent in Göttingen

Adam von Trott hatte sich von seinem Vater bewegen lassen, zu Beginn des Wintersemesters 1927/28 in ein Corps einzutreten, und die Wahl war auf das Corps Saxonia zu Göttingen gefallen. Adams Sympathie für Göttingen dürfte dabei ebenso ausschlaggebend gewesen sein wie beim Vater das Ansehen der Göttinger Sachsen als eines der wenigen vom Adel bevorzugten, wenn auch nicht exklusiven Corps.[1] Doch erst nach seinem Einzug in das Corpshaus in Göttingen Ende Oktober wurde dem Achtzehnjährigen aus eigener Anschauung klar, worauf er sich eingelassen hatte. Statt von studentischer Freiheit und Unabhängigkeit würden für ihn – erst kürzlich dem Alumnat entronnen – die nächsten Semester von einem streng regulierten Gemeinschaftsleben bestimmt sein, einschließlich der Freizeit. Selbst für einen Kinobesuch war »nur mit den größten Schwierigkeiten die Erlaubnis«[2] zu bekommen, von einem Dispens zu einer gelegentlichen Fahrt über Sonntag nach Hause ganz zu schweigen.

Adams erster, etwas deprimierter Brief aus Göttingen veranlaßte August von Trott, dem Sohn sein Verständnis vom »Sinn der Corpsdisziplin, die namentlich zu Anfang als lästig empfunden wird«, nochmals vor Augen zu führen und ihn ohne Beschönigung des Corpslebens in seiner Entscheidung zu bestärken. »Daß es Dir in manchem noch schwer wird, Dich in Deine neue Umgebung einzufügen, verstehe ich wohl«, schrieb der Vater und fuhr an das Münchener Semester erinnernd fort, »zumal nach dem letzten Halbjahr, in dem Du so völlig nach Deinem jeweiligen Belieben Dir das Leben einrichten, tun und lassen konntest, wie es Dir gerade gefiel. Ich freue mich, daß Du eine solche Zeit gehabt hast, aber auf Dauer wäre sie für Dich nicht gut gewesen. [...] Wenn auch die Jugend ein Anrecht auf Fröhlichkeit und eine gewisse Ungebundenheit hat, so soll sie doch auch beizeiten lernen, Schwierigkeiten nicht zu vermeiden, sondern zu überwinden, sich durchzusetzen und sich eine angemessene Stellung in ihrem Kreise zu schaffen. Das stärkt den Charakter.« Er empfahl: »Grüble nicht mehr darüber, ob Du mit dem Eintritt in das Corps das Richtige getan hast, sondern stelle Dich nun in dessen Leben hinein und suche ihm seine guten Seiten nach Kräften abzugewinnen, dann wird es Dir auch Freude und den Nutzen bringen, den es für Deine männliche Entwicklung haben soll.«[3] Daß es da auch weniger gute Seiten gab, blendete der Vater nicht aus. Auf Adams Bemerkung zum »Trinken, das schlimmer aussieht, wie es ist«[4], entgegnete er: »Übel ist allerdings, wenn das Trinken so übertrieben wird«[5], und äußerte die Hoffnung, der Sohn möge nach seiner Fuchsenzeit hier einen mäßigenden Einfluß ausüben.

Adams von ihm selbst so bezeichnete »pessimistische Stimmung«[6] legte sich relativ schnell. Er stand sich bald mit fast allen damals 15 aktiven Corpsbrüdern gut, und der ihm höchst ärgerliche Spitzname Trottel verschwand so schnell, wie er aufgetaucht war, auf Nimmerwiederhören. Vor allem aber fand Adam, auch bisher nicht zimperlich, im Mensurfechten sein Motiv für das Corps: »Ich betrachte das Fechten als die Grundlage und das Hauptpositivum des Corpsstudenten, weil es sich da wirklich zeigt, ob man sich zusammenreißen kann«, schrieb er dem Vater nach seinem ersten Einsatz als Schleppfuchs im Mensurteam seines Corps. »Das Blut floß in Strömen, aber ich bin trotz der Regel bei Crassfüchsen nicht ohnmächtig geworden, obwohl ich alle unsere Sachsenpartien geschleppt [assistiert] habe.«[7] An der Mensur scheiden sich die Geister: Während ihre Gegner das damit gegebene Austeilen von verletzenden Hieben ins Gesicht als Roheit ablehnten und ablehnen, sahen und sehen die Befürworter in ihr ein Mittel zur Erlernung von Selbstbeherrschung und Fairneß. Als junger Corpsstudent machte sich Adam von Trott unbekümmert die Argumente der letzteren zu eigen. Er konnte nicht wissen, daß ihm an seinem Lebensende unter extremen Umständen tatsächlich ein Höchstmaß an physischer Selbstbeherrschung abverlangt werden würde.

Die Niederlage Deutschlands im Ersten Weltkrieg und deren grundstürzende Folgen hatten auch das Corpswesen nicht unberührt gelassen. Viele Familien, die traditionell ihre Söhne in die Corps schickten, waren überdies durch die Inflation von 1923 verarmt. Wenn sie schon eine beträchtliche Summe[8] für das Corps aufbringen mußten, konnten sie es sich um so weniger leisten, daß ihre Söhne die ersten drei Semester ohne jeden Blick in einen Hörsaal verbummelten, gleichwohl aber Studiengebühren zu bezahlen hatten. Solche Verhältnisse, wie sie etwa der Schriftsteller und Dramaturg[9] Eckart von Naso, bei der Göttinger Saxonia im Jahre 1907 aktiv, in seinen Erinnerungen einer scharfen Kritik unterzieht, paßten nicht mehr in die Zeit. Naso berichtet, daß er die Göttinger Universität während der drei Semester nur dreimal von innen gesehen habe: zweimal bei der Besorgung der An- und Abtestate für sich und die Corpsbrüder – damals Fuchsenpflicht – und das dritte Mal, als er »bei einem Wolkenbruch im Flur der Georgia Augusta Zuflucht suchte«[10]. Auch das »Saufen als einzige Beschäftigung. Saufen und sich vom Saufen erholen, damit verging der Tag«[11] – deutliche Worte eines anderen namhaften Göttinger Sachsen, des Schriftstellers Otto Freiherr von Taube –, fand in dieser Weise während der Weimarer Zeit keine Fortsetzung. Wenn auch nach wie vor viel gebechert wurde, so war das maßlose Trinken nicht mehr unumstritten. Die Diskussion über eine verbesserte staatspolitische Schulung der Corpsstudenten führte schließlich auf dem Kösener Kongreß des Dachverbands der Senioren-Convente im Mai 1928 – also noch während Trotts Aktivenzeit – zur Abschaffung des Trinkzwangs. Mit der Frage »Was nützt uns alle staatspolitische Bildung, wenn sie in Bierhirne verpflanzt werden soll?«[12] hatte ein Corpsstudent diesen Beschluß erfolgreich provoziert. »Bierhirne« waren auch dem Sport nicht förderlich, auf den in den 20er Jahren die Universitäten ebenso wie die Corps eine vermehrte Aufmerksamkeit richteten – nicht zuletzt wegen des Verbots der allgemeinen Wehrpflicht im Versailler Vertrag. Zugunsten des Universitätsstudiums verringerte die Göttinger Saxonia die offiziellen Trink-Veranstaltungen und verlegte sie hauptsächlich auf das Wochenende. Die Zahl der Pflichtmensuren wurde gesenkt, neben dem Fechten jedoch wöchentlich sieben Stunden Sport nach Wahl vorgeschrieben.[13] Die Corpszeit des Neu-Sachsen Trott fiel somit weniger monoton oder gar stumpfsinnig aus, als es seine Corpsbrüder vor ihm in der Wilhelminischen Ära erlebt und erlitten hatten.

Auch in seiner Aktivenzeit hat Adam von Trott die Göttinger Universität durchaus von innen gesehen und keine Testate erschleichen müssen.[14] Obwohl ihm »die Juristerei ehrlich gesagt keine Freude«[15] bereitete, zeigte er sich doch fest entschlossen, sozusagen den Stier bei den Hörnern zu packen und das Studium als Pflicht zu bezwingen. Sein Studienpensum erstreckte sich auch in diesen drei ersten Göttinger Semestern auf jeweils rund 20 Wochenstunden und umfaßte Vorlesungen und Seminare auf fast allen Rechtsgebieten – Bürgerliches Recht, römisches Privatrecht, Strafrecht, Zivilprozeßrecht, Handels- und Schiffahrtsrecht, Arbeitsvertragsrecht, Verwaltungsrecht und Völkerrecht –, dazu in der Volkswirtschaftslehre und der Sozialfürsorge.[16] Für das Pauken des immensen Lernstoffes allerdings eigneten sich die Corps-Semester nicht, allein wenn man das Sportprogramm bedenkt, das den Alltag des Aktiven nunmehr zu einem erheblichen Teil ausfüllte: die Fechtstunden und das tägliche Training auf dem Kontraboden, außerdem Reiten, Kleinkaliberschießen und im Sommer Leichtathletik und Schwimmen, ferner die obligatorischen »akademischen Leibesübungen« seitens der Universität. Dazu kamen die diversen Corps-Veranstaltungen: traditionell die Kneipen – zu denen sich mitunter »Alte Herren« als Gäste einfanden –, der Frühschoppen am Sonntag und gelegentliche Ausflüge (Schnefter) in die Umgebung sowie neuerdings auch Vorträge, Theaterbesuche und – früher undenkbar – Tanzfeste mit jungen Damen. Den zumindest teilweise typischen Ablauf eines Tages im Mai 1928 hat Adam wie folgt notiert: »8-9 Kleinkaliberschießen, 9-10 Fechtstunde, 10-11 Kolleg, 11-12 Reiten, 12-1 Kolleg, dann Essen, 2-3 Kontraboden, 3-7 Schnefter und abends Theater.«[17]

Während des Wintersemesters 1927/28 wohnte Adam im Corpshaus der Saxonia, mitten in Göttingen am Theaterplatz 5. Dem ansehnlichen Äußeren des Gebäudes entsprach kein Komfort im Inneren. Da ein Bad fehlte, mußten die Herren Corpsstudenten mit Eimern eiskalten Wassers vorliebnehmen, die der Corpsdiener Wiangke morgens in die Schlafzimmer brachte. Das Wohnen »auf dem Haus« erwies sich zwar in anderer Hinsicht als bequem – zumal die neuen, sogenannten krassen Füchse für alle möglichen Dienste zur Verfügung zu stehen hatten –, aber als »begreiflicherweise sehr unruhig«[18]. Adam war daher froh, daß er in Göttingen vom Arnstein her die Familie von Selle kannte und bei ihr »jederzeit ein Asyl fand«, wenn er »Ruhe haben wollte und lesen oder so etwas«[19]. Bald entdeckte er dann »die Bibliothek« – sei es die Universitäts- oder die Seminarbibliothek – als geeigneten Aufenthaltsort für sich und verbrachte täglich mehrere Stunden dort, um zu lesen und zu arbeiten. Dies wurde ihm zur Gewohnheit, die er über viele Jahre hinweg auch andernorts beibehielt.

In Göttingen hatte Adam somit für sich ein Arrangement getroffen, das ihm Geselligkeit im Corps und zugleich Rückzugsmöglichkeit von dieser gewährte. Dies spiegelt sich in überwiegend glücklichen Briefen nach Hause, auch wenn er zeitweilig erneut von Angina geplagt wurde. »Mir geht es so gut, wie es den Menschen selten geht [...]; ich komme mit allen gut aus und bin sehr gerne hier«[20], schrieb er Ende Januar 1928 seinem Vater. Der Achtzehnjährige war erfreut über Fahrten der Sachsen nach Halle und nach Bonn auf Kartellbesuch. Bei den »Bonner Preußen« erlebte er den Kaiserenkel Prinz Wilhelm als Ersten Chargierten. Von Bonn aus besuchte er seinen Bruder Werner in Köln, der damals dort Philosophie und Soziologie studierte. Viel Vergnügen bereitete Adam die Regie eines Kostümfests der Saxonia unter dem Motto »Ein Ball im Jahre 1999«. Der Mutter berichtete er nachher: »Unser Fest war wirklich ganz einzigartig«, und folgerte: »Das habe ich doch gewiß dem Corps zu verdanken, daß ich in einer verhältnismäßig kurzen Zeit eine ziemlich große Anzahl netter Menschen kennengelernt habe.«[21]

Einer von diesen, Ernst Friedemann Freiherr von Münchhausen, sollte auch auf Dauer sein Freund werden. Bereits inaktiviert, war er im Dezember von München, wo er sein Jurastudium fortsetzte, zur Weihnachtskneipe nach Göttingen gekommen, um seinen jüngeren Bruder

Statius als Senior zu erleben. Dabei traf Münchhausen auf den neuen Fuchs: »Hochgewachsen, mit den etwas ungelenken Bewegungen des Jünglings, der mit sich selbst noch nicht ganz fertig zu werden weiß. [...] Unter der hohen Stirn und starken Augenbrauen dunkelblaue Augen mit einem Blick, der zugleich die klare Eindringlichkeit des Verstandes und die drängende Kraft des Gefühls verriet. Eine edle, schmale Nase und ein voller, selbstbewußter, dem Leben in seiner Fülle zugewandter Mund« – so hat er Adam von Trott später aus der Sicht von damals beschrieben. Er sei, erinnert sich Münchhausen, sofort in seinen Bann geraten: »Ich habe den ganzen Abend in der lärmenden Fröhlichkeit der Feuerzangen-Weihnachtskneipe nur mit ihm gesprochen. Es war, als wäre um uns alles andere versunken und verstummt.« In den Weihnachtsferien habe ihm Adam, an das Gespräch anknüpfend, einen ersten Brief geschrieben und Dostojevskijs Erzählung »Traum eines lächerlichen Menschen« beigefügt. Seitdem habe er ihn »nicht mehr aus den Augen« und auch »nicht mehr aus dem Herzen verloren«. Bei der Charakterisierung seines Freundes hebt Münchhausen hervor, daß Adam »alles andere als von aufdringlicher Gewichtigkeit«, sondern »unbeschwert jungenhaft-fröhlich« gewesen sei. »Gerade die natürliche Schlichtheit und Menschlichkeit seines Wesens« habe ihn »auch für Menschen, die ihn nicht näher kannten, so liebenswert gemacht.«[22]

Betrachtet man Fotos des 18jährigen Adam, so verwundert es nicht, wenn berichtet wird, daß er in Göttingen ein Mädchenschwarm war. Um dem Objekt ihrer Schwärmerei etwas näher zu kommen, hätten zwei Göttinger Mädchen sogar eine ihnen bekannte Sachsenwirtin mit der Bitte bedrängt: »Ach, könnten Sie es nicht einrichten, daß Herr von Trott zu Ihnen zieht?«[23] Dieser aber hatte schon eine Flamme: Auf einem der Corpsfeste hatte er Anneliese – eigentlich Anna-Luise – kennengelernt, die Schwester seines Corpsbruders Kraft Freiherr von Bodenhausen und Nichte der Arnsteiner Familie. Als Ausdruck seiner besonderen Sympathie schenkte Adam auch ihr Dostojevskijs »Traum eines lächerlichen Menschen«, um so passender als beide in der Literatur ein gemeinsames Interesse entdeckten und vornehmlich die Begeisterung »für die Russen« teilten. Adam gewann die Freundin für Hermann Hesse. »Übrigens lese ich jetzt ›Demian‹«[24], teilte Anneliese ihm bald nach der ersten Begegnung mit. Sie wiederum machte ihn auf Joachim Ringelnatz aufmerksam, den sie in einem Berliner Künstlerlokal erlebt hatte. Da Anneliese auf dem Gut Burgkemnitz in der Gegend von Bitterfeld zu Hause war und die Eltern ihr nicht erlaubten, häufig nach Göttingen zu kommen, sahen sich beide nur selten. Aus den Semesterferien in Imshausen schickte Adam ihr lange, schwärmerische Briefe. Einer soll sogar

40 Seiten umfaßt haben und ein anderer auf einem Hochsitz im Trottenwald entstanden sein.[25] Die Zuneigung der ein Jahr älteren Anneliese zu Adam (»Wenn ich an Dich denke, empfinde ich weder Kummer noch Not noch Aufregung, sondern nur immer Freude«[26]) galt jedoch weniger dem jugendlichen Verehrer als dem vertrauten brüderlichen Freund (»Ich muß oft denken, wie herrlich es wäre, wenn Du mein Bruder wärst«[27]). Dies begünstigte später die Entwicklung von der Jugendliebe zur Freundschaft, die auch nach Annelieses Heirat mit dem Landwirt und Lyriker Martin von Katte fortbestand.

Der Göttinger Student

Zu Beginn des Sommersemesters 1928 mietete sich Adam von Trott bei Fräulein Unverhau im Dachgeschoß des Hauses Obere Karspüle 20 ein, nur wenige Schritte vom Theaterplatz entfernt. Er wurde jetzt versorgt – dies gehörte zum Selbstverständnis damaliger Wirtinnen –, und es gelang ihm, etwas mehr Freizeit für sich selbst abzuzweigen. Adam nahm wieder englische Privatstunden und frönte der Literatur: »Nebenbei behalte ich mir noch Zeit zum Lesen.«[28] Seine großen Favoriten waren damals – durchaus zeit- und alterstypisch – Hölderlin und Dostojevskij, und seinen »neuesten Freund« fand er im zeitgenössischen Dichter Maurice Maeterlinck. »Göttingen ist im Sommer überhaupt fabelhaft. Während ich schreibe, scheint mir die Sonne ins Zimmer, und von meinem Balkon, auf dem ein Liegestuhl steht, sehe ich auf lauter blühende Bäume, aus denen nur ein paar Dächer und der schöne Turm der Jacobikirche herausragen.«[29] Diese kleine Idylle, die Adam im Frühsommer seiner Mutter schilderte, erscheint wie eine Gegenwelt zum Corpsdasein. Um so mehr als er im gleichen Brief feststellte: »Tatsächlich nimmt mich innerlich das Corps also nicht über die Maßen in Anspruch.«

Äußerlich allerdings beanspruchte ihn das Corps sehr wohl, wollte er doch so bald wie möglich die Rezeption erlangen und damit offiziell als

Corpsbursch aufgenommen werden. Voraussetzung dafür war, das Mensurfechten einwandfrei zu beherrschen. Vom Paukanten wurde »elegantes und technisch hochstehendes Fechten« ebenso erwartet, wie »keine moralische Schwäche vor den Hieben des Gegners«[30] zu zeigen. Gleich zu Beginn hatte Adam gemerkt, wie anstrengend die Handhabung der Fechtwaffe war, und auch nach mehreren Wochen regelmäßigen Übens fehlte es ihm noch immer an der erforderlichen Muskelkraft. »Mit dem Fechten geht es nicht so, wie es sollte; ich bin etwas zu schwächlich«[31], bekannte er Ende Januar dem Vater. Im Mai endlich waren Fortschritte sichtbar. Anfang der Pfingstferien hatte er sich – die Rezeption fest im Visier – noch einmal »sehr energisch dem Fechten«[32] zugewandt und konnte dem Vater eine hoffnungsvolle Mensurkritik seiner Corpsbrüder mitteilen: »Trotz eines unschönen Ganges war Trotts Partie: Sehr gut und schneidig.«[33] Adam war nunmehr, obwohl einer der Jüngsten unter allen Aktiven, »ältester Fuchs, ein Amt, das einen nur ärgert«[34]. Das Sommersemester hatte den Sachsen ganze elf Neuzugänge beschert. Wenngleich ihm manche »noch etwas töricht« vorkamen, beurteilte Adam sie als »vorwiegend nett und teilweise recht corpsfähig«[35]. Zu Peter-Christian Graf von Kleist-Retzow, Jurastudent aus Pommern, entwickelte er sogar ein kameradschaftliches Verhältnis. Einige der entfernt lebenden Corpsbrüder, darunter den Senior Hans-Olof von Rohr, lud er in den Pfingstferien nach Imshausen ein. Vorher noch nahm er die entscheidende Hürde: Am 19. Mai 1928 wurde Adam auf Beschluß des Corpsburschen-Convents aufgenommen, und sein Fuchsendasein hatte ein Ende.

Zusätzlich zur Mutprobe und sportlichen Herausforderung verschaffte das Fechten ihm eine fast freundschaftliche Nähe zu dem von ihm verehrten Vater. August von Trott fühlte sich durch Adams Erlebnisse ganz offensichtlich an seine eigene Studentenzeit erinnert. Auf seine glänzenden Fechterfolge von einst nahm er in seinen Briefen allerdings mit keinem Wort Bezug, äußerte statt dessen ein lebhaftes Interesse an Adams Partien: »Am Sonnabend werde ich in besonderem Maße an Dich denken und Dir meine beiden Daumen halten. Gib mir nur gleich Nachricht, wie es gegangen ist, denn ich werde natürlich sehr darauf warten.«[36] Adam, der die sachkundige Anteilnahme des Vaters sichtlich genoß, erstattete ihm denn auch nach jeder wichtigen Partie sofort Bericht, kaum daß er die Fechtmontur abgelegt hatte: »Eben komme ich von der Mensur zurück. Es ist alles gut gegangen, und ich habe wieder nichts abgekriegt, habe meinem Gegenpaukanten, der sehr bolzte, drei halbscharfe Durchzieher reingesetzt, von denen zwei als Blutige konzidiert wurden.«[37] Wann Adam sich den kleinen Schmiß zugezogen hat, der eine sichtbare Narbe am rechten Mundwinkel hinterließ, ist nicht bekannt.

August von Trott schrieb seinem Sohn nun häufiger als zuvor und ebenfalls dieser ihm, so daß sogar die Korrespondenz mit der Mutter dahinter zurücktrat. Nicht daß die leise Aufforderung der Mutter zu Beginn der Corpszeit »my dear boy, do not forget me!«[38] keine Geltung mehr gehabt hätte, aber ihr konnte man doch unmöglich von »blutigen Durchziehern« berichten oder davon, daß der »Zweitchargierte wegen ›Kneifens‹ auf der Partie seine Charge hat abgeben müssen«[39]. Das väterliche Zu- und Vertrauen zu seinen Fechtpartien – »Deinem Waffengang sehe ich ja nicht mit Zittern entgegen«[40] – bedeuteten dem Sohn viel, und mit Ungeduld wartete er auf die Antwortbriefe des Vaters. Als dieser einmal wegen zweier Fahrten nach Kassel im Rückstand geblieben war, zögerte Adam nicht, wenn auch scherzhaft umbrämt, ihn zu mahnen. Seine Exzellenz Herr Staatsminister von Trott zu Solz (so die offizielle Anrede) aber verübelte ihm das keineswegs, sondern reagierte verständnisvoll und prompt: »Du siehst [...] ich eile sofort, das Versäumte nachzuholen und Dir für Deine beiden Briefe herzlich zu danken.«[41] Den Bitten Adams, ihn in Göttingen »auf dem Haus« zu besuchen, mochte der Vater jedoch mit Verweis auf seine Gesundheit und sein Alter nicht entsprechen: »Mit 72 Jahren ist das anders wie mit 18, die einen überallhin locken.«[42]

Der Alters- und Generationenunterschied machte sich dann auch bei Adams großem Wunsch nach einem Motorrad geltend, denn damit konnte sich August von Trott herzlich wenig identifizieren, befand sich in seiner Jugend noch erst das Fahrrad in den Anfängen der Entwicklung. Doch Adam blieb beharrlich. Nachdem er seinen Herzenswunsch schon länger vergeblich vorgetragen hatte, unternahm er nun einen neuerlichen Anlauf. Dieses Mal bereitete er die Sache genau vor und arbeitete auf der Grundlage von Fakten und Daten einen konkreten Plan aus. War doch der Vater von seinen einstigen Ämtern her begründete Vorlagen gewöhnt. Bevor Adam zu den Pfingstferien nach Imshausen aufbrach, übersandte er seinem Vater ein Plädoyer für das Motorrad DKW Type E, 250 ccm, Einzylinder. Alles hatte er bedacht: die »gute und bekannte Firma«, die Relation von Leistungsfähigkeit und Preis (»für unsere Berge besonders geeignet« und dennoch »sehr preiswert«, da von »geringerer Stärke und Schnelligkeit«), auch die Zahlungsmodalitäten in Raten, ja sogar die Vor- und Nachteile einer alternativen Möglichkeit. Als aktuellen Zweck nannte er: »Mir schwebt nämlich vor, dann in den großen Ferien auf dem Rad meine Corpsbrüder in Pommern und Mecklenburg zu besuchen, wohin ich schon viele Einladungen habe.«[43] Schließlich fügte Adam noch eine Abbildung des begehrten Gegenstands bei, denn mußte nicht jedem beim Anblick dieses wunderschönen Motorrads das Herz aufgehen! Der Vater aber hat sich weder vom Plädoyer noch von dem Bild erweichen lassen. Da zu jenem Zeitpunkt gerade das Herrenhaus in Imshausen von innen und außen renoviert worden war, dürfte der Hinweis auf die leidigen Kosten das väterliche Hauptargument gewesen sein. So blieb das Motorrad für Adam ein unerfüllter Traum.

Urlaubsreisen waren in der Familie von Trott seit Kriegsende nicht mehr üblich, allenfalls, und auch dies nur selten, ein Kuraufenthalt. Für Adam war es selbstverständlich, seine Ferien in Imshausen zu verbringen und von dort aus Wanderungen oder Radtouren zu unternehmen. Sosehr er dies geschätzt und dabei im Laufe der Zeit nahezu jeden Winkel in der heimatlichen Umgebung erkundet hat, die Sehnsucht des Heranwachsenden, in die Welt hinauszukommen, Neues zu sehen und zu erleben, war damit nicht länger zu stillen. Die Tatsache, daß mit dem Motorrad auch seine Pläne für die Sommerferien entfallen waren, steigerte Adams Interesse an einem anderen vielversprechenden Vorhaben um so mehr – an einer Einladung nach Genf. Die Verbindung dorthin verdankte er seiner Mutter. Eleonore von Trott hatte im Juni 1927 als Delegierte der *Young Women Christian Association* (YWCA)[44] im niedersächsischen Dassel an einer internationalen Konferenz über christliche Jugendarbeit teilgenommen. Dabei hatte sie mehrere jüngere Ausländer kennengelernt, alles Repräsentanten ökumenischer Organisationen mit Genf als Zentrum. Am meisten beeindruckte sie ein erst 27jähriger Theologe aus den Niederlanden. Eleonore von Trott bewies damit ein gutes Gespür, denn dieser – Willem Adolf Visser 't Hooft – sollte einer der bedeutendsten Ökumeniker des 20. Jahrhunderts werden. Erfreut erzählte sie Adam von ihren neuen Bekannten – von Visser 't Hooft ebenso wie vom Amerikaner Tracy Strong, dem Sekretär des Weltbundes der *Young Men Christian Association* (YMCA). Letzterer hatte die Freundlichkeit besessen, ihren Sohn gleich für mehrere Wochen nach Genf einzuladen. Am YMCA bzw. am deutschen CVJM war Adam nicht sonderlich interessiert, ihn lockte ganz einfach eine Fahrt ins Ausland, und noch dazu in die Schweiz, von der ihm die Mutter oft vorgeschwärmt hatte. Auf sein inständiges Bitten und weil ihr selbst daran lag, daß er den jungen ökumenischen Persönlichkeiten in Genf begegnen möge, kümmerte sich Eleonore von Trott mit der ihr laut Adam eigenen »politesse de cœur« um die »Genfer Sache«[45]. Nachdem Tracy Strong seine Einladung freundlichst erneuert hatte, war nun noch der Vater zu überzeugen, nicht zuletzt der Kosten wegen. Dieser wollte offenbar seinen Sohn nicht zum zweiten Mal hintereinander enttäuschen und entschied die Sache positiv:

»Da Du diesen großen Wunsch hast«, schrieb er Adam im Juni 1928, »möchte ich ihn Dir nicht gern abschlagen und habe mir deshalb überlegt, wie ich das ermöglichen könnte.«[46] Unter mehreren Sparsamkeitsvorbehalten für das laufende Semester und die Sommerferien bewilligte der Vater schließlich 400 Mark für Reise und Aufenthalt in Genf.

Vor Beginn der Ferien erfuhr Adam von Trott noch eine besondere Anerkennung seitens seiner Corpsbrüder: Der Convent der Saxonia wählte ihn für das kommende Wintersemester zum Ersten Chargierten oder Senior, dem höchsten Amt der Aktiven. Als erste Konsequenz dieses neuen Ranges meldete Adam zum 1. August das Corpshaus als sein Göttinger Domizil an.[47] Da er nun sein Corps nach innen und außen vertrat, rüstete er sich für seine Schweizer Reise mit CC Briefpapier und dem Handbuch für Corpsstudenten aus. Dazu mit je einem Band Jean Paul und Dostojevskij, Hölderlins »Hyperion«, einem englischen und einem französischen Wörterbuch, einem Kursbuch und zwei Reiseführern[48] im Gepäck, traf der inzwischen Neunzehnjährige am 3. September 1928 in Genf ein.

Genf und die Folgen

Genf – der alten Handelsmetropole am Ausfluß der Rhone aus dem Genfer See, mit ihrer hochgelegenen, winkligen Altstadt und ihren großzügigen Quais und Seeufer-Promenaden, dazu die von der Montblanc-Kette gekrönten Savoyer Alpen und ihre Vorberge als Kulisse im Hintergrund –, dieser Stadt fehlt es wahrlich nicht an Anziehungspunkten für Reisende. In den Jahrzehnten zwischen dem Ersten und dem Zweiten Weltkrieg besaß Genf noch einen zusätzlichen Rang, der in Beinamen wie »Welthauptstadt« oder »Mekka des Internationalismus« seinen beredten Ausdruck fand. Was im 19. Jahrhundert mit dem *Internationalen Komitee vom Roten Kreuz* und dem Weltbund der *Young Men Christian Association* (YMCA) an internationaler Repräsentanz angefangen hatte, erfuhr mit der Wahl Genfs zum Sitz des Völkerbunds 1919 und des Internationalen Arbeitsamts 1920 eine gewichtige Ausweitung. Es war naheliegend, daß sich zur gleichen Zeit auch die *Liga der Rotkreuz-Gesellschaften* und der *Christliche Studenten-Weltbund* dort niederließen. 1928 zog mit dem *Sozialen Institut des Ökumenischen Rates für Praktisches Christentum*[1] bereits »die 53. internationale Organisation in Genf ein«[2], wie der Schweizer Theologe Adolf Keller damals in seinem Artikel »Genf als internationales christliches Zentrum« berichtete. Als Folge dieser Kumulation internationaler Organisationen avancierte Genf binnen kurzer Zeit zum beliebten Treffpunkt, zum Veranstaltungsort von Jugend-Sommerkursen, zum öffentlichen wie privaten Verhandlungs- und Diskussionsort für Politiker, Diplomaten, Kirchenleute, Gelehrte und Friedensaktivisten aus aller Herren Ländern.

Der September 1928, in dem der junge Adam von Trott Genf erlebte, lag in der sogenannten optimistischen Phase der Nachkriegszeit. Sie hatte drei Jahre zuvor mit dem Locarno-Pakt begonnen, in dem sich die ehemaligen Kriegsgegner Deutschland, Frankreich, Großbritannien, Belgien und Italien zum Verzicht auf einen Angriffskrieg verpflichteten und der auch die Aufnahme Deutschlands in den Völkerbund zum Ergebnis hatte. Soeben, Ende August 1928, war in Paris ein nach den Außenministern Frankreichs und der USA, Briand und Kellogg, benannter internationaler Kriegsächtungspakt geschlossen worden. Die Zeichen standen auf Frieden. Und noch ahnte niemand, daß ein Jahr später die Weltwirtschaftskrise hereinbrechen und die finanziellen, wirtschaftlichen und sodann sozialen Verhältnisse weltweit erschüttern, ja umstürzen würde.

»Nach einer sehr guten Reise bin ich vorgestern hier angekommen«, meldete Adam am 5. September nach Hause. »Mr. Strong holte mich mit seinem sehr schönen, neuen Auto ab. Er gefiel mir auf den ersten Blick.«[3] Der amerikanische Geistliche Dr. Tracy Strong, geboren 1887, war ein Vertreter der liberalen Socia Gospel-Bewegung, die evangelikale Frömmigkeit mit starkem sozialem Appell verband. Seit 1923 arbeitete er als Sekretär des YMCA-Weltbundes in Genf, zu dessen Generalsekretär er später aufstieg. Adam wohnte bei ihm und seiner Familie außerhalb der Stadt am Chemin Lacombe und genoß von seinem Fenster die Aussicht auf den Mont Salève.[4] Strongs pflegten oft Gäste zu Tisch zu bitten und hatten an seinem ersten Abend wohl eigens für ihn zwei deutsche CVJM-Führer eingeladen. Diese mißfielen Adam so sehr, daß er vor einem drastischen Urteil nicht zurückschreckte: »Beide unglaublich dumm, abstoßend und in jeder Hinsicht unbedeutend – eine schlechte Vertretung unseres Landes.«[5] Ein anderer Gast nahm ihn dafür um so mehr ein: der Amerikaner Dr. Conrad Hoffmann, Sekretär bei der *World's Student Christian Federation* (WSCF), laut Visser 't Hooft ein »guter Organisator mit starker persönlicher Ausstrahlung«[6]. Hoffmann zeigte sich an Deutschland sehr interessiert, das er gut kannte, da er während des Krieges die Gefangenenhilfe der YMCA in Deutschland geleitet hatte.[7] Die Bekanntschaft mit ihm sollte sich für Adam bald als wichtig erweisen.

Beim ersten Rundgang durch Genf stand auf Adams Programm der Völkerbund, dessen Sekretariat damals noch vorläufig in einem Gebäude am Quai Woodrow Wilson residierte. Es ergab sich zufällig – als eine zum herrschenden Optimismus passende Symbolik –, daß der junge Deutsche das Völkerbundpalais gemeinsam mit Dylion, einem jungen Polen, besichtigte. Nachher gingen beide zusammen segeln und freundeten sich an. Am Abend nahmen Strongs ihren Gast zu einer großen Gesellschaft bei Walter Gethman mit, dem amerikanischen Generalsekretär des YMCA-Weltbundes. Adam fand sich dort inmitten von »Amerikanern, Franzosen, Finnen, Ägyptern, Polen, Südamerikanern – teilweise Völkerbundsdelegierten – und alle sprachen von Politik.«[8] Ihm fielen die Selbstsicherheit und Dominanz der Amerikaner auf, die »ganz und gar amerikanische Atmosphäre«, obwohl die Vereinigten Staaten nicht Mitglied des Völkerbunds waren. Die Reihe verschiedenster Erlebnisse und Eindrücke setzte sich in den nächsten Tagen fort. Bei einem Bankett im International Club erlebte Adam den amerikanischen Friedenspropheten Morrison[9], dessen Pathos ihn sehr befremdete, und auf einem anderen Bankett Strongs indischen Kollegen Surendra K. Datta sowie den spanischen Diplomaten und Schriftsteller Salvador de Madariaga; er beobachtete Abstimmungen im Völkerbund und hörte dort Reden des Außenministers der Tschechoslowakei, Edvard Beneš, des britischen Delegierten Lord Cushendon und des vor- und nachmaligen Premierministers von Südafrika Jan Christiaan Smuts. Einen Kontrast dazu bildete die zweitägige Bergtour in die Savoyer Alpen: auf den Col de Balme, einen 2200er, von dem sich ein grandioser Blick auf die Montblanc-Kette und das Chamonixtal sowie rückwärtig auf die Walliser und Berner Alpen eröffnet. Am frühen Morgen ging es von dort, bei Überquerung der Grenze zu Frankreich, bergan zu den fast 500 Meter höher gelegenen Grandes Autannes, weiter über den Glacier du Trient und den Col de la Forclaz hinunter nach Martigny, von wo mit der Bahn nach Montreux und per Schiff über den Genfer See die Rückfahrt angetreten wurde. Adam freute sich, daß er trotz der für ihn ungewohnten Kletterei und des schwierigen, rutschigen Abstiegs mit den andern Bergsteigern hatte mithalten können. Nach alldem war es nicht verwunderlich, daß er bereits am 10. September als vorzeitiges Fazit nach Hause schrieb: »Mein Genfer Aufenthalt scheint ein voller Erfolg zu werden.«[10]

Die Gestaltung seiner Zeit nahm er weitgehend selbst in die Hand. Der Genfer See lockte ihn häufig zum Rudern und mitunter zum Segeln, einmal mit einem Kollegen von Tracy Strong, dem Iren Oliver McCowen – ein »prächtiger Mensch«[11], fand Adam. In Gesellschaft seines polnischen Freundes Dylion oder allein erkundete er die Stadt, hörte Konzerte in der Grand Passage, bewunderte Engländer beim Tennisspiel, schaute in die namhafte Fechtschule herein und stattete der Kathedrale St. Pierre einen Besuch ab. Vor allem aber zog es ihn ins Kunstmuseum. Nicht oft genug konnte er die Werke seines neuen Favoriten, des Schweizer Malers Ferdinand Hodler, betrachten: »immer wieder zu Hodler«[12].

Das wahrhaft welthauptstädtische Angebot an Veranstaltungen nutzte Adam von Trott ausgiebig und sah sich dabei auch belohnt. »Gestern hatte ich das außergewöhnliche Glück und die große Freude, einem Meeting der International Students Union beizuwohnen, bei dem Bernard Shaw zugegen war und auf an ihn gerichtete Fragen antwortete«[13], schrieb er am 13. September seiner Mutter. Einen Artikel, wie zunächst erwogen, hat Adam darüber zwar nicht verfaßt, aber seine Notizen lassen erkennen, was ihn zu dieser begeisterten Einschätzung gebracht hat. Da war »sein Humor!«. Die Frage, was Shaw unter einer »intelligenten Frau« verstehe – eine Anspielung auf dessen soeben erschienenes Buch »The intelligent woman's guide to socialism and capitalism«[14] –, habe dieser mit der Antwort pariert, »daß sie intelligent genug wäre, um seine Bücher zu kaufen«[15]. Auf die Frage, »wer der bedeutendste Mann wäre: Lenin, Gandhi oder Ford?, habe er erwidert: »Warum lassen Sie mich aus?

– und dann anschaulich dargelegt, daß jede Persönlichkeit nur für sich genommen, »an ihrem Platz« gelte. Adam meinte, daß Shaw bemüht gewesen sei, »die Voreiligkeit der Jugend zu respektieren« und »törichte Fragen« auf eine andere Sichtweise hinzulenken. Angesprochen auf die gegenwärtigen Friedensdiskussionen, habe Shaw »die Augenblicklichkeit des internationalen Idealismus in Genf« betont. Staatsvertreter seien »politisch gebunden und könnten auch nicht anders als Dinge sagen, die sehr schön klingen, aber nirgends sei das geringste Anzeichen zu sehen, daß man danach handeln will«. Als demotivierend wollte Shaw seine Auslassungen aber nicht verstanden wissen, denn Adam hielt dessen Ausspruch fest: »Nur dann sollte der Schriftsteller etwas sagen, wenn er seinen Leser ermutigen kann.«[16]

Eine Veranstaltung völlig anderen Charakters fand in der Genfer Victoria Hall am Abend des gleichen Tages statt, und zwar im Rahmen der Vorkonferenz für einen *Weltfriedenskongreß der Religionen.* Niemals zuvor hatte es ein solches Forum gegeben, auf dem Vertreter von 14 Weltreligionen, einschließlich aller christlichen Kirchen, gemeinsam ihre Stimme für den Weltfrieden erhoben.[17] Um für ihre Sache zu werben, hielten die Initiatoren von der *Church Peace Union* eine öffentliche Versammlung ab, unter deren rund 2.000 Zuhörern sich auch Adam von Trott befand. Ihm war bewußt, was es vor allem seiner Mutter bedeutet hätte, hier anwesend zu sein: »Ich habe dabei an Dich gedacht, wie es Dich interessieren würde, diese Leute, besonders Ali voll schönstem Idealismus und größtem Ernst, zu hören.«[18] Er versuchte daher, das »eigentümliche Bild« zu skizzieren, das sich allein durch die Kleidung der im Halbkreis um den Präsidententisch sitzenden Konferenzteilnehmer – ihre Fräcke, Talare, Seidengewänder und Turbane – dem Betrachter bot. Präsident war niemand Geringeres als der norwegische Polarforscher und Hochkommissar des Völkerbunds, Fridtjof Nansen. Von den Rednern nannte Adam den britischen Forschungsreisenden Sir Francis Younghusband, den Maharaja von Burdwan, der als Hindu sprach, den japanischen Buddhisten Professor Tomamatsu, Samuel Parkes Cadman[19] aus den USA und den bereits genannten indischen Moslem Yussuf Ali, der ihm »außerordentlich gefiel«. Yussuf Ali, zugleich Vertreter seines Landes beim Völkerbund, wies in seiner Rede zunächst nüchtern darauf hin, daß eine Lösung des Abrüstungsproblems noch fern sei. Er unterstrich die Bedeutung wirtschaftlicher Belange in einem Friedensprozeß und beschwor das Ideal eines »freundschaftlichen Wettbewerbs« aller Nationen. Voraussetzung dafür sei auch, daß »die alte Manier des Geschichtsunterrichts, der zufolge das cigene Land stets Recht, das andere aber stets Unrecht hat, aufgegeben werden müsse. Bevor nicht Sie, ich und alle Völker der Welt, im Gefühl Brüder und Schwestern zu sein, auf einer gemeinsamen Plattform stehen können«, erklärte der Inder schließlich, »wird unser Frieden sicherlich weder vollkommen noch dauerhaft sein.«[20] Der letzte Redner, der freikirchliche Reverend Cadman, machte deutlich, daß der Völkerbund und auch der Briand-Kellogg-Pakt nicht als »Allheilmittel gegen den Krieg« angesehen werden könnten, vielmehr müßten sie dringend durch Maßnahmen gegen Rassismus und Nationalismus ergänzt werden. Unter Berufung auf den britischen Oberrabbiner wies er der Religion die Aufgabe zu, »den politischen Organen und Regierungen eine tiefere Ethik«[21] vorzuhalten. Adams knappes Resümee auf einer Postkarte an seine Mutter: »Aber es schien so, daß sie tauben Ohren predigen!?«[22]

Am nächsten Tag besuchte er ein weiteres Friedensforum, den *8. Demokratischen Internationalen Kongress für den Frieden*. Mit dem Franzosen Marc Sangnier hörte er den Veranstalter selbst. Sangnier war bestrebt, den französischen Katholizismus mit der Republik und umfassender das Christentum mit der Demokratie zu versöhnen, und suchte mit seiner *Demokratischen Internationale* und ihren in verschiedenen Städten Europas stattfindenden Kongressen über Katholiken hinaus breite Kreise für die Sache des Friedens zu bewegen.[23] Adam fand den Auftritt Sangniers so bemerkenswert, daß er ihn der Mutter gegenüber erwähnte.

Kaum ein anderes Genfer Erlebnis aber hat Adam von Trott so erfüllt wie ein Abend mit Charles Freer Andrews[24], denn dieser hatte es verstanden, seinen jugendlichen Zuhörer – und gewiß nicht nur ihn – auch durch Spiritualität und emotionale Tiefe zu packen. Gleich am nächsten Tag setzte sich Adam an einen ausführlichen Brief an die Mutter: »Da ich überzeugt bin, daß Dich gerade das, was ich gestern abend gehört habe, sehr interessieren wird, will ich versuchen, es Dir wiederzuerzählen. Ich weiß nicht, ob Du Andrews kennst; er ist ein Freund von Tagore und Gandhi und einer der besten Kenner des heutigen Indiens – er lebt ganz dort. Er erzählte gestern abend von diesen beiden Männern und von Indien – nicht etwa in einem Vortrag, sondern in einzelnen kleinen Geschichten, die allerdings einen so eindringlichen und vollständigen Eindruck vermittelten, wie man ihn selten hat. Er begann damit, Indien zu schildern als das Land der Religiosität und Gefühlstiefe, mehr wie alle andern Völker der Welt. Dazu fähig, in unerschütterlicher Meditation, in harmloser, aber tiefer Naturverbundenheit und Empfänglichkeit für das Wunder dieser Welt, ihrem Sinn, der Liebe (wie er sagt) näher zu kommen. Ihre herrliche Natur und vor allem ihre Nachthimmel von klarstem und wunderschönstem Mond- und Sternenlicht (gerade das hat mir bei Andrews ganz besonders gefallen!) sind vielleicht der Ursprung dieses Welterlebnisses. So hat ihm Tagore erzählt, wie sein Vater den Frieden seiner Seele fand; er zog aus, um ihn, den ersehnten, endlich zu finden, hinauf in die Berge und herab durch die weiten Täler Indiens mit seinem kleinen Sohn Rabindranath, bis er eines abends – in einer großen Ebene – in der Ferne einen kleinen Hügel erblickte, auf dem zwei Bäume stehen und dahinter die Sonne, die bald untergehen wird. Er eilt auf ihn zu und setzt sich dort nieder – eine seltsame Ruhe kommt über ihn – und sieht dem Sonnenuntergang zu. Das Glück seines Herzens ist so tief und stark, daß er, während sein kleiner Sohn zu seiner Seite eingeschlafen ist, bis zum Morgen, ohne auch nur eine Anwandlung von Schlaf, dort sitzt und vor innerem Glück, Tränen in den Augen, die Sonne aufgehen sieht. – Andrews erzählte weiter von Gandhi in Afrika und Indien, von dessen 21tägiger Fastenzeit während der Kämpfe zwischen den Hindus und den Mohammedanern, und alles mit einem so starken Geist des Miterlebt- und Gelittenhabens, daß man wirklich das Feuer dieser großen Persönlichkeit zu spüren glaubte.«[25] Es verwundert nicht, daß es C. F. Andrews gelang, Adam für Tagore und Gandhi und damit für Indien überhaupt zu gewinnen, schlug er doch in den nächsten Jahren mit seinen Büchern[26] ungezählte Leser in den Bann und trug dadurch – auch als Herausgeber von Gandhis Autobiographie[27] – zu dessen Bekanntheit im Westen erheblich bei.

Diese Vielheit an Eindrücken hatte Adam binnen nicht einmal zweier Wochen in Genf aufgenommen. Auch in den nächsten beiden Wochen hielten seine Unternehmungslust und sein lebhaftes Interesse an Menschen unvermindert an. Er hörte den ungarischen Grafen Albert Apponyi, »einen Staatsmann alter Schule«[28], über die historische Mission Ungarns reden sowie einen Vortrag de Madariagas, der ihn sehr für sich einnahm. Im Völkerbund erlebte er die englische Delegierte Dame Rachel Crowdy, bekannt für ihr großes soziales Engagement, und bei Strongs den Pazifisten und Vorsitzenden des amerikanischen Antikriegsrates, Frederick Libby[29]. »Natürlich nichts wie Politik war zu hören. Ich benahm mich sehr zurückhaltend«[30], berichtete Adam nach Hause und hielt kommentarlos in seinem Kalender fest, daß Libby »Briand als den größten Friedensmacher der Welt«[31] bezeichnet habe. Von den Gästen Strongs scheint ihn jedoch, aus der Markierung in seinem Notizkalender zu schließen, Mr. Wai aus China am meisten interessiert zu haben. Je länger Adam in Genf weilte, desto häufiger wurde auch er verschiedenerseits eingeladen. Seine Gastgeber waren u. a. der junge Amerikaner Robert Abernethy – ein Bekannter seiner Mutter, deren Sympathie zu diesem er teilte –, die entfernt verwandte Madame de Candolle[32], Witwe von Augustin de Candolle aus der Genfer Botanikerdynastie, und, was ihn besonders freute, der bereits erwähnte Hoffmann.

An einem Wochenende erhielt Adam Besuch von seiner New Yorker Kusine Barbara Schieffelin – auch sie eine Jay-Enkelin –, die jetzt in Zürich studierte. Sie unternahmen einen Ausflug mit der Drahtseilbahn Aiguille-du-Midi hinauf in die Gletscherwelt, um bei Schneegestöber und Kälte den Montblanc scheinbar nah zu erblicken. Während das Verhältnis von Vetter und Kusine eher distanziert blieb, freundete sich Adam bei dieser Gelegenheit mit André Fatio an, einem jungen Mann aus alter Genfer Familie. Fatio sah er von nun an öfter, ging mit ihm ins Kino und ließ sich von ihm Sehenswertes zeigen. Dieser Kontakt war Adam um so willkommener, als damals seine bisherigen Freunde oder Bekannten alle abreisten – der Pole Dylion, den er zur Verabschiedung an die Bahn brachte, ferner Estall, ein Kanadier, auch Bob Abernethy und der englische Student Geoffrey Wilson, dem er bei Strongs als Freund des ältesten Sohnes Robbins begegnet war. »Ein sehr netter, junger Oxford-Student fährt leider am Freitag, so daß ich ihn nicht mehr wiedersehe«[33], bedauerte er. Er sollte ihn jedoch wiedersehen – andernorts, und der spätere Sir Geoffrey Wilson wird sich Adam von Trotts noch im hohen Alter von 93 Jahren erinnern.[34]

Das Ehepaar Strong hatte seinen deutschen Gast eingeladen, es für ein paar Tage »zu einem Führertreffen der Schweizer YMCA« nach Wengibad, einem kleinen Ort bei Affoltern unweit des Zuger Sees, zu begleiten, worauf Adam zwar »sehr gespannt war«, aber andererseits fand er seine Zeit in Genf dadurch verkürzt: »Gerade jetzt beginne ich, selbst etwas französisch zu sprechen und es zu verstehen, gerade jetzt mache ich die interessantesten Bekanntschaften.«[35] Aber das, was ihm allein bei der extra für ihn ausgedehnten Autofahrt über Lausanne, Fribourg, Bern, Schupfheim und Luzern geboten wurde, war mehr als eine Entschädigung. Sogar Jungfrau, Mönch und Eiger konnte er in der Ferne liegen sehen und auf dem Rückweg auch noch das mittelalterliche Städtchen Murten/Morat bewundern. Bei der Tagung traf Adam nach eigenen Worten »tätige Christen, teilweise sehr sympathisch«. Die Bedeutung der Teilnehmer mag ihm im einzelnen nicht klar gewesen sein, die Theologen Adolf Schlatter und Alphons Koechlin aber sind ihm sogleich aufgefallen. Koechlin, später eine der führenden Persönlichkeiten in der ökumenischen Bewegung, hat auch ihn, den zuhörenden Gast, ins Gespräch gezogen. Adam wurde Zeuge »erregter Diskussionen«, in denen »die Theologie als geistige Überkultur« in Frage gestellt worden sei. Ein präsentiertes Programm für die christliche Arbeit mit 15- bis 17jährigen Jungen nötigte ihm Respekt ab: »Donnerwetter!«[36] Dennoch blieb er gegenüber der Organisation der YMCA bzw. des CVJM reserviert.

Wieder zurück in Genf, wurden Adams Tage dort knapp. Etliche Abschiedsbesuche waren zu machen, von denen einer erwähnt zu werden verdient: der Abschiedsbesuch bei Willem A. Visser 't Hooft. Dieser – zu jener Zeit im Dienst beider Weltbünde, der *Christlichen Jungen Männer* und der *Christlichen Studenten* – war Anfang des Monats zu einer Konferenz nach Prag gereist. Eleonore von Trott, die davon erfahren hatte, befürchtete schon, ihr Sohn würde Visser 't Hooft verpassen, aber Adam konnte sie beruhigen, daß er ihn »schon lange kennengelernt«[37] habe. Er war bei ihm zu Tisch eingeladen, und als er sich nun von ihm verabschieden wollte, entspann sich zwischen beiden ein längeres Gespräch. »Er hat mir sehr gefallen«, hielt Adam in seinem Kalender fest und charakterisierte ihn der Mutter gegenüber als »Sonntagskind«[38]. Visser 't Hooft erinnert sich Jahrzehnte später an diese Begegnung: »Ich fühlte mich stark zu diesem hochbegabten Studenten hingezogen, der die Tragik und die Gefährdung der jungen Menschen in Deutschland in der geistigen Verwirrung nach dem Ersten Weltkrieg so klar erkannte. Äußerlich war er der vollkommene Aristokrat, gut aussehend, hoch gewachsen, mit hoher Stirn. Aber im Gespräch mit ihm spürte man die Demut eines jungen Mannes auf der verzweifelten Suche nach einer festen Grundlage für sein Leben.«[39] Adam habe ihm damals erzählt, berichtet Visser 't Hooft weiter, daß er »mit Religion überfüttert«[40] worden sei und sich daher anstatt von der Bibel jetzt von Dostojevskij inspirieren lasse.

Diese Einstellung hat Adam jedoch nicht davon abgehalten, sonntags mit Strongs in die Kirche zu gehen; in einem Gottesdienst hörten sie C. F. Andrews predigen. An solchen Tagen bemühte sich der ansonsten vielbeschäftigte Tracy Strong, mit seinem Hausgast ins Gespräch zu kommen. Dabei wurde deutlich, daß es, wie Adam seiner Mutter erklärte, »nicht nur der verschiedenen Sprachen halber schwer ist, sich zu verständigen«[41]. Da ihm an der Qualität dieser Beziehung viel lag, bedauerte er, als sein Genfer Aufenthalt sich dem Ende zuneigte, »von hier fortzugehen, ohne eigentlich Mr. Strong näher gekommen zu sein«[42]. Über den Inhalt ihrer Gespräche ist nichts überliefert; die Bedeutung Dostojevskijs für ihn dürfte Adam auch hier betont haben, denn noch nach mehreren Jahren – Adams Dostojevskij-Welle war längst verebbt –, nahm Tracy Strong auf dessen großes Interesse an dem russischen Dichter Bezug.[43] Bevor Adam Genf verließ, scheinen sie doch noch mehr Nähe erreicht zu haben, denn er empfand den Abschied bei Strongs als »befriedigend und harmonisch«[44]. Auch der erste Brief Tracy Strongs an Adam geht über eine übliche Freundlichkeit hinaus: »We did so enjoy your stay with us and hope it is only the beginning of a deeper friendship. Our home is always open to you.«[45] Der Kontakt zwischen ihnen sollte nicht abreißen.

Von Genf aus begab sich Adam am 2. Oktober für zwei Tage nach Zürich. Eine Einladung seiner Kusine Barbara, sie dort zu besuchen, nahm er gern zum Anlaß, die Schweiz noch nicht verlassen zu müssen. »Du erzähltest mir von dem Gefühl, das erste Mal wieder auf Schweizer Boden zu schlafen, und Du wirst mir nachfühlen können, wie ich mich dabei fühle, es das letzte Mal tun zu müssen«, begründete er diesen Plan gegenüber seiner Mutter. »Wer weiß, wann ich mal wieder in die Schweiz komme.«[46] Zürich empfing ihn mit einem hinreißenden Naturschauspiel. »Als ich hier an- und zum Zürichsee herunterkam, bot sich mir einer der schönsten Blicke, die ich in meinem Leben gesehen habe: der schon etwas nächtliche See und dahinter der ganze Horizont mit schön gezackten Schneebergen in eine rote Glut von der untergehenden Sonne getaucht.«[47] Abgesehen vom Preis für die Unterkunft und einem »unverschämten Taxichauffeur«[48], gefiel ihm Zürich rundum: »eine herrliche Stadt«[49]. Im Kunsthaus erfreute er sich an Gemälden von Corinth, Böcklin, Thoma und erneut Hodler und vermerkte in seinem Kalender, daß eine Kunstausstellung »ein guter Ort«[50] sei, eine Einschätzung, die für ihn dauerhaft gültig bleiben sollte. Adams Kalendernotizen verraten auch, auf welche Weise sich der Neunzehnjährige zu vergnügen wußte: Mittagessen bei Barbara, Spaziergang durch die Stadt, Hyperion-Lektüre, Metropol Tanzdiele und schließlich Kino, wo der brandneue und oscarprämierte Film »Wetterleuchten« (The Tempest) mit John Barrymore gegeben wurde.

Einmal auf den Geschmack gekommen, Städte zu erkunden, kehrte Adam auch von Zürich noch nicht heim. Da er in Genf äußerst sparsam gelebt habe, verkündete er nach Hause, komme er erst wieder, wenn alles Geld verbraucht sei. Und in der seelenruhigen Gewißheit, »der Vater werde diese Art der Rückkehr sicher billigen«[51], fuhr er nach Stuttgart. Wieder führte ihn einer seiner ersten Wege zur Kunst. In der Staatlichen Gemäldegalerie zogen ihn Werke von Rembrandt und Corinth besonders an. Er durchstreifte die seiner Meinung nach »sehr schöne« (später im Krieg zerstörte) Stadt nach allen Seiten hin, betrachtete sie auch vom bekannten Turmrestaurant aus von oben. Adam hörte eine Schubert-Matinee im Landestheater, wanderte durch den Herbstwald zum Schloß Solitude und besuchte abends eine Aufführung des »Rosenkavaliers«. Mit dieser Oper konnte er allerdings wenig anfangen und meinte, sie sei »heute nicht mehr zu genießen«, obwohl das Musikwerk jünger war als er selbst. Bevor es nach drei Tagen endgültig an die Heimreise ging, löste sich noch ein wochenlang gehegter Kummer auf. Die von ihm in Genf sehnsüchtig, aber vergeblich erwarteten Briefe, sie trafen nun ein: »Endlich Post von beiden !!«[52] – von Ernst Friedemann und von Anneliese.

Noch vor Beginn des Wintersemesters 1928/29 mußte Adam nach Göttingen ins Krankenhaus. Sein Gesundheitszustand ließ allgemein zu wünschen übrig, und erneut hatte ihn eine schwere Angina befallen. Der Zeitpunkt war denkbar ungünstig, nicht zuletzt wegen seines neuen Amtes als Senior der Saxonia. Er hatte zwar für eine Vertretung gesorgt, dennoch entstand durch sein vorläufiges Ausfallen im Corps eine Art Interregnum. Adam ließ sich aber nicht verdrießen und schrieb seinem Vater aus dem Krankenhaus, es ginge ihm »ausgezeichnet«[53], nur teile er den Krankensaal, obwohl für Studenten vorbehalten, allein mit einem alten Mann, der schnarche und nicht sehr anregend sei. Alle Corpsbrüder kamen ihn indes besuchen und auch der treue Hans von Bodenhausen vom Arnstein. Als die Mandeloperation glimpflich überstanden war, wurde Adam jedoch nicht entlassen, sondern zu einer gründlichen Untersuchung auf Herz und Nieren in die Medizinische Klinik überstellt. Seine Geduld wurde nun ziemlich strapaziert, denn der behandelnde Arzt hatte es im Gegensatz zu ihm damit gar nicht eilig, und es sollten noch viele Tage vergehen, bis die Diagnose gestellt war. »Schick mir doch bitte bald ein wirklich spannendes englisches Buch«, bat Adam die Mutter, »denn neben der Juristerei und dem Trübsinn, den ich hier treibe, habe ich nur und nur meine Gedanken, die allmählich auch von der Krankenzimmerluft infiziert werden.«[54]

Das Resultat der ärztlichen Untersuchung ist nicht überliefert, aber alles deutet darauf hin, daß es eine Bestätigung des früheren Befunds war – eine durch Wachstum verstärkte Herzschwäche –, wegen der Adam bereits in seiner Schulzeit jeglicher Sport untersagt worden war. »Der Doktor hat mir verboten, dem Corps weiter aktiv anzugehören, ich darf auch leider nicht mehr fechten«[55], berichtete er Anfang Dezember Tracy Strong. Ein niederschmetterndes Urteil und zugleich das Aus für seine leitende Corps-Aufgabe. Es sei ihm nicht um das Amt an sich gegangen, erklärte Adam dem amerikanischen Freund, sondern um Einfluß auf das Leben und Treiben des Corps. Seine Hoffnungen in dieser Richtung waren nicht übertrieben gewesen: »Ich sehe immer mehr, daß es großer Arbeit und Kraft bedurft hätte, diesen Einfluß wirklich geltend zu machen – wer weiß, ob ich es gekonnt hätte. Aber es ist schwer, ruhig mitanzusehen, wie alles einen Weg geht, den zu verhindern ich sonst mit aller Kraft versucht hätte.« Was speziell seine Mißbilligung hervorgerufen hatte oder welche Verbesserungen ihm vorgeschwebt haben, erfährt man nicht, wohl aber seine grundsätzliche Kritik: »Es ist übrigens weniger, daß man hier Unrechtes tut – es kann eher etwas töricht genannt werden –, als daß man so viel Gelegenheit unbenutzt vorübergehen läßt, etwas Ordentliches zu leisten.«[56]

Adam bekannte Strong, daß er zunächst »wieder Herr meiner veränderten Lage und in mancher Hinsicht meiner selbst werden wollte«, bevor er sich zu alldem hätte äußern können. In sonderbarer Koinzidenz war das ärztliche Verdikt zeitlich mit seiner inneren Lösung vom Corps zusammengetroffen. Die »veränderte Lage« hatte nämlich nicht nur mit seinen Gesundheitsrücksichten zu tun, sondern vor allem mit seinem Aufenthalt in Genf, der eine entscheidende Wende herbeigeführt hatte. »Ich habe so oft an die Genfer Zeit zurückgedacht«, schrieb Adam, »sie hat für mich eine große Bedeutung gehabt.« Durch sie sei er unmerklich vom Corps abgerückt: »Als ich hierher zurückkehrte, schien mir alles so verändert.« Er begründete dies mit seiner in Genf gewonnenen Einsicht, daß »Glück nur die Arbeit für das bedeute, was man für sich als positiv erkannt hat«. Mit seinen damals 19 Jahren meinte er, »keine Zeit mehr zu dem zu haben, was ich bisher getrieben«[57].

Es handelte sich in der Tat um einen Lebenseinschnitt, denn in Genf erwachte Adam von Trotts Interesse an Politik, das ihn zeitlebens bestimmen sollte. Es war auch nicht ohne Belang, daß dies gerade dort und damals geschah. Wann und wo sonst hätte er einen solchen Anschauungsunterricht von den Möglichkeiten internationaler Zusammenarbeit und den weltweiten Bemühungen um Frieden bekommen können. Sie haben ihn und seine Ideale nachhaltig geprägt. Damals besaß er noch keinen politischen Standort, noch keine gefestigte politische Meinung, was außer mit seiner Jugend auch damit zusammenhing, daß Politik in deutschen Corps und so nicht anders bei der Saxonia keine nennenswerte Rolle spielte. Aber gerade wegen dieser mangelnden Festlegung war er vielleicht um so offener für all die Eindrücke, die in Genf auf ihn einstürmten. Naiv oder kritiklos nahm er sie allerdings nicht auf, wie man etwa an seiner Niederschrift der zum Realismus mahnenden Worte Shaws ablesen kann. Zukunftsweisend war für ihn in Genf auch die Begegnung mit Asien.

Bald nach der Genfer Zeit schrieb Adam in ein Notizbuch: »Es muß etwas Größeres geben als die Nation«[58] – eine erstaunliche Feststellung, gemessen an der Verbreitung stark nationalen Denkens unter jungen Leuten jener Zeit, nicht nur in Deutschland. Internationales Denken war alles andere als selbstverständlich, in konservativen Kreisen als unpatriotisch sogar regelrecht verpönt, wie das folgende Beispiel belegt. Als Tracy Strong ein Jahr später, im Sommer 1929, einem von Adams jüngeren Berliner Vettern ein Stipendium in Genf anbot, mußte Adam dem Amerikaner gestehen, daß sein Onkel Wilhelm von Schweinitz[59] dies ablehne, da er »seinen Sohn nicht einer internationalen Atmosphäre ausgesetzt zu sehen wünsche«. Adam war empört, bedauerte die Ablehnung für seinen Vetter und deutete an, daß er sich deswegen mit seinem Onkel gestritten habe. »Bei allem Respekt für meinen Onkel«, schrieb er, »bin ich froh zu sagen, daß ich fühle, daß in diesem Land eine solche Haltung aufhört, die normale zu sein.«[60] Wenn er sich hierbei, von sich und seinen Freunden auf andere schließend, zweifellos geirrt hat, so bestätigt dieser Irrtum doch seine eigene Einstellung.

Der Genfer Aufenthalt hatte für Adam von Trott auch ganz reale Folgen. Conrad Hoffmann besorgte ihm im Oktober eine Einladung zu einer großen Tagung der Christlichen Britischen Studentenbewegung, die – seit mehr als 30 Jahren vierjährlich abgehalten – im kommenden Januar in Liverpool bevorstand. Der Amerikaner legte ihm die Tagung als »einzigartige Erfahrung und großen Nutzen«[61] ans Herz. Adam mußte jedoch nicht überredet werden: Nach England zu reisen war schon lange sein Wunsch[62] und das Erlebnis einer solchen studentischen Veranstaltung über internationale Fragen zudem eine verlockende Aussicht. Als ihm Tissington Tatlow, der Generalsekretär des *Student Christian Movement of Great Britain and Ireland* und Organisator der Tagung, auch noch mitteilte, daß ihm aus einem »Fonds zur Förderung von Kontakten zwischen Großbritannien und dem europäischen Kontinent« acht englische Pfund (160 Mark) für die Reisekosten zur Verfügung gestellt würden,[63] stand der Unternehmung nichts mehr entgegen.

Hoffmann hatte aber für seinen jungen Freund noch einen weiteren Plan ausgeheckt.[64] Wenn dieser nun schon einmal in England wäre, würde es sich doch anbieten, von Januar bis März ein Term (Trimester) in Oxford anzuhängen. Da Hoffmann selbst nach Indien reiste, überließ er es seiner Londoner Kollegin Margaret Wrong, sich darum zu kümmern. An der Idee, in Oxford zu studieren, hat Adam sofort Feuer gefangen und tat alles, um Hindernisse auf seiner Seite aus dem Weg zu räumen. Bei seinen Professoren Paul Oertmann, Robert von Hippel und Paul Schoen erwirkte er das Zugeständnis, seine Seminarscheine ausnahmsweise bereits im ablaufenden Jahr 1928 erwerben zu können, so daß für ihn das Wintersemester nicht verlorenging.[65] Damit war zugleich das Hauptbedenken des Vaters beseitigt. August von Trott betrachtete ansonsten diesen Plan mit Wohlwollen, übernahm sogar die Erkundigungen im Reisebüro und erklärte: »Du bist ein aufregender Sohn; aber wenn dabei Gutes für Dich herausspringt, will ich nicht klagen.«[66]

Im November war Adam aus dem Corpshaus in die Mauerstraße gezogen, um ungestört sein Pensum für die Scheine im Bürgerlichen Recht, Strafrecht und Verwaltungsrecht bis Weihnachten zu schaffen. Von seinen Corpsbrüdern hatte er sich außerdem breitschlagen lassen, vor seinem Ausscheiden noch bei der Überarbeitung der Konstitution der Saxonia mitzuhelfen. Als er jedoch bald darauf mitteilte: »Meine Inaktivierung habe ich vom Corps bekommen«[67], nimmt sich das bereits wie ein Schlußstrich unter ein abgeschlossenes Kapitel aus. Die Sache mit Oxford hingegen erwies sich als nicht ganz einfach. Margaret Wrong übermittelte ihm zwar ein freundliches Angebot von Dr. William B. Selbie, dem Principal des Mansfield College, aber dieses College war seinerzeit auf das Theologiestudium beschränkt.[68] Als Theologiestudent konnte sich Adam schwerlich ausgeben, statt dessen bekundete er nun, zusammen mit seinem »wärmsten Dank«, sein Interesse an Kirchenrecht, Kirchen- und Religionsgeschichte und betonte, welch »große Erfahrung«[69] ein Studienaufenthalt in Oxford für ihn sein würde. Doch vor seiner Abreise nach England konnte die Angelegenheit nicht endgültig geregelt werden, denn die mit Ungeduld erwartete Antwort von Miss Wrong enthielt nicht viel mehr als Hinweise, die zu einiger Hoffnung berechtigten.[70] Aber voller Zuversicht hatte Adam von Trott am 23. Dezember 1928 in seinen Göttinger Meldebogen eintragen lassen »*ausgezogen nach*: Oxford«[71].

Begegnung mit England

»The Purpose of God in the Life of the World – Die Absichten Gottes im Leben der Welt«, unter diesem Titel hatte die Christliche Studentenbewegung von Großbritannien und Irland zu ihrer einwöchigen Tagung vom 2. bis 7. Januar 1929 nach Liverpool eingeladen. Nicht zuletzt die Tatsache, daß es während der Studienzeit nur einmal möglich war, eine solche vierjährliche Tagung zu erleben, hatte rund 1.440 britische Studenten und Studentinnen angezogen, die zusammen 200 Universitäten und Colleges repräsentierten.[1] Dazu kamen 430 Professoren, Tutoren, Missionare, Vertreter verschiedener Organisationen und die Vortragenden. Zu den letzteren gehörten der Bischof von Liverpool, Albert Augustus David, sowie William Temple, der drei Tage nach Ende des Treffens zum Erzbischof von York geweiht wurde. Dennoch handelte es sich nicht um eine rein britische Veranstaltung, auch 140 Studenten aus 38 Ländern weltweit waren nach Liverpool angereist: aus Abessinien und Uganda, aus China und Japan, aus Frankreich und Norwegen, aus Polen und Ungarn, aus Rußland und den USA, um nur einige zu nennen. Die Tagung habe »im guten Sinne ein sehr international ausgerichtetes Wesen«[2] gehabt, bemerkte Adam von Trott. Er war einer der wenigen anwesenden deutschen Studenten.

Das Programm nahm den Passus »im Leben der Welt« beim Wort und schlug mit seinen mehr als 40 Referaten – gehalten von Theologen, Philosophen, Naturwissenschaftlern und Sozialreformern – geographisch und thematisch einen weiten Bogen von Lebensbedingungen in Asien und Afrika über die neue Welt des Islam bis hin zu studentischen Bewegungen in Südamerika. Dabei kamen Probleme der ländlichen und der industriellen Gesellschaften zur Sprache, vor allem im Kontext christlicher Erziehung und Mission. »Freiheit und Freundschaft« galt als Leitidee der Tagung und wurde vom Londoner Philosophieprofessor John Macmurray ins Zentrum seines Beitrags über ein Wort aus dem Johannesevangelium (15, Verse 12-17) gerückt. Christen seien nicht berufen, Christus und der Welt zu dienen, sondern Freunde von Christus und der Menschen zu sein. Denn im Gegensatz zum Dienst, den man aus Pflicht leiste, so führte er aus, bedeute Freundschaft persönlichen Einsatz aus Freiheit.[3] Der Verfasser des offiziellen Tagungsberichts hob hervor, daß über allen Zukunftsvisionen die harten Realitäten nicht ausgeklammert worden seien. Weder die akute Not der arbeitslosen südwalisischen Bergleute[4] habe man verdrängt noch die weiterhin mögliche Gefahr eines Krieges, der die westliche Zivilisation bedrohen würde, noch auch die

Sorgen anderer Rassen, denen der Westen nicht nur mit Philanthropie begegnen könne.[5]

Die Morgensektionen begannen jeweils mit einem Gottesdienst in der Liverpooler Church of Christ – die größte anglikanische Kathedrale der Welt bot genug Platz für alle – und wurden sodann in der Philharmonie fortgesetzt. Am Nachmittag fanden parallel mehrere Vorträge und Diskussionen in den Räumen der Universität statt, und zum Tagesausklang gab es noch eine gemeinsame Abendveranstaltung. Bei diesem dichten Programm wundert es nicht, wenn Trott aus Liverpool nach Hause meldete: »Man findet hier schwer auch nur einen Augenblick Zeit für sich. [...] Alle Berichte über Hiesiges müssen verschoben werden.«[6] Allerdings hat er sich über die Tagung auch in späteren Briefen nur knapp und unspezifisch geäußert, als scheute er sich, seine Eindrücke, die viel gedrängter als in Genf auf ihn einstürmten, kurzschlüssig und unverarbeitet wiederzugeben. Die Mutter war darüber enttäuscht und überhäufte ihn brieflich mit Fragen. Ja, sie befürchtete, sein Sinn für Spiritualität könnte zugunsten von Intellektualität verkümmert sein. Trott aber blieb dabei, von Liverpool werde er mündlich erzählen und der Mutter vorerst den Tagungsbericht über alle Vorträge schicken, der sie besser informiere, als er es in einem Brief vermöge.

Obwohl sich angesichts des Gedränges von 2.000 Teilnehmern zu Trotts Bedauern ruhige Gespräche als schwierig erwiesen, gelang es ihm dennoch, eine Reihe von Bekanntschaften anzuknüpfen: etwa mit dem lettischen Studenten Grünbergs aus Riga, dem Berliner Arbeiterstudenten Hans Gaidies sowie mit Dr. Herman Rutgers, Generalsekretär der Niederländischen Christlichen Studentenvereinigung, und den Amsterdamer Studenten Gerbert J. Scholten und Tom Gebel. Die Holländer schlugen ihm vor, sie auf der Rückfahrt zu besuchen. Auch mit mehreren Vortragenden kam Trott in Kontakt. Den Inder Surendra K. Datta kannte er bereits aus Genf und konnte ihm Grüße an Tracy Strong mitgeben; den Chinesen Tse Zung Koo sah er danach in Oxford wieder. Der schottische Ökumeniker und Sekretär des Internationalen Missionsrates, Dr. Joseph Oldham, lud ihn sogar zu sich nach Hause ein. Vorgetragen hatte in Liverpool auch die Engländerin Mary Dingman von der YWCA, auf die Eleonore von Trott große Stücke hielt. Sie gefiel Trott so gut, daß er sie nachher in London besuchte und darauf seiner Mutter schrieb: »Es wird Dich freuen zu hören, daß ich mit Miss Dingman Freundschaft geschlossen habe.«[7]

In dieser angefüllten ersten Januarwoche hatte Trott sich obendrein noch um sein Trimester in Oxford zu kümmern. »In Liverpool gelang es mir erst nach einigen Tagen, die äußerst stark beschäftigten, für mich zuständigen Personen zu erwischen«, teilte er dem Vater mit. »Eine zeitlang schien es unsicher, ob ich nicht besser nach Cambridge gehen sollte«, aber nach erneuter schriftlicher Rücksprache mit Dr. Selbie sei »die Sache nun sehr günstig geregelt«. Trotts Jurastudium betrachtete der Principal des Dissenter College für Theologie offenbar nicht als Hindernis. Neben Margaret Wrong hatte sich vor allem deren Kollegin Margaret Read für Trott eingesetzt. »Sie hat mir Oxford verschafft«[8], stellte er später dankbar fest.

Der Reisende

Die Zwischenzeit bis zum Trimesterbeginn verbrachte Trott in London, sein erster Aufenthalt dort überhaupt. »Very busy days here! Ich habe viele Bekanntschaften gemacht. Heute im Britischen Museum«, meldete er auf einer Postkarte. Auf der nächsten hieß es, trotz Nebel und Regen fange er an »London sehr schön zu finden«, und auf einer weiteren: »Ich habe entschieden zu wenig Zeit für ganz London.«[9] Trott hatte die Angewohnheit, sich brieflich auf die Erwähnung derjenigen Personen zu beschränken, die den Adressaten persönlich oder namentlich bekannt waren. So berichtete er seinen Eltern aus England nur von seinen Treffen mit Elsie Swinton, der engsten Freundin der Mutter, sowie ihren nahen Verwandten Augusta Chettoynd samt Sohn Philip und Beatrix de Candolle.[10] Der Vetter Philip Chettoynd, Absolvent des New College, versorgte ihn mit Empfehlungsschreiben für Oxford. Peinlich war ihm allerdings, daß die »sympathische Aunt Beatrix« einen begeisterten Brief über ihn nach Imshausen schrieb, und er bat seine Mutter, diesen nicht zu beachten.[11]

Von einer Privatunterkunft war Trott in ein billiges, kleines Studentenhotel in der Gower Street nahe der Londoner Universität übergesiedelt. Vor einem riesigen Kamin, dem einzigen warmen Platz im Hause, kam er mit einem jungen Esten ins Gespräch und wandte sich dann einem Brief an den Vater zu. Abgesehen von den hohen Preisen, mache es ihm

»keine Schwierigkeit, in England zurechtzukommen«[12], ließ er diesen wissen und erwähnte auch, daß er tags zuvor in Tunbridge Wells gewesen sei, um Nurse, seine alte Kinderfrau, zu besuchen. Nachdem Louisa Barrett 1915 ihre Stellung bei der Familie von Trott in Berlin wegen des Weltkriegs hatte verlassen müssen, war der Kontakt zu ihr nie abgerissen. Vor allem die Mutter erhielt ihn über die vielen Jahre aufrecht, und die rührende Kinderfrau bedachte ihren einstigen Schützling zu jedem Geburtstag und Weihnachtsfest mit einem Taschentuch. Nun kam es zu einem Wiedersehen nach mehr als 13 Jahren. Trott fand seine Nurse »sehr nett, etwas dicker geworden, sonst wenig verändert«[13].

Das Mansfield College, dem Adam von Trott während des Hilary Term (von Mitte Januar bis Mitte März) als Gast angehörte, nahm in Oxford eine Ausnahmestellung ein. Es war eine Gründung der Nonkonformisten, der geistigen Nachfahren der Dissidenten von der Church of England im Jahre 1662. Ausgeschlossen vom Universitätsstudium in Oxford und Cambridge, mußten sie während der nächsten zwei Jahrhunderte eigene Ausbildungsinstitutionen errichten und konnten schließlich 1838 dank einer Schenkung der Familie Mansfield ein akademisches College, »Spring Hill« bei Birmingham, gründen. Nach der gesetzlichen Wiederzulassung der Nonkonformisten zu den Universitätsexamen wurde 1886 das Spring Hill College unter dem Namen »Mansfield« nach Oxford verlegt. Es blieb jedoch die nächsten 70 Jahre bis 1955 auf das Fach Theologie beschränkt und erhielt nicht früher als 1995 den vollen College-Status innerhalb der Universität.[14] Die großzügige Anlage und das College-Gebäude von Basil Champneys wurde 1889 fertiggestellt, von Trott geschätzt als eine »geschickte Nachahmung der alten und wirklich prachtvollen Architektur Oxfords«[15].

Der Principal des Mansfield College, Dr. William B. Selbie[16], brachte trotz »seiner echt englischen Zurückhaltung und Verschlossenheit« dem Gaststudenten viel Sympathie und Interesse entgegen. Dieser bezog das weniger auf sich, sondern führte es auf Selbies Verbundenheit mit deutscher Theologie (u.a. als Freund Harnacks) und seiner »Vorliebe für Deutsches«[17] zurück. Selbies äußere Erscheinung – sehr klein, gebückt und grau – hatte ihm in Oxford, wo er auch erfolgreich als Prediger wirkte, den Spitznamen »the inspired mouse« eingetragen. Dies verstellte Trott jedoch nicht den Blick für die Persönlichkeit des Principal. In seinen Briefen nach Hause würdigte er ihn als »wirklich außergewöhnlichen Mann«, »klug und in seinem Fach sehr bedeutend«, »einen der bekanntesten Theologen Englands und hervorragenden Führer der freikirchlichen Richtung«[18]. Selbie kümmerte sich persönlich um die Studien des deutschen Gastes und ermöglichte ihm, neben den theologischen Lehrveranstaltungen in Mansfield (bei Charles Harold Dodd, Nathaniel Micklem und Selbie selbst) Vorlesungen bei Professor Adams[19] zu hören. William G. St. Adams lehrte Politische Wissenschaften und war Mitglied (später Rektor) des Oxforder Elite-College All Souls. Entsprechend dem britischen Tutor-System konnte Trott darüber hinaus mit Adams Lehrgespräche führen. »Wie das hier Sitte ist«, berichtete er seinem Vater, »ging ich zu dem Professor hin und bat ihn, ihm einige besondere Fragen vorlegen zu dürfen. Er nahm mich mit in sein Studierzimmer und gab mir dort alle 14 Tage eine einstündige Audienz, bei denen ich viel über England gelernt habe und vor allem erfahren habe, was ›Demokratie‹ bedeuten kann.«[20] Solche Audienzen gewährte ihm auch Selbie; bei ihm hatte er nach Wunsch jeweils um halb zehn Uhr morgens Besuchszeit. Das alles fiel offensichtlich auf bereiteten Boden, denn wie Trott feststellte, hatte er »selten eine solche Lernbegierde gehabt wie jetzt«[21]. Ja, er ließ sich sogar von zu Hause ein BGB-Lehrbuch nachschicken, um den Kontakt zum Jurastudium nicht zu verlieren.

Als einzigen Nachteil im College empfand Trott, daß dort alle Räume schlecht beheizt waren, vor allem sein riesiges Zimmer, in dem ihm beim Briefeschreiben vor lauter Kälte die Finger steif wurden. »An das warme Imshausen denke ich mit einem gewissen Neid«, schrieb er der Mutter. »Mein Zimmer hat noch nie eine Temperatur von 8 Grad Celsius überschritten, und es bedarf einer gewissen Energie, mit halberfrorenen Fingern die Feder nicht allzu unleserlich zu führen.«[22] Schon vorher hatte Trott nach Hause berichtet, daß seine Ausgaben in Oxford für Essen und Unterkunft knapp soviel betragen würden wie in Göttingen, zumal er ausnahmsweise im Gastzimmer des Mansfield College – das als *non-residential* keine reguläre Wohnmöglichkeit für Studenten bot – unterkommen könne. Tagebuchartige Notizen wie in Genf hat sich Trott während der Zeit in England nicht mehr und auch auf späteren Reisen nur noch selten gemacht. Seine Briefe an die Eltern geben jedoch einen Einblick in sein Oxforder Studentenleben, einschließlich des Tagesablaufs: »Ich stehe um acht Uhr auf und habe um halb neun mit zwei andern Studenten, die auch im College wohnen, Frühstück in der ›Hall‹, und zwar das schwere englische Frühstück, an das ich mich erst langsam gewöhnen konnte. Dann sitze ich mindestens ein bis zwei Stunden entweder in unserer Bibliothek oder in der vom All Souls College und höre dann zwei Lectures, und zwar meist eine theologische und eine staatswissenschaftliche. Manchmal besuche ich auch morgens Dr. Selbie. [...] Um ein Uhr habe ich, wieder in der Hall, einen ziemlich kärglichen Lunch, und nachdem ich mich an dem Kaminfeuer der beiden anderen Collegebewohner gewärmt habe, mache ich entweder allein oder meistens mit irgendeinem andern einen Spaziergang und sehe den zahlreichen Wettspielen und dem Rudern zu.«[23] Nachmittags war Trott verschiedentlich zum Tee eingeladen und zog sich danach wieder in die Bibliothek zurück. Das Abendessen nahmen alle ca. 60 Mitglieder des Mansfield College gemeinsam im Refektorium ein, dem sich Vorträge, Konzerte oder Clubmeetings anschlossen. Die anderen beiden Collegebewohner waren zwei Amerikaner, von denen einer, wie sich herausstellte, den vorigen Sommer als Pensionär bei Frau Jank in München verbracht hatte. Im Junior Common Room (JCR), dem studentischen Gemeinschaftsraum, lernte Trott weitere Mansfield-Studenten kennen, darunter den zukünftigen Principal John Marsh und Geraint Jones, der ihn später besuchen wird. In den Annalen des JCR ist zu lesen, daß der deutsche Gast, den man humorvoll »Trotsky« genannt habe, eine »höchst erfreuliche Gesellschaft und ein großer Gewinn für das Collegeleben«[24] gewesen sei, so daß man ihn ungern schon nach einem Term scheiden sah.

Im Januar und Februar 1929 herrschte in ganz Europa ein außergewöhnlich kalter Winter, wie seit Jahrzehnten nicht mehr. Flüsse und Seen froren zu, auch der Rhein und die Ostsee. In vielen Ländern wurden Rekord-Minustemperaturen gemessen, selbst an der Riviera lag eine geschlossene Schneedecke, und die Ägäis wurde von Schneestürmen heimgesucht. Die anhaltende Kälte führte zu Wasserknappheit und vielerorts zu Kohlenmangel. Kein Wunder also die von Trott beanstandeten schlecht geheizten Räume. Alle Oxforder Flüsse waren zugefroren, was laut Trotts Bericht seit 1890 nicht mehr vorgekommen sei. Es erstaunte ihn allerdings, daß der Abbruch des Rudertrainings »größere Aufregung verursachte als die Not der Armen«[25]. Auch in Imshausen waren die Folgen des klirrenden Frosts zu spüren. Sämtliche Rohre waren eingefroren, und das Wasser mußte aus dem Dorf geholt werden, wo es, wie der Vater schrieb, »noch spärlich«[26] lief. Der Mutter war dieser Zustand wegen eines ausländischen Gastes besonders unangenehm. Überdies bekümmerte sie, »täglich von erfrorenen Hirschen, Rehen und Vögeln«[27] zu lesen. Monika jedoch, die in Kassel wohnte und dort das Gymnasium besuchte, genoß die Kälteferien zu Hause und am Geburtstag der Mutter die traditionelle Familien-Schlittenfahrt durch den verschneiten Trottenwald. – Die Bootsrennen der Saison, »Torpids« oder auch »Toggers« genannt, konnten in England dann doch noch abgehalten werden. Trott erlebte die »togging-time« während eines Wochenendes Anfang März in Cambridge, eingeladen von Studenten, deren Bekanntschaft er in Liverpool gemacht hatte.

Obwohl in der Winterzeit die reizvollen Gärten und Parks gar nicht zur vollen Geltung kamen, war Trott von der »auffallenden Schönheit Oxfords« überaus angezogen. »Jeder Gang durch die Stadt und die Höfe der Colleges« war für ihn ein »besonderes Erlebnis«, und er freute sich täglich, Neues zu entdecken und zu bewundern. Seine Mutter hatte ihn auf die Marmorbüste des von ihr verehrten Geistlichen und Sozialreformers Frederick William Robertson[28] in der Bodleian Library hingewiesen, dessen Predigten ihm erst posthum weithin Ruhm eingetragen hatten.

Neben der äußeren Umgebung waren die englischen Studenten und deren Charakteristika Adam von Trotts bevorzugtes Beobachtungsobjekt. Ihm fiel das starke Interesse der Studenten an Politik auf, das sich damals auf die »sehr akuten sozialen und wirtschaftlichen Schwierigkeiten«[29] des Landes gerichtet habe. Die angesprochenen Probleme sollten nach wenigen Monaten zur Abwahl der konservativen Regierung unter Stanley Baldwin führen und der Labour Party mit James Ramsay MacDonald als Premierminister zum Sieg verhelfen. Besonders beeindruckt zeigte sich Trott von der »in England glänzend entwickelten Fähigkeit« zum Kompromiß. Das durchschnittliche intellektuelle Niveau der Studenten schien ihm zwar niedriger als in Deutschland, aber mehr als aufgewogen durch deren »praktische Seite«. Damit meinte er, wie er seinem Vater erläuterte, speziell die Eigenschaft, niemals etwas anzufangen, was man nicht wird beenden können, sowie ein »ziemlich klares Auge für positive und negative Bewegungen im politischen und kirchlichen Leben«[30]. Trott ließ sich vom politischen Interesse für sein Gastland anstecken und entdeckte dabei den britischen Sozialismus für sich.[31] Er las Zeitungen und hörte den Debatten der berühmten *Oxford Union Society* zu. Ein Ärgernis boten ihm hingegen einige seiner Landsleute. »Ich habe hier ein paar recht unerfreuliche deutsche Studenten getroffen, die mit sehr viel Geld hier eine häßliche Rolle spielen«, berichtete er der Mutter. »Sie haben einen deutschen Club gegründet, in dem auch sehr viele Engländer sind, und es ist nicht ganz einfach, sich ihnen zu entziehen. Es ist wirklich eine Schande, sie manchmal mitansehen zu müssen, ohne einen Einfluß auf sie zu haben.«[32]

Ein besonderes Erlebnis war seine Einladung zum Dinner im Hause des Chinesen Dr. Tse Zung Koo, Vizepräsident des Studenten-Weltbundes. Ihn hörte Trott außerdem auf einer Veranstaltung des Völkerbunds über China sprechen. Vermittelt durch Elsie Swinton, begegnete er ihrem Schwager, Sir Ernest Swinton, der in Oxford Militärgeschichte lehrte. Trott freute sich, Geoffrey Wilson wiederzusehen[33], und lernte den Inder Humayun Kabir kennen, der am Exeter College studierte. »Langsam komme ich mit immer mehr Menschen in Berührung«[34], schrieb er am 26. Januar, und am 5. März: »Mein Bekanntenkreis unter Studenten und jungen Professoren hat sich normalerweise sehr ausgedehnt – ich bin andauernd eingeladen, was dem Tag etwas Gehetztes gibt.«[35]

Dennoch war nach Trotts eigenen Worten »nicht alles so glänzend und glatt, wie es aussieht«[36]. Inmitten dieser eindrucksvollen und anregenden Oxford-Welt durchlebte er eine depressive Phase. All die vielen Begegnungen der letzten Zeit hatten ihn überfordert. »Die Mannigfaltigkeit der verschiedenen Persönlichkeiten«, bekannte er seiner Mutter, »scheint leider auf die Dauer so verwirrend zu sein, daß man nicht mehr recht weiß, wer man ist und was man tun soll. [...] Eine gewisse unpersönliche Freundlichkeit, die einen mit allem Interessanten in Berührung bringt und einem doch im Grunde nicht hilft, macht meine Nerven, wenn man es so ausdrücken kann, allmählich kaputt.«[37] Ihn bedrückte, daß es ihm nicht gelang, »sich an irgendjemanden freundschaftlich anzuschließen«[38], eine Zeit aber ohne »wirklich persönliche Beziehungen«, erklärte er dem Vater, sei für ihn »äußerst fremdartig«[39]. Ausdrücklich stellte er fest, daß seine »Depression nicht auf irgendwelchen schlechten Erfahrungen mit Menschen oder Umständen in Oxford«[40] beruhe, sondern hyperkritisch gegen sich selbst führte der Neunzehnjährige die ganze Situation auf eigene »Schuld« zurück. Es mangele ihm an Selbstvertrauen und an Fortschritten im Englischen, und daher habe er sich »durch alles in eine unsichere und unbefriedigende Stimmung drängen lassen«[41]. Er beherrsche einfach nicht die »Distanz« zu allen und allem, die »das Leben so viel leichter mache und eines der Hauptgeheimnisse englischer Lebenskunst« und vornehmlich ein »Oxforder Merkmal«[42] sei. Wie sollte er auch Distanz halten, da ihn obendrein noch Liebeskummer plagte, den Trott seiner Mutter gegenüber diskret als »eine sehr persönliche Angelegenheit« umschrieb, die sie, wie er hoffe, »ohne weitere Erklärung verstehen werde«[43]. Über seine Beziehung zu der Oxforder Studentin Alice Hess aus München ist nicht viel mehr zu erfahren, als daß sie im wahren Sinne des Wortes nicht glückte. Einem Freund gestand Trott nachher, daß er noch nie vorher ein Mädchen so geliebt habe und »von dem Gefühl ergriffen gewesen sei, es gebe nichts so wichtiges auf Erden, das man nicht bei einem Kuß des Mädchens vergessen könnte«[44]. Zu seiner Enttäuschung aber habe er entdecken müssen, daß Alice seine Liebe nicht in der gleichen Weise erwidere. Es sei ohnehin sein Problem, seines Äußeren wegen und nicht um seiner selbst willen geliebt zu werden.[45] Seine adoleszente Überempfindlichkeit und sein zeitweiliger Verlust inneren Gleichgewichts hatten zur Folge, daß Trott sich und seine Wirkung überhaupt nicht einzuschätzen vermochte. Ganz im Gegensatz zu ihm hielten

Beatrix und Randolph de Candolle, die ihn in Oxford besuchten, sein Englisch für »astonishingly good«[46]. Auch widerlegen die vielen von ihm für »normal«[47] gehaltenen Einladungen seine sich selbst zugeschriebene »klägliche und nicht sehr anziehende Rolle«[48]. Bei den Kommilitonen des Mansfield College galt er hingegen als ausgesprochen erfrischend, heiter und amüsant.[49] Auch im Falle Alices scheint er sich geirrt zu haben, denn sie war in den folgenden Monaten durch häufige Briefe bemüht, ihn nicht zu verlieren.

Bezeichnenderweise hat Trott sich in seinem unglücklichen Zustand vertrauensvoll an seine Eltern gewandt. Der Vater erkannte die depressive Verstimmung – die Disposition dazu hatte der Sohn mutmaßlich von ihm geerbt – und reagierte mit einem eingehenden, ermutigenden Brief.[50] Auch die Mutter verstand diesen Hilferuf und war bestrebt, ihn von zu hohen Selbstanforderungen zu entlasten: »Lieber Adam, ich glaube, es ist gar nicht nötig, daß Du jetzt schon Dir über alles klar wirst. [...] Laß ohne Vorurteil und ohne Sperren gegen Fremdes alles auf Dich einwirken. [...] Halte tapfer durch und lebe so, daß Du ein ›clean record‹ hinterläßt. Das ist ein großer Dienst, den Du schon in so jungen Jahren Deinem Vaterland erweisen kannst.«[51] Wenn es ihr finanziell möglich wäre, schrieb die Mutter, würde sie ihn in England besuchen, er wisse aber, daß sie viel an ihn denke und wie sehr sie sich auf sein Nachhausekommen freue.[52] Trott hat den Rat und die Zuwendung seiner Mutter als wohltuend empfunden: »Dein lieber Brief war so ganz das, was ich mir im stillen gewünscht habe.«[53] Sein abschließender Hinweis, die Schilderung seiner Probleme sei »doch nur ein kleiner Ausschnitt«[54], zeigt, daß ihm der Sinn für die Verhältnismäßigkeit nicht verlorengegangen war.

Im März hatte er sich wieder gefangen und genug Abstand für eine briefliche Rückschau auf »diese schöne Zeit« in Oxford, die der Vater ihm ermöglicht habe. »Es freut mich, mit guten Gewissen sagen zu können, daß dieses für Oxford ausgegebene Geld keine Verschwendung, sondern eine gute Kapitalanlage war. Wenn die vielen neuen Eindrücke auch noch nicht alle hier verarbeitet werden konnten, so werden sie doch einmal einen gewissen geistigen Besitz bedeuten – außerdem ist jede hier verbrachte Stunde ein Wert für meine englischen Sprachkenntnisse.« Wenngleich es »zur völligen Einfühlung« in die Oxforder Verhältnisse mehr als zwei Monate bedürfe, so sei es ihm dennoch bei allem Bewußtsein, ein Fremder und Deutscher zu sein, immer besser gelungen, »als Engländer unter Engländern zu leben, d. h. nicht aufzufallen«. Die theologischen Vorlesungen hätten ihm ebensoviel Anregungen wie »vielleicht unnötiges Kopfzerbrechen« bereitet, ihm aber »einen umfassenden Blick in diese ganz andere Welt« gewährt. Am wertvollsten seien für ihn jedoch die persönlichen Unterhaltungen mit Dr. Selbie gewesen. Aber auch von den Gesprächen mit Professor Adams habe er sehr profitiert.[55] Die beiden Hochschullehrer haben ihrerseits Trott ein auffallendes Wohlwollen entgegengebracht. Von Adams hat sich ein überaus freundlicher Abschiedsbrief erhalten, in dem er den deutschen Studenten sogar um seine Heimatanschrift bat, »so that I may know where you are to be found«[56]. Selbie, der den jungen Trott für den »bestaussehenden Studenten gehalten haben soll, der jemals das Mansfield College besucht habe«[57], schrieb ihm ähnlich liebenswürdig, setzte sich auch später wiederholt für ihn ein.

An seinem letzten Abend in Oxford war Trott zu seiner Freude bei Alfred Leslie Rowse eingeladen. Der nur knapp sechs Jahre ältere Rowse war ein aufstrebender junger Historiker und besaß als Mitglied des All Souls College gleichsam das Oxforder »Gütesiegel« schlechthin. Beide waren sich dort schon einige Male begegnet, kamen aber nun erstmals in näheren Kontakt. Als sie nach dem Abendessen in Rowses Wohnung am Kamin saßen, war es um Rowse geschehen – er selbst nannte es eine »Obsession«[58], die ihn ergriffen hatte. »Ich war endlich bereit, mich zu verlieben«, erläuterte Rowse die Situation in seinem Tagebuch, »hier ist derjenige, den ich immer zu finden gehofft habe«[59]. Adam von Trotts »außergewöhnliches Aussehen«[60] bezauberte ihn: »Er hat einen so wunderschönen Kopf [...], eine hohe, gebogene Nase, eine feine Haut, rote, sinnliche Lippen, [...] und tiefviolette Augen mit langen Wimpern und einem Ausdruck von extremer Sensitivität.«[61] Aber mehr noch als dessen äußere Erscheinung nahmen ihn dessen Intuition und Einfühlungsvermögen gefangen. Es schien ihm, als könne dieser seine »Gedanken und Gefühle besser und unmittelbarer erspüren als irgendjemand bisher«[62]. Als Adam ihm dann noch ausgerechnet die beiden Worte »memory and desire – Erinnerung und Sehnsucht«, die Schlüsselbegriffe von Rowses Leben, gleichsam darreichte, fühlte sich dieser »vollkommen erobert«[63]. Ihre unterschiedliche sexuelle Disposition blieb dabei im Hintergrund, denn er habe, so Rowse über sich, jeden Gedanken an eine physische Beziehung unterdrückt.[64] Die Zuneigung, die sein Gastgeber ihm während ihres Kamin-Gesprächs entgegenbrachte, hat ihre Wirkung auf Trott nicht verfehlt. Nach all diesen Wochen, in denen er eine nahe Freundschaft so herbeigesehnt und dann noch die Enttäuschung mit Alice erlebt hatte, war er dafür ebenso empfindsam wie empfänglich. Er habe an diesem Abend, bekannte er in einem der ersten Briefe an den neuen Freund, »in das reine und klärende Feuer Eros' gesehen«[65], aber zugleich kam ihm das ganze Erlebnis verwirrend und fremd vor,[66] um so mehr als er Rowses Resignation nicht billigen konnte. Dieser gab der beiderseitigen Beziehung keine Zukunft, da er davon ausging, Adam werde ihn vergessen. Dies blieb ein Stachel.

A. L. Rowse hat in seinem Tagebuch geschildert, wie er an jenem Abend, nachdem er Trott ein Stückweit nach draußen begleitet hatte, an einer fiebrigen Erkältung leidend und »sick at heart«, in seine nunmehr verlassene Wohnung zurückkehrte und nach Spuren des Zusammenseins suchte: die ein wenig zur Seite gerutschte Bücherreihe, aus der Adam Rilkes »Stundenbuch« genommen hatte, die von ihm selbst herangerückte Lampe, damit er seinem Gast ein Sonett von Shakespeare vorlesen konnte, und schließlich das einzige wirkliche Erinnerungsstück: Adams Visitenkarte mit der handschriftlich ergänzten Adresse »Imshausen bei Bebra, Germany«.[67] Bei Rowses Beschreibung weiterer Eindrücke fällt auf, wie wenig er gewahr wurde, daß vieles, was er für so spezifisch für Adam von Trott hielt – in seinen Jahrzehnte später verfaßten Erinnerungen noch dazu »charakteristisch für die deutsche Seele« –, nichts anderes als typisch adoleszente Eigenschaften waren, wenngleich bei dem 19jährigen Freund sehr ausgeprägt: hohe Sensibilität, starke Selbstzweifel, ein instabiles Gefühlsleben.[68] Rowse hatte, wie er an einer anderen Stelle seines Tagebuchs selbst zugibt, »die Tiefe und Bedrücktheit meiner eigenen adoleszenten Stimmungen vergessen«[69], so daß es ihm schwerfalle, Adam zu verstehen. So durchschaute er auch nicht dessen übertrieben kritische Selbstbekenntnisse, sondern nahm sie für bare Münze. Weil Trott sich der »Indifferenz und Inaktivität« als seiner größten Schwächen bezichtigte[70], mißverstand Rowse ihn gründlich und stellte ihn als Defätisten dar, wie aus einem Dostojevskijschen Roman entsprungen.[71]

Ein Zusammenhang mit dem letzten Erlebnis in Oxford ist nicht zu übersehen, wenn Trott seiner Mutter mitteilte: »Meine Beziehungen zu fast jedermann hier fanden einen harmonischen Abschluß, und ich verlasse diesen Ort mit großer Dankbarkeit und Kummer.«[72]

Trotts Pläne in London für die Zeit bis zu seiner Rückkehr standen bereits fest. Zuerst folgte er der Einladung, ein Wochenende bei Joseph H. Oldham zu verbringen. Er tat dies um so lieber, als sein Gastgeber, wie er betonte, »nicht nur ein sehr berühmter und wichtiger Mann des Internationalen Missionsrates, sondern auch einer der gütigsten und freundlichsten Menschen«[73] sei. Ähnlich wie bei Selbie ließ sich Trott nicht von dem eher unscheinbaren Äußeren Oldhams täuschen. Anschließend machte er Abschiedsbesuche bei »allen seinen Wohltätern« und lernte »einige besondere Menschen kennen«, denen er empfohlen war.[74] Doch Geldprobleme überschatteten den Londoner Aufenthalt. In Unkenntnis der englischen Preisverhältnisse hatte Trott die voraussichtlichen Kosten für England viel zu knapp kalkuliert und zudem nicht widerstehen können, etliche Bücher zu erwerben. Eleonore von Trott hatte ihrem Sohn für eine Notlage zwar einen kostbaren Ring mitgegeben, aber ihr »sacred amulett« anzurühren schien ihm dann doch zu heikel. Die Mutter sah den Notfall auch nicht unbedingt eingetreten.[75] Sie riet ihm, sich an den Vater zu wenden, der es »vorziehe, in Geldangelegenheiten direkt mit seinen Kindern zu verkehren«[76], ohne ihre Vermittlung. August von Trott bedrückten damals finanzielle Sorgen ganz anderen Ausmaßes. Er wisse nicht, schrieb die Mutter, ob er Adam überhaupt weiter studieren lassen könne, wenn die von der Reichsregierung beabsichtigten Pensionskürzungen realisiert würden. Nachdem der Vater ihm bereits mit einer Summe ausgeholfen hatte, mußte Trott sich, so unbehaglich es ihm war, noch ein weiteres Mal an ihn wenden und gestehen, daß sein Geld nicht einmal mehr für die Rückfahrt reichte.

Seine Reisepläne für Holland aber brauchte er nicht zu ändern, denn wie er beiden Eltern versicherte, war er dort rundum eingeladen. Obwohl er selbst zugab, daß dieser Abstecher zwischen die »zahlreichen und unmittelbaren Eindrücke in England und ihre ruhige Verarbeitung in Imshausen einen Zeitraum mit wiederum neuen« schob, wollte er sich die Chance, nach Holland zu kommen, auf keinen Fall entgehen lassen und »löffelte die Suppe mit Energie aus«[77]. Seine erste Station war der Sitz der Christlichen Niederländischen Studentenbewegung, Schloß Hardenbroek bei Driebergen.[78] Er sah dabei auch das in der Nähe gelegene Haus Doorn, die Exil-Residenz des deutschen Kaisers. Aber dort empfangen zu werden, worauf er als Sohn eines von Wilhelm II. geschätzten Ministers wohl Aussicht gehabt hätte, lag nicht in seinem Sinn. Er zog es vor, in Utrecht eine Freundin seiner Mutter aus früheren Kasseler Tagen zu besuchen, und reiste von dort nach Den Haag und Amsterdam, wo ihm von den gastgebenden Studenten ein dichtes Besichtigungsprogramm geboten wurde. Unter völlig anderen Bedingungen sollte er Holland erst nach vielen Jahren wiedersehen.

In den Wochen nach seiner Heimkehr vertiefte sich Trott in die Abfassung einer englischsprachigen Studie, um auf diese Weise der Christlichen Studentenbewegung sowie Dr. Selbie seinen Dank auszudrücken. Unter dem Titel »Impressions of a German Student in England«[79] entstand jedoch kein Reise- oder Erlebnisbericht, sondern ungleich anspruchsvoller eine Betrachtung über englische und deutsche Verhältnisse, in die seine eigenen Erfahrungen eingingen. Wenn Trott auch den Verallgemeinerungswert seiner Feststellungen gering veranschlagt und sich einschränkend nur auf Studenten bezogen hat, so verband er mit seiner Arbeit dennoch die Absicht, »einen kleinen Beitrag zur Ebnung des Weges gegenseitiger Anerkennung und Sympathie« zu leisten. Für die Beziehung zwischen England und Deutschland regte er den Vergleich zwischen zwei Brüdern verschiedenen Alters an, wobei er ohne Zögern England die Rolle des Älteren zuerkennt. Der Wunsch, sich gegenseitig zu verstehen und voneinander zu lernen, setze voraus, daß der jüngere Bruder dem älteren ohne Groll und der ältere Bruder dem jüngeren ohne Herablassung begegne. Nur durch Einfühlung vermöge man die unglückliche Befindlichkeit der Deutschen wahrzunehmen. Die Folgen des verlorenen Krieges und des innenpolitischen Kollapses hätten die materielle, die intellektuelle sowie die spirituelle Sphäre geprägt und zur Resignation und Ablehnung der Gegenwart geführt. Die deutschen Studenten nähmen nicht ausreichend wahr, daß sie in einem ganz anderen Land lebten als die Generation zuvor. Trotz ihrer echten und »unmilitaristischen« Liebe zu ihrem Land verhielten sie sich dem Staat gegenüber desinteressiert, und ihr Sinn für politische Verantwortung sei mehr als zweifelhaft. All dies ergäbe eine fatale Trennung zwischen Denken und Handeln. Hinzu komme, daß in Deutschland die Kirche und die Mehrheit der Christen den Kontakt zum öffentlichen Leben und zugleich den Einfluß auf die jungen Leute verloren hätten. Trott bot keine Patentrezepte an, wie die Deutschen ihre problematische Einstellung überwinden könnten, betonte jedoch die Notwendigkeit »der eigenen Anstrengung, des eigenen Kampfes«, auch unter Inkaufnahme von Einsamkeit und Leid.

Dank einer ruhigeren historischen Entwicklung und der Stabilität politischer Verhältnisse existiere in England hingegen ein tiefer Sinn für Kontinuität und Dauer, der auch die Gegenwart mit ihren aktuellen Problemen und drängenden Verpflichtungen einbeziehe. Die Energien in England entfalteten sich nicht in Ablehnung von gestern, sondern im Kampf für morgen, wenngleich es auch englische Studenten gebe, die sich mit Snobismus auf den Lorbeeren anderer ausruhten. Bewußt auf den Kontrast hin zugespitzt, schrieb Trott den Engländern eine instinktive Tendenz zum Handeln und den Deutschen das Gegenteil zu: »man of action« – »man of thought«. Die Neigung zum Handeln eröffne den englischen Studenten eine Perspektive für ihr Leben und statte sie mit einem sicheren Urteil über ihre Umgebung aus. Dazu gehörten das Bewußtsein für die eigenen Grenzen, das das Geheimnis fruchtbarer Arbeit sei, sowie ein ausgeprägter Sinn für das Mögliche. Dies wiederum erleichtere ihnen, sich von Unsicherheiten zu befreien, und führte sie auch von »abstrakten Pfaden« zurück in die Welt. Bei ihrem Willen zur Tat richteten bezeichnenderweise die sozialistischen Studenten in Oxford ihr Hauptaugenmerk auf die ersten zu ergreifenden politischen Schritte. Aus all diesem resultiere eine harmonische und optimistische Lebenseinstellung und unter den christlichen Studenten eine Religiosität, die wie selbstverständlich in das tägliche Leben eindringe.

Trott erwähnte in diesem Kontext, wie sehr ihn die Verbindung von Schönheit und Religion in der Architektur und in den Gottesdiensten beeindruckt habe, und nannte als staunenswerte Erfahrung den Anblick der betenden Studenten in Liverpool. Ebenfalls dort habe er beobachten können, auf welch beneidenswerte Weise Angehörige einer älteren Generation den Jüngeren halfen, sich der Gegenwart zu stellen und zur Selbstverwirklichung zu gelangen. Ein solches weitherziges Christentum zeige die Kraft zur Einigkeit in einem ihm bisher unbekannten und freien Sinn und lasse die hoffnungsvolle Erwartung zu, daß es menschenmöglich sei, den »Irrsinn unseres Zeitalters« zu überwinden. Trotz aller Verschiedenheiten aber sei die Entfernung vom Ewigen unmeßbar gleich. Das und die gemeinsamen menschlichen Nöte sollte international ein Gefühl der Solidarität unter Studenten hervorrufen. Ob nun durch Stolz oder durch Resignation verursacht, englische und deutsche Studenten hätten auch den gleichen Feind »namens Indolenz«.

Zweifellos haften dieser Erstlingsstudie des Neunzehnjährigen deutliche Mängel an, etwa was ihren Aufbau und ihre durchgängige Schlüssigkeit, die gedankliche Klarheit und die Präzision des Ausdrucks angeht – wobei die Verwendung einer Fremdsprache ihm die Aufgabe zusätzlich erschwert hatte. Außerdem waren dem Verfasser sowohl in Liverpool als auch in Oxford mehrheitlich englische Elite-Studenten begegnet, aber kein Äquivalent in Deutschland, wie er selbst im Hinblick auf christlich organisierte Studenten einräumte. Ungeachtet dieser Unzulänglichkeiten ist seine Charakterisierung der Deutschen und Engländer vom April 1929 – auf beklemmende Weise gerade in ihrer Schwarzweißzeichnung – durch den geschichtlichen Verlauf bestätigt worden. Man weiß, wohin das von Trott benannte Desinteresse speziell junger Deutscher am damaligen Staat, ihr fehlender Sinn für politische Verantwortung, ihre Ablehnung der Gegenwart in der Weimarer Republik geführt haben. Auch seine bildhafte Umschreibung der orientierungslos im Nebel herumirrenden Deutschen und ihrer Gefahr, »durch die Menge auf eine einzige Straße gedrängt« zu werden, hat sich als treffend erwiesen, ebenso wie seine Feststellung, daß eine Lösung der Probleme »keinesfalls in der Übernahme eines neuen Programms oder eines neuen Credos« (sprich Ideologie) zu finden sei. Die positiven Eigenschaften, die Trott den Engländern zuschreibt, sind wiederum geeignet zu erklären, weshalb es unter ihnen keine breite Anfälligkeit für politischen Extremismus gab und ihr demokratisches Staatswesen nie ernsthaft gefährdet wurde. Die Briten haben reale Beispiele für Trotts Imagination geliefert: Sie treten dem düsteren Nebel auf einem Vorgebirge beherzt entgegen und suchen mit der Gewißheit von dessen Auflösung beharrlich Schritt für Schritt den Berg zu erklimmen.

Die »Impressions« sind zugleich ein Schlüsseldokument für Adam von Trott selbst. Neben indirekten, aber wesentlichen Bezügen auf seine Kindheit und Jugend[80] bringen sie Themen seines Lebens zum Ausdruck. Hier findet sich seine erste Sympathiebekundung für die Labour-Bewegung, die er in Oxford kennengelernt hatte (»der soziale Kämpfer, dessen Herz durch die Inhumanität und Ungerechtigkeit unserer Zeit bewegt ist«), und hier erwähnte er erstmals das Problem der Mittellage Deutschlands zwischen dem »hochzivilisierten Westen« und dem »kommunistischen Osten«, das ihn weiter beschäftigen wird. Vor allem aber sein Bekenntnis zu »internationaler Freundschaft und Verständigung« – hier am deutsch-britischen Beispiel gezeigt – war für ihn wegweisend. Die von ihm geäußerte Hoffnung, daß zwischen englischen und deutschen Studenten zuerst Sympathie, dann Vertrauen und schließlich Zusammenarbeit zu erreichen sei, beruhte auf der Annahme einer »Schicksalsgemeinschaft«, die er auffälligerweise nicht national begrenzt sah. Vielmehr verwies er auf ein »ungeschriebenes Gesetz, daß Menschen, die ehrlich und selbstlos kämpfen, einander auf dieser Grundlage finden«. An dessen Gültigkeit angesichts eines großen gemeinsamen Zieles hat er bis in seine letzten Lebensjahre geglaubt.

Trott sandte seine Betrachtung im Mai 1929 an Tracy Strong, Conrad Hoffmann und Margaret Wrong. Sie Dr. Selbie zu schicken, für den sie vor allem gedacht war, traute er sich nicht. Während Miss Wrong erst nach Wochen mit einem freundlichen Briefchen antwortete, ohne auf die Studie näher einzugehen, reagierten Strong und Hoffmann schnell und anerkennend. Strong bat sich die Zustimmung des Verfassers aus, den Text überarbeiten und kürzen zu dürfen, und sorgte noch im gleichen Jahr für die Publikation der »Impressions of a German Student in England« in der Zeitschrift *The World's Youth*.[81] So notwendig die Straffung und Präzisierung auch waren, im Ergebnis wirkt der gedruckte Artikel allzu geglättet und unpersönlich. Obwohl Trott dies zunächst nicht wünschte, erschien der Text als erste Veröffentlichung unter seinem Namen.

»Verschiedene Welten« in Berlin

Zu Beginn des Sommersemesters 1929 wechselte Adam von Trott erneut den Studienort und ging nach Berlin. In Göttingen scheute er die Nähe des Corps. Auch gab es dort keine Auswahl an Repetitorien von Qualität, denn einen solchen juristischen Intensivkurs hatte ihm der Vater verordnet.[1] Obwohl Trott in Berlin seine ersten acht Lebensjahre zugebracht hatte, kehrte er nicht an einen vertrauten Ort zurück. Dazu war der Radius während seiner behüteten Kindheit zu eng gewesen und die Veränderung der Stadt in den vergangenen zwölf Jahren zu gewaltig. Berlin machte auf ihn einen »absolut fremden Eindruck«[2]. Vor allem war er das Großstadtleben gar nicht gewöhnt und kam sich vor wie »ein Bauer in der Stadt«[3]. Es fiel ihm auf, daß die Städter nicht seine ländliche Gewohnheit teilten, vorbeigehenden Menschen genau ins Gesicht zu blicken. Trott empfand, daß sich die Unruhe und Unrast Berlins – in den 20er Jahren eine der verkehrsreichsten Städte Europas – auf ihn übertrug, um so mehr als sich seine Unterkunft am Olivaerplatz nahe dem Kurfürstendamm als extrem laut herausstellte. »In einem Zimmer zu wohnen, das Tag und Nacht von schrecklichem Straßenlärm umgeben ist, dem man dort nicht einmal für eine Sekunde in die Stille entkommen kann, hat eine ständig quälende Wirkung und macht es furchtbar schwer, dabei zu arbeiten und zu schreiben«[4], berichtete er seiner Mutter nach den ersten Wochen. Gerne folgte er daher der Einladung einer befreundeten Familie, die Pfingstferien in Grabow unweit des Städtchens Burg zu verbringen.

Der anbrechende Frühsommer ließ ihn aber immer mehr schöne Seiten Berlins entdecken, was ihm das Einleben erleichterte. Daran hatte auch eine Jurastudentin namens Charlotte ihren Anteil, die in Berlin zu Hause war und Trott auf gemeinsamen Spaziergängen über den ihm altbekannten Tiergarten hinaus viele weitere grüne Oasen zeigte. Ein gelungenes Wiedersehen mit Anneliese von Bodenhausen, die ihn auf der Durchreise besuchte, hob ebenfalls seine Stimmung. »Den Tag mit Dir habe ich sehr genossen, Adam! Es war alles so hell und klar und unbeschwert«[5], äußerte die Freundin über ihren Ausflug nach Sanssouci.

Trotts Onkel Eberhard von Schweinitz – der jüngste der vier noch lebenden Brüder der Mutter – erlaubte ihm, während seiner mehrwöchigen Abwesenheit im Juni sein Appartement im Berliner Schloß zu bewohnen. Es war eine Dienstwohnung, denn Schweinitz war bei der *Notgemeinschaft der Deutschen Wissenschaft* tätig, die im Schloß untergebracht war. Anfang Juli fand Trott ein ruhiges und »behagliches« Zimmer in der Pariser Straße – »so daß ich nach Herzenslust für mich lesen und arbeiten und manchmal abends Gäste haben kann«[6]. Er blieb dort bis zum Ende seines Berliner Jahres wohnen.[7]

»Wenn Sie mittags um eins auf der linken Seite des Kurfürstendamms auf die Gedächtniskirche zugehen, sehen Sie plötzlich einem Torweg eine Horde Studenten entströmen. Wenn Sie zählten, würden Sie finden, dass es an die 100 sind. Dreimal am Tage können Sie eine solche Menge dieser Leutchen dort hervorkommen sehen, denn im Hinterhaus, vier Treppen hoch, befindet sich ein R., der mit seinem Gehilfen drei ›R‹-Kurse von zwei-drei Stunden hintereinander abhält. Er verdient rund 200.000 Mark im Jahr und bildet für etwa anderthalb Jahre vor dem Examen den Mittelpunkt der rechts- und staatswissenschaftlichen (meist erst so spät begonnenen) Vorbereitung seiner Hörer. [...] Denn es ist eine unter Juristen bekannte Tatsache, dass für die grosse Mehrheit der Studenten, die nicht vom ersten Semester an büffeln, ein Referendarexamen ohne R. schlechthin unmöglich ist, da die pädagogische Seite, besonders des juristischen Universitätsbetriebs, immer noch so im argen liegt. Der R. zieht ganz einfach den Nutzen aus dieser misslichen Lage und tut sein Bestes, immer wieder neue Massen examensreif zu machen.«[8] So beginnt eine Glosse, die Adam von Trott damals unter dem Titel »Der R.« verfaßt hat, möglicherweise mit der Absicht, sie zur Aufbesserung seiner klammen Finanzen einer Zeitung anzubieten.

Der R. war niemand anders als der Repetitor, der seit Anfang Mai jetzt täglich und ein ganzes Jahr lang seinen Studienalltag bestimmte. Mit »strammer Zucht«, »hohen Anforderungen an die Arbeitsamkeit« und »rauhem Ton«[9] charakterisierte Trott sein Repetenden-Dasein dem Vater. Dieser freute sich über die Zielstrebigkeit seines Sohnes: »Ich habe volles Vertrauen darauf und begleite Dich mit meinen Gedanken alle Tage.«[10] Neben Adams Berichten verfolgte der Vater den Fortgang der Studien anhand der Fachbuch-Rechnungen[11], die er im Laufe des Jahres von der Nicolaischen Buchhandlung oder der Fraenkelschen Juristischen Buchhandlung aus Berlin erhielt. Doch war es nicht allein die väterliche Autorität, die Trott antrieb, er hatte auch ein eigenes Motiv. Gewohnt selbstkritisch erklärte der Neunzehnjährige seinem Freund Rowse: »Zu diesem Studium habe ich zwar keine innere Beziehung, aber es mag gut für mich sein bei meinem gänzlichen Mangel an intellektuellen und systematischen Fähigkeiten, ohne die man in dieser Welt nicht wirklich auskommen kann.«[12] Während die Lehrveranstaltungen an der Friedrich-Wilhelms-Universität ihn im Sommersemester relativ wenig beanspruchten[13], warf sich Trott mit viel Energie und Ausdauer auf das Lernpensum, arbeitete vormittags zu Hause oder in der Staatsbibliothek und war »an keinem Nachmittag (außer Sonnabend + Sonntag) vor fünf Uhr abkömmlich – Repetitor«[14]. Wer sich auch immer ansagte, daran ließ er nicht rütteln und nahm lieber den Wutanfall seines Onkels Bernhard von Schweinitz[15] in Kauf, der auf Berlin-Besuch sich unbedingt zu den R.-Stunden mit ihm verabreden wollte. »Meine Arbeit geht jetzt gut voran und füllt meine Zeit fast ganz aus«[16], teilte er Anfang Juni seinem Bruder Werner mit und im Juli dem Vater: »Bald werden wir die ersten 1000 §§ des BGB hinter uns haben.«[17] Einige Wochen später zog Trott aus dieser Beschäftigung sogar »wirkliche Freude und Befriedigung angesichts überwundener Schwierigkeiten«[18]. Seine Haltung gegenüber dem Jurastudium blieb dennoch distanziert. »Ein guter Jurist werde ich, fürchte ich, nie werden«, bekannte er kurz vor seinem 20. Geburtstag der Mutter, »und manchmal grauts mir, was für schöne Zeit ich für die Plage verwende.«[19]

Den Berliner Wohnort nutzte Trott gezielt zu Kontakten, die die Wirkung der im Ausland erhaltenen Impulse zeigen. Seine Teilnahmen an einem Quäker-Treffen und einer nicht näher bezeichneten »englischen Debatte« sind als erste Versuche anzusehen. Wichtiger war, daß er sich von seiner Mutter ein Einführungsschreiben für Friedrich Siegmund-Schultze geben ließ, mit dem diese seit langem gut bekannt war.[20] Der Theologe Siegmund-Schultze war ein Mann der Tat und gilt wegen seines Sozialwerks für Arbeiter, seiner Professur für Sozialfürsorge sowie seiner Bemühungen um deutsch-britische Verständigung und die Ökumene als mehrfacher Pionier. Trott hatte die Mutter gebeten, Siegmund-Schultze mitzuteilen, daß er »in Genf und England einige sehr positiv engagierte Leute getroffen habe und solchen auch in seinem Land begegnen möchte«, dabei aber anzudeuten, daß er »organisierte Gemeinschaften«[21] scheue – letzteres wohl eine Folge seiner Erfahrungen mit dem Nibelungenbund. Noch im Mai kam der Kontakt zustande, und Trott berichtete seiner Mutter: »Heute sah ich Siegmund-Schultze, der sehr freundlich war – ich werde ihn wiedersehen.«[22] Er faßte zu diesem so viel Vertrauen, daß er ihm seine »Impressions of a German Student« gab. Die Einladung Siegmund-Schultzes zu einer studentischen Wochenend-Konferenz des *Weltbundes für internationale Freundschaftsarbeit der Kirchen* nahm er erfreut an. Auf dieser Konferenz, die Anfang Juni am Rande Berlins stattfand, hörten die Studenten namhafte Ökumeniker aus Berlin, London, Prag und Paris u. a. über Völkerverständigung und über den Gegensatz von Patriotismus und Nationalismus, über die Welt des Islam und über Christentum als übernationale Religion vortragen.[23] Trotts neues Interesse am Besitz einer Bibel in moderner Übersetzung[24], die ihm seine Mutter schickte, dürfte auf dieses Erlebnis zurückzuführen sein. Während seiner Berliner Zeit 1929/30 wurde er von Siegmund-Schultze auch zu Sozialarbeit herangezogen, und zwar in Clubs zur Weiterbildung von jungen Arbeitern.[25] Es war allerdings Trotts Gewohnheit, von seinen Einsätzen wenig Aufhebens zu machen, so daß darüber nichts Genaues bekannt wurde.

Zur Arbeiterschicht, mit der er bisher noch wenig zu tun gehabt hatte, suchte Adam von Trott bewußt auch auf anderem Wege Kontakt. Auf der Konferenz in Liverpool hatte er Hans Gaidies kennengelernt, einen knapp 30jährigen Bauarbeiter, der nebenher studierte. »Er ist so frisch und kräftig, und obwohl er es doch so viel schwerer hat wie unsereiner, immer fröhlich«, beschrieb Trott seine ersten Eindrücke von ihm. »Dadurch, daß er immer für sich studierte, weiß er viel mehr als ich, weshalb er mit seinen Ansichten auch meistens recht behält.«[26] Bei ihrem Wiedersehen in Berlin fand er Gaidies in »einer sehr armen wirtschaftlichen Lage«[27] vor. Sie verabredeten sich nun häufiger abends, und Gaidies machte ihn mit seinen Arbeiterfreunden bekannt. Trott konnte so aus unmittelbarer Nähe die Not junger Arbeiter erleben und ihr verzweifeltes, aber vergebliches Bemühen, Arbeit zu finden. Tracy Strong schilderte er den Fall eines schwindsüchtigen Mechanikers, der ihn besonders berührt hatte. In seinem Beruf könne dieser nicht mehr arbeiten und leichte Arbeit sei für ihn nicht zu bekommen. Die Versicherung habe dem Kranken einen Sanatoriumsaufenthalt mit der Begründung verweigert, man könne ihn ohnehin nicht heilen. Mit einer viel zu geringen Unterstützung müsse der Mann nun in einem schrecklichen, dunklen Loch hausen, was seine Lage noch verschlimmere.[28] Als aktiver Sozialdemokrat führte Hans Gaidies seinen neuen Freund auch in linke Zirkel ein und nahm ihn zu politischen Veranstaltungen mit. Von einer damaligen Diskussion haben sich fragmentarische Aufzeichnungen Trotts über Betriebspolitik erhalten, in denen die Zielsetzung einer »Humanisierung« von Betrieben wie die Schaffung erträglicher Arbeitsbedingungen, rechtlich garantierter Arbeitsverhältnisse u. a.m. dargelegt wird.[29] Seinem Vater berichtete Trott von einem »äußerst interessanten Ausspracheabend« über das Thema »Arbeiter und Student«, der im Juli 1929 bei Hans Muhle stattfand, einem Regierungsassessor im Handelsministerium. Dabei habe er sich »ganz natürlicherweise auf die Seite der Arbeiter gedrängt gesehen und so, besonders in der Eigenschaft eines ehemaligen Corpsstudenten, einiges Erstaunen erregt«. Trott, der sich in seiner sozialen Einstellung nicht durch seine Herkunft festzulegen gewillt war, zog ein positives Fazit: Dank seiner Arbeiterfreunde, die ihm dazu verholfen hätten, »glaube ich hierin auf dem richtigen Wege zu sein«.[30]

Welch ein Kontrast, wenn Trott pflichtgemäß, aber selten bei seinem Onkel Wilhelm von Schweinitz, dem ältesten Bruder seiner Mutter, und seiner Patentante Victoria einen Besuch abstattete. Sie wohnten mit ihren fünf Kindern im Schloß Bellevue zur Miete, und wurden daher von Trott etwas respektlos die »Bellevue family«[31] genannt. Die Welt des Kgl. preuß. Majors a. D. Wilhelm von Schweinitz und seiner Frau Victoria geb. Gräfin zu Eulenburg war weiterhin von Militär und Adel, den Größen der Vergangenheit, geprägt und bot Trott keine Anknüpfungspunkte. Über seinen Streit mit dem Onkel wegen eines Stipendiums in Genf wurde schon berichtet. Auch menschlich standen ihm diese nahen Verwandten fern; er beschreibt sie als »enorm kühl«[32]. Mit dem erwähnten Onkel Eberhard – damals 43jährig und zwölf Jahre jünger als dessen Bruder Wilhelm – hingegen verband Trott ein sehr gutes, fast kameradschaftliches Verhältnis, und sie sahen sich öfter. Nicht zuletzt imponierte ihm, daß dieser Onkel nach seinem Jurastudium in Lausanne und Berlin zu den ersten deutschen Rhodes-Stipendiaten in Oxford gehört und dort von 1903 bis 1905 das Balliol College besucht hatte.[33] Eberhard von Schweinitz nahm fürsorglich die finanzielle Ausstattung seines Neffen, gemessen an den Berliner Lebenshaltungskosten, als unzureichend wahr und setzte sich bei seiner Schwester Eleonore erfolgreich dafür ein, daß sie ihren Sohn anstelle von gelegentlichen Paketen mit einem monatlichen Essenszuschuß unterstützte.

Tracy Strong hatte Trott gebeten, ihm im Sommer bei einem internationalen Jugendlager der YMCA in Franken zu assistieren und als Dolmetscher zur Verfügung zu stehen. Trott versprach sich von dieser Veranstaltung nicht viel – zudem eine unliebsame Unterbrechung des Repetitoriums –, doch er glaubte die Zusage seinem Genfer Gastgeber schuldig zu sein. Den Freund Hans Gaidies durfte er mitbringen, empfand es aber als sehr peinlich, das Angebot Strongs auf Kostenerlaß auch für sich in Anspruch nehmen zu müssen. Rund 100 Jugendliche aus 15 Nationen versammelten sich vom 22. bis 30. Juli 1929 auf Wernfels, einer mittelalterlichen Ritterburg südlich von Nürnberg, um über das Thema »Die Wirklichkeit Gottes« miteinander ins Gespräch zu kommen und sich verstehen zu lernen – in weltweiter Verbundenheit mit einem parallel stattfindenden Bruderlager in China.[34] Ganz entgegen seiner Erwartung fand Trott die Wernfelser Tagung menschlich wie inhaltlich überaus lohnend, vor allem da die »internationale Atmosphäre« und die »große nationale Vielfalt« der Teilnehmer seiner Meinung nach einen freieren und lebendigeren Zugang zu den Problemen der Zeit eröffneten.[35] Gaidies und er nahmen gegen »christliche Phraseologie«[36] Stellung und mischten die Diskussionen mit sozialistischen Ideen auf, was ihnen offensichtlich viel Zustimmung eingetragen hat. Obwohl er selbst seine Vorstellungen noch für unreif und zu abstrakt hielt, verstärkte sich dabei Trotts Erkenntnis, welch »gute Sache der Sozialismus sei, um dafür in unserem egoistischen Zeitalter zu kämpfen«[37].

Bei seiner Rückkehr nach Berlin fand Trott einen Brief von Humayun Kabir vor, den er von Oxford her kannte. Der indische Student aus Bengalen war vorübergehend an die Universität Göttingen gewechselt, hatte aber dort keinen rechten Anschluß gefunden und fühlte sich unglücklich. Trott mobilisierte sofort Göttinger Bekannte und sann auf weitere Abhilfe. Im Sommer füllte sich sein Elternhaus in Imshausen regelmäßig mit den verschiedensten Gästen von nah und fern. Da er selbst nicht abkömmlich war, bat er seine Mutter, den jungen Inder einzuladen, den er als sympathisch, liebenswürdig und klug vorstellte. »Du tust ihm und mir damit ein gutes Werk und wirst Deine Freude an ihm haben. Laß ihn Dir von Gandhi und von seinem Vaterland erzählen.«[38] Kabirs Erscheinen an einem Wochenende im August 1929 in Imshausen erregte im Dorf, wie der Vater berichtete, »großes Aufsehen«, denn es war »der erste Inder, der dies abgelegene Tal betrat«[39], auch der erste Moslem, der am Imshäuser Gottesdienst teilnahm. Wie Trott richtig vorhergesehen hatte, fiel Kabirs Besuch bei seiner Familie, der nicht sein einziger bleiben sollte, zur allseitigen Freude aus. August von Trott zeigte ihm Bilder von seiner Asienreise und spielte mit ihm Schach – der einstige preußische Kultusminister mit einem zukünftigen indischen Amtskollegen (was natürlich niemand wissen konnte): 30 Jahre später sollte Humayun Kabir dieses Ressort in den Regierungen Nehru und Shastri innehaben.[40] Die Mutter entdeckte, daß der Gast neben seinem Studium der Philosophie, Politik und Wirtschaft dichtete – mit Erfolg wie sich noch zeigen sollte –, und beide »fanden sich in der gemeinsamen Liebe«[41] zum englischen Dichter Robert Browning. Noch nach Jahrzehnten hat sich Kabir an die »sehr glücklichen Tage in Imshausen« erinnert und besonders an Eleonore von Trott, »eine der bemerkenswertesten Persönlichkeiten«, die ihm jemals begegnet seien. Sie habe »große Würde und Autorität mit außergewöhnlicher Menschlichkeit und Charme vereint«.[42]

Es war ein anderer Freund aus Oxford, der Trott gedanklich und emotional während seiner Berliner Zeit stark in Anspruch genommen hat: A. L. Rowse (er ließ sich, da er seine Vornamen nicht mochte, »A. L.« nennen). Bereits mit 23 Jahren hatte Rowse das Fundament für sein weiteres Leben, eine erfolgreiche akademische Karriere in Oxford, gelegt. Dies war ihm wahrlich nicht an der Wiege gesungen worden. Er stammte aus einem fast illiteraten Elternhaus; sein Vater war Arbeiter, und die Eltern betrieben in seinem Heimatdorf einen Krämerladen. Hochbegabt, bildungshungrig und enorm fleißig, zog der Junge aus Cornwall früh Aufmerksamkeit auf sich und errang schließlich ein Stipendium am Oxforder Christ Church College. Der Abschluß seines Geschichtsstudiums mit der Bestnote, des begehrten First (erste Klasse), und seine Aufnahme in das All Souls College – wo er fünf Jahrzehnte lang bleiben sollte – krönten seinen Weg.[43] Trotz dieses phänomenalen Aufstiegs quälte Rowse ein Minderwertigkeitsgefühl, das seine Beziehung zu Adam von Trott allerdings in sozialer Hinsicht nicht erschwert hat. Ihm sei, hat Rowse selbst erklärt, der große Kontrast zwischen ihrer Herkunft zwar bewußt gewesen, aber für Adam habe er keine Rolle gespielt. Bar jeder deutschen Steifheit und ohne Spur von Dünkel, sei dessen Umgang mit Menschen geradezu »demokratisch« gewesen.[44] Entscheidende sechs Jahre älter als Trott und ihm – von diesem voll anerkannt – an Reife, Wissen und gesicherter Lebensperspektive überlegen, wäre Rowse wie selbstverständlich der führende und bestärkende Part zugekommen, aber sein getrübtes Selbstwertgefühl hinderte ihn daran. Er beunruhigte Trott immer wieder durch »diese schrecklichen Zweifel und Unsicherheit«[45], wozu die Frage gehörte, was ihn (Rowse) denn so anziehend mache.[46] Trott sah sich herausgefordert, den Freund in häufigen und langen Briefen[47] auf vielfältige Weise seiner Zuneigung zu versichern und die Notwendigkeit gegenseitigen Vertrauens zu betonen. Darüber hinaus handeln Trotts Briefe aus der Berliner Zeit weniger von seinem eigenen Leben und Treiben, als daß sie vielmehr seine adoleszenten Stimmungen (»Happiness and sadness has changed so often in my heart«[48]) und Betrachtungen wiedergeben.

Ein gemeinsames Thema bildeten Dichtung und Literatur. In seinen ersten Berliner Wochen vertiefte sich Trott in die Werke des späten Hölderlin und berichtete dem Freund »wie schön, aber auch wie furchtbar traurig«[49] diese Lektüre sei. Er müsse unbedingt Hölderlin lesen, der »höchst leidenschaftlich die Höhen und Tiefen von Freundschaft«[50] erfühlt habe. Rowse mißfiel Adams Begeisterung für »verrückte Dichter«[51], und er brachte ihm sozusagen als Gegengewicht seine englischen Lieblingsautoren nahe. Mit Erfolg, denn seine Buchgeschenke und Leseempfehlungen stießen bei Trott auf ein positives Echo: die Kurzgeschichten von Katherine Mansfield mit »ihrer feinen Beobachtung und der Humanität ihrer Personenbeschreibung«[52] ebenso wie die Gedichte von T. S. Eliot, in denen Trott »Erfahrungen ausgedrückt fand, von denen er nicht geglaubt habe, daß man sie in Worte fassen könne«[53]. Auf Rowses Anregung las er auch Werke von Jonathan Swift und Marcel Prousts »Auf der

Suche nach der verlorenen Zeit«. Anders als Rowse jedoch, der von der eigenen Berufung zum Dichter fest überzeugt war und seine Gedichte an Trott schickte, hielt dieser sich für eine derartige »künstlerische Äußerung«[54] nicht geeignet.

Trott sah in ihrer Korrespondenz einen höchst unzureichenden Ersatz für persönlichen Kontakt, für ein »gegenseitiges Verstehen ohne viel Worte«[55]. Wie sollte sich auf diese Weise eine Freundschaft zwischen ihnen entwickeln, zumal sie sich, von der einen Begegnung abgesehen, eigentlich gar nicht kannten? Daher schlug er schon im April 1929 vor, Rowse möge ihn besuchen. Von dieser Idee ließ Trott nicht mehr ab und tat sein möglichstes, den Oxforder Freund »aus seinem lieben Kloster«[56] zu locken. Sie könnten im Park von Sanssouci spazierengehen, ein Wochenende nach Weimar fahren und jede Menge anderes unternehmen. Berlin selbst sei für Rowse vielleicht nicht inspirierend, aber die Abende dort seien durch eine »Stimmung von Abenteuer und Phantasie«[57] verzaubert. Ungeachtet seiner latenten Abneigung gegenüber Deutschland und allem Deutschen ließ sich A. L. Rowse überreden und kündigte sein Kommen für August an. Voller Vorfreude lief Trott nun treppauf, treppab, um für den Freund aus den gepflegten Räumlichkeiten von All Souls ein passendes Zimmer in seiner Nähe zu finden. Von seinen Erkundigungen berichtete er diesem: Das eine Zimmer für nur vier Mark täglich habe zwar einen Balkon mit schönem Ausblick, aber läge zu viele Treppen hoch und die Wirtin sei unangenehm. Ein anderes habe sympathische Vermieter, sei jedoch zu dunkel. Wieder andere Zimmer würden geradezu »tödlich« wirken. Als relativ beste Lösung erschien Trott schließlich ein Zimmer mit »einem Klavier, einem guten Schreibtisch und einem Sofa«, zu dem noch ein »fürstliches Schlafzimmer und ein großes Bad« [58] gehöre, alles für fünf Mark pro Tag und zudem nebenan von ihm. Rowse entschied sich für das fürstliche Schlafzimmer.

In Trotts kleinem russischen Stammlokal – nach der russischen Revolution hatten in den 20er Jahren viele russische Emigranten in Berlin Zuflucht gefunden – überwanden beide ihre erste Befangenheit beim Wiedersehen. Da Trott durch das Repetitorium tagsüber besetzt war, konzentrierte sich ihre gemeinsame Zeit auf die Abende, »der besten Zeit für Freundschaft«[59]. Neben üblichen Sehenswürdigkeiten und den Wäldern und Seen in der Berliner Umgebung zeigte Trott seinem Gast auch ein Musterbeispiel moderner Architektur: die soeben von Rudolf Fränkel (er mußte 1933 emigrieren) erbaute Reformsiedlung Gartenstadt Atlantic im Stadtteil Wedding.[60] Für Trott, der den Wilhelminismus für den »schlimmsten aller Baustile«[61] hielt, stellte dieses neue Wohnviertel für Wenigbegüterte mit seinen großzügigen, begrünten Höfen offensichtlich einen willkommenen Gegensatz dar. In Grunewald führte Trott seinen Freund zur Villa Walther Rathenaus und auch zu jener Stelle der Königsallee, wo der deutsche Außenminister 1922 ermordet worden war. Die Persönlichkeit Rathenaus faszinierte sie beide, und es war Rowse, der Trott zur Lektüre der inzwischen veröffentlichten Rathenau-Briefe angeregt hat. Wie Rowse später erinnert, hätten sich ihre Gespräche während der Ausflüge häufig um Politik gedreht. Adam, ein »wesentlich politischer Mensch«[62], sei an seinen Auffassungen stark interessiert gewesen – Rowse beabsichtigte für die Labour Party zu kandidieren – und habe ihn zu seinem geplanten Buch »Politics and the Younger Generation« sehr ermutigt.

Einen Abend widmeten sie Trotts Geburtsstadt Potsdam und Sanssouci. In seinem Tagebuch hat Rowse die Extratour geschildert, die sie sich auf Adams Idee nach der offiziellen Schloßführung durch die Räume Friedrichs des Großen und Voltaires erlaubt hätten, um noch einmal deren Atmosphäre aufzunehmen: »Die Zeit drängte, die Türen wurden hinter uns geschlossen, die Menschen verließen das Gebäude. Das war ein zusätzlicher Reiz für mich; ich genoß das fieberhafte Eilen durch die stillen Räume mit so gesteigerten Sinnen, daß ich die Uhren ticken hörte.«[63] Als sie durch den Park spazierten, zog Rowse eine Freundschaftsparallele und bot sich Trott als dessen Voltaire an, doch dieser wollte davon nichts wissen. »Wir sprachen von der Unzivilisiertheit des Nationalismus im Vergleich zum Geist, von dem Sanssouci zeuge«, so Rowse weiter, »der in der Nachahmung des Frankreich Ludwigs XV. und des französischen Stils zum Ausdruck komme.«[64] Für ein langes Wochenende lud Rowse den deutschen Freund zu einer Fahrt nach Dresden ein. Trott war dort noch nie gewesen und schrieb seinen Eltern beeindruckt von dieser Stadt, in der, wie er wußte, der Vater einst aufs Gymnasium gegangen war. »Die außergewöhnlich schöne Bildergalerie, die Kirchen und das Schloß«, berichtete er, »füllten unsere Vormittage aus.«[65] An den Nachmittagen besuchten sie Moritzburg und die Touristenattraktion der Sächsischen Schweiz, den Aussichtsfelsen Bastei, fast 200 Meter hoch über dem Elbtal. Dort nahm Rowse eine haarsträubende Seite seines Freundes wahr. Zu seinem Entsetzen machte es sich Trott auf dem Schutzgeländer am Felsabhang bequem und ließ seelenruhig seine langen Beine über dem Abgrund baumeln. Daß jemand äußerste Sensibilität mit solcher Waghalsigkeit in sich vereinte, schien Rowse paradox. Er konnte es nicht mitansehen und zog Trott zurück.[66]

Das Zusammensein der Freunde verlief von Anfang bis Ende harmonisch, und sie lernten sich besser kennen. Stabilität aber erhielt ihre Beziehung trotz gegenseitiger Sympathiebekundungen dadurch nicht.

Adam empfinde eine große Zuneigung für ihn und auch Bewunderung, vertraute Rowse nach der Rückkehr seinem Tagebuch an, aber er liebe ihn nicht und werde ihn auch niemals lieben.[67] Er mußte sich darin bestätigt fühlen, als Trott ihn fragte, ob nicht die voneinander abweichende Bedeutung von deutsch »Liebe« und englisch »love« ein Mißverständnis zwischen ihnen verursacht haben könnte,[68] und damit zeigte, daß er das Grundproblem ihrer Beziehung, die Kluft zwischen verborgener homoerotischer Liebe und enger Freundschaft, nicht erkannt hatte. Dennoch kam Trott der Sache nahe, wenn er meinte, daß ihm die »Art der Sympathie«[69], die Rowse für ihn empfinde, wohl unverständlich wäre. Dies hinderte ihn nicht, an die Realität ihrer Freundschaft und deren Weiterentwicklung zu einer »geistigen Gemeinschaft«[70] zu glauben, in die er selbst allerdings noch werde hineinwachsen müssen. Die neben allen Zeichen der Zuneigung immer wieder geäußerten Zweifel Rowses an seinen Gefühlen für ihn, die Sorge des Freundes, ihn zu verlieren, wirkten auf Trott irritierend, und er war nach Kräften bemüht, diesen in seinen Briefen ebenso selbstkritisch wie positiv zu begegnen. Schließlich fragte er bekümmert: »Warum muß ich so hart kämpfen, um mich Dir verständlich zu machen?«[71] Doch gab es eine Einschränkung, die der 20jährige Trott machte. Er befürchtete wegen der Überlegenheit Rowses allzusehr dessen »Kreatur«[72] zu werden und verteidigte dies mit den Worten: »Ich war mir der Notwendigkeit stets bewußt, daß jeder von uns seinen eigenen Weg gehen muß, denn nur so kann unsere Gemeinschaft bereichert werden.«[73]

Schon vor und während Rowses Aufenthalt in Berlin hatte Trott unter ständiger, extremer Müdigkeit gelitten, wollte aber von seiner Zeit mit dem Freund nichts abknapsen und schob den von der Mutter dringend angeratenen Arztbesuch hinaus. Trott war ziemlich stolz darauf, daß er als einziger unter seinen Bekannten im Repetitorium ohne Ferien durchgehalten und nur die eine Woche in Wernfels versäumt hatte. Trotz seiner Erschöpfung sah er dem September als dem »anstrengendsten Monat«[74] mit sogar zwei R.-Kursen zuversichtlich entgegen. Aber als der Arzt ihm sofortige Ausspannung verordnete und ihn nach Hause schickte, fügte er sich, nun auch noch von unerträglichen Kopfschmerzen geplagt, so als ob »glühendes Metall durch die Augen brechen wollte«[75]. Mitte September fuhr er nach Imshausen, das ihm schon Wochen vorher »unendlich weit weg wie ein schönes Märchen außerhalb der Welt«[76] vorgekommen war. Nun nahmen ihn erneut die Schönheit und der Frieden seiner heimatlichen Landschaft gefangen, wenngleich er sich nach der Hektik und dem Lärm der Großstadt an den »langsamen Rhythmus des abgeschiedenen Dorfes und die Ruhe der Wälder«[77] erst wieder gewöhnen mußte. Tagelang zog er sich in den Trottenwald zurück und verbrachte dort nach eigenen Worten eine »himmlische Zeit«. Beim zweiten Mal wohnte er bei der Förstersfamilie auf dem Triesch, ließ sich morgens um 5.30 Uhr wecken und auch an stürmischen und regnerischen Herbsttagen nicht davon abhalten, den Förster bei der Arbeit im Wald zu unterstützen. In einem Brief an Rowse hat er bildhaft festgehalten, wie er abends, nachdem er völlig durchnäßt ins Forsthaus zurückgekehrt sei, »in viel zu kurzen Hosen des guten Försters«[78] bei einer kleinen Öllampe sitze und lese. Ein anderes ›Bild‹ galt seinem Lieblingsplatz im Imshäuser Park »mit dem Blick auf die alten Bäume, während eine sanfte Brise durch die Blätter weht – eine Musik, die ich mehr als alles liebe«[79]. Vom Lesen konnte ihn keine Müdigkeit abhalten. In diesen Wochen waren es Lessing, Kleist und sein neuer Favorit E.T.A. Hoffmann sowie T. S. Eliot und Proust, denen er sich widmete. Einmal fuhr er in das nahe (Bad) Hersfeld, um seinen Vetter und Kindheitsfreund Bobby zu besuchen, der, obwohl älter als Adam, immer noch die Schulbank drückte und Zuspruch in Kümmernissen brauchte. Ein weiterer Ausflug führte ihn nach Coburg, wo er einem Bekannten der Familie in einer nicht näher bezeichneten Angelegenheit helfen sollte. »Ich sitze hier in der Sonne«, schrieb er Rowse von dort, »auf einer steinernen Galerie, die Canaletto gemalt haben könnte, mit Blick auf die kleine Land-Residenz – Du weißt der Gemahl Eurer Queen war ein Coburger Prinz – und lese Swanns Einführung bei den Verdurins.«[80] Zum Beginn des Wintersemesters Mitte Oktober fuhr Trott nach Berlin zurück.

Trotts ausgesprochene Sympathie für England und Engländer fand zwar damals in A. L. Rowse eine Art persönlichen Mittelpunkt, blieb aber keineswegs auf ihn beschränkt. Er freute sich, in Berlin der englischen Künstlerin Janet Barrow zu begegnen sowie die Oxforder Bekannten Geraint Jones und Richard Hare wiederzusehen – letzteren zusammen mit dessen späterer Frau, der russischen Bildhauerin Dora Gordiné. Ein dauerhafter Kontakt entstand zu Hugh Montgomery, den Trott auf einer Tanzveranstaltung kennengelernt hatte. Dieser, ein ehemaliger Oxfordstudent, arbeitete zu jener Zeit als Dritter Sekretär an der britischen Botschaft in Berlin. Montgomery war Katholik – nach dem Zweiten Weltkrieg wechselte er in den Priesterberuf –, und es kam vor, daß Trott ihn nach der Messe von der St.-Matthäus-Kirche abholte.

»My dear old Oxford«[81] spielte in Trotts Erinnerung – über sein Bett hatte er eine Radierung der Catte Street aufgehängt – und sogar in seinen Träumen eine Rolle. Da eröffnete sich unerwartet die Möglichkeit eines

Studiums in Oxford. Im Herbst 1929 wurden britischerseits zwei der (vorher fünf) nach dem Weltkrieg für Deutsche suspendierten Cecil Rhodes-Stipendien wiedereingerichtet und ein deutsches Auswahlkomitee unter der Leitung von Friedrich Schmidt-Ott[82] mit der Kandidatenfindung beauftragt. Allein schon die Idee, nach seinem Referendarexamen mit einem Stipendium in Oxford studieren zu können, packte Trott und begann seine Zukunftspläne zu beeinflussen. Um so größer war seine Enttäuschung, als man ihm bei der zuständigen Informationsstelle, dem *Deutschen Akademischen Austauschdienst*, nur geringe Chancen einräumte. Für die zweite Bewerbungsrunde – bei Studienbeginn im Herbst 1931 – würde er, sagte man ihm dort, mit seinen dann 22 Jahren bereits »zu alt (!)«[83] sein. Aus denselben Gründen wurde übrigens in der ersten Runde Anfang 1930 die Bewerbung des damals 22jährigen Helmuth James Graf von Moltke nicht berücksichtigt.[84] Angesichts der »ungeheuren Konkurrenz«[85], von der er erfahren hatte, kamen Trott auch ernsthafte Zweifel, ob er überhaupt in der Lage sein würde, sich durchzusetzen. Einen weiteren Dämpfer erhielt er Anfang Dezember von Schmidt-Ott selbst, dem einstigen engen Mitarbeiter seines Vaters und danach dessen kurzzeitiger Nachfolger als preußischer Kultusminister. Dieser zollte zwar August von Trott stets große Verehrung, was aber dem Sohn nicht zugute kam. Schon bei Trotts Höflichkeitsbesuch zu Beginn in Berlin hatte sich Schmidt-Ott ihm gegenüber auffallend kühl verhalten. Jetzt im Herbst riet er ihm entschieden ab, sich für ein Rhodes-Stipendium zu bewerben, zumal es nicht für Graduierte gedacht sei. Statt dessen solle er sich um ein Stipendium in den USA bemühen, wobei er ihm gerne behilflich sein würde. Die Unvereinbarkeit eines abgeschlossenen Studiums mit einem Rhodes-Stipendium schien Trott ein anfechtbarer Punkt zu sein, und er warf daher trotz dieses entmutigenden Gesprächs die Flinte nicht ins Korn. Er beschloß vielmehr draufzusatteln und sich zusätzlich zum Referendarexamen noch durch einen Doktorgrad zu qualifizieren »vielleicht im Völkerrecht«[86].

Im Verlauf seines Berliner Jahres ergab sich für Trott die Gelegenheit, dort seinem Bruder Werner zu begegnen, denn in Imshausen trafen sich beide nur selten oder kurz. Werner von Trott hatte keine Mühe gescheut, durch Abendkurse sowie eine Sonderprüfung die ihm wegen seines Schulabbruchs fehlende Zulassung zum Universitätsstudium nachträglich zu erwerben. Anschließend hatte er in Marburg und Köln bei Martin Heidegger und Max Scheler mehrere Semester Philosophie und Soziologie studiert, dann aber – nachdem er für sich die Universitätsphilosophie als sinnlos erkannt hatte[87] – Schelers Tod im Mai 1928 zum Anlaß genommen, sein Studium ohne Abschluß abzubrechen. Seither versuchte er, gemeinsam mit seinem Studienfreund Wilhelm Kütemeyer, eine Existenz als freier Publizist. Trotz bescheidenster Lebensumstände – laut Adam ein »wilder Bohemien«[88] – blieb er, inzwischen 27jährig, auf die materielle Unterstützung der Eltern angewiesen. Besonders der Vater betrachtete den Weg seines ältesten Sohnes mit Sorge. Adam, dessen Einstellung zu Werner von klein auf von großer Anhänglichkeit und Achtung, ja Bewunderung geprägt war, pflegte die Entscheidungen des siebeneinhalb Jahre älteren Bruders zu tolerieren und wies wiederholt darauf hin, daß dieser es viel schwerer gehabt habe als er. Anfang Mai 1929 quartierte sich Werner für einige Zeit bei Adam in Berlin ein, um sich in der Metropole Aufträge für Artikel und Rezensionen zu besorgen. Die Brüder nutzten dies zu intensiven Gesprächen, wobei ihre grundsätzlich verschiedene Lebensauffassung sogleich zutage trat. Zu Adams Betrübnis stellte Werner alles, was er tat und trieb, unter den Verdacht der Fragwürdigkeit und hatte vornehmlich für die Lebensfreude seines damals 19jährigen Bruders kein Verständnis. In einem Brief an Werner nach dessen Abreise bekannte sich Adam jedoch zum Streben nach Glück und Harmonie und verteidigte »diese lichte Stufe meines Lebens, die nicht durch Feigheit oder Kompromiß«[89] erkauft sei. Wie Notizen aus jener Zeit verraten, waren es gerade »natürlicher Frohsinn und Freude an Gemeinschaft«, die er neben der Bereitschaft zum »Ringen mit überwindlichen Widerständen und geistiger Beherrschung äußerer Verhältnisse« als seine »Kraftquellen« ansah.[90] Ein Schlaglicht auf die Denkweise Werner von Trotts wiederum wirft eine damalige Mitteilung der Mutter an Adam. Werner habe ihr auseinandergesetzt, daß »Liebe im ernst genommenen und erlittenen Widerspruch viel mehr wachse als in leichtfertiger Verständigung«[91]. Eleonore von Trott stimmte dieser Ansicht nicht zu, sondern meinte, daß Verständigungen nicht notwendigerweise leichtfertig seien.

Ab Herbst 1929 verbrachte Werner von Trott zwecks Beschaffung publizistischer Aufträge erneut mehrere Monate in Berlin. Da ihre Korrespondenz für längere Zeit ins Stocken geraten war, sah Adam dem Wiedersehen mit einer gewissen Spannung entgegen und zeigte sich entschlossen, sein Leben klar abzugrenzen.[92] Über das erste Treffen mit Werner Mitte Oktober berichtete er der Mutter: »Es war doch trotz allem eine Freude, einander wiederzusehen, wenn auch verschiedene Lebensart und -anschauung das ›trotzdem‹ vorläufig nicht abschwächen können. Es geht ihm natürlich materiell in dieser Übergangszeit recht schlecht, doch ist er fleißig und hat Arbeit.«[93] Die anfänglichen Hoffnungen Adams, mit dem Bruder gut zurechtkommen und ihn vielleicht sogar

Die Brüder Adam und Werner

etwas beeinflussen zu können[94], erwiesen sich allerdings schnell als Illusion. Ihre Treffen, teilte er Rowse mit, würden immer »feindselig« verlaufen, vor allem hasse er die unnatürliche Notwendigkeit sich zu verteidigen, die Werner seinem Gegenpart stets aufzwinge.[95] Im November, als Adam mit einer starken Erkältung zu Bett lag, kam es dann zu einem großen Krach, den Adam, sichtlich um Ausgewogenheit bemüht, der Mutter schilderte: »Mit Werner habe ich vorgestern bei seinem Besuch an meinem Schmerzenslager glücklich wieder einen Krach gehabt, nach dem er mich ohne Gruß verließ. Es war zum Teil natürlich auch meine Schuld, wenn ich entgegen seiner Empfindlichkeit etwas zu grob sagte, womit er anders hätte übereinstimmen können. Er verlangt eine sehr vorsichtige Behandlung. […] Ich werde ihn, sobald ich kann, besuchen und sehen, was noch zu retten ist.«[96] Aber auch dieser Besuch einige Tage später vermochte keine wesentliche Änderung in ihrem Verhältnis herbeizuführen. »Dem armen Werner geht es wirklich nicht gut«, schrieb

Adam der Mutter, »unser Zusammensein vorigen Sonntag war alles in allem traurig und unbefriedigend. Wir leben ein so verschiedenes Leben, dessen Grundsätze einander so widersprechen, daß die daraus entstehende Feindschaft nur durch großes Vertrauen und Liebe überwunden werden könnte, die nach all den gegenwärtigen Umständen aufzubringen, fast zu schwer scheint.« Es sei auch »nur schwer zu verzeihen«, meinte Adam, »daß alles, was man tut, nur Gegenstand seines Mißtrauens und seiner Verachtung ist«[97]. Nach dieser Feststellung müßte man annehmen, daß beide Brüder sich hinfort strengstens gemieden und auf jeglichen Kontakt verzichtet hätten. Aber sie konnten weder miteinander noch ohneeinander auskommen. Als Werner Anfang Dezember vorübergehend in Wohnungskalamitäten steckte, nahm Adam ihn bereitwillig auf und vermerkte, daß sein Bruder in letzter Zeit milder gegen ihn geworden sei. Doch der nächste Krach ließ nicht lange auf sich warten. »Das Unerträgliche liegt für beide vor allem darin«, erklärte Adam der Mutter, »daß keiner den andern in seiner Art zu würdigen versteht.«[98] In eigenen Notizen urteilte er schärfer und bezeichnete darin Werners Verhalten als »wahnsinnige Überheblichkeit« mit dem Ergebnis beiderseitiger »Vereisung«[99].

Adam von Trott war im September zu der Erkenntnis gelangt, daß man sich, da unvermeidlich, in Phasen des Unglücks und Schmerzes schicken müsse, diese sogar eine bessere und klarere Sicht auf das eigene Leben vermitteln konnten. Das einzige, was er hasse und für wahres Unglück halte, so gegenüber Rowse, sei »Gleichgültigkeit«.[100] Solche Einsichten konnten ihn jedoch nicht vor einer neuerlichen depressiven Verstimmung im Spätherbst 1929 bewahren. Die dauernde Anspannung durch Repetitorium und Universität, die enttäuschten Hoffnungen auf ein Stipendium für Oxford, die unerquicklichen Auseinandersetzungen mit Werner, Rowses Zweifel an ihm, Krankheit und die spätherbstlichen Unbilden, all das hatte seine depressive Neigung begünstigt. Er selbst nannte es eine »graue Zeit«[101] und fühlte sich – ungeachtet seiner Bekannten und Freunde – einsam. Was in ihm vorging, kommt in einem Stimmungsbild zum Ausdruck, das vor allem seine Entfremdung von Werner widerspiegelt: »Spät in der Nacht standen wir auf der Straße, wo sonst niemand mehr war, und ich beobachtete wie der kalte Wind durch die kahlen Bäume und die grauen Fassaden entlang fuhr – plötzlich erfaßte mich der Gedanke, wie es sein würde, wenn man einmal nicht mehr fähig wäre, Liebe zu empfinden oder die Beziehung zu irgendjemanden; kalt und allein stand ich da, neben meinem Bruder.«[102] In solchen schwierigen Phasen kam Trott die Fähigkeit zu Hilfe, sich spontan Trostquellen zu erschließen. Damals etwa fand er Rilkes kürzlich erschienene »Briefe an einen jungen Dichter«[103] tröstlich und verschenkte sie sogleich an Rowse. Da ihm Musik viel bedeutete, nahm er die Einladung zum Orgelkonzert eines ihm bekannten Musikstudenten gerne an. »Sehr viel Ermutigung und Freude« schöpfte er vor allem aus einem heute legendären kulturellen Ereignis: Karl Kraus las und sang aus Operetten von Offenbach. Trott, der diese Anregung dem Karl Kraus-Bewunderer Werner verdankte, war ebenso berührt wie fasziniert von der Schönheit, mit der »dieser total resignierte und bittere Mann«[104] Offenbachs Lieder und Couplets vortrug und sie durch die eingeschobenen eigenen »Zeitstrophen« mit gegenwartsbezogener Polemik verband. Einige Wochen später konnte er Karl Kraus noch einmal hören, voller Zustimmung zu dessen polemischen Attacken, wie er dem Freund berichtete. »In der brutalen Atmosphäre des 20. Jahrhunderts« sei solch »ein wahrhaft menschlicher Ton eine Wohltat«.[105]

Die Weihnachtsferien in Imshausen, die Trott vorher wie ein Lichtblick vorgekommen waren, verliefen düster. Es kam zu heftigen Auseinandersetzungen mit Werner. »Die Luft ist vergiftet«, beschrieb Trott die Atmosphäre. Er habe »den Grundsatz seiner Unabhängigkeit gegenüber dem Bruder zwar erfolgreich, aber ohne Zufriedenheit behauptet«[106], teilte er Rowse ohne weitere Einzelheiten mit. Imshausen als Refugium schien in Frage gestellt. Trott suchte Ausgleich auf langen Spaziergängen mit dem Hund durch Wälder und Felder und beim Zusammensein mit seinen Vettern und Kusinen im Nachbarort Solz. »Sie sind meine Kameraden von frühester Kindheit an. Ich habe sie sehr gerne, da sie einfache, fröhliche und gute Leute sind.«[107] Trost bereitete ihm auch das Stöbern in der Solzer und der Imshäuser Bibliothek, wobei er interessante Entdeckungen machte: Lichtenbergs Kommentare zu William Hogarths satirischen Zeichnungen, die Abhandlung des Schweizer Aufklärers Johann Georg Zimmermann über die Einsamkeit und Jean Pauls »Titan«, das wie »Flegeljahre« des gleichen Autors zu seinen Lieblingsbüchern avancierte. Und dann gab es noch seine Weihnachtsbücher: Goethes »Dichtung und Wahrheit«, die jüngst erschienene Rathenau-Biographie von Harry Graf Kessler und einen Band der E. T. A. Hoffmann-Edition. Diesen besonderen Weihnachtswunsch Trotts hatte die Mutter – ganz auf englische Literatur ausgerichtet – zu seiner Entrüstung für Luxus gehalten, der Vater, selbst ein Literaturliebhaber, jedoch erfüllt.

Im Laufe seines Berliner Jahres 1929/30 hat Trott – neben seinen juristischen Fachbüchern – noch viel mehr gelesen als bisher erwähnt. Zu nennen wären etwa Goethes »Wilhelm Meister«, Novellen von Thomas

Mann oder Remarques brandneuer Roman »Im Westen nichts Neues«, auf englisch Gedichte des frühverstorbenen Romantikers John Keats sowie diverser zeitgenössischer Lyriker. Letztere versuchte er auf Rowses Vorschlag hin zu übersetzen, fand dies aber »schrecklich schwierig«[108]. Vollständigkeit ist bei diesen Lese-Hinweisen natürlich weder angestrebt noch überhaupt zu erreichen. Eine andere Ebene seiner Lektüre galt Trotts Bemühen, sich philosophisch und politiktheoretisch zu orientieren bzw. sich entsprechende Grundlagen zu erarbeiten. Hierzu gehörte, daß er sich »Klassikern« der Philosophie zuzuwenden begann, etwa Nietzsches »Also sprach Zarathustra«.[109] Hierzu gehörte seine Auseinandersetzung mit Schriften Wilhelm von Humboldts[110] und Ferdinand Lassalles[111], wobei er jeweils den Schwerpunkt auf deren Darlegungen zu Staatsidee und Freiheitsvorstellungen legte. Er zog auch Kants »Metaphysische Anfangsgründe der Rechtslehre« heran und hielt es für wichtig, dessen Ausführungen über das Völkerrecht, speziell über den »allgemeinen Staatenverein« zur Erhaltung des Friedens, herauszuschreiben.[112] Hierzu gehörte, daß er ein Standardwerk über Demokratie, »Modern Democracies« von James Bryce[113], »mit großem Interesse«[114] las, ferner über die jüngste deutsche Vergangenheit das Buch »Die Entstehung der Deutschen Republik 1871-1918« des Marxisten Arthur Rosenberg[115], für dessen Lektüre er sogar seinen Vater gewann. Und hierzu gehörte schließlich seine Befassung mit dem Sozialismus (über Lassalle hinaus) und Marxismus. Anfang 1930 teilte er Rowse mit, daß er sich nun »ernsthaft dem Thema Marxismus zuzuwenden gedenke, dem geistigen Credo eines wichtigen Teiles deutscher Intellektueller«[116]. Im Laufe der nächsten Jahre hat sich Trott tatsächlich einschlägige Kenntnisse angeeignet. Während seiner Berliner Zeit scheint er jedoch, anders als manchmal dargestellt[117], über Anfangsgründe noch nicht wesentlich hinausgekommen zu sein. Zunächst zeigte er sich von den Schriften Gustav Landauers[118] beeindruckt, eines Anarchisten, der 1919 ermordet worden war. Landauers Kritik am Marxismus schien ihm einleuchtend, weniger sagte ihm allerdings dessen Art der »unmittelbaren Übertragung von Philosophie auf Politik«[119] zu. Bei all seinen Lektüren und geistigen Erkundungen ließ sich Trott stets von mehreren und verschiedenen Seiten anregen, von niemandem aber dominant beeinflussen – auch damals nicht von seinem Bruder Werner, A. L. Rowse, Hans Gaidies oder anderen. Eine suchende Offenheit ohne doktrinäre Festlegung blieb für ihn auch in späterer Zeit charakteristisch.

Die persönlichen Kontakte zu Gaidies und dessen Freunden nutzte er weiterhin, sich über die Anschauungen in sozialistischen Kreisen zu informieren. Bei aller Sympathie lag es auch hier nicht in seiner Absicht, ein blinder Anhänger zu werden. Meinungsverschiedenheiten ließ er nicht unkommentiert. So äußerte er zum Beispiel gegenüber Tracy Strong, daß die Intellektualität in diesen Kreisen maßlos überschätzt werde, die irrationalen, spirituellen Werte hingegen, »die eine Persönlichkeit formten und menschliche Zusammenarbeit begründeten«, unterschätzt würden. Er aber könne sich den Aufbau einer »rein rationalistischen Gesellschaft« nicht vorstellen.[120]

Viel drängender jedoch bewegten Trott aktuelle Probleme. Dies waren für ihn in diesen ersten Monaten des Jahres 1930 – angesichts eines von der Weltwirtschaftskrise ausgehenden dramatischen Negativtrends – die ungelöste »soziale Frage«, die ständig anwachsende Arbeitslosigkeit, der Niedergang vieler Industrien in Deutschland und deren zu erwartende Folgen. Daß die deutsche Arbeiterschaft noch nicht zum Kommunismus übergegangen sei, führte Trott auf deren Leidensfähigkeit und »die moderaten und sozialdemokratischen Gewerkschaften« zurück. »Was aber wird passieren«, fragte er in seinem Brief an Strong, »wenn all diesen Massen bewußt werde, daß sich die Verhältnisse unaufhörlich weiter verschlechterten?« Und welche Wirkung würde eine »Radikalisierung Deutschlands (dessen Wandlung in einen kommunistischen Staat) auf Europa und die Welt haben?« Er wisse, fügte er abschließend hinzu, wie wichtig es sei, die Situation des eigenen Landes im Verhältnis zu anderen zu betrachten und in der »Perspektive der internationalen Solidarität«.[121] Die Radikalisierung Deutschlands sollte bekanntlich drei Jahre später kommen – von der anderen extremen Seite, deren gefährliches Vordrängen in den nächsten Monaten Trott nicht verborgen blieb.

Manchmal habe er den Eindruck, meinte Trott damals, er würde »in fünf verschiedenen realen Welten zugleich leben«[122]. So falsch lag er damit nicht, wenn man bedenkt, welch vielfältige Erfahrungen er während dieses einen Berliner Studienjahres machte und in welch unterschiedlichen Milieus er sich aufhielt. Im Januar 1930 kam er noch mit der Diplomaten-Sphäre in Berührung. Hugh Montgomery hatte ihn zu einer gesellschaftlichen Veranstaltung der britischen Botschaft eingeladen. »Da ist etwas in diesen politischen Kreisen, das mich fasziniert«[123], schrieb er nachher seiner Mutter, der diese Welt aus einer anderen Epoche vertraut war. Trott bedauerte in diesem Zusammenhang seine unzureichenden Französischkenntnisse, die er unbedingt verbessern müsse. Einige Wochen später lernte er bei Montgomery zwei deutsche Attachés kennen: »meinen sehr sympathischen Corpsbruder«[124] Josias von Rantzau und dessen Kollegen Albrecht von Kessel. Mit beiden blieb Trott in Verbindung.

Im Vordergrund stand für ihn aber ein ganz anderer Kontakt. »Ich bin insgesamt glücklicher hier als zu irgendeiner Zeit vorher.« Denn, begründete er dies der Mutter sehr allgemein, er träfe in »Frau von Wangenheims Haus so nette Leute«[125]. Johanna Freifrau von Wangenheim, die Witwe des langjährigen Ksl. Botschafters in Konstantinopel, Hans Freiherr von Wangenheim, und einzige Tochter der Baronin Spitzemberg – in deren berühmtem Salon Trotts Vater lange vor der Jahrhundertwende ein häufiger und beliebter Gast gewesen war[126] –, führte in Berlin für ihre beiden erwachsenen Töchter ein geselliges Haus. Trotts Glück unter den »netten Leuten« bezog sich auf die jüngere Tochter Gerda, »das reizendste Geschöpf«[127], das ihm je begegnet sei. Mit einem Gedanken von Jean Paul – Liebe hebe zugleich die Schwingen der Freundschaft –, versuchte er den neuen Schwarm auch für Rowse günstig auszulegen, was diesen schwerlich überzeugt haben dürfte. Da Gerda von Wangenheim älter war als Trott und angeblich bereits verlobt – »jeder hält uns für Bruder und Schwester«[128] –, machte er sich wenig Hoffnungen auf ihre Gegenliebe. Dennoch genoß er »wunderschöne Zeiten«[129] mit ihr auf Waldspaziergängen im Winter und Frühling. Sie selbst hat sich auch nach Jahrzehnten nicht über die emotionale Seite der Beziehung geäußert, sondern lediglich bemerkt, daß ihr Adams »aufrührerische Reden von der verrotteten Gesellschaft« mißfallen, sein soziales Engagement in den Arbeiterclubs aber imponiert hätten.[130]

Im Februar war Trott zu einem Faschingsball unter dem Motto »Hölle« eingeladen und hatte dies seiner Mutter gegenüber beiläufig erwähnt. Eleonore von Trott kam dieses Motto »entsetzlich frivol« vor und bedrückte sie so sehr, daß sie ihrem Sohn darüber schrieb. Sie habe das Gefühl, daß ihr einstiges Vorlesen aus Miltons »Paradise Lost« ihm keine Hilfe gewesen sei. Wenn er meine, er könne »harmlos« zu einem solchen Ball hingehen, dann solle er es tun. Sie halte ein solches Motto für einen »kaum zu übertreffenden Tiefpunkt«. Natürlich glaube sie nicht an »eine Hölle mit Feuer und glühenden Zangen, aber an einen zukünftigen geistigen Zustand, in dem man die Folgen der Sünde erkennt – und darunter leidet. Darüber sollte man nicht spotten«.[131] Trott ging zu dem besagten Ball – ob zusammen mit Gerda, ist nicht bekannt, nur daß Werner mit von der Partie war. Die Veranstaltung sei eine ziemliche Pleite gewesen, berichtete er hinterher der Mutter, wenn auch »überhaupt nicht frivol, sondern nur kindisch«[132]. Werner verstehe allerdings gar nicht unter »Kindern« glücklich zu sein und habe ihm »in jeder freien Minute seine Abneigung gegen anwesende Personen zum Ausdruck gebracht«. Er bedauere, daß Werner sich zu einem »schrecklichen Einsiedler«[133] entwickele.

Im Wintersemester 1929/30 war Trott in doppelter Hinsicht durch sein Studium beansprucht, zum einen durch das fortgesetzte Repetitorium und zum andern durch die Seminare an der Universität, für die er Scheine zu erwerben hatte. Bei den Lehrveranstaltungen dieses Semesters fallen in seinem Studienbuch[134] drei Professoren besonders auf: der Zivilrechtler Martin Wolff, der Strafrechtler James Goldschmidt – beide wurden wenige Jahre später von den Nazis vertrieben – sowie der Finanzexperte und langjährige preußische Finanzminister Johannes Popitz, dem Trott nachmals im Widerstand begegnen sollte.

»Ich habe meine alten Beschäftigungen ganz freudig wieder aufgenommen und arbeite ziemlich hart, daher nur eine Karte, geschrieben in der Staatsbibliothek«[135], teilte Trott der Mutter nach den Weihnachtsferien mit und Ende Januar: »Diese Tage sind recht hektisch, aber insgesamt nicht ohne Erfolg – ich bewege mich wenigstens auf das Examen zu.«[136] Beim Lernen der Zivilprozeß-Ordnung fand er seine Geduld allerdings arg strapaziert und klagte dem Vater über das Studium und dessen Art und Weise sein Leid. Der Vater antwortete mit Verständnis, meinte aber, daß diese Zeit des Lernens einen »doch nur kurzen Abschnitt Deines gewiß nicht aussichtslosen Lebens« betreffe. Überdies ginge es nicht allein darum, »das Examen zu machen und Kenntnisse zu erwerben, sondern Widrigkeiten zu überwinden, streng gegen sich selbst zu sein, ein Mann zu werden«[137]. So einsichtig Trott die väterlichen Worte auch fand, begannen ihn nun zunehmend die Gedanken an das Referendarexamen binnen Jahresfrist zu plagen. Ratsuchend wandte er sich an seinen Vetter Adalbert von Unruh, der diese Hürde bereits genommen hatte und im Referendardienst stand. Er fühle sich »noch denkbar unsicher im juristischen Sattel«, bekannte Trott diesem. Bis Mitte April werde er »die Hauptmaterien alle einmal durch haben – nicht etwa sie beherrschen!«[138] Der Vetter gab ihm mehrere Ratschläge, empfahl ihm aber »vor allem Selbstvertrauen«[139], für das es berechtigten Grund gebe, sowie energisches, systematisches Arbeiten im letzten halben Jahr vor dem Examen. Die Zweifel an seinem Wissensstand trug Trott ebenfalls seinem Vater vor. Er habe sich zwar gerade mit der Konkursordnung abgemüht und sich dann »mit dem Rest seiner Energie auf das Römische Recht geworfen«, teilte er ihm Anfang März mit, habe aber gleichzeitig das Gefühl, daß »die Wissensschätze vergangener Arbeit […] in Undeutlichkeit versänken«[140]. Ihm sei »jemand, der zeitweise an seinen Fähigkeiten zweifelt, lieber als einer, der glaubt, alles aus dem Ärmel schütteln zu können«[141], antwortete der Vater, er teile jedoch das Zutrauen des Vetters zu Adams guten Voraussetzungen. Wie vorher in Sachen Corps versuchte August von Trott seinen Sohn in dieser schwierigen Phase des Studiums zu ermutigen und zu motivieren. »Aus meiner eigenen Examensvorbereitung erinnere ich mich noch recht gut daran«, schrieb er, daß »der große Umfang des Gebietes einschüchtert. Da heißt es, über all der Masse den Kopf nicht zu verlieren, die großen Linien klar zu erfassen, die Grundprinzipien und den Zweck der Gesetzgebung, die ratio legis, zu erkennen und festzuhalten.« Dadurch zügele man die Masse, schule seinen Verstand und dürfe sich »auch in der Rechtswissenschaft auf seinen gesunden Menschenverstand einigermaßen verlassen und daraus Vertrauen an das Gelingen schöpfen.«[142] Da er in Berlin, wie er Vater und Vetter nicht verheimlichte, »mit vielem Interessanten (nur zu oft abseits der §§) ausgefüllt«[143] war, entschied sich Trott, die Stadt Mitte April zu verlassen und zur Vorbereitung auf sein Examen in das ruhigere Göttingen zurückzukehren. Außerdem plante der erst Zwanzigjährige, an der Göttinger Universität mit dem Völkerrechtler Professor Kraus in Kontakt zu treten, um sich »vielleicht von ihm eine Dissertation geben zu lassen«[144].

Göttingen und »Glückstornados«

»Göttingen is lovely«[1], faßte Adam von Trott die Eindrücke von seinem neuen, alten Studienort zusammen und bedauerte es nachträglich, die Zeit mit Rowse nicht hier verbracht zu haben. Dennoch mußte er sich auch hier erst wieder einleben, denn das fiel ihm, wie er selbst bekannt hat, immer und überall schwer, hat ihn aber von Ortswechseln nie abgehalten. Sein Göttinger Leben lasse sich, berichtete er den Eltern im Mai, in jeder Hinsicht befriedigend an. Wenn er auch den Repetitor für »herzlich schlecht«[2] hielt und zunächst noch keinen Arbeitsgenossen gefunden hatte, betrachtete er seine juristischen Fortschritte doch recht optimistisch. Er sah sich darin bestätigt, als schon nach kurzer Zeit eine Hausarbeit und eine Klausur für Universitätsseminare über dem Durchschnitt ausfielen. Trotz eines langen Tages von 7 bis 23 Uhr war er »recht glücklich an der Arbeit«[3]. Zwischendurch gönnte er sich »die schönsten Spaziergänge, die einige Minuten hinter meinem Hause [Wagnerstraße 3] beginnen«[4] – vorzugsweise auf den Rohns – und, wie gewohnt, verschiedene Lektüren. »Der Feuergeist Marx«, notierte sich Trott damals, sei ihm nun »zum ersten Male wirklich begegnet« und auch Rosa Luxemburg. »Sie hat die klarste und feurigste Auffassung der Ökonomie, und ihre Konsequenzen sind einleuchtend, aber irgendwie erscheinen sie mir unvollständig und nicht überzeugend. Es mag daran liegen, daß ich mir den Standpunkt, daß alles Politische durch das Wirtschaftliche bedingt ist, noch nicht zu eigen gemacht habe.«[5] Gleichzeitig las er Kierkegaards Tagebücher, Heinrich Heine, Georg Trakl und seinen geliebten Jean Paul. Daneben kümmerte er sich auf Bitten seiner Eltern um eine Imshäuserin, die schwerstkrank in der Göttinger Neurologischen Klinik lag. Und von der Mutter ließ er sich über die Hilfsmaßnahmen für eine in Imshausen einquartierte Familie informieren. Denn er hatte kürzlich die unzumutbaren Wohnverhältnisse der vielköpfigen Familie angeprangert und dank der Unterstützung der Eltern und Verwandten erreicht, daß sie nun besser untergebracht und ausgestattet wurde.

Zum Corps, dem er anfänglich nicht ganz ausweichen konnte, empfand er große innere Distanz. »Der Corpsbetrieb«, schrieb Trott nach Hause, »ist mir wohl mehr als fremd geworden und in seiner anscheinend unabänderlichen Einförmigkeit ziemlich irritierend.«[6] Obwohl die Corpsbrüder sich sehr um ihn bemühten, hielt er sich zunehmend abseits. Als jedoch im Juli einer der Aktiven bei einem Motorradunfall ums Leben kam, stellte sich auch Trott für die Totenwache am Sarge »des kleinen Schierstädt« zur Verfügung. »Man sollte nicht glauben, daß dies so anstrengend ist«[7], teilte er anschließend seiner Mutter mit. Ein Corpsbruder sei angesichts der Hochsommerhitze schon nach einer Viertelstunde ohnmächtig geworden. Auch er sei nahe daran gewesen und habe sich nur mühsam über die Zeit retten können.

Im Hause der Göttingerin Dr. Rosa Burger, die zwecks Zusammenführung deutscher und ausländischer Studenten Nachmittagstees veranstaltete, traf Adam von Trott an einem Sonntag im Mai »drei Menschen, die ich dankbar und glücklich bin, gesehen zu haben«[8]. Dies waren ein Inder, »ein Verfechter der Freiheit seines Landes [...] sonst ist er sanft«[9], Franz Golffing aus Wien sowie die Amerikanerin Miriam Dyer-Bennet. Während der Inder keine weitere Bedeutung für ihn hatte, traf dies für die beiden anderen Genannten um so mehr zu. Mit dem ein Jahr jüngeren Studenten der Literaturwissenschaft und Philosophie Golffing freundete Trott sich bald an. Er lud ihn auch mehrmals nach Imshausen ein und blieb, als der Freund nach zwei Göttinger Semestern an die Universität Heidelberg wechselte, mit ihm in Verbindung. Ein Brief Golffings nach seinem Weggang zeugt von der Qualität ihrer Freundschaft: »Ich danke Dir von Herzen für Deinen schönen, trostreichen Brief; ich muß Dir nicht versichern, wie nah auch mir unser Abschied ging. [...] Der Hölty[10] hat mich ausnehmend gefreut, und er wird selbstverständlich einen Ehrenplatz unter meinen Büchern einnehmen.«[11] Für ihn sei Adam, schrieb Golffing, ein »schlechthin heiterer Mensch«, und zwar heiter jenseits vom »Gegensatz zu traurig oder ernst«. Das hänge auch damit zusammen, daß Adam nicht, wie er selbst es mitunter tue, den andern mit seinen inneren Zweifeln und Qualen überfalle und in Verlegenheit bringe. Adam bürde dem andern das eigene Leid nicht auch noch auf, er habe »den Mut, es mit sich selbst auszutragen und sich so einen weit klareren Blick für die Problematik des andern zu bewahren.«[12]

Den tiefsten Eindruck auf Trott aber hinterließ »die schöne amerikanische Frau, die mich so erstaunt und betroffen hat, daß ich mich hüten muß, daß mein Herz mir nicht wieder mit phantastischen Erwartungen davonjagt«. Er charakterisierte sie mit den Worten: »Sie ist stark und liebt die Welt unbesorgt und bereit zu kämpfen.«[13] Miriam Dyer-Bennet, geboren 1890, war die Tochter von Edward B. Clapp, dem langjährigen Professor für Altphilologie an der Universität von Kalifornien in Berkeley. Nach ihrem Collegeabschluß war sie bei einem sozialen Hilfswerk tätig gewesen, hatte bei einem Aufenthalt in England den britischen Offizier Richard Dyer-Bennet kennengelernt und ihn bald darauf geheiratet. Sie lebten mit ihren vier Söhnen (Richard, John, Frederick und Christopher) und einer Tochter (Miriam) zunächst in Leicester und danach in British Columbia. Mitte der 20er Jahre hatte Miriam den Mut, sich von ihrem unsteten Ehemann scheiden zu lassen und als alleinerziehende Mutter von fünf Kindern in ihre kalifornische Heimat zurückzukehren. Dort entschloß sie sich, ein wegen ihrer frühen Heirat unterbliebenes Universitätsstudium nachzuholen. Da ihre Fächer Philosophie und Deutsch es nahelegten, ging sie, begleitet von ihren Kindern, für einige Semester nach Deutschland, wo sie zuerst in Berlin und nun in Göttingen studierte.

Trotts erster Eindruck von Miriam hatte ihn nicht getrogen, denn nach weiteren Treffen stellte er für sich fest: »Ist sie nicht die herrlichste Frau? […] Nie ist mein Herz so voller Wonne und süßer Ratlosigkeit gewesen.«[14] Im Gegensatz zu seinen früheren Lieben – die letzte für Gerda hatte er soeben erst schmerzlich überwunden – erwiesen sich dieses Mal die »Erwartungen seines Herzens« nicht als »phantastisch«, denn seine Zuneigung wurde von Miriam voll und ganz erwidert. Es wäre jedoch ein Mißverständnis, ihre Liebesbeziehung für ein Abenteuer oder eine Affäre zu halten. Vielmehr handelte es sich um Adam von Trotts erste große Liebe und, ungeachtet ihres erheblichen Altersunterschieds und seines mit knapp 21 Jahren sehr jungen Alters, um Miriam Dyer-Bennets große Liebe überhaupt. Aus der Rückschau hat sie in wenigen Sätzen komprimiert zum Ausdruck gebracht, was dieser junge Mann in ihrem Leben bedeutet hat. Mehr als zehn Jahre später schrieb sie ihm: »I have loved you very deeply and shall never forget it – nor forget how much I learned from and through you. […] No one has ever been so much to me as you have been and that will always remain.«[15]

Die Familie Dyer-Bennet hatte ihr Quartier zunächst in der Gronauschen Pension am Stegemühlenweg aufgeschlagen, wo auch Franz Golffing wohnte. Da dort zum 1. Juli ein Zimmer frei wurde, gesellte sich Trott hinzu. Als es Miriam gelang, im Herbst 1930 für ein halbes Jahr eine Villa am Hohen Weg[16] zu mieten, verstand es sich fast von selbst, daß Trott Untermieter mit Familienanschluß wurde. Miriams gleichnamige Tochter, damals acht Jahre alt, erinnert sich, daß er von allen Kindern Dyer-Bennet vorbehaltlos akzeptiert worden sei. Ihr gegenüber habe er sich so zugewandt und herzlich verhalten – er brachte ihr auch das Radfahren bei –, daß sie ihre sonst übliche Reserve aufgegeben und in ihm geradezu einen Ersatzvater gesehen habe. Für die beiden ältesten Brüder Richard und John mit ihren bereits 17 bzw. 15 Jahren sei die Situation naturgemäß eine andere gewesen, beide hätten sich jedoch über die Beziehung ihrer Mutter zu Adam nie ablehnend geäußert.[17] Den Söhnen war vermutlich nicht entgangen, welch positive Wirkung dieser junge Mann auf ihre leidgeprüfte Mutter hatte.

Daß mit Miriam Dyer-Bennet eine ebenso lebenserfahrene wie lebenstüchtige Frau ihn liebte und an ihn glaubte, hat Trotts Entwicklung günstig beeinflußt. Er selbst schrieb dem Verständnis Miriams die Wirkung einer »heilenden Mitte«[18] zu. Sie hat ihm zweifellos geholfen, die emotionale Instabilität, die Stimmungsschwankungen und starken Selbstzweifel, die ihn im Jahr zuvor geplagt hatten, schneller und leichter zu überwinden und die Adoleszenz hinter sich zu lassen. Seine Göttinger Briefe an Rowse spiegeln diese Veränderung deutlich wider. In diesen auch viel selteneren Briefen tritt er reifer und gefestigter hervor. Er sei, bemerkte er über sich, nun konzentrierter und insgesamt zufriedener, er lebe zwar »isolierter, aber dafür mit den wenigen in engerem Kontakt«. Obwohl er seine Möglichkeiten nach wie vor selbstkritisch einschätzte und die politische Lage Deutschlands als »chaotisch« ansah, nannte er Rowse ganz unpathetisch, aber sicher »Hoffnung, Wagnis, Zuversicht«[19] als Leitwerte seiner Existenz. Seine Beziehung zu dem englischen Freund wandelte sich merklich. Er glaubte nun, diesen mit »allzu persönlichen Angelegenheiten« verschonen zu müssen, und vertraute ihm daher auch kein einziges Wort über Miriam an. Chancen für ihre Freundschaft, an der ihm nach wie vor gelegen war, konnte er nur in geistiger Hinsicht erblicken. Rowse seinerseits ließ lange Briefpausen entstehen, da er die Erinnerung an Trott zurückdrängen wollte. Doch konnte er nicht hindern, daß dessen »wunderschöne melancholische Augen oder ein anziehender Zug seines Charakters«[20] in ihm auftauchten, und gestand sich in seinem Tagebuch ein, daß er ihn hoffnungslos noch immer liebte.[21]

Trott führte Miriam Dyer-Bennet und ihre Kinder nicht nur auf dem Arnstein bei der Familie von Bodenhausen ein, sondern brachte sie auch nach Imshausen mit, erstmals im August 1930. Beide Eltern waren von der Persönlichkeit Miriams beeindruckt, und es blieb nicht ihr letzter Besuch dort. Die Mutter hielt sie für eine »durch und durch vornehme Frau«[22], und der Vater nannte sie Adams »verehrte Freundin, die so freundlich für Dich sorgt«[23]. Auch die Schwestern hatten sie gern. Eleonore von Trott sah sich jedoch durch die Amerikanerin aus der Rolle einer mütterlichen Freundin verdrängt. Nicht ohne einen deutlich resignativen Unterton ließ sie Adam wissen, daß sie sich »darüber freue, wenn ein anderer, wertvoller Mensch Dir mehr geben kann als ich. Ich bin immer noch da, wenn Du mich mal brauchen solltest!«[24] Trott, obwohl alles andere als ein Muttersöhnchen, ließ in der folgenden Zeit aber keinen Zweifel daran, daß er sie weiterhin brauchte. Zu ihrer Freude bestätigte er, der mit Komplimenten nicht verschwenderisch umging,

Mit Miriam Dyer-Bennet

dies sogar schriftlich: »You are very important to me, my dear mother!«[25] Mutter und Sohn enthielten sich nicht gegenseitiger Vorwürfe, rasselten gelegentlich auch temperamentvoll aneinander, doch ihr herzliches Verhältnis blieb davon unbeschadet. Als die Mutter ihn einmal auf ihre inneren Gemeinsamkeiten hinwies, erwiderte er: Was sie ihm neulich von »der gewissen Ähnlichkeit« zwischen ihnen beiden gesagt habe, sei »sehr freundlich und, wie ich glaube, wahr«[26].

Eleonore von Trott hatte bei Adam eine früh entwickelte Verantwortungsbereitschaft wahrgenommen und zögerte daher nicht, ihm ihre großen Sorgen um Werner anzuvertrauen, dessen widerspruchsvolle Haltung ihr unverständlich war und der nun zu ihrem Kummer plante, bei der extremen Linken politisch aktiv zu werden. Der ausführliche Antwortbrief Trotts an seine Mutter – begonnen während eines Besuchs Anfang Juli 1930 mit zwei Dyer-Bennet-Jungen auf dem Arnstein – ist ein bemerkenswertes Dokument. Er zeugt von einer für sein Alter erstaunlichen Reife und Erkenntnis und verrät zudem manches, was er grundsätzlich über menschliche Beziehungen dachte. Bei aller Deutlichkeit seiner Kritik vermied er eine einseitige Stellungnahme gegen den Bruder. Er argumentierte vielmehr zugunsten eines besseren Verhältnisses zwischen diesem und der Mutter. »Die Stärke und Rücksichtslosigkeit, mit der er [Werner] sich für seinen jeweiligen Glauben einsetzt«, erklärte Adam, »erscheint mir bewunderns- und achtenswert, zumal ein Leben, wie er es führt, Spannungen und Schmerzen mit sich bringt, wie sie der ruhigere Verlauf z. B. Deines und meines Lebens gar nicht kennt. So verdient er – obwohl man daran zweifelt, weil er sie fordert! – unbedingte Achtung und Respektierung der Tatsache, daß er seinen eigenen Weg geht. […] Und selbst wenn man nicht einsehen kann, daß er überhaupt einen Weg geht, so ist es doch sein Wesen und Leiden, das er treibt. […] Daß er dies in so hohem Maße tut, ist seine Eigentümlichkeit und Kraft. Was ich immer als verderblich empfunden habe, ist aber, daß er sich dieser Tugend so intensiv und hartnäckig bewußt ist, daß dies das Gute, das sie ihm sonst bringen möchte, paralysiert. So kommt er dazu, andere für seine Nöte zu bestrafen und verantwortlich machen zu wollen, und indem er sich selbst nicht genug Aufmerksamkeit zuwendet, dauernd auf das Äußere einzuschlagen und seine Tätigkeit in der Kritik zu erschöpfen. […] Da ihm nun die äußeren Dinge wirklich ernst sind, so begeht er damit, daß er sie eigentlich immer nur in Beziehung setzt zu seiner Selbstüberzeugtheit und sie sein Verhalten so immer zu rechtfertigen scheinen, keine wissentliche Inkonsequenz oder gar Unehrlichkeit. Sondern er scheitert daran, daß er diesen endgültigen Ernst eben nur bei sich zu sehen glaubt und in der Tat auch keinen Kreis findet, der sein Vertrauen verdient und ihn von der erdrückenden Selbstgewißheit heilen könnte.«

Nach dieser Analyse legte Trott seine Ansicht dar, wie am besten mit Werner umzugehen sei: »Wir tun ihm den schlechtesten Dienst, wenn wir seinem Glauben an unsere mangelnde Ernsthaftigkeit dadurch recht geben, daß wir seinem Wesen erlauben, unsere Bahnen zu erschüttern oder nur zu beunruhigen, denn dann glaubten wir ja schon mehr an ihn als an uns und hätten wohl die Pflicht, ihm nachzufolgen. Wenn wir uns aber richtig auf das besinnen, was wir in unserem Leben zu tun haben, und diesen Weg unbeirrt gehen, so wird die Sympathie, die wir empfinden, freier und ernster wirken, als wenn sie durch unbillige Verwischung der verschiedenen Lebensprinzipien qualvoll und aufgeregt wird. Dieser krankhafte Zustand verlangt nachgerade nach einer klaren Scheidung. [...] Wenn Werner anderer Ansicht ist, mußt Du ihn gewähren lassen. Du liebst oder haßt ihn doch nicht deswegen. Jeder Charakter ruht auf eigenen und nicht allgemeinen Grundsätzen. [...] Daß sie bei jemandem anders sind, mag Bedauern und auch Schmerz erwecken, kann aber nicht (wenigstens nicht bei Dir und ihm!) das Aufgeben der Liebe bedeuten, denn das hieße ja wieder einem eigenen Charakterzug untreu werden.«

Die politischen Absichten seines Bruders hielt Trott zwar für besorgniserregend, meinte aber, daß dafür nur diesen selbst die Verantwortung treffe. Die Mutter möge »bei Gelegenheit« ihre Bedenken äußern, ansonsten sich allein vornehmen, für Werner »da zu sein, wenn es ihm schlecht geht«. Abschließend bat er sie, mit diesem Brief vorsichtig umzugehen und ihm seinen »beratenden Ton« zu verzeihen.[27] Die Mutter jedoch fand Adams Ton keineswegs unangemessen, sondern bedankte sich für sein »warmes Verstehen«, das ihr eine große Hilfe und Freude sei und ihr »Mut mache, einer Begegnung mit Werner nicht auszuweichen«. Sie wisse, daß dessen »Auffassung der Verzweiflung über bestehende Zustände entspringt« und gebe ihm darin weitgehend recht, »auch in der Entrüstung über die allgemeine Stumpfheit diesen Zuständen gegenüber«, aber glaube, daß er sich in Fragen der Abhilfe – gemeint waren kommunistische Ideen zur Bekämpfung der massenhaften Arbeitslosigkeit und sozialen Not – »auf einem gefährlichen Irrwege« befinde. Sie werde jedoch Adams Rat folgen und »Diskussionen und Auseinandersetzungen vermeiden«.[28] Dieser aufrichtige, den älteren Sohn und Bruder dennoch nie diffamierende Briefwechsel zeigt über den eigentlichen Anlaß hinaus, welches Vertrauensverhältnis sich zwischen dem gerade erwachsenen Adam und seiner Mutter entwickelte. Daraus hat er jedoch keinerlei Anspruch auf Vorzug im Geschwisterkreis abgeleitet.

Zusammen mit Miriam Dyer-Bennet fand Adam von Trott bald Anschluß an einen kleinen, privaten Diskussionszirkel, der sich im gemeinsamen Interesse für Philosophie und Politik um den Göttinger Philosophieprofessor Moritz Geiger scharte. Ihm gehörte auch Klaus Ziegler[29] an, der im Hauptfach Deutsche Philologie studierte und Vorsitzender der Sozialistischen Studentenschaft in Göttingen war. (Dieser formell beizutreten, hat er übrigens Trott, da ehemals Corpsstudent, verwehrt.) Jahrzehnte später hat sich Ziegler weniger zu den Inhalten als zu einigen Teilnehmern des Zirkels geäußert. Besonders hervor hebt er Franz Golffing, »den persönlich engsten Freund Trotts einen sehr gebildeten Mann, zum Ästhetisieren neigend«[30], sowie den »menschlich faszinierenden« und in Diskussionen überlegenen Literaturwissenschaftler Clemens Lugowski[31]. Letzterer habe mit seinem »überscharfen Verstand« zu jener Zeit alle Ideologien abgelehnt, um nachher aus einer Mischung von »Ehrgeiz und Verzweiflung auf die primitivste hereinzufallen«[32]. Mit Trott habe ihn selbst, so Ziegler, eine »große gegenseitige Sympathie« verbunden, nicht aber eine enge Freundschaft. Trott sei im Vergleich zu seiner späteren Entwicklung damals noch »sehr gefühlsbestimmt und unpräzise, auch im Denken«[33] gewesen. Offen für soziale Fragen, habe er die Gewerkschaftsbewegung hoch geschätzt und sich gegen Kapitalismus und Nationalismus gewandt. Großen Einfluß – inwiefern, das erläutert Ziegler nicht – habe auf Trott der Mentor des Kreises, Moritz Geiger, gehabt. In Geigers Haus lernte Trott auch dessen Schülerin Helene Weyl[34] kennen, die sich als Übersetzerin der Werke José Ortega y Gassets einen Namen gemacht hat. Noch nach Jahren erinnerte er sich an die »schöne und kluge Frau«, die ihn auf einem »langen und interessanten Spaziergang«[35] in Göttingen für das von ihr zu der Zeit übersetzte Buch Ortega y Gassets »Der Aufstand der Massen«[36] zu gewinnen suchte. Er sei jedoch damals zu sehr von Hegel erfüllt gewesen. Gleichfalls durch Geiger machte Trott in Göttingen die Bekanntschaft mit dem Philosophiedozenten Werner Brock[37] und hat mit ihm noch einige Zeit korrespondiert. Aus der englischen Emigration gedachte Brock im Herbst 1933 nicht ohne Wehmut seines Besuchs bei Trott in Imshausen.

»Die Absicht, zusammen mit Golffing ein Geistesgebiet zu bearbeiten, das ein Gemeinsames unseres jeweiligen Interesses enthalte, veranlaßte mich im Sommer mit ihm und Miriam die Hegelsche Rechtsphilosophie zu lesen«[38], hielt Trott in einer Art Rechenschaftsbericht für sich selbst fest und markierte damit den Anfang einer für ihn folgenreichen Entdeckung: der Philosophie Georg Friedrich Wilhelm Hegels. Die Verbindung von Liebe, Freundschaft und geistigem Erfülltsein führte ihn mit seinen 21 Jahren zu dem Bekenntnis, daß diese Sommerwochen »zu den glücklichsten meines bisherigen Lebens gehören«[39].

Ausgehend von der Lektüre im kleinsten Freundeskreis hatte Trott im intensiven Selbststudium begonnen, sich weiteren Werken Hegels zuzuwenden und mit Hilfe ausgewählter Sekundärliteratur sich in dessen philosophisches System, dialektische Methode und Begrifflichkeit hineinzudenken und hineinzuarbeiten. Hegel faszinierte ihn und ließ ihn nicht mehr los. Dabei nahm Trott durchaus zur Kenntnis, auf wie viele Vorurteile und Vorbehalte diese Philosophie gestoßen war und weiter stieß, wie vielen Mißverständnissen sie ausgesetzt war. Hegel sei in England als »scharf nationalistischer Philosoph« bekannt, schrieb er Rowse, und auch in Deutschland existierten viele Vorurteile gegen ihn, aber doch »nur von Leuten, die ihn entweder nicht kennen oder nicht verstehen«. Seines Erachtens sei es falsch, Hegel für einen Reaktionär zu halten. Mehr als erwartet habe er Begründung für den Einfluß Hegels auf Marx gefunden. Die derzeitige »Hegel-Renaissance« in Deutschland sei jedoch ebenso wünschenswert wie gefährlich, denn Hegel werde »für die Verteidigung hoffnungsloser nationalistischer Ideen mißbraucht«[40].

Obwohl Trott auch in diesem Fall seinen eigenen Fähigkeiten und Fortschritten gegenüber skeptisch blieb, zögerte er nicht, seine private Befassung mit Hegel konkret mit seinem Jurastudium zu verknüpfen. Ende Juli übernahm er im Völkerrechtlichen Seminar von Professor Herbert Kraus für den kommenden Februar ein Referat zum Thema »Hegel und das Völkerrecht«. Das war zweifellos gewagt, denn darüber war noch kaum gearbeitet worden und würde ihm deshalb abverlangen, »einen Gutteil eigener Ideen zu entwickeln und zu verteidigen«[41]. Erschwerend kam hinzu, daß Trott sich Ende August zum Referendarexamen meldete, das ihn in den nächsten vier Monaten völlig in Anspruch nehmen sollte.

Die politische Lage war auch in Göttingen nicht aus Trotts Blickfeld geraten, wenngleich er sich in dieser Beziehung hier ziemlich »out of touch«[42] vorkam. Für die vielerlei Informationsquellen in Berlin nahe dem Geschehen bot seine Korrespondenz mit Hans Gaidies neben Zeitungen nur spärlichen Ersatz. Bedingt durch den Verlust mehrerer Briefe nachweisbar politischen Inhalts[43] sind aus jener Zeit nur vereinzelt politische Äußerungen von Trott überliefert. So erkundigte er sich im Mai 1930 angesichts des hemmungslosen Vordrängens der Anhänger Hitlers bei Gaidies, auf welche Weise die SPD gegen die Nationalsozialisten und deren Agitation vorzugehen gedenke.[44] Im August schrieb er Rowse, daß er zur »gegenwärtigen Entwicklung der deutschen Politik kein Vertrauen besitze«. Den neuen bürgerlichen Parteien fehle es an »kreativen Ideen« und den Sozialdemokraten leider »an entschlossenen und fähigen Leuten«.[45] Sein Vertrauensverlust nimmt nicht wunder. Heute weiß man, daß im Jahre 1930 in Deutschland entscheidende innenpolitische Weichen für den verhängnisvollen Untergang der Weimarer Republik gestellt worden sind. Am 27. März scheiterte die auf fünf Parteien gestützte Große Koalitionsregierung unter dem sozialdemokratischen Reichskanzler Hermann Müller. Der Koalition war es in zwei Jahren nicht gelungen, eine tragfähige gemeinsame Finanzpolitik zu entwickeln, und wegen der Kompromißunfähigkeit der Regierungsparteien stürzte das Kabinett Müller am Ende über eine eher marginale Frage. Ihm folgte eine Minderheitsregierung mit dem Zentrumspolitiker Heinrich Brüning als Reichskanzler. Nachdem im Juli dessen Vorlage zur Sanierung der Finanzen im Parlament keine Mehrheit gefunden hatte und danach seine Notverordnungen abgelehnt worden waren, beschritt Brüning den gefährlichen Weg der Reichstagsauflösung. Neuwahlen wurden für den 14. September angesetzt.

Trott, seit seinem 21. Geburtstag am 9. August 1930 volljährig und zugleich wahlberechtigt, konnte erstmalig an Wahlen teilnehmen. Er wählte SPD. Obwohl er, wie erwähnt, bei den Sozialdemokraten überzeugende Persönlichkeiten vermißte, traute er dieser Partei am ehesten zu, die Weimarer Republik durch einen notwendigen Neuaufbau zu stabilisieren. Verfolgt man Trotts Interessen und Sympathien, Kontakte und Freundschaften von Oxford über Berlin nach Göttingen, dann erscheint seine Wahlentscheidung nicht anders als konsequent. Die SPD erlitt bei den Wahlen im September zwar Verluste, blieb aber mit 143 Abgeordneten stärkste Partei, während die Mandatszahl etwa der Deutschnationalen halbiert wurde. Das bestimmende Resultat dieser Reichstagswahlen war jedoch ein anderes: der sprunghafte Aufstieg der NSDAP von einer Splitterpartei zu einem Anteil von 18,3 Prozent, mit vorher 12 und jetzt 107 Sitzen im Reichstag. Der Erfolg der Nationalsozialisten sei »niederschmetternd für alle Vernunftpolitiker« und nicht anders zu erklären denn als »Ausdruck der schrecklichen Wirtschaftskrise«[46], schrieb Gaidies, selbst Wahlkämpfer für die SPD in der Provinz, an Trott wenige Tage nachher.

Auch August von Trott zeigte sich besorgt über das »zersplitterte und radikale Ergebnis« und folgerte: »Wir können vor schweren Konflikten stehen.«[47] Einen Trost fand er darin, daß Adam noch so jung war und somit alle Chancen besaß, einmal bessere Zeiten zu erleben. Als er von der Wahlentscheidung seines Sohnes erfuhr, die dieser ihm freimütig mitteilte, reagierte der alte Herr allerdings »schmerzlich berührt« und »bitter enttäuscht«. Vertrat doch schon sein ältester Sohn Werner »aus dem Bolschewismus hergeleitete phantastische Ideen«, und nun ließ sich auch sein zweiter Sohn nicht »von väterlicher Autorität, Abstammung, Familie und Tradition bestimmen«. Ihm sei, äußerte der Vater in einem langen Brief, Adams Neigung zur Sozialdemokratie in ihren Gesprächen nicht verborgen geblieben, er habe aber diese nur als »Übergang zu weiterer Klärung« angesehen, und wenn er sich selbst dafür ausgesprochen habe, »im Zweifel diejenige Partei zu wählen, der man noch am nächsten stehe«, habe er »nach Erfahrung und Lebensalter gereiftere Personen im Auge gehabt«. Solch ein junger Mann wie Adam hingegen hätte besser daran getan, der Wahl fernzubleiben. Trage nicht die SPD, fuhr der Vater fort, »einen gewichtigen Teil der Verantwortung unserer jetzigen Zustände, die [...] zu dem ungeheueren Anwachsen des Radikalismus geführt haben«? Wie könne Adam gerade von dieser Partei, die »so wenig Fähigkeit zur Staatsbildung bewiesen« habe, Neuaufbau erwarten? Er bestreite nicht, daß es unter den Sozialdemokraten Idealisten gebe, die jedoch in dem »materialistischen System« keine Aussicht auf Durchsetzung ihrer Ideale hätten.

Die in diesen und weiteren Argumenten ausgedrückte Mißbilligung von Adams Wahlentscheidung bot Stoff für ein Zerwürfnis. Der ganze Brief war jedoch nicht nur auf verblüffende Weise herzlich, sondern zeigte auch das väterliche Bemühen, der Einstellung des Sohnes etwas Gutes abzugewinnen. Er bescheinigte ihm, frei von jedem Opportunismus zu sein, wenn er aus Idealismus sich mit seinem »warmen Herzen für die Schwachen und Armen wohl auch deshalb zu dem sozialdemokratischen Programm hingezogen fühle, weil es das Proletariat in den Mittelpunkt stellt«. Der Vater erkannte an, daß der Sohn sich »für sein Alter sehr früh mit den schwersten Problemen beschäftigt und seine jetzige Auffassung über das Leben und den Staat aus Büchern und Gedankenaustausch mit anderen gewonnen« habe. Politisches Engagement aber möge Adam auf eine spätere Zeit verschieben, wenn er dazu besser gerüstet sei. In den nächsten Jahren solle er sich ganz seiner Ausbildung widmen. Damit diene er »der Allgemeinheit und dem Staate mehr«, als wenn er sich schon jetzt, »zumal in dieser verworrenen Zeit, in die politischen Probleme stürzt«.[48] Trott enthielt sich jeder eingehenden Antwort. Da der Vater, der keineswegs zum Überschwang neigte, trotz allem ihre Verbindung »als größte Freude seines Alters«[49] bezeichnet hatte, gab es schließlich nichts zu bereinigen. Die politischen Meinungsunterschiede, die ihm bekannt gewesen sein dürften, ließ der Sohn einfach stehen. Ohnehin hatte sein Examen jetzt Vorrang.[50]

Der erste Teil der Referendarprüfung bestand aus einer Hausarbeit in Sechs-Wochen-Frist. Trotts Fall bewegte sich im Gewässerrecht, und es vergnügte ihn, daß das betreffende Gesetz einst von seinem Vater mitunterzeichnet worden war. Dieser, der wärmsten Anteil am Examensgeschehen nahm, sah auch bereitwillig den Entwurf der Hausarbeit kritisch durch und wies auf die vorwiegend formalen Schwachstellen hin: »Im allgemeinen wird der Satzbau noch zu feilen und die Prägnanz des Ausdrucks zu überprüfen sein. Die Interpunktion bedarf noch sehr der Verbesserung.«[51] Nachdem die Arbeit glücklich abgegeben war und Trott sich ins Lernen für die als nächstes anstehenden Klausuren vertieft hatte, erhielt er Mitte November von seinem Onkel Eberhard aus Berlin die alarmierende Nachricht, daß die Bewerbungsfrist für das nächstjährige Rhodes-Stipendium in zehn Tagen ablaufe. Nach wie vor wollte Trott diese Möglichkeit ergreifen, um sich im Hinblick auf die prekäre politische Lage in Deutschland »innere Distanz« sowie »Festigkeit und Wissen«[52] zu verschaffen. Die Hindernisse, die man im vorigen Jahr noch vor ihm aufgebaut hatte, bestanden auch nicht mehr. Denn inzwischen war die obere Altersgrenze auf 24 Jahre festgesetzt und geregelt worden, daß »bereits abgelegte Universitäts- und Staatsprüfungen eine Bewerbung nicht ausschließen«[53]. Schweinitz informierte seinen Neffen aber von einer neuen Hürde. Ein Bewerber habe nämlich sechs Personen anzugeben, die ihn persönlich kennen und »befähigt sind, ein Urteil über ihn abzugeben«[54]; drei davon müssen Professoren oder Lehrer der Institution sein, die der Bewerber besucht hat. Trott befand sich, wie er seiner Mutter zu verstehen gab, »in großer Not«[55]. Wie sollte er diese sechs Bürgen zusammenbekommen, und noch dazu in so kurzer Zeit? Eleonore von Trott antwortete mit Bedauern, daß der Vater »so gut wie keine Beziehungen mehr hat«[56]. Der einstige Kultusminister und Oberpräsident hatte einer vergangenen Welt angehört und sich vom öffentlichen Leben fast ganz zurückgezogen.

Im Moment konnte man den Vater mit solchen Fragen ohnehin nicht belasten, denn er war nach einem schweren Sturz ans Bett gefesselt, und in den folgenden Tagen verschlechterte sich sein Zustand. Trott schlug das alles auf die Nerven: unmittelbar vor den wichtigen Klausuren, der Vater ernsthaft krank und dann noch die Sache mit dem Stipendium. Sollte er unter diesen Umständen nicht von einer Bewerbung Abstand nehmen? Da wegen des Examens unabkömmlich, hielt er es für vordringlich, den Eltern eingehend zu schreiben: der Mutter liebevoll tröstend und dem Vater mit der unverkennbaren Absicht, dessen Lebenswillen zu stärken. Der Vater möge sich vorstellen, daß er durch ihn »hier mitten in Tätigkeiten« stehe, die nur »mit Glück und Zuversicht bewältigt werden können«. Das werde ihm vielleicht helfen, »die vorübergehende Last der Bettruhe zu ertragen«. Den hieraus sprechenden Optimismus habe er von ihm gelernt. Was sie verbinde, nenne Hegel, der »die Familie als den Grundpfeiler des Staates« betrachte, den »Geist der Penaten«. Er gebe dem »einzelnen die Kraft und die Eignung, tätig am Staatsleben teilzunehmen«. Wenn auch der Weg seiner Söhne verschieden sei, erklärte Trott unter bewußter Einbeziehung des Bruders Werner, »wird der Dienst an dem Staat, wie er sein soll, das einigende und bleibende Prinzip sein«[57]. Auffällig sprach er nicht vom »Staatsdienst« allgemein, sondern viel herausfordernder vom »Dienst an dem Staat, wie er sein soll« als Lebensaufgabe. Ein konkretes, gar prätentiöses Berufsziel war damit nicht angesprochen. Im Mai 1930 hat Trott zwar einmal den Wunsch geäußert, Gewerkschaftssekretär zu werden[58], danach aber jede berufliche Festlegung vermieden, allenfalls bis Anfang 1933 erkennen lassen, daß ihm eine politische Tätigkeit vorschwebte.

Die Klausuren und die mündlichen Prüfungen des Referendarexamens hatten die Göttinger Jura-Kandidaten am Oberlandesgericht in Celle abzuleisten. In letzter Minute, kurz bevor Trott am 23. November dorthin aufbrach, gingen seine Bewerbungsunterlagen für das Rhodes-Stipendium doch noch zur Post. An das deutsche Auswahlkomitee waren neben einem Formblatt einzureichen: ein ausführlich begründetes Gesuch, ein ärztliches Gesundheitszeugnis, ein englisches Sprachzeugnis, zwei verschiedene Fotos und, wie erwähnt, die Angabe von sechs Befürwortern. Hier war es Trott wider eigene Befürchtungen gelungen, ein ansehnliches Ensemble von überdies fachlicher Vielfalt zu benennen: die Göttinger Professoren Moritz Geiger (Philosophie) und Herbert Kraus (Völkerrecht), die beiden Oxforder Akademiker Selbie (Theologie) und A. L. Rowse (Geschichte) sowie seinen Onkel und ehemaligen Rhodes-Stipendiaten Eberhard von Schweinitz. Die Nominierung des Berliner Regierungsrats Alexander von Quistorp sollte sich allerdings als Niete entpuppen. Er könne, teilte dieser dem Auswahlkomitee mit, über Trott nur sagen, daß er »gesellschaftlich einen netten Eindruck«[59] mache, sich aber ansonsten kein Urteil erlauben. Rowse begrüßte Trotts Bewerbung sehr und betonte, daß er dem Auswahlkomitee einen solch »glühenden Bericht«[60] über ihn geschrieben habe, daß sie eigentlich niemanden anders nehmen könnten, es sei denn, er sei über das Ziel hinausgeschossen. Trott dankte dem Freund für seine Mühe, schätzte ihm gegenüber seine Chancen jedoch als äußerst gering ein. Wie unsicher er die Sache wirklich ansah, zeigt auch seine schriftliche Ergänzung drei Wochen nach Fristende.[61] Er hatte nämlich völlig vergessen, sportliche Aktivitäten anzuführen, auf die gemäß den Richtlinien großer Wert gelegt wurde, und wies nun nachträglich auf seine Mitgliedschaft im Schüler-Ruderverein, auf Boxunterricht und Fechtstunden hin. Daß ihm alle drei Sportarten aus Gesundheitsrücksichten verboten worden waren, mußte ja nicht unbedingt erwähnt werden.

Beruhigende Nachrichten aus Imshausen und von der Mutter empfohlene Biocitin-Tabletten für seine angespannten Nerven halfen Trott, die Woche in Celle mit den täglichen Klausuren gut zu überstehen. Über deren Ergebnisse äußerte er sich auch halbwegs zufrieden. Er hatte sogar ein Auge für die »schöne, alte Hannoversche Stadt«[62] mit ihrem Schloß und ihren historischen Parkanlagen. Wieder in Göttingen, wurde er von dem Gedanken gequält – besonders als der Vater vorübergehend einen Rückfall erlitt –, ob sein Platz jetzt nicht besser zu Hause sei. Aber dann ließ er sich von der Mutter überzeugen, daß der Vater eine Unterbrechung seines Lernens für das Mündliche kaum wünschen würde. Wie zur Bestätigung schickte August von Trott vom Krankenbett aus dem Sohn ein ermutigendes Telegramm, auf das dieser sogleich antwortete. »Ich stehe mit dem einen Bein im römischen, mit dem andern im kanonischen Recht und jongliere noch allzu viele weitere Rechtsgebiete mit den Händen. Du kennst diesen Zustand noch aus eigener Erfahrung und brauchst gewiß keine nähere Beschreibung.«[63] Als sei ihm erst jetzt richtig aufgegangen, über welches berufliche Wissen der Vater aus erster Hand verfügte, erwies er ihm die entsprechende Reverenz: »Heute lernte ich das Verhältnis von Altpreußischer Union zum Kultusministerium, und es sind so viele Sachen, bei denen ich das Gefühl habe, daß ich sie besser von Dir als von den Büchern lernen könnte.«[64] Mit den mündlichen Prüfungen am 20. Dezember in Celle war die Prozedur für Trott vorbei. Zwar hatte er im Mündlichen, wie er dem Vetter Adalbert mitteilte, die Absicht seiner Prüfer, ihm aufgrund seiner Leistungen in der Hausarbeit und den Klausuren »ein Gut zu geben, nicht genügend unterstützt«, sich aber »bereitwilligst mit der Note Voll Befriedigend abgefunden«.[65] Auf die Gratulation des Vaters reagierte er hocherfreut und schloß mit den Worten: »Noch kann ich diesen Abschnitt selbst nicht glauben.«[66]

Das wichtige Examen war geschafft, eine neue Prüfung stand bevor. Denn zu Weihnachten erhielt Trott vom deutschen Auswahlkomitee der Cecil Rhodes-Stiftung die Aufforderung, sich am »6. Januar 1931, morgens 10 Uhr in den Räumen der Kaiser Wilhelm-Gesellschaft im Schloß, Berlin, zur Auswahlsitzung einzufinden«[67]. Nachdem zahlreiche Interessenten bereits im Vorfeld abgewiesen worden waren, hatten sich über 60 Bewerber gemeldet. Aus diesen hatten drei Komiteemitglieder (darunter Albrecht Mendelssohn Bartholdy[68]) eine Vorauswahl getroffen. Trott gehörte zu den elf Kandidaten, die diese zweite Runde erreicht hatten und zur persönlichen Anhörung geladen waren.

Was hatte es mit den Rhodes-Stipendien überhaupt auf sich? Der britische Kolonialpolitiker Cecil Rhodes hatte sich im Diamantengeschäft ein riesiges Vermögen erworben und 1899 in seinem Testament pro Jahr 52 Stipendien zum Studium an der Universität Oxford gestiftet. 20 davon sollten Bewerbern aus Ländern des British Empire und 32 Bewerbern aus den Vereinigten Staaten zur Verfügung stehen.[69] Nach der verbindlichen Einführung des Englischunterrichts in Deutschland bestimmte Rhodes 1902 zusätzlich fünf Stipendien für deutsche Studenten, mit der Zielsetzung, durch ein besseres »Verständnis unter den Großmächten Krieg unmöglich zu machen«[70]. Die Rhodes-Stipendien zeichneten sich durch hohe und umfassende Ansprüche aus. Sie sollten nicht einseitig »Bücherwürmer« fördern, sondern nach dem ausdrücklichen Wunsch von Rhodes neben geistigen (Latinum und Graecum waren unerläßliche Vorbedingung) und sportlichen Fähigkeiten vor allem menschliche Qualitäten: »Wahrhaftigkeit, Mut, Pflichteifer, Geneigtheit zum Schutz von Schwachen, Güte, Uneigennützigkeit, Kameradschaftlichkeit«[71]. Die Stipendiaten, so die Absicht, sollten sich in ihrem späteren Leben zu öffentlichem Wirken verpflichtet sehen und sich »aufgrund ihrer Zivilcourage und Menschenliebe für die Verbesserung der politischen und sozialen Bedingungen ihrer Zeit einsetzen«[72]. Hier ist nicht der Platz, zu erörtern, inwieweit im Jahrhundert zweier Weltkriege die Praxis diesen Vorstellungen entsprochen hat, zweifellos aber haben solche Ideale zum großen Ansehen der Rhodes-Stipendien beigetragen. Mochte der Ruf von Cecil Rhodes selbst anfechtbar sein[73], das Prädikat »Rhodes Scholar« galt weithin als Gütesiegel und öffnete Türen.

Um so größer war die Herausforderung, entsprechend geeignete Kandidaten auszuwählen, insbesondere für das deutsche Komitee[74], das den britischen Rhodes Trustees beweisen mußte, daß die Wiedereinsetzung der nunmehr zwei deutschen Stipendien gerechtfertigt war. Am 6. Januar 1931 wurde es spannend, denn in die letzte Runde kamen von den elf eingeladenen Studenten noch vier. Bei zweien, Adolf Schlepegrell und Oswalt von Nostitz, war man sich schon so gut wie sicher, wenn nicht der vierte und letzte Kandidat, Adam von Trott, überzeugend genug gewesen wäre, an Nostitz' Stelle das Rennen zu machen. Wenige Tage danach schrieb Botschaftsrat Albrecht Graf von Bernstorff[75] aus London an seinen Komitee-Kollegen Dr. Adolf Morsbach nach Berlin: »Ich habe es als eine gewisse Härte für Nostitz empfunden, daß er bei der Bewerbung um das Rhodes-Stipendium von dem entschieden besser qualifizierten Trott zu Solz aus dem Felde geschlagen wurde, da er ohne dessen Erscheinen doch gute Aussichten hatte, ein Stipendium zu erhalten.«[76] Nostitz hat Trott den »Rauswurf« übrigens nicht verübelt. Vielmehr fanden sich beide sympathisch und haben sich danach in Cambridge getroffen, wo Nostitz mit einem Austausch-Stipendium entschädigt worden war. Bernstorff aber sollte Trotts Gönner und Freund werden, später vertieft durch ihrer beider Gegnerschaft gegen das nationalsozialistische Regime.

Das deutsche Auswahlkomitee informierte Lord Lothian, den Generalsekretär der Rhodes-Stiftung in London, und den Rektor des Oxforder Rhodes House, Sir Francis Wylie, in einem offiziellen Bericht über seine einstimmig gefällten Entscheidungen. Die Wahl des Hamburger Jurastudenten Adolf Schlepegrell wurde damit begründet, daß er bestens geeignet sei, »den Typ eines jungen deutschen Studenten in Oxford zu repräsentieren«, während bei Trott »seine exzellente Persönlichkeit, sein wissenschaftlicher Standard und sein spezielles Interesse für englische Probleme«[77] angeführt wurden. Mit »englischen Problemen« sind allerdings die Studienabsichten Trotts recht mißverständlich wiedergegeben, mißt man sie an seinem Bewerbungsgesuch. Darin schrieb er, daß er in Oxford seine »politische Kenntnis weiter ausbilden« wolle, und zwar richte sich sein Hauptinteresse »auf das Parteiwerden der Gewerkschaftsbewegung in historischem und staatsrechtlichem Sinne«, kurz auf das Werden der Labour Party. Die Integration, die die Labour Party »als lebendige politische Bewegung zur Zeit in das englische Staatsleben« vornehme, sei »gerade angesichts der Entwicklungen in Deutschland staatswissenschaftlich und politisch höchst beobachtenswert«. Als weiteren Schwerpunkt bezeichnete er sein wissenschaftliches Interesse an Gemeinsamkeit und Verschiedenheit der deutschen und angelsächsischen Völkerrechtsauffassung. Dafür bringe er von seinem Jurastudium Rüstzeug mit, für die politische Schulung hingegen »nichts als Lernbegierde«. Für die konservativen Komitee-Mitglieder, die die Bedeutung der Labour Party schlucken mußten, fügte Trott in seinem Antrag noch ein paar hochtrabend und aufgesetzt wirkende Nationalismen hinzu: »Meine Absicht, von den Fremden etwas für die Lösung unserer eigenen Probleme zu lernen, hindert mich nicht an der Überzeugung, daß nur die Kenntnis der eigenen Nationalität und ihrer Kraft das Entscheidende zum Finden einer solchen Lösung ist.« Wichtiger war, daß er sich – anknüpfend an seine Schrift ›Impressions‹ – in der Pflicht sah, »mit gebotener Zurückhaltung […] das selten verstandene Ausmaß unserer nationalen und sozialen Schwierigkeiten« zu vermitteln. Das Gesuch endete mit seinem Wunsch, in Oxford »Lehrer und Freunde zu gewinnen«.[78]

Bei seiner Wahl war Trott mehrerlei zugute gekommen. Sein vielfach bezeugtes gewinnendes Auftreten und seine äußere Erscheinung dürften dazu ebenso beigetragen haben wie seine fundierten Studienabsichten und nicht zuletzt sein erster Aufenthalt in Oxford, auf den er in seinem Antrag ausdrücklich hinwies. Seine vorzüglichen englischen und deutschen Referenzen taten ein Übriges. Zweifellos diente Trott zum Vorteil, daß sich mit seinem Onkel Schweinitz unter den Befürwortern auch ein ehemaliger Rhodes-Stipendiat befand. Daß dieser, nachdem er Trott bereits begutachtet hatte, kurzfristig selbst Mitglied des Auswahlkomitees wurde, bedeutete aber wohl kaum zusätzliche Gunst. Dem Vorsitzenden Schmidt-Ott kann man keine Protektion vorwerfen; den Sohn seines verehrten einstigen Vorgesetzten hat er eher nachteilig und unfreundlich behandelt.[79]

Nach Prüfung aller Unterlagen bestätigten die Rhodes Trustees am 4. März 1931 in London die Wahl der beiden deutschen Kandidaten für die Studienjahre 1931 bis 1933. August von Trott, dem es eigentlich lieber gewesen wäre, wenn sein Sohn ohne einen solchen zweijährigen Aufschub seinen Referendardienst abgeleistet hätte, gratulierte ihm vorbehaltlos: »Ich habe mich natürlich mit Dir über die Verleihung des Stipendiums sehr gefreut und um so mehr, weil ich Deine Wahl objektiv für eine geeignete halten muß, obgleich ich Dein Vater bin.«[80] Trott selbst erschienen das bestandene Examen ebenso wie das Stipendium als »Glückstornados«[81]. Nach diesen Anstrengungen und Aufregungen mußte er nun wieder in die »normalen Verhältnisse zurückfinden«[82] und sich auf seine nächste Aufgabe, das Hegel-Referat, konzentrieren.

Im Februar 1931 zog sich Trott mit seinem Referat für einige Zeit nach St. Andreasberg im Harz zurück. Er mietete sich bei einer Bergmannswitwe in der Schützenstraße ein, vollauf zufrieden mit seinem einfachen Zimmer. Der ganze Ort war tief verschneit, so daß man kaum zur Tür hereinkam und dem Skilaufen keine Grenzen gesetzt waren. In einem Brief aus St. Andreasberg an Rowse äußerte sich Trott begeistert über den Skisport. Es sei ein herrliches Vergnügen, »durch die weiten und stillen Felder zu segeln und die wunderbare, kalte, frische Luft zu atmen«, und ein idealer Ausgleich für die vielen Stunden, die er über seinen Hegel-Studien zubringe. Diese Arbeit sei zwar äußerst schwierig, aber faszinierend. Und selbst wenn dabei nicht viel herauskäme, so schule er dadurch sein Denken und erweitere sein philosophisches Verständnis. Sein »Eintauchen in Hegels Großartigkeit« verleite ihn freilich nicht, dessen philosophisches Credo zu übernehmen – was Rowse offensichtlich befürchtete –, da eine eigene Philosophie doch »die Integration all der Faktoren unserer heutigen modernen Welt« erfordere. Das Hauptgewicht dieses Briefes lag auf der Politik. Es ist die einzige längere politische Stellungnahme Trotts, die sich aus den Jahren 1930/31 erhalten hat. Er erklärte darin seine grundsätzliche Zustimmung zur Weimarer Republik sowie, ungeachtet des väterlichen Einspruchs, zur Sozialdemokratie.

Zunächst ging er auf die gegenwärtige wirtschaftliche Notlage ein, die, wie er betonte, an allen Orten, wo immer man sich aufhalte, Wirkung zeige – so auch in St. Andreasberg, das einst vom Silbererzbergbau gelebt habe, mit zehn Prozent Arbeitslosigkeit und ohne Aussicht auf Besserung. Der politische Radikalismus wachse überall in Deutschland, und wenn momentan noch keine unmittelbare »Überwältigungsgefahr« durch ihn bestehe, so arbeite dieser doch »stetig dem soliden Aufbau eines organischen, verfassungsmäßigen Lebens auf der Grundlage von Weimar 1919 entgegen«. Die SPD vertrete seiner Meinung nach »wesentlich die Grundsätze, nach denen man voranschreiten müsse«. Sie habe allerdings stark an Rückhalt bei jungen Leuten verloren, und er wisse nicht, inwieweit eine innerparteiliche Bewegung hier schon habe gegensteuern können. Die Funktionäre auf der mittleren Parteiebene seien ungeeignet, und auch an der Spitze scheinen »nur wenige einen kühlen Kopf bewahrt« zu haben. »Unser ganzes Parteiensystem«, setzte Trott seine kritische Betrachtung fort, ist »entweder von Stagnation oder von plumper Verfolgung egoistischer wirtschaftlicher Interessen« gekennzeichnet. Eine Änderung hin zu einer klügeren und effizienteren Politik könnte man allenfalls von einer »schweigsamen Reserve« erwarten. Deutschland besitze nicht den »Standard öffentlicher Organisierung wie andere westliche Länder« und somit auch weniger Fähigkeit zu einer allmählichen Erholung. Das deutsche Volk habe zusätzlich zu einem verlorenen Krieg mit all den üblichen Folgen einen »völligen Zusammenbruch des sozialen und ideologischen Überbaus« erleben müssen, stellte Trott fest, aber dafür sei »natürlich niemand anders verantwortlich als die Deutschen selbst«. Dazu passend hatte er damals in ein Notizbuch geschrieben: »Über dem politischen Wollen Deutschlands liegt ein dichter Nebelschwaden von verwirrten Wünschen und Begriffen, mißverstandener Vergangenheit, unerkannter Gegenwart und aussichtsloser Zukunft, der vertrieben werden müßte.«[83] Was ihn persönlich angehe, teilte der Einundzwanzigjährige gegen Ende des Briefes mit, so habe er beschlossen, vorläufig ein »homo privatus« zu bleiben, sich weiter auszubilden und überdies sein »social courage« zu entwickeln.[84] Mit dieser Entscheidung hatte Trott die Wünsche des Vaters mit seinen Oxforder Plänen in Übereinstimmung gebracht. Er konnte sich darin bestärkt sehen, als ihm wenig später sein neuer Bekannter Werner Brock in Anknüpfung an eines ihrer Gespräche schrieb: »Sie haben recht, daß Sie sachlich noch sehr viel studieren müssen, um einmal Politiker sein zu dürfen. Aber – und das ist vielleicht das noch Schwierigere – Sie werden auch zusehen müssen, wie Sie bei dem äußerlich leicht Erfolg Erzielenden Ihres Wesens als Mensch immer fester und stoßkräftiger werden.« Und fast prophetisch, als ob er vorherwisse, vor welcher Herausforderung Trott einmal stehen wird, fügte Brock hinzu: »Das verantwortliche politische Handeln einstmals in Jahrzehnten wird der Augenblick sein, in dem der Genius der Geschichte Sie prüft: ob er Sie als zu leicht befindet und als Spreu verwirft oder ob er Sie annimmt. Im Hinblick auf diesen Augenblick und in Ehrfurcht vor ihm werden Sie noch in vieler Hinsicht wachsen und sich disziplinieren müssen.«[85]

Trotts Referat über »Hegel und das Völkerrecht« im Seminar von Professor Kraus ging Mitte Februar, wie er seinem Vetter Adalbert mitteilte, »einigermaßen vom Stapel«. Die Sache selbst sei »natürlich noch in keiner Weise seetüchtig«[86] und werde ihn die nächsten Monate weiter beanspruchen. Mit anderen Worten, sein Vortrag war so überzeugend gewesen, daß Kraus ihm das Thema zur Ausarbeitung als Dissertation gab. Es war ein ehrgeiziges Vorhaben, das sich Trott da zumutete. Im letzten Sommer erst hatte er mit der Lektüre Hegels begonnen, einem Werk von großen Dimensionen in jeder Hinsicht, und beabsichtigte nun, binnen weniger Monate mit einem eigenen Forschungsbeitrag promoviert zu werden. Als wäre dies nicht schon Herausforderung genug, setzte sich Trott damit auch noch zwischen zwei Stühle, genauer gesagt zwischen zwei Lehrstühle. Herbert Kraus war zwar ein Kenner von Staats- und Völkerrecht, aber nicht von Hegel, während es sich bei seinem Göttinger Kollegen Julius Binder, Professor für Rechtsphilosophie und Hauptrepräsentant des Neuhegelianismus, umgekehrt verhielt. Trott hatte sich also zwischen zwei potentiellen Doktorvätern zu entscheiden.

Herbert Kraus war ein weltläufiger Mann; er hatte an der Sorbonne in Paris, der Columbia University in New York und in Harvard studiert und sich dann später durch seine vielseitigen wissenschaftlichen Arbeiten ein internationales Renommee erworben. Zu Kraus' Forschungsschwerpunkten gehörten auch Fragen der internationalen Moral, die er von Kant ableitete. Den Versailler Friedensvertrag kritisierte er sachlich, u. a. als »vertane Chance für die Sicherung eines auf Gerechtigkeit aufgebauten Friedenssystems«[87], doch hat ihn eine solche Einschätzung nicht zum Gegner der Weimarer Republik werden lassen. Einer seiner Göttinger Schüler, Hans von der Groeben, hat Kraus als »eindrucksvolle Persönlichkeit mit wallendem Haar und blitzenden, aber freundlichen Augen« geschildert. »Er dozierte auf- und abgehend und zog seine Studenten, besonders die sorgfältig ausgewählten Teilnehmer seines Seminars, ins Gespräch. Er war kein großer Systematiker, fesselte aber seine Zuhörer durch die Lebhaftigkeit seines Vortrags, seine überzeugend dargelegten Thesen und die stete Bezugnahme auf die Praxis, aus der er als früherer

Beamter des Auswärtigen Amtes kam.«[88] Groeben erinnert sich, daß Kraus Wert darauf gelegt habe, seinen Studenten die Ideen der Aufklärung, des amerikanischen Unabhängigkeitsprozesses, der Französischen Revolution und der preußischen Reformära zu vermitteln.

Julius Binder hingegen, 14 Jahre älter als Kraus, hatte die Erfahrung des Versailler Friedens in ganz anderer Weise geprägt. Sie ließ ihn »vom Nationalliberalen zum Deutschnationalen werden«[89], was sich in seinen Veröffentlichungen mit zunehmender Radikalität niederschlug. Wenn Trott oben mit der Feststellung zitiert wurde, Hegel werde »für die Verteidigung hoffnungsloser nationalistischer Ideen mißbraucht«, dann war das in erster Linie auf Binder gemünzt. Im gleichen Brief erwähnte er ihn namentlich als »ziemlich bekannten Professor für Rechtsphilosophie«, und zwar im Zusammenhang mit dessen soeben erschienener Studie über »Die sittliche Berechtigung des Krieges«[90], in der er sich auf Hegel berief. Es sei eine »seichte, aber gefährliche Beweisführung«, so Trotts Kommentar, wenn man »Hegels Sätze mit stur geschlossenen Augen auf die Realität der Gegenwart anwende und dann natürlich bei einer Absage an die Möglichkeit des internationalen Rechts lande«[91]. Tatsächlich betrachtete Binder in der genannten Studie den Eintritt Deutschlands in den Völkerbund als »Sicherung unserer Versklavung«[92] und zog zur Rechtfertigung des Krieges bekenntnishaft sogar eine Liedstrophe heran: »Der Tod im Feld ist doch der schönste Tod«[93]. In den Aufzeichnungen, die sich Trott während seines Hegelstudiums gemacht hat, distanzierte er sich klar und eindeutig von einer solchen Position: »Mit Hegels Kriegsphilosophie stimmen wir heute nicht mehr überein.«[94] Und an anderer Stelle: »Die Selbstbehauptung des Staates auf dem Weg der Rechtsentwicklung, nicht dem des Krieges ist heute zu erstreben. Krieg als gerechte Entscheidung des Weltgerichts über die historische Daseinsberechtigung eines Volkes ist heute eine Absurdität.«[95]

Im Sommer 1930 fühlte sich Trott in der Kenntnis Hegels noch nicht sattelfest genug, um persönlich Kontakt zu Binder und seinen Schülern aufzunehmen; er konnte und wollte ihnen jedoch nicht auf Dauer ausweichen. So bemühte er sich seit Anfang des Jahres 1931 bei Binder um einen Sprechtermin, wurde aber von ihm zweimal strikt abgewiesen. Trott mutmaßte, daß dieser es als Affront ansah, daß er ausgerechnet über Hegel, seine ureigene Domäne, bei Kraus zu promovieren gedachte. Als Binder ihn dann im März endlich empfing, »verlästerte er« laut Trotts brühwarmem Bericht an den Vater »seinen Kollegen Kraus zunächst gründlich – leider sachlich nicht mit Unrecht«. Ihm gegenüber gab sich Binder »anfangs ein wenig olympisch«, im Laufe ihres weiteren Gesprächs aber »entgegenkommend und freundlich«. Zu seiner Arbeit stellte er sich toleranter als erwartet und lud ihn sogar in sein rechtsphilosophisches Seminar ein. Trotz des passablen Verlaufs hinterließ dieser Besuch bei Trott Beklemmung. Er erblickte in Binder einen »völlig resignierten Patrioten«, und dies sei für ihn, schrieb er dem Vater, »immer ein sehr schmerzvoller Eindruck«. Binder habe ihm dargelegt, daß er den gegenwärtigen Staat für schlecht halte und ihm nur diene, weil er nach Hegel »trotz allem noch die Vernunft in der Welt verkörpere«.

Trott hat dann im Sommersemester tatsächlich am Seminar Binders teilgenommen und dort auch am 22. Juli ein Koreferat über »Rechtspflege bei Hegel«[96] gehalten. Nach akademischer Gepflogenheit wird er sich dafür im Vorwort seiner Dissertation bei Binder artig bedanken, daß er ihn »an seinem Kreis teilnehmen und so im gemeinsamen Studium von seiner vorbildlichen Vertrautheit mit Hegels Philosophie lernen ließ«[97]. Zum Binder-Schüler[98] aber wurde er dadurch keineswegs. Weder hat Binder ihn für einen solchen gehalten noch Trott sich selbst. Drei Jahre später schrieb er rückblickend: »Der ›berühmte‹ Professor Binder« habe ihn »erst seinem Thron erbittert ferngehalten, dann an seinem Hofe schlecht behandelt« und ihm »erst nach anderthalb Jahren für die Zusendung meiner Dissertation gedankt«[99]. All dies erklärt sich vor allem durch das Fehlen einer geistigen Nähe. Wenn es heißt, »in Hegels Hause sind viele Wohnungen«[100], so lebte Julius Binder in einem ganz anderen Stockwerk als Adam von Trott. Obwohl Herbert Kraus ihn zu seinem Leidwesen in Sachen Hegel nicht beraten konnte, hat Trott ihm als Doktorvater bewußt den Vorzug gegeben.

August von Trott, inzwischen 75 Jahre alt, hatte sich von seiner schweren Krankheit unerwartet rasch und gut erholt, so daß er Mitte März einer Einladung zum mehrtägigen Landeskirchentag nach Kassel folgen konnte. Da Adam für seine Dissertation ebenfalls in Kassel zu tun hatte, verabredeten sich beide bei getrennten Programmen zu einem gemeinsamen Aufenthalt dort im Nordischen Hof. Neben seiner Arbeit in der Bibliothek machte Adam »einen längeren Besuch bei der alten Frau Rosenzweig« und erhielt von ihr die gewünschte Erlaubnis, »in ihres Sohnes Papieren zu lesen«[101]. Es handelte sich um Adele Rosenzweig[102], die Mutter des 1929 früh verstorbenen Philosophen Franz Rosenzweig. Dessen erstes großes Werk, eine kritische Auseinandersetzung mit Hegels politischer Philosophie (»Hegel und der Staat«, 1920), war für Trotts Studien grundlegend. Von dessen Unterlagen versprach er sich offenbar noch weitere Aufschlüsse. Kaum nach Göttingen zurückgekehrt, erreichte Adam eine Postkarte des Vaters: »Heute mittag habe ich Dich so vermißt und vermisse Dich heute abend so sehr, daß ich Dir das sagen und Dir herzliche

Grüße senden muß.«[103] Er hatte an diesem Tag Binders totale Resignation erlebt und antwortete dem Vater wie zum Kontrast: »Unser Zusammensein war auch mir in jeder Hinsicht eine sehr schöne Zeit. [...] Dein Interesse und Vertrauen sind eine Hilfe, die ich nicht entbehren möchte. Ich glaube, daß ich genügend von Dir geerbt habe, um nie ganz den Mut zu verlieren.«[104]

Im März erlitt Trott einen gesundheitlichen Einbruch, zuerst lag er mit Grippe im Bett und befand sich danach in einem allgemeinen Erschöpfungszustand. Er mußte zugeben, daß es ihm »seit Jahren nicht so schlecht gegangen«[105] war. Der Arzt riet dringend zu Ausspannung und »energischem Luftwechsel«[106]. Miriam Dyer-Bennet, deren Rückkehr in die USA in wenigen Monaten bevorstand, scheint nun kurzerhand die Regie für eine gemeinsame Erholungsreise übernommen zu haben. Es traf sich für sie günstig, daß die beiden ältesten Söhne soeben zu ihrem Vater nach England abgefahren und ihre jüngeren Kinder auf den Arnstein eingeladen waren. Ende März starteten Miriam und Adam gen Süden. Über München, wohin sie eine Mitfahrgelegenheit hatten, ging es weiter ins Tessin an den Luganer See. »In Lugano«, berichtete Trott nach Hause, »kamen wir unter Schneegestöber an, dem wir aber und zugleich diesem überfüllten, durch Mode entstellten Ort am nächsten Tag entflohen, um hier an einer stilleren Bucht des Luganer Sees unterzukommen.«[107] Dies war das Grenzdorf Ponte Tresa und ihre Unterkunft das Hotel del Pesce, das heute noch existiert. Damit die Eltern nicht glaubten, daß er über seine Verhältnisse lebte, merkte Trott an, daß er dort pro Tag nur 60 Pfennig mehr ausgebe als in Göttingen und dafür »ein sonniges, kleines Zimmer, recht gute Kost und immer ein Boot zum Rudern«[108] habe. Wenn er sich auch an der »schon sehr warmen Sonne« und am »Blüten- und Grasgeruch als von allem Grün das überzeugendste Zeichen des Frühlings«[109] labte, sollte man sich diesen Urlaub nicht allzu idyllisch vorstellen. Während seiner Rekonvaleszenz fühlte sich Trott unter dem eigenen »Verdacht der Faulheit recht unlustig«[110], und sobald es ihm ein wenig besser ging, drehte sich wieder alles um Hegel. Seine Zustandsbeschreibung dürfte Doktoranden oder Autoren bekannt vorkommen: »Meine Arbeit verändert sich mir unter den Händen dauernd, und oft scheint es mir zweifelhaft, ob ich je damit zu einer definitiven Form durchdringen werde. Aber es muß und muß werden.«[111] Der Vater erwiderte: »Du sagst, es muß werden; ich sage, es wird werden, und zwar mit voller Überzeugung. [...] Also Mut, Herr Referendar und Dr. jur. in spe.«[112] Seit dem 1. April war Trott nämlich offiziell als Referendar bestallt und hatte auf diese Mitteilung hin seinem Vater keck erklärt: »Preußischer Beamter und Dein Kollege bin ich nun auch (bis auf die Ehrendoktors und den Minister)«.[113] Darauf reagierte dieser prompt mit der Anrede »Lieber Kollege«[114].

Die Mutter berichtete nach Ponte Tresa, daß der jüngste Sohn Heinrich – er besuchte seit einem Jahr ein Internat in Ilfeld im Harz – trotz seiner erst knapp 13 Jahre gut die Obertertia erreicht habe. »Die Ferien sind nett gewesen. Heini macht sich sehr erfreulich, ist vergnügt und offen.«[115] Adam traf seinen um neun Jahre jüngeren Bruder nur selten und fand, »es wäre Zeit, daß ich mich mit ihm befreundete«[116], doch blieb es einstweilen bei der guten Absicht.

Während Adams Beziehung zu Werner überwiegend von Auseinandersetzungen geprägt war, verband ihn mit seinen drei altersnahen Schwestern Vera, Ursula und Monika ein dauerhaft herzliches und unkompliziertes Verhältnis. Die beiden letzteren hatten soeben im Frühjahr 1931 für sich eine Zukunftsentscheidung getroffen. Ursula, 23 Jahre, hatte wegen einer Herzschwäche ihre Ausbildung zur Krankenschwester in Berlin abbrechen müssen und sich einige Zeit in Imshausen auskuriert. Jetzt trat sie Mitte April eine neue Tätigkeit im westfälischen Dünne bei Herford an, und zwar in der Organisation des Siedlungsprojekts Gustav von Bodelschwinghs. Dieser förderte zugunsten notleidender Familien Eigenheimbauten in einer ostafrikanischen Lehmbauweise. Für ihre Arbeit nahm sie im Jahr darauf in Berlin sozialpolitischen Unterricht bei Elly Heuss-Knapp, die von ihr als »meiner kleinen Ulla« berichtete.[117]

Monika, 20 Jahre, hatte im Vorjahr Abitur gemacht und anschließend Hauswirtschaft und Kochen gelernt. Nun entschied sie sich, mit Beginn des Sommersemesters in Göttingen Geschichte und Kunstgeschichte zu studieren. August von Trott meldete Adam nicht ohne Stolz, daß Monika jetzt »stud. phil.«[118] sei. Der Kunsthistoriker Erwin Panofsky, der Monika etwas später durch ihren Göttinger Professor Percy Ernst Schramm kennenlernte, beschrieb sie als »ein wirklich reizendes, kluges und natürliches Mädchen«[119].

Die älteste der Schwestern, die damals knapp 25jährige Vera, eine hübsche junge Frau mit viel Ausstrahlung, war das, was man einen Nesthocker nennt. Sie hatte eine Ausbildung im Berliner Burckhardthaus zur Bibel- und Jugendführerin absolviert und eine Zeitlang mit Kindern und Jugendlichen auf Dörfern in verschiedenen Gegenden gearbeitet. Das viele Herumreisen aber hatte sich bei ihrer schlechten Konstitution auf Dauer als zu aufreibend erwiesen. Zur großen Freude ihres alten Vaters, dessen besonderer Liebling sie war, und ihrer kleinen lernbehinderten Schwester Ello, die stark auf sie fixiert war, lebte sie wieder ganz in Imshausen. Adam hat sich intensiv bemüht, seine Schwester zur Emanzipation von dort zu überreden. Auch gegenüber der Mutter brachte er vor, daß Vera »eine Tätigkeit fehle, die sie wirklich innerlich füllt«[120]. Sie müsse allerdings, meinte er, eine solche aus sich selbst heraus erstreben. Die Mutter, die sich für die Berufsausbildung aller ihrer Töchter und sogar ihrer mutterlosen Nichten in Solz sehr engagiert hat, gab ihm recht. Sie wandte nur ein, daß Adam anerkennen möge, mit welcher »Freudigkeit«[121] sich Vera ihren Aufgaben zu Hause unterziehe. Vera von Trotts Tagebucheintragungen nach der Rückkehr von einer längeren Englandreise – auch dazu hatte ihr Bruder Adam sie ermuntert – zeigen ihr inneres Verwachsensein mit dem Elternhaus, gegen das kein brüderlicher Einspruch etwas bewirken konnte: »Der Garten einfach ein Traum und überhaupt. Schon die Seligkeit wieder in Imshausen aufzuwachen. Sehr viel erzählt, glücklich, mit Vater zusammen zu sein, abends bis halb 12 bei Mutter. Ich möchte den Menschen sehen, der solche Eltern und ein solches Zuhause hat.«[122]

Da Trott zunehmend den Eindruck gewann, nicht wie erwünscht voranzukommen, zumal er nicht alle benötigten Bücher hatte mitnehmen können, brachen er und Miriam am 25. April ihre Zelte in Ponte Tresa ab. Auf dem Rückweg legte er noch eine Zwischenstation in Heidelberg ein, um einige schwierige Fragen mit einem kundigen Privatdozenten und seinem Freund Golffing zu diskutieren. Am 1. Mai kam er für ein paar Tage nach Imshausen. Während dieser Zeit fand im nahe gelegenen Ort Nentershausen seine Vereidigung als Rechtsreferendar statt. Wegen seines bevorstehenden Doktorexamens wurde er bis zum Dienstantritt im dortigen Amtsgericht noch für ein Vierteljahr beurlaubt.

Obwohl ihr Hegels Philosophie bisher ferngelegen hatte, wollte Eleonore von Trott wenigstens ansatzweise verstehen, welche Fragen ihren Sohn in seiner Arbeit beschäftigten. Die Gespräche, die sie darüber während seines kurzen Aufenthalts zu Hause Anfang Mai geführt hatten, setzten sie brieflich fort. Obwohl Trott voll und ganz mit seiner Dissertation beschäftigt war, schenkte er dem Interesse seiner Mutter freundliche Aufmerksamkeit – auch ihren Exzerpten, die sie aus einschlägigen amerikanischen und englischen Essays, darunter aus den sozialpolitischen Schriften von Thomas Carlyle, für ihn machte. Ohne Überheblichkeit ließ er ihre Argumente »vom Standpunkt des gesunden Menschenverstands« gelten und bemühte sich, ihr die Positionen Hegels etwa zum Verhältnis von Kirche und Staat zu erklären sowie kritisch zu bewerten, was daraus gefolgt sei: »Hegels weltanschauliche Grundüberzeugungen sind uns heutigen fern und nur noch historisch zugänglich. Aber in ihrem Geist wurden damals die Institutionen geschaffen, an denen wir heute laborieren, und ein Rest dieses Geistes ist bei uns vornehmlich wie ein bigotter Atavismus gang und gäbe.« Zu den Konsequenzen, die daraus zu ziehen seien, äußerte er: »Man kann sich nicht in eine solche Weltansicht zurückflüchten [...], sondern man muß sich auf der neuen Grundlage orientieren und ihr gemäß leben. Das wird aber weniger zum Denken als, wie auch ich glaube, zum Handeln hinführen.«[123] Schon früh zeigt sich die Ambivalenz, mit der Trott Hegel und seine Wirkung betrachtete. Unter seinen Hegel-Notizen, die er während seiner Dissertation reichlich anfertigte, findet sich eine eindrucksvolle Auflistung alles dessen, was man von Hegel lernen könne, wenn man »den Gefahren der spekulativen Selbstberauschung entronnen« sei, nämlich: »das Negative festzuhalten und auszuwerten, den Mut zum allgemeinen Sinnzusammenhang, einen ›plastischen‹ Rechtssinn, moralische Fassung, einen freien sittlichen Einsatz, den Wert der Familie, staatsökonomischen Verstand, echten ›politischen Sinn‹, Staatsweisheit, Nationalstolz, Ehrfurcht vor der Geschichte, unsentimentalen Wirklichkeitssinn«.[124] Es gibt jedoch auch einen Eintrag zu den nachteiligen Folgen »idealistischer Organisiertheit« des preußischen Staates, zu der Hegel beigetragen habe. Passend zur kritischen Einschätzung, die Trott seiner Mutter mitgeteilt hatte, heißt es da bar jeden Nationalstolzes: »Wir laborieren an der entstandenen Mischung von Grossrednerei und Erbärmlichkeit.«[125]

Mitten in die angespannte Vorbereitung Trotts auf seine Promotion fiel als einschneidendes Ereignis die Abreise Miriam Dyer-Bennets. Da ihr Studienaufenthalt in Deutschland von vornherein zeitlich begrenzt war, bestand für sie keine andere Wahl, als Mitte Juni nach Kalifornien zurückzukehren. Zum Abschied schenkte sie Trott eine vierbändige Ausgabe der Werke von Novalis, eine neue Dichter-Vorliebe von ihm. Die jüngsten Kinder waren für die letzten Tage nochmals in Imshausen eingeladen, und Eleonore von Trott brachte sie von dort nach Kassel, wo Adam die Familie Dyer-Bennet am 17. Juni an die Bahn begleitete. Es sagt einiges über seinen Gemütszustand aus, daß er sich nachher bei der Mutter für sein »unleidliches Benehmen« ihr gegenüber in Kassel entschuldigte. Um von seinen Gefühlen nicht sprechen zu müssen, beließ er es bei der Feststellung »hier ist eine große Lücke eingetreten« und wich dann auf den Kummer Hans von Bodenhausens aus, eines großen Bewunderers von Miriam: »Der arme Bodenhausen war völlig niedergeschlagen.«[126]

So kurz vor der Doktorprüfung blieb Trott wenig Zeit für Abschiedsschmerz. »Einsamkeit ist auch das, was meine Arbeit am dringendsten braucht«, meinte er, »wenn sie nur nicht wie ein Druck oder Dürre auftritt.«[127] Mit ihm gleichzeitig und ebenfalls bei Kraus stand übrigens sein Kommilitone Alexander Werth im Promotionsverfahren, der schon vor dem Referendarexamen sein Lernkamerad gewesen war. Beide sollten sich nach Jahren wiederbegegnen. – Wie stets in schwierigen Lebenslagen des Sohnes schrieb ihm der Vater auch jetzt ermutigend und zuversichtlich. Trott kam in diesen letzten Wochen des Examensstresses nur zu einem einzigen kurzen Brief nach Hause. Erleichtert, aber todmüde teilte er am 5. Juli mit, daß er am Abend zuvor seine Dissertation endlich abgegeben habe, d. h. bis auf einen Rest, den er noch nachliefern müsse. »In der Hetze«, fand er, sei der Schluß »und damit das Ganze recht unbefriedigend geworden«. Geld brauche er auch, denn die Schreibmaschinen-Abschrift der 144 Seiten habe 70 Mark gekostet, und hinzu kämen noch 215 Mark Promotionsgebühren. Nun müsse er intensiv für das Mündliche arbeiten, denn durch das Doktorexamen könne er »trotz allem sehr leicht durchfallen«. Hoffentlich laufe nur »die Sache bald ab – wie ist egal«[128]. Der Selbsteinschätzung von Prüflingen darf man selten trauen. Adam von Trott zu Solz fiel nicht durch, sondern wurde am 18. Juli 1931 – und damit noch vor seinem 22. Geburtstag – an der Universität Göttingen mit der Bestnote Sehr gut zum Dr. jur. promoviert.

Zwischenstation

Auf einem Abhang im Trottenwald sitzend, nutzte Adam von Trott das letzte Tageslicht für einen Brief an Rowse nach längerer Pause. Er beschrieb die »unvorstellbare Stille«[1] um ihn her: Nur der Glockenschlag einer fernen Kirche und der leichte Wind in den Bäumen waren zu hören. Diese Stimmung paßte zu dem abgeschiedenen Dasein, das er nun seit Anfang August führte – als Rechtsreferendar im kleinen Amtsgericht von Nentershausen, nur wenige Kilometer von Imshausen entfernt. Der Vater hatte ihm Nentershausen empfohlen, damit er die Verhältnisse im heimatlichen Amtsgerichtsbezirk näher kennenlerne, und Trotts Gesuch an den Oberlandesgerichtspräsidenten in Kassel, hier seine erste Referendarstation ableisten zu dürfen, war positiv beschieden worden. Nach den hektischen Promotionswochen in Göttingen erschienen Trott die Prozesse der Bauern, mit denen er sich jetzt zu beschäftigen hatte, geradezu als Erholung, zumal in einem solch geruhsamen Umfeld. Für seine Freizeit hatte er sich in den beiden Nentershäuser Monaten wieder sehr viel, zu viel vorgenommen. Am Ende notierte er, daß er keine seiner Absichten habe ausführen können, nämlich »Essays über Hegels dialektische Methode, über Jean Paul und über die Eitelkeit«[2] zu schreiben sowie seiner Dissertation noch einen zusätzlichen Schluß anzufügen. Und auch zur geplanten Lektüre von »viel Novalis, Hegel und Feuerbach«[3] kam er nach eigenen Worten nur wenig. Sein einstiger Nibelungen-Kamerad Helmut Boehncke, jetzt Medizinstudent, der Trott nach Jahr und Tag in Nentershausen besuchte, erinnert sich, ihn im Giebelzimmer des Gerichtsgebäudes Waldhorn blasend angetroffen zu haben.

Für alle deutschen Stipendiaten war vor Antritt ihres Auslandsaufenthalts ein dreitägiges vorbereitendes Treffen verpflichtend. Trott wurde dazu vom *Deutschen Akademischen Austauschdienst* Ende August 1931 nach Berlin ins Schloß Köpenick eingeladen. Auf diese Weise konnte er kurz seine Berliner Freunde, darunter Gaidies und Montgomery, wiedersehen und sich auch von Werner verabschieden. Bereits im Juni hatte er von Gaidies erfahren, daß sein Bruder und dessen Freund Kütemeyer der KPD beigetreten waren. Im gleichen Brief schilderte Gaidies die deprimierende Situation der Berliner Arbeiterschaft. Allein von den gewerkschaftlich organisierten Bauarbeitern sei trotz des Sommers mehr als die Hälfte arbeitslos. Die Menschen auf den Straßen oder auf Versammlungen seien schlecht angezogen und sähen halb verhungert aus.[4] Mit Gaidies hatte Trott die ganze Göttinger Zeit über korrespondiert und auch an dessen Existenznöten Anteil genommen. Da der Freund mit nur zwölf Mark Arbeitslosengeld in der Woche auskommen mußte, taten sich Trott und Miriam Dyer-Bennet (von Gaidies »die geheimnisvolle Freundin«[5] genannt) zusammen und unterstützten ihn, bis ein Stipendium der Lincoln-Stiftung ihm weiterhalf. Beide tauschten wiederholt Empfehlungen sozial- und wirtschaftstheoretischer Literatur aus.[6] Aus Berlin brachte Trott mehrere Hefte der seit 1930 erscheinenden *Neuen Blätter für den Sozialismus* mit und gab sie wegen der Beiträge der religiösen Sozialisten – einer der Herausgeber war der Theologe Paul Tillich – auch seiner Mutter zu lesen. Trott kannte mehrere Verfasser dieser Zeitschrift[7]; nähere Kontakte konnte er damals schon aus zeitlichen Gründen weder zu diesem Kreis noch zu anderen herstellen.[8] Der Referendardienst in Nentershausen dauerte bis Ende September und damit knapp bis zu seiner Abreise nach England. Diese beiden Monate sollten, wie sich später herausstellte, Adam von Trotts letzte und einzige Dienstzeit in einem freien Land sein.

In seinem Nentershäuser Brief an Rowse zog Trott im September eine positive Bilanz seines »erfreulichen und stärkenden« Göttinger Jahres, in dem er »seine Pläne habe gut verwirklichen«[9] können. Das war echtes Understatement, denn die Bilanz war mit Referendarexamen, Promotion zum Dr. jur. und Erlangen des Rhodes-Stipendiums außerordentlich. Angesichts dieser persönlichen Erfolge hätte er, zumal mit seinen erst 22 Jahren, allen Grund für ein glückliches Zurücklehnen gehabt, aber seine Sorge um die Lage in Deutschland ließ das nicht zu. Reichskanzler Brüning regierte weiter auf der Grundlage von Notverordnungen und versuchte mit einem harten Sparkurs die zerrütteten Finanzverhältnisse in den Griff zu bekommen. Derweil stieg die Arbeitslosigkeit stetig und betraf immer mehr junge Männer. Mit der Verelendung wuchs die Radikalisierung. Er freue sich auf Oxford, beendete Trott seinen Brief, aber er verlasse »hier alles in schwerer Sorge und in Erwartung eines sehr harten Winters«[10].

Rhodes-Stipendiat in Oxford

Als Adam von Trott sich Anfang Oktober 1931 nach zweieinhalb Jahren Abwesenheit Oxford erneut näherte, überkam ihn schon beim ersten Anblick des Magdalen Tower ein »fast überwältigendes Gefühl«. Er nannte es zugleich ein »zärtliches Gefühl«, das er für die Oxforder Architektur, die ihn nun wieder täglich umgeben sollte, empfinde und das »nicht nur Sentimentalität«[1] sei. Darüber hinaus nahm ihn der Blick auf »die Wolken über den vielen Zinnen« und die Sonnenuntergänge gefangen. Die Werke William Turners, meinte er, »konnten eben auch nur vom englischen Himmel gemalt werden«[2].

Trott hatte im Balliol College, seiner ersten Wahl[3], Aufnahme gefunden. Balliol war eines der ältesten und namhaftesten Colleges der Universität Oxford. Hier hatten nicht nur Schriftsteller, Kirchenführer und Sozialreformer ihre Ausbildung erhalten, sondern Balliol besaß seit dem 19. Jahrhundert auch zunehmend den Ruf, eine Politikerschmiede zu sein. Zahlreiche Absolventen sind später zu hohen politischen Ämtern aufgestiegen. Nach den Worten des britischen Premierministers Herbert Asquith charakterisiere die Balliol-Männer »das gelassene Bewußtsein müheloser Überlegenheit«[4]. Ob Trott dieser Ausspruch bekannt war, ist eher zu bezweifeln; seine Entscheidung hatte er damit begründet, daß Balliol, soweit er informiert sei, »seinen Absichten am meisten entgegenkomme«[5].

Dieses Mal fiel Trott das Einleben leicht, es erschien ihm wie eine Rückkehr. Seine Fenster gingen auf den weiträumigen, parkartigen Innenhof des College, den »Garden Quad«. Nur die »vier entsetzlich kahlen Wände«[6] seines Wohn- und Arbeitszimmers behagten ihm nicht, und er orderte deshalb Bilder von zu Hause. Trott hatte das Glück, daß der beliebte Nelson sein Scout war. Scouts stellten eine wichtige College-Institution dar, »Philosophen und Freunde in einem«[7]. Sie warteten das Kaminfeuer, hielten die Räume sauber, kümmerten sich um die Wäsche und leisteten andere wertvolle Dienste. Am 7. Oktober abends fand das *Balliol College Freshmen's Dinner* statt, zu dem sich in der College Hall an vier langen Tafeln rund 80 neue Studenten sowie am High Table der Master of Balliol mitsamt 20 Professoren, Dozenten und Tutoren eingefunden hatten. Sie wurden festlich bewirtet mit: »Clear Asparagus Soup / Fillets of Sole Normand Blanc / Roast Chicken and Bacon, Haricot Verts, Duchess Potatoes / Vanilla Ice, Stewed Damsons« und zum Abschluß »Scotch Woodcock«.[8] Der überwiegende Teil der »Freshmen« stammte aus England oder Schottland und kam direkt von der Schule.

Aber auch einige junge Männer aus Indien, Japan, Neuseeland, Australien, Südafrika und den USA waren vertreten. Trott war einer der wenigen Postgraduierten und außerdem der einzige Deutsche. Er hielt im übrigen weder dieses Ereignis seinen Eltern gegenüber für berichtenswert noch das *Rhodes Freshmen's Dinner* Ende November im Rhodes House. Dabei war er unter den 50 neuen Rhodes-Stipendiaten prominent gesetzt worden: neben Mrs. Lettice Fisher, der politisch und sozial engagierten Ehefrau von Herbert A. L. Fisher, Warden [Rektor] des New College, und Lord Lothian, den Sekretär der Rhodes-Stiftung höchstselbst. Lothian sollte noch eine wichtige Rolle in seinem Leben spielen.

Bereits in den ersten Tagen wurde Trott vom Master of Balliol, Alexander Lindsay, zu einem längeren Gespräch empfangen. Lindsay, der die Position des Masters [ein weiterer Rektor-Titel] ein Vierteljahrhundert lang bekleiden sollte, zeichnete sich durch ein breites Interessenspektrum und Praxisbezogenheit aus. Als Mitglied der Labour Party betätigte er sich daneben in der Politik. Auf dem Gebiet der Philosophie war er ein ausgewiesener Kenner von Platon, Kant und Bergson, hat aber auch über Hegel gearbeitet. Lindsays Demokratie-Vorlesungen über die Theorie des modernen Staates zogen große Studentenscharen an und wurden 1943 teilweise in seinem bekanntesten Werk »The Modern Democratic State« veröffentlicht. Eine knappe Zusammenfassung war zuvor unter dem Titel »The Essentials of Democracy«[9] erschienen, dessen zweite Auflage sich Trott 1935 in England besorgte.

Dem Master verdankte er gleich im Oktober 1931 ein besonderes Erlebnis. Dieser hatte nämlich Mahatma Gandhi, der damals in London an der (ergebnislos bleibenden) Zweiten Round-Table-Konferenz über die Unabhängigkeit Indiens teilnahm, zu sich nach Oxford eingeladen. Der Aufenthalt Gandhis in Oxford war privat und sollte seiner Erholung dienen. Dennoch hatte Lindsay für die Studenten eine Diskussionsveranstaltung mit Gandhi im Rhodes House organisiert. Dem Bericht Lindsays zufolge suchten einige Zuhörer den Inder auf herablassende Weise mit bewußt unangenehmen Fragen zu konfrontieren, die dieser jedoch souverän ironisch zu beantworten wußte und sich damit sofort Respekt verschaffte. Mühelos habe er danach die Versammlung dominiert.[10] Drei Jahre war es her, daß C. F. Andrews Trott für Indien und Gandhi fasziniert hatte. Seitdem hatte sein Interesse nicht nachgelassen, sondern war vielmehr durch den Freund Humayun Kabir weiter angeregt worden. Kabir, der ihn vor einem Jahr in Göttingen besucht hatte, traf er nun in Oxford wieder. Jetzt am 24. Oktober saß Trott in der ersten Reihe des bis auf den letzten Platz gefüllten Saales Gandhi leibhaftig gegenüber. Er stellte ihm auch eine Frage: nach Gandhis Ansicht »über den europäischen Sozialismus«, den dieser, so Trott an seine Mutter, »soweit er Gewaltorganisation ist, verwirft«[11]. Zum Begleiterstab Gandhis gehörte das Ehepaar Surendra und Rena Datta, das Trott von Genf und Liverpool her kannte. Diesen Kontakt nutzte er dazu, mit Mrs. Datta den Plan einer Deutschlandtour Gandhis zu erörtern. Er versuchte dabei ihrer Befürchtung entgegenzutreten, daß ein Aufenthalt Gandhis in Deutschland dort antienglischen Stimmen Auftrieb geben könnte, was Gandhi keineswegs wolle. Von der Idee gepackt, überlegte Trott sogleich, welche Städte bei der Rundreise berücksichtigt werden sollten und fragte dies auch seine Eltern: »Berlin, Köln, Stuttgart, München, Leipzig, Hamburg, Kassel?«[12] Nachdem er erkundet hatte, daß der Inder kaltes Wetter gut vertrage, wandte er sich noch einmal brieflich an Rena Datta. Er legte ihr dar, wie wünschenswert ein solcher Besuch, und zwar inoffiziellen Charakters, in Deutschland wäre, und drängte sie, Gandhi unbedingt dazu zu raten.[13] Es wurde jedoch nichts aus diesem Plan, der anders, als es sich der 22jährige Student vorstellte, auch gar nicht so schnell hätte realisiert werden können. Gandhi sollte niemals nach Deutschland kommen. Dennoch ist es bemerkenswert, daß Adam von Trott es war, der sich damals für diesen Reiseplan eingesetzt hat. Ausgerechnet er wird zehn Jahre später auf einen anderen indischen Besucher Deutschlands treffen: auf Subhas Chandra Bose, den Gegenspieler Gandhis.

»Man kann, glaube ich, nicht lange in Oxford leben, ohne ehrgeizig zu werden«, meinte Trott in einem Brief an seinen Vater, »und gewiß ist dies, wenn es mit einem objektiven Fortschritt verbunden ist, nicht notwendig ein Fehler.«[14] Solchen Ehrgeiz ließ er nicht vermissen. Unter der Anleitung seiner Tutoren, vor allem Humphrey Sumners, wandte er sich intensiv seinem Studium zu, um so mehr als er fand, daß er sich noch »vieles für englische Studenten Selbstverständliche in kurzer Zeit aneignen«[15] müsse. Auch Französischkenntnisse wurden von ihm erwartet, was sein Vater sehr begrüßte. Trott hatte sich für den die drei Fächer Philosophie, Politik und Volkswirtschaft kombinierenden und genau festgelegten Studiengang entschieden – in der Umgangssprache PPE oder Modern Greats genannt –, der sein Entstehen nicht zuletzt Lindsay verdankte. Der Studiengang umfaßte damals: 1. Moralphilosophie, politische und allgemeine Philosophie von Descartes bis zur Gegenwart; 2. politische Institutionen, britische Verfassungs- und politische Geschichte seit 1760; allgemeine politische Geschichte 1871-1914; 3. Wirtschaftstheorie, Wirtschaftsorganisation.[16]

In seinem ersten Trimester, dem Michaelmas Term von Oktober bis

In Oxford

Dezember, beschäftigte sich Trott mit politischer Geschichte Englands, was ihm zunehmend Freude machte, sowie mit Wirtschaftsorganisation. Dabei lernte er die Heranziehung statistischen Materials und der »vorzüglichen englischen parlamentarischen Kommissionsberichte«[17] schätzen. Die Themen seiner ersten Essays reichten von William Gladstones Liberalismus und den Ideen Richard Cobdens bis hin zur Londoner Börse und dem Problem der Lohnregulierung. »Ich lese sehr viel, gehe mit interessanten Leuten spazieren und bin öfter eingeladen«, berichtete er Anfang November dem Vater. »Man begegnet mir überall mit Wohlwollen und Vertrauen, und ich empfinde die ganze Atmosphäre als sehr befriedigend und vor allem anspornend.«[18] Als Trott dieses erste, überaus positive Fazit zu Papier brachte, litt er unter einer schweren Erkältung und saß »in Shawls eingewickelt« vor seinem Kaminfeuer. Draußen herrschte ein Mordslärm, denn es war die Guy Fawkes Night. »Vor 300 Jahren wurde einmal eine Verschwörung entdeckt, die das Parlament in die Luft sprengen wollte, und seither geht am 5. November abend alles, was Beine hat, auf die Straße und macht Lärm«[19], erläuterte Trott diese Sitte. Der Verschwörer Guy Fawkes wurde wegen des versuchten Attentats auf König Jakob I. mit 35 Jahren hingerichtet.

Das soziale Leben der Oxforder Studenten wurde zu einem wesentlichen Teil durch die zahllosen Vereinigungen und Clubs innerhalb und außerhalb der Colleges bestimmt. Trott gehörte mehreren von ihnen an: der angesehenen und mitgliederstarken *Oxford Union Society*, die ihre wöchentlichen Debatten in einem eigenen Gebäude und nach parlamentarischem Vorbild abhielt, dem *University Labour Club*, auf dessen Vortragsabenden führende Politiker der englischen Arbeiterbewegung auftraten, dem weltbürgerlich ausgerichteten *Bryce Club*, der sich internationalen Fragen widmete, sowie der *Jowett Society*, die Dozenten und Studenten ein Diskussionsforum für Philosophie bot. Mitglied war er auch im *German Club*, dem nacheinander die deutschen Rhodes-Stipendiaten Fritz Schumacher, Wilhelm Kölle (beide Auswahljahr 1930) und Adolf Schlepegrell präsidierten. In diesem Club wich man brisanten deutschen Themen nicht aus. Anfang November kündigte Trott in einem Brief nach Hause an, er werde morgen »über, d.h. gegen den Nationalsozialismus«[20] sprechen. Seine Mutter, ganz Diplomatentochter, nahm daran Anstoß: »Wenn Du mir schreibst, daß Du in Oxford gegen den Nationalsozialismus sprichst, so kann ich das nicht richtig finden. Du weißt, ich lehne ihn, soweit ich ihn verstehe, ab. Aber er ist immerhin eine nationale Bewegung, die man im Ausland nicht herabziehen oder entwerten sollte.«[21] Trott erwiderte, daß es um eine sachliche Debatte gegangen wäre, auf der er »unparteipolitisch und objektiv gesprochen«[22]

habe. Um der Mutter aber zu bedeuten, auf welch heikles Terrain sie sich seiner Meinung nach begeben hatte, teilte er ihr zugleich mit: »Jetzt besteht allerdings die Gefahr, daß einige nationalsozialistische Deutsche und vor allem Engländer (!) versuchen, den deutschen Club ganz in ein N.S. Fahrwasser zu bekommen, was sicher verfehlt wäre.«[23]

Seine Mitgliedschaft im *Musical Club* bot Trott die von ihm gern und oft genutzte Möglichkeit, einmal wöchentlich ein Kammerkonzert im Holywell Music Room zu besuchen.[24] Dem Ausgleich diente ebenfalls seine Beteiligung am College-Sport, was von einem Rhodes-Stipendiaten ohnehin erwartet wurde. Trott begann mit Rudern, das ihm der Arzt aber gleich wieder untersagte, wandte sich dann dem Boxen zu, wechselte jedoch bald zum weniger zeitraubenden Squash.

Bei seiner Ankunft in England hatte Trott ungeachtet der Weltwirtschaftskrise dort Optimismus und Selbstvertrauen wahrgenommen: »von Krisen- oder Panikstimmung keine Rede«[25]. Obwohl von der schweren Niederlage der Labour Party bei den britischen Parlamentswahlen Ende Oktober 1931 enttäuscht – zumal er eine entmutigende Wirkung auf die deutsche Sozialdemokratie befürchtete[26] –, sah Trott im Februar 1932 seine anfänglichen Eindrücke bestätigt. Man sei »von der nationalen (fast ausschließlich herrschenden) Presse beruhigt, guten Mutes«, schrieb er dem Vater, »und in der Tat geht es in vielen Industrien auch aufwärts«[27]. Die Eltern begrüßten es, daß ihr Sohn für einige Zeit von den deprimierenden politischen und wirtschaftlichen Verhältnissen in Deutschland Abstand gewinnen konnte. »Die Entspannung, die daraus entsteht, daß man sich im fremden Land nicht für alles mitverantwortlich fühlt«, nannte die Mutter für ihn »wertvoll und stärkend«[28]. Auch er selbst hat diese »vorübergehende Atmosphäre von Kontinuierlichkeit« als »erholend« empfunden. Zufrieden registrierte er auch, daß ihm nur »in verschwindender Seltenheit antideutsche Gesinnung«[29] begegnete.

Trotts Anteilnahme an den Vorgängen in Deutschland blieb indes ebenso rege, wie ihn die »düsteren politischen Horizonte«[30] beschwerten. Es waren in der Tat ernste und besorgniserregende Nachrichten, die ihn von zu Hause und aus Berlin erreichten. Der Vater berichtete vom »haßerfüllten Kampf der extremen Parteien, um die es sich eigentlich nur noch handelt«, der »immer mehr zum offenen Bürgerkrieg« hindränge, und gab der Regierung Brüning, deren extreme Sparpolitik er für schädlich hielt, nur noch eine »Galgenfrist«. August von Trott hoffte jedoch weiterhin auf »wirksame Hilfe von außen«, d. h. auf ein Einlenken Frankreichs in der »Tributfrage«[31] – womit er die Reparationsverhandlungen meinte. Auch Trotts sozialdemokratischer Freund Gaidies vertrat die Ansicht, daß »vor einer Erledigung der Reparationsfrage gar nicht an eine innere Befriedung Deutschlands zu denken« sei. Trotzki habe neulich, schrieb er, »in einer Broschüre die deutschen Arbeiter gewarnt, Hitler an die Herrschaft zu lassen«. Von den Kommunisten aber, denen »eine politische Führerschaft« und »Autorität bei den Massen« fehle, so Gaidies, könne man nichts erwarten. Die Sozialdemokraten seien »antifaschistisch« besser aufgestellt, doch benötigten sie dringend eine »Verjüngung des Apparats« und eine »großzügigere und sozialistischere« Führung. »Gerade in den nächsten Monaten wird der persönliche Mut der Republikaner und Sozialisten entscheidend sein.« Gaidies bezweifelte allerdings, daß es Hitler gelingen werde, »Repräsentant und Führer eines Kulturvolkes zu werden«, da er doch nur dessen »Totengräber«[32] sein könne. Hugh Montgomery, Trotts englischer Freund in Berlin, hingegen schien es allein eine Frage der Zeit zu sein, daß »die Nazis an die Macht kämen«. Er halte »die deutschen Arbeiter nicht von Natur aus für antisemitisch oder fremdenfeindlich«, es sei »jedoch bemerkenswert, wie erfolgreich Hitler die Massen seiner Anhänger mit seinen eigenen Vorurteilen durchdringe«[33].

Nach Ende des Michaelmas Term siedelte Trott Anfang Dezember nach London über. Er wohnte dort bei »Abkömmlingen von Francis Bacon, dem Earl of Verulam, in einer kleinen Etagenwohnung, da sie ihr Landschloß nicht mehr bewirtschaften können«, und bezog anschließend ein kleines Studentenquartier in der Nähe des Britischen Museums. Dort, genauer im berühmten runden Lesesaal der British Library, arbeitete er nun täglich. Für den Vater zog er eine Bilanz seines ersten Term. Sie fiel bei dem selbstkritischen Adam von Trott ungewöhnlich positiv aus: »Objektiv kann ich, glaube ich, diese ersten beiden Monate in Oxford als einen Erfolg buchen.« Die Autoritäten des College hätten ihm einen »admirable start« zuerkannt und seine Essays als »on the borderline of really first class work« bewertet. Auch er habe den Eindruck, »auf dem inneren Weg meiner allgemeinen Lehrzeit ein gutes Stück vorangekommen zu sein«, denn seine »etwas abstrakte« juristische und philosophische Betrachtungsweise habe »viel an Fleisch und Blut in praktischer politischer Anschauung gewonnen«. »Das Organische und Kontinuierliche des hiesigen öffentlichen Lebens, trotz aller Schwierigkeiten und Mißstände« sei »zu diesem Zweck sicher ein gutes Material«. Da er seinem Wunsch gemäß eine »ganze Reihe Oxforder Persönlichkeiten kennengelernt« habe und mit vielen »auf gutem Fuß stehe«, hätten ihm auch diese Kontakte geholfen, seine »sozialen Begriffe zu klären und zu erweitern«[34].

Adams Brief erschien dem Vater als »ein Sonnenstrahl« an einem trüben Tag, und er fand den Rückblick »in so hohem Grade befriedigend«, daß er seinem Sohn zurief: »Vivant sequentes« (Es leben die folgenden).[35] Mit Genugtuung hatte August von Trott zudem aus Berlin erfahren, daß Graf Bernstorff sich dort »sehr anerkennend« über Adam und seine Stellung in Oxford ausgesprochen habe. »Ich weiß zwar, daß Du Derartiges nicht gern hörst«, teilte er dem Sohn mit, »ich aber freute mich darüber und möchte es auch Dir nicht verschweigen.«[36] Schon in einem früheren Brief war der Vater auf eine von Adam angeschnittene Frage eingegangen, nämlich daß dieser sich später eventuell seinen Lebensunterhalt in England verdienen könnte, und meinte dazu: »Wenn ich auch hoffe und wünsche, daß Du nach dem Abschluß Deiner Studien in Oxford nach Deutschland zurückkehren kannst, so halte ich es, wie hier die Verhältnisse liegen, für keineswegs unangebracht, [...] nach den zwei Jahren wenigstens für einige Zeit in England eine Stelle zu übernehmen, von deren Einkommen Du leben kannst. Hier in Deutschland hat sich die politische und wirtschaftliche Not seit Deiner Überfahrt erschreckend gesteigert.« Auch über eigene Einkommensverluste klagte der Vater. Zusätzlich zu der Verkürzung seiner Pension habe »Imshausen überhaupt keinen Reinertrag abgeworfen und der Trottenwald nur die Hälfte des vorjährigen«[37]. Obwohl August von Trott die rapide wachsende Arbeitslosigkeit und die Gefährdung des Staatswesens mit großer Sorge betrachtete, vertraute er darauf, daß diese Krise überwunden werde. »Du aber bist jung und wirst, so hoffe ich von ganzem Herzen, das wieder schönere Deutschland noch erleben«, schrieb er seinem so viel jüngeren Sohn. »Mach Dich nur weiter tüchtig, um dabei mitwirken zu können.«[38]

In den Ferien kümmerte sich Trott hauptsächlich um seine Dissertation, die für den Druck vorzubereiten war. Außer der geplanten Ergänzung am Schluß beabsichtigte er nun auch – ausdrücklich mit Rücksicht auf englische Leser –, die sprachliche Darstellung insgesamt zu vereinfachen. Schon in Göttingen waren Trott englische Vorurteile und Vorbehalte gegenüber Hegel bekannt gewesen. Nach Aussage seines Freundes Collins hat er unter seinen Oxforder Studienkollegen dagegen nicht viel ausrichten können, zumal er dazu geneigt habe, diese mit komplexen Ausführungen zu überfordern, wo ohnehin die Hegelsche Terminologie und dialektische Methode Barrieren des Verstehens bildeten.[39] So übertrugen manche ihr Unverständnis für den deutschen Philosophen auf dessen Interpreten und hielten ihn deshalb für einen »Wirrkopf«[40]. Andererseits aber traf Trott in Oxford auf eine große Aufgeschlossenheit für Hegel und schrieb erfreut nach Hause: »Für meine Hegelarbeit interessiert man sich hier sehr.«[41] In Michael B. Foster, Tutor am Christ Church College, hatte er einen besonders kundigen Diskussionspartner gefunden, hatte dieser doch selbst in Deutschland über Hegel promoviert.[42] Hegel-Kennern begegnete er ebenfalls in so unterschiedlichen Vertretern des Oxforder geistigen Lebens wie den Philosophieprofessoren Alexander Lindsay, Harold Henry Joachim und Robin George Collingwood, dem Jesuiten Martin D'Arcy und dem Marxisten George Douglas Howard Cole. Obwohl der britische Hegelianismus der Vorkriegszeit inzwischen Vergangenheit war, konnte Trott den »starken – ursprünglich vom Balliol College ausgehenden – Einfluß der Bradley, Bosanquet und T. H. Green, die bewußt an Hegel anzuknüpfen suchten, noch immer in Oxford spüren«[43]. Die spätere Behauptung einer Zeitgenossin, daß die »Hegelsche Denkrichtung in den dreißiger Jahren in Oxford keinerlei Anklang gefunden« habe und man sagen könne, daß »sie keinen Hund hinter dem Ofen hervorlockte«[44], erweist sich als einseitig und übertrieben. Dagegen spricht allein, daß Trott gleich mehrmals aufgefordert wurde, über Hegels Philosophie öffentlich zu referieren. Sein Vortrag über »Hegels Auffassung von Ethik« vor der *Jowett Society* kam so gut an, daß er im Frühjahr 1932 zum Sekretär dieser angesehenen philosophischen Gesellschaft gewählt wurde. Ein Jahr darauf wählte man ihn, als vermutlich ersten Deutschen, sogar zu deren Präsidenten.

Rhodes-Stipendiaten wurden außerhalb der Terms von Privatleuten großzügig zu verschiedenen festlichen Geselligkeiten, aber auch über Weihnachten eingeladen. Einer solchen Einladung folgend, verbrachte Trott sein erstes Weihnachtsfest fern von zu Hause in Tenterden in Kent bei zwei alten schottischen Damen, die er »ebenso freundlich als taub und anstrengend« fand. Seine Gastgeberin, die Witwe des Second Sea Lord Admiral Sir Charles Drury, war ganz erfüllt davon, ihm die »Kriegsrüstungen der deutschen Flotte vor dem Kriege« zu schildern. Wenn es Trott überhaupt gelang, sich der Gastfreundschaft zeitweilig zu entziehen, so arbeitete er »in einem riesigen Zimmer voller Marine-Reminiszenzen und einem fast lebensgroßen Bild von Bismarck«[45] über seinem Schreibtisch. Auf dem Rückweg besuchte er seine Nurse in Tunbridge Wells und kurierte eine schlimme Erkältung aus.[46] In Oxford wurde er sogleich von einem amerikanischen Rhodes-Kameraden in Anspruch genommen, der »infolge Heimwehs und einer unglücklichen Liebesaffäre«[47] einen Nervenzusammenbruch erlitten hatte. Mitte Januar begann schon das nächste Trimester, das Hilary Term, und entgegen seiner Absicht hatte sich Trott noch nicht von der Hegel-Arbeit befreien können.

Diese Last und eine ziemlich schlechte Gesundheit überschatteten sein zweites Term, wenngleich er sein Studium erneut mit Verve betrieb. Den

Einblick in den »prächtigen Bau der englischen Geschichte« fand er weiterhin lohnend und registrierte auch »langsam Fortschritte in der Nationalökonomie«[48]. Für die parallele Beschäftigung mit so unterschiedlichen Themen wie Palmerstons Orientpolitik, die Geschichte der englisch-deutschen Beziehungen Ende des 19. Jahrhunderts, die Natur von Profit und Gewinn und der marxistische Sozialismus in Deutschland habe er sich eine neue Arbeitsmethode angewöhnen müssen, teilte Trott seiner Mutter mit. Diese konnte eine solche inhaltliche Flexibilität nur begrüßen, denn durch das Hineinversenken in eine einzige Gedankenwelt entstünden ihrer Meinung nach »unsere fürs Leben unbrauchbaren Gelehrten«[49]. Neben zwei Vorträgen über Hegel ergriff Trott auch öffentlich zu aktuellem Geschehen das Wort: Genau einen Tag bevor Japan am 18. Februar 1932 in der besetzten Mandschurei den Marionettenstaat Mandschukuo gründete, sprach er in der Union gegen die japanische Eroberungspolitik. Er konnte nicht ahnen, daß er diese Weltgegend einmal bereisen würde. – Anfang Februar fuhr Trott für ein Wochenende nach Cambridge. Er besuchte seinen letztjährigen Rhodes-Konkurrenten Nostitz und war zu einem Essen eingeladen, auf dem Graf Bernstorff, Botschaftsrat an der deutschen Botschaft in London, eine »ganz gute Tischrede über Deutschlands Lage«[50] hielt. Bernstorff machte ihn nachher mit einer »sehr hervorragenden«[51] Persönlichkeit bekannt, mit Harold J. Laski, Professor für Politische Wissenschaften an der London School of Economics und führendes Mitglied der Labour Party. Laski gab dem deutschen Studenten die Gelegenheit zu einer »interessanten und lebendigen«[52] Unterhaltung. Einige Monate danach konnte er Laski in Oxford vor dem Labour Club sprechen hören. Werke von Laski finden sich auch unter Trotts nachgelassenen Büchern.[53]

Das Wiedersehen von Trott und Rowse hatte sich zunächst verzögert, da dieser in seiner Heimat Cornwall als Kandidat der Labour Party im Wahlkampf stand. Ihm gelang jedoch zu seiner Enttäuschung Ende Oktober 1931 der Sprung ins Parlament nicht. Wochen später berichtete Trott nach Hause: »Rowse sehe ich nur selten, weil er jetzt in London doziert – wenn wir uns sehen, verstehen wir uns, wenn auch mit einigen Schwierigkeiten (die vor allem früheres Mißverstehen angehen) recht gut.«[54] Ihm war die Ursache für die Schieflage ihrer Beziehung offenbar nicht verborgen geblieben. Trotz dieser Hypothek gaben sich beide Mühe, einen freundschaftlichen Modus miteinander zu finden. Gemeinsame politische Interessen konnten dabei helfen. Aber es hatte sich Entscheidendes zwischen ihnen geändert. Rowse fand nicht mehr den adoleszenten Jüngling vor, in den er sich vor drei Jahren verliebt hatte, und mußte zugleich die Erfahrung machen, daß sich Trott von ihm in keiner Weise patronisieren ließ. Vergeblich suchte Rowse den Freund von seiner Neigung zur Philosophie abzubringen, die er mißbilligte. Die Tatsache, daß Trott dennoch kein Philosoph, sondern Jurist war und es nicht versäumte, darauf hinzuweisen,[55] pflegte er zu übersehen. Mit Trotts Studien über Hegel setzte er sich auch niemals ernsthaft auseinander, was das Zerrbild erklärt, das er später in seinen Erinnerungen über dessen »Hegelianismus« zeichnet.[56] Trott wiederum begann, den vorher so Bewunderten zunehmend kritisch zu betrachten. Er warf Rowse »Widersprüchlichkeit« vor, weil er zwar für eine »objektive Freundschaft« ohne Einmischung in die Angelegenheiten des anderen plädiere, sich aber selbst nicht daran halte.[57] Er forderte für seinen Weg, für seine Ordnung im Leben Toleranz ein und konfrontierte Rowse mit der Frage, ob er »jemand anderem vertrauen könne, ohne sich selbst mißtrauen zu müssen«[58]. Die Keime zu einer wachsenden Entfremdung waren gelegt.

Während der Trimesterferien im März/April 1932 zog sich Trott nach Imshausen zurück. Die Mutter fand ihren Sohn überarbeitet und schrieb Tracy Strong, daß er sich seit seiner Zeit in Genf stark verändert habe, »so viel älter und sehr ernst«[59] geworden sei. Eleonore von Trott hatte dafür gesorgt, daß er sich gänzlich ungestört seiner Dissertation widmen konnte. Die Pflicht zur baldigen Drucklegung drängte. Eine Fleißarbeit hätte längst erledigt werden können, aber der 22jährige Verfasser hatte sich eine anspruchsvolle Interpretationsleistung vorgenommen. Er war inzwischen zu der Meinung gelangt, daß Hegels Völkerrechtsauffassung über die bereits vorliegende »systematische Entwicklung der Hegelschen Ansicht«[60] hinaus »nach ihrem auch für die Gegenwart gültigen praktischen Gehalt«[61] behandelt werden müsse. Somit entstand aus dem geplanten zusätzlichen Schluß ein eigener zweiter Teil. Daß er inzwischen der Hegelschen Philosophie und »deren Denk- und Sprachgewohnheiten«, von denen er sich sogar einige, wie er fand, angeeignet hatte, »zusehends müde«[62] geworden war, erleichterte das Vorhaben nicht. Seinen Imshäuser Aufenthalt nutzte Trott am Rande auch dazu, sich über die aktuelle Stimmung auf dem Lande zu orientieren. Ihn entsetzte die politische Dummheit, die ihm dabei überwiegend begegnete. Hitler habe »die ländlichen Regionen geradezu im Sturm erobert«, berichtete er Rowse, und werde schon allein deswegen gewählt, »weil er jedem Arbeitslosen ein kleines Haus und Arbeit innerhalb von acht Tagen«[63] verspreche.

Das dritte Trimester, das Trinity Term, von Ende April bis Ende Juni, hatte schon begonnen, und noch immer plagte sich Trott bis zur Schlaflosigkeit mit seiner Hegel-Arbeit. Sie lag wie ein Berg vor ihm, den er nach seiner Beschreibung »gleichsam mit Serpentinen umschraube, anstatt ihn, wie es sein sollte, mit einem Tunnel energisch durchzustechen«[64]. In den ersten Maitagen konnte er das Manuskript dann endlich nach Göttingen absenden, wo seine alte Bekannte Erika von Selle die Maschinen-Reinschrift übernommen hatte. Freude darüber kam bei ihm kaum auf, dazu bedrückten ihn die politischen Verhältnisse in Deutschland viel zu sehr, wie er dem Vater in einem (nicht mehr erhaltenen) Brief offenbarte. »Wer mit warmem Herzen an seinem deutschen Vaterland und Volk hängt, der steht freilich bei ihrer gegenwärtigen Lage vor der Gefahr, in Trübsinn zu verfallen, zumal, wenn er von Natur feinfühlig ist«, antwortete der Vater. Es sei aber »gebieterische Pflicht, dagegen mit aller Kraft anzukämpfen«, zumal Adam sich auch bewußt sein müsse, daß er »diesen Kampf vielleicht noch auf lange Zeit zu kämpfen« habe, »wie gegen eine schmerzhafte Krankheit«[65]. Dabei möge er die »Hilfsmittel« nutzen, die »die Jugend gewährt«. August von Trott berichtete, daß am Tag zuvor, am 30. Mai, Brüning und sein Kabinett zurückgetreten seien. Das hielt der Sohn, vor allem im Hinblick auf die »internationale Stellung der deutschen Regierung«, für einen »verhängnisvollen Fehler« und teilte seinem Vater mit, daß in England »die Berufung Papens zum Reichskanzler mit allergrößter Antipathie« aufgenommen worden sei. Es schiene beinahe, als wäre man »einer Nazi-Regierung von hier aus mit weniger Feindschaft begegnet«[66].

Ein probates Mittel Trotts zur Bekämpfung des Trübsinns war seine Naturliebe. Es freute ihn, zu entdecken, daß die Oxforder Studentin Diana Hubback, die er vor einigen Monaten im Labour Club kennengelernt hatte, ein ähnliches Verhältnis zur Natur besaß wie er. In einem Brief vom Mai 1932 stimmte er ihr zu, daß »der einfache Trost der Natur froh und glücklich macht«, und meinte: »Wer die erfüllende Wirkung nicht versteht, den ein grüner Baum vor dem Horizont oder der Wind in seinen Blättern auf das Herz haben kann, der kennt die einfachste und wahrste Form menschlicher Freude nicht. Man sollte nie vergessen, daß man selbst genau so ein Teil der Natur ist, wie dieser ganze Sommer um uns.« Um seinen Worten poetischen Ausdruck zu verleihen, zitierte er das Gedicht des jungen Hölderlin »An eine Rose«: *Ewig trägt im Mutterschoße / Süße Königin der Flur, / dich und mich, die stille, große / Allbelebende Natur! / Röschen, unser Schmuck veraltet / Sturm' entblättern dich und mich / doch der ewge Keim entfaltet / Stets zu neuer Blüte sich!*[67]

Aber auch ein anderes »Hilfsmittel der Jugend«, um den Vater zu zitieren, hat Trott in Oxford nicht vernachlässigt: die Geselligkeit mit ihrem weiten Radius vom ernsten Gedankenaustausch bis zum bloßen Vergnügen. Er war zum Lunch oder zum Tee eingeladen, lud auch selber ein, verabredete sich häufig zu Spaziergängen, mitunter auch zu Ausritten auf Port Meadow, und nahm als begeisterter Tänzer an den in Oxford beliebten und zahlreichen Tanzveranstaltungen teil. »In vielen Colleges fanden Bälle statt. Nie wieder habe ich soviel getanzt wie in diesem Oxforder Sommer«, berichtet Ingrid Warburg in ihren Erinnerungen. Zusammen mit ihrer Kusine Gisela Warburg, beide Mitglieder der bekannten Hamburger Bankiersfamilie, studierte sie während des Trinity Term 1932 am Somerville College. »Auf einem dieser Bälle habe ich Adam von Trott kennengelernt. Es war eine zauberhafte Nacht, und wir haben bis zwei Uhr morgens getanzt, so daß die Colleges schon geschlossen waren, und unsere Begleiter über die Mauer klettern mußten.«[68] Die Anwesenheit im College um Mitternacht war nämlich strenge Vorschrift. Als »schrecklich gut aussehenden und sehr liebenswürdigen Tanzpartner« erinnert sich Sighle Lynd an Trott: »Immer hoffte man, er werde um einen Walzer bitten.«[69] Wie umschwärmt der deutsche Rhodes-Stipendiat war, dafür spricht sein in den Oxforder Frauen-Colleges verbreiteter Spitzname »God«[70].

»Adams gesamte physische Erscheinung war von großer Schönheit«, beginnt seine Freundin Diana eine detaillierte Beschreibung ihres Idols. Sie teilt dabei auch Einzelheiten mit, die Fotos nur ungefähr oder gar nicht vermitteln: »Er war 1,93 groß,[71] hatte einen mageren und geschmeidigen Körper. Seine Haltung war sehr aufrecht [...] *magnificent*. Obwohl keineswegs ein Athlet, besaß er einen sehr eleganten Laufstil und war ein ausgezeichneter Tänzer.«[72] Trotts Stimme behielt sie als wunderschön modulierend, farbenreich und ausdrucksstark in Erinnerung. Sein Reden habe er gern mit schönen, ruhigen Gesten unterstrichen. Im Gegensatz zu seinem Schriftenglisch mit mancherlei Unzulänglichkeiten sei seine englische Aussprache nahezu perfekt gewesen. Überhaupt hielt sie ihn für halb englisch und schrieb ihm später, daß sie ihn wegen seiner »deutschen Hälfte allen Engländern« und wegen seiner »englischen Hälfte allen Deutschen vorziehe«[73].

Adam von Trott fand in der damaligen Männerdomäne Oxford die Gesellschaft von Frauen ebenso erwünscht wie selbstverständlich. Zu seinem weiblichen Bekanntenkreis gehörten die drei höchst unterschiedlichen Freundinnen und Studienkolleginnen in Lady Margaret Hall: Shiela Grant Duff, Jane Rendel und die erwähnte Diana Hubback, ferner die schönen Schwestern Sighle und Maire Lynd, Sheila MacDonald (die jüngste Tochter des britischen Labour-Premierministers Ramsay MacDonald) und Patricia Spence. Letztere vergaß nicht, daß Trott ihr, ohne sie zu kennen, auf einer Diskussionsveranstaltung aus einer unangenehmen Situation heraushalf. Obwohl sie sich nur selten getroffen hätten, habe sie mit ihm wie mit kaum jemand sonst offene und aufrichtige Gespräche führen können. Einmal, als sie mittags in einem Restaurant über den Nationalsozialismus diskutiert hätten, erinnert sie sich, habe »Adam plötzlich das Thema gewechselt«[74] und sie nachher auf einen Nazi-Spitzel hingewiesen, der am Nachbartisch Platz genommen hatte. Dies blieb übrigens nicht seine einzige derartige Erfahrung.[75] Patricia Spence verließ Oxford schon bald; sie wurde die Lebensgefährtin und dann dritte Ehefrau des Philosophen Bertrand Russell.

Die »große Anzahl erfreulicher Bekanntschaften«[76] Trotts in Oxford war jedoch überwiegend männlich und umfaßte auch Dozenten, Professoren, sogar College-Rektoren. Einige von ihnen, wie Joachim, Collingwood und Pater D'Arcy, wurden schon oben genannt. Trott hatte seine früheren Kontakte zu Professor Adams – mit dessem Sohn William (Bill) er nun in Balliol zusammen studierte – ebenso wie zu seinem vormaligen Gastgeber im Mansfield College, Dr. Selbie, wiederaufgenommen. Selbie trat 1932 in den Ruhestand, blieb aber in Oxford wohnen, und Trott scheint ihn häufiger gesehen zu haben. Er war auch bei Selbies Nachfolger als Principal, Nathaniel Micklem, eingeladen. Zwei sehr verschiedene Personen, denen Trott bald seine Sympathie schenkte, waren der Benediktiner Vere Somerset, Historiker am Worcester College, den ihm Montgomery empfohlen hatte, sowie der Altphilologe und spätere Rektor des Wadham College, Maurice Bowra. Auf gutem Fuß stand er auch mit dem Warden des New College, H. A. L. Fisher, dem dortigen Philosophiedozenten Horace William Brindley Joseph und dessen einstigem Schüler und nunmehr erfolgreichem jungen Kollegen Richard (Dick) Crossman.

Einem anderen jungen Kenner der Philosophie, dem auf diesem Gebiet eine große Zukunft bevorstand, begegnete Trott in dem fast gleichaltrigen Isaiah Berlin, von seinen Freunden Shaya genannt. Berlin entstammte einer ostjüdischen Familie aus Riga; im Alter von elf Jahren war er mit seinen Eltern aus der Sowjetunion nach Großbritannien emigriert und hatte 1929 die britische Staatsbürgerschaft erhalten. In Oxford erwarb sich Berlin schnell den Ruf eines ebenso brillanten wie kenntnisreichen Gesprächspartners, und in seinen Räumen – ob zunächst im Corpus Christi College oder danach in All Souls – fanden sich oft und gerne Freunde ein. Ingrid Warburg hat Berlin und Trott mal bei dem einen, mal bei dem andern im Gespräch vertieft angetroffen. Berlin schrieb Jahrzehnte später in einer Würdigung, Adam von Trott habe ihn damals »vollkommen bezaubert« mit »außergewöhnlichem Charme, Distinktion

in jeder Hinsicht, extrem gutem Aussehen, Schlagfertigkeit und Humor«. Auch sei Adams »Sicht auf Geschichte und Kultur viel umfassender«[77] gewesen als die seiner meisten anderen Oxforder Freunde und habe etwa sein Interesse für Schiller, Kleist, Goethe und Hegel dauerhaft geweckt. Hegels komplexe Gedankenwelt aber in einer Fremdsprache zu transportieren hatte seine besonderen Schwierigkeiten. Nach einem langen Spaziergang mit Trott soll Berlin, wie manch anderer auch, darüber gestöhnt haben, daß er von dessen Ausführungen nichts verstanden habe.[78] Dennoch blieb ihm Adams Gesellschaft als »jederzeit höchst erfreulich«[79] in Erinnerung. Gemeinsam war beiden auch die Liebe zur Musik. Auf Berlins ausdrückliche Empfehlung besuchte Trott im November 1932 in London ein Konzert des BBC-Symphonieorchesters unter Sir Henry Wood und schrieb ihm danach begeistert über die gehörten Interpretationen Mozarts und Haydns. Der von ihm gerühmte Solist war niemand anders als Pablo Casals.[80] Rückblickend nannte Sir Isaiah Berlin ihre beiderseitigen Beziehungen »herzlich und gut, aber nicht eng«[81].

Mit diesen knappen Worten lassen sich die meisten Oxforder Freundschaften Adam von Trotts charakterisieren: zu Christopher Cox, Dozent für Alte Geschichte am New College, zu Humphry House, Dozent für englische Literatur am Wadham College – er machte sich später als Dickens-Forscher einen Namen –, zu seinem deutschen Landsmann, dem Wirtschaftsstudenten Fritz Schumacher, zu Humayun Kabir und Geoffrey Wilson, die er schon vorher kannte. Von seinen Kommilitonen am Balliol College standen ihm Charles Collins und David Astor am nächsten, beide ein paar Jahre jünger als er. Collins sah sich seinem späteren Bericht zufolge weniger von Adams Äußerem angezogen als von seiner Gutmütigkeit und seinem Verständnis, seiner Integrität und Intelligenz sowie seinem Humor. Er habe auch über sich selbst lachen können.[82] Mit dem eher schüchternen und in sich gekehrten David Astor war Trott gleich am ersten Tag beim Anmelden an der Pförtnerloge des College zusammengetroffen. Diese Freundschaft sozusagen auf den ersten Blick sollte sich als überaus haltbar erweisen. Davids prominenter familiärer Hintergrund – seine Eltern, Viscount Waldorf und Viscountess Nancy Astor (die erste weibliche Abgeordnete im britischen Unterhaus), beide Protagonisten der Konservativen Partei – dürfte Trott zu jener Zeit, falls er überhaupt davon wußte, wenig bedeutet haben, galt sein Interesse doch ausschließlich der Labour Party. Mit Anthony Greenwood und John Cripps besuchten damals auch Söhne zweier prominenter Labour-Politiker – Arthur Greenwood bzw. Sir Stafford Cripps – das Balliol College und studierten mit Trott zusammen Modern Greats. Von einer Freundschaft im engeren Sinne kann jedoch weder bei John Cripps noch gar bei Greenwood die Rede sein. Collins hingegen, der einer einfachen Familie entstammte und mit keinerlei exquisiten Beziehungen aufwarten konnte, besaß Trotts Vertrauen, wie sich in einem historisch einschneidenden Moment zeigen sollte. Über seine Freundschaften hat Adam von Trott – mit der Bezeichnung Freund ging er ohnehin äußerst zurückhaltend um – zeitlebens allein gegenseitige Zuneigung und gleiche oder ähnliche Gesinnung entscheiden lassen. Einer der engsten Freunde Trotts in Oxford war der Geschichtsdozent am Corpus Christi College Charles Henderson. Als dieser sich mit Isobel Munro, einer Tochter des Rektors vom Lincoln College, verlobte, wurde Trott als erster eingeweiht. Ihm übertrug Henderson auch die Freundesrolle eines Trauzeugen auf seiner Hochzeit im Juni 1933.

Seinem genuinen Interesse an unterschiedlichsten Menschen, ihren Meinungen und Erfahrungen frönte Trott auch gerne in Zufallsgesprächen, ob nun mit einem Wirtschaftsexperten aus der Londoner City, mit einer Cockney-Arbeiterfrau, die ihm im Zug »liebenswürdige Geschichten über ihre Familie«[83] erzählte, oder mit einem russischen Kommissar der sowjetischen Botschaft, der zuvor in der Roten Armee und auf Traktorstationen gedient hatte. Gegenüber Kommunisten kannte er keine Berührungsängste und unterhielt auch guten Kontakt zu seinem Balliol-Kommilitonen John Clement (Jack) Dunman. Dieser tat sich in Oxford nicht nur als siegreicher Rugby-Kapitän hervor, sondern auch als Mitbegründer des October Club, einer kommunistisch ausgerichteten Abspaltung des Labour Club. Obwohl er wußte, daß Adam von Trott seine politischen Anschauungen keineswegs teilte, schätzte Dunman ihn als Menschen ebenso wie als Kenner von Karl Marx und Ludwig Feuerbach. Noch nach Jahrzehnten erinnerte er sich, daß er Trott den Hinweis auf Feuerbach und dessen Einfluß auf Marx verdankte.[84] Ein kleiner Vorfall im Frühsommer 1932 hat ihn sogar zu einer Solidaritätsbekundung mit dem Deutschen veranlaßt. Einige junge Leute, unter ihnen Jack Dunman und Diana Hubback, fuhren in einem für Oxford typischen Stocherkahn (punt) den Fluß Cherwell hinunter und diskutierten über die Möglichkeit eines baldigen Krieges. Als sich in diesem Moment Trott in einem anderen Kahn näherte, soll einer aus dem ersten Kahn gerufen haben: »Hier kommt der Feind. Wir werden in gegnerischen Schützengräben aufeinandertreffen!« Darauf soll Dunman spontan geantwortet haben: »Nein, er wird mit uns auf den Barrikaden kämpfen.«[85]

Nicht nur in Gesprächen mit Dunman und dessen Gesinnungsgenossen, auch bei anderen erweckte Trott damals den Eindruck, daß er »etwas zur Linken neigte«, wie etwa sein Zeitgenosse, der amerikanische Rhodes-Stipendiat Dean Rusk – der spätere US-Außenminister unter Kennedy und Johnson – überliefert hat.[86] Trott nahm nicht nur an den Veranstaltungen des Labour Club teil, sondern auch regelmäßig dienstags an dem informellen Diskussionszirkel des marxistischen Theoretikers G. D. H. Cole, der sogenannten Cole Group. Anläßlich der spektakulären Auftritte der Schriftsteller George Bernard Shaw und Herbert George Wells wurde Trott sogar im October Club gesichtet.

Ein politisch linker Ruf erregte in Oxford keinen Anstoß, wohl aber in Berlin, insbesondere beim Vorsitzenden des deutschen Rhodes-Komitees, Friedrich Schmidt-Ott. Anfang Juni 1932 machte Schmidt-Ott auf der Durchreise in Imshausen Station, um August von Trott einen Besuch abzustatten. Dabei brachte er zur Sprache, was ihm über dessen Sohn zu Ohren gekommen war. »Er schien über Dich in Oxford sehr orientiert zu sein«, berichtete der Vater Adam. »Er hatte sehr anerkennende Worte und fügte dann, mich von der Seite anblickend, hinzu, man habe ihm auch gesagt, Du seiest politisch sehr rot. Ich ging darüber mit einer Bemerkung Deiner Jugend hinweg.«[87] August von Trott gemahnte seinen Sohn an ihre Vereinbarung, daß Adam, da er aufgrund seines Alters »naturgemäß noch zu keinem abgeschlossenen inneren Standpunkt« gekommen sein könne, »auf politischem Gebiet Zurückhaltung angemessen sei«. Wenn er sich nun in der Praxis nicht daran hielte, würde er zu seinem Nachteil vorzeitig »abgestempelt«[88]. Obwohl der Vater seinen Vorwurf zurückhaltend formuliert und seinen Brief auch sehr herzlich beendet hatte, reagierte Trott darauf energisch. Er bekannte sich offen zu »in vieler Hinsicht sozialistischen Auffassungen«, die er jedoch wegen seiner »noch immer so wenig bestimmten und vollständigen politischen Ansichten« nicht nennenswert öffentlich geäußert habe. »Um nicht unehrlich zu sein«, habe er indes »immer, auch nach außen, die Partei derjenigen ergriffen«, mit denen seine Ansicht »noch am meisten übereinstimmte«. Sosehr er auch schädliche Folgen bedenke, erklärte er, würde eine »kleinliche Rücksicht auf die Wirkung« solcher Äußerungen ihm selbst mehr schaden »als Freimütigkeit, die schlimmstenfalls Torheit ist«, und die Verheimlichung seiner Haltung vor Freunden »einen Bruch ihres Vertrauens bedeuten«. In den Mittelpunkt seiner Argumentation aber stellte er die eigene Verantwortlichkeit: »Ich weiß, daß Du mir zugeben wirst, daß man die unbedingt notwendige Folgerichtigkeit in seinem Denken und Handeln letztlich aus eigener Verantwortung aufrechterhalten muß, wenn man nicht alle Selbstachtung und damit überhaupt die Möglichkeit, mit Gewicht und Sinn zu handeln, aufgeben will.«[89] Der Vater möge ihm vertrauen, bat Trott abschließend, so wie er es bisher auch in schwierigen Situationen getan habe.

In seinem »Bericht über das erste Studienjahr in Oxford«[90], den er im Sommer 1932 dem deutschen Rhodes-Komitee vorzulegen hatte, ließ Adam von Trott als kleinen Seitenhieb auf den Vorsitzenden leichten Spott über Gerüchtegläubigkeit anklingen: Es sei ihm in Berlin zugetragen worden, daß er »in Oxford völlig unter den Einfluß russischer, nach anderer Überlieferung australischer Bolschewisten geraten sei«, die sich aber dort gar nicht aufhielten, denn er wäre ihnen doch »sonst bestimmt begegnet«. Dies war allerdings nur ein Nebenaspekt seiner im übrigen ernsthaften Verteidigung der deutschen Rhodes-Stipendiaten, die in ihrer Rolle als Repräsentanten Deutschlands überaus kritisch beäugt wurden. So wehrte er unzutreffendes Gerede über seine Mitstipendiaten Kölle, Schumacher und Schlepegrell ab und warb um Verständnis für politische Meinungsäußerungen der deutschen Studenten. In Oxford werde nämlich von den Rhodes-Scholars »verlangt, einen Standpunkt einzunehmen und zu verfechten«, was zu versäumen ihnen »als Mutlosigkeit oder Verworrenheit angerechnet werden würde«. Im eigenen Land aber werde ihnen nicht »das letztere Moment«, sondern »der Standpunkt selbst zum Vorwurf gemacht«, den sie »als Vertreter Deutschlands einzunehmen nicht berechtigt« seien. Im Blick auf die permanent krisenhaften Verhältnisse der deutschen Politik sähen sie sich ohnehin in England »einem ungleichen Spiel« ausgesetzt, schlüge ihnen doch dort zunehmend ein »gewisses pessimistisches Mitleid« entgegen, zu dem Stellung zu beziehen für sie um so schwieriger sei, als sie »selbst dauernd gegen einen solchen Pessimismus anzukämpfen« hätten. Zudem erhielten sie die Nachrichten über Deutschland immer zunächst aus der englischen Presse und könnten sich ein umfassenderes Bild von den Vorgängen erst durch die zwei, drei Tage später greifbaren deutschen Zeitungen machen. Wie diese Ausführungen zeigen, war seinerzeit ein Auslandsstipendiat nichts weniger als eine Privatperson, die sich allein um die eigenen Interessen kümmern konnte. Ob man wollte oder nicht, immer und überall, hier wie dort, wurde man als Vertreter seines Landes betrachtet. Was schon in der Spätphase der Weimarer Republik belastend genug war, mußte nach dem 30. Januar 1933 unausweichlich zum Dilemma werden.

Mit seinem Bericht verband Trott ausdrücklich die Absicht, seine eigenen Erfahrungen »für andere brauchbar« zu machen, und war bemüht, auch die Passagen, die sein Studium und seine Aktivitäten behandeln, möglichst allgemein zu fassen. Über den Studienzyklus Modern Greats und »die Tragweite dieser wissenschaftlichen Erziehungsabsicht« äußerte er sich voll des Lobes. Man lerne dabei einen »weiten Umkreis der Wissensgebiete« kennen, die für »die Gestaltung des modernen öffentlichen Lebens wesentlich« seien, und könne aufgrund dieser »politischen Allgemeinbildung« besser beurteilen, auf welchem speziellen Gebiet man sich danach einsetzen sollte. Es werde anhand historischen Stoffes die Urteilsbildung und Kritikfähigkeit, überhaupt »der praktisch-politische Sinn« gefördert, wobei die Diskussionen beim Tutor als Korrektiv vorschneller und unbegründeter Meinungen dienten. Trott stellt fest, daß in Oxford neben der Philosophie die Geschichte die »eigentliche Inspirations- und Orientierungsquelle« bilde. Dem englischen politischen Denken liege das »Leitmotiv« zugrunde, daß »alles seinen gehörigen Bezug und Zusammenhang durch das Ganze der nationalen Geschichte« erhalte. »Eine Oxforder Vorlesung über den Staat« beispielsweise würde man in Deutschland als eine solche »über die geschichtliche Entwicklung der Auffassung vom Staat und seinen Aufgaben« bezeichnen. Die politische Philosophie hebt Trott für seinen Teil als das Gebiet hervor, auf dem deutscher- wie englischerseits »das lebendigste Interesse vorhanden und manche gemeinsame Aufgabe zu lösen«[91] sei. Vor allem aber gelte es, die von Friedrich Meinecke konstatierte und auf Hegels Einfluß zurückgeführte »geistige Isolierung Deutschlands« von »der naturrechtlichen Denkweise der westlichen Völker«[92] zu überwinden.

Das deutsche Rhodes-Komitee wurde über die Stipendiaten nach Ablauf eines Studienjahres offiziell aus Oxford informiert, und zwar von Charleton Kemp Allen, dem Warden des Rhodes House. Dieser konnte sich dabei auf die knappen Beurteilungen stützen, die ihm die College-Rektoren nach jedem Trimester einreichten. Über Trott hatte der Master of Balliol nach dem Hilary Term 1932 vermerkt: »We are very much pleased with him. He is an admirable scholar and is working well and is also an excellent member of this College«, und nach dem Trinity Term: »Very able, intelligent, charming figure. Doing excellent work«.[93] Im Bericht nach Berlin heißt es: »Sein College spricht sehr lobend von ihm, von seiner Arbeit, die bewundernswerte und vielversprechende Qualität aufweist, und auch von seinem allgemeinen Ansehen als Person. Ein ebenso liebenswürdiger wie fähiger Stipendiat und einer, der den deutschen Rhodes-Stipendien beträchtliche Anerkennung verschaffen dürfte.«[94] Für das deutsche Auswahlkomitee gab es hier nichts zu mäkeln.

Vier Monate Ferien lagen zwischen dem Trinity und dem Michaelmas Term, d. h. dem Sommer- und dem Herbsttrimester. Trott begann sie mit einer Fahrt nach Cornwall, wohin ihn Charles Henderson eingeladen hatte, der dort in Penmount bei Truro zu Hause war. Einen besseren Fremdenführer konnte er sich kaum wünschen, denn Henderson war mit seinen 32 Jahren bereits ein ausgewiesener Kenner Cornwalls und seiner Geschichte. Auch Rowse, ebenfalls ein kundiger Cornishman, hat Trott in diesen Tagen getroffen. Zuvor aber war er einer Einladung Diana Hubbacks nach Trethias Cottage gefolgt, einem kleinen Sommerhaus ihrer Familie an der Treyarnon-Bucht in Nord-Cornwall. Zu der geplanten »Reading Party« hatten sich außerdem Jane Rendel, Shiela Grant Duff, Christopher Cox und dessen Freund Arnold Pilkington eingefunden. Die gemeinsame Lektüre wurde jedoch nicht allzu ernst genommen, statt dessen gönnten sich die jungen Leute eine entspannte Ferienwoche.[95] Diana freute sich, Adam die kornische Küste mit ihren Granitfelsen und Klippen, Sandbuchten und versteckten Höhlen zu zeigen und auch mit dem Baden in der Brandung vertraut zu machen. Ihn berührte wahrzunehmen, wie stark sie mit dieser Landschaft verbunden war – eine Parallele zu seiner Verbundenheit mit dem Imshäuser Tal.

Im Juli verbrachte Trott nochmals Ferientage am Meer, aber in ganz anderer Gegend und Gesellschaft: mit Miriam auf der Insel Sylt. Miriam Dyer-Bennet hatte für ihren neuerlichen Aufenthalt in Deutschland kein Opfer gescheut. Da sie als Folge der Weltwirtschaftskrise einen Großteil ihres ererbten Vermögens verloren hatte, konnte sie jetzt nur unter großen Schwierigkeiten und mit Hilfe eines Stipendiums kommen. Ihre Kinder mußte sie in Kalifornien im Internat bzw. bei ihrer Mutter zurücklassen. Es war ihre Absicht, ein Jahr an der Berliner Universität Philosophie, speziell Ethik bei Nicolai Hartmann, zu studieren. Dahinter stand jedoch als eigentlicher Grund das Wiedersehen mit Adam. Sie wollte ihn um keinen Preis verlieren, obwohl sie wissen mußte, daß es für sie als Paar keine Zukunft gab. Trotts späteres Eingeständnis, in seine Beziehung zu Miriam hätten sich zunehmend »Schmerz und Zweifel«[96] eingeschlichen, deutet darauf hin, daß sie schon bei ihrer Wiederbegegnung nicht mehr an ihre beste Göttinger Zeit anknüpfen konnten.

Sowenig wie damals in Göttingen ließ sich Trott auch jetzt durch Miriams Anwesenheit von seinen Vorhaben und Verpflichtungen wesentlich ablenken. Im August nahm er zusammen mit Hans Gaidies an einer Tagung der Berliner Sozialistischen Studentenschaft in der Gewerkschaftsschule von Bernau (bei Berlin) teil. In Imshausen legte er noch einmal letzte Hand an seine Dissertation an. Am 19. August bestätigte der Göttinger Verlag Vandenhoeck & Ruprecht den Eingang des Manuskripts. Die Arbeit war für die von Herbert Kraus herausgegebene Reihe »Abhandlungen aus dem Seminar für Völkerrecht und Diplomatie an der Universität Göttingen« vorgesehen. Angesichts »der wirklich erschütternden Bedürftigkeit vieler anderer«[97] hatte Trott schon früher von der Möglichkeit Abstand genommen, bei der Juristischen Fakultät einen Druckkostenzuschuß zu beantragen. Beim Korrekturlesen half ihm der Vater, und bevor Trott nach Oxford zurückkehrte, ging auch noch die Zweitkorrektur an den Verlag. Sichtlich erleichtert erklärte er dem Vater nach Abschluß dieses Unternehmens: »Ich kann Dir gar nicht sagen, wie froh ich bin, den Mühlstein vom Halse zu haben.«[98]

In Imshausen erreichte Trott eine sehr kurzfristige Anfrage von Tracy Strong, ihm bei einer YMCA-Veranstaltung in Polen zu assistieren. Das überzeugte ihn sofort, denn er hielt »die deutsch-polnische Verständigung für den wesentlichsten Punkt zur Erhaltung des Friedens in Europa«[99]. Um irgend möglich eine Absage zu vermeiden, zögerte er die Antwort heraus, aber er hatte genau für diese Zeit Collins und Bernard Alexander (ebenfalls ein Balliol-Student) nach Imshausen eingeladen und konnte das schlecht rückgängig machen, zumal beide sich schon auf Reisen befanden. So empfing er Anfang September den Besuch seiner englischen Gäste in Imshausen und begleitete sie anschließend nach Berlin. Aus dem Plan gemeinsamer Vorbereitung auf das nächste Term wurde allerdings nichts, denn dafür fanden die englischen Freunde das ihnen unbekannte Berlin viel zu anregend.

Trott teilte während der letzten Ferienwochen seine Zeit auf zwischen dem Lesesaal der Staatsbibliothek und dem Besuch politischer Kundgebungen, Versammlungen und Diskussionen sozialistisch-sozialdemokratischer Couleur. Bereits die Tagung in Bernau, wo er Studenten und Gewerkschaftssekretären begegnet war, hatte ihm Eindrücke von den politischen Verhältnissen aus der Sicht dieser jüngeren Anhänger der Arbeiterbewegung verschafft. Er registrierte dabei deren erbitterte Kritik an den oberen Rängen des sozialdemokratischen Parteiapparats[100], denen man »hoffnungslose Spezialisierung«[101], Trägheit und oligarchisches Verhalten vorwarf. Sorge bereite, schrieb er Rowse, auch die zahlenmäßige Stagnation, da es der SPD nicht gelungen sei, zusätzliche Wählerschichten zu gewinnen. Hoffnungen setze die jüngere Generation hingegen auf die *Eiserne Front* (nur die Deutschen, meinte Trott, könnten solch einen

Namen erfinden). Dieser Zusammenschluß von SPD, Reichsbanner, Freien Gewerkschaften und anderen Arbeiter-Organisationen sei ein Instrument, um gegen die Nationalsozialisten und »für die fundamentalen Bürgerrechte« zu kämpfen. Trott bedauerte, daß die internationale Presse und Bilderdienste zwar »Hitlers Ruhm überall verbreiteten«[102], aber die *Eiserne Front* nicht zur Kenntnis nähmen. Ohnehin sei es nicht fair, wenn man im Ausland der deutschen Sozialdemokratie anlaste, die Weimarer Verfassung nicht stabilisiert und die Regierung Papen/Schleicher ermöglicht zu haben, was in erster Linie auf den rapiden wirtschaftlichen Niedergang und die angespannte internationale Lage zurückzuführen sei.

Bei den Reichstagswahlen am 31. Juli 1932 hatte die NSDAP die Zahl ihrer Abgeordneten mehr als verdoppeln können, in der Zeit danach aber schien der Stern Hitlers und seiner Bewegung im Sinken begriffen. Reichskanzler Franz von Papen verweigerte nun endlich, »zum Erfüllungsgehilfen des nationalsozialistischen Machtanspruchs zu werden«[103], und Reichspräsident Paul von Hindenburg wies am 13. August Hitlers Forderung nach der Kanzlerschaft strikt zurück. Die Krise Hitlers und der Nationalsozialisten fand in der zeitgenössischen Presse vielfachen Ausdruck. Im September bescheinigte eine sozialdemokratische Pressestimme Hitler gar seine »endgültige Niederlage als faschistischer Machtpolitiker«[104]. Wenn Trott zu dieser Zeit Rowse gegenüber äußerte, daß er »ohne jeden Optimismus glaube, daß der Hitlerismus seine Chance hatte, die indes vorüber sei«[105], so übernahm er eine damals verbreitete Meinung. Er teilte auch die unter Sozialdemokraten gehegte Hoffnung, daß es den Nazis auf Dauer schaden müsse, wenn sie sich von Kapitalisten unterstützen ließen und gleichzeitig auf proletarische Wähler setzten. Von den Kommunisten – über die er sich durch Werner informieren ließ – erwartete Trott trotz ihrer zahlenmäßigen Stärke nicht, daß sie die Basis für eine sozialistische Politik in Deutschland bilden könnten. Obwohl er der Regierung Papen/Schleicher zutraute, daß sie vernünftig genug sei, ein völliges Abgleiten in den Terror zu verhindern, ließ er keinen Zweifel an seiner Ablehnung der gegenwärtigen Machthaber. Er warf ihnen vor, unter dem Motto »Ruhe, Sicherheit und Ordnung« ein autoritäres Regime zu errichten und durch ihr Wirtschaftssystem große Massen in Abhängigkeit zu halten.

»Ich empfinde sehr stark den Rückhalt, den das Vertrauen anderer einem hier gibt«, schrieb Trott Ende September Rowse aus Berlin, »und verstehe Dein Reden, daß man politisch immer in einer Gruppe zusammenarbeiten sollte.«[106] Mit anderen Worten, über die Rolle eines passiven Beobachters der politischen Szene hinaus hatte sich Trott in der begrenzten

Zeit seines Aufenthalts Gruppen jüngerer Sozialdemokraten angeschlossen. Offensichtlich nahm man dort weder an seinem Adelsnamen Anstoß noch an seinem kleinen Schmiß, der den Corpsstudenten verriet, sprachen doch für ihn seine Kenntnisse über und seine Kontakte zur englischen Labour Party, nicht zuletzt zu G. D. H. Cole. Emil Groß, dem Vorsitzenden der Sozialistischen Studentenschaft Berlins, fiel Trott in Diskussionen durch »packende Formulierungen«[107] auf. Auch der Jurastudent Helmut Conrad wurde durch einen Diskussionsbeitrag während der Bernauer Tagung auf Trott aufmerksam. Dies war der Beginn ihrer lebenslangen Freundschaft. In Bernau hatte sich ein kleiner Zirkel gebildet, um zum »Prozeß einer sozialistischen Konzentration«[108] beizutragen. Der mit dieser Gruppe nicht identische Arbeitskreis Berlin, von dem sich Trott ein hektographiertes Flugblatt aufbewahrt hat[109], wies eine ähnliche Zielsetzung auf. Dieser Arbeitskreis wandte sich außer an SPD-Mitglieder an Sympathisanten – wie Trott einer war. Er selbst sah seine Aufgabe denn auch nicht in irgendeiner Form von Parteiarbeit, sondern hatte die Idee, sich mit einer gründlichen Institutionenkritik »aus sozialistischer Perspektive«[110] einzubringen. Über Hans Muhle, den er schon von früher kannte, stieß Adam ebenfalls zum Kreis der *Neuen Blätter für den Sozialismus*, der zu Beginn der 30er Jahre entstand.[111] Die *Neuen Blätter*, gegründet aus parteireformerischer Absicht, deckten ein vielfältiges Themen- und Meinungsspektrum ab, wobei der anfängliche Schwerpunkt Bildung nach dem erdrutschartigen Sieg der Nationalsozialisten bei den Septemberwahlen 1930 vom Schwerpunkt Politik abgelöst wurde. Muhle, erst kürzlich der SPD beigetreten, gehörte bald zu den rührigsten Autoren der *Neuen Blätter* – er schrieb häufig unter dem Pseudonym von Bauernkriegsführern –, und seine Wohnung am Leipziger Platz in Berlin diente als beliebter Treffpunkt des Kreises. Möglicherweise dort hat Adam von Trott einen anderen tatkräftigen Mitwirkenden kennengelernt, den Reichstagsabgeordneten Carl(o) Mierendorff, der gleichzeitig in der *Eisernen Front* durch seinen Propagandafeldzug gegen die NSDAP hervortrat. Trott war von der »urwüchsigen, überzeugungstreuen und standhaften Persönlichkeit Mierendorffs« beeindruckt und hielt ihn für »eine der stärksten Potenzen«[112] unter den jüngeren Sozialdemokraten. Er konnte nicht ahnen, daß er später einmal eng mit ihm zusammenarbeiten würde.

Wenn er auch mißbilligte, daß man »sich der Aufregung hingab, wie schlecht doch die Zeiten seien«[113], beurteilte Trott die politische Lage in Deutschland als ernst. Im August hatten ihn zeitweilig sogar Zweifel beschlichen, ob er überhaupt nach Oxford zurückkehren sollte, das ihm nun aus der Distanz »wie eine Spielzeugwelt«[114] erschien. Dann aber besann er sich eines Besseren, zumal ihn seine neuen Berliner Kontakte anregten, sich als Verbindungsmann zwischen deutschen Sozialdemokraten und englischen Labour-Leuten nützlich zu machen. Kaum in Oxford eingetroffen, tat er sogleich den ersten Schritt und besprach für die *Neuen Blätter* das im Vorjahr erschienene Buch von A. L. Rowse »Politics and the Younger Generation«[115]. Wohl mit Absicht vermied Trott jegliche Kritik, so daß es sich weniger um eine Rezension als um eine Leseempfehlung handelt. Er bezeichnete das Buch als einen »Querschnitt durch die Hauptfragen der politischen Gegenwart Englands« und einen Versuch, diese auf der Grundlage »marxistischer Gesellschaftsbetrachtung« zu lösen. Besonderes Interesse schenkte er den Forderungen des Verfassers nach internationaler Zusammenarbeit und betonte: »Auch in England ist es im Grunde nur der Sozialismus, der in den Katastrophen des Weltkrieges Anlaß und Ursprung einer gemeinsamen Aufgabe sieht, welche die Anstrengungen der jüngeren Generation in England, Deutschland und Frankreich zum gemeinsamen Vorstoß vereinigen sollte.« Ergänzend warb Trott von sich aus für einen Austausch von »Erfahrung und Kampfmitteln zur Überwindung gemeinsamer Gefahren«.[116]

Mit dem Entwurf seiner Besprechung übermittelte er Rowse die Bitte der Redaktion der *Neuen Blätter* um einen Artikel über Organisationsmöglichkeiten internationaler sozialistischer Kooperation. Um ihn für diese Mitarbeit zu gewinnen, versicherte ihm Trott, daß in der Zeitschrift »ausgezeichnete Beiträge zu allen wesentlichen sozialistischen Problemen«[117] veröffentlicht würden, wenn auch manches von »German muddleheadedness« (deutscher Wirrköpfigkeit), wie Rowse es nenne, eingetrübt sei. Trott hat seinen Freund in der Rolle eines Ideengebers für internationale Zusammenarbeit gewiß überschätzt, dieser sollte allerdings nur den Anfang machen. Als nächstes sollte Cole um einen Beitrag gebeten werden, und längerfristig war an einen breiteren Austausch von Artikeln gedacht. Unter dem Titel »Junger Sozialismus in England« konnte Trotts Besprechung zwar noch im Februar 1933 erscheinen[118], allen Kooperationsplänen hingegen entzog die politische Umwälzung in Deutschland den Boden.

Noch im Oktober traf ein Bücherpaket aus Göttingen in Oxford ein: Adam von Trotts Dissertation »Hegels Staatsphilosophie und das Internationale Recht« lag nun im Druck vor. Der Autor freute sich zwar, nun sein erstes Opus in den Händen zu halten, aber wegen dessen unansehnlichem Äußeren kam ihm dieses »wie ein armseliges, kleines wissenschaftliches Pamphlet« vor. Seinem Vater, dem er das Buch gewidmet hatte, ließ er daher ein schön eingebundenes Exemplar zukommen. August von

Trott reagierte mit Dank und Anerkennung auf dieses besondere Geschenk, bekannte jedoch, daß die Arbeit »freilich für den philosophisch Ungeschulten keine leichte Lektüre« sei und selbst »der Geschulte sie nicht vor dem Nachmittagsschlaf erledigen«[119] könne. Der Verfasser weist im Vorwort denn auch auf die Schwierigkeiten hin, mit denen jede Hegel-Darstellung allein auf der sprachlichen Ebene konfrontiert sei, und hofft auf die »Geduld des mit Hegel weniger vertrauten Lesers«[120].

Im ersten Teil seiner Abhandlung entwickelt Trott die Stellung des Philosophen zum internationalen Recht aus dem gesamten System seiner Rechtsphilosophie. Er kommt dabei zu dem überraschenden Ergebnis, daß Hegel die Möglichkeit »einer rechtlichen Ordnung«[121] zwischen den Staaten nicht geleugnet habe. Überraschend deswegen, weil Hegel damals und zum Teil noch heute als einer der Hauptvertreter eines nach außen uneingeschränkten Machtstaates galt bzw. gilt. Im Gegensatz zu Kant, der ein allgemein bindendes Völkerrecht als ethische Pflicht erkenne, stellt Trott fest, »ergibt sich bei Hegel grundsätzlich die ethische Pflicht erst aus einem konkret-inhaltlich zu bestimmenden Lebensbereich, dessen Erhaltung und verantwortliche Gestaltung höchste Forderung auch für die zwischenstaatlichen Verhältnisse bleibt«[122]. Aus Hegels Staatsidee leitet er weder »Staatsvergötterung«[123] noch gar den Gedanken totalitärer Macht ab. Er betont vielmehr die Bedeutung, die »das Einzelne« als ein »Besondere[s]«, ein »Göttliche[s]«[124] für den Philosophen hat, und erklärt, wenn Hegels »Konzeption vom Staat als in sich geschlossenes Ganze in der Beziehung zu anderen als Macht« erscheine, so sei »diese nicht in der primitiven und brutalen Bedeutung des Wortes, sondern vor allem in dem Sinne der ›selbstbewußten sittlichen Substanz‹ zu verstehen«[125]. Im zweiten Teil arbeitet Trott heraus, daß »ein funktionierendes System internationalen Rechts«[126] auf den gleichen Prinzipien wie das innerstaatliche beruhen müsse. Das höchste Prinzip für Hegel sei der »souveräne Staatswille«, in dem bei »unmittelbarer Identität von Pflicht und Recht«[127] sich das »einzelne sittliche Gewissen mit dem sittlichen Ganzen« verbinde und der in der »sittlich-substantiellen Verantwortung für die Grundlagen der staatsbürgerlichen Lebensgestaltung«[128] wirksam werde. Dies gelte auch im internationalen Bereich, wo es »verpflichtender Inhalt«[129] mehrerer souveräner Staatswillen sei, deren Aufgaben »sich mit den jeweiligen Anforderungen des historisch-politischen Daseins«[130] änderten. Als Beispiel nennt er die – von Hegel so noch nicht gekannte – »internationale Wirtschaftsverflechtung«. Das Angewiesensein aufeinander mache »eine gemeinsame Lösung« der für die beteiligten Staaten »identischen sittlichen Aufgabe«[131] erforderlich. Die »notwendige Gemeinsamkeit mit anderen Staatswillen« bei der Gestaltung der Wirklichkeit aber führe zur »fortschreitenden Entwicklung internationaler Ordnung«[132].

Trotts Freund Conrad bezog die Arbeit auf die politische Gegenwart und hob hervor, daß sie »die Grenzen« aufzeige, »die der staatlichen Macht gezogen« seien, »denn gerade heute besteht die Gefahr, daß von Männern wie Carl Schmitt und seinen Trabanten das Hegelsche Denken und Hegels Stellung zum Staate für die Theorie des totalen Staates in Anspruch genommen wird.«[133] Nicht zufällig wurde die Dissertation damals im Ausland anerkennend wahrgenommen: vom Wiener Völkerrechtler Alfred Verdroß in der *Zeitschrift für öffentliches Recht*[134] sowie von Herbert Marcuse im Genfer Exil in Horkheimers *Zeitschrift für Sozialforschung*[135]. Ihr Neudruck 35 Jahre später[136] verschaffte ihr dann nochmals Beachtung. Von Hegelforschern wird die Abhandlung des 21/22jährigen Autors bis heute herangezogen.[137] Hegels praktische Philosophie fand Trott »beunruhigend« und sah ihre »dynamischen Grundlagen« in Deutschland »verderblich spuken«[138]. Daher trug er sich seit dem Abschluß seiner Arbeit mit dem Wunsch, eine Kritik von dessen Ethik zu schreiben. Die Lektüre der Werke des hegelkritischen Philosophen Sören Kierkegaard bestärkte ihn darin.

»Mir geht es wirklich diesmal hier besser wie je zuvor, und ich habe allen Grund, dankbar zu sein«[139], schrieb Trott Mitte Oktober 1932 aus Oxford an seine Mutter. Dieser Eindruck hielt an, so daß er das Michaelmas Term auch leistungsmäßig als sein »bislang bestes«[140] bewertete. Er verfaßte Essays über geldliche Konjunkturtheorie, die Grundlagen der politischen Philosophie[141] sowie über Kant. Das Studium der Werke Kants hatte ihn während der Sommerferien bis in den Trottenwald begleitet: Noch von Berlin aus bat er seine Mutter, sie möge ihm doch bitte aus seiner Jagdjoppe Kants »Metaphysik der Sitten« nachschicken. Trott hatte schon früher Kant gelesen, erlebte aber erst jetzt dessen »Kritik der reinen Vernunft« als »große geistige Erfahrung«, was er zum Teil auf sein »vorangegangenes Ringen mit Hegel«[142] zurückführte. Dieses Werk Kants, erklärte er seiner Freundin Shiela Grant Duff, lehre »die Einheit der inneren Prozesse des eigenen Denkens« erkennen. Das Plädoyer, das er in diesem Zusammenhang für die Philosophie insgesamt abgab, verrät, daß diese für ihn kein Selbstzweck war, sondern geistige Qualifizierung für das Leben. Die Philosophie, führte Trott aus, integriere die eigenen Gedanken und man lerne seine geistigen Fähigkeiten nicht an Stimmungen zu vergeuden. »Menschen mit einer starken Haltung dem Leben gegenüber« müßten seiner Ansicht nach »enorm gewinnen durch einen geübten und bewußt kontrollierten Kontakt ihrer eigenen Sinne mit der allgemeinen Bedeutung der Dinge«. Dies schiene ihm überhaupt die Grundlage zu sein für »innere Freiheit, Mut und Fülle an Erfahrung«[143]. Er selber sei auf dem Wege dahin jedoch noch lange nicht am Ziel. – Nachdem Trott, von seinem Jurastudium ausgreifend, sich zunächst auf die Denkerwelt Hegels konzentriert hatte, ermöglichte ihm das Studium in Oxford, seine philosophischen Kenntnisse auf ein breiteres Fundament zu stellen. Seine Essays, Mitschriften, Gesprächsnotizen, brieflichen Hinweise und Bücher zeigen ein weites Spektrum seiner Befassung mit Philosophen von der Antike bis zur unmittelbaren Gegenwart. Mit Kant hat er sich auch als Rechtsreferendar im nationalsozialistischen Deutschland weiter intensiv beschäftigt. 1934 etwa gehörten die »Kritik der Urteilskraft« und die »Anthropologie« Kants zu seiner privaten Lektüre. Die »Kritik der reinen Vernunft« empfahl er damals – wie später während des Krieges seinem Bruder Heinrich[144] – wärmstens Helmut Conrad: »Lies sie bitte unbedingt, sie bleibt grundlegend wichtig und macht, daß man sich durch keinen Bombasmus mehr bornieren läßt.«[145]

Wenn Trott den Eindruck gewann, daß er im Herbsttrimester 1932 auch »menschlich-persönlich besser dran«[146] sei, dann verdankte er dies nicht zuletzt Diana Hubback. Diana war eine hochgewachsene, schlanke, schwarzhaarige Schönheit mit, laut Trott, »warmen dunklen Augen«. Ihr Vater, Dozent an der Universität Manchester, war im Ersten Weltkrieg gefallen. Ihre somit jung verwitwete Mutter, Eva Hubback, hatte sich als Frauenrechtlerin und Sozialreformerin einen Namen gemacht und stand dem Londoner Morley College vor, einer angesehenen karitativen Institution für Erwachsenenbildung. Diana bewunderte ihre engagierte und unermüdlich tätige Mutter[147], aber ihr selber, höchst sensibel und mit einem starken Hang zur Melancholie, fehlte deren Selbstsicherheit und Energie. Nach ihrem Schulabschluß verbrachte Diana einige unbeschwerte Monate in München, wo sie ihre Freude an moderner Kunst entdeckte und vorübergehend mit dem Medizinstudenten Wolf von Wachsmann verbunden war. Dem PPE-Studium in Oxford konnte sie nichts abgewinnen und brach es daher nach einem Jahr im Sommer 1932 ab. Sie wohnte nun wieder in London im Haus ihrer wohlsituierten jüdischen Großeltern Spielman und begann, knapp 20jährig, eine Lehre in einer Werbeagentur, ohne daß ihr diese Tätigkeit sonderlich zusagte.

Oxford behielt für Diana große Anziehungskraft, denn dort gab es Adam. Alles drehte sich für sie nur noch um ihn. »Ich habe Dich schon lange geliebt, lange bevor Du es gemerkt hast«[148], gestand sie ihm im November 1932. Näher waren sie sich Wochen zuvor bei einem recht

Diana Hubback

ungewöhnlichen Erlebnis gekommen, als sie beide allein bei Mondschein den Magdalen Tower, ein Wahrzeichen Oxfords, bestiegen hatten. »Du kannst so viele Küsse haben und so viel Liebe, wie Du willst – Du kannst ›alles‹ haben, aber Du willst es wohl nicht, Darling Adam«[149], hatte Diana ihm unmittelbar danach geschrieben. Trott verschanzte sich zunächst noch hinter seine Beziehung zu Miriam, die eine »tiefe und verpflichtende Bedeutung«[150] für ihn habe. Er widersprach sich jedoch selbst, wenn er im gleichen Brief die Freiheit hervorhob, die Miriam ihm gewähre, ungeachtet ihres eigenen Schmerzes. Lange scheint er die reizvolle junge Frau auch nicht abgewiesen zu haben. Sie sahen sich nun häufig an Wochenenden und überbrückten die Zwischenzeit mit Briefen. Dianas Briefe sind erfüllt davon, wie glücklich Adam sie mache, obendrein stärker und selbstbewußter. Als Trott ihren Überschwang etwas zu dämpfen versuchte – beharrlich warb er um Freundschaft, die der Leidenschaft vorzuziehen sei –, äußerte sie, daß es nicht sein Fehler sei, wenn er sie nicht in gleichem Maße zu lieben vermöge wie sie ihn. Sie bat ihn jedoch inständig: »Du darfst, Du darfst mich nicht verlassen. […] Ich will Dir auch Freundschaft schenken, da Du Dir diese am meisten wünschst. […] Ohne meine Liebe zu Dir wäre das Leben viel einfacher, und doch bringt sie so viel Glück.«[151] Trott versicherte sie seiner uneingeschränkten Zuneigung, aber da es sich, wie sie wisse, bei ihnen nur um ein »wunderschönes Intermezzo« handeln könnte, bereite es ihm »Gewissensbisse, daß jede Ermutigung ihn zu lieben, sie am Ende um so einsamer machen könnte«[152], und dazu wäre sie viel zu schade. An seine Rückkehr nach Deutschland in absehbarer Zeit, auf die er dabei hinwies, aber wollte Diana, ganz von ihrem gegenwärtigen Glück absorbiert, gar nicht denken und meinte unbekümmert, »es macht nichts, wenn in Zukunft mein Herz bricht«[153].

Schon vorher hatte Trott der Freundin offenbart, daß es sein höchstes Ziel sei, seinem Land »einen größtmöglichen politischen Dienst zu erweisen«[154], sein Privatleben hingegen für ihn nachgeordnete Bedeutung habe. Vordringlich bewegten ihn damals jedoch Gedanken über seine allernächste Zukunft, wenn er nach Ablauf seiner Beurlaubung als Stipendiat seinen Referendardienst in Hessen wiederaufzunehmen hatte. Soeben, im Oktober 1932, war ihm als Folge der Auflösung des Amtsgerichts in Nentershausen, seiner ersten Dienststelle, seine Versetzung an das Amtsgericht in Rotenburg/Fulda mitgeteilt worden. Ohne sich, meinte er zu Diana, mit »der Härte bevorstehender Dinge großtun« zu wollen, verdrieße ihn die Vorstellung, seine Zeit künftig an Rechtsfälle und Gesetzbücher zu verschwenden, »anstatt sich auf die wirklichen Schwierigkeiten vorzubereiten«[155], mit denen er außerhalb in der Politik und nach der juristischen Ausbildung konfrontiert sein werde. Einige Wochen später nahm er in einem Brief nach Hause eine positivere Haltung zum Referendariat ein, zumal er hoffte, dessen Verkürzung durchsetzen zu können. Graf Bernstorff hatte ihm in Aussicht gestellt, dafür möglicherweise sogar das Auswärtige Amt mobilisieren zu können.[156] Im Grunde beunruhige ihn nicht mehr, was ihm »persönlich geschehen werde«, schrieb er Diana, denn er habe eingesehen, daß »meine Chancen zu fast hundert Prozent von der Entwicklung der äußeren Umstände in Deutschland abhängen«[157].

Am 11. November, dem Remembrance Day[158], an dem im Britischen Empire alljährlich offiziell der Kriegstoten des Ersten Weltkriegs gedacht wurde, war Adam von Trott eingeladen worden, in einem Ort in der Nähe von Oxford auf einer abendlichen Gedenkveranstaltung zu sprechen. Ein heikles Unterfangen für einen jungen Deutschen an einem solch sensiblen Datum im einstigen Feindesland. Trotts erhalten gebliebenes Redekonzept »Germany and Peace« zeigt, daß er neben dem Sachvortrag besonderes Gewicht auf die menschliche Ansprache gelegt hat. So wies er darauf hin, daß die Vorstellung von Nationen als »anonyme Körperschaften« die Nöte und Sorgen der vielen einzelnen Menschen nicht erkennbar werden lasse. So veranschaulichte er die Gemeinsamkeit, die die Menschen hier wie dort in Trauer und Schmerz um ihre Kriegstoten verbinde. Es sei nicht »Feindseligkeit, die an einem solchen Tag erinnert werde«, erklärte er, »sondern die Schrecklichkeiten und die Inhumanität des Krieges, welche Wunden in den Herzen beider Völker hinterlassen« hätten. Diese aber reichten »viel tiefer als nationale Differenzen«. Davon ausgehend, daß einer solchen »Gemeinschaft des Leids« auch das Interesse gemeinsam sei, daß »der Krieg niemals zurückkehre«, wandte er sich dem Thema zu, wie der Frieden dauerhaft gesichert werden könnte. Er schilderte die einzelnen Stadien der schwierigen wirtschaftlichen Nachkriegsentwicklung in Deutschland – wobei er das Wirken Stresemanns und Brünings für eine Lösung der Reparationsprobleme hervorhob – und maß dem gegenseitigen Vertrauen als notwendiger Voraussetzung für eine Wiederbelebung des internationalen Handels und damit zugleich für die Schaffung inneren und äußeren Friedens entscheidende Bedeutung zu. Bezüglich der Genfer Abrüstungskonferenz plädierte er für militärische Gleichberechtigung. Auch die »delikateste Frage« schnitt er an, in der, wie er betonte, die Deutschen einmütig seien: die Revision des Versailler Vertrags in einigen Punkten. Er beschränkte seine Forderungen auf zwei Punkte, die er als Spannungsherde markierte: erstens die Kriegsschuldklausel, die die Alleinschuld Deutschlands am Krieg feststelle, obwohl keines der großen Länder ganz unbeteiligt an den Ereignissen von 1914 gewesen sei. Ein »großzügiges Eingeständnis der Alliierten Mächte« könnte verhindern, daß aus dieser Saat »Bitterkeit und Entfremdung« hervorgehe. Zweitens die Ostgrenze zu Polen – sie war von keiner deutschen Regierung der Weimarer Zeit anerkannt worden –, die vornehmlich in Oberschlesien, weil gegen das Mehrheitsvotum der Einwohner errichtet, im Interesse des europäischen Friedens revidiert werden müsse. Die innenpolitischen Verhältnisse in Deutschland beschrieb Trott unbeschönigt als ein »Rennen zwischen Vernunft und Verzweiflung«. Das katholische Zentrum und die Sozialdemokratische Partei empfahl er als »verläßliche Basis für den Frieden«; vor allem letztere sei international ausgerichtet und wende sich gegen Aufrüstung. Der Zulauf zu den extremen Parteien und paramilitärischen Bewegungen stehe in engem Zusammenhang mit der Massenarbeitslosigkeit, von der siebeneinhalb Millionen mehrheitlich junger Männer betroffen seien, darunter auch 100.000 Universitätsabsolventen ohne jede Hoffnung auf eine Anstellung. Nur wenn es gelänge, diesen enormen ökonomischen und psychologischen Druck zu entschärfen, könnten die irrationalen Kräfte zurückgedrängt werden. Trott verhehlte nicht, daß andernfalls die Nationalsozialisten und militanten Kommunisten eine Gefahr für den Frieden in Europa und der Welt bedeuten würden. Eine große Zahl seiner Landsleute, meinte er versichern zu können, teilten jedoch das »Ideal von internationalem Frieden und Verständigung«.[159]

Wenngleich Trott in seinem Vortrag bemüht war, eine allgemeinere deutsche Sichtweise zu präsentieren, so entsprach sie doch im Kern der seinen. Am Vorabend einer Zeitenwende nahm der 23jährige demnach eine in jeder Hinsicht gemäßigte politische Haltung ein, auch in bezug auf den Versailler Vertrag. Unverändert stand er auf dem Boden der Weimarer Republik, bekundete Sympathie für die Sozialdemokratie, lehnte die extremen Parteien entschieden ab und setzte auf internationale Zusammenarbeit und Verständigung im entschiedenen Interesse, Krieg zu verhindern. Sein Auftritt trug Adam von Trott im übrigen einen so »guten Erfolg«[160] ein, daß er daraufhin zu einem Vortrag am Remembrance Day des folgenden Jahres in der Stadt Reading eingeladen wurde. Aber daraus sollte nichts werden. Nie wieder würde er als Bürger eines freien Landes öffentlich in freier Rede sprechen können.

»Am meisten berührt mich hier in London der ungemein gute Geschmack, der mir in den verschiedensten, manchen allerdings sehr wohlhabenden Häusern begegnet«[161], schrieb Trott während seiner ersten Ferienwoche im Dezember 1932 nach Hause. Nachdem er im Rahmen des geselligen Programms für Rhodes-Stipendiaten und bei Diana Hubbacks Verwandten an etlichen Diners und Tanzveranstaltungen in Londoner Privathäusern teilgenommen hatte, meinte er: »Mehr als etwa eine Woche würde dieses Leben bestimmt zum Luxus verführen.«[162] In diesen Tagen traf er auch mit Graf Bernstorff zusammen und lernte außerdem zwei Persönlichkeiten kennen, die er sehr bewunderte: den Professor für Wirtschaftsgeschichte an der London School of Economics und Vertreter des christlichen Sozialismus Richard Henry Tawney sowie – durch Patricia Spence – den Philosophen Bertrand Russell.

Von London aus reiste Trott nach Brüssel, wo er sich mit Miriam Dyer-Bennet zu einem gemeinsamen Bibliotheksaufenthalt verabredet hatte und zugleich hoffte, seine Französischkenntnisse zu verbessern. Auf der stürmischen Überfahrt ergriff ihn ein so »noch nie gekanntes Heimweh nach England«[163]. Die vielen Seekranken um ihn herum, ein bleierner Himmel und die Ankunft in früher Dunkelheit waren ebenfalls nicht dazu angetan, seine trübe Stimmung zu vertreiben. Die Vorbedeutung einer Gefahr, die er in alldem verspürte, trog nicht, denn das Treffen mit Miriam wurde ein Fiasko. Mit der ganzen Naivität seiner jungen Jahre und seiner Unerfahrenheit hatte Trott an die vorgebliche Bereitschaft Miriams geglaubt, ihm das Glück mit Diana zuzugestehen, und mußte nun feststellen, daß er sich darin völlig geirrt hatte.[164] In seiner Verehrung für Miriam hatte er den possessiven Charakter ihrer Liebe zu ihm, der ihr unmöglich machte, eine andere, eine junge Frau an der Seite ihres Adams zu tolerieren, entweder nicht erkannt oder nicht wahrhaben wollen. Trotts Zuwendung zu Diana war zwar der äußere Anlaß, zugleich ein Symptom, aber nicht die Ursache für das Scheitern seiner Beziehung zu Miriam. Selbstkritisch hat sie es später auf ihre Versuche zurückgeführt, bestimmend auf sein Leben einzuwirken.[165] Statt ihn aber dadurch, wie beabsichtigt, an sich zu binden, erreichte sie das Gegenteil – er entzog sich ihr mehr und mehr. Jetzt in Brüssel schuf er klare Verhältnisse und statuierte seine Unabhängigkeit, indem er sich von Miriam trennte. Diese Entscheidung kam auch ihm teuer zu stehen, denn es bedrückte ihn sehr, daß Miriam seinetwegen litt (»Man meint, daß man nur Fluch verdient, wenn man nichts als Leid verursacht«[166]). Noch jahrelang machte er sich deshalb Vorwürfe und belastete ihn das Gefühl, für Miriams Unglück verantwortlich zu sein. Trotz ihrer Trennung brachen sie den Kontakt zueinander nicht ab. Sie liebte ihn weiterhin, und er blieb ihr Bewunderer. Die Erinnerung an ihre Göttinger Liebe (»eine fast vollkommene Übereinstimmung von Herz und Verstand«[167]) hielt er unverändert hoch. »Ich wäre ein Schuft, wenn ich dies jemals vergessen würde«[168], vertraute er einer engen Freundin an.

Trotz oder gerade wegen des persönlichen Dramas verbrachte Trott viel Zeit in der Brüsseler Staatsbibliothek. Während ihm die Geldtheorie Mühe bereitete, fesselte ihn die politische Ökonomie hingegen sehr, wie er dem Vater mitteilte, weil sie anders als »die Jurisprudenz und die meiste Philosophie« nicht so »abseits der wirklich entscheidenden Ereignisse in der Gesellschaft«[169] liege. Der Vater bestärkte ihn in diesem Studium, da die Theorie der Finanz- und Wirtschaftspolitik »von größter Wichtigkeit für den Staatsmann« sei, »der Dir doch vorschwebt. Oder nicht?« Er empfahl seinem Sohn in diesem Zusammenhang auch die Lektüre von Lujo Brentanos Memoiren, »die Du von mir hast«[170]. Graf Bernstorff hatte Trott eine Karte an den deutschen Gesandten in Brüssel, Hugo Graf von Lerchenfeld-Köfering[171], mitgegeben, der kurzzeitig bayerischer Ministerpräsident und danach Gesandter in Wien gewesen war. Graf Lerchenfeld lud Trott zum Mittagessen ein, wo er auch dessen Familie kennenlernte. Der Sohn zeigte ihm anschließend auf einer Autotour die Brüsseler Umgebung. Der Gesandte wurde übrigens 1933 in den vorzeitigen Ruhestand versetzt und hat auch danach seine Abneigung gegenüber dem Nazi-Regime nicht verborgen.[172] In dem Attaché Herbert Mumm von Schwarzenstein begegnete Trott damals in Brüssel noch einem anderen Gegner der Nazis. Er wurde 1935 in den Ruhestand versetzt, 1942 wegen Widerstands verhaftet, zum Tode verurteilt und im April 1945 im Zuchthaus Brandenburg erschossen.

Die Vorteile, die er als Balliol-Student im Hinblick auf erleichterte Kontakte genoß, wußte Trott auch in Brüssel zu schätzen. »Wie erfreulich es ist, durch mein College in Oxford zu einem bestimmten und guten Typ junger Engländer Beziehung zu haben«, schrieb er dem Vater, »wurde mir bewußt, als ich nicht nur in London häufig, sondern auch hier an der englischen Gesandtschaft junge Leute treffe, die dort waren und eine Menge gemeinsamer Freunde und Interessen mit einem teilen.« Er erblickte in einem solchen Umgang aber auch eine Schattenseite: »Vielleicht hat diese Leichtigkeit in einer bestimmten Art sozialer Beziehungen etwas sehr Bedenkliches, eben weil die damit verbundene Angewohnheit leichter Bekanntschaften einem zur Auswahl weniger und festerer Freundschaften die Zeit nimmt.«[173] Auf das Thema Freunde und Kontakte kam Trott nach wenigen Wochen, nun wieder in Oxford, gegenüber dem Vater noch einmal zurück. Er erwähnte, daß er dort neben »einer Unmenge von Bekannten« zwar einen »ziemlich zahlreichen Kreis mir gewogenener Freunde« habe, darunter aber keinen »intimen Freund«, mit dem er wie mit dem Vater seine persönlichen Pläne und Angelegenheiten besprechen könnte. Auch unter den Dozenten bleibe er »trotz aller Liebenswürdigkeit doch am Ende immer der Fremde im Zirkel«. Dies bekümmere ihn aber nicht, da er alleine, wie schon oft betont, »zumeist zufriedener« sei »als in Gesellschaft«[174].

Mitte Januar fand in Oxford eine britisch-deutsche Konferenz über Abrüstungsfragen statt. Die deutsche Delegation wurde vom ehemaligen Reichswehrminister Otto Karl Geßler, dem Staatssekretär a.D. Ernst von Simson und Professor Albrecht Mendelssohn Bartholdy angeführt. Da Geßler kein Englisch sprach, war Adam von Trott gebeten worden, als sein Übersetzer zu fungieren. Das hielt ihn mehrere Tage in Atem, verschaffte ihm aber ungeachtet des inoffiziellen Charakters der Veranstaltung »einen wertvollen Einblick in einen solchen politischen Horizont«[175]. Als bedeutsam sollte sich indes nur eine kurze Begegnung am Rande erweisen. Einer der Konferenzteilnehmer war der junge Geschäftsführer der Stresemann-Stiftung, der bald darauf ins Auswärtige Amt eintrat: Hans Bernd von Haeften. Er verabschiedete sich von Trott auf einer Postkarte: »Leider haben wir uns nicht mehr gesehen; ich möchte Ihnen daher auf diesem Wege ›Auf Wiedersehen‹ sagen, und zwar ganz ernst gemeint. Ich würde mich freuen, wenn Sie mich in Berlin aufsuchen würden, denn von unserer sehr flüchtigen Bekanntschaft habe ich doch den Eindruck, dass eine gelegentliche ausführliche Unterhaltung sich lohnen würde.«[176] Beide sollten sich in der Tat wiedersehen, wenn auch nicht so bald, dafür aber dann einen um so intensiveren Gedankenaustausch pflegen und eng zusammenarbeiten im Widerstand gegen das NS-Regime.

Als wären die ständigen schlechten Pressemeldungen über Deutschland in der zweiten Januarhälfte nicht schon quälend genug gewesen, erreichte Trott nun noch eine Schreckensnachricht. Sein Bekannter

Goronwy Rees, Fellow von All Souls und Mitarbeiter beim *Manchester Guardian*, hatte ihn angerufen und ihm von telegraphisch übermittelten »Ansammlungen der Nazis beim Karl Liebknecht-Haus«[177], der Parteizentrale der KPD in Berlin, berichtet. Die Vereinigung der Nazis mit den Kommunisten, die man daraus geschlossen hatte, erwies sich jedoch zu Trotts großer Erleichterung als Irrtum. Eine Nacht lang aber hatte er sich den Ausbruch einer Revolution in Deutschland vorgestellt, die in eine »Katastrophe für Millionen«[178] münden würde. In dieser letzten Vorstellung sollte er sich nicht irren, wenn die auslösenden und dominanten Faktoren auch andere waren.

Von der Ernennung Adolf Hitlers zum Reichskanzler am 30. Januar 1933 erfuhr Adam von Trott im Junior Common Room des Balliol College aus einer Abendzeitung. Noch in der gleichen Nacht vertraute er seinem Freund Charles Collins die Sorgen und Gedanken an, die ihn als unmittelbare Reaktion auf diese Nachricht umtrieben. Adam habe sofort das »schreckliche Desaster« erkannt, das Deutschland befallen hatte, und auch, daß sich seine eigenen Zukunftsaussichten »fundamental verändert« hätten, erinnert sich Collins als früher Zeuge.[179] Adam sei sich darüber bewußt, daß offene Opposition für eine längere Zeit nicht möglich sein würde, und dennoch von der Notwendigkeit überzeugt gewesen, Regimegegner auf einer gemeinsamen Basis zu versammeln, was er selbst »im Kampf für die Freiheitsrechte« versuchen wollte. Ungeachtet der zu erwartenden Nachteile für seine Laufbahn würde er der Nazi-Partei nicht beitreten, es sei denn, dies ergäbe sich als »eindeutige Pflicht«[180] zur Förderung antinazistischer Aktivitäten.

Nicht minder klar und eindeutig hat der damals 23jährige Trott in einem Brief an seinen Vater vom 13. Februar 1933 zu den Ereignissen in Deutschland, einschließlich der Konsequenzen für ihn selbst, Stellung bezogen. Dieses Bekenntnis aus erster Hand erhält noch zusätzliche Bedeutung dadurch, daß Trott sich brieflich kaum mehr je in solcher Offenheit äußern konnte: »Ich muß sagen, daß mich die (wenn auch spärlichen Nachrichten über die deutsche Lage stark beunruhigen – fortdauernde Absetzung politischer Beamter (oft willkürlich und plötzlich), Begünstigung provozierender Umzüge und vor allem Bewaffnung der SA als Wahlpolizei!! Stehen wir wirklich am Anfang eines deutschen Faschismus, einer Staatsbeherrschung durch die Partei, die nicht nur was Überzeugung, sondern was die Bevölkerungsklasse angeht, weite Volksteile ausschließt und zur Aufrechterhaltung ihrer Herrschaft brutal wird niederhalten müssen. Mir ist es recht schwer zumute, wenn ich an das tägliche Unrecht denke, das hier der ernstesten und verantwortlichsten staatsbürgerlichen Einstellung tagtäglich geschehen muß, und zwar von Leuten, die wenigstens soweit es die Nazis angeht, ihre gegenwärtige Stärke nur der Anomalität aller Verhältnisse (Wirtschaftskrise und Kriegsfolgen, die beide nicht auf das Konto des letzten Regimes gesetzt werden können!) zu verdanken haben. Auch was mich selbst anbetrifft, stimmt mich all dies äußerst trübe, denn es ist mir klar, daß ich dabei auf lange Zeit zur Rolle des Amboß mitverurteilt sein werde.« Trott scheute sich nicht, dem Vater gegenüber einen wesentlichen Unterschied ihrer beiderseitigen Ansichten hervorzuheben, und leitete davon weitere Folgerungen, auch für sich selbst, ab: »So sehr ich mit Dir in fast allen Fragen verantwortlicher Staatsführung übereinzustimmen glaube, so sehr sind wir, glaube ich, in Bezug auf die positiven Rechte des einzelnen und der Massen verschiedener Auffassung. Und jene wird eigentlich nur dann diskutabel, wenn diese letzteren heilig gehalten werden – dafür aber besteht weder bei Hitler noch bei Papen die geringste Garantie. Ihre Vernachlässigung aber wird eine schlimme Reaktion heraufführen, und es wird dann schöpferischer Kräfte bedürfen, die den berechtigten Impuls in dauerhafte Ordnungen leiten. Darauf werde ich mich vorbereiten und einstweilen mit dem autoritären Nationalismus keinerlei Bündnisse eingehen. Und es muß sich nach meiner Rückkehr und leider darüber hinaus nach meiner beendigten Ausbildung herausstellen, wie – ob als Richter, Beamter, Hochschullehrer oder Schriftsteller – ich diesem Ziel am besten dienen kann. Der Dienst an den Rechten des einzelnen – des ›Menschen‹ wie die Naturrechtler sagten – im Zusammenhang und im Konflikt mit all den äußerlichen Ordnungen und Hindernissen ist mir ungleich wichtiger als der Dienst am ›Staat‹ (der zur Willkür geworden ist) –.«[181]

Erst einige Tage nach dem Absenden dieses Briefes kamen Trott Bedenken wegen seiner Offenheit: »Sollte wohl gar mein Brief an Vater, der allerhand Politisches enthielt, aufgehalten worden sein?« fragte er die Mutter etwas besorgt, fügte aber auch nicht gerade vorsichtig hinzu, wie »peinvoll das Bewußtsein«[182] sei, daß in Deutschland gegen die wesentlichsten Bürgerrechte regiert werde. Die Vorstellung, daß freie politische Äußerungen selbst in privaten Briefen hinfort gefährlich sein konnten, war, besonders vom Ausland aus, gewöhnungsbedürftig. Seinen Informationsvorteil durch die nichtzensierten englischen Zeitungen hatte Trott indes sofort erkannt. – Der Vater versuchte in seinen Briefen an den Sohn die Vorgänge in Deutschland möglichst undramatisch darzulegen. Er äußerte sich erleichtert darüber, daß ein Aufruhr, ein Generalstreik oder gar ein Bürgerkrieg habe verhindert werden können. Obwohl schwer besorgt, klammerte er sich an den Gedanken, daß mit der Koalition »eine reine Parteiregierung«[183] Hitlers vermieden werden konnte, und hoffte auf den Sachverstand der Minister, die nicht der NSDAP angehörten. August von Trott ließ keinen Zweifel daran, daß er »den Faschismus« ablehnte: »Er paßt ebensowenig für Deutschland wie die sozialistische Republik. [...] Ich mag den Glauben nicht verlieren, daß Deutschland schließlich doch die Kraft finden wird, sich eine ihm angemessene Staatsform zu geben und sehe sie allerdings in der Monarchie.«[184] Der Vater stand, wie Adam zu Recht bemerkte, »im Kreuzfeuer der so grundverschiedenen Auffassungen«[185] seiner drei Söhne. Auch andere deutsche Familien dürften zu jener Zeit politisch gespalten gewesen sein, aber wohl wenige so extrem wie die vier männlichen Mitglieder der Familie von Trott: der Vater Monarchist, Werner Kommunist, Adam sozialdemokratischer bzw. Labour-Sympathisant und der 14jährige Heinrich, der sich zu einem begeisterten Hitler-Anhänger entwickelt und in seinem Internat in Ilfeld mit Kameraden einen NS-Schülerbund gegründet hatte. Adam war empört, als er von einer pronazistischen Tischrede seines kleinen Bruders am Geburtstag des Vaters hörte, wenn er sich auch selbst vorwarf, sich nicht um Heinrich gekümmert zu haben.

Der politische Umsturz in Deutschland habe, so Collins, Trotts Eindruck von der »Unwirklichkeit« des Oxforder Lebens und dessen Vergnügungen verstärkt. Dennoch sei er unverändert ein »guter Gesellschafter«[186] geblieben. Ein anderer Balliol-Student, der amerikanische Rhodes-Stipendiat Samuel Beer – später Professor für Politische Wissenschaften an der Universität Harvard –, erlebte es allerdings, daß Trott, den er mit einer flapsigen Bemerkung über die Nazis hatte aufheitern wollen, darauf ungewohnt scharf reagierte.[187] Auf diesem Feld kannte er offensichtlich keinen Spaß. – Daß die Geschehnisse in seinem Land an Trott nicht spurlos vorübergingen, vielmehr an seiner Aufmerksamkeit und Konzentration zehrten, läßt sich an einem gewissen Leistungsabfall erkennen. Der Kurzbericht seines College an das Rhodes House im Frühjahr 1933 enthielt erstmals eine kritische Bemerkung über seine »etwas unbestimmte Arbeit« und die daran geknüpfte Vermutung, daß er sich beim Abschlußexamen im Sommer »nicht besonders auszeichnen«[188] werde. Ihm gegenüber aber hatten die Tutoren lediglich seine »englische Prosa«[189] bemängelt. Den Fremdsprachler konnte er in seinen Essays nicht verleugnen.

Das Ablaufen seiner Oxforder Studienzeit betrachtete Trott mit Wehmut und wandte sich zunehmend der Frage zu, wie er »all diese wertvollen Erfahrungen zu Hause schöpferisch und nutzbar« machen könnte. Ein Ergebnis dieses Nachdenkens war seine Idee, parallel zum Rechtsreferendariat eine Habilitation anzustreben, und zwar beim angesehenen Staatsrechtslehrer Hermann Heller, seit März 1932 Professor für öffentliches Recht an der Universität Frankfurt am Main. Trott schätzte nach eigener Aussage die Werke Hellers und hatte ihm eine Reverenz auch dadurch erwiesen, daß er seine Dissertation mit einem Zitat von ihm begann.[190] Ebenfalls dürfte ihm dieser als Mitinitiator der *Neuen Blätter für den Sozialismus* bekannt gewesen sein. »Heller scheint mir«, begründete Trott Anfang Februar gegenüber Adalbert von Unruh seinen Entschluß, »der meiner ganzen Einstellung am nächsten liegende Staatsrechtler zu sein.« Obwohl ihm zu diesem Zeitpunkt durchaus bewußt war, daß seine Wahl »ein Hindernis«[191] bedeuten könnte, ließ er sich davon nicht abhalten. Heller war als entschiedener Gegner der Nationalsozialisten hervorgetreten und diesen als Sozialdemokrat und Jude ohnehin verhaßt. Am 27. Februar wurde Trott nun unerwartet die Ehre zuteil, auf Einladung von Sir Stafford Cripps zusammen mit einigen Labourpolitikern zu einem Essen für Hermann Heller im Londoner Unterhaus gebeten zu werden.[192] Welch eine besondere Chance für ihn, sich bei Professor Heller persönlich vorstellen zu können, auch wenn nicht gleich als Habilitant. Die Idee, sich bei ihm zu habilitieren, fiel jedoch, kaum daß sie geboren war, sofort der brutalen Machtausübung der Nazis zum Opfer. In Lebensgefahr, konnte Heller nicht mehr nach Deutschland zurückkehren, sondern trat direkt von England aus eine Gastprofessur in Madrid an. Nach mehreren Herzanfällen starb er dort bereits im November 1933.

Der Kontakt zu Sir Stafford Cripps hingegen sollte von Dauer sein, ja für Adam von Trott sogar weitreichende Folgen haben. Cripps, geboren 1889, war ein Sohn des prominenten Politikers Lord Parmoor. Einem Chemiestudium hatte er eine äußerst erfolgreiche Karriere als Rechtsanwalt angeschlossen und sich früh in der internationalen kirchlichen Friedensbewegung engagiert. Seit 1932 Parlamentsabgeordneter der Labour Party, gehörte er bald zu den führenden Politikern des linken Flügels dieser Partei. – Auffällig kurz nach ihrem Treffen im Unterhaus wurde Trott von Sir Stafford zum Abendessen in dessen Londoner Wohnung am Montague Square gebeten. Weitere Einladungen sollten folgen. Es entstand eine bemerkenswerte Freundschaft, in die von Anfang an Lady Isobel einbezogen war. Zu einer Zeit, als sich Deutschland in eine Diktatur wandelte, hätte das Ehepaar Cripps gute Gründe gehabt, nähere Kontakte zu dem jungen Deutschen zu meiden. Statt dessen schenkten sie ihm gerade dann ihr Vertrauen, als er es besonders brauchte. Nach einem Wochenendbesuch im Crippsschen Landhaus in Goodfellows bei Lechlade in Gloucestershire schrieb Trott an Diana: »Ich habe eine sehr schö-

Das Ehepaar Cripps

ne, wenn auch kurze Zeit in Crippsens wirklich wunderschönem Landhaus verbracht. Beide waren äußerst freundlich zu mir, und in ihm finde ich einen Menschen, mit dem es so hilfreich und ermutigend ist, zu sprechen. [...] Wie bin ich froh, ihn zu kennen.«[193]

In der ersten Märzhälfte 1933 fuhr Adam von Trott über die Trimesterferien nach Deutschland. Dank der Möglichkeit zum Erwerb eines günstigen Flugtickets konnte er die Reise nach Berlin per Flugzeug antreten. Diese, sein erster Flug überhaupt, entpuppte sich als regelrechtes Abenteuer. Zweimal mußte das Flugzeug wegen Triebwerksausfall notlanden, und das Ersatzflugzeug erreichte schließlich in nächtlicher Dunkelheit den Boden auf »sehr abenteuerliche Weise«[194]. Fasziniert von dem Flugerlebnis, das er Diana Hubback schilderte, scheint Trott aber den Gedanken, er könnte vielleicht nur knapp mit dem Leben davongekommen sein, nicht zugelassen zu haben. Das »imposante« Lichtermeer Berlins, das er von oben erblickt hatte, wich bei Tageslicht einem mehr als nüchternen Bild. Bei den Berlinern nahm er »eine gewisse Schwermut und Erschöpfung« wahr, die er »weniger auf politische Verbitterung als auf wirtschaftliche Verzweiflung«[195] zurückführte. In den nächsten vier Wochen begegneten ihm massenhaft junge Leute mit ausgemergelten Gesichtern und Bettler auf Schritt und Tritt.

Zweck von Trotts Aufenthalt in Berlin war seine Vorbereitung auf das Oxforder Abschlußexamen, so daß er seine Tage in der Staatsbibliothek mit Geschichte und Philosophie verbrachte. Die politischen Vorgänge in Deutschland und alles das, wovon er in Berlin Zeuge wurde, beunruhigten ihn jedoch, wie er zugab, viel zu sehr, als daß er sich ganz ungestört dieser Arbeit hätte widmen können. Auch seine altbewährten Freuden, das Betrachten von Gemälden und das Stöbern in Antiquariaten, vermochten ihn nur kurz aus düsterer Stimmung zu reißen. Über alle wichtigeren Dinge, die ihn beschäftigten[196] konnte er wegen der Zensur nicht schreiben. Obwohl sich hier vieles »von historischer Bedeutung«[197] ereigne (womit er auch das Ermächtigungsgesetz vom 23. März gemeint haben dürfte), äußerte Trott in einem Brief an Isaiah Berlin, sei dieser durch die englischen Zeitungen darüber objektiver informiert als er. Ja, er selbst ließ sich von Diana die betreffenden Seiten aus der *Times* schicken, um zuverlässige Nachrichten über das Geschehen im eigenen Land zu erhalten. Trott gewöhnte sich nun in seinen Briefen neutrale oder mehrdeutige Formulierungen an und setzte bei den Adressaten die Kenntnis seiner Einstellung voraus. Wenn er etwa der Oxforder Freundin Shiela Grant Duff schrieb, daß er in Berlin »aus nächster Nähe eine erstklassige politische Krise oder vielmehr die Transformation menschlicher und sozialer Schicksale im größten Maßstab beobachten«[198] könne, ging er davon aus, daß sie wußte, wie er darüber dachte. An späterer Stelle dieses Briefes floß ihm jedoch eine unverhüllt scharfe Kritik an den deutschen politischen Zuständen in die Feder: Die Deutschen, erklärte er, seien »eine einfache und manchmal, wie es mir scheint, fast schwachsinnige Rasse. Alle unsere Talente sind unsozial, und das sind auch alle unsere Sünden, die schlimmste unter ihnen die Unfähigkeit, unsere öffentlichen Angelegenheiten ordentlich zu führen und sie stattdessen höchst außergewöhnlichen Kräften und Figuren zu überlassen.«[199]

In Berlin suchte Trott mit seinen sozialdemokratischen Freunden und Bekannten, soweit sie dort noch verblieben waren, in Kontakt zu treten, um die Situation und Chancen der Sozialisten in Deutschland nach ihrer »allgemeinen und unbestreitbaren Niederlage«[200] zu erkunden. Wie er später von London aus Rowse mitteilte, konnte er ein nur sehr unvollständiges Bild gewinnen. Er erfuhr vom Terror, mit dem die Nazis zunächst gegen die Sozialdemokraten vorgegangen seien und der zeitweilig jegliche Kommunikation zum Erliegen gebracht habe. Er erfuhr von einer Reihe kleiner sozialistischer Gruppen, die im Gegensatz zur SPD in der Illegalität zu arbeiten beabsichtigten. Auch wenn er keine Namen nannte: Eine dieser Gruppen war der *Rote Stoßtrupp* unter Rudolf Küstermeier und Trotts Bekanntem Curt Bley. Er erfuhr von der massiven Propaganda, die die Nazis gegen die Reste sozialdemokratischer Organisationen einsetzten. Im Kreis der *Neuen Blätter* gab man sich dennoch optimistisch, weiterbestehen zu können, wie sich herausstellen sollte, zu Unrecht, denn im Juni 1933 wurde auch diese Zeitschrift verboten. Trott erfuhr auch von gewissen Hoffnungen, die Nazis könnten daran scheitern, daß sie ihre Versprechungen den vielen Besitzlosen gegenüber nicht würden halten können und sich folglich eine »permanente Revolution« entwickeln würde. Er wollte letzteres zwar nicht ausschließen, äußerte sich aber skeptisch zur Frage des Wann.

Über die Verfolgung der politischen Linken konnte sich Trott auch durch seinen Bruder Werner aus erster Hand informieren. Obwohl der Kommunistischen Partei »innerlich schon 1932 entfremdet«[201], war Werner von Trott dennoch dem Kampfbund Künstlerkolonie am Laubenheimer Platz treu geblieben. Im Laufe der Razzien, die dort nach dem Reichstagsbrand im Februar 1933 gegen Kommunisten einsetzten, wurde er zusammen mit seinem Freund Kütemeyer verhaftet und von der Gestapo verhört. Ihr einstiger Marburger Kommilitone Rudolf Diels, damals Leiter der Politischen Polizei, ließ beide jedoch laufen. So traf Adam von Trott seinen Bruder bereits wieder auf freiem Fuß an. Dieser erschien ihm wie immer »achtunggebietend« und politisch jetzt »sehr viel gemäßigter«[202]. Bald indes gab es neuen Grund zur Sorge, da Werner seine polizeiliche Anmeldung verloren hatte und ohne Ausweis dastand. Er konnte zwar für den Bruder Ersatzpapiere aus Imshausen beschaffen, aber mit der unvermeidlichen Folge, daß die Mutter sich nun aufregte, zumal er ihr nicht hatte verschweigen können, daß Werner sich vorübergehend aufs Land zurückziehen mußte. Adam vertröstete sie auf sein Kommen nach Imshausen, denn es sei besser, über »diese Dinge« zu sprechen als »geheimnisvolle Briefe«[203] zu schreiben.

Auf dem Wege nach Oxford brachte Trott als guter Freund Miriam Dyer-Bennet in Antwerpen aufs Schiff. Für ihre vorzeitige Rückkehr nach Kalifornien waren genug triftige Gründe zusammengekommen: die Trennung von Adam, die Sehnsucht nach ihren Kindern, die Machtübernahme durch die Nazis. In der ganzen Zeit dieses Regimes setzte sie ihren Fuß nicht mehr auf deutschen Boden.

Noch in Berlin hatte Trott die Befürchtung geäußert, daß die politischen Vorgänge in Deutschland, die »für sich schon schmerzvoll genug« seien, ihm seine englischen Freunde entfremden könnten. Bei ihr, schrieb er

Diana, habe er keine Zweifel, aber sonst sei er sich nur »bei sehr, sehr wenigen sicher«[204]. Obwohl kein enger Freund Trotts, bewies Robin George Collingwood in dieser Hinsicht ungewöhnliche Einfühlung. Als deutliches Zeichen, daß er unverändert zu ihm stand, gab Collingwood eigens zu Trotts Begrüßung in Oxford einen Empfang. Nach der Erinnerung von Isaiah Berlin hätten sich damals viele um Adam gedrängt, um von ihm über das Geschehen in Deutschland unterrichtet zu werden, doch dieser habe nur lakonisch bemerkt: »Mein Land ist sehr krank«.[205] Dies stimmt mit Trotts Mitteilung an seine Mutter überein, daß er die »politischen Fragen, mit denen ich sofort überschüttet wurde, möglichst kurz und bündig« beantwortet habe, denn »für ein abschließendes Urteil« seien »die Verhältnisse viel zu neu«[206]. Das freundliche Verhalten ihm persönlich gegenüber täuschte ihn nicht darüber hinweg, daß die Aversion gegen das Hitlerregime in der englischen Öffentlichkeit antideutsche Ressentiments wiederaufleben ließ. Im Mai meinte Trott eine »schon beinahe als historisch totgeglaubte«, aber noch auf »mächtige Komplexe aus dem Kriege zurückgehende Erregung gegen alles Deutsche«[207] wahrzunehmen. Schon Wochen vorher hatte ihn eine Stellungnahme des Oxforder Historikers Ernest L. Woodward in der *Times* erschreckt, in der dieser den Erfolg der Hitler-Bewegung nicht in den Zusammenhang der wirtschaftlichen Krise Deutschlands stellte, sondern in die Tradition von Preußentum und »deutscher Aggressivität«[208]. Ende Juni wiederum beobachtete Trott, daß in England »Bewunderung und Vertrauen zu der Person Hitlers im Steigen« sei, und zwar »auch dort, wo man der Bewegung selbst feindlich oder skeptisch gegenübersteht«[209].

Obwohl August und Eleonore von Trott das Nazi-Regime grundsätzlich ablehnten[210], ließen sie sich dennoch, wie aus ihren Briefen an Adam hervorgeht, von »der neuen Entwicklung« beeindrucken. Der Vater bestritt zwar nicht »Mängel und Schattenseiten«, wozu er vor allem die Judenverfolgung rechnete, durch die sich die Bewegung »schwer belastet« habe, wertete aber positiv, daß »ein Aufschwung«, der »wie ein Wunder« wirke, »das ganze Land erfaßt« habe. »Kein vernünftiger oder maßgeblicher Mensch in Deutschland will den Krieg«[211], erklärte er und sah sich darin durch die Rede Hitlers am 17. Mai (der sog. Friedensrede) bestätigt. Daß der deutsche Reichskanzler die ganze Welt zum Narren halten könnte, lag außerhalb der Vorstellung August von Trotts und seiner Frau. Eine Äußerung Eleonore von Trotts vom Januar 1932, also ein Jahr vor dem Machtantritt Hitlers, zeigt, daß allgemeine Begeisterung ihre Wirkung auf sie nicht verfehlte. Damals hatte sie Adam geschrieben: »Dieser Hitler – man hört keinen andern Namen, in der Bahn, in den

Läden, auf der Straße (ich war zwei Tage in Kassel), und ich habe das Gefühl, daß so viel Gutes dabei ist, fühle mich aber immer mehr abgestoßen durch die Vergötzung des Rassegedankens, der der letzte Maßstab für alle Fragen sein soll.«[212] Von ihrer Ablehnung des nazistischen Rassenwahns rückte Eleonore von Trott nie ab. Das hinderte sie allerdings nicht, sich zeitweilig von vorgeblich religiöser Nazi-Propaganda blenden zu lassen. Dabei stand sie offenkundig unter dem Einfluß leitender Personen des Burckhardthauses, dem sie nach wie vor sehr verbunden war. Trott zeigte sich über den »Wandel« des »moralischen Urteils« seiner Mutter höchst irritiert, da sie ihm auch noch vorwarf, daß er »out of touch«[213] der Verhältnisse in Deutschland sei. Brieflich, zumal vom Ausland aus, konnte er schlecht gegen sie argumentieren, er versäumte es jedoch nicht, leicht verbrämt der Mutter ihren Informationsmangel vorzuhalten: »Natürlich sind Dir die mehr unterirdischen Aspekte der Umwälzung, die vor allem von der auswärtigen Presse ausgebeutet wurden, nicht bekannt.«[214] Wenn auch die Zeit ihrer Illusionen höchstens auf einige Monate begrenzt blieb, hat Eleonore von Trott nach dem Krieg nur für ihre beiden ältesten Söhne Werner und Adam reklamiert, daß sie »vom ersten Anfang an das Hitler-Regime als das erkannt hätten, was es war – als das absolut Böse«[215].

Die Nachrichten aus Deutschland gäben »fortwährend und immer mehr«[216] Anlaß zur Beunruhigung, schrieb Trott an Diana als Reaktion auf die fast täglichen Zeitungsberichte über Verbote (am 22. Juni wurde die SPD verboten) und Gewaltmaßnahmen der Nazis. Verzweifelte Wut packte ihn zum Beispiel, als er im Juni in der *Times* von den Brutalitäten auf dem Deutschen Gesellentag in München las. Mit Gummiknüppeln und Reitpeitschen hatten Horden von uniformierten Nazis und SA-Männern auf die katholischen Gesellen, die sich zu Tausenden versammelt hatten, eingeprügelt, so daß die Veranstaltung abgebrochen werden mußte. Die Polizei hatte nicht eingegriffen.[217] Auch Trotts Freund Helmut Conrad wußte zu berichten, daß in Deutschland »der Terror außerordentlich zugenommen« habe. Er erwähnte außerdem, daß er von zu Hause mit Rücksicht auf die Zensur aufgefordert worden sei, »möglichst wenig und nichtssagend zu schreiben«[218]. Conrad, bisher Jurastudent in Halle, hatte sich wegen seiner Gefährdung als aktives SPD-Mitglied in seinem Heimatort Waldersee bei Dessau vorübergehend nach Südfrankreich abgesetzt. Dort schlug er sich kümmerlich durch und mußte feststellen, daß man selbst in Lyon »vor Nazitreibern«[219] nicht verschont war. Trott unternahm sofort verschiedene Bemühungen, um dem Freund ein Stipendium in England zu verschaffen, doch blieben diese erfolglos.

Wie eine Kontrastwelt erlebte Adam von Trott zur gleichen Zeit Oxford in seiner sommerlichen Schönheit, angefangen von der Aussicht aus seinem Fenster auf eine blühende Kastanie. Er bedauerte, daß er die letzten Monate »einer schönen und freien Umgebung, die ich sehr lieb gewonnen habe, zum größeren Teil mit Examensarbeit zubringen«[220] mußte. Nur selten erlaubte er sich Spaziergänge auf seinen und Dianas Lieblingswegen in Wytham Woods oder Kahnfahrten auf der Cherwell. Seine angeschlagene Gesundheit bewog ihn dann aber über Pfingsten, zusammen mit Bill Adams ein paar Erholungstage auf dem Lande in Sussex einzulegen. – Da Trott ein abgeschlossenes Hochschulstudium und einen Doktorgrad vorzuweisen hatte, war ihm in Oxford ein »Senior Standing« zuerkannt und damit das reguläre dritte Studienjahr erlassen worden. Der Gewinn dieses einen Jahres war jedoch mit dem Nachteil verbunden, den Lernstoff von drei Jahren in einer erheblich kürzeren Zeit erarbeiten und im Abschlußexamen beherrschen zu müssen.

Das schriftliche Examen in Philosophie, Politik und Volkswirtschaft begann am 7. Juni und dauerte fünf Tage. Den Prüflingen lagen für die Klausuren mehr als 120 Fragen aus einem breiten Themenspektrum vor, von Inhalt und Art der folgenden Beispiele: »Welche Änderungen hat die Konzeption von Substanz seit Descartes erfahren? [...] Untersuchen Sie Kants Ansicht, daß nur aus Pflichtgefühl unternommene Handlungen moralischen Wert haben. [...] Beurteilen Sie den Wert des Studiums der Sozialpsychologie für die politische Theorie. [...] Wieweit kann die Kontrolle der Außenpolitik befriedigend zwischen Exekutive und Legislative geteilt werden? [...] Warum führte die Nahost-Krise von 1876-78 nicht zu einem Krieg zwischen den Großmächten? [...] Analysieren Sie die Gründe für das späte Erscheinen der Labour Party. [...] Unter welchen Umständen und Bedingungen kann eine öffentliche Autorität zur Verminderung von Arbeitslosigkeit eingreifen? [...] Kann es eine ›Ökonomie der Wohlfahrt‹ geben?«[221] Ein wenig skeptisch teilte Trott seinem Vater nachher mit: »Das Schriftliche ist nicht gerade schlecht, aber doch schwer genug gewesen, um an einem sichern Ausgang zweifeln zu machen.«[222]

Da der mündliche Teil des Examens erst für Ende Juli angesetzt war, hatte Trott jetzt den Kopf frei für ein Vorhaben, das ihn seit längerem beschäftigt hatte: die Veranstaltung einer kleinen internationalen sozialistischen Konferenz. Er knüpfte damit an Gedanken an, die er in seinem Artikel über Rowses Buch in den Vordergrund gestellt hatte und ihm unter den aktuellen politischen Verhältnissen um so wichtiger erschienen. Die Konferenz hatte er in mehreren Gesprächen, darunter mit Rowse und Tawney, vor allem aber mit Sir Stafford Cripps vorbereitet. Cripps hatte es auch übernommen, sich um die Finanzierung zu kümmern, für die Trott ebenfalls den Verleger Victor Gollancz gewinnen konnte. Bei letzterem war er im übrigen mehrmals zu Gast. Trotts Plan war, als Hauptteilnehmer jeweils drei bis vier junge Sozialisten aus England, Frankreich und Deutschland zusammenzubringen, die über »Grundsätze einer koordinierten ›policy‹ des europäischen Sozialismus«[223] beraten sollten. Für erwünscht hielt er es, daß diese Teilnehmer einflußreiche Gewerkschaften oder sozialistische Publikationsorgane repräsentierten. Da ihm Kenntnisse über französische Sozialisten fehlten, hatte er neben Rowse auch seinen Bekannten Pierre Viénot, den späteren Résistance-Kämpfer[224], um Rat gefragt. Seine Sorge galt auch den gefährdeten Sozialisten aus Deutschland, die verdeckt einzuladen waren. Die Konferenz fand Ende Juni oder Anfang Juli in Holywell Manor in Oxford statt. Trott teilte Diana über sie nur knapp mit: »Unsere Konferenz war ein Erfolg.«[225] Weder auf die Teilnehmer noch auf ihre Referate finden sich in seinen Papieren irgendwelche Hinweise. Erhalten hat sich allein der Entwurf seines eigenen Redebeitrags. Unter dem Titel »Nationalism and Internationalism« versucht er darin seine politischen Ideale Sozialismus, Internationalismus und Patriotismus in Einklang zu bringen. Er führt aus, daß es richtig sei, wenn »die marxistische Theorie Nationalismus als Bemäntelung kapitalistischer Interessen verurteile«, doch sei es ein Irrtum, zu erwarten, daß mit dem »kapitalistischen Überbau zugleich alle wesentlichen nationalistischen Elemente« beseitigt würden. Man müsse vielmehr unterscheiden zwischen einem Nationalismus, der »wirtschaftlichen und politischen Imperialismus« bedeute, und einem, der »Ausdruck legitimer patriotischer Zugehörigkeit« sei. Die sozialistischen Bewegungen dürften letzteren nicht den Faschisten überlassen, die ihn »in gigantischer Übersteigerung« erfolgreich psychologisch nutzten. Nationale Eigenarten stünden einem »föderalen Konzept einer internationalen sozialen Organisation« nicht entgegen. Sie seien vielmehr die Voraussetzung für einen Sozialismus, der, anstatt abstrakt den verschiedenen Völkern übergestülpt zu werden, sich mit den Elementen ihres Alltagslebens identifiziert. Der »gefährliche und imperialistische Charakter von Nationalismus«, meinte er abschließend im Hinblick auf die Nazis, könne nur durch eine »zweite Revolution« und die Schaffung einer »rationalen und konstruktiven Ordnung einer nationalen und internationalen Gesellschaft« besiegt werden.[226] Während sich das erste bald als Wunschdenken herausstellte, blieb das zweite für Trott ein wichtiges Thema, dem er sich zusammen mit Gleichgesinnten in seinen letzten Lebensjahren zugewandt hat. Mehr noch als sein Referat ist Trotts Initiative zu einer solchen internationalen Konferenz in der damaligen Zeit bemerkenswert, auch wenn sie keine Folgen haben sollte.

Bevor er England verließ, hatte Trott den Wunsch, sich an Ort und Stelle über Industriebetriebe sowie Arbeits- und Lebensbedingungen von Fabrikarbeitern zu orientieren. Da David Astor, der bereits praktische Erfahrungen in einer Fabrik gesammelt hatte, dieses Interesse teilte, hatten sie für Mitte Juli eine gemeinsame Fahrt in den Norden Englands verabredet. Trott ließ sich zu diesem Zweck von seinem alten Gönner Selbie ein Empfehlungsschreiben mitgeben. Ihre Autotour starteten sie in Cliveden, dem prächtigen Landsitz der Familie Astor an der Themse westlich von London. Begleitet wurden die beiden Freunde von ihrem Balliol-Kommilitonen Jo Grimond – später langjähriger Parteiführer der Liberalen. Auf dem Wege nach und in Birmingham besichtigten sie Kohlegruben, Arbeitersiedlungen und Fabriken, darunter die Reifenfabrik Dunlop. In Manchester jedoch, ihrer nächsten Station, mußte die Exkursion vorzeitig beendet werden. Nachdem Trott sich schon seit Wochen schlecht gefühlt hatte, kam nun ein »entsetzlicher Furunkel«[227] zum Vorschein, ein Übel, das ihn zuletzt in seiner Schulzeit geplagt hatte. Der Furunkel mußte in Manchester geschnitten und im Bett auskuriert werden. Sobald Trott wieder reisefähig war, entschädigte David Astor ihn für das entgangene Industrie-Programm mit einer »herrlichen Fahrt«[228] nach Schottland bis Glasgow und einigen Ferientagen auf der Insel Jura, wo die Astors ein Jagdhaus besaßen. Neben seinem Examenspensum erkundete Trott auf langen Wanderungen die nahezu unbewohnte Insel. Die Waldlosigkeit Juras hatte ihn zuerst befremdet, doch gewann er dem braun-oliv farbigen Gras reizvolle Schönheit ab. Er beobachtete das zahlreiche Rotwild, auch die verschiedensten Arten von Raubvögeln und fand es aufregend, von einem felsigen Berg aus bei peitschendem Regen einen Wildziegenbock mit riesigen Hörnern zu erlegen. Nichts aber scheint ihn mehr vergnügt zu haben, als bei einer Bootstour auf »zwei höchst reizende«[229] einheimische Fischer zu treffen und ihren Erzählungen zu lauschen.

Die mündliche Prüfung in Modern Greats fand am 27. Juli statt. Tags darauf konnte man bereits die Resultate in der *Times* lesen, aufgelistet in der Reihenfolge der üblichen Bewertungsstufen von Klasse I. bis IV. Der Name »F. A. von Trott zu Solz, Balliol«[230] war in Klasse II zu finden. Die hochbegehrte Erste Klasse hatten nur die wenigsten erreicht, auch sonst niemand vom Balliol College. Trott hatte sie so sehr angestrebt und gegen berechtigte Zweifel im stillen doch erhofft, daß er über sein Abschneiden bitter enttäuscht war, es sogar als »Niederlage«[231] empfand. Er wußte zu gut, daß in Oxford nur derjenige wirklich anerkannt wurde, der ein First Class-Examen abgelegt hatte. Ein solches hat er zwar nicht wie Rowse für eine »Eintrittskarte in den Garten Eden«[232] gehalten, aber den Ehrgeiz besessen, gerade weil er sich »als Fremder im Zirkel«[233] fühlte, zumindest auf diese Weise dazuzugehören. Daß er vermutlich als einziger das Examen nach zwei statt nach drei Jahren und obendrein in einer Fremdsprache absolviert hatte, zählte nicht. Es mag in Oxford auch hämische Kommentare über Trotts »Second« gegeben haben, überliefert ist nur die Anteilnahme seines Tutors und Prüfers Humphrey Sumner sowie seiner Freunde Henderson und Cox, die auch die Konsequenzen für ihn kannten. Cox reagierte spontan noch am Prüfungstag mit einem ebenso temperamentvollen wie einfühlsamen Brief, der mit den Worten beginnt: »How perfectly hellish«. Er nannte tröstend die Zweite Klasse ein »zufälliges Mißgeschick«, das überhaupt nichts an Adams Ansehen und seinem Wert für Oxford ändere. Seit Jahren hätten dort nur wenige Studenten soviel zum intellektuellen, kulturellen und gesellschaftlichen Leben beigetragen wie er, »und niemand hätte die Wiederbelebung der deutschen Rhodes-Stipendien triumphierender rechtfertigen können«[234].

In Trotts Fall ging es jedoch um viel mehr als enttäuschten Ehrgeiz. Er hatte von Anfang an ernsthaft erwogen, nach Ablauf der beiden Stipendienjahre vorübergehend seinen Lebensunterhalt in England zu verdienen.[235] Da es auf dem dortigen Arbeitsmarkt schon junge britische Akademiker schwer genug hatten, eine Stelle zu finden, sah er für sich in der Bewerbung um ein Fellowship im All Souls College die einzige und überdies verlockende Möglichkeit. Auch wenn er seine Chancen nicht allzu hoch veranschlagt hat, hielt er den Versuch für wert, zumal unter den inzwischen radikal veränderten Bedingungen in Deutschland. Im Sommer hatte Trott eine weitere schlechte Nachricht »heftig beunruhigt«, nämlich daß der Referendardienst »ohne Parteianschluß kaum möglich sein« werde.[236] Eine Anstellung in Oxford würde ihm ersparen, schrieb er Shiela Grant Duff, »von den Hitleristen gedemütigt zu werden, aber«, betonte er zugleich, »ich möchte diese Befreiung nicht gegen eine andere Demütigung tauschen. Es ist demütigend, ein Emigrant zu sein.«[237] Eine Bewerbung für All Souls unterhalb der Ersten Klasse war nicht üblich, und so nahm Trott, sofort nachdem er sein Examensergebnis erfahren hatte, von diesem Plan Abstand und entschied sich für die Rückkehr nach Deutschland.

Auf anderem Wege hatte er indes dafür gesorgt, daß ihm eine Hintertür nach Oxford offenblieb. Ende Mai 1933 hatte er bei der Rhodes-Stiftung offiziell ein drittes Stipendienjahr beantragt, und zwar mit zeitlichem Aufschub. Trott begründete diesen mit seiner dreijährigen Referendarausbildung, die er zuvor beenden müsse. Danach aber würde er gerne für ein weiteres Jahr nach Oxford wiederkehren und sich einer

Arbeit über Aspekte »politischer Doktrinen des modernen Europa«[238] widmen. Der Master von Balliol unterstützte Trotts Antrag wärmstens und setzte seinem Schreiben an das Rhodes House hinzu: »Wir haben alle eine sehr hohe Meinung von ihm.«[239] Warden Allen konnte Trott schließlich mitteilen, daß die Rhodes-Kuratoren bereit seien, zu gegebener Zeit die Fortsetzung seines Rhodes-Stipendiums in Oxford für ein Jahr »in Betracht zu ziehen«[240]. Trott dankte ihm für »die gute Nachricht«, die er besonders zu schätzen wisse »angesichts einer ziemlich unsicheren Zukunft«[241].

Am 4. August ließ sich Trott in Southampton auf dem Boot, das ihn zum Schiff nach Hamburg bringen sollte, von der »netten alten Bootsköchin« Briefpapier, Feder und Tinte geben; sie versprach auch, die Post zu befördern. So konnte er noch vor seiner Abreise einen tröstenden Brief an Diana Hubback senden. Ihr »unglückliches Gesicht« beim Abschied, schrieb er, habe ihn sehr traurig gemacht und er hoffe, daß er nicht zu harsch reagiert habe. Er sei schließlich verantwortlich für ihren Kummer und als einzige Entschuldigung könne er vorbringen, »daß er ihre Unterstützung gebraucht und bekommen habe zu einer Zeit«, als er »so sehr niedergedrückt war«. Sie solle aber bloß nicht glauben, daß er keine Fehler habe – man müsse nur an seine »seelische und geistige Lethargie angesichts guter Möglichkeiten« denken. Um die Freundin aufzurichten, gab Trott ihr, wie er es gerne tat, eine ganze Reihe von Leseempfehlungen, darunter Spinozas »Ethik« (Goethe habe gesagt, daß er Spinoza seinen inneren Frieden verdanke), Swifts Briefe an Stella und Goethes »Wahlverwandtschaften«. Nur mit einem Satz an eher unauffälliger Stelle äußerte sich Trott zu seiner eigenen Situation: »Ich betrachte diese Rückkehr als das vielleicht größte Wagnis in meinem ganzen Leben, und obwohl ich weiß, daß es äußerlich nur halb so dramatisch sein wird, als viele meinen, zögere ich, was den Erfolg am Ende betrifft.«[242]

Die Rückkehr Adam von Trotts im Sommer 1933 markierte in der Tat eine Zäsur, und eine tiefere zudem, als sie gewöhnlich der Übergang von einer Lebensphase in eine andere darstellt. Das nunmehr herrschende NS-Regime betrieb mit Eifer die Verkehrung des bisher Gültigen ins Gegenteil. Auf seinen Fall bezogen: Einem bisher hochangesehenen Studium an der englischen Elite-Universität haftete jetzt geradezu ein Makel an. Vor dem Volksgerichtshof wird Trott elf Jahre später wegen dieser »undeutschen Erziehung« angeprangert werden. Das nahm der Oxforder Zeit nichts von ihrem Wert für seine persönliche Entwicklung. Das Studium, die vielerart Anregungen, der geistige Austausch, die Erfahrungen in England überhaupt haben ihn geprägt und bereichert. Die »Anschauung echter politischer Lebendigkeit und eine Vielzahl von Freunden, die mich mehr oder weniger stark angingen«[243], nannte er als besonderen Gewinn. Wirklich unbeschwerte Jahre waren es für ihn nicht, denn die politischen Ereignisse in Deutschland sorgten für einen fortwährend beunruhigenden Hintergrund. Die räumliche Distanz gab ihm jedoch Gelegenheit, seinen Blick zu schärfen, ganz abgesehen von den Informationsvorteilen durch die unzensierte englische Presse nach dem Machtantritt Hitlers. Seine Pläne und Ziele aber waren nun gründlich durchkreuzt worden. Dem Hauptmotiv seines Studiums, in England etwas für die Lösung der deutschen Probleme zu lernen[244], insbesondere von der Labour Party, war der Sinn abhanden gekommen. Das galt ebenso für die Aufgabe einer Überwindung »der geistigen Isolierung Deutschlands von der naturrechtlichen Denkweise der westlichen Völker«[245] wie eigentlich für alles, was er politisch für wichtig erachtete: Zurückdrängung der extremen Parteien durch Lösung der sozialen Probleme, internationale sozialistische Zusammenarbeit, Arbeit für Frieden und Verständigung, damit »der Krieg niemals zurückkehre«[246]. Und was sollte nun aus seinem früh gesteckten Ziel werden, in der Zukunft seinem Land »einen größtmöglichen politischen Dienst zu erweisen«[247]?

»Das härteste Jahr bislang«

Deutschland empfing Adam von Trott freundlich, denn in Hamburg hatten ihn Ingrid und Gisela Warburg zu einem Besuch in das Haus ihrer Familie auf dem Kösterberg eingeladen. In Hamburg sah er auch seine Schwester Monika wieder, die ihm ihren Verlobten, den Arzt Dr. Hans Onken, vorstellte. Trott beschrieb den künftigen Schwager als groß, blond, »nicht sehr energisch«, aber »mit ernsthaften Interessen«[1]. – Das Eingewöhnen daheim in Imshausen, die Konventionen und alltäglichen Erwartungen der Eltern und Schwester Vera machten Trott nach seinem freien und unabhängigen Leben in Oxford zu schaffen. »Ich finde es äußerst schwierig, mit meiner Familie klarzukommen – sie belästigen und nerven mich unglaublich«, beklagte er sich bei der Freundin Diana. Mehr als hinter dieser Anspielung auf kleine häusliche Reibereien steckte hinter seiner Äußerung, daß er seit seinen Jungentagen eine große, wenn auch »unpersönliche Abneigung gegen die Lethargie« hegte, die »wie eine dicke Wolke«[2] über seinem Elternhaus liege. Daraus sprach seine Aversion gegen das für ihn viel zu früh begonnene, zurückgezogene Dasein der Eltern in Imshausen als Ruhesitz sowie gegen eine passive Lebenseinstellung überhaupt. Lethargie konnte man weder dem alten Vater, der ein langes und sehr bewegtes, tätiges Berufsleben hinter sich hatte, noch gar der Mutter vorwerfen, die in Imshausen trotz ihrer zarten Gesundheit keineswegs in den Ruhestand getreten war. Aber das Elternhaus, obendrein in seiner Abgeschiedenheit, strahlte weder Vitalität noch Frohsinn aus, wonach sich Trott schon als Junge gesehnt hatte. Seine Befürchtung jedoch, er könnte von Lethargie erfaßt werden oder sei dies längst[3], ist allein seiner selbstkritischen Neigung zuzuschreiben.

Englische Gäste sorgten für eine willkommene Abwechslung. Auf dem Wege zu einer Konferenz nach Warschau machte im August Trotts Tutor Humphrey Sumner in Imshausen Station. Dieser, ein Historiker mit weitem Horizont, repräsentierte für Trott »alles das, was in Oxford edel und höchst bewundernswert ist«[4]. Nach Sumner kam Diana Hubback auf der Rückreise von Kärnten für eine Woche. Damit sie sich von diesem Aufenthalt nur ja nicht zuviel versprach, hatte Trott ihr zuvor ausgemalt, daß es langweilig werden und regnen, er krank und sie schrecklich nervös sein würde. Nun lernte sie alle seine Lieblingsplätze in den Bergen, Wäldern und Wiesen seiner Heimat kennen und ihn dadurch, wie sie meinte, besser verstehen. Seine Familie fand die Freundin »weitaus sympathischer« als gedacht, und sie freute sich, »Monika so glücklich zu sehen«[5]. Als nächster kündigte David Astor seinen Besuch auf der Durchreise an, doch Trott konnte ihn zu seinem Bedauern nicht abpassen, da gerade Anfang September das Wehrsportlager in der Nähe von Marburg begann, zu dem er sich gemeldet hatte.

In Sorge, nur als Parteimitglied seinen Referendardienst fortsetzen zu können, hatte sich Adam von Trott noch von Oxford aus an seinen Onkel Eberhard um Rat gewandt. Dieser hatte ihm einen Wehrsportkurs empfohlen, der außer einem möglichen »praktischen« Nutzen ihm »eine bessere Einführung in die neue Zeit« vermitteln würde als die »Amtsstuben juristischer Renegaten«. Seit dem Machtantritt der Nazis habe nämlich »die Justiz ein Maximum an Charakterlosigkeit entwickelt«[6]. Einen solchen »Anschauungsunterricht von innen«[7] hielt Trott in der Tat für sinnvoll, zumal er sich dadurch zu keinerlei Bindungen verpflichtete. So nahm er an dem zweiwöchigen SA-Wehrsportlager freiwillig, wenn auch widerwillig teil. Das Lager war Trotts erste Erfahrung von Kasernierung. Er komme, teilte er seiner Mutter mit, »überhaupt nicht aus diesem Lager heraus«[8], nicht einmal ein Gang zum Postamt sei erlaubt. Auf eine mangelhafte Verpflegung weisen seine wiederholten Bitten um Lebensmittelsendungen hin. Trott erwähnte Drill, Wacheschieben und lange Märsche, auch nachts. Auf seinen Postkarten nach Hause äußerte er sich bewußt lakonisch: »Der Dienst ist ziemlich anstrengend, manches ziemlich langweilig. […] War nicht anders zu erwarten. […] Von Marburg sehe ich vorläufig nicht viel, nur manchmal aus der Ferne, daß es recht hübsch ist.«[9] Prägnanter drückte er sich in seinen englischen Briefen an Diana aus. Da ist von »crudeness of this life«[10], von »this desert«[11] und vom »barbarous camp«[12] die Rede. Seine jungen Lagergefährten – alles organisierte Nazis – fand er ebenso nett wie grob, insgesamt wirkten sie auf ihn »geistestötend«[13], und er war dankbar, daß sie ihn nicht weiter beachteten. Die zwei Wochen kamen Trott endlos vor, aber den Einblick in diese ihm bisher gänzlich unbekannte Gesellschaft wollte er nicht missen, am wenigsten die Möglichkeit zur klaren und eindeutigen Bestätigung, daß »Kinder und Erwachsene [gemeint: Nazis und Nichtnazis] zu verschiedenen Welten gehören und ich zu der letzteren«[14].

Bevor Trott nach Imshausen zurückfuhr, besuchte er als echten Kontrapunkt zum Lager in Kassel eine Aufführung von Goethes »Faust«. Wieder zu Hause zu sein, genoß er jetzt sehr und sah sich überdies durch herrliche Herbsttage entschädigt. Der Imshäuser Frühherbst mit seinen frischen Winden und seinen speziellen Gerüchen habe von jeher für ihn, erklärte er Diana, eine »ganz besondere Bedeutung«. Ein außergewöhnliches Ereignis war für Trott der Kauf seines ersten Autos, eines Zweisitzers ohne Verdeck, schon ziemlich alt und klapperig, so daß sich seine

Der Außenseiter im Wehrsportlager (vorne links)

Zulassung als schwierig erwies. Sein Auto zu reparieren bereitete Trott großen Spaß. Um den Vater zu erfreuen und ihn wohl auch für die Anschaffung des Autos günstig zu stimmen, unternahm er mit ihm einen Ausflug zur Boyneburg, auf der einst ihre Vorfahren gelebt hatten.

In diesen späten Septembertagen erhielt Trott die Nachricht vom unerwarteten Tode seines Freundes Charles Henderson. Auf einer verspäteten Hochzeitsreise nach Italien war Henderson an einer Rippenfellentzündung in Rom gestorben, im Alter von 33 Jahren. »Welch ein schrecklicher und unvorstellbarer Gedanke, daß Charles H. auf einmal tot ist. Ich kann den Ton seiner Stimme und sein Lachen hören, ihn vor mir sehen […]«, schrieb Trott. »Ich bin sehr traurig, daß er gegangen ist – in der Mitte von allem. Es ist eine rechte Warnung.«[15] Bald darauf erfuhr er außerdem, daß sein englischer Vetter Philip Chettoynd, ein junger Mann, den er gut kannte und der auch in Imshausen gewesen war, sich wegen einer unheilbaren Krankheit vor die Londoner U-Bahn geworfen hatte.

Am Montag, dem 2. Oktober 1933 begann Trott seinen Referendardienst am Amtsgericht in Rotenburg an der Fulda. An diesem selben Tag, daran mußte er unwillkürlich denken, fand die Aufnahmeprüfung für ein Fellowship in All Souls statt. Aber Oxford schien weit, weit entfernt. Draußen vor dem Gerichtsgebäude ratterten Pferde- und Ochsenkarren über das Kopfsteinpflaster. »Nichts könnte provinzieller sein als meine gegenwärtige Existenz«[16], konstatierte er. Um so größeren Wert legte er auf die Lektüre der *Times* sowie englischer Wochenschriften (*Spectator*, *New Statesman* oder *Independent*), mit denen er und seine Mutter aus England versorgt wurden. Trott hatte in Rotenburg ein einfaches, möbliertes Zimmer mit Blick über das Fuldatal gemietet und konnte dank des Autos Imshausen oder den Trottenwald schnell erreichen. Seine Tage waren jetzt ausgefüllt mit »mehr oder weniger mechanischer juristischer Arbeit«[17]. Die Kontakte mit Klägern und Beklagten, überwiegend Bauern, fand er jedoch lehrreich, manchmal sogar faszinierend. Unmittelbar zu tun hatte Trott auch mit dem soeben erlassenen Reichserbhofgesetz, das der Schaffung und dem Erhalt lebensfähiger bäuerlicher Betriebe dienen sollte. Er beobachtete rege Zustimmung dafür in der Landbevölkerung, und in Kenntnis der bäuerlichen Armut begrüßte auch er die Maßnahmen, »zumindest in dieser Gegend«[18], wo es so gut wie keine Industrie gab. Wochenlang beschäftigte ihn der Fall eines Kaufmanns aus Bebra, der vor dem Bankrott stand. Ihn bewegte es, daß dieser große, starke Mann, der am Krieg teilgenommen hatte, vor ihm aus Verzweiflung weinte. »Ich schämte mich sehr«, gestand er Diana, »daß ich um Rat und Schutz gefragt wurde von jemandem, der mir an realem Existenzkampf, an Alter und Leiderfahrung so weit überlegen ist.«[19] Trott lernte es zu schätzen, daß ihn die Arbeit am Amtsgericht ganz nah an die Lebenswirklichkeit heranführte. Dabei drängte sich ihm »die gigantische Bedeutung des wirtschaftlichen Faktors«[20] auf, und er erkannte, daß, daran gemessen, die Reformideen, mit denen er sich trug, noch lange nicht ausgereift seien.

Sobald die Amtsstunden vorüber waren, entfloh er in die Stille und Einsamkeit des Trottenwalds. Er suchte nach unbekannten Pfaden oder versenkte sich in die wechselreichen Formen, die Licht- und Farbenspiele der Natur – die Lieblingsobjekte seiner Betrachtung waren stets der Himmel und die Bäume. Gelegentlich traf er seinen Kinderfreund Bobby, nun angehender Förster, nahm an Dorffesten in Solz teil und gab seinen alten Spielgefährten einen aus. Seinen Jugendkameraden Helmuth Boehncke, jetzt Medizinstudent, begleitete er einmal zu einem Besuch nach Loheland in der Rhön, der ältesten anthroposophischen Dorfsiedlung, bekannt für ihre Gymnastikschule, Werkstätten und Hundezucht. Von der Schönheit und dem Charakter der dort gezüchteten Riesendoggen war Trott derart entzückt, daß er am liebsten gleich eine mitgenommen hätte. Im November wurde er von einer schlimmen Furunkulose heimgesucht. Am rechten Arm und der rechten Hand bildete sich ein solch riesiger, quälender Furunkel, daß er nur mit größter Mühe schreiben konnte. Zunächst wußte er der mehrtägigen Zwangspause im Bett die gute Seite abzugewinnen, mehr Zeit als gewöhnlich zum Lesen zu haben. In den letzten Jahren hatte er vor allem die Werke Stendhals, Balzacs, Fieldings und Turgenjevs für sich entdeckt, jetzt schlug ihn Tolstois »Krieg und Frieden« völlig in Bann. Kaum aber war der erste Furunkel geschnitten und einigermaßen verheilt, entstand an der gleichen Stelle ein neuer, und als sich das Übel zum dritten Mal ankündigte, drückte dies schwer auf seine Stimmung. Ungeachtet dieser und anderer Last konnte Trott damals der Freundin, bezogen auf die Welt der Natur, schreiben: »Es ist eine Sünde, auch nur kurze Zeit die Schönheit und Vollkommenheit der Welt zu vergessen – eine Welt, die weiter bestehen wird, wenn jeder von uns schon lange verschwunden ist.«[21] Diese Worte, in denen Freude, Trost, Demut und Melancholie mitschwangen, forderten dazu auf, sich selbst und die eigenen Nöte nicht zu wichtig zu nehmen.

Trotts Interesse an Oxford hatte nicht aufgehört, er glaubte aber dort seit Hendersons Tod nur noch wenig nahe Freunde zu haben und bald vergessen zu sein. Seine englischen Freunde und Bekannten erwiesen sich ihm gegenüber – von Diana abgesehen – in der Tat nicht als so fleißige Korrespondenten wie erhofft, und nur einige wie David Astor, Shiela Grant Duff und Humphry House schrieben ihm damals häufiger. Nach ihrem Besuch in Oxford Ende Oktober freute sich Diana, Trotts Befürchtungen entgegentreten zu können: »Mehrere Leute sagten, wie sehr sie Dich vermissen – andere, daß sie es gar nicht glauben können, daß Du weg bist und immer erwarten, Dir irgendwo zu begegnen. Deine Anwesenheit ist hier noch sehr warm und lebendig.«[22] Dick Crossman habe sein Bedauern darüber geäußert, daß er Adam eigentlich gar nicht kenne, da sie fast ausschließlich über Philosophie gesprochen hätten. Eingehend habe sich Christopher Cox nach ihm erkundigt, ebenso der »äußerst sympathische David Astor«, der jetzt ein winziges Zimmer in der Ship Street bewohne. Trott hatte der Freundin vorher ans Herz gelegt, Astor zu besuchen und »sich von seiner Schüchternheit nicht einschüchtern zu lassen«[23]. Er hatte ihr auch eine Reihe von Grüßen aufgetragen, an Warden Fisher ebenso wie an seinen Scout Nelson. Vor allem aber hatte Trott sie gebeten, »jedem, der Dich nach meiner Position hier fragt, ganz klar zu machen, daß ich versuche, diese Dreijahresphase zu absolvieren, die die Voraussetzung für eine unabhängige juristische Tätigkeit ist, und daß ich dem Kindergarten [d.i. die NSDAP] nicht beigetreten bin und auch nicht werde«[24].

Adam von Trott fiel das Einleben in Nazi-Deutschland schwer – wie sehr, lassen seine Andeutungen nur erahnen. In einem Brief vom Oktober 1933 an Diana kam er auf den Begriff der »negativen Kapazität« zu sprechen und führte als eigenes Beispiel dafür »die schreckliche Ansammlung von Schwierigkeiten« an, »sich in diesem Land einzuleben«[25]. Daß Trott, wie erwähnt, bauernpolitische Ansätze der Regierung billigte, änderte nichts an seiner grundsätzlichen Ablehnung des nationalsozialistischen Regimes. Im Amtsgericht Rotenburg glaubte er, bis auf einen Richter das einzige Nicht-Parteimitglied zu sein. Daß man dies mutmaßlich seiner adeligen Herkunft zuschrieb, verstimmte ihn zwar, aber die Tatsache selbst blieb zunächst ohne erkennbare Folgen für ihn. Seine Situation verschlechterte sich indes nach dem Amtsantritt eines neuen Vorgesetzten. Trott hielt diesen, in dessen Gesellschaft er den ganzen Tag zuzubringen hatte, für einen »sehr guten Juristen«, von dem er profitieren könne, beschrieb ihn aber als »höchst unangenehm, übellaunig und nervös, zugleich engstirnig«[26]. Gravierender noch war, daß nun politischer Druck auf Trott einsetzte. »Ich bin in einer schrecklichen politischen Sackgasse«[27], schrieb er Diana Anfang Dezember und bald danach: »Ich habe in meinen letzten Briefen angedeutet, daß ein gewisser Druck von einer gewissen Richtung eingesetzt hat. Er ist zwangsläufig, und es war dumm von mir, deswegen für einen Moment die Nerven zu verlieren.«[28] Erläuternde Einzelheiten, die man verständnishalber gerne erfahren würde, fehlen naturgemäß. Möglicherweise war aus politischen Gründen seine Referendarausbildung gefährdet; möglicherweise erwartete man von ihm, da damals der Eintritt in die NSDAP gesperrt war, andere Bekenntnisse zum Regime, zu denen er nicht bereit war. Mitte Dezember deutete Trott an, daß derzeit für ihn »grundsätzliche Fragen von allergrößter Wichtigkeit« im Vordergrund stünden, und betonte, daß er seine Kräfte »nicht ungenutzt verrotten«[29] lassen wollte. Es ging um nichts weniger als um seine Suche nach einem Ausweg aus der genannten Sackgasse. Konnte er den Referendardienst ohne politische Bindung fortsetzen, oder mußte er, falls nicht, im Interesse seiner beruflichen Zukunft Konzessionen machen? Sollte er gar statt dessen einen anderen Berufsweg einschlagen? Einstweilen gelang es ihm, dem Druck standzuhalten. Nach Beratung mit dem Vater (»Mein Vater ist ein sehr guter und verständnisvoller Ratgeber«[30]) entschied er sich allerdings, seine Übernahme als Regierungsreferendar zu beantragen. Zunächst aber wurde Trott zum 1. Februar 1934 an das Landgericht nach Hanau versetzt.

Diana Hubback hatte den unbedingten Wunsch, ihre Weihnachtsferien in Deutschland mit Adam von Trott zu verbringen. Er hielt das für keine gute Idee und versuchte, es ihr auszureden. Zwar gestand er ihr immer wieder seine Sehnsucht, aber zugleich auch seine Skrupel: »Ich befürchte stets, in meinen Briefen an Dich zuzugeben, wie sehr und wie oft ich mich nach Deiner reizenden Gegenwart sehne. Denn ich bin wirklich besorgt, daß ich zur Friedlosigkeit in Deinem Leben beitrage. [...] Diese Sorgen drücken mich zeitweilig sehr und bereiten mir viele Skrupel, wenn ich Dir schreibe und somit fortfahre, Deine Gedanken in Anspruch zu nehmen.«[31] Nach seiner Erfahrung mit Miriam wollte Trott verhindern, daß sich Diana allzusehr in ihre Beziehung hineinsteigerte. Er hoffte, eine »Basis beiderseitiger Unabhängigkeit und freier Freundschaft« erreichen zu können. Andernfalls, so erklärte er ihr, müßte er sich wegen seiner Rolle in ihrem Leben »sehr schlecht«[32] fühlen. Diana pflegte auf solche Bedenken stets mit den Worten zu reagieren: »Ich kann nichts dafür, daß ich Dich liebe und Du mußt weder Dir noch mir deswegen Vorwürfe machen.« Sich aber von ihr zurückzuziehen »wäre das Grausamste«[33], was er tun könnte. So reiste Diana unmittelbar nach Weihnachten an und genoß in den paar gemeinsamen Tagen Adams »fürsorgliches Bemühen, ihr alles so schön wie möglich«[34] zu bereiten. Er hatte nicht verraten, wohin sie fahren würden, was sie veranlaßte, eine Zeile aus dem englischen Kindervers »How many miles to Babylon« zu zitieren: »Can we get there by candle-light?«[35] Trott, der den Vers bei seiner Nurse gelernt hatte, wußte zu parieren: Ganz so weit wie Babylon sei ihr Ziel nicht. Es war die kleine nordhessische Stadt (Bad) Karlshafen an der Mündung der Diemel in die Weser. Dieser historische Ort der Toleranz – hier hatten sich zu Beginn des 18. Jahrhunderts aufgrund einer hessisch landgräflichen Freiheitskonzession hugenottische Glaubensflüchtlinge niedergelassen – bildete nun den Schauplatz für ihr Wintermärchen. Trott fand nämlich, daß durch Dianas Gegenwart »jede Umgebung in ein Märchenland«[36] verwandelt würde, sogar die düstere Abtei von Corvey. Abends nach ihren Ausflügen durch die dick verschneite Landschaft speisten sie im *Schwan* und lasen sich nachher am Kaminfeuer vor – Diana Gedichte des irischen Nobelpreisträgers William Butler Yeats und Adam aus Briefen Vincent van Goghs (seinem nunmehrigen Lieblingsmaler neben den französischen Impressionisten) – oder sie tanzten nach einer neuen Schallplatte, die Diana mitgebracht hatte, Cole Porters »Night and Day«.

Bevor Trott in das südhessische Hanau umzog, fuhr er Ende Januar über ein Wochenende nach Göttingen. Unterwegs hatte er einen schweren Autounfall und kam nur knapp mit heiler Haut davon. Dennoch setzte er unbeirrt die Fahrt mit dem Zug fort, so als hätte er geahnt, daß Monika gerade jetzt seines Beistands bedurfte. Sie hatte soeben von ihrem Verlobten die Mitteilung erhalten, daß er wegen seines nicht ausgeheilten Lungenleidens die Verlobung mit ihr lösen müsse. Trott fand seine Schwester zwar tapfer und gefaßt, aber er kannte sie gut genug, um zu bemerken, daß »ihre ganze Welt zusammengebrochen schien«[37]. Anders als geplant, blieb er nun den größten Teil seiner Zeit bei ihr. Sein Gastgeber in Göttingen war sein Freund, der Literaturwissenschaftler Clemens Lugowski[38]. Dieser kenne »die europäische Romanliteratur vieler Jahrhunderte« und verbinde als Katholik von teilweise polnischer Abstammung »die Würde eines Jesuiten mit der Sensibilität des Heiligen Franziskus«, beschrieb ihn Trott. »Jedes Mal mag ich ihn mehr; er mag mich auch, aber ich glaube nicht, daß er viel von mir hält.«[39] (Darin irrte sich Trott, denn wenige Monate später äußerte Lugowski den Wunsch, mit ihm auf einer kleinen Reise zu »symphilosophieren, ein Vergnügen, zu dem man heute nur noch unter Schwierigkeiten wirklich begabte Partner findet«[40].) Spät am Sonntagabend traf er noch auf Bitten Dianas ihren einstigen Münchener Freund, Wolf von Wachsmann, der jetzt in Göttingen studierte und unter schweren existentiellen Sorgen litt. Trott empfand Sympathie für ihn und zeigte ihm in der Nacht bei Mondschein und Frost »zwei Gräber auf einem schönen, alten Friedhof, die ich immer sehr gerne besucht habe – das eines Dichters und das eines Satirikers«[41]. Dies waren die noch heute erhaltenen Gräber von Gottfried August Bürger und Georg Christoph Lichtenberg auf dem (allerdings nicht mehr so schönen) Göttinger Bartholomäusfriedhof.

Am 31. Januar 1934 begab sich Adam von Trott im teuer reparierten Auto zu seiner nächsten Referendarstation nach Hanau am Main und mietete dort ein Zimmer in der Corniceliusstraße. Der Zustand der Stadt wirkte auf ihn »grau in grau«, da fast alle Industrien, besonders die Hanauer Edelmetall- und Schmuckwarenindustrie, darniederlagen und »die Bevölkerung einen entsprechend hoffnungslosen Eindruck«[42] machte. Doch bei seiner Empfänglichkeit für die Schönheit von Naturphänomenen nahm Trott solche auch in dieser Umgebung wahr und beschrieb etwa im Februar einen »außerirdischen« Abendhimmel über dem Main, bei dem selbst Fabriken am Flußufer »die wunderbarsten Silhouetten«[43] bildeten. Seine Arbeitsstätte, das Landgericht, war ein 1911 erbauter Justizpalast. Trott wurde zunächst dem Kammergerichtsrat Felix Lesser zugeteilt, der »aus Abstammungsgründen« zwangsweise von Berlin nach Hanau versetzt worden war, laut Trott »juristisch ein großes Licht«[44]. Da er Lessers Namen in seine Telefonliste von 1935 aufgenommen hat, scheint Trott auch nach seiner Hanauer Zeit Wert auf Kontakt mit ihm gelegt zu haben. Ob und was er von dessen weiterem Schicksal erfahren hat, läßt sich nicht ermitteln. Lesser erhielt 1935 Berufsverbot, wurde aufgrund seiner »Mischehe« zwar vor der Ermordung im Konzentrationslager bewahrt, aber zu Zwangsarbeit verpflichtet, in »Schutzhaft« genommen und noch Anfang 1945 nach Theresienstadt deportiert. Bald nach Kriegsende wurde er Landesgerichtspräsident in Hanau und sollte seinen einstigen Referendar um 30 Jahre überleben.[45] – Mit feiner Ironie hat Trott eine Szene aus dem Hanauer Landgericht festgehalten, die seine politische Einstellung verrät, obwohl er kein Wort darüber verliert: »Gestern lauschte die ganze Behörde im größten Sitzungssaal den Reden von Hitler und Goebbels. Man verstand wenig wegen dem Dröhnen – nachher schlichen all die müden Juristen an ihre Arbeit.«[46]

Am 22. und 23. Januar 1934 war im *Manchester Guardian* ein zweiteiliger Artikel erschienen, in dem der Sonderkorrespondent die brutale Verfolgung der Juden in Deutschland seit zehn Monaten schilderte. Über die Täter heißt es: »Die Verfolgung ist organisiert von oben bis unten. Ihr Hauptorganisator und Inspirator ist natürlich der deutsche Kanzler, Adolf Hitler, und nach ihm die anderen Nazi-Führer und dann die Berufsstände und Akademiker, die Studenten und zu einem Teil die kleineren Kaufleute und natürlich die disziplinierten Braunhemden. [...] Insgesamt ist die Verfolgung das Werk des gebildeten Deutschland.«[47] Solcherart Pauschalisierungen zutiefst abgeneigt, entschloß sich Adam von Trott spontan zur Einsendung eines Leserbriefs. Besonders hatte ihn entrüstet, daß der Verfasser den deutschen Gerichten »Parteilichkeit als Instrument antisemitischer Verfolgung« vorwarf, wofür er bei seiner Gerichtspraxis im »notorischen Hessen« keine Bestätigung gefunden hatte. Trotts Leserbrief wurde am 21. Februar in gekürzter Fassung veröffentlicht. Als seine Absicht nannte er eingangs, den Artikel des Sonderkorrespondenten »in gewisser Hinsicht zu berichtigen, die innerhalb meiner unmittelbaren persönlichen Erfahrung liegt«[48]. Er führte sodann aus, daß ihn seine Tätigkeit an einem nordhessischen Amtsgericht in engen Kontakt mit dem wirtschaftlichen und sozialen Leben dieser Gegend gebracht habe, in der viele jüdische Vieh- und Kornhändler, auch Ladenbesitzer und Handwerker lebten. Es sei offensichtlich gewesen, daß einige von ihnen »aus politischen Gründen« in eine schwierige Lage geraten seien, nicht wenige Vieh- und Kornhändler hätten indes ihre üblichen Beziehungen zu den hessischen Bauern fortsetzen können. Von aktiver Verfolgung in diesem Amtsbezirk, die ihm nicht hätte verborgen bleiben können, habe er nichts gehört. Keinesfalls seien jüdische Kläger oder Beklagte vor dem Amtsgericht diskriminiert worden, wovon er sich ebenso persönlich habe überzeugen können wie davon, daß Stundungen für

Schuldner unterschiedslos auch Juden gewährt worden wären. Nach seiner Versetzung ans Hanauer Landgericht arbeite er nunmehr unter einem jüdischen Richter und habe mehrere jüdische Verteidiger erlebt. Da Trott erst seit einigen Tagen in Hanau weilte und aus der Gerichtspraxis noch nichts mitteilen konnte, verstieg er sich zu Hinweisen darauf, daß auch die jüdischen Kaufleute in Hanau unter dem ausländischen Wirtschaftsboykott zu leiden hätten und SA-Männer, mit denen er gesprochen habe, trotz ihrer rassistischen Gesinnung die Anwendung von Gewalt ablehnen würden. Der Sonderkorrespondent Frederick A. Voigt, der unter einer Chiffre schrieb, ließ die Einwände nicht gelten, sondern erklärte in einem angefügten Kommentar »Mr. Adam von Trott« für »blind und taub«[49].

Von dieser Äußerung fühlte sich Dr. Selbie in Oxford zu seiner Verteidigung herausgefordert. Selbie betonte, daß Trott, den er gut kenne, weder blind noch voreingenommen sei, sondern sich durch »skrupelhafte Fairness und Wahrheitsliebe«[50] auszeichne und sich der Aufgabe verschrieben habe, ein besseres Verstehen zwischen ihren beiden Ländern zustande zu bringen. Ein anderer Bekannter Trotts aus seiner Zeit am Mansfield College, Geraint Jones, pflichtete Selbie in einem Leserbrief bei.[51] Zwei weitere Personen meldeten sich noch zu Wort, Harrison Brown aus London, der die Richtigkeit von Trotts Angaben nicht bestreiten wollte, sie aber für Ausnahmen hielt,[52] und Will G. Moore aus Oxford, der darauf hinwies, daß der Bericht des Sonderkorrespondenten und die Mitteilungen Trotts sich keineswegs widersprächen, vielmehr komplementär seien.[53] Daß Trotts Leserbrief »in England wie eine Bombe« eingeschlagen sei und »eine Flut von Leserbriefen«[54] ausgelöst habe, wie es in einem neueren Buch heißt, erweist sich somit als maßlos übertrieben.

Unter seinen Oxforder Bekannten allerdings löste Trotts Stellungnahme heftige Diskussionen aus. In All Souls war sein Leserbrief, wie Diana zu berichten wußte, »Gesprächsthema bei Tisch«[55], wobei Rowse ihn verteidigt habe. Solche Rechtfertigungen jedoch empörten Isaiah Berlin um so mehr. Der *Manchester Guardian*-Vorfall habe bei ihm, teilte er Trott nach einigen Monaten mit, »eine kleine Explosion« ausgelöst, nicht nur, weil er den Leserbrief »an sich für schädlich« halte, sondern auch wegen der »idiotischen Verteidigungen, die in einem Geist unkritischer Loyalität von allen Deinen anderen Freunden vorgebracht wurden«[56]. Doch anders als immer wieder behauptet,[57] zerbrach die Freundschaft zwischen Berlin und Trott daran nicht. Auf einen offensichtlich klärenden (nicht erhaltenen) Brief Trotts reagierte Berlin überschwenglich und betonte am Schluß seiner Antwort an ihn: »mit welcher Erleichterung Dein Brief empfangen wurde – ich bin sentimental und war sehr stark bewegt – wie gerne ich Dich sehen möchte, [...] aber schreibe, schreibe.«[58]

Sogleich nachdem er den Leserbrief auf den Weg gebracht hatte, begannen Trott deshalb Skrupel zu plagen. »Ich habe einen etwas törichten Brief an den *Manchester Guardian* geschrieben, der hoffentlich nicht abgedruckt wird«[59], bekannte er seiner Mutter. Als dies dann doch geschah, vermißte er »einen ziemlich wichtigen Absatz«, ohne den, wie er Diana mitteilte, seine Einwände derart mißverstanden werden könnten, als ob er sich gegen »eine ganz unwahre Beschuldigung«[60] habe wenden wollen, was niemals seine Absicht gewesen sei. Demnach war es Trott nicht darum gegangen, die konkreten, von Voigt berichteten Fälle von Judenverfolgung in Deutschland zu bestreiten, sondern allein deren Verallgemeinerung. Der ausgelassene Absatz wurde jedoch auch nachträglich nicht veröffentlicht, sondern nur eine kurze Replik Trotts auf den Kommentar des Sonderkorrespondenten. Dieser könne, so schrieb Trott, seine Angaben als »untypisch oder unwichtig«[61] zurückweisen, aber nicht unwiderlegt den Wahrheitsgehalt seiner persönlichen Erfahrungen. Diana, die den Brief in seinem Auftrag an den *Manchester Guardian* weitergeleitet hatte, versicherte Trott, daß er gewiß nicht an dem vorherigen und am jetzigen Gericht arbeiten würde, wenn das, was er geschrieben habe, nicht wahr wäre.

Das ändert allerdings nichts an der Problematik des Leserbriefs. In der gekürzten Fassung und unter der irreführenden Überschrift »Anti-Semitism Denied«[62] zumal, forderte er, besonders im Ausland, zum Mißverständnis heraus. Trotts erklärtes Bemühen, einer von ihm als »destruktiv« aufgefaßten »Pauschalisierung« einen »positiven Aspekt«[63] hinzuzufügen, wirkte zwangsläufig relativierend und somit regimekonform. Diese Wirkung hatte er zu wenig bedacht, auch sein für englische Leser kaum vorstellbares Handicap, nicht öffentlich Klartext schreiben zu können. Er erlebte an diesem Beispiel, wie schwer es war, gegenüber dem Ausland Anwalt derjenigen zu sein, die unter der Nazi-Diktatur an den bisherigen rechtlichen und moralischen Normen festhielten und sich an der Diskriminierung oder gar Verfolgung der Juden nicht beteiligten. Trott, dem Rassenhaß ganz unverständlich war, unterschätzte zweifellos zu jener Zeit – ähnlich wie auch viele deutsche Juden – das verbrecherische Potential der Nazis gegenüber dem Judentum. Aus dem Hanau benachbarten Frankfurt am Main berichtete er seiner Mutter auf deren Nachfrage, daß man dort zuweilen »Juden mit ungeschorenen Bärten und im Kaftan und schwarzem Hut« begegne. »Wenn man ihre festen, wenn auch bleichen und manchmal verbitterten Gesichter sieht, so ist es klar«, meinte er, »daß sie auf einem Felsen stehen, gegenüber dem die Zeitläufte lediglich ein ›Auf und Ab‹ bedeuten.«[64]

Auch in Hanau, besonders bei der Referendarschulung, bekam Adam von Trott sehr bald politischen Druck zu spüren. Auf welche Art und Weise dieser sich äußerte, konnte er brieflich nicht darlegen, sondern nur seine Situation andeuten. »Der unhaltbare Charakter meiner gegenwärtigen Lage wird immer ersichtlicher«[65], teilte er Diana am 6. März mit; am Ende des Monats fühlte er sich wie »in einem dunklen Tunnel eingesperrt« und sah sich in der Gefahr, seinen »Sinn für Humor einzubüßen«[66]. Auch der Mutter gegenüber erwähnte er auf englisch, daß »der allgemeine Druck schlimm genug sei«[67]. Den »einzig möglichen Gefährten«[68], mit dem er sich in Hanau austauschen konnte, fand er in einem katholischen Kollegen. Die anderen Referendare, darunter ein Klassenkamerad aus Hannoversch Münden, entpuppten sich alle als stramme Nazis. Politisch isoliert, wurde Trott zum Außenseiter. Er sann über die verschiedensten Möglichkeiten nach, dem Druck zu entgehen, und beriet sich darüber eingehend mit seinem Bruder Werner. Dieser empfahl Adam, auf keinen Fall »aus einer gewissen räumlichen Abseitigkeit herauszutreten«, etwa durch eine »primitive Freizeitbeschäftigung in der SA« oder gar durch »die Erreichung hoher Stellungen«. Werner bestätigte seinem Bruder, daß ein »liberal Gesinnter« in dem »weltanschaulichen Kollektiv« heute großen Schwierigkeiten ausgesetzt sei. Es stelle sich die Frage: »Wie muß ich mich in das Erzwungene fügen, um die innere Freiheit auch lebbar zu finden und sie für mich zu nutzen.«[69]

In der Ablehnung des Nazi-Regimes stimmten beide Brüder überein, und dies hatte sie einander nähergebracht. »Mir scheint durch den Gang der äußeren Ereignisse eine Lage geschaffen«, schrieb Werner an Adam, »welche zwar von einer schauerlichen Düsterkeit ist, es aber sehr schwer macht, sich wesentlich mißzuverstehen, wenn man sich verstehen will.«[70] Über seine Begegnung mit Werner im März während eines Kurzbesuchs in Berlin schrieb Adam nach Hause: »Wir haben uns selten so gut verstanden, machten einen langen Spaziergang durch den Grunewald.«[71] Werner von Trott konnte infolge der politischen Umwälzung seine publizistische Tätigkeit nicht fortsetzen und hatte nach einer Durststrecke schließlich eine Anstellung bei der *Notgemeinschaft der Deutschen Wissenschaft* gefunden. »Acht Stunden bei elektrischem Licht mechanisches Sortieren – ich möchte das nicht tun müssen«[72], kommentierte Adam die tägliche Arbeit seines Bruders. Werner aber vertrat die Auffassung, daß man in »politisch desperaten Zeiten einen subalternen Beruf ergreifen«[73] und den Schwerpunkt »jetzt, wo alles in der Politik aufgeht«[74], auf das Privatleben legen müsse. Anders als früher fand er nun auch anerkennende Worte für Adam, etwa wenn er im Sommer 1934 dessen »standfestes Beharren gegenüber diesen Clowns und Verbrechern«[75] lobte.

Nach der Machtergreifung 1933 hatte Adam von Trott sofort die Einsicht gehabt, »auf lange Zeit zur Rolle des Amboß«[76] verurteilt zu sein, nun erlebte der 24jährige, wie die bittere Realität aussah, wenn man sich dem Nazi-Regime nicht unterwarf: Perspektivlosigkeit und gänzliche Ungewißheit der beruflichen Zukunft. Besonders der Gedanke, daß ihm jegliche politische Wirkungsmöglichkeit versperrt sein würde, focht ihn schwer an. »Ich muß entweder alle Ansprüche auf eine praktische politische Existenz aufgeben, für die ich, glaube ich, geschaffen bin«, erklärte er Diana Anfang März, »oder die kompromißlose Haltung beenden, die geistig für mich von großer Bedeutung ist, aber die ich bereit bin zu opfern, wenn mir eine wirkliche Chance zu einem politischen Leben gegeben wird.«[77] Den letzten trotzigen Worten ließ er jedoch keine Taten folgen, stellte keine Weichen für eine politische Karriere, rückte von seinem bisherigen Standort nicht ab.

Wichtigen Rückhalt fand er außer bei Werner auch bei seinen Eltern. Längst hatten der Vater seine Hoffnungen und die Mutter ihre Illusionen vom Frühsommer 1933 hinsichtlich des neuen Regimes begraben. Mit der ihr eigenen Konsequenz war Eleonore von Trott sogar Ende 1933 aus dem Vorstand des *Evangelischen Verbands für die weibliche Jugend* ausgetreten, weil sie den Anpassungskurs des Jugendwerks ablehnte.[78] Beide Eltern zeigten großes Verständnis dafür, daß Adam es ablehnte, in die Partei oder eine andere Nazi-Organisation einzutreten, auch wenn das seiner beruflichen Laufbahn höchst abträglich war. »Ich weiß, daß es eine harte, nervenaufreibende Zeit für Dich ist, denn kaum etwas ist schwerer als das Abseitsstehen und Warten«[79], schrieb Eleonore von Trott ihrem Sohn nach Hanau. Dieser antwortete, daß »das Warten und Abseitsstehen an sich« nicht das Nervenaufreibende sei, sondern »gegen Dinge neutral zu bleiben, die all-überall mit dem Anspruch, den Braven und Überzeugten für sich zu haben, entstehen«[80]. Zur Rolle des Außenseiters kam die des »Spielverderbers«.

Trott ließ die Dinge keineswegs treiben, sondern ging ernsthaft auf die Suche nach einer beruflichen Alternative, die ihm soviel geistige Freiheit wie möglich lassen würde. Während der ersten Monate des Jahres 1934 sondierte er dazu in verschiedene Richtungen. So fragte er unbekannterweise Conrad Chapman, einen amerikanischen Vetter, der in Paris bei der Guaranty Trust Co. tätig war, nach einer Arbeitsmöglichkeit in Frankreich. Dieser riet ihm jedoch wegen der restriktiven Regeln für arbeitssuchende Ausländer von Frankreich ab und schlug ihm statt dessen China oder Japan vor. In Frankfurt am Main lernte Trott durch entfernte Verwandte einige Wirtschaftsleute und Industrielle kennen, darunter einen Direktor der IG Farben. Diese Kreise und ihr Denken behagten ihm aber so wenig, daß er »von Plänen dorthin ganz abgebracht«[81] wurde. Eine weitere Möglichkeit sah er im anspruchsvollen Journalismus. Mit dem Gedanken an eine Mitarbeit nahm er Kontakt zur *Frankfurter Zeitung* auf und traf dort u. a. mit dem leitenden Redakteur Benno Reifenberg zusammen. Trotts Berliner Freund, der jüdische Dozent und Autor Jacob Peter Mayer, redete ihm sehr zu. Er vertrat die Ansicht, daß Trott »eine gründliche philosophische Bildung, die durch eine universale Problematik hindurchgegangen« sei, ebenso mitbringe wie »die nötige Schärfe der Sprache und des Urteils von Hause aus«. Vor allem aber meinte Mayer: »Wir leben in einem Zeitalter des Umbruchs, in dem gerade der Journalist und Publizist zur stärksten Wirksamkeit berufen ist.«[82] Trotts Vater und Bruder waren gegenteiliger Meinung und lehnten eine solche berufliche Umorientierung ganz ab. Werner von Trott warnte vor den »Fallstricken« eines »lockenden Angebots«[83] der *Frankfurter Zeitung* und äußerte sich, nachdem Adam noch im April 1934 davon Abstand genommen hatte, erleichtert: »Es freut mich recht sehr, daß diese Sache abgetan ist.«[84]

Blieb noch das Ziel einer akademischen Laufbahn, die Trott schon ein Jahr zuvor in Aussicht genommen hatte. Hierfür bot sich ihm nun unerwartet eine günstige Einstiegschance. Anfang März nahm überraschenderweise der Göttinger Professor Julius Binder Kontakt zu Trott auf und bedankte sich für dessen Dissertation, die er vor anderthalb Jahren erhalten hatte. Binder schrieb, daß er sich »sehr freuen würde«, von Trott zu hören, und teilte ihm mit: »Es wird Sie vielleicht interessieren, daß ich nunmehr zu einer ganz neuen Auffassung des Völkerrechts gekommen bin.«[85] Im Abstand von einem Monat meldete sich sodann Binders Assistent Martin Busse bei Trott und suchte ihn als Mitarbeiter Binders zu gewinnen. Ihm wurde eine Privatassistentenstelle angeboten bei gleichzeitiger Überweisung als Referendar an das Landgericht nach Göttingen. Trotz seiner Vorliebe für diese Stadt überlegte Trott nicht lange und sagte ab. »Binder ist bekanntlich jetzt Hofphilosoph, leidenschaftliches Mitglied etc.«, erläuterte er dies seiner Mutter. Ihm war bewußt, daß er mit der Stelle auch die Protektion »einer jetzt mächtigen Professorendynastie« ausschlug, »aber«, so Trott, »ich schätze die Herren nicht«.[86]

Diese Entscheidung ist um so beachtenswerter, als Adam von Trott zur selben Zeit intensiv mit dem Plan umging, auf dem Gebiet des Völkerrechts wissenschaftlich zu arbeiten. In einem grundsätzlichen Brief versuchte er den Vater von seinem Vorhaben zu überzeugen. Obwohl er sich mit Rücksicht auf die Zensur verklausuliert ausdrückte, tritt seine Abneigung, dem nationalsozialistischen Staat zu dienen, deutlich hervor. Er wies darauf hin, daß ihn im Staatsdienst »innerliche Divergenz« an einer

»befriedigenden Fortentwicklung« hindere, denn man könne »nicht auf Voraussetzungen, mit denen man verwachsen ist, einfach verzichten, ohne der Sache, der man dienen will, einen empfindlichen Schaden zu tun«. Nach nationalsozialistischer Ansicht dürften Recht und Moral nicht geschieden werden, er aber fordere, daß »auch zwischen Politik und Moral kein innerer Gegensatz obwalten dürfe«. Präzisierend führte Trott dazu aus: »Wenn einer sich für das Recht, wo es auch die Politik lenken muß, einsetzen will, dann darf er, um seine Wirksamkeit nicht von vornherein zu zerstören, keinen moralischen Bruch in seiner Haltung aufweisen. Er darf nicht das als ›Recht‹ anerkennen, was er als unmoralisch, als unpolitisch verwirft. Starr braucht oder vielmehr darf dies nicht sein, denn das ›Recht‹ schützt eben gerade die innere, lebendige, menschliche Beweglichkeit, aber ebensowenig darf es in irgendeinem Sinne widerspruchsvoll sein und infolgedessen gewalttätig werden.« Durch solche Erkenntnisse sah sich Trott »ganz zwangsläufig auf ein theoretisches Arbeitsgebiet hinübergedrängt«. Ihm schwebte eine Aufgabe vor, die ihm möglichst inhaltliche Kontinuität bei ideologischer Unabhängigkeit erlaubte, und zwar auf dem Gebiet einer Reform des europäischen Völkerrechts: »Im zweiten Teil meiner Arbeit über das Völkerrecht habe ich zu zeigen versucht, daß dieses – lebenswirklich aufgefaßt – auf den gleichen Prinzipien beruhen muß, die die innerstaatliche Wirksamkeit des Rechts tragen. Ich habe nicht aufgehört, in dieser Richtung weiterzudenken oder vielmehr, diese ein wenig allgemeinen Gedanken näher zu bestimmen und vor allem auch mit den englischen Ideen über staatsbürgerliche Gesinnung und dem im Interesse aller wünschenswerten Ausbau internationaler Zusammenarbeit zu vergleichen. Ich habe nicht gefunden, daß diese Gedankenausrichtung an einem Mangel an realistischer Auffassung dessen, was tatsächlich gespielt wird, leidet. Eher, daß sie in eine so breite Ebene an Erfahrungstatsachen hinausführt, daß ich sie zu übersehen nicht die Kraft habe. Andererseits aber glaube ich, daß ich meine Arbeitskraft dahin entwickeln könnte, daß aus ihr gerade von diesen Blickpunkten aus etwas wirklich Nützliches hervorgehen könnte.«[87]

Der Vater hielt in seiner Antwort dem Sohn entgegen, daß es in Deutschland keinen solchen geistigen Hort mehr gebe, den sich dieser ersehnte: »Die Schwierigkeiten, die Dir innerlich in unseren heutigen Verhältnissen entgegentreten, wirst Du bei einer Betätigung im öffentlichen Interesse überall finden, in Justiz, Verwaltung und auch in akademischer oder freier Lehrtätigkeit (Totalität des Staates).« August von Trott äußerte Verständnis für Adams Hinwendung zu einer großen Aufgabe im Völkerrecht, hielt ihn jedoch für zu jung, um sich jetzt schon darauf festzulegen. Er plädierte nachdrücklich dafür, daß Adam die Referendarausbildung fortsetzen und vom Assessorexamen als Ziel nicht abrücken sollte, nach drei Jahren werde man klarer sehen. Die väterlichen Empfehlungen lauteten: »Spare Dich bis dahin auf mit bewußter Absicht, hemme Deinen Tatendrang, beobachte, nimm in Dich auf, erwirb gediegene Kenntnisse, pflege weiter gute menschliche Beziehungen – und dann fasse Deine Entschlüsse.«[88] Adam reagierte mit Dank und Zustimmung. »Es ist schön«, schrieb er dem Vater, »sich verstanden zu fühlen, wie Du mich verstehst und gemeinsam den gleichen Rahmen der hauptsächlichen Realitäten und Auffassungen zu teilen.«[89] Adam von Trott harrte also im Referendardienst aus, wartete aber mit zunehmender Ungeduld darauf, ob seinem Gesuch um Übernahme als Regierungsreferendar stattgegeben werde. Davon versprach er sich zumindest eine befriedigendere Arbeit als im Gericht. Je länger sich diese Angelegenheit allerdings hinzog, desto abwegiger erschien es ihm, noch mit einer positiven Entscheidung zu rechnen.

Die Stadt Frankfurt, vor allem die Mainpartie, gefiel Trott sehr, und da von Hanau nur einen Katzensprung entfernt, hielt er sich dort häufiger auf. Im Städelschen Kunstinstitut begeisterten ihn Gemälde von Renoir, Monet und ein »himmlischer Botticelli«[90]. Im Theater sah er die Erstaufführung von Yeats' »Gräfin Cathleen«. Er war berührt von der »irischen Leidenschaft«, die ihm darin entgegentrat; das Stück lenkte ihn jedoch auch auf ein ihm unverständliches Phänomen seiner unmittelbaren Gegenwart: die Anziehungskraft von Haß und Terror.[91] In Frankfurt besuchte er die Witwe und den kleinen Sohn des von ihm verehrten Philosophen Franz Rosenzweig und war beeindruckt von Edith Rosenzweig als einer hochgebildeten Frau. Gemäß seiner Gewohnheit knüpfte Trott in Frankfurt eine Reihe von Kontakten, von denen sich allerdings nur einer als dauerhaft und wertvoll erwies: die Bekanntschaft mit dem damals 35jährigen Karl Friedrich Bonhoeffer, Professor für Chemie an der Frankfurter Universität. Bonhoeffer hatte die Unterschrift unter die für alle Beamten obligatorische Treue- und Gehorsamserklärung gegenüber dem »Führer des Deutschen Reiches« verweigert. Trott fand in ihm und seiner Frau Margarete geb. von Dohnanyi Gesinnungsgenossen und damit Gesprächspartner, denen er sich anvertrauen konnte. Durch beider Vermittlung sollte er noch ihre Schwäger und Brüder Hans von Dohnanyi, Klaus und Dietrich Bonhoeffer kennenlernen.

In der schwierigen Hanauer Zeit lenkte sich Trott gerne damit ab – sofern ihn sein Auto nicht im Stich ließ –, die nähere und fernere Umgebung zu erkunden. Er wanderte durch den Spessart und den Taunus, fuhr später während der Kirschblüte an die Hessische Bergstraße, besichtigte Darmstadt und Heidelberg. Die Kaiserpfalz und die Marienkirche in Gelnhausen fanden ebenso seine bewundernde Aufmerksamkeit wie die Aussicht vom Kronberger Burgturm. Den größten Eindruck aber machte auf ihn der Mainzer Dom, den er Diana als »Hochburg des Römischen Katholizismus«[92] in Deutschland vorstellte. In Mainz, Wiesbaden und Frankfurt beobachtete er mit Interesse das Fastnachtstreiben. Da während der Karnevalstage das Tragen von politischen Uniformen nicht erlaubt war und somit alle Hakenkreuzträger von der Bildfläche verschwunden waren, schien es Trott, als wäre mit den maskierten und kostümierten Narren für kurze Zeit »die Normalität zurückgekehrt«[93]. Eine gegenteilige Erfahrung machte er am Rande der kleinen Residenzstadt Büdingen. Er entdeckte einen reizvollen Platz in der Natur und stellte sich vor, dorthin im Sommer wiederzukommen, da merkte er, daß das nahe Gasthaus Versammlungsplatz der Braunhemden war. »Auch dieser Ort, wie jeder andere, ist von dem Spuk befallen«, konstatierte er und folgerte: »Es gibt keine ›Inseln‹ mehr.«[94]

Der Leser

Zum Ausgleich für die Arbeit am Gericht – in der Zivilkammer hatte er es vornehmlich mit unerquicklichen Scheidungsfällen zu tun – widmete sich Trott in dieser Zeit unterschiedlichster Lektüre: den Werken Immanuel Kants und Heinrich von Kleists, Dantes »Göttlicher Komödie« und Flauberts »Education sentimentale«. Diana versorgte ihn mit englischsprachiger Literatur: von den Romanen der Schwestern Brontë bis hin zu denen von Zeitgenossen wie George Moore, D. H. Lawrence und Thornton Wilder. Geschenke von ihr und Isaiah Berlin regten ihn an, sich mit zeitgenössischen Gedichten – etwa von Stephen Spender und Cecil Day Lewis – zu befassen.[95]

Daneben fällt ein neues Interesse auf. Trott stand, wie erwähnt, seit seiner Jugend in großer Distanz zur Kirche. Sie hatte sich in den folgenden Jahren wohl auch deshalb nicht verringert, weil alle seine maßgeblichen Freunde und Freundinnen nichtkirchlich oder areligiös waren. Im Hinblick auf das neue Regime in Deutschland begann er jedoch Christentum und Kirche, ob nun protestantisch oder katholisch, als eine mögliche Gegenkraft gegen die herrschende Ideologie wahrzunehmen und suchte nach Anzeichen in dieser Richtung. So las er Karl Barths Schrift »Theologische Existenz heute!« gegen die nationalsozialistisch orientierten Deutschen Christen, ferner von seiner Mutter erhaltene Hefte der Zeitschrift *Junge Kirche*, ein Sprachrohr der Bekennenden Kirche, sowie die Adventspredigten Kardinal Faulhabers von 1933, die ihm Ingrid Warburg geschickt hatte. Darin weist Faulhaber u. a. Angriffe auf das Alte Testament und das Christentum »wegen seiner ursprünglichen Beziehungen zum vorchristlichen Judentum«[96] zurück. Im Februar 1934 schrieb Trott seiner Mutter: »Ich habe ein sehr schönes Buch von Theodor Haecker gelesen ›Was ist der Mensch‹, in dem die katholische Geisteshaltung in der heutigen Zeit mit ungeheurer Schärfe und Würde entwikkelt wird, unter der freilich das Niveau der meisten öffentlichen Auseinandersetzungen von heutzutage in ein Nichts versinkt. Es hat mir einen tiefen, wenn auch nicht befriedenden Eindruck gemacht, und es würde mich freuen, wenn Du und Vera es lesen wolltet.«[97] Haeckers »Vergil, Vater des Abendlands« fand gleichfalls seine Zustimmung, und er regte K. F. Bonhoeffer zu dieser Lektüre an.[98] Nicht von ungefähr fühlte sich Adam von Trott vom katholischen Essayisten Theodor Haecker – bekannt als Übersetzer des Theologen und Philosophen Sören Kierkegaard – angezogen. Haeckers Bücher richteten sich mit entschiedener Radikalität gegen den Nationalsozialismus, waren sozusagen »Widerstand des Geistes gegen den Ungeist«[99]. Haecker leitete dabei die Einsicht: »Ich habe nicht die Macht zu verhindern, daß heute das Gesindel die Welt regiert, aber gegen eines kann ich mich Gott sei Dank doch wehren, so schwach ich auch bin, daß mir nämlich das Gesindel die Welt erkläre. Hier bin ich nicht wehrlos.«[100] Kein Wunder, daß Haecker bei einer solchen Gesinnung bald öffentliches Sprech- und Schreibverbot auferlegt wurde. Er gilt als einer der geistigen Väter des Münchener Studentenkreises der Weißen Rose, unterhielt zu diesen Studenten, ohne an deren Widerstandsaktionen beteiligt zu sein, auch persönliche Verbindung, ebenfalls zu einem späteren Mitstreiter Trotts, dem Jesuitenpater Alfred Delp.

Eleonore von Trott folgte der Leseempfehlung ihres Sohnes und schilderte ihm offen ihre Eindrücke: »Was mir an dem Haeckerschen Buch besonders verwandt war, ist sein unerschütterlicher Glaube an eine unerschütterliche Weltordnung. Gott läßt sich nicht spotten und die vermessenen, oft blasphemischen Reden vom ewigen Bestand der heutigen Ordnungen kommen mir oft wie eine Herausforderung vor. Und wenn die heutigen Ordnungen ins Wanken kommen sollten, an was für Führer kann das Volk dann noch glauben? Doch nur an solche, die diese ewigen Ordnungen kennen. Darauf kommt es jetzt an, den Glauben an sie felsenfest zu halten.« Die Mutter wies Adam auf das 14. Kapitel des Johannesevangeliums hin, vor allem auf die Worte Jesu in den Versen 6 und 12: »Ich bin der Weg, die Wahrheit und das Leben; niemand kommt zum Vater denn durch mich.« »Wer an mich glaubt, der wird die Werke auch tun, die ich tue, und wird größere denn diese tun.« Diese Worte wirkten, erklärte sie, »durch den Gegensatz stärker als je – wie klares Quellwasser«.[101] Trott freute sich über die Reaktion seiner Mutter, erklärte aber, die Berufung auf »göttliche Ordnungen und das Festhalten an ihnen, wo sie mit den zeitlichen in Widerspruch« stünden, sei »im täglichen Tun keine einfache Sache«[102].

Zwei Berliner Freunde rückten seit 1933 für Trott in den Vordergrund; er machte sie auch miteinander bekannt: Hasso von Seebach und Jacob Peter Mayer. Seinen Duzfreund Seebach kannte Trott schon von seiner Berliner Studentenzeit her, während er Mayer, mit dem er beim Sie blieb, im Frühjahr 1933 kennengelernt hatte. Mayer war Lehrer an der Arbeiterbildungsschule der SPD gewesen, hatte sich als Herausgeber der Frühschriften von Karl Marx einen Namen gemacht und auch für die *Neuen Blätter* geschrieben. Nach 1933 schlug er sich mit einer Buchhandlung durch und war ungeachtet seiner Bedrohung voller Pläne und Aktivitäten. Er betrachte sich nicht als Jude, schrieb er Trott, »sondern als Deutscher, der seine Wurzeln und Ziele in gewissen abendländischen Gegebenheiten sieht«[103]. Obwohl nicht wie Mayer einer besonderen Gefährdung ausgesetzt, litt der sensible Hasso von Seebach so sehr unter den neuen politischen Verhältnissen, daß er zur Besorgnis seiner Freunde anfing, dem Alkohol zuzuneigen. Eine gewisse innere Stabilisierung trat ein, als er eine Anstellung beim Berliner Büro von *United Press* fand. Anfang Mai 1934 freute sich Trott über einen einwöchigen Besuch Seebachs bei ihm in Hanau. Seebach sei ein sehr netter und ruhiger Gefährte, teilte er Diana mit, aber ein zutiefst trauriger. Die Ablehnung des Hitler-Regimes und sozialistische Sympathien einten Seebach, Mayer und Trott. Letzterer vermittelte den Freunden für ihre Reisen nach England auch mehrere seiner Kontakte, darunter zu Tawney und Cripps. Trott führte Mayer Buchkäufer zu und beteiligte sich finanziell an dessen Hilfe für »in Not geratene Freunde«[104]. Mayer hat Trott in Hanau und auch später in Kassel besucht. Beide schätzten einander als Gesprächspartner auf den gemeinsamen Interessengebieten Philosophie, politische Theorie und Literatur. J. P. Mayer hatte die Edition politischer Schriften in zwei verschiedenen Reihen (»Europäische Reihe« und »Deutsche Schriften«) initiiert und war bemüht, Trott zur Mitarbeit zu gewinnen.[105] Dieser übernahm dann auch den vorgesehenen Hegel-Band, kam aber über den Beginn der Einleitung nicht hinaus. Anstelle des Angebots, Swift oder Proudhon zu edieren, entschied sich Trott schließlich für Heinrich von Kleist, mit der Absicht, eine Auswahl aus dessen seinerzeit wenig bekannten politischen Schriften zu veröffentlichen. Noch in Hanau machte er sich an die Arbeit.

Diana Hubback hatte Adam von Trott zu Ostern erneut besuchen wollen, er aber hatte sie auf Pfingsten vertröstet. Als sie sich dann ankündigte, bat er sie zwar, nicht zuviel von ihm und »diesem Land« zu erwarten, schrieb ihr aber auch: »Thank you for coming and loving me.«[106] Sie trafen sich am 18. Mai in Frankfurt und fuhren über Karlsruhe weiter ins Elsaß, nachdem es Trott gelungen war, ein Ausreisevisum zu erhalten. Diana blieb in Erinnerung, welche Last von ihm abfiel, sobald sie die Grenze nach Frankreich passiert hatten. »Als wir Straßburg erreichten, bekundete Adam seine Freude darüber, eine Zeitlang frei und unbeobachtet zu sein und offen sprechen zu können.«[107] Sie besichtigten Straßburg und Colmar und fanden im Gasthof La Pépinière oberhalb von Ribeauvillé in den Vogesen eine Bleibe nach Wunsch. Trott habe in dieser Umgebung, so Diana, für eine kurze Zeit Abstand gefunden von all den Problemen, die ihn in Deutschland quälten. »Er lachte mehr als je vorher oder nachher, machte Scherze über unsere Mitgäste, zeichnete absurde Bilder, neckte mich und genoß das gute Essen. Er lief durch die Wälder und lag in der Sonne. Er brachte mir die deutschen Namen von Wildblumen bei und lernte die englischen. Wie immer hatte er einige Romane von Balzac bei sich. Ich gewann einen Eindruck von seiner außergewöhnlichen Fähigkeit, sich am Leben zu erfreuen.«[108] Als sie auf dem Rückweg in Mainz ankamen, von wo aus Diana nach London weiterreisen sollte, holte sie die Realität sofort und bedrängend wieder ein. Ausgerechnet an diesem Tag fand in Mainz eine Großversammlung von Braunhemden statt. Die ganze Stadt wimmelte von jungen Uniformierten, die weit und breit alle Unterkünfte besetzt und »wie die Heuschrecken«[109] alles Eßbare verzehrt hatten. Die beiden konnten nur noch einen Korb mit unreifen Erdbeeren auftreiben und mußten während der nächtlichen Stunden bis zur Abfahrt des Zuges mit einer Bank am Rhein vorliebnehmen.

In Hanau erwartete Trott ein Schreiben des Kasseler Regierungspräsidenten, in dem ihm mitgeteilt wurde, daß »gemäß dem Erlasse« des preußi-

Mit Diana in Karlsruhe

schen Innenministers »Ihrem Gesuch um Ernennung zum Regierungsreferendar nicht entsprochen werden kann«[110]. Eine Begründung wurde nicht angegeben. Sie hatte auch im Erlaß des Innenministeriums an den Regierungspräsidenten Konrad von Monbart gefehlt. Zufällig ist ebenfalls das Schreiben Monbarts vom März 1934 erhalten geblieben, in dem er Trotts Gesuch – wohl als Verbeugung vor einem Amtsvorgänger (August von Trott als ehemaligem Regierungspräsidenten) – unterstützt hatte. Nach dem Hinweis auf den Vater, seine hohen Ämter und die Familie, die »seit Jahrhunderten mit Hessens Geschichte verbunden ist«, heißt es über den Kandidaten dort: »M. E. bürgt sein Elternhaus dafür, dass er allen liberalistisch-marxistischen Einflüssen fernsteht und auch nicht etwa solchen die Ermöglichung des Studiums in Oxford verdankt.« Trotts Teilnahme am SA-Wehrsportlager führte der Regierungspräsident als Beweis an für dessen »völlig positive Einstellung zum nationalsozialistischen Staat«[111]. Diese Einschätzung dürfte das Innenministerium an Ort und Stelle in Hanau überprüft haben, und so bewirkte die Empfehlung Monbarts nichts. Vor den genannten Traditionen einer Adelsfamilie hatten die Nazis ohnehin keinen Respekt. Für Trott kam die Entscheidung gegen ihn nicht überraschend, zumal seitdem er wußte, daß Anfang Mai ein konkurrierender Kollege, ein SS-Mann, bereits eine Gratulation zu seiner Ernennung erhalten hatte. »Unter den gegebenen Umständen konnte ich kaum etwas anderes erwarten«[112], schrieb er nach Hause. Dennoch berührte ihn die Ablehnung »schmerzlich«[113], besonders im Blick auf den Vater. Für August von Trott, der es auf der Verwaltungslaufbahn weit gebracht hatte, war es bitter, daß seinem Sohn nun dieser berufliche Weg gleichsam versperrt wurde, und zwar nicht wegen mangelnder Eignung, sondern aus politischen Gründen. Dies änderte jedoch nichts daran, daß er weiterhin Adams Einstellung guthieß, daß »Du es vor Dir und Deinem Gewissen nicht verantworten« kannst, »um des damit verbundenen Vorteils willen«[114] in die nationalsozialistische Partei einzutreten.

Bei seiner Rückkehr hatte Trott auch ein Bücherpaket von der *Frankfurter Zeitung* vorgefunden. Er verfolgte zwar keine beruflichen Ambitionen im Journalismus mehr, hatte aber den Kontakt zur Redaktion aufrechterhalten, um sich gelegentlich ein wenig Geld zu verdienen. Obwohl einige von ihm eingeschickte Artikel nicht veröffentlicht wurden, blieb die Zeitung an der Zusammenarbeit mit Trott interessiert und forderte ihn wiederholt zu Beiträgen auf. Nun unterbreitete man ihm ein umfängliches Rezensionsangebot. Er sollte die Veröffentlichungen dreier Reihen in einer Sammelrezension vorstellen: die »Schriften der deutschen Hochschule für Politik« u. a. mit Publikationen von Alfred Rosenberg und Joseph Goebbels, die »Schriften zur völkischen Bildung« mit Titeln über »die nationale Idee« und »die rassischen Grundlagen des deutschen Volkstums« sowie die »Schriften an die Nation« mit deutschnationalen Titeln. Warum die Redaktion einen jungen Mann als Entree in ihre Zeitung mit solch einer heiklen politischen Aufgabe belastete, ist schwer verständlich; die hinzugefügte Warnung: »Mit den drei Schriftenreihen wollen Sie sehr vorsichtig verfahren«[115], machte die Sache nicht besser. Trott reagierte nicht vorsichtig, sondern entschieden. Er verweigerte sich diesen Reihen und ihren Bänden.

Statt dessen suchte er aus dem Bücherpaket die ihm noch akzeptabelste Neuerscheinung heraus. Dies war der zweite Band von Arthur Moeller van den Brucks »Das ewige Reich«[116], der sich auf mehr als 500 Seiten deutschen Geistesgrößen in Lebensbildern widmet. Trotts Besprechung wurde von der Redaktion angenommen und erschien am 15. Juli 1934 anonym (unter der Initiale T.) im Literaturblatt der *Frankfurter Zeitung*. Der Text läßt kaum einen Neuling als Rezensenten vermuten, obwohl ihm der »halbpolitische« Charakter des Buches (»ein ziemlich schwieriges Stück«[117]) einiges Kopfzerbrechen bereitet hatte. Trott schildert eingehend die »innere Linie« des Werkes, die er von »der Leidenschaftlichkeit geistiger Vision« geprägt sieht. Er anerkennt die Fähigkeit des Autors, insbesondere zur psychologischen Einfühlung, flicht jedoch auch kritische Bemerkungen ein. So mißfällt ihm etwa, daß »zuweilen die Breite geschichtsphilosophischer Kategorien« überhandnimmt und nur im ersten Teil »der Mensch über den Begriff siegt«. Als Quintessenz hebt Trott hervor, daß der Autor zwar »im Ästhetischen« der Darstellung »konkreten Lebens« nahekomme, »im Politischen« aber »bei der Verkündigung der leitenden Ideen verharre«.[118] Wie er selbst zu diesen Ideen steht und was er von der politischen Realisierung der »deutschen Weltanschauung« Moellers mit ihren protestantischen, idealistischen und naturalistischen Elementen hält, läßt der Rezensent nicht durchblicken. August von Trott fiel bei der Korrektur des Manuskripts sogleich auf, daß Adam geschickt vermieden habe, die Beziehung Moellers »zu der derzeitigen Wirklichkeit in Deutschland«[119] auch nur anzudeuten. Sowenig diese Rezension auf eigener Wahl beruhte, sowenig ist sie ein Bekenntnis Trotts zu Moeller van den Bruck als einem Vordenker der Konservativen Revolution.[120]

Konnte er selbst wählen, rezensierte Trott ganz andere Bücher. So meldete er sich, allerdings vergeblich, bei der *Frankfurter Zeitung* für eine Besprechung von Hermann Hellers »Staatslehre«, die posthum 1934 in Leiden erschienen war.[121] Auch ein weiterer Versuch schlug fehl. Im Frühjahr 1934 hatte Trott auf eigene Initiative eine Besprechung von Urban Roedls Biographie »Matthias Claudius. Sein Weg und seine Welt«[122] verfaßt, und das nicht ohne Grund. Hinter dem Pseudonym Urban Roedl verbarg sich nämlich der jüdische Literatur- und Kunsthistoriker Bruno Adler, den Trott persönlich kannte. Adler hatte ihn als seinen Freund bei der Familie Pincus in Potsdam eingeführt, in deren Haus Anfang der 30er Jahre eine Reihe anregender Persönlichkeiten, darunter der Theologe und religiöse Sozialist Paul Tillich, verkehrten.[123] Nach seiner Verhaftung im April 1933 ging Adler zurück nach Prag und emigrierte 1935 nach London. Trotz des Pseudonyms wurde seine Claudius-Biographie bald nach Erscheinen 1934 verboten und Trotts Rezension somit hinfällig.

Seit Anfang Mai war Trott in die zweite Kammer des Hanauer Landgerichts überwiesen, die Kammer für Berufungssachen, und hatte dort unter einem »weniger angenehmen persönlichen Chef«[124] als Felix Lesser zu arbeiten. Auch in anderer Hinsicht verschlechterte sich seine Lage. Längeres Schweigen entschuldigte er bei Diana damit, daß er ihr die Bedingungen, unter denen er lebe, brieflich weder darlegen noch erklären könne – sie seien zu komplex, zu verschieden von den ihrigen und zu wechselhaft. Ein nächstes Mal schrieb er, daß er einen Brief an sie zerrissen habe, weil er sie mit Klagen über sein Leben nicht belasten wolle. Mitte Juni gab er dann Diana und seiner Mutter gegenüber zu, daß es ihm seit einiger Zeit nicht gutgehe. »Ich kann nicht ordentlich essen, schlafen oder arbeiten und bin mal wieder besonders abgemagert.« Als Hauptursache nannte er »allgemeine Unerfreulichkeit«.[125] Ärgeres stand ihm unmittelbar bevor. Am 24. Juni erreichte Trott eine Verfügung des Kasseler Oberlandesgerichtspräsidenten, nach der ihm, wie er dem Vater berichtete, »mehr oder weniger zur Pflicht gemacht wird, gewissen Organisationen beizutreten«.[126] Zugleich sei ihm sein bislang verneinender Fragebogen »zur Ergänzung« zurückgeschickt worden. Mit »gewissen Organisationen« waren der gleichgeschaltete Berufsverband für Juristen: der *Bund Nationalsozialistischer Deutscher Juristen* und die NSDAP gemeint. Trott nutzte den Fragebogen jedoch nicht, wie vorgesehen, um nachträglich seinen Beitritt in diese Organisationen zu beantragen, sondern sandte ihn Anfang Juli unausgefüllt, aber mit einer »ergänzenden Erklärung« zurück. Darin stellte er fest, daß für ihn nur »diejenigen Organisationen in Frage kommen, die eine gleichzeitige Parteimitgliedschaft nicht zur sofortigen oder späteren Pflicht machen«. Zur Begründung führte er an: »Ich halte mich nicht für berechtigt, die überwiegenden Vorteile der Parteimitgliedschaft für mich in Anspruch zu nehmen, solange ich nicht allen Punkten des Parteiprogramms volle Gefolgschaft zu leisten imstande bin. Ich finde diese Auffassung durch Äußerungen der maßgeblichen Führer bestätigt, die mit Recht den Beitritt aus anderen Gründen als denen der persönlichen Überzeugung ablehnen.« Adam von Trott suchte also nicht nach irgendwelchen Ausflüchten, sondern bekannte sich offen und sogar schriftlich zu seiner »auf weltanschaulichem Gebiet von dem offiziellen Parteiprogramm abweichenden Auffassung«, die er in seiner Erklärung mit der »Tätigkeit im staatlichen Vorbereitungsdienst« dennoch als »voll vereinbar« bezeichnete.[127]

Er könne im Gegensatz zu ihr nicht für ein ganzes Leben, sondern nur noch für Monate planen, beschrieb Trott im Juni Diana seine Situation. »Aber ich bin so entschlossen wie je«, erklärte er, »mein kleines Boot nicht in den vorbereitenden Stadien der großen Flut zerschmettern zu lassen.«[128] Er signalisierte damit, daß er trotz aller Hemmnisse den Kampf für möglichst viel Selbstbestimmung nicht aufzugeben gewillt war. Sein neuester Plan war, den Referendardienst in Berlin fortzusetzen, und er beantragte daher seine Überweisung von Hanau in den Kammergerichtsbezirk Berlin. Er begründete dies damit, daß er gleichzeitig im *Kaiser-Wilhelm-Institut für ausländisches öffentliches Recht und Völkerrecht* unter Professor Viktor Bruns wissenschaftlich arbeiten wolle. Diese Arbeit solle, erläuterte er seinem Vater, »den Gegenstand des dritten, mir in Oxford bewilligten Studienjahrs bilden, etwa über Gegensätze zwischen dem angelsächsischen und deutschen Völkerrechtsdenken«[129]. Erneut zeigt sich, wie zäh Trott an seinen früheren Vorhaben festhielt – an einer Arbeit zum Völkerrecht ebenso wie an dem dritten Studienjahr in Oxford – und sie den jeweils neuen Bedingungen anzupassen suchte. Das Berliner Institut unter Bruns hatte ihm K. F. Bonhoeffer empfohlen. Da es »aus naheliegenden Gründen unbedrängt weiterarbeiten« könne, schien es Trott im Unterschied zu den Universitäten Göttingen und Frankfurt »eine Rettung«[130]. Angesichts seines »widerspenstigen« Verhaltens in der Frage der »Mitgliedschaft«[131] setzte er jedoch nicht allzuviel Hoffnung darauf, daß es mit seiner Überweisung nach Berlin klappen werde. In der Tat wurde sein Antrag Mitte Juli abgewiesen. Es gelang Trott, der keinesfalls in Hanau bleiben wollte, lediglich, die entscheidungsbefugten Beamten telefonisch zu überreden, ihn statt dessen nach Kassel zu versetzen.

Obwohl von seinen eigenen Problemen in Anspruch genommen und im Dienst mit Straf- und Zivilprozessen vollauf beschäftigt, blieb Trott ein aufmerksamer Beobachter des politischen Geschehens. So entging ihm auch die Marburger Rede des Vizekanzlers Franz von Papen am 17. Juni nicht, in der dieser den Totalitätsanspruch und die Gewaltherrschaft der

Nazis kritisiert hatte. Die Verbreitung der Rede wurde verboten und ihr Verfasser, der Publizist Edgar Jung, verhaftet. Über die als »Röhm-Putsch« getarnten Mordaktionen in den Tagen zwischen dem 30. Juni und dem 2. Juli 1934, denen außer SA-Stabschef Ernst Röhm und weiteren SA-Führern auch andere, vor allem konservative Gegner des Regimes zum Opfer fielen, informierte sich Trott anhand der Berichterstattung in der *Times*. Er schrieb seiner Mutter: »Es geht scharfe Luft«, und dann absichtlich ins Englische wechselnd: »They didn't shoot 7 but something between 70 and 100, amongst others the man who wrote Papen's speech and the Catholic leader Klausener and many right wing people.« Da die Mutter aus Entsetzen über diese Vorgänge sich offenbar keine Zurückhaltung auferlegt hatte, mahnte ihr Sohn sie selbst etwas unvorsichtig zur Vorsicht: »Don't write too openly.«[132] Trott stand in keinerlei Beziehung zu den Mordopfern, wohl aber sein Freund J. P. Mayer, der mit einigen seiner sozialdemokratischen Genossen indirekte Kontakte zu dem erschossenen ehemaligen Reichskanzler Kurt von Schleicher unterhalten hatte. Mayer erfuhr von der Ermordung Schleichers, als er, aus England kommend, am 1. Juli in Köln eintraf. Er glaubte sich in Gefahr und bat Trott um Rat, der ihm spontan Unterschlupf gewährte.[133] Die Ereignisse einen Monat danach – der Tod des greisen Reichspräsidenten Paul von Hindenburg und der Übergang seiner Amtsbefugnisse auf den Reichskanzler Hitler am 2. August – kommentierte Trott mit den Worten »extremely agitating – a very important factor has changed«[134]. Der Diktator hatte nun alle staatliche Macht auf sich vereinigt, einschließlich des militärischen Oberbefehls. Der Soldateneid und der Amtseid mußten von nun an auf seine Person abgelegt werden.

Im Juli erfuhr Trott von Diana, daß ihre gemeinsame Freundin Shiela Grant Duff bei den Oxforder Abschlußexamen in Modern Greats die Zweite Klasse erreicht hatte. Dies erinnerte ihn unwillkürlich an sein eigenes Examen. Doch wie sehr hatte seine damalige Enttäuschung nach all dem inzwischen Erlebten ihre Bedeutung verloren: »Wie doch die Sorgen des letzten Jahres durch die Zeit vertrieben wurden!« stellte er fest und bezeichnete dieses Jahr als sein »härtestes bislang«[135]. Er war sich zwar bewußt, daß er »die Außenwelt nicht für alles verantwortlich machen« könne, aber fand sie »gewiß nicht ermutigend«[136]. – Mitte Juli siedelte Trott von Hanau nach Kassel über. Bei freundlichen Vermietern fand er in der Wilhelmshöher Wigandstraße ein Zimmer mit einem traumhaften Blick über die ganze Stadt und die Landschaft der Umgebung. In der Referendarschulung aber wiederholte sich das, was er schon von Hanau kannte: »Soweit ich sehen kann«, stellte er fest, »habe ich hier überhaupt keine Freunde, meine Isolierung wird wie gewohnt bemerkt und abgelehnt.«[137]

Um so wichtiger war Trott die Begegnung mit Gleichgesinnten. Im Frühsommer hatte er noch von Hanau aus in Heidelberg Annie Noll kennengelernt, eine Freundin von Ingrid Warburg. Als Ärztin und Krankenhausleiterin litt sie, ähnlich wie er, unter dem nunmehr ständig und überall geltenden Machtanspruch der Nazis. »Sie sieht ihren Stolz verletzt durch die Unterwerfung, die von ihr auf Schritt und Tritt abverlangt wird, selbst in geringfügigen Angelegenheiten«[138], schrieb Trott an Diana. Annie Noll und Trott tat es gut, sich an einem Sommertag am Neckar ungehindert ihre Beschwerden von der Seele reden zu können und sich dadurch zumindest vorübergehend wie befreit zu fühlen. Anfang August sah Trott nach langer Zeit Helmut Conrad wieder. Dieser war nicht in seiner Zuflucht in Frankreich geblieben, sondern nach einer gewissen Beruhigung der politischen Lage im Herbst 1933 nach Deutschland zurückgekehrt. Mit anderen sozialistischen Freunden vertrat Conrad die Ansicht, daß man dort »auch unter widrigsten politischen und wirtschaftlichen Bedingungen ausharren« müßte, um dem eigenen Land nicht »entfremdet zu werden«[139]. Conrad versuchte sich nun in seinem Heimatort bei Dessau mit Gelegenheitsarbeiten über Wasser zu halten. Sein Jurastudium in Halle hatte er, belastet durch seine Mitgliedschaft in der Sozialistischen Studentenschaft, abbrechen müssen. Von der inzwischen gleichgeschalteten *Studienstiftung des Deutschen Volkes* wurde er auch nicht weiter gefördert. Trotz der ihm aufgezwungenen Isolation fiel Conrad seinem Freund Adam bei ihrem Treffen in Imshausen durch Belesenheit und Informiertheit auf. Beide sahen sich durch ihren Gedankenaustausch angeregt und ermutigt. Der schlechte Gesundheitszustand Conrads bereitete Trott jedoch Sorgen und bewog ihn, für den Freund eine Geldsumme als Kurbeihilfe zu mobilisieren.

Im August bekam Trott auch Besuch aus England. Auf einer Ferienreise nach Salzburg legte Shiela Grant Duff eine Woche Station in Kassel ein. Beide hatten sich von ihrer ersten Begegnung in Oxford an sympathisch gefunden. Obwohl sie sich dort nicht häufig sahen, überdauerte ihre Freundschaft Trotts Weggang, und es entwickelte sich zwischen ihnen allmählich eine lebhafte Korrespondenz. Shiela war vier Jahre jünger als Trott. Sie stammte väterlicher- wie mütterlicherseits aus besten englischen Familien. Ihre Großväter, Sir Mountstuart Grant Duff und Sir John Lubbock, der erste Lord Avebury, waren Parlamentsabgeordnete der Liberalen Partei gewesen und im politischen Leben Englands hervorgetreten. Mit Diana Hubback teilte Shiela das Schicksal, daß auch ihr Vater im Weltkrieg gefallen war und sie ihn gar nicht kennenlernte. Die beiden

Shiela Grant Duff

Freundinnen seit ihrer Schulzeit hatten ansonsten wenig gemeinsam. Schon äußerlich Kontrasttypen – Diana dunkelhaarig und dunkeläugig, Shiela blond und blauäugig –, unterschieden sie sich auch in ihrem ganzen Wesen wie Tag und Nacht. Zeichnete die eher passive und unsichere Diana Feingefühl und Melancholie aus, strahlte die aktive und selbstbewußte Shiela Vitalität und Lebensfreude aus. Diese Gegensätzlichkeit ihrer Charaktere und gegenseitige Ergänzung machten für Trott den Reiz aus, mit beiden befreundet zu sein. Da Shiela seit längerem mit Goronwy Rees ein glückliches Paar bildete, konnte er zu ihr, anders als zu Diana, auf ein platonisches Freundesverhältnis setzen. Diana reagierte auf die Nachricht vom beabsichtigten Besuch Shielas in Kassel so unglücklich, daß Trott ihr vorschlug, sie möge ihre Freundin doch bitten, davon abzusehen. Diese selbst hielt es offenbar nicht für nötig, auf die Empfindlichkeit Dianas Rücksicht zu nehmen. »Sie ist sehr jung und sehr verliebt in Goronwy«[140], versuchte Trott Diana nach Shielas Abreise zu beruhigen. Trott hatte Kassel als »eine ziemlich schöne Stadt« beschrieben, mit »einem Fluß, Parks, sehr viel Wald, einer Rembrandt-Galerie und einer reizvollen Bibliothek«[141]. Nun führte er Shiela dies alles vor, unternahm mit ihr, sobald von seiner Arbeit abkömmlich, Ausflüge nach Wilhelmsthal, Hannoversch Münden und Imshausen und erfreute sich an ihrer »warmen und herzerfrischenden Gegenwart«[142]. Getrübt wurde der Besuch nur durch einen unangenehmen Vorfall, als Shiela und Eleonore von Trott unversehens über den Austritt Deutschlands aus dem Völkerbund in Streit gerieten. Letztere besaß so viel Souveränität, daß sie sich dafür bei der 21jährigen Engländerin mündlich und schriftlich entschuldigte.

Shiela Grant Duff schrieb damals auf, wie sie Trotts politische Einstellung einschätzte: »Feindseligkeit, jedoch ohne Militanz. Er ist gegen die Bewegung, würde ihr nie beitreten oder Kompromisse schließen, aber für ihn ist diese Gegnerschaft eine solche Selbstverständlichkeit, daß er keine besonderen Konsequenzen daraus zieht. Er konspiriert nicht gegen die Regierung und macht kein Geheimnis daraus, daß er der Partei nicht beizutreten gedenkt. Er ist in Kassel der einzige Referendar, der sich geweigert hat, irgendeiner Nazigliederung beizutreten. [...] Wie lange diese Regierung durchhalten wird, darüber kann er überhaupt nichts sagen. Offenbar meint er nicht, daß ein Ende in Sicht ist, und er denkt nicht mehr daran, eine Opposition zu organisieren. Seiner Einschätzung nach existiert auch nichts dergleichen, und ob er sich ernsthaft an einer Oppositionsbewegung beteiligen würde, wenn es sie gäbe, bezweifle ich noch.«[143] Die Engländerin verabscheute die Nationalsozialisten zutiefst und anerkannte daher die konsequente Haltung ihres Freundes. Von den Bedingungen der NS-Diktatur und den damaligen Möglichkeiten, gegen sie zu konspirieren, hatte sie, das zeigen ihre Notizen, allerdings keine realistische Vorstellung. Ihre Annahme, sein Name und »seine achtunggebietende Erscheinung« würden Trott »vor Repressalien wegen seiner Ansichten bewahren«, legt nahe, daß dieser ihr weder von seinen beruflichen Problemen noch vom dauernden Druck durch das Regime Genaueres berichtet hat – sei es, daß er sie mit Klagen verschonen oder ganz einfach ein paar Tage nicht daran denken wollte. Trott erzählte ihr anderes, etwa »daß Mitglieder der [internationalen] Saarkommission es geschafft hätten, den Kommunistenführer Thälmann im Gefängnis zu besuchen und zu fragen, wie er behandelt werde. Er habe gebrüllt, die Behandlung sei stets schandbar gewesen, sei es noch und werde es bleiben.«[144] Bei einem Spaziergang durch ein als kommunistisch bekanntes Kasseler Arbeiterviertel entdeckten sie, daß Parolen (»Ein Wille, ein Volk, ein Ja«) für die bevorstehende Volksabstimmung über das Gesetz, das die Ämter des Reichspräsidenten und Reichskanzlers vereinigte, heruntergerissen waren. Sollte Adam sich an der Abstimmung beteiligen, vermerkte Shiela in ihrem Tagebuch, werde er am 19. August mit Nein stimmen.[145] Er bestätigte ihr dies mit dem Hinweis: »I did vote.«[146] Rund zehn Prozent der Abstimmenden lehnten das Gesetz ab.

Das Wiedersehen Adam von Trotts und Shiela Grant Duffs hatte ihrer Freundschaft Auftrieb gegeben. »Wenn ich an Dich denke«, schrieb Shiela dem Freund, »ist mein Leben ganz, und es gibt Sinn und Ordnung in ihm.«[147] Dies klingt wie eine Resonanz auf eine Äußerung Trotts kurz nach ihrer Abreise, ihr Leben schiene ihm »so klar, ungebrochen und hoffnungsvoll«[148]. Die anteilnehmende Herzlichkeit, die aus Shielas Briefen sprach, bewog ihn sogar – entgegen seiner Gewohnheit, »andern das eigene Leid nicht aufzubürden«[149] –, ihr seinen immer noch sehr präsenten Kummer über das Scheitern seiner Beziehung zu Miriam, das er sich selbst zur Last legte, anzuvertrauen. Shiela begründete ihr freundschaftliches Eingehen mit den Worten: »Ich kann es nicht ertragen, daß Du unglücklich bist.«[150] Zwischen beiden tauchten jedoch immer wieder Verständigungsprobleme auf. Trott neigte dazu, die Nähe ihres Denkens zu ihm zu überschätzen, mit der Folge, daß er in seinen Briefen mitunter eine Denk- und Ausdrucksweise verwendete, die sie nicht verstand. Dies fällt um so mehr auf, als es ansonsten gerade Trotts Eigenheit war, sich brieflich intensiv auf die Empfänger einzustellen, und er für jeden einen spezifischen Ton und eine andere Sprache fand. Seine Briefe an seine Angehörigen, Freunde und Freundinnen beziehen daraus jeweils ihre Unverwechselbarkeit. Einen eigenen Ton hatten zwar Trotts Briefe an Shiela auch, sie gaben ihr aber wiederholt Anlaß zu der Klage: »Lieber Adam, ich habe Dich so gerne, aber Du bist so schwer zu verstehen.«[151] Grund dafür war allerdings auch, daß er, obwohl sehr flüssig, in einer Fremdsprache schrieb und mit Rücksicht auf die Zensur sich indirekt oder verklausuliert ausdrücken mußte. Trott war sich der Schwierigkeit für die Adressaten bewußt und hoffte, daß seine englischen Freunde bald fähig sein würden, weniger das zu lesen, was er »äußerte«, als das, was er »vermitteln wollte«[152]. Die Zensur war im übrigen keine Chimäre ängstlicher Bürger; ein großer Teil der Briefe von Trott und Grant Duff wurde tatsächlich »zur Devisenüberwachung zollamtlich geöffnet«.[153]

Unter diesen Bedingungen kam es leicht zu Mißverständnissen, zumal bei den unterschiedlichen Voraussetzungen und Standorten beider jungen Leute. In einer Bemerkung Trotts über »die sichere Welt der Demokratie« – eine Anspielung auf die Erklärung des amerikanischen Präsidenten Wilson von 1917[154] – sah die Freundin einen Angriff auf die Demokratie als solche und verteidigte diese vehement.[155] Trott entgegnete: »Ich denke, Shiela, daß wir über das Wesen und die Erscheinung der Demokratie viel mehr übereinstimmen, als Du es als gegeben anzunehmen bereit scheinst.« Er habe über dieses Thema eine lange Abhandlung an sie geschrieben, diese aber wegen seines schlechten Englisch nicht abgeschickt. Seine Bemerkung habe auf etwas anderes abgezielt, nämlich »auf den Irrsinn, durch einen brudermörderischen Krieg die Welt sicher für die Demokratie zu machen und nachher die Welt oder eher die Besiegten entsprechend durch einen brudermörderischen Frieden sicher für die Diktatur. Eine Lösung kann es entweder auf einer brüderlichen europäischen Basis geben, für die Du und ich arbeiten, oder es wird nach dem Zusammenbruch Deutschlands und Europas im alten Sinne eine vereinigte russisch-deutsche Front gegen die westlichen imperialistischen Mächte folgen.«[156] Trotts Erwiderung liest sich wie ein politisches Bekenntnis, wenn auch ein absichtlich sehr zugespitztes.

Ausflug mit Shiela

Die innere Bindung an sein Land, die Sorgen um dessen Wohl und Wehe, sein Werben für dessen Schönheit und Kultur, und die Tatsache, daß er nach der Machtübernahme der Nazis nicht in England geblieben war, in alldem erblickte die junge Shiela Grant Duff einen Ausdruck von »Patriotismus«. Diesen aber, für sie gleichbedeutend mit Nationalismus, hielt sie für einen »primitiven Instinkt«[157], wenn sie Trott auch bescheinigte, daß seine Empfindung nicht von Haß gegenüber anderen Ländern und Völkern bestimmt sei. Sie bedachte nicht, daß ein echter Nationalist kaum enge Freundschaften mit Personen ohne eigentliche Beziehung zu Deutschland eingehen würde, auch mit ihr nicht, die weder Deutsch konnte noch allzuviel von Deutschland wußte. Shiela wähnte sich als »Europäerin« frei von Patriotismus, räumte jedoch ein, daß sie Adam »vielleicht eines Tages recht geben werde, daß man zuerst das Wohlergehen des eigenen Landes unterstützen müsse«[158]. Ihre Befürchtung, daß er nach seinen Worten in den »Fluch des Nationalismus«[159] geraten könnte, wies Trott energisch zurück. Er vertrat die Ansicht, daß »keine Loyalität richtig sei, auch kein Patriotismus, wenn dadurch nicht das Beste des eigenen Selbst gefördert werde«[160]. Seinen schon früher bewiesenen kritischen Blick auf seine Landsleute behielt Trott bei. Um das Jahr 1934 notierte er sich: »Wir Deutschen, wie jedes große Volk, begehen zu Zeiten den fatalen Irrtum, uns selbst für die ganze Welt zu halten. Wir widmen uns dieser Welt mit Eifer und Inbrunst und verstehen nicht, wenn uns dann andere Völker hassen und fürchten.«[161]

Wenn Trott Ende August – bezogen auf die Stimmung unter Regimegegnern und nicht etwa in der Bevölkerung – an Helmut Conrad schrieb, daß »man gegen diese allgemeine Atmosphäre der Mutlosigkeit ankämpfen muß«[162], so appellierte er wohl auch an sich selbst. Er litt erneut unter Schlaflosigkeit, und auch gesundheitlich ging es ihm »wieder einmal ziemlich schlecht«, wie er seiner Mutter schrieb. »Nach dem Nacken habe ich nun im rechten Ohr noch einen Furunkel gehabt, was mir viel zu schaffen gemacht hat.«[163] Die gesamte Entwicklung der letzten Monate hatte an den Nerven des 25jährigen gezerrt. Dies bekam auch die Familie zu spüren. So mäkelte Trott an seiner Schwester Vera herum und warf ihr vor, in Imshausen zu vermodern, wogegen sie sich in einem langen Brief beherzt zur Wehr setzte.[164] Zu Hause herrsche »eine schreckliche Spannung«, teilte Trott während eines Besuchs dort Anfang September Diana mit, »hauptsächlich verursacht durch mich, aber zum Teil auch durch die sehr schlechte Gesundheit meines Vaters und den nervösen Erschöpfungszustand meiner Mutter«[165]. Zwei Todesfälle in der nahen Imshäuser Verwandtschaft[166] in diesem Sommer waren auch nicht dazu angetan, die Stimmung zu heben.

Am 7. Oktober indes versammelte sich die Familie in Imshausen zu einem erfreulichen Anlaß: zur Feier von Monikas Hochzeit. Monika von Trott hatte ihren Verlobten Hans Onken davon überzeugen können, daß seine Lungenkrankheit für sie kein Ehehindernis sei. Ihre Treue zu ihm wurde belohnt. Sie sollten nicht nur mehr als 30 Jahre verheiratet sein, sondern Onken sollte sogar seine Frau um Jahrzehnte überleben. Noch lange nach ihrer Hochzeit erinnerte sich Monika Onken an einen brüderlichen Rat, den Adam ihr damals gegeben habe, nämlich »daß man auch in der Ehe nie den Respekt vor der metaphysischen Unabhängigkeit des andern vergessen dürfe«[167].

Diana Hubback hatte ihr Kommen für Anfang September angesagt, aber Trott hatte ihr bedeutet, daß es wegen widriger Umstände, die er »brieflich nicht erläutern könne«[168], momentan in Kassel nicht geraten sei, Besuch zu haben. Vermutlich handelte es sich um zeitweilig verschärfte Kontrollen oder gar Razzien. Sie verabredeten sich daher zu einem Treffen in Düsseldorf. Die Wahl Trotts war auf diese Stadt nicht zuletzt wegen ihrer bedeutenden Kunstsammlungen gefallen, denn Diana und er hatten stets Freude daran, gemeinsam Kunst zu betrachten. Zu jener Zeit waren in Düsseldorf noch die bald verbannten Werke zeitgenössischer Expressionisten ausgestellt, die Diana besonders schätzte und gerne dem Freund nahebrachte. In der Düsseldorfer Kunstakademie beeindruckte Trott die mutmaßliche Lebendmaske Heinrich von Kleists, und er verschaffte sich von ihr eine Reproduktion für seine Kleist-Edition. Während seines kurzen Zusammenseins mit Diana stellte er jedoch zu seiner Beunruhigung fest, daß ihre Beziehung völlig aus dem Gleichgewicht geraten und von der angestrebten »unabhängigen und freien Freundschaft«[169] weiter entfernt war als je. Diana zeigte sich von einer immer stärkeren Leidenschaft für ihn erfaßt – die sie selbst später als »obsessive devotion«[170] bezeichnet hat. Gleich nach seiner Rückkehr versuchte Trott der Freundin klarzumachen, daß es so mit ihnen nicht weiterginge. Es sei weder ihre noch seine Schuld, daß er »den Anforderungen ihrer Liebe nicht entsprechen« könne. Ihr sei allenfalls vorzuwerfen, daß sie »ihn glauben gemacht habe, von ihm allmählich unabhängig zu werden«. Doch das Gegenteil davon sei der Fall. Er beschwor sie, zu lernen, auch andere Menschen und Aufgaben wichtig zu nehmen und sich nicht in einer Weise an ihn zu binden, die ihn einmal werde zwingen müssen, hart gegen sie zu sein.[171] Der Gedanke allerdings, den Kontakt mit Diana abbrechen zu müssen, quälte ihn. Sie sei »ein wunderbarer Mensch, ganz unabhängig von ihrer äußeren Schönheit«[172] und habe ihm etwas gegeben, was ihm sonst niemand geben könne, bekannte er der gemeinsamen

Freundin Shiela. Als Diana ihn verzweifelt bat, den Kontakt zu ihr aufrechtzuerhalten, gab er nach und beließ es beim »Aussetzen« ihrer, wie er es nannte, »unmittelbaren emotionalen Beziehungen«[173].

Trotts Arbeit an der Edition von politischen Schriften Heinrich von Kleists hatte sich länger als geplant hingezogen. Anfang Oktober konnte er schließlich das Manuskript an den Alfred Protte Verlag in Potsdam einsenden, einen Verlag, mit dem J. P. Mayer in enger Kooperation stand. Anstatt der erwarteten Druckfahnen aber erhielt Trott nach einiger Zeit das Manuskript wieder zurück. Seine Auswahl aus Beiträgen Kleists für die Zeitschrift *Germania* und die *Berliner Abendblätter* enthalte »zuviel belanglose Abschnitte, die nicht beanspruchen können, etwas zur Problematik der Gegenwart zu sagen«[174], schrieb der Verleger zur Begründung. Er schlug vor, daß Trott gemeinsam mit dem Historiker Michael Freund, der seine Einwände teile, das Kleistsche Werk, einschließlich der Dramen, noch einmal durchsehen solle. In seiner postwendenden Antwort ließ es Trott an Deutlichkeit nicht fehlen. Eine Mitwirkung Freunds lehnte er ebenso entschieden ab, wie er seine Auswahlkriterien verteidigte. Nach dem Hinweis darauf, daß »die vorgelegte Auswahl auf einer sehr sorgfältigen und zeitraubenden Durchsicht der gesamten Werke Kleists« beruhe, erklärte Trott zum Für und Wider der einzelnen Gattungen: »Daß ein Ausziehen von Dramastellen nicht in Frage kommt, sollte eigentlich schon die primitivste Bekanntschaft mit Kleist selbstverständlich machen; aber auch die anfangs ausgewählten Briefstellen[175] habe ich nach reiflicher, in der Einleitung erörterter Überlegung später ausgeschlossen. Für die Novellen gilt mit Ausnahme von ›Michael Kohlhaas‹, den man wiederum nur ganz oder gar nicht abdrucken darf, in der Tat der von Ihnen erhobene Einwand der mangelnden Bezogenheit zur Problematik der Gegenwart.« Daß diese Problematik »in jedem Satz« Kleists in den *Berliner Abendblättern*, »auch den anscheinend rein literarischen, prägnant mitschwingt«, daran gab es hingegen für Trott keinen Zweifel. Er betonte, daß er sich im Verlagsvertrag »nur für die von ihm selbst eingeleitete und im Sinne seiner eigenen Kleistauffassung ausgewählte Edition« verpflichtet habe. Den Juristen hervorkehrend, fügte er hinzu, daß er »das zurückgesandte Manuskript vertragsgemäß zur Verfügung des Verlegers halten« werde, sofern dieser nicht »von der Erfüllung des Vertrags Abstand« nähme. In diesem Fall müsse er sich »eigene Schritte vorbehalten«.[176] Der Brief an Protte war schon absendebereit gewesen, als Trott im Manuskript Anmerkungen und Streichungen entdeckte. In einem Postskriptum verwahrte er sich nun noch empört gegen diese, um so mehr als sie »von einem gänzlichen Mangel des Verständnisses der für

Kleist gerade eigentümlichen Durchdringung des Politischen und Künstlerischen« zeugten.[177]

Kein Autor ist erfreut, wenn er mit dem Vorwurf der Unzulänglichkeit vom Verlag sein Manuskript zurückerhält und zudem noch einen Ko-Autor als Berater akzeptieren soll. Die heftige Reaktion Trotts ließe sich von daher leicht erklären. Doch sie hatte eine tiefere Ursache. Bei seinem Editionsvorhaben handelte es sich nicht, wie man annehmen könnte, um die Freizeitbeschäftigung eines in der Literaturwissenschaft dilettierenden Juristen. Adam von Trott war viel zu selbstkritisch, als daß er sich einen derartigen Beitrag zur Kleistforschung angemaßt hätte. Seine Absicht war eine politische. Die Schriftenauswahl sollte auf den »politischen Kleist« – »a bold voice at a miserable time«[178], wie er ihn Isaiah Berlin gegenüber beschrieb – und dessen zeitlose Aktualität aufmerksam machen. Von seiner Kleist-Auffassung war Trott so überzeugt, daß er sich von niemandem dreinreden lassen und keine Veränderung dulden wollte. Die »Problematik der Gegenwart«, die Alfred Protte als Zielvorgabe genannt hatte, sei, so Trott, »keine feste Größe«[179]. Hier lag der kritische Punkt. Der Protte Verlag hatte sich vor 1933 eher links positioniert – bei ihm waren auch die *Neuen Blätter für den Sozialismus* erschienen –, hatte dann jedoch im Interesse seines Weiterbestehens einen leicht anpasserischen Kurs eingeschlagen. Wenn der Verleger in einem weiteren Brief an Trott für einen »aktuellen Band« plädierte, »aktuell im guten Sinne des Wortes«[180], verbarg sich dahinter Vorsicht. Vermutlich war es J. P. Mayer, der Trott zu verstehen gab, daß Protte seine Arbeit weniger wegen deren Belanglosigkeit als »wegen ihrer Gewagtheit«[181] ablehnte. Trott wandte sich daraufhin an den Societäts-Verlag, suchte ihn sogar in Frankfurt persönlich auf. Aber dort stieß bereits seine Einleitung auf Bedenken. Im Gegensatz zu Protte äußerte der Verleger direkt und offen, daß er aus Sorge vor »dem Risiko, das dieses Buch bedeutet«, sich »zu der Veröffentlichung nicht entschließen kann«[182]. (Trotz der Absage lud er aus offenkundiger Sympathie Trott zu einem neuerlichen Besuch ein.) Warum scheuten sich die Verleger vor dieser Publikation? Was konnte an Schriften Heinrich von Kleists und an einer Einleitung zu ihnen so riskant sein, wo doch dieser Dichter damals als »Klassiker des nationalsozialistischen Deutschlands«[183] vereinnahmt wurde?

In seiner eher knappen Einleitung widmet sich Adam von Trott dem »politischen Kleist«. Er beschreibt Kleists Haltung, Gedankenwelt und seinen Kampf gegen Napoleon. Die »Durchdringung des Politischen und Künstlerischen«[184] – die Trott gegenüber Protte als Besonderheit des Dichters hervorgehoben hatte – zeigt er vor allem an der Erzählung »Michael Kohlhaas«, von deren Aufnahme in seine Auswahl er indes abgesehen hat. Sosehr Trott Vertrautheit mit der Zeit, dem Leben und dem Werk Heinrich von Kleists beweist, ist es in erster Linie sein Kleist-Bild, das er den Lesern auf eine souveräne und lebendige Weise präsentiert. Für seinen Kleist sind »freimütige Selbstverantwortlichkeit«, »Rechtschaffenheit«, »persönliches Wagnis« und Vermeidung von »mitgängerischer Anpassung« charakteristisch.[185]

Trott hätte diese Eigenschaften wohl kaum so dezidiert positiv herausgestellt, wenn er sich nicht selbst dazu bekannt und ihnen nicht aktuelle Bedeutung für seine Zeit im nationalsozialistisch beherrschten Deutschland beigemessen hätte. Angesichts der »Problematik der Gegenwart« setzte er in seiner Einleitung gezielt auf die Wirkung der Wiedererkennung – und hier lag nun die Brisanz des Textes. Wenn etwa vom »Dämon Europas« die Rede ist, für den »in den breiten Massen geblendete Bewunderung oder Schrecken herrschte«, oder davon, daß es »unter den Deutschen wenig klares politisches Urteil und selten unerschütterlich staatsbürgerliche Haltung gegenüber diesem unerhörten Geschehen gab«, oder »die Unterwerfung« des eigenen Landes »durch einen fremden Geist« als »Schmach« bezeichnet wird,[186] so ist, wie bei einer Reihe weiterer Formulierungen, der Doppelsinn augenfällig.

Noch bedeutsamer sind die in Trotts Text verwobenen, unmißverständlichen Appelle an die zeitgenössischen Leser: »Denn, wenn eine Weltordnung […] nicht auf zwingend erkennbarer und allgemein verbindlicher Richtigkeit beruht, bleibt dann nicht als alleiniger menschlicher Maßstab: daß der einzelne Mensch in seinem eigenen verantwortlichen Bereich die Dinge des Lebens unangefochten und spontan ordnen kann? Die Möglichkeit der freien Gewissensentscheidung, Kern aller politischer Existenz, gewinnt in der Tat aus dieser Frage eine schicksalhafte Bedeutung. Die Freiheit ist nicht nur ein inneres, sondern ein politisches Postulat, insofern die Macht und ihr Eingriff jenen allein Recht schaffenden Ursprung echter menschlicher Ordnung zu gefährden vermag. Je unsicherer es mit der Welt überhaupt bestellt ist, desto sicherer ist es notwendig, für dieses Recht zu kämpfen.«[187] Diese Passage gleichsam ergänzend, heißt es an anderer Stelle: »Denn das Gewissen gebietet nicht die Unterwerfung unter jede Ordnung, gleichsam der Ordnung wegen, sondern das verantwortliche Mitschaffen derjenigen Ordnung (und wann wäre das je erfüllt?), die mit […] dem unmittelbaren Bewußtsein der göttlichen Bestimmung des Menschen vereinbar ist.«[188] Der folgende Aufruf war nicht minder eindringlich: »Kleist aber […] wandte sich an den rechtschaffenen Sinn des einzelnen Staatsbürgers. […] Dort verspürte er die eigentliche Macht, aus der sich sein Volk von der unheimlichen Demoralisation der Despotie werde befreien können. Hören wir nur recht hin, so ist es immer wieder dies, an was die unscheinbarsten und die ungeheuersten Sätze Kleists appellieren – diesen Sinn eines jeden für sein Recht und seinen freimütigen Trotz gegen das Fremdartige, Unnatürliche, Feige, Unredliche, das sich ihm von außen aufzwingen will. Bis ins Alltägliche [...] bewährt sich sein Kampf für das Recht freimütiger Selbstverantwortlichkeit.«[189]

Auf die Bedeutung Kleists für die Gegenwart sollte die Einleitung nur hinweisen, davon überzeugen sollten natürlich die Schriften selbst. Während Alfred Protte offenbar eine enge und vorsichtige Auslegung des »politischen Kleist« vorschwebte, nahm Trott im Sinne des letzten Zitats »freimütige Selbstverantwortlichkeit«, und zwar in verschiedensten Erscheinungsformen, für seine dennoch nicht beliebige Auswahl zum Maßstab. Demgemäß hat er eine Vielfalt Kleistscher Schriften berücksichtigt, die – ob nun »erziehend und aufrufend, spottend oder herausfordernd«[190] – nicht allein »Staatshandlungen«, sondern auch »Alltägliches« aufgriffen[191], und hat selbst Satiren und Anekdoten nicht ausgeschlossen. Obwohl keineswegs zwingend, sprach für diese Interpretation, daß sich das Politische bei Kleist nur schwer von Spott und Scherz trennen ließ. Politisch herausfordernd war das »Gebet des Zoroaster«, ein literarisch verbrämter Appell an die Selbstverantwortlichkeit, gegen die »Verderblichen« und »Irrenden« vorzugehen.[192] Ebenso das »Lehrbuch der französischen Journalistik«, das einer Zeit, in der das Pressewesen von Propagandaminister Joseph Goebbels gesteuert wurde, einen Spiegel vorhielt. Zu den provozierenden Texten gehört auch der »Katechismus der Deutschen«, in dem es abschließend heißt, daß es Gott lieb sei, »wenn Menschen ihrer Freiheit wegen sterben«, aber »ein Greuel, wenn Sklaven leben«[193]. Keine der Schriften aber verwies eindrücklicher auf die unmittelbare Gegenwart als Kleists »Fragment: An die Zeitgenossen«, das beschwörend vor der Bedrohung der Judenheit warnt: »Zeitgenossen! Wunderbare Blindheit, die nicht gewahrt, daß Ungeheures und Unerhörtes nahe ist, daß Dinge reifen, von welchen noch der Urenkel mit Grausen sprechen wird [...] Welche Verwandlungen nahen! Ja, in welchen seid ihr mitten inne und merkt sie nicht, und meinet, es geschehe etwas Alltägliches in dem alltäglichen Nichts, worin ihr befangen seid! [...] Was! Dieser mächtige Staat der Juden soll untergehen? [...] Der Tod sollte die ganze Bevölkerung hinwegraffen, Weiber und Kinder in Fesseln hinweggeführt werden und die Nachkommenschaft in alle Länder der Welt zerstreut. [...] Was!«[194]

Trotts Kleist-Manuskript blieb also unveröffentlicht liegen. Wie enttäuscht er war, läßt sich daran ablesen, daß er die Ablehnung allen mitteilte, denen er zu diesem Zeitpunkt gerade schrieb. Seit August nahm ihn unterdessen eine völlig andere Arbeit in Beschlag. 1934 war zur politischen Schulung der Referendare eine obligatorische Arbeitsgemeinschaft eingeführt worden. Im Rahmen einer solchen Arbeitsgemeinschaft in Kassel hatte Trott ein Referat zum Thema »Sowjetwirtschaft. Gegensätzlichkeiten und mögliche Beziehung zum neuen Deutschland«[195] übernommen. Er legte das Referat inhaltlich sehr viel breiter an als vom Thema her erforderlich und erwarb sich somit gründliche Kenntnisse über die Sowjetunion, ihre Entstehung und Entwicklung, ihr ideologisches Fundament, ihr Staats- und ihr Wirtschaftssystem. Über einschlägige Fachliteratur beriet er sich auch brieflich mit seinem Freund Conrad. Daß er u.a. die Lenin-Biographie des englischen Kommunisten Ralph Fox heranzog und sich vor allem auf die Werke der deutsch-jüdischen Autoren Hermann Klibanski und Arthur Rosenberg stützte – letzterem war 1933 die Lehrbefugnis in Berlin entzogen worden –, dürfte wohl kaum im Sinne der NS-Schulung gewesen sein, blieb aber vielleicht unerwähnt. »Mein Referat über Rußland kam recht gut aus«, berichtete Trott dann Anfang Dezember. »Ich denke, daß ich etwas von diesem faszinierenden Thema herüberbringen konnte. Ich hatte Aufzeichnungen, war aber so gefesselt, daß ich sie nicht benutzen konnte, so sprach ich frei, anderthalb Stunden lang und sehr schnell.«[196] Soweit man den nur sehr fragmentarisch überlieferten Aufzeichnungen entnehmen kann, scheint das Referat ganz auf die Sowjetunion konzentriert gewesen und die Gegenüberstellung mit dem deutschen Wirtschaftssystem eher knapp ausgefallen zu sein. Als Gemeinsamkeit nennt Trott »das Ziel einer sozialen Gerechtigkeit, in der die Arbeit von ausbeuterischer Ausnutzung durch volksentfremdete Schichten befreit wird«, und stellt als gravierenden Unterschied die Ablehnung heraus, den gesamten Kapitalbesitz in die öffentliche Hand zu überführen, da »wir in Deutschland die radikalen Gegenpositionen des ausgebeuteten Industrieproletariats und einer ausbeuterischen Besitzerclique mit Recht leugnen«[197].

In Kassel war Trott ab Mitte Juli 1934 zunächst der Strafkammer des Landgerichts und danach der Staatsanwaltschaft zugeteilt. Während er anfangs noch hoffte, bei den Strafsachen außer juristischen auch »menschliche und soziale Lektionen«[198] zu lernen, stieß ihn die Befassung mit dem Strafrecht jedoch zunehmend ab, ja, er glaubte sogar, daß eine solche Arbeit durch »einen häßlichen Verfall der Maßstäbe« einem auf Dauer »das Leben vergiften«[199] könne. Die Referendarausbildung bei der Staatsanwaltschaft umfaßte auch einen Lehrgang über Polizeiorganisation sowie ein einwöchiges Praktikum im Strafvollzug. Das Praktikum leistete Trott Ende November im Zuchthaus Kassel-Wehlheiden ab. Laut seinem Beschäftigungsplan sollte er in alle Einrichtungen und Abläufe der Strafanstalt Einblick erhalten, wie Aufnahme, Wachdienst, Einschluß, Aufschluß, Polizeiinspektion, Beamtenkonferenz, Wirtschaftswesen, Küche, Arbeitsbetrieb, Gottesdienst und Schulunterricht. Das Zuchthaus Wehlheiden war zu jener Zeit stark überbelegt. Trott hat mitgeteilt, daß anstelle der vorgesehenen Kapazität von 520 dort mehr als 800 Gefangene untergebracht waren. Gleich an seinem zweiten Tag, einem Sonntag, erlebte er die zum Gottesdienst versammelten Häftlinge: »Heute morgen ging ich in die Zuchthauskapelle. Als ich über eine schmale Treppe auf die Balustrade heraufgeführt worden war, sah ich mich plötzlich 800 blassen Männern gegenüber, die Seite an Seite auf ansteigenden, leicht zu überblickenden Bänken saßen. Alle in ihrer tristen, monotonen Sträflingskleidung und mit hohlen, meist resignierten, abgestumpften Gesichtern. Niemals werde ich diese tödlich mechanisch menschliche Szene vergessen.«[200]

Einen dieser Männer lernte Trott genauer kennen. Ihm war nämlich die Aufgabe gestellt, über den Strafgefangenen Hans Siebert eine Charakteristik anzufertigen. Der damals 24jährige Siebert gehörte zu den politischen Häftlingen in Wehlheiden.[201] Nach seiner Ausbildung auf der Pädagogischen Akademie in Kassel war er als Volksschullehrer tätig gewesen, wurde jedoch, da Mitglied der KPD, 1933 aus dem Schuldienst entlassen und bald darauf wegen illegaler politischer Betätigung verhaftet und zu zwei Jahren Zuchthaus verurteilt. Jahrzehnte später hat Siebert von seinem Unbehagen berichtet, das ihn bei der Mitteilung erfaßt habe, ein Herr Dr. von Trott zu Solz werde ihn zwecks Beurteilung aufsuchen. Entgegen seinen negativen Erwartungen sei dann ein gutaussehender junger Mann, kaum älter als er selbst, mit einem freundlichen und lebhaften Wesen, in seiner Zelle erschienen. Er habe ihm die Hand gereicht und Butterbrote für ihn ausgepackt und dies damit begründet, daß er sich nicht mit einem hungrigen Menschen unterhalten könne. Auch beim nächsten Treffen habe er Butterbrote mitgebracht und ihm von seinem älteren Bruder erzählt, der ebenfalls Kommunist sei. Siebert wurde den Verdacht nicht los, Trott könnte ein agent provocateur sein. Erst als er feststellte, daß dieser zwei Personen seines Vertrauens kannte und von ihnen Grüße überbrachte – es waren sein Akademie-Lehrer Pfarrer Hermann Schafft, ein religiöser Sozialist, und Sieberts Freundin Li Monnard –, sei sein Argwohn gewichen.[202] Siebert erwähnte auch, daß Trott und er im Zuchthaus über Lenins Randglossen zu Werken Hegels[203] diskutiert hätten. Dieses Buch ohne Deck- und Titelblatt war vermutlich von letzterem eingeschmuggelt worden.[204]

In seiner »Charakteristik über den Strafgefangenen Hans Siebert«[205] zeigt sich Trott über diesen gut informiert. Neben seinen »drei eingehenden Unterhaltungen« mit dem Häftling erwähnt er die Befragung von Zuchthausbeamten sowie eines Geistlichen (Schafft). Trott verfolgte mit seinen Ausführungen unverkennbar eine strategische Absicht zugunsten von Siebert. Er bezeichnet ihn als einen »sehr bescheidenen und zugleich ehrlichen Menschen, der aus seiner Einstellung kein Hehl macht«, und schreibt ihm »ausgeprägte moralische und intellektuelle Qualitäten« sowie »außergewöhnliche Sensibilität« zu. Bei der Schilderung seines Werdegangs betont er, daß Siebert angesichts »wirtschaftlicher Not um ihn her« und »verwirrender Zeiterlebnisse in das staatsfeindliche Lager« geraten sei. »An der Richtigkeit des Kommunismus« hege der Verurteilte durchaus Zweifel, werde sich aber von dieser Weltanschauung nur lösen können, »wenn sich ihm die Änderung seiner Überzeugungen nicht als Fahnenflucht unter dem äußeren Druck des Zwanges, sondern als innere Nötigung darstellt«. Siebert sei nicht haltlos, sondern sehne sich nach einer verantwortlichen Tätigkeit. Er empfinde die Zuchthausstrafe als drückend, da er von »der neuen deutschen Wirklichkeit« ausgeschlossen sei. Nicht einmal nationalsozialistisches Schrifttum sei ihm im Zuchthaus zugänglich. Seine »Staatsfeindlichkeit« werde auf Dauer nur dadurch zu beseitigen sein, daß man ihm »die Möglichkeit zur Mitarbeit im Dienste der Volksgemeinschaft gibt« – womit nichts anderes als seine Freilassung gemeint war. Ob Siebert dieses – im wahren Sinne des Wortes – Gutachten tatsächlich genutzt hat, ist nicht feststellbar. Die Begegnung mit Trott jedoch sollte sich für ihn als folgenreich erweisen.

Nicht allein im Gericht und im Zuchthaus kam Trott mit Außenseitern unter dem NS-Regime in Berührung. Sein Blick auf die Verhältnisse in Deutschland unterschied sich insofern von der Mehrheit seiner Landsleute. Durch seine freundschaftlichen Beziehungen zu Juden und Sozialisten erfuhr Trott von Menschen, die die Nazis aus der Bahn geworfen hatten und die in Not und Bedrängnis geraten waren. Da gab es, wie bereits erwähnt, die Schützlinge von J. P. Mayer. Von diesem stammte auch die Anregung, Trott möge die Abschrift seiner Kleist-Texte von einer jüdischen Freundin Mayers besorgen lassen, »die noch einige Monate gänzlich durchgehalten«[206] werden müsse, mit anderen Worten auf ihre Ausreisemöglichkeit wartete. An Ausreise dachte im Sommer 1934 auch Trotts jüdischer und sozialistischer Freund Franz Golffing aus Wien und bat ihn deshalb um Rat. Golffing hatte inzwischen mit einer Arbeit über den Dichter Friedrich Rückert promoviert, sah aber weder in Österreich

– das damals unter dem undemokratischen Regime Dollfuß, dann Schuschnigg stand – noch gar in Deutschland eine berufliche Zukunft. Er ging bald darauf nach England, wo er Trotts persönliche Kontakte nutzen konnte. Sehr bereitwillig hat sich Diana Hubback um alle die Emigranten gekümmert, für die sich ihr Freund Adam verwendete. Eine von ihnen war Tamara Osborn, eine gebürtige Georgierin und Freundin Werner von Trotts, der es als Pianistin besonders schwerfiel, in der englischen Emigration Fuß zu fassen. Die Existenz von Konzentrationslagern und die Tatsache dortiger Menschenquälerei scheint Adam von Trott schon früh bekannt gewesen zu sein. Laut Helmut Conrad war er in großer Sorge um das Leben Mierendorffs, von dessen KZ-Aufenthalt er demnach wußte. Zu einem anderen KZ-Häftling nahm Trott Kontakt auf: zu Adolf Morsbach, dem Verwaltungsdirektor der Kaiser-Wilhelm-Gesellschaft, mit dem er in dessen Eigenschaft als Sekretär des deutschen Auswahlkomitees der Rhodes-Stiftung zu tun gehabt hatte. Obwohl er Morsbach nicht näher kannte, schrieb Trott ihm im Herbst 1934, sobald er von dessen Entlassung aus dem KZ Dachau gehört hatte, und versicherte ihm seiner Anteilnahme »an allem Schweren, was Sie durchgemacht haben«[207]. Morsbach war im Zusammenhang mit der Ermordung Röhms am 30. Juni 1934 ins KZ gekommen, kehrte gebrochen zurück, verlor alle seine Ämter und starb drei Jahre später.

Am 10. Dezember endete der Ausbildungsabschnitt Trotts bei Landgericht und Staatsanwaltschaft in Kassel. Als nächste Referendarstation war ein fünfmonatiges Praktikum in einer Rechtsanwaltskanzlei vorgeschrieben. Trott dachte daran, sich bei dem Kasseler Anwalt seiner Familie zu bewerben. Doch dann erhielt er ein Vermittlungsangebot von Graf Bernstorff, den er schon vor längerer Zeit um Rat gefragt hatte. Bernstorff, der Ende 1933 aus dem Auswärtigen Dienst ausgeschieden war und seitdem für das private Bankhaus Wassermann arbeitete, empfahl Trott eine namhafte, international tätige Kanzlei in Berlin, zu der er persönliche Kontakte besaß. Da ihn die internationale Anwaltspraxis lockte und auch K.F. Bonhoeffer ihm »dringend zuredete«[208], entschied sich Trott kurzerhand, dem Vorschlag Bernstorffs zu folgen und für die fünf Monate nach Berlin zu gehen. Schweren Herzens verkaufte er jetzt sein Auto, mit dem er, weil es ihm Mobilität verschafft hatte, »den besseren Teil dieser letzten Monate«[209] verband. Dessen große Reparaturanfälligkeit und die Benzinkosten hatten ihm zwar manche finanziellen Engpässe beschert, aber wie einst bei den zerschlagenen Fensterscheiben in Hannoversch Münden hatte ihm seine Mutter, wenn auch nicht ohne Seufzen, wieder liebevoll verschwiegen ausgeholfen.

Im ausgehenden Jahr 1934 befand sich der nun 25jährige Trott auf einem Tiefpunkt. Die Diktatur in Deutschland hatte sich konsolidiert, und ihr Ende war nicht abzusehen. Da er die Anpassung an das Regime verweigerte, waren seine Möglichkeiten, wie er erfahren mußte, mehr als begrenzt und würden es weiter sein. Tracy Strong hatte er im Sommer mitgeteilt, als dieser in Imshausen zu Besuch war, daß für ihn jeder Gedanke an eine Karriere obsolet geworden sei und er in Zukunft mit »extremen Schwierigkeiten«[210] konfrontiert sein werde. Im November äußerte er deprimiert gegenüber dem Amerikaner, daß er sich »niemals so unsicher gefühlt habe, wo und wofür er noch kämpfen könne«[211]. Als Trott vor seinem Aufbruch nach Berlin von Imshausen Abschied nahm, versagte ihm selbst die Natur den erhofften Trost: »Letzte Nacht ging ich spät, nahe Mitternacht, spazieren, den Berg herauf zur Schäferhütte. Über allem lag eine schwere Dunkelheit, und ich hoffte ihre Stärke zu überwinden, wenn ich den Gipfel erreichte und sich die weiten Horizonte eröffneten. Aber dies wurde nicht erfüllt. Die vertrauten Linien blieben meinem Blick verborgen, und die heimatliche Natur um mich herum schien sich mir dieses Mal zu entziehen.«[212]

»Unter dem Rad der Hinter-Weltgeschichte«

Am 11. Dezember 1934 trat Adam von Trott seine nächste Referendarstation in Berlin an und gewann sehr bald den Eindruck, daß er es nicht hätte besser treffen können. In der Tat war es in doppelter Hinsicht eine erste Adresse, unter der er jetzt tätig war: im Haus Pariser Platz 1, direkt neben dem Brandenburger Tor, und zudem in der Simsonschen Anwaltskanzlei, einer der führenden zivilrechtlichen Anwaltspraxen Deutschlands.[1] Sie war Mitte des 19. Jahrhunderts von John Simson begründet und später von dessem Neffen August von Simson übernommen worden. Letzterer war der Sohn des herausragenden Juristen der Kaiserzeit Eduard von Simson, dem ersten Präsidenten des Reichsgerichts. Zu Trotts Zeit waren es Eduard von Simsons Enkel, die die Kanzlei weiterführten: Robert und Walther von Simson sowie ihre Vettern, der prominente Ernst Wolff – bis 1933 Vorsitzender der Berliner Rechtsanwaltskammer – und dessen Bruder Bernhard. Die Referendare, mit Trott insgesamt fünf, hätten einen anerkannteren und chancenreicheren Ausbildungsplatz kaum finden können, wenn nicht das NS-Regime mit seinem Rassenwahn geherrscht hätte, das auch einen so bedeutenden Juristen wie Ernst Wolff von der Diskriminierung und Verfolgung nicht ausnehmen sollte.

Trott hatte mehrere Vorgesetzte, war aber speziell Paul Leverkuehn zugeteilt, der zuvor Bankier in New York und Kommissar für Vermögensfragen an der deutschen Botschaft in Washington gewesen war, bevor er 1930 als Sozius in die Simsonsche Kanzlei eintrat. Leverkuehn wurde von Trott als »allgemein geachtet, ein wenig hartnäckig, aber freundlich und klug« beschrieben. Er habe allerdings »höchstens zehn Minuten am Tag« für ihn Zeit, lasse ihn jedoch »interessante Akten aus dem internationalen Anleiherecht«[2] bearbeiten. Zu seinen anderen Chefs, die er »very distinguished«[3] nannte, kam er zunehmend in Kontakt. Ende Januar 1935 berichtete er dem Vater: »Das Verhältnis zu meinen verschiedenen Chefs gestaltet sich vertraulicher, und man hört über Wirtschaft usw. mehr als in Akten zu stehen pflegt. Ein Gespräch mit diesen gewieften Leuten ist schon an sich eine gute Lehre.«[4] Die vielseitige Arbeit, die ihm aufgetragen wurde, gefiel Trott: »Man bekommt urplötzlich Einblicke in Geschehenszusammenhänge und ihre wirkliche Dynamik, wie sie einem die Theorie niemals eröffnen kann.«[5] Einem Schriftsatz über Familienstiftung und Fideikommiß, den ihm sein Sohn als Beispiel seiner Tätigkeit zugeschickt hatte, bescheinigte August von Trott Klarheit und Durchsichtigkeit und fügte hinzu: »Es freut mich, daß Du den Wert der Jurisprudenz immer mehr erkennst. Sie ist unentbehrlich bei einer Bildung, wie Du sie Dir anzueignen strebst und schärft den Verstand, das logische Denken.«[6] Da er sein juristisches Wissen als »total verwildert« einschätzte, ging Trott ab Februar wieder regelmäßig zum Repetitor, was sein tägliches Arbeitspensum noch erhöhte. Die Verpflichtung, an der politischen Referendarschulung teilzunehmen, bestand in Berlin fort, doch fand Trott sie hier »weniger kleinlich als in Kassel« und das »intellektuelle Durchschnittsniveau«[7] höher.

Auch seine Unterkunft in der Meiningenallee im Berliner Neu-Westend hielt Trott für einen »Glücksfall«. Arnold von Borsig, ein entfernter Bekannter, hatte für die Zeit seiner erzwungenen Abwesenheit in Italien – er stand unter Gestapoverdacht – einen Aufpasser für seine Wohnung gesucht. Dafür kam nicht jeder in Frage, denn Borsig pflegte oppositionelle Kontakte und soll in der Wohnung auch Untergrund-Schrifttum aufbewahrt haben. Trott scheint einmal vor einer bevorstehenden Hausdurchsuchung gewarnt worden zu sein, die aber wohl unterblieb. Die Sache hatte also einen Haken, doch dafür konnte Trott komfortabel und preisgünstig wohnen, und es stand ihm sogar eine »vorzügliche alte Haushälterin« zur Verfügung, »die mich sehr verwöhnt«[8]. Unsicher war allerdings, wie lange Borsig fortbleiben würde.

Für Weihnachten hatte Trott gleich mehrere Einladungen erhalten. Er entschied sich, den Heiligabend bei Wangenheims zu verbringen, und startete dann am 25. Dezember in einem geborgten Auto für drei Tage nach Hinterpommern. Peter Christian Graf von Kleist-Retzow, sein Corpsbruder in Göttingen, hatte ihn schon lange zu sich nach Hause eingeladen, auf das Familiengut Groß Tychow im Kreis Belgard. »Hinterpommern war ungemein interessant – wirtschaftlich, sozial, politisch«[9], teilte Trott seinem Vater direkt nach der Rückkehr mit. Er hatte sich von dem Freund das ganze Gut und dessen Bewirtschaftung zeigen lassen. Da Trott gegen den ostelbischen Adel Vorurteile hegte, war er um so erstaunter, als er auf einem Diner mit »echten Junkern, meist Kleists«, zusammenkam, die er dem Vater als »lebensvoll, anteilnehmend und gesund vernünftig« schilderte. Besonders hob er den »Schmenziner Kleist« als »Vorbild eines echten Landedelmannes« hervor, mit dem er sich »eingehendst« unterhalten habe.[10] Warum Trott von Kleist-Schmenzin so sehr beeindruckt war und welches Thema ihr Gespräch bestimmt hat, ist leicht zu verstehen. Ewald von Kleist-Schmenzin war einer der entschiedensten und kompromißlosesten Gegner der Nationalsozialisten. Aufgrund einer genauen Auseinandersetzung mit Hitlers »Mein Kampf« und Rosenbergs »Mythus des 20. Jahrhunderts«, auch einer Unterredung mit Hitler selbst, hatte er 1932 eine Broschüre »Der Nationalsozialismus –

eine Gefahr« veröffentlicht, in der er u. a. den Rassismus, die Antireligiosität, das totalitäre Führerprinzip geißelt und die Vorstellung von »einer rettenden nationalen Bewegung«[11] als Illusion entlarvt. Auf politischen Versammlungen hatte Kleist immer wieder vor einem siegreichen Nationalsozialismus gewarnt, denn dieser werde »Deutschland moralisch, wirtschaftlich und politisch ruinieren« und »sein Drang nach Lebensraum einen zweiten Weltkrieg herbeizwingen«. Das Resultat aber werde »des Reiches Ende und die Herrschaft des aufgeschreckten Bolschewismus über Mitteleuropa sein«[12]. Nach dem Machtantritt Hitlers war Kleist-Schmenzin somit hoch gefährdet, er wurde mehrfach verhaftet und sein Haus durchsucht; seiner offenbar geplanten Ermordung am 30. Juni 1934 konnte er nur knapp entkommen. Von einer »spektakulären Opposition« allerdings hielt Kleist nichts. Seiner Meinung nach konnte gegen das Regime nur auf »abgeschirmten oder verborgenen Wegen« gearbeitet werden. »Sofern es Männer gab, die zum Widerstand taugten, waren sie erst mühsam zu sammeln.«[13] Adam von Trott teilte die hochkonservative Weltanschauung Kleist-Schmenzins nicht – was erklärt, daß es später zu keiner engen Zusammenarbeit beider kam –, aber dessen realistische und dennoch entschlossene Haltung gegenüber dem NS-Regime zog ihn offensichtlich an. Anfang Januar traf er Kleist in Berlin erneut zu einem »ernsten Gespräch«[14] und dann »in Abständen regelmäßig«[15].

Nach dem an Kontakten und politischen Gedankenaustausch kargen Jahr in Rotenburg, Hanau und Kassel bot sich Trott in Berlin dazu nun reichlich Gelegenheit. Der Kreis seiner Freunde und Bekannten erweiterte sich schnell, was sein Leben entsprechend unruhig gestaltete. Trott suchte gezielt Anschluß an Gegner des herrschenden Regimes, und zwar verschiedenster politischer Couleur. Sozialdemokraten konnte er in der Buchhandlung von J. P. Mayer treffen, die sich in der Leipziger Straße befunden und als Informationsstelle über sozialistische Widerstandsaktivitäten gedient haben soll. Außer mit Mayer und Seebach stand er weiterhin mit Hans Muhle in Verbindung, der ihn auch in Imshausen besucht hat. Muhle hatte den Staatsdienst verlassen müssen und war jetzt in einer Bank tätig. Antinazistische Gesinnungsgenossen ganz anderer Art fand Trott in einigen seiner Corpsbrüder, darunter sein alter Freund Münchhausen. Dies bewog ihn, in Abweichung von seiner bisherigen Reserve gegenüber dem Corps, sich mit ihnen häufiger zu verabreden und sie sogar einmal zu einem Trinkgelage in seine Wohnung einzuladen. Daß Trott adelige Gesellschaft nicht mied, mag die Vorurteile, die sein Name ohnehin bei manchen auslöste, verstärkt haben. Einer von Mayers sozialistischen Freunden, ein wegen seiner Gefährdung besonders mißtrauischer junger Jude, soll über ihn verbreitet haben, er sei so hochmütig wie seine ganze Klasse und könne als Nazigegner nicht ernst genommen werden. Als Trott dies zu Ohren gekommen sei, habe er auf einer Aussprache vor Zeugen bestanden. Julie Braun-Vogelstein, in deren Haus das Rededuell stattfand, erinnert sich später, daß Trott dabei ein Plädoyer für politische und menschliche Solidarität abgegeben und die Anschuldigung »glänzend widerlegt«[16] habe, während der »sonst sehr redegewandte« Kontrahent »kleinlaut«[17] geworden sei. Anschließend sei Trott jedoch bekümmert gewesen und habe gesagt, daß man einen anderen Menschen nicht so niederdrücken dürfe.

Da die Meiningenallee an die von Kommunisten bewohnte Laubenkolonie angrenzte, lag es für Trott nahe, auch diese Nachbarschaft zu pflegen. Es verstand sich von selbst, daß er über alle seine Untergrund-Beziehungen Stillschweigen wahrte und sie schon gar nicht schriftlich fixierte, so daß man davon, wenn überhaupt, nur durch vereinzelt überlieferte Mitteilungen erfährt. Inwieweit Trott damals in konspirative Arbeit involviert war, ist nicht bekannt, wohl aber, daß er sich an Hilfsmaßnahmen für inhaftierte Widerstandskämpfer und ihre Familien beteiligt hat. Helmut Conrad wurde Zeuge eines Gesprächs im Frühjahr 1935 zwischen Trott und Curt Bley »in einer Nische der Berliner Universität«[18], bei dem es um solche Aktionen zugunsten der Häftlinge des *Roten Stoßtrupps* ging. Im November 1933 waren 240 Aktive des *Roten Stoßtrupps* verhaftet und 180 vom Volksgerichtshof zu Freiheitsstrafen verurteilt worden, darunter der Anführer Rudolf Küstermeier zu zehn Jahren.[19] Trotts Freund Bley war nur deshalb davongekommen, weil er die illegale Aktivität während seines Jura-Examens unterbrochen hatte.

Ein Untergrundkämpfer der KPD, Martin Schmidt, hat bald nach dem Zweiten Weltkrieg in einem Artikel im *Neuen Deutschland* nicht nur bezeugt, daß er Adam von Trott gekannt hat (eine Verwechslung mit dessen Bruder Werner liegt eindeutig nicht vor), sondern auch, daß dieser, »wo und wie er konnte, mit uns zusammengearbeitet hat«[20]. Angesichts der »harten und grausamen Wirklichkeit des Dritten Reiches« habe sein Freund Trott gleich ihm die Meinung vertreten, daß »eine deutsche Erneuerung nur von der Arbeiterbewegung ausgehen« könne. Wie die Zusammenarbeit praktisch ausgesehen hat, schreibt er jedoch nicht. Die KPD-Führung in Prag hatte Martin Schmidt 1934 zu illegaler Tätigkeit von Paris nach Berlin geschickt. Unter dem falschen Namen Erwin Bernert setzte er sich dort für eine Einheitsfront zwischen Kommunisten und Sozialdemokraten ein und übernahm im Sommer 1935 die Leitung des Berliner Abwehr-Apparates seiner Partei. Ende Oktober des gleichen

Jahres wurde Schmidt verhaftet und im Juni 1936 wegen »Vorbereitung zum Hochverrat« zu zehn Jahren Haft verurteilt[21], von denen er bis 1945 neun Jahre im Zuchthaus Brandenburg zubringen mußte. Die Arbeit der kommunistischen Genossen war wegen eingeschleuster Gestapo-Spitzel äußerst riskant. Ungeachtet seiner Bereitschaft zur Solidarität und Hochachtung vor »Mut und Opfergeist der kämpfenden kommunistischen Opposition«[22] war Trott, anders als es Schmidt nahelegt, kein Anhänger ihrer Ideologie. Helmut Conrad war im April 1935 bei einer intensiven Diskussion mit einem linientreuen KP-Funktionär – Namen wurden bei der Begrüßung vorsichtshalber nicht genannt – in der Borsigschen Wohnung zugegen. In Erinnerung blieb ihm, daß Trott und er entschiedene Kritik am Kommunismus vorgebracht und sich insbesondere »gegen das fehlende Verständnis für den Eigenwert des Rechts und einer unabhängigen Rechtspflege« gewandt hätten. Auch hätten sie keinen Zweifel daran gelassen, daß gerade die marxistischen Doktrinäre die nationalsozialistische Bewegung völlig falsch eingeschätzt hätten, und zwar deren organisatorische Fähigkeit und »Fundierung in den Massen« ebenso wie deren »weltbedrohende Gefahr«.[23]

Die wenigen dauerhaften Freunde, die Adam von Trott damals in Berlin gewann, waren nicht zufällig Juden. Vermutlich im Hause der gemeinsamen Bekannten Lola Hahn-Warburg begegnete er Anfang Januar 1935 Wilfrid Israel. »Ich habe einen wundervollen, tapferen und edlen Mann kennengelernt«[24], stellte er ihn brieflich Diana vor. Dieser, zehn Jahre älter als Trott, war Sohn des Besitzers eines der führenden Berliner Geschäftshäuser, des palastartigen Kaufhauses »N. Israel« an der Spandauer Straße gegenüber dem Roten Rathaus. Seine Mutter war Engländerin und Enkelin des ersten Oberrabbiners Großbritanniens. Wilfrid wurde von Kindheit an auf die Nachfolge seines Vaters vorbereitet, seine eigentliche Neigung indes gehörte der Kunst. Er war Kunstbetrachter ebenso wie Kunstsammler, malte und bildhauerte aber auch selbst. Mit 22 Jahren trat er in den Dienst des Kaufhauses und fungierte seit Mitte der 20er Jahre als Personalchef der 2.000 Angestellten. Nach dem Tode seines Vaters übernahm er im Sommer 1935 die Geschäftsleitung, die er infolge der Nürnberger Gesetze zwar schon nach wenigen Monaten wieder abgeben mußte, aber dank der Loyalität seines offiziellen Nachfolgers bis 1939 indirekt beibehielt. Da er neben der deutschen auch die britische Staatsbürgerschaft besaß, hätte Wilfrid Israel bequem das Land verlassen und damit den ständigen, zermürbenden Schikanen durch die Nazis, auch mehreren Verhaftungen entgehen können. Er blieb jedoch aus Verantwortung für seine Angestellten und die jüdische Gemeinschaft insgesamt. Sein humanitäres Engagement hatte Israel bereits als sehr junger Mann im Ersten Weltkrieg begonnen. Damals beteiligte er sich an Hilfsaktionen der Quäker für Mütter und Kinder in Deutschland, die infolge der Blockade hungerten, und unterstützte 1921/22 Fridtjof Nansens Maßnahmen zur Bekämpfung der Hungersnot in der Sowjetunion. Jetzt unter dem NS-Regime wurde er zum gesuchten Ratgeber und finanziellen Unterstützer bedrängter Juden und setzte sich im *Hilfsverein der Deutschen Juden* unermüdlich für deren Auswanderung ein. Auf der Grundlage großer gegenseitiger Sympathie entwickelte sich zwischen Israel und Trott in den nächsten Jahren eine zunehmend engere Freundschaft. Über die verbindende Ablehnung des Nationalsozialismus hinaus teilten sie weitere politische Anschauungen, wie sich während des Krieges noch zeigen wird. Anregend auf Trott dürften Israels Kunst-Kennerschaft und vor allem dessen Erfahrungen in Asien gewirkt haben, das er Mitte der 20er Jahre ausführlich bereist hatte. Speziell mit seinem Interesse an China lieferte er einen entscheidenden Anstoß für Trott.

Im Januar fuhr Adam von Trott nach Kleinmachnow hinaus, um im Haus Am Erlenweg 29 Julie Braun-Vogelstein zu besuchen. Von ihr, als der Witwe des sozialdemokratischen Publizisten und Politikers Heinrich Braun, hatte er durch J. P. Mayer erfahren. Frau Braun-Vogelstein, von kleiner und schmächtiger Gestalt, war Kunsthistorikerin und Schriftstellerin. Die von ihr herausgegebenen Aufzeichnungen ihres im Alter von 20 Jahren im Weltkrieg gefallenen, hochbegabten Stiefsohnes Otto Braun (»Aus nachgelassenen Schriften eines Frühvollendeten«) hatten zu Beginn der 20er Jahre Aufsehen erregt und eine hohe Auflage erreicht. 1932 hatte sie eine kurz danach verbotene Biographie über ihren verstorbenen Mann veröffentlicht.[25] Wie Julie Braun sich später erinnerte, habe sie daran, daß Trott aus Interesse für einen Sozialdemokraten sie, eine Jüdin, besuchte, seine regimefeindliche Einstellung erkannt. Schon bei ihrer ersten Begegnung sei er ihr als »christlicher Europäer« erschienen und habe sie »seinen ausgeprägten und feinen Sinn für Gerechtigkeit«[26] wahrgenommen.

Frau Braun und ihre Nichte Hertha Vogelstein, eine Mittdreißigerin, die damals bei ihr wohnte, bekamen in diesen ersten Monaten des Jahres 1935 die zunehmende Diskriminierung und Entrechtung der Juden in Deutschland bitter zu spüren. Von einem langjährigen Diener des Hauses und seinen SA-Kumpanen wurden die beiden Frauen erpresst und bedroht. Das beherzte Eintreten von Trotts Freund Seebach zeigte zwar vorübergehend Wirkung, konnte aber die wiederholte nächtliche Verwüstung des weitläufigen Gartens nicht verhindern. Als dann Julie Braun angezeigt wurde, unter dem Verdacht, ein geheimes Waffenlager zu beherbergen, mobilisierte Trott einen Anwalt aus seiner Kanzlei als Beistand und war selbst mit Seebach anwesend, während Beamte des Sicherheitsdienstes und ein zum Glück wohlwollender Revier-Wachtmeister, der das Ehepaar Braun lange kannte, das Haus durchsuchten. Zutage gefördert wurde schließlich nur ein verrostetes Gewehr aus altem Familienbesitz. Offenbar war es den Erpressern nicht rechtzeitig gelungen, heimlich Waffen auf dem Grundstück zu deponieren. Ein Hausmädchen versuchte es ebenfalls mit Erpressung, und als es daraufhin entlassen wurde, reichte es bei der Arbeitsfront eine Beschwerde gegen Hertha Vogelstein ein und klagte sie des Diebstahls an. Am gleichen Tag, als der Anklagevertreter der Arbeitsfront im Hause erschien, um Frau Vogelstein zu vernehmen, tauchte dort unvermutet, aber wie gerufen, Adam von Trott auf und schaltete sich sogleich ein. Durch detailliertes Befragen irritierte er das Hausmädchen derart, daß dieses schleunigst die Anklage zurückzog. Der Beauftragte der Arbeitsfront begann jedoch nun, Hertha Vogelstein als Jüdin übel zu beleidigen, was zu einer brenzligen Situation führte, denn nur mit Mühe konnte sie den empörten Trott daran hindern, gegen den Mann handgreiflich zu werden.[27] Sie mußte eine hohe Ablösesumme für das Hausmädchen zahlen, war aber unendlich erleichtert, daß ihr ein Prozeß und die mögliche Einlieferung in ein Konzentrationslager erspart blieben. Jahrzehnte später berichtete sie, daß Trott und ihr eine solche Last vom Herzen gefallen sei, daß sie, sobald sie allein waren, wie die Kinder im Garten wahre Freudentänze aufgeführt hätten.

Unverändert blieben Trott ausländische Kontakte wichtig. Er freundete sich mit George (Gerry) Young an, der, wie ehedem sein Freund Montgomery, Dritter Sekretär an der britischen Botschaft war. Dem Botschafter, Sir Eric Phipps, stattete er, nachdem er ihm vorgestellt worden war, einen Höflichkeitsbesuch ab. Auch mehrere ausländische Journalisten lernte er kennen, darunter den Amerikaner Louis P. Lochner, langjähriger Leiter des Berliner Büros der *Associated Press*. Mitte Dezember erfreute ihn der Oxforder Professor Maurice Bowra mit seinem Besuch. »Er ist beinahe ein wirklicher Freund«, stellte Trott fest. »Merkwürdig, wie wenig fast zwei Jahre Abwesenheit diesem Kontakt etwas anhaben konnten.«[28] An durchreisenden Besuchern mangelte es Trott während dieser Monate in Berlin nicht: Es kamen seine Schwestern Vera und Monika – letztere wohnte jetzt mit ihrem Mann in Sommerfeld, nördlich von Berlin –, die Freunde Clemens Lugowski und Helmut Conrad, die Solzer Vettern Friedrich (Bobby) und Wilhelm von Trott, der Balliol-Kommilitone Bernard Alexander, der Rhodes-Stipendiat Harald von Oppen

u. a. m. Alles in allem verwundert nicht, wenn Trott schließlich im März registrierte, daß er während mehrerer Wochen kaum einen Abend allein verbracht habe. Er fand diese Übertreibung tadelnswert, da man sich selbst, meinte er, genug Zeit vorbehalten müsse, um nicht in die »abscheuliche Gewohnheit« zu verfallen, »mit anderen Menschen über sich selbst zu sprechen«[29].

Eine Besucherin, Diana Hubback, kam Anfang Februar gleich für mehrere Wochen nach Berlin. Die Zeit vor Antritt einer neuen Stelle wollte sie unbedingt, wie sie Wilfrid Israel sagte, »in Adam von Trotts Nähe«[30] verbringen. Dieser hatte Diana jedoch gebeten, sich ein eigenes, volles Programm vorzunehmen, da er selbst sehr eingespannt sei. Sie hatte sich daraufhin entschieden, für englische Zeitungen Artikel über die Lage der Frauen in Deutschland zu schreiben. Die Informationen holte sie bei Frauenrechtlerinnen ein, die 1933 ihre Aktivität aufgeben mußten und zu denen sie durch Einführungsschreiben der Sozialreformerin Eleanor Rathbone Zugang fand. Trott machte Diana mit einer Reihe seiner höchst unterschiedlichen Freunde bekannt, und so erlebte sie den Kontrast zwischen dem luxuriösen Ambiente im Hause Hahn-Warburg und der armseligen Hütte eines Kommunisten in der Laubenkolonie, der gastfreundlich sein karges Mahl aus Schwarzbrot und Salzheringen mit ihnen teilte. Von den Diskussionen konnte sie aus sprachlichen Gründen nichts verstehen, erfuhr aber, daß Trott diesen Mann mit illegaler politischer Literatur versorgte, die an neutralen Orten übergeben wurde. Es bestätigte sich, daß Trott wenig Freizeit hatte, doch zeigte er Diana seinen Geburtsort Potsdam, fuhr sonntags mir ihr zu Israel auf die Insel Schwanenwerder heraus und nahm sie zu einem Faschingsfest mit, bei dem er als Pirat verkleidet erschien. Gelegentlich frönten sie dem gemeinsamen Kunstinteresse; Trott berichtete von einer »sehr schönen Menzel-Ausstellung«[31]. Beide besuchten auch die Bildhauerin Käthe Kollwitz. Einmal sahen sie zufällig Adolf Hitler beim Verlassen des Opernhauses, worauf »Adam ungewöhnlich schweigsam und angespannt«[32] reagiert habe.

Die Beziehung zwischen Trott und Diana Hubback gestaltete sich indes schwierig. Unmittelbar vor ihrer Ankunft hatte er der Freundin wie zur Warnung geschrieben, daß Liebe »eine positive Kraft« sein müsse, die auch ohne die Gegenwart des anderen zur »eigenen moralischen Kreativität« beitragen könne. Er habe »durch Jahre äußersten Schmerzes und Verzweiflung«[33] erfahren, was es bedeutet, wenn Liebe klammernd und unkontrolliert auftritt – ein seltener kritischer Hinweis auf Miriam. Aber solche Worte konnten gegen Dianas obsessive Liebe zu ihm nichts ausrichten. Sie gab ein in seinen Augen »beklagenswertes und zerbrechliches«[34]

Bild ab, während sie ihn »nervös, ruhelos und sehr beschäftigt«[35] fand. Als Diana sich an einem späten Abend weigerte, seine Wohnung zu verlassen, obwohl sie wußte, daß sie dort nicht übernachten konnte – die Haushälterin sowie der Blockwart paßten darauf auf –, und alles Bitten und Drängeln Trotts nicht half, wies er ihr die Tür. In ihren feinsinnig bildhaften, aber stilisierten Erinnerungen schildert sie den Weg zu ihrer Unterkunft als dramatischen Kampf gegen Schneesturm und Eiseskälte.[36] Ob die Witterung in jener Nacht wirklich so extrem war oder nicht vielmehr ihren Seelenzustand symbolisiert, muß offenbleiben. Sie erwähnt auch, daß Trott sich gleich am nächsten Morgen entschuldigt und ihr ein Zimmer in der Nähe besorgt habe. Sie verließ jedoch bald danach Berlin zu Verwandtenbesuch in Kopenhagen.

Auch in den deutschen Rhodes-Gremien – im Auswahlkomitee unter Friedrich Schmidt-Ott und in der *Vereinigung ehemaliger deutscher Rhodes-Stipendiaten* unter Hans-Erdmann von Lindeiner-Wildau – wurde nach 1933 der politische Umsturz spürbar. Dies äußerte sich vor allem in einem Machtkampf hinter den Kulissen zwischen Albrecht Graf von Bernstorff und dem ebenfalls früheren Rhodes-Stipendiaten Lindeiner. Bernstorff schien wegen seiner guten Beziehungen zu Lord Lothian, dem Generalsekretär der Rhodes-Stiftung, die besseren Karten zu haben. Noch bevor er aus seinem Posten als Botschaftsrat in London schied, hatte Bernstorff mit Lothian Einvernehmen darüber erzielt, daß die Rhodes Trustees ihren Einfluß auf die Zusammensetzung des deutschen Auswahlkomitees unbedingt geltend machen und Einmischungsversuche des NS-Regimes in die Auswahl der Stipendiaten verhindern müßten. Niemand sollte etwa aus politischen Gründen oder gar als Jude benachteiligt werden.[37] Bernstorffs Kontrahent Lindeiner-Wildau, langjähriger Reichstagsabgeordneter der Deutschen Nationalen Volkspartei, hatte ein anderes Zeichen gesetzt: Er war am 1. Mai 1933 in die NSDAP eingetreten. Zur Empörung Bernstorffs lud er zum nächsten Jahrestreffen der Vereinigung Joseph Goebbels als Ehrengast ein; dieser erschien allerdings nicht. Bernstorff erreichte hingegen, daß Ende 1933 sein Wunschkandidat Adam von Trott zum Mitglied des Auswahlkomitees gewählt wurde. Lindeiner aber wußte gegenzusteuern, denn ein Jahr darauf, im Dezember 1934, fanden sich Bernstorff und Trott aus dem Komitee »herausgeworfen«[38].

Doch beide gaben nicht so schnell auf. Bernstorff ließ erneut seine Beziehungen zu Lothian spielen, und dieser reiste zur Generalversammlung der ehemaligen Rhodes-Stipendiaten Ende Januar 1935 nach Berlin an. Wenn Trott nun wieder in das Komitee »zurückgewählt«[39] wurde, war das auch dem Einfluß Lothians zuzuschreiben. Bernstorff, der nicht durchzusetzen gewesen war, gelang mit den jüngeren Mitgliedern zumindest ein kleiner Coup gegen Lindeiner. Dieser wurde als Vorsitzender von Johann Ludwig Graf Schwerin von Krosigk abgelöst, auch er ein ehemaliger Rhodes-Stipendiat. Schwerin gehörte als Finanzminister der Reichsregierung an – wovon sich Schmidt-Ott einen gewissen Schutz für die Arbeit der Rhodes-Gremien versprach –, war aber weder Nazi-Propagandist noch Parteimitglied. Er löste die krisenhafte Situation, indem er einerseits Lindeiner und andererseits als Vertreter der jungen Generation Trott in den Vorstand berief. Letzterem wurde außerdem das Amt des Sekretärs der Vereinigung übertragen. Trott selbst hatte unter Hinweis, daß er nur vorübergehend in Berlin sei, für seinen Freund Fritz Schumacher plädiert, »was aber nicht akzeptiert wurde«[40].

Der 25jährige Adam von Trott sah sich durch seine Rhodes-Ämter, wenn auch nur in einem »freilich kleinen Kreis«, wie er seinem Vater schrieb, »ernst und nicht als etwas phantastischer Außenseiter genommen«[41]. Er konnte nun die Auswahl der deutschen Studenten, die künftig nach Oxford geschickt wurden, mitentscheiden, und, für ihn noch wichtiger, er behielt eine dauerhafte Verbindung nach England. Ob Schwerin von Krosigk oder Lindeiner-Wildau mehr über Trotts politische Einstellung wußten, als sein Zusammenhalt mit Bernstorff verriet, ist zu bezweifeln. Albrecht Mendelssohn Bartholdy, der bis zu seiner Emigration 1934 dem Auswahlkomitee angehört hatte – er war zwangsemeritiert worden und lehrte jetzt am Balliol College in Oxford –, hingegen war sie nicht verborgen geblieben. Seinem im Exil lebenden Freund, dem Historiker Alfred Vagts, erzählte er im April 1935 vom »Sohn des früheren Kultusministers Trott zu Solz, der sich verschworen habe, Feind der Nazis zu sein«[42].

Ein Problem aus dem Vorjahr wurde nun doch noch beseitigt. Im persönlichen Kontakt mit Alfred Protte konnte Trott den Verleger von seiner Kleist-Edition überzeugen und ihm trotz des politischen Risikos die Bereitschaft zum Druck abringen. Auf den Rat Clemens Lugowskis, ausgewiesener Literaturwissenschaftler und Kleist-Kenner[43] zugleich, bearbeitete Trott seinen Text noch einmal stilistisch und benannte das »Vorwort« richtigerweise in »Einleitung« um. Lugowskis Empfehlung aber, »weniger hartnäckig auf die Despotie« hinzuweisen und das, was er anbringen wolle, »noch etwas feiner zwischen die Zeilen zu verlegen«, ist Trott deutlich nicht gefolgt. Ungeachtet seiner kritischen Anmerkungen fühlte sich Lugowski von der Einleitung angesprochen und meinte: »Sie sind irgendwo ganz darin. Und das ist eine so seltene Sache.«[44] Am 28. Februar übergab Trott das Manuskript dem Verleger; an die Korrekturarbeiten im April und Mai legte vor allem Julie Braun-Vogelstein hilfreich Hand an.

Obwohl in Berlin so vielfach beschäftigt und eingebunden, ließ es sich Trott nicht nehmen, in einer Imshäuser Angelegenheit entschieden Stellung zu beziehen. Ende Januar war der langjährige Forstverwalter gestorben, der in dritter Generation den Trottenwald betreut hatte. August von Trott und seine Vettern vom Solzer Familienzweig zögerten jedoch, seinem Sohn die Nachfolge zu übertragen, da man an dessen Eignung zweifelte. »Schade, daß Du nicht hier bist und mir helfen kannst«[45], schrieb der Vater Adam, den er zunehmend in die Belange des Familienbesitzes einbezog. Dieser antwortete postwendend und setzte sich nachdrücklich dafür ein, dem Sohn des Verwalters eine Chance zu geben. Er machte konkrete Vorschläge, wie man ihm die Einarbeitung erleichtern könnte, und betonte – da er wußte, wieviel Wert der Vater auf Tradition legte – die Verpflichtung gegenüber »der vierten Generation«[46]. August von Trott ist dem Rat seines Sohnes gefolgt. Ende 1934 war Adam in den Vorstand der Solzer Trottenstiftung gewählt worden. In dieser Funktion wurde er auch konfrontiert mit der von Regierungsseite betriebenen Wiederbelebung des jahrhundertealten Kupferbergbaus im Richelsdorfer Gebirge. »Oben im Trottenwald haben sie jetzt wieder angefangen, nach Kupfer zu graben, und unter dem sonst so einsamen Triesch bei Nentershausen arbeiten jetzt 400 Bergleute in drei Schichten«, berichtete er über diese Entwicklung. »Die Halde wird immer größer, so daß wir wieder ein neues Viereck schönen Buchenbestands opfern mußten. Dafür gibt es keine jungen Arbeitslosen mehr in den nächsten Dörfern, und das Grubenholz wird nicht mehr ins Rheinland verkauft.«[47]

Anfang 1935 kam es in Berlin zu einem Wiedersehen Trotts mit seiner »alten Freundin«[48] Anneliese, die ihn mit ihrem Mann, Martin von Katte, bekannt machte. Anneliese von Bodenhausen hatte Katte gegen den Willen ihrer Eltern geheiratet, die seinen Besitz im altmärkischen Dorf Zolchow, »eine Art Bauernhof«, als »Partie für ihre Tochter«[49] ablehnten. Mitte April konnte Trott seinen versprochenen Besuch im Elb-Havel-Winkel bei Kattes wahr machen. »Sie leben sehr schön, wenn auch ungemein ärmlich auf ihrem Sandboden und haben mir, wie selten jemand, nahegebracht, was preußische Junker eigentlich treiben«[50], schrieb Trott seinem Vater. Gemeinsam unternahmen sie eine Autotour bis in den Harz und besuchten unterwegs »einige befreundete Landsitze«. Über Gardelegen ging es laut Katte »im leuchtenden Frühling« durch die Letzlinger Heide, »wobei uns Adam kleine Volkstänze vorsang, jeden in drei Sprachen«[51]. Martin von Katte war ein enger Freund Ernst Jüngers, und da Trott das Interesse geäußert hatte, den Schriftsteller kennenzulernen, nahmen ihn Kattes zu diesem Zweck nach Goslar mit. »Pünktlich zur Abendtafel im Hause Jünger, alter Burgunder, wohltemperiert«, das war alles, was Katte damals über diesen Besuch in seinem Kalender vermerkt hat. Aus der Erinnerung fügte er nur hinzu, daß sie sich erst »im Morgengrauen in die Worth, dem Gasthaus am Adlerbrunnen«, zurückgezogen und dann die sonntägliche Rückfahrt auf den Brocken, Halberstadt und Stendal ausgedehnt hätten.[52]

Während Trott seinem Bruder Heinrich, den er kurz darauf sah, von der Begegnung mit Jünger erzählt und ihm diesen offenbar empfohlen hat[53], erwähnte er im Brief an seinen Vater den Schriftsteller mit keiner Silbe, sondern nur, daß er mit Kattes »Bekannte im Harz«[54] besucht habe. Auch anderen gegenüber hat Trott bei Stellungnahmen zu Jüngers Werken nicht einmal angedeutet, daß er ihm begegnet ist. Möglicherweise war er von dessen Persönlichkeit enttäuscht, erkannte ihm aber desungeachtet einen zukünftig bedeutenden Rang zu. In seinen Briefen an Kattes führte deutlich die politesse de cœur die Feder mit dem Ergebnis eines einseitig positiven Bildes. So schrieb Trott im Oktober 1935 der Freundin Anneliese, daß er sich in letzter Zeit viel mit Jünger, vor allem mit seiner Abhandlung »Der Arbeiter« befaßt habe. »Da ist schon ein Stück Zeitstrom gesehen«, meinte Trott, »wie er jenseits der verwirrten Auffassung, in der wir uns gegenwärtig befinden, weiterfließen muß.« Er glaube, daß man auf Jünger »eine große Hoffnung« setzen könne. »In das Halbdunkel, in dem die Leute ihr greuliches Unwesen bei uns treiben, paßt er nicht. Eine Reihe von jungen Leuten, die ich kenne, versprechen sich aus der Reserve, die er bezogen hat, noch mehr als er bisher ausgesprochen hat. Man erzählt sich, er habe es abgelehnt, auch an ausgezeichneter Stelle reaktiviert zu werden. Dies stärkt seine Autorität.«[55] Angesprochen war hier, daß Ernst Jünger sich einem Reichstagsmandat der NSDAP verweigert hatte. Seine Hoffnung auf den Schriftsteller als eine mögliche oppositionelle Leitfigur äußerte Trott ebenfalls einem Bekannten gegenüber, der diesem fernstand. Er wies auf Jüngers »gegenwärtige, vollständige Zurückhaltung« hin, die seinen Worten ein Gewicht verliehen, das »ich keinem unserer anderen gegenwärtigen Schriftsteller einräumen würde«. Über den »Arbeiter« urteilte Trott im gleichen Brief, er schiene ihm gerade in »seiner Unzulänglichkeit höchst beachtlich«, aber »durch das unbedingte Vorwiegen des Kriegserlebnisses« sei »das Neue«, das Jünger der Welt vorlege, »verfehlt oder doch verkrampft« und überdies »wenig wünschenswert«. Doch das war nicht das einzige, was der Mittzwanziger Adam von Trott an Jünger auszusetzen hatte. Weiter heißt es: »Es stört mich sein methodischer Dilettantismus, seine Unkenntnis der sozialtheoretischen Begriffstraditionen, seine ästhetisierende Tendenz, Neues ausdrücken zu meinen, wo er einen alten Gedanken windschief und nur aphoristisch neu auftischt. Es stört mich überhaupt eine gewisse Eigenliebe, die seine meisterhafte Sprachbeherrschung häufig entwertet, und sein offenbarer Mangel an ruhiger Lebensform, die Übersteigerung der Orientierung an Grenzsituationen ohne Ehrfurcht vor dem Alltäglichen, dem ›Frieden‹ überhaupt.«[56]

Der Schriftsteller, der auf Trott zu jener Zeit eine viel größere Faszination ausübte, war Franz Kafka. Als erstes Werk von Kafka hatte er in Oxford »Das Schloß« auf englisch gelesen und war davon so beeindruckt, daß er diese Lektüre unbedingt weiterempfahl. Unter Trotts Büchern befanden sich auch Kafkas »Der Prozeß« und die Erzählungen. Letztere hatte Max Brod 1935 beim Berliner Schocken Verlag herausgebracht. Trott las sie gleich nach Erscheinen. Mit ihrer »gewissenhaftesten Schilderung noch der kleinsten Details« und ihren »so eindringlichen imaginären Visionen« hielt er diese Prosastücke für »wahrhaft überzeugend«, galten sie ihm als die »erstaunlichsten Kunstwerke«.[57]

Im April 1935 sah Adam von Trott nach längerer Zeit seinen jetzt knapp 17jährigen Bruder Heinrich wieder, der in den Osterferien Berlin besuchte. Adam machte ihn u. a. mit Hasso von Seebach und Hertha Vogelstein bekannt – woraus lang andauernde Freundschaften entstehen sollten – und konnte dies ganz unbedenklich tun, denn sein Bruder hatte inzwischen seiner jugendlichen Nazi-Begeisterung abgeschworen. Die Ernennung Hitlers zum Reichskanzler hatte Heinrich noch als »Freudenbotschaft«[58] aufgenommen und sein Zimmer im Internat in Ilfeld mit einem großen Hitlerbild dekoriert. Als er aber Zeuge eines brutalen Überfalls mehrerer Kameraden auf einen jüdischen Mitschüler wurde und bald danach von den Mordtaten am 30. Juni 1934 erfuhr, trat er »mit Abscheu und Ekel«[59] aus dem NS-Schülerbund aus und entwickelte eine kritische Distanz zum Regime. Seine älteren Brüder Werner und Adam hatten vorher auf einen politischen Bekehrungsversuch des Halbwüchsigen bewußt verzichtet. Werner hatte Adam im Oktober 1933 geschrieben: »Es wird schwer sein, Heini richtig zu nehmen«, und ihm geraten, dem Bruder gegenüber »das politische Medium« zu vermeiden. Er müßte mit Vorsicht »geweckt« werden.[60] Wirksamer war in der Tat Heinrichs Kehrtwende aus eigener Überzeugung.

In diesen Berliner Monaten mutete sich Adam von Trott noch mehr zu als gewöhnlich, war ständig abgehetzt und überanstrengt. Im März erlitt er eine kleine Herzattacke, doch sich zu schonen war seine Sache nicht. Diana schrieb ihm auf der Rückreise nach England: »Ich war wirklich schockiert, wie müde, blaß und krank Du aussahst, als ich aus Kopenhagen kam.«[61] Sie bat ihn dringend, seine Gesundheit nicht weiter zu vernachlässigen. Er meinte zwar, daß er »kein altes Weib«[62] sei, mußte aber wenig später zugeben, daß er erneut von Eiterbeulen heimgesucht wurde, die geschnitten werden mußten und ihn zur Bettruhe zwangen. Die Haushälterin und seine Schwester Ursula, die damals im Lettehaus in Berlin eine Sekretärinnen-Ausbildung absolvierte, sahen nach ihm. Die nicht enden wollenden Eiterbeulen schwächten ihn jedoch so sehr, daß er ins Krankenhaus hätte eingeliefert werden müssen, wenn nicht Julie Braun und Hertha Vogelstein ihn am Ostersonntag, es war der 21. April, zu sich genommen hätten. Er werde »in Otto Brauns Zimmer wunderbar gepflegt«[63], berichtete er seiner Mutter. Nach einer Woche war Trott immer noch bettlägerig und gab Diana gegenüber zu: »Du hast die Lage der Dinge sehr richtig erspürt: Etwas mußte herausbrechen bei diesem überarbeiteten, überreizten Zustand.« Seine Umgebung tat ihm wohl: »Hier hat man mir ein Bett gegeben in der Nähe eines offenen Fensters mit Blick auf herrlich blühende Birken und einen tiefblauen Himmel des Nachts sowie Vogelgesang den ganzen Tag. Das Gift scheint mich allmählich zu verlassen und mit ihm die Spannung, die meinen Körper und Geist in unnatürlicher Weise ergriffen hatte.«[64] Doch am nächsten Tag bildete sich »ein neues Geschwür am Hals«[65], und auch nach einer weiteren Woche war die Krankheit noch nicht überstanden. Am 6. Mai kehrte Trott in die Meiningenallee zurück, denn er wollte unbedingt an seinem Plan festhalten, in wenigen Tagen nach England zu fahren.

Zu der üblen Krankheit dürfte als psychische Belastung beigetragen haben, daß sich eine Lösung seines beruflichen Problems ohne Anpassung immer weniger abzeichnete. Je weiter die Gleichschaltung in Deutschland vorangetrieben wurde und je mehr Bereiche der staatliche Kontrollapparat erfaßte, desto mehr reduzierte sich der Spielraum des einzelnen. Die Einführung eines für alle Beschäftigten obligatorischen Arbeitsbuches am 26. Februar 1935 zur Kontrolle von Arbeitsverhältnissen und Arbeitskräften, war nur eine Maßnahme von vielen. Über diese Entwicklung und die Überfüllung der akademischen Berufe konnte sich Trott in Berlin aus erster Hand informieren. Daß selbst »die Aussichten eines international geschulten Juristen in der Industrie« nicht hoffnungsvoll waren, ergab sein Gespräch anläßlich des Rhodes-Essens mit dem AEG-Direktor Hans C. Boden. Ohne seine weiteren negativen Erkundungen anzuführen, bekannte Trott seinen Eltern im März, daß er sich über seine berufliche Zukunft »doch ziemlich starke Sorgen«[66] mache, und stellte fest: »Was später werden soll, ist mir angesichts meiner jetzigen Erfahrungen etwas rätselhaft.«[67]

In dieser fortdauernden Unsicherheit kamen Trott, wie er dem Vater schrieb, »Imshausen und Du in ihm wie ein Anker«[68] vor. Die Eltern und Vera ihrerseits betonten mehrfach, wie sehr sie ihn vermißten. Die Mutter wünschte besonders, sich mit ihrem Sohn über politische Ereignisse auszutauschen, so über die Wiedereinführung der allgemeinen Wehrpflicht am 16. März, die sie für »a return to the dark ages«[69] hielt, mit anderen Worten für die Vorbereitung zum Krieg. Von zu Hause erfuhr Trott, daß sein knapp 80jähriger Vater, der als preußischer Kultusminister einst für »die geistlichen Angelegenheiten« zuständig gewesen war, sich jetzt entschlossen hatte, der Bekenntniskirche beizutreten.[70] Zweifellos entsprach er damit auch dem Wunsch seiner Frau, die am Kirchenkampf unter dem NS-Regime großen Anteil nahm. Im März schickte sie Adam eine Deklaration der Bekennenden Kirche, die er »großartig«[71] fand, und sie bestärkte ihn, die von ihm daraufhin angestrebten Kontakte zu regimekritischen Pfarrern aufzunehmen. Da er wegen seiner Krankheit zunächst daran gehindert wurde, verabredeten beide, dies gemeinsam beim Berlin-Besuch der Mutter im Mai nachzuholen. Ob sie diesen Plan vor seiner Abreise nach London ausführen konnten, ist nicht feststellbar.

Trotts zweiwöchige Fahrt nach England im Mai wirkte Wunder an seiner Gesundheit. Dank der Luftveränderung und dem Wechsel der Atmosphäre erholte er sich rasch, und dies trotz des »großen Ansturms von Obliegenheiten«[72], der ihn London und Oxford erwartete, ob es nun Verabredungen mit den vielen Freunden und Bekannten oder seine Rhodes-Ämter betraf. Der Aufenthalt war ihm wegen der nun geltenden Devisenbeschränkung bei Auslandsreisen nur dadurch möglich, daß er überall Gastfreundschaft genoß. In Oxford wohnte er zunächst im Balliol College und danach auf Einladung des Rektors Adams und seiner Frau in All Souls. Ein Wochenende verbrachte er bei den Cripps in deren Landhaus Lechlade in Gloucestershire. Diana Hubback ließ es sich nicht nehmen, für ihn in London eine Party mit 40 Personen zu geben. »Man hat mich allgemein auf das Freundlichste wieder aufgenommen. Ich kenne hier doch eine große Reihe wirklich befreundeter guter Leute, deren Herzlichkeit auch echt ist«[73], berichtete Trott aus Oxford nach Hause. Einer von ihnen war der 20 Jahre ältere Philosoph Robin George Collingwood. Nachdem er Trott in Oxford getroffen und dieser ihm versprochen hatte, ein Buchgeschenk anzunehmen, sandte er ihm nach London eines seiner Hauptwerke, »An Essay on Philosophical Method«[74], mit dem Eintrag »To Adam von Trott with kindest regards from his friend R.G. Collingwood«[75] und schrieb dazu: »I hope you will take it as a token of the very warm and sincere affection which we in Oxford, and I among many others, have for you, and the hope that whatever the future holds in store for you and for us there will always be a real friendship between us. [...] At least you can be sure of this, that wherever I am, you will always be welcome.«[76] Bei aller persönlichen Sympathie, die Trott bei diesem Besuch erfuhr, empfand er »ein merkwürdiges Gefühl der Distanz«[77] zu England und sah ein, daß es eine Illusion war, zu glauben, dieses Land würde ihm das ersetzen können, was das seine ihm vorenthielt.

Bald nach seiner Rückkehr brach Trott seine Zelte in Berlin ab und fuhr mit seinem inzwischen erworbenen kleinen Auto über Imshausen nach Kassel. Dort trat er am Großen Amtsgericht seine nächste Referendarstation an. In den ersten Wochen wohnte er bei seiner Imshäuser Kusine Marline von Trott[78]. Nach dem kürzlichen Tod ihres Mannes, an dem sie schwer trug, lag auf ihr die alleinige Verantwortung für zwei Stiefsöhne, drei eigene Kinder und einen verwaisten Neffen. Die einzige Tochter Annegret, damals zehn Jahre alt, erinnert sich noch nach vielen Jahrzehnten an Adams große Beliebtheit in ihrer Familie. Sie und ihre 13- und 12jährigen Brüder Hermann und Christoph – beide sollten blutjung im Krieg fallen – hätten stolz in seinen Diensten gestanden, wofür er sich mit Spritztouren im Auto revanchiert habe.[79]

Obwohl ihm seine Arbeit am Gericht mitunter »bitter langweilig«[80] vorkam, kniete sich Trott in sie hinein. Bei einer Strafverteidigung gelang ihm sogar der Erfolg, »gegen den Antrag der Staatsanwaltschaft auf anderthalb Jahre Zuchthaus die mildere Strafe von einem halben Jahr Gefängnis«[81] zu erwirken. Als er mit Vormundschaftssachen zu tun hatte, ließ sich Trott in Kassel ein Asyl zeigen, in dem schwerkranke Obdachlose und Geisteskranke zusammen untergebracht waren – vier Jahre bevor das NS-Regime begann, solche Menschen als »lebensunwerte Ballastexistenzen« zu ermorden. Trott schilderte seine Eindrücke: »Ein netter, junger Landstreicher, von Rheumatismus befallen, lag zwischen sterbenden alten Männern, einer von ihnen am ganzen Körper von epileptischen Krämpfen geschüttelt. Der Aufseher, ein großer, dicker, freundlicher Mann, ging in dem kleinen, von hohen, grauen Mauern umgebenen Garten mit ein paar Bäumen auf und ab. Er rief einige bei ihrem Namen, die dann herbeikamen und mit uns sprachen. [...] Ein Mann schüttelte mit freudigem Gesicht meine Hand und sagte ›Du mußt viel übers Meer gefahren sein‹ und ›Grüß Hamburg!‹, als wir uns trennten. Auf dem Boden einer großen, dunklen Zelle mit unzerbrechlichen Fenstern lag ein zarter junger Mann mit feuerroten Haaren und sang patriotische Lieder. Plötzlich schaute er uns tief erstaunt an. Später sahen wir all die andern, als sie gemeinsam ihre Mahlzeit einnahmen. Einer von ihnen erhob sich mit einem schrecklich sorgenvollen Ausdruck und betete lange, bevor er sich hinsetzte.«[82]

Alfred Protte hatte wegen der zunehmenden Behinderung der Verlage durch die Reichsschrifttumskammer mit erheblichen Schwierigkeiten zu kämpfen und wagte unter diesen Umständen nicht, den Kleist-Band herauszubringen. Eine neue Anordnung über »schädliches und unerwünschtes Schrifttum« ließ jetzt sogar nachträgliche Buchverbote zu. Trott teilte Diana Hubback mit, daß es sich nicht um einen Einzelfall handele. Für derartiges habe es »in den letzten Wochen zahlreiche Beispiele gegeben«, darunter solche »von viel ernsterer Natur«[83]. Ende Juni 1935 konnten Heinrich von Kleists »Politische und journalistische Schriften, ausgewählt und eingeleitet von Adam von Trott«,[84] dann doch erscheinen.

In der vom Herausgeber formulierten Verlagsanzeige wurde das Buch voller Doppelsinn angekündigt: »Der leidenschaftliche Kampf Kleists gegen eine knechtische Zeit tritt uns in dieser Auswahl seiner Schriften entgegen. Sie soll an einen politischen Charakter mahnen, der ohne Phrase und ohne äußere Stütze dem Gebot seiner Sendung folgte. Nicht um die Staatsführung, sondern um das noch unverdorbene Herz des einzelnen Staatsbürgers kämpfen diese Schriften, um das ewige Recht des Schaffenden, aller äußeren Bedrückung zu trotzen und in freimütiger Eigenständigkeit seine Berufung zu erfüllen.«[85] Erstaunlich, daß nicht schon diese Anzeige die prüfenden NS-Behörden hellhörig werden ließ. Die Bezugnahmen auf die »Problematik der Gegenwart«[86] wurden offensichtlich nicht verstanden. Auch der *Beauftragte des Führers für die gesamte geistige und weltanschauliche Erziehung in der NSDAP, Abt. Schrifttumspflege*[87], der das Buch im Oktober anforderte, ließ es ungehindert passieren. Der Name Heinrich von Kleist erwies sich als ein Schutzschild. Einzelne Rezensenten, allerdings in liberalen Blättern am Rande, haben genauer gelesen. »Über Mut und geistige Freiheit« werde in dem Buch »Ewiges ausgesprochen«[88] oder »die Anschauungen Kleists für die Gegenwart« seien »wertvoll, ja wegeweisend« [89], heißt es da neben anerkennenden Worten für den Herausgeber. »Mit Entzücken versank ich gleich wieder in diese kleinen großen Sachen, die man nun alle so schön beieinander hat – nicht mithineingestopft in einen dicken und kommentierten Band ›Werke‹, sondern richtig ›zum Gebrauch‹«, freute sich Lugowski über das Buch. »Und das Wichtigste: Diese Zusammenstellung scheint mir wirklich ein Gesicht zu haben, oder: das Gesicht besonders eindringlich zu machen, ohne das Kleistische Geheimnis daraus hinwegzudeuten.«[90] Zustimmende und verstehende Resonanz erhielt Trott u.a. auch von K. F. Bonhoeffer und dessen Schwager Hans von Dohnanyi, Oberregierungsrat im Reichsjustizministerium.[91] Dohnanyi, den Trott inzwischen in Berlin kennengelernt hatte[92], äußerte bei dieser Gelegenheit sein Interesse an der Fortsetzung ihrer Bekanntschaft. Trott aber war mit seinem Kleist-Band nicht mehr recht zufrieden. »Es mangelt ihm an eindeutiger Schärfe und Schroffheit«[93], fand er. Conrad interpretierte die Einleitung als den »Versuch einer Selbstrechtfertigung« seines Freundes »in einer bedrückenden und widerwillig ertragenen Isolierung«. Im Rückgriff auf eine Äußerung Trotts meinte er: »Du hattest recht, wenn Du sagtest, daß [...] auch eine wichtige Etappe Deiner eigenen inneren Formung dort zur Darstellung gekommen ist.«[94]

Adam von Trott war nach wie vor bemüht, den ihm unter der nationalsozialistischen Diktatur noch verbliebenen Handlungsspielraum auszuloten und soweit wie möglich zu nutzen. Er entwickelte daher einen Plan, der ihm Bewegungsfreiheit verschaffen, die Emigration jedoch ersparen sollte. Während seines Besuchs in Oxford im Mai 1935 äußerte er sich – u. a. gegenüber Isaiah Berlin[95] – erstmals über diesen Plan, den er wohl schon seit Monaten hegte, nämlich zu einem längeren Studienaufenthalt ins ferne Ausland zu gehen: nach China. Die ersten Eindrücke von China hatte ihm als Jungen Gustav Ecke vermittelt, der den einstigen »Nibelungen« für ihre Zeitschrift *Der Hort* aus dem südchinesischen Amoy höchst lebendige Schilderungen seiner dortigen Erlebnisse geschickt hatte.[96] Wenn Trott später Chinesen begegnete, hat dies stets sein Interesse erweckt. Die Anregung aber, sich selbst nach China zu begeben, scheint Anfang 1935 von Wilfrid Israel ausgegangen zu sein. Ein überstürztes Abenteuer hatte Trott nicht vor, schon des benötigten Stipendiums wegen mußte die Angelegenheit langfristig vorbereitet werden. Auch sein Assessorexamen wollte er vorher absolvieren. Als ersten praktischen Schritt nahm er im Sommer 1935 Kontakt zu Ecke auf, der jetzt als Professor für Kunstgeschichte an der Katholischen Fujen Universität in Peking lehrte. Dieser reagierte überrascht, aber ermutigend auf Trotts Plan. In zwei Jahren könne er genug Chinesisch und viel »über Land und Leute« lernen. Ecke bot ihm sogar Gastfreundschaft in seinem Hause an, betonte allerdings, daß er ein schlichtes und zurückgezogenes Leben führe und seine »wissenschaftliche Tätigkeit allen menschlichen Beziehungen überordne«[97]. Trott freute sich über dieses Echo und Entgegenkommen, glaubte jedoch vorsichtshalber mitteilen zu müssen, Ecke möge bei ihm nicht die Fähigkeit »zu einem kontemplativen, gelehrten Leben« voraussetzen. Seine Einstellung zum NS-Regime deutete Trott durch die Bemerkung an, seine beruflichen Pläne seien in den letzten Jahren »unter das Rad der Hinter-Weltgeschichte gekommen«[98]. Ecke seinerseits bekannte in Richtung Deutschland: »Der Kummer läßt einen nicht mehr los, man kann ihn nur mit Arbeit betäuben.«[99]

Eckes Hinweis: »Von hier aus können Sie sich ein einzigartiges außenpolitisches Weltbild schaffen«[100], ließ Trott den Wunsch äußern: »Ich möchte wohl ein Kenner der Weltlage sein, auf der es einmal möglich sein sollte, ein System legaler Völkerverhältnisse zu errichten.« Hegel habe dies für eine Utopie gehalten, aber sei »das heute nicht gleichbedeutend damit, daß man das Ausbleiben der sonst notwendigen Selbstvernichtung der Nationen für eine Utopie hält?«[101] Das Fernziel einer grundlegenden Reform des Völkerrechts zur Stabilisierung der internationalen Beziehungen hatte Trott also nicht aufgegeben. Für seinen Studienaufenthalt schwebte ihm allerdings ein staatsphilosophisches Thema vor, eine direkte oder indirekte Auseinandersetzung mit Hegel als ein »politischer Versuch der Entnebelung«[102] der deutschen Geschicke. Im Dezember 1935 war es jedoch noch unsicher, ob Trott seinen China-Plan würde verwirklichen können. Obwohl es für ihn keines weiteren Anlasses bedurfte, »um von hier fort zu wollen«, verschwieg er Ecke nicht, was dem entgegenstand: »Wenn ich aber den praktischen Beruf etwa des Wirtschaftsjuristen einschlage – materielle Gründe, das Alter meines Vaters, Verantwortungen zuhause sprechen stark dafür –, so ist mein nächster Schritt zweifellos nicht China.«[103]

Im Juli 1935 tauchte Richard Crossman (in den 60er Jahren Kabinettsminister unter Harold Wilson), den Trott als Philosophiedozent in Oxford schätzengelernt hatte, während einer Deutschlandreise für ein paar Tage in Kassel auf. »Es war nett, Dick hier zu haben, so vulgär er auch in vieler Hinsicht sein mag«[104], lautete Trotts knapper Kommentar. Crossman berichtete später, daß sie sich abends in Bars getroffen und nach Gesprächen über Philosophie und Politik dem Alkohol zugesprochen hätten. Dieser Besuch wäre kaum erwähnenswert, wenn Crossman nicht während des Krieges in einem anonymen Bericht für das Foreign Office vom Mai 1942 darauf verwiesen hätte. »1936 oder 1937«, so behauptete er in diesem Schriftstück, wäre er in Kassel gewesen und hätte Trott, der sich dort »angeblich zum Juristen ausbilden ließ«, mehrmals gesehen. Dieser wäre damals äußerst unglücklich und »torn in mind« gewesen, was ihn in seinem »Gefühl bestärkt« hätte, »daß Adam mit seinem hochgesinnten Idealismus sich in einem ernsthaften politischen Konflikt irgendwie herauswinden und eine wirklich unangenehme Entscheidung zugunsten der Arbeit für eine Revolution in Deutschland vermeiden würde«[105]. In der Beschreibung Trotts als »äußerst unglücklich« hat sich Crossman nicht geirrt; sie traf in jenem Sommer sicher zu. Abgesehen von den politischen Zuständen drückte ihn die Sorge um seinen älteren Bruder. Werner von Trott hatte inzwischen eine Tätigkeit in der Ernährungswirtschaftlichen Forschungsstelle übernommen, zunächst in Kiel und dann in Berlin. Anfang Juli stürzte er so unglücklich aus einem Omnibus, daß er eine schwere Gehirnerschütterung erlitt. Als er danach zur Genesung in der Nähe von Imshausen weilte, besuchte ihn Adam häufig. Bekümmert verfolgte er, wie langsam sich der Bruder erholte, was er weniger dem Unfall zuschrieb als dem Leiden an »dieser zerstörenden Hoffnungslosigkeit«[106]. Aber auch mit seiner eigenen Gesundheit war es im Sommer schlecht bestellt. Wieder quälten ihn große, schmerzhafte Furunkel, gegen die wochenlang alle ärztlichen Behandlungsversuche nichts ausrichteten.

Diana Hubback hatte sich nicht davon abhalten lassen, ihren Urlaub im August in der Nähe von Kassel zu verbringen, gemeinsam mit der Oxforder Freundin Jane Rendel. Da Trott in dieser Zeit arbeiten mußte, sah er die beiden eher selten. In ihren Erinnerungen hat Diana indes eine gespenstische Szene festgehalten, die sie damals an der Seite Trotts erlebt hat: »Adam plante eine jüdische Familie aufzusuchen, deren Rechtsbeistand er war. Ich fragte, ob ich mitkommen dürfte. Adam sagte, wenn ich meinte, helfen zu können, sei dies möglich. [...] Wir verließen das Auto am Ende einer unbefestigten Straße. Als wir diese entlanggingen, war ich erstaunt zu sehen, daß am Gartentor eines kleinen Hauses ein großer Davidstern aus gelbem Papier befestigt war und an der Hauswand in gelber Farbe ›Juden raus‹ geschrieben stand. Mein Erstaunen wandelte sich in Entsetzen, als ich feststellte, daß solche Schmähungen jedes Haus, an dem wir vorübergingen, brandmarkten. Es gab keine Anzeichen von Leben, die Vorhänge waren zugezogen, niemand guckte aus dem Fenster. Es spielten keine Kinder in den Gärten, keine Frauen plauderten miteinander. In dieser Stille schienen die monströsen Zeichen uns anzuschreien. Adam schwieg, und als wir das Haus erreicht hatten, das er aufsuchen wollte, fühlte ich eine solche Bitterkeit in mir, daß ich nur noch sagen konnte, ich würde zum Auto zurückgehen und dort auf ihn warten. Als am Abend unsere Freundin Jane ankam, war sie erschreckt, Adam so angespannt zu finden und so fern jener guten Stimmung, wie sie für ihn in Oxford so typisch gewesen war.«[107] Ob Trott hier in dienstlichem Auftrag handelte oder auf Bitten der jüdischen Familie und in welcher Sache er diese beriet, erfährt man nicht.

Einer von unzähligen Verfolgten des Regimes wurde Adam von Trotts persönlicher Schützling. Im März 1935 wandte sich Maria Siebert, die

Mutter des jungen Kommunisten, den er im Zuchthaus Kassel-Wehlheiden zu beurteilen hatte, ratsuchend an Trott. Sie hatte gehört, daß politische Strafgefangene nach ihrer Freilassung in ein Konzentrationslager gebracht würden, und befand sich nun in großer Sorge, dies könnte auch mit ihrem Sohn geschehen.[108] Trott reagierte sofort,[109] doch was er riet, ist unbekannt. Der Fall sollte ihn nicht mehr loslassen, um so weniger als Hans Siebert tatsächlich im Mai ins KZ Lichtenburg bei Torgau kam. Aus dieser Zeit hat sich ein undatierter Brief Li Monnards, der Freundin Sieberts, erhalten, in dem sie Trott um ein baldiges Treffen bat und ihm mitteilte: »Ich kann Ihnen nichts Günstiges berichten. Es hängt anscheinend jetzt am Lager selbst.«[110] Aus Briefen Trotts geht dann hervor, daß Siebert im Juli entlassen wurde.[111] Welche Schritte Trott zugunsten des Häftlings unternommen hat, bleibt im dunkeln. Vermutlich mußte er für ihn bürgen. Der junge Mann war zwar jetzt frei, aber völlig mittellos, arbeitslos und ohne Chance, in seinem erlernten Lehrerberuf angestellt zu werden. Nach Gesprächen mit Trott, der ihn auch nach Imshausen einlud, ließ sich Siebert für eine Umschulung gewinnen, und zwar in Hamburg, Trotts nächster Referendarstation.

Auch eine andere, schon länger betriebene Aktion Trotts für seinen politisch belasteten Freund Conrad gelang damals. Er konnte ihm über eine persönliche Verbindung zu Alexander Graf zu Dohna-Schlodien, Professor für Strafrecht und Rechtsphilosophie in Bonn, zur Wiederaufnahme seines Jurastudiums verhelfen. Die politische Einstellung Dohnas – Anhänger der Weimarer Republik und Gegner der NSDAP[112] – war dafür, versteht sich, Voraussetzung. »Ihr warmes Eintreten für Ihren Freund Conrad ehrt Sie und ihn«, schrieb Dohna an Trott. »Es wird mir eine Freude sein, seine Studien zu fördern und den Menschen in ihm kennenzulernen.«[113] Conrad berichtete Ende August: »Deine Vermittlung hat zu vollem Erfolge geführt. Graf zu Dohna hat sich [...] in überaus rührender Weise für mich verwandt. Er hat dem Rektor und dem zuständigen Dekan der Bonner Universität meine Angelegenheit unterbreitet. Beide waren mit der Fortsetzung des Studiums einverstanden.«[114]

Adam von Trotts fünfmonatige Referendarstation in Kassel fand dagegen kein gutes Ende. Er erhielt jetzt die Quittung für seine fehlende Anpassung, wurde dafür bestraft, daß er seine Gesinnung nicht hatte verbergen können. Der Leiter seiner ideologischen und politischen Schulung, Edmund Kessler[115], zitierte ihn Anfang September zu sich und las ihm ein Zeugnis vor, das zu seinen Personalakten genommen wurde. Laut Trotts Bericht wurde darin seine »skeptische Haltung gegenüber der herrschenden Richtung« getadelt. Man führte diese zurück auf seine

»Schwäche und Unfähigkeit, bei den Ereignissen des neuen Aufbruchs anzukommen« sowie auf die »Tatsache, daß er mehr eine gelehrte als eine kämpferische Natur« sei. Obwohl »in mehrerlei Hinsicht begabt, mangele es ihm grundlegend an Eingliederung«[116]. So ehrenvoll sich, von einer anderen Zeit her gesehen, eine solche Bescheinigung ausmachen mag, für Trott war sie damals ein Desaster, zumal seinen künftigen Vorgesetzten auch noch angeraten wurde, ihn besonders zu beobachten.[117] Er mußte mit einer schädlichen Wirkung auf sein Assessorexamen rechnen, wenn er überhaupt zugelassen wurde, und der ganze Referendardienst wäre damit vergeblich gewesen. Gegen das Zeugnis war kein Einspruch zulässig. Trott mit seinen 26 Jahren war entsprechend wütend auf Kessler und erklärte Diana: »Ich hoffe, ich werde ihm eines Tages zeigen können, was ich unter einer kämpferischen Natur verstehe.«[118]

Den nächsten Abschnitt seiner Ausbildung, die Verwaltungsstation, hatte Trott in der Kommunalverwaltung in Göttingen ableisten wollen, doch waren dort schon alle Referendarstellen besetzt. Durch die Vermittlung Harald Mandts, eines ehemaligen Rhodes-Stipendiaten und Freund Bernstorffs, bot sich ihm in Hamburg eine Alternative in der Privatwirtschaft. Die erst vor wenigen Wochen neugegründete Reederei Deutsche Levante-Linie nahm seine Bewerbung um ein Volontariat in ihrer Verwaltung an. Ein Entgelt erhielt er nicht, nur kostenloses Mittagessen in der Kantine. »Ich bin mal wieder voll bester Vorsätze und ebensoviel Mißtrauen gegen mich«[119], schrieb Trott anläßlich dieser Veränderung an Julie Braun. Wenige Tage nach seinem Dienstantritt in Hamburg Mitte September berichtete er ihr: »Die Arbeit in der Reederei ist sehr lehrreich in ökonomischer und außenpolitischer Hinsicht. Wir befahren die ganze Levante bis hinauf nach Batum. Ich studiere persisches Transportwesen, griechisch-russische Handelsverträge, türkische und palästinensische Wirtschaftsentwicklung und lese seelenruhig zwischen zwei Telefonen, zwei Rechen- und zwei Schreibmaschinen – sehen Sie, wie eingebildet ich bin! – die Außenhandelsnachrichten der USSR.«[120]

Trott war einem »energischen und bewanderten Angestellten anvertraut«, der ihm beim mittäglichen Gang um die kleine Alster aus der Reedereipraxis erzählte. Da man ihm jedoch keine ernstliche Arbeit zuwies, empfand er seine Tätigkeit bald als wenig befriedigend. Auf seinen Einspruch hin übertrug man ihm die Durchsicht der »ganzen, teilweise ausländischen Presse auf Nachrichten, die für unseren Fahrtendienst eine Bedeutung haben«[121]. Angesichts des soeben von Italien begonnenen Krieges gegen Abessinien war die Ausbeute reichhaltig, wie er dem Vater mitteilte. »Unser Geschäft blüht gegenwärtig aus Kriegskonjunkturgründen, weil überall in der Levante Angstkäufe gemacht werden und dementsprechend noch vor der befürchteten Seesperre Güter verschifft werden. Ägypten, Palästina, Syrien, Türkei und Rumänien sind in großer Aufregung. Im übrigen gewinnt Hamburg im Augenblick an Boden gegen die verhaßte Konkurrenz von Triest. Die Tschechoslowakei verschifft zum Beispiel jetzt Maschinen nach Ägypten über Hamburg! Wir haben ungefähr die gleiche Anzahl von Schiffen, die wir an sich schon besitzen, dazu gechartert.«[122] Das Vorstandsmitglied der Reederei Ernst Godeffroy hatte Trott von vornherein die Möglichkeit eingeräumt, einen Teil des Tages seiner Examensvorbereitung zu widmen. So konnte er daneben im juristischen Seminar »kräftig arbeiten«, so »sauer« ihn das ankam.[123]

Mitte September 1935 wurden auf dem Parteitag der NSDAP die »Nürnberger Gesetze« verkündet, die die Diskriminierung und Entrechtung deutscher Juden legalisierten. Trott, damals schon in Hamburg, erwähnte kurz darauf in einem Brief an den Vater, daß er Warburgs besucht habe. Es wäre »kein Wunder«, meinte er, wenn sie nun vermutlich »auf äußerste Zurückgezogenheit Wert legen«[124] würden. Diana gegenüber, die die Bankiersfamilie persönlich kannte, deutete er die »höchst unangenehme Lage«[125] an, in der sich »nach allem« selbst diese jetzt befände. Laut Ingrid Warburgs Erinnerungen hat Trott ihrem Vater damals die Auswanderung nahegelegt, dieser habe jedoch solchen Warnungen keinen Glauben geschenkt und auf »die lange und tiefe Verbundenheit der Warburgs mit Hamburg und Deutschland« verwiesen.[126] Trott hatte schon im Sommer Julie Braun und Hertha Vogelstein zur Emigation zu überreden versucht: »Sie brauchen freiere Winde, sorglosere Himmel und freundlichere Nachbarschaft.«[127] Jetzt im Herbst verließen sie Deutschland zunächst in Richtung Frankreich, begleitet von Hasso von Seebach, den Julie Braun nach dem Verlust seiner Stelle bei *United Press* als Sekretär in ihr Haus aufgenommen hatte. Auch J. P. Mayer rang sich im Sommer schweren Herzens zu dem Entschluß durch, Anfang 1936 zu emigieren. Ungeachtet einer vorangegangenen Verstimmung wegen Mayers offensichtlich mißliebigen Auftretens bei seinen Freunden in England[128] erfaßte Trott ein tiefes Mitgefühl für diesen Mann, dessen Begabungen so ungenutzt geblieben waren und der sich nach Einführung des Arier-Paragraphen im Buchhandel und für Literaten gezwungen sah, Deutschland den Rücken zu kehren.[129]

Trott hatte für sich und Hans Siebert in Hamburg günstige Zimmer in der Magdalenenstraße gefunden. Das war wichtig gewesen, da er sein ohnehin nicht sehr üppiges Monatsgeld mit letzterem teilte. Die Finanznöte konnte eine Geldsumme, die Julie Braun für Siebert zur Verfügung stellte, etwas lindern. Dennoch mußte Trott, so schwer es ihm fiel, seinen Vater um Aufstockung und seine Mutter um Lebensmittel und dann auch um warme Kleidung für seinen Schützling angehen. Siebert nahm an einem Handelskorrespondenzkurs teil, fand allerdings an dem »Kaufmannsstoff keinen reinen Gefallen«, während Trott meinte, daß er dort »ganz nützliche Sachen lernte«.[130] Über Siebert schrieb Trott mit viel Sympathie und Wertschätzung; von einer »engen Freundschaft«[131] zwischen beiden kann jedoch, anders als behauptet, keine Rede sein. Dazu erscheint Siebert in seinen Briefen an Trott zu sehr in der Rolle als dessen Schutzbefohlener, fühlte sich ihm zu unterlegen, auch wenn dieser ihn die materielle Abhängigkeit offenbar nicht spüren ließ. Obwohl jeder seine eigenen Wege ging, versuchte Trott mit einem gemeinsamen Programm in Philosophie und Ökonomie, Siebert wieder an eine regelmäßige geistige Arbeit heranzuführen. Das fiel diesem nach drei Jahren ohne jegliche Lektüre im Zuchthaus und KZ schwer, und er gestand Trott: »Ich fühle mich immer wie ein junges Pferd im Geschirr, das den Pflug ziehen soll und doch lieber auf der Weide sein möchte.«[132] Trotzdem bewertete Siebert in der folgenden Zeit ihre Hamburger Gespräche positiv, ja vermißte diese Zusammenarbeit, so daß sie kaum als »politische Umerziehung« aufgefaßt werden kann.[133]

Shiela Grant Duff, die zwischenzeitlich als Journalistin im Pariser Büro der *Chicago Daily News* gearbeitet hatte, kam Trott auf der Durchreise in Hamburg besuchen. Mit ihr zusammen folgte er einer schon lange ausgesprochenen Einladung Graf Bernstorffs nach Stintenburg, malerisch auf einer Insel im Schaalsee an der holsteinisch-mecklenburgischen Grenze gelegen. Als weitere Gäste trafen sie dort Basil Newton, den Gesandten an der britischen Botschaft in Berlin, sowie einen laut Trott »besonders interessanten englischen Schriftsteller, der gegenwärtig ein Buch über Hindenburg schreibt«[134]. Dieser war John Wheeler-Bennett, Mitarbeiter am Londoner *Royal Institute of International Affairs*, dem Trott wiederbegegnen sollte. Während eines anderen Ausflugs, den Trott mit der Freundin nach Travemünde an der Ostsee unternahm, geriet sein Privatleben unerwartet in Turbulenzen. Als die Freundin ihm von ihrer Absicht erzählte, Goronwy Rees zu heiraten, fühlte sich Trott, der daran nicht glauben wollte, herausgefordert, ihr spontan durch einen Heiratsantrag seine Liebe zu erklären. Davon völlig überrascht, blieb Shiela unbeirrt und wies ihn ab.[135] Im ersten Brief nach ihrer Abreise schrieb sie ihm aus Paris. »Ich weiß, wenn ich Dir Freundschaft statt Liebe anbiete, dann ist dies etwas, um das Du nicht gebeten hast und ich damit etwas ablehne, was eine Ehre wäre, anzunehmen, aber Liebling Adam, laß mich Dir das geben, was ich zu geben habe, und das ist eine tiefe Zuneigung zu Dir, der wirkliche Wunsch, […] immer ein warmes und beständiges Element in Deinem Leben zu bilden.«[136] Trott bedauerte schon bald, von »dieser tyrannischen Kategorie einer Heirat«[137], solchen »stark bindenden Begriffen wie Liebe und Heirat«[138], gesprochen zu haben, irritierte Shiela jedoch durch Briefe, die unverändert seine Liebe zu ihr ausdrückten. Schrieb er ihr aber nicht, dann fühlte sie sich unglücklich und verloren.[139] Beiden fiel es sichtlich schwer, mit der neu entstandenen Situation umzugehen. »Hier ist es jetzt neblig und kalt, und ich bin mißmutig und erkältet«, beschrieb Trott seine Stimmung Ende September bei Shielas Abreise. »Ein jeder hat diese Zeiten, wo alle Freunde zu versagen scheinen […]. Sie sind eine Prüfung, ob man auch allein auskommen kann – das muß man!«[140] versicherte er Diana.

Seine persönlichen Beziehungen zu Menschen pflegte Adam von Trott diskret zu behandeln. In diesem Fall hat er sich ausnahmsweise seiner Mutter anvertraut, wenn auch nur in knappen Worten. Die Mutter antwortete ebenso einfühlsam wie weitsichtig: »Es tut mir sehr leid, daß Du diesen Kummer durchmachen mußt, aber ich habe das sichere Gefühl, daß Shiela recht hat. Ich bin überzeugt, daß ihre Freundschaft sehr wertvoll für Dich ist, und hoffe, daß sie nicht gestört wurde. Aber Deine Lebensarbeit wird ohnehin alles andere als leicht sein, und daher hoffe ich, daß Du eines Tages eine Frau finden wirst, die mit Dir in allem übereinstimmt. Euch beide würde es zermürben, den gemeinsamen Standpunkt jeweils erst erkämpfen zu müssen. […] Ich freue mich, daß Du es mir gesagt hast und denke sehr an Dich.«[141] Wie unterschiedlich er und Shiela dachten, darüber täuschte sich Trott nun nicht mehr[142], aber offenbar noch darüber, daß sie nie in Deutschland würde leben wollen, und schon gar nicht unter dem Nazi-Regime. Das Beispiel einer Ausländerin vor Augen, die sich davon nicht hatte abschrecken lassen, könnte in ihm entsprechende Hoffnungen erweckt haben. Über Ingrid Warburg hatte er in Hamburg Peter Bielenberg, den Sohn eines dortigen Rechtsanwalts und Rechtsreferendar wie er, kennengelernt und sich mit ihm angefreundet. Dessen Frau, die Engländerin Christabel geb. Burton, lebte ihrem Mann zuliebe im Reich Hitlers.[143]

Da Trott wußte, daß Diana allein schon die Nachricht von Shielas Besuch in Hamburg gepeinigt hatte, wollte er ihr die Veränderung so schonend wie möglich nahebringen und teilte Diana zunächst nur mit, daß er eine andere Frau liebe, aber nicht wen.[144] Shiela glaubte indes, ihrer Freundin nicht vorenthalten zu können, daß sie selbst die Betreffende war. Diana erschien das Ganze wie ein Alptraum, und sie erklärte Trott mehrmals, sie möchte am liebsten sterben. Es brachte sie aus der

Fassung, daß Shiela »nun das einzige besitzt, was ich mir in der Welt am meisten wünsche: Deine Liebe – und sie will sie nicht«. Aber natürlich sei Shiela geschmeichelt, meinte Diana, »daß ein solcher Mann wie Du sie liebt«[145]. Trott mußte Diana versprechen, die Freundschaft mit ihr aufrechtzuerhalten und ihr weiterhin zu schreiben, da seine Briefe ihr so viel bedeuteten. Während sie Shiela zu verstehen gab, wie viel diese noch über ihn lernen müsse,[146] zeigte sie selbst ihm gerne, wie gut sie ihn kannte. Als Trott etwa ihre positive Meinung von seiner Eignung als Jurist in Zweifel zog, widersprach Diana ihm. Er würde, davon sei sie überzeugt, einen ausgezeichneten Anwalt abgeben, denn er verfüge über »soziales Empfinden« ebenso wie über »das Talent, mit allen Arten von Menschen umzugehen und ihre Probleme zu erkennen«. Er müsse allenfalls »weitschweifige und überkomplizierte Erklärungen vermeiden«, aber das sei nur eine Frage des Stils. Entgegen manchen kritischen (Oxforder) Stimmen, die ihn für einen reinen Theoretiker hielten, der die Gelegenheit zum Handeln nicht ergreifen würde, sei sie »stets der Ansicht gewesen und werde dies auch bleiben«, daß er sich im Falle sinnvoller Möglichkeiten als »höchst effektiver Mann der Tat« erweisen würde.[147]

Hamburg, seinem Eindruck nach »eine freiere, menschlich kräftigere Stadt als Berlin«[148], gefiel Trott »ausgezeichnet«[149]. In seiner Freizeit hielt er sich gern an der Alster auf, bewunderte die Impressionisten in der Kunsthalle, und mit Vergnügen schilderte er Shiela das Treiben auf der Reeperbahn in St. Pauli. Bei einer Hafenrundfahrt mit dem Motorboot der Deutschen Levante faszinierte ihn die Vorstellung, welche enorme Arbeit Menschen in einem solchen Hafen ständig schulterten. Die Abende verbrachte er oft gesellig. Er war bei seinem Direktor eingeladen und bald bei weiteren alten Hamburger Familien eingeführt, traf bei solchen Gesellschaften verschiedentlich auch Bekannte seiner Mutter aus der Vorkriegszeit. »Man kommt hier leichter in Kontakt als in Berlin, und es herrscht im allgemeinen ein höherer Standard an Geschmack, Bildung und politischem Urteil«[150], schrieb Trott nach Hause. »Es besteht nur ein wenig die Gefahr, daß ich zu viel nette Menschen kennenlerne. Wenn es mir aber gelänge, dadurch etwas für eine zukünftige Beschäftigung in dieser Stadt zu finden, so wäre das ein größerer Gewinn als Verlust.«[151] Dazu reichten allerdings die wenigen Wochen seines Hierseins, wie er bald merkte, kaum aus.

Eine berufliche Aussicht eröffnete sich damals für Trott, allerdings in einem mißlichen Zusammenhang. Bernhard Buhl, Syndikus des IG-Farben-Konzerns in Frankfurt am Main, war durch einen Bekannten auf Trott aufmerksam gemacht worden und hatte den Wunsch geäußert, ihn kennenzulernen, und zwar, wie Trott indirekt erfuhr, um ihn »eventuell für eine spätere Tätigkeit zu gewinnen«. Zugleich aber hegte der Sohn Buhls die Absicht, sich um ein Rhodes-Stipendium zu bewerben. Er werde, teilte Trott seinem Vater mit, Buhl »sagen, daß die eventuelle Auswahl seines Sohnes eine Tätigkeit in der I.G. für mich begreiflicherweise in näherer Zukunft unmöglich machen würde«[152]. Das Gespräch mit Buhl Ende November in Berlin verlief wohl daraufhin »unverbindlich und etwas kühl«[153]; ein weiteres Treffen in Frankfurt wurde jedoch in Aussicht genommen.

Von Hamburg aus fuhr Trott mehrmals nach Berlin und absolvierte, wie für ihn typisch, an diesen Wochenenden stets ein vollgestopftes Programm: Es galt die Vor- und Endauswahl der Rhodes-Kandidaten und andere Rhodes-Angelegenheiten zu erledigen, diversen Verabredungen mit Freunden, Bekannten und Verwandten zu folgen sowie an der Hochzeit Gerda von Wangenheims teilzunehmen. Mit Hans von Dohnanyi, Büroleiter des Reichsjustizministers Franz Gürtner, sprach er über die möglichen Auswirkungen seines Kasseler Schulungszeugnisses. Auch besuchte er »seine« Rechtsanwälte, deren Kanzlei einen schweren Schlag erlitten hatte. Den Mitgliedern der Familie von Simson und Wolff war aufgrund der Nürnberger Gesetze das Notariat entzogen worden, drei Jahre später gefolgt von der Rücknahme ihrer Zulassung als Anwälte.

Längst hatte die NS-Diktatur das abgeschiedene Imshäuser Tal erreicht. So führte die Ungezogenheit eines halbwüchsigen Jungen, der eine Zeitlang mit der jüngsten Schwester Ello zusammen unterrichtet wurde, im Januar 1935 zu Verhören und weiteren Scherereien. Auch Eleonore von Trott war zur selben Zeit wegen einer nach ihren Worten »wahren, aber unvorsichtigen Äußerung«[154] denunziert worden und kam nur dank der Fürsprache des Landrats ungestraft davon. Dies hinderte sie aber nicht, im März die Verbreitung des »Wortes« der Dahlemer Bekenntnissynode zu unterstützen, in dem die »rassisch-völkische Weltanschauung« als »Wahnglaube und Antichristentum« verurteilt und der Totalitätsanspruch des Staates abgelehnt wurde.[155] Sie teilte Adam mit, daß Gendarmen verboten hätten, diese Erklärung, wie von der Synode beschlossen, in der Kirche zu verlesen. In ganz Preußen wurden damals 700 Pfarrer verhaftet, die sich an die Kanzelabkündigung hielten. Nachdem am 15. September die Hakenkreuzfahne zur Reichs- und Nationalflagge erhoben worden war, machte sich Eleonore von Trott über die vorgeschriebene Beflaggung Sorgen und wandte sich – bewußt auf englisch – an Adam um Rat, da die Konsequenzen einer Nichtbefolgung ihn härter treffen würden als die Eltern. »Vielleicht müssen wir die Tatsache akzeptieren«, meinte sie, »daß die Nationalflagge nicht mehr die Bedeutung hat wie bislang, nämlich absolute Loyalität zu einer Idee.«[156] Der Sohn antwortete gewollt beiläufig, daß »die Beflaggung von Privathäusern mit schwarzweiß-rot auch weiterhin nicht verboten und behindert sein soll«[157]. Aus nicht mehr ersichtlichem Anlaß drohte der Familie im November eine Hausdurchsuchung. Trott versuchte seine Mutter – ebenfalls auf englisch – mit der Feststellung zu beruhigen, daß jetzt »jeder angesehene Bürger sich das eine oder andere Mal durchsuchen lassen« müsse. Was seine Bibliothek angehe, so befänden sich allerdings etliche Bücher darunter, deren Verlust er »sehr bedauern« würde. Sie möge daher die Bücher »erkennbar jüdischen oder marxistischen Ursprungs beiseite schaffen, aber bitte gut auf sie aufpassen«, da sie – fügte er in Richtung Zensor hinzu – »für jeden nützlich seien, der ernsthaft an ihrer Widerlegung interessiert ist«.[158] Zu der Durchsuchung scheint es jedoch nicht gekommen zu sein.

Eleonore von Trott berichtete ihrem Sohn auch von den jüngsten Erlebnissen Veras in Berlin. Vera hatte am letzten Oktobersonntag einen »sehr ernsten Gottesdienst« mit dem engagierten Bekenntnis-Pfarrer Martin Niemöller erlebt, in dem dieser die kirchliche Lage »schwärzer als je« bezeichnet habe. Am darauffolgenden Sonntag sei der Gottesdienst Niemöllers in der Dahlemer Jesus-Christus-Kirche verboten worden. Der ganze Platz sei voller Menschen gewesen, die nicht in die verschlossene Kirche eingelassen wurden. Niemöller habe sie »nach einem gemeinsamen Vaterunser im Freien entlassen«. Die Eindrücke Veras von diesem Pfarrer gab Eleonore von Trott auf englisch wieder: »She says N. is splendid. A physical wreck – overworked but spiritually wonderful and courageous.«[159]

Einem Brief an Gustav Ecke nach Peking legte Adam von Trott im Dezember 1935 die zwei Seiten seines einzigen literarischen Versuchs, »Ein böser Traum«[160], mit den Worten bei: »Mehr als dieses und jenes sagt Ihnen über uns vielleicht das kleine Blatt; es ist ein Traum, den ich fast genauso neulich hatte.«[161] Als Leser E.T.A. Hoffmanns, Jean Pauls, Dostojevskijs, Kafkas u.a. kannte Trott die außerordentliche Bedeutung des Traums in der Literatur, wußte von dessen unbegrenzten Ausdrucksmöglichkeiten. Ohne den genannten Autoren nacheifern zu wollen, hat es ihn offensichtlich gereizt, seinen ungewöhnlichen Traum oder Alptraum in literarischer Form festzuhalten. Viel Handlung gibt es darin nicht: Unifomierte junge Männer, unter ihnen der Ich-Erzähler, marschieren am frühen Morgen aus, um sich, wie es heißt, »eine Hinrichtung anzusehen«. Als sie ihr Ziel, unansehnliche Baracken voller Sträflinge, erreichen, spielt sich vor ihren Augen eine ekelerregende Szene ab: Zwei Henker, auch sie in Sträflingskleidung, saugen an Flaschen mit Menschenblut. Die Hinrichtung aber findet nicht statt, denn der Traum bricht vorher ab. Der Text lebt stark von der eingefangenen Atmosphäre. Man sieht eine »schmutzige Straße« und »schmutziggrün« uniformierte junge Männer, man hört das »Schürfen« der Nagelstiefel auf dem Schotter, »gellende« Stimmen, auch »schadenfrohes« Lachen. Die Natur wirkt abweisend: Es geht entlang an »grauen und naßkalten Äckern zwischen ausgeworfenen Gräben«, die Bäume sind kahl, und der Himmel bleibt auf einen »hellen Streifen am Horizont« reduziert, der dann wie feindselig »gelb zu glühen« anfängt. Eine hohe Mauer gewinnt zunehmend an Dominanz. Die Trostlosigkeit wird schließlich vom Ekel übertroffen: Leichenteile schwimmen in grünlicher Flüssigkeit, und die Henker würgen und schmatzen Blut, Bilder der Enthemmung und Entmenschlichung.

So grotesk diese Erzählung auf der irrealen Ebene des Traumes in manchem auch erscheint, die Vorführung einer Welt der Unfreiheit und verbrecherischen Energie stand, wie bereits der Hinweis des Verfassers an Ecke zeigt, in absichtsvoller Beziehung zur damaligen deutschen Gegenwart. Manifestiert wurde diese Absicht im Text auch durch die Verwendung der Verszeile »Ganz Deutschland lag in Schmach und Schmerz«. Trott, von dem vielfach belegt ist, daß er ein guter und begeisterter Sänger war, läßt im »bösen Traum« die jungen Männer beim Marschieren singen. Zwei Lieder werden erwähnt, beide nehmen auf sehr unterschiedliche Weise das Thema Hinrichtung auf. Das erste Lied »Es geht bei gedämpfter Trommel Klang« (nach einem Text von Adelbert von Chamisso) handelt von einer Freundschaftstragödie, der Freund muß den Freund erschießen. Dieses Lied wird in der Erzählung von allen gesungen. Das zweite Lied »Zu Mantua in Banden« (nach einem Text von Julius Mosen) aber singen »die anderen nicht richtig mit«. Daher muß der Ich-Erzähler das Lied über die Hinrichtung Andreas Hofers – lange Zeit der Inbegriff eines Freiheitskämpfers – allein singen. Mit dem Kunstgriff einer eingefügten Nebensächlichkeit lenkt Trott die Aufmerksamkeit auf die oben genannte Zeile: »Ich machte auch, wie ich es von einem Gesangverein gehört hatte, nach ›Ganz Deutschland‹ und vor ›lag in Schmach und Schmerz‹ eine richtige Zäsur, nach der man etwas leiser weitersingt«. Das spätere Geschehen sollte die Traumerzählung auf beklemmende Weise bestätigen: Ende 1935 konnte der Verfasser noch nicht wissen, welche maßlose Bedeutung Uniformen und Sträflingsbaracken erhalten werden und zu welcher Enthemmung und Entmenschlichung das NS-Regime fähig sein wird. Und er konnte auch noch nicht wissen, daß er die Hinrichtung, die im Traum nicht mehr vorkam, in der Realität wird erleben müssen – seine eigene.

Im Januar 1936 stand Adam von Trott der unangenehmste Teil seiner juristischen Ausbildung bevor, das von den Nationalsozialisten eingeführte Referendarlager, eine Kombination aus politisch-ideologischem und sportlichem Drill. Der quälende Gedanke daran dürfte auch in seinen »bösen Traum« mit eingegangen sein. Vor dem Antritt der achtwöchigen Lagerzeit wollte er unbedingt Shiela wiedersehen und die Mißverständnisse beseitigen, die sich brieflich zwischen ihnen immer weiter verworren hatten. Seiner Mutter, die er in seinen Plan einweihte, erklärte Trott, er sei zwar zu der Einsicht gelangt, daß Shielas Nein richtig gewesen sei, aber das entstandene Mißtrauen belaste seinen inneren Frieden. So beantragte er kurzerhand beim hessischen Oberlandesgerichtspräsidenten einen Aufschub seiner Einberufung ins Lager und begründete dies mit der Möglichkeit zum Besuch der Londoner Agentur der Deutschen Levante-Linie, der ihm »Einblick in die überseeische Geschäftsorganisation einer deutschen Reederei«[162] verschaffen würde. Dieser Grund mag nicht nur vorgeschoben gewesen sein, denn Trott wollte den privaten Anlaß noch mit weiteren, ihm wichtigen Zwecken verbinden. Er wünschte die vielgerühmte große Ausstellung chinesischer Kunst in London zu sehen und den Oxforder Mäzen Henry N. Spalding zu treffen, der angeboten hatte, einen Teil seiner Chinareise zu finanzieren. »Um ein Haar«[163] hätte Trott den Kurztrip per Schiff nach England tatsächlich angetreten, doch besann er sich in letzter Minute der Unvernunft, ohne Genehmigung das Land zu verlassen, und brach statt dessen am 12. Januar in das Neue Lager auf, nahe der märkischen Kleinstadt Jüterbog gelegen. Es mochte ihn trösten, daß Shiela seine Absage bedauerte: »Der Gedanke an das Zusammensein mit Dir machte mir klar, [...] wie gerne ich Dich habe, und ich mich sehne, Dich zu sehen. [...] Schreibe mir oft.«[164]

Das Lagerleben, das er Ecke als »unflätig und halbakademisch«[165] vorstellte, fand Trott gewöhnungsbedürftig, vor allem die Unterbringung von 28 Mann in einer Stube, mit denen er nun acht Wochen lang Tag und Nacht in verschiedener Form ständig zusammen war. Das »ohrenbetäubende Schnarchen« und ein viel zu kurzes Bett – Trott war der Längste unter den insgesamt einigen Hundert – störten seinen Schlaf.[166] Zumindest hatte er in Günther Vohl, einem einstigen Ko-Alumnen aus Hannoversch Münden, und Heinrich Kohlstädt, einem »netten Referendar aus Schlüchtern«[167], angenehme Bettnachbarn. Neben Vorträgen »über die neue Gesetzgebung und allgemeine Ideen« (d. h. die NS-Ideologie) wurden die jungen Männer mit Lagerdienst, langen Märschen und sport-

Im Referendarlager (vorne links)

lichem Training »fast ununterbrochen in Bewegung gehalten«[168]. Letzteres diente dem vorgeschriebenen Ziel des SA-Sportabzeichens. Einige der sportlichen Leistungsprüfungen bestand Trott als sechster unter 56 seines Zuges. Der Aufenthalt im Freien tat ihm gut. Nachdem er »während des ganzen letzten Jahres aus einem Zustand überanstrengter Nerven- und Körperkräfte kaum herausgekommen« sei, teilte er Julie Braun mit, genieße er »die angestrengte Bewegung in der frischen Luft« sowie »den harten Rahmen, der hier allen Sorgen gesetzt ist«[169]. Die Freizeit war äußerst knapp, und auch dann hockte man dicht aufeinander: »Die Hälfte spielt Karten oder schreibt Briefe, die andere schwatzt und versucht das Radio zu übergrölen.«[170]

Wenn irgend möglich wandte sich Trott seinen mitgebrachten Büchern zu. Dies waren die nach seinem Urteil »ausgezeichnete Geschichte Deutschlands im 19. Jahrhundert«[171] des bald verfemten Historikers

Franz Schnabel[172] sowie dessen Biographie des Freiherrn vom Stein[173], mit dem er sich seit einiger Zeit beschäftigte. Im Freiherrn vom Stein erblickte Trott »ein noch besseres politisches Vorbild als Heinrich von Kleist«, da er »im Gegensatz zu diesem fest in seiner zerrissenen Zeit stand«. Vor allem aber wirkten Steins »Abfertigung eines subalternen politischen Zynismus« sowie »sein Vertrauen auf noch unsichtbare Schichten, die er durch seine Reformwerk mobilisieren wollte« anziehend auf ihn.

Seinen Kameraden stand Adam von Trott nicht ablehnend oder verständnislos gegenüber. In einer kurzen Betrachtung, die möglicherweise für das Lagerbuch bestimmt war, charakterisiert er die gleichaltrigen Lagergefährten als »Zwischengeneration«, die »noch nicht Soldaten des Weltkriegs« waren, aber auch nicht schon der »neuen bewegten Jugend« zugehörten. Abgesehen von manchen »Griesgrämigen« oder »Mitläufern« sei ihnen eine »unaufdringliche Sicherheit« eigen, die sich in ihrer »Skepsis und Spottlust« ebenso äußere wie in ihrem Ernst, sobald sie in den »Bannkreis echter, sachgebundener Arbeit« gerieten.[174]

Nach vier Wochen Kasernierung wurde den Referendaren der erste Sonntagsausgang gewährt. Sie säumten nicht, sich in Jüterbog zu vergnügen. In einem vollbesetzten Tanzcafé ließ sich Trott von seinen langen Stiefeln nicht am Walzer- und Tango-Tanzen hindern, und in einer Kneipe schloß er Freundschaft mit zwei jungen Klempnern, von denen der eine ihn fürsorglich vor politischen Äußerungen in Lokalen warnte.

Das Abgesperrtsein von der Welt machte Trott auf Dauer sehr zu schaffen. Er entbehrte die gewohnte Lektüre der hier natürlich verpönten englischen Zeitungen und Zeitschriften. Hinzu kam seine schwere Sorge um Hans Siebert, von dessen erneuter Verhaftung er Ende Januar erfahren hatte. Vom Lager aus konnte er nicht mehr für ihn tun, als Pfarrer Schafft zu schreiben, der Siebert gut kannte, und außerdem seine Mutter zu bitten, mit dem Gefängnispfarrer in Kontakt zu treten. Den zweiten Ausgangssonntag Anfang März nutzte Trott zu einem Ausflug in die Umgebung, zusammen mit dem »besonders netten Nostitz«[175], den er zuletzt in Cambridge gesehen und jetzt im Lager wiedergetroffen hatte. Ihr Ziel war Schloß Wiepersdorf, südöstlich von Jüterbog. Dort hatte einst der Dichter Achim von Arnim gelebt, mit dessen Nachfahren die Familie von Trott entfernt verwandt war. »Vorigen Sonntag war ich in Wiepersdorf, einem reizenden, wenn auch etwas heruntergekommenen Landsitz«, berichtete Trott seinem Vater. »Viele Erinnerungen an den Dichter und die ihm befreundeten Romantiker, ein sehr gut angelegter Park, eine kleine Orangerie und eine prächtige kleine Freitreppe – all dies vor dem märkischen Hintergrund etwas überraschend. Die Großmutter

Im Referendarlager (Mitte)

Arnim […] empfing Nostitz und mich sehr freundlich.«[176] Vom Lager aber, das, wie er fand, auf seine Moral drückte, hatte Trott »die Nase voll«[177] und war glücklich, es am 6. März verlassen zu können.

Es kam noch zu einer Art Nachspiel. In der Lagerbibliothek war Trott mit Georg Basner, einem der Schulungsleute, ins Gespräch gekommen. Dieser arbeitete an einem Drama über den schwedischen König Karl XII., »Der Thron im Nebel«[178], und war erfreut, in Trott einen Literaturkenner zu finden, bei dem er sich Rat für sein Werk holen konnte. Ob nun aus Sympathie für diesen Mann, den er vielleicht nachdenklich stimmen wollte, oder aus Neugier, wie er einen solchen Text aufnehmen würde, jedenfalls schickte ihm Trott einige Wochen später mit seinem Beitrag für das Lagerbuch den »bösen Traum«. Sein Erschrecken versuchte Basner mit Humor zu überdecken: »Ja, lieber Trott, haben Sie sich da einen tollen Spaß mit sich geleistet oder was? Nach diesen Visionen müßte man für den Schreiber fürchten. […] Was soll denn der Kleist oder der E.T.A. Hoffmann dazu sagen?« Wohl weil Basner die weitere literarische Beratung des »Kameraden Trott« nicht missen wollte, ging die Sache glimpflich ab: »Ich schicke es Ihnen wieder, obgleich ich mir nicht einmal eine Abschrift machte, ich will es lieber lassen.«[179]

Anfang Januar waren die Brüder Werner und Adam von Trott »wie kaum zuvor in Ablehnung und Zerwürfnis«[180] voneinander geschieden. Die gemeinsame negative Einstellung zum NS-Regime reichte auf Dauer als einende Basis nicht aus. Auch ihr neuerliches Zusammentreffen nach der Rückkehr Adams aus dem Lager bestätigte nur die Unvereinbarkeit ihrer Ansichten. Sein Bruder halte »Zuversichtlichkeit für nichts als Selbstbetrug«, schrieb Adam im März an Gustav Ecke, während ihm selbst diese »pessimistische Resignation durchaus fremd« sei. Werners »Lebensphilosophie« sei jetzt, »die Stadt für immer zu verlassen, wenn möglich ein Bauernmädchen zu heiraten und mit ihr seine Kinder wie Bauern aufzuziehen«. Er (Adam) hingegen »glaube nicht an das Heil und die Unangefochtenheit des Lebens auf dem Lande«.[181] Ausgehend davon, was ihn vom älteren Bruder trennte, legte Adam von Trott Ecke in seltener Offenheit seine eigenen Anschauungen dar. Die Weltsicht Werners, erklärte er, sei zwar »achtenswert und lauter, aber doch auch wild und verworren«. Sie stoße »nie zu unvermitteltem Sehen und Sagen durch«, resigniere »an falscher Stelle« und kompensiere »die Verderblichkeit der Umwelt mit eigener Haltlosigkeit«. Was ihn betreffe, so sei sein »Widerstand gegen die Düsterkeit« des Bruders allerdings »nicht so sicher und heiter, wie er sein sollte«. Dennoch hätten »Leben und Kunst so viel echte Freude, Trost und Kraft, daß die Welt trotz allen Untergangs früherer Träume über sie schön« bleibe. Zudem weigere er sich einfach, »in der Geschichte eines besonderen Landes fest gefangen zu werden. [...] Mein Schicksal von dem zufälligen Hineingeraten in diese oder jene Zeittendenz bestimmen zu lassen, schiene mir eine unerlaubte Passivität.«[182] Dieses Selbstbekenntnis des 26jährigen Trott macht erneut deutlich, daß er es nicht akzeptieren konnte, sich sein Leben von außen diktieren und vergällen zu lassen. Wie er sich aber aus der »Gefangenschaft« lösen und zur Überwindung »jener Zeittendenz« beitragen könnte, war für ihn noch eine offene Frage. Resignation und Passivität wollte er sich auf keinen Fall erlauben.

Seinen jüngeren Bruder Heinrich sah Adam von Trott nur selten, wechselte mit ihm aber in diesen Jahren lange und freundschaftliche Briefe. »Die größte Freude hat mir das gemacht, was Du mir über Kleist und Novalis gesagt hast«, schrieb der 17jährige an Adam. Denn er wolle wie Novalis »sans phrase leben«, auf der Grundlage »einer eigenen, selbst erarbeiteten Einstellung zu Welt«[183]. Da im Frühjahr 1936 Heinrichs Abitur bevorstand, war Adam bemüht, dem Bruder hinsichtlich seiner Zukunft zu eigenen Entscheidungen zu verhelfen. Im Blick auf die politischen Verhältnisse machte er ihm auch klar, daß er mit dem Entschluß für einen Weg der »bewußten und persönlichen Auseinandersetzung«

eine große Last auf sich nähme, freilich »weniger von seiner inneren Selbständigkeit aufgeben«[184] müsse. Für die Zeit zwischen dem Abitur und Heinrichs Einsatz im obligatorischen Reichsarbeitsdienst empfahl Adam einen Aufenthalt in England, aber möglichst nicht als Stipendiat. Denn als solcher würde Heinrich »ständig unter enger politischer Beobachtung stehen«, was ihn auch hindern würde, »die richtige Art von Leuten kennenzulernen«[185]. Vorzuziehen sei eine Hospitation in der British Salem School im schottischen Gordonstoun (deren Gründer und Leiter, Kurt Hahn, er persönlich kannte). Als hilfreicher erwies sich Adams Unterstützung in der Berufsfrage, da es ihm gelang, den Vater von der Offizierslaufbahn für Heinrich abzubringen, die dieser auf keinen Fall einzuschlagen wünschte.[186] Der jüngste Sohn entschied sich schließlich für die Forstwirtschaft; der Einsatz beim Militär sollte ihm jedoch nicht erspart bleiben.

Nach kurzen Aufenthalten in Berlin und Imshausen fuhr Trott am 13. März nach Göttingen, um sich dort für die nächsten Monate niederzulassen. Am Oberlandesgericht in Kassel, seiner letzten Referendarstation, wurde er zwar mit viel Arbeit eingedeckt, sie erforderte aber nicht seine tägliche Anwesenheit. So konnte er sich außerdem bei einem Repetitor in Göttingen, den ihm Lagerkollegen bestens empfohlen hatten, auf sein Assessorexamen vorbereiten. »Der Repetitor versteht es sehr gut, meine Lücken zu finden und sie planmäßig auszufüllen«[187], berichtete Trott seinem Vater.

In Göttingen wohnte er jetzt wieder in der gleichen Pension im Stegemühlenweg wie damals 1930 mit Miriam Dyer-Bennet und Franz Golffing. Nur sechs Jahre waren seither vergangen, aber wie sehr hatten sich die Lebensbedingungen verändert. Dies spiegelt sich auf besondere Weise in den Schicksalen von Trotts damaligem Freundes- und Bekanntenkreis wider. Der für ihn einst wichtige Professor Moritz Geiger war nach seiner Zwangsemeritierung 1933 in die USA emigriert und starb bereits vier Jahre später. Golffing, der in England nicht hatte Fuß fassen können, war vorübergehend nach Wien zurückgekehrt und floh dann vor den Nazis in die USA. Klaus Ziegler war 1933 wegen seiner Zugehörigkeit zum Sozialistischen Studentenbund vom Studium ausgeschlossen worden und mußte sich, zudem an einem Nervenleiden laborierend, mehrere Jahre mit fachlichen Gelegenheitsarbeiten irgendwie durchbringen. (Trott konnte ihm 1936 einen wissenschaftlichen Auftrag aus England sowie eine Geldzuwendung von der Vogelstein-Stiftung vermitteln.) Clemens Lugowski traf Trott noch in Göttingen als Privatdozent an. Ihre Freundschaft sollte aber bald verebben. Der schwerlebige Lugowski, der ihm im Februar 1933 geschrieben hatte: »Wenn Sie als alter Gewerkschaftler die gegenwärtige politische Entwicklung hier verfolgen, müssen Ihnen die Haare zu Berge stehen«[188], trat 1937 in die NSDAP ein, wurde Professor an der Universität Kiel und fiel 1942 an der Ostfront. In die Emigation gegangen waren Trotts Göttinger Bekannte Werner Brock und Helene Weyl. Sein Lernkamerad Alexander Werth war nach England übergesiedelt, nachdem er mit seinem jüdischen Stiefvater eine Haftzeit im Berliner Konzentrationslager Columbia-Haus überlebt hatte. Herbert Kraus, beider Doktorvater, den Trott 1936 noch in Göttingen besuchte, wurde zum Ende des folgenden Jahres zwangsweise seines Professorenamts enthoben und verließ die Stadt.

Blickt man auf Trotts Freundes- und Bekanntenkreis über Göttingen hinaus, ergibt sich ein ähnliches Bild. J. P. Mayer emigrierte im Frühjahr 1936 mit Frau und Sohn nach England. Annie Noll, die Heidelberger Ärztin, hatte zu Trotts Bedauern Deutschland schon vorher mit diesem Ziel verlassen, und aus Ingrid Warburgs beabsichtigtem kurzen Aufenthalt in New York wurde ein ständiger. Jetzt in Göttingen erhielt Trott die Nachricht von der Verhaftung Hans Muhles. Er fuhr daraufhin sofort nach Berlin, um Muhles Frau Margit beizustehen und für einen geeigneten Rechtsanwalt zu sorgen. Dieser konnte erwirken, daß die Anklage wegen Hochverrats fallengelassen und Muhle aus Mangel an Beweisen freigesprochen wurde. Er blieb jedoch gefährdet, und nach zwei Jahren wanderte das Ehepaar Muhle in die USA aus. Julie Braun, Hertha Vogelstein und Hasso von Seebach brachen im März 1936 ins amerikanische Exil auf. Vor der Abreise aus Genua schrieb Hertha Vogelstein in ihrem Abschiedsbrief an Trott, daß er für sie »ein Stück zu Hause« sei. Sie sage dies nicht nur im Blick auf die vergangene, gemeinsam verbrachte Zeit am Erlenweg, sondern in der Hoffnung auf die Zukunft. »Sie sind für mich in Ihrem So-sein ein Versprechen dessen, was einmal verwirklicht werden soll.«[189]

Die Freundschaften und Bekanntschaften Trotts in Oxford waren zu stark vom steten persönlichen Umgang und mündlichen Austausch geprägt gewesen, als daß Korrespondenz diese hätte ersetzen können. Hinzu kam die entfremdende Wirkung der deutschen Verhältnisse, besonders die Barriere der Zensur. »Aus Deutschland werde ich nicht in der Lage sein, frei über die Dinge zu schreiben, die mich am allermeisten bewegen, aber ich hoffe, daß ich genug an persönlichem Vertrauen hinterlasse, auf das man dann zurückgreifen kann«[190], hatte Trott Isaiah Berlin mitgeteilt, bevor er 1933 nach Deutschland zurückgekehrt war. Eine Zeitlang, auch noch bei seinem England-Besuch im Mai 1935, schien sich diese Hoffnung zu bestätigen. Doch das Leben unter einer Diktatur war etlichen seiner Oxforder Zeitgenossen so wenig vorstellbar, daß im Laufe des gleichen Jahres allerhand Gerüchte über Trott als einem Nazi-Anhänger zu kursieren begannen und selbst Humayun Kabir in Kalkutta erreichten. Dieser reagierte erleichtert, als er von Trotts politischer Abstinenz erfuhr, und wollte »alle beiderseitigen Freunde darüber informieren«[191]. Die Nachricht von Trotts Aufenthalt im Referendarlager scheint den Oxforder Klatsch erneut angefacht zu haben. Ein solcher drückte aber nicht nur Mißtrauen gegenüber Trott aus, sondern rief umgekehrt auch sein eigenes hervor. Erst nach Monaten beantwortete er einen Brief Berlins, der als Beteiligter am Gerede galt, und schrieb ihm, daß man, »den Beweis, auf welche Freunde es wirklich ankommt«, wohl dem späteren Leben anheimstellen müsse. »Inmitten einer ziemlich feindseligen Umwelt« erfasse ihn jedoch manchmal »ein verrücktes Heimweh« nach jener Zeit in Oxford, »in der man ohne Beweise akzeptiert wurde«.[192] Auch Rowse hatte sich inzwischen von ihm zurückgezogen.

Zusätzlich zu seiner politischen Isolation erlebte Trott somit gleichzeitig den Verlust deutscher Gesinnungsgenossen sowie die räumliche oder auch vertrauensmäßige Entfernung englischer Freunde und Bekannter. Das war für ihn besonders bitter, da er dauerhafte Kontakte mit anderen für unverzichtbar für die eigene geistige Weiterentwicklung hielt. Seit Jahren sei ihm weitgehend die Möglichkeit versagt geblieben, klagte er im Sommer 1936, »im Austausch mit anwesenden und adäquaten Freunden Ideen zu entfalten und zu überprüfen«[193]. Eine solche Aussprache mit Freunden sei durch nichts zu ersetzen. In seinen letzten Lebensjahren und unter widrigsten Umständen sollte Trott dazu nochmals Gelegenheit haben.

Trott merkte bald, daß sich seine Arbeit am Kasseler Oberlandesgericht nicht so gut wie erhofft mit Göttingen als Wohnort vereinbaren ließ, und zog Anfang April nach Kassel in die Mozartstraße, nahe dem Aue-Park. Statt vom Repetitor ließ er sich nun insgeheim vom jüdischen Rechtsanwalt David Goldschmidt[194] den Examensstoff einpauken. Über den letzten Abschnitt seiner Gerichtstätigkeit hat Trott kaum etwas berichtet, mit der Ausnahme eines ihn tief berührenden Erlebnisses, als er Zeuge von Todesurteilen wurde: »Gestern hatte ich einen höchst dramatischen Strafgerichtsprozeß zu protokollieren. Es war sehr bewegend zu sehen, mit welcher Größe und würdigen Haltung die elf tapferen Männer ihrem Schicksal entgegentraten, was gelegentlich die Rollen des Dramas völlig zu verkehren schien. Das war eine harte Lektion, die ich hoffentlich niemals vergessen werde.«[195] In Kassel packte Trott nun auch das heiße Eisen des nachteiligen Zeugnisses an und kämpfte für dessen Berichtigung, da er glaubte, »schlimmstenfalls nicht mehr zu verlieren als durch dieses Verdikt«[196]. Nach unerfreulichen Auseinandersetzungen mit dem Schulungsleiter Kessler erreichte er tatsächlich, daß dieser ein teilweise geändertes Zeugnis abfaßte und es in seine Akte kam. Dennoch blieb die Sache für ihn mißlich, weil nach einer Verfügung des Oberlandesgerichtspräsidenten das alte Zeugnis nicht aus seiner Personalakte entfernt werden durfte.

Mitte Mai nahm Trott das erste und einzige Mal am Deutschen Juristentag teil, zu dem sich mehr als 15.000 »Rechtswahrer« – so die Bezeichnung der Nazis – in Leipzig versammelt hatten. Das Massenereignis begann mit einem Begrüßungsempfang durch den damals noch amtierenden Oberbürgermeister Carl Goerdeler. Trott hatte vor allem mit einigen jüngeren Professoren in Kontakt treten wollen, aber sie schienen ihm »verdächtig«[197], d. h. ideologisch infiziert. (Dennoch wandte er sich bald darauf an einen von ihnen, den ihm noch aus Göttingen bekannten Karl Larenz, nunmehr Professor in Kiel, um ihn nach seiner Einschätzung der Dozentenlaufbahn zu fragen. Dieser teilte ihm daraufhin mit, daß »die ideelle und materielle Stellung des Universitätsprofessors sich in den letzten Jahren ganz außerordentlich verschlechtert hat«[198].) Als positive Ausnahme nahm Trott auf dem Juristentag seinen Vetter Adalbert von Unruh wahr. Dieser war seit kurzem Professor für Öffentliches Recht an der Universität Frankfurt. »Im Gegensatz zu fast allen anderen hier« sei der Vetter »eine auf moralischen und religiösen Ideen fundierte Persönlichkeit«[199], schrieb er seiner Mutter und kündigte an, daß er ihn auf dem Rückweg nach Imshausen mitbringe. Trott wohnte in Leipzig bei Karl Friedrich Bonhoeffer – inzwischen als Professor für physikalische Chemie an die dortige Universität gewechselt –, den wiederzusehen er sich freute: »Es ist sehr schön, mit Bonhoeffers zusammen zu sein. Er ist ein hervorragender Wissenschaftler und dennoch so überaus menschlich und freundlich.«[200]

In Ermangelung anderer oppositioneller Kontakte unterhielt Trott in Kassel sogar Beziehungen zu einer kleinen Gruppe Bakuninscher Anarchisten.[201] Dies erfuhr Helmut Conrad, als er ihn im Juni 1936 besuchte. Nach langer Zeit sah Trott damals auch Tracy Strong wieder, der an einer Tagung des YMCA-Weltbundes in Kassel teilnahm und anschließend in Imshausen zu Gast war. Strong lud ihn und Conrad zu einem Essen im Rahmen der Tagung ein, wo sie Prinz Oskar Bernadotte begegneten, dem Bruder des schwedischen Königs und Präsidenten der YMCA seines Landes. Die Ansprache eines alten amerikanischen Geistlichen machte auf Trott besonderen Eindruck. Seine Gespräche mit Strong mögen ihn bestärkt haben, wenn er jetzt zu der Überzeugung gelangte, daß die christliche Ethik für die Wiederaufrichtung der zerstörten Würde des Individuums von entscheidender Bedeutung sei.[202]

Shiela Grant Duff reiste im Sommer 1936 nach Prag, um dort als Auslandskorrespondentin für den *Observer* tätig zu werden. Auf dem Weg machte sie zu Trotts Freude in Kassel Station. Während ihn die Arbeit am Gericht festhielt, beschäftigte sie sich in der Landesbibliothek – wo einst, wie ihr der Freund erzählt hatte, die Brüder Grimm Bibliothekare gewesen waren –, bis er sie zu einem Picknick im Park oder einer Ausfahrt abholte. Shiela hatte sich vor einigen Monaten von ihrer Illusion einer gemeinsamen Zukunft mit Goronwy Rees verabschieden müssen und war dankbar, daß Trott ihren Trennungsschmerz verstand. In diesen zwei Wochen kamen sie einander näher als je zuvor.[203] »Was kann ich sagen, was ich nicht schon gesagt oder gemeint habe, als ich Dich küßte?«[204], schrieb Shiela kurz nach ihrer Abreise an Trott. In ihren folgenden Briefen äußerte sie oft Sehnsucht nach seiner Gegenwart. Und auch er ließ es an derartigen Bekundungen nicht fehlen.

Eine Angelegenheit, die Trott 1936 über Wochen und Monate in Atem hielt, war der Fall seines Schützlings Hans Siebert. Aus Mangel an Beweisen für illegale politische Betätigung war er nach kurzer Haft im Februar wieder entlassen worden, stand aber jetzt unter scharfer Beobachtung der Gestapo. Daher bemühte sich Trott unverzüglich, alle nur möglichen Hebel in Bewegung zu setzen und weitgespannte Kontakte zu knüpfen, um »the boy«, wie er ihn mit Codenamen nannte, einen Weg in die Emigration zu ebnen. Mit ihm zusammen hatte er über England als Durchgangsstation hinaus drei Optionen entwickelt: Südafrika, Brasilien und die USA, wohin Siebert jeweils persönliche Verbindungen besaß. Da sich das Ganze naturgemäß hinzog, besorgte Trott für ihn eine Arbeit in einem Hamburger Betrieb, wo er zumindest den Augen der ihn verfolgenden Gestapobeamten entzogen war. Erschwert wurde dann alles noch dadurch, daß seine Freundin Li Monnard zwischenzeitlich auch verhaftet war und Siebert nicht ohne sie das Land verlassen wollte. Ende September schließlich gelang seine Ausreise nach England. Dort war Trotts Vorsorge nicht fruchtlos geblieben: Ursula Grant Duff, Shielas Mutter, nahm Siebert großzügig bei sich auf, zeitweilig auch Jack Dunman. Diana kümmerte sich um ihn, ihre Mutter, Eva Hubback, spendierte ihm Englischunterricht, auch Lady Isobel Cripps und Jane Rendel unterstützten ihn. Trotz der guten äußeren Bedingungen vertraute er Diana gelegentlich an, wie unglücklich er darüber sei, »nirgends hinzugehören und keine Zukunft zu haben«[205]. Die Sorgen um Siebert waren für Trott noch nicht ausgestanden, aber sein Schützling befand sich jetzt jedenfalls in Sicherheit.

Nach einer gemeinsamen Lernwoche mit seinem Referendarkollegen Kohlstädt in Imshausen begann für Trott Ende Juli in Kassel das Assessorexamen. Als erstes waren fünf Klausuren über Themen aus verschiedenen Rechtsgebieten sowie ein geschichtliches Thema zu schreiben. Letzteres war insofern heikel, als hier außer der historischen Bildung vor allem die ideologische Perspektive auf den Prüfstand kam. Der zweite Teil des Examens bestand in einer Hausarbeit über einen praktischen Rechtsfall. Die Zeit vor dem Eintreffen der dazu erforderlichen Unterlagen nutzte Trott zu einer vollgepackten Kurzreise. Da er in Dresden mit Shiela verabredet war und in Berlin in Rhodes-Angelegenheiten zu tun hatte, verband er beides obendrein mit Besuchen bei seinen Freunden Conrad in Dessau und Israel in Berlin sowie einem Aufenthalt in Leipzig, um den Sinologen Wolfram Eberhard kennenzulernen, den Ecke ihm empfohlen hatte. In Leipzig kam es auch zu einem Wiedersehen mit Diana, die auf dem Wege von Finnland nach Hause war. Nach ihren verzweifelten Briefen über Alpträume und Selbstmordgedanken hatte Trott ihr diesen dringenden Wunsch nicht abschlagen wollen. Sie fühle sich durch das Treffen ermutigt und gestärkt, schrieb sie ihm hinterher. Auch er äußerte sich »froh über Leipzig«. Wenn auch noch »ein langer Weg« vor ihnen liege, hätten sie nun die Grundlage für die angestrebte Freundschaft, und zwar gemeinsam, gelegt. Trott forderte Diana auf, mehr als bisher an anderen Menschen Anteil zu nehmen, denn, betonte er, »sie sind wichtig«. Weder gegenüber Menschen, die einem vorübergehend begegnen, dürfe man »indifferent sein« noch gar denen gegenüber, »die sich einem öffnen«[206]. In Kassel setzte Trott sodann sein Examen mit der Bearbeitung des gestellten Rechtsfalls fort, was binnen dreier Wochen zu erledigen war. Anschließend gönnte er sich einige Tage Erholung in Imshausen, größtenteils im Forsthaus Bellers im Trottenwald, um Heinrich Gesellschaft zu leisten, der dort ein Forstpraktikum ableistete. Er erlebte den 18jährigen Bruder in trauriger Stimmung, weil er diesen vertrauten Platz bald verlassen und sich dem Reichsarbeitsdienst stellen mußte.

Obwohl Trott viel Wert auf seine Eigenständigkeit legte, unterhielt er weiterhin zu beiden Eltern eine enge Beziehung. Es berührte ihn, daß Menschen noch immer über das einstige Wirken des Vaters mit »wirklicher Dankbarkeit und Respekt« sprachen, wesentlicher aber war für ihn, in seinem alten Vater, besonders während der letzten schwierigen Jahre, »einen sehr wichtigen und sehr hilfreichen Freund« zu finden. Er

Die Eltern in Imshausen

schätzte seine »große innere Gelassenheit« und seine »Weisheit über die Wege der Welt«, wobei er wahrnahm, daß der Vater aufgrund des jüngsten Geschehens »nicht sehr hoch von der Menschheit dachte«[207]. Mit seiner Mutter verband Trott ein liebevolles, aber gegenseitige Kritik nie scheuendes Vertrauensverhältnis. Wenn er auch nicht vornehmlich in religiösen Kategorien dachte wie sie, beeindruckten ihn ihre tiefe Verwurzelung im Glauben und konsequente Orientierung daran. Eleonore von Trott deutete das Zeitgeschehen – den Spanischen Bürgerkrieg, die Vorgänge in Rußland und Deutschland – als Folgen der Abkehr von Gott. »Es gibt unverbrüchliche göttliche Gesetze, deren Nichterfüllung unerbittlich zum Verderben führt, im Leben der einzelnen wie in dem der Völker«, schrieb sie Adam im Herbst 1936. »Das wußten die alttestamentlichen Juden, das weiß ein großer Teil unseres Volkes nicht mehr.«[208]

Mitte September ging Trott zur letzten Vorbereitung auf die mündliche Prüfung nach Berlin. Statt sich aber darauf voll konzentrieren zu können, war er dort, kaum angekommen, mit der Verhaftung seines Onkels Eberhard konfrontiert. Dieser wurde beschuldigt, sich homosexuell »vergangen« zu haben. Homosexualität wurde von den Nationalsozialisten besonders verfolgt: 1935 war die bisherige Höchststrafe von sechs Monaten auf fünf Jahre Gefängnis heraufgesetzt worden, von rufschädigenden und ausgrenzenden Folgen ganz zu schweigen. Vergeblich versuchte Trott zu seinem Onkel im Gefängnis Moabit vorzudringen, so daß er nur brieflich und über den Rechtsanwalt zu ihm Kontakt aufnehmen konnte. Außerdem galt es, Tante Maria, die Schwester Eberhards, zu trösten und seine andernorts wohnenden Brüder, Bernhard und Hubert, so gut es ging, zu informieren und zu beruhigen. Seiner Mutter, die Genaueres über den Fall wissen wollte, gab Trott zu verstehen, daß dies brieflich nicht möglich und auch der Sache schädlich sei: »Man tut niemandem einen Gefallen, wenn man Einzelheiten zu erfahren oder mitzuteilen sucht. Es hat uns alle, aber vor allem ihn, diese ganzen Wochen schwer mitgenommen, und man kann noch froh sein, daß alles nicht noch schlimmer gekommen ist.«[209] Der Onkel wurde – wie er selbst meinte, aufgrund einer Falschaussage – zu einer geringen Strafe verurteilt und nach sechswöchiger Haft entlassen. Bei allem Mitleid für ihren Bruder vertrat Eleonore von Trott die Ansicht, daß er sich bisher zu gleichgültig verhalten habe: »Diese Dinge [Verhaftungen] passieren die ganze Zeit«, betonte sie Adam gegenüber, »und wenn sie uns betreffen, sind sie wirklich nicht schlimmer, als sie es die ganzen letzten drei Jahre schon waren.«[210]

Während dieser Wochen in Berlin war Trott oft mit Wilfrid Israel zusammen und machte den Freund auch mit seinem Bruder Werner bekannt. Des Examens wegen verbrachte er allerdings mehr Zeit mit Kohlstädt, wobei er nicht nur dessen juristische Überlegenheit, sondern auch seinen wenig skrupelhaften Umgang mit Frauen bestaunen konnte. Augenzwinkernd schrieb er Diana: »Er [Kohlstädt] geht entschlossen mit seinen Mädchen um. Sein gegenwärtiges Mädchen behandelt er streng. Ich denke, er ist schon mit einer ganzen Reihe ins Bett gegangen, und sie lieben ihn alle schrecklich. Er philosophiert nicht über Liebe – es ist ein großer Fehler, wenn man das tut – und widersetzt sich jeder weiblichen Kontrolle und Herrschaft, der einzig richtige Weg.«[211] Des Lernens war Trott bald mehr als überdrüssig (»Ich bin schon ganz grau vor lauter Stubenluft«[212]) und konnte das Ende kaum noch erwarten.

Die fünfstündige mündliche Prüfung am 22. Oktober 1936 in Berlin bildete den Schlußpunkt von Trotts Examen und seiner juristischen Ausbildung. Wohl nicht ganz zufällig bestand er das Assessorexamen mit der Note »befriedigend«,[213] die eine Anstellung im Staatsdienst in der Regel ausschloß. Obwohl es in seinem Fall, wie Trott zugab, darauf kaum noch ankam, war er doch nach all den Mühen über das Ergebnis enttäuscht. Es erbitterte ihn, daß die Prüfungskommission – ihr gehörte u.a. ein Senatspräsident des neu gebildeten Volksgerichtshofes an – in rüdem Ton die »Selbständigkeit der Gedankenführung« in seinen Klausuren tadelte und die Klausur über Strafrechtserneuerung als »schwülstig« abtat.[214] Nur die guten Zeugnisse der einzelnen Referendarstationen und seine ebenfalls gute mündliche Prüfung hätten ihn vor einem »ausreichend« bewahrt. Der Vater fand es richtig, daß Adam sich seinen »Unmut vom Leibe« schreibe, wandte indes ein: »Eigentlich mußtest Du doch auf etwas Derartiges nach den gemachten Erfahrungen gefaßt sein. Am liebsten hätten sie Dich wohl durchfallen lassen, da sie das aber doch nicht wagten, haben sie sich auf diese Weise schadlos gehalten. Du aber hast trotz der entgegengesetzten Schwierigkeiten Dein Ziel mit dem bestandenen Examen tapfer erreicht und kannst Dich dessen freuen, wie auch ich es von ganzem Herzen tue.«[215] Zur Bestätigung dieser Freude berichtete die Mutter, daß der noch von einer schweren Grippe geschwächte Vater auf ihre Frage nach seinem Ergehen geantwortet habe: »Wie sollte es mir nicht gut gehen! Ich bin tief innerlich befriedigt.« Darüber werde Adam sich immer freuen, meinte die Mutter, »wenn es auch ein großes Opfer war«[216], das er dem Vater zuliebe gebracht habe. Als besonderes Zeichen seiner Anerkennung setzte August von Trott den Sohn jetzt zu seinem Testamentsvollstrecker ein.[217]

Gleich nach dem Examen erfüllte sich Trott den Wunsch, mit Shiela zusammenzusein, und begleitete sie für einige Tage nach Prag. Er war von der Schönheit dieser Stadt, ihrer Kirchen und der nachts angestrahlten barocken Paläste beeindruckt, doch der Besuch selbst stand unter keinem sonderlich guten Stern. Das Wetter war schlecht, seine Gesundheit angeschlagen und Shiela beruflich so sehr in Anspruch genommen, daß sie sich wenig sahen. Er erhielt durch sie Kontakt zum sudetendeutschen Sozialdemokraten Wenzel Jaksch sowie zum Exilpolitiker und Hitler-Abtrünnigen Otto Strasser, wobei ihn Mut und Entschlossenheit des letzteren mehr überzeugten als dessen Anschauungen. Den von der Freundin hochgeschätzten tschechischen Journalistenkollegen Hubert Ripka allerdings betrachtete er nicht ohne Eifersucht, weil Shiela ihn, schrieb Trott ihrer Mutter nach London, »für so viel klüger hält als alle sonstigen Freunde«[218].

Mit dem Examen war Trott automatisch aus dem Justizdienst ausgeschieden und damit, folgerte er, »ein freier Mann, so weit man dies unter den gegebenen Umständen sein kann«[219]. Er war erfüllt von dem Bewußtsein, daß »ich nun endlich, endlich meinen eigenen Weg zur Arbeit finden will, muß, kann, darf und soll«[220]. Obwohl er im Grunde schon wußte, wohin ihn seine nächste Wegstrecke führen sollte, versäumte er nicht, Alternativen in Betracht zu ziehen. Daher folgte er Anfang November auch der Einladung des Syndikus und Vorstandsmitglieds der IG Farben zu dem bereits vor Jahresfrist geplanten Gespräch. Das Treffen mit Buhl im monumentalen Konzerngebäude in Frankfurt, seine Person und sein Bestreben, ihm zu schmeicheln und zu imponieren, stießen ihn jedoch ab. Ein anderes Gespräch in dieser Sache, das Trott einige Zeit vorher mit dem Aufsichtsratsmitglied der IG Farben Ernst von Simson geführt hatte, war für ihn ausschlaggebender. Simson – er wurde seines Postens 1937 enthoben – hatte ihm nicht nur empfohlen, die Möglichkeit eines längeren Aufenthalts im Ausland »unbedingt zu ergreifen«[221], sondern auch auf die politischen Schwierigkeiten hingewiesen, auf die er in der Rechtsabteilung der IG stoßen würde. Die Aussicht, »auch in der Wirtschaft dem nahezu unerträglichen Druck ausgesetzt zu sein«, unter dem er »die letzten drei Jahre verbracht«[222] hatte, bestärkte Trott darin, an seinem Wunschprojekt festzuhalten und es jetzt energisch zu betreiben: den Chinaplan.

Auf Erfolgskurs in England und Amerika

Um seinen Chinaplan zu befördern, fuhr Adam von Trott am 10. November 1936 nach England. Jetzt zeigte sich, daß er dafür längst eine Strategie entwickelt hatte, nämlich den Rhodes-Trust zu ersuchen, sein 1933 vorsorglich aufgeschobenes drittes Stipendienjahr in China verbringen zu dürfen. Diesen Wunsch konnte er bereits nach wenigen Tagen Lord Lothian, dem Generalsekretär des Trusts, bei einem Gespräch in dessen Amtssitz am Waterloo Place (nahe Londons Prachtstraße Pall Mall) vortragen. Beim Warden des Rhodes House in Oxford, Charleton Allen, sprach er ebenfalls vor. Beide Herren empfahlen ihm, einen begründeten Antrag zur Vorlage auf der nächsten Kuratorensitzung einzureichen. Trott beriet sich zunächst mit verschiedenen Personen, mit den Professoren Adams und Fisher (letzterer auch ein Rhodes-Kurator), mit Professor Wen-Tsao Wu von der Pekinger Yenching-Universität und mit dem amerikanischen Asien-Spezialisten Owen Lattimore, den er bei Richard H. Tawney kennenlernte. Danach folgte er einer Einladung Lord Percys auf dessen Landsitz bei Great Yarmouth an der Küste von Norfolk. Hier konnte er sich in Ruhe seinem Antrag widmen, den er am 25. November Lothian und in Kopie Allen übersandte. Trott legte darin sein Vorhaben dar – im Hinblick auf sein berufliches Ziel, an einer deutschen Universität Völkerrecht zu lehren –, eine wissenschaftliche Abhandlung über einen »Aspekt der inneren Struktur Chinas«[1] und ihrer internationalrechtlichen Bedeutung zu verfassen. Das genaue Thema könne er allerdings erst nach einer Einarbeitungszeit festlegen. Er erwähnte auch seine Absicht, über die USA nach Asien zu reisen, um dort in die Probleme Chinas und des Pazifiks aus amerikanischer Sicht eingeführt zu werden. Da er in Amerika bei Verwandten und Freunden unterkommen könne, würden wenig Kosten entstehen. Den letzten Punkt betonte er nicht ohne Grund, da aus Deutschland keine Devisen ausgeführt werden durften.

Obwohl er Trott als einen »sehr vielversprechenden Mann« bezeichnete, »den jeder hier hoch schätze«[2], äußerte Allen in einem Brief an Lothian Bedenken gegen den Plan. Nachdem er schon vorher »admittedly to get out of Germany«[3] als Trotts Hauptmotiv registriert hatte, meldete er nun schwere Zweifel an, ob dieser mit seiner linksliberalen oder noch weiter linken Einstellung »jemals nach Deutschland zurückkehren werde«[4]. Doch Lothian und die Rhodes Trustees haben Trotts politische Notlage und seine mehr als unsichere Zukunft ihm nicht zu seinem Nachteil, sondern wohl eher zu seinen Gunsten angerechnet, auch wenn der Zweck seiner zukünftigen Tätigkeit als Fernost-Experte an einer deutschen Universität zu den Bedingungen zählte. In formaler Hinsicht erleichterte der Präzedenzfall eines neuseeländischen Rhodes-Stipendiaten, dem auch ein drittes Studienjahr in Peking zugestanden worden war, die Entscheidung. Bereits nach einer ersten Konsultation der Trustees hatte Lothian dem Projekt gute Chancen eingeräumt. Nun nach Kenntnis des Antrags zögerte er nicht, dem am Erfolg zweifelnden Trott den voraussichtlich positiven Ausgang zu signalisieren.

Am 11. November begleitete Trott Shielas Mutter zur Gedenkfeier an den Waffenstillstand von 1918. Ursula Grant Duff, die ihren Mann und zwei Brüder im Ersten Weltkrieg verloren hatte, war bewegt, die Zeremonie zusammen mit dem jungen Deutschen zu erleben, und sagte ihm nachher: »We must prevent it all happening again«.[5] Anders als zur Zeit der Weltwirtschaftskrise erschien Trott die Stimmung in England jetzt viel passiver und pessimistischer. »Die Wolken hängen zu tief über Europa, um nicht auch England zu verdüstern«, schrieb er Julie Braun. »Diese gewisse panische Unruhe, die sie erzeugen, frißt sich schnell von Land zu Land. Es entsteht ein merkwürdiger, krankhafter Schwebezustand, an den sich ältere Leute von früher sehr wohl erinnern. Man kann sich dem unmittelbaren Bann der Situation sehr schwer entziehen. [...] Ein jeder soll sich sehr wohl überlegen, wie weit er ihre Dialektik in sich spannen kann, um weder zu zerreißen noch zu erschlaffen.«[6] Bei Mrs. Grant Duff und anderen versuchte Trott für Hans Siebert gut Wetter zu machen. Dieser fiel seinen Gastfreunden allmählich zur Last, zeigte aber kaum Bereitschaft, wie vorgesehen, England in Richtung Übersee zu verlassen. Als es ihm gelang, in Emigrantenkreisen Akzeptanz und durch sie auch Arbeit zu finden, ließ Siebert diesen Plan ganz fallen. Bei Kriegsausbruch wurde er auf der Isle of Man interniert, ging nach dem Kriege in die sowjetische Besatzungszone und brachte es in der DDR bis zum Pädagogikprofessor. Er starb 1979 in Dresden.

Wie gewöhnlich nutzte Trott gerne die Gelegenheit, interessanten Persönlichkeiten zu begegnen. Diana Hubback stellte ihn ihrer neuen Arbeitgeberin vor, der Labour-Abgeordneten Ellen Wilkinson, wobei sich ein langes Gespräch über die Sozialdemokratie entspann. Er war mit der ihm schon früher bekannten Schriftstellerin Rebecca West verabredet, und im Chatham House, dem *Royal Institute of International Affairs*, traf er erneut den Historiker John Wheeler-Bennett. Mit seinem Oxforder Kommilitonen Richard (Dick) Latham freundete er sich nun regelrecht an. Latham, ein exzellenter Jurist[7], verehrte zu jener Zeit Diana und schwärmte ausgerechnet ihr von seinem Freund Trott vor, den sie unbedingt kennenlernen müsse. Nach Meinung des Australiers ähnelte er einem anderen Deutschen, dem Anwalt Helmuth James von Moltke, wofür neben ihrer auffallenden Erscheinung die ablehnende Einstellung beider zum NS-Regime sprach. Trott und Moltke sollen sich damals in Oxford auch zum ersten Mal gesehen haben. Da er in Deutschland einen freien und anspruchsvollen Gedankenaustausch entbehrte, genoß Trott es um so mehr, in All Souls bis spät in die Nacht mit Isaiah Berlin und Stuart Hampshire über Philosophie zu diskutieren. Beide sollten es als Philosophen zu großer Anerkennung bringen und Trott um 53 bzw. 60 Jahre überleben.

Auf dem Schiff, das Trott Ende November nach Deutschland zurückbrachte, befand sich eine reiche Industriellentochter aus Frankfurt, deren Eltern ihn in seiner Hanauer Zeit als Heiratskandidaten einzufangen versucht hatten. Mit Vergnügen teilte er Mutter und Tochter mit, daß er demnächst auf Forschungsreise nach Ostasien gehe. Diesem Ziel waren seine ganzen nächsten Wochen gewidmet. Als Thema wählte er nun: »Die politische, rechtliche und administrative Souveränität der chinesischen Zentralregierung«, eine Frage, die er hinsichtlich »der zukünftigen völkerrechtlichen Gestaltung im Fernen Osten«[8] für wichtig ansah. Viktor Bruns, Direktor des *Kaiser-Wilhelm-Instituts für Völkerrecht*, zeigte Interesse an einer solchen Arbeit und stellte Trott ein Zimmer in seinem Institut im inneren Hof des Berliner Stadtschlosses zur Verfügung. Am 16. Dezember traf dann die offizielle Bestätigung ein, daß die Kuratoren den Antrag gebilligt hatten. Die Rhodes-Stiftung bewilligte Trott ein Stipendium von 350 Pfund Sterling für einen Studienaufenthalt in China oder Japan, mit den Auflagen, dort mindestens ein Jahr und zudem in Anbindung an eine Universität zu verbringen. Für die Vorbereitung in den USA wurde ihm der Kontakt mit dem *Institute of Pacific Relations* in New York nahegelegt.[9]

Kurz vor Weihnachten, nachdem auch die Rhodes-Stipendiatenauswahl erledigt war, packte er seine Bücher zusammen und gönnte sich eine Ruhepause in Imshausen. Während seiner Abwesenheit hatte Werner von Trott die Krankenschwester Doris Dietrich geheiratet und war von Berlin in die Nähe Marburgs gezogen. Adam, in die »vorbereitenden Stadien«[10] dieser von ihm sehr begrüßten Entscheidung eingeweiht, freute sich, daß die Schwiegertochter bei den überraschten Eltern gut ankam. Sie sei ein »reizendes, einfaches Bauernmädchen«[11], das für eine freundliche und liebevolle Umgebung seines Bruders sorge, schrieb er über sie. Werner hingegen lehnte Adams Chinaplan wie schon zuvor seine Ausbildung in England strikt ab.[12] Ganz anders die Eltern: Sie stimmten dem

Vorhaben zu und freuten sich mit dem Sohn über das errungene Stipendium, obwohl dem alten Vater der Gedanke an die Trennung sehr schwerfiel. »Kannst Du nicht warten, bis ich tot bin?«[13], war seine allererste Reaktion gewesen, als er von der Absicht hörte.

Trott suchte in Berlin das Gespräch mit verschiedenen Asien-Experten und stellte dabei erleichtert fest, daß Fragen des Fernen Ostens auch jenseits der engen Schranken der NS-Ideologie erörtert werden konnten.[14] Lohnend erwiesen sich die beiden Arbeitstreffen im Januar und Februar 1937 mit dem gleichaltrigen Sinologen Wolfram Eberhard in Leipzig, derzeit Kurator am Grassi-Museum für Völkerkunde. Eberhard wollte aus politischen Gründen Deutschland verlassen und faßte daher den Entschluß, Trott nach China zu begleiten. Trotz der hierfür noch fehlenden Finanzierung verabredeten sie sich für den Sommer in Kalifornien, um von dort gemeinsam nach Asien aufzubrechen. Auf dem Wege nach Leipzig besuchte Trott im Januar seinen alten Freund Münchhausen, der kürzlich in Herrengosserstedt (zwischen Erfurt und Halle gelegen) das Gut seines Vaters übernommen hatte und gerade im Begriff war, sich mit Marie-Louise, einer Tochter des Generalobersten Kurt von Hammerstein-Equord, zu verheiraten. Brieflich deutete Trott Münchhausens politisch linke Gesinnung an und berichtete über ihn: »Er ist ein etwas harter, aber tüchtiger und ehrlicher Mann, den als Freund zu haben ich sehr froh bin.«[15] Während der letzten Monate in Berlin vertiefte er seine Freundschaft mit Wilfrid Israel. Sie gingen zum Du über, womit Trott ansonsten sehr zurückhaltend war, und Wilfrids Wohnung erschien ihm als »zweites Zuhause«[16].

Am 19. Februar 1937 brach Adam von Trott von Imshausen zu seiner großen Reise auf. Die Mutter und Monika, die gerade zu Besuch war, hatten ihm packen geholfen. Dem Vater ging es schlecht, und nur Monikas kleiner Sohn Christof, an dem Adam sich erfreute »wie ein alter Chinese an seinen Enkeln«[17], sorgte für etwas Aufheiterung. In Frankfurt nahm er von Heinrich Abschied, der sich eigens dafür hatte vom Arbeitsdienst beurlauben lassen. Die nächste Station war Paris, Trotts erster Aufenthalt dort überhaupt. Bei seiner Ankunft am frühen Sonntagmorgen schlief das Personal seines Hotels noch, und er fand Gefallen daran, durch menschenleere Straßen zu streifen und am Seineufer das Anglerglück eines Jungen zu beobachten. Trott war in Paris eigentlich mit Shiela verabredet, die einen Erkundungsauftrag im Bürgerkriegsspanien übernommen hatte und dort noch unterwegs war. Daß er den Einsatz der Freundin für die republikanische Seite guthieß[18], minderte nicht seine Enttäuschung über das dadurch verdorbene Abschiedstreffen.

Er nutzte die Wartezeit für Besichtigungen, einschließlich Versailles; am tiefsten beeindruckten ihn die griechischen Skulpturen im Louvre. In den Folies Bergère sah er Josephine Baker tanzen und unterhielt sich nachher sogar kurz mit dem Revuestar. Von den Menschen, die er in Paris traf, sind Friedrich Sieburg, Korrespondent der *Frankfurter Zeitung*, und der französische Soziologe André Siegfried erwähnenswert. Von letzterem, den er schon aus England kannte, ließ er sich Tips für Amerika geben. Sein bevorzugter Gesprächspartner war der Experte für chinesische Wirtschaftsgeschichte Stefan Balázs – ein Ungar mit Berlin als wissenschaftlicher Heimat, die er jedoch zwei Jahre zuvor aus politischen Gründen verlassen hatte. Es dürfte Balázs gewesen sein, der Trott zur berühmten Taoismus-Vorlesung des Sinologen Henri Maspéro[19] an der Sorbonne mitnahm. Als Shiela Grant Duff dann nach drei Tagen von ihrer abenteuerlichen, allerdings wenig ergiebigen Unternehmung aus Malaga[20] zurückkam, blieb ihnen für Paris kaum noch gemeinsame Zeit. Beide drängte es nach England, zumal Shiela kurz darauf die Rückreise nach Prag antreten mußte. Obwohl Trott vage Hoffnungen hegte, es könnte die Freundin beruflich in seine Nähe verschlagen, hielt er ihre »tapfere Entscheidung, in Mitteleuropa zu bleiben und zu arbeiten«, für nicht weniger richtig als die seine für China. Beides lief jedoch nach seinen Worten auf einen »Scheideweg«[21] hinaus.

Nach knapp zwei Wochen in London und Oxford lautete Trotts Fazit: »Erstaunlich erfolgreich«[22]. Er berichtete nach Hause, wieviel Freundlichkeit, Ermutigung und Hilfsbereitschaft, weit mehr als vorher in Berlin, ihm hier zuteil geworden sei. In der Tat waren die Aufmerksamkeit und Gunst, die der 27jährige Deutsche damals in England erfuhr, ungewöhnlich. Zu den in Deutschland erhaltenen Einführungsschreiben kamen nun etliche von Persönlichkeiten mit weitreichenden Beziehungen in Amerika und Asien hinzu. Allein Sir Stafford Cripps stellte ihm zwölf solcher Einführungen aus.[23] Empfehlende Worte sind zwar kennzeichnend für diese Gattung, aber auch da gibt es Abstufungen. Cripps hätte etwa dem amerikanischen Sozialistenführer Norman Thomas gegenüber Trott nicht »my very good friend« nennen und auch nicht schreiben müssen: »I can give you an absolute guarantee of his trustworthiness and reliability«[24]. Humphrey Sumner hätte sich ebenfalls in seinem Schreiben an den britischen Botschafter in Nanking zurückhaltender äußern können als: »He is a very interesting and able man, excellent company and not an agent of any kind. He is a personal friend of mine, not a Balliol pupil merely.«[25] Trott war bei der Familie Cripps in Goodfellows eingeladen, traf in London John Cripps und nochmals Lady Isobel, die ihm nichts weniger als die Schiffskarte von Amerika nach China spendierte. Sein Gastgeber in Oxford war Henry N. Spalding, der sich zuerst als Sponsor gemeldet hatte und nunmehr bereit war, in einer Notlage einzuspringen. Durch ihn machte er die Bekanntschaft von Sir John Hope Simpson, der ihm von der Überschwemmungskatastrophe im Yangtze-Tal 1931 erzählte, wo er an der Rettung von einigen Millionen Menschen beteiligt gewesen war. Mit dreijähriger Verspätung bekam Trott jetzt den Bachelor of Arts, in Talar und Barrett, feierlich verliehen. Bei dieser traditionellen Zeremonie für Graduierte im Oxforder Sheldonian Theatre erlebte er Lord Halifax, den späteren Außenminister, als Kanzler der Universität. In Oxford lernte Trott auch mehrere Chinesen kennen, darunter den chinesischen Botschafter Quo Tai-Chi, der ihn in seiner Londoner Residenz zu einem weiteren Gespräch empfing.

Trott war in London zunächst bei der deutschen Emigrantenfamilie seines Studienkameraden Alexander Werth untergekommen, in den letzten Tagen wohnte er am St. James's Square bei Lord und Lady Astor, den Eltern seines Freundes David. Viscount Waldorf war er bereits früher begegnet, Viscountess Nancy traf er jetzt zum ersten Mal. »Ich habe mich mit ihr gut vertragen, obschon sie eine etwas wilde Dame ist«[26], schrieb Trott seiner Mutter. Lady Astor bedauerte, daß »the little Trott«[27], wie sie ihren beinahe doppelt so großen Gast humorvoll nannte, so bald abreiste. Da sie fand, daß er bei seinen amerikanischen Verwandten auf dem Lande nicht ohne Reitstiefel und Trenchcoat aufkreuzen könne, schenkte sie ihm beides, einen Anzug und Hut obendrein. Nachdem er sich noch mit einem Ausflug nach Chiltern Hills, einer sog. »Area of Outstanding Natural Beauty«, von Diana verabschiedet hatte, startete Trott am 5. März 1937 in Southampton mit dem HAPAG-Schiff *Deutschland* zu seinem nächsten Ziel – New York.

Sieben Tage später sah Adam von Trott »die Halbinsel von Manhattan und ihre gigantischen Bauten aus einem klaren Märzhorizont aufsteigen«[28]. Am Pier empfingen ihn alte Bekannte: Ingrid Warburg und Josias von Rantzau, derzeit Legationssekretär am New Yorker Generalkonsulat. In der Park Avenue 620 wurde Trott von seinen Verwandten Schieffelin erwartet, bei denen er in den nächsten Wochen wohnte. Dr. William Jay Schieffelin, leitender Direktor einer pharmazeutischen Firma, war ein Vetter ersten Grades seiner Mutter[29] und wie sie ein direkter Nachkomme John Jays, eines der Gründerväter und erstem Obersten Richter der Vereinigten Staaten. Schieffelins äußerten sich begeistert über ihren Neffen. In einem Brief an seine Kusine Eleonore schrieb William ihm die besten Eigenschaften zu und nannte ihn überschwenglich einen »servant of humanity«[30]; Williams Frau Louise glaubte sogar, daß Adam einmal dabei helfen werde, »to put this poor old world on its feet«[31]. Als Trott nach Washington fuhr, zögerte sein Onkel nicht, ihn nachdrücklich dem amerikanischen Außenminister Cordell Hull zu empfehlen.[32]

Ähnlich wie vorher am St. James's Square fühlte sich Trott in der sehr wohlhabenden Umgebung seiner Verwandten »etwas unbehaglich«[33]. Seiner Meinung nach kennzeichnete die »amerikanischen Aristokraten« trotz ihrer vielen achtenswerten ehrenamtlichen und karitativen Aktivitäten ein »moralischer Optimismus«[34], der den sozialen Realitäten des Landes nicht entspräche. Das tat allerdings seiner persönlichen Sympathie für Schieffelins sowie die Familien von Williams Schwestern, Taft und Osborn, keinen Abbruch. Osborns luden ihn nach Garrison am oberen Hudson in ihr Landhaus mitten im Wald ein, wo er sich beim Ausreiten an frühe amerikanische Kinoerlebnisse erinnert sah. Er und seine 21jährige Kusine Margery Osborn mochten sich auf Anhieb. Da Margery im Begriff war, nach Italien zu reisen, schenkte Trott ihr Ignazio Silones Roman »Brot und Wein«, eine Untergrund-Lektüre in Deutschland. Das Buch werde ihr helfen, vermerkte er dazu, »Italien besser zu verstehen und überhaupt die Psychologie der Länder unter dem Faschismus«[35]. Eine andere junge Kusine, Dorothy Iselin[36], führte ihn durch Bedford House, den unweit von New York auf dem Lande gelegenen Besitz John Jays (heute eine öffentliche nationale Gedenkstätte). Seiner Mutter, die hier schon gewesen war, schrieb Trott: »Mir gefiel die Atmosphäre, die Räume mit den alten Bildern und Büchern, wie Du Dir denken kannst, ganz außerordentlich.«[37]

Der 27jährige Trott hat die Chance, mit Hilfe von Einführungsschreiben, verschiedenste Persönlichkeiten des öffentlichen Lebens kennenzulernen, ganz bewußt ergriffen und seine fünf Monate in Amerika teilweise danach organisiert. Genutzt hat er auch das Verbindungsnetz ehemaliger Rhodes-Stipendiaten, deren Adressen er bei seinem Besuch in Philadelphia von Frank Aydelotte erhielt, dem amerikanischen Sekretär der Rhodes-Stiftung und Präsidenten des Swarthmore College. Trotts »sympathetic approach to people«[38] – so die Formulierung eines amerikanischen Freundes – und sein viel erprobtes Talent zum Gespräch mit jedwedem taten ein übriges. Seine Triebfeder aber war eine »unersättliche Neugier auf Menschen, Philosophien und Länder«[39]. Den Oxford-Kommilitonen Jo Grimond, der diese Eigenart treffend beobachtet hat, erstaunte er von China aus mit dem Vorschlag gemeinsamer Reisen nach Frankreich, Ägypten und Innerafrika. Bezogen auf Menschen galt seine Neugier keineswegs nur Prominenten, sondern einfachen Leuten nicht minder. Trott hielt letztere sogar für das »wahre Kriterium eines jeden Ortes«[40] und wandte sich ihnen oft und gerne zu, wovon manche seiner Briefe beredtes Zeugnis ablegen. Jetzt erlebte er erstmals Schwarze, für die ihn eine spontane Zuneigung ergriff: »Ich mag die Schwarzen, je mehr ich von ihnen sehe«[41], schrieb er aus New York. Mit Vorliebe besuchte er »Negro Cafés«, um dem Geplauder und Gelächter an den Nebentischen zuzuhören.

Gleich zu Beginn erfuhr Trott in New York wohlwollende Unterstützung. Paul Leverkuehn verdankte er eine Einführung beim Wall Street-Anwalt William J. Donovan – dem später als Gründer des amerikanischen Geheimdienstes OSS bekannten Wild Bill. Dieser schob Trotts Zögern, er könne ihn bei seinen Geschäften stören, beiseite und sagte: »Sit down quietly because I would seriously like to help you.«[42] Donovan verschaffte ihm Zugang zum Präsidenten der National City Bank und dessen Vertrauensmann für China sowie zu weiteren Wall Street-Leuten. Trott ließ sich die Stock Exchange und die Baumwollbörse zeigen und nahm bei den »vielen, recht offen geführten Unterhaltungen« den Vorzug wahr, »einfach als Rhodes Scholar zu reisen«, da ein solcher »wohl mehr anvertraut bekommt als für ein Amt, ein Geschäft oder eine Zeitung«[43]. Anvertraut wurde ihm vor allem die massive Ablehnung gegen Präsident Roosevelt und seinen New Deal, eine stark regulierende Wirtschafts- und Sozialpolitik, mit der die Folgen der Großen Depression überwunden werden sollten. »Die Geldleute«, berichtete Trott, hielten den Präsidenten für »hoffnungslos sozialistisch verrannt, die überwiegende Mehrzahl des amerikanischen Volkes«[44] dagegen begrüße dessen Maßnahmen. Bei einer Diskussion in Washington mit Republikanern und dem New Dealer Francis William Taussig sei er selbst »für Roosevelt und gegen die Wall Street-Position«[45] eingetreten.

Über die amerikanische Außenpolitik, vor allem im Hinblick auf den Fernen Osten, informierte sich Trott bei der *Foreign Policy Association* sowie beim einflußreichen *Council on Foreign Relations*. Aufgrund einer Empfehlung von englischer Seite wurde er zwar von letztgenannter Institution höflich aufgenommen, Hamilton Fish Armstrong, Herausgeber der hauseigenen Zeitschrift *International Affairs*, wich aber jedem tiefergehenden Gespräch mit ihm als einem Deutschen aus. Ein solches Mißtrauen, das Trott in der »gegenwärtigen internationalen Lage nur natürlich« schien, bemerkte er auch andernorts. Ein Deutscher werde, stellte er fest, »entweder für einen Nazi oder für einen Emigranten gehalten, und keinen von beiden mag man«[46]. Im *Institute of Pacific Relations*, mit dessen Generalsekretär Edward Carter er bereits von Deutschland aus korrespondiert hatte, begegnete man ihm ohne Vorurteile. Die dort tätigen Fernost-Spezialisten waren ihm auf vielfache Weise behilflich, und er durfte ihre Bibliothek benutzen. Welche Bedeutung Carter und dieses Institut noch einmal für ihn haben würden, konnte er nicht ahnen.

In New York suchte Trott auch Personen auf, die er aus gutem Grund nur in einem inneramerikanischen Brief an Julie Braun genannt hat: »Gestern sprach ich Tillich und Staudinger ausführlich, heute noch Lederer und Simons.«[47] Der Wirtschaftswissenschaftler Hans Staudinger, der Sozialwissenschaftler Emil Lederer und der Politikwissenschaftler Hans Simons waren als führende Mitglieder der SPD von den Nationalsozialisten verfolgt worden und hatten schließlich Zuflucht in den Vereinigten Staaten gefunden. Alle drei lehrten jetzt an der *New School for Social Research* der *University in Exile*. Der wie diese aus Deutschland emigrierte Theologe und religiöse Sozialist Paul Tillich war in New York am *Union Theological Seminary* tätig, wie ein anderer namhafter Kollege von ihm, Reinhold Niebuhr, der Trott ebenfalls zu einem Gespräch empfing.

Eine Ausnahme unter Trotts Kontakten, die naturgemäß distanziert und flüchtig blieben, bildete seine Beziehung zum Ehepaar Roger N. Baldwin und Evelyn Preston. Aus dem Kennenlernen durch ein Schreiben von Cripps entstand zwischen ihnen spontan eine Freundschaft, die sie anschließend brieflich fortsetzten und durch ihr Wiedersehen 1939 bestätigen konnten. Baldwin war ein erklärter Sozialist und engagierte sich als Gründer und jahrzehntelanger Direktor der *American Civil Liberties Union* tatkräftig für die Verteidigung individueller Rechte und Freiheiten, für die Gleichheit von Minderheiten und Rassen. Während des Zweiten Weltkriegs half er die *International League for Human Rights* gründen.[48] Trott nannte ihn einen »wirklich wunderbaren Menschen«, für den »das volle Ausschöpfen jeder Minute des Lebens«[49] charakteristisch sei und der sich nicht scheue, für seine Überzeugungen ins Gefängnis zu gehen. Die Baldwins nahmen den Freund mit in ihr ländliches Refugium im Ramapo Valley, einem alten Indianertal, wo sie wanderten und Kanu fuhren. »Die Nacht war erfüllt von Frosch-Gesang und den Schreien von Raubvögeln, die hier in außerordentlich großer Zahl und Mannigfaltigkeit auftreten«[50], hielt Trott als Impression fest, auch sein Staunen über die reiche Vielfalt einer in Europa unbekannten Vegetation. Wie Baldwin sich später erinnert, sprach Trott ganz offen darüber, daß er das Hitler-Regime für ein Desaster halte. Sein Patriotismus habe ihn gegenüber seinen Landsleuten nicht blind gemacht, im Gegenteil habe er die Ansicht vertreten, daß die nationalsozialistische Herrschaft durch die fehlende Zivilcourage der Deutschen begünstigt worden sei. Nach Baldwins Auffassung war Trott ein »Idealist, der aber auch mit der realen Macht zu rechnen verstand«[51]. Von seinem »sehr undeutschen, universalen Charakter, ohne jeden Zug von Sentimentalität oder Herablassung«[52] sei eine fesselnde Wirkung ausgegangen.

New York, die Geburtsstadt seiner Großmutter, erschien Trott laut und brutal. Ihr »eigentümlicher Reiz«[53] zeige sich erst nachts, wenn etwas mehr Ruhe eingekehrt sei und die Wolkenkratzer »gleichsam in den orangerot widerscheinenden Himmel« hineinragten. Washington hingegen vermittelte ihm ein Gefühl von Weite und Großzügigkeit, von einer »natürlichen Würde«, wie sie ihm, erklärte er, bislang in keiner anderen Hauptstadt begegnet sei.[54] Sein familiengeschichtlich bedingtes Interesse für die »historischen Anfänge der amerikanischen Staatsverfassung«[55] führten ihn zu den Dokumenten der Founding Fathers, zur Statue des engen Jay-Freundes Alexander Hamilton vor dem Treasury Building und nach Mount Vernon, dem außerhalb am Potomac River gelegenen Landhaus George Washingtons. Die Atmosphäre dieses Hauses mit seiner originalen Einrichtung empfand Trott geradezu als »anheimelnd«[56]. Im Eßzimmer von Arlington House, dem einstigen Wohnsitz General Robert E. Lees, entdeckte er ein Bild einer Urahnin, das gleiche, das im Imshäuser Treppenhaus hing. Auch Trott wohnte in historischer Umgebung, »in einem hübschen Haus aus dem 18. Jahrhundert« im ältesten Stadtteil Georgetown. Er genoß dort die Gastfreundschaft von Donovans Bruder, einem katholischen Pater. Dessen »alter, kluger österreichischer Diener« unterhielt ihn mit Erzählungen über die politischen Größen des Landes, die er »vom Servieren aus nächster Nähe kannte«.[57]

Einige dieser Größen lernte Trott auch selbst kennen. Harry Hopkins, einer der Hauptarchitekten des New Deal und zuständig für das umfangreiche Arbeitsbeschaffungsprogramm, erläuterte ihm die Hintergründe des gegenwärtigen Verfassungskonflikts zwischen dem Präsidenten und dem Obersten Bundesgericht. Obwohl Republikaner, sprach sich auch Senator Robert LaFollette nachdrücklich für die Zielsetzung Roosevelts aus, »die Exekutive von den Fesseln einer reaktionären Mehrheit am Obersten Bundesgericht zu befreien«[58]. Außenminister Hull sah Trott zwar nicht, wohl aber die ihm sehr sympathische Arbeitsministerin Frances Perkins – die erste Frau in einer amerikanischen Regierung –, von der er sich über die Chancen der um Anerkennung ringenden Gewerkschaften informieren ließ. In erster Linie aber traf er mit Fernost-Spezialisten zusammen. Der Leiter der ostasiatischen Abteilung im State Department, Stanley K. Hornbeck, nahm sich Zeit zu einem ausführlichen Gespräch und veranstaltete sogar eigens eine Teestunde, bei der Trott seinen zahlreichen Mitarbeitern Fragen stellen konnte. Während

Hornbeck sich als »Freund Chinas« zu erkennen gab, stieß Trott die zynische Bemerkung eines der Beamten auf: »If you are watching a football game you wouldn't look at the ball, but at the players – why study China and not Japan and Russia?«[59] In der amerikanischen Öffentlichkeit, zumal in der Presse, registrierte er hingegen eine ganz überwiegende prochinesische Einstellung. Der ehemalige Außenminister Henry L. Stimson empfing Trott in seinem Privathaus und ermutigte ihn sehr in seiner Studienabsicht – ähnlich wie zuvor in New York der Sinologe Lin Yutang, der soeben in den USA mit seinem Buch »My country and my people« zum Bestseller-Autor aufgestiegen war. Dem deutschen Botschafter Hans Luther, dem Trott einen Höflichkeitsbesuch abstattete, hatte er zusagen müssen, sich bei seinen Gesprächen im State Department auf sein Arbeitsgebiet zu beschränken. Anderen Gesprächspartnern gegenüber sah er sich aber nicht derart gebunden. Der Herausgeber der *Washington Post*, Felix Morley, notierte nach einem Essen mit dem deutschen Rhodes Scholar in sein Tagebuch: »He spoke with exceeding frankness of the repressions of the Nazi regime.«[60]

Im Laufe seiner Amerikatour von der Ostküste über Kanada nach Kalifornien besuchte Trott mehr als zehn namhafte Universitäten, und zwar interessierten ihn diese hauptsächlich in ihrer Funktion als richtungweisende Lehrstätten politischen Denkens. Er registrierte die intensive Entfaltung der Sozialwissenschaften, insbesondere der Soziologie und Nationalökonomie, vermißte aber nach etlichen Unterhaltungen mit Dozenten und Studenten die Entwicklung »positiver Gestaltungsprinzipien« zukünftiger Politik, die er im »von den Hauptsorgen Europas nicht belasteten Amerika« zu finden vermeint hatte. Beneidenswert erschien ihm »die Fülle offenstehener Betätigungsmöglichkeiten«[61] für tüchtige Universitätsabsolventen, die zudem zwischen Wissenschaft, Wirtschaft, Presse und Verwaltung hin und her wechseln konnten. Von der amerikanischen Fernost-Forschung faßte Trott eine hohe Meinung. Mit einigen der damals führenden Kenner auf diesem Gebiet hatte er Gelegenheit zu sprechen, darunter die Professoren Orchard (Columbia, New York), MacNair (Chicago) und Treat (Stanford). An der Cornell Universität in Ithaca, wo er mehrere Tage zu Gast war, fand er eine vorzügliche Ostasien-Bibliothek vor, die größte außerhalb Chinas.

Von der »Riesenuniversität« Harvard in Cambridge/Mass. sah er zwar nur wenig, hatte aber »eine Reihe wirklich wertvoller Begegnungen«[62]. So lernte er die schwedische Philanthropin Elsa Brändström kennen, die ihm sehr gefiel. (Sie war mit dem aus Deutschland emigrierten Pädagogikprofessor Robert Ulich verheiratet, der jetzt in Harvard lehrte.) Mit

John King Fairbank, der unmittelbar vor ihm Rhodes-Stipendiat am Balliol College gewesen war, traf er jemand, der Peking aus eigener Studienerfahrung kannte und ihn somit aus erster Hand über die dortigen Verhältnisse informieren konnte. Ein Schreiben Isaiah Berlins hatte ihn bei Felix Frankfurter, Professor an der *Harvard Law School* und Berater des Präsidenten, eingeführt. Frankfurter bemühte sich freundschaftlich um Trott, stand zu mehreren Gesprächen bereit, lud ihn sogar nach Hause ein und schenkte ihm eines seiner Bücher.[63] Den größten Eindruck auf Trott machte jedoch ein italienischer Professor, der ihm von Roger Baldwin empfohlen worden war: der Historiker und Widerstandskämpfer gegen Mussolinis faschistisches Regime, Gaetano Salvemini.

Im benachbarten Boston bildete das Museum of Fine Arts für Trott die Hauptattraktion, und er bedauerte, daß Diana die wundervollen Renoirs, Monets, Cézannes, Gauguins nicht mit ihm ansehen konnte. Aus Boston schrieb er Ende April eine Art Zwischenbilanz nach Hause: »Ich habe Freude am Reisen und daran, tagtäglich Neues aufzunehmen, zu beobachten, zu diskutieren. Wie viel wohl von all diesem haften bleiben wird? Es ist manchmal eine harte Anstrengung – aber Amerika mit seinen ganz unverblümten Fehlern steckt voller guter Lehren und echt menschlicher Tüchtigkeit. Wenn man vor allem auf diese Seite sieht, hat diese Welt etwas Erfrischendes und Ermutigendes, was unserer ›alten‹ Welt fehlt.«[64]

Als nächstes führte Trotts Reise für einige Tage nach Kanada. In Ottawa hatte er das Privileg, im allerersten Hause des Landes abzusteigen, in Rideau Hall, der Residenz des Generalgouverneurs. Sein Gastgeber, Baron Tweedsmuir, war der unter seinem bürgerlichen Namen bekannte Schriftsteller John Buchan. Ihn und seine Frau Susan hatte Trott seinerzeit in Oxford kennengelernt und war auch bei ihnen in Elsfield Manor zu Gast gewesen. Die Zeremonien im »königlichen Haushalt« fielen ihm etwas schwer. Wie würde sie beim Anblick seiner ständigen Verneigungen gelacht haben, schrieb er Shiela, denn diese gehörten zur zeremoniellen Pflicht, »wann immer Baron und Lady Tweedsmuir den Raum beträten, angeführt von einem jungen Offizier, der sie mit dem Ruf ankündige: Ihre Exzellenzen!«[65] Trott begleitete das Ehepaar ins Theater, wurde zum Diner für den japanischen Gesandten geladen, und der Generalgouverneur nahm ihn auf seine weiten Spaziergänge mit, wobei er viel über die internen Probleme des Landes erfuhr. Tweedsmuir war soeben aus Washington zurückgekehrt und erzählte sehr anerkennend von Roosevelt. Seinen Mitteilungen konnte Trott entnehmen, daß die kanadische Regierung unter Mackenzie King, einem persönlichen Freund des Barons, sich stark an den Vereinigten Staaten orientierte. Das gelte vor allem auch »in den Fragen ihrer fernöstlichen Politik«[66].

Einen Kontrast zum herrschaftlichen Umgang fand Trott in seinem hochgeschätzten Freund David Lewis[67]. Beide hatten im Oxforder Labour Club zusammengearbeitet. Lewis, nunmehr Sekretär der kanadischen Arbeiterpartei CFF, berichtete ihm von den Mühen des nordamerikanischen Arbeiterkampfes. Der Rechnungsprüfer des Generalgouverneurs, den Trott ebenso britisch wie sympathisch fand, führte ihn an seinem letzten Abend mit zwei Freundinnen zum Tanzen aus ins Chateau Laurier Hotel, wo sie eine »grand time«[68] hatten.

Von Toronto fuhr Trott über Nacht nach Chicago und fand sich dort »in einer anderen Welt wieder«. Denn so berichtete er: »Nirgends ist mir der eigentliche Unterschied zwischen Amerika und Europa so deutlich geworden. Nichts scheint mehr auf dem alten Erbteil, alles auf neuen Eroberungen zu beruhen. Eins der mächtigsten Wirtschaftszentren der Welt, beherrscht, verarbeitet, vermittelt Chicago die Riesenproduktion seiner eigenen und benachbarten Industrien und der Landwirtschaft des Mittelwestens. Hier noch mehr als in Wall Street bekommt man einen Begriff von der elementaren wirtschaftlichen Dynamik, den Ausmaßen, die dieses Land zum reichsten der Welt machen, aber auch in unentrinnbare Spannungen hineinziehen. [...] Ein guter Teil der sozialen Auseinandersetzungen wird tatsächlich außerhalb des Gesetzes ausgefochten. Man hat keinen Respekt.«[69] Auch wenn Trott nur die Hälfte der Geschichten glauben wollte, die man ihm über die hiesige Gangsterwelt und ihre kruden Methoden erzählte, zweifelte er nicht daran, daß in dieser Stadt das Verbrechen noch sehr lebendig war. Das tagtägliche Schlachten so vieler Tiere, vermutete er mit Blick auf die Rolle Chicagos als »Schlachthaus Amerikas«, könnte sich auf die Brutalität des Ortes ausgewirkt haben. Vor allem aber fiel ihm hier eine Haltung von »Leben und Lebenlassen« auf. Ob er sich »um die Mittagszeit in den Strom von Angestellten und Geschäftsleuten« mischte, »die ihre Freizeit zu einem schnellen Lunch an der Bar oder zu einer Zigarre benutzten« oder im »Höllentempo der Vorstadtbahn den heimfahrenden Arbeitern« zuhörte, erstaunte ihn »die gute Laune und die Gemütlichkeit, die von den allermeisten ausstrahlte«[70]. Die Amerikaner, so folgerte er, »scheinen noch zu wissen, daß wirkliches Leben wild, unerwartet und abenteuerlich ist und nicht ein Mosaik von Konzepten, alle benannt und etikettiert und kalkulierbar, wie manche bei uns denken«[71]. In einer Bar gabelte Trott zwei »ziemlich süße Mädchen aus dem Mittelwesten« auf, die sich beide ihren Lebensunterhalt im Anzeigengeschäft verdienten, und ließ sich von ihnen zu einem Varieté bringen, das sich bei Schwarzen größter Beliebtheit erfreute. Vor zum Bersten vollen Haus führten männliche schwarze Künstler einzeln oder in Gruppen Tänze vor. Trott war fasziniert von der Schönheit der Tänzer, ihrer Vitalität und Leidenschaftlichkeit. Er nahm an ihnen den Ausdruck großen Stolzes und tiefen Leidens wahr; wenn sie aber echte Anerkennung fühlten, würden sie »das allerschönste, schmelzende Lächeln«[72] verschenken.

Zwei Tage und zwei Nächte war Trott mit dem Zug von Chicago quer durch den Kontinent nach Los Angeles unterwegs. Hatte er Ende April in Kanada »noch Eis und Schnee« erlebt und Chicago Anfang Mai im »ersten Vorfrühling«, so stand in Kansas City, das er am 5. Mai erreichte, »schon alles in voller Blüte«[73]. Den einstündigen Halt dort nutzte er zum Besuch des vor vier Jahren eröffneten Kunstmuseums (heute Nelson-Atkins Museum of Arts), wo ihn Laurence Sickmann, ein Freund Gustav Eckes, durch die exquisiten chinesischen Sammlungen führte. Ein weiterer Ausflug während der Reise bot sich erst wieder in New Mexico südlich von Albuquerque: In Isleta, einer der ältesten Missionskirchen, erläuterte ihm ein Pater den indianischen Einfluß auf das christliche Ritual. Von einem mitreisenden katholischen Missionar wurde er im Zug über eine ganz andere Weltgegend unterhalten. Dieser schilderte seine mehrjährigen Erlebnisse im Innern Chinas, einschließlich Hungersnot und Revolution. Adam von Trott fühlte sich so frei und weltoffen wie seit langem nicht mehr. Der Druck der ganzen letzten Jahre im Alltag der Diktatur begann von ihm abzufallen. Es kam ihm vor, als würde er aus jahrelanger »innerer Vereisung«[74] allmählich auftauen.

Kaliforniens Küste mit ihrer südlichen Sonne, ihrem wolkenlosen Himmel und ihrer »kristallklaren Luft«[75], ihren Palmen sowie den Farben und Düften ihrer Sträucher und Blumen bezauberte Trott, der noch nie in den Subtropen gewesen war. Doch die äußere Schönheit verstellte ihm auch in diesem Staat nicht den Blick auf die krassen Unterschiede zwischen Arm und Reich, korrupte Zustände, »himmelschreiendes«[76] Elend und soziale Unruhe. In einem Filmstudio, das er in Hollywood besichtigte, zog ein Streik seine Aufmerksamkeit auf sich, über den er jedoch dem Fremdenführer keinerlei Auskunft entlocken konnte. Außerhalb der Geschäftsviertel erschien Trott Los Angeles wenig großstädtisch, da hier »niedrige Häuser mit bunten Ziegeldächern«[77] dominierten. In Los Angeles traf er Verwandte, Freunde von Roger Baldwin, Orientalisten an der Universität sowie den Schriftsteller Upton Sinclair, der ihm sein letztes Buch »Co-op« verehrte. Nur eine Verabredung kam trotz erfolgversprechender Einführungen nicht zustande: die mit seinem Kinohelden Charlie Chaplin.

An die amerikanische Westküste hatte es Trott außer zum Start nach Asien noch aus weiteren Gründen gezogen: Der ihm als Ratgeber empfohlene Sinologe Ferdinand Lessing (er war 1935 emigriert) lehrte an der Universität Berkeley, Julie Braun hatte ihn nach Carmel, ihr neues Domizil, eingeladen, und nicht zuletzt wünschte er, sein Miriam Dyer-Bennet vor langer Zeit gegebenes Versprechen einzulösen, sie in Kalifornien zu besuchen. Dies sollte jedoch nach seiner Vorstellung kein zufälliges, sondern ein beiderseits »frei gewolltes Zusammentreffen«[78] sein. Seine Anfrage zu Beginn des Jahres war lange unbeantwortet geblieben, bis schließlich ein zustimmendes Telegramm der Freundin Klarheit geschaffen hatte. Jetzt nach einer ersten Begegnung auf der Halbinsel Palos Verdes besuchte er Miriam an ihrem neuen Wohnort Taft. Es war ihr Wunsch, daß er ihren Unterricht am Junior College miterlebte, ihre Umgebung und Freunde kennenlernte. Die anfängliche Befangenheit wich. »We are best friends«[79], freute sich Trott. Sie machten eine Autotour in die Berge und Wälder der Sierra Nevada, wo sie Bären, Hirsche und Klapperschlangen sahen, und fuhren durch die Wüste Mojave, in der die höchsten Temperaturen der Erde gemessen werden. Ein Bekannter Miriams zeigte Trott die riesigen Ölfelder, die Taft umgeben. Tag und Nacht hörte man dort »das eintönige Geräusch der Ölpumpen, die den wertvollen Saft aus dem Boden ziehen«[80].

Am 19. Mai erreichte Trott sodann sein Ziel für die nächsten Wochen, das in einer Bucht am Pazifik gelegene Carmel. Als Gast von Julie Braun bewohnte er einen kleinen Flügel ihres Hauses mit ausreichend Platz, seine Bücher auszubreiten. Die Fenster gingen direkt auf den Ozean. In unmittelbarer Nähe lagen Sandstrand und Felsen, von denen aus er Seelöwen und Pinguine zu beobachten liebte. »Seit Jahren habe ich mich gesundheitlich nicht so gut gefühlt«, schrieb er Anfang Juni seinem Vater. »Es kommt, glaube ich, von der Seeluft, der guten Ernährung und der Ruhe und Ungestörtheit, mit der ich meinen eigenen Arbeitsabsichten nachgehen kann.«[81] Wenig später kam, wie verabredet, Wolfram Eberhard in Carmel an. Dessen China-Aufenthalt war inzwischen finanziell gesichert. Denn Frau Braun hatte Trott sogleich bei ihrem Wiedersehen in New York mit dem großzügigen Angebot überrascht, Eberhard ein Stipendium zu gewähren. Zum Arbeitsprogramm beider gehörten Lektionen in der chinesischen Schriftsprache, für Trott kein schnell zu bewältigendes Vorhaben, setzte doch eine anspruchsvolle Lektüre die Kenntnis von mindestens 4.000 Schriftzeichen voraus.

Nachdem sich zu Beginn der Schulferien auch Miriam Dyer-Bennet in Carmel eingefunden hatte, bildeten sie mit Julie Braun und Hasso von

Seebach »alle zusammen eine kleine Gelehrtenrepublik, die«, wie Trott nach Hause berichtete, »sehr gut miteinander auskommt und an der wissenschaftlichen Vorbereitung der Reise nach China einen lebhaften Anteil nimmt«[82]. Gemeinsam traf man sich am Strand oder unternahm Fahrten in den Yosemite National Park und seine Umgegend. Trott erstaunte es immer wieder, daß »man in wenigen Autostunden aus glühender Hitze und wasserlosen, sandigen Ebenen über felsige Bergstraßen zu Regionen ewigen Schnees aufsteigen kann, um dann durch einsame Wälder und gigantische Schluchten in Weide- und Seenlandschaften« und schließlich in die Tiefebene mit ihren »üppigen Obst- und Getreidekulturen« zurückzukehren.[83]

Doch bestand diese Zeit für Trott nicht nur aus eitel Freude. Seine Annahme, Miriam und er seien nun »beste Freunde« und könnten auf dieser Basis ihre brieflich angestauten Mißverständnisse beseitigen, war voreilig gewesen, ja erwies sich nun als Irrtum. Ihre Beziehung behandelte Trott erneut mit großer Diskretion, aber aus mancherlei Andeutungen geht hervor, daß Miriam noch immer von ihrer possessiven Liebe zu ihm beherrscht war, was er nicht akzeptieren konnte und wollte.[84] Hatte er sich seinerzeit in Brüssel von Miriam getrennt, löste er sich jetzt vollends von ihr. Nach seiner Abreise aus Amerika nannte er diesen schmerzlichen Prozeß gegenüber Shiela lakonisch »a hard shake«[85], der auf ihn jedoch klärend gewirkt habe.

In der ersten Juliwoche nahm Trott, vermittelt durch das *Institute of Pacific Relations*, an einem Sommerkurs über chinesische Kultur an der Universität Berkeley teil. Leiter des Kurses war der renommierte Professor Ferdinand Lessing, den er somit nach Wunsch kennenlernte. Erfreut registrierte er zudem, wieviel Anerkennung Eberhard bei den Fachkennern in Berkeley fand. San Francisco interessierte Trott vor allem als »die bedeutendste Umschlagstelle des ganzen westlichen Außenhandels«; von Geschäftsleuten ließ er sich speziell über den Handelsverkehr mit Ostasien unterrichten. Er vergaß dabei nicht, mit dem »imposanten Brückenbau«[86] ein technisches Wunderwerk zu erwähnen, das erst vor wenigen Wochen eingeweiht worden war, die Golden Gate Bridge.

Erst kurz vor seiner Abfahrt erhielt Trott die Information, daß die ihm geschenkte Passage auf einem kleinen britischen Frachtdampfer die Route über die Philippinen nach China und zuletzt nach Japan vorsah, so daß er nicht mit Eberhard zusammen über Japan fahren konnte. Ungleich schwerer wogen indes die »bedrohlichen Nachrichten«[87], die aus dem Fernen Osten kamen. Am 7. Juli war es an der Marco-Polo-Brücke in der Nähe von Peking zu einem Scharmützel zwischen japanischen und chinesischen Truppen gekommen, und noch konnte man etwaige Folgen nicht absehen. Genau zehn Tage danach, am 17. Juli 1937, trat Adam von Trott in San Pedro mit der *MV Maron* seine Asienreise an.

Die Zeit an Bord nutzte er noch vor Erreichen der tropischen Klimazone zu einem Bericht über seine »amerikanischen Eindrücke«[88], bestimmt für die *Vereinigung ehemaliger deutscher Rhodes-Stipendiaten.* Ein Exemplar sandte er an Julie Braun und hatte im Begleitbrief (von einem britischen Frachter in die USA) die seltene Gelegenheit, diesen ohne politische Rücksichten zu kommentieren. Sein Bericht werde, erklärte Trott, in Berlin auch »in allerlei feindliche Hände kommen« und sei daher »mit der Vorsicht abgefaßt, die leider für unsern Sprachstil typisch zu werden beginnt«. Er hoffe aber, daß er dennoch »die notwendigen Hinweise« enthalte, »die den intelligenten Leser weiterdenken lassen«.[89] Dies war etwa angebracht, wenn es in Trotts Bericht heißt, daß die amerikanische Öffentlichkeit zwar »mißtrauisch gegen Verdammungsurteile« sei und abgeneigt, erneut in eine Kriegsstimmung zu verfallen, aber die Tatsache wahrnehme, »daß Europa, statt seine letzten Kriegsschulden zu bezahlen, von neuem aufrüstet«. Ebenfalls zum Weiterdenken lud die untertrieben formulierte Mitteilung ein, »der einfache Mann in Amerika« stehe trotz aller Sympathie »Deutschland mit einer gewissen ärgerlichen Kritik« gegenüber, beruhend auf dem »Vorwurf der Intoleranz«. Trott betonte einerseits, daß die Amerikaner stark mit ihren eigenen Sozial- und Verfassungsproblemen beschäftigt seien und daher nicht in kriegerische Verwicklungen hineingezogen zu werden wünschten, verwies jedoch andererseits auf die Bedeutung der Vereinigten Staaten und Großbritanniens als einem »gemeinsamen weltpolitischen Block«.[90] Nicht in seinem Bericht, wohl aber in einem Brief führte er dazu aus, daß seiner Meinung nach die USA sich »bei jeder ernsteren Gefährdung Englands auf dessen Seite ziehen lassen«[91] würden.

Die Überfahrt über den Pazifik, die drei Wochen dauerte, fand Trott erholsam, zumindest bis die feuchte Hitze einsetzte. An Lesestoff mangelte es ihm nicht, denn zu den etlichen Büchern, die schon zu seinem Gepäck gehörten, war noch eine Kiste eigens für ihn ausgewählter Bücher hinzugekommen. Frau Braun hatte sie als Abschiedsgeschenk auf das Schiff geschickt. Gerne entzog sich Trott den lästig lauten Mitpassagieren und saß »stundenlang neben dem stummen chinesischen Lugposten am Schiffsbug, wo man außer Himmel und Meer nichts anderes sieht und die Maschinen nur ganz entfernt hinter sich stampfen hört«. Sein anderer Lieblingsplatz war der große Mast, auf den er manchmal kletterte und dort die »ruhige Einsamkeit«[92] genoß. Seine Gedanken aber drehten sich um Unerfreuliches. Dem Rundfunk, der an Bord nur schlecht zu empfangen war, hatte er entnehmen können, daß »in Nordchina Kämpfe größeren Ausmaßes stattgefunden haben«. Er dachte an die möglichen Folgen der »unglücklichen deutsch-japanischen Allianz« (der im November 1936 zwischen Deutschland und Japan geschlossene Antikominternpakt), die ihm das Arbeiten in China »verpesten«[93] könnten. Nach Japan oder in die Mandschurei, d. h. dem japanischen Marionettenstaat Mandschukuo, aber wollte er sein Arbeitsfeld nicht verlegen, schrieb er Julie Braun, dann schon eher bei Umstellung seines Themas Neuseeland, Australien oder Südafrika den Vorzug geben.

Plangemäß ging die *MV Maron* am 9. August in Manila vor Anker. Es war Trotts 28. Geburtstag, woran ihn ein Glückwunschtelegramm aus dem fernen Imshausen erinnerte. In Manila war nichts Zuverlässiges über die Kriegslage zu erfahren, jedoch die Bestätigung zu erhalten, daß sich der Konflikt zwischen China und Japan »zu einer kriegerischen Auseinandersetzung ersten Ranges ausgewachsen hatte« und das besetzte Peking unerreichbar war. Die Gefahr bestand, daß man »in absehbarer Zeit als Fremder ohne besondere Mission nach China überhaupt nicht mehr hineinkommen«[94] konnte.

Lange und beharrlich hatte Adam von Trott seinen Chinaplan gehegt, hatte es auch tatsächlich geschafft, ihn auf ein reales Fundament zu stellen, und war zuletzt von einem Kurs des Erfolges in diese Richtung getragen worden – jetzt, unmittelbar vor dem Ziel, konnte alles vergeblich gewesen sein, denn in China herrschte Krieg.

China – »im Mittelpunkt eines Wirbelsturms«

Die *MV Maron* legte am 12. August 1937 in Hongkong an, wurde aber schon am nächsten Tag zum Truppentransport nach Shanghai requiriert und Adam von Trott »mit Sack und Pack an Land gesetzt«[1]. So war er nun ganz ohne Absicht in Hongkong gelandet, und damit abgeschnitten von Geld und Post, denn alles war nach Shanghai gegangen. Auch zu Wolfram Eberhard besaß er keinen Kontakt, denn dieser hatte ihm nur Zeit und Ort ihres geplanten Treffens in Shanghai übermittelt. Wenigstens war das Bankgebäude, wo er stundenlang wegen des Geldtransfers verhandeln mußte, mit damals seltener Aircondition ausgestattet. Trott machte die extrem feuchte Hitze sehr zu schaffen; außerdem litt er an den Folgen von Impfungen. In Hongkong gab es eine Cholera-Epidemie, und die Gefahr ihrer Verbreitung stieg mit der ständig wachsenden Zahl der in die Stadt einströmenden Flüchtlinge. Mieten und Lebensmittelpreise schossen in die Höhe. Aus den Kriegsgebieten kamen fortdauernd schlechte Nachrichten. Nach dem Bericht eines Augenzeugen mußte Shanghai »eine Hölle sein«[2]. Ein deutscher General und Militärberater der chinesischen Regierung in Nanking,[3] den Trott zufällig traf, riet dringend von einer Fahrt in das Landesinnere ab, hielt sie gar für ausgeschlossen. Nordchina mit Peking stand unter japanischer Besetzung, und auch nach Nanking war kein Durchkommen möglich, denn die Eisenbahn war durch Truppentransporte verstopft, die Wasserverbindung zwischen Hangzhou und Nanking blockiert und vermint. Dennoch wollte Trott »die ostasiatische Flinte nicht zu schnell ins Korn werfen«[4], sondern das Eintreffen Eberhards abwarten und es dann zumindest auf einen Versuch ankommen lassen. An eine sofortige Rückkehr dachte er ohnehin nicht, allenfalls an eine Verlegung seines Arbeitsgebiets in eine andere Weltgegend. Wie bei ihm üblich, hatte er in Hongkong bald eine Reihe von Bekannten. Durch den Präsidenten der Universität, Sir William Hornell, erhielt er Zugang zu dieser und ihrer Bibliothek.

Ein Ausflug nach Kanton vermittelte Trott erstmals den Eindruck, wirklich in China zu sein. Bei seiner Besichtigungstour mit einer Rikscha durch die engen, menschenvollen Straßen war er allein auf die Findigkeit des Kulis angewiesen sowie auf einen kleinen Zettel mit chinesischen Schriftzeichen, die er ab und zu Lesekundigen vorhielt. Mit buddhistischer Kunst noch unvertraut, wunderte sich Trott im Tempel Hualin über das »Schmunzeln« der 500 goldenen Statuen von Buddha-Schülern, das ihm »mehr nach guter Laune als nach Weisheit«[5] aussah. Vergangenheit und Gegenwart erlebte er in merkwürdigem Nebeneinander: Während er die neunstöckige Blumenpagode aus dem 11. Jahrhundert erklomm, konnte er aus der benachbarten Parteischule der Guomindang das Einüben von Kampfliedern hören. Für Tourismus war damals keine gute Zeit, und so wäre Trott beim Fotografieren beinahe verhaftet worden, wenn nicht das freundliche Eingreifen eines Studenten ihn aus den Händen eines Soldaten und eines Polizisten befreit hätte.

Auf der Rückfahrt nach Hongkong lernte er den wegen seines schier unglaublichen Abenteurerlebens »berühmt-berüchtigten General Cohen« kennen. Morris Cohen erzählte ihm vom verstorbenen und jetzt »fast kultisch verehrten« Präsidenten Sun Yat-sen, dessen Adjutant er gewesen war. So habe Sun Yat-sen einmal die Namen aller in Europa jemals vertretenen Ideologien in einen Kreidekreis eingezeichnet, um zu verdeutlichen, daß »seine Partei die besten Elemente aller dieser Lehren in sich vereinigen sollte«[6]. Neben Cohen saß im Zug Dr. Heide, ein Berliner Arzt, der an der Militärakademie in Kanton ein bakteriologisches Institut mit chinesischen Mitarbeitern aufgebaut hatte. Heide redete Trott zu, sein »Hauptquartier in Kanton aufzuschlagen«. Da traf es sich gut, daß James M. Henry, der Provost der Kantoner Lingnan-Universität, ihm dort eine Unterkunft anbot. Es hatte sich nämlich herausgestellt, daß Frederick Osborn, Trotts amerikanischer Onkel, Kuratoriumsvorsitzender dieser Universität war. Hier erhielt Trott auch die Empfehlung, sich die noch wenig vom Krieg betroffene Provinz Guangxi im Süden Chinas als Erkundungsobjekt vorzunehmen. Guangxi verdiente insofern Aufmerksamkeit, als General Pai Chung-hsi diesen von ihm fast autonom beherrschten Machtbereich binnen weniger Jahre zu einer Musterprovinz zu entwickeln versucht hatte. Somit konnte Trott dem schließlich am 26. August eintreffenden Wolfram Eberhard schon einen konkreten Vorschlag für die nächste Zeit unterbreiten. Beide bezogen ein Gastzimmer in der Lingnan-Universität, wurden aber sogleich in ihrer ersten Nacht Zeugen eines Bombenangriffs. Als neues Angriffsziel der Japaner hörte auch Kanton auf, ein geeigneter Bleibeort für sie zu sein.

Bei diesem zweiten Aufenthalt fand Trott die Stadt völlig verändert. Sie sah wie ein Feldlager aus. Ein Großteil der Bevölkerung war evakuiert, an jeder Straßenecke standen Soldaten mit aufgerichteten Bajonetten, und selbst die Kulis waren bewaffnet. Zusätzlich zur Kriegsnot wurde Südchina von der größten Überschwemmung seit 20 Jahren und die Küstenregion um Hongkong am 2. September von einem schweren Taifun heimgesucht. Ihm fielen laut Trott 10.000 Menschen zum Opfer. In Hongkong warf er einen Ozeandampfer gegen einen Felsen. Ganze Dörfer waren vernichtet. Trott sah von der Bahn aus, wie »zwei Bauern mit einem Holzscheffel das Wasser aus ihrem kleinen Reisacker zu schöpfen versuchten«[7]. Der Gleichmut der Menschen angesichts solcher verheerender Katastrophen beeindruckte ihn tief. Am Perlfluß in Kanton beobachtete er das Leben der Flußbewohner, die zu den Ärmsten der Armen gehörten. Kaum hatte sich der Taifun ausgetobt, da schmückten sie die Dächer ihrer Sampans mit grünen, vom Sturm abgeschlagenen Zweigen. Die harte Arbeit auf den kleinen hölzernen Hausbooten, schrieb Trott seiner Mutter, werde allein von Frauen geleistet, die »in ihren schwarzen Kleidern, Hosen und langen Zöpfen« aussähen, »wie vor tausend Jahren«. »Sie sind voller Lachen und Schreien und leben doch vor Stürmen und jetzt vor Bomben in dauernder Todesgefahr und am Rand großer Not.«[8]

Eberhard und Trott rechneten damit, daß es Ausländern ohne Auftrag bald unmöglich sein werde, nach China hereinzukommen. Dies würde besonders Deutsche treffen, sollte das Nazi-Regime, wie zu befürchten war, seine bisherige neutrale Haltung in diesem Krieg zugunsten Japans aufgeben – von Trott kommentiert mit den Worten: »Hell, it would be a shame.«[9] Angesichts dieser Lage wollten sich die beiden Männer eine Erkundungstour durch die Provinz Guangxi auf keinen Fall entgehen lassen und schlugen selbst amtliche Warnungen aus. Noch in letzter Minute hatte ihnen das Befriedungskommissariat Guangxis nach Rücksprache mit dem Provinzgouverneur mitgeteilt, daß ihnen kein angemessener Schutz gewährt werden könne und zudem die meisten Orte von der Überschwemmung betroffen seien.[10]

Als einzige Ausländer traten Eberhard und Trott am 4. September die Reise auf einem überfüllten Flußdampfer an. Einen Tag und eine Nacht waren sie auf dem Weststrom bis Wuzhou, dem Grenzhafen von Guangxi, unterwegs. Dort wurden sie von der Strompolizei durchsucht und mußten anschließend vor der Ortspolizei »bei einer Tasse Tee« Rede und Antwort stehen. Die guten (wenngleich nur nordchinesischen) Sprachkenntnisse Eberhards dürften dazu beigetragen haben, daß man ihnen sogar ein uneingeschränktes Einreisevisum erteilte. Von Wuzhou fuhren sie auf einem kleinen Motorschiff stromaufwärts nach Nanning. Ob sie nun am Bug saßen oder in ihrer »Cabine de luxe« – ein nur durch einen Vorhang von der Außenwelt abtrennbares Holzkabinchen –, stets gesellten sich Schüler und Studenten zu den beiden Exoten und unterhielten sich mit ihnen, soweit es sprachlich ging. Andere Mitreisende ließen Trott nicht aus den Augen, wenn er seine Beobachtungen während der Fahrt mit der Schreibmaschine festhielt. Zwei »auf dem Bootsdach gegen etwaige Flußpiraten«[11] postierte Soldaten waren zwar stets zu Späßen aufgelegt, aber unerbittlich beim Fotografierverbot. Nanning, die frühere Provinzhauptstadt, stand ganz im Zeichen schwerer Hochwasserschäden und von Kriegsrüstung. Unzählige junge Rekruten warteten auf ihren Abtransport in den Norden. Trott sah diese Bauernjungen oft »Hand in Hand wie Kinder die Straße entlang gehen«. Die »trotz Krieg und Überschwemmung recht lebenslustigen« örtlichen Wirtschaftsführer nahmen die Seltenheit durchreisender Europäer zum Anlaß, beide zu einem festlichen Gastmahl mit Tischmusik und Singsong-Girls einzuladen. Gereicht wurden, notierte Trott, »Haifischflossen, Schwalbennester, Taubeneier und andere wirklich ausgezeichnet schmeckende Leckerbissen«, dazu »ziemlich widerlicher Reiswein«. Obwohl er an der Unterhaltung nur begrenzt teilnehmen konnte, fand er die chinesische Gesellschaft vergnüglich, auch das »berühmte Fingerspiel, das mit viel Gebrüll vor sich geht«[12]. Weniger amüsierte Eberhard und Trott das Aufsehen, das sie überall wegen ihrer Körpergröße erregten. An einer Bushaltestelle sammelten sich binnen kurzem an die 200 Gaffer, die selbst ein energischer Polizist nicht auseinanderzutreiben vermochte.

Ihre Fahrt setzten sie nun mit dem Bus fort, was ihnen mehr Einblicke in die Bewirtschaftung des Landes als vom Wasser aus ermöglichte. Trott fiel auf, daß Bauern und Handwerker ihre Produkte nicht auf Wagen oder Karren transportierten, sondern selbst schwere Lasten »auf Bambusstangen über der Schulter zum Markt trugen«. Daß das Handwerk noch eine größere Rolle in Guangxi spielte als offiziell angegeben, stellten sie in der Stadt Liuzhou fest, ihrer nächsten Station. Hier besuchten sie eine chinesische Familie, die sie auf dem Schiff kennengelernt hatten, sowie den einzigen Ausländer in dieser Stadt. Da gerade ein »Kalender-Glückstag« war, sahen sie Hochzeitsfeierlichkeiten nach altertümlichem Brauch – den die Regierung wegen des Aufwands ablehnte – mit Musik, Feuerwerk und einem »fetten, lila und rosa gescheckten Schwein als Haupt- und Prunkgeschenk, das in einem Korb wie in einer Sänfte vorbeigetragen wurde«[13].

Mitte September erreichten sie die Provinzhauptstadt Guilin. Hatte die Polizei in Wuzhou ihnen noch den Besuch des berühmt schönen Guilin angeraten, waren sie jetzt bei ihrer Ankunft dort als Fremde höchst unerwünscht. Es herrschte eine angespannte Atmosphäre in der Stadt, und am frühen Morgen hörten sie zahlreiche Schüsse. Wie sie später erfuhren, waren 72 Männer wegen Konspiration erschossen worden. Der Krieg dominierte das Straßenbild: An den Kreuzungen hatte man große Kriegsbilder aufgestellt sowie Karten, die den Frontverlauf anzeigten. Studentinnen in Parteikleidung hielten Ansprachen. Ständig sah man Militärautos vorüberbrausen und Trupps gut ausgerüsteter Soldaten vorbeimarschieren. »In friedlicheren Zeiten«, meinte Trott, »muß Kui-lin ein bezaubernder Ort sein«. Er sprach damit die vielen Baudenkmäler aus sehr alter Zeit an, vor allem aber die malerische Lage der Stadt an mehreren Flüssen und umgeben von grün bewachsenen, »eigentümlichen, steil aus der Ebene aufragenden Bergkegeln«[14] sowie schroffen Felsen mit Grotten und Höhlentempeln. Sie bedauerten, daß sie Guilin, wo sie die herzliche Gastfreundschaft eines jungen amerikanischen Missionars genossen und noch mehr über Guangxi zu erkunden hofften, so schnell wieder verlassen mußten. Doch kam noch ein Höhepunkt zum Schluß: die einwöchige Fahrt auf einem kleinen Familien-Sampan den Lijiang abwärts durch eine Landschaft, die als eine der schönsten Chinas gilt. Schon vor mehr als tausend Jahren hatte der Gelehrte Han Yu den Li-Fluß mit einem seidenen, grünen Band und die Berge am Ufer mit Haarnadeln aus Jade verglichen. Ihr Anblick ließ die beiden Reisenden erkennen – »zu seinem Erstaunen« auch den kundigeren Eberhard –, daß die phantastisch erscheinenden Landschaftsbilder der chinesischen Kunst gar nicht »so stilisiert und naturfern«[15] waren. Ähnlich wie auf der Hinfahrt, bei der sie glücklich ein vermintes Flußgebiet passiert hatten, kamen sie auf der letzten Strecke nach Hongkong mit dem Motorboot unbeschadet an japanischen Kriegsschiffen vorbei.

Wolfram Eberhard und Adam von Trott, die beiden Potsdamer des Jahrgangs 1909, hatten sich »von Anfang an gut verstanden«[16]. Bei ihrem engen Zusammenleben in China blieben natürlich kleinere Reibereien nicht aus. Sein Reisegefährte sei manchmal mit ihm unzufrieden, berichtete Trott, »weil meine angeborene Ungeduldigkeit ganz und gar nicht zu dem orientalischen Wesen paßt«[17]. Er wiederum mochte es nicht, wenn Eberhard Rikscha-Kulis anbrüllte, denn Trott hielt mehr davon, sie mit einem »brüderlichen Lächeln zu gewinnen«[18] – das Rikschafahren war ihm anfangs ohnehin »wenig lieb«[19]. Das Geschick Eberhards im Umgang mit Polizisten, Soldaten und Behörden hingegen, seine Kenntnisse und Erfahrungen wußte Trott sehr zu schätzen. Ihre Fahrt durch Guangxi und die dabei bestandenen Abenteuer, die gemeinsame Arbeit danach in Hongkong schweißten beide zu einem echten Team zusammen. Trott faßte so viel Vertrauen zu Eberhard, daß er ihm Einblick in Hintergrundgedanken seines Studienprojekts gewährte, das dem Funktionieren des chinesischen Staates, speziell den Bedingungen der Souveränität in China, gewidmet sein sollte. Wie Eberhard später berichtete, habe Trott das ›totalitäre‹, auf einer religiösen Ideologie beruhende chinesische Kaiserreich dem totalitären, auf einer »rassistisch/pseudoreligiösen« Ideologie beruhenden Hitler-Staat gegenübergestellt und sich dafür interessiert:

»Was besagt das für die Frage: Warum gehorchen die Untertanen? Und worin liegt die Basis für Loyalität in China in der Zeit um 1936? Die alte religiöse Basis war zerbrochen; eine echte Demokratie existierte nicht. Was leitet den unteren Beamten in der Provinz mit all den lokalen ›pressures‹, dem höheren Beamten in der Hauptstadt zu folgen und loyal zu bleiben?« Einem solchen Projekt sei jedoch im Sommer 1937 der Boden entzogen worden, »als Japan die chinesische Staatsstruktur durch Eroberung zerstörte«.[20] Beide stimmten in ihrer völligen Ablehnung des Nazi-Regimes überein, nicht jedoch in den daraus zu ziehenden persönlichen Konsequenzen. Laut Eberhard hat Trott seine wiederholte Aufforderung zur Emigration zurückgewiesen und dies damit begründet, daß ein Staatsbürger seinem Land zu dienen verpflichtet sei und zu einem erforderlichen Wandel des Regimes notfalls mit dem Einsatz seines Lebens beitragen müsse.[21] Da Eberhard inzwischen das Angebot einer Dozentenstelle in Ankara erhalten hatte, trennten sich in den ersten Oktobertagen 1937 vorzeitig ihre Wege, sie blieben aber freundschaftlich verbunden und hofften weiter auf die Möglichkeit zu wissenschaftlicher Zusammenarbeit.

Noch vor dem Aufbruch nach Guangxi hatte Trott in einem längeren Schreiben an Lord Lothian über seine bisherige Reise und die durch den Krieg für ihn entstandenen Kalamitäten berichtet.[22] Die Rhodes-Stiftung war über seine schwierige Lage bereits von Trotts Freund Latham informiert worden, der auch veranlaßt hatte, daß man ihm im September aus dem finanziellen Engpaß in Hongkong heraushalf. »Ich fürchte, der arme Kerl ist in große Schwierigkeiten hineingeraten«[23], schrieb Carleton Allen an Lothians Assistenten Eric Millar. Beiden schien ein Verbleiben des Stipendiaten in China nunmehr wenig sinnvoll, und sie zogen daher seine Rückkehr ernsthaft in Betracht. Trott seinerseits tat alles, um sich Optionen offenzuhalten.

Zurück aus Guangxi, teilte er Lord Lothian als seine nächste Absicht mit, wie ursprünglich vorgesehen, für kurze Zeit nach Japan zu fahren und, falls möglich, einen Zwischenhalt in Peking einzulegen. Sollte Lothian mit dem Ziel Japan nicht einverstanden sein, bat er um telegraphische Nachricht sowie um die Erlaubnis, dann einen alternativen Studienplan vorlegen zu dürfen.[24] Trott erhielt jedoch weder ein Telegramm aus London noch wurde er zur Rückkehr aufgefordert, was einer vorläufigen Billigung seiner Pläne gleichkam. Um aber auch etwas vorweisen zu können, setzte er sich in Hongkong unverzüglich an die Berichterstattung über Guangxi, wobei ihm Eberhard durch die Übersetzung chinesischsprachiger Materialien half. Bei extrem feuchter Hitze arbeitete Trott nach eigenen Worten »wie ein Pferd«[25] und verfaßte zwei nicht ganz identische Berichte[26], einen englischen: »A Trip to Kwangsi in September 1937«[27] für die Rhodes-Stiftung und einen deutschen: »Streifzug durch die Provinz Kuang-hsi«[28] für die *Frankfurter Zeitung*, die aber von einer Veröffentlichung absah. Auf der Grundlage schriftlicher Quellen, ergänzt von eigenen Beobachtungen und Gesprächen mit verschiedenen Personen in Guangxi gab er einen Überblick über die Strukturen und den – teilweise bemerkenswert fortgeschrittenen – Entwicklungsstand von Verwaltung, Ausbildung, Wirtschaft und Verkehr. Dabei stellte er die Bedeutung heraus, die der Provinz aufgrund ihres straff agrar-militärischen Aufbaus als Reservoir im gegenwärtigen Krieg zukomme, nachdem sich kürzlich General Pai Chung-hsi mit dem Generalissimo Chiang Kai-shek versöhnt hatte.

»Welcome beginning October own risk«, hatte Gustav Ecke Anfang September an Trott auf dessen Anfrage hin gekabelt. Es sei momentan in Peking relativ sicher, ergänzte er brieflich, doch müsse man jederzeit mit »verirrten Kugeln« rechnen, demnächst vielleicht auch mit Cholera oder russischen Fliegerbomben. »Die meisten echten Chinesen aber verlassen uns, es ist zum Heulen.«[29] Daraufhin entschloß sich Trott, die Fahrt nach Japan in Tientsin zu unterbrechen und von dort aus »einen Abstecher von ein paar Wochen«[30] nach Peking zu machen. Am 7. Oktober startete er mit dem Schiff in Hongkong, landete eine Woche später in Tientsin und kam per Bahn am 15. Oktober 1937 in Peking an.

Ecke bewohnte mit seinen hochgeschätzten Dienern Want'ing und Lao San ein »bis in die letzte Einzelheit«[31] stilgemäß eingerichtetes altchinesisches Haus, weitab vom Stadtzentrum. Sosehr Trott »die wunderbare Ruhe«[32] in einem eigenen Seitenflügel und im gartenartigen Innenhof genoß, erwies es sich für seine Arbeit als zweckmäßig, einen Teil der Woche andernorts zu verbringen. Gesandtschaftsrat Hans Bidder, der Geschäftsträger in der Zweigstelle der deutschen Botschaft, hatte ihm einen Arbeitsraum samt Schlafquartier zur Verfügung gestellt, das Trott vor allem wegen der ausgezeichneten Bibliothek dort gerne nutzte. Im Juristen und Orientalisten Bidder fand er zudem einen »außerordentlich gebildeten und sachverständigen Helfer«[33] – was Eberhard nachdrücklich bestätigte. Häufig arbeitete Trott auch in der Bibliothek der mit Harvard verbundenen Yenching Universität. Den Weg dahin, zehn Meilen außerhalb der Stadtmauern, pflegte er mit dem Fahrrad zurückzulegen. Der Universitätspräsident, John Leighton Stuart, nahm sich seiner überaus freundlich an, gewährte ihm den Status eines »special research student« sowie eine Übernachtungsmöglichkeit. Neben Leighton Stuart, den Trott als »einen der besten Kenner des neuen China«[34] ansah, wurde an der

Yenching der Geschichtsprofessor William Hung (Hong Ye) sein wichtigster Gesprächspartner. Die japanische Besetzung führte zu einem teilweisen Exodus chinesischer Professoren aus Peking in Richtung Süden. Zu Trotts besonderem Bedauern traf er daher K.C. Hsiao, die Autorität für chinesische politische Theorie, nur noch kurz an und hoffte, ihn auf dem Rückweg aufsuchen zu können. Von dieser Beeinträchtigung abgesehen, fand Trott in Peking Sicherheit und günstige Arbeitsbedingungen vor. Aus den geplanten paar Wochen wurden fünf Monate.

Der japanisch-chinesische Krieg nötigte, wie erwähnt, Trott eine andere Ausrichtung seiner Studien auf. Da eine Arbeit »über laufende völker- oder staatsrechtliche Probleme ganz außer Frage« stehe, schrieb er seinem Vetter Adalbert, habe er sich nun für ein Thema der Staatstheorie (»Konfuzianismus und einige andere wesentliche Komponenten«), und zwar für »den klassischen Souveränitätsbegriff in China« entschieden. Dabei sei natürlich zu berücksichtigen, daß »ein großer Teil des chinesischen Staatsdenkens« überhaupt nicht in europäische Kategorien hineinpasse und man »hier weniger als irgendwo vom Studium von Verfassungen«[35] ausgehen könne. Einen eurozentrischen Blick, von ihm »Hineindichten unserer eigenen Voraussetzungen in das Ganze«[36] genannt, lehnte Trott ohnehin ab. Sein neues Thema, betonte er, entbehre trotz der historischen Perspektive nicht des »Zeitinteresses«. Denn durch die Untersuchung des Souveränitätsbegriffs könne man nicht nur den »damals verbindlichen Grundlagen von Autorität und Gehorsam«, sondern auch »dem Kern der politischen Psychologie« Chinas nahekommen. Dieser Kern mache sich »teils ganz elementar und atavistisch, teils in der Vermischung mit westlichen Einflüssen auch heute noch und gerade heute wieder geltend«. Bei seiner Themenwahl hatte sich Trott ausgiebig beraten lassen: »Ich habe viel mit chinesischen Gelehrten (vor allem freilich Historikern) hierüber gesprochen, und sie haben mich alle darin bestärkt, daß ich diesen Weg zum Verständnis der fernöstlichen Staatswelt einschlagen sollte.«[37] Bestärkt hatte ihn darin gleichfalls ein deutscher Sinologe und Jurist, der um vier Jahre ältere Hellmut Wilhelm, der in Peking im Exil lebte. Mit ihm – einem Sohn des namhaften Vermittlers chinesischer Geisteswelt, Richard Wilhelm – stand Trott im engen Gedankenaustausch und durfte sich auch seiner reichen, vom Vater geerbten Privatbibliothek bedienen. Die staatsphilosophischen Schriften las er zusammen mit einem Studenten, der aus einer alten Mandarinfamilie stammte und »die Klassiker seit seinem vierten Lebensjahr«[38] kannte. Dieser übersetzte für ihn auch die bislang nur auf chinesisch vorliegenden Texte. Daneben nahm Trott Unterricht in der hochchinesischen

In Peking mit Want'ing und Lao San

Umgangssprache und beherrschte sie bald leidlich. Als Ergänzung zum philosophischen Studium ließ er sich in die chinesische Fechtkunst auf der Grundlage des Taoismus einweisen – eine Welt entfernt vom einstigen Mensuren-Fechten.

Als er einmal vom »Pagodenhügel eines alten Palastgartens über die Seen und Stadtmauern« auf die Westberge hinausschaute, erfaßte Trott die »ungeheure Majestät« der alten Kaiserstadt, von der aus einst »ein Kontinent regiert wurde«[39]. In den Außenbezirken, wo viele Bauern lebten und Vieh auf der Straße lief, kam ihm Peking »wie ein Dorf« vor, im Innern dagegen »wie eine Schatzkammer unerschöpflicher Werte«[40]. Er schilderte seinem Vater die »herrliche, feierlich-ernste Architektur« des Kaiserpalasts, die besondere Farbkombination der Gebäude aus Rotbraun, Blau, Grün und Weiß sowie die »genau abgemessene, weiträumige Umfriedung«, die die Verbotene Stadt als Gesamtheit vollende. »Das Ganze atmet überlegene Weisheit, Ruhe und Kraft.« Über die erstarrte Vergänglichkeit täuschte er sich indes nicht: »Freilich ist alles Leben aus diesen Hallen gewichen, die Höfe sind ausgestorben, und die Trauer des Verfalls dieser großen Kultur lagert über allem.«[41] Der Himmelstempel machte gleichfalls großen Eindruck auf ihn; da nicht allgemein zugänglich, konnte er ihn nur mit einer Sondergenehmigung besichtigen. Kaum weniger unvergeßlich als der symbolische Himmel prägte sich Trott der natürliche »Pekinghimmel« ein, an den er noch am Tag seiner Hinrichtung denken wird. Wenn auch »manchmal der Staubsturm aus der Wüste Gobi eiskalt durch die Straßen« fege, vermerkte er Ende Dezember 1937, so zeige sich in Peking doch zumeist ein »klarer, hellblauer Himmel mit strahlendem Sonnenschein«[42].

Dennoch fühlte sich Trott hier keineswegs in »ein Idyll zurückgezogen«[43], vielmehr wie im »Mittelpunkt eines Wirbelsturms, in dem bekanntlich eine gewisse Ruhe herrscht«[44]. Als die »wenigst erfreuliche Seite der hiesigen Existenz«[45] empfand er den scharfen Gegensatz zwischen den in Sicherheit lebenden Europäern und dem Elend der Chinesen. Der Krieg, der »dieses arme Land außerhalb dieser Mauern heimsucht«, und die Besetzung waren für ihn stets gegenwärtig. Während es Trott in einem Brief nach Hause bei Andeutungen beließ: »Über die Verhältnisse hier kann ich nicht gut schreiben. Sie geben genug zu denken«[46], äußerte er sich gegenüber der Rhodes-Stiftung weniger vorsichtig: »Niemand nimmt die neue Regierung ernst. […] Die Sieger sind ausgesprochen unsicher und wagen nicht, sich in kleinen Gruppen zu zeigen«[47]. In einer späteren Veröffentlichung hob er hervor, daß in Peking nur sehr wenige Chinesen von Rang zur Mitwirkung an der neuen Verwaltung bereit gewesen seien und auf dem Lande die provisorische Regierung »überall auf den militanten Widerstand der mehr und mehr organisierten Bevölkerung«[48] stoße. Laut Hellmut Wilhelm hat sich Trott für die Untergrundbewegung und den Partisanenkrieg der Chinesen sehr interessiert und soviel wie möglich darüber wissen wollen. Nicht zuletzt habe ihn die Frage beschäftigt, inwieweit die persönliche Verantwortung für die einzelnen Widerstandskämpfer maßgeblich war.[49] Ein solches Interesse konnte in einem besetzten Land leicht mißverstanden werden. Der englische Sinologe George E. Taylor, Professor an der Yenching Universität, sah keinen Grund, an Trotts Vertrauenswürdigkeit zu zweifeln. Beide kannten sich schon aus London, und Taylor zögerte nicht, ihn im Rahmen ihres häufigen politischen Gedankenaustauschs auch über die Guerillabewegung zu informieren.[50] Woher er seine Kenntnisse bezog, auch die Tatsache, daß er den chinesischen Widerstand heimlich mit Medikamenten versorgte, dürfte Taylor verschwiegen haben.

Gustav Ecke war an der Katholischen Fujen Universität, die von der Steyler Mission getragen wurde, Professor für europäische Kunst- und

Kulturgeschichte und forschte daneben über altchinesische Kunst in jeder Form. Als Mitbegründer der Zeitschrift *Monumenta Serica* und vor allem als Kenner chinesischer Möbelkunst erwarb er sich internationales Ansehen. Trott profitierte erklärtermaßen von seinem »tiefen Verständnis für das alte China in der Kunst«[51], der Ecke später zugeschriebenen Rolle als »seines Mentors und Lehrmeisters«[52] standen jedoch ihre »gänzlich verschiedenen Gebiete und Blickrichtungen«[53] entgegen. Trotts staatstheoretische Studien lagen dem Kunstprofessor völlig fern. Politisch lebten sie ohnehin in getrennten Welten. Briefe Eckes zeigen diesen als vielseitig gebildeten, geistreichen Mann, der deutliche Worte nicht scheute. Ganz rückwärtsgewandt, hing er einer vergangenen Adelswelt an und hegte »patriarchalisch-volkstümliche« Ideale, die er dann Jahre nach dessen Tod auf den »Landedelmann« Adam von Trott zu Solz projizierte. Da zu diesem Bild die Beteiligung am Umsturzversuch des 20. Juli 1944 nicht passen wollte, erklärte Ecke die Verschwörer zu »unberufenen Ausführern eines ihnen wesensfremden, revolutionären Aktes«[54]. Die festgefügte Weltanschauung Eckes zu bestreiten, darin mag Trott wenig Sinn gesehen haben. Ihn interessierte »menschlich ebenso wie historisch« das nicht auf Ecke beschränkte Phänomen, in Peking Ausländer anzutreffen, die »längst vergangene Phasen der europäischen Entwicklung« repräsentierten. Er hatte den Eindruck, daß auf ihnen, die teilweise schon seit Jahrzehnten hier lebten, »so etwas wie Mehltau liegt, ihr Leben etwas Unwirkliches, oft Trübes hat«, sie zu »Träumern«[55] geworden seien.

Bei deutschen Wissenschaftlern in Peking besaß Ecke den Ruf »einer stark ausgeprägten, genialen, eigenwilligen Persönlichkeit« und galt nicht zuletzt wegen seiner Stimmungsschwankungen als »schwierig im Umgang«[56]. Trott führte dies auf eine »gewisse Schwermütigkeit« zurück, die Ecke als junger Offizier aus dem Weltkrieg mitgebracht habe und die »ihn allen äußeren Unstimmigkeiten gegenüber besonders empfindlich«[57] mache. Er sah in seinem Gastgeber »einen unbestechlichen, scharf, aber fein urteilenden Geist und Charakter«[58]. Ecke (der später eine Chinesin heiratete) nahm für Trott besonders ein, daß es ihm binnen kurzem gelang, die Zuneigung der Chinesen seiner Umgebung zu gewinnen, ob es nun die Diener waren oder der gelehrte Antiquitätenhändler Huang, mit dem sie sich manchmal in einer Weinstube trafen und über Kunst sprachen. Andererseits hielt Ecke seinen Gast für »zu liebenswürdig« und wünschte ihm »etwas mehr Schroffheit und Ablehnung«[59]. Trotz aller Unterschiede und einem nicht störungsfreien Zusammenleben entwikkelten sie Sympathie und Vertrauen zueinander. Nach Trotts Abreise schrieb ihm Ecke: »Freundschaften, bei denen von keiner Seite eine

Sucht mitspricht, sind die einzigen, die bleiben, und das läßt mich auch an unsere Spannungen glauben.«[60]

Bei einem Besuch der Apostolischen Delegation lernte Trott den lateinischsprachigen deutschen Franziskanerpater Eduard Bödefeld kennen. Von ihm erfuhr er, daß sein Vater ehemals als Kultusminister »auch von den Katholiken Deutschlands sehr hoch geschätzt«[61] worden sei. Der Pater lud ihn ins Bruderhaus der Franziskaner ein, das in einem alten chinesischen Palast untergebracht war. Trott war beeindruckt, dort noch den »Geist mittelalterlicher Klarheit und Menschlichkeit«[62] zu erleben. Nach den Erinnerungen des damals in Peking tätigen Sinologen Wolfgang Franke soll Bödefeld »ein ausgesprochener Nazigegner« gewesen sein und »sehr kritisch gegen katholische Kreise, die mit Nazis Kompromisse machten«. Ihm wurde der Ausspruch zugeschrieben, »die katholische Kirche brauche einen Bischof im Konzentrationslager, aber keinen im Staatsrat«.[63]

Auch im fernen Peking gab es einen NS-Aufpasser. Schon vor seiner Ankunft hatte Ecke Trott mitgeteilt, daß er »umgehend den hiesigen Ortsgruppenleiter Dr. Gruber von der Deutschen Schule« aufsuchen müsse, der ihn bereits erwarte – aber nicht mit seiner Begleitung rechnen dürfe. Im Hinblick auf Kontakte mahnte ihn Ecke zu größter Vorsicht. Bei der überschaubaren Zahl von Europäern sitze man hier »ungeheuer auf dem Präsentierteller, wo jeder von jedem alles und noch viel mehr zu wissen glaubt«[64]. Trott ließ sich davon nicht abschrecken und verfügte bald über einen großen Bekanntenkreis, nahm auch an geselligen Veranstaltungen teil. In freundschaftlicher Beziehung stand er nur mit wenigen. Neben den bereits Genannten waren dies Leonore Gräfin Lichnowsky, Dozentin für Nationalökonomie (für Ecke die einzige Persönlichkeit unter den Pekinger Deutschen),[65] der französische Verleger und Buchhändler Henri Vetch, der für die britische Nachrichtenagentur Reuter tätige Frank Oliver, ein guter Kenner Chinas der Gegenwart, sowie der polnische Sinologe Witold Jablonski, von dem sich Trott über die Verhältnisse in Osteuropa belehren ließ. Dann gab es noch die »äußerst anmutige und energiegeladene Tänzerin«[66] Yen Chang. Von ihren Tanzkünsten war Trott begeistert, schätzte aber die philosophische Beschlagenheit der ehemaligen Studentin nicht minder. Es hat sich ein Brief von ihr erhalten, in dem sie »my dearest A« für seine »most creative friendship«[67] dankt und auf seine Hilfe hofft, im Süden Chinas eine andere Arbeit zu finden. Überliefert sind auch Briefe, die Chuo Ping, eine junge Tutorin der Yenching Universität, Trott später nach Deutschland schrieb. Im ersten Brief gestand sie ihm, daß nur seine Abreise sie davor bewahrt habe, sich »hoffnungslos in ihn zu verlieben«[68], so aber könnten sie Freunde bleiben.

Trott verkehrte auch in der britischen Botschaft und traf dort den inzwischen zum Attaché avancierten Gerry Young wieder, der ihn freundlichst empfing. Von Ausnahmen abgesehen, gelang indes seine »Anknüpfung an angelsächsische Kreise«, so schien es ihm, »wohl wegen der allgemeinen Spannung«[69] nicht recht. Es bezeichnet die politische Stimmung jener Zeit, daß ein Deutscher, der im japanisch eroberten Peking auftauchte und dann noch nach Japan reiste, sofort Mißtrauen auf sich zog. Einzelne englische Zeitgenossen berichteten später, daß über Trott Gerüchte kursiert wären und speziell über sein Stipendium gerätselt worden sei.[70] Eine Anfrage beim angesehenen Rhodes Trust hätte hier schnell Aufklärung bringen können. Die aufgeladene Atmosphäre, die im Spätsommer 1938 der Sudetenkrise vorausging, sollte die »gegenseitige Beargwöhnung« unter den Pekinger Ausländern noch steigern. Zufällig erfuhr Trott damals von seinem Freund Taylor, daß einige Amerikaner, mit denen er bislang vertrauensvoll zusammengearbeitet hatte, ihn auf einmal für einen Spion zu halten begannen. »Torheit und Sentimentalität sind ein besonders hier draußen bekanntes Begleitmerkmal solcher Krisen«[71], lautete Trotts Kommentar. Selbst bei Deutschen hatte er hier von Beginn an Vorbehalte gegen sich und seine Studien gespürt. Man wisse offenbar nicht, wo man ihn einzuordnen habe, erklärte er seinem Vater. »Das geht mir leider überall so, aber man ist am Ende nicht nur zum Einordnen da.«[72]

Die weite Entfernung von Europa gewährte Trott Abstand, verringerte aber seine Sorge um die angespannte Lage dort nicht. Einen Schlüssel für den Erhalt des Friedens sah er in den deutsch-britischen Beziehungen. Schon in Oxford war er mit der Bezeichnung »Bruderkrieg« (fratricidal war)[73] für den Weltkrieg aufgefallen und hatte nachher die Erinnerungen des vormaligen Großadmirals Alfred von Tirpitz getadelt wegen »der fixen Idee von der deutsch-englischen Antinomie«, die auf eine »Katastrophenpolitik«[74] hinauslaufe. Ungeachtet mangelnder Redefreiheit auch in Peking nutzte Trott einen Vortrag (anläßlich des Reichsgründungstags am 18. Januar 1938) vor der NS-kontrollierten deutschen Gemeinde, um für ein »friedliches Einvernehmen mit England« zu werben. Der parteiamtliche *Ostasiatische Beobachter* trug keine Bedenken, eine Kurzfassung seines zielgerichteten, propagandistisch aber wenig ergiebigen Redetextes zu veröffentlichen. An historischen Beispielen – »der meisterhaften Führung der europäischen Diplomatie Bismarcks« sowie des Weges in die »Katastrophe von 1914« – warnte Trott davor, die

»Lebenskraft« und den »politischen Willen« der britischen Weltmacht zu unterschätzen. »Das freiheitliche Lebensgefühl«, aus dem »das politische System in England« lebe, sei kein »schwächlicher Liberalismus«, sondern eine Mentalität, die »durch die öffentliche Beratung aller lebenswichtigen, auch außenpolitischen Fragen, durch Erziehung und öffentliche Meinung« die Briten bewußt ermutige und »im Falle der Not zu großen Leistungen fähig« mache.[75] Etwa zur gleichen Zeit widmete sich Trott den beiderseitigen Beziehungen auf der philosophischen Ebene. In einer kurzen Betrachtung, die er einer Buchrezension über die Staatsphilosophie Bernard Bosanquets[76] anfügte, wies er die trotz aller Gegensätze bestehende »innere Verwandtschaft deutschen und englischen Staatsdenkens«[77] nach.

Ecke hatte ein Häuschen »in einem schönen, alten Garten« auf dem Lande nördlich von Peking gemietet, das ihnen abwechselnd für mehrere Tage als »Eremitenklause«[78] diente. Dorthin zog sich Trott gerne mit seinen Büchern zurück, begleitet von seinem geliebten Diener Lao San. »Jeden Morgen weckt er mich und hilft mir dann beim Baden, das in einer mit Holzkohle geheizten japanischen Holzbütte vor sich geht, und jedesmal, wenn ich mir dann hinterher eine Kanne kaltes Wasser übergieße, dann schüttelt er über diesen fremden Unverstand sein graues Haupt«[79], berichtete Trott seiner Mutter. Der alte Diener verbinde kindliche Einfalt mit sehr viel Takt. Von der modernen Zivilisation sei er so gut wie unberührt. Nur einmal in seinem Leben habe er eine Fahrt mit der Eisenbahn gemacht und bei dieser Gelegenheit erstmals ein Schiff gesehen. Die alten konfuzianischen Schriften aber könne er lesen und erläutern. Von dem Refugium aus wanderte Trott in die nahen Westberge und beobachtete unterwegs das bäuerliche Leben, das, so schien es ihm, immer noch so ablief wie in uralten Zeiten. Unmittelbar an seine Gartenmauer grenzte der weite Park des Sommerpalastes. Dieser sei jetzt »ein sehr toter und verlassener Platz, die Höfe mit Unkraut überwuchert«, schrieb er seiner Kusine Margery nach New York. Da sie seinetwegen den chinesischen Roman »Der Traum der Roten Kammer« gelesen hatte, der angeblich im Sommerpalast spielte, schilderte er ihr einzelne Gebäude und Räumlichkeiten, etwa den einst prächtigen Bibliothekssaal, nun voller Staub, zerrissener Tapeten und verrotteter Fensterrahmen, oder die Kinder-Grotte »mit geheimen Treppen und einem gemalten Himmel, in der die Prinzessinnen spielten, wenn es draußen regnete«[80]. Trott versuchte Margery auch die Weisheitslehre des Taoismus zu erklären und empfahl ihr als Einführung in Lao-tse's Werk Arthur Waleys Buch »The Way and its Power«[81].

Nachdem Trott allein schon des Krieges wegen viel Zeit verloren hatte, war ihm bewußt, daß er seine Arbeit nicht würde in China abfassen können. Er beschloß daher, sich hier ganz auf die Sammlung von Material zu konzentrieren und erst nachher, wenn möglich in Paris, an die Ausführung zu gehen. Paris deshalb, weil dort die bedeutenden sinologischen Juristen Marcel Granet und Henri Maspéro lehrten. Anfang Februar legte er der Rhodes-Stiftung eine Gliederung (»grobe Stoffordnung«) vor[82], die ihm als Richtschnur für die Materialsammlung diente. Mit seinem Arbeitsstand war er jedoch nicht recht zufrieden: »Ich habe mich schon ziemlich in mein Material hineingearbeitet, dessen Fülle mir freilich manchmal etwas den Mut nimmt«, teilte er seinem Vetter Adalbert mit, »vor allem macht die Frage der ideenmäßigen Zuordnung sehr große Schwierigkeiten.«[83] Weitere Anregungen versprach er sich vom Kontakt mit Sinologen in Japan. Als im Vorfrühling das Pekinger Klima unangenehm wurde und häufige Staubstürme sowie starke Lufttrockenheit ihm »auf Herz und Nerven«[84] schlugen, brach Trott am 14. März 1938 auf, um die im Oktober unterbrochene Reise nach Japan fortzusetzen.

Sogleich nach seiner Ankunft im Hafen von Moji[85] – an der Meeresstraße zwischen den Hauptinseln Honshu und Kyushu – gewann Trott den Eindruck eines hochtechnisierten Landes: »Eisen- und Betonstrukturen, elektrisches Drähtegewirr, Asphaltstraßen, die Menschen geschäftiger, zweckbestimmter, unpersönlicher«, und dazu noch »Polizeiaufsicht, Pünktlichkeit, Sauberkeit, Strenge auf allen Gebieten«[86]. Den Unterschied zu China empfand er fast wie einen Schock. Doch zunächst fuhr Trott durch überwiegend ländliche, »vulkanisch zerklüftete oder idyllische«[87] Gegenden Kyushus. Er saß in der Eisenbahn unter einheimischen Bauern- und Arbeiterfamilien, stieg in kleinen Gasthäusern ab, in denen man nur japanisch sprach, sah überhaupt tagelang kein westliches Gesicht. Auf dem Kraterrand des Aso, eines der aktivsten und größten Vulkane der Welt, erklärte ihm ein freundlicher Polizist, daß die dort hinaufgepilgerten Frauen, Kinder und Greise »von dem urgewaltigen Brodeln des Kessels eine heilige Wirkung für ihre in China kämpfenden Angehörigen erhoffen«[88]. Vom Thermalort Beppu ging es mit einem Dampfer, der Bauern zum Markt und Fischer zur Arbeit transportierte, durch die Inlandsee von Station zu Station bis nach Kobe. Unterwegs besichtigte Trott die heilige Insel Miyajima mit dem Itsukushima-Schrein. Während seines kurzen Aufenthalts in den Wirtschaftszentren Kobe und Osaka verschaffte er sich unter der kundigen Führung eines deutschen Kaufmanns ein Bild von der enormen Industrialisierung und der wirtschaftlichen Dynamik des Landes.

Knapp drei Wochen brachte er in Tokyo zu. Die Metropole, schrieb Trott, weise zwar äußerlich große Ähnlichkeit mit westlichen Großstädten auf, aber der Kaiserpalast im Zentrum, gleich »einer feudalen Burg von hohen Mauern und einem tiefen, breiten Graben umschlossen«[89], zu dem niemand und schon gar kein Fremder Zutritt habe, weise auf einen gänzlich anderen Geist hin. In zahlreichen Gesprächen mit Philosophen und auch Offizieren erfuhr Trott von der Bedeutung des »Kaisergedankens« als »moralischer Kraftreserve« der japanischen Nation: »Die innere Rechtfertigung für jedes geleistete Werk wurzelt im Kaiser, an seiner Majestät und seinem Glanz nimmt der einzelne durch jede erfolgreiche Leistung gleichsam einen eigenen, bescheidenen Anteil.« Dies erkläre die »leidenschaftliche kollektive Zielstrebigkeit«, die sich in den »militärischen Leistungen der japanischen Armee auf dem Festland« ebenso zeige wie in der »Zähigkeit, mit der dem Inselreich ein technischer Aufstieg ohnegleichen abgerungen wurde«.[90]

Trott achtete in Japan auf alle sichtbaren Anzeichen des Krieges: Da waren die ausrückenden Soldaten, die festlich an die Bahn gebracht, die Gebete und Opfer, die für die Kämpfenden an verschiedenen Stätten verrichtet, und die weißen Kästen mit der Asche der Gefallenen, die von ihren Angehörigen, begleitet von buddhistischen Mönchen, »mit militärischen Ehren eingeholt« wurden. Die Kriegsnachrichten dominierten Presse und Kino, und man konnte Wandplakate sehen, auf denen ein Samuraischwert in der erhobenen Faust vor dem Hintergrund der japanischen Flagge auf der chinesischen Mauer abgebildet war. Obwohl Trott feststellte, daß der Krieg bei den ländlichen Bewohnern durchaus Mißmut hervorrief und unter Intellektuellen »das Riesenausmaß der gegenwärtigen Expansion« auf »schwere Bedenken« stieß, schien ihm die allgemeine Stimmung dennoch wenig von den Ereignissen in China geprägt. Und anders als er sich selbst an die letzten Kriegsjahre in Deutschland erinnerte, herrschte in Japan eine erstaunlich »farbige, lebendige Fülle«[91].

In Tokyo und Kyoto nahm Trott zu japanischen und deutschen Professoren Kontakt auf, um mit ihnen Fragen seiner Arbeit zu erörtern oder in das japanische Staatsdenken eingeführt zu werden. Einen besonderen Kenner auf letzterem Gebiet traf er in dem Jesuitenpater Johannes B. Kraus, der an der Sophia-Universität in Tokyo lehrte. Vorgestellt wurde er auch Generalmajor Eugen Ott, der soeben vom Militärattaché zum deutschen Botschafter befördert worden war. In seinem Hause begegnete Trott »einer Reihe interessanter Menschen«[92], wie dem langjährigen britischen Handelsattaché und Historiker Sir George Sansom und anderen, die noch viel illustrer waren, als er ahnen konnte: etwa der »bewanderte Dr. Sorge, Vertreter der *Frankfurter Zeitung* in Tokyo« und der junge niederländische Diplomat Robert van Gulik, der Trott als »besonders sprach- und landeskundig«[93] auffiel. Sorge wurde 1941 als Topspion für den sowjetischen Geheimdienst enttarnt und im Herbst 1944 hingerichtet, während van Gulik Berühmtheit als Autor von China-Krimis erlangen sollte. Sir George Sansom war Trott schon vorher durch seine Kulturgeschichte Japans[94] ein Begriff. Nun erlebte er ihn als vielseitigen Gesprächspartner, der auch mit den wirtschaftlichen Problemen Chinas bestens vertraut war. Ein Schreiben des *Institute of Pacific Relations* führte Trott bei dessen japanischem Nationalsekretär, Kinkazu Saionji, ein. Er fand ihn »etwas verschlossen, aber ausgezeichnet unterrichtet«[95]. Saionji entpuppte sich 1941 gleichfalls als KGB-Agent im Spionagering Richard Sorges, er kam jedoch dank seiner Beziehungen zu den höchsten Kreisen Japans mit dem Leben davon.

Europäer, die schon lange in China lebten, seien außerstande, meinte Trott, »Japan mit freundlichem oder nur offenem Blick gegenüberzustehen«. Auch ihm, der die »schwere Notzeit Chinas im Süden und im Norden miterlebt« hatte, fiel es nicht leicht, »sich der japanischen Welt ohne Vorurteil zu nähern«[96]. Da er das hiesige System, das seine Kraft »aus einer Laune von oben«[97] bezog, ablehnte, registrierte er um so anerkennender die »erstaunliche antifaschistische Einstellung«[98] japanischer Zeitungen und der Universitätsprofessoren. Allgemein fand Trott in Japan »die Leidenschaft für das Einfache sehr anziehend«, wie sie etwa »im Baustil, in der Wohnweise und in der Kunst zum Ausdruck kommt«[99], wenngleich er erkannte, daß diese Einfachheit letztlich auf die »Kargheit der Not«[100] zurückzuführen war. Als er im April zu einem Ausflug im Badeort Shuzenji auf der Halbinsel Izu weilte, beschrieb er in einem Brief sein typisch einfaches Zimmer, nur mit Strohmatten belegt und großen, hellen Schiebefenstern aus Papier, in einem wegen der Kirschblütenzeit überfüllten Gasthaus. Im heißen Quellenbad dort richteten sich viele Augenpaare auf Trott in seiner ganzen Länge. »Wie ein Gespenst« von Erwachsenen angestarrt zu werden, das war er zwar schon von China her gewohnt, aber in Japan artete dies manchmal in »eine rechte Plage« aus: »Überall sieht man mir nach, stößt sich gegenseitig an, stellt sich absichtlich neben mich, um den Unterschied zu sehen oder duckt sich, um ihn noch größer erscheinen zu lassen.« Zudem sah er sich als Ausländer oft einem »fühlbaren Mißtrauen« ausgesetzt, unterstrich jedoch das Bemühen einzelner, »dem Fremden behilflich zu sein«[101].

Von seiner nächsten Station berichtete Trott nach Hause: »Kyoto ist eine schöne, zwischen grünen Bergen gelegene Stadt, die etwas an München erinnert. Ich wohne in dem kleinen Haus eines sympathischen Missionars aus Amerika und erhole mich eben von einer starken Erkältung, die mich einige Tage etwas dumm und unbeweglich machte. Ich sehe und erlebe viel, was mich den Osten von Grund auf besser verstehen läßt.«[102] Ein guter Kontakt entwickelte sich zum Ehepaar Hermann und Hanna Bohner, nahen Verwandten von Hellmut Wilhelm. Der seit seiner Kriegsgefangenschaft in Japan als Lehrer tätige Bohner war Sinologe und Japanologe zugleich und trat durch maßgebliche Übersetzungen altjapanischer Literatur hervor.[103] Er führte Trott in die Fülle und Komplexität japanischer Forschung über altchinesisches Denken ein, vermittelte ihm auch einen Besuch in Hiroshima beim Philosophen Kitamura Sawakichi[104]. Bohners begleiteten ihn sachkundig ins »herrliche Nara«[105] mit seinen Tempeln und Statuen, zum Nationalheiligtum Ise und auf die Koya-Berge zu einem buddhistischen Studienzentrum. Eine kleine »Koya-Szene«[106] prägte sich Hermann Bohner besonders ein: unter den Riesenzedern Trott mit Novizen im heiteren Gespräch.

Ende April verließ Adam von Trott Japan, um über Korea und die Mandschurei (beide damals zum japanischen Herrschaftsbereich gehörig) nach Peking zurückzukehren. In Seoul wurde er freundlich von dem einzigen Deutschen aufgenommen. Dieser, der Lehrer Christian Hupfer, erwies sich als ausgezeichneter Fremdenführer und machte ihn zudem mit dem Franzosen Emile Martel bekannt, der fesselnd und amüsant von seinen Erlebnissen im Verlauf von 40 Jahren koreanischer Geschichte erzählen konnte. Trotts nächste Station war die Benediktinerabtei Tokwan, in der Nähe der nordkoreanischen Hafenstadt Wonsan. In Abtbischof Benedikt Sauer begegnete ihm eine »besonders interessante und überlegene Persönlichkeit«, die nicht nur profunde Kenntnisse von Korea besaß, sondern auch »die größeren Zusammenhänge der Festlandpolitik der verschiedenen Mächte und das Missionsproblem der letzten Jahrzehnte«[107] überblickte. Mit Pater Rupert Klingseis, Philosophieprofessor am dortigen Priesterseminar, tauschte er sich über Hegel aus und vertraute ihm wohl auch seine Glaubenshemmnisse an. Auf Trotts Dankesschreiben antwortete der Pater: »Es hat mich gefreut, in Ihnen einen so lieben, objektiv denkenden und ehrlich nach Wahrheit suchenden Menschen kennen lernen zu dürfen. Die hl. Schrift sagt: ›Gott ist gut denen, die ihn suchen.‹ Mögen auch Sie diese Güte Gottes immer mehr verspüren! […] Wenn es Ihnen möglich ist, kommen Sie nochmals zu uns, bevor Sie den Osten verlassen.«[108] Beide, der Abtbischof und Pater Klingseis, sollten 1949/50 in Pjöngjang während schwerer Kerkerhaft verhungern.

Die Stadt Mukden (Shenyang) erschien Trott als »ein recht mieses Nest«[109]. Sein dortiger Gastgeber, der allseits beliebte Sinologe Walter Fuchs, versöhnte ihn indes mit einem weiten Ausflug in die mandschurische Landschaft: »wild, bergig, rauh, wo die chinesischen Bauern noch eben anfingen, dem ungebrochenen Boden die Kultur abzuringen«[110]. Den Aufenthalt in Harbin hingegen fand Trott überaus lohnend. Nachdem Rußland um die Jahrhundertwende Eisenbahnlinien nach Vladivostok und nach Port Arthur über Harbin gebaut hatte, entwickelte sich dieses schnell zu einer internationalen, vorwiegend von Russen bewohnten Metropole. Infolge des Zustroms von Emigranten nach Revolution und Bürgerkrieg wuchs Harbin sogar zur größten russischen Stadt jenseits der Grenzen Rußlands an. Orthodoxe Kirchen und Synagogen, russische Häuser, Läden, Restaurants, Bildungs- und Kultureinrichtungen prägten Stadt und Stadtbild. Auf dieses »russische Element« stieß Trott hier nun unvermutet, und es erweckte in ihm den Wunsch, sich »mit den Russen einmal recht gründlich zu befassen«[111], eingedenk seiner einstigen Vorliebe für russische Literatur. In Harbin war er Gast der weitverzweigten, früher russischen Firma I. I. Tschurin & Co., die an der Erschließung Ostsibiriens kommerziell beteiligt gewesen war. Der deutsche Leiter, E. O. Fütterer, ein Försterssohn aus dem Schwarzwald – von Trott als sehr geschickt und tatkräftig beurteilt –, gewährte ihm Einblick in seine unter schwierigsten Verhältnissen betriebenen Unternehmungen. Über Stationen in Xinjing (Changchun), damals die Hauptstadt des von Japan abhängigen Staates Mandschukuo, Dairen (Dalian) und Tientsin kehrte Trott Ende Mai von seiner insgesamt zehnwöchigen Reise nach Peking zurück. Obwohl eine »gewaltige Anstrengung«[112], habe ihm »diese höchst interessante Reise«, meinte er hinterher, »Ostasien in vielerlei Hinsicht erst eigentlich zu erschließen begonnen«.[113]

Am 12. März 1938 marschierten deutsche Truppen in Österreich ein, und am nächsten Tag wurde der »Anschluß« an das Deutsche Reich vollzogen. Trott erfuhr davon verspätet, Genaueres erst nach seiner Ankunft in Japan. Von dort schrieb er der Freundin Shiela, sie könnte es befremdlich finden, daß er sich bei solchen Veränderungen in Europa im Fernen Osten herumtreibe, aber er ziehe das »einer demütigenden Inaktivität zuhause«[114] unbedingt vor. Nach dem Erhalt weiterer Nachrichten bat er sie, nicht in Hysterie zu verfallen, obwohl es gute Gründe dafür gebe. Trott schlug ihr vor, möglichst die Krisenregion zu verlassen und nach Amerika zu gehen. In einem Brief an seinen Vater bezeichnete er »das österreichische Ereignis« als den »bisher größten Erfolg unserer neuen Politik, das einem von hier draußen gesehen als eine außerordentlich bedeutsame Veränderung vorkommt«[115]. Dieser Kommentar klingt wie ein Bekenntnis zur »großdeutschen Lösung«, d. h. zur Zugehörigkeit Österreichs zu Deutschland, und doch enthält er, genau besehen, weder Zustimmung noch gar Begeisterung, woran keine Zensur gehindert hätte. Die unmittelbaren Folgen des Anschlusses abzuschätzen fiel Trott aus der Ferne schwer. Zuerst sah er die Kriegsgefahr als verringert an, dann wieder trug er sich wegen dieser Sorge zeitweilig mit dem Gedanken, von Japan aus heimzukehren. Mitte Juni hoffte er zwar, daß ein Bewußtsein »der gemeinsamen Gefährlichkeit«[116] den Frieden in Europa erhalten werde, schloß einen Krieg aber nicht ganz aus.

Den Reisebericht über Japan, Korea und die Mandschurei für die Rhodes-Stiftung, den er gleich nach seiner Rückkehr begonnen hatte, hielt Trott angesichts der »kriegsumwitterten Horizonte«[117] nicht mehr für vordringlich. Statt dessen schrieb er unter dem Titel »Far Eastern Possibilities« ein Memorandum, in dem er das internationale Gefahrenpotential des japanisch-chinesischen Krieges aufzeigte und als möglichen Ausweg eine britisch-deutsche Intervention befürwortete, die zugleich zur Entspannung in Europa beitragen könnte. Das Memorandum samt seinem Begleitschreiben an Lord Lothian[118] konnte Trott am 1. Juli 1938 dem britischen Journalisten und Schriftsteller Peter Fleming nach London mitgeben. (Ihn, den damals viel bekannteren Bruder von Ian Fleming, hatte er in Hongkong kennengelernt und kürzlich in Peking wiedergetroffen.) Parallel dazu verfaßte Trott auf deutsch die Denkschrift »Ostasiatische Möglichkeiten«[119] ähnlichen Inhalts.

Beachtenswert in beiden Memoranden sind seine Beschreibung und Analyse der damaligen Lage sowie seine Vorhersagen für die Zukunft, die sich im Rückblick als überaus weitsichtig erweisen. Er führte aus, daß Japan trotz seiner absoluten militärischen Überlegenheit den Krieg in China letztlich nicht gewinnen könne. Es sehe sich »den riesigen, durch das von ihm besetzte Verkehrsnetz nicht unmittelbar berührten Gebieten des Festlandes« gegenüber. Hier operierten die chinesischen Restarmeen sowie kommunistische Agitatoren, und von hier aus hielten »schwer faßbare« Guerilla-Einheiten die japanischen Stellungen in Unsicherheit. Während in einigen Gebieten des Hinterlandes die Disziplin der nationalchinesischen Streitkräfte hätte aufrechterhalten werden können, seien andere »durch das Einströmen von Flüchtlingen und versprengten, zu ungeordnetem Banditentum übergegangenen Soldaten, auch infolge der allgemeinen wirtschaftlichen Zerrüttung einem Zustand völliger Anarchie preisgegeben«. Solange dieser Krieg andauere, könne »von einer wirtschaftlichen Befriedung oder Entwicklung des Landes keine Rede sein«. Es sei zu erwarten, daß bei zunehmendem Druck »der politische und militärische Widerstand im Hinterland« nicht mehr von den chinesischen Nationalisten dominiert werde. Die fortgesetzte Expansion der Japaner werde statt dessen »die Chinesen unwiederbringlich in die Arme Sowjetrußlands treiben und den Kommunismus zum Sieg bringen«. Da vom fanatischen Glauben beseelt, China von fremden Einflüssen befreien und gemäß ihrer Kaiseridee einen »heiligen Krieg« führen zu müssen, seien besonders die jungen japanischen Offiziere und Soldaten nicht in der Lage, diese Gefahren zu erkennen. Rücksichtslosere Kämpfer als sie könne man sich kaum vorstellen, die Begleiterscheinungen ihres Kampfes erinnerten »an den verheerenden Charakter der europäischen Religionskriege«.[120] (Vermutlich ein Hinweis auf die Greueltaten japanischer Truppen bei der Eroberung Nankings im Dezember 1937.)

Die europäischen Großmächte und die USA müßten jedes weitere Vordringen Japans mit äußerster Sorge betrachten. Nicht nur ihre bedeutenden Wirtschaftsinteressen – ebenfalls Amerikas strategische Stellung auf den Philippinen – seien bedroht, sondern sie müßten langfristig mit dem Verlust ihres Einflusses in Ostasien rechnen. Mit einem Zitat des Kommunistenführers Mao Tse-tung, der erklärt habe, die Briten würden noch zu der Überzeugung gelangen, daß es besser für sie sei, »was sie haben mit Hilfe der Sowjetunion zu erhalten, als es an Deutschland und Japan zu verlieren«[121], wies Trott auf ein mögliches, für Deutschland höchst prekäres Szenario hin. Die Gefährdung der britischen Position in China durch den ungehemmten japanischen Vorstoß könnte die englische Regierung zur Verständigung mit Sowjetrußland treiben, der sich auch die USA und Frankreich anschließen könnten. Diese Mächtekonstellation aber würde zur Isolierung Deutschlands und Japans führen.

Um den so aufgezeigten Gefahren zu begegnen, regte Trott eine gemeinsame deutsch-britische Vermittlungsaktion auf der Grundlage an, daß Japan auf die politische Unterstützung Deutschlands ebensowenig verzichten könne wie auf die wirtschaftliche Großbritanniens. Die Hindernisse, die vor einem Waffenstillstand zu überwinden waren, schätzte er jedoch nicht gering ein: die Anerkennung Chiang Kai-sheks als Verhandlungspartner, die Wiederherstellung der territorialen Integrität Chinas und die Austarierung der verschiedenen, insbesondere der japanischen Interessen. Skeptisch blieb er ebenfalls hinsichtlich der gewünschten Kooperation. »Wenn man die europäische Lage betrachtet, dann ist man nicht sehr optimistisch, daß eine solche Zusammenarbeit in Ostasien zustande kommen kann«, schrieb er Lord Lothian. Dennoch brachte er die Nebenabsicht seines Vorschlags zur Sprache: »Aber sollte es dazu kommen, dann würde sie sicher auch eine Verbesserung der englisch-deutschen Beziehungen in Europa bewirken.«[122]

Nur in der deutschen Fassung verknüpfte Trott seine Argumentation für eine Friedensinitiative in Ostasien mit warnenden Hinweisen auf den – zur Tarnung als naiv und verleumderisch bezeichneten – Ruf Deutschlands als »Angreiferstaat«. Deutschland werde verdächtigt, teilte er mit, »jede Gefährdung der Überseestellung Englands« als strategischen Vorteil »für einen späteren Angriff auf die Westmächte« zu begünstigen. In der öffentlichen Meinung Amerikas werde die deutsche Politik geradezu mit ›Krieg‹ gleichgestellt, werde Deutschland Millionen von Amerikanern »als Kriegsungeheuer« vorgeführt, »das jeder ehrliche Demokrat womöglich noch eines Tages mit der Waffe bekämpfen müsse«.[123]

Die »Ostasiatischen Möglichkeiten« ließ Trott durch seine Mutter in etwa 50 Exemplaren versenden, vor allem an Freunde und Bekannte, bei denen er sich auf diese Weise in Erinnerung bringen wollte. Einige Exemplare gingen auch an Sachkenner oder Personen von gewissem Einfluß, so an Reichsbankpräsident Hjalmar Schacht, der mit einem »anerkennenden und zustimmenden Brief«[124] reagierte. Albrecht Haushofer, Professor für politische Geographie in Berlin, der Japan und China selbst bereist hatte, teilte in seiner Antwort mit, daß er »den Bericht mit großem Interesse gelesen und an interessierte Stellen weitergegeben«[125] habe. (Besser als andere dürfte Haushofer gewußt haben, daß ein derartiger Vorschlag am anglophoben Außenminister Ribbentrop scheitern mußte. Haushofers eigene Bemühungen, als freier Mitarbeiter diesen außenpolitisch zu beeinflussen, blieben vergeblich. Seine Warnungen wurden von Ribbentrop als »Secret Service-Propaganda« abgetan.[126]) Die deutschen Botschafter in Japan und China, Eugen Ott bzw. Oskar Trautmann, gehörten ebenfalls zu den Empfängern der Denkschrift. Letzterer hatte jedoch kein Verhandlungsmandat mehr, da er Ende Juni von seinem Posten in Hankou abberufen wurde. Von Herbert von Dirksen, der kürzlich vom Botschafterposten in Tokyo nach London gewechselt war, kam ein mehr oder weniger positives Echo, doch damit hatte es sein Bewenden. Trott selbst hat von vornherein die Realisierungschancen seiner Vorschläge wenig hoffnungsvoll beurteilt und wollte nur, wie er Graf Bernstorff schrieb, »einer offenbar verderblichen und unnötigen Entwicklung nicht ganz untätig«[127] zusehen. Als Beobachter der Verhältnisse in China hielt er schon zwei Monate später einen »Kompromißfrieden« für nicht mehr möglich«[128]. Trotz der sich weiter verschlechternden Bedingungen für einen Verhandlungsweg blieb er von der Notwendigkeit einer britisch-deutschen Intervention im Fernen Osten überzeugt – nicht zuletzt im Interesse der Beziehungen beider europäischen Mächte.[129] Er wußte aber, daß »alles« von Deutschland abhing und dort »vernünftige Lösungen«[130] keine Konjunktur hatten.

Bezeichnenderweise wurde Trotts Memorandum von britischer Seite ernster genommen als von deutscher. Sofort nach eigener Kenntnisnahme Anfang August hatte Lord Lothian dieses der Vorlage an Außenminister Lord Halifax für wert gehalten. In seinem Begleitbrief stellte er den Verfasser als deutschen Rhodes-Stipendiaten vor, der »im Dritten Reich zu ersticken drohte«[131]. Vom Außenminister gibt es keine schriftliche Stellungnahme, wohl aber mehrere Kommentare seiner Mitarbeiter, die das Papier als »interessant« bezeichneten und seine Berücksichtigung empfahlen.[132] Angesichts der sich im September 1938 zuspitzenden Krise um das Sudetenland wurde es jedoch zur Wiedervorlage zurückgestellt. Der britische Botschafter in China, Sir Archibald Clark Kerr, dem Trott seine Denkschrift Anfang Oktober in Shanghai persönlich überreichte, nahm sie »mit entschiedener Billigung«[133] auf. Ungeachtet einer zeitweiligen Entspannung infolge des Münchener Abkommens sah man danach im britischen Außenministerium keine Basis mehr für eine derartige Zusammenarbeit mit dem NS-Regime. Anfang des Jahres 1939 wurde die Akte »Far Eastern Possibilities« geschlossen.

Unmittelbar nach Abfassung der Denkschriften brach Trott im Juli zu einer weiteren Erkundungstour auf. Sie führte ihn durch die Provinz Shanxi nach Datong und weiter in die Innere Mongolei bis nach Baotou am Oberlauf des Gelben Flusses. Unterwegs konnte er beobachten, »wie dünn die japanische Militärkontrolle in den ›eroberten‹ Gebieten« war. Besetzt hielten die Japaner dort oben »faktisch nur noch die Bahnen«, die Verwaltungszentren wurden hingegen von nationalchinesischer Seite dirigiert. Dies konnte sich seiner Meinung nach zwar wieder ändern, sobald der seit Wochen belagerte, zeitweilige Regierungssitz Hankou in japanische Hände fiel und »ungeheure Truppenmassen« frei wurden, aber schon in der Vergangenheit hatten die Japaner ihre Erfolge »nicht überzeugend«[134] ausnutzen können. Seine auf den knappen Nenner gebrachte Einschätzung: »Japan kann China nicht erobern – China kann die Japaner nicht vertreiben«[135], fand er somit bestätigt. Er registrierte auch das Erstarken des kommunistischen Einflusses im besetzten Norden. Eine seiner Informationsquellen war der aktuelle Dokumentarbericht »Red Star over China«, den der amerikanische Journalist Edgar Snow auf der Grundlage von Gesprächen mit führenden chinesischen Kommunisten, darunter mit Mao Tse-tung, verfaßt hatte. Vorläufig sähen diese ihre wesentliche Aufgabe in der Abwehr des äußeren Feindes, schrieb Trott an Eberhard, sie würden jedoch zukünftig bestrebt sein, die politische Richtung in einem notwendigerweise gewandelten Nachkriegs-China zu bestimmen. Insofern sei es für die weitere Entwickung Chinas entscheidend, ob die gegenwärtige Einheitsfront zwischen Nationalchinesen und Kommunisten über das Notbündnis hinaus vertieft und neue Bürgerkriege vermieden werden könnten. Neben den harten Fakten von Krieg und Politik war Trott in der Inneren Mongolei empfänglich für eine fast entrückende Atmosphäre, verspürte dort Weite und Ewigkeit. In der unter Kriegsrecht stehenden Stadt Baotou gaben sich ihm ein alter Mongolenfürst und seine Fürstin mitten im 20. Jahrhundert als Erben der Ideenwelt von Dschingis Khan zu erkennen, der 700 Jahre zuvor unweit von hier seine Grabstätte gefunden hatte.

Als Shiela Grant Duff vom Krieg in China erfuhr, bat sie Trott inständig, das Land sogleich zu verlassen. Den Gedanken an seinen möglichen Tod könne sie nicht ertragen. Er müsse doch bei der Errichtung eines neuen Europa dabeisein und ihr zeigen, daß dort »nicht alle verrückt und böse« seien. »Please darling sweet come back and do not die. […] I am in great need of you.«[136] Solche und andere Bekenntnisse zu ihm konnten jedoch seinen Kummer ihretwegen nicht mindern. Gustav Ecke fand den Freund so unangemessen davon erfaßt, daß er »instinktiv gegen diese Bindung«[137] kämpfte. Trott war sich darüber im klaren, daß Shiela seine Gefühle nicht in gleicher Weise erwiderte. Um so mehr lag ihm an ihrer Beziehung als Freunde. Es quälte ihn, daß unter dem Druck der politischen Verhältnisse ihrer beider Ansichten in einigen Fragen auseinanderdrifteten, was, so seine Befürchtung, ihre Freundschaft unterminieren werde. Im Sommer 1938 machte er schließlich seinem Herzen darüber Luft.[138] Er warf Shiela vor, daß sie als Journalistin das differenzierte und faire Urteilsvermögen vermissen lasse, das ihrer Freiheits- und Wahrheitsliebe gemäß sei. Allgemein kritisierte er die pauschale Verurteilung Deutschlands, d. h. die fehlende Unterscheidung zwischen Land und Regime, zumal er wußte, daß Shielas Mentor, der amerikanische Journalist Edgar Ansel Mowrer, sie genau in diese Richtung beeinflußte. Die Engländerin hatte die Gleichsetzung von Deutschen und Nationalsozialisten bislang vermieden, andernfalls hätte sie sich keine so enge Freundschaft mit einem Deutschen erlaubt. Nun aber hielt sie Trott entgegen: »Was ist denn getan worden, um den Unterschied zwischen Regierung und Volk zu zeigen? Nichts. In Augenblicken des Ärgers denkt man ›Sie sind gleich, und ich verurteile sie beide‹ oder ›Sie sind verschieden, doch das Volk ist zu feige und schwach, dies zu äußern‹.«[139] Seine Forderung, was in Deutschland geschehen sei, als »europäisches Phänomen und Verantwortung«[140] zu betrachten, konterte sie mit den Worten: »Ich bestreite, daß wir Deutschland dazu getrieben haben, ein Regime zu akzeptieren, das Krieg bedeutete.«[141]

Shiela Grant Duff war damals ganz erfüllt von der Aufgabe, mit einem Buch vor der Bedrohung der Tschechoslowakei durch Deutschland zu warnen und die schwache Haltung der britischen Regierung hierbei bloßzustellen. In ihrer Rigorosität übersah sie, daß der Freund politisch auf der gleichen Seite stand wie sie. So wertete Trott die britische Bekräftigung einer Verpflichtung gegenüber der Tschechoslowakei im Mai positiv und billigte Shiela und ihren Journalisten-Kollegen sogar einen Anteil daran zu. Doch als sein Brief eintraf, war das schon nicht mehr aktuell. Überhaupt hatte er das Pech, daß seine streitbaren Briefe die Freundin zu einer denkbar ungünstigen Zeit erreichten, mitten in der Sudetenkrise.

Während seiner ganzen Zeit im Ausland nahm Trott regen Anteil am Leben seiner Familie in Imshausen, über das ihn vor allem die Mutter und manchmal auch der alte Vater oder Geschwister ausführlich unterrichteten. Ein beherrschendes Thema war der mißglückte Versuch des ältesten Bruders Werner, an der Universität Marburg zu promovieren. Seine Doktorarbeit war zunächst angenommen und sehr gut beurteilt, dann aber auf Initiative des Dekans abgelehnt worden. Das langwierige Verfahren und schließliche Scheitern stürzten den Betroffenen in eine Nervenkrise. Adam bedauerte, daß er seinem Bruder nicht beistehen konnte. Nach eingehender Lektüre würdigte er dessen Arbeit – einen geistesgeschichtlichen Beitrag u. a. zu Martin Luther – als »großen Wurf«, meinte allerdings, daß sie »dem wissenschaftlichen Rahmen einer Dissertation«[142] nicht entspreche. Er befürwortete Werners Absicht, eine neue Arbeit zu schreiben, und bat die Mutter, die geistigen Anliegen des Bruders nicht zu unterschätzen. Es sei ein »schwerer Fehler«, schrieb er ihr, seine (Adams) Bemühungen für wichtiger zu halten, zumal dies Werner verletzen müsse. »Du und er sind in ihrem Urteil über meine Lebensführung sehr verschiedener Ansicht. Es wäre gewiß besser, wenn seine Kritik mehr Vertrauen, und Dein Vertrauen mehr Kritik in sich schlösse.«[143] Immer wieder warb Adam bei den Eltern für Werner und erklärte dessen »oft übertriebene Heftigkeit, Bitterkeit und Ungerechtigkeit« mit einer »außerordentlichen Empfindlichkeit eigenen als fremden Unvollkommenheiten gegenüber«[144]. Als er jedoch im Sommer 1938 vom Rückzug seines Bruders nach Imshausen erfuhr, mißbilligte er dies: »Aus Achtung und Liebe für Werner muß man den Gedanken an Resignation mit aller Strenge niederkämpfen.«[145] Seine ungewohnt harschen Worte zeigen, daß hier einer der zentralen Lebensgrundsätze Adam von Trotts berührt war. Ebensowenig wie sich selbst wollte er dem anspruchsvollen Bruder gestatten, zu resignieren.

Auf einem anderen Blatt stand seine Sorge um die ohnehin belastete Mutter und ihre schlechte Gesundheit. Eleonore von Trott gab in ihren Briefen an Adam zu, daß Werner »sehr anstrengend« sei, und klagte: »Das Absprechende und Entwertende macht so müde.«[146] Die älteste Tochter Vera hingegen verließ damals das Elternhaus, um sich ganz dem von ihr geschaffenen Zentrum für kirchliche Kinderfreizeiten in der »Untermühle« zwischen Imshausen und Solz zu widmen. Wenn Adam auch seiner Schwester gegenüber die Meinung vertrat, daß »wir uns in Imshausen nicht anwurzeln dürfen«[147], anerkannte er ihren Schritt, sich »ohne den sicheren Hafen des dauernden Verbleibens in der Familie«[148] durchzusetzen und zu arbeiten.

Für reichlich Diskussionsstoff in Imshausen sorgte das »Reichsgesetz über das Erlöschen der Familienfideikommisse« vom 6. Juli 1938, da auch Familienstiftungen darunter fielen. Die Mutter berichtete nach Peking: »Werner ist wegen der neuen Bestimmungen sehr aufgeregt und denkt an nichts anderes. Vater sagt, das wird noch lange dauern, auch sind die Ausführungsbestimmungen noch nicht heraus. [...] Werners Idee ist, daß das Gut geteilt werden und Heini aus dem oberen Teil einen Erbhof machen sollte. Vater sagt, das würde eine lebenslängliche Quälerei sein, weil es zu wenig ist und nicht genügend Geld vorhanden. Ich traue Heini nicht die nötige Energie zu und finde es zwecklos, jetzt darüber zu debattieren. Die Solzer [Verwandten] nehmen die Sache sehr ruhig hin.«[149] Adam reagierte ebenfalls besonnen. Nach genauer Durchsicht des Gesetzestextes riet er, nichts zu überstürzen, sondern die Entscheidungen bei allen Beteiligten reifen zu lassen. Er bot an, den Rat ihm bekannter Experten einzuholen, um den Spielraum zwischen Sonderregelung und radikaler Durchführung auszuloten. Dem Wunsch von Heinrich, in die Landwirtschaft zu wechseln, verschloß er sich nicht, wies den Bruder allerdings auf die Härte dieses Berufs hin. Auf keinen Fall wolle er »als Treiber in irgendeine bestimmte Richtung angesehen«[150] werden, äußerte Adam, versicherte aber den Eltern, daß sie jederzeit mit ihm rechnen könnten. Der Vater bat ihn jedoch »dringend darum«, seine Zeit in China nicht zu verkürzen, und schrieb: »Nach meinem Empfinden würdest Du ein Unrecht an Dir selbst begehen, wenn Du ohne Not anders handeltest«[151]. Die Mutter teilte diese Meinung und betonte, daß Adam »etwaige Rufe« seiner Brüder jetzt nicht beachten und nur dann vorzeitig heimkehren solle, wenn sie ihn »ausdrücklich darum bitte«[152].

In Peking vertiefte sich Trott nochmals für einige Wochen in seine Studien. Er sah sich hierbei, berichtete er Wolfram Eberhard, zunehmend durch seine ungenügende Kenntnis chinesischer Schriftzeichen behindert. Sie bedinge seine Abhängigkeit von der zufälligen Begriffswahl der »meist staatswissenschaftlich nicht vorgeschulten Übersetzer«, die keine genauen Definitionen der grundlegenden Begriffe zulasse. Es komme ihm daher »anmaßend« vor, das Hauptgewicht auf die klassische Staatslehre zu legen. Dieser Umstand, aber wohl auch sein vorrangig politisches Interesse bewogen Trott, den Fokus seiner Arbeit auf »den Kontrast, den Konflikt und das Zusammenwirken« chinesischer Ideen mit westlichen und sowjetischen »in der gegenwärtigen Reichskrise« zu verschieben. Die Eigenart der altchinesischen Staatslehren zu kennen, hielt er dennoch nicht für vergeblich, da sie seiner Ansicht nach »tiefe und wichtige Spuren in der politischen Mentalität«[153] der Chinesen hinterlassen hatten. Ungeachtet seines inhaltlichen Ringens bedeutete ihm »jeder Tag, den ich in dieser Stille – jetzt in völliger Einsamkeit in einem alten ummauerten Lamatempel außerhalb der Stadt – bei meinen Studien zubringen darf, eine heilende und stärkende Wirkung, welchen Weg auch immer ich nach meiner Heimkehr werde einschlagen müssen«[154].

Seine berufliche Zukunft sah Trott unverändert als »blockiert«[155] an. Er wollte zwar Universitätsdozent werden, konnte aber nicht damit rechnen, »diesen Beruf zuhause ausüben zu dürfen«[156], ja, er war nicht einmal sicher, ob er sich das unter den derzeitigen Bedingungen überhaupt wünschen sollte. Zeitweilig schob er solche Fragen zur Seite, ein zufälliges Gespräch im Sommer 1938 mit einem durch Peking reisenden NSDAP-Funktionär stieß ihn dann wieder voll auf das Problem. Obwohl der Parteigenosse sich »aufgeschlossen und entgegenkommend« gab, machte er ihm unmißverständlich klar, daß er »ohne erhebliche Revision«[157] seiner politischen Einstellung als Dozent keine Chancen habe. Schon vorher hatte Trott dem Wunsch seines Vaters zugestimmt, eine Tätigkeit in der Wirtschaft nicht auszuschließen. Dies bestärkte seine Absicht, in Shanghai gezielt Einblicke in die europäische Ostasien-Wirtschaft zu nehmen. Trotz knapper Finanzen – nach Ablauf des nicht verlängerbaren Stipendiums hielt ihn hauptsächlich die Unterstützung seines Mäzens Spalding über Wasser – wollte Trott bis Februar 1939 in China bleiben. In diesen letzten Monaten plante er, auf dem Landweg nach Tsingtau, dann per Schiff über Shanghai und Hongkong nach Haiphong zu fahren, um von Indochina aus die nicht besetzten, chinesisch regierten Provinzen Szetschuan und Yunnan zu erreichen. Im provisorischen Regierungssitz Tschungking sowie im damaligen intellektuellen Zentrum Kunming hoffte er, sich ein genaueres Bild vom politischen und geistigen Leben

Chinas machen zu können. Außerdem lag ihm sehr daran, in Chengdu Professor K. C. Hsiao (Hsiao Kung-chuan) aufzusuchen und mit ihm ausführlich über seine Arbeit zu sprechen, was ihm vor dessen Wegzug von Peking nur kurz möglich gewesen war. Trott hat sich in seiner Einschätzung Hsiaos als überragende staatstheoretische Autorität nicht geirrt, dessen grundlegendes Werk »A History of Chinese Political Thought«[158] sollte er aber nicht mehr erleben.

Mitte September 1938 verließ Adam von Trott Peking in der Hoffnung, sich die »erhabenen Formen der herrlichen Kaiserstadt unverlierbar eingeprägt«[159] zu haben. Kurz zuvor hörte er noch von einer japanischen Strafaktion gegen ein benachbartes Dorf, bei der 300 Männer ermordet worden waren. In der Nacht quälten ihn Vorstellungen von den an so vielen Orten Getöteten, von heimatlosen und hungernden Bauern, von zerlumpten und in Ruinen umherirrenden Kindern.

Tagelang reiste Trott abenteuerlich, ob nun mit der Bahn oder der Rikscha, durch die Provinz Shandong, sah das »durch tausend Plagen bedrückte« bäuerliche Leben an sich vorüberziehen und »Spuren des Krieges überall«. Er bekannte in einem Brief an seine Mutter, daß ihm »der Schrecken von Armut und Schmutz« noch zu ungewohnt sei, »als daß er mich nicht immer von neuem entsetzte«. Die Mienen der Menschen schienen hier »krasser von eben überstandener Gefahr und fortwährender Bedrückung durch Überfälle und dergleichen« zu sprechen. »Der Blick hat dann etwas Starres, Wildes, kein Lächeln wird erwidert, selbst die Kinder haben etwas Verkrampftes.« Im Shandong-Bauern meinte Trott den »Hessen Chinas« auszumachen, da er als »besonders hart, störrig und arbeitsam« gelte. »Jedenfalls ist er ein bewundernswerter Kolonialpionier, wie ich in den mandschurischen Bergen, wo es wirklich viel Steine und wenig Brot gibt, selbst beobachten konnte.« Wiederholt mußte Trott vor japanischen Kontrollposten anhalten. Er legte ihnen jedesmal »ein altes Dienstsiegel ihrer Militärbehörde« vor, das er »im vorigen Herbst irgendwo« bekommen hatte und sie offenkundig zufriedenstellte. »Wenn sie durch meine Länge nicht allzusehr irritiert sind, reichen sie mir dann noch manchmal zum Überfluß die Hand, weil unsere Länder zur Zeit befreundet sind, was sich wirklich bis zum gemeinen Mann durchgesprochen hat. Meinen chinesischen Begleiter durchsuchen sie nach Waffen.«[160] Das Hinterland von Shandong war, wie Trott in Erfahrung brachte, kaum von organisiertem chinesischen Widerstand dominiert, sondern »fast ganz dem Räuberwesen verfallen«[161]. In Jinan verbrachte er »einen interessanten Tag mit Chinesen«[162] sowie als Gast beim deutschen Bischof Cyrillus Jarre, der ihm seine lateinische Übersetzung des BGB der Chinesischen Republik schenkte. (Auch Jarre, seit 1946 Erzbischof, sollte wenige Jahre danach in Kerkerhaft ein Martyrium erleiden.) Das nächste Reiseziel Trotts war die Missionsstation Yenchowfu im Süden der Provinz. Sie hatte laut seinem Bericht kurz zuvor 20.000 Flüchtlinge beherbergt. »Ich ließ mir viel von den katholischen Missionaren erzählen, bei denen ich auch wohnte. In ihrer bestimmten und sorgfältigen Art wissen sie am meisten über Land und Leute.«[163]

Von Yenchowfu aus besichtigte Trott Qufu, den Sterbeort von Konfuzius. Die Atmosphäre des »schönen und ehrwürdigen« Konfuziustempels fand er durch Verwahrlosung und die Gegenwart der ständig auf Geld lauernden Tempelwärter beeinträchtigt. Der außerhalb – in einem zu der Zeit von Banditen beherrschten »Niemandsland« – gelegene Konfuziushain mit dem Grab des Philosophen inmitten Tausender uralter Bäume hingegen beeindruckte ihn tief. Den Besuch in Qufu nahm Trott zum Anlaß, seiner Mutter die Tugendlehre des Konfuzius und ihre »breite und mächtige Wirkung« zu beschreiben. Abschließend wies er jedoch darauf hin, daß der Konfuziuskult auf das heutige China »keine reformierende Kraft«[164] mehr ausstrahle. Staatstheoretisch könne es, erklärte er an anderer Stelle, keine Rückkehr zu einem »konfuzianistisch dirigierten System«[165] geben. Die Beschäftigung Trotts mit Konfuzius hatte noch ein ganz anderes Ergebnis: Sie führte zu seiner Selbstbesinnung als Christ. Er stellte nämlich fest, daß ihm bei der »geheimnisvoll resignierten Persönlichkeit« und Gedankenwelt des Konfuzius etwas Wichtiges fehlte, nämlich »die Vorwegnahme eines gnädigen Gottes«. Dieser Gott aber war, wie er sich jetzt wieder ins Bewußtsein rief, immer eine Prämisse seines Lebens, eine Grundlage seines Denkens gewesen. So war es kein Zufall, daß er damals nicht nur die Texte von Tschuang-tse, sondern auch Thomas a Kempis' »Imitatio Christi« für sich entdeckte.

In der zweiten Septemberhälfte, während Trott in Shandong unterwegs war, kam es in Europa zur Zerreißprobe. Nachdem sich die britische Regierung unter Neville Chamberlain in der Sudetenkrise bereit erklärt hatte, die Abtretung des Sudetenlands an Deutschland zu akzeptieren, stellte Hitler ultimativ bis zum 28. September weitere Forderungen. Diese lehnte Chamberlain ebenso ab wie die Regierung der Tschechoslowakei. Ein Krieg schien unmittelbar bevorzustehen. Eleonore von Trott, die sich in Imshausen durch ihren Lieblingssender BBC über das Geschehen informierte, schrieb an diesem 28. September: »Die Wolken sind schwarz – nur ein Wunder kann uns retten. [...] Es ist, wie Mr. Chamberlain gestern sagte, unbegreiflich, daß Völker in einen Krieg gehen, dessen Ursache erörtert und prinzipiell beseitigt ist. [...] Später: Das Wunder ist geschehen! Die Radionachricht von der [britischen] Parlamentssitzung war ergreifend. Hitler hat eingewilligt, die Mobilmachung um 24 Stunden zu verschieben. Hitler, Chamberlain, Daladier und Mussolini treffen sich in München. Nun kann man, muß man hoffen. [...] Ich weiß, unsere Gebete um Abwendung des Krieges vereinigen sich mit Millionen anderer.«[166] Adam von Trott hörte von der »neuerlichen Verschlimmerung der europäischen Lage« auf dem Wege nach Tsingtau und fand bei seiner Ankunft am 28. September die »vielen Deutschen, die hier leben«, in einer »Stimmung fast verzweifelnder Sorge«[167]. Wegen des sehr gestörten Radioempfangs kamen die Nachrichten in Tsingtau nur »qualvoll bruchstückhaft in Form von Reuter-Telegrammen« an. Als sie dann aber, berichtete Trott, vom Münchener Abkommen und damit von der Rettung des Friedens gehört hätten, sei »gerade den Deutschen hier draußen eine furchtbare Last vom Herzen gefallen«[168]. In der deutschen Kirche nahm er an einem »unvergeßlichen Gottesdienst«[169] teil.

Von der »ungeheuerlichen Beschleunigung der europäischen Wandlungen« und zuletzt der extremen Zuspitzung der Krise »trotz mannigfachen Vermutens«[170] überrascht worden zu sein, nahm Trott mit Erschrecken auf. Nicht nur, weil im Kriegsfall seine Heimkehr praktisch kaum mehr möglich gewesen wäre, sondern auch, weil sich gezeigt hatte, wie sehr man durch längere Abwesenheit von Europa »die Fühlung mit dem dortigen Geschehen«[171] verlor. Dies hing mit den damaligen Kommunikationsverhältnissen ebenso zusammen wie mit der Diktatur in Deutschland, die einen freien Informationsfluß verhinderte. Zugang zu geheimen Kanälen besaß Trott in Asien nicht. Ihm fehlten somit jegliche Hintergrundkenntnisse von den Vorgängen in Deutschland. So wußte er weder von den Plänen Hitlers zur Zerschlagung der Tschechoslowakei noch davon, daß das Münchener Abkommen einen beabsichtigten Staatsstreich gegen den Diktator durchkreuzt hatte. Verspätet erkannte er nun den Anschluß Österreichs als den »eigentlichen Wendepunkt, der den Weg für eine Zwangslösung des mitteleuropäischen Problems eröffnet hatte«. Eine solche Lösung aber, teilte er Shiela mit, habe er »in Anbetracht der Macht, des Prestiges und der Verpflichtungen der westlichen Demokratien in diesem Gebiet niemals für möglich gehalten«[172]. Er gab zu, daß sie »in mehrerer Hinsicht recht behalten« habe, wo er »töricht optimistisch«[173] gewesen sei. Zum Münchener Abkommen schrieb er ihr: »Ich wünschte, wir könnten seine möglichen Folgen gemeinsam abwägen, denn darüber bin ich mir überhaupt noch nicht im klaren. Wenigstens scheint die Angelegenheit als europäische und nicht als deutsch-tschechische Frage geregelt worden zu sein. Wenn die Menschen Verstand hätten, könnte dies zu wirklich befriedigenderen Lösungen führen. Ich teile jedoch die Befürchtungen, die Du schon früher genau über diese Möglichkeit geäußert hast, und bin in Deinen gegenwärtigen Sorgen bei Dir.«[174] Ein Konflikt war vermieden worden, Hitlers Regime indes gestärkt. Dies ließ nach Trotts Ansicht für die weitere politische Entwicklung wenig hoffen, und so trug er sich mit einem Gedanken, den er bisher stets zurückgewiesen hatte, nämlich im Ausland zu bleiben. »Ich bin stark versucht, über Amerika zu reisen und dort nach einem Arbeitsplatz zu suchen«, vertraute er Shiela an. »Es ist eine verdammt harte Wahl, aber ich bin lieber ein Bettler als ein Sklave. Ich bin auch noch nicht zu alt, um ganz von vorne anzufangen, und habe in Amerika gute Freunde.«[175]

Da ein Schiffsplatz nach Shanghai nicht gleich zu bekommen war, blieb Trott einige Tage länger als beabsichtigt in Tsingtau. Er nutzte sie dazu, einen Magenkatarrh auszukurieren, den er von seiner Fahrt über Land mitgebracht hatte, und sich die Stadt näher anzusehen. In Tsingtau, das bis zum Weltkrieg Hauptort des deutschen Pachtgebiets Kiautschou gewesen war, frappierte ihn die »seltsame Verbindung« der wuchtigen und nicht unbedingt geschmackvollen deutschen Bauten mit der »so ganz anders gestimmten chinesischen Landschaft und Lebensweise«. In den einst deutschen Kasernen und Verwaltungsgebäuden saßen nun die Japaner und betrachteten die hiesigen Deutschen »als lästige Ausländer«. Bei seinen Unterhaltungen mit westlichen Kaufleuten gewann Trott in Tsingtau ein ähnliches Bild wie schon vorher in Dairen und Tientsin, gleichfalls ausländischen Vertragshäfen[176], die jetzt unter japanischer Kontrolle standen. Sie konnten ihren Handel fortführen, waren jedoch verschiedenen Restriktionen ausgesetzt. Mit dem Verstand neigten die Kaufleute, konstatierte er, den Japanern zu und mit dem Gefühl den Chinesen, doch »ohne ein wirkliches Verständnis für die Mentalität des chinesischen Widerstands«[177]. Er hielt das ganze System der Vertragshäfen für überlebt.

Besonders lohnend fand Trott die beiden Oktoberwochen in Shanghai, ungeachtet seines Eindrucks von einer überfüllten und äußerst schmutzigen Stadt. »In Shanghai laufen fast alle modernen Probleme Chinas in einem Brennpunkt zusammen, und hier ermißt man besten, wie stark die Westmächte an einer endlichen Klärung des Konflikts beteiligt sein werden«[178], berichtete er. Es gelang ihm, mit den Leitern und Teilhabern der größten Chinahandelshäuser – darunter Keswick von Jardine Matheson & Co., Mitchell von Butterfield & Swire, Korff von Carlowitz und Laurenz von Melchers & Co. – ins Gespräch zu kommen. »Da der rein kaufmännische Betrieb heute etwas stockt«, meinte er, »sind die Beteiligten mehr dazu aufgelegt, die Lage als Ganzes zu besprechen und zu beurteilen.«[179] Er traf auch mehrere chinesische Persönlichkeiten, so etwa Alfred Sao-ke Sze (Shi Zhaoji), den vormaligen Außenminister und danach ersten Botschafter Chinas in den USA. Trott vermerkte positiv, daß sich die Chinesen in Shanghai trotz der japanischen Besatzung »vergleichsweise frei äußern«[180] könnten. Japaner sehe man wenig auf den Straßen, am »Double-tenth« (10.10.), dem Gründungstag der Republik China, hätten dagegen unzählige chinesische Flaggen ausgehangen. In Shanghai machte er sogar einen eventuellen Arbeitsplatz für sich ausfindig. Der Syndikus der Deutschen Handelskammer dort, H. A. Lorentz, unterrichtete ihn auch genau über seine politiknahe Tätigkeit, und diese schien Trott reizvoll genug, daß er sein Interesse an der Position des Stellvertreters anmeldete. Über diese Möglichkeit konnte nicht so bald entschieden werden, doch wollte Lorentz mit ihm in Verbindung bleiben und versorgte ihn außerdem mit einschlägigen Dokumenten »zur vertraulichen Kenntnis«[181].

Die nächste Station Trotts war Hongkong. Von hier aus sollte seine Reise über Indochina in die chinesischen Provinzen Yunnan und Szetschuan führen. Aber es kam anders. Am 28. Oktober, zwei Stunden vor seiner Abreise nach Haiphong, erreichte ihn die telegraphische Nachricht vom Tod seines Vaters. Er war an den Folgen eines Schlaganfalls gestorben. Seine Mutter bat ihn nun dringend, nach Hause zu kommen. Trott zögerte nicht und buchte auf das nächste Schiff nach Europa um. Ähnlich abrupt wie sein Aufenthalt auf dem asiatischen Kontinent begonnen hatte, endete er jetzt nach 14½ Monaten am 29. Oktober 1938.

Welchen Gewinn brachte Trott das hart erkämpfte Jahr in China? Mit seinem wissenschaftlichen Projekt war er wegen des erforderlichen Themenwechsels nicht so gut wie erhofft vorangekommen, das Ziel der Materialsammlung hatte er zumindest erreicht. Die Frage war nur, ob und in welchem Rahmen er nach seiner Rückkehr zur Auswertung dieses Materials kommen würde. Seine Studien und Lektüren – soweit in der kurzen Zeit und bei den Kriegsbarrieren möglich – hatte er durch lebendige Anschauung, d. h. durch Erfahrungen und Beobachtungen auf Reisen sowie durch Gespräche mit Einheimischen oder landeskundigen Ausländern ergänzt. Sosehr Trott die Philosophie, Literatur und Kunst Altchinas schätzenlernte und sich diese Vorliebe auch bewahrte, sein Hauptinteresse – und dies ist bisher zuwenig beachtet worden[182] – galt eindeutig Chinas Gegenwart und Zukunft: den staatsrechtlichen, politischen und wirtschaftlichen Verhältnissen und ihrer Entwicklung, einschließlich der immensen Probleme, die der Krieg aufwarf. Die Erweiterung seines politischen Horizonts durch Ostasien als den »zweiten Brennpunkt der Weltpolitik«[183] war sozusagen ein Sonderbonus. Er zahlte dafür den Preis einer zeitweiligen Abkoppelung von den brisanten Vorgängen in Deutschland und Europa. Jedoch hatte die große räumliche Distanz auch eine positive Seite. Nach eigener Bekundung ermöglichte sie Trott, zu sich selbst zu kommen, sich über vieles, auch über sein künftiges Verhalten gegenüber dem NS-Regime, klarzuwerden. Als Fazit teilte er Shiela mit, daß er nicht, wie sie vielleicht annehme, »zur anderen Seite übergehen« oder seine »Identität preisgeben« werde, obgleich er wisse: »The basis for remaining true to the old fight will be narrow and precarious indeed.«[184] Lord Lothian schrieb er, daß er dank des gewonnenen Abstands mit mehr Gleichmut nach Deutschland zurückkehren und »fähiger sein werde, dafür zu arbeiten, was ich als richtig erkannt habe«[185].

Das letzte Jahr vor dem Krieg

Einen knappen Monat war Adam von Trott auf dem fast leeren Riesenschiff *SS Ranchi* unterwegs, von Hongkong über Singapur, Penang und Colombo, durch das Rote Meer und den Suezkanal über Malta bis zum Zielhafen Marseille. Eine Reise, beschwert von Trauer und Gram, schlechten Nachrichten und bösen Vorahnungen.

Obwohl er dem Wunsch seiner Mutter, ihr »so bald als irgend möglich beizustehen, von Herzen gern«[1] gefolgt war, grämte ihn doch die entgangene Fahrt nach Kunming und Tschungking. Er hatte von ihr wissenschaftliche Fortschritte ebenso erwartet wie Erkenntnisse über die gegenwärtige politische Lage und die zukünftigen Möglichkeiten Chinas, hatte unbedingt dorthin kommen wollen, »wo das wirkliche China noch kämpft«[2]. Der Rückweg hatte ihn dann noch über Indien führen sollen, wo sein Freund Humayun Kabir ihn mit einem Reiseprogramm erwartete. Für diese ganze Route westwärts hatte Trott auch die Option Amerika aufgegeben. Es schien widersinnig: Der Vater, dessen größter Wunsch es gewesen war, seinen Sohn Adam wiederzusehen, hatte dennoch darauf gedrängt, daß dieser seine Zeit in China voll ausnutzte. Der Tod des Vaters bewirkte nun das Gegenteil und ließ den Sohn vorzeitig und doch zu spät für das erhoffte Wiedersehen heimkehren.

Ihn erwarte »a hell of a time in my blessed country«[3], schrieb Trott mit bitterer Ironie vom Schiff aus an Isaiah Berlin und wurde darin, noch bevor er Deutschland erreichte, auf das schlimmste bestätigt. Unterwegs erfuhr er von den Pogromen des 9./10. November 1938: Im ganzen Land waren Synagogen in Brand gesteckt, Geschäfte jüdischer Inhaber demoliert und verwüstet, Tausende von Juden mißhandelt und in Konzentrationslager verschleppt worden. Trott wollte dazu nicht schweigen. In einem Brief an seine jüdische Freundin Diana betonte er, und zwar ohne zwischen Deutschen und Nazis zu unterscheiden, daß »wir durch das, was geschehen ist, erniedrigt wurden«. Obwohl er die letzten beiden Jahre im Ausland verbracht hatte, nahm er sich selbst von diesem »wir« nicht aus, sondern schob sich »den vollen Anteil an Verantwortung«[4] zu. Er teilte Diana auch mit, daß seine Gedanken ständig bei Wilfrid Israel seien. Über dessen Ergehen hörte er dann erst im Dezember. Wilfrid war unverletzt geblieben, im Kaufhaus N. Israel aber hatten Schlägertrupps unter SS-Kommando gewütet, und ein Teil der jüdischen Angestellten war ins KZ Sachsenhausen abtransportiert worden.[5]

»Ich bin unglücklich aus vielen Gründen, die Du Dir vorstellen kannst«, schrieb Trott seiner Freundin Shiela. »Zudem kommt mir dieses Schiff vor wie ein großer, schwarzer Sarg, der mich nach Europa zurückbringt, um dort beerdigt zu werden.«[6] Bei seiner Ankunft in Marseille am 25. November 1938 fand er die erhoffte Nachricht vor, daß Shiela ihn in Paris erwartete. Eine gewisse beiderseitige Entfremdung, eingetreten nach zwei Jahren mit höchst unterschiedlichen Erfahrungen, konnten sie jedoch während dieses kurzen Treffens nicht überwinden. Shiela Grant Duff hatte dem Freund ihr Buch »Europe and the Czechs« entgegengeschickt. Es war seit September bereits in dritter Auflage erschienen, mit einem Nachtrag über die letzten Ereignisse bis zum Münchener Abkommen, in dem sie die britische Politik des Nachgebens und der Zugeständnisse (»Appeasement«) anprangert. Ein Kommentar Trotts hierzu ist nicht überliefert und somit auch nicht bekannt, ob ihm die Stellen aufgefallen sind, in denen sich die Verfasserin um eine Differenzierung in seinem Sinne bemüht: etwa wenn sie hervorhebt, daß die Gleichsetzung von »Nazi und deutsch« im Interesse der NS-Propaganda liege und Nazi-Gegner im Sudetenland einen Gegenbeweis dafür lieferten.[7] Wie sehr er aber das Engagement der Freundin anerkannte, geht allein daraus hervor, daß er, kaum zu Hause angekommen, das Buch seiner Mutter zu lesen gab und deren positives Urteil Shiela unverzüglich mitteilte.[8]

Nach seiner Rückkehr Ende November oblagen Trott in Imshausen verschiedene familiäre Pflichten: als Testamentsvollstrecker des Vaters und Generalbevollmächtigter der Mutter, zugleich als ihr Ratgeber in allen Fragen des Familienbesitzes. Für diesen Fall hatte der Vater ihn vorsorglich schon seit längerem in die Verwaltung einbezogen. Obwohl durch seine juristische Kompetenz sachlich begründet, lag darin eine sichtliche Zurücksetzung des ältesten Bruders. Werner sei »sehr unglücklich und sehr schwierig«, berichtete Adam, und zunehmend geneigt, ihn »als Feind zu betrachten«. Bislang habe der Vater den Frieden des Hauses gewahrt, eine Rolle, der er (Adam) sich noch nicht gewachsen fühle. Derzeit sehe er keine andere Lösung, als nach Erledigung der anstehenden Aufgaben Imshausen zu verlassen und nur gelegentlich hierher zurückzukehren.[9]

Kurz vor Weihnachten fuhr Trott für zwei, drei Tage nach Berlin. Das Rhodes-Jahrestreffen bot ihm willkommenen Anlaß, sich nach langer Abwesenheit in der Hauptstadt kundig zu machen. Hier nun hörte er nachträglich von den Staatsstreichplänen, die angesichts der Kriegsgefahr im Spätsommer 1938 u.a. von Generalstabschef Franz Halder, General Erwin von Witzleben und dem Abwehroffizier Hans Oster ausgearbeitet worden waren, denen jedoch die Vermeidung des Krieges durch das Münchener Abkommen die Grundlage entzogen hatte. Trott scheint sogar aus erster Hand, nämlich von Reichsbankpräsident Hjalmar Schacht – einem der an den Umsturzplänen beteiligten Zivilisten –, darüber informiert worden zu sein.[10] Da Schacht dem Rhodes-Auswahlkomitee angehörte, war der Kontakt leicht hergestellt, zumal Trott durch seine Ostasien-Denkschrift dessen Aufmerksamkeit positiv auf sich gelenkt hatte. Schacht lehnte die Rüstungs- und Finanzpolitik Hitlers völlig ab, und wurde von diesem im Januar 1939 als Reichsbankpräsident entlassen. Unter Oppositionellen geriet er allerdings zunehmend in den Ruf, »anders zu reden wie er handelt, d. h. einen zugesagten Standpunkt nachher nicht zu verfechten«[11].

Um Shiela Grant Duff einen brieflichen Hinweis auf den beabsichtigten Putsch zu geben, verwendete Trott die Metapher eines »Versuchs zur Generalüberholung des Maschinengetriebes«, den »der geschickte Neville verhindert« habe. Das Scheitern Neville Chamberlain zur Last zu legen, war eine einseitige Verkürzung des Sachverhalts, nahm jedoch die Abneigung Shielas gegen den britischen Premier und seine Appeasement-Politik auf. Das Kapitel Umsturz wollte Trott keinesfalls für beendet ansehen. Er fuhr fort: »Die einzige Alternative ist ein weiterer Versuch oder eine Überprüfung der Werkstatt, bei der viele Kerle, die sich als Mechaniker nur ausgeben, herausgedrängt werden müssen.« Der gegenwärtige Zustand – »die Maschine stinkt und gibt die übelsten giftigen Gase ab« – sei besonders für »empfindliche Lungen« nicht länger zu ertragen, so daß »bald etwas geschehen muß«.[12]

Wilfrid Israel freute sich über Trotts Besuch und schrieb ihm gleich darauf: »Lieber Adam, das Wiedersehen mit Dir klingt nach und übertönt in dieser oder jener Stunde das Erleben des Alltags.«[13] Dieser Alltag war bestimmt von Leid und Not zahlloser verfolgter jüdischer Familien, die Israels Büro hilfesuchend umringten. Er fühlte sich besonders den 200 jüdischen Mitarbeitern des Kaufhauses verpflichtet und suchte ihnen Wege in die Emigration zu ebnen. Tatkräftige Unterstützung leistete ihm dabei ein junger Rechtsanwalt in England, Richard Latham. Diese Verbindung dürfte auf Trott zurückgehen, dem die große Bereitschaft des australischen Freundes zu humanitärem Engagement bekannt war. Beide sahen sich Anfang Januar auch kurz in Imshausen. Im Frühjahr 1939 leitete Latham eine Hilfsaktion für Flüchtlinge aus der Tschechoslowakei und setzte sich nach Kriegsausbruch für in England internierte Deutsche ein. Als Offizier der Royal Air Force sollte er im August 1943 über Norwegen ums Leben kommen.

Mit seiner Rückkehr aus Asien wurde die Berufsfrage für Trott akut. Noch vom Schiff aus hatte er den Pekinger Bekannten Ernst Schierlitz, der zur Zeit Sinologie in Paris studierte, um Auskünfte praktischer Art gebeten – gemäß der Absicht, dort seine in China vorbereitete Arbeit zu verfassen. Zunächst aber mußte er entscheiden, wo und bei wem er sich in Deutschland habilitieren konnte oder sollte. Sein Vetter Adalbert von Unruh empfahl den renommierten Staatsrechtslehrer Ernst Rudolf Huber in Leipzig und bot an, die erforderliche Einführung zu besorgen. Doch nach einem Besuch in Göttingen, der seinem »akademischen Wagemut« ganz abträglich gewesen war, wollte sich Trott vorher, wie er kryptisch schrieb, »die Lebensluft in Leipzig zu Gemüte führen«.[14] Ende Januar beriet er sich dort mit Karl Friedrich Bonhoeffer und Hans von Dohnanyi, zwei Gesinnungsgenossen, auf deren Urteil er vertraute. Sie scheinen das bestätigt zu haben, was er schon länger wußte, nämlich, daß er ohne ideologische Anpassung an der Universität chancenlos war. Eine Habilitation hatte sich damit für Trott erledigt.

Sein wissenschaftliches Interesse an Ostasien verlor er deshalb jedoch nicht. Vom Präsidenten der *China-Studien-Gesellschaft*, Theodor Strewe, war er sogleich im Dezember 1938 um einen Vortrag gebeten worden, und zwar »im geschlossenen Kreise«, wo er mehr sagen könne, als »heutzutage in der Presse und Öffentlichkeit erlaubt ist«[15]. Der ihm persönlich bekannte Strewe klagte in seinem Brief erstaunlich offen darüber, daß der neue chinesische Botschafter sich seit zwei Monaten in Berlin aufhalte, ohne von Hitler empfangen worden zu sein, und somit Opfer der projapanischen Politik würde. Zu einem Essen, das die Gesellschaft im März zu Ehren des Botschafters Chen Chieh veranstaltete, wurde auch Trott eingeladen, der Vortrag aber, den er unter dem Thema »Verfassungspolitische Ansätze einer Neuordnung in Ostasien« erarbeitete, wurde immer wieder verschoben. Seinem Eindruck nach fürchteten die Veranstalter, in Schwierigkeiten zu geraten, oder wollten aus Freundlichkeit solche von ihm abhalten. Eine neuerliche Verschiebung bestätigte ihn darin, daß sein Vortrag als »heikel oder unerwünscht«[16] angesehen werde. Bei einem anderen Vortrag bestanden diese Bedenken offenbar nicht. Am 16. März 1939 sprach Trott vor dem *Kaiser-Wilhelm-Institut für ausländisches öffentliches Recht und Völkerrecht* über »den Kampf um den Herrschaftscharakter in Ostasien«. Seiner Mutter teilte er nachher mit: »Es ging alles glatt, und man hat mich aufgefordert, das Referat in einer guten juristischen Zeitschrift zu veröffentlichen.«[17] Im Jahr darauf erschien Trotts Beitrag tatsächlich unter einem leicht geänderten Titel in der hauseigenen Zeitschrift des Instituts.[18] Dem Vorsatz gemäß, »Völker aus ihren eigenen Voraussetzungen zu begreifen«, interpretiert er den japanisch-chinesischen Krieg als einen tief wurzelnden staatspolitischen Konflikt zwischen dem »kaiserlichen Sendungsglauben« der Japaner und dem »Volkswillen«

der Chinesen.[19] Auf der Veranstaltung im März lernte Trott ein Mitglied des Instituts, den Völkerrechtler Berthold Graf Schenk von Stauffenberg, kennen. Sie blieben in Verbindung und trafen sich gelegentlich zum vertraulichen Gedankenaustausch über die außenpolitische Lage.[20]

In der zweiten Februarhälfte 1939 hielt sich Adam von Trott erstmals nach zwei Jahren wieder in England auf. »Man darf sich durch die Verwirrtheit seiner Oberfläche nicht täuschen lassen«, schrieb er seiner Mutter von dort. »Es (England) hat tiefe moralische Reserven und mutige, kluge Vertreter seiner besten Überlieferungen. Mit diesen möchte ich immer Freundschaft halten.«[21] Auf Namen verzichtete er hier bewußt, er dürfte aber die Persönlichkeiten gemeint haben, die er schon seit langem kannte und schätzte: Cripps und Tawney sowie die Oxforder Professoren von Adams bis Selbie. Diese ältere Generation begegnete ihm in Oxford »unverändert freundschaftlich«, während er sich seinen Altersgenossen »etwas entfremdet«[22] fühlte. Isaiah Berlin traf ihn – sie sahen sich zum letzten Mal – bei Humphrey Sumner und berichtete später, daß Trott erklärt habe, England und Frankreich müßten Hitler gegenüber Stärke zeigen, um seinen Expansionskurs aufzuhalten.[23] Die gleiche Ansicht äußerte er im Gespräch mit Gerhard Leibholz und Sabine Leibholz-Bonhoeffer, die er in ihrem Londoner Exil besuchte. Beide erinnerten sich, daß Trott damals »mit größter Besorgnis den Krieg kommen sah und die Westmächte wegen ihrer Appeasement-Politik scharf kritisierte«, statt dessen »resolutes Entgegentreten«[24] für notwendig erachtete. Über die Judenverfolgung in Deutschland habe er sich beschämt gezeigt, speziell in Leibholz' Fall darüber, daß dieser sich zum Verzicht auf seine Professur für Staatsrecht in Göttingen und dann zum Verlassen Deutschlands gezwungen gesehen hatte. Leibholz, dem es schwerfiel, in England Fuß zu fassen, war für einige wertvolle Kontakte dankbar, die Trott ihm in Oxford verschaffen konnte. Dieser machte ihn außerdem mit seinem Freund Latham bekannt.[25]

Trotts Vorhaben, in der British Library mit Büchern über Ostasien zu arbeiten, an die er in Deutschland nicht herankam, wurde zeitweilig von einer schweren Erkältung beeinträchtigt. Elsie Swinton – die beste Freundin der Mutter war längst auch seine Freundin geworden – kümmerte sich in diesen »etwas schwierigen Tagen« um ihn. Shiela traf er hingegen selten. Er fand sie von »tausend neuen Kreisen sehr in Anspruch genommen und eine kleine Berühmtheit geworden«. Zweimal lud sie ihn nach High Elms ein, den Landsitz ihrer Familie mütterlicherseits in Kent. Bei einer Wochenendparty dort lernte er auch Diana Hubbacks Verlobten, den »sehr sympathischen« David Hopkinson, kennen.[26] Zu Trotts Freude hatte Diana nun endlich das Glück gefunden, das er ihr seit langem wünschte. In den letzten Tagen war er gleichzeitig mit dem Fliegerehepaar Lindbergh Gast im Hause von Lord und Lady Astor. Anne Morrow Lindbergh widmete der Begegnung mit ihm (»ein feinfühliger, ausgeglichener, mutiger junger Mensch«[27]) einen Absatz in ihrem Tagebuch.

Zurück aus England, begab sich Trott in Berlin auf die Suche nach einer festen Anstellung. »Meine Berufsfrage, die mich sehr beschäftigt, ist leider immer noch nicht einer wirklichen Lösung näher gekommen.«[28] So oder ähnlich hieß es jetzt wiederholt in seinen Briefen. Zu den Institutionen, bei denen er vorsprach, gehörte die Deutsche Lufthansa, aber dort fand er die Stellen für Juristen alle besetzt.[29] Eine mögliche Tätigkeit im Wirtschaftsministerium lehnte er ab, da er nicht gewillt war, den Preis eines Parteibeitritts zu zahlen, anders als sein Freund Peter Bielenberg, der dies in Kauf nahm.[30] Das gleiche Hindernis lag vor dem Auswärtigen Amt. Dort bot man Trott, unter dem Vorbehalt, daß der Minister einwilligte, sogar an, gleich mit dem Rang eines Legationssekretärs einzusteigen.[31] Das Auswärtige Amt war keineswegs sein Wunschziel. Er könne nicht sagen, schrieb Trott der Mutter, ob er »diese Art Arbeit und Karriere« überhaupt wolle, die ihn »den größten Teil seines Lebens im Ausland festhalten und an Menschen binden« würde, die schon immer »eine lähmende Wirkung« auf ihn gehabt hätten. Möglicherweise aber würde sich hier noch am ehesten »die Chance zu einem nützlichen Einfluß« bieten. Seine Zweifel, daß Außenminister Ribbentrop seinem Eintritt »aus Parteigründen«[32] nicht zustimmen werde, erwiesen sich schließlich als berechtigt. Alternativ versuchte Trott in der Wirtschaft unterzukommen. Ende Juni 1939 etwa war er zu einem Gespräch bei der Reichsgruppe Industrie eingeladen,[33] das jedoch folgenlos blieb.

Inzwischen hatte sich eine ganz andere Möglichkeit für ihn eröffnet. Trotts Denkschrift »Far Eastern Possibilities« sowie seine Briefe und Berichte aus China an das *Institute of Pacific Relations* hatten bei Edward Carter und seinen Mitarbeitern in New York großen Anklang gefunden. Carter erklärte Trott, seine Arbeit habe »die Weisheit der Rhodes Trustees«, ihn nach Asien zu schicken, »völlig gerechtfertigt«[34]. Der Generalsekretär des IPR beließ es indes nicht bei guten Worten, sondern erwirkte noch im Dezember 1938 bei der Rhodes-Stiftung ein Stipendium für Trott in New York.[35] Merkwürdigerweise erfuhr dieser selbst davon nur indirekt durch Graf Bernstorff. Erst im März 1939 schickte Carter ihm per Telegramm und Brief die offizielle Einladung, sechs Monate als Mitglied des Internationalen Sekretariats des IPR in New York zu arbeiten. Der Rhodes Trust stelle dafür eine Geldsumme zur Verfügung. So schnell aber, wie von Carter gewünscht, konnte Trott die Fahrt nicht antreten. Dies bedurfte der Genehmigung, zumal bei einem jungen Mann im wehrfähigen Alter. Außerdem schien es ihm selbst problematisch, in einer höchst angespannten politischen Situation für längere Zeit ins Ausland zu gehen. Er bat daher um eine Verschiebung bis zum Herbst, die ihm auch ermöglichen würde, an der großen, nur alle vier Jahre stattfindenden Konferenz des Instituts im November teilzunehmen. Dieses wurde anstandslos gewährt.

Am 15. März 1939 marschierten deutsche Truppen in der Tschechoslowakei ein. Mit der Verkündung des »Reichsprotektorats Böhmen und Mähren« durch Hitler am folgenden Tag in Prag verlor dieser Staat seine Existenz. »Es ist der erste Fall offenbarer Hybris, das Überschreiten aller Grenzen, zugleich jedes Anstands«[36], kommentierte der ehemalige Botschafter Ulrich von Hassell das Geschehen in seinem Tagebuch. Unter den Briten rief es einen massiven Stimmungswandel hin zur Deutschfeindlichkeit hervor. Shiela Grant Duff, die sich mit der Tschechoslowakei stark identifiziert hatte, war so betroffen, daß sie ihre Wut den deutschen Freund Adam spüren ließ. In ihrem (nicht überlieferten) Brief sah er sich »mit einem kollektiven ›Du‹« angesprochen und antwortete ihr: »Wenn wir unsere Freundschaft elementar mit dem Strudel öffentlicher Ereignisse verbinden, dann werden wir uns gewiß im Handumdrehen verlieren. Es würde der Triumph des Teufels sein, uns beide nach seiner Pfeife tanzen zu sehen. [...] Es ist so leicht, befreundet zu sein, wenn es einem gut geht, und so höllisch schwer, wenn man elend und verwundet ist, wie wir beide nach diesen schrecklichen letzten Wochen.«[37] Er bedauerte, daß er sie nicht von der Gemeinsamkeit ihres »notwendigerweise verschiedenen Kampfes«[38] habe überzeugen können. Wenn sie jedoch ihre Freundschaft dabei als Hindernis betrachte, dann müßten sie sich wohl trennen.

Geoffrey Wilson – zu der Zeit in London als Rechtsanwalt und danach als Sekretär von Sir Stafford Cripps tätig, mit dem er schon seit langem in Verbindung stand – rückte hingegen von seinem Freund Trott nicht ab. Im April 1939 besuchte er ihn sogar in Imshausen. Von dort aus unternahmen sie eine Autotour über Heidelberg nach Saig im Schwarzwald. Trott wollte seinem Gast aber nicht nur schöne Gegenden zeigen, sondern ihm lag auch daran, seine Brüder sowie Wilhelm Kütemeyer, einen angehenden Arzt und engen Freund Werners, mit diesem Engländer bekannt zu machen. Anschließend, in Berlin, brachte er Wilson gezielt mit einem oppositionellen Personenkreis zusammen. Bis auf Wilfrid Israel und Curt Bley konnte sich Wilson nach rund zwei Jahrzehnten nicht mehr an die Namen der Gesprächspartner erinnern, nur daran, daß die Treffen unter größter Geheimhaltung stattfanden, und die Gespräche vorsichtshalber im Freien oder bei laufendem Radio geführt wurden, was auf Personen aus dem politischen Untergrund hinweist. Auf ihrer gemeinsamen Fahrt vertraute Trott dem Freund seine düsteren Erwartungen an, die sich weitgehend bewahrheiten sollten. Wilson berichtete später: »Adam war zu dieser Zeit überzeugt, daß ein Krieg eher früher als später unvermeidlich sein werde. Er schien nicht zu bezweifeln, daß Deutschland besiegt werden würde, allerdings erst nach einer sehr langen Dauer.«[39] Das Problem, Hitler und sein Regime »los zu werden« – das Thema Attentat wurde offenbar nicht angesprochen –, sei für Trott grundlegend gewesen. Dieses Ziel habe er damals nur »durch eine militärische Niederlage« für erreichbar gehalten. Auf sie müßte sich eine zu organisierende politische Alternative vorbereiten. Er habe die Hoffnung geäußert, daß die britische Regierung im Falle eines bevorstehenden politischen Machtwechsels in Deutschland sich verhandlungsbereit zeigen und »nicht auf einem völligen militärischen Sieg bestehen« werde.[40]

Solche defätistischen Ansichten kundzutun war lebensgefährlich. Trott hat sie daher verständlicherweise nirgends schriftlich niedergelegt und Mitwisser soweit wie möglich vermieden. Auch seine Mutter, die ihm eine »wahre Freundin«[41] war, hat er mit derartigen Prognosen verschont, genauso wie er ihr nachher seine Rolle im Widerstand gänzlich vorenthielt. Jetzt wollte er auf keinen Fall, daß die sehr kränkelnde Mutter sich vorzeitig in ständiger Aufregung verzehrte, und so schrieb er im gleichen Brief, in dem er ihr von der »Ferienzeit« mit Wilson erzählte –, daß er nicht an ein unmittelbares Bevorstehen des »Schlimmsten« glaube, denn »unsere Politik geht darauf aus, ihre Ziele unter Vermeidung eines Krieges zu erreichen«[42]. Damit stellte er ihr zugleich ein Argument zur Verfügung, das sie getrost nach außen vertreten konnte.

Obwohl Trott den Krieg kommen sah, änderte dies nichts an seiner schon früher geäußerten Meinung, daß man »bis zum letzten Moment«[43] für den Erhalt des Friedens arbeiten müsse. Sein ganzes Erwachsenenleben hindurch hatte er danach gestrebt, daß ein solcher »Bruderkrieg«[44] wie 1914-1918 sich niemals wiederhole. Die deutsch-britische Verständigung war in diesem Zusammenhang sein Herzensanliegen gewesen. Sie besaß aber für ihn keine Ausschließlichkeit, im Gegenteil hielt er seine ausländischen Verbindungen für unzureichend, vor allem im Hinblick auf Kontakte zu französischen Gleichgesinnten. Ein Krieg konnte, wie er seinem Freund David Astor darlegte, nur der Verbreitung des Chauvinismus dienen.[45] In China hatte Trott die Realität des Krieges, »den Schrekken von Tod und Zerstörung«, mit eigenen Augen gesehen. Erschien ihm dieser schon »entsetzlich genug«, so würde seiner Vorstellung nach ein Krieg in Europa »apokalyptisch technischen Terror«[46] mit sich bringen. Es fehlte ihm somit nicht an starken Motiven, die ihn bewogen, den drohenden Krieg zumindest verzögern zu helfen. Wenn er auch seiner eigenen Ansicht, daß der Sturz des Nazi-Regimes allein in einer Kriegssituation möglich sei,[47] nur vage alternative Hoffnungen entgegensetzen konnte, räumte Adam von Trott im Sommer 1939 dem Kriegsaufschub absolute Priorität ein.

Mit seinen erst knapp 30 Jahren verfügte er weder über »einen Status noch eine Plattform noch Mittel«[48], um überhaupt etwas Sinnvolles dafür tun zu können. Nun aber kam Trott eine merkwürdige Bekanntschaft zu Hilfe. Über einen entfernten Vetter lernte er im Garde-Kavallerie-Klub Walther Hewel[49] kennen. Die Gemeinsamkeit von England- und Ostasien-Erfahrungen sowie Hewels Ehrgeiz, mit Adligen zu verkehren, auch seine umgängliche, heitere Lebensart ließen ihn wohl über Trotts fehlende Parteimitgliedschaft hinwegsehen. Hewel war ein früher Anhänger Hitlers, hatte bereits am Putsch im November 1923 teilgenommen und war mehrere Monate dessen Mithäftling auf der Festung Landsberg gewesen. Bald darauf ging Hewel nach England und von dort nach Niederländisch-Ostindien, wo er jahrelang für einen englischen Plantagenkonzern tätig war. Erst 1936 kehrte er auf ausdrücklichen Wunsch Hitlers nach Deutschland zurück, übernahm verschiedene Aufgaben in der NSDAP und kam 1938 mit Ribbentrop ins Auswärtige Amt. In der Funktion eines *Ständigen Beauftragten des Reichsaußenministers beim Führer* stellte er eine wichtige Vermittlungsinstanz in auswärtigen Angelegenheiten dar. Adolf Hitler war und blieb Hewels unumstößliches Idol – er harrte 1945 bis zuletzt an dessen Seite im Führerbunker in Berlin aus –, während er Ribbentrop verachtet haben soll. Im Gegensatz zum Außenminister besaß Hewel eine ausgesprochen probritische Einstellung und scheute sich nicht, sie bei Hitler entschieden zu vertreten. In der angespannten Situation des Frühjahrs 1939 vertraute er Trott an, daß er einen Krieg zwischen Deutschland und Großbritannien unbedingt verhindert sehen möchte.[50] Daraufhin entwickelte Trott einen Plan. Er lenkte gezielt Hewels Interesse auf seine persönlichen Verbindungen in England und ließ sich dann von ihm inoffiziell beauftragen, sie zu einer »Bestandsaufnahme der dortigen Einstellung Deutschland gegenüber«[51] zu nutzen. Trott hatte demnach freie Hand, erhielt auch auf diesem Wege Reiseerlaubnis, Reisekosten und, nicht weniger wichtig, einen gewissen Schutz vor eventueller geheimpolizeilicher Verdächtigung. Für eine aktive oder passive

Beteiligung von Staatssekretär Ernst von Weizsäcker an der Aktion, wie sie wiederholt vermutet wurde, gibt es keine stichhaltigen Beweise.[52] Da sich Trott gründlich vorzubereiten pflegte, dürfte er sich zuvor im Auswärtigen Amt orientiert haben und kann dabei auch den Staatssekretär konsultiert haben, ohne ihn in sein Vorhaben einzubeziehen.

Was Trott nicht hatte vorhersehen können: Seine Verbindungen erwiesen sich als erstklassig. Im Laufe seines achttägigen Aufenthalts in England, vom 1. bis 8. Juni 1939, traf er mit Außenminister Lord Halifax, mit dem designierten britischen Botschafter in den USA, Lord Lothian, sowie den Herausgebern der einflußreichen Zeitungen *Times* und *Observer*, Geoffrey Dawson und James Garvin, zusammen und wurde sogar von Premierminister Neville Chamberlain in Downing Street Nr. 10 empfangen. Die erste Tür für Trott hatte David Astor geöffnet, indem er ihm am 3. Juni eine Einladung zum Dinner in Cliveden, dem prächtigen Landsitz seiner Familie, verschaffte. Da Lord und Lady Astor den Freund ihres Sohnes kannten und schätzten, hatten sie kein Problem darin gesehen, den jungen Deutschen zu ihren etwa 30 zum Teil hochkarätigen Gästen hinzuzubitten. Er wurde überdies prominent plaziert, neben Lord Lothian und gegenüber Lord Halifax. Nach dem Essen im kleineren Kreis erhielt er die Gelegenheit zu einem mehrstündigen Gespräch mit dem Außenminister. Halifax war davon offenbar so beeindruckt, daß er ihm einen Termin beim Premierminister vermittelte.[53] Am 7. Juni kam es zu einer halbstündigen Unterredung zwischen Chamberlain und Trott, bei der auch der parlamentarische Privatsekretär Lord Dunglass zugegen war. Zum Gesprächsinhalt hat dieser (der spätere Premierminister Sir Alec Douglas-Home) keine Angaben gemacht, sondern dem Deutschen lediglich ein gewinnendes Auftreten bescheinigt. Trott selbst soll sich nach der Erinnerung David Astors enttäuscht über Chamberlain als einen sympathischen, aber verbrauchten Politiker geäußert haben.[54]

Über seine »englische Informationsreise« verfaßte Trott einen ausführlichen Bericht.[55] Doch dieser ist nur vermeintlich eine zuverlässige Quelle aus erster Hand. Damit er sich als Vorlage für Hitler eignete und seinen Zweck erfüllen konnte, mischte Trott darin absichtlich Fakten und Fiktion. Ihm wurde dabei von seinem Freund Peter Bielenberg assistiert, der laut eigener Aussage die Antworten beisteuerte, »die ein Nazi von Adam erwarten würde«.[56] Alles andere hätte ihn auch höchst gefährdet. So behauptete Trott von sich, aggressiv das Wort ergriffen und »den deutschen Standpunkt mit rückhaltloser Deutlichkeit«[57] dargelegt, ja damit »Bestürzung«[58] ausgelöst zu haben. Nach der Erinnerung eines der Zuhörer, William Douglas-Home, hingegen sprach der Gast aus Deutschland, »ein leidenschaftlicher Nazi-Gegner und Patriot, über die Hoffnungen der ganzen deutschen Nation«[59]. Er habe das Mißtrauen der Briten gegen die Politik der Nationalsozialisten verstanden und dafür geworben, ihr mit Wort und Tat den Wind aus den Segeln zu nehmen. Wie der gleichfalls anwesende David Astor bezeugt, gab Trott außerdem preis, daß »die Nazis etwas mit den Russen im Schilde«[60] führten. Dies war ein ebenso dezenter wie warnender Hinweis auf die Kontakte, aus denen der Hitler-Stalin-Pakt hervorgehen sollte.

Von alldem erfährt man im Bericht nichts. Dort ist jedoch des längeren von einem separaten Treffen Trotts mit Lothian die Rede. Letzterem wird dabei der Vorschlag in den Mund gelegt, Hitler, der »das Gesetz des Handelns in der Hand habe«, möge den Tschechen die »nationale Selbständigkeit« zurückgeben und damit »eine Grundlage für die Bereinigung aller übrigen zwischen Deutschland und England noch bestehenden Probleme«[61] schaffen, einschließlich einer Lösung der strittigen Fragen mit Polen. Obwohl er ein ernsthaftes Eingehen Hitlers auf diesen Vorschlag nicht erwartet habe, soll Trott, erläuterte Bielenberg später, auf eventuelle kriegsverzögernde Verhandlungen gehofft haben, die günstigenfalls zu einer ähnlichen Konstellation wie »vor München« führen könnten.[62] Die Aussagen Lothians im Bericht sind weitgehend als fiktiv anzusehen[63] und auch die anderen Gesprächsbeiträge nicht alle wörtlich zu nehmen. Die Lord Halifax und dem Premierminister zugeschriebenen Ansichten aber dürften im Kern der Wahrheit entsprochen haben. Denn es war die Absicht Trotts, die einhellige Meinung seiner Gesprächspartner klar und unmißverständlich herauszustellen: Sie lehnten die Zerstörung der Tschechoslowakei als unabhängige Nation durch Deutschland strikt ab. Eine weitere Eroberung dieser Art, d. h. einen deutschen Angriff auf Polen, würden sie nicht dulden, sondern als Kriegsgrund betrachten. Im britischen Volk herrsche eine »unbedingte stimmungsmäßige Kriegsbereitschaft«, und wenn »von Deutschland gezwungen«, werde es kämpfen. Daß eine solche Entschlossenheit von derzeit regierenden Politikern ausging, die als deutschfreundlich und nachgiebig galten, verlieh ihren Äußerungen um so mehr Gewicht.

Als Trott am 9. Juni London verließ, konnte er in der *Times* bereits eine erste Wirkung seiner Unterredung mit dem britischen Außenminister bemerken. Lord Halifax hatte am Vortag in einer Rede vor dem Oberhaus keinen Zweifel daran gelassen, daß Großbritannien, ungeachtet seines Wunsches nach einer Verständigung mit Deutschland, zu einem entschlossenen Vorgehen bereit sei. In bewußter Unterscheidung vom Regime hatte er sich zuerst an diejenigen Deutschen gewandt, die das Entsetzen der Briten über die Behandlung der Juden und die Zerstörung der tschechischen Unabhängigkeit teilten.[64]

In Berlin widmete sich Trott sofort seinem Bericht, der in einer längeren und einer kürzeren Fassung sowie als Resümee überliefert ist. Die beiden letzteren Schriftstücke dürften via Hewel auf Hitlers Schreibtisch gelangt sein. Sie tragen beide den gestempelten Vermerk »Hat dem Führer vorgelegen«.[65] Hewel scheint Trott große Hoffnungen auf ihre Wirksamkeit gemacht zu haben. Dies spiegelt sich in einem Brief vom 10. Juni an seine Mutter wider. Nach der enormen Anspannung der ganzen letzten Tage schrieb Trott ihr in seltener Euphorie: »Damit Du Dich mit mir freuen und für den segensreichen weiteren Fortgang beten kannst, teile ich Dir nur kurz mit, daß die sich eben anbahnende Wendung im deutsch-englischen Verhältnis unmittelbar auf meine Intervention zurückgeht. Heute vor acht Tagen hatte ich eine vierstündige Unterhaltung mit Lord Halifax, am Mittwoch eine halbstündige mit Mr. Chamberlain. Zwischendurch bin ich auch nicht müßig gewesen. Heute nacht arbeitete ich bis drei, in wenigen Stunden sehe ich Herrn von Ribbentrop, vielleicht auch Hitler.«[66] Aber dies erwies sich als Irrtum. Weder der eine noch der andere dachte im entferntesten daran, Trotts Informationen und Warnungen ernst zu nehmen. Obwohl auf nationalsozialistische Sprechweise und Argumentation abgestimmt, basierten sie zu sehr auf Vernunft, für die Hitler nicht zugänglich war, und liefen seinen politischen Absichten völlig zuwider. Mochte Hewel auch zu den Ausnahmen gehören, die es wagten, ihrem Führer offen zu widersprechen, ihn beeinflussen konnte er nicht.

Als Adam von Trotts Bericht 17 Jahre später 1956 kommentarlos in den »Akten zur deutschen auswärtigen Politik« bzw. den »Documents on German Foreign Policy« veröffentlicht wurde, erregte er in England negatives Aufsehen. Ohne Kenntnis von Sinn und Zweck seiner Entstehung, sah sich die englische Presse damals zu empörten Artikeln mit Titeln wie »The Spy, Who Came to Dinner« und »Hitler Envoy Described British Visit« veranlaßt.[67] Da der gesellschaftliche Zirkel der Astors von Kritikern als ein Hort der Appeasement-Politik (»Cliveden Set«) angesehen wurde, waren Trotts gute Beziehungen zu dieser Familie und zu Lothian sowie Cliveden als Schauplatz seines Gesprächs mit Lord Halifax Mißverständnissen sehr förderlich. So haben selbst Historiker jahrelang den Bericht für bare Münze genommen.[68] Hartnäckiger noch hielt sich die inzwischen ebenfalls widerlegte These, Trott habe die Appeasement-Politik unterstützt.[69] Ein ganz neues Licht auf seine Einstellung und seine Initiative werfen die geheimen Tagebuchaufzeichnungen von Sir Stafford Cripps, die nunmehr zugänglich sind.[70]

Parallel zu seinem Besuch in Cliveden Anfang Juni 1939 führte Trott lange Gespräche mit seinem väterlichen Freund Cripps, einem entschiedenen Anti-Appeaser. Der sozialistische Politiker hatte sich sogar für eine Volksfront engagiert, die Appeasement-Gegner aus allen britischen Parteien versammeln sollte. Dies trug ihm zwar viel Anhang ein, wurde aber vom Exekutivkomitee der Labour Party abgelehnt, was 1939 zu seinem Parteiausschluß führte. Cripps behielt sein Abgeordnetenmandat und mit dem Wochenblatt *Tribune* ein linkes Sprachrohr. Mit »A. from Germany« erörterte er Maßnahmen zur Verhinderung des Krieges und startete daraufhin ein Aktionsprogramm, über das er fortan Buch führte. Als erstes verfaßte Cripps ein Memorandum, in dem er für Rundfunksendungen nach Deutschland plädierte, die die »deutsche öffentliche Meinung und die Regierung auseinanderdividieren«[71], d. h. der Nazi-Propaganda gezielt entgegensteuern sollten, darunter dem massiven Vorwurf der Einkreisungspolitik. Am 9. Juni warnte er außerdem Lord Halifax vor einer möglichen Verständigung zwischen Berlin und Moskau und berief sich dabei auf einen deutschen Informanten, den er seit vielen Jahren gut kenne.[72] Als dieser, nämlich Trott, Mitte Juni nochmals nach London kam, setzten beide ihre Beratungen fort, an denen sich auch Lady Isobel Cripps und Geoffrey Wilson beteiligten. Sie führten zu dem Ergebnis, daß Cripps sein Programm um einen wesentlichen Punkt erweiterte: »die schleunige Bildung einer Regierung der Nationalen Konzentration zur Warnung für Deutschland und zur Ermutigung befreundeter Länder«. Ein starkes Signal der Briten wäre ein solcher Schritt zweifellos gewesen. Im Laufe der nächsten Wochen führte Cripps, der politisch gut vernetzt war, eine Serie von Gesprächen mit verschiedenen Politikern aller Parteien und warb für seine Forderungen. Entsetzt registrierte er, wie weit Hoffnungslosigkeit und Resignation schon um sich gegriffen hatten. »Man möchte schreien«, schrieb er in sein Tagebuch, »um dieses Land aufzurütteln, bevor das Desaster es überwältigt.«[73]

Während dieses zweiten, rund einwöchigen Juni-Aufenthalts in England fuhr Trott nach Oxford, um am offiziellen Abschiedsdiner zu Ehren von Lord Lothian im Rhodes House teilzunehmen. Fast anderthalb Jahrzehnte hatte Lothian erfolgreich die Geschicke des Rhodes Trust gesteuert und ging nun als britischer Botschafter in die Vereinigten Staaten. Es versteht sich, daß Trott, der ihm viel verdankte, diesen Termin wichtig nahm. Ähnlich wie sein Verhältnis zu Cripps war das zu Lothian von Sympathie und Vertrauen geprägt – ersterer sein Mentor, letzterer sein Gönner. Lothians politisches Denken war wechselhaft, weitgespannt und unkonventionell. Seine Kritik am Versailler Vertrag seit den 20er Jahren ließ ihn zum Befürworter der Appeasement-Politik werden – so akzeptierte er etwa die Remilitarisierung des Rheinlandes durch Hitler 1936, anders als Trott, der sie ablehnte. Erst nach dem Münchener Abkommen vollzog Lothian eine Wende, eingeleitet durch seinen Zeitungsartikel »Britain Awake«[74] (analog zum Nazi-Slogan »Deutschland Erwache«) im November 1938. Seine globalen Interessen, die sich auf alle Kontinente erstreckten, dürfte Trott als anregend empfunden haben, seine Föderalismus-Konzeption hat ihn sogar erkennbar beeinflußt. Lothian hielt Europa für eine Interessen- und Verantwortungsgemeinschaft und forderte daher die Überwindung nationalstaatlicher Souveränität durch ein föderalistisches System.[75]

Die antideutsche Stimmung in England, die Trott schon Anfang des Monats nicht verborgen geblieben war, bekam er nun in Oxford persönlich zu spüren. A. L. Rowse ging ihm ganz aus dem Weg. Das Verhalten anderer empfand Trott als »feindselig« und schrieb dies einem Mangel an »Vorstellungskraft und Realismus«[76] zu. Stuart Hampshire und Christopher Hill erklärten später, Trott habe sich nationalistisch geäußert und sei ihnen »unendlich verdächtig« vorgekommen. Sie scheinen ihm verübelt zu haben, daß er sie nicht ins Vertrauen gezogen hat.[77] Trott mußte aber Mitwisser unbedingt vermeiden, zumal in Oxford, wo alles schnell die Runde machte. Auch fehlte für das Vertrauen die Grundlage, denn die Genannten zählten nicht zu seinen Freunden, weder im engeren noch im weiteren Sinn. Näher stand ihm der Warden des Wadham College, Maurice Bowra, der ihn noch im Februar freundschaftlich empfangen hatte. Daher vermeinte Trott ihm einiges über seine oppositionelle Aktivität offenlegen zu können. Aber seine Mitteilungen erregten so sehr dessen Verdacht, daß Bowra ihm die Tür wies. Jahrzehnte nachher brachte der Altphilologe in seinen Erinnerungen zur Entschuldigung vor: »Ich konnte nicht glauben, daß die Gestapo einem so offensichtlichen Gegner erlauben würde, auszureisen und seine Ansichten so frei auszusprechen.«[78] Die Zurückweisung, die Trott damals in Oxford erfuhr, ist zu der irrtümlichen Behauptung verallgemeinert worden, die meisten seiner englischen Freunde hätten ihm 1939 mißtraut und sich von ihm abgewandt.[79] Ein genauer Blick auf seine Freundschaften bestätigt das jedoch nicht.[80] Einer dieser alten Freunde in Oxford war Professor Adams, bei dem Trott, wie schon so oft, wohnte. Der Ort selbst übte ein letztes Mal seinen Zauber auf ihn aus: »Die Gärten Oxfords mit ihrem stillen mittelalterlichen Gemäuer sind jetzt schöner als je.«[81]

Bevor Adam von Trott am 19. Juni England verließ – es sollte, was er nicht ahnen konnte, für immer sein[82] –, war er noch einmal Shielas Gast in High Elms. Auch sie hatte er nicht in seine Mission eingeweiht, doch wußte Shiela von seinen Beziehungen zu den Astors. Da sie ihn mit der innerbritischen Gegenseite in Kontakt bringen wollte, hatte sie Diana und Duncan Sandys, Tochter und Schwiegersohn Sir Winston Churchills, eigens für ihn eingeladen. Zu ihrem Unverständnis beschritt Trott diese Fährte nicht. Er folgte damit Sicherheitsrücksichten, denn er durfte sich deutscherseits auf keinen Fall bei einem Besuch des den Nazis verhaßten Churchill beobachten lassen. Wichtiger noch: Es handelte sich um eine Art Arbeitsteilung mit Cripps, über die er Stillschweigen wahren mußte.

Wenige Tage nach Trotts Abreise kam es zum Treffen von Cripps und Churchill, politische Gegner und zugleich Gesinnungsgenossen als Anti-Appeaser. Für die Rundfunk-Pläne war Churchill nicht zu gewinnen, wohl aber für eine All-Parteien-Regierung. Er sähe allerdings keine Hoffnung, sagte er Cripps, daß man »Chamberlain los werden oder davon überzeugen«[83] könne. Seit März stehe er zum Eintritt ins Kabinett bereit, um einen Politikwechsel herbeizuführen, aber der Premierminister lasse dies nicht zu. Wenn schon der erfahrene Cripps Churchill zu keiner aktiven Rolle bewegen konnte, wäre dies Trott noch viel weniger möglich gewesen. Zudem hätte der Vorschlag einer britischen All-Parteien-Regierung von seiten eines Deutschen deplaziert gewirkt. Über die Existenz einer deutschen Opposition aber war Churchill schon unterrichtet.[84] Lord Halifax zeigte sich hingegen für Cripps' Aktion sehr aufgeschlossen und diskutierte sein Memorandum sofort nach Erhalt mit dem Direktor der BBC. Cripps war nur erstaunt, bei ihrem Gespräch festzustellen, daß der Außenminister noch nie etwas von den monatlichen *Germany Reports* gehört und gesehen hatte, die »die deutsche Untergrundbewegung in Paris veröffentliche«[85]. Gemeint waren die Berichte der sozialdemokratischen Exil-Organisation Sopade über die Lage im nationalsozialistischen Deutschland. Der Hinweis Cripps' legt unmittelbar nahe, daß auch Trott sie kannte bzw. über Untergrund-Kontakte bezog.

Am 29. Juni hielt Lord Halifax auf einer Veranstaltung des *Royal Institute of International Affairs* (Chatham House) eine vielbeachtete Rede. Er machte darin unmißverständlich klar, daß Großbritannien im Angriffsfall seinen Garantieverpflichtungen gegenüber Polen und anderen Staaten Europas nachkommen werde. Das britische Volk stehe, »vereint wie noch nie zuvor«, hinter den Anstrengungen »zur Verteidigung der eigenen Freiheit und der anderer Völker«. Die britische Politik beruhe einerseits auf der Entschlossenheit, sich Gewalt zu widersetzen, und andererseits auf der Bereitschaft, konstruktiv für den Frieden zu arbeiten. Auf einer Grundlage des Vertrauens könnten alle internationalen Probleme behandelt werden, wie Zugänge zu Rohstoffen, Beseitigung von Handelsbarrieren, Rüstungsbegrenzung, auch die Frage von »Lebensraum«. Diese lasse sich aber nicht mittels territorialer Eroberung, sondern nur durch eine weitgespannte wirtschaftliche Zusammenarbeit lösen. Gezielt nahm der Außenminister zum Vorwurf Stellung, Großbritannien würde Deutschland mit einem Ring feindlicher Staaten einkreisen und isolieren: »Deutschland isoliert sich selbst von anderen Ländern«, betonte er, »ökonomisch durch seine Politik der Autarkie, politisch, indem es andere Nationen in ständige Angst versetzt, und kulturell durch seine Politik des Rassismus. [...] Es hängt allein von der deutschen Regierung ab, ob dieser Prozeß der Isolierung fortgesetzt wird oder nicht, er kann jeden Tag durch eine Politik der Kooperation beendet werden.«[86] Stafford Cripps nahm die Rede, in der er eigene Vorschläge wiedererkannte, mit Genugtuung auf, sah er sich doch in seinen Bemühungen bestätigt. Trott hatte nicht weniger Grund dazu, denn im direkten Gespräch mit Lord Halifax sowie indirekt über Cripps hatte er auf doppelte Weise dazu beigetragen. Aber bei wem auch immer in Deutschland diese eindeutige Stellungnahme des britischen Außenministers angekommen sein mag, bei den Entscheidungsträgern stieß sie auf taube Ohren.

Cripps engagierte sich zunehmend (letztlich erfolglos) für einen britisch-sowjetischen Pakt, kämpfte jedoch auch weiter für sein Aktionsprogramm. Dabei bediente er sich der Mithilfe David Astors, den Trott bei ihm eingeführt hatte. Anfang Juli arrangierte Cripps dessen Fahrt nach Berlin, um auf diesem Wege Trott über den Stand der Dinge zu informieren. Astor hat sich später nicht mehr an diese Mission, sondern nur an andere Aspekte seines Besuchs erinnert. Er wurde in einem Berliner Hotel dem Gesandten Hermann Kriebel präsentiert, da Hewel verhindert war.[87] Trott brachte ihn außerdem mit einigen Freunden und Bekannten zusammen, darunter Peter Bielenberg und dessen Kollege im Wirtschaftsministerium Johannes Winckelmann. In diesem Kreise wurden Astor allerlei Ideen vorgetragen, wie man die Nazi-Größe Hermann Göring für internationale wirtschaftliche Kooperation als Alternative zum Krieg gewinnen könne.[88] Sie beruhten auf einer damals verbreiteten Fehleinschätzung Görings als geeignetem Gegengewicht zu Ribbentrop, der auch Trott unterlag. Den größten Eindruck auf Astor hinterließ ein sehr spezieller Ausflug, den sein deutscher Freund mit ihm unternahm. Sie fuhren mit dem Auto zum KZ Sachsenhausen bis zur Sichtweite des Eingangstors und verharrten dort eine ganze Weile, bis Trott gesagt habe: »This is what Nazism amounts to (Das bedeutet Nazismus)«.[89]

Aus der Zeit des geplanten Putsches im Herbst 1938 war zumindest die Bereitschaft zum Widerstand oder, wie man seinerzeit sagte, zur Opposition erhalten geblieben. Einige entschlossene Personen und ihre Netzwerke – herausragend der Abwehroffizier Hans Oster – sorgten dafür, daß die Arbeit in Richtung Regimesturz nicht aufhörte. Einen Schwerpunkt oppositioneller Aktivität in den Vorkriegsmonaten bildeten Kontakte zum Ausland. Die verschiedensten deutschen Regimegegner – allen voran der unermüdliche Carl Goerdeler – scheuten kein persönliches Risiko, um vornehmlich in England ihrer Opposition Ausdruck zu verleihen und vor der Hitlerschen Aggressionspolitik zu warnen. Bei den Gesprächspartnern stießen diese Bemühungen in der Regel auf ein distanziert skeptisches Echo. Im Foreign Office wollte man die »Gemäßigten«, wie man sie dort nannte, nicht entmutigen, das Regierungssystem in Deutschland aber wurde als innere Angelegenheit angesehen, in die Großbritannien sich nicht einzumischen habe. Manche Vorschläge, die darauf abzielten, die britische Haltung klarzulegen, fanden durchaus Gehör, wie es sich etwa im Falle Trotts gezeigt hat. Ein solcher Einfluß, wenn man überhaupt davon sprechen kann, hielt sich jedoch in engen Grenzen, denn maßgebend blieb für die britische Regierung selbstverständlich die eigene Einschätzung ihrer Interessenlage.

Wie wenige seiner späteren Verbündeten besaß Adam von Trott unmittelbare Kenntnis von der Existenz sowie vom Scheitern und der Verfolgung sozialistischen und kommunistischen Widerstands in den ersten Jahren der NS-Herrschaft. Als er nach fast zweijähriger Abwesenheit im Ausland erstmals von Staatsstreichplänen hörte, fühlte er sich sofort angesprochen. Auf eine solche Initiative zum Umsturz hatte er offenbar gewartet. Was aber qualifizierte Trott über seine antinazistische Gesinnung hinaus für eine Beteiligung am Widerstand? Auf seinen Reisen hatte er bewiesen, daß er sich unter widrigsten Umständen und Gefahren behaupten konnte. Er hatte die Fähigkeit zur genauen Planung und Organisation ebenso gezeigt wie zur schnellen Änderung und Improvisation, außerdem ein auffallendes Talent, Kontakte zu knüpfen, Vertrauen zu gewinnen und herauszufinden, was er wissen wollte. Das kam ihm jetzt zustatten, als er über einzelne Personen und Gruppen neuerlich Anschluß an die Opposition in Deutschland fand. Da Trott derartige Beziehungen – eine weitere Widerstandstugend – mit größter Diskretion zu behandeln pflegte, sind sie nur sehr unvollständig überliefert.[90] Etwaige Kontakte zum höchst gefährdeten sozialistischen Untergrund blieben naturgemäß im dunkeln.[91] Etwas mehr weiß man über seine Verbindungen zu Personen anderer politischer Couleur. Albrecht von Kessel, seit zwölf Jahren im diplomatischen Dienst, vermerkte Anfang Februar 1939 ein Treffen mit Trott in seinem Notizbuch.[92] Früher hatten sie einander politisch ziemlich ferngestanden. Kessel hatte wenig Verständnis für die linke Ausrichtung Trotts und ihn einmal dafür gerügt, daß er Mussolini einen »Barbaren«[93] schalt. Nun fanden sie in der Ablehnung des Nazi-Regimes eine gemeinsame Basis. An der England-Aktion Trotts im Juni war Kessel jedoch in keiner Weise beteiligt. Er befand sich in den Wochen davor in Prag und scheint auch nachher nicht genau darüber informiert worden zu sein.[94] Durch Kessel lernte Trott andere jüngere oppositionelle Diplomaten kennen, darunter Gottfried von Nostitz und die Brüder Kordt. Die beiden letzteren – Erich Kordt, damals Chef des Ministerbüros im Auswärtigen Amt, und sein Bruder Theodor, Geschäftsträger an der deutschen Botschaft in London – setzten sich 1938 und 1939 mehrfach auf geheimen Wegen für den Erhalt des Friedens ein. Sie warnten englische Politiker noch deutlicher als Trott vor einem möglichen deutsch-sowjetischen Pakt. Im November 1939 sollte sich Erich Kordt sogar als Attentäter gegen Hitler zur Verfügung stellen; sein mit Hans Oster entwickelter Plan konnte jedoch nicht verwirklicht werden.[95] Mit dem Oberstleutnant Friedrich Wilhelm Heinz kannte Trott noch einen weiteren entschiedenen Attentats-Befürworter.[96] Anders als die Generäle Witzleben und Halder hatten es Heinz und Oster im September 1938 für unrealistisch gehalten, der Diktator könnte verhaftet und vor ein Gericht gestellt werden. Über seinen Freund Helmut Conrad unterhielt Trott zeitweilig Verbindung zu einer geheimen Informationszentrale in Dessau – er hat sie auch einmal aufgesucht –, die auf Hintergrundwissen im Militär spezialisiert war.[97]

Im Laufe des Sommers 1939 nahm Trott Kontakt zu General Alexander von Falkenhausen in Dresden auf. Das gemeinsame Interesse an den Verhältnissen in China – Falkenhausen war langjähriger Militärberater Chiang Kai-sheks gewesen – bot einen geeigneten Anknüpfungspunkt.[98] Kessel berichtet in seinen Erinnerungen, daß Trott ihn einmal mitgenommen und bei dem General eingeführt habe: »Bereits nach wenigen Sätzen war klargestellt, daß Hitler uns einer politisch-militärischen Katastrophe entgegentriebe und entfernt werden müsse. Indessen erwartete Falkenhausen, wie so viele gleich ihm, den entscheidenden Schlag von anderen, statt ihn selber ausführen zu wollen, und verschanzte sich hinter seiner praktischen Undurchführbarkeit.«[99] Der ihm von Kessel unterbreitete Vorschlag, er solle Hitler Befestigungen an der böhmischen Grenze vorführen, ihn dabei von seiner Begleitung isolieren und dann vor die Wahl zwischen Selbsttötung und Erschießung stellen, war allerdings zu phantastisch, als daß ihn der General hätte befolgen können. Wie Trott dazu stand, wird nicht erwähnt; er hielt Falkenhausen für zum Umsturz bereit und blieb mit ihm in Verbindung.

Einen seiner zukünftig wichtigsten politischen Mitstreiter sah Adam von Trott im Juni 1939 in London wieder, Helmut James von Moltke. Dieser besaß die Anwaltszulassung in England und plante daher, seine berufliche Existenz teilweise dorthin zu verlagern. Aber dazu sollte es nicht mehr kommen. David Astor erlebte ihren gemeinsamen Besuch in seinem Haus. Moltke habe viel ruhiger und gesetzter gewirkt als Trott mit seinem jugendlicheren Temperament, aber die beiden hätten sich gut verstanden und ein für ihr Alter ungewöhnliches Verantwortungsbewußtsein geteilt.[100]

Für persönliche Beziehungen hingegen schienen diese spannungsgeladenen Monate, in denen Trott ganz von politischer Aktivität absorbiert war, wenig geeignet. Seine Freundschaft mit Rita Lüdecke, Wilfrid Israels Sekretärin, dauerte nur kurz, denn als rassisch Verfolgte emigrierte sie bald nach England. Doch dann traf er eines Tages im April 1939 bei Bielenbergs die 21jährige, bildhübsche Clarita Tiefenbacher. Sie und Peter Bielenberg kannten sich seit langem über ihre Väter, Rechtsanwaltskollegen in Hamburg. Während seiner Referendarzeit dort war Trott ihr auf einem Fest schon einmal begegnet. Clarita hatte nicht vergessen, daß er sie damals zum Tanzen aufgefordert hatte, im Gespräch auffällig vom üblichen Konversationston abgewichen war und überhaupt eine ungewöhnliche Ausstrahlung besaß. Inzwischen hatte sie Abitur gemacht und ein Arbeitsjahr auf einem Obstgut in Mettlach an der Saar verbracht. Da ihr Vater nichts von einem Studium hielt – seine Tochter sollte in eine gute Hamburger Familie heiraten und keine »roten Augen«[101] vom Studieren mitbringen –, besuchte sie einen Englisch-Sprachkurs in Cambridge und lernte Stenographie und Schreibmaschine. Außer nach England hatte sie eine längere Reise in den Nahen Osten bis Jerusalem geführt. An jenem Tag des Wiedersehens lud Trott die junge Frau gleich zu einem von Bielenberg arrangierten politischen Gespräch ein – als Test und Vertrauensbeweis. Bis dahin, erinnert Clarita sich später, habe sie Politik als etwas betrachtet, »dem man ausgeliefert ist, das sich in einer unzugänglichen Sphäre abspielt«[102]. Nun lernte sie in Trott einen Regimegegner kennen. »Adam vermittelte mir eine ganz neue Perspektive, und damit gewann ich den Mut, mich seiner Führung anzuvertrauen. Er war unbeugsam entschlossen, den Sturz der unheilvollen Regierung zu betreiben.«[103] Clarita half ihm beim Tippen geheimer Texte für seine England-Aktion. Er erzählte ihr von chinesischer Weisheit und suchte sie für Literatur zu begeistern, schenkte ihr Emily Brontës Roman »Wuthering Heights« und nach ihrem Ausflug zum Kleist-Grab am Kleinen Wannsee einen Band mit Kleists Werken. Er machte sie mit seiner Schwester Ulla bekannt, und am 9. August, seinem 30. Geburtstag, begegnete sie auch seiner

Mutter. Rückblickend bedauerte Trott in einem Brief an die Freundin, daß »unser Sommer« allzusehr »unter die Krallen der allgemeinen Geschicke«[104] geraten sei. Sie hätten sich, schrieb er etwas wehmütig, viel zu wenig ungestörte Stunden in der Natur gegönnt und versäumt, den wunderbar stillen Sacrower See zu entdecken. Während Clarita nach ihrer Abreise aus Berlin nicht recht glauben mochte, daß für ihn ihre Freundschaft mehr als ein »Durchgang in größere Weiten« bedeutete – zumal er vor seiner Abreise nach Amerika stand –, war er von der Dauer ihrer Beziehung überzeugt.[105]

Clarita Tiefenbacher

Den Juli brachte Trott größtenteils in Imshausen zu, wo er dringend gebraucht wurde und »über Verwaltungssachen«[106] nicht zu eigenen Arbeiten kam. Anfang August kehrte er nach Berlin zurück, um die seit Monaten geplante Fahrt nach Amerika voranzutreiben. Weil er auf einer internationalen Konferenz nicht als Privatmann auftreten durfte, hatte man sich im Auswärtigen Amt bereit gefunden, ihn für die Dauer seines USA-Aufenthalts befristet anzustellen. Indes ließ die offizielle Genehmigung durch den Minister auf sich warten. Je mehr allerdings die Lage sich verschärfte und auf einen Krieg zusteuerte, desto mehr sank die Wahrscheinlichkeit, daß er überhaupt würde reisen können.

Das Auf und Ab zwischen Bangen und Hoffen während dieser letzten Augustwochen 1939 um die alles entscheidende Kriegsfrage ist am Stand von Trotts Vorhaben ablesbar. Ursprünglich hatte er am 18. August nach England und von dort am 21. in die USA aufbrechen wollen, doch am 13. teilte er seiner Mutter mit: »My trip to America has again become highly doubtful« und nannte als Begründung »the high degree of European uncertainty«[107]. Dank der neuerlichen Protektion durch Walther Hewel wurde endlich am 18. sein zweiter Antrag bewilligt, der Termin aber zunächst offengelassen.[108] Am 20. meinte Trott – bezogen auf den drohenden Krieg –, »weniger Anlaß zu einer düsteren Beurteilung der Chancen« zu haben. »Der russische Faktor spielt offenbar eine ganz große Rolle«[109], teilte er Werner mit. Das sollte in der Tat der Fall sein, wenn auch in einer für Außenstehende unvorhersehbaren Weise. Zur weltweiten Überraschung einigten sich Hitler und Stalin auf einen deutsch-sowjetischen Nichtangriffspakt, den die Außenminister Ribbentrop und Molotow am 23. August in Moskau unterzeichneten. Grundsätzlich wußte Trott einer deutsch-russischen Verständigung etwas Positives abzugewinnen, zumal auf die weite Zukunft hin. Jetzt aber schien der Krieg unausweichlich, wie er seiner Mutter nicht verhehlte. Mit seiner Amerikafahrt rechnete er nicht mehr; dabei war »die Passage nach New York schon gebucht« und er »vollkommen reisefertig«[110].

Da nun auch seine Zwischenstation in England entfallen würde, schrieb Trott Abschiedsbriefe an seine dortigen Freunde. Von Shiela erhielt er noch eine Antwort. Ihre Feststellung, daß sie »zu einander nicht immer ehrlich gewesen«[111] seien, konnte er jedoch nicht akzeptieren und erwiderte: »Ich bin niemals wissentlich unehrlich zu Dir gewesen. Stets habe ich geglaubt, daß uns in hohem Maße die gleichen Dinge wichtig waren, und ich liebte und bewunderte Dich für Deine Aufrichtigkeit. Aber häufig genug habe ich die schmerzliche Erfahrung gemacht, daß Du völlig unfähig warst, einen natürlichen Verbündeten zu verstehen und Dich in ihn einzufühlen, wenn er seinen Kampf in einer anderen Umgebung kämpfen mußte als der Deinigen.« Allein diese Unfähigkeit, aufgrund deren sie sogar »Vorhaben scheitern lassen würde«, die ihrer eigenen Sache nützten, habe ihn zur Verschwiegenheit ihr gegenüber bewogen.[112] Shiela Grant Duff nahm seine Kritik als Kriegserklärung: »War broke out between us even before it broke out between our two countries«[113], heißt es Jahrzehnte später in ihren Erinnerungen. Das konnte sie allerdings nur auf sich beziehen, denn auf Trotts Seite bestand keine Feindschaft. Nur wenige Tage nach diesem letzten Brief bedachte er die Freundin in seinem Testament, und noch 1941 fand er einen Weg, ihr seine Sympathie zu bekunden.

Ob und wann Trott in den letzten Tagen des August 1939 von Hitlers erstem Befehl, Polen anzugreifen, und danach von dessen kurzfristiger Rücknahme erfahren hat, ist ungewiß. Von den Verhandlungsbemühungen in letzter Stunde, noch vor dem neuerlichen Angriffsbefehl, hatte er offenbar Kenntnis. Am 30. August erwähnte er in einem Brief an seine Mutter »die Möglichkeit einer friedlichen Bereinigung« und fügte hinzu: »Aber die Luft ist noch gewitterschwanger. Ich reise, wenn es sich klärt, sogleich ab.«[114] Auf alle Fälle machte er am selben Tag sein Testament.

Sämtliche Verhandlungs- und Vermittlungsversuche sollten am unbändigen Willen Hitlers zum Krieg scheitern. »Er hat beschlossen, zuzuschlagen, und er wird zuschlagen«, vermerkte der italienische Außenminister Ciano in seinem Tagebuch.[115] Keiner der führenden deutschen Militärs lehnte sich gegen den bevorstehenden Krieg auf. Somit fehlten die Voraussetzungen für einen Staatsstreich; von einer vergleichbaren Konstellation wie vor »München« war man weit entfernt. Am 1. September begann der deutsche Angriff auf Polen, am 3. September erklärten Großbritannien und Frankreich nach Ablauf ihrer Ultimaten Deutschland den Krieg. »Seit unserem Zusammensein ist nun der befürchtete Erdrutsch erfolgt«[116], schrieb Falkenhausen an Trott.

In Amerika zwischen Krieg und Frieden

Frühmorgens am 12. September 1939 wurde Trott von einem Telegramm aus New York überrascht. Edward Carter vom *Institute of Pacific Relations* erneuerte darin seine Einladung und erweiterte den Studienauftrag um die Frage einer »allgemeinen Nachkriegsregelung«. Sein letzter Satz: »Hoffe, dies kann als Ihr erster nationaler Dienst angesehen werden«,[1] richtete sich allerdings weniger an den Empfänger als bewußt an die offiziellen Stellen, die die Reise genehmigen mußten. In einem Brief wiederholte Carter den Text seines Telegramms und betonte, wie unverzichtbar gerade jetzt die Anwesenheit Trotts für das Institut sei: »Der Ausbruch dieses nutzlosen Krieges macht Ihre Zusammenarbeit mit uns um so wichtiger.«[2] Carter übersandte ihm zugleich eine umfängliche Büchersendung mit den neuesten Bänden der beiden Editionsreihen, mit denen das IPR weltweit die Forschung über den pazifischen Raum förderte. In dichter Folge erschienen dort Studien von Wissenschaftlern und Wissenschaftlerinnen internationaler, auch asiatischer Provenienz.

Obwohl Trott bei der höchst ungewissen politischen Lage das Fortgehen und die Trennung von den Seinen schwerfiel, entschied er sich für die Reise. Nachdem er die Billigung durch die soeben gegründete Informationsabteilung des Auswärtigen Amts erwirkt hatte, war Eile geboten. Binnen weniger Tage mußten sämtliche Formalitäten erledigt sein, wenn er noch am 22. September in Genua die *MS Vulcania* erreichen wollte. Das italienische Schiff war nämlich zum letzten Mal bereit, deutsche Passagiere aufzunehmen. Dies bedeutete ein erhebliches Risiko, weil vom britischen Flottenstützpunkt Gibraltar der gesamte Schiffsverkehr in das und aus dem Mittelmeer kontrolliert wurde. Die Einreiseerlaubnis nach Italien half Erich Kordt schnell zu besorgen. Schließlich wurde Trott auch die militärische Beurlaubung bis zum 1. Juni 1940 zugestanden, ohne die er das Land nicht hätte verlassen dürfen.[3] An seinem Abreisetag am 19. September kam er zu einer letzten Beratung mit Moltke zusammen und traf über München kurz vor der Abfahrt am 22. in Genua ein. Dort erwartete ihn ein telegraphischer Willkommensgruß Carters. »Was will man mehr?«[4], schrieb er seiner Mutter beruhigend zum Abschied.

Am Genueser Hafenkai stieß Trott unvermutet auf Fritz Caspari, der nach ihm Rhodes-Stipendiat in Oxford gewesen war und nun am Scripps College bei Los Angeles lehrte. Zur beiderseitigen Freude konnten sie sich bei der zehntägigen Überfahrt nach New York Gesellschaft leisten. Caspari blieb ein mit Trott erlebtes Abenteuer unvergeßlich. Als die Meerenge von Gibraltar immer näher rückte, wandte sich ein mitreisender NSDAP-Funktionär in höchster Sorge an seine beiden Landsleute und vertraute ihnen an, daß er bereits schweren Herzens sein Parteiabzeichen über Bord geworfen habe. Trott konnte ein heimliches Vergnügen nicht unterdrücken und empfahl dem strammen Nazi, bei der britischen Kontrolle sich drastisch – er gab ihm ein paar Ausdrücke vor – von der deutschen Regierung zu distanzieren. Vor Gibraltar wurde es dann wirklich brenzlig, denn die Briten forderten per Funkspruch die *Vulcania* auf, anzuhalten und ihre Passagiere untersuchen zu lassen. Dem Kapitän gelang es jedoch, schleunigst in spanische Hoheitsgewässer zu steuern. Die Deutschen an Bord entgingen somit nur knapp ihrer Verhaftung und möglichen Internierung als feindliche Ausländer. Kaum hatte sich der Nazi-Funktionär von dieser Aufregung erholt, kamen ihm Trotts wegen Bedenken, dessen Ratschläge allzu überzeugt geklungen hatten. Er erkundigte sich mißtrauisch bei Caspari über ihn, und dieser bewog Trott zur Abwendung einer möglichen Denunziation, den Parteimann günstig zu stimmen. Die nächste Hürde bildete dann die amerikanische Einwanderungsbehörde. Trotz Visum und offizieller Einladung schaffte es Trott nur mit Mühe, an Land gelassen zu werden.

In New York hingegen ließ sich die Sache gut an. Edward Carter – den ein Bekannter Trotts als »einen älteren, sehr würdigen, klugen, etwas reservierten Herrn« erinnert[5] – und seine Mitarbeiter im *Institute of Pacific Relations* nahmen ihn freundschaftlich auf. Als zeitweiliges Mitglied des Internationalen Sekretariats des IPR bestand die Haupttätigkeit Trotts in der Vorbereitung der Pazifik-Konferenz im November. Er versuche, berichtete er, »die Wirkung der beiden Krisenzentren aufeinander zu analysieren«, denn die »Alles oder Nichts«-Frage des Friedens in Asien und Europa verbinde »die beiden Hemispheren auf eine neue und höchst dramatische Weise«[6]. In einem Schreiben an Lord Elton, den neuen Sekretär des Rhodes Trust, äußerte sich Carter sehr zufrieden über Trott. Dieser sei »mit der ihm eigenen Intensität an die Arbeit gegangen«[7].

Das Friedensproblem beschäftigte Trott auch noch auf andere Weise. Es war seine Absicht, sich in den USA für einen »nach innen und außen tragbaren Frieden« bzw. eine »konstruktive europäische Lösung«[8] einzusetzen. Seiner Meinung nach bedurfte es einer gründlichen Vorbereitung, wenn man nach Ende von Nazi-Regime und Krieg ein dauerhaftes Friedenssystem in Europa errichten wollte. Ihm schwebte vor, daß mit Hilfe eines umfassenden Studienprogramms die Grundlagen dafür erarbeitet werden müßten. Seinen skizzenhaften Aufzeichnungen zufolge sollten 1. historische Fragen untersucht werden (konstruktive und destruktive Elemente in der Zwischenkriegszeit, bezogen auf die internationalen

Organisationen, die Weltwirtschaft und die innere Entwicklung in Deutschland von Weimar bis zum NS-System), 2. die Auswirkungen des gegenwärtigen Krieges sowie 3. Fragen zukünftiger Gestaltung (»Strukturwandlungen« und »neue Organisationsformen« in Staat, Wirtschaft, Gesellschaft, Kirche, Schule u. a.). Als zentrale Themen nannte er ebenfalls politische Sicherheit, wirtschaftliche Demobilisierung, internationale Wirtschaftskontrolle, Minderheiten und Föderalismus,[9] alle mit dem Ziel der »Herstellung einer stabilen Rechts- und Wirtschaftsordnung unter Opferung staatlicher Souveränitätsrechte«[10] in Europa. Trott hat auch eine Reihe von Namen zusammengetragen, die ihm als Initiatoren, Berater oder Mitwirkende an einem solchen Studienprogramm geeignet schienen: James T. Shotwell, Professor für die Geschichte internationaler Beziehungen an der Columbia Universität und einstiger Berater Präsident Wilsons, Hamilton Fish Armstrong, Herausgeber der namhaften Zeitschrift *Foreign Affairs*, Josephine Schain, Vorsitzende des *National Committee on the Cause and Cure of War*, Leon Fraser, Präsident der *First National Bank*, Manly Hudson, Professor für internationales Recht in Harvard, John Dewey, Reformpädagoge und Befürworter der Demokratisierung sämtlicher Lebensbereiche u. a.m. Unter deutschen Emigranten hatte er außer an eigene Bekannte vor allem an die Mitglieder der sozialdemokratischen Exilorganisation *German Labour Delegation* gedacht und an Thomas Mann.[11] So aufschlußreich all diese Pläne für Trotts Vorstellungen und seinen Ideenreichtum sind, realisiert werden sollten sie nicht. Um ein derartiges Programm auf den Weg zu bringen, auch für dessen Finanzierung zu sorgen, hätte Trott sehr viel mehr Zeit und personeller Unterstützung, überhaupt anderer äußerer Voraussetzungen bedurft. Es blieb daher bei ersten Kontakten sowie einer kleinen Arbeitsgruppe, die auf seine Anregung zustande kam. Ihr gehörten u. a. seine alten Freunde Hasso von Seebach, Hans Muhle und Hans Simons an, ferner Kurt Riezler, Professor für Philosophie an der *New School for Social Research*; hinzu stießen mit Edward Carter und dem Völkerrechtler Percy E. Corbett u. a. auch einige Amerikaner. Politische Homogenität hatte Trott offenbar nicht angestrebt, und so mußte er interne Unstimmigkeiten zwischen den links orientierten Muhle und Simons sowie dem konservativen Riezler in Kauf nehmen.

Eine vordringliche Aufgabe sah Trott darin, bei der amerikanischen Regierung für die Festlegung tragbarer Kriegsziele des Westens zu werben. Im Interesse der deutschen Opposition sollte dadurch verhindert werden, daß die Deutschen auf Gedeih und Verderb mit ihrem Regime zusammengeschweißt würden, einschließlich derjenigen, »die begonnen haben, sich zum Sturz Hitlers zusammenzufinden«[12]. Auf Empfehlung Moltkes nahm Trott bald nach seiner Ankunft Kontakt zum früheren deutschen Reichskanzler Heinrich Brüning auf. Dieser hatte sich von der Politik völlig zurückgezogen und lehrte jetzt in Harvard, besaß aber in amerikanischen Regierungskreisen einen guten Ruf. In seinem Einführungsschreiben, auf das Brüning vorsichtshalber bestanden hatte, nannte Trott als Gewährsleute für seine Vertrauenswürdigkeit Moltke (»der mich bat, Sie zu grüßen und unsere Anliegen mit Ihnen zu besprechen«[13]), Brünings Assistenten Alexander Böker (auch er ein ehemaliger deutscher Rhodes-Stipendiat) sowie seinen jüngst verstorbenen Vater. Da Brüning für den einstigen Kultusminister »die größte Wertschätzung hegte« und bald zur »festen Überzeugung« kam, daß dessen Sohn »hundertprozentig gegen Hitler und gegen die Nazis« war,[14] öffnete er sich ihm. Er nahm, wenn auch selten, an den Diskussionen der New Yorker Arbeitsgruppe teil und verwandte sich an höchster Stelle für Trott. Ihre Gespräche in Harvard drehten sich späteren Mitteilungen Brünings zufolge hauptsächlich um einen Militärputsch in Deutschland. Trott habe ihn über entsprechende Pläne informiert, worauf er ihm aus persönlicher Kenntnis geeignete Armeeführer empfohlen habe.[15] Während Trotts Kenntnisstand vom September stammte, gingen in Deutschland Umsturzplanungen zur Verhinderung des Westfeldzugs in den nächsten Monaten weiter. Selbst ein so nüchterner Beobachter wie Helmuth James von Moltke berichtete Mitte Dezember, daß seine »Hoffnung auf eine baldige Beendigung dieses Krieges ordentlich Nahrung bekommen hat«[16]. Wochen zuvor, als Hitler am 8. November im Münchner Bürgerbräukeller – durch eine vom Schreiner Georg Elser dort installierte Bombe – nur knapp einem Attentat entgangen war, war zudem vor aller Augen demonstriert worden, wie plötzlich neue Verhältnisse eintreten konnten.

In New York kam Trott häufig mit dem früheren Chefredakteur des *Berliner Tageblatts* Paul Scheffer zusammen, der ihm schon aus Berlin bekannt war. Da sich Scheffer mit der Kriegsziel-Problematik bereits näher beschäftigt hatte, bat er ihn, darüber eine Denkschrift als Vorlage für die amerikanische Regierung zu verfassen. Scheffers Entwurf wurde dann von Trott und Mitgliedern der Gruppe diskutiert und überarbeitet. Der ursprüngliche Plan Trotts, mehrere amerikanische Experten zu Rate zu ziehen, entfiel aus Zeitmangel. Das Memorandum verweist auf die Anforderungen, die der amerikanische Präsident Woodrow Wilson seinerzeit an einen dauerhaften demokratischen Frieden gestellt hatte, und plädiert für eine frühzeitige öffentliche Klarlegung maßvoller Kriegsziele seitens der Alliierten. Begründet wird dies mit dem Eigeninteresse der westlichen Verbündeten ebenso wie mit der Wirkung auf die deutsche

Opposition, die dadurch ermutigt und gestärkt, die Nazi-Herrschaft aber diskreditiert und ruiniert würde. Während einem zukünftigen Deutschland die Teilnahme an einer europäischen Kooperation ermöglicht und statt einer Landesteilung der Territorialbestand von 1933 zugesichert werden sollte, müßte es seinerseits nach dem Sturz Hitlers und der Abkehr vom gegenwärtigen Regime den Verzicht auf jeden weiteren Krieg garantieren.[17] Trott sandte die Denkschrift vor dem 10. November nach Washington an William T. Stone, den Vizepräsidenten der *Foreign Policy Association* – ihn kannte er schon von seinem letzten USA-Besuch. Dieser leitete sie Sumner Welles, dem Staatssekretär im State Department, sowie dem Assistant Secretary George S. Messersmith zu. Letzterer wiederum übergab ein Exemplar an Außenminister Cordell Hull.[18]

Um möglichst unabhängig zu sein, war Adam von Trott dieses Mal anstatt bei seinen Verwandten im Hotel abgestiegen, ohne zu ahnen, wie nachteilig sich das auswirken sollte. Zehn Tage nach seiner Ankunft geriet er nämlich wegen Spionage-Verdachts in das Visier des amerikanischen Geheimdienstes FBI. Vom 12. Oktober 1939 bis zu seinem Verlassen des Landes am 18. Januar 1940 wurden jeweils zwei Agenten – insgesamt waren es 46 – zu Trotts Beobachtung eingesetzt. Sie verfolgten seine Bewegungen draußen, hörten das Telefon und die Gespräche in seinem Hotelzimmer ab, drangen dort auch ein, kontrollierten seine Sachen und kopierten vorgefundene Briefe und Papiere. Die Ergebnisse wurden per Telex an den FBI-Direktor Edgar Hoover weitergeleitet. Am 16. Oktober etwa erfuhr dieser, daß »Miss Ingrid Warburg, die Nichte des prominenten jüdischen New Yorker Philanthropen und Bankiers Felix Warburg«, dem »Subjekt« im Shoreham Hotel eine Botschaft hinterlassen hat mit dem Wortlaut: »Would like to see you because of telegram from Europe«, ferner daß das Subjekt am gestrigen Sonntag beim Ehepaar Schieffelin in der Park Avenue zum Lunch weilte und nachher mit diesem ein Konzert besuchte, schließlich daß die Telefonüberwachung im Hotel fortgesetzt und außerdem die Möglichkeit geprüft wurde, im IPR eine Abhöranlage zu installieren.[19] Den Berichten läßt sich somit entnehmen, wann und wo sich Trott jeweils aufhielt, und zumindest teilweise, wen er traf. Die FBI-Agenten ermittelten auch Einzelheiten über seine Kontaktpersonen, sofern sie in den USA lebten. Wegen unzureichender Deutschkenntnisse stießen sie jedoch an ihre Grenzen. Die Wiedergabe der abgehörten Gespräche und Telefonate in Trotts Hotelzimmer, die in der Regel auf deutsch geführt wurden, sind daher nur sehr bedingt als zuverlässig anzusehen. Gleiches gilt für die übersetzten Briefe. Schon das Entziffern deutscher Handschriften bereitete große Schwierigkeiten – so las man etwa Trotts Namen in einer Notiz Casparis als »Tropp«. Begrenzt war die Ausbeute der Geheimdienstler auch dadurch, daß Trott wichtigere Schriftstücke unzugänglich aufbewahrte und sein Hotelzimmer zwar Ort gelegentlicher politischer Gespräche – vor allem mit Seebach, Muhle oder Scheffer –, aber kein Treffpunkt etwa der Arbeitsgruppe war.

Durch das Leben unter der Diktatur in seiner Aufmerksamkeit geschärft, fiel Trott die Verfolgung auf Schritt und Tritt sofort auf. Als Julie Braun-Vogelstein, die seinetwegen nach New York gekommen war, ihn warnte: »Man wird Sie bespitzeln«, konnte er das schon bestätigen: »Die Kerle folgten mir bis zu Ihrer Türschwelle.«[20] Die Telefonüberwachung blieb ihm ebenfalls nicht verborgen. Wann immer sein Telefon klingelte, hörte er dies gleichzeitig im darüber liegenden Raum. Das Schlimme für Trott an der Sache war, daß er nicht wußte, ob der amerikanische Geheimdienst oder deutsche Gestapospitzel ihn beobachteten. Im letzteren Falle hätte er nicht mehr nach Hause zurückkehren können. »Wie anders sind doch alle äußeren Umstände seit meinem letzten Besuch«[21], deutete Trott brieflich die unerfreulichen Bedingungen an. Später konstatierte er: »Verdacht grassiert überall, und menschliche Kontakte, mit Ausnahme der engen oder beiläufigen, werden zur Last.«[22] Erschwert wurde die Situation durch politische Mißverständnisse. Seiner Mutter bekannte er Mitte November, daß er »tagtäglich mit bitterem Mißverstehen zu kämpfen habe, das mich oft ganz mutlos macht. Dann kommen freilich auch wieder Stunden und Tage, wo man an das Aufleuchten einer gewissen Vernunft glaubt.«[23]

Die geheimdienstliche Überwachung ging offenbar auf Felix Frankfurter zurück, einen Vertrauten Präsident Roosevelts und seit einem knappen Jahr Richter am Obersten Bundesgericht der USA. Als er Trott zweieinhalb Jahre zuvor in Harvard kennenlernte, war er ihm noch mit großem Wohlwollen begegnet, jetzt aber hatte ihn sein alter Oxforder Freund Maurice Bowra dringend vor dem Deutschen gewarnt.[24] Daraufhin soll er sich beim Wiedersehen Trott gegenüber brüsk ablehnend verhalten und ihm zusätzlich verübelt haben, daß er ihn höchst ungeschickt-unglücklich als Juden angesprochen hatte.[25] Frankfurter versäumte es nicht, persönlich den Assistant Secretary im State Department, zu dessen Händen das Memorandum gelangt war, von seinem starken Verdacht gegen Trott zu informieren. Messersmith hörte dann jedoch von Heinrich Brüning, den er seit langem kannte, eine gegenteilige, positive Meinung und erklärte sich dank dessen Fürsprache bereit, Trott zu empfangen.

Auf dem Wege nach Virginia zur Konferenz des IPR machte dieser drei Tage in Washington, DC, Station. In der deutschen Botschaft stattete er dem Geschäftsträger Hans Thomsen sowie dem Ersten Sekretär, Heribert von Strempel, Besuche ab. Ferner traf er sich mit seinen Bekannten Felix Morley, Herausgeber der *Washington Post*, und William T. Stone, dem Vermittler der Denkschrift. Am 20. November suchte er dann George S. Messersmith im State Department auf. »Mr. von Trott kam heute morgen zu mir, und der Eindruck, den er auf mich machte, war insgesamt gut, und ich bin jetzt geneigt, zu glauben, daß er ein ehrlicher Mann ist und das Denken gewisser verantwortlicher Elemente in Deutschland repräsentiert«, berichtete dieser anschließend dem Außenminister und dem Staatssekretär. Zum Memorandum habe Trott erklärt, dieses gäbe zwar »im großen ganzen seine Ansichten« wieder und es sei für die »konservativen Elemente«[26] in Deutschland äußerst wichtig, die alliierten Friedensziele zu kennen, aber er sei nicht sicher, ob jetzt schon die Zeit zu ihrer Bekanntmachung gekommen sei. »Das Gefährlichste nämlich, was passieren könnte«, habe der Deutsche mit Nachdruck betont, »sei eine vorzeitige Regelung, die die gegenwärtige oder eine ähnliche Regierung in Deutschland an der Macht lassen würde. Eine solche Lösung würde eine Katastrophe für Deutschland bedeuten wie auch für die übrige Welt. Sie wäre das letzte, was diejenigen, deren Denken in Deutschland er repräsentiere, sich wünschen würden.« Messersmith vermerkte, daß sich Trott bei seinen Befürchtungen auf eine »noch sehr mächtige Gruppe in England«[27] bezog, die zu einem solchen Friedensschluß bereit sein könnte. Diese Äußerungen Trotts werfen noch einmal ein Licht auf seine Aktion im Sommer und unterstreichen seine Einstellung als Anti-Appeaser. Bedenkliche Informationen könnte er bei seinen Geheimtreffen mit dem britischen Botschafter Lord Lothian erhalten haben.[28] Trott teilte Messersmith im übrigen mit, daß er geheimdienstlich beobachtet werde. Während seiner gesamten Autofahrt von New York nach Washington sei ihm auffällig ein Auto gefolgt, aber er wisse nicht, ob amerikanische oder deutsche Agenten darin saßen. Er befände sich in großer Gefahr, lege sozusagen seinen Hals in eine Schlinge. Laut seinem offiziellen Bericht enthielt sich Messersmith jeder Aufklärung in dieser Sache, aber wie Trott wenig später einer Freundin anvertraute, erfuhr er im State Department, daß es sich um eine Aktion des FBI angeblich zu seinem Schutz vor einer Gestapo-Überwachung handeln würde.[29] Ob der Hinweis nun von Messersmith kam oder nicht, dieser fand es angebracht, den Deutschen zu einem weiteren Gespräch nach Ende der Konferenz einzuladen.

Das Study Meeting – so die offizielle Bezeichnung – des *Institutes of Pacific Relations* fand vom 22. November bis 2. Dezember 1939 in Virginia

Beach im riesigen Cavalier Hotel statt, direkt am Atlantischen Ozean. »In dieser herrlichen Umgebung«, berichtete Trott seiner Mutter, erhole er sich zwischendurch beim Reiten am Strand. »Besonders schön ist es, im Sonnenschein auf dem Sand an der Brandung entlang zu galoppieren.«[30] Die Konferenz war in Victoria, British Columbia, geplant gewesen, hatte aber wegen des Krieges in Europa kurzfristig verlegt werden müssen. Beide Kriege wirkten sich negativ auf die Teilnahme aus. Die russischen und niederländischen Delegierten hatten abgesagt, und Großbritannien wie Frankreich waren nur durch Beobachter vertreten. Während China neben den USA mit der größten Delegation erschienen war, hatte sich Japan (bis auf das Mitglied im Internationalen Sekretariat) einstweilen von der Forschungsarbeit des Instituts zurückgezogen. Dennoch versammelten sich rund 120 Teilnehmer aus zwölf Ländern, darunter mehrere Vertreter internationaler Organisationen, um über politische, wirtschaftliche und militärische Aspekte des japanisch-chinesischen Krieges zu referieren und zu diskutieren. Das Tagungsprogramm sah detailliert vorbereitete Round-Table-Gruppen und Plenarsitzungen in vier Sektionen vor sowie freie Nachmittage zum Lesen und Erholen. Mit Adam von Trott nahm erstmalig ein Deutscher an einer solchen Veranstaltung des IPR teil; laut Konferenzbericht fungierte er als Study Meeting-Mitarbeiter und Round Table-Protokollant. Überdies war er gebeten worden, die Einstellung Deutschlands zum fernöstlichen Konflikt darzulegen, eine heikle Aufgabe, da er zwar für sein Land, aber nicht für das Regime zu sprechen geneigt war. »Ich muß den Grundcharakter meiner politischen Haltung durchscheinen lassen«, hielt Trott dieses Dilemma in Steno auf einem Notizblatt fest.[31] Ob ihm das geglückt ist, geht aus der Kurzfassung im Konferenzbericht nicht hervor. Danach legte »ein deutscher Teilnehmer« dar, daß »die vorwiegend friedliche Meinung in Deutschland für ein freies China eintrete, welches auch nicht von den westlichen Demokratien beherrscht« werden sollte. Deutschland befürworte außerdem »eine Friedensregelung zwischen Rußland und Japan sowie eine Beschränkung des japanischen Interesses an China auf den wirtschaftlichen Sektor«.[32] Dem Amerikaner Robert W. Barnett zufolge verdächtigten einige Teilnehmer Trott, ein äußerst geschickter Sendbote Ribbentrops zu sein, mehrheitlich habe er jedoch Sympathien gewonnen. Barnett behielt ihn als eindrucksvolle Erscheinung, guten Zuhörer und entspannten Unterhalter in Erinnerung, »eine angenehme Mischung aus Bescheidenheit und Selbstvertrauen«. Er habe sich nie in den Vordergrund gedrängt, aber durch intelligente und weitsichtige Diskussionsbeiträge Aufmerksamkeit auf sich gezogen.[33] Trott selbst fand die Konferenz »über alle Erwartung interessant«, nannte die Delegierten »kluge und einflußreiche Männer des öffentlichen Lebens«. Seiner Mutter schrieb er: »Dir würden viele der Leute hier gut gefallen, andere freilich sind recht feindselig, und man muß hart und vorsichtig sein.«[34]

Unter den englischen Konferenz-Beobachtern traf er manche Bekannte: George E. Taylor, den Freund aus Peking, seinen Oxforder Mäzen Henry N. Spalding und John Wheeler-Bennett. Vor allem mit letzterem, der zu der Zeit als persönlicher Assistent des britischen Botschafters Lord Lothian tätig war, verbrachte Trott viel Zeit am Rande. Von Wheeler-Bennett habe er beträchtliche Ermutigung erfahren, äußerte er in einem Brief an David Astor. Er empfahl ihm nicht nur seine Bekanntschaft, sondern auch dessen Einführung beim Außenminister. Kaum ein anderer Brite verstehe »eine wesentliche Seite Deutschlands besser«[35] als dieser enge Freund Andersons (Deckname von Brüning). Dies zeige sich deutlich in einem Memorandum Wheeler-Bennetts, über das sie beide intensiv diskutiert hätten und das unbedingt ernst genommen werden müsse, bevor es zu spät sei. Der Inhalt dieser Denkschrift macht die Zustimmung Trotts verständlich. Es wird darin betont, daß der gegenwärtige Kampf sich nicht gegen das deutsche Volk richte, es vielmehr um einen »Befreiungskrieg« vom Hitlerismus ginge. Dabei fänden die demokratischen Mächte Verbündete in Deutschland selbst. Diese sollten »zur eigenen Initiative« durch die Zusicherung »ermutigt und gestärkt« werden, daß nach Erreichung des gemeinsamen Zieles und »der Wiedererrichtung eines Rechtsstaates« in Deutschland das deutsche Volk »mit einer gerechten und großzügigen Behandlung« rechnen könne. Es gelte der Nazi-Propaganda entgegenzutreten, die das Schreckgespenst einer Zerstückelung Deutschlands durch die Alliierten an die Wand male. Angesichts einer solchen Gefahr würden die Deutschen »bis zuletzt zur Verteidigung ihres Vaterlands getrieben« und »der Krieg sich mit zunehmender Stärke und Schrecken in die Länge ziehen«.[36] Die Tatsache, daß diese Argumente ein Brite vorbrachte, erhöhte in den Augen von Trott ihren Wert. Allerdings sollte auch dieses Memorandum bei den englischen Politikern, denen Wheeler-Bennett es zur Kenntnis gab, seine Wirkung verfehlen.

Als besondere Anerkennung wurde Trott zum ständigen Mitglied des Internationalen Sekretariats, des 12köpfigen obersten Exekutivgremiums des IPR, gewählt. Damit er in dieser Funktion auch in seinem Land tätig sein konnte, wurde Edward Carter bei der deutschen Botschaft vorstellig und erörterte mit Botschaftsrat Heribert von Strempel die Möglichkeiten einer deutschen Zusammenarbeit mit dem regierungsunabhängigen, wissenschaftlichen Institut. Nach Carters Vorstellung sollte Trott zunächst in der Rolle eines Verbindungsmannes zum IPR in Deutschland eine »Kerngruppe für fernöstliche Studien« etablieren. Deren regelrechte Verankerung als eigenes Sekretariat sollte dann nach Beendigung des Krieges erfolgen.[37] Für den Amerikaner war es keine neue Erfahrung, mit Personen aus diktatorisch oder undemokratisch regierten Ländern zu kooperieren; schließlich pflegte er schon seit langem Studienbeziehungen zu Chinesen, Japanern und Russen. Ende des Jahres bestätigte Strempel in einem Brief an Carter, daß die »zuständigen deutschen Stellen über die Bildung von Arbeitskontakten mit dem Institute of Pacific Relations« informiert worden seien, und äußerte sich zuversichtlich, daß »Dr. von Trott nach seiner Rückkehr in Berlin dafür den Weg geebnet« finden werde.[38] Dieser selbst wandte sich an seinen alten Freund Tracy Strong in Genf und berichtete ihm von der Chance, die Carter ihm eröffnet habe. Sie sei »das beste, das ihm unter den gegenwärtigen Umständen hätte passieren können«. Trott bat Strong um seine Mitwirkung als Kontaktperson; er werde zwar nicht in die Schweiz fahren dürfen, aber sie könnten sich in Deutschland treffen.[39] Strong, der unverändert große Stücke auf Trott hielt, sagte seine Unterstützung gerne zu; seine Arbeit bei der Gefangenenbetreuung werde ihn ohnehin regelmäßig nach Deutschland führen.

Edward Carter wollte seinen deutschen Mitarbeiter noch auf andere Weise unterstützen. Am 7. Dezember suchte er Messersmith im State Department auf, um herauszufinden, inwieweit dieser Trott vertraute bzw. welche gegenteiligen Quellen er besaß. Messersmith hielt in einem Aktenvermerk fest: »Ich sagte ihm [...] möglicherweise ist von Trott ein ehrlicher Mann, aber niemand, der dieser Tage aus Deutschland komme, könne ein ganz und gar frei handelnder Mensch sein.«[40] Carter habe daraufhin den Wunsch geäußert, über jedes Anzeichen, das gegen Trotts Vertrauenswürdigkeit spreche, informiert zu werden. Das war ein taktischer Schachzug, denn der Generalsekretär des IPR selbst hegte keine Zweifel. Über ein Treffen mit Carter ebenfalls am 7. Dezember vermerkte Felix Morley in seinem Tagebuch, daß sie beide in vieler Hinsicht unterschiedlicher Meinung seien, aber in einem Punkt, »von Trotts absolute Integrität« betreffend, völlig übereinstimmten.[41]

Am folgenden Tag erschien Trott, wie vorgesehen, noch einmal bei Messersmith. In seinem Aktenbericht über das kurze Gespräch wiederholte letzterer seine gegenüber Carter vertretene Ansicht, gab aber insgesamt ein positiveres, wenngleich sehr vorsichtig formuliertes Urteil über den Deutschen ab. Er stehe in Deutschland »mit konservativen Elementen in Verbindung, die mit der gegenwärtigen Regierung nicht sympathisierten und deren Ablösung wünschten«. Auf Trotts Bitte um einen vertraulichen Kontakt in der amerikanischen Botschaft in Berlin verwies

Messersmith ihn an den dortigen Geschäftsträger Alexander Kirk. Doch dabei beließ es der Assistant Secretary nicht. Noch am gleichen Tag sandte er Kirk ein persönliches und streng vertrauliches Schreiben, in dem er ihm Trott als Gesprächspartner nahelegte. Dessen Vater habe seinerzeit als preußischer Minister einen hervorragenden Ruf besessen und er selbst sei ein vertrauenerweckender, intelligenter junger Mann, der in Erscheinung und Auftreten sowie mit seinem perfekten, akzentfreien Englisch den Eindruck eher eines Engländers als eines Deutschen mache. Trott sei tief besorgt über die Zukunft seines Landes und arbeite mit Personen zusammen, die an der Errichtung eines stabilen Friedens interessiert seien. Kirk möge über alles Interessante, das er auf diesem Wege erfahre, das State Department informieren.[42] Der amerikanische Geschäftsträger ging in seiner Antwort positiv auf den Vorschlag ein und bemerkte: »Wir treffen gelegentlich Personen von derartiger Überzeugung und haben die Ansichten, die sie zu vertreten geneigt sind, dem Department schon angezeigt.«[43] Dies war ein Hinweis auf Kirks Bekanntschaft mit Moltke.[44] Ob ein Kontakt auch zwischen ihm und Trott in Berlin zustande kam, ist nicht belegt. Es würde allerdings wenig zu Trott passen, eine solche Verbindung ungenutzt zu lassen.

Das Memorandum war in Washington indes zu den Akten gelegt worden. Bemühungen Brünings, persönlich Präsident Roosevelt für Trotts Anliegen zu interessieren, blieben ebenso erfolglos wie indirekte Morleys. Das von Frankfurter gesäte Mißtrauen dürfte dazu wesentlich beigetragen haben. Das Weiße Haus hat der vermeintliche Spion Trott dennoch betreten, wenn auch nicht in politischer Mission. Durch Trude Pratt, eine enge Freundin der Präsidentengattin, war er bei Eleanor Roosevelt zum Tee eingeladen. Diese soll ihn den anderen Gästen mit den Worten vorgestellt haben: »This is Adam von Trott, a friend of ours, who will tell you all about the German underground movement.«[45] Nach einer Schrecksekunde soll der so Angesprochene die heikle Situation geschickt überspielt haben. Trude Pratt, damals verheiratet mit dem Verleger und Philanthropen Eliot Pratt, stammte aus Deutschland und hatte an der Universität Freiburg i.Br. promoviert. In den USA trat sie durch vielseitiges politisches und humanitäres Engagement hervor, vor allem für rassisch benachteiligte Kinder. Sie und ihre Freundin Ingrid Warburg bemühten sich, Trott während seines Amerika-Besuchs freundschaftlich zu unterstützen. Letztere führte ihn auch bei der Fotografin und politischen Aktivistin Dorothy Norman ein, Herausgeberin der Avantgarde-Zeitschrift *Twice a Year*, in deren Salon er u.a. Louis Fisher, Ignazio Silone und Giuseppe Antonio Borgese treffen konnte. Ingrid Warburg kannte

Trott schon lange, aber jetzt, wo er erlebte, wie sie sich in ihrer schwierigen Lage als deutsch-jüdische Emigrantin energisch und tapfer behauptete, gefiel sie ihm noch mehr als zuvor. Der gemeinsamen Freundin Diana beschrieb er sie als ungewöhnlich einfühlsam und geistig wendig. Was andere nicht einmal nach langen und mühseligen Erklärungen zu begreifen imstande seien, verstehe sie sofort.[46] Trott erneuerte seine Freundschaft mit Roger Baldwin, der sich damals aber nur selten in New York aufhielt. Begegnet ist er auch der einstigen sozialdemokratischen Reichstagsabgeordneten Toni Sender, die 1933 aus Deutschland hatte fliehen müssen. Sie erwähnte dies 1945 in einem Leserbrief an die *New York Times*, in dem sie Trott als »Vorkämpfer hoher demokratischer Ideale« würdigte.[47]

Während der deutschfeindlich gesonnene Onkel Frederick Osborn auf Distanz ging, blieben Schieffelins ihrem Neffen Adam weiterhin zugetan. Ja, William Schieffelin war sogar bereit, in seinem Haus eine geschlossene Gesellschaft zu veranstalten, vor der Trott als Gegner des deutschen Regimes sprach. Ein ähnlicher Auftritt fand während eines Dinners im *Yale Club* mit etwa 30 Teilnehmern statt. Dem späteren Zeitungsbericht eines der Anwesenden zufolge wandte sich Trott in seiner Rede »ohne jeden Vorbehalt und in den schärfsten Worten gegen die Nazi-Ideologie, das Nazi-Regime und gegen den Krieg«. Da das Volk keine Waffen besitze und es unmöglich sei, angesichts des Gestapoterrors eine Massenbewegung zu organisieren, so habe er erklärt, könne ein gewaltsamer Umsturz nur von oppositionellen Generälen ausgeführt werden. Diese aber bräuchten die Garantie, daß Deutschlands Unabhängigkeit und Einheit in den Grenzen von 1933 bei Friedensschluß gesichert sei. Die Macht solle das Militär nur vorübergehend übernehmen, da das neue Deutschland ein »Staat des Rechtes« werden müsse.[48] Wenn es den FBI-Agenten gelungen wäre, sich unter die Zuhörer zu schmuggeln, hätten sie mehr über Trotts politische Einstellung erfahren können als durch ihre umständlichen Abhöraktionen. Ein einziger anwesender Gestapo-Agent hingegen hätte Trott das Leben gekostet. Scheffer und Riezler waren daher entsetzt über solche Vorträge, fanden sie »haarsträubend unvorsichtig«[49]. Trott aber wollte die Gelegenheit unbedingt ergreifen, selbst einem nur sehr kleinen Zuhörerkreis etwas vom »anderen« Deutschland zu vermitteln.

Den mehrmonatigen Aufenthalt im neutralen Ausland hat Trott außerdem zu politischen Zukunftsentwürfen genutzt. Ausgangspunkt war die Frage: Wie kann zukünftig ein Krieg in Europa ausgeschlossen werden? Wohl auch angeregt durch seine Diskussionspartner, skizzierte er neue und weitgespannte Perspektiven. Er verwies auf das Beispiel der Vereinigten Staaten von Amerika mit ihrer gemeinsamen nationalen Grenze, ihrer Zoll- und Währungsunion. Letztere hielt er auch in Europa für sinnvoll, fürchtete aber, daß die kleineren Staaten sich vom »deutschen Produktionsapparat« erdrückt fühlen könnten. Zur Lösung solcher Spannungen und anstelle der Rüstungsindustrie könnten »großzügig konzipierte gemeinsam-europäische Wirtschaftserschließungsaktionen« in Afrika, Ostasien und Südamerika »auf der Basis von großen Konsortialgesellschaften« treten. »Die gesinnungswandelnde Begleiterscheinung solcher Unternehmen«, so glaubte er, würde Europa zur Kooperation auch auf anderen Gebieten befähigen: zur Entwicklung einer »Magna Charta der Arbeit«, zur Errichtung eines »gemeinsamen höchsten Gerichtshofes« und zur Schaffung eines »gesamteuropäischen staatsbürgerlichen Status, der die Grundlage zu weiteren Zusammenlegungen administrativer Souveränität auf Teilgebieten des Lebens ermöglichen könnte«. Auch auf dem Rüstungssektor müßten in Europa Strukturveränderungen vorgenommen werden, von der Beseitigung schwerster Waffen bis zur Überführung der Luftwaffe in eine Zentralkörperschaft und zur Vereinigung der Kriegsmarinen.[50] Ein solches Zukunftsprogramm war natürlich ohne die grundsätzliche Bereitschaft der Westmächte nicht zu verwirklichen. Deren Haltung maß Trott daher auch entscheidende Bedeutung für die zukünftige Orientierung der Deutschen bei. Der Scheffer-Denkschrift hatte er den Passus hinzugefügt: »Wenn andererseits das deutsche Volk bei seiner Suche nach einer erträglichen Alternative zu Hitler auf ständige Vagheit und Unnachgiebigkeit seitens der Westmächte stößt, können sich seine verzweifelten Hoffnungen erneut nach Osten wenden.«[51] Wie er David Astor brieflich erläuterte, war das für ihn kein taktisches Argument, sondern er sah mangels Alternative das »Hineindriften« eines radikalisierten und zugleich militärisch disziplinierten Volkes in den Bolschewismus als reale Gefahr an. Daher wollte Trott eine auf »Frieden und soziale Gerechtigkeit« abzielende »progressive europäische Ordnung« unbedingt mit »gewissen konservativen Traditionen« verbunden sehen. Darunter verstand er zum einen Verfassungsautorität einschließlich Rechtsgarantie und zum andern sittliche Werte auf christlicher Grundlage.[52]

Von einem »amorphen Glauben an die Weisheit der Massen« hielt Trott ebensowenig wie von elitärer Abgehobenheit. »Die Welt drehe sich nicht um die intellektuellen Planer«, erklärte er, sondern diese müßten sich »in den Dienst der Nöte des gemeinen Mannes«[53] stellen und so nah wie möglich an den weitverbreiteten Unzufriedenheiten sein. Seiner Einschätzung nach lehnte das Gros der Deutschen die NS-Parteiherrschaft und die Rassenpolitik ab, nicht aber den Einheitsstaat, »die klassenbeseitigende Tendenz« und Bestandteile der neuen Arbeitsverfassung.[54] Als Folge der Nazi-Politik leide die Arbeiterschaft jedoch unter einem enorm gesunkenen Lebensstandard sowie der Aufhebung nahezu aller Bürgerrechte. Trott ging davon aus, daß die Arbeiter »die Rückkehr zu selbstgewählten Gewerkschaften und anderen freien Institutionen dringend wünschten« und ihre demokratischen und internationalen Traditionen wiederzubeleben seien. Hoffnungen setzte er auch auf Teile der Beamtenschaft und des Offizierskorps, sobald diese zur »Bruchgrenze« gelangten, an der sich ihre bisherige »Selbstbeschränkung auf Routinearbeit« nicht länger mit einem Regime vereinbaren ließ, »dessen zerstörerische Politik den fundamentalen Interessen der Nation« zuwiderlief. Den Kampf der Kirchen gegen den Nazismus sah er auf die Abwehr »einer illegitimen Invasion auf geistliches Gebiet« begrenzt, während der Krieg als Sache des Staates angesehen und das Opfer des Lebens ethisch gebilligt werde. Da die christlichen Kirchen Europas im letzten Krieg versäumt hätten, »ein anderes Ideal christlicher Pflicht« zu verkünden, sei es jetzt um so notwendiger, sie dazu aufzurufen, für »die essentiellen Nöte und die Würde des Menschen«, unabhängig von der Nationalität, einzutreten.[55]

Diese Gedanken finden sich vorwiegend in einem Memorandum Trotts von Anfang Oktober, das er (zusammen mit Nachrichten und Briefen für Cripps und Astor) seinem Vetter Charles Bosanquet[56] nach London für Lord Halifax mitgab. Anlaß dafür war, daß ihm britische Rundfunksendungen und Flugblätter, die die deutsche Bevölkerung gegen ihr Regime und den Krieg aufrütteln sollten, wenig überzeugend schienen. Er wies darauf hin, daß die Devise »Kreuzzug gegen die Nazi-Unterdrückung« nur dann Wirkung erzielen könne, wenn sie nicht von den Deutschen als reine Propaganda, der sie ohnehin überdrüssig seien, aufgefaßt werde. Statt dessen solle dahinter »die wirkliche Entschlossenheit stehen, den Frieden in Europa auf Gerechtigkeit und Gleichheit aufzubauen«. Für Trott war das ein gemeinsamer Kampf: »Unser Ziel muß eine in ganz Europa verbreitete Kampagne zur Einigung der Kräfte sein, um unsere gemeinsamen Traditionen vor der Barbarei zu retten.«[57] Seinem Freund Astor gegenüber äußerte er die Hoffnung, daß man in England den Kampf für die Bewahrung der eigenen Freiheiten mit der Aussicht auf die Wiederherstellung der Freiheit überall verbinden und »eine klare Vision für ein neues Europa entwickeln« werde.[58]

Am 8. Dezember war Trott nach New York zurückgekehrt. Auch in diesen letzten Wochen ließ seine Aktivität nicht nach. Er selbst hielt seine Lage »in vieler Hinsicht für so einzigartig«, daß er es als einen »Mangel in seiner Lebensführung« ansah, »so wenig zum Schreiben zu kommen« und von den vielen Dingen und Menschen, denen er begegne, nicht etwas »für später festzuhalten«. Seine Arbeit im IPR beschrieb er jetzt als ein »Sammeln der verschiedenen angeknüpften Fäden und Ordnen des Materials«.[59] Daneben verfaßte er für die Monatszeitschrift des Instituts, *Amerasia*, einen Beitrag, der unter dem Titel »Euramerasia« im Januar 1940 erschien. Angesichts »eines zweiten Weltkriegs am Horizont« legte er den Schwerpunkt seiner Argumentation auf die Bedeutung Amerikas als neutraler Führungsmacht. Ein Eingreifen der Vereinigten Staaten in den europäischen Krieg, so führte er aus, würde deren Einfluß im Fernen Osten erheblich zurückdrängen – zum Nachteil Chinas und zugunsten sowohl der Sowjetunion als auch Japans. Von einem deutschen Endsieg war bei ihm keine Rede, sondern davon, daß wohl weder im Nahen Osten noch in Europa ein entscheidender Sieg erreichbar sei.

Trott bereitete sich nun auf seine Abreise aus Amerika und den Rückweg nach Hause vor, der für ihn nur noch über Japan und die Sowjetunion offen war. Bevor er New York verließ, holte er ein ursprünglich im Sommer bei Cripps geplantes Treffen mit Karl Frank nach. Dieser, der auch unter dem Decknamen Paul Hagen auftrat, leitete die Auslandsarbeit der kleinen linkssozialistischen Widerstandsgruppe *Neu Beginnen*. Bei ihrem Gespräch in Ingrid Warburgs Wohnung überzeugte sich Frank zwar von der Vertrauenswürdigkeit Trotts, über eine gegenseitige Orientierung aber kamen sie bei dieser einen Begegnung nicht hinaus.[60] Schon vorher hatte Frank in einem Brief dringend von einer Rückreise Trotts abgeraten, »da zu viele Menschen, wenn auch zuverlässige, von seiner Existenz wissen. Eine Anzeige wegen ›Kontakt mit dem Feind‹ bedeutet zweifellos die Todesstrafe.«[61] Derartige Warnungen erhielt Trott mehrere. Es waren vor allem seine Freunde in England, die hofften, daß er in den USA bleiben und auf diese Weise sein Leben retten werde. David Astor ebenso wie das Ehepaar Cripps hatten erfreut und erleichtert auf die Nachricht seines Amerika-Aufenthalts reagiert.[62] Ähnlich schrieb Wilfrid Israel: »How grateful I am to know you are in the USA – I pray to God you will be prompted to stay there.«[63] Adam von Trott aber ließ sich dazu nicht bewegen. Für einen »Botschafter aller Deutschen guten Willens« und deren »Interpret und Vermittler«[64], eine Rolle, die Wilfrid ihm vorschlug, sah er keinen Platz. Auch Davids beschwörend vorgetragene Ansicht, daß »sein Nutzen außerhalb Deutschlands als Planer für die Zukunft zehnmal größer sei als der eines Umstürzlers innerhalb«[65], teilte er nicht. Trotz und wegen seiner Erfahrungen in einer Diskussionsgruppe, antwortete er, halte er seinen Nutzen im Ausland für sehr begrenzt. Zwar würde er auch in Deutschland nur eingeschränkte Wirkungsmöglichkeiten haben, dennoch brauche man dort unbedingt jeden, der etwas Überblick und Einsicht besitzt. Die Dinge dort einfach treiben zu lassen würde bedeuten, sich auch mit dem Blick auf die Zukunft der völligen Hoffnungslosigkeit zu ergeben.[66]

Noch vor seiner Abreise aus Berlin war Trott mit Dietrich Bonhoeffer zusammengekommen, um sich über dessen jüngste Amerika-Erfahrungen zu informieren. Dieser war im Sommer in New York gewesen und noch vor Kriegsausbruch zurückgekehrt. Obwohl auch seine amerikanischen Freunde ihm energisch abgeraten und verlockende berufliche Perspektiven eröffnet hatten, war Bonhoeffer zu der Überzeugung gelangt, daß er in den USA entbehrlich sei, in Deutschland aber bei der Gewissensnot seiner geistlichen Brüder gebraucht würde.[67] Mögen sich auch ihre Motive unterschieden haben, die Entscheidung Bonhoeffers war Trott bekannt. Für ihn hatte die Rückkehr von Anfang an festgestanden. Als Julie Braun-Vogelstein nicht ablassen wollte, ihn zum Bleiben zu überreden, und interne Aktionen gegen die Nazis für aussichtslos erklärte, sei Trott, erinnert sie sich, in Zorn geraten und habe ihr deutlich zu verstehen gegeben, daß er dem verbrecherischen Treiben dieses Regimes gegenüber nicht in Untätigkeit verharren könne.[68] Doch erfüllten ihn dabei keine übertriebenen Hoffnungen. Miriam Dyer-Bennet, die er auf ihre ausdrückliche Bitte hin unterwegs nach San Francisco besuchte, vertraute er an, daß er nicht mit seinem Überleben rechnete.

Nachdem er zuvor noch seinem Freund Hasso von Seebach ein kleines Köfferchen übergeben hatte mit allen Schriften und Briefen, die ihn in Deutschland gefährdet hätten, flog Trott in der Nacht vom 5./6. Januar 1940 nach Los Angeles. Dort war er mit Fritz Caspari verabredet, der ihn später nach Taft begleitete. Die FBI-Agenten waren überall dabei, und Trott ließ es sich nicht nehmen, die »nice simple cops«[69] abzupassen, um ihnen die Nummer seines Mietautos mitzuteilen. Während er bei Miriam zu einem kurzen, versöhnlichen Abschiedsbesuch weilte, bewachten sie das Haus rund um die Uhr und verfolgten jeden ihrer Schritte draußen. Die letzten Tage wohnte Trott in San Francisco, suchte die Zweigstelle des IPR sowie verschiedene Bekannte auf und schrieb Abschiedsbriefe, darunter auch an Frankfurter. Am 12. Januar schiffte er sich auf der *President Cleveland* ein, noch immer mit den FBI-Agenten im Schlepptau. Sie verließen ihn erst am 18. Januar, als das Schiff nach Zwischenhalt auf Hawaii in Richtung Yokohama startete.

Das Geheimdienstdossier über den vermeintlichen Nazi-Spion war schnell auf Hunderte von Seiten angewachsen. Aus diesem Material ließ der FBI-Direktor Hoover drei ausführliche Berichte zur Information der

Regierung erstellen.[70] Sie gelangten über dessen Sekretär Edwin M. Watson auch in die Hände des Präsidenten. Der Lektüre konnte Roosevelt unschwer entnehmen, daß es sich bei dem beobachteten Deutschen um keinen Spion gehandelt hatte. Er spottete daher nachträglich über Frankfurters Verdacht: »For Heaven's sake! Surely you did not let your Trott friend get trotted out of the country without having him searched by Edgar Hoover. Think of the battleship plans and other secrets he may be carrying back. This is the height of indiscretion and carelessness on your part.«[71] Die Regimegegnerschaft Trotts wurde in den Memoranden ausdrücklich hervorgehoben, indem ihm die Absicht unterstellt wurde, »in den USA die Unterstützung einiger prominenter Personen für den Plan zu gewinnen, das gegenwärtige Regime in Deutschland zu stürzen«[72]. Was aber darin nicht vorkam, waren die Vorstellungen, die das Scheffer-Memorandum der amerikanischen Regierung hatte vermitteln sollen. Es entbehrt nicht einer gewissen Ironie, daß Trott, wenn er nur die besagte Denkschrift in seinem Hotelzimmer hätte liegenlassen, diese durch die Vermittlung des FBI direkt auf dem Schreibtisch des Präsidenten gelandet wäre. Statt dessen erhielt dieser ein ganz anderes Memorandum lang und breit zu lesen, das die Agenten sich bemüht hatten abzuschreiben und zu übersetzen. Es enthielt allerlei Ideen über die Aufteilung Deutschlands und Europas in mehrere Föderationen; Trott hatte es zugeschickt bekommen und achtlos zur Seite gelegt.

Aber auch wenn es gelungen wäre, auf diesem oder anderem Wege die Argumente in der Kriegszielfrage an höchster Stelle vorzubringen, und sie dort freundliche Aufmerksamkeit gefunden hätten, gewonnen wäre damit noch nichts gewesen. Die amerikanische Regierung dürfte in dieser Phase ihrer außenpolitischen Unentschiedenheit wenig Interesse daran gehabt haben, sich derart eindeutig zu exponieren. Somit stellten der (von Trott selbst als Handicap betrachtete) fehlende Status als junger Mann ohne Rang, Amt und Einfluß und vor allem der ihn belastende Verdacht nur die ersten Hindernisse dar. Trotts Erfahrungen zeigten jedoch über den Einzelfall hinaus ein allgemeines Dilemma der Außenbeziehungen des deutschen Widerstands auf. Wenn sich das Mißtrauen gegenüber denjenigen Deutschen, die ihr Regime bekämpften, in den westlichen Ländern von vornherein daran festmachte, daß sie reisen durften, und nicht erkannt wurde, daß sie dies einer notwendigen Fassade verdankten, dann lief das letztlich auf die Unmöglichkeit weiterführender Kontakte hinaus.

Trott hatte seinen Aufenthalt in den USA jedoch mehr als einem einzigen Zweck gewidmet. Die Arbeit für das IPR und die Teilnahme an der

Konferenz in Virginia Beach dienten ihm keineswegs nur als »Deckmantel«[73] für andere Vorhaben, sondern entsprachen seinem echten Interesse an Ostasien. Im Hinblick darauf bewertete er seine Reise als »vollen Erfolg«[74]. Mit seiner Wahl zum ständigen Sekretär verband er die Hoffnung auf eine berufliche Perspektive. Die Aufgabe, eine deutsche IPR-Zweigstelle ins Leben zu rufen, verschob Trott auch nicht auf irgendeine Zeit nach seiner Rückkehr, er nahm sie sofort in Angriff. Als die *President Cleveland* am 17./18. Januar Hawaii erreichte, nutzte er dies zu einem Treffen mit dem drei Jahre älteren Klaus Mehnert. Sie hatten sich zuletzt 1932 in Oxford gesehen, als dieser für den *Deutschen Akademischen Austauschdienst* die Rhodes-Stipendiaten dort besucht hatte. Nach mehreren Reisejahren in der Sowjetunion und einer Gastdozentur in Berkeley lehrte Mehnert jetzt Politische Wissenschaft an der Universität von Hawaii. Trotz seiner schon früher konstatierten politischen Distanz zu Mehnert[75] beurteilte Trott ihn jetzt in einem Brief an Wolfram Eberhard als einen »tüchtigen und intelligenten Arbeiter und anständigen, zuverlässigen Charakter«[76]. Da Mehnert bereits auf pazifische Fragen spezialisiert war und »seit Jahren in näherer Beziehung zum IPR« stand, außerdem über perfekte russische Sprachkenntnisse verfügte, bot er sich als Mitglied eines deutschen Sekretariats geradezu an. Beide vereinbarten eine solche Zusammenarbeit, falls realisierbar. Ihr Gespräch hatte Trott dazu angeregt, die Sache seinem Freund Eberhard vorzustellen, obwohl sie sich, wie er zugab, »in einem noch so unreifen Vorstadium« befand. Ihn vor allem hoffte er zu gewinnen und bat ihn zugleich um weitere geeignete Personalvorschläge: »Wir dürfen um Himmels willen keine ehrgeizigen Intriganten hereinbekommen, aber auch nicht die harmlos fleißigen Gelehrten, die wir auf keinen internationalen Kongreß lassen können.« Den größten Wert legte er jedoch auf »menschliche« Zuverlässigkeit, die zweifellos die politische mit einschloß.[77]

Nach der fortgesetzten Anspannung der letzten Monate tat Adam von Trott die Schiffsreise auf dem Pazifik gut. Seine Briefe zeugen von Gleichmut und innerem Abstand. Die Gelegenheit, auf Hawaii, dem für ihn letzten westlichen Hafen, Post nach England aufzugeben, nutzte er zu einem langen Brief an Diana. Er schilderte einen exzentrischen multinationalen Mitpassagier, der bei guter Stimmung einen »gewissen mitteleuropäischen Politiker« nachzuahmen pflegte: mit geballten Fäusten, rollenden Augen und so laut schreiender Stimme, daß sich die anderen Reisenden auf dem Korridor versammelten, in der Annahme, daß jemand verrückt geworden sei. Neben solche vordergründigen Beschreibungen stellte Trott tiefsinnige Gedanken an, die schon seine letzte Weltreise in ihm ausgelöst hatte, die er jedoch, wie er glaubte, keinem seiner Freunde habe vermitteln können: »Europäer, besonders die Intellektuellen, haben eine Art, die Welt in bestimmte moralische und ästhetische Verallgemeinerungen zu pressen und zu denken, die Welt gehöre ihnen und sie könnten von diesen Prämissen aus alles beurteilen. In Wirklichkeit ist die Welt weit größer, unfaßbarer und ganz gleichgültig gegenüber solchen selbstgefälligen Vorstellungen.« Trott sah eine Zukunft voraus, in der die Vorherrschaft Europas beendet sein und ein »Weltzeitalter« anbrechen werde. Dies werde völlig andere, neue geistige Anstrengungen erfordern. Aber auch Europa sei als Einheit tief verankert und werde »nach seiner vernichtenden Preisgabe« wiedererstehen. Da Trott nicht wußte, ob er der Freundin würde nochmals schreiben können, und er ihr die Sorge um ihn nehmen wollte, warf er einen seltenen Blick auf sich selbst: »Was auch immer geschieht, denke nicht, daß ich deprimiert oder verzweifelt bin. Ich habe am wenigsten Anrecht zu murren. [...] Diese weiten Welten haben mich mit mehr Freude, Unabhängigkeit und Widerstandskraft ausgerüstet, als ich je hätte hoffen können.«[78]

Hinter Hawaii war die *President Cleveland* tagelang »heulenden Stürmen und wütenden Brechern« ausgesetzt, aber Trott, der bedauernd das Ende der Seereise herannahen sah, gefiel auch dieses Wetter. Ein Buchmanuskript Julie Brauns, das er auf ihre Bitte hin las, veranlaßte ihn zu einer grundsätzlichen Stellungnahme zu seiner Zeit, ihren Zerstörungen und Erfordernissen. Es war das letzte Mal, daß er sich so frei zu diesen Fragen geäußert hat, äußern konnte. Besonders auffallend ist der politische Realismus, der aus seinen Zeilen spricht: »Im Prinzip stimmen wir sehr überein [...], aber ich fürchte, meine Generation teilt weder den Idealismus der Befreiungskriege noch den der Jugendbewegung vor und nach dem Kriege, obwohl sie in beiden mancherlei Verwandtes anerkennt. Sie hat die verheerenden Folgen eines Lösens aller Bindungen, das Grauen der moralischen und das Verzweiflungsvolle der politischen Anarchie zu empfindlich verspürt, um nicht in erster Linie nach praktischen Wandlungen, Realisationsmöglichkeiten und Ansätzen [...] zu fragen.« Mit seiner Generation meinte Trott nicht diese insgesamt, sondern nur seine Gesinnungsgenossen, für die der Nationalsozialismus keinen Halt und keine Orientierung bot: »Auch ist das Politische zu sehr in Fluß geraten und hat sich der Werte und Ideen zu Schlagworten so vollständig und nihilistisch bemächtigt, daß sie ›an sich‹ keinen Haltepunkt zur Orientierung mehr abgeben.« Der Maßlosigkeit und Hohlheit der Sprache des Dritten Reiches stellte er die Forderung entgegen: »Unsere politische Sprache muß darum karger und bestimmter sein als irgendeine zuvor gesprochene.« Positiv gab Trott Frau Braun die Anregung, »Wert und

Bewertung der Arbeit« zu untersuchen, da seiner Auffassung nach »in einer richtigen anthropologischen, moralischen und politisch-institutionellen Erfassung der Arbeit der noch unverbrauchte Ansatz einer nichtidealistischen Erneuerung der besten sozialistischen und europäischen Überlieferungen zu finden ist«.[79]

Eigentlich hatte Trott mit einem früheren Schiff von San Francisco aufbrechen wollen, das aber schon ausgebucht war. Nach seiner Ankunft in Japan erfuhr er, daß dieses Schiff, die *Asama Maru*, vor der Küste von Yokohama von einem britischen Kreuzer gestoppt worden war und man die deutschen Passagiere heruntergeholt und verhaftet hatte. In Tokyo zog sich Trotts Aufenthalt ungewollt in die Länge, da das sowjetische Einreisevisum auf sich warten ließ. Er fuhr nach Kyoto, erneuerte seine Kontakte mit japanischen Professoren, traf sich mit dem Ehepaar Bohner und berichtete brieflich an Carter. Als er von der kurzfristig geplanten Reise des amerikanischen Außenstaatssekretärs Sumner Welles nach Rom, Berlin, Paris und London in der Zeitung las, bewog ihn dies, in einem Brief Walther Hewel indirekt vor der möglichen Ausweitung des Krieges auf die USA zu warnen. Falls Welles, der nicht dem »kriegstreiberischen Flügel« angehöre, mit dem Eindruck der Gefährdung Amerikas zurückkehre, führte er aus, so würden damit die mächtigen Kreise, die bislang noch einem Krieg entgegenstünden, entwaffnet.[80]

Am 16. Februar tauchte Trott in Peking auf, was Gustav Ecke freudig dessen Mutter meldete: »Bis vor ein paar Tagen waren wir im Ungewissen über Adam, von Amerika hatte er telegraphisch abgesagt. Aber dann kamen in der vergangenen Woche Brief, Telegramm und am Samstag Adam selber aus Japan, gesund, wohlgemut, allen Gefahren entronnen. Das ganze Haus ist in festlicher Stimmung.«[81] Von Peking aus ging es weiter nach Vladivostok und von dort mit der Transsibirischen Eisenbahn nach Moskau. Daß Trott mit russischen Matrosen Skat gespielt hat, ist als einziges Detail von dieser Fahrt überliefert.[82] Ebenso im dunkeln liegen auch die drei Tage, die er danach um den 9. März in Moskau zubrachte. Als Folge einer Lebensmittelvergiftung ging es ihm nämlich »kreuzschlecht«[83] und er litt unter hohem Fieber. Die deutsche Botschaft (seine Postanschrift) hat er noch aufsuchen können, aber nicht die »interessantesten Möglichkeiten« nutzen, die ihm Empfehlungsschreiben amerikanischer Freunde eröffnen sollten, von einer Besichtigung der Stadt ganz zu schweigen. Da seine Aufenthaltserlaubnis nur auf drei Tage befristet war, mußte er sich trotz seines elenden Zustands – inzwischen hatte sich eine Gelbsucht entwickelt – auf die Weiterreise begeben und war von Moskau nach Königsberg, seiner nächsten Station, fünf lange Tage unterwegs.

Zum Glück lebten seine alten Freunde Erika und Götz von Selle[84], die er seit seiner Schulzeit kannte, jetzt in Königsberg. Sie gewährten ihm bereitwillig Krankenasyl und kümmerten sich fürsorglich um ihn. Ein Arzt, der im selben Hause wohnte, übernahm die Behandlung. Aus den geplanten zwei Tagen Durchreisebesuch wurden drei Wochen. Nach halbjähriger Abwesenheit im Ausland nahm Trott erstaunt wahr, wie stark sich die Kriegssituation auf das Alltagsleben bereits auswirkte. Lebensmittelkarten waren zwar noch vor seiner Abreise eingeführt worden, aber inzwischen hatte sich die Ernährungslage sehr verschlechtert. »Schmalhans ist leider sehr Küchenmeister«[85], schrieb er seiner Mutter, die antwortete: »Ich hatte schon befürchtet, daß Du unter der plötzlichen Unterernährung leiden würdest, an die wir uns allmählich gewöhnt haben.«[86] Textilien unterlagen nun ebenfalls der Rationierung. Wenn ihr Gast dem Vergnügen frönte, im Bett chinesische Räucherstäbchen abzubrennen, so fürchtete Erika von Selle um ihre Laken, denn auch die waren nur noch schwer zu bekommen. Er versöhnte sie mit der Kostbarkeit eines großen Pakets Tee, das nachträglich aus China eintraf. Sobald es ihm besserging, er aber noch nicht reisefähig war, machte Trott die Untätigkeit zu schaffen, zumal er wegen seiner angegriffenen Augen nicht lesen durfte. An all dies erinnerte sich Selles Tochter Gabriele, damals eine 18jährige Schülerin, noch nach Jahrzehnten,[87] ebenfalls daran, daß sie seine Briefe zur Post brachte, die häufig an ein Fräulein Clarita Tiefenbacher adressiert waren. Als Trott aufstehen konnte, begleitete er sie einmal ins Kino und soll über die Kriegspropaganda im Vorprogramm entsetzt gewesen sein.

Bei der Besichtigung Königsbergs führte ihn der Weg auch in die Schloßkirche. Der preußische König Friedrich I. hatte hier anläßlich seiner Krönung 1701 den Schwarzen Adler-Orden als höchste Auszeichnung des Landes gestiftet. Die Wände und Säulen der Kirche wurden seither zum Gedenken an die Ritter dieses Ordens mit ihren Wappen und Namen geschmückt. Trott soll andächtig die Wappenschilder seines Vaters und seines Großvaters mütterlicherseits betrachtet haben – Ehrungen einer untergegangenen Epoche. Vier Jahre später, in den letzten Augusttagen 1944, wird dieser Erinnerungsort, wird die Schloßkirche mit der ganzen Altstadt Königsbergs in Schutt und Asche fallen. Fast gleichzeitig wird Adam von Trott in Berlin-Plötzensee den Henkertod finden. Welcher Kontrast, daß man seiner später nicht in einer Ordenskammer, sondern in einer Hinrichtungsbaracke gedenken wird.

Weichenstellungen

Am 5. April 1940 kehrte Adam von Trott von seiner zweiten abenteuerlichen Weltreise nach Berlin zurück. Kaum aber hatte er sich bei seiner Tante Maria von Schweinitz in der Pariser Straße eingemietet, erlitt er einen gesundheitlichen Rückfall. Mit hohem Fieber kam er ins Krankenhaus, wo ihn Peter und Christabel Bielenberg gelbgesichtig und elend vorfanden. Dennoch plagte er sich mit dem Reisebericht, den er der Informationsabteilung des Auswärtigen Amts vorzulegen hatte. Wie im Vorjahr half ihm der Freund beim Nazijargon. In ihren Erinnerungen beschreibt Chris Bielenberg die ans Komische grenzende Situation: »Plötzlich brach Adam in ein Lachen aus. ›Schön, Peter, wenn Du meinst, aber ist das nicht ein bißchen dick aufgetragen?‹ ›Du kannst gar nicht dick genug auftragen, mein Lieber.‹ Gott, dachte ich, wenn die wüßten, was er dort wirklich getrieben hat!«[1]

Tatsächlich ist in Trotts »Bericht über eine Kriegsreise nach Nordamerika« von »antideutscher Kriegshetze«, die von »zumeist jüdisch finanzierten Zeitungen« betrieben werde, und ähnlichem die Rede. Er selbst sei einem »Netzwerk von Anfeindung und Überwachung« ausgesetzt gewesen, veranlaßt von »einflußreichen jüdischen Hintermännern Roosevelts«. Da Trott nicht ausschließen konnte, daß auch die Gestapo ihn in den USA beobachtet hatte, verschwieg er seine Kontakte zum State Department nicht, sondern gab an, dort von Edward Carter vorgestellt worden zu sein. Doch seine eigenen Belange erwähnte er nur knapp. In der Hauptsache berichtete er über die amerikanische Einstellung zum europäischen Krieg, was einer Warnung vor der potentiellen Kriegsmacht Amerika gleichkam. Er führte aus, daß sich hinter Präsident Roosevelt nun auch dessen innenpolitische Gegner zu scharen begännen, denn ihm allein traue man angesichts der weltpolitischen Krise das Format zu, »den Kampf gegen Faschismus und Kommunismus« zu führen. Dies werde seine Wiederwahl wesentlich befördern helfen. Eine Kriegsbeteiligung der USA setze jedoch die Überzeugung des amerikanischen Volkes voraus, daß das eigene Land selbst bedroht sei. Nach dem Einsetzen der deutschen Westoffensive am 10. Mai aktualisierte Trott seinen Bericht, den er offenbar wegen der veränderlichen Lage noch zurückgehalten hatte. Er fügte hinzu, daß »mit dem Auftauchen des Schreckgespenstes einer bisher ungeahnten deutschen Kriegsmacht an der atlantischen Küste in Amerika eine massenpsychologisch neue Situation geschaffen worden« sei. An der Solidarität der Vereinigten Staaten »mit dem britischen Kriegsstandpunkt«, so betonte er, könne nicht gezweifelt werden. An früherer Stelle seines Berichts hatte er unter der Verbrämung noch eine weitere Warnung verborgen, die man leicht für Defätismus halten konnte. Dort heißt es, daß die britische Propaganda in den USA bereits Ende 1939 »eine große deutsche Offensive für 1940« vorausgesagt und mit der Erklärung verbunden habe, »England sei auf eine solche Totaloffensive gefaßt, werde sie irgendwie überstehen, und dann werde der eigentliche Krieg erst beginnen, in dem die Rohstoffe der Welt notwendig den Ausschlag gegenüber den Rohstoffmöglichkeiten Deutschlands geben müßten.«[2]

Bald nach seiner Rückkehr wurde Trott durch Vermittlung seines alten Freundes Josias von Rantzau eine »mit dem Auswärtigen Amt nur ganz locker verbundene« Stelle angeboten. Nach etwas Bedenkzeit – die Alternative war der Kriegsdienst – ging er darauf ein. Es handelte sich um eine Tätigkeit als wissenschaftlicher Mitarbeiter in der Informationsabteilung auf Honorarbasis vom 15. April bis vorläufig zum 1. Juni 1940. Eine Verlängerung war offenbar vorgesehen, konnte aber so lange nicht vertraglich festgelegt werden, bis die Militärbehörde ihn von der Einberufung freigestellt hatte.

Auch in Trotts Privatleben sollte sich Entscheidendes ändern. Beim ersten Wiedersehen am 13. April in Berlin machte er seiner Freundin Clarita einen Heiratsantrag, und sie nahm an. Trott scheint sich ihrer Zustimmung ziemlich sicher gewesen zu sein, denn er vertraute die Absicht seiner Mutter schon einige Tage vorher an, um sie auf diesen unerwarteten Schritt vorzubereiten und von vornherein für die künftige Schwiegertochter einzunehmen: »Nun weswegen ich Dir heute schreibe, was mich während meiner ganzen Reise stark beschäftigt hat und was ich Dir doch mitteilen möchte, ehe ich es tue: Ich werde mich sehr wahrscheinlich demnächst mit Clarita Tiefenbacher verloben. Meine Einstellung zu diesem Ereignis ist zwar bewegt, aber keineswegs stürmisch. Ich sehe manche Bedenken, die teils in den Verhältnissen, teils in mir selbst liegen – aber ich glaube, daß ich sie, soweit das heute überhaupt möglich ist, glücklich machen kann und sie in Beziehung steht zu dem Besten, was ich in mir finde. Sie ist ein demütiger, aber tapferer, feiner und heiterer Charakter – sie versteht, was mir im Leben am wichtigsten ist, und wird mir helfen, darum zu kämpfen.«[3]

Eine Woche später mußte Trott erneut das Krankenhaus Bethanien aufsuchen. Neben der noch angegriffenen Leber diagnostizierte man eine Sepsis als Folge von Kiefernhöhlenvereiterung. Im Krankenhaus erreichte ihn ein besorgter Brief der Mutter. Sie wußte noch nichts von seiner neuerlichen Erkrankung, aber ihrer Feinfühligkeit war nicht entgangen, daß ihr Sohn, obwohl frisch verlobt, keinen glücklichen Eindruck machte. In dieser Hinsicht konnte er ihr die Zweifel nehmen. Er sei zwar »nicht im gewöhnlichen Sinne verliebt«, antwortete er, aber sein Vertrauen und seine Zuneigung zu Clarita seien tief, und ihre Gegenwart bilde für ihn »eine große Quelle der Freude und des Trostes«. Ihrer beider Verbindung gründe auf die wesentlichen Dinge und daher sei er ganz ruhig und zuversichtlich, daß das übrige wachsen werde. Seine letzten Briefe, entschuldigte er sich, habe er in einem Zustand akuter Krankheit und Schwäche geschrieben. Offenbar war es mit seinen Kraftreserven nicht so gut bestellt, wie er noch auf der *President Cleveland* angenommen hatte.[4] Er bekannte jetzt, daß er seit Wochen eine Krise durchlebe, für die all seine Krankheiten nur »äußere Ausbrüche« seien. Indirekt gab er zu verstehen, daß es der Krieg war, »dieser Alptraum«, der ihn belastete und quälte. »Unter diesen Umständen«, konstatierte er, »scheint es fast unmöglich, glücklich zu sein.«[5] Die Informationen, mit denen Trott aufgrund seiner Verbindungen nach seiner Rückkehr konfrontiert worden sein dürfte, mußten ihm in der Tat wie ein Alptraum vorkommen: die Gewaltexzesse während und nach der Eroberung Polens sowie die drohende Westoffensive, ohne erkennbare Bereitschaft maßgeblicher Generäle, sich ihr entgegenzustellen. Noch dazu war am 9. April Dänemark von deutschen Truppen besetzt worden und hatte die Invasion Norwegens begonnen. Eleonore von Trott war so empört über letztere, daß sie alle gebotene Vorsicht außer acht ließ und ihrem Sohn Adam auf einem kleinen Zettel schrieb: »I think it dreadful, wicked and dangerous.«[6]

Nach der Entlassung aus dem Krankenhaus wurde Trott von einem HNO-Arzt in Hamburg behandelt, der täglich »löffelweise mit einer wenig angenehmen Methode«[7] den Eiter aus der Kiefernhöhle herausholte. Hamburg hatte er nicht zufällig gewählt, denn hier konnte er sich der Nähe seiner Braut erfreuen und ihre Familie kennenlernen. In seiner Heiratsentscheidung fühlte er sich immer mehr bestätigt. Während seiner anschließenden Genesungszeit in Imshausen kam ihn Clarita besuchen und wurde von ihrer zukünftigen Schwiegermutter herzlich aufgenommen. Er führte sie an seine Lieblingsplätze und zum Grab des Vaters. Dessen »ruhige und klare Ansicht«[8] vermißte er oft und glaubte, besonders während dieser letzten schwierigen Periode, seinem Vorbild viel zu verdanken.

Die Hochzeit von Adam von Trott und Clarita Tiefenbacher fand am 8. Juni 1940, einem herrlichen Sommertag, in Reinbek bei Hamburg statt – »im Zeichen von Sodom und Gomorrha«[9], wie der Bräutigam bitter vermerkte. Ihn bedrückte zunehmend der Gedanke, seine junge Frau in einen »Hexenkessel hineinzureißen«[10]. Drei Tage zuvor hatte die

Clarita von Trott als Braut

zweite Phase der sogenannten Schlacht um Frankreich begonnen, und in der Nacht zum 8. Juni fielen französische Bomben auf Berlin. Eleonore von Trott war von der Tischrede ihres Sohnes Adam bei der Hochzeitsfeier bewegt und bat ihn, er möchte sie doch aufschreiben. Aber er hatte wohl gute Gründe, dies zu unterlassen. Die Braut behielt in Erinnerung, daß er sorgenvoll der Freunde in England gedacht habe[11]; in der offiziellen Sprache hieß das wohl: Sympathie mit dem Feind.

Nur unterbrochen von einer »schönen, kleinen Reise«[12], trat Trott nach der Hochzeit seinen Dienst im Auswärtigen Amt wieder an. Sein Vertrag war über den 1. Juni hinaus nur »bis auf weiteres«[13] verlängert worden. Aber seine Chancen für eine dauerhafte Beschäftigung standen nicht schlecht, da die Leitung der Informationsabteilung an seiner Mitarbeit Interesse zeigte und ihn entgegen der vertraglichen Beschreibung (»gutachtliche Tätigkeit in Fragen des Fernen Ostens und der Vereinigten Staaten«[14]) bald als Referatsleiter einsetzte. Auf diese Weise sollte die sonst erforderliche Zustimmung des RAM – so das amtliche Kürzel für den Reichsaußenminister – einstweilen umgangen werden, denn Ribbentrop hatte ihn anscheinend wegen seines England-Engagements noch in schlechter Erinnerung. So untergeordnet Trotts Position auch sein mochte, mit seiner Arbeit im Auswärtigen Amt diente er dem nationalsozialistischen Regime, das er bekämpfen wollte. Über diesen Widersinn hatte er in New York mit Paul Scheffer diskutiert, der später berichtete: »Da liegt die Schwierigkeit, die der ›Gegenarbeit‹ anhaftet – sie kann nur stattfinden auf der Plattform, auf der der Leviathan nun einmal sitzt. Es kommt alles auf ein Wettrennen hinaus: Gewinne ich mehr Vorteile für einen kommenden Umsturz der Nazis durch das, was ich gegen sie tue, als ich der Erhaltung des Systems durch meine Mitarbeit damit Vorschub leiste? Das war die Frage, die Adam sich gestellt hat.«[15]

Der gleiche Widersinn zeigt sich auch an einer anderen Entscheidung, die Trott damals fällte.

Am 25. Juni beantragte er die Aufnahme in die NSDAP. Da er infolge seiner letzten Jahre im Ausland ein unbeschriebenes Blatt zu sein schien (die Akten seiner Referendarzeit lagerten woanders), wurde er anstandslos am 1. Juli 1940 unter der Mitglieds-Nr. 8.137.231 in die Partei aufgenommen.[16] Hinsichtlich einer Dauerstellung dürfte ihm dieser Schritt, wenn nicht vorausgesetzt, so doch dringend angeraten worden sein, und das nicht von ungefähr. Im steten Bemühen, das Auswärtige Amt zu nazifizieren, plante Ribbentrop nämlich zu dieser Zeit ein großes Revirement. Für seine Absicht, mehr als 150 Beamte und Angestellte zu entlassen und durch überzeugte Nationalsozialisten zu ersetzen, konnte zwar Staatssekretär Ernst von Weizsäcker einen Aufschub »bis zum Friedensschluß« erreichen,[17] ein deutliches Signal aber war es dennoch und erhöhte den Druck. Späte Parteibeitritte waren daher im Auswärtigen Amt keine Seltenheit,[18] sagten allerdings über die wirkliche Gesinnung wenig aus. Nachdem Trott wegen seiner Weigerung, Mitglied der NSDAP zu werden, jahrelang Schwierigkeiten und Nachteile in Kauf genommen und noch im Frühjahr 1939 diesen Preis für eine Anstellung nicht zahlen wollte, bewogen ihn auch jetzt keine Karrieregründe dazu. Er folgte stattdessen einem schon lange vorher gefaßten Plan, nämlich dann der Partei beizutreten, wenn dies der Tarnung im Kampf gegen das Regime dienlich sein würde. So hatte er es zuerst am Abend des 30. Januar 1933 seinem Freund Collins angekündigt und zuletzt im Januar 1940 Miriam Dyer-Bennet anvertraut.[19] Vier Jahre nach dem Beitritt sollte Trott selbst diesen als Schein entlarven. Beim Prozeß vor dem Volksgerichtshof am 15. August 1944 gefragt, ob er einer politischen Organisation angehört habe oder sonst für die nationalsozialistische Bewegung aktiv gewesen sei, antwortete er trotz seiner Verteidigungsstrategie mit einem klaren »Nein«.[20]

Die Informationsabteilung des Auswärtigen Amts war erst im August 1939 eingerichtet worden. Um ihre Zuständigkeit für die Auslandspropaganda hatten sich zuvor Propagandaminister Goebbels und Außenminister Ribbentrop so heftige Kämpfe geliefert, daß Hitler sie per Befehl regelte und sich verbat, von den beiden Kontrahenten in dieser Sache nochmals einzeln belästigt zu werden.[21] Geleitet wurde die neue Abteilung zunächst vom Gesandten Günther Altenburg und von Gesandtschaftsrat Rudolf Rahn. Untergebracht war sie im Gebäude der ehemaligen polnischen Botschaft in der Kurfürstenstraße 137. Da die Abteilung zunächst aus einem Kriegskosten-Sonderfonds finanziert wurde, sparte man nicht an Personal, mit der Folge, daß die Zahl der Mitarbeiter bis Herbst 1942 auf rund 260 anwuchs. Rahn erwähnt in seinen Erinnerungen, daß sich »ehrgeizige Professoren und Weltreisende, Schwätzer und Besserwisser« dort breitgemacht hätten.[22] Zu diesen zählte er Trott allerdings nicht, sondern hielt sich dessen Einstellung in seine Abteilung zugute.

Bei einer Neugliederung im Juni 1940 wurden die bisher fünf Referate durch acht weitere ergänzt. Trotts Freund Rantzau, damals Legationssekretär, erhielt das für Frontpropaganda und Nachrichtendienst zuständige Referat »Inf II«, Trott das neu geschaffene Referat »Inf X: Ländergruppe Großbritannien, USA, Ferner Osten«. Es gelang ihm nach und nach, vertrauenswürdige Mitarbeiter in sein Referat zu holen: Franz Josef Furtwängler, vermittelt durch Moltke, und seinen Göttinger Kommilitonen Alexander Werth, der vor Kriegsausbruch gegen Auflagen aus England zurückgekehrt war.[23] Weitere kamen u. a. mit Hans Felix Richter und Hans-Theo Leipoldt hinzu, wie die vorigen keine Berufsdiplomaten, aber alle auslandserfahren. Ihre Arbeit bestand darin, die Stimmung und die Propaganda in den zugewiesenen Ländern zu beobachten, darüber zu berichten und sich für Gegenpropaganda »im Sinne der Ziele der deutschen Kriegführung« einzusetzen.[24] Für Material sorgte der *Fremdsprachige Artikeldienst* mit seinen zahlreichen, auch ausländischen Redakteuren sowie die *Deutsche Informationsstelle*, die mit der Herstellung von Flugblättern und Broschüren beschäftigt war. Wie Werth später berichtete, seien in den ersten Kriegsjahren ganze Broschürenreihen mit Titeln »England ohne Maske«, »Aggressoren« etc. in Millionenhöhe aufgelegt und damit die deutschen Botschaften oder Gesandtschaften im neutralen Ausland sehr zu deren Verdruß überhäuft worden. Für diese Produkte hätten Trott und er nichts als Spott übrig gehabt.[25] Ein anderes Niveau besaßen die im Ausland unterhaltenen Zeitschriften, etwa die schon bestehende *Facts in Review* in New York sowie *The XX. Century*, die auf Betreiben Trotts seit Oktober 1941 von Klaus Mehnert in Shanghai herausgegeben wurde.[26] Auf den Vorschlag Trotts ging auch die Errichtung der *Deutschen Informations-Stelle Shanghai* im Juli 1941 zurück.[27]

Da die Akten der Informationsabteilung (mit Ausnahme einiger Bände über die Indienarbeit) fast völlig vernichtet wurden, läßt sich Trotts Tätigkeit im Auswärtigen Amt weder angemessen beschreiben noch bewerten. Einen kleinen Einblick zumindest gewähren zwei erhalten gebliebene Aufzeichnungen zur Amerikapropaganda von seiner Hand. Im ersten Schriftstück vom Juni 1940 schlug er vor, indirekt auf die gefährdeten Interessen Amerikas in Ostasien anzuspielen, speziell auf das Sicherheitsproblem der amerikanischen Vorposten im Pazifik. Auf diese

Weise sollte die amerikanische Öffentlichkeit von Europa und der britischen »Verbrüderungspropaganda« abgelenkt werden.[28] Im zweiten Schriftstück vom November 1940, das Altenburg dem Minister vorlegte, plädierte Trott für die Fortsetzung einer »streng sachlichen Informationstätigkeit« in den USA und erneut für ausschließlich indirekte Propagandaaktionen. »Kriegshemmende Stimmungswandlungen«, so argumentierte er, »die in neutralen Interessengebieten Amerikas (Ostasien, Südamerika, Europa) – möglichst ohne Erkennbarwerden des deutschen Ursprungs – ausgelöst werden können, strömen über die sensationshungrige Weltpresse wirkungsvoller auf die nervöse amerikanische Massenpsyche ein als die bestgeplante direkte Propaganda.« Einfluß genommen werden sollte u.a. durch Zweifel am »anglo-amerikanischen Kriegspotential«, Hinweise auf die »unchristliche Versorgungsblockade« und die Bloßstellung wirtschaftlicher Interessenkonflikte zwischen den angelsächsischen Mächten. Greuelpropaganda hingegen lehnte Trott als untaugliches Mittel ab.[29]

Wenn nicht noch andere Aufgaben hinzugekommen wären, stellte Alexander Werth nachträglich fest, wäre für Menschen »mit einem gewissen Maß an Selbstachtung« eine derartige Arbeit auf Dauer unerträglich gewesen. Er habe sich schließlich Ende 1942 freiwillig zum Militär gemeldet, sei aber vom Auswärtigen Amt nicht freigegeben worden. Auch Trott habe wiederholt davor gestanden, den Dienst zu quittieren.[30] In der Tat teilte dieser bereits nach wenigen Wochen, Ende Juni 1940, seinem Vetter Adalbert die Absicht mit, »nach dem Krieg« den Arbeitsplatz zu wechseln. »Die Großwirtschaft, vielleicht sogar eine internationale Anwaltstätigkeit«, meinte er, würden ihm wohl eher eine »konstruktive Auswertung« seiner »zufälligen Kenntnisse und Verbindungen« ermöglichen als das Amt.[31] Anders als gehofft, rückte das Kriegsende indes immer ferner. Trott arrangierte sich daher auf seine Weise, indem er legal und illegal sein Tätigkeitsfeld veränderte und erweiterte. Als Operationsbasis für konspirative Zwecke erwies sich die Informationsabteilung nämlich als durchaus geeignet. Die für die Propagandaarbeit erforderlichen Erkundungen waren weder genau zu bestimmen noch zu kontrollieren und eröffneten bei passender Begründung sehr viel Freiraum. Trott konnte somit Kontakte zu den verschiedensten Institutionen pflegen, etwa zur Abwehr oder zu militärischen Dienststellen, auch Besucher von dort empfangen, ohne daß dies Verdacht erregt hätte. Außerdem genoß er den besonderen Vorzug, zwecks Informationsbeschaffung ins neutrale Ausland reisen zu dürfen. Werth zufolge soll es Trott meisterhaft verstanden haben, nachher über die Erfüllung des jeweiligen offiziellen Auftrags glaubhaft Bericht zu erstatten.[32] Ein weiterer Vorteil lag im Zugang zu ausländischen Zeitungen, Zeitschriften und Büchern, die ansonsten nicht erhältlich, suspekt oder verboten waren. Gefahren lauerten im Amt jedoch überall. Ständig mußte man auf seinen Sprachgebrauch achten und genau wissen, in wessen Gegenwart man besser seine Zunge hütete. Die Telefone wurden sehr wahrscheinlich abgehört, wie es sich ohnehin empfahl, Kritisches und Vertrauliches nur auf Spaziergängen auszutauschen.

In der Informationsabteilung verdienten sich Tatjana und Marie Wassiltschikow, zwei bildschöne junge russische Fürstinnen, mit Übersetzungs- und Sekretariatsarbeiten ihren Lebensunterhalt. Sie hatten ihre Kindheit und Jugend als Folge der russischen Revolution auf der Flucht durch halb Europa zugebracht und waren schließlich in Berlin gestrandet. Tatjana arbeitete seit Anfang 1940 hauptsächlich für Rantzau. Ein Jahr später verschaffte Trott ihrer jüngeren Schwester Marie, genannt Missie – von deren »ähnlichen politischen Anschauungen«[33] er sich zuvor überzeugt hatte –, eine Anstellung in seinem Referat. In ihren Tagebüchern hielt Missie manches von dieser Arbeitswelt und deren Atmosphäre fest, wobei sie ihrem Chef besondere Aufmerksamkeit widmete. Auch Tatjana fiel Trott als eine Persönlichkeit auf, die sich »von den anderen um ihn herum« abgehoben habe. In ihren Erinnerungen (nach Tagebüchern) schreibt sie: »Er war ein ungemein vielseitiger Mensch, der die Herausforderung und die tiefere Bedeutung in allen Dingen suchte. Am glücklichsten fühlte er sich, wenn er englisch sprach, so als seien für ihn frohe, helle Erinnerungen mit dieser Sprache verbunden. [...] Gewöhnlich saß er ungezwungen in seinem Bürosessel, die langen Beine ausgestreckt, und diktierte in gemächlichem Tempo seine Texte. Er konnte aber auch plötzlich zu äußerster Konzentration überwechseln, denn er besaß eine nie ermüdende Fähigkeit zu intensivster Arbeit. [...] Obgleich seine freie, unbekümmerte Art fälschlich für Arroganz gehalten wurde, fühlte man sich in seiner Gegenwart immer wohl, wenn auch aufgerufen, sein Bestes zu geben. Im Umgang mit Menschen war er geradeheraus; er konnte sehr aufmerksam zuhören, um den Unterton in den Äußerungen seines Gesprächspartners herauszuspüren. Wenn er bei seinen Sondierungen nicht vorwärtskam, stellte er mit freundlicher Stimme ironische Fragen. Seine Vorgesetzten behandelte er mit Herablassung, fürchtete sich auch nie, seine Meinung frei auszusprechen.«[34]

Noch während seiner Krankheitsphase im April hatte sich Trott bemüht, der Verpflichtung als Sekretär des *Institute of Pacific Relations* nachzukommen. Er nahm Kontakt zu Ostasien-Institutionen auf, sprach mit einem der Nestoren der deutschen Sinologie, Professor Otto Franke, mit

Karl Knoll, dem Leiter des Ostasien-Referats im Auswärtigen Amt, sowie mit Wirtschaftsvertretern. Ihnen allen trug er die Idee vor, nach dem Vorbild des IPR die fächerübergreifende Erforschung des pazifischen Raums in einer Studiengruppe (als Kern für ein späteres Institut) zusammenzufassen. Ende April berichtete er Carter, daß er auf reges Interesse und Unterstützungsbereitschaft gestoßen sei, und legte ihm nahe, zur Beratung nach Deutschland zu kommen.[35] Um seinen Vorgesetzten Rudolf Rahn für eine Einladung zu gewinnen, stellte er den Generalsekretär des IPR übertrieben als jemanden vor, der mit dem Weißen Haus in Verbindung stehe und »die Fäden zu sämtlichen außenpolitischen Organisationen, Forschungsstiftungen und -unternehmungen in Händen«[36] halte.

Trott hegte zu jenem Zeitpunkt noch die vage Hoffnung, daß besagte Initiative sein berufliches Tätigkeitsfeld werden könnte. Dahinter stand der unausgesprochene Wunsch, ja, die Sehnsucht nach einer Art geistigem Fluchtort, der sozusagen jenseits des Nationalsozialismus angesiedelt war und ein Wirken für die Zukunft ermöglichte. Dies innere Bedürfnis war so stark, daß es sich in immer neuen Projekten Bahn brach: so 1934, als er sich mit einem Vorhaben zur Reform des europäischen Völkerrechts trug oder drei Jahre später, als ihn ein anderes Thema nach China aufbrechen ließ. Beide Male hatte ihn die bittere Realität eingeholt. Das Pazifikstudien-Projekt bot – für sich genommen – durch die Einbindung in eine bewährte internationale Institution gute Erfolgschancen, es kam Trotts wissenschaftlichen Interessen ebenso entgegen wie seinem organisatorischen Talent. Die Befassung mit einer lohnenden Aufgabe – möglicherweise auch ihre Verwendung als Alibi – dürfte ihn zusätzlich motiviert haben, daran beharrlich festzuhalten. Obwohl er infolge des Krieges den Auftrag des IPR als Koordinator der europäischen Fernost-Studien nicht ausführen konnte, verabredete er sich in dieser Sache dennoch mit dem Schweizer Ostasien-Kenner Eberhard Horst von Tscharner.[37] Mitte November suchte Trott seinen Freund Wolfram Eberhard in Ankara nochmals für einen deutschen IPR-Ableger zu erwärmen, selbst unter den gegenwärtigen Voraussetzungen. Eberhard sah es realistischer. Den Vorschlag als solchen hieß er zwar gut, mit der Gründung aber, meinte er, werde man ein paar Jahre warten müssen.[38]

Am 26. Juni war Trott von der *China-Studien-Gesellschaft* eingeladen worden, den im Jahr zuvor unterbliebenen Vortrag nachzuholen, und zwar sollte er über die amerikanische Ostasienpolitik sprechen. »Es ist mir etwas bange davor, denn es ist ein schwieriges, heikles Thema«[39], gestand er seiner Mutter während der Vorbereitung. Nachher meldete er, daß der Vortrag »wunschgemäß oder doch einigermaßen«[40] verlaufen sei. Inwieweit das mündliche Referat mit dem Inhalt seiner Veröffentlichung im November des gleichen Jahres[41] übereinstimmten, läßt sich nicht feststellen. Die Publikation war so wenig propagandistisch eingefärbt, daß sie auch in einer seriösen Zeitschrift in den USA hätte erscheinen können. Nach einem historischen Überblick präsentierte Trott seine Ausführungen als Ergebnisse der Tagung in Virginia Beach und warb damit zugleich für das IPR. Als Angelpunkte der amerikanischen Ostasienpolitik beschrieb er das Interesse an der Wiederherstellung der Integrität Chinas und am Aufbau eines modernen Staatswesens dort sowie den Widerstand gegen die Hegemonie einer einzelnen Macht im Pazifik, speziell Japans. Diese Politik zur »Erhaltung der offenen Tür« nach China sei vor allem sicherheitsstrategisch bedingt, da ein weiteres Vordringen Japans den Territorialbesitz der USA im Pazifik (Hawaii, die Philippinen und weitere Inseln) bedrohe. Wie schon in seinem *Amerasia*-Aufsatz[42] begründete Trott mit dieser Gefahr die Notwendigkeit für Amerika, im europäischen Krieg neutral zu bleiben. Der Wunsch nach Beibehaltung der Neutralität lag zwar auf der offiziellen deutschen Linie, aber im Unterschied zu dieser wollte er, wie andere Regimegegner auch, jede Ausdehnung dieses Krieges vermieden wissen. So heißt es in einem Brief Helmuth James von Moltkes Ende Mai 1940: »Ich habe eine sehr große Sorge, daß nämlich dieser Krieg sich ins Ungeahnte ausweitet, daß die USA hineingezogen werden.«[43]

Binnen weniger Wochen im Mai und Juni 1940 besiegte das deutsche Heer in einem Blitzfeldzug die Niederlande, Belgien und Frankreich, ein fast unglaublicher Erfolg, der viele vorherige Kritiker und Zweifler widerlegte. Am 6. Juli ließ sich Adolf Hitler in Berlin »als größter Feldherr aller Zeiten« (im Volksmund »Gröfaz«) bejubeln. Für die Opposition bedeutete der militärische Sieg eine Katastrophe, denn welcher General würde jetzt noch einen Regimesturz für notwendig erachten oder sich gar daran beteiligen. Von irgendeiner Siegesfreude war Trott weit entfernt und nahm bezeichnenderweise bei einer kurzen Dienstreise mit Altenburg und Rantzau im deutsch besetzten Paris nur »unfrohe Eindrücke«[44] auf. Er fühlte sich aber von der tapferen Haltung der Franzosen ermutigt, die ihn an diejenige der Chinesen erinnerte. Vor seiner Abreise hatte Trott dem Kollegen Furtwängler anvertraut, daß er in Paris einige verhaftete Juden, die ihm bekannt seien, »dem Griff der Gestapo zu entziehen« beabsichtige. Er habe ihnen »allerlei unentbehrliche Spezialkenntnisse zugeschrieben, mit denen man sie fürs Auswärtige Amt dienstverpflichten« könne.[45] Ob ihm das tatsächlich gelang, erfährt man nicht. Von den

Kontakten, die er in Paris gesucht hat, ist einer zufällig überliefert. Der dänische Geschäftsmann Oluf Berntsen teilte Clarita von Trott später mit, daß er ihren Mann ein Jahr zuvor in London kennengelernt habe und über die gemeinsame Liebe zu China mit ihm in ein intensives Gespräch gekommen sei. Vermutlich wollte Trott nun über Berntsen eine Verbindung nach England herstellen, er traf ihn jedoch nicht an, sondern hinterließ nur eine Karte. – In diesem Sommer hing wochenlang ein »Projekt, mich ins Ausland zu schicken«, wie ein Damoklesschwert über Trott. Gemeint war sein Arbeitseinsatz in England nach der geplanten Landung deutscher Truppen. Dringend hoffte er, daß dieser Fall »nicht akut«[46] werde. Zur Vorbereitung der Invasion wurde am 13. August mit einer beispiellosen, lang anhaltenden Bombardierung der britischen Insel begonnen.

Adam und Clarita von Trott hatten sich in den ersten drei Monaten nach ihrer Hochzeit mit wechselnden möblierten Unterkünften begnügen müssen, bis sie endlich am 1. September eine eigene Wohnung beziehen konnten. Mitten im Umzug erhielt Trott sehr kurzfristig einen Gestellungsbefehl, mit dem er am 2. September zum Landesschützen-Ersatzbataillon 3 in Strausberg bei Berlin einberufen wurde. Mehr als der Militärdienst an sich bereitete ihm dieses »Altherrenregiment« Unbehagen, vorgesehen für »Besatzungsaufgaben wie Gefangenenbewachung und dergl.«[47]. Doch dem Auswärtigen Amt gelang es, seine Unabkömmlichkeitsstellung (UK-Stellung) zu erwirken.[48] Nach zwei Tagen war er wieder zu Hause, nun in der Rheinbabenallee 47, damals zu Berlin-Dahlem gehörig. Zu Gast dort im folgenden Juni, berichtete Moltke: »Die Wohnung ist jetzt im Sommer besonders reizend. Von dem Balkon hat man einen herrlichen Blick über lauter Gärten.«[49]

Während der sogenannten Luftschlacht um England im September 1940 hatte Trott dienstlich in der Schweiz zu tun und verband dies mit einem Besuch bei Willem A. Visser 't Hooft in Genf. Zwölf Jahre war es her, daß er zuletzt hier gewesen war und eine Atmosphäre des Optimismus beim weltweiten Streben nach Frieden und internationaler Zusammenarbeit hatte erleben können. Welch ein Kontrast zu diesem Aufenthalt jetzt! Visser 't Hooft war weiterhin im Dienst der protestantischen Ökumene tätig, seit kurzem als Generalsekretär des entstehenden Weltkirchenrats. Der holländische Theologe hatte Trott in den 30er Jahren mehrfach getroffen, das letzte Mal 1936 anläßlich von Rembrandt-Studien in Kassel. Seiner Frau schrieb er damals über Trotts politische Einstellung: »Du weißt, wo er stand, er hat sich nicht geändert.« Als er 1940 erstmals von der Formierung der Opposition in Deutschland gehört habe, berichtete Visser 't Hooft später, sei es für ihn keine Überraschung gewesen, Adam von Trott dort engagiert zu finden.[50]

Bei ihrem jetzigen Wiedersehen erstattete ihm dieser einen düsteren Lagebericht, dessen Inhalt Visser 't Hooft zwecks Weiterleitung nach England aufgezeichnet hat.[51] Danach schätzte Trott das Nazi-Regime als derzeit »extrem stark« ein, denn »nichts sei erfolgreicher als der Erfolg«. Schonungslos offenbarte er die Schwäche des Widerstands. Die Sozialisten hätten durch die Beseitigung der Arbeitslosigkeit entscheidend an Terrain eingebüßt und seien im Kampf für den Humanismus auf eine kleine Elite reduziert, die sich vermehrt dem Christentum zuwende. Weder die Katholiken noch die Protestanten bildeten eine oppositionelle Einheit; politisch aktiv seien jeweils nur einzelne. Die Konservativen, die immer schon sehr nationalistisch gewesen seien, ließen sich von den Siegen der Nazis blenden. Jedoch seien viele auch von deren »Brutalitäten und Exzessen« abgestoßen und befürchteten den Untergang ihrer Werte in einer Flut des Nihilismus. Das Leben in Deutschland nannte Trott schwierig, aber trotz Rationierung und Bombenangriffen so weit erträglich, daß es die Menschen, zumal in der Hoffnung auf einen »Endsieg«, noch eine ganze Zeit aushalten würden. Dies könnte sich natürlich bei einer plötzlichen Wendung des Krieges etwa durch Rußland oder Amerika ändern. In der jetzigen Situation, erklärte Trott, sei es »absolut notwendig, Hitler gewaltsam Widerstand zu leisten«. Darin läge »die einzige Hoffnung auf einen Regimewechsel«.[52] Verzweifelt hilflos wirken seine Empfehlungen für den Fall einer britischen Niederlage als Folge der deutschen Invasion. Einerseits warnte er zur Vermeidung eines Deasters davor, ein eventuelles Marionettenregime zu boykottieren, und plädierte andererseits für einen gemeinsamen Kampf der Gesinnungsgenossen beider Länder.[53] Als die Aufzeichnung von Trotts Lagebericht per Kurierin Ende Oktober in die Hände David Astors gelangte,[54] hatte sich jedoch inzwischen diese große Sorge erledigt. England wurde zwar weiterhin durch deutsche Luftangriffe terrorisiert, der Invasionsplan aber war aufgeschoben und damit letztlich aufgegeben.

Schon als 19jähriger hatte Adam von Trott die Vorstellung von einer Wertegemeinschaft jenseits nationaler Zugehörigkeiten gewonnen. Im Hinblick auf christliche Werte war dies eine grundlegend ökumenische Auffassung. So war es kein Zufall, daß Trott in Visser 't Hooft einen Gleichgesinnten fand. »Nach Adams Meinung kämpften all jene, die dieselben christlichen Grundauffassungen von gesellschaftlicher und internationaler Ordnung hatten, in diesem Krieg auf derselben Seite, auch wenn ihre Regierungen Gegner waren. Ich teilte diese Meinung, und das gab unserer Freundschaft eine feste Grundlage«, kommentiert Visser 't Hooft das Treffen mit Trott im September 1940 später in seiner Autobiographie.[55] Er selbst sah im Totalitarismus eine Herausforderung für die ökumenische Bewegung, sich zur Universalität der Kirche zu bekennen. Während des Krieges, als allenthalben übersteigerter Nationalismus um sich griff, hielt er unbeirrt daran fest, daß Ökumeniker sich als Glieder einer übernationalen Gemeinschaft zu verstehen hätten. Sein Engagement auf kirchlich-humanitärem Gebiet für bedrängte Kirchen, Verfolgte, Flüchtlinge und Kriegsgefangene ergänzte er auf politischem Gebiet durch eine Zusammenarbeit mit Widerstandsbewegungen mehrerer europäischer Länder. Dabei nahm Visser 't Hooft deutsche Widerstandskämpfer nicht aus, sondern suchte sie – vornehmlich Dietrich Bonhoeffer und Adam von Trott – soweit irgend möglich zu unterstützen. Genf wurde für Trott daher zur wichtigsten Anlaufstelle im Ausland; dorthin ist er bis 1944 insgesamt elfmal gereist.[56]

Die aus oppositioneller Sicht deprimierende Lage tat Trotts Entschlossenheit zum Widerstand keinen Abbruch. Seit seiner Rückkehr aus den USA und der Genesung von den Krankheiten im Frühjahr galten seine Bemühungen verstärkt der Wiederaufnahme und Neuanknüpfung einschlägiger Kontakte. Wie alle Widerstandsverbindungen Trotts sind sie nur sehr unvollständig überliefert.[57] Er traf sich mit Moltke, der jetzt im Amt Ausland/Abwehr des OKW als Sachverständiger für Völkerrecht und Kriegsrecht tätig war, sowie mit seinem alten Bekannten Hans von Dohnanyi und brachte auch beide Männer zusammen.[58] Dohnanyi und seinem Vorgesetzten Hans Oster in der Zentralabteilung des Amtes Ausland/Abwehr kam bei der vorbereitenden Arbeit für den Regimesturz eine Schlüsselrolle zu. Sie hielten viele Fäden in ihrer Hand und sammelten zudem systematisch Dokumente über die Verbrechen und Terrorakte der NS-Organisationen als Beweismaterial. Trott unterhielt auch guten Kontakt zu den Juristen bei der Deutschen Lufthansa, Otto John und dem mittleren der Bonhoeffer-Brüder und Schwager Dohnanyis, Klaus Bonhoeffer. Diese wiederum standen u. a. mit den sozialdemokratischen Widerstandskämpfern Ernst von Harnack, Wilhelm Leuschner und Julius Leber in Verbindung. Bei letzterem wurde Trott durch seinen Kollegen Furtwängler, einem ehemaligen Gewerkschafter, eingeführt. Julius Leber – 1891 im Elsaß geboren und promovierter Volkswirt – war während der Weimarer Republik Chefredakteur des *Lübecker Volksboten* sowie Mitglied des Reichstags für die SPD. Unter der Naziherrschaft mußte er vier Jahre Haft im Gefängnis und in den Konzentrationslagern Esterwegen und Sachsenhausen durchleiden, davon ein ganzes Jahr im

Dunkelarrest. Nach seiner Entlassung übernahm er eine Kohlenhandlung in Berlin-Schöneberg, die bald zu einem konspirativen Treffpunkt wurde. Zur Begründung des neuerlichen Wagnisses führte Leber an, daß »er nur einen Kopf habe und ihn für keine bessere Sache einsetzen könne als die des Widerstands gegen den Nationalsozialismus«[59]. Die triste Umgebung der »schwarzen Kohlenhügel und grauen Holzwälle, hinter denen sich der Schuppen befand, der Leber als Büro diente«, gab nach Meinung Furtwänglers »ein unvergleichliches Verschwörermilieu« ab. Die Kohlenhandlung sei einer der wenigen Orte gewesen, »wo man nicht flüstern brauchte«, da »der Julius« sich auf seine Mitarbeiter, einen Leidensgenossen aus dem KZ und die Tochter eines dort Ermordeten, verlassen konnte. Furtwängler registrierte erfreut, daß sich zwischen Leber und Trott eine enge Freundschaft entwickelte. Seiner Ansicht nach war das »kein Wunder, denn auch Leber verband Herz, Mut und Temperament mit Geist und Klugheit«.[60]

Als Zivilist legte Trott Wert darauf, hohe Militärs zu kennen, die den Hitlerschen Krieg ablehnten. Die Bekanntschaft mit General von Falkenhausen setzte er fort, und dieser vermittelte ihm eine Verbindung zu Georg Thomas,[61] seit August 1940 General der Infanterie. Thomas hatte sich 1938/39 an Umsturzplanungen beteiligt. Spätestens am 21. Oktober 1940 ist Adam von Trott zum ersten Mal Generaloberst Ludwig Beck begegnet, der ab Sommer 1942 die zentrale Gestalt der politischen Verschwörung werden sollte. Beck war 1938 als Chef des Generalstabs des Heeres in Ablehnung der Gewaltaktion gegen die Tschechoslowakei zurückgetreten und hatte damit ein deutliches Zeichen gesetzt.[62] Das Treffen mit Trott, das der Erörterung der Lage gedient haben dürfte, fand bei Generaloberst Kurt Freiherr von Hammerstein-Equord statt, einem weiteren Hitler-Gegner. Der ebenfalls anwesende Sohn Hammersteins, Ludwig, notierte nachher in seinem Kalender: »sehr interessant«[63].

Ebenfalls noch 1940 knüpfte Trott zwei Widerstandskontakte im Auswärtigen Amt.[64] Der aus Württemberg stammende Theologe Eugen Gerstenmaier hatte als Mitarbeiter des *Kirchlichen Außenamts der Deutschen Evangelischen Kirche* in der Informationsabteilung eine UK-Stellung erhalten. An einer akademischen Laufbahn war Gerstenmaier durch behördlichen Einspruch gehindert worden. Trott lernte ihn zunächst als Gesprächspartner schätzen, mit dem sich über Hegel diskutieren ließ. Bald aber kamen politische Themen hinzu. Sieben Jahre nach ihrer ersten kurzen Begegnung in Oxford traf er nun auch Hans Bernd von Haeften wieder und freundete sich mit ihm an. Clarita von Trott erinnert sich: »Als Haeften zum ersten Mal in unserer Wohnung anrief, hielt Adam mir den Hörer hin. ›Schon die Stimme dieses Mannes zu hören tut mir gut!‹

sagte er leise.«[65] Im Glauben tief verwurzelt, war Haeften aktives Mitglied der Bekennenden Kirche und Freund seines Mitkonfirmanden Dietrich Bonhoeffer sowie des Pfarrers und KZ-Häftlings Martin Niemöller.[66] Er war verheiratet mit Barbara Curtius – einer Tochter von Julius Curtius, Außenminister in der Weimarer Republik – und Vater von damals vier Kindern. Nach diplomatischen Aufgaben in Kopenhagen, Wien und Bukarest wurde Haeften im Herbst 1940 nach Berlin zurückberufen, wo ihn Staatssekretär Ernst von Weizsäcker der Abteilung »Deutschland« zuwies. Diese Abteilung in der Rauchstraße war erst vor wenigen Monaten als Verbindungsstelle zu allen Parteidienststellen, zur SS, Gestapo und zum Reichssicherheitshauptamt eingerichtet worden; ein Referat hatte sich mit der »Judenfrage« zu befassen. Der Abteilungsleiter, Unterstaatssekretär Martin Luther, sollte im Januar 1942 zu den Teilnehmern der Wannsee-Konferenz über die »Endlösung der Judenfrage« gehören.[67] Luther, ein Günstling Ribbentrops, pflegte einen direkten Draht zu diesem, unter bewußter Umgehung des Staatssekretärs. Zu dessen Orientierung mußte Haeften im Referat »Organisation« einen Beobachterposten einnehmen. Die Kenntnis von Luthers Beteiligung an den Verbrechen und anderer in dieser Abteilung soll ihn und seine Gesundheit schwer belastet haben, dennoch harrte er anderthalb Jahre dort aus bzw. wurde solange geduldet. Es liegt nahe, daß Trott durch Haeften von der Verwicklung in den Völkermord dieser Abteilung – die ansonsten »ein dichter Schleier des Geheimnisses umgab«[68] – erfahren hat.[69]

Im Laufe des Jahres 1940 kam es in Großbritannien zu entscheidenden personellen Veränderungen, denen Trott größte Aufmerksamkeit geschenkt haben dürfte. Noch konnte er nicht ahnen, wie sehr diese ihn und seine Mitstreiter im Widerstand betreffen sollten. Am 10. Mai hatte Winston Churchill den bisherigen Premierminister Neville Chamberlain abgelöst und eine Koalitionsregierung gebildet, wie sie Stafford Cripps schon ein Jahr vorher gefordert hatte. Dieser aber wurde nicht Mitglied des Kriegskabinetts, sondern im Juni als Botschafter nach Moskau entsandt. Im Dezember starb unerwartet der britische Botschafter in den Vereinigten Staaten, Lord Lothian. Vor seinem Tode hatte er die amerikanische Regierung – unter dem Anfang November zum dritten Mal wiedergewählten Präsidenten Franklin D. Roosevelt – noch für eine Regelung gewinnen können, die den neutralen USA ermöglichte, Großbritannien mit kriegswichtigem Material zu beliefern. Lothians Nachfolger wurde Lord Halifax, während Anthony Eden das Amt des Außenministers übernahm.

Während Adam von Trott einen geistigen Fluchtort suchte, strebte sein Bruder Werner nach einer konkreten Zuflucht. Im Rahmen von Überlegungen, wie das Gesetz zur Aufhebung von Familienstiftungen am besten auszunutzen sei, hatte er die Idee eines Erbhofs mit einem daran angeschlossenen Sanatorium. Beides sollte in Gütergemeinschaft von den drei Brüdern Trott und den mit Werner und Heinrich befreundeten Brüdern Kütemeyer betrieben werden. Zu seiner bitteren Enttäuschung lehnte Adam dies strikt ab. Er teilte zwar Werners Ansicht, »daß im Gegensatz zu früher unser Besitz ein notwendigeres refugium zur Wahrung eigenständiger Lebensweise geworden ist – demgegenüber die öffentliche Betätigung mehr den Charakter des verzweifelten Versuchs als den einer ›wohlanständigen‹ Gewohnheit haben muß«. Aber er hielt das Ganze praktisch für undurchführbar und bestritt, daß es »die 4 Wände, in denen man nach seiner eigenen Façon leben kann«[70] noch gäbe, erst recht nicht für politisch kontrollierte Erbhofbauern. Aus Mangel an Vertrauen wollte er sich zudem nicht auf eine lebenslängliche Gütergemeinschaft einlassen, weder mit Freunden, die nicht die seinen waren, noch mit Werner. Statt dessen forderte er »eine klare Abgrenzung«, um ihre Beziehung »von der Bürde materieller Auseinandersetzungen ein für allemal zu befreien«.[71]

Der Konflikt brachte erneut die grundsätzlich verschiedene Lebenseinstellung der Brüder zum Ausdruck. Auf die Frage, wie man sich zu einem verabscheuten Regime verhalten sollte, fanden beide eine Antwort, die gegensätzlicher nicht sein konnte. Um es in Adams Sprache zu sagen: Der eine wählte die vita activa, der andere die vita contemplativa. »Werner hat sich so weit aus der Welt, in der ich mich bemühe, entfernt, daß er nicht mehr versteht, was mich treibt oder bedrängt. Und seine Einsamkeit ist mir leider auch fremd geworden«[72], legte Adam der Mutter seine Sicht dar. Werner wiederum machte dem Bruder seine öffentliche Tätigkeit unter den herrschenden Verhältnissen zum Vorwurf. Adam akzeptierte zwar Einwände dagegen, erklärte aber zu seiner moralischen Rechtfertigung (unter Verwendung von Metaphern aus einer gemeinsamen Lektüre), der »aktive Umgang mit einer Welt des Abfalls« bedeute nicht zwangsläufig eine »lässige Vertiefung des Abfalls«, sondern könne »ein Weg durch ihn hindurch sein«.[73] Obwohl weiter schwierig, blieben die Brüder miteinander im Dialog und fanden im Christentum einen Ansatz zur Gemeinsamkeit. Aber auch hier kam die Kluft wieder zum Vorschein. Werners »Lob der Verzweiflung, durch die allein Gnade und Glaube erreichbar seien«, konnte Adam nicht billigen. Dieses barg seiner Ansicht nach die Gefahr, daß man Verzweiflung, die von äußerer Bedrängnis herrühre, als »Prüfung« hinnehme und nicht als etwas »aktiv zu

Beseitigendes«, mit der Folge von Resignation. »Befinden wir uns nicht gerade jetzt alle in dieser Lage«, fragte er, »und hat nicht alle Frömmigkeit fast den Makel eines allzu geduldigen Erleidens?«[74]

Ursula von Trott, die zweitälteste Schwester Adams, hatte Ende Juli 1940 standesamtlich den Forstwirt Harald von Arnim geheiratet. Die kirchliche Trauung sollte im Spätherbst in Imshausen nachgeholt und auf Wunsch der Arnims als Familienfest begangen werden. Doch das stieß bei Eleonore von Trott auf schwere Bedenken. Ihr schien nur eine ganz stille Feier in kleinstem Kreise angemessen. »Ein größeres Fest in dieser entsetzlichen Zeit widerspricht meinem Gefühl«[75], schrieb sie Adam. Empört lehnte sie vor allem den Plan eines Polterabends ab: »Man darf doch nicht vergessen, daß wir mitten im grausamsten Krieg sind.«[76] Der Bräutigam reagierte verstimmt, und Ulla beharrte auf dem Wunsch, ihre neue Familie möglichst zahlreich einzuladen. Außerdem wollte sie von einem Pfarrer getraut werden, der Redeverbot hatte, so daß dies nur privat in Imshausen möglich war. Adam, der fand, daß man Ulla zuliebe die Hochzeit in ihrem Sinne veranstalten müsse, schaltete sich schließlich als ihr Fürsprecher ein. Er bat seine Mutter, »den inneren Widerstand zu überwinden«, der sie veranlasse, »die Festesfreudigkeit der Arnims in dieser schweren Zeit zu verurteilen«, und erklärte: »Man sehnt sich mit Recht nach einer gewissen heiteren, harmlosen Muße, die schon aus Dankbarkeit überall da, wo noch ein festes Dach und Herdfeuer vorhanden ist, wenigstens manchmal herrschen sollte.« Die Engländer hätten ihr traditionelles Guildhall-Bankett sogar im Keller veranstaltet.[77] Das Beispiel paßte zwar nicht ganz, aber entsprach beider Sympathie. Die Mutter lenkte ein, und Adam lobte die Hochzeit nachher als »so schön gelungen«[78]. Er hatte allerdings auf die Anwesenheit Claritas verzichten müssen. Sie hatte im Oktober eine Fehlgeburt erlitten und konnte sich lange Zeit davon nicht erholen. Erst ein Aufenthalt in Garmisch-Untergrainau im Februar – eine Woche gemeinsam mit ihrem Mann – brachte Besserung. Eine andere Sorge rückte nach. Der Gesundheitszustand Eleonore von Trotts verschlechterte sich so sehr, daß sie monatelang von ihrer Tochter Monika und ihrem Arzt-Schwiegersohn Hans Onken in Bad Gottleuba[79] betreut werden oder im Krankenhaus in Dresden zubringen mußte. Erst im Juni konnte sie nach Imshausen zurückkehren.

Während des Monatswechsels November auf Dezember 1940 war Trott erneut für mehrere Tage in der Schweiz. Wieder zu Hause, bewertete er die Reise als »sehr erfreulich und gehaltvoll«[80], teilte aber nichts Genaueres mit, ebensowenig über seine Schweiz-Fahrten im März und Juni 1941 sowie in späteren Jahren. Für seine dienstlichen oder politischen Zwecke suchte Trott in der Regel Basel, Bern, Zürich und Genf auf. In Basel stellte ihm Jenny Thurneysen (eine ältere Dame und Freundin der Bielenbergs) in ihrem Haus ein Standquartier zu Verfügung. Er konnte dort ungehindert telefonieren und Gäste empfangen. Daß er kein Nazi war, merkte Frau Thurneysen sofort; in seine Widerstandstätigkeit weihte er sie nicht ein.[81] In Zürich kannte Trott den Verleger Martin Hürlimann und mehrere Ostasien-Experten. Einige Male traf er sich auch in Fribourg mit Otto Iserland, der für ihn ausländische Zeitschriften auf aktuelle Beiträge über Asien hin auswertete.[82] Mit solchen Dienstgesprächen ließen sich die Reisen gut begründen. Genf stand jedesmal auf Trotts Programm.[83] Er besuchte dort Albrecht von Kessel und Gottfried von Nostitz, die am deutschen Konsulat tätig waren. Auch den für das Internationale Rote Kreuz tätigen Diplomaten Carl Jacob Burckhardt soll er mehrmals gesehen haben.[84] Aus seinen Treffen mit Tracy Strong und Visser 't Hooft machte Trott in Briefen an seine Mutter kein Geheimnis. Letzteren würdigte er sogar als »ein Vorbild kraftvoller Geisteshaltung«[85], erweckte allerdings den Eindruck einer reinen Freundschaftsbeziehung. Da der Weltkirchenrat notfalls auch als geeignete Informationsquelle ausgegeben werden konnte, waren Trotts Kontakte dorthin zwar unerwünscht, aber nicht illegal. Nur dem außerordentlichen Geschick Visser 't Hoofts war es zu verdanken, daß er selbst und seine konspirativen Verbindungen nicht in den Blick der Gestapo gerieten. Als »Insel im totalitär beherrschten Europa«[86] zog die Schweiz in den Kriegsjahren nicht nur Emigranten und Widerstandskämpfer aus den verschiedensten Ländern an, sondern bildete zugleich einen Tummelplatz für deutsche und alliierte Geheimdienstagenten. Auf der Suche nach Informationen und Mitarbeitern konnte man sich in diesem Netz undurchschaubarer Beziehungen allzuleicht lebensgefährlich verheddern.

Die Arbeit in der Informationsabteilung erlaubte es Trott, sein großes Interesse an den Vorgängen im Fernen Osten zu verfolgen, sie forderte jedoch ihren Preis. So war ihm, wie er seinem Bruder Werner bekannte, bei der Abfassung »einer offiziösen Übersicht über die fernöstliche Entwicklung 1940 nicht wohl«[87]. Da sie veröffentlicht werden sollte, hatte sie zur Genehmigung etliche Schreibtische bis zu dem von Unterstaatssekretär Ernst Woermann zu passieren.[88] Unabhängig von eventuellen Eingriffen in seinen Text, stand die große Richtung ohnehin fest: die Gegenüberstellung der »destruktiven und interventionistischen Tendenz der anglo-amerikanischen Fernostpolitik« mit dem »neutralen und konstruktiven Charakter des Dreimächtepaktes«.[89] Der Beitrag Trotts verrät zwar Sachkenntnis, fällt aber infolge dieser deutlich offiziösen Prägung gegenüber seinen anderen Publikationen ab. Trotz eines gewissen japanfreundlichen Tones beharrte er auf seiner alten Ansicht, daß der japanisch-chinesische Konflikt nicht mit militärischen Mitteln gelöst werden könne. Geradezu provokant wirken mußte zum Zeitpunkt der Veröffentlichung – nach dem deutschen Angriff auf die Sowjetunion –, daß er einer russisch-japanischen Annäherung das Wort redete. Nachdem er sich bei dem Herausgeber Friedrich Berber zuvor nach den anderen Autoren erkundigt hatte,[90] erschien im Juni 1941 in den *Monatsheften für Auswärtige Politik* unter dem Titel »Südostasien – Amerikas Achillesferse« ein weiterer Beitrag von ihm.[91] Danach stellte Trott, obwohl er gerne schrieb, das Publizieren ein. In diesem letzten Artikel griff er das Thema der gefährdeten amerikanischen Besitzungen im Pazifik durch Japan nochmals auf und sollte darin verhängnisvoll bestätigt werden – beginnend mit dem Großangriff der Japaner auf Pearl Harbor am 7. Dezember 1941.

Seit längerem klagte Trott über eine zunehmende Arbeitsmenge, vor allem in Form von Bergen zu studierender Akten. So erhoffte er sich von seiner neuen Mitarbeiterin Missie Wassiltschikow zumindest an anderer Stelle einige Entlastung. Die 23jährige Russin war intelligent, mußte sich jedoch an die Arbeit und die Eigenheiten ihres Chefs gewöhnen. Nach den ersten zwei Monaten notierte sie in ihr Tagebuch: »Ich sitze immer noch an mühsamen Übersetzungen. Adam Trott möchte, daß ich seine sämtlichen Routinearbeiten übernehme, so daß er sich in noch vergeistigtere Höhen emporschwingen kann und vom Amtsschimmel nicht mehr belästigt wird. Ich begann meine neue Aufgabe damit, seinen Schreibtisch aufzuräumen, während er beim Mittagessen war. Ich saß auf dem Boden, leerte eine Schublade nach der andern aus und fing angesichts solcher Unordnung fast zu weinen an. Seine kleine Sekretärin [Hilde Walter], die ihm treu ergeben ist, kam herein und tröstete mich: ›Herr von Trott ist ein Genie, und von einem Genie kann man so etwas wie Ordnung gar nicht verlangen.‹« Missie war dankbar, daß Trott mit ihr Englisch sprach, weil sie sich im Deutschen noch nicht sicher genug fühlte: »Wenn er Deutsch spricht, wird er so intellektuell, daß ich ihm nicht immer folgen kann, zumindest nicht, wenn er mir diktiert. Dann wirft er den Anfang eines Satzes in die Luft, hält eine Sekunde inne, und dann purzelt der Rest hinterdrein. Später, wenn ich über meinen Hieroglyphen sitze, stelle ich zumeist fest, daß ich die Hälfte nicht mitgekriegt habe.«[92] Eine andere Beschäftigung gefiel ihr sehr viel besser: »Adam hat mir einen ganzen Berg von Büchern gegeben, die ich für ihn lesen soll. Wenn sie sich lohnen, reiche ich sie an ihn weiter. […] Er bekommt eine

Vielzahl von Büchern, die in England oder den Vereinigten Staaten neu erscheinen. Manchmal ist es auch unterhaltsame Lektüre, wie zum Beispiel Peter Flemings »The Flying Visit«[93], das von Hand zu Hand geht und uns alle köstlich amüsiert.«[94] Von einer Einladung bei ihrem Chef zu Hause im April berichtete sie: »Habe mit Josias Rantzau bei den Trotts in Dahlem zu Abend gegessen. Professor [Emil] Preetorius, der Kunsthistoriker, Bühnenbildner und große Chinaexperte, war auch dort. Adam Trott interessiert sich leidenschaftlich für China.«[95]

Missies Arbeitsantritt Ende Januar war zeitlich mit einem Wechsel in der Abteilungsleitung einhergegangen. Auch wenn Trott – in Anspielung auf den von ihm geschätzten Roman Ernst Jüngers »Auf den Marmorklippen«[96] – seiner Frau gegenüber einmal kritisch anmerkte, daß Günther Altenburg »im Sinne des Oberförsters argumentiert«[97] habe, gab es triftigen Grund, die Ablösung des allgemein geachteten Karrierediplomaten zu bedauern. Sein Nachfolger war nämlich »ein Vogel ganz anderen Gefieders«[98]: SS-Brigadeführer Dr. jur. Walter Stahlecker, der in Schaftstiefeln mit Reitpeitsche und einem Schäferhund im Amt seine Runden drehte. Alle seien »über diesen Wechsel beunruhigt«, schrieb Missie in ihr Tagebuch, und machten »um Stahlecker einen so großen Bogen wie möglich. Es geht etwas Böses von ihm aus.«[99] – Dieser Eindruck trog nicht. Stahlecker sollte 1941/42 als Befehlshaber der Einsatzgruppe A im Baltikum für Massenmorde an Juden verantwortlich sein. Er selbst kam wenig später in einem Partisanen-Hinterhalt ums Leben. In der Informationsabteilung trieb er nur vier Monate bis Mitte Juni sein Unwesen. Nach seiner Versetzung leitete Rudolf von Scheliha als dienstältester Beamter die Abteilung kommissarisch. Mitte August wurde mit Generalkonsul Dr. Walter Wüster, bisher Kulturreferent in Rom, einem unauffälligen Karrierediplomaten die Leitung übertragen. Schon vorher war die etwas groteske Situation aufgefallen, daß Trott, obwohl Referatsleiter, keine Zeichnungsbefugnis hatte. Zur Abstellung dieses Zustands wurde er schließlich ab 1. Juli 1941 als Wissenschaftlicher Hilfsarbeiter in ein unbefristetes Angestelltenverhältnis übernommen. Sein Dienstvertrag enthielt ein Gelöbnis »auf unbedingte Amtsverschwiegenheit und auf den Führer des Deutschen Reiches und Volkes«[100].

Mit größter Vorsicht versuchte Trott, der nicht von ungefähr wieder unter Furunkeln litt, seine Mutter seit April auf Schlimmstes vorzubereiten. »Die neue Wendung« kam für ihn somit nicht überraschend: Der Überfall der deutschen Wehrmacht auf die Sowjetunion am 22. Juni 1941. »Unser Verstehen in diesen Dingen ist tiefer als flüchtige Briefbemerkungen es ausdrücken können«, schrieb Trott seiner Mutter noch am gleichen Tag. Entgegen sonstiger Vorsicht verbarg er nicht, wie sehr ihn diese Ausweitung des Krieges zum Weltkrieg erschütterte, zumal er noch nirgends den »Widerstand einer festen und zukunftsversprechenden Ordnung« erkennen konnte. Das Ganze erschien ihm wie ein »universales Menetekel«[101].

Inder in Berlin

Im ausgehenden Jahr 1940 verlagerte Trott den Schwerpunkt seiner Propaganda-Arbeit von England auf das Empire und stellte sie unter das Schlagwort »Freies Indien«. Als Missie Wassiltschikow Ende Januar 1941 bei ihm anfing, fand sie in seinem Referat bereits eine Arbeitsgruppe Indien vor.[1] Wenn schon Propaganda, mag sich Trott gedacht haben, dann sollte sie zumindest einem Anliegen gelten, dem er selbst innerlich zustimmen konnte. Gegen jeglichen Imperialismus hatte er bereits als Student Stellung bezogen.[2] Seine Sympathie speziell für den indischen Unabhängigkeitskampf ging bis auf seinen Genfer Aufenthalt 1928 zurück und wurde danach durch die Freundschaft mit Humayun Kabir und das persönliche Erleben Gandhis vertieft. Damit befand er sich auch unter Briten in bester Gesellschaft; vor allem die Übereinstimmung mit etlichen seiner Oxforder Zeitgenossen war ihm wohlbekannt.[3]

Trotts Befassung mit Indien erhielt erheblichen Auftrieb, als am 2. April 1941 ein unerwarteter Gast auf der Bildfläche erschien: Subhas Chandra Bose. Der indische Freiheitskämpfer, geboren 1897, hatte damals schon ein wechselvolles Leben hinter sich.[4] Seit rund zwei Jahrzehnten stand er an vorderster Front im Kampf für die Unabhängigkeit Indiens und war mehrmals im Gefängnis gewesen. Als Präsident des *Indischen National-Kongresses* hatte er sich durch seine Radikalität und Kompromißlosigkeit zum Kontrahenten der Freiheitskämpfer Gandhi und Nehru entwickelt. Nach seinem Rücktritt gründete Bose die linksnationalistische Partei *Forward Bloc*; doch der Kriegszustand erschwerte seine politische Arbeit. Er wurde erneut verhaftet und danach in Kalkutta unter Hausarrest gestellt, konnte aber trotz Bewachung Mitte Januar 1941 entkommen und sich auf abenteuerliche Weise nach Afghanistan durchschlagen. Während seine Kontaktversuche zur sowjetischen Botschaft in Kabul erfolglos blieben, gelang es ihm schließlich, mit Hilfe der deutschen und der italienischen Gesandtschaft über Moskau nach Berlin einzureisen – inkognito unter dem Namen Orlando Mazzotta.

Außenminister Ribbentrop und der mit dem Fall beauftragte Unterstaatssekretär Ernst Woermann wußten nicht so recht, was sie mit diesem Besucher anfangen sollten, zumal Hitler als Bewunderer des Britischen Empire sich nicht für die indischen Freiheitsbestrebungen interessierte. Bose hingegen wußte genau, was er hier wollte. Nach dem Motto »Der Feind meines Feindes ist mein Freund« erhoffte er sich vom mächtigen Deutschland bei seinem Kampf Unterstützung. Sogleich in den ersten

Tagen nach seiner Ankunft in Berlin legte er Woermann mündlich und schriftlich seine Ziele in und mit Deutschland dar: die Bildung einer Exilregierung »Freies Indien« und ein Propaganda-Feldzug, der Indien zum Aufstand bewegen sollte, anschließend eine Invasion deutscher und italienischer Truppen dort zur Befreiung von der britischen Herrschaft sowie die vorherige vertragliche Anerkennung einer freien indischen Regierung. Bose mußte jedoch feststellen – vor allem nach einem Gespräch mit Ribbentrop Ende April in Wien –, daß die deutsche Regierung keine Bereitschaft zeigte, auf seine Pläne einzugehen, und ihn statt dessen mit Unverbindlichkeiten abspeiste. Er reduzierte daraufhin seine hochgeschraubten Forderungen und legte nun das Hauptgewicht auf eine offizielle Erklärung der Achsenmächte Deutschland und Italien zur indischen Unabhängigkeit als ersten Schritt. Bevor dies erfolgt sei, wollte er sich weder an Propagandaaktionen beteiligen noch sein Inkognito aufgeben. Woermann erkannte, daß der Inder kein gefügiger Mann war, den man nach Belieben instrumentalisieren konnte. Unter Boses Beteiligung wurde tatsächlich im Mai ein Erklärungstext erarbeitet, dessen öffentliche Bekanntgabe dann allerdings hinausgeschoben wurde. In der Hoffnung, die italienische Regierung für seine Sache zu gewinnen, nahm Bose Ende Mai eine Einladung nach Italien an. Ribbentrop und Woermann reagierten besorgt, denn an die Italiener wollten sie ihn keinesfalls verlieren.

Deshalb war man darauf bedacht, es dem indischen Gast annehmlicher zu machen. Ein Betreuer sollte sich gezielt um ihn und seine Anliegen kümmern. Diese Aufgabe wurde im Juni 1941 Adam von Trott übertragen, nachdem er neben anderen Kandidaten von Woermann empfohlen worden war: »Trott hat die nötige Initiative, spricht ausgezeichnet Englisch und würde besonders in psychologischer Hinsicht für Bose sehr geeignet sein.« Indien kenne er zwar nicht persönlich,[5] habe aber »im übrigen große Teile der Welt bereist«. Außerdem könne er neben der Betreuung Boses seine Arbeit in der Informationsabteilung fortführen.[6] Diese Tätigkeit wurde nun erheblich aufgewertet, indem Trott den Auftrag erhielt, die bisherige Arbeitsgruppe Indien zu einem Sonderreferat auszubauen. Die Leitung wurde ihm übertragen. Er werde jetzt noch schwerer abkömmlich sein, teilte Trott am 8. Juni seiner Mutter mit, denn »mein Arbeitskreis beginnt sich jetzt, wenn auch interessant, zu vergrößern«[7]. Das *Sonderreferat Indien* wurde direkt dem Staatssekretär z.b.V. (zur besonderen Verwendung) Wilhelm Keppler unterstellt,[8] womit Ribbentrop dem 60jährigen SS-Gruppenführer und Duzfreund Himmlers offenbar seine Wertschätzung erweisen wollte. Keppler, Altmitglied der NSDAP und ein früher Wirtschaftsberater Hitlers, war an zahlreichen Wirtschaftsunternehmungen beteiligt, hatte den Anschluß Österreichs und die Errichtung des Protektorats Böhmen und Mähren vorbereiten helfen und beförderte weiterhin die »wirtschaftliche Ausbeutung besetzter oder abhängiger Staaten«[9]. Außenpolitisch dagegen war er unerfahren und brachte speziell für die Befassung mit Indien keinerlei Voraussetzungen mit. Aus diesem Grunde ließ der Staatssekretär Trott relativ selbständig agieren, legte aber zu dessen Leidwesen Wert darauf, daß er ihm allmorgendlich Bericht erstattete. Einem indischen Beobachter zufolge verstand Trott mit Keppler sehr geschickt umzugehen, »gewissermaßen auf ihm wie auf einem Instrument zu spielen«[10]. Trott wußte auch, wie dieses Instrument gestimmt war: von »Skepsis der Bauernschläue, durchkreuzt von eudämonistischem Führerglauben«[11].

Wenn für die Betreuung Boses psychologische Fähigkeiten vorausgesetzt wurden, so war das mehr als berechtigt, denn sie lief darauf hinaus, den Inder auf einem Weg bitterer Enttäuschung zu begleiten. Als Trott die Aufgabe übernahm, hatte sich Bose deprimiert nach Wien begeben, wo er von früher her gute Freunde besaß. Hier war auch seine heimliche Ehefrau Emilie Schenkl zu Hause, die nun offiziell als seine Sekretärin fungierte. Boses Italienbesuch im Juni hatte keine Fortschritte gebracht. Mussolini hatte ihn nicht empfangen, und zwei Gespräche mit Außenminister Ciano waren ohne greifbare Ergebnisse geblieben. Noch schwerer aber hatte Bose die Nachricht vom deutschen Angriff auf die Sowjetunion getroffen. Wieder in Berlin, erklärte er Woermann unverhohlen, daß die öffentliche Meinung in Indien auf seiten der Sowjetunion sei, die man für einen natürlichen Verbündeten halte, während die Rolle Deutschlands als Angreifer mißbilligt würde. Der Bericht über dieses Gespräch am 17. Juli ging erstmals auch an Trott.[12] Dringlicher als zuvor appellierte Bose jetzt an Ribbentrop, nicht wesentliche Chancen durch das Hinauszögern der Unabhängigkeitserklärung zu verspielen.

Bose war ein ebenso erfahrener wie gebildeter Mann. Er hatte in Kalkutta und später in Cambridge studiert sowie in London die anspruchsvolle Prüfung für den *Indian Civil Service* abgelegt. Europa kannte er durch mehrere Reisen; während eines zweijährigen Aufenthalts dort Mitte der 30er Jahre hatte er das Buch »The Indian struggle 1920-1934«[13] verfaßt und Studien über erfolgreiche Volksbewegungen und Revolutionen getrieben. Um so mehr mußte ihn die Behandlung kränken, die ihm von deutscher Seite zuteil wurde. Entsetzt erlebte Trott mit, daß Keppler bei seiner ersten Begegnung mit Bose diesen gar nicht zu Wort kommen ließ, sondern ihn lang und breit mit seinen eigenen Ansichten traktierte. Und Ribbentrop ließ den Inder monatelang auf ein zweites Gespräch warten. Seinem Mitarbeiter Girija Mookerjee zufolge soll Bose unter allen Deutschen nur Trott vertraut haben.[14] Eine nähere Beziehung oder gar Freundschaft entstand aber zwischen diesen beiden Männern nicht. »Er ist hochbegabt, aber trotzdem bleiben wir menschlich ausgesprochen kühl. Das [Verhältnis] muß gewissermaßen immer von vorn angefangen werden, was mühsam ist«, schrieb Trott seiner Frau im August 1941.[15] »Seine inneren Ausgangspunkte sind für eine erheblichere Beziehung zu negativ«, ergänzte er wenig später seinen Eindruck. Es behagte ihm nicht, daß er Bose »unentbehrlich zu werden« begann, und er suchte daher privaten Kontakt zu vermeiden. Als der Inder ihn einmal zusammen mit seiner Lebensgefährtin und einem großen Strauß roter Rosen in der Rheinbabenallee besuchen wollte, schützte Trott Krankheit vor.[16] Auch politisch fehlte es an Übereinstimmung. Nach dem Bericht Alexander Werths, des stellvertretenden Leiters des Sonderreferats, sind Trott und er »in vielen Diskussionen für das englische Regierungssystem als Modell für ein freies Indien eingetreten«, dabei aber »auf Boses scharfe Ablehnung gestoßen«. Er habe keinen liberalen, sondern einen sozialistisch-autoritären Staat angestrebt, in dem der Armee eine führende Rolle zukommen sollte.[17] Sein Umgang mit Bose wurde jedoch am stärksten dadurch behindert, daß Trott nicht riskieren konnte, sich ihm als Gegner des NS-Regimes erkennen zu geben. Die dauernde Verstellung im Auswärtigen Amt war belastend genug, sie auch dem Inder gegenüber aufrechtzuerhalten, mit dem er zeitweise täglich zu tun hatte und oft gemeinsam auf Reisen war, fiel ihm zusätzlich schwer. Clarita von Trott erinnert sich an einige Situationen, an denen ihr Mann »die Bürde des Doppelspiels nicht mehr aushalten zu können« glaubte und sie ihn morgens vor dem Fortgehen erklären hörte, »er werde am heutigen Tage Bose seine wahre Meinung sagen«. Er habe es dann zwar vermieden, ihre Sorge aber verstärkt, daß »das Maskieren doch einmal über seine Kraft gehen werde«.[18]

Obwohl Trott Entscheidendes von Bose trennte, begegnete er ihm mit Verständnis. Im September 1941 war er beauftragt, Bose in Bad Gastein aufzusuchen und ihm zu vermitteln, daß die deutsche Regierung eine Unabhängigkeitserklärung derzeit nicht abzugeben gedenke. Fern von unerwünschten Zuhörern und Beobachtern, scheint Trott dies zu einer vertraulichen Aussprache über die Möglichkeiten Boses in Deutschland genutzt zu haben. Er überredete ihn, statt vergeblich auf die Erklärung zu warten, sich erreichbaren Zielen zu widmen. Und dies mit Erfolg, denn ein halbes Jahr später bilanzierte Trott rückblickend: »Nachdem es gelungen ist, Bose trotz der Tatsache, daß die von ihm erhoffte Indien-Erklärung nicht abgegeben worden ist, zum aktiven Einsatz zu bewegen, hat er auf dem Gebiet der Indien-Propaganda eine rege und zunehmende Aktivität entfaltet.«[19]

Die Beteiligung Boses lag zweifellos auch in Trotts eigenem Arbeitsinteresse, denn dies erleichterte seinen kombinierten Auftrag als dessen Betreuer und zugleich Leiter des *Sonderreferats Indien*. Das Personal des Sonderreferats in der Wilhelmstraße 75 deckte sich zum Teil mit dem seines in der Kurfürstenstraße fortbestehenden Referats »Amerika und Ostasien«. Zum Teil waren weitere Mitarbeiter und Mitarbeiterinnen verpflichtet worden – darunter auch Fachleute wie der Indologe Ludwig Alsdorf (nach dem Krieg langjährig Professor an der Universität Hamburg). Zu den diversen Aufgaben des Referats gehörten u. a. die Nachrichtenbeschaffung durch Verbindungsleute in Afghanistan, die Erstellung regelmäßiger Indienberichte und anderer Materialien sowie die Herausgabe einer Schriftenreihe deutscher und indischer Autoren, ferner der Aufbau und die Begleitung des *Free India Centre*. Nach Überwindung vieler, nicht zuletzt kriegsbedingter organisatorischer Schwierigkeiten wurde dieses Zentrum mit dem Status einer diplomatischen Mission am 2. November 1941 eingeweiht. Es war in einem Gebäude in der Lichtensteiner Allee untergebracht, während Bose, der bisher in Berliner Nobelhotels gewohnt hatte, eine Villa in der Charlottenburger Sophienstraße beziehen konnte. Im *Free India Centre* saß keine Exilregierung. Die bald 25, später 35 indischen Mitarbeiter unter der Leitung des Journalisten Arathil C. N. Nambiar befaßten sich neben Planungen für ein unabhängiges Indien und der Veröffentlichung der Monatsschrift *Azad Hind* vornehmlich mit Rundfunkpropaganda. Mehrere Mitarbeiter hatten in Frankreich angeworben werden müssen. Dazu gehörte Nambiar selbst, der Ende der 20er Jahre in Berlin ein indisches Informationsbüro betrieben hatte und nach einer kurzen Verhaftung 1933 wenig Neigung zeigte, in das nationalsozialistische Deutschland zurückzukehren. Doch der von ihm als harter und ehrgeiziger Politiker charakterisierte Bose[20] drängte so beharrlich darauf, bis Nambiar nachgab. Boses Eigenart äußerte sich auch in seinem Rangbewußtsein: Von seinen indischen Mitarbeitern ließ er sich mit »Netaji« (verehrter Führer) und von Trott mit »Exzellenz« anreden.

Der Geheimsender *Radio Azad Hind* (Radio Freies Indien) war erstmals Anfang Januar 1942 zu hören. Im Laufe dieses Jahres wurde das Programm erweitert und schließlich mehr als drei Stunden in Englisch und in sieben indischen Sprachen ausgestrahlt. Bose arbeitete intensiv am Programm mit, wandte sich selbst aber nur zu besonderen Anlässen an die Hörer und erklärte dann, »von irgendwo in Indien zu sprechen«.

Offiziell hatte das Sonderreferat die Propagandatätigkeit des Zentrums zu kontrollieren, doch nach Aussage Nambiars habe es frei arbeiten können, da Trott »Keppler in Schach«[21] hielt. Einer Zensur des Programms waren ohnehin sprachliche Grenzen gesetzt. Die Telefonüberwachung – für eine solche hatte Keppler auch in Boses Villa gesorgt – konnte Trott nicht verhindern. Sie war allerdings den Indern bekannt, die bequem auf ihre Sprachen ausweichen konnten, im Gegensatz zu Trott, der natürlich mitabgehört wurde und entsprechend vorsichtig sein mußte.

Organisationsprobleme größeren Ausmaßes waren auch mit einem Lieblingsprojekt Boses verbunden, das ebenfalls in die Zuständigkeit des Sonderreferats (und dort vor allem in die Werths) fiel: die Aufstellung einer Indischen Legion. Den Anfang machte eine deutsch-indische Spezialeinheit, die bereits vom OKW ausgebildet wurde. Ab Herbst 1941 warb Bose unter den zahlreichen Indern in deutschen Kriegsgefangenenlagern um Freiwillige. Der Erfolg blieb insgesamt begrenzt; Regimentsstärke von rund 2.600 Mann erreichte die Indische Legion (*Indisches Infanterie-Regiment 950*) erst im März 1943. Häufig besuchte Bose seine Legion – sie war auf ihn und Hitler vereidigt – in Königsbrück, nordöstlich von Dresden. Nach seiner Vorstellung sollte sie nur im Kampf um die Befreiung Indiens eingesetzt werden und seine Grundkonzeption von nationalindischer Einheit »ohne Rücksicht auf Rassen, Kasten, Konfessionen und Stammesunterschiede«[22] widerspiegeln. In Italien gab es zeitweilig ein militärisches Konkurrenzunternehmen unter dem Inder Mohammed Iqbal Shedai, der das Vertrauen des italienischen Außenministeriums genoß. Er richtete heftige Attacken gegen Bose, während dieser den indischen Muslim für einen gefährlichen Separatisten hielt. Trott bemühte sich längere Zeit, Shedai einzubeziehen und beide Rivalen auf eine Linie zu bringen; er reiste deswegen im Oktober 1941 eigens nach Rom. Später stritten sich dann Außenminister Ciano und Keppler telegraphisch um indische Freiwillige. Die Italiener zogen letztlich den kürzeren, denn nach einer Meuterei mußte Shedais Truppe aufgelöst werden.

Das erfolgreiche Vordringen der Japaner in Südostasien seit Ende des Jahres 1941 schuf auch im Hinblick auf Indien eine neue Konstellation. (Vorausgegangen waren der japanische Überfall auf Pearl Harbor am 7. Dezember, der Kriegseintritt der Vereinigten Staaten und die Kriegserklärungen Deutschlands und Italiens an diese.) Mit dem japanischen Einmarsch in Birma war Indien in erreichbare Nähe gerückt, und Bose bemühte sich jetzt, mit Hilfe des japanischen Botschafters Oshima und des Militärattachés Yamamoto eine Unabhängigkeitserklärung für Indien zu erwirken. Auch Ribbentrop und Woermann hielten nunmehr eine gemeinsame Erklärung mit Japan und Italien für ratsam. Mehrere Entwürfe gingen in den nächsten Wochen und Monaten zwischen den drei Bündnispartnern hin und her, führten aber wegen des gegenseitigen Mißtrauens und der unterschiedlichen Zielsetzungen zu keinem Ergebnis. Obwohl Bose im Februar und März 1942 mit zwei Freiheitsaufrufen für Indien über Rundfunk und Presse Beachtung fand, zog er sich verbittert nach Bad Gastein zurück. Er fühlte sich zur Ohnmacht verurteilt, und dies um so mehr, nachdem Churchill im Unterhaus angekündigt hatte, daß Stafford Cripps nach Indien reisen und dem *Indischen National-Kongreß* ein Angebot unterbreiten werde. Als Trott Mitte März Bose in Bad Gastein aufsuchte, gab dieser ihm zu verstehen, daß er nach Indien zurückkehren werde, wenn er in Deutschland nicht bald einen Erfolg vorzuweisen habe. Trott zögerte nicht, Boses Meinung weiterzuleiten, »an führender Stelle würde die Indien-Angelegenheit absichtlich hinhaltend und unentschieden gelassen«, sowie dessen »unüberwindlichen Verdacht, daß Deutschland doch noch die Absicht habe, sich auf Kosten Indiens mit England zu verständigen«[23].

Cripps war aus Moskau mit dem Ansehen eines »Architekten der britisch-russischen Freundschaft«[24] zurückgekehrt und Ende Februar 1942 in das Kriegskabinett Churchills eingetreten. Er wurde Lordsiegelbewahrer und Führer des Unterhauses; man hielt ihn sogar für einen potentiellen Rivalen des Premierministers. Als sich die britische Regierung aufgrund des japanischen Vormarsches in Birma sowie des amerikanischen Drucks zu einer Initiative in Indien genötigt sah, schien Cripps, ein alter Freund Nehrus und Befürworter der indischen Unabhängigkeit, für eine solche Mission besonders geeignet. Vom 23. März bis 12. April verhandelte er in Neu-Delhi mit dem *Indischen National-Kongreß* und der *Muslim Liga* über ein Angebot, das im Kern eine verfassunggebende Versammlung sowie den Dominion-Status für Indien nach dem Kriege, bis dahin aber die Beibehaltung des britischen Oberbefehls vorsah. Schnell machte Gandhis diffamierender Ausspruch vom »vorausdatierten Scheck für eine Bank im Konkurs«[25] die Runde. Die Kongreßpolitiker mißtrauten auch den kurzfristigen Reformzusagen, da es Cripps sichtlich an der Rückendeckung durch den indischen Vizekönig, Lord Linlithgow, mangelte. Die Verhandlungen wurden schließlich ergebnislos abgebrochen.

Trott dürfte das ernsthafte Interesse seines Freundes Cripps an der Unabhängigkeit Indiens gekannt und sein Vorhaben daher mit Sympathie verfolgt haben, obwohl sein dienstlicher Auftrag das Gegenteil verlangte. Im Vorfeld suchte er Bose zumindest von der Taktik zu überzeugen, »die Person Cripps nach Möglichkeit zu ignorieren«[26]. Außerdem fügte es ein

Zufall, daß Trott sich gerade zu jener Zeit nicht an der Propagandaarbeit beteiligen mußte. Seit Monaten litt er erneut unter Kiefernhöhlenvereiterung und hatte daher schon länger einen Kuraufenthalt in der Schweiz geplant. Er wartete jedoch ein wichtiges Familienereignis ab – die Geburt seiner Tochter Verena am 1. März 1942 und ihre ersten beiden Lebenswochen –, bevor er über Bad Gastein nach Davos reiste.

Während seiner Abwesenheit kehrte Bose nach Berlin zurück und attackierte in einer Ansprache über *Radio Azad Hind* nun doch den Indienbesuch von Cripps, richtete Ende März sogar einen offenen Brief an diesen. Der Abbruch der indisch-britischen Verhandlungen in Neu-Delhi wurde von den deutschen Medien weidlich ausgeschlachtet. Goebbels äußerte sich voll des Lobes für Bose, und Ribbentrop spendete ihm Dank. Das Scheitern der Cripps-Mission hatte jedoch ganz andere Ursachen und ging nur vorgeblich auf das Konto der von Deutschland ausgehenden Gegenpropaganda.[27] Nicht zu Unrecht beschrieb Trott gegenüber Freunden ihre Wirkung mit dem »eines Nadelstichs gegen einen Elefanten – a pin prick to an elephant«[28].

Länger als ein Jahr mußte Bose auf die Begegnung warten, die ihm aus Prestigegründen für sich und seine Unabhängigkeitsbewegung so wichtig war: ein Empfang beim deutschen Reichskanzler Adolf Hitler. Die Fürsprache Kepplers hatte ihm dazu nicht verhelfen können, sondern erst die Tatsache seiner Audienz bei Mussolini Anfang Mai brachte Bewegung in die Sache. Am 27. Mai 1942 durfte Bose endlich im Führerhauptquartier Wolfschanze bei Rastenburg in Ostpreußen erscheinen. Die Begegnung verlief für ihn enttäuschend, denn Hitler, den er als »alten Revolutionär« begrüßte, hielt einen seiner üblichen Monologe, in dessen Verlauf deutlich wurde, wie wenig er die Befreiung Indiens zu unterstützen gedachte. Nach der offiziellen Aufzeichnung des Chefdolmetschers Paul Schmidt waren bei der Unterredung noch Ribbentrop, Keppler und Hewel zugegen.[29] Keine Erwähnung fand, daß Bose von einem eigenen Dolmetscher begleitet wurde, dem Wissenschaftlichen Hilfsarbeiter Adam von Trott. Von ihm erfuhr Werth, daß Bose gegen Ende des Treffens die Geduld verloren und Trott gesagt habe: »Tell His Excellency that I have been in politics all my life and that I don't need advice from any side.«[30] Wie Trott die heikle Situation bewältigt hat, ist nicht überliefert, auch nicht, welche Eindrücke er von Hitler und diesem Schauplatz mitnahm, der für ihn zwei Jahre später eine so ungeheure Bedeutung erlangen sollte.

Nach seinem Empfang im Führerhauptquartier gab Bose in Berlin eine Pressekonferenz und legte damit sein Inkognito ab. Er trat nun voller Ehrgeiz wie ein ausländischer Staatsgast in Erscheinung, machte offizielle Besuche, reiste nach Rom, Prag, Wien, Brüssel, Den Haag und Paris. Wohl oder übel mußte Trott ihn überallhin begleiten, in der Rolle eines Statisten oder allenfalls eines Dolmetschers. Am 15. Juli war Bose in das Hauptquartier des Reichsführers-SS eingeladen. Aus diesem Anlaß hatte ihm Ribbentrop aus seinem Ministerbüro den Legationsrat und SS-Obersturmführer Karl von Loesch attachiert.[31] Bose fand in der Prinz-Albrecht-Straße eine viel freundlichere Aufnahme als in der Wolfschanze. Himmler konnte mit Kenntnissen der indischen Literatur aufwarten und gab sich als entschiedener Befürworter der Unabhängigkeit Indiens.[32] Während er Interesse an einer indischen Einheit in der Waffen-SS zeigte, trug Bose ihm sein Anliegen vor, eine indische Polizeitruppe bei der Gestapo ausbilden zu lassen,[33] wofür er später auch Ribbentrop und Keppler um Unterstützung bat.

Als Himmlers Dolmetscher fungierte der zu seinem persönlichen Stab gehörende Walther Wüst, Professor für Indogermanistik und Rektor der Universität München. Dieser wandte sich am Rande des Treffens an Trott und bot für die Betreuung von Indern Räume der SS-Forschungsgemeinschaft *Ahnenerbe* an. Trott scheint das zwar Keppler mitgeteilt, danach aber sofort vergessen zu haben. Als er dann, gemahnt, an Wüst schrieb, beging er in dem Brief den Fauxpas, die Begegnung mit diesem in das Führerhauptquartier vor zwei Monaten zu verlegen, obwohl sie erst vor einer Woche im SS-Hauptquartier stattgefunden hatte.[34] Keppler war ganz in seinem Element, unter dem Namen *Indo-Germanische Arbeitsgemeinschaft* im Berliner Haus des *Ahnenerbes* eine »Gemeinschaftsbetreuung« für Inder einzurichten.[35] Die Betreffenden merkten jedoch sofort, daß ihnen etwas aufoktroyiert werden sollte, und reagierten verstimmt. Gegenüber Wüst entschuldigte Trott »die indischen Freunde« damit, daß er wegen Abwesenheit nicht für die Arbeitsgemeinschaft habe werben können.[36] Ehe es in Gang kam, schlief das Unternehmen wieder ein.

Die SS-Führung verfolgte das »Projekt Indien« mit stetem Interesse. Bereits im Juli 1941 kündigte der Chef des SS-Hauptamts in einem Schreiben an Himmler an, daß er sich beim zuständigen Sachbearbeiter im Auswärtigen Amt, von Trott, darüber informieren und diesen dann auch zu Heydrich schicken werde.[37] Letzteres aber verzögerte sich, weil der Chef des Reichssicherheitshauptamts, Reinhard Heydrich, bald darauf das Amt des stellvertretenden Reichsprotektors in Böhmen und Mähren übernahm. Ende April 1942, vier Wochen bevor dieser durch ein Attentat tödliche Verletzungen erlitt, wurde Trott zur Unterrichtung nach Prag einbestellt. Er erlebte Heydrich als höchst unheimliche Gestalt. Seiner Frau schilderte Trott ihn als einen »außerordentlich gewandten Feind«, als eine »grauenvoll-große Spielernatur«.[38] Obwohl er mit Heydrich nicht mehr zu tun haben würde, trat er eine weitere Fahrt in das besetzte Prag – Bose wollte u. a. die Skoda-Werke besichtigen – äußerst widerwillig an. In einem Brief an seine Mutter vom 3. Oktober 1942 findet sich die Randbemerkung: »Morgen muß ich leider (dreimal unterstrichen) für drei Tage nach Prag.«[39]

Längst hatte Bose erkannt, daß es ein Fehler gewesen war, sich nach Deutschland zu begeben. Seit Ende des Jahres 1941 zeichnete sich ein Ausweg aus seiner verfahrenen Lage ab. Eine Organisation der Inder, die in sehr großer Zahl im japanisch beherrschten Südostasien lebten, war damals an ihn mit dem Wunsch herangetreten, ihre Führung zu übernehmen. Je mehr sich die Aussicht verringerte, eine Unabhängigkeitserklärung für Indien zu erlangen, desto mehr verfestigte sich Boses Plan, Deutschland in Richtung Asien zu verlassen. Doch davor lagen große Hindernisse. Allein das Einverständnis der deutschen Regierung zu erhalten erwies sich als schwierig, denn Keppler und Ribbentrop waren zunächst dagegen. Schließlich gab Hitlers Zustimmung den Ausschlag – das einzige für Bose positive Ergebnis in der Wolfschanze. Auch die Abneigung der Japaner gegen ihn konnte erst allmählich beseitigt werden. Das Hauptproblem aber bildete die praktische Durchführung der Reise selbst. Verschiedene Möglichkeiten, per Flugzeug oder per Unterseeboot, wurden erwogen und wieder verworfen, schließlich sollte Bose auf eigenen Wunsch mit einem italienischen Flugzeug non stop nach Japan fliegen. Am 14. Oktober 1942 gab Ribbentrop für ihn einen Abschiedsempfang, bei dem auch Trott anwesend war. Doch dann mußten die Italiener zugeben, daß sie Probleme mit der Funkpeilung hatten und der Flug nicht stattfinden konnte. Man kam auf die Idee eines U-Boot-Transports zurück, und zwar sollte Bose im Indischen Ozean von einem deutschen in ein japanisches Unterseeboot umsteigen. Nachdem endlich alle Einzelheiten vom *Sonderreferat Indien* mit deutschen Militärs und der japanischen Botschaft geregelt waren, erhob im letzten Moment die Kriegsmarine in Japan Einspruch, da es ihr nicht erlaubt sei, einen Zivilisten an Bord zu nehmen. Werth erinnert sich, daß Trott daraufhin kurzerhand nach Tokyo gekabelt habe, Subhas Chandra Bose sei kein Zivilist, »sondern der Oberkommandierende der Indischen Befreiungsarmee«.[40] Girija Mookerjee schreibt Trott den entscheidenen Anteil daran zu, daß Boses Ausreise überhaupt möglich war.[41]

Unter größter Geheimhaltung fuhr Bose am 7. Februar 1943 in Begleitung von Keppler und Werth nach Kiel und begab sich am folgenden Tag mit seinem Landsmann Abid Hassan auf ein deutsches U-Boot. Trott erholte sich damals bereits seit einer Woche mit Clarita in Oberlech am Arlberg. Sein Urlaub war sehr geeignet, Boses Aufbruch geheimzuhalten, doch lag darin auch eine deutliche Distanzierung. Bei einem Freund hätte es sich Trott wohl kaum nehmen lassen, ihn zu verabschieden. Den glücklichen Ausgang der äußerst riskanten Fahrt, für die er Mitverantwortung trug, dürfte er mit Erleichterung, wenn nicht gar Freude aufgenommen haben. Ungeachtet des feindlich kontrollierten Gebiets gelang Bose und seinem Begleiter Ende April in der Nähe von Madagaskar der Umstieg auf ein japanisches U-Boot. Sie landeten auf einer kleinen Insel vor Sumatra und erreichten Tokyo Mitte Mai. In den beiden folgenden Jahren reorganisierte und kommandierte Bose die *Indian National Army* und operierte mit ihr an japanischer Seite von Birma aus in Richtung seines Heimatlands. Im August 1945 kam er bei einem Flugzeugunglück über Taiwan ums Leben. Subhas Chandra Bose genießt als Freiheitskämpfer in Indien bis heute große Anerkennung und Verehrung.

Eine Umgruppierung der Informationsabteilung im Frühjahr 1942 hatte Trott bereits einige Entlastung gebracht. Damals konnte er die Zuständigkeit für Nordamerika an Werth abtreten, und sein Länderreferat wurde auf den ostasiatischen und indisch-malayischen Raum begrenzt. Die Abreise Boses enthob Trott nun der zeitaufwendigen und schwierigen Betreuungsaufgabe. Die Arbeit im *Sonderreferat Indien* und die Kooperation mit dem *Free India Centre* gingen unverändert weiter.[42] Am Hungerstreik Gandhis im Februar 1943 nahm Trott großen Anteil und zeigte damit, wer sein eigentlicher Favorit beim Kampf um die indische Unabhängigkeit war.[43] Mit Boses Nachfolger, Arathil Nambiar – später Botschafter der Republik Indien in Bonn –, stand er in einem guten Verhältnis. Bereitwillig leitete er dessen Bitte, bei der Bezeichnung von Kriegsgefangenen auf das als diskriminierend empfundene Adjektiv »farbig« zu verzichten, an die betreffenden Dienststellen weiter – so als gäbe es keinen Rassismus als herrschende Doktrin.[44] Nambiar erinnert sich an viele mit Trott gemeinsam verbrachte Stunden im Luftschutzkeller, vor allem im November 1943, und auch an dessen Fürsorge für ihn. Trott habe seine Kollegen im Auswärtigen Amt gebeten, ihm (Nambiar) zu helfen, rechtzeitig aus Deutschland herauszukommen.[45] Wegen der Bombenangriffe wurden das Zentrum und *Radio Azad Hind* vorübergehend nach Hilversum in die Niederlande ausgelagert, wo Trott sie mehrfach aufsuchte. Die Indische Legion (in der Zuständigkeit des OKW und ab August 1944 der SS) war zuerst in die Niederlande und dann nach Südfrankreich verlegt worden; dort setzte man sie entgegen der Abmachung mit Bose zum Küstenschutz und zur Bekämpfung von Partisanen ein.

Einen nennenswerten Einfluß auf die Indienpolitik besaß Wilhelm Keppler nicht und Adam von Trott noch viel weniger. Bei der Ausführung seiner Dienstgeschäfte verfügte Trott allerdings über eine gewisse Selbständigkeit. Er nutzte sie auch gegen den Staatssekretär dazu, den Indern, für die er sich verantwortlich fühlte, möglichst erträgliche Lebens- und Arbeitsbedingungen zu verschaffen. Seine Tätigkeit mag ihm manche organisatorische Herausforderung geboten haben, über ihre geringe Bedeutung machte er sich jedoch nichts vor. Dies gab er seinem Kollegen Wilhelm Melchers, Politischer Referent für den Nahen Osten und Indien, mit dem er täglich zu tun hatte, ebenso zu verstehen[46] wie seiner Mutter. Ihr schrieb er, daß seine Arbeit zwar vielfältig und durchaus interessant sei, aber kein »tatsächliches Gewicht« habe und »an Kraft unendlich mehr« verbrauche, als sie bringe.[47] Seine Arbeitslast war in der Tat enorm, und Halbherzigkeit lag ihm nicht. Es konnte Trott allerdings nur recht sein, wenn seine Leistungen positiv auffielen. So bescheinigte Abteilungsleiter Wüster ihm »Umsicht, Fleiß und restlosen Einsatz«[48], und Keppler würdigte ihn als »eine sehr kluge, rührige, zuverlässige und gewandte Persönlichkeit«[49]. Ein solcher Ruf war die beste Tarnung. Denn wer konnte glauben, daß ein so unermüdlich tätiger Mitarbeiter noch irgend etwas anderes im Schilde führte. Sein Wirken ausgerechnet im Vorzimmer Kepplers kommentierte Trott vertraulich mit den Worten: »Man niste am sichersten in den Taschen der Vogelscheuche.«[50] Er brauchte diese Sicherheit mehr, als er ahnte, denn schon Ende 1942 interessierte sich die Gestapo für ihn.

Leben im Widerstand – Leben im Krieg

In New York 1939 hatte Adam von Trott auf ein Dilemma des Widerstands im nationalsozialistischen Deutschland aufmerksam gemacht, nämlich auf die Unmöglichkeit, angesichts des Gestapoterrors eine Massenbewegung zu organisieren.[1] Die Voraussetzungen dafür waren unter den Bedingungen des Weltkriegs, gesteigerten Terrors und Denunziantentums noch weniger gegeben. Ein Umsturz konnte deshalb nicht auf dem Wege von Demonstrationen oder Streiks erzwungen, sondern notgedrungen als »Widerstand ohne Volk«[2] nur durch entschlossenes Handeln hoher Militärs erreicht werden. Darauf waren die oppositionellen Zivilisten somit angewiesen. Wenn aber die Zwangsherrschaft nicht durch eine Militärherrschaft ersetzt werden sollte, waren die Zivilisten gefordert, eine politische Alternative zu entwickeln. Diese Aufgabe zu leisten war auch in kleinem Kreise schwierig und riskant.

Helmuth James von Moltke hat 1942 und 1943 Aufenthalte in Stockholm zu zwei brieflichen Berichten an einen englischen Freund genutzt. Es sind außergewöhnliche Dokumente, weil darin ein unmittelbar beteiligter, nüchterner und gut informierter Mann aus der Zeit selbst die Verhältnisse schildert, unter denen die deutschen Widerstandskämpfer zu arbeiten hatten. Er erklärt auch, warum es so schwer war, ihre Basis zu erweitern. »Die Tyrannei, der Terror, der Zerfall aller Werte« seien größer, als er es sich »je hätte vorstellen können«, schrieb Moltke im April 1942. Täglich würden mindestens 100 Deutsche von Gerichten und Kriegsgerichten zum Tode verurteilt. Hinzu kämen noch Hunderte, die jeden Tag in Konzentrationslagern oder durch Erschießung ohne Gerichtsverhandlung den Tod fänden. »Die ständige Gefahr, in der wir leben, ist furchtbar. […] Können Sie sich vorstellen, was es bedeutet, als Gruppe zu arbeiten, wenn man das Telefon nicht benutzen kann, wenn man die Namen seiner nächsten Freunde anderen Freunden nicht nennen darf aus Angst, daß einer von ihnen erwischt werden und die Namen unter Druck preisgeben könnte?«[3] In seinem Brief vom März 1943 analysierte Moltke »die Schwierigkeiten, mit denen wir zu kämpfen haben und die in Deutschland eine ganz andere Lage schaffen als in allen besetzten Ländern«. Er tat dies unter drei Aspekten: »Mangel an Einigkeit, Mangel an Leuten, Mangel an Kommunikation«. Die Uneinigkeit werde dadurch verursacht, daß Hunderttausende »vom Dritten Reich profitiert haben und wissen, daß mit dessen Ende »auch ihre Zeit zu Ende geht«. Daher werde »alles korrumpiert, um ihre Zahl zu vermehren und neue

Pfründen zu schaffen«. Andere wiederum ließen sich von der Goebbelsschen oder der englischen Propaganda in der Auffassung bestärken: »Wenn wir diesen Krieg verlieren, werden wir von unseren Feinden lebendig aufgefressen. Wir müssen ihn deshalb mit Hitler durchstehen und können ihn erst danach los werden; man kann die Pferde nicht mitten im Fluß wechseln.« Folglich könne man zwar »den Absichten fast jeden Holländers, Norwegers usw. trauen«, jeden Deutschen aber müsse man »sorgfältig prüfen, um herauszubekommen, ob er zu gebrauchen« sei oder nicht. »Daß er Antinazi ist, genügt nicht.«

Der Mangel an Leuten entstehe dadurch, stellte Moltke fest, daß fast alle jungen Männer und damit die »Altersgruppen, die Revolutionen machen oder zumindest deren Vorhut bilden«, jenseits der deutschen Grenzen eingesetzt seien. Die übriggebliebenen Aktiven, die dafür in Frage kämen, seien »schwer überarbeitet und am Ende ihrer Kräfte«. Gleiches gelte für die Frauen, die entweder Kriegseinsatz leisteten oder mit der Bewältigung ihres Alltags zu kämpfen hätten. »Je stärker die wirtschaftliche Belastung, desto unwahrscheinlicher ist eine Revolution, da die Menschen ganz damit beschäftigt sind, überhaupt zu leben.«

Für die ärgste Beeinträchtigung aber hielt Moltke den Mangel an Kommunikation. Nicht nur das Telefon scheide als Mittel aus, sondern auch die Post und ebenfalls Boten. Denn selbst wenn man einen Boten fände, so könne man ihm nichts Schriftliches mitgeben, da Passagiere in Zügen und Straßenbahnen immer wieder von der Polizei nach Dokumenten durchsucht würden. Im Falle einer Verhaftung liefen die Verhörmethoden der Geheimpolizei darauf hinaus, »zunächst den Willen zu brechen, den Verstand aber bei voller Klarheit zu belassen«. Auf diese Weise werde »das Opfer dazu gebracht, alles auszusagen, was es weiß«. Daher dürfe man auch im persönlichen Gespräch »Mitteilungen nur denjenigen zukommen lassen, die sie unbedingt brauchen«. Die Opposition habe bereits große Verluste zu verzeichnen gehabt. Sie alle mußten »einen schmählichen Tod« sterben. »In den übrigen von Hitler tyrannisierten Ländern hat sogar der gewöhnliche Verbrecher Aussicht, als Märtyrer angesehen zu werden. Bei uns ist das anders: Selbst der Märtyrer kann sicher sein, als gewöhnlicher Verbrecher zu gelten. Das macht den Tod sinnlos, und dies wiederum ist ein sehr wirksames Abschreckungsmittel.«[4]

Obwohl Moltke und seine Mitstreiter diese Gefahren kannten, hat sie das nicht von unzähligen Kontakten abgehalten. Zu wichtig waren ihnen die Ziele, auf den Umsturz hinzuwirken sowie, parallel dazu, ein Grundsatzprogramm für einen Neubeginn nach dem Ende der NS-Herrschaft zu erarbeiten. Man ging jedoch nicht unbedacht zu Werke, sondern durch ein System der Abschottung war dafür gesorgt, daß die Beteiligten nicht alle voneinander wußten. Man beriet in der Regel nur zu zweit oder zu dritt und tarnte größere Treffen durch die Anwesenheit von Ehefrauen als harmlose Geselligkeit. Etliche Personen wurden nur zu Einzelfragen konsultiert und waren über die Umsturzbestrebungen nicht informiert. Den Überblick besaßen allein Moltke und Peter Graf Yorck von Wartenburg. Ihrer beider Diskussion über den Staat hatte im Laufe des Jahres 1940 den Auftakt zu der programmatischen Arbeit gebildet und Moltke im Oktober zu einer Denkschrift »Über die Grundlagen der Staatslehre« veranlaßt. Eines der wenigen Exemplare erhielt Trott,[5] denn er stand mit Moltke damals schon in einem engeren Kontakt. Erinnert sei an ihre gemeinsamen »Anliegen«, die Trott in den USA mit Brüning besprach.[6] Auch dürften sich beide nach Trotts Rückkehr viel öfter getroffen haben als schriftlich überliefert,[7] zumal sein Büro in der Kurfürstenstraße nur wenige Schritte von Moltkes Wohnung in der Derfflingerstraße entfernt lag. Wann und wie ihre Diskussion über die Denkschrift ablief, ist nicht bekannt. Gegenüber seinem Bruder Werner, dem er sie zu lesen gegeben hatte, zeigte sich Trott nicht sonderlich überzeugt von ihr, ohne jedoch dessen Ablehnung zu teilen. Er verteidigte das Exposé als einen »redlichen Versuch« und würdigte Moltke als »hervorragenden Praktiker«, denn er betreibe gleichzeitig ein Gut in Schlesien sowie je eine Anwaltspraxis in Berlin und London.[8] Hier schieden sich erneut die Geister. Obwohl sich Adam von Trott der Verschwiegenheit seines Bruders sicher sein konnte, bezog er ihn in die folgenden Diskussionen und Planungen auch nicht indirekt ein. Er selbst aber gehörte bald zum inneren Zirkel der um Moltke und Yorck entstehenden Widerstandsgruppe, heute bekannt als Kreisauer Kreis.

Dieser erst nachträglich verwendete Name[9] paßt insofern, als in Kreisau, dem Gut der Moltkes, die drei größeren Tagungen der Gruppe stattfanden. Trott nannte sie »Hortensienclub«[10], denn in der Hortensienstraße in Berlin-Lichterfelde lag das Reihenhaus von Peter und Marion Yorck, das neben den Wohnungen anderer Beteiligter den Hauptort kleinerer und größerer Zusammenkünfte bildete. Peter Graf Yorck von Wartenburg wurde im November 1904 geboren und wuchs wie der rund zwei Jahre jüngere Moltke auf einem schlesischen Landsitz auf. Yorck, ein promovierter Jurist, war bis 1941 als Referent im *Reichskommissariat für die Preisbildung* tätig, danach im *Wirtschaftsstab Ost*, einer Dienststelle des Oberkommandos der Wehrmacht in Berlin. Moltke führte seit 1939 als Sachverständiger für Kriegs- und Völkerrecht einen mühseligen und beharrlichen, auch persönlich riskanten Kampf um die Einhaltung von

Rechtsvorschriften. Er trat für die Bewahrung des völkerrechtlichen Status ausländischer Kriegsgefangener ebenso ein wie gegen Gewaltmaßnahmen in den besetzten Ländern und suchte, wenn irgend möglich, Deportationen und Geiselerschießungen zu verhindern. Daneben besaß Moltke noch genug Energie, als Initiator und treibende Kraft des Widerstandskreises aufzutreten. Unterstützt wurde er dabei von Yorck, dem eine integrierende und ausgleichende Rolle zukam. »Yorck und ich können doch sehr gut miteinander, wenn ich doch auch ein ganzes Stück weiter links stehe als er«[11], äußerte Moltke über ihr Verhältnis. Er betrachtete Yorck als ihm »gleichgestellt«[12], während er sich anderen oft überlegen fühlte.

Moltke scheute keine Mühe, geeignete Leute für die Mitarbeit an dem ihm vorschwebenden Zukunftsprogramm ausfindig zu machen. Für die politische Gesinnung besaß er ein untrügliches Gespür. Keiner der Beteiligten, weder im größeren Umfeld noch im engeren Zirkel, hat sich als zweifelhaft oder gar unzuverlässig herausgestellt, vom Eindringen eines Spitzels ganz zu schweigen. Schwierigkeiten ergaben sich beim »Rekrutieren«[13], wie Moltke es nannte, in anderer Hinsicht. Sehr verschiedene Personen mußten von seinen Ideen überzeugt, »auf Linie« und »zum Mitziehen« gebracht werden, bevor die eigentliche Arbeit beginnen konnte. Die Einbindung von Vertretern unterschiedlicher Ausrichtung in den Diskussionsprozeß war gewollt. Es sollten Protestanten und Katholiken, Geistliche und Gewerkschafter, Konservative und Sozialdemokraten aufeinandertreffen und zu gemeinsamen Positionen gelangen. Die Briefe, die Moltke in dichter Folge seiner Frau Freya nach Kreisau schrieb, legen ein lebendiges Zeugnis von Fortschritten, Ärger und Hindernissen bei der Zusammenarbeit mit den einzelnen Personen ab. Sie geben natürlich nur seine subjektive Sicht wieder, die von Anerkennung und Zustimmung bis zu Spott und Herablassung reicht. Er wollte keine fairen und abgewogenen Urteile fällen, sondern spontan und ungezwungen seine Frau an den Vorgängen Anteil nehmen lassen. Von Themen ist dabei weniger, von Eindrücken um so mehr die Rede.

Das gilt auch für Moltkes Äußerungen über seine Gespräche und Beratungen mit Trott. Schon wegen ihres sehr unterschiedlichen Wesens und Temperaments lief es zwischen beiden nicht immer störungsfrei. Moltke konnte überheblich sein und Trott gereizt oder heftig reagieren. Dennoch lag Moltke viel an seiner Mitwirkung. Im Juli 1941 stellte er fest: »Zwischen T[rott] und mir geht es im Augenblick besser als seit langem. Das ist mir angenehm, denn er ist ein kluger und durch seine Reisen doch sehr vielseitig unterrichteter Mann.«[14] Mitte August erwähnte Trott in einem Brief an seine Frau, daß er einen »Entwurf für Moltke«[15]

geschrieben habe, und bevor er eine Woche später seinen Urlaub antrat, bat ihn dieser um eine weitere Ausarbeitung: »Ich hatte einiges mit Trott zu besprechen, besonders aber ihm geeignete Schulaufgaben zu stellen.«[16] Trott ließ sich in die inhaltliche Arbeit einbinden, ging jedoch Kontroversen nicht aus dem Weg. Während eines Wochenendtreffens am 12./13. Oktober 1941 in Groß-Behnitz (einem Gut der Familie von Borsig in der Nähe von Berlin) gerieten er und Moltke in einen Disput über »die Frage der Berechtigung, sich über den Staatsaufbau Gedanken zu machen«. Er selbst habe, von Yorck sekundiert, »die These vertreten«, schrieb Moltke seiner Frau, »die Berechtigung dazu liege in der Brust eines jeden Menschen und bedürfe keines äußeren Anlasses«. Trott hingegen habe gemeint, »die Konkretisierungsmöglichkeit müsse mindestens im Ansatz und als Wahrscheinlichkeit gegeben sein«.[17] Die beiderseitigen Standpunkte, die hier ausnahmsweise einmal dargelegt werden, lassen sich ohne die dazugehörigen Argumente kaum angemessen beurteilen. Nur so viel ist erkennbar, daß Trott, obwohl er – wie sein in den USA skizziertes Arbeitsprogramm zeigt – einem Wandel staatlicher Strukturen keineswegs abgeneigt war, in diesem Zusammenhang Realitätsnähe eingefordert hat.

Solche Meinungsverschiedenheiten führten nicht zur Entfremdung, denn es gab viel mehr Verbindendes als Trennendes. Trott hätte wohl jedes der Worte unterschrieben, mit denen Moltke die Aufgabe formuliert hat, die sich nach den Verwerfungen der NS-Herrschaft stellte: Es gelte, »ein Bild jenseits der schrecklichen, hoffnungslosen nächsten Zukunft zu zeigen. Ein Bild, wonach zu streben, wofür zu arbeiten, woran zu glauben, wofür neu zu beginnen sich für das enttäuschte Volk lohnt.« Zur Aufrichtung Europas nach dem Kriege müsse man fragen: »Wie kann das Bild des Menschen in den Herzen unserer Mitbürger wieder hergestellt werden? Das ist eine Frage der Religion, der Erziehung, der Bindungen an Arbeit und Familie, des richtigen Verhältnisses von Verantwortung und Rechten.«[18] Ebensowenig ist an der völligen Übereinstimmung mit Moltke zu zweifeln, wenn Trott im Hinblick auf ein Nachfolgeregime »leidenschaftlich dafür focht, nach innen und außen, jeden Anstrich von ›Reaktion‹, ›Herrenclub‹, Militarismus« und daher auch die Monarchie zu vermeiden. Denn andernfalls, so argumentierte Trott gegenüber Ulrich von Hassell, würde »jedes Echo im Volke« fehlen und kein Vertrauen im Ausland erworben werden.[19] Im Widerstand war man auf Verbindungen angewiesen, doch die Zugehörigkeit zum Kreisauer Kreis war für Trott mehr als eine wichtige Kontaktzentrale in seinem Netzwerk. Er fand hier Rückhalt im Kampf gegen das Regime und Gleichgesinnte bei Entwürfen für die Zukunft.

Angeregt von Trott, nahm auch Hans Bernd von Haeften an der Kreisauer Arbeit teil. Beider Bemühen, sich dabei eng abzustimmen, sollte später durch einen äußeren Umstand begünstigt werden. Haeften wurde nämlich im Frühjahr 1942 Stellvertretender Leiter der Informationsabteilung und damit Trotts Vorgesetzter. Da er es mit einer Dienstreise verbinden konnte, begleitete Trott Ende August 1941 den Freund und seine Familie für eine Urlaubswoche auf den Zirmerhof in Südtirol oberhalb des Etschtales.[20] Clarita von Trott war schon früher zur Erholung nach Mettlach an der Saar gereist und wollte auf dem Rückweg einige Tage mit ihrem Mann in Imshausen verbringen. Ihr Zug sollte am 8. September spätabends in Kassel ankommen und er sie dort abholen. Doch ausgerechnet in dieser Nacht gingen Bomben auf Kassel nieder. Der Hauptbahnhof und auch das Hotel, wo sie hatten übernachten wollen, »brannten zur verabredeten Stunde lichterloh«. Nur einer »glücklichen Fügung« schrieb Trott es zu, daß sie beide mit dem Leben davonkamen und sich unverhofft auf einem kleinen Vorortbahnhof trafen.[21]

Trotts jüngerer Bruder Heinrich war ein Jahr zuvor eingezogen und zu Beginn des Rußland-Feldzugs an die Ostfront kommandiert worden. Dem Militärdienst war er gänzlich abgeneigt und empfand auch gegen Russen nicht die geringste Feindschaft. Er sah sich, schrieb er seiner Mutter, inmitten »einer Katastrophe der Menschheit«[22]. Wie in anderen Familien wurde jeder seiner Feldpostbriefe zu Hause sehnlichst erwartet und taten Mutter und Geschwister alles, um ihm ihre Verbundenheit durch Briefe und Päckchen zu zeigen. Während Eleonore von Trott sich von ihrem Glauben tragen ließ, war ihr ältester Sohn Werner außer sich vor Sorge. Sein ganzes Sinnen und Trachten ging seit dem Herbst 1941 dahin, wie man Heinrich aus Rußland wegholen könne. (Werner von Trott war aus gesundheitlichen Gründen damals in der Zivilverwaltung, im Landratsamt Rotenburg, dienstverpflichtet.) Obwohl er bisher die Berliner Existenz Adams abgelehnt hatte, knüpfte er jetzt übergroße Hoffnungen an dessen Möglichkeiten und Beziehungen, was das Verhältnis der Brüder schwer belastete. Der Vorwurf, nicht genug zu unternehmen, kränkte Adam. Er versuchte über die Mutter Werner klarzumachen, daß »viele Hunderttausende« das gleiche wünschten und direkte Eingaben »überhaupt nicht entgegengenommen, sondern hohnlachend zurückgewiesen« würden. Seit längerem beschreite er verschiedene indirekte Wege, die allerdings »Umständlichkeiten und Geduld« erforderten, da ein »heftiges Drängen« der Sache nur schade.[23] Alle Bemühungen der beiden Brüder blieben jedoch erfolglos. Dennoch gab Adam nicht auf. Er überredete Heinrich, sich für einen Offizierslehrgang zu melden. Anschließend gelang es ihm, den Bruder als Leutnant in der Indien-Armee unterzubringen. Dort wurde er seit Frühjahr 1943 zur Küstenverteidigung und Partisanenbekämpfung in Holland und Südfrankreich eingesetzt. Im August 1944 desertierte Heinrich von Trott, geriet in französische Haft und später in britische Kriegsgefangenschaft, aber er überlebte.[24]

Im Herbst und Spätherbst 1941 arbeiteten etliche Widerstandskämpfer intensiv auf einen Umsturz hin. Hoffnungen richteten sich u. a. auf Henning von Tresckow, den Ersten Generalstabsoffizier in der Heeresgruppe Mitte, der seine Bereitschaft zur Mitwirkung signalisiert hatte. Im Zentrum der Vorbereitungen standen erneut der Abwehroffizier Oster und sein engster Mitarbeiter Dohnanyi. An Beweggründen hatte es ihnen schon vorher nicht gefehlt, doch die Nachrichten von Massenverbrechen im Osten verstärkten die Dringlichkeit. Ein Augenzeugenbericht über die Erschießung von 8.000 Juden in Weißrußland, der Dohnanyi Ende Oktober zuging, war nur einer von vielen, die grauenhafte Verbrechen dokumentierten.[25] Auch Moltke wurde damit durch seine Arbeit konfrontiert. Am 21. Oktober teilte er seiner Frau von Erschießungen in Serbien, Griechenland und Frankreich mit. »So werden täglich sicher mehr als tausend Menschen ermordet, und wieder Tausende deutscher Männer werden an den Mord gewöhnt. Und das alles ist noch ein Kinderspiel gegen das, was in Polen und Rußland geschieht.«[26] Hinzu kam, daß er sich dienstlich mit der Deportation von Juden aus Berlin befassen mußte. Mitte November beschrieb er seinen beruflichen Alltag zweier Tage: »Russische Gefangene, evakuierte Juden, evakuierte Juden, russische Gefangene, erschossene Geiseln, allmähliches Übergreifen der in den besetzten Gebieten ›erprobten‹ Maßnahmen auf das Reichsgebiet, wieder evakuierte Juden, russische Gefangene, ein Nervensanatorium, wo diejenigen SS-Leute gepflegt werden, die beim Exekutionieren von Frauen und Kindern zusammengebrochen sind.«[27] Kein Wunder, daß sich auch Moltke herausgefordert sah, den Umsturz mit zu betreiben. Er versuchte Generäle zu gewinnen, traf Dohnanyi und Oster und beriet sich darüber mit Trott: »Wir hatten allerhand zu besprechen, was die Zeit bis zur Abfahrt meines Zuges reichlich anfüllte. Vor was für riesigen Problemen stehen wir, und welcher Gigant soll sie lösen? Ist es denkbar, daß eine Gruppe von Durchschnittsmenschen das schafft?«[28]

Hauptansprechpartner der Verschwörer war der Oberbefehlshaber des Heeres, Generalfeldmarschall Walther von Brauchitsch. Die Generäle von Falkenhausen und Thomas hatten ihn im Herbst aufgesucht und nachher berichtet – wie Botschafter a.D. Ulrich von Hassell erfuhr –, daß Brauchitsch Einsicht gezeigt und, »wenn No. 1 ausfällt«, seine Bereitschaft zum Handeln erklärt habe.[29] »Ein Bekenntnis zur Notwendigkeit des Eingreifens« soll der Generalfeldmarschall auch seinem Neffen Hans Bernd von Haeften abgegeben haben.[30] Über diesen hat offenbar auch Trott einen Kontakt zu Brauchitsch besessen. Dies deutete er gegenüber Hassell an,[31] bei dem er einige Monate zuvor ebenfalls von seinem Freund Haeften eingeführt worden war. Aber alles Werben um Brauchitsch für einen Umsturz war vergebens. Am 19. Dezember 1941 wurde er von Hitler entlassen, der den Oberbefehl des Heeres nun selbst übernahm. »Ein kritischer Tag erster Ordnung«, kommentierte Hassell dieses Ereignis in seinem Tagebuch. »Die Arbeit von vielen Monaten ist zunichte gemacht.«[32] Nach Moltkes Meinung war mit dem 18. Dezember der geeignete Zeitpunkt für einen Staatsstreich versäumt worden.[33] Während es ihm gelang, sich an der programmatischen Arbeit als »angenehmem, das Gemüt stabilisierendem Faktor«[34] aufzurichten, haderte Trott mit dem Ausbleiben des Umsturzes. Moltke fand ihn Mitte Januar »stark mitgenommen von den Verhältnissen und etwas flügellahm«[35].

In einem Brief zu Weihnachten 1941 an seine Mutter sprach Trott von »lähmender Schuld, von der unser Dasein, bewußt und unbewußt, so übervoll ist«. Er erwähnte, daß Clarita und er die Weihnachtsvesper in der Dahlemer Annenkirche besucht hätten, »deren Stimmung in einer gewissen realen Beziehung zur Not der Zeit stand, aber die Antwort unseres Glaubens an sie doch nur von fern anklingen ließ«.[36] Sie meine nicht, erwiderte die Mutter, »daß wir jetzt diese Antwort von unserer Kirche zu erwarten haben, sondern daß der einzelne sie finden« müsse. Es gäbe zwar lebendige Glaubensbezeugung und aufopferndes Wirken einzelner Pfarrer, die evangelische Kirche als solche aber mache »eine dürre Zeit durch« und »die Märtyrer, die sie tatsächlich« habe, würden »totgeschwiegen«.[37]

Unter den erhalten gebliebenen Akten des von Trott geleiteten Indienreferats befinden sich zwei Schreiben, die nur sehr entfernt etwas mit Indien und vielmehr mit einem ganz anderen Bereich zu tun haben. Im ersten Schreiben von Mitte Januar 1942 wurde Alexander Werth auf Anfrage aus Österreich mitgeteilt, daß das Reichssicherheitshauptamt (RSHA) in Berlin »die Freilassung der Frau Rosa Spira, einer Angehörigen von Walther Eidlitz, aus der Sammelstelle für auszusiedelnde Juden verfügt hat und sie bereits in ihre Wohnung zurückgekehrt ist«.[38] Eidlitz war ein Wiener Schriftsteller, der im April 1938 mit einem kulturellen Auftrag nach Indien entsandt worden war und dadurch der seit dem Anschluß in Österreich einsetzenden Judenverfolgung entkam. Nach Kriegsausbruch wurde er als deutscher Staatsbürger von den Briten im indischen Deolali interniert. Als seine noch in Wien lebenden Verwandten nun deportiert werden sollten, wandte sich sein Schwager unter Berufung auf Eidlitz' »gute Beziehungen zu indischen Kreisen« hilfesuchend an das Auswärtige Amt. Trott übernahm den Fall und suchte mit einem Schreiben vom 4. Februar 1942 an den zuständigen Beamten der Abteilung Deutschland über die genannte Frau hinaus noch andere Verwandte vor der Deportation zu bewahren. Er maß Eidlitz eine »markante Sonderstellung« zu und betonte, daß er auch in der Internierung »über Vertrauensmänner der indischen Freiheitssache und damit dem deutschen Interesse« diene. Deshalb sollte er nicht von »irgendwelchen gegen seine Angehörigen in Wien verhängten Maßnahmen« erfahren. Das RSHA habe mit Rücksicht darauf ihre Freilassung bis auf weiteres angeordnet. Trott erklärte, seitens des *Sonderreferats Indien* und der betreffenden Politischen Abteilung bestehe ein Interesse daran, daß auch in Zukunft die Aussiedlung von Eidlitz' Angehörigen vermieden werde, und bat um die Erwirkung einer entsprechenden Bescheinigung.[39] Staatssekretär Keppler umging er – aus gutem Grund. Das Schreiben ist in einem sehr sicheren Ton abgefaßt, sieht aber von starken Worten ab, um möglichst den Eindruck eines Routinevorgangs zu erwecken. Nur so konnte Trott hoffen, daß über seine Argumente nicht allzuviel nachgedacht wurde. Denn die Behauptung, der Einsatz eines in Indien internierten Juden sei für Deutschland so wichtig, daß seine Angehörigen geschützt werden müßten, war angesichts des damaligen Rassenwahns schlicht und einfach dreist. Was aus der Sache wurde und ob Trott noch weiter mit ihr befaßt war, ist nicht überliefert. Es steht zu befürchten, daß er höchstens einen Aufschub für die Betroffenen hat erreichen können. Von Eidlitz' Mutter weiß man, daß sie im Juni 1942 nach Theresienstadt deportiert wurde, wo sie dank der Stellung ihres Sohnes zumindest einen »Prominentenstatus« erhielt und nicht nach Ausschwitz kam.[40]

Der geschilderte Einzelfall zeigt, welche verzweifelten Bemühungen Juden unternommen haben, um auf irgendeine Weise den Transporten zu entgehen. Er weist zugleich auf die Kenntnis im Auswärtigen Amt von der Bedeutung der Deportationen hin, ungeachtet des verharmlosenden offiziellen Sprachgebrauchs »Aussiedlung«. Daß von Trotts Hand keine spätereren Schriftstücke existieren, die auf die Judenverfolgung und auf den Holocaust Bezug nehmen, liegt an der Quellenproblematik und sagt nichts über seine Kenntnis bzw. Unkenntnis oder sein Interesse bzw. Desinteresse aus.[41] Da er sich bereits für die Pogrome vom November 1938 als Deutscher in der Verantwortung gesehen hat, gibt es berechtigten Grund zu der Annahme, daß dies nachher für ihn um so mehr galt. Man kann davon ausgehen, daß Trott und die anderen Widerstandskämpfer sich gegenseitig darüber informiert haben, was sie von den Verbrechen in Erfahrung bringen konnten. Insofern ist es naheliegend, sich am Kenntnisstand Moltkes zu orientieren. Seinem zweiten Stockholmer Brief vom März 1943 zufolge war dieser (aus heutiger Sicht) begrenzt: »Niemand kennt die genaue Zahl der Konzentrationslager oder ihrer Insassen. [...] Berechnungen über die Anzahl der KZ-Insassen schwanken zwischen 150.000 und 350.000. [...] Wir haben vom Bau eines großen Konzentrationslagers in Oberschlesien[42] gehört, welches für 40-50.000 Personen angelegt ist, von denen monatlich 3-4.000 getötet werden sollen. Aber selbst ich bekomme alle diese Informationen nur in recht vager, undeutlicher und ungenauer Form, obwohl ich mich ja bemühe, so etwas herauszufinden.«[43] Schon vorher hatte Moltke von »SS Hochöfen« erfahren, in den »täglich 6.000 Menschen verarbeitet« würden. Er habe, schrieb er seiner Frau, solchen Mitteilungen bisher nicht geglaubt, dies aber sei ihm nun »authentisch« versichert worden.[44] Im Brief an den englischen Freund von 1943 wies Moltke auf die allgemeine Unwissenheit der Deutschen vom Massenmord an Juden hin: »Ich glaube, mindestens neun Zehntel der Bevölkerung wissen nicht, daß wir Hunderttausende von Juden umgebracht haben. Man glaubt weiterhin, sie seien lediglich abgesondert worden. [...] Würde man diesen Leuten erzählen, was wirklich geschehen ist, bekäme man zur Antwort: Sie sind eben ein Opfer der britischen Propaganda.«[45] Diese Ignoranz erschwerte nicht unerheblich die Überzeugungsarbeit gegen das Regime.

Da man bei Hilfsmaßnahmen unbedingt Spuren vermeiden oder sie verwischen mußte, sind sie oft schwer oder gar nicht mehr zu rekonstruieren. Eine Involvierung Trotts läßt sich nur noch bruchstückhaft erkennen. Bereits 1940 hatte er versucht, einige gefährdete Juden in Frankreich in die Dienste des Auswärtigen Amtes zu nehmen, um sie der Gestapo zu entziehen. Dieser Weg scheint nicht länger gangbar gewesen zu sein, so daß Trott und sein Kollege Furtwängler bei solchen Aktionen mit der Abwehr zusammenarbeiteten. Letzterer berichtet aus der Erinnerung: »Unter dem Vorwand irgendeiner besonderen Qualifikation auf technischem, fremdsprachlichem oder sonstigem Gebiet wurde dann der Betreffende für die Abwehr ›dienstverpflichtet‹. Das bedeutete, daß seine Akten von den Polizeiorganen des Parteiregimes an die Dienststelle des Admirals [Canaris] übergingen, wodurch er den Klauen der Parteiinstitution unerreichbar wurde. Es war meist gar nicht nötig, die ›Dienstverpflichteten‹ wirklich zu beschäftigen.«[46] Erst vor diesem Hintergrund wird verständlich, was Trott am 11. November 1942 auf einer Sitzung des Amtes Ausland/Abwehr zu suchen hatte, die der Widerstandskämpfer Karl Ludwig Freiherr von und zu Guttenberg in seinem Tagebuch vermerkte.[47] Außer Trott waren Abwehrchef Canaris, seine Mitarbeiter

Oster, Dohnanyi, Guttenberg, Moltke und drei weitere anwesend, um über die Einsetzung von Juden als Agenten im Ausland zu beraten. Gerettet werden konnten dadurch natürlich nur einzelne; für die Rettung vieler bedurfte es des Regimesturzes.

Es war geboten, einen Umsturz, zumal mitten im Krieg, außenpolitisch abzusichern. Die zivilen Verschwörer sahen sich dadurch doppelt herausgefordert. Während es einerseits extrem schwierig war, überhaupt mit Engländern oder Amerikanern in Verbindung zu kommen, mußten sie andererseits übertriebenen oder falschen Vorstellungen auf seiten der Militärs entgegentreten. So vermerkte etwa Hassell im Oktober 1941 in seinem Tagebuch, daß ihn sein militärischer Kontaktmann Schlabrendorff gefragt habe, »ob Garantie bestände, daß England nach einer Systemänderung alsbald Frieden machen würde. Ich sagte ihm, solche Garantie gebe es nicht und könnte es nicht geben. Wäre es anders, so könnte jeder Schusterjunge einen Umsturz machen.«[48] Eine ganze Reihe von Widerstandskämpfern hat sich aller Lebensgefahr zum Trotz der Aufgabe ›Kontakt mit dem Feind‹ gestellt. Koordinieren konnten sie ihr Vorgehen kaum, da jeder die Gelegenheit ergreifen mußte, die sich ihm gerade bot, und die Zahl der Mitwisser möglichst gering zu halten war. Hinter einer bis zu den höchsten Ebenen vordringenden und außergewöhnlich gut dokumentierten Initiative stand Adam von Trott. Den Anstoß dazu gab im Herbst 1941 die Nachricht von der Absicht Visser 't Hoofts, nach England zu reisen. Diese Chance einer direkten Verbindung nach London wollte Trott unbedingt nutzen und erarbeitete zusammen mit Gerstenmaier und Haeften eine Denkschrift. Sie wurde dann von Hans Schönfeld, dem Direktor der Forschungsabteilung beim Ökumenischen Rat, nach Genf mitgenommen[49] und soll dort von diesem selbst, Kessel und Nostitz noch weiter bearbeitet worden sein.[50] In der üblichen Wir-Form geschrieben, sollte die Denkschrift mehrerer Verfasser den Widerstand möglichst breit repräsentieren. Daher ist sie, obwohl Trott zweifellos ihren Inhalt mitbestimmt hat, weder ihm allein zuzuordnen noch gar als seine persönliche Stellungnahme zu verstehen. Er übernahm jedoch für das Memorandum die Verantwortung, indem er es während eines kurzen Besuchs in Genf Anfang April 1942 (anschließend an seinen Kuraufenthalt in Davos)[51] unter seinem Namen Visser 't Hooft überreichte. Andernfalls hätte es die Aufmerksamkeit des ersten Adressaten, Sir Stafford Cripps, auch kaum gefunden.

In der Denkschrift ging es nicht um Garantien oder um Friedensavancen, sondern dieser »noch unzulängliche Versuch«, als den ihn die Autoren bezeichneten, sollte nur weitere, ausführlichere Gespräche einleiten.

An den Beginn stellten sie den Hinweis auf die »Massenvernichtung von Leben«, auf die Bedrohung der westlichen Zivilisation »in ihren geistigen und materiellen Grundlagen« durch die totale Kriegführung und das Vordringen des Totalitarismus von rechts und links. Sie betonten ihre Gemeinschaft mit dem Westen, bekannten sich aber auch zu ihrer anteiligen Verantwortung und Schuld. Aufgrund ihrer Zugehörigkeit zu denen, die in Deutschland »beständig gegen den Nihilismus und seine nationalsozialistischen Ausprägungen kämpften«, glaubten sie allerdings, Solidarität beanspruchen zu dürfen. Denn Solidarität sei für einen Gedankenaustausch unerläßlich und sollte sich darin ausdrücken, daß ihre Botschaft vertraulich behandelt und nicht, wie es in ähnlichen Fällen vorgekommen sei, propagandistisch mißbraucht werde. Als die erste und dringlichste Aufgabe zur Abwendung einer Katastrophe in Europa erklärten sie den Regimesturz in Deutschland und die Einsetzung einer Regierung, die »zu den Normen des zivilisierten Europa zurückkehrt«. Vor allem müßte »das unveräußerliche Recht des Menschen« wiederhergestellt und für einen politischen und verfassungsmäßigen Neuaufbau gesorgt werden. Die oppositionellen Gruppen in Deutschland, die dies anstrebten, seien – auf Namen wurde bewußt verzichtet – militante Christen, einflußreiche Kreise in Heer und Verwaltung und Teile der Arbeiterklasse. Als Hindernisse stünden diesen Kräften entgegen: die Notwendigkeit der nationalen Verteidigung im Osten, die Kontrolle des gesamten staatlichen Lebens durch die Gestapo, die völlige Ungewißheit über die britische und amerikanische Haltung im Falle eines Regierungswechsels in Deutschland und die zu erwartenden Aufstände in den besetzten Gebieten. Die beiden letzten Probleme ließen sich ohne internationale Zusammenarbeit nicht lösen.

In sechs Punkten skizzierten sie die Zukunftsvorstellungen der Opposition: in Deutschland Selbstverwaltung und Föderalismus sowie »moderne sozialistische Prinzipien in allen Bereichen des politischen und wirtschaftlichen Lebens«, in Europa eine Föderation, die bei allgemeiner Abrüstung auf sozialer und politischer Sicherheit beruhe und mit den anderen Kontinenten eng zusammenarbeite. Als zu beseitigende Mißstände wurden das Elend genannt, das in den derzeit von den Nazis besetzten Ländern herrsche, sowie, ohne weitere Erläuterung, »das jüdische Problem«. In dem Punkte-Programm macht sich die Mitwirkung mehrerer Verfasser nachteilig bemerkbar, da es nicht nur uneinheitlich formuliert ist, sondern auch innere Stimmigkeit vermissen läßt. Unklar bleibt, wie eine europäische Föderation, das Selbstbestimmungsrecht für alle Nationen, ein freier polnischer und ein freier tschechischer Staat in ethnographischen Grenzen[52] und die Absage an Konzepte des ›status quo‹

und ›status quo ante‹ miteinander vereinbart werden sollten. Die Autoren des Memorandums sahen diese Punkte jedoch lediglich als »eine erste Grundlage« an, womit sie sich offen für notwendige Erläuterungen ebenso wie für mögliche Einwände und Kritik britischerseits zeigten.[53]

Mit seiner Reise nach England folgte Willem A.Visser 't Hooft einer Einladung des niederländischen Ministerpräsidenten im Londoner Exil, Pieter S. Gerbrandy, der wegen der wachsenden Entfremdung zwischen der Exilregierung und der Bevölkerung in den Niederlanden seine Hilfe suchte. Der hervorragende Organisator Visser 't Hooft mit seinen zahllosen, weit über kirchliche Kreise hinausreichenden Kontakten war dafür genau der richtige Mann. Nach seiner Rückkehr baute er die äußerst erfolgreiche »Schweizer Straße« auf, einen Nachrichtendienst zwischen Genf, Brüssel und Amsterdam bzw. Genf und London. Informationen auf rund zwei Kilometern Mikrofilm, die man aus den besetzten Ländern in Füllfederhaltern und ausgehöhlten Zahnbürsten schmuggelte, konnten auf diese Weise befördert werden. Ende April 1942 reiste Visser 't Hooft mit einem Diplomatenpaß und hatte alle wichtigen Dokumente, auch die Denkschrift des deutschen Widerstands, ins Kuriergepäck geben können. Dies rettete ihn, als er vom französischen Zoll unter Gestapo-Aufsicht gründlich durchsucht wurde. Unterwegs traf er in Montpellier mit Führern der französischen Résistance zusammen, die ihm Botschaften für das Londoner Hauptquartier General de Gaulles auftrugen.

Gleich nach seiner Ankunft in England am 4. Mai suchte Visser 't Hooft, wie mit Trott verabredet, Stafford Cripps auf und übergab ihm das Memorandum. Dieser fand es so wichtig, daß er es unverzüglich dem Premierminister vorlegte. Als sich Visser 't Hooft einige Tage später bei Cripps nach dessen Reaktion erkundigte, teilte dieser ihm mit, »Churchill habe das Memorandum mit großem Interesse gelesen und darunter vermerkt ›sehr ermutigend‹«.[54] Doch der Premierminister war deswegen nicht geneigt, seinerseits die deutschen Widerstandskämpfer zu ermutigen. Seine im Januar 1941 an den Außenminister erteilte strikte Direktive des »völligen Stillschweigens (absolute silence)« gegenüber jeglichen deutschen Kontaktversuchen[55] fand auch hier Anwendung, obwohl es sich nicht um Friedensfühler handelte. Mit anderen Worten, seine Antwort auf die Denkschrift war keine Antwort. Cripps begründete dies nicht, aber zeigte sich selbst von der Notwendigkeit einer vollständigen Niederlage Deutschlands überzeugt, da der ganzen Welt demonstriert werden müsse, daß das nationalsozialistische Regime nicht geduldet werden könne. Die Alliierten strebten allerdings keinen Rachefrieden an, sondern »würden eine positive Politik verfolgen und sich bemühen, in

Deutschland eine neue Ordnung zu errichten«.[56] Winston Churchill scheint auch den Außenminister über die Denkschrift informiert zu haben. Denn es war wohl kein Zufall, daß Anthony Eden am 8. Mai in einer Rede in Edinburgh erklärte, »wenn Teile des deutschen Volkes wirklich zu einem Staat zurückzukehren wünschten, der auf der Achtung des allgemeinen und persönlichen Rechts basiere, so könnte man ihnen erst dann glauben, wenn sie aktive Schritte unternommen hätten, sich selbst von ihrem gegenwärtigen Regime zu befreien«[57].

Wie viele Exemplare der Denkschrift insgesamt in England kursierten, ist nicht festzustellen. Laut Visser 't Hooft haben sie außer Cripps und Geoffrey Wilson noch die beiden führenden englischen Ökumeniker William Paton und der Bischof von Chichester, George Bell, erhalten, ferner während einer Diskussion der *Peace Aims Group* in Oxford ebenfalls die Professoren Alexander Lindsay, Sir Alfred Zimmern und Arnold Toynbee. Die drei letzteren hätten, so Visser 't Hooft, kein Verständnis für die Totalitarismus-Kritik des Memorandums gezeigt und vor allem mit Rücksicht auf den britischen Bündnispartner Sowjetunion eine diesbezügliche Gemeinsamkeit abgelehnt. Den Feind hätten sie auch weniger im Nationalsozialismus erblickt als im »deutschen Militarismus«. Lindsay habe allerdings (wie später auch Erzbischof William Temple) die Meinung vertreten, »ein Regimewechsel in Deutschland würde ein wahres Wunder sein und möglicherweise eine völlig veränderte psychologische Situation schaffen«.[58] Mit Interesse nahm man die Mitteilung des Niederländers auf, sein deutscher Gewährsmann (dessen Namen er in Oxford offenbar nur Lindsay nannte) habe ihm anvertraut, daß der beabsichtigte Staatsstreich durch Attentate gegen Hitler und mehrere andere hohe Nazis eingeleitet werden müsse. Schon zweimal sei ein Versuch dazu unternommen worden.[59]

Die Professoren Zimmern und Toynbee fanden das Memorandum so beachtenswert, daß sie es an ihren Kollegen Thomas Marshall vom *Royal Institute of International Affairs* weitergaben, über den es Ende Mai an das Foreign Office gelangte. Dort hielt man die Verbreitung der Denkschrift für »sehr gefährlich«, weil »einflußreiche Personen« dadurch angeregt würden, »sich in die politische Kriegführung gegenüber Deutschland einzumischen«.[60] Obwohl man gegen Visser 't Hooft keinen Verdacht vorbringen konnte, plädierte man dafür, daß »solche Vögel« in Zukunft besser kontrolliert werden müßten.[61] Von einer inhaltlichen Analyse des Memorandums sahen die außenpolitischen Experten ab. Ihre allgemeine Einschätzung resümierte der Außenminister am 18. Juni in einem Brief an Cripps, der damals das hohe Regierungsamt des Lordsiegelbewahrers innehatte. Eden nannte das Memorandum »ein interessantes Dokument«, hinter dem in Deutschland wahrscheinlich eine Reihe von Personen stünden. Für eine organisierte Gruppe läge jedoch bislang kein Beweis vor. Außerdem müsse man damit rechnen, daß sie zur gegebenen Zeit von anderen Personen für Friedensangebote benutzt würden. Das Foreign Office messe diesen Leuten keine Bedeutung zu und schlage auch nicht vor, auf ihre Annäherungsversuche einzugehen. »Bevor sie nicht an die Öffentlichkeit treten und ihre Intention, zum Sturz des Nazi-Regimes beizutragen, durch sichtbare Zeichen zum Ausdruck bringen« würden, wären sie für dieses Land ebenso wie für ihr eigenes von wenig Nutzen.[62] Der britische Außenminister vermochte nicht, sich die Bedingungen des Widerstands in einer totalitären Diktatur, und obendrein im Krieg, vorzustellen. Denn wie sollten diese von Eden eingeforderten sichtbaren Zeichen in der Öffentlichkeit wohl aussehen? Und wie sollten Beweise von einer regelrechten Organisation nach England dringen, ohne daß die Gestapo nicht schon längst zugeschnappt hätte?

Cripps hatte sich beim Außenminister auch nach den Kenntnissen des Foreign Office über Adam von Trott erkundigt. Die hohen Beamten dort erinnerten sich noch, daß im Sommer 1939 Gespräche zwischen Edens Amtsvorgänger Lord Halifax und Trott stattgefunden hatten, nach Dokumenten darüber aber suchten sie vergebens. Sie konnten lediglich eine anonyme Beurteilung Trotts von einem Oxforder Zeitgenossen heranziehen, die soeben eingegangen war. Dahinter verbarg sich Richard Crossman, seinerzeit Philosophiedozent am New College und nunmehr als Propagandaspezialist bei der *Political Warfare Executive* tätig. Er hatte Trott zuletzt 1935 in Deutschland gesehen,[63] behauptete jedoch, es wäre 1936 oder 1937 gewesen, wohl um seine Einschätzung etwas aktueller erscheinen zu lassen. Er beschrieb den Deutschen als erfolgreichen und populären Rhodes-Stipendiaten, an dessen philosophischen Qualitäten man allerdings schon deshalb zweifeln mußte, weil er den Rektor des Balliol College (Alexander Lindsay) nicht für einen »verworrenen Denker« hielt. In erster Linie zielte Crossman darauf ab, Trott politisch zu diskreditieren. Er stellte ihn als »politisch naiv und unredlich« hin und sprach ihm die wirkliche Bereitschaft ab, »für eine Revolution in Deutschland zu arbeiten«. Nur aufgrund seiner »umfassenden Kenntnis Englands« könne er »nüchternere Männer überreden, seine Illusionen zu teilen«.[64] In seinem Brief an Cripps zitierte Eden des längeren aus Crossmans Beurteilung.[65] Aber allein schon dessen Argument, daß Trott »aus einer viel zu guten Familie komme, um mit der Arbeiterbewegung anders als theoretisch verbunden zu sein«, war geeignet, Cripps aufzubringen. Und das nicht nur, weil er, ein äußerst linker Labour-Mann, selber aus einer »guten« Familie stammte, sondern weil er es besser wußte und sich nicht für dumm verkaufen lassen wollte. Er erwiderte, Trott habe »seit dem Machtantritt des Hitler-Regimes in engem Kontakt mit der Arbeiterbewegung gestanden und sich damit großer Gefahr ausgesetzt«.[66] Cripps machte also gegenüber seinem Kabinettskollegen weder einen Hehl aus seiner engen Bekanntschaft mit diesem Deutschen noch zögerte er, die Rolle seines Verteidigers zu übernehmen. Trott politische Unredlichkeit zu unterstellen, betonte er, sei ein völliger Irrtum und führe zu einem schwerwiegenden Mißverständnis von seinen Ansichten und denen seiner Freunde. Dem Vorwurf Edens, Adam von Trott sei ein typischer Vertreter der jungen, im Auswärtigen Amt tätigen Deutschen, die zwar ganz antinazistisch eingestellt, aber nicht bereit seien, »den Preis für ihre Überzeugung zu bezahlen und aus dem Dienst des Regimes auszuscheiden«,[67] widersprach Cripps heftig. Das wäre eine sehr einfache Lösung gewesen, wie sie viele Emigranten gesucht hätten, meinte er. Mit der Entscheidung, nach Deutschland zurückzukehren und »dafür zu kämpfen, was er für richtig halte«, habe Trott »einen viel höheren Preis bezahlt«.[68] Nach der Lektüre dieses Briefes ließ Anthony Eden noch am selben Tag, dem 20. Juni 1942, verärgert die Akte über das Memorandum schließen.

Fast zur gleichen Zeit war Adam von Trott nach Genf gekommen, um die britischen Reaktionen auf die Denkschrift zu hören. Visser 't Hooft mußte ihm die Nachricht überbringen, daß vor einer vollständigen Niederlage Deutschlands keine Antwort, auch nicht von Cripps, zu erwarten sei, und wurde Zeuge von Trotts tiefer Enttäuschung, wie ihm schien, nahe der Verzweiflung. In seinen Erinnerungen schildert Visser 't Hooft die Situation seines Freundes mit Einfühlung und Verständnis: »Was ich Adam über die guten Absichten der Briten erzählen konnte, war kein Trost. [...] Er hatte fest auf eine übernationale Solidarität bei der Verteidigung gemeinsamer Grundwerte gebaut, und sie war ihm verweigert worden. Es war unerhört schwer für ihn, sich damit abzufinden. Auch die Chance, in Deutschland eine wirklich schlagkräftige Opposition zu schaffen, war jetzt sehr viel geringer. Adam hatte ganz offensichtlich das Gefühl, in der ihm anvertrauten Mission versagt zu haben. [...]. In jener warmen Sommernacht saßen wir lange in meinem Garten. Ich suchte nach Worten, um ihn aufzumuntern, aber ich konnte nichts anderes tun als ihm zeigen, daß ich begriff, wie ihm zumute war.«[69]

Die gleiche Erfahrung einer verweigerten Antwort aus England mußten damals die Theologen Dietrich Bonhoeffer und Hans Schönfeld machen. Auf die Nachricht hin, daß sich der Bischof von Chichester, George Bell, in Schweden aufhalte, waren sie unabhängig voneinander Ende Mai dorthin gereist. Beide informierten den Bischof ausführlich über die deutsche Widerstandsbewegung und ihre Ziele. Schönfeld, der sich vorher in Berlin mit Trott und Haeften beraten hatte, fertigte auf die Bitte Bells hin eine Aufzeichnung an mit Ergänzungen und Korrekturen zum Memorandum.[70] Er betonte darin die Stärke, den Zusammenschluß und die Aktionsbereitschaft der Opposition. Besonders erwähnte er die Rolle früherer Gewerkschaftsführer, denen es gelungen sei, ein Netzwerk mit Schlüsselpersonen in allen Industriegebieten und Großstädten zu bilden.[71] Im Gegensatz zu Schönfeld nannte Bonhoeffer Namen: Beck und Hammerstein, zwei hohe Militärs außer Dienst, den ehemaligen Leipziger Oberbürgermeister Carl Goerdeler, einen der aktivsten Zivilisten im Widerstand, sowie Wilhelm Leuschner und Jakob Kaiser, zwei bedeutende Gewerkschaftsführer der Weimarer Republik.[72] Mit seiner ökumenischen Gesinnung hielt Bell die universale Aufgabe der Kirche auch in Kriegszeiten hoch und setzte den von ihm ganz und gar abgelehnten Nationalsozialismus nicht mit Deutschland gleich. Da er außerdem seinem Freund Bonhoeffer großes Vertrauen entgegenbrachte, ließ er sich als Fürsprecher des deutschen Widerstands gewinnen. Bell wurde im übrigen von seinen deutschen Gesprächspartnern Adam von Trott als geeigneter Kontaktmann empfohlen. Dessen Name hörte er auch von Cripps, der voller Anerkennung über ihn sprach und sagte, daß er Visser 't Hooft gebeten habe, »er möchte von Trott ermutigen, jedoch auf der Basis eines besiegten Deutschlands«.[73]

Nach seiner Rückkehr im Juni faßte der Bischof die erhaltenen Informationen in einem Bericht für den britischen Außenminister zusammen. Er lief auf die Frage hinaus, ob die alliierten Regierungen willens sein würden, mit einer neuen deutschen Bona-fide-Regierung nach dem Sturz Hitlers und seines Regimes über eine europäische Friedensregelung zu verhandeln. Eine weitere Frage war, ob sie eine solche Bereitschaft auch öffentlich bekunden würden.[74] Eden machte unmißverständlich klar, daß jede Antwort im nationalen Interesse zu unterbleiben habe. Der Bischof von Chichester entgegnete: »Wenn es in Deutschland Männer gibt, die auch von innen bereit sind, die monströse Tyrannei zu bekämpfen, ist es dann richtig, sie zu entmutigen oder zu ignorieren? Können wir es uns leisten, ihre Hilfe abzulehnen, um unser Ziel zu erreichen?«[75] Doch weder mit diesen noch mit anderen Argumenten gelang es Bell, den Außenminister zu überzeugen. Unter Hinweis auf seine Rede vom 8. Mai erklärte dieser, die Opposition in Deutschland möge dem Beispiel unterdrückter Völker in Europa folgen und das Risiko eingehen, »mit aktiven Schritten die Schreckensherrschaft der Nazis zu stürzen«.[76] Bischof Bell übergab seinen Bericht auch dem amerikanischen Botschafter in London, John G. Winant, und bemühte sich, ihm die Realität und

Bedeutung des deutschen Widerstands nahezubringen. Winant versprach, das State Department zu unterrichten. Eine Reaktion erfolgte von dieser Seite ebensowenig wie von der britischen. Am 23. Juli 1942 blieb Bell nichts anderes übrig, als Visser 't Hooft nach Genf zu telegraphieren: »Bedaure tief, keine Antwort möglich.«[77]

Die Direktive »absolute silence«, des völligen Stillschweigens, gegenüber Kontaktversuchen deutscher Widerstandskämpfer galt ausnahmslos. Auch Moltke erreichte es nicht, seinen Freund Michael Balfour, der für die *Political Warfare Executive* arbeitete, in Stockholm zu treffen. Balfours Reise soll, wie dieser später erfuhr, von Churchill persönlich untersagt worden sein; nicht einmal sein Brief an Moltke wurde weitergeleitet.[78] In Großbritannien gab es, wie die oben dargelegten Argumente erkennen lassen, durchaus unterschiedliche Meinungen darüber, wen man eigentlich bekämpfte: Deutschland und den »deutschen Militarismus« oder das nationalsozialistische Regime. Nur im letzteren Fall konnten die Widerstandskämpfer Solidarität erwarten. Die Wertegemeinschaft gegenüber dem Totalitarismus, an die die Denkschrift appellierte, war angesichts der Bündnispartnerschaft Großbritanniens mit der Sowjetunion während des Krieges in den Hintergrund gerückt. Für die Ablehnung der britischen Regierung waren jedoch weder das Mißtrauen gegenüber einzelnen Personen noch die Kritik an diesem oder jenem Inhalt der übermittelten Denkschriften ausschlaggebend. Das Verhalten von Cripps zeigt dies beispielhaft: Trott besaß sein Vertrauen, und dessen Memorandum fand seine positive Beachtung – dennoch durchbrach auch er das Stillschweigen nicht.

Auf die Verbindung zu Cripps hatte Trott große Hoffnungen gesetzt. Nach der ersten bitteren Enttäuschung, daß sich diese Hoffnungen nicht erfüllt hatten, scheint er die Lage etwas günstiger betrachtet zu haben. Dies jedenfalls geht aus einem Brief Moltkes vom 30. Juni 1942 hervor: »Um ½ 5 kamen Haeften & Trott, dieser gerade aus der Schweiz zurück und mit den ersten englischen und amerikanischen Reaktionen auf unsere Bemühungen. Nicht uninteressant und ganz leidlich hoffnungsvoll.«[79] War das Zweckoptimismus? Oder gaben die von Visser 't Hooft übermittelten Botschaften damals doch zu mehr Zuversicht Anlaß, als dieser später erinnert? Und um welche amerikanischen Reaktionen handelte es sich? Diese Fragen müssen unbeantwortet bleiben. Konstatieren läßt sich, daß kein noch so schwerer Rückschlag – weitere sollten in den nächsten beiden Jahren folgen – Trott und seine Mitstreiter zum Aufgeben bewogen hat. Doch was wäre die Alternative gewesen? Tatenlos auf das Kriegsende bzw. die deutsche Niederlage zu warten, deren Eintreten sich noch Jahre hinziehen konnte.

In Ermangelung besserer Kontakte zu den Alliierten traf Trott nicht immer eine gute Wahl. An verschiedenen Schweizer Orten kam er mehrere Male mit Elizabeth Wiskemann zusammen, die offiziell Assistentin des britischen Presseattachés in Bern, in Wahrheit aber nachrichtendienstlich tätig war.[80] Als Cripps über Anthony Eden von diesem Kontakt erfuhr, bat er darum, daß die Agentin die Verbindung abbrechen solle, da Trott »von gewissen Personen« für zu wertvoll gehalten werde.[81] Seiner Bitte wurde nicht entsprochen, denn im Foreign Office hielt man es mit dem Argument, daß der Wert Trotts »als Märtyrer« für die Briten größer sei als »sein Wert im Nachkriegs-Deutschland«.[82] Trott scheint diesen Kontakt jedoch selbst als nicht weiterführend erkannt und in der Cambridge-Absolventin mehr einen Ersatz für den entbehrten Gedankenaustausch mit britischen Freunden gesehen zu haben.[83] Als fragwürdiger Übermittler erwies sich Roland A. Elliott, ein Mitarbeiter Tracy Strongs – die mündliche Weitergabe war ohnehin ein Problem. Heinrich Brüning suchte den Amerikaner im April 1942 in New York auf, um sich über dessen Gespräch mit Trott in Genf zu informieren. Dabei gewann er den »merkwürdigen Eindruck«, daß Elliott entweder manches nicht richtig begriffen oder Trott, mißtrauisch geworden, ihm Einzelheiten vorenthalten habe.[84] Trott hatte Elliott auch zu John Wheeler-Bennett gesandt. Er konnte nicht ahnen, daß dieser inzwischen – wohl um seine guten Beziehungen zu Deutschen in der Kriegssituation vergessen zu machen – einen Gesinnungswandel vollzogen hatte. Im Gegensatz zu seiner Denkschrift von 1939, in der Wheeler-Bennett für eine Ermutigung des Widerstands in Deutschland plädiert hatte,[85] wollte er davon nun nichts mehr wissen. Und hatte er sich damals in einem Brief an »my dear Adam« zu ihrem »gemeinsamen Ziel« bekannt und diesem Bewunderung für seinen Mut und seine Entschlossenheit gezollt,[86] gab er ihm jetzt in einem Bericht für das Foreign Office das Negativ-Image eines überzeugten Nationalisten.[87]

Im September 1942 bewerkstelligte es Trott, unter irgendeinem dienstlichen Vorwand für eine knappe Woche[88] erstmals nach Schweden zu reisen.[89] Damit eröffnete sich ihm ein neues Feld der Beziehungen im neutralen Ausland. Sein Bekannter Heinz von Bodelschwingh, der mit der Schwedin Eva Carlgren verheiratet war, vermittelte ihm eine Einladung bei ihrer Familie. Diese wiederum brachte ihn gezielt mit dem Bischof von Stockholm, Manfred Björkquist, und Harry Johansson zusammen, die dem *Nordischen Ökumenischen Institut* in Sigtuna vorstanden. Auf beider Initiative hatte sich um dieses Institut in der kleinen mittelalterlichen Stadt bei Stockholm seit dem Besuch von Bischof Bell die

Sigtuna-Gruppe gebildet. Sie wurde von der Bereitschaft getragen, den isolierten deutschen Widerstandskämpfern ökumenischer Gesinnung als Kontaktstelle zu dienen. Adam von Trott lernte als erster der Kreisauer mehrere Persönlichkeiten aus dieser Gruppe einflußreicher Schweden kennen: neben den beiden Genannten den Chefredakteur der großen Tageszeitung *Svenska Dagbladet*, Ivar Anderson, den Kammergerichtspräsidenten Nils Quensel sowie den Direktor der Gefängnisverwaltung, Hardy Göransson.[90] Anderson schrieb nach einem Treffen mit »Herrn von T.« am 23. September in sein Tagebuch: »Persönlich machte er einen außerordentlich starken Eindruck. […] Seine ganze Rede- und Denkweise war die eines Humanisten und Weltbürgers.« Er hielt fest, daß sie über die künftige europäische Zusammenarbeit diskutiert hätten, auch über die Aufgabe, die Schweden dabei übernehmen könne. Trott sei für ein Europa eingetreten, in dem »nicht eine Macht die Führung innehat und die übrigen Vasallen sind, sondern das auf gleichberechtigter Ebene kooperiert«.[91] Den schwedischen Gesprächspartnern fielen vor allem »seine präzisen Fragen nach Möglichkeiten einer Verbindung mit den Engländern«[92] auf sowie sein Interesse an den englischen »Plänen zur Wiederaufbauarbeit nach dem Kriege«[93]. Johansson begleitete Trott eigens ins südschwedische Nässjö, wo er ihn mit dem Bischof von Växjö, Yngve Brilioth, bekannt machte. Denn dieser plante gerade eine Reise nach England. Die Hauptfrage, die Trott weitergeleitet zu sehen wünschte, war die nach dem möglichen Verhalten der britischen Regierung im Falle eines deutschen Staatsstreichs. Aber weder Brilioth noch der politisch sehr gut vernetzte Anderson, der dies durch verschiedene Kanäle zu erkunden suchte, konnten ein konkretes Ergebnis erreichen.

Vor seiner Abreise aus Schweden schickte Trott aus Helsingborg einen mit »F. Adams« unterschriebenen Dankesbrief an Johansson. Er unterstrich darin, daß die deutschen Widerstandskämpfer keine Bitten an das alliierte Ausland richteten, vielmehr an die Existenz einer übernationalen Wertegemeinschaft in Europa glaubten: »Wie ich fühle, haben Sie völlig verstanden, daß es nicht unsere Absicht ist, die Freunde auf der anderen Seite um Unterstützung oder sogar Ermutigung zu bitten, sondern daß wir wünschen, unseren Glauben in die Notwendigkeit einer Bewegung solidarischer Repräsentanten im ganzen christlichen Europa zu legen, die eine Rettung möglich macht. Ich fahre ab in der Überzeugung, daß eine Grundlage dafür existiert und wir aufgerufen sind, darauf jetzt zu bauen.«[94] Wenige Tage nach der Rückkehr schrieb Trott seiner Mutter noch ganz erfüllt von Stockholm und den dortigen »ungemein ermutigenden, erfreulichen Begegnungen«, die ihn die Schweden als »friedliches, kräftiges, vernünftiges Volk« einschätzen ließen. Er hoffte, daß

»eines Tages« von dort aus Brücken gebaut werden können.[95] Was Trott verständlicherweise nicht erwähnte, war seine kurze Station auf dem Hin- oder Rückweg in Kopenhagen. Dort suchte er »in großer Heimlichkeit« den dänischen Historiker Aage Friis auf, der ihm dank eines Einführungsschreibens von Bernstorff Vertrauen schenkte. Laut Friis wollte sich Trott über die Vorstellungen der besetzten nordischen Länder im Falle eines Regimewechsels in Deutschland orientieren.[96] Dem gleichen Zweck scheinen auch seine Kontakte mit Paal Berg und Gunnar Jahn, Führern der norwegischen Widerstandsbewegung, in Schweden gedient zu haben.[97]

Die häufigen Dienstreisen, die Trott 1942 ins Ausland unternahm, drehten sich überwiegend um Bose.[98] Aber selbst mit diesen Reisen versuchte Trott nach Möglichkeit, Widerstandszwecke zu verbinden. So konnte er die offizielle Visite Boses in Brüssel bei Alexander von Falkenhausen, dem Militärbefehlshaber von Belgien und Nordfrankreich, zur Fortsetzung seiner Gespräche mit dem oppositionell eingestellten General nutzen. Ganz anders war die Situation in Holland, das er mit Bose vom 5. bis 9. Dezember 1942 besuchte. Dort absolvierte Trott ein wahres Kontrastprogramm: Am Vormittag kam er als Begleiter Boses beim *Reichskommissariat für die besetzten niederländischen Gebiete* in Den Haag mit dem Mercedes vorgefahren, und abends fuhr er mit dem Bus nach Scheveningen zu einem geheimen Widerstandstreffen im Haus von Constantijn Leopold Patijn. Dieses war ein riskantes, ja haarsträubendes und doch kein draufgängerisches Unterfangen. Schon früher hatte Trott dienstlich beim Referenten für Kulturaustausch in Den Haag Erkundigungen über einige Niederländer als mögliche Asien-Experten eingeholt. Darunter befand sich auch der junge Völkerrechtler Patijn, dem eine antideutsche Gesinnung zugeschrieben wurde. Aus dieser Mitteilung und der Warnung, daß bei den genannten Personen »etwas Vorsicht geboten« sei,[99] konnte Trott seine eigenen Schlüsse ziehen. Bei der Gruppe des holländischen Widerstands wiederum war er durch eine Empfehlung Visser 't Hoofts eingeführt worden. Dennoch empfing man ihn, einen Mitarbeiter in Ribbentrops Ministerium, der von den verhaßten Repräsentanten der Besatzungsmacht empfangen worden war, mit großer Reserve. Den Teilnehmern der Unterredung zufolge gelang es Trott aber binnen kurzem, ihre Bedenken zu überwinden und ihr Vertrauen zu gewinnen.[100] Er beeindruckte sie durch sein »ruhiges, ernstes und sehr sachliches« Auftreten und sein »völlig illusionsloses« Urteil über Deutschland und das deutsche Regime.[101] Gleich zu Beginn habe er vorgeschlagen, ein passendes Alibi für ihr Treffen zu erfinden,[102] und habe als ein solches die

Beratung über niederländische Kriegsgefangene in japanischen Lagern angeregt. Es seien sogar Namen aufgelistet worden, um notfalls ein schriftliches Beweismittel vorlegen zu können.

Anwesend waren außer dem Gastgeber der von den Deutschen entlassene außenpolitische Experte Jan Herman van Roijen, der Völkerrechtler Professor Frederik M. van Asbeck sowie ein junger Jurist. Zu Trotts Überraschung war dies niemand anders als Gerbert Scholten, den er vor 14 Jahren auf der Studententagung in Liverpool getroffen und nachher in Amsterdam besucht hatte. Trott berichtete ihnen ohne Namensnennung von der deutschen Widerstandsbewegung und ihren Zielen, vor allem von der Absicht, bei passender Gelegenheit, »Hitler zu beseitigen«[103]. Er bat seine Gesprächspartner um die Weiterleitung dieser und künftiger Informationen an ihre Exilregierung nach London. Die Kontaktaufnahme mit ihrer Gruppe begründete er auch damit, daß die deutschen Widerstandskämpfer Verbindung zu Personen gegenseitigen Vertrauens im besetzten und neutralen Ausland benötigten, vor allem in der Zeit nach dem Umsturz. (Die Empfehlung Visser 't Hoofts erwies sich als richtig; mehrere dieser Gruppe sollten in den Nachkriegs-Niederlanden hochrangige öffentliche Ämter bekleiden.[104]) Die Holländer ihrerseits baten Trott, ihnen nach Möglichkeit Warnungen vor geplanten Repressionsmaßnahmen und Verhaftungen zukommen zu lassen, ferner bei deutschen Instanzen für die Befreiung von Mitgliedern aus dem KZ einzutreten. Während letzteres erfolglos blieb, scheint ersteres gut geklappt zu haben. Dabei konnte sich Trott humanitär sehr engagierter und mutiger Mittelsmänner bedienen: des Bankkaufmanns Hans Wolf von Goerschen (ein Bekannter von Moltkes Schwager)[105] sowie des Obersten Wilhelm Staehle und dessen Freundes Arnold Brill aus dem Grenzort Neuenhaus im Kreis Bentheim.[106] Goerschen wohnte in Den Haag, und da er oft geschäftlich in Berlin zu tun hatte, sorgte er für die Verbindung zwischen der holländischen Widerstandsgruppe und den Kreisauern Trott und Moltke.[107] In seinem Haager Büro und im Hause van Roijens ist Adam von Trott aber auch selbst noch dreimal mit Vertretern der Gruppe zusammengetroffen, im August und Dezember 1943 und Anfang Juli 1944.

Ohne sie über Details zu informieren, verschwieg Trott seiner Frau die Gefährlichkeit seiner Auslandskontakte nicht. Die Worte, mit denen er ihre große Besorgnis erwiderte, prägten sich Clarita von Trott unvergeßlich ein: »Du kannst sicher sein, daß ich alle nur denkbaren Vorsichtsmaßnahmen ergreife. Aber es gibt ein Maß an Vorsicht, das das Vorhaben, dessentwegen man vorsichtig sein muß, zunichte macht. Es ist unvermeidlich, daß ich mit jedem Auslandsbesuch meinen Kopf in die Schlinge lege.«[108] Das war keine Übertreibung, galt aber für Inlandstätigkeiten nicht minder. Im Sommer und Herbst 1942 wurde eine weitverzweigte Widerstandsgruppe ausgeschaltet, die von der Gestapo so genannte »Rote Kapelle« um Harro Schulze-Boysen und Arvid Harnack. Neben anderen Aktionen hatte sie sich in den letzten Jahren um Kontakte mit der Sowjetunion bemüht, um eine Beendigung des Krieges und eine außenpolitische Verständigung zu erreichen. Weit über 100 Personen wurden verhaftet, einige ohne Prozeß ermordet, 30 Männer und 19 Frauen hingerichtet. Ob Trott zu einzelnen Beteiligten direkte oder indirekte Verbindungen unterhalten hat, läßt sich nicht zuverlässig nachweisen, auszuschließen ist es nicht. Ein Bekannter Trotts erinnert sich daran, daß er über die Entdeckung dieser Gruppe verzweifelt gewesen sei,[109] was aber auch Ausdruck von Solidarität gewesen sein kann.

Brenzlig wurde die Sache für ihn und Haeften jedoch Ende Oktober, als ihr Kollege in der Informationsabteilung Rudolf von Scheliha verhaftet wurde (in diesem Zusammenhang unerwartet, denn er gehörte nicht zur Roten Kapelle).[110] Da Trott zu jener Zeit in der Schweiz war, informierte Haeften dessen Frau und warnte sie dringend vor einer möglichen Hausdurchsuchung. »Nun bewahrten wir niemals gefährliche Dokumente auf«, erinnert sich Clarita von Trott. »Wenn Adam wirklich einmal ein solches bei sich haben mußte, um es zu bearbeiten, legte ich nachts Streichhölzer neben mich und stellte mir vor, ich könne notfalls zwischen Schellen und Türöffnen alles in dem bereitgestellten Eimer verbrennen und fortspülen. Das wäre zwar auffällig gewesen, schien aber der einzig sichere Vernichtungsweg in unserer übersichtlichen modernen Etagenwohnung.«[111] Im Dezember 1942 wurde Scheliha nach Mißhandlung und völliger Isolierung wegen angeblichen Landesverrats und Spionage zum Tode verurteilt und gehängt. Trott war mit ihm nicht befreundet, besaß aber für ihn kollegiale Sympathie, zumal er Scheliha als leidenschaftlichen NS-Gegner kannte und auch von seinem Einsatz für Polen und Juden wußte.[112] Scheliha war vornehmlich ein Einzelkämpfer gegen das Regime. Von gemeinsamen Aktionen weiß man nur, daß Trott und Haeften wiederholt »in heiklen Fragen«[113] seine Vermittlung in Anspruch nahmen. Zu ihrem Erstaunen gelang es dem Kollegen immer wieder, diese auf rätselhaften Wegen zu lösen. Obwohl im Anklagefall nicht einbestellt, schwebte Trott in Gefahr. Marie-Louise von Scheliha, die mit ihrem Mann verhaftet wurde, sah sich in den Verhören mit »sehr eindringlichen« Fragen nach den Beziehungen ihres Mannes zu Adam von Trott konfrontiert. Erst Anfang 1943 konnte sie ihm eine Nachricht über das Interesse der Gestapo an seiner Person zukommen lassen.[114]

Im Gegensatz zu Moltke, der mit seinen Briefen, wie Gerstenmaier später bemerkte, »jeden von uns Kreisauern schon lange vor dem 20. Juli 1944 um Kopf und Kragen hätte bringen können«[115], ging Trott ein solches Risiko bewußt nicht ein. Da auch Codierungen nicht seine Stärke waren, sind seine Briefe an Clarita mit Ausnahme einiger versteckter Hinweise auf Widerstandskontakte[116] vergleichsweise unergiebig. Über Politik und Kriegslage äußerte er sich ihr und anderen Personen gegenüber brieflich nie verdächtig oder gar defätistisch, allenfalls mehrdeutig. Heikle Mitteilungen glich er mit tönenden Phrasen aus. Als Trott im August 1941 seinem Bruder Heinrich an der Ostfront zu verstehen geben wollte, daß mit einem baldigen Ende des Feldzugs gegen die Sowjetunion nicht zu rechnen sei, fügte er seiner Vorhersage (»so sehe ich in den kommenden Monaten keine Wahrscheinlichkeit einer endgültigen militärischen Lösung«) einen Hinweis auf »das staatsmännische Genie unseres Führers« hinzu.[117] Und einer wärmsten Empfehlung an seinen Bruder, mit dem Nazigegner Reinold von Thadden Bekanntschaft zu schließen, ließ er eine »Endsieg«-Phrase folgen.[118]

Da Trott wußte, wie unvorsichtig seine Mutter sein konnte, forderte er sie auf, die Korrespondenz mit ihrem alten Bekannten Siegmund-Schultze, der in der Schweiz im Exil lebte, abzubrechen. »Letters shouldn't cross frontiers«[119], erklärte er ihr. Eleonore von Trott konnte es kaum ertragen, über Verbrechen, die ihr bekannt wurden, Stillschweigen zu wahren. Um so mehr litt sie darunter, daß sie Adam nur selten sprechen konnte. Als sie im April 1942 von der öffentlichen Hinrichtung eines polnischen Zwangsarbeiters erfuhr und dann noch in Bebra »Ströme von Menschen« sah, die »wenigstens von weitem« zugucken wollten, war sie über beides so empört, daß sie jede Vorsicht vergaß und es ihrem Sohn brieflich mitteilte. Entsetzt nannte sie ihm auch die Todesart »Erhängen« und schrieb: »Aber ein Wort der Teilnahme für diesen unglücklichen Menschen gilt schon als Vaterlandsverrat oder als Sentimentalität.«[120] Einige Monate danach berichtete sie Adam von ihrer Eingabe an den Oberpräsidenten von Hessen-Nassau: »Ich konnte nicht anders. Es wird ewig eine Schande bleiben, daß die deutschen Frauen zu diesen Dingen schweigen.«[121] Laut späterer Aussage ihrer Tochter Vera handelte es sich um die Deportation jüdischer Kinder aus Kassel.[122] Der Protest blieb erfolglos. »Das Ihnen zugetragene Gerücht trifft in keiner Weise zu«, hieß es in der Antwort.[123]

Bei seiner Tätigkeit im Widerstand achtete Trott auf größtmögliche Diskretion. Er führte weder Tagebuch noch Terminkalender und vermied unnötige Mitwisser. Wenn er seine Mutter und seine Geschwister nicht einweihte – seine Brüder kannten nur einige seiner Kontaktpersonen –, so war das kein Mißtrauen, sondern diente allein ihrem Schutz. Clarita wußte über seine illegale Arbeit grundsätzlich Bescheid, aber auch ihr verschwieg er Namen und Einzelheiten, die sie belastet und gefährdet hätten.[124] In seinem Umgang unterschied Trott deutlich zwischen Nazigegnern und Widerstandskämpfern. Mit der Journalistin Margret Boveri, die er bei Graf Bernstorff kennengelernt hatte, führte er zwar Gespräche, die über das Nazi-Regime hinauswiesen, gab ihr aber, wie sie später bezeugte, nichts von dem geplanten Umsturz und seiner Beteiligung daran preis. Als sie zu ihm sagte, daß eine Verschwörung in Deutschland schon deshalb keine Chance hätte, »weil die Deutschen den Mund nicht halten können«, soll er gelacht haben.[125] Sosehr er Bernstorff schätzte und in der Ablehnung des Regimes mit ihm übereinstimmte, bezog Trott ihn wegen dessen notorischer Offenheit nicht in seine Widerstandsaktionen ein. Bernstorff gehörte zu den Persönlichkeiten, die sich regelmäßig bei der Botschafterwitwe Hanna Solf versammelten. Auch Trott war Gast in ihrem Hause, hielt sich aber vorsichtshalber der regimekritischen Gesprächsrunde mit wechselnden Teilnehmern fern. Dies bewahrte ihn vor der Verhaftung, die den Solf-Kreis im Januar 1944 traf. Aus nicht ganz geklärten Gründen war Bernstorff bereits im Juli 1943 verhaftet worden[126]; er wurde im April 1945 von SS-Leuten erschossen.

Im Laufe des Jahres 1942 war die programmatische Arbeit des Kreisauer Kreises um Moltke und Yorck weiter vorangeschritten. Den erreichten Diskussionsstand markierten zwei größere Wochenendtagungen, die im Mai und Oktober in Kreisau stattfanden. Auf der ersten Tagung wurde über das Verhältnis von Staat und Kirche aus protestantischer sowie katholischer Sicht, ferner über Schul- und Universitätsreformen und auf der zweiten Tagung über Verfassungs- und Wirtschaftsfragen referiert und diskutiert. An diesen beiden Treffen konnten weder Haeften noch Trott teilnehmen, der eine aus Sicherheits-, der andere aus Termingründen. Da der Kreisauer Kreis keine Institution mit fester Mitgliedschaft war und man dort abgestufte Formen der Zusammenarbeit pflegte, läßt sich nicht genau bestimmen, wer zum inneren Zirkel gehört hat. Außer den vier bereits Genannten zählt man in der Regel dazu: die Wirtschaftsexperten Carl Dietrich von Trotha und Horst von Einsiedel, die Verwaltungsbeamten der Weimarer Republik Theodor Steltzer, Hans Lukaschek und Paulus van Husen, den Staatsrechtslehrer Hans Peters und den Staatswissenschaftler Otto Heinrich von der Gablentz, den Jesuitenprovinzial Augustin Rösch, die Jesuitenpatres Alfred Delp[127] und Lothar König, die protestantischen Theologen Eugen Gerstenmaier[128] und

Harald Poelchau sowie drei Sozialdemokraten: Carlo Mierendorff, vormals Reichstagsabgeordneter, den einstigen Redakteur Theodor Haubach und den Pädagogen Adolf Reichwein.[129] Ende 1943 kam noch Julius Leber hinzu, mit dem Trott schon länger in Verbindung stand. Die hier genannten Männer waren in unterschiedlichem Maße am Diskussionsprozeß beteiligt und lernten sich auch wegen des Schottensystems nicht alle kennen. Obwohl ein zentrales Mitglied, ist Trott vermutlich Gablentz, König und Poelchau kaum oder gar nicht begegnet. Heterogen war ebenfalls die altersmäßige Zusammensetzung. Sie reichte von den Geburtsjahrgängen 1885 (Steltzer und Lukaschek als die ältesten) bis 1909 (Trott als der jüngste). Daß mehrere Kreisauer aus Adelsfamilien kamen, verband diese nicht miteinander. Sie repräsentierten politisch verschiedene Richtungen – vom Konservativen Yorck bis zum Sozialdemokraten Einsiedel –, und ihnen fehlte das entsprechende Selbstverständnis. Trott hat sich zwar in der Tradition seiner Familie gesehen, dem Gemeinwohl verpflichtet zu sein, war aber gerade deshalb nie ein Vertreter aristokratischer Standesinteressen. Es lag nahe, daß die Berliner – Moltke und gelegentlich seine Frau sowie die Ehepaare Yorck, Gerstenmaier, Haeften und Trott, dazu Mierendorff u. a. – eine Kerngruppe bildeten. Solange die Wohnungen der einzelnen noch nicht bombenzerstört waren, trafen sie sich auch dort reihum. Die Vorstellung von einem Freundes- und Gesprächskreis weckt jedoch falsche Assoziationen. Für gemütliches Plaudern gab es weder Zeit noch Anlaß. Bezeichnenderweise kann sich Clarita von Trott, selbst häufig Gastgeberin, nicht daran erinnern, mit anderen als Barbara von Haeften »persönliche Gespräche geführt zu haben«.[130] Und wenn Carlo Mierendorff, ein Liebhaber von Theater und Konzerten, mal solche Themen anschnitt, wurde Moltke sofort ungeduldig und mahnte »zur Sache«.[131]

Kurz vor Weihnachten 1942 erfuhr Trott aus Imshausen von der großen Sorge seiner Kusine Marline um ihren 19jährigen Sohn Christoph an der Ostfront. Sie hatte soeben einen Feldpostbrief von ihm erhalten, datiert am 10. Dezember mit dem Zusatz »i.K.«. Das bedeutete »im Kessel« – von Stalingrad. Er schrieb, daß »ihre Lage sich nicht verändert« habe und sie unter Hunger litten.[132] Als Ende Januar noch einmal ein Brief von ihm eintraf, war dieser inzwischen, so Eleonore von Trott, »durch die grauenhaften Nachrichten aus Stalingrad überholt«[133]. Christoph von Trott – sein älterer Bruder und ein Stiefbruder waren bereits gefallen – galt seitdem als vermißt; man hörte nie wieder etwas von ihm. Sein Schicksal und das seiner Familie teilten Tausende und Abertausende. Am 22. November war die 6. Armee mit rund 250.000 Soldaten durch sowjetische

Armeen in Stalingrad eingekesselt worden. Hitler hatte General Paulus jeden Ausbruchsversuch sowie eine Kapitulation untersagt und damit die Armee preisgegeben. Als die deutschen Befehlshaber am 31. Januar und 2. Februar 1943 dann doch kapitulierten, waren 150.000 ihrer Soldaten gefallen. 91.000 gerieten in Gefangenschaft, die nur ein kleiner Teil überleben sollte.

Nach dem Vordringen britischer und amerikanischer Armeen in Nordafrika seit dem Spätherbst 1942 war die erfolgreiche sowjetische Großoffensive um Stalingrad ein weiteres Signal für die Kriegswende zugunsten der Alliierten. »Wenn die Josephs [Generäle] den Ehrgeiz hatten, mit ihrem Eingreifen so lange zu warten, bis klar ersichtlich sei, daß uns der Gefreite [Hitler] in den Abgrund führt, so hat sich dieser ihr Traum erfüllt«,[134] vermerkte Hassell bitter in seinem Tagebuch. In diesen ganzen Wochen und Monaten des Herbstes und Winters 1942/43 drängten die Verschwörer auf den Umsturz. Erneut liefen Bemühungen, wichtige Befehlshaber zu bewegen, gegen Hitler aktiv zu werden. Henning von Tresckow sowie Ludwig Beck über General Friedrich Olbricht versuchten auf die Feldmarschälle Erich von Manstein und Hans Günter von Kluge einzuwirken. Auch beim Oberbefehlshaber West, Gerd von Rundstedt und bei Generaloberst Friedrich Fromm, dem Befehlshaber des Ersatzheeres, wurde vorgefühlt. Es galt einen psychologisch günstigen Zeitpunkt auszunutzen.

Adam von Trott und anderen erschien es jetzt notwendiger denn je, daß sich die Zivilisten den Militärs gegenüber als politisch handlungsfähig und nicht als uneiniger Haufen von Intellektuellen präsentierten. Angestrebt wurde daher eine Verständigung zwischen den Kreisauern einerseits sowie Goerdeler und seinem Kreis andererseits. Was sie trennte, beschrieb Gerstenmaier mit den knappen Worten: »Bei uns galt Goerdeler zwar als ein ehrenwerter, aber an vergangenen Verhältnissen orientierter Mann. Er hingegen hielt [...] uns insgesamt für weltfremde Idealisten.«[135] Da Trott zu jener Zeit häufig unterwegs war, übernahmen es Fritz-Dietlof Graf von der Schulenburg und seitens der Kreisauer Gerstenmaier, eine Begegnung anzubahnen. Dem diente Mitte Dezember auch ein Gedankenaustausch von Yorck, Haeften und Trott mit Hassell, über den sich letzterer befriedigt äußerte.[136]

Nur widerwillig stimmte zuletzt Moltke einer Aussprache zu, die dann am 8. Januar 1943 bei Yorck in der Hortensienstraße stattfand. Denkwürdig war dieses Ereignis nur als Versammlung von zehn zentralen Widerstandskämpfern: Goerdeler, Hassell, der preußische Finanzminister Johannes Popitz und Jens Peter Jessen, Professor für Staatswissenschaften, dazu Yorck, Moltke, Gerstenmaier und Trott, als Vermittler Schulenburg und als Moderator Ludwig Beck. Die Sozialdemokraten fehlten wegen ihrer besonderen Gefährdung. Nach einleitenden Stellungnahmen Trotts zur Außenpolitik, Yorcks zum Staatsaufbau und Moltkes zur Lage der Opposition entstand jedoch keine grundsätzliche Diskussion, da Goerdeler ihr verbindlich-freundlich auswich. »Obwohl unsere Ideen sicher weithin im Kontrast zu denen der ›Exzellenzen‹ standen«, erinnert sich Gerstenmaier (der einzige Überlebende), »sprach Goerdeler mit uns wie ein Kanzlerkandidat mit den Vertretern einer kleinen Partei, die er für die von ihm zu führende Koalitionsregierung gewinnen möchte«.[137] Als sich dann auf sozialem Gebiet der Gegensatz nicht mehr bemänteln ließ, erklärte Moltke die Zeit für schon zu vorgerückt. Gerstenmaier und Trott waren enttäuscht, ebenso Hassell, der ärgerlich in sein Tagebuch eintrug: »Pf[aff = Goerdeler] ist doch eine Art Reaktionär.«[138] Soweit nachweisbar, ist Trott nur dieses einzige Mal mit Goerdeler zusammengetroffen. Während er mit Hassell und dem »gewieften Techniker«[139] Popitz im Gespräch blieb, hielt er zu Goerdeler Distanz. Auch die Empfehlung eines Bekannten, der große Stücke auf den erfahrenen Verwaltungsmann und Kommunalpolitiker hielt,[140] änderte daran nichts. Dennoch hat Trott es akzeptiert, daß nach einem Staatsstreich Goerdeler als Reichskanzler vorgesehen war. Dies entsprach seiner Auffassung, daß man den Umsturz nicht durch Uneinigkeit gefährden dürfe. Seiner Frau gegenüber zeigte sich Trott jedoch davon überzeugt, daß »die Lage nach der Überwindung des Hitler-Regimes sehr bald die Ersetzung von Männern mit überlebten Anschauungen erzwingen werde«.[141]

Wenige Tage nach dem Treffen in der Hortensienstraße hielt sich Trott zu einer kurzen Dienstreise in der Schweiz auf.[142] Diese Gelegenheit wollte er unbedingt zu einem neuerlichen Kontaktversuch zu den Alliierten nutzen, denn außenpolitisch abgesichert war der geplante Regimesturz nicht. Wieder fand er Unterstützung bei Visser 't Hooft, der sein Gespräch mit Trott schriftlich festhielt und dann an eine geeignete Stelle weiterleitete: an Allen W. Dulles, seit Ende 1942 Leiter des amerikanischen Nachrichtendienstes OSS in Bern. Laut Visser 't Hoofts Niederschrift hob Trott die Enttäuschung der deutschen Oppositionsgruppen über das Verhalten der Westmächte hervor. Deren Antwort liefe immer darauf hinaus, daß Deutschland militärisch besiegt werden müsse, ganz unabhängig davon, ob ein neues Regime dort geschaffen werde oder nicht. Deshalb bestehe eine starke Tendenz, sich gen Osten zu wenden. Mit anderen Worten, Trott versuchte nicht, einen Keil zwischen die Alliierten zu treiben, sondern im Gegenteil bezeichnete er ihren Bündnispartner Sowjetunion als Vorbild. Die russische Propaganda, so Trott, »unterscheide ständig zwischen dem deutschen Volk und seinen ›Tyrannen‹«, während die britische und amerikanische Propaganda nicht verstehe, daß auch die Deutschen unterdrückt seien und in einem besetzten Land lebten. Der militärische Rückschlag auf deutscher Seite könne »eine revolutionäre Situation« auslösen. Sobald Hitler gestürzt sei, sei aufgrund einer Bereitschaft zu radikalen Lösungen sozialer Probleme die Verbrüderung zwischen dem deutschen und dem russischen Volk nicht auszuschließen. Ähnliches hatte Trott bereits 1939 vorhergesagt,[143] nur daß er es damals als Befürchtung äußerte und hier nun absichtlich in ein positives Licht stellte. Im Unterschied zu der Denkschrift von 1942 maß er der »bürgerlichen Opposition« eine zunehmend geringere Rolle zu. An der Entschlossenheit Hitlers, »die Karten in der Hand zu behalten«, ließ er keinen Zweifel. In der Wehrmacht würden »die besseren Elemente« zugunsten der nationalsozialistischen zurückgedrängt und die Waffen-SS geschont. Mit den Verbrechen in den besetzten Ländern und dem »Feldzug des Hasses« gelinge es Hitler, das deutsche Volk ausweglos an sich zu binden.[144] Eine Zusammenfassung der Ansichten Trotts sandte Dulles am 14. Januar 1943 per Telegramm an das Hauptquartier der OSS nach Washington, aber nur weil es »für die psychologische Kriegführung von Interesse sein könnte«. An »irgendeine ernsthafte Organisation der Widerstandsgruppen in Deutschland« glaubte er damals nicht und sprach sich dagegen aus, diese Gruppen irgendwie zu ermutigen, geschweige denn mit ihnen zu verhandeln.[145] Nicht anders als Trott und seiner Initiative erging es dem Mitverschwörer Hans Bernd Gisevius, der für die deutsche Abwehr in Zürich tätig war. Gisevius traf Dulles sogar persönlich und warb für Kontakte mit den Widerstandskämpfern, konnte ihn aber nicht überzeugen.[146]

Unmittelbar danach verkündeten Roosevelt und Churchill auf ihrer Konferenz in Casablanca vom 14. bis 26. Januar die »bedingungslose Kapitulation« der Achsenmächte Deutschland, Italien und Japan als alliiertes Kriegsziel. Auf diese Weise sollte unmißverständlich die Entschlossenheit beider Regierungen im Bündnis mit der Sowjetunion zur völligen Niederringung Deutschlands demonstriert werden. Damit aber war zugleich, wie Allen Dulles es kurz nach dem Krieg formulierte, die Politik gegenüber Deutschland »festgefroren«[147]. Wegen ihrer möglichen kriegsverlängernden Wirkung stieß die Formel auch in den alliierten Ländern – wie bei alten Demokratien nicht anders zu erwarten – intern bei Außenpolitikern, Militärs, Geheimdienstlern und Propagandisten auf Kritik. Der britische Militärhistoriker Basil Liddell Hart etwa sah darin

»den dümmsten und voreiligsten Schritt, den man tun konnte.«[148] Selbst Churchill räumte Zweifel ein.[149] In Deutschland leitete die Formel Wasser auf die Mühlen der NS-Propaganda zur Verstärkung der Kriegsanstrengungen. Im Februar rief Goebbels im Berliner Sportpalast den »totalen Krieg« aus. Den »Feldzug des Hasses«, wie ihn Trott genannt hatte, schien nichts mehr zu hemmen.

Die Erklärung der Alliierten schwächte die Position der Verschwörer gegenüber den deutschen Militärführern erheblich. Beck hatte beim Treffen am 8. Januar über den Zeitpunkt des geplanten Umsturzes noch keine konkreten Angaben machen können. In den folgenden Wochen erfuhr er, daß die angesprochenen Militärführer trotz der Katastrophe von Stalingrad zaudernd bis ablehnend reagierten.[150] Der Mitverschwörer Hermann Kaiser, Hauptmann im Stab General Fromms, fand in seinem Tagebuch die passenden Worte: »Der eine will handeln, wenn er Befehl erhält, der andere befehlen, wenn gehandelt ist.«[151] Desungeachtet wurden die Vorbereitungen für den Umsturz vorangetrieben. Um nur die wichtigsten Beteiligten zu nennen: Beck als zentrale Gestalt, Erwin von Witzleben als künftiger Oberbefehlshaber der Wehrmacht, Tresckow und seine Mitarbeiter bei der Heeresgruppe Mitte, Oster und Dohnanyi bei der Abwehr sowie General Olbricht, der Chef des Allgemeinen Heeresamtes. Ihm oblag die militärische Planung des Putsches. Zu Olbricht schickte Oster Ende Februar wohl nicht ohne Absicht den ungeduldigen Adam von Trott.[152] Für seine Ungeduld hatte dieser allen Grund, konnte er doch im Ausland nicht länger glaubwürdig einen Regimesturz ankündigen, wenn keine Chancen zur Realisierung vorhanden waren. Den Tagebuchnotizen des Zeugen Kaiser zufolge trug »Arnold«, wie er Trott mit Decknamen nannte, dem General vor: »Die FM [Feldmarschälle] negativ, die Zentrale kommt nicht weiter. F[romm] kein Entschluß. Also Sie«. Auf Trotts Aufforderung hin, Olbricht möge notfalls ohne seinen Vorgesetzten Fromm – er befehligte das für den Staatsstreich benötigte Ersatzheer – handeln, beendete dieser abrupt das Gespräch und äußerte sich gegenüber Kaiser empört über solche »Dilettanten«. Er stand damals unter größter Anspannung, während es Trott, der über dessen »100% Nein erschüttert«[153] gewesen sein soll, am Verständnis für die militärische Befehlshierarchie mangelte. Später hatten beide engen Kontakt. Und was Olbricht jetzt noch so heftig von sich wies, dazu sollte er sich im Juli 1944 durchringen, nämlich Fromm zu übergehen.

Der für März 1943 geplante Umsturz mußte jedoch verschoben werden, denn zur Enttäuschung der Verschwörer scheiterten kurz hintereinander zwei Attentatsversuche auf Hitler. Das erste Mal versagte der

Zünder eines Sprengstoffpäckchens, das Tresckow in Smolensk durch Schlabrendorff in das Flugzeug Hitlers hatte schmuggeln lassen. Das zweite Mal konnte Rudolf von Gersdorff, Offizier in Tresckows Stab, ein im Berliner Zeughaus geplantes Selbstmordattentat nicht ausführen, da Hitler eine Ausstellung erbeuteter Waffen dort unerwartet schnell verließ. Beck fiel seit März wegen einer schweren Krebsoperation für mehrere Wochen aus. Und am 5. April erfolgte noch ein weiterer Schlag: Das Reichssicherheitshauptamt fand in angeblichen Devisenvergehen einen geeigneten Anlaß, gegen Canaris' militärischen Nachrichtendienst vorzugehen. Hans von Dohnanyi wurde zusammen mit seinem Schwager Dietrich Bonhoeffer verhaftet, Hans Oster versetzt und unter polizeiliche Überwachung gestellt. Mit diesen entschlossenen Kämpfern für Attentat und Umsturz verlor die Widerstandsbewegung einen ihrer wichtigsten operativen Stützpunkte.

Die Initiative lag nun hauptsächlich bei Henning von Tresckow. Seine zeitweilige Versetzung Ende Juli nach Potsdam verschaffte ihm die Gelegenheit zur Kooperation mit Olbricht in Berlin. Sie arbeiteten an Plänen, das Ersatzheer mit Hilfe der Walküre-Befehle und Anordnungen, die für den Alarmfall – etwa bei inneren Unruhen – vorgesehen waren, zugunsten des Umsturzes zu nutzen. Alle Schaltstellen der Macht und Nachrichtenkanäle sollten besetzt und alle hohen Amtsträger verhaftet werden. Trott, stets um Verbindungen mit hohen Militärs der Fronde bemüht, nahm über einen gemeinsamen Bekannten jetzt auch Kontakt zu Tresckow auf. Ihr erstes Treffen fand im Grunewald statt mit verabredeten Erkennungszeichen und Stichwort. Tresckow soll »sehr angetan« von Trott gewesen sein, dieser aber die politischen Vorstellungen Tresckows für zu konservativ gehalten haben. Beide trafen sich in der folgenden Zeit noch mehrmals.[154]

Wenn Trott gegenüber Visser 't Hooft die Aussage machte, daß auch die Deutschen unterdrückt seien und in einem besetzten Land lebten, so war das nicht allein strategisch gemeint, sondern gab auch seine eigene Sicht wieder. Er sprach damit seine Landsleute keineswegs von ihrer Mitwirkung an den herrschenden Verhältnissen frei, denn er hatte sich nicht gescheut, ihnen bereits in den 30er Jahren politische Dummheit, Schwachsinn, Größenwahn und Mangel an Zivilcourage zuzuerkennen.[155] Und die Denkschrift von 1942 sparte einen deutlichen Hinweis auf Verantwortung und Schuld nicht aus. Doch im Gegensatz zur Mehrheit der Deutschen hatte Trott die Unterdrückung und Verfolgung in der NS-Diktatur schon früh im Blick und pflegte Umgang mit Menschen, die davon betroffen waren. Die große Mauer, die Henker und die Häftlingsbaracken, von denen er Ende 1935 so intensiv geträumt hatte, beruhten gewiß nicht auf purer Einbildung. Was er vor allem in den Kriegsjahren von Terror und Verbrechen, von Deportationen, Verhaftungen und Hinrichtungen erfuhr, war geeignet, diese Perspektive der Unterdrükkung, aus der auch Moltke die Verhältnisse schilderte, zu verstärken. »Wir sind Gefangene in einem großen Zuchthaus«[156], schrieb der Widerstandskämpfer Wilhelm Leuschner 1939 an einen englischen Freund. Bezeichnend war, daß Trott den Bekenntnis-Pfarrer Martin Niemöller, der seit Jahren im KZ Dachau inhaftiert und im Ausland eine angesehene Symbolfigur war, als Staatsoberhaupt nach dem Regimesturz vorschlug.[157] Ein ehemaliger Generaloberst wie Ludwig Beck schien ihm trotz aller Verdienste für ein solches Amt weniger passend. Trott drang mit seiner Idee nicht durch, konnte aber wie zu seiner Bestätigung später in einer amerikanischen Zeitschrift lesen, daß die namhafte Journalistin Dorothy Thompson ebenfalls für Niemöller plädierte.[158]

Am 10. März 1943 versuchte der Bischof von Chichester, George Bell, in einer Rede vor dem britischen Oberhaus für die Opposition in Deutschland eine Bresche zu schlagen. Er drängte auf eine Klarstellung der Kriegsziele, indem er das Beispiel Stalins empfahl, der zwischen Deutschland und dem Hitler-Staat zu unterscheiden wisse. Ein ähnliches Argument wie Trott benutzte er auch bei seiner Erklärung, Deutschland sei »das erste Land in Europa gewesen, das von den Nazis besetzt wurde«.[159] Diese Feststellung stammte von Wilfrid Israel, von dem sich Bell zuvor hatte beraten lassen. Israel hatte dem Bischof geschrieben, daß es ihm schwerfalle, »Gerechtigkeit gegenüber den Deutschen zu üben«, er könne aber »die Tatsache« nicht ignorieren, daß sie zu den »ersten Opfern der Gewaltherrschaft« gehörten. Dies übersteige das Vorstellungsvermögen und erscheine »unlogisch«, doch hätten die Methoden der Nazis das Land »psychologisch und moralisch erschüttert und paralysiert«. Das Studium der deutschen Propaganda habe ihn davon überzeugt, daß die Mehrheit der Deutschen die Politik des Terrors und der Vernichtung nicht akzeptiere. Diese Meinung diente keiner Entschuldigung, Entlastung oder Relativierung. Israel selbst war jahrelang in Deutschland Betroffener und Zeuge von der Entrechtung, Schikanierung und Vertreibung der Juden gewesen. Er vor allem hatte die Absicht des Nazi-Regimes, die Juden systematisch »auszurotten«, früh erkannt und verzweifelt davor gewarnt, allerdings erleben müssen, daß man seinen Berichten in London keinen Glauben schenkte.[160]

Die politischen Positionen, die Israel als Berater des Foreign Office vertrat, stimmten mit denen seines Freundes Trott überein – vielleicht ein Ergebnis ihrer früheren gemeinsamen Diskussionen. Israel sah das Scheitern der Weimarer Republik ebenfalls in einem europäischen Zusammenhang, befürwortete Föderalismus und lokale Selbstverwaltung in Deutschland, eine Konföderation Europas sowie sozialistische Reformen und eine übernationale Wirtschaftsordnung.[161] Durch Bell und womöglich indirekt durch Trott informiert,[162] glaubte er fest an einen »harten Widerstandskern in Deutschland« und plädierte für dessen Ermutigung.[163] Besonders wegen der drohenden Vernichtung der Juden hoffte Israel auf einen Umsturz, resignierte aber, als dieser ausblieb. Zuletzt glaubte er, daß nur eine totale Niederlage der Wehrmacht das Ende des Dritten Reiches herbeiführen könne. Entschieden wandte sich Israel jedoch gegen Pläne einer Zerstückelung Deutschlands. Zur Lösung des deutschen Problems regte er eine Synthese zur Überbrückung von Ost und West an. Ihr Mißlingen, so warnte er, würde auch auf die Westmächte zurückwirken. – Am 1. Juni 1943 befand sich Israel auf dem Rückweg von einer Rettungsaktion für jüdische Flüchtlinge in Spanien und Portugal, als über dem Golf von Biskaya die *Ibis* (angeblich zu spät als Zivilflugzeug wahrgenommen) von der deutschen Luftwaffe abgeschossen wurde. Wilfrid Israel wurde 44 Jahre alt. Ob Trott von seinem Tod erfuhr, ist unbekannt.

Im Frühjahr 1943 kam es im Auswärtigen Amt zu organisatorischen und personellen Veränderungen, die auch Trott direkt betrafen. Die Informations- und die Kulturabteilung wurden jetzt in der Kulturpolitischen Abteilung zusammengelegt und an ihre Spitze der SS-Brigadeführer Professor Franz Alfred Six berufen.[164] Haeften blieb vorläufig unter ihm Stellvertretender Abteilungsleiter. Dem gleichaltrigen Six erkannte Trott »Intelligenz, Gabe des Disponierens und Tatkraft« zu, aber gerade mit diesen Eigenschaften gefährdete der neue Chef seine bisherige relative Selbständigkeit. Zudem war er cholerisch, sprunghaft und im Umgang höchst unangenehm. Seufzend bekannte Trott seinem Kollegen Furtwängler: »Ich hab es schwer – der Kerl erinnert mich an einen schlecht dressierten Polizeihund.«[165] Weltanschaulich hätte der Gegensatz zwischen dem überzeugten Nationalsozialisten Six, der an ein vereintes Europa unter großgermanischer Führung glaubte, und Trott nicht größer sein können. Es lag bittere Selbstironie darin, wenn dieser von sich sagte, daß er nun »ad majorem Sixi gloriam«[166] arbeite. Trotts Referat hieß jetzt »Kult Pol VIII: Ostasien«; an seiner Zuständigkeit hatte sich damit nichts geändert. Verstreuten Hinweisen ist zu entnehmen, daß er noch mit diversen anderen Angelegenheiten befaßt war, die sonst an ihn herangetragen wurden, wie Gastvorträge von Professoren im Ausland, Papierbeschaffung für Bücher u.a.m.[167] Im eigenen Ressort widmete sich Trott mit Vorliebe einem Zeitschriftenprojekt über Asien. Er gewann dafür einen jungen Maler, der lange durch den Nahen und Fernen Osten gereist war, als künstlerischen Redakteur, den Sinologen Wolfram Eberhard in Ankara als Herausgeber und im September 1943 Martin Hürlimann in Zürich als Verleger. Der Autorenkreis sollte international und die Ausrichtung »völlig unpolitisch« sein, statt dessen den Lesern die Landschaften, Menschen, Kultur und Kunst Asiens nahebringen.[168] Unter den Kriegsbedingungen ohnehin nicht mehr zu realisieren, dürfte der Entwurf kaum den Vorstellungen des Abteilungsleiters von einem Propagandainstrument entsprochen haben.

Wieviel auch immer über Six' vorheriges Wirken als NS-Wissenschaftler und seinen Einsatz im Dienst der SS für die Rassen- und Vernichtungspolitik bei seinen Untergebenen im AA bekannt war, Missie Wassiltschikow zögerte nicht, ihn als »Schwein«[169] zu bezeichnen. Daher nahm sie es um so beifälliger auf, daß ihr verehrter Trott sich von Six weder einschüchtern noch von dessen durch verheerende Luftangriffe gemilderte Tonart beeindrucken ließ: »Adam Trott spricht über ihn mit eiskaltem Haß und erklärt, wir dürften nie vergessen, was er repräsentiert, einerlei wie freundlich er sich gebärde.« Und wohl nicht ohne Übertreibung fügte sie hinzu: »Six für seinen Teil scheint widerwillig einzusehen, was für ein außergewöhnlicher Mann Adam ist; irgendwie ist er fasziniert von ihm, ja fürchtet ihn sogar. Inzwischen ist Adam der einzige in seiner unmittelbaren Umgebung, der nie Angst hat, seine Meinung zu sagen. Er behandelt Six mit unendlicher Herablassung, und dieser läßt es sich merkwürdigerweise gefallen.«[170]

Am 28. April 1943 wurde Adam von Trott, bis zu diesem Zeitpunkt noch immer Wissenschaftlicher Hilfsarbeiter, zum Legationssekretär befördert und ins Beamtenverhältnis aufgenommen. Daran mußte ihm nicht zuletzt aus Versorgungsgründen für seine Familie gelegen sein, denn jeden Tag konnte er bei einem Bombenangriff ums Leben kommen. Mit seiner Beförderung hatte es eine eigene Bewandtnis; von Keppler befürwortet, wurde sie von Ribbentrop torpediert. Auf einer langen Vorschlagsliste hatte der Außenminister nur zwei Namen streichen lassen: den eines Konsuls in Bilbao und den Trotts. Für Staatssekretär Keppler lag darin eine Mißachtung seiner eigenen Person und Position. Er ließ bei seinem Duzfreund Ribbentrop nicht locker, bis dieser im Oktober 1942 einwilligte, Trott zum Legationsrat zu ernennen. Doch in den nächsten Monaten passierte erst einmal nichts, und danach ermittelte die Partei-Kanzlei in München auffallend lange in dieser Sache. Aus ihrer Zustimmung

Mitte April ist zu schließen, daß bei der Gestapo (trotz des besonderen Interesses im Fall Scheliha) nichts Konkretes gegen Trott vorlag. Aber anders als zugesagt, wurde er nur Legationssekretär. Keppler hielt dies für eine neuerliche Zurücksetzung, und unter Hinweis auf die Verdienste seines Mitarbeiters bei der Betreuung Boses und dessen reibungsloser Rückreise erreichte er es, daß Trott am 17. November 1943 dann doch eine Planstelle als Legationsrat zugeteilt wurde.[171] Die sonderbare Anhänglichkeit und zugleich Abhängigkeit Kepplers verhinderte auch eine Versetzung Adam von Trotts ins Ausland. Welch anderen Verlauf hätte sein Leben dadurch nehmen können.

Anfang Mai 1943 hatte nämlich der deutsche Botschafter in der Türkei, Franz von Papen, Trott als Mitarbeiter angefordert. Dieser war ihm von Paul Leverkuehn, derzeit Leiter der Abwehr-Außenstelle in Istanbul, empfohlen worden. (Bei Leverkuehn hatte Trott 1934/35 als Referendar in der Simsonschen Kanzlei gearbeitet.) Trotts Aufgabe sollte es sein, von Ankara aus »Material über die Vorgänge der USA zu beschaffen«.[172] Aber da Keppler ihn nicht entbehren wollte, wurde ein anderer Mann dorthin versetzt und Trott mit einer zweiwöchigen Reise, vom 17. Juni bis 2. Juli, in die Türkei entschädigt. Für ihn war dies eine beglückende »Rückkehr nach Asien«, mit den »Menschen, Landschaften, Geräuschen, Gerüchen und Bildern, die mein Leben in China erfüllt und gewandelt haben«[173], und er bedauerte nur, daß Clarita dieses Erlebnis nicht mit ihm teilen konnte. Seiner Mutter schrieb er von »bezaubernder« Landschaft und »sympathischen« Türken. Er erwähnte, daß er in Istanbul bei Leverkuehn am Bosporus wohnte und unterwegs nach Ankara ein Erdbeben miterlebte, so daß sein Zug für mehrere Stunden an der Weiterfahrt gehindert war.[174] Wolfram Eberhard, den er in Ankara wiedersah, erinnert sich, daß Trott mit Papen »sehr offen« gesprochen und ihn aufgefordert haben soll, sich der Opposition anzuschließen.[175] Nach allem aber, was über Papen bekannt war, dürfte ihn die Ergebnislosigkeit nicht gewundert haben. Weder Eberhard noch Botschaftsrat Gebhardt von Walther, mit dem Trott schon länger in vertraulichem Gespräch stand, waren über seine Aktivitäten und Kontakte in Istanbul und Ankara informiert. Doch kann kein Zweifel daran bestehen, daß Trott vor allem nach einer Verbindung zu den Alliierten gesucht[176] und damit zugleich den Türkeibesuch Moltkes vorbereitet hat, der unmittelbar folgte. Moltke machte Walther gegenüber den Zusammenhang beider Besuche deutlich.[177] Bei Auslandsreisen kooperierten Trott und Moltke oft eng miteinander; in der Regel sind jedoch keine aufschlußreichen Details überliefert. So erfährt man zum Beispiel nicht, worauf Moltke anspielte, als er Ende August 1943 über eine mehrtägige Fahrt Trotts nach Holland und Belgien berichtete: »Adam hat in Brüssel einen erstaunlichen Erfolg gehabt, finde ich. Jedenfalls viel mehr als ich erwartete, und das ist doch sehr erfreulich. Er ist auch sehr gehobener Stimmung zurückgekehrt.«[178]

An der dritten Kreisauer Tagung zu Pfingsten 1943, vom 12. bis 14. Juni, konnte Adam von Trott teilnehmen. Außer dem Ehepaar Moltke waren noch Yorcks, Delp, Einsiedel, Gerstenmaier, van Husen und Reichwein anwesend. In gewohnt selbstkritischer Manier, aber voller Anerkennung für die Gastgeber, schrieb Trott seiner Frau von dort: »Ich bin recht tätig, aber nur teilweise mit mir zufrieden gewesen und im ganzen sehr der Beschenkte, wobei Freya M., aber auch ihm das Hauptverdienst zustehen. Man kann viel von ihnen lernen, und Du mußt Dir dies sehr schlichte und doch großzügige, frohe und tüchtige Leben hier bald einmal selbst ansehen.«[179] Trott referierte in Kreisau über Grundlagen künftiger Außenpolitik und internationaler Wirtschaftsbeziehungen; seine Textvorlage ist jedoch nicht erhalten.[180] Ein weiteres Thema war die Behandlung der Verbrechen unter dem NS-Regime: »Bestrafung der Rechtsschänder«. Die Ergebnisprotokolle der drei großen Tagungen wurden später in Berlin noch einmal überarbeitet und teilweise in den »Grundsätzen für die Neuordnung Deutschlands« zusammengefaßt.[181] Über den Endspurt am 9. August 1943 (Trotts 34. Geburtstag) berichtete Moltke seiner Frau: »Sonntag mittag zog ich also zuerst zu Peter [Yorck]. [...]Um 4 waren wir dann mit Steltzer + Husen bei Trott, hatten bis 7 einen Ritt über das gesamte Gelände gemacht und hatten uns um 8 wieder bei Peter versammelt, wo Friedrich [Deckname Mierendorffs] und Haubach zu uns stießen.«[182] Als Vorbereitung für den Staatsstreich wurde zugleich die »Erste Weisung an Landesverweser« verabschiedet. Landesverweser sollten mit erheblichen Vollmachten an der Spitze der deutschen Länder stehen.

Die Präambel des Grundsatzprogramms bezeichnete die völlige Abkehr von der totalitären und menschenverachtenden NS-Ideologie. Gefordert wurden die Wiedereinführung des Rechts, die Garantie von Glaubens- und Gewissensfreiheit und die Unverletzlichkeit der Menschenwürde. »Das Recht auf Arbeit und Eigentum« sollte »ohne Ansehen der Rassen-, Volks- und Glaubenszugehörigkeit« ebenso wie die Familie unter öffentlichem Schutz stehen. Dem bisherigen Zentralstaat wurde das Prinzip der Selbstverwaltung in kleinen und überschaubaren Gemeinschaften entgegengestellt. Gemeinde, Kreis, Land und Reich waren als Gliederungsebenen des Staates vorgesehen. Allgemeine und direkte Wahlen sollte es nur für die Gemeinde- und Kreisparlamente geben, während Landtage und Reichstag indirekt gewählt werden sollten. Als Reaktion auf das gescheiterte Parteiensystem der Weimarer Republik sah dieses Modell von politischen Parteien ab. In der Frage der Wirtschaftsordnung strebte man mit »Leistungswettbewerb unter staatlicher Aufsicht« einen Mittelweg zwischen Marktwirtschaft und kontrollierter Wirtschaft an. Wichtige Industrien sollten verstaatlicht werden. Besonderer Wert wurde auf die Einrichtung basisorientierter Betriebsgewerkschaften gelegt. Die Grundsätze waren auf Deutschland bezogen, enthielten aber – auf besonderen Einfluß von Moltke und Trott – auch eine Absage an die »absolute einzelstaatliche Souveränität« und die Feststellung, daß der Frieden die Schaffung »einer umfassenden Ordnung« bei »freier Zustimmung aller beteiligten Völker« erfordere.[183]

Dieser knappe Abriß läßt nichts von den oft heftigen Auseinandersetzungen ahnen, die dem Programmentwurf vorausgingen. Zu denen, die entschieden für ihre Positionen eintraten, gehörte Adam von Trott. Er hatte sich schon früh zu Hause in Diskussionen behaupten müssen und war danach von der Streitkultur in Oxforder Debattierklubs geprägt worden. Moltke stellte ihn wiederholt als unbequem hin. Und wenn Steltzer später berichtete, daß es mit Trott »sehr viele Meinungsverschiedenheiten« gegeben, Moltke aber »sein Temperament zu bändigen vermocht« habe, so sprach aus ihm der hierarchisch denkende Offizier der älteren Generation.[184] Einen solchen Disput, bei dem ihr Mann leidenschaftlich für seinen Standpunkt stritt, behielt Clarita von Trott besonders in Erinnerung. Es ging um die Frage, wie in der Präambel »die christliche Grundhaltung des neuen deutschen Staates« zum Ausdruck zu bringen sei. Die anderen hätten mehrheitlich darauf bestanden, »das Wort ›christlich‹ ausdrücklich als Kennzeichen der Gesinnung zu nennen«. Adam habe dies für falsch gehalten und versucht, »seine Auffassung durchzusetzen, daß das Wesen der neuen Gesetze christlich sein müsse«, die christlichen Absichten jedoch nicht »als Aushängeschild« verwendet werden dürften. Andernfalls »bestände die Gefahr, daß dem Christentum als solchem durch die unvermeidlichen Fehler und Fehlinterpretationen schwerer Schaden zugefügt werde«[185]. Ein Blick auf den Text der Präambel zeigt, daß er damals unterlag. Dieses Beispiel und das obige Zitat vom »Ritt über das gesamte Gelände« bestätigen, daß sich Trott keineswegs nur mit Außenpolitik beschäftigt hat, sondern auch an den Entwürfen für die Neuordnung im Innern beteiligt war.[186] So hat er die Selbstverwaltung ebenso befürwortet wie eine Bodenreform[187]; in der letzteren Frage wurde allerdings keine Entscheidung getroffen. Trotz der erwähnten Differenzen ist seine grundsätzliche Zustimmung zu den Kreisauer Konzepten nicht zweifelhaft. Trott verband aber damit, etwa in der Parteienfrage, keine starren Festlegungen[188], zumal ihm der Entwurfscharakter des Kreisauer Programms klar gewesen sein dürfte.

Ideen für ein künftiges Europa hatte Trott bereits 1939 in den USA entwickelt und sah sich danach noch zweimal veranlaßt, schriftlich zu diesem Thema Stellung zu nehmen. Während seines Besuchs im Juni 1941 in Genf fand er ein Manuskript über die Gestaltung der Welt nach dem Krieg von Percy E. Corbett vor,[189] Professor für internationales Recht an der McGill-Universität in Montreal. Ihn hatte Trott auf der Konferenz in Virginia Beach kennengelernt und dort für seine Arbeitsgruppe gewonnen.[190] Indirekt hatte er somit Corbetts Studie selbst angeregt, die nun über Edward Carter und Visser 't Hooft in seine Hände gelangte. In seinem Antwortbrief unter dem Decknamen F. Adams begrüßte er das vom Autor empfohlene Modell regionaler Föderationen. Er wies jedoch darauf hin, daß nach der Intensivierung nationaler Gefühle durch den Krieg der Föderalismus in Europa erst Wurzeln schlagen und mit Rücksicht auf die kleinen Länder mit Selbstverwaltung und kultureller Autonomie einhergehen müsse. Einen europäischen »Schmelztopf« könne es daher nicht geben. Im Blick auf ein Nachkriegs-Europa äußerte Trott die Erwartung revolutionärer Veränderungen institutioneller, wirtschaftlicher und sozialer Art. Die Rückkehr zu einer unkontrollierten kapitalistischen Wirtschaft schien ihm unvorstellbar. »Begriffe wie Freiheit, Gerechtigkeit und Demokratie« würden, so meinte er, in der künftigen industriellen Gesellschaft eine neue Bedeutung annehmen. Freiheit müßte zum Beispiel auch den vollen Schutz der einzelnen Arbeitsleistung enthalten und Demokratie »in weiteren Kanälen« zur Geltung kommen als allein durch Parlamente. »Gemeinsame wirtschaftliche Bedingungen und Praxis«, davon ging Trott aus, würden eine »Dezentralisierung von Macht« ermöglichen und zur »politischen Befriedung Europas« beitragen.[191]

Inhaltlich verwandt, aber gedanklich ausgereifter ist eine Schrift Trotts vom Herbst 1943. Es war ein Kommentar zu den »Sechs Pfeilern des Friedens« – einem Programm des Amerikanischen Kirchenbundes für einen »gerechten und dauerhaften Frieden«, an dem der spätere Außenminister John F. Dulles mitgewirkt hatte.[192] Trott bezog analog in sechs Punkten Stellung. 1. Zum Vorschlag, politische Zusammenarbeit international zu organisieren, machte er den Grundsatz der Gleichberechtigung aller Nationen (also Sieger wie Besiegte) geltend: »Der Machtgedanke sollte dem des Rechts eindeutig untergeordnet werden.« Er unterstrich auch hier die Notwendigkeit einer europäischen Föderation, die aber das »Werk der Beteiligten selbst« sein müsse und nicht »von außen unter direkter oder indirekter Anwendung von Gewalt und Zwang geschaffen« werden dürfe. 2. »Dem Ziel der Befreiung der Massen von wirtschaftlicher Not und der Hebung des Lebensstandards auf breitester Grundlage« stimmte er vorbehaltlos zu, forderte aber einen »kooperativen Abbau« nationaler und privatkapitalistischer Monopole. Maßgabe für den Warenverkehr müsse »Ordnung bei einem Maximum von Freiheit« sein. 3. Die Forderung der Kirchenvertreter nach Anpassung bestehender Verträge an die veränderte Weltlage nahm Trott zum Anlaß, auf die »Unzulänglichkeit des souveränen Nationalstaats als letzter internationaler Instanz« in Europa hinzuweisen. 4. In der Minderheitenfrage trat er für ein fest umschriebenes Recht und Selbstverwaltung ein; in gemischt besiedelten Gebieten sollte das Ziel die Verbindung von kultureller Autonomie mit europäischer Zusammenarbeit sein. 5. Skeptisch äußerte sich Trott gegenüber Erwartungen, daß eine internationale Organisation, wie sie die amerikanischen Kirchen vorschlugen, die Rüstung allein durch »die moralische Unterstützung der Menschheit« kontrollieren könne. Dies sei nur bei einer »allgemeinen Bußfertigkeit« vorstellbar, die »nach den furchtbaren Erfahrungen und der Strafe dieses Krieges und seiner voraussichtlichen Folgen die Vergötterung der politischen Staatsmacht zurückdrängt«. Zur Verhinderung neuerlichen Mißbrauchs bewaffneter Staatsmacht sei »die Einschränkung der staatlichen Souveränität durch eine wirksame internationale Instanz« unbedingt notwendig. Trott sprach sich für eine »Internationalisierung der Streitkräfte« aus, in welche auch die der besiegten Nationen einzubeziehen seien. Das beste Mittel zur Friedenssicherung aber sah er auf Dauer in einer ständigen und konstruktiven Zusammenarbeit der Nationen. 6. Zur Forderung nach religiöser und geistiger Freiheit sowie nach entsprechender Unterweisung äußerte er (vergleichbar seinem Vorbehalt in der Kleist-Einleitung), daß es mit der »formalen Proklamierung« nicht getan sei.[193] Er wies auf die »gewaltige Diskrepanz« zwischen christlichen Grundsätzen und dem Maß ihrer irdischen Verwirklichung hin, etwa auf den Mißbrauch »christlicher Begründungen zu sehr anderen Zielen«. Auf dem Gebiet der internationalen Kooperation warnte Trott vor »reinem Idealismus«, da er die Gefahr berge, »gegebene Wirklichkeiten nationaler, geschichtlicher, geographischer, kultureller und konfessioneller Art zu übersehen und zu vergewaltigen«. Er folgerte: »Wir dürfen nicht so sehr von einem Wunschbild aus, sondern in Demut und ehrlichem Streben nach christlicher Sachgerechtigkeit die schwere Aufgabe unserer Generation zu erfüllen suchen.«[194]

Diese Bemerkungen zum Friedensprogramm der amerikanischen Kirchen verfaßte Trott während eines Aufenthalts in der Schweiz vom 8. bis 16. September,[195] und zwar für die Forschungsabteilung Hans Schönfelds beim Ökumenischen Rat in Genf. Vorausgegangen war ein Gedankenaustausch mit dessen Mitarbeitern aus verschiedenen europäischen Ländern.[196] Trotts Beitrag wurde größtenteils in eine offizielle Stellungnahme

In Basel (Herbst 1943)

der Forschungsabteilung übernommen,[197] die in mehreren Sprachen verbreitet worden sein soll.[198] Obwohl von Schönfeld, unter dessen Augen die Schrift entstanden war, direkt nach dem Kriege glaubwürdig bezeugt,[199] wurde Trott die alleinige Verfasserschaft später aberkannt und seine Ausführungen zur kollektiven »Kreisauer Arbeit« erklärt.[200] Die dafür vorgebrachten Argumente sind jedoch nicht stichhaltig: Die Wir-Form war in solchen Dokumenten, unabhängig von der Zahl der Autoren, üblich, und die festgestellte Übereinstimmung mit »Kreisauer Gedanken« ist darauf zurückzuführen, daß Trott diese nicht nur genau gekannt, sondern sie auch selbst entscheidend beeinflußt und geprägt hat.[201] Er konnte hier an eigene, 1939 in New York skizzierte Vorstellungen anknüpfen.[202]

Mehrheitlich wiesen Adam von Trotts Vorschläge weit in die Zukunft und mochten noch lange als unrealistisch oder utopisch gelten. Aber im Rückblick von mehreren Jahrzehnten wird man sie bei Existenz einer Europäischen Gemeinschaft und eines Nordatlantikpakts anders beurteilen, ebenfalls seine von Visser 't Hooft überlieferten Stichworte wie Zollunion und einheitliche Währung.[203] Die Frage der Einschränkung staatlicher Souveränität, die Maßgabe für die Wirtschaft von Freiheit und Ordnung sowie seine früheren Anregungen einer europäischen Sozialgesetzgebung (»Magna Charta der Arbeit«) und eines gemeinsamen höchsten Gerichtshofs[204] haben an Aktualität noch nichts verloren. Um seinerzeit aus diesen einzelnen Ideen ein Gesamtkonzept zu entwickeln, hätte es einer von Trott gewünschten internationalen Diskussion bedurft.

Im Herbst 1943 dominierten jedoch ganz andere Probleme. Während seines zweiten Schwedenbesuchs (unter dem Vorwand ostasiatischer Expertengespräche) vom 27. Oktober bis 3. November 1943 schilderte Trott dem Chefredakteur Ivar Anderson schonungslos die immer schlechter werdende Lage in Deutschland. Die Moral der Bevölkerung sinke rapide, Verzweiflung und Hoffnungslosigkeit griffen um sich. In einzelnen Gegenden, etwa in Sachsen, sei daher der Nährboden für den Kommunismus günstig.[205] Das Regime hielte sich ausschließlich mit Gewalt aufrecht, Polizei und Gestapo würden immer härter durchgreifen. An einen Sturz Hitlers durch Himmler glaubte Trott nicht. Beide säßen »im selben Boot«. Die Widerstandskämpfer stünden jetzt vor der Entscheidung, vertraute er Anderson an, entweder »die Entwicklung der Dinge abzuwarten« und nach Zusammenbruch und Niederlage »das Bestmögliche aus dem Unvermeidlichen« zu machen oder so bald wie möglich den Regimesturz zu versuchen. Die Aussichten auf einen Erfolg beurteilte Trott mit großer Skepsis, da die Gefahr eines Bürgerkriegs drohe und die eigenen Kräfte zu schwach seien. Nur ein Angriff aus dem Westen könnte helfen, aber damit sei noch nicht so bald zu rechnen. Ein Abwarten würde außerdem Stalin in die Hände spielen. Personen, die ihn kennten, gingen davon aus, daß er sich einen russischen Einmarsch in Berlin nicht werde entgehen lassen. Es gäbe zwar Kräfte, die einer Kapitulation gegenüber Rußland das Wort redeten und von Stalin bessere Friedensbedingungen erwarteten als von den Westmächten, er aber glaube nicht an die Möglichkeit eines Separatfriedens mit Rußland. Als eigene Stellungnahme vermerkte Anderson in seinem Tagebuch, daß ein anderes Regime in Deutschland zwar nicht ein sofortiges Ende des Krieges herbeiführen, aber in England und Amerika eine starke Stimmung zugunsten des Friedens bewirken werde.[206]

Noch weniger Hoffnungen, daß die Westalliierten im Falle eines deutschen Regimewechsels vom Kriegsziel der bedingungslosen Kapitulation abrücken könnten, machte Trott der Außenminister-Rat Gunnar Hägglöf, der kürzlich in London gewesen war. Dank der Vermittlung von Inga Almström (einer Schwester Eva Carlgrens) konnte Trott in Stockholm bei einem geheimen Treffen auch mit zwei Engländern, Roger Hinks und James Knapp-Fisher, über die besagte Formel diskutieren. Beide traten offiziell als Presse-Attachés der britischen Gesandtschaft auf, waren jedoch für den Geheimdienst tätig. Wie Hinks sich später erinnert, führten sie zu dritt ein langes nächtliches Gespräch und waren sich dabei einig in ihrer Kritik an der bedingungslosen Kapitulation, da sie keine über das Kriegsende hinausgehende Perspektive eröffne.[207] In dem offiziellen Bericht, den Hinks seinerzeit nach London schickte, war davon allerdings nicht die Rede.[208] Harry Johansson und Ivar Anderson arrangierten eine Reihe weiterer Begegnungen für Trott,[209] darunter einen Termin beim schwedischen Außenminister Christian Günther.

Dieser teilte Anderson nachher mit, daß er von dem deutschen Besucher einen positiven Eindruck gewonnen habe und ihm zumindest in einem (nicht näher bezeichneten) Punkt eine ermutigende Auskunft habe geben können. Dieser hochrangigste Kontakt Trotts während des Krieges hätte in der Rolle eines Vermittlers für die Zeit nach dem Umsturz wichtig sein können.

Bei seinen Widerstandsaktivitäten konnte sich Adam von Trott auch in Deutschland auf Sympathisanten und Helfershelfer stützen, doch weiß man darüber wenig, und wenn, kaum Zuverlässiges. In wechselseitigem Interesse wurde solche Unterstützung geheimgehalten und war später schwer nachzuweisen, wenn man sich überhaupt zu ihr bekennen wollte. Eine besondere Rolle kam Alexander Werth, Trotts Kollegen im Auswärtigen Amt, wegen seiner unbedingten Verläßlichkeit zu. Obwohl Zeuge verräterischer Diskussionen, war er selbst, wie seine nachträglichen Berichte zeigen, nur spät und sehr begrenzt eingeweiht.[210] Mehr wußte offenbar Franz Josef Furtwängler, da er auch Moltke und Leber kannte. Er leistete Trott verschiedene Helferdienste, u. a. indem er heimlich Kontakte zu Vertretern ausländischer Zwangsarbeiter in Industriebetrieben herstellte.[211] Besonders heikel war die Gewinnung einer Sekretärin für die Arbeit des Widerstands, da man sie dadurch zur Mitwisserin machte und gefährdete. Inge von Binzer, die im Sonderreferat Indien für geheime Schreiben zuständig war, ließ Trott unverfänglich von seiner Schwester Vera nach Imshausen einladen und erkundigte sich anschließend bei ihr und seiner Mutter nach ihren Eindrücken. Ob sie dann auch Vertrauliches für ihn geschrieben hat, bleibt offen. Bei einem Besuch in Imshausen im Herbst 1942 verpflichtete Trott einen Franziskanerseminaristen aus Fulda, Gereon Goldmann, als Kurier. Die Zustimmung seines Bischofs, Johannes Dietz – zu ihm gab es eine Verbindung über Delp – hatte er zuvor eingeholt. Goldmann wurde seinen abenteuerlichen Erinnerungen zufolge mit verschlüsselten Botschaften nach Paris (zu wem, ist unbekannt) und später nach Rom (zu Albrecht von Kessel) geschickt, über deren Inhalte er aus Sicherheitsgründen nicht informiert war.[212] Das gleiche galt für Rosemarie Heyd-Burkart, die Anfang 1942 gelegentlich einer Reise aus der Türkei nach Berlin eine Botschaft Wilhelm von Flügges – er war in Istanbul für das Amt Ausland/Abwehr tätig – Trott überbrachte. Mehr als 50 Jahre danach berichtete sie lapidar: »Mit dem hab ich mich dann getroffen, im Café, und ihm das gesagt. Das war's.«[213] Eine diskrete und hilfreiche Sympathisantin war die Bildhauerin Dagmar Gräfin Dohna, die Trott schon seit langem kannte. Die Künstlerin fand an seinem Äußeren nicht nur die »sehr großen, etwas verschleierten graublauen Augen mit darüber zusammengewachsenen dunklen Brauen« auffällig, sondern auch, daß immer »eine verhaltene Melancholie über ihm lag«, selbst wenn er lebhaft und heiter war. In Kenntnis seiner politischen Einstellung beachtete sie ihm gegenüber strenge Spielregeln: keinen schriftlichen Austausch, keine verdächtigen Äußerungen am Telefon, keine unnötigen Fragen. Seine Einbindung in Umsturzpläne wurde ihr erst klar, als er sie dringend bat, »auf Hassell Einfluß zu nehmen, da er durch seine offenen Reden alle in Gefahr brächte«. Dagmar Dohna stellte ihr Atelier für Treffen zur Verfügung – im Dezember 1942 kamen dort Hassell, Yorck, Haeften und Trott zusammen[214] –, und bei ihr konnte man auch »wie in einem Hintertreppenroman« auf einem »gewissen Örtchen« vor ihrer Eingangstür Akten deponieren und abholen, ohne daß sie davon Kenntnis nahm.[215]

Wegen der zunehmenden Bombenangriffe auf Berlin hielt es Trott im Frühjahr 1943 für geraten, daß seine Frau, die ein zweites Kind erwartete, mit der kleinen, erst einjährigen Verena aufs Land zog. Zunächst verbrachten Mutter und Tochter einige Wochen im nahen Groß-Behnitz bei Ernst und Barbara von Borsig, aber Trott war der Meinung, daß seine Familie in sein heimatliches Imshausen gehörte. Clarita von Trott erinnert sich, wie »bitter schwer« ihr diese Trennung gefallen sei,[216] die nur noch seltene gegenseitige Besuche zuließ. Die Entscheidung für Imshausen habe sich jedoch als richtig herausgestellt, denn die vorgesehene Wohnung bei Borsigs wurde bald darauf requiriert, und im Imshäuser Herrenhaus hatten sie gerade noch unterkommen können, bevor dort jeder freie Raum mit Flüchtlingen aus dem Saarland belegt war. Trott versuchte seine unglückliche Frau zu trösten, indem er ihr Mut zu künftiger eigener Entfaltung zusprach: »Geliebte kleine Clarusch, sei nicht traurig […]. Wir dürfen es uns weder zu leicht noch zu schwer machen, sondern gerade so, wie es uns aufgegeben ist. Zwangsläufig ist es wohl so, daß wir einmal inmitten vieler Brandungen gemeinsam sehr fest stehen müssen, daß hierzu ich verharren und härter, schwerer, ›konzentrierter‹ werden – Du dagegen mancherlei aufholen, verarbeiten und zu sicherem, beherrschtem Besitz bringen mußt, wobei Du aus Eigenem beginnen, empfinden und leben mußt und ich Dir nur sehr mittelbar helfen kann. Du hast mehr zähe Kraft, Klarheit und sicheres Wollen, als Du Dir selbst zutraust, nimm sie in beide Hände.«[217] Mitte November 1943 hatte Trott besonderen Anlaß, seine Frau in Imshausen zu besuchen, am 9. war ihre zweite Tochter, Clarita, zur Welt gekommen.

Er konnte über die Verschickung seiner Familie aufs Land erleichtert sein, als sich Berlin im Spätherbst 1943 wahrhaft in einen Hexenkessel

Clarita mit Verena und Clarita d. J. (Frühjahr 1944)

verwandelte. Fünf britische Großangriffe zwischen dem 18. November und 3. Dezember legten weite Teile des Zentrums in Schutt und Asche, viele Menschen fanden den Tod, noch mehr wurden obdachlos. Es gab kein Wasser, keinen Strom, kein Brot. Am 24. November, nachdem sie an schier endlosen Reihen ausgebrannter, noch brennender, qualmender oder einstürzender Häuser vorübergelaufen war, sah Missie Wassiltschikow, daß auch ihr Arbeitsplatz, das Eckgebäude Kurfürstenstraße 137, in Flammen stand. Sie entdeckte Trott mit rußigem Gesicht auf den Treppenstufen das Nachbargebäudes sitzen; der Angriff hatte ihn am Vorabend noch im Büro überrascht, so daß er in der Innenstadt ausharren mußte. Das Geschehen interpretierte er auf seine ganz eigene Weise: »Die große, erwartete Heimsuchung beginnt«, schrieb er Clarita, »und fast sind Ereignisse willkommen, die wie diese die ganze Härte und den Ernst der Auseinandersetzung an uns herantragen.«[218] Doch das erhoffte Ende dieser Auseinandersetzung, der Zusammenbruch des Dritten Reiches, ließ noch auf sich warten.

Stauffenberg

Wegen der Zerstörungen durch die Bombenangriffe im November 1943 wurde die Belegschaft des Auswärtigen Amts größtenteils in den Ferienort Krummhübel im Riesengebirge evakuiert. Trott konnte sich dem jedoch entziehen und als Verbindungsmann in Berlin bleiben. Das war für ihn wichtig, denn die Vorbereitungen für einen Staatsstreich hatten erneut Fahrt aufgenommen. Der entscheidende Impuls ging von dem neuen Stabschef im Allgemeinen Heeresamt bei General Olbricht aus: Claus Schenk Graf von Stauffenberg. Offiziell trat dieser sein neues Amt im Bendlerblock am 1. Oktober 1943 an, Olbricht hatte ihn aber bereits drei Wochen vorher nach Berlin gerufen. Zielbewußt übernahm er nun einen zentralen Part bei der Umarbeitung und Ergänzung der Walküre-Befehle für den Umsturz. Als auslösender Faktor wurde der Tod Hitlers festgelegt. Stauffenberg war im April während seines Fronteinsatzes als Generalstabsoffizier einer Panzerdivision in Tunesien schwer verwundet worden. Er hatte dabei das linke Auge, die rechte Hand sowie die beiden letzten Finger der linken Hand eingebüßt. Seine vielseits bezeugte persönliche Ausstrahlung und sein souveräner Umgang mit den Behinderungen ließen deshalb allerdings keine Befangenheit aufkommen. Als Moltke ihn nach einem ersten Treffen seiner Frau beschrieb, erwähnte er diese gar nicht. Der ebenfalls anwesende Gerstenmaier erinnert sich: »Von dem Schwerversehrten ging eine Kraft der Anziehung aus, die ich mit angenehmer Verwunderung empfand und die mich seine Verletzungen völlig vergessen ließ.«[1] Olbrichts Sekretärin Delia Ziegler, die Stauffenberg tagtäglich erlebte, erschien sein »Stil und Wesen« als »im besten Sinne elegant«.[2]

Stauffenberg nahm Verbindung zu Ludwig Beck auf, mit dem er sich von nun an regelmäßig beriet; sein Vetter Yorck und Schulenburg machten ihn mit einer Reihe von zivilen Verschwörern bekannt. Über Werner von Haeften, seinen neuen Ordonnanzoffizier und Bruder von Hans Bernd, lernte Stauffenberg Trott kennen.[3] Wann genau ist nicht belegt; Delia Ziegler berichtete jedoch später, daß bald nach Stauffenbergs Versetzung ins Heeresamt Trott in ihrer Dienststelle »ein und aus gegangen« sei.[4] Es liegt nahe, daß die außenpolitische Lage und die daraus zu ziehenden Konsequenzen Dauerthemen ihrer Gespräche gewesen sind. Einzelne aus jener Zeit überlieferte Äußerungen beider weisen auch gewisse Übereinstimmungen auf.[5] Grundlegend für ihre Zusammenarbeit war jedoch ihre gemeinsame Überzeugung, daß Umsturz und Attentat unerläßlich seien.[6] Bereits vor dem Krieg hatte Trott als

Ziel erklärt: »to get rid of Hitler – Hitler loszuwerden«[7]. Dies schloß potentiell eine gewaltsame Lösung ein, ohne sie zu benennen. Im Kreisauer Kreis wurde die Frage des Tyrannenmords kontrovers diskutiert. Während Trott ein Attentat als Voraussetzung für den Regimesturz akzeptierte, teilten vor allem Yorck, Haeften und Steltzer die Bedenken Moltkes gegen einen »Meuchelmord«[8]. Angesichts von Massentötungen und Massenmorden durch Krieg und Verbrechen konnten die Befürworter nicht minder ethisch-moralisch argumentieren. Bonhoeffer, ein Unterstützer des Attentats, fundierte dies in seiner Ethik: »Die außerordentliche Notwendigkeit appelliert an die Freiheit des Verantwortlichen. Es gibt kein Gesetz hinter dem der Verantwortliche hier Deckung suchen könnte. [...] Zur Struktur verantwortlichen Handelns gehört die Bereitschaft zur Schuldübernahme und die Freiheit.«[9] Auf die Verantwortung hat sich auch Trott berufen. Der Franziskaner Goldmann zitiert ihn mit den Worten: »Weil wir Christen und Deutsche sind, bleibt uns kein anderer Weg.«[10] Das Auftauchen Stauffenbergs belebte unter den Kreisauern zugleich die Diskussion über den Umsturz, von dem Moltke zunehmend abgerückt war. In einem Brief Trotts an seine Frau von Ende November 1943 heißt es in Metaphernsprache: »[...] zum Schluß erregte Meinungsverschiedenheiten, ob man Wetter machen könnte, wobei ich die von Petrus vielleicht belächelte positive Meinung vertrat.«[11]

Die Kreisauer erlitten kurz hintereinander zwei schwere Schläge: Am 4. Dezember kam Carlo Mierendorff im Alter von 46 Jahren bei einem Bombenangriff in Leipzig ums Leben. Trott hat dieser Verlust sehr getroffen; Helmut Conrad berichtete er aus diesem Anlaß von seiner großen politischen Übereinstimmung mit ihm. Nur anderthalb Monate später, am 19. Januar 1944, wurde Moltke verhaftet. Der Anlaß war nebensächlich und stand mit seiner Widerstandstätigkeit in keinem Zusammenhang. Die Gestapo hatte herausgefunden, daß er einen Bekannten, den regimefeindlichen Otto Carl Kiep, vor Überwachung gewarnt hatte. Obwohl Moltke nichts Weiteres nachgewiesen werden konnte, wollte man den unbequemen Mitarbeiter der Abwehr nicht mehr in seine Stellung zurückkehren lassen. Mit dem Status eines Schutzhäftlings wurde er in das Konzentrationslager Ravensbrück verbracht. Trott und Moltke sahen sich am 16. Januar zum letzten Mal: Trott war gesundheitlich angeschlagen, und Moltke amüsierte sich über seine Grantigkeit. Doch dieser momentane Eindruck vermittelt nichts davon, was beide so wesensverschiedene Männer einander bedeutet haben. Die Abwesenheit Moltkes löste bei Trott ungeachtet anderer enger Kontakte »Einsamkeit«[12] aus. Und Moltke, ungeachtet allen Streits untereinander, nannte in seinem Abschiedsbrief vom Januar 1945 stellvertretend für die Zusammenarbeit der Kreisauer drei Vornamen: »Adam und Peter und Carlo«[13].

Anfang des Jahres 1944 geriet auch Trott in große Bedrängnis. Ähnlich wie bei Moltke war es ein Akt der Hilfsbereitschaft, der ihn in Gefahr brachte. Noch vor dem Krieg hatte er einen jungen Mann namens Erich Vermehren bei seiner Bewerbung um ein Rhodes-Stipendium unterstützt und ihn später als Mitarbeiter Leverkuehns in der Abwehrstelle Istanbul wiedergesehen. Vermehren suchte Trott während eines Heimaturlaubs im Dezember 1943 auf und bat ihn, seiner Frau bei der Beschaffung eines Passes für die Türkei zu helfen. Ein Gestapo-Vorbehalt gegen ihre Familie – die Eltern waren wegen heimlicher Verbreitung der Papst-Enzyklika »Mit brennender Sorge« zeitweilig in Haft gewesen – bildete dafür ein Hindernis. Trott versagte sich der Bitte nicht und erreichte, daß Elisabeth Vermehren einen inoffiziellen Auftrag des Auswärtigen Amts und damit einen Dienstpaß erhielt. Doch das Ehepaar dankte es ihm schlecht. Denn kaum war die Frau in die Türkei eingereist, liefen beide Ende Januar zu den Briten über. Mit Hilfe des britischen Militärattachés gelangten sie nach Kairo. Das Ereignis schlug hohe Wellen. Die Familienangehörigen wurden in Sippenhaft genommen und Trott im Reichssicherheitshauptamt mehreren Verhören unterzogen. Wurde er der Beteiligung am Geheimnisverrat angeklagt, würde es schwer sein, Gegenbeweise vorzulegen. Aber er kam glimpflich davon. Seine unaufgeregt-sachliche »Aufzeichnung«[14] (übrigens ohne jeden Vorwurf gegen Vermehren) dürfte seine Entlastung begünstigt haben.

Die Pechsträhne setzte sich fort. Wie schon im November 1943 konnten auch in den ersten Monaten 1944 verschiedene Attentatspläne nicht realisiert werden. Zwar boten sich einzelne junge Offiziere zum Selbstopfer an, aber sie kamen nicht in Hitlers Nähe. Oberst Stieff hatte diesen Zugang, sah sich jedoch zu der Tat nicht imstande.

Die verheerenden Bombenangriffe gingen weiter. »Berlin hat, besonders um die Monatswende, einmal wieder einige apokalyptische Stunden hinter sich«, teilte Trott am 10. Februar lapidar seiner Mutter mit. »Die Menschen sind von einer erstaunlichen Fassung und Leidensbereitschaft, selten hört man Klagen, und doch ist das Elend […] handgreiflich. Ruinen über Ruinen.«[15] Ende März traf ihn die Nachricht, daß seine Sekretärin Hilde Walter mit Eltern und Schwester von brennenden Trümmern eines großen Mietshauses verschüttet wurde. Mit dem Kollegen Leipoldt suchte er die Stätte auf und sah »mit immer mehr schwindenden Hoffnungen einem Bagger zu, der nur dampfenden Schutt zutage förderte«.[16]

Noch nach Tagen waren die Toten nicht geborgen. Trott vermißte seine in jeder Hinsicht zuverlässige Sekretärin tagtäglich bei der Arbeit. An Clarita, die sie auch kannte, schrieb er einem Nachruf gleich: »Sie war ein edler, aufopfernder und treuer Mensch, dessen Hilfe für mich in den letzten Jahren mehr bedeutet hat als wahrscheinlich auch Du ermessen kannst.«[17]

Auch von der Front kamen ständig Todesmeldungen. Freunde, Bekannte, Nachbarn, Kollegen sowie acht seiner Vettern und Neffen fielen. In dieser Allgegenwart des Todes sah Trott eine Herausforderung des Glaubens. »Die Zwiegespräche mit dem Tode, die Gott uns heute lehren will«, schrieb er im März 1944, »sollen wir wohl nicht zaghaft, sondern entschlossen führen und daraus einen festeren Grund in unserm weiteren Dasein finden.«[18] Das Christentum hatte Trott schon früh als potentielles Gegengewicht zum Nationalsozialismus aufgefaßt,[19] doch scheint diese Einstellung sein persönliches Verhältnis zu Religion und Kirche zunächst wenig beeinflußt zu haben. Erst in der Auseinandersetzung mit der konfuzianischen Philosophie vergewisserte er sich von neuem seines Glaubens an einen gnädigen Gott,[20] und dies war und blieb sein religiöses Fundament. Als seine beiden Brüder 1941 zum Katholizismus konvertierten, verhielt er sich eher reserviert. Dazu bewogen ihn weniger Vorbehalte gegenüber der anderen Konfession als eine innere Distanz zur Kirche: »Gewiß ist eines mehr als alles andere notwendig – die Erneuerung aus der Gnade und aus dem Glauben – und soweit sie dazu hinführen mag, gewiß auch die Kirche. Aber noch begegnet mir diese nicht, wie Ihr sie seht«[21], schrieb er Werner. Unabhängig davon plagte ihn eine tiefsitzende und wohl nicht ganz vorurteilsfreie Abneigung gegen »sentimentale Pietisterei«[22], gegen »naive Frömmigkeit, die auf Trägheit, wenn nicht sogar Feigheit beruht«[23] sowie gegen »innere Preisgabe«. In einem Brief an Clarita vom Sommer 1944 bekannte er: »In der Frömmigkeit wie in der Liebe gibt es ein Extrem der inneren Preisgabe, das ich zutiefst scheue und für pflichtwidrig halte.«[24]

Über Glaubensdinge tauschte sich Trott lange Zeit fast nur mit seiner Mutter aus, deren Christlichkeit er hoch achtete. Unter seinen Freunden waren nur selten bekennende Christen oder gar Kirchgänger. In dieser Hinsicht stellte die Zugehörigkeit zu den überwiegend stark christlich geprägten Kreisauern eine neue Erfahrung für ihn dar. Auch wenn er aufgrund fehlender Sachkenntnis zu theologischen Diskussionen wenig beitragen konnte, vertiefte sich sein Glaube, wie Gerstenmaier beobachtete, unter dem Eindruck der Kreisauer Gemeinschaft: »Unvergeßlich ist mir seine nachdenkliche Antwort auf meine Frage, was er denn unter

Christentum verstehe. Er sagte ›Erleuchtung und Brüderlichkeit‹.«[25] Die Atmosphäre des Treffens in Kreisau zu Pfingsten 1943 erlebte Trott als »wahrhaft pfingstlich«[26]. Darüber hinaus ließ er sich zu Gottesdienstbesuchen und zur Bibellektüre anregen. »Mit großem inneren Gewinn lese ich jetzt Jeremias«, schrieb er im Juni 1944, »und freue mich, in dieser gewaltigen Stimme einen Grundton unseres eigenen Zeiterlebens aufklingen zu hören.«[27] Etwa zur gleichen Zeit von einem Theologen nach seiner religiösen Selbsteinschätzung gefragt, antwortete Trott: »Noch bin ich kein Christ, aber ich hoffe einer zu werden.«[28]

Wochenlang wurde Trott im ersten Vierteljahr von Krankheiten geplagt – zweifellos Symptome innerer und äußerer Überstrapaziertheit. Zu einer Grippe traten Ischiasbeschwerden, die ihn mehrere Tage bewegungsunfähig machten. Und eine rebellierende Leber, seine Schwachstelle seit der Gelbsucht 1940, verschaffte ihm zeitweilig den Eindruck, nur noch dahinzuvegetieren. Da traf es sich gut, daß Trott seit Jahresbeginn in Emma eine energische Haushälterin hatte, die nun tatkräftig seine Pflege in die Hand nahm. Anfang März war er schon auf dem Wege nach Schweden, als ihn ein neuerlicher Grippeanfall mit hohem Fieber auf dem Flughafen zur Rückkehr zwang.

Während seiner Genesung, aber auch sonst bildete Lektüre Trotts Lebenselixier. In seinen Briefen der Jahre 1943/1944 erwähnte er als eindrückliche Leseerfahrungen u. a. Steinbecks »The Pastures of Heaven«, Claudels »Der seidene Schuh«, Bernanos' »Die Sonne Satans«, Hardys »Jude, the Obscure«, Erzählungen Tolstois und das erst kürzlich erschienene Kriegsbuch Richard Hillarys, »The Last Enemy«.[29] Seine andere Freudenquelle war Musik, die er im Radio oder auf Schallplatten hörte, mit besonderer Vorliebe für Konzerte von Beethoven und Mozart. Von ihrem letzten Besuch im Frühjahr 1944 erinnert sich Chris Bielenberg, eine Mozart-Schallplatte auf dem Grammophon liegen gesehen zu haben, das Requiem.

Am 13. März trat Trott die einwöchige Reise nach Schweden dann doch an und fand, daß »Stockholm fast augenblicklich Wunder wirkte«[30]. Auf Drängen der Familie Carlgren ließ er sich von Nanna Svartz, »der berühmtesten, einschlägigen Kapazität Schwedens«[31], untersuchen. Die Ärztin wollte ihn wegen seines Erschöpfungszustands und zur Kontrolle der Leber im Karolinska-Krankenhaus dabehalten, aber Trott lehnte das unter Hinweis auf seine Aufgaben in Deutschland als unmöglich ab. Noch Jahrzehnte später bekümmerte es Nanna Svartz, daß sie ihn nicht zum Bleiben habe überreden können.[32]

Nach der langen Krankheitsperiode hatte Trott in Schweden, wie er seiner Frau schrieb, »endlich einmal wieder das Gefühl, mich nützlich zu betätigen«[33]. Außenminister Günther empfing ihn ein zweites Mal. Mit Anderson und Sverker Åström, bis 1943 Attaché an der schwedischen Gesandtschaft in Moskau, erörterte Trott das eventuelle Verhalten Stalins im Falle eines Regimesturzes in Deutschland. Gegenüber Anderson deutete er gewisse Hoffnungen auf einen Sonderfrieden im Osten an[34] und nahm mit Interesse die Meinung eines schwedischen Experten auf, daß eine Einigung der beiden Diktatoren »unter keinen Umständen« zu befürchten sei. Sorgenvoll äußerte sich Trott über die politischen Folgen der Luftangriffe, da sie die »innere Front« befestigten anstatt aufzulösen. Fatal würde sich auch die unterschiedslose Fortsetzung der Angriffe nach einem Regimewechsel auswirken.[35] Anderson versprach, diese Probleme an geeigneter Stelle vorzubringen. Ein direkter Kontakt Trotts zu Engländern kam bei diesem Schwedenbesuch nicht zustande.[36] Einzelnen Briten an der Stockholmer Gesandtschaft, die sich mit ihm treffen wollten, wurde dies aus London mit dem Hinweis auf die bedingungslose Kapitulation untersagt.[37] Als Ersatz faßte Inga Almström Trotts Ansichten einige Tage nach seiner Abreise in einem Memorandum zusammen.[38] Der ihr gut bekannte britische Gesandte, Sir Victor Mallet, leitete es an das Foreign Office weiter und bewies damit indirekt Verständnis für die Sache der deutschen Widerstandskämpfer.[39]

Die Denkschrift ging zunächst auf die Luftangriffe ein. Die deutsche Bevölkerung könne verstehen, heißt es dort, wenn diese auf Industrieziele gerichtet seien, nicht aber die nächtliche Bombardierung der Städte. Sie stärkten allein Hitlers Sache, da alle Hilfe für die Ausgebombten in den Händen der Partei läge, deren Vertreter nun als »zivilisierte Menschen« erschienen, die sich »der Nächstenliebe« befleißigten. In weiteren Punkten wurde die Notwendigkeit einer Besetzung Deutschlands durch die drei Alliierten anerkannt, aber gebeten, den Deutschen mitzuteilen, was ihnen bevorstehe. Sie sollten erfahren, daß sie selbst bei einer Verkleinerung des Landes unterhalb der Grenzen von Versailles nicht versklavt würden. Unterstrichen wurde die Bedeutung der deutschen Militäropposition, die allein einen Umsturz herbeiführen könnte und zudem bereit sei, den Vormarsch der Alliierten nach der Landung wesentlich zu erleichtern. Zur Vermittlung könnte Trott jederzeit unter dem Vorwand ärztlicher Behandlung nach Stockholm kommen.[40] Doch weder das Anerkenntnis der Niederlage vor der Errichtung der Zweiten Front noch das Angebot, im Interesse eines baldigen Kriegsendes diese zu unterstützen, fanden im Foreign Office ernsthafte Beachtung. Die Kommentare liefen darauf hinaus, Trott für einen Geheimdienstagenten zu halten, dessen Argumente gefährlich seien. Überlegt wurde allein, auch von Außenminister Eden, ob nicht doch eine Erklärung für das deutsche Volk sinnvoll sei.[41]

In der zweiten Aprilhälfte reiste Trott für sechs Tage in die Schweiz. Nie vorher hatte er so lange warten müssen, bis die Schweizer Behörden seinen Visumantrag bewilligten. Er fühlte sich schlecht, litt unter Schlaflosigkeit und war abgehetzt. Nur vom Zug aus konnte er »die Landschaft in Ruhe bewundern«, sich am »unvergleichlichen Blick auf den Genfer See« erfreuen.[42] In Bern gelang ihm jedoch erneut ein indirekter Kontakt zur OSS-Dienststelle, ohne zu wissen, daß er dort bereits unter der Code-Nummer 800 als Mitglied einer »Breakers« genannten Widerstandsgruppe registriert war. Dulles nahm diese inzwischen ernst. Da Trott aus Sicherheitsgründen ihn nicht persönlich aufsuchen konnte, nutzte er die geheime Vermittlung von dessen Mitarbeiter Gero von Schulze-Gaevernitz.

Der Text, den dieser für Dulles anfertigte, ging mündlich oder schriftlich auf Trott zurück. Wie im Vorjahr wurde darin aus taktischen Gründen das Verhalten der Alliierten kontrastiert: »Von Rußland kommen dauernd konstruktive Ideen und Pläne [...] Im Vergleich dazu haben die demokratischen Länder der Zukunft von Zentraleuropa nichts zu bieten.« Hingewiesen wurde auf die sowjetisch unterstützte Gründung des *Nationalkomitees Freies Deutschland* (NKFD) und auf ein Vordringen des kommunistischen Einflusses allgemein. Wegen dieser Einseitigkeit sei zu befürchten, »daß die Demokratien den Frieden verlieren werden, selbst wenn sie auch einen militärischen Sieg erringen, und daß die augenblicklich in Zentraleuropa vorhandene Diktatur nur gegen eine neue vertauscht wird«[43]. Die Schrift war ausdrücklich als Botschaft »der deutschen Arbeiterführer« abgefaßt, mit denen Julius Leber und Wilhelm Leuschner gemeint waren. Von ersterem weiß man, daß er Trott beraten hat.[44] Verschiedene Anregungen (nicht etwa Forderungen) der Arbeiterführer – sie konnte man nicht als reaktionär abweisen – dienten dem Ziel, mit den Westmächten ins Gespräch zu kommen. Dulles hat darüber nach Washington berichtet, doch erneut blieb eine Reaktion aus. In den USA wurden zwar ähnliche Argumente vorgebracht[45] – was Trott dank seines Zugangs zu westlichen Presseorganen bekannt gewesen sein dürfte –, aus Deutschland aber waren sie unerwünscht wie auch jede Anknüpfung von Kontakten dorthin.

Als einen »Kummer, der fast mehr als alles andere an meiner Kraft zehrt«[46], empfand Trott die gestörte Beziehung zu seinem Bruder Werner. »Seine innere Lebensweise steht zu der meinen wie Feuer und Wasser, und doch scheint das eine Element dem andern so nötig«[47], begründete er dies. Unter den extremen äußeren Bedingungen der letzten Kriegsjahre trat die Gegensätzlichkeit der Brüder um so schärfer hervor. Versöhnliche Phasen wurden immer wieder von heftigen Zusammenstößen unterbrochen. »Jeder von uns meint, daß irgendeine Wandlung in dem Andern der Möglichkeit des Verstehens vorausgehen müßte; er, daß ich mich zur rückhaltlosen Hingabe entscheiden – ich, daß er seinen Zugriff auf persönlichste Entscheidungsbereiche unterlassen müßte«[48], erläuterte Adam seiner Mutter im März 1943 den Konflikt. Ein Jahr später, als Werner trotz schlechten Gesundheitszustands nach Berlin dienstverpflichtet wurde, berichtete Adam ihr: »Es wird ihm so schwer, hier Fuß zu fassen, und ohne seine Familie fühlt er sich heimatlos und entwurzelt. Seine Stellung zur Welt beruht auf bestimmten Ansprüchen und Sorgen, die andere für ihn übernehmen müssen. [...] Aber meine Kräfte reichen irgendwie nicht dazu, das mit dem gegenwärtigen Leben hier zu vereinbaren.«[49] Nach einer erneuten schweren Auseinandersetzung der Brüder vertraute sich Adam der Mutter in ähnlicher Weise an wie sie sich einst ihm.[50] Werners »Zügellosigkeit und Ichsucht« würden ihn so sehr abstoßen, erklärte er, daß er dessen »großes Leiden und edles Wollen immer wieder verkenne«. Er vermöge es nicht, »in diesem mir als Prüfung und Anfechtung bestimmten Verhältnis Instrument höherer Kräfte zu werden«.[51]

Mit Heinrich erging es ihm nicht viel besser, zumal dieser ganz auf Werner fixiert war. Trotz der intensiven Bemühungen Adams, in seinen Briefen die Denkweise und Begrifflichkeit des jüngeren Bruders zu treffen, blieb dieser ihm gegenüber verschlossen und verhärtet. Ihr letztes Zusammensein Ende April 1944 hinterließ bei Adam einen traurigen Eindruck. Der Mutter schrieb er: »Er (Heinrich) bringt meiner Lebensart ein so tiefes Vorgefühl ihres Unwertes und Unrechtes entgegen, ist so wenig gewillt und in der Lage, einmal von seiner eigenen abzusehen, daß kaum mehr als eine stockende Unterhaltung zustande kam.«[52] Obwohl ihn das Mißtrauen seiner Brüder schmerzte, verzichtete Adam von Trott darauf, sie in die Verschwörung und seine Rolle einzuweihen. Er hätte beide, die ganz von ihrem eigenen Geschick absorbiert waren, unnötig belastet und gefährdet.

»Als ich so über das Meer und die Wolken in das düster umdrohte Deutschland zurückflog, erfüllte mich von neuem eine tiefe Liebe und Freude, in dieser schweren Zeit gerade hierher gestellt zu sein und für unsere Heimat mitzukämpfen. Ich glaube, daß mich keine Beziehung zu irgendeinem Menschen so tief bindet wie dieses und daß hierfür besser und brauchbarer zu werden, meine erste Pflicht ist.« Dies bekannte Adam von Trott seiner Frau im März 1944 nach der Rückkehr aus Schweden. Clarita brauchte keine Erläuterung, an welcher Front und mit welchem Ziel er für sein Land kämpfte, dennoch befürchtete er, daß seine Worte zu »bombastisch« oder nach einem »gefährlichen Egoismus« klangen. Daher stellte er seinen inneren Antrieb in einen größeren Zusammenhang: »Die eigene, eigentliche Aufgabe zu erkennen, befreit und gibt dem Leben Halt und klare Wahl in den mannigfach verwirrten Prinzipien und Werten, die die Horizonte des modernen Weltbürgers erfüllen. Wir sollen in diesem die Last und seelenbedrängende Verengung des vorigen Jahrhunderts abwerfen und durch harte Prüfung und Arbeit ein neues Lebensgebäude errichten. Noch stehen wir in den Anfängen, aber in den Grundrissen der Ruinen zeichnet sich die Aufgabe schwarz und klar ab.«[53] Seinen politischen Entwürfen entsprechend hielt Trott diese Aufgabe unverändert für eine europäische. Er vertrat die Ansicht, daß Europa 1914 nicht untergegangen sei, sondern um »eine neue, adäquate Form der Daseinsbewältigung ringe«.[54] Doch trieb ihn sein Denken auch über Europa und über Politik hinaus, wenn er sich etwa fragte, ob es nicht einer weitgespannten »Weltreligion« bedürfe, die »alle Weltvölker« achte und begreife.[55]

Den Deutschen, äußerte Trott, werde »die ›Idee‹ immer wieder zur Gefahr«, da den »großen Ideen und Begriffen die unmittelbare Wahrheit der Existenz« fehle. Als Gegenpositionen würdigte er die asiatische Weisheit und das Denken des Westens, »die Kraft des empirischen, skeptischen, ja oft auch sensualistischen Denkens der Angelsachsen und – anders – der Franzosen«.[56] Da er in sich stets »eine deutsche und eine englische Position vereinen oder gegeneinander austragen zu müssen«[57] glaubte, litt Trott unter dem Abgeschnittensein von seiner zweiten geistigen Heimat, entbehrte er den Gedankenaustausch mit englischen Freunden. Wie sehr, zeigte sein Bedauern über das Erwachen aus einem Traum, in dem er ein fesselndes Gespräch mit dem Master von Balliol führte.[58] Als Zeichen aus unerreichbarer Ferne erschienen ihm eine Grußkarte David Astors im Januar 1944 – sie war ein halbes Jahr unterwegs – sowie eine im März vom Roten Kreuz übermittelte Anfrage vom Rhodes House nach seinem Ergehen. Auch mit Stafford Cripps fühlte er sich weiterhin verbunden und soll im Hinblick auf den bevorstehenden Umsturz zum Kollegen Furtwängler gesagt haben: »Was soll denn sonst der Cripps von mir denken? Daß ich den ganzen Krieg hier nur Beamtenarbeit getan habe?«[59]

Ein Kern der Kreisauer blieb miteinander in Kontakt, wobei Yorck eine zentrale Rolle behielt. Paulus van Husen, dessen Wohnung nun vermehrt als Treffpunkt diente, gewann den Eindruck, daß »nach der Verhaftung Moltkes wegen der ständig wachsenden Spannung« die Zusammenkünfte nicht seltener und sogar intensiver gewesen seien als vorher.[60] Trott und Haeften trafen sich auch außerhalb des Dienstes oft. Die Absicht des Auswärtigen Amts, den Freund und Mitverschwörer eventuell nach Paris zu versetzen, rief bei Trott Betrübnis hervor. Dies wurde jedoch aufgeschoben, da Haeften wegen eines Magenleidens Ende April eine Kur antreten mußte, während seine Frau kurz vor der Entbindung ihres fünften Kindes stand. »Ich denke sehr an ihn und was ihn jetzt alles bewegen muß«, schrieb Trott an Clarita. »Auch fehlt er uns sehr.«[61]

Der Kontakt mit Stauffenberg und anderen Offizieren in seinem Umfeld mag Trotts Ansicht im Frühjahr 1944 befördert haben, daß er »vor zwei Jahren hätte Soldat werden sollen«. Beim Abwägen zweier Übel hielt er jetzt den Militärdienst für das geringere gegenüber dem Auswärtigen Amt und seiner Tätigkeit dort. »Und doch muß manch einer ja an noch schlimmeren Drehbänken aushalten«[62], räumte er in einem Brief an Clarita ein. Ob aber die Entscheidung für die Soldatenexistenz das bessere Übel gewesen wäre, ist fraglich. An einer »schlimmeren Drehbank« stand, wie er vermutlich wußte, Stauffenberg. Als Stabschef im Allgemeinen Heeresamt war er dafür zuständig, Ersatz für die Ostfront zu beschaffen. Annabel Siemens, einer jungen Verwandten, die ihm in seinem Berliner Haushalt half, vertraute Stauffenberg eines Morgens an: »Jetzt muß ich wieder an meinen Schreibtisch und Zehntausende in den sinnlosen Tod schicken.«[63]

In diesen letzten Lebensmonaten wurde nach Trotts eigenen Worten Claus Stauffenberg sein »nächster Freund«. Er sah in ihm einen »wundervollen Mann« von außergewöhnlicher Intelligenz, Vitalität und Energie.[64] Für ihn verkörperte Stauffenberg sozusagen den Retter aus der Not. Nach so vielen vergeblichen Versuchen und Rückschlägen in den letzten Jahren brachte dieser »hoch befähigte und feurige Offizier die festgefahrene Situation« wieder in Bewegung. Diese knappe Beschreibung vertraute Trott Clarita auf einem Spaziergang in Imshausen zu Ostern 1944 an, ohne den Namen zu nennen.[65] Delia Ziegler, die oft beide zusammen in ihrer Dienststelle erlebte, nahm umgekehrt auch Trott als »besonders guten Freund« Stauffenbergs wahr.[66] Neben ihren ständigen Treffen in der Bendlerstraße und einzelnen in seiner Wohnung kam Stauffenberg wiederholt in die Rheinbabenallee. Den späteren Aussagen seines Fahrers zufolge besuchte er Trott dort siebenmal für jeweils drei, vier Stunden.[67] In Trotts Briefen an Clarita finden sich ein paar versteckte Hinweise darauf: »Mich umfängt eine Welt von angespannter Arbeit und mehr als Kameradschaft, ungemein hilfreich und anspornend, so daß ich nur dankbar sein kann.« – »Emma, in der Küche hantierend, das Abendessen für mich und einen guten Freund bereitend« – »Unterdessen war mein Besuch, ein besonders erfreulicher, hier und ist zu Tee und Abendbrot geblieben.«[68] Bei einem Besuch nötigte ein Bombenangriff beide zu einem Aufenthalt im Luftschutzkeller des Hauses.

Stauffenberg

Stauffenberg und Trott haben beide bekanntermaßen durch ihre Erscheinung und Ausstrahlung eine anziehende Wirkung auf andere Menschen ausgeübt, so daß es nicht erstaunt, wenn dies auch gegenseitig der Fall war. Ihre Freundschaft war jedoch keineswegs selbstverständlich, denn ihre Lebenswege und Anschauungen unterschieden sich sehr. Nichts hatte Trott ferner gelegen als eine militärische Laufbahn. In ihm schlug kein Soldatenherz wie in Stauffenberg, er war durch und durch Zivilist.[69] Von ihm ist auch nicht bekannt, daß er sich jemals für Stauffenbergs »Meister«, den Dichter Stefan George, begeistert, ja überhaupt interessiert hat. Ob nun auf seine Einstellung zu sozialistischen Ideen oder auf seine frühe Gegnerschaft zum NS-Regime bezogen, politisch stand der zwei Jahre jüngere Trott ziemlich weit links von Stauffenberg. Und auch in seiner internationalen Ausrichtung hob er sich deutlich von diesem ab. Beide waren jedoch aufgeschlossen, undogmatisch und innerlich unabhängig genug, um ihre Unterschiede nicht als trennend zu empfinden. Schwerer wog ohnehin das, was sie jetzt verband: der Einsatz für den Sturz des verhängnisvollen nationalsozialistischen Regimes. Von dieser Aufgabe waren beide ganz und gar durchdrungen. In welcher Weise sie sich gegenseitig beeinflußt haben, ist bei einer Freundschaft im Zeichen geheimer Konspiration wenig faßbar. Das Interesse Stauffenbergs für sozialpolitische Fragen aber könnte durchaus von Trott angeregt worden sein, wie er auch an dessen Zusammenarbeit mit dem Sozialdemokraten Julius Leber beteiligt war. Beide favorisierten Leber als künftigen Regierungsschef.

Über Stauffenberg kam Trott auch mit General Olbricht in engen Kontakt. Beide dürften sich gegenseitig über die Umsturzplanungen bzw. die außenpolitische Situation unterrichtet haben. Olbrichts in die Verschwörung nicht eingeweihte Sekretärin, Delia Ziegler, wunderte sich darüber, daß Trott soviel Dienstliches mit ihrem Chef zu besprechen hatte. Seine häufigen Besuche im Allgemeinen Heeresamt waren jedoch ungefährlich, da Ein- und Ausgang nicht von der Gestapo kontrolliert wurden. Auch mit Stauffenbergs Ordonnanzoffizier Werner von Haeften traf er sich öfter. Wenn Trott im Mai nach Imshausen schrieb: »Draußen ist ein herrlicher Tag, und ich will dann gleich aufbrechen und mit Peter Y[orck] und Bruder Haeften segeln gehen«,[70] so diente dieser Segelausflug auf dem Wannsee nicht ausschließlich dem Vergnügen, denn nirgends konnte man ungestörter konspirative Gespräche führen als dort.

Im Mai hatte Trott eigentlich nach Schweden reisen wollen. Doch in der dortigen Presse war ein gefährlich indiskreter Artikel erschienen, in dem es hieß, »ein deutscher Diplomat und früherer Rhodes-Stipendiat« habe in geheimer Friedensmission mit der britischen Seite Gespräche geführt. In Deutschland scheint der Artikel unbemerkt geblieben zu sein,[71] dennoch hielt es Trott für geraten, sein Vorhaben aufzuschieben. Statt dessen wollte er in Italien ein Treffen mit Albrecht von Kessel nachholen, den er im April in der Schweiz verpaßt hatte. Er verschaffte sich einen Auftrag zu seinem einstigen Vorgesetzten Rahn nach Fasano am Gardasee, wo dieser jetzt als Botschafter in Mussolinis Marionettenstaat fungierte. Trotts vorgeschobenes Dienstgeschäft entfiel jedoch, da Rahn frisch operiert im Krankenbett lag. Mit Kessel, der seit Sommer 1943 im Vatikan unter Botschafter Ernst von Weizsäcker tätig war, traf er sich um den 20. Mai in Venedig. Kessel war erschrocken über Trotts schlechtes Aussehen, ein deutliches Anzeichen seiner physischen und psychischen Erschöpfung, und überredete ihn, ein paar Tage zu bleiben. »Er sträubte sich und meinte, er sei zu nervös und mißgestimmt, um irgendetwas zu genießen. Nach 24 Stunden aber hatte ihn Venedig völlig in seinen Bann geschlagen«,[72] erinnert sich Kessel. Zwar waren wegen des Kriegszustands in Italien[73] alle Paläste und Museen geschlossen, aber die Schönheit der Stadt tat auch so ihre Wirkung. Zu Kessels Freude, auch noch in seinem Rückblick spürbar, »schmolz Trotts innerer Widerstand rasch dahin, noch nie hatte ich ihn so entspannt und froh gesehen, es war etwas Vollendetes an ihm, so daß die Menschen stehen blieben, um ihm nachzuschauen.«[74] Ihre Gespräche drehten sich allerdings um ernste Gegenstände, denn Trott hatte viel Negatives zu berichten: über Attentatspläne, die nicht realisiert werden konnten, und über seine vergeblichen Bemühungen, von den Briten wenigstens die Zusage zu erhalten, nach einem Sturz des Regimes die Luftangriffe auf Berlin nicht fortzusetzen.[75] Da die Einnahme Roms durch die Alliierten unmittelbar bevorstand, hoffte Trott, daß Kessel Wege finden werde, zu den Amerikanern Beziehungen anzuknüpfen. Seine Frage, ob die Verschwörer trotz »der verzweifelten Ausgangslage«[76] handeln sollten oder nicht, beantwortete Kessel positiv. Daß Trott dies von ihm erwartet und erhofft hatte, vermutete er nachträglich wohl zu Recht.

Auf dem Rückweg machte Trott in Imshausen Station und verbrachte dort das Pfingstfest am 28./29. Mai bei seiner Familie. Er sah damals seine Mutter und seine beiden kleinen Töchter zum letzten Mal.

Am 6. Juni 1944 landeten die Alliierten an der Küste der Normandie. Einer der vielen, die sehnlichst darauf gewartet hatten, war Adam von Trott. In einem Brief an Clarita hatte er vier Wochen zuvor »das Kommen oder Ausbleiben der großen Invasion« erwähnt und, alle Vorsicht vergessend, hinzugefügt, daß er »das letztere fürchte«[77], da es eine weitere Verlängerung des Krieges bedeuten würde. Diese Sorge war nun entfallen. Aber es galt zu entscheiden, ob das Ereignis die Umsturzpläne betreffen sollte oder nicht. Stauffenberg vergewisserte sich über einen Vertrauensmann der Meinung Henning von Tresckows als einem der Hauptverschwörer. Tresckow vertrat die Ansicht, daß Attentat und Staatsstreich unbedingt und »um jeden Preis« erfolgen müßten, und soll zur Erläuterung gesagt haben: »Denn es kommt nicht mehr auf den praktischen Zweck an, sondern darauf, daß die deutsche Widerstandsbewegung vor der Welt und vor der Geschichte den entscheidenden Wurf gewagt hat. Alles andere ist daneben gleichgültig.«[78] Stauffenberg versicherte Tresckow seiner Übereinstimmung, daß »gehandelt werden müsse, koste es, was es wolle«[79]. Als Ausspruch Stauffenbergs von Anfang Juli wurde überliefert, daß es fraglich sei, ob es gelinge, »aber schlimmer als eine mißlungene Erhebung« sei, »der Schande und dem lähmenden Zwang zu verfallen«; »nur durch das Handeln« sei »innere und äußere Freiheit zu gewinnen«.[80]

Bis zuletzt war Trott darum bemüht, jede sich bietende Verbindung zu den Alliierten zu nutzen. Seit zwei Jahren stand er in Kontakt mit Philippe Mottu, einem jungen Referenten im Schweizer Außenministerium. Während seines letzten Aufenthalts in Bern hatte er erfahren, daß Mottu als

Aktivist der Bewegung *Moral Re-Armament* in die USA zu reisen beabsichtigte. Sie vereinbarten gegenseitige Unterstützung. Mottu sollte bestimmten amerikanischen Persönlichkeiten mündlich geheime Botschaften überbringen, während Trott ihm und seiner Frau Hélène ein Durchreisevisum durch Frankreich nach Portugal verschaffte. Mitte Juni trafen sie sich in Stuttgart, wo Trott unter vier Augen Mottu die Informationen der Verschwörer auswendig lernen ließ.[81] Er hatte aber auch für eine freundliche Aufnahme der Schweizer gesorgt. Im gastlichen Haus des Möbelhändlers Willy Knoll kam das Ehepaar u. a. mit Gerstenmaier und Schönfeld zusammen und erfuhr in diesem Kreis mehr über die Hintergründe des Widerstands. Clarita von Trott war ebenfalls anwesend. Sie hatte vorher ihren Mann eine Woche in Berlin besucht und erlebte ihn zuletzt bei dem Stuttgarter Treffen »ferner als sonst, nur schwer erreichbar, tief absorbiert von dem, was er zu leisten hatte«.[82] Gemeinsam fuhren beide mit dem Zug zurück; in Erfurt mußte Clarita umsteigen. Sie sollten sich nie wiedersehen.

Kurz darauf reiste Trott vom 19. bis zum 26. Juni[83] ein weiteres Mal nach Schweden. Nicht anders als die Schweiz war dieses neutrale Land längst zum beliebten Operationsgebiet für Geheimdienstagenten, Diplomaten, Journalisten und Geschäftemacher verschiedener Länder geworden. Überall mußte man gewärtig sein, an die falschen Personen zu geraten oder sich der Beobachtung, wenn nicht gar Überwachung auszusetzen. Doch ungeachtet seines Risikos unternahm Trott diesen letzten Versuch herauszufinden, mit welchem Verhalten der Alliierten auf einen Umsturz in Deutschland zu rechnen sei. Ihm kam entgegen, daß er das Vertrauen einflußreicher Schweden hatte gewinnen können, die ihn auch bei dieser Mission in mehrfacher Hinsicht unterstützten. Bewährt und verläßlich nahm Harry Johansson gleich nach Trotts Ankunft die Regie seiner von ihm schon vorbereiteten Kontakte in die Hand. In seinem Kalender hatte er für den 21. Juni notiert: »16.00 Uhr Adams Mc Inga«[84] – gemeint waren Trott mit seinem Decknamen Adams, der britische Geheimdienstagent David McEwan und Inga Almström. Zum genannten Zeitpunkt führte Johansson in Almströms Wohnung Trott und McEwan – einen Deutschlandexperten, der vor Kriegsausbruch an der britischen Botschaft in Berlin tätig gewesen war – zu einer Unterredung zusammen. Über deren Inhalt läßt sich gesichert nicht mehr sagen, als daß der Brite von Trott Informationen über die deutsche Widerstandsbewegung zwecks eventueller Zusammenarbeit erbeten hat.[85] Ob er den Deutschen nur abschöpfen wollte oder auch irgendein ernsthaftes Interesse dahinter stand, bleibt unklar. Um nichts zu versäumen, ist Trott auf McEwans Bitte eingegangen und hat nach eingehendem Gespräch mit Johansson ein Memorandum für ihn verfaßt. Er dürfte dabei auch die Ansichten Lebers und Stauffenbergs berücksichtigt haben; mit letzterem hatte er sich noch am Vorabend seiner Abreise in der Rheinbabenallee beraten.[86]

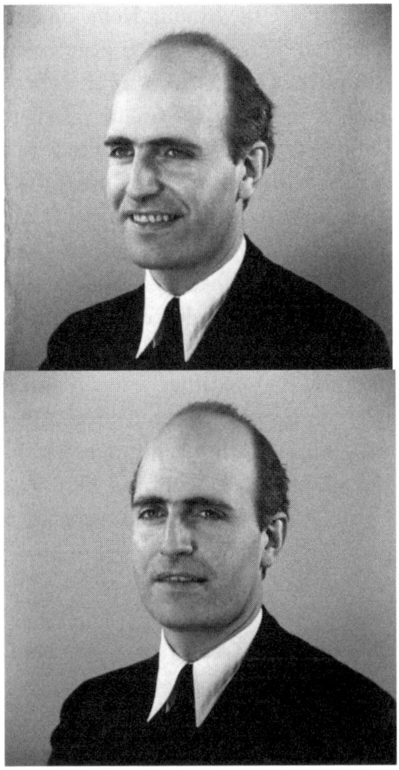

In Stockholm (Juni 1944)

Zum Schutz der Verschwörer nannte er in der Denkschrift erneut keine Namen und unterstrich die Notwendigkeit größtmöglicher Geheimhaltung. Er berichtete, daß es eine Opposition gebe, die das gegenwärtige System zu beseitigen versuche. Die Erfolgschancen eines Umsturzes seien jedoch nicht einzuschätzen. Die britischerseits angesprochene Kooperation setze aus politischen und psychologischen Gründen voraus, daß die Alliierten die Formel der ›bedingungslosen Kapitulation‹ präzisierten. Erwartet würden gewisse Zusicherungen hinsichtlich der territorialen Integrität des »Hauptgebiets deutschsprachiger Bevölkerung«, einer gemeinsam durchzuführenden Demobilisierung der deutschen Wehrmacht und der Bestrafung von Naziverbrechern durch deutsche Gerichte. Denn eine neue Regierung werde sich nur behaupten können, wenn sie Integrität und nationale Selbstachtung repräsentiere. Andernfalls könne sie sich weder der »Massenparole«, den eigenen Truppen in den Rücken gefallen zu sein, noch extremer Lagerbildung erwehren. Die Entstehung »zweier entgegengesetzter Post-Nazi-Deutschlands« werde die Folge sein. Die Opposition sei sich bewußt, daß sie »zuerst handeln« müsse, und sie wisse auch, daß nach erfolgter Machtübernahme durch das Militär alles von der Etablierung »einer demokratischen Zivilregierung« abhänge, die »alle echten antinazistischen Gruppen« des Landes vertrete.[87] – Die Antwort auf diese Denkschrift konnte Trott nicht persönlich entgegennehmen, sondern weihte seinen Kollegen Werth, der in der zweiten Juliwoche dienstlich in Stockholm zu tun hatte, entsprechend ein. McEwan war zu irgendwelchen Zusagen nicht befugt und schob das mangelnde Entgegenkommen auf die amerikanischen Verbündeten. Er empfahl, davon unbeeindruckt die Widerstandsaktivitäten fortzusetzen.[88]

1939 hatte Trott in den USA das schwedische Ehepaar Gunnar und Alva Myrdal kennengelernt – er Wirtschaftsprofessor und Senatsmitglied, sie Sozialwissenschaftlerin (und Friedensnobelpreisträgerin von 1982). Er besuchte sie jedesmal, wenn er in Schweden war. Unvergeßlich blieb Alva Myrdal die Situation, als 1944 ihr damals 17jähriger Sohn Jan (der spätere Schriftsteller) aus Protest gegen einen Gast aus Deutschland patriotische US-Songs vom Grammophon durch das ganze Haus dröhnen ließ und Adam von Trott darüber verständnisvoll lachte.[89]

Gunnar Myrdal fand sich bereit, Trott einen amerikanischen Gesprächspartner zu vermitteln. Er arrangierte am 23. Juni in seinem Büro im schwedischen Reichstagsgebäude – das von der schwedischen Polizei nicht kontrolliert war – ein Treffen mit John Scott, dem Stockholmer Korrespondenten des Nachrichtenmagazins *Time*. Scott unterhielt eine enge Verbindung zur amerikanischen Gesandtschaft und übergab seinen Bericht dem dort tätigen OSS-Mitarbeiter R. Taylor Cole. Dieser erstellte daraus und mit eigenen Informationen eine Vorlage für den Gesandten Herschel V. Johnson, der eine Kurzfassung per Telegramm an Außenminister Cordell Hull sandte.[90] Von einem solchen Draht wußte Trott nichts, sondern zögerte zunächst vor dem Gespräch mit einem Publizisten. Veröffentlichungen mußte er scheuen. Er wies denn auch Scott darauf hin, daß dieses Gespräch sein Leben gefährde, er einen solchen Kontakt aber dennoch für notwendig halte. Sein Land könne er nicht verlassen, da er dort Frau und Kinder habe. Ähnlich wie in seiner Denkschrift betonte Trott gegenüber dem Korrespondenten, daß es wenig Hoffnung auf eine erfolgreiche Revolte gebe, solange die Richtlinie der bedingungslosen Kapitulation gelte. Sie spiele allein in die Hände von Goebbels. Warum sollte die deutsche Opposition das immense Risiko eines Staatsstreichs auf sich nehmen, fragte er, wenn dies »für den Verlauf des Krieges oder für einen Frieden keinen Unterschied« mache. Falls aber einer Post-Nazi-Regierung eine zumindest formale Souveränität und ein paar Wochen Zeit vor der Besetzung des Landes eingeräumt würden, könnten durch einen Regimesturz der Krieg verkürzt und »vielleicht Millionen von Menschenleben« gerettet werden.[91] – In der amerikanischen Gesandtschaft glaubte man Trott und hielt Verhandlungen mit den deutschen Verschwörern für erwägenswert. Die Regierung in Washington lehnte dies jedoch ab.[92]

Nicht weniger schwierig erwiesen sich Trotts Bemühungen, mit der russischen Seite in Kontakt zu treten. Möglicherweise hatte Sverker Åström auf Bitten Johanssons bei der Stockholmer Gesandtschaft der Sowjetunion angefragt und war dort auf Desinteresse gestoßen.[93] Doch Trott gab nicht sogleich auf, sondern suchte weiter nach einem Weg, die Gesandtin Alexandra Kollontai zu erreichen. Er wandte sich deshalb an einen deutschen Exilanten, mit dem er ohnehin ein Treffen vorhatte: den 30jährigen Sozialisten Willy Brandt. Seine Anmeldung und Empfehlung hatte wieder Johansson übernommen, der ihn auch zu Brandts Wohnung nach Hammarbyhöjden begleitete und sich dann verabschiedete. »Ich bringe Ihnen Grüße von Julius Leber. Er bittet Sie, mir zu vertrauen«, mit diesen Worten führte sich Trott nach Brandts Erinnerung ein. Er habe sich selbst als SPD-Wähler zu erkennen gegeben, ohne mit allen »Eigenheiten« der Partei »identifiziert werden zu wollen«.[94] Brandt registrierte auch, daß sein Besucher »mit sozialistischen Ideen auf eine mir sympathische Weise vertraut war«.[95] Im Mittelpunkt ihres Gesprächs stand jedoch die »aufregende Neuigkeit«, daß in nächster Zeit ein Attentat auf Hitler als Einleitung für den Umsturz stattfinden sollte. Trott berichtete von der Bereitschaft Lebers, in einem Kabinett Goerdeler das Innenministerium zu übernehmen. Er verhehlte dabei nicht seinen Wunsch nach einer »fortschrittlichen Korrektur«, d. h. einer wichtigeren Aufgabe für Leber.[96] Unumwunden stellte Trott, der gegen politische Exilanten keine Vorurteile hegte, an Brandt die Frage, ob er sich der neuen Regierung zur Verfügung stellen würde, die dieser »ohne Zögern mit Ja« beantwortete. Auch auf die zweite Bitte Trotts, ihm »im Einverständnis mit Leber und Stauffenberg« zu einem Gespräch mit der russischen Gesandtin zu verhelfen, ging Brandt positiv ein.[97] Zuvor hatte Trott »in sachlicher Offenheit« das Problem der Verschwörer erläutert, daß sie nicht wüßten, ob die Alliierten einer Umsturzregierung vor der Besetzung des Landes »eine Chance geben würden«.[98] Dies versuche er in Stockholm zu erfahren. An einen Sonderfrieden in die eine oder andere Richtung sei nicht gedacht, vielmehr plädiere vor allem Leber für ein »offenes Waffenstillstandsangebot«. Der Möglichkeit einer einseitigen Verständigung mit dem Westen gegen den Osten, betonte Brandt später, habe Trott ausdrücklich eine Absage erteilt: »Schon weil Deutschland in der Mitte liege, könne es sich nicht ausschließlich mit dem Westen und gegen Rußland verständigen.«[99] Am 25. Juni trafen sich beide Männer verabredungsgemäß noch einmal. Trott bat jetzt dringend darum, die Suche nach einer Verbindung zu Alexandra Kollontai einzustellen, da er von einer »undichten Stelle« in der sowjetischen Gesandtschaft gehört habe sowie von Gerüchten, die über seinen Aufenthalt in Umlauf seien.[100]

Brandt fiel auf, daß sich Trott bei diesem zweiten Treffen skeptisch zur geplanten Aktion äußerte: »Ob nicht ›die anderen‹, die Nazis, die volle Verantwortung für die totale Niederlage übernehmen müßten?«[101] Dies war zweifellos Ausdruck von Bitterkeit, denn wie viel hatte er riskiert und wie wenig erreicht.

Allzu große Erwartungen hatte Trott wohl kaum an seine Initiativen geknüpft und dennoch gehofft, daß es vielleicht doch gewisse Signale von den Alliierten geben könnte.[102] Ihm war bekannt, daß in der britischen Öffentlichkeit durchaus in seinem Sinne argumentiert wurde. Im *Observer* etwa hatte er unlängst den Vorschlag lesen können, die Alliierten sollten gemeinsam den Deutschen Verhandlungen anbieten, unter der Voraussetzung, daß sie das Regime stürzten, das NS-System beseitigten, auf alle Eroberungen verzichteten und die Kriegshandlungen einstellten. Begründet wurde dies mit »einem schnelleren Sieg und der Aussicht auf einen stabilen Frieden«.[103] Aber auch dazu waren die alliierten Regierungen keinesfalls bereit. Sie hielten den deutschen Widerstandskampf für nicht erfolgversprechend und bezogen einen Umsturz nicht in ihre Kriegsstrategie ein.

Trotts Stimmung vor seiner Rückkehr nach Deutschland schlug sich in einem Brief an Fanny Carlgren (der Mutter Inga Almströms) vom 25. Juni nieder. Zunächst kommentierte er seinen Besuch anläßlich der schwedischen Mitsommerfeier bei Johansson in Sigtuna: »Von Harry bin ich auch diesmal ganz besonders angetan. Er hat ein reifes und verantwortliches Urteil, vor allem auch in hohem Maße die in diesen Dingen absolut erforderliche Behutsamkeit.« Doch dann offenbarte er ein Gefühl der Ohnmacht, wenn er es auch sogleich einzugrenzen suchte: »Im Augenblick kann man dem fürchterlichen Gericht, das über die ganze Menschheit niedergehen wird, nicht Einhalt gebieten, nur dafür sorgen, daß nicht auch die guten Kräfte für die Zukunft mitzerschmettert werden. Im Grunde meines Herzens bin ich jedoch ganz ruhig in der Empfindung, daß dies wohl im einzelnen, aber nicht im ganzen zugelassen wird.« Trott endete mit einem Bekenntnis zum Handeln. Es gelte, erklärte er, »sich für den Augenblick bereit zu halten, in dem alles von uns gefordert wird und wirklich ein nützlicher Beitrag zu leisten ist«[104].

Auf diesen Augenblick steuerten die Verschwörer bald nach seiner Rückkehr zu. Am 1. Juli 1944 wurde Stauffenberg Oberst und zum Chef des Stabes bei General Fromm ernannt. Das verschaffte ihm Zutritt zu den Lagebesprechungen bei Hitler und lief auf eine schwer vereinbare und belastende Doppelfunktion für ihn hinaus: Stauffenberg sollte das Attentat ausführen und zugleich den Umsturz leiten. Sich selbst mit Hitler zusammen in die Luft zu sprengen, woran er auch gedacht haben soll, hätte die Verschwörung der zentralen Persönlichkeit geraubt. Beck soll dies abgelehnt haben. Von Vorteil war, daß Stauffenbergs Nachfolger als Chef des Stabes bei Olbricht, Albrecht Mertz von Quirnheim, sich aktiv an seine Seite stellte.

Am 5. Juli büßte die Verschwörung eine wichtige zivile Stütze ein. Julius Leber und Adolf Reichwein hatten sich im Interesse einer Verbreiterung der politischen Basis mit Vertretern der illegalen Kommunistischen Partei getroffen. Durch einen Gestapospitzel verraten, wurden Reichwein am 4. Juli und Leber einen Tag später verhaftet. Als Trott die Nachricht von Lebers Verhaftung erfuhr, überbrachte er sie sofort Stauffenberg. Dieser soll sehr heftig reagiert und mehrmals gerufen haben: »Wir brauchen Leber, ich hole ihn raus, ich hole ihn raus!«[105]

Mit dem Attentat noch länger zu warten schien immer weniger geboten, zumal sich auch praktische Veränderungen laufend zum Nachteil der Walküre-Planungen auswirkten. So sollten etwa Panzertruppen, die dringend für den Umsturz benötigt wurden, demnächst nach Ostpreußen abkommandiert werden. Doch die Bedingungen, die Stauffenberg von den militärisch höherrangigen Verschwörern – von Beck sowie den Generälen Fellgiebel, Hoepner, Olbricht, Stieff und Wagner – gestellt wurden,[106] erschwerten die Ausführung des Attentats erheblich. Außer Hitler sollten unbedingt auch Göring und vor allem Himmler getötet werden, da letzterer als Befehlshaber der Waffen-SS einen Bürgerkrieg in Gang setzen konnte. Am 11. Juli war Stauffenberg tatbereit zur Lagebesprechung bei Hitler auf dem Berghof in Berchtesgaden erschienen, doch mußte der Anschlag wegen der Abwesenheit Himmlers unterbleiben. Die nächste Gelegenheit bot sich am 15. Juli in der Wolfschanze bei Rastenburg in Ostpreußen. Wieder war Stauffenberg zur Tat entschlossen, offenbar auch ohne Rücksicht auf Himmlers Gegenwart, doch da nicht genau feststand, wann Hitler an welcher Besprechung teilnehmen würde, gelang ihm die Vorbereitung des Sprengstoffs nicht rechtzeitig. Mertz und Olbricht aber hatten in Berlin bei Abwesenheit Fromms bereits die Walküre-Befehle ausgelöst. Sie mußten diese dann eiligst stoppen und das Ganze als Übung ausgeben.

Aufgrund seiner Nähe zu Stauffenberg und Olbricht dürfte Trott über alle diese Vorgänge genau informiert gewesen sein und an den jeweiligen Tagen unter entsprechender Anspannung gestanden haben. Er war seinerseits nicht untätig und warb Personen seines Vertrauens für bestimmte Dienste an. So erfährt man zufällig aus den Tagebüchern von Ruth Andreas-Friedrich, daß Trott ihren Lebensgefährten, den Dirigenten Leo

Borchard, als »Verbindungsmann« nach Schweden gewonnen hat.[107] Borchard stammte aus Rußland und kannte Schweden. Sein Auftrag sowie mögliche weitere bleiben jedoch im dunkeln, da sie streng geheimgehalten und dann nicht realisiert wurden. Anfang Juli fuhr Trott ein letztes Mal kurz nach Holland.[108] Ein Besuch beim indischen Sender *Radio Azad Hind* in Hilversum bot dafür stets einen unverdächtigen Anlaß. Im Haager Büro Goerschens traf er mit drei seiner Kontaktpersonen zusammen. Patijn erinnert sich, daß er ruhig und freundlich auftrat. Er kündigte ihnen das Bevorstehen des Attentats in den nächsten Wochen an und bat sie, danach bei ihrer Exilregierung in London für das neue Regime zu werben. Auf die Frage, wie hoch er die Erfolgsaussichten einschätze, gab Trott zur Antwort: 25 Prozent.[109] Illusionen, das verrät diese Zahl, machte er sich keine – nur ein Viertel Hoffnung.

Trott gehörte auch zu dem Kreis jüngerer Hauptverschwörer, der sich am Sonntag, dem 16. Juli, in der Wohnung der Brüder Claus und Berthold Stauffenberg, Berlin-Wannsee, Tristanstraße 8, versammelte. Weitere Anwesende waren Mertz, Yorck, der Abwehrchef Georg Hansen, Schulenburg und Ulrich-Wilhelm Graf Schwerin (beide Verbindungsleute zwischen zivilem und militärischem Widerstand) sowie Cäsar von Hofacker (in Paris im Stab General von Stülpnagels tätig). Laut den späteren Verhörberichten schilderte Hofacker bei diesem Treffen die katastrophale militärische Lage im Westen angesichts der Übermacht der Alliierten. Nach Aussage Trotts wurden anschließend verschiedene Möglichkeiten zur Beendigung des Krieges erörtert: die »Westlösung« (die Heerführer Rommel und Kluge sollten zum Rückzug auf die westliche Reichsgrenze veranlaßt werden, um mit den Westmächten den Krieg gegen die Sowjetunion bald zu beenden) sowie die »Berliner Lösung« (durch den Nachrichtenapparat der Wehrmacht sollten Befehle zur Zurücknahme der Fronten ausgegeben werden, die das Führerhauptquartier nicht mehr rückgängig machen konnte). Beide seien dann verworfen worden zugunsten der »Zentralen Lösung« (Waffenstillstandsangebot an die Alliierten im Westen und Osten).[110] Der eigentliche Zweck des Treffens aber dürfte gewesen sein, sich noch einmal über Attentat und Umsturz zu verständigen.

Was Trott dabei über die zu erwartende Haltung der Westmächte vorgetragen hat, ist nicht zuverlässig überliefert. Einem Verhörbericht Hansens zufolge soll er von der Verhandlungsbereitschaft im Falle eines völligen Regimewechsels ausgegangen sein.[111] Dies steht jedoch im Widerspruch zu Trotts Erfahrungen in Schweden und zu einer Zeugenaussage, daß er nach seiner Rückkehr die Mitverschwörer über das starre Festhalten der Alliierten an der Forderung der bedingungslosen Kapitulation informiert hat.[112] Die Einsicht in diese prekäre außenpolitische Lage aufgrund der Mitteilungen Trotts soll Ludwig Beck auf einer Zusammenkunft militärischer Verschwörer am 3. Juli zu der denkwürdigen Aussage veranlaßt haben: »Das Entscheidende ist nicht, was aus diesem oder jenem persönlich wird, das Entscheidende ist nicht einmal die Folge für das Volk, sondern entscheidend ist die Unerträglichkeit, daß seit Jahr und Tag im Namen des deutschen Volkes Verbrechen auf Verbrechen und Mord auf Mord gehäuft wird, und daß es sittliche Pflicht ist, mit allen verfügbaren Mitteln diesen im Namen des Volkes geübten Verbrechen Einhalt zu tun.«[113]

Am 19. Juli teilte Trott seiner Frau brieflich mit: »Daß ich Dir in letzter Zeit so selten schrieb, liegt nicht daran, daß ich Dir zu wenig, sondern zu viel zu erzählen hätte.« Er kündigte zugleich an: »Du wirst in den nächsten Wochen vielleicht lange nichts von mir hören.«[114] Zum folgenden Tag war Stauffenberg erneut in Hitlers Hauptquartier Wolfschanze beordert worden. Dieses Mal wollte er unbedingt handeln. Wer eine solche psychische Last trägt, möchte kurz vorher keinem Zweifler begegnen, sondern nur noch bestärkt werden. So war es gewiß kein Zufall, daß er am Vorabend Adam von Trott aufsuchte. Denn daß dieser Freund hinter seiner Entscheidung zur Tat stand, dessen dürfte sich Stauffenberg sicher gewesen sein. Trott enttäuschte ihn nicht: Er redete ihm zu.[115]

Während am Morgen des 20. Juli 1944 Stauffenberg und Werner von Haeften nach Rastenburg flogen, begab sich Trott wie gewöhnlich ins Amt. Seitdem Keppler nach Krummhübel ins Ausweichquartier übergesiedelt war, arbeitete er in dessen Dienstzimmer in der Wilhelmstraße. Wie lang müssen ihm die Arbeitsstunden an diesem Tag erschienen sein! – Zwischen 12.40 und 12.50 Uhr explodierte in der Wolfschanze die von Stauffenberg gezündete Bombe. Bevor er und Haeften aus dem Sperrbezirk entkamen, hatten sie nicht nur die Detonation gehört, sondern auch ein Bild der Verwüstung gesehen, so daß sie vom Gelingen des Attentats überzeugt waren.[116] – Am Nachmittag bat Trott seinen Kollegen Wilhelm Melchers, den er schon zuvor knapp eingeweiht hatte, in sein Zimmer und sagte leise zu ihm: »Es ist gemacht.« Er habe dies soeben »von den Offizieren« telefonisch gehört. Gemeint waren Stauffenberg und Werner von Haeften, die ihn sogleich nach ihrer Landung auf dem Flughafen Rangsdorf (bei Berlin) anriefen.[117] Melchers: »Dann deutete Trott auf seinen Schreibtisch: Dort lag ein fertiger Brief zur Unterschrift. Er endete mit der vorgeschriebenen Grußformel ›Heil Hitler!‹ Plötzlich lachte Trott und rief im Flüsterton: ›Diesen elenden Gruß brauche ich nun nicht mehr zu unterschreiben!‹«[118]

Der Verkehr aber lief draußen normal weiter, ein Zeichen, daß die Operation Walküre noch nicht, wie geplant, angelaufen war. Auch der Rundfunk war nicht in der Hand der Verschwörer. Ab 17.00 Uhr kamen die ersten Sondermeldungen über das Attentat durch. Hitler habe es überlebt, wurde mitgeteilt, und sei nur leicht verletzt. Werth und Melchers benachrichtigten Trott, der die Hoffnung äußerte, daß es sich um eine taktische Falschmeldung handeln könnte. Es war bereits gegen Abend, als sie vom Fenster aus sahen, daß die Wilhelmstraße abgesperrt war. Auch das Gebäude des Auswärtigen Amts durfte niemand mehr verlassen oder betreten. – Die Abriegelung des Regierungsviertels gehörte zu den Walküre-Maßnahmen. Die Befehle waren erst sehr verspätet ausgelöst worden. – Melchers berichtet: »›Gottseidank!‹ rief Trott, ›dann klappt die Sache also doch!‹ Es sei jetzt einerlei, ob das Attentat gelungen sei oder nicht. Der Staatsstreich sei im Gange. Das sei gar keine Frage. Wir müßten nun auch energisch zupacken und unsere Köpfe hinhalten, wie die Militärs es täten. Jetzt gäbe es wenigstens kein Zurück mehr.«[119] Nach einiger Zeit erschien auch Hans Bernd von Haeften in Trotts Zimmer. Er war mit der vorläufigen Übernahme des Auswärtigen Amts beauftragt, doch die verabredete Weisung aus der Zentrale in der Bendlerstraße ging nicht ein. Immer wieder versuchten er und Trott mit seinem Bruder telefonisch verbunden zu werden – vergeblich. Quälendes Warten. Ständig warfen sie Blicke aus dem Fenster, denn solange die Absperrung aufrechterhalten wurde, gab es noch Hoffnung. Und dann: »Das Entsetzliche trat ein: Die Straße wurde wieder freigegeben, Menschen und Wagen strömten am Haus vorüber.« Es konnte kaum noch einen Zweifel geben. Der Aufstand war zusammengebrochen. Melchers: »Wieder setzte Haeften sich ans Telefon, um seinen Bruder zu erreichen. Haeften war kreidebleich. Aus seinen Augen sprach die aufkommende Erkenntnis der ungeheuerlichen Gefahr, in der wir uns befanden.«[120] Melchers warnte die beiden davor, weiter zu telefonieren,[121] auch Werth riet ihnen, sich hier nicht länger aufzuhalten. Trott soll mit Haeften zur Bendlerstraße gefahren sein.[122] Danach harrte er allein noch bis elf Uhr in seinem Zimmer im Amt aus.[123]

In diesen Stunden spielten sich im Bendlerblock dramatische Ereignisse ab.[124] Nachdem Hitlers Überleben zur Gewißheit geworden war, griffen Offiziere aus dem Stab General Fromms auch im Heeresamt zur Gegenaktion und befreiten ihren verhafteten Chef. Dieser hatte zuvor seine Beteiligung am Umsturz verweigert. Es kam zu einer Schießerei. Fromm übernahm nun wieder die Befehlsgewalt. Er ließ zu, daß Ludwig Beck, der als künftiges Staatsoberhaupt bereitgestanden hatte, sich selbst tötete.

Die anderen Anführer des Staatsstreichs verurteilte er standrechtlich zum Tode. Bald nach Mitternacht wurden im Hof des Bendlerblocks Friedrich Olbricht, Albrecht Ritter Mertz von Quirnheim, Werner von Haeften und Claus Schenk Graf von Stauffenberg erschossen.

Nach dem 20. Juli

In der Nacht vom 20. auf den 21. Juli waren die etwa 30 im Bendlerblock anwesenden Offiziere und Zivilisten der Umsturzbewegung – darunter Yorck, Schulenburg, Schwerin, Berthold Stauffenberg und Gerstenmaier – gefesselt auf Lastwagen abtransportiert und ins Gefängnis eingeliefert worden. Sogleich am 21. nahm unter dem Chef der Gestapo, SS-Gruppenführer Heinrich Müller, eine große Sonderkommission die Untersuchungen auf und fahndete im ganzen Land nach Mittätern. Einzelne Verschwörer, darunter Henning von Tresckow, entzogen sich der Entdekkung durch Selbstmord. Sehr schnell stellte sich heraus, daß es nicht um eine »ganz kleine Clique ehrgeiziger Offiziere« ging, wie Hitler in seiner ersten Rundfunkansprache das deutsche Volk hatte glauben machen wollen. Im Laufe der nächsten Tage und Wochen kam es zu einigen hundert Verhaftungen – die genaue Zahl konnte nie ermittelt werden, und mit etwa 200 auch nur ungefähr die Zahl derer, die zum Tode verurteilt, hingerichtet oder ohne Gerichtsverfahren erschossen wurden.[1]

Am 21. Juli wollte Wilhelm Melchers unbedingt mit Trott über die Ereignisse des Vortages sprechen. Er traf ihn in seinem Dienstzimmer an. »Sie haben inzwischen wohl selbst gehört, wie alles mißglückt ist«, flüsterte Trott. »Haeften sagt, dieser Mann ist mit dem Bösen im Bunde.« Auf Melchers' scharfe Kritik an den Militärs, die nicht in der Lage seien, ein solches Attentat erfolgreich auszuführen, war er nicht bereit einzugehen. Dessen Frage, ob es denn noch irgendeine Hoffnung auf andere widerständige Militärs gebe, verneinte er. »Jetzt ist es aus«, erklärte Trott. »Das Verhängnis muß seinen Gang gehen. Kein Stein wird auf dem anderen bleiben. Hitler wird diesen wahnwitzigen Krieg weiterführen – als echter Nihilist – bis alles zerstört ist.« Zugleich aber habe Trott die Ansicht geäußert, daß die Tat des 20. Juli nicht vergeblich war. »Es sei doch gut, daß sich Leute gefunden hätten, die wenigstens den Versuch gewagt haben, diese Gewaltherrschaft zu brechen. Das bleibe eine historische Tatsache und darüber hinaus ein Symptom.«[2]

Noch befand sich Adam von Trott in Freiheit, wenn man diesen Zustand überhaupt so bezeichnen kann, in dem täglich, ja stündlich seine Verhaftung drohte. Er telefonierte jeden Tag mit Clarita in Imshausen – darüber aber, was sie eigentlich bewegte, konnten sie auf diesem Wege nicht sprechen. Am Freitag, dem 21., gab er auf einem Abendspaziergang im Grunewald seiner Verwandten und Freundin Waltraut von Götz zu verstehen, daß er an seine Rettung nicht glaubte. Er wollte ihr sein »politisches Testament« diktieren, doch »aus ganz dummen Gründen«, wie sie später bekannte,[3] kam es nicht mehr dazu. Am Sonnabend, dem 22., suchte er nachmittags Delia Ziegler in ihrer Privatwohnung auf. Sie war keine Mitwisserin des Attentats und somit ungefährdet. Trott ließ sich von ihr berichten, was sich am 20. Juli im Bendlerblock abgespielt hatte. »Er sei verstört, aber gefaßt gewesen«[4], erinnert sie sich. Seine Fragen bestätigten ihre Ahnung, daß er auch beteiligt war.

Missie Wassiltschikow vermied zunächst, Trott zu begegnen. Als sie dann am 22. in sein Dienstzimmer kam, verhehlte er ihr seine Gefährdung nicht. Mit einer Geste auf seinen Hals flüsterte er ihr zu: »Ich stekke bis hierher drin.« Sie war entsetzt und fand: »Adam sah aus wie der Tod.«[5] Wegen seiner überwältigenden Wirkung auf sie war Missie einer Freundschaft mit Trott bewußt ausgewichen. Aber jetzt in dieser Situation zögerte sie nicht, ihm einen wirklichen und mutigen Freundschaftsdienst zu leisten. Sie begleitete ihn am Abend nach Hause und blieb bis zum Morgengrauen da. Trott erzählte ihr von Stauffenberg, wie nah er ihm gestanden habe und welchen Verlust sein Tod für ihn bedeute. Das Mißlingen des Attentats warf er ihm nicht vor, sondern wies auf die Zerreißprobe hin, der Stauffenberg ausgesetzt gewesen sei, als er zum dritten Mal mit der Bombe ins Führerhauptquartier fuhr. Ohne weitere Erläuterung ließ Trott sie wissen, daß er selbst »tief in die Angelegenheit verstrickt« sei und daher mit seiner Verhaftung rechne. Missie in ihrem Tagebuch: »Wir saßen die ganze Nacht, redeten miteinander und lauschten auf die gelegentlichen Geräusche draußen. Jedesmal, wenn wir ein Auto hörten, das die Fahrt verlangsamte, konnte ich seinem Gesicht ansehen, was er dachte [...] Ich kann ihn in dieser Lage einfach nicht allein lassen. Wenn sie ihn holen, solange ich noch da bin, kann ich wenigstens seine Freunde alarmieren.«[6]

Missie und andere, die von seiner Bedrängnis wußten, versuchten Trott zur Flucht zu überreden. Ein Versteck auf dem Land hielt er für aussichtslos. Er wollte sich nicht davonstehlen, um irgendwo aufgegriffen zu werden. Was bei den wohlgemeinten Vorschlägen nicht bedacht wurde: Für eine Person von so auffallender Erscheinung war es so gut wie unmöglich, unterzutauchen und der Fahndung zu entgehen. Von den Problemen der Versorgung mit Nahrungsmitteln und der Gefährdung Unbeteiligter ganz zu schweigen. Angebote von Freunden, ihm ins Ausland zu verhelfen,[7] lehnte Trott ebenfalls ab. Sein stetes Argument, daß man Rache an seiner Familie nehmen werde, war nicht zu widerlegen. – Jahrelang hatte er unermüdlich auf ein Ziel hingearbeitet. Aber angesichts der zerstörten Hoffnungen, des Todes und der Verhaftung seiner

Mitverschwörer könnte sich seiner ein Gefühl der Lähmung oder der Unausweichlichkeit bemächtigt haben.

Alexander Werth half Trott bei der Vernichtung schriftlicher Unterlagen. Nichts sollte übrigbleiben, was den geringsten Verdacht erregt hätte. Nur eine Denkschrift mit dem Titel »Deutschland zwischen Ost und West«, an der Trott in den letzten Wochen intensiv gearbeitet hatte, wollte er unbedingt erhalten wissen. Margarete Gärtner, die Leiterin der Wirtschaftspolitischen Gesellschaft, mit der ihn eine vertrauensvolle Zusammenarbeit verband, hatte bisher geheime Schriftstücke mit Geschick in ihrem riesigen Archiv zu verbergen gewußt.[8] Aber zu allem Unglück war ihr Büro mit dem gesamten Archiv bei den Bombenangriffen im November 1943 abgebrannt. Nach der Verhaftung Lebers hatte Trott ein Exemplar der Denkschrift in einem Hohlraum unter der Balkontreppe seiner Wohnung versteckt, zusammen mit Gottfried von Nostitz als Zeugen. Eine Metallbüchse mit einem weiteren Exemplar vergrub Franz Josef Furtwängler in einem Schrebergarten außerhalb Berlins, und ein drittes Exemplar versteckte Trott nach dem 20. Juli im Haus seiner abwesenden Freunde Bielenberg. Alle drei Exemplare waren später unauffindbar. Verwirrung in dieser Sache hat allerdings gestiftet, daß die Gestapo unter den Papieren von Graf Schwerin eine Broschüre »Europa zwischen Ost und West« beschlagnahmte und Untersuchungsbeamte außerdem herausfanden, daß Trott eine Denkschrift »Deutschland zwischen Ost und West« verfaßt hatte.[9] Infolge einer Verwechslung der Titel schrieb man Trott auch die erstere zu.[10] Allein die Unterschiede im Titel sowie die knappen Angaben in den Verhörberichten schließen eine Identität beider Schriften aus.[11] Auch das wenige, was man vom Inhalt der verlorenen Denkschrift weiß, bestätigt, daß Trott darin nicht die künftige Rolle Europas, sondern Deutschlands aufgrund seiner geographischen Mittellage behandelt hat. Er hielt ein ausgewogenes Verhältnis zu beiden Seiten, Ost und West, für notwendig[12] und dachte darüber hinaus an eine Vermittlungsaufgabe geistiger Art – nach einer überlieferten Kurzformel –, »das Realprinzip des Ostens mit dem Personalprinzip des Westens zu vereinigen«.[13]

Ohne den genauen Grund zu kennen, entnahm Waltraut von Götz einem Ferngespräch am Sonntag, dem 23. Juli, daß es Trott nicht gutging – er hatte kurz vorher von der Verhaftung seines Freundes Haeften erfahren. Diesen Tag und auch die Nacht verbrachte sein alter Freund Curt Bley in der Rheinbabenallee. Trott, so berichtete er ein Jahr später, habe damals gesagt: »Ich fürchte nicht den Tod, sondern nur die Demütigungen, die auf dem Wege zum Schafott liegen.«[14] Am Montag, dem 24., erlebte Furtwängler Trott gefaßt und ruhig in seinem Dienstzimmer, aber in der Gewißheit, »jeden Augenblick geholt zu werden«.[15] Am Dienstag, dem 25., erkundigte sich Missie Wassiltschikow wie jeden Morgen telefonisch bei Trott, ob noch alles in Ordnung sei. Als sie ihn aber am frühen Nachmittag in seinem Zimmer in der Kurfürstenstraße 136[16] aufsuchen wollte, erfuhr sie vom ahnungslosen Mitarbeiter Richter, daß er mittags von der Gestapo abgeholt worden sei. Werth versuche Näheres herauszubekommen. Margarete Gärtner, die einen Termin bei Trott hatte, fand sein Zimmer abgeschlossen und niemanden sonst anwesend als eine verweinte und verstörte Sekretärin. Obwohl sie keine Auskunft geben durfte, sagte diese auf ihr drängendes Fragen schließlich, daß »Herr von Trott hier in seinem Zimmer verhaftet wurde. Er war ganz ruhig, ist sofort mitgegangen und in das Auto gestiegen, mit dem zwei Männer gekommen waren. Von mir hat er sich noch kurz verabschieden können.«[17] Am 26. Juli morgens wollte Clarita von Trott ihrem Mann die Ankunft seiner Haushälterin Emma in Imshausen mitteilen – er hatte sie vorsichtshalber dorthin geschickt. Das Telefonamt meldete: »Der Ruf geht durch, aber Teilnehmer antwortet nicht.«[18]

Adam von Trott wurde wie fast alle nach dem 20. Juli Verhafteten in das Geheime Staatspolizeiamt in der Prinz-Albrecht-Straße 8 gebracht und zunächst in das dortige Gefängnis im Kellergeschoß eingeliefert. Er war ständigen Verhören ausgesetzt – gelegentlich durch Bombenangriffe unterbrochen. Theodor Steltzer, der überleben sollte, erinnert sich an einen Luftangriff Anfang August, als er gerade vernommen wurde. Unter den Verhörern und Verhörten, die sich daraufhin im Luftschutzkeller versammelten, sah er auch Trott.[19] Eine Freundin von Missie, die sich vergeblich bei einem Gestapomann einzuschmeicheln suchte, will Trott auf dem Korridor erblickt haben, mit Handschellen zum Verhör geführt.[20] Die Untersuchungsberichte ausgenommen, sind dies die einzigen Zeugnisse von Personen, die ihn zu jener Zeit gesehen haben. Niemand durfte Trott besuchen, niemand ihm schreiben. Er war und blieb von der Außenwelt völlig isoliert.

Abteilungsleiter Six hatte sich sofort nach der Verhaftung Haeftens und Trotts auf einer Referentenbesprechung deutlich von seinen beiden Mitarbeitern distanziert, indem er sie »zwei Schweinehunde« nannte, die ihrer verdienten Strafe zugeführt würden. Ansonsten soll er versucht haben, zur Tagesordnung überzugehen.[21] Da aus der Terrorzentrale nichts nach draußen drang, kursierten im Amt allerhand Gerüchte. So hörte Missie, daß Listen der Verschwörer gefunden worden seien, nach denen Trott als Staatssekretär im Auswärtigen Amt vorgesehen war. Das beruhte auf einem Irrtum, denn eine solche Liste mit seinem Namen lag nicht vor. Freunde und Kollegen mögen sich Trott gerne in diesem oder einem höheren Amt vorgestellt haben,[22] doch ihn selber hatten ganz andere Fragen beherrscht als die seiner künftigen Position: vor allem die Sorge, ob sich auch nach einem gelungenem Staatsstreich das neue Regime würde behaupten können.[23]

Werth machte ausfindig, daß Trott nach einigen Tagen in den Zellenbau des KZ Sachsenhausen bei Oranienburg verlegt worden war und zum Verhör per Auto in die Prinz-Albrecht-Straße transportiert wurde. Diese Nachricht ließ seinen alten Freund Peter Bielenberg die abenteuerliche Idee ersinnen, ihn unterwegs mit Waffengewalt zu befreien. Aber Bielenberg wurde selbst festgenommen und nach schwerer Haft im KZ Ravensbrück erst Anfang 1945 entlassen. Interventionen erwiesen sich als zwecklos. Rudolf Rahn will eine telegraphische Bürgschaft zugunsten von Trott abgegeben haben,[24] während sich Nambiar direkt an Ernst Kaltenbrunner, den Chef des Reichssicherheitshauptamts, wandte. Dieser, »nichts als ein primitives Ausführungsorgan«, habe erklärt, »er tue nichts für Verräter«.[25]

Über die Verhöre der Sonderkommission informieren die geheimen Berichte, die SS-Obersturmbannführer Walter von Kielpinski in Kaltenbrunners Auftrag anfertigte.[26] Kaltenbrunner übersandte sie dem Leiter der Kanzlei der NSDAP, Martin Bormann, der sie dann Hitler vorlegte. Diese Berichte sind keine Protokolle, sondern fassen einen Teil der Ermittlungsergebnisse tendenziös zusammen. Eine allgemein diffamierende Sicht auf die Verschwörer war dabei Teil des Programms.

Trott hatte sich offenbar von vornherein vorgenommen, die »Wahrheitsfindung« der Sonderkommission nicht zu unterstützen und so wenig wie möglich zuzugeben.[27] Jede Kenntnis vom Attentat bestritt er.[28] Grund für seine Verhaftung waren die ihn belastenden Angaben von Stauffenbergs Fahrer, Karl Schweizer. Dieser hatte über die mehrmaligen Aufenthalte Stauffenbergs in Trotts Wohnung ausgesagt, die auch anhand des Fahrtenbuchs nachgewiesen werden konnten.[29] Da somit seine Zusammenkünfte mit dem Attentäter nicht zu leugnen waren, verlegte Trott sich darauf, einen großen Meinungsgegensatz zwischen diesem und sich zu konstruieren. In seinen Verhören gab er sich darüber sehr mitteilsam. Stauffenberg, so behauptete er, habe in einer »Toresschluß-Panik«, aus einer »absoluten Psychose«, der Krieg sei verloren, heraus gehandelt und an einen »politischen Ausweg« geglaubt. Dem habe er, Trott, widersprochen und betont, daß »Voraussetzung für jeden Friedensschluß die überzeugende Festigung unseres militärischen Widerstands sei«. Er habe Stauffenberg gegenüber »sich bemüht darzulegen, daß auf englischer und amerikanischer Seite ein ehrlicher Verständigungswille nicht vorhanden« sei, sondern am Ziel der bedingungslosen Kapitulation festgehalten werde. […] Ein Regimewechsel bedeute daher keine Lösung.« Stauffenberg habe entweder »bestimmte Inspirationen der Gegenseite« gehabt oder »außenpolitisch ins Nichts gehandelt«. – usw., usw.[30] Alles, was man von seiner Freundschaft mit Stauffenberg weiß,[31] spricht dagegen, daß Trott hier die Wahrheit sagte. Sie waren verbündete Freunde, die beiderseits auf die Kenntnisse und den Rat des anderen gesetzt und vertraut haben dürften. Andernfalls hätten sie sich kaum so oft konsultiert. Es ist zwar nicht auszuschließen, daß Stauffenberg etwas optimistischer war als Trott und auf Verhandlungen mit den Alliierten von »Heerführer zu Heerführer«[32] gehofft haben mag, aber gewiß hegte er nicht die ihm hier absichtsvoll unterstellten Illusionen.[33] Begriffe wie »Toresschluß-Panik« oder »Psychose« dienten der Irreführung und hatten ebenso wie der dargelegte Meinungsgegensatz nur die Funktion, Trott als regimetreuen Realisten in größtmöglicher Distanz von Umsturz und Attentat erscheinen zu lassen. Es war seine Taktik, die Verhöre auf dieses Thema zu konzentrieren. Denn er wußte viel und kannte viele, so daß er bemüht sein mußte, die Vernehmungsbeamten von dem Gedanken abzulenken, er könnte noch in anderer Hinsicht für sie interessant sein.

Bereits am 1. August schrieb SS-Hauptsturmführer Clemenz einen Abschlußbericht über Trotts Vernehmungen. Als Belastungszeugen nannte er darin Schulenburg, Schwerin und Yorck, die Trott als »außenpolitischen Berater Stauffenbergs« bezeichnet hätten. Yorck habe zudem die Ansicht geäußert, daß Trott über den geplanten Umsturz »genau unterrichtet« war. Den Verdacht, daß er »während seiner Auslandsreisen im Auftrage Stauffenbergs mit den Feindmächten Verbindung gesucht« habe, hätten die Zeugen nicht bestätigt. Alle Angaben Trotts über seine Gespräche mit Stauffenberg hielt Clemenz für »richtig«, seine Aussagen »über den Grad seiner eigenen Beteiligung« erschienen ihm hingegen »unglaubwürdig«. Als entlastend führte er Trotts Abwesenheit am 20. Juli im Bendlerblock an sowie eine (bewußt) abfällige Bemerkung Schwerins, daß er karrieremäßig nichts zu erwarten gehabt hätte.[34] Nach diesem Bericht zumindest sah die Sache Trotts noch nicht hoffnungslos aus. Seine Strategie war insofern aufgegangen, als man ihm seine Ausführungen über seine angeblichen Meinungsverschiedenheiten mit Stauffenberg abgenommen hatte und er Feindkontakten im Ausland sowie der Mitwisserschaft vom Attentat nicht überführt werden konnte. Dem Abschlußbericht fehlte aus der Sicht des Gestapochefs etwas Entscheidendes: ein Geständnis. Und das mußte her, denn Hitler wollte Rache.

In einem Bericht vom 8. August heißt es dann auf einmal, »der Legationsrat Adam von Trott zu Solz« habe sich nunmehr zu einem »Teilgeständnis bequemt«.[35] Diese harmlose Formulierung drückte aus, was die Gestapo nicht aktenkundig machen durfte, daß das Geständnis durch »verschärfte Vernehmung«, d. h. durch Folter, erzwungen worden war.[36] Trott gebe jetzt zu, wurde berichtet, beim Treffen am 16. Juli in der Tristanstraße »verstanden« zu haben, daß Stauffenberg einen Anschlag auf Hitler plante. Er habe sich allerdings gewundert, wie er dies wohl mit nur einer verstümmelten Hand ausführen wolle.[37] Trott bestätigte außerdem, Stauffenbergs Informant gewesen zu sein: »Durch meine Tätigkeit war ich in der Lage, mir einen umfassenden Überblick über die außenpolitische Situation zu verschaffen. Ich hatte Einblick in die entsprechenden Telegramme der deutschen auswärtigen Vertretungen und machte Stauffenberg die daraus gewonnenen Erkenntnisse zugänglich.«[38] Neben dieser – wohl wahrheitsgemäßen – Aussage blieb Trott bei seiner Darstellung unterschiedlicher Ansichten zwischen ihm und Stauffenberg. Und er bestritt weiterhin, im Ausland über die Existenz der Opposition Mitteilung gemacht zu haben. Er lenkte das Interesse der Vernehmungsbeamten dahin ab, daß er ihnen erzählte, er habe sich in Schweden über das *Nationalkomitee Freies Deutschland* in Moskau informiert, und zwar mit negativem Ergebnis.

Trotts Mitwisserschaft wog schwer. Daß die NSDAP ihn mit sofortiger Wirkung »wegen Wehrkraftzersetzung und Vorbereitung eines hochverräterischen Unternehmens« ausstieß,[39] ist dafür ein klares Indiz. Hinzu kam, daß – angeblich durch Gegenüberstellung – auch Haeften ein Geständnis abgerungen wurde. Haeften habe »anfangs gelogen, um den Legationsrat von Trott nicht zu belasten«, so der Bericht, und zähle jetzt wie dieser zu den Mitwissern.[40] Das Todesurteil Adam von Trotts stand bereits vor der Gerichtsverhandlung fest. Der Gruppenleiter der Abteilung Inland II des Auswärtigen Amts erhielt am Freitag, den 11. August die folgende Mitteilung: »von Trott zu Solz wird auf der nächsten Tagung des Volksgerichtshofs, voraussichtlich Dienstag oder Mittwoch nächster Woche, zum Tode verurteilt.«[41]

Am Vorabend seines Prozesses hatte Trott einen »freundlichen Beamten« überreden können, ihm schon jetzt die Möglichkeit für einen Abschiedsbrief zu geben.[42] Er wußte, daß ihn ein Todesurteil erwartete, und befürchtete wohl, daß bis zu dessen Vollstreckung nicht mehr genug Zeit zum Schreiben sein könnte. In seiner Isolation drängte es ihn um so mehr, seiner Frau all das mitzuteilen, was ihn bewegte. Er meinte während seines vorherigen »Arbeitens und Kämpfens« ihr manches schuldig geblieben zu sein und bat sie auch für seine trennende Verschlossenheit um Verzeihung. »Deine reine und starke Liebe«, erklärte er, »übertraf alles, was ich an menschlicher Nähe, Liebe oder Freundschaft in meinem Leben erfahren hatte.« Sie helfe ihm nun, »in aller Not und Einsamkeit im Grunde fest und freudig« zu bleiben. Er betonte ihrer beider »tiefe Verbundenheit«, stellte es ihr aber dennoch anheim, sich später einmal wiederzuverheiraten: »Du hast meinen vollen, von Herzen kommenden Segen dazu.« Als Trost empfahl er ihr »unsere schöne Heimat Imshausen« mit seinen »Tälern und Höhen, den Wald und die Felder, durch die wir gemeinsam gestreift sind«. Die Erinnerung »an all die von Menschenhand unberührten Bewegungen, Geräusche und Gerüche der Natur« hätten ihn »immer wieder mit Frieden und Freude erfüllt«. Ihm war bewußt, daß er all dies nie wiedersehen und auch nicht mit seinen Kindern zusammen erleben werde: »Wie hatte ich mich darauf gefreut, ihnen einmal alle diese Wunder selbst zu zeigen, sie mit ihnen nochmals ganz von neuem zu entdecken!« Er legte Clarita seine Mutter ans Herz, denn ihn bekümmerte der Gedanke, daß er ihr nicht mehr würde schreiben können. Die Liebe und das Vertrauen seiner Mutter habe ihn »durch sein ganzes Leben getragen« und beide Eltern seien ihm »in allen innersten Entscheidungen ein Vorbild« gewesen.

Eine längere Passage seines Briefes widmete Trott – im Wissen, als Landesverräter verurteilt zu werden – seinem politischen »Dienst« für Deutschland, den er nun vorzeitig abbrechen mußte. Er würde an der erstrebten Zukunft jenseits von NS-Regime und Krieg keinen Anteil mehr haben, nicht daran mitwirken können. Alles, was er dafür vorbereitet hatte, würde mit seinem Tod verlorengehen. Er konnte das in diesen Zeilen nur sehr verdeckt ansprechen, denn der Brief würde durch Gestapo-Hände wandern: *»Am meisten schmerzt mich, unserm Land die besonderen Kräfte und Erfahrungen, die ich in fast zu einseitiger Konzentration auf seine außenpolitische Behauptung unter den Mächten in mir ausgebildet hatte, nun vielleicht nie mehr dienend zur Verfügung stellen kann. Hier hätte ich wirklich noch helfen und nützen können. Auch meine Gedanken und Vorschläge hierzu hätte ich so gern noch einmal in zusammengefaßter Form für andere zur Verfügung gestellt. Aber es wird mir wohl versagt bleiben. Es war alles ein aus der Besinnung und Kraft unserer Heimat, deren tiefe Liebe ich meinem Vater verdanke, aufsteigender Versuch, ihr in allen modernen Wandlungen und Erschwerungen unwandelbar bleibendes Recht und ihren tiefen, unentbehrlichen Beitrag gegen den Übergriff fremder Mächte und Gesinnungen zu erhalten und zu vertreten. Darum bin ich aus der Fremde mit ihren Verlockungen und Möglichkeiten immer mit Unruhe und begierig dorthin zurückgeeilt, wo ich mich zu dienen berufen fühlte. Was ich draußen lernte und für Deutschland tun konnte, hätte mir hierbei* *gewiß sehr geholfen, weil um diese Zeit nur wenigen solche weitverzweigten Möglichkeiten zuteil wurden. So muß ich hoffen, daß auch ohne mich von vielen dieser Verbindungen auch so Verständnis und Hilfe zufließen wird, wenn es einmal wieder nötig und wünschenswert sein sollte. Aber ein Sämann überläßt nicht gerne knospende Saaten anderen zur weiteren Bearbeitung, denn zwischen Saat und Ernte liegen ja noch so viele Stürme.«*[43]

Am 7./8. sowie am 10. August 1944 hatten die ersten beiden Prozesse gegen Beteiligte am Umsturzversuch des 20. Juli stattgefunden.[44] Alle 13 Angeklagten, darunter Yorck, Berthold Stauffenberg und Schulenburg, waren zum Tode verurteilt und gleich danach hingerichtet worden. Am Dienstag, den 15. August tagte der Volksgerichtshof unter Vorsitz seines Präsidenten Roland Freisler in dieser Sache zum dritten Mal. Ort war erneut der Plenarsaal des Kammergerichts in Berlin, Elßholzstraße. Vor Gericht standen an diesem Tag: Oberstleutnant Bernhard Klamroth, dessen Vetter und Schwiegervater Major Hans-Georg Klamroth, Vortragender Legationsrat Hans Bernd von Haeften, Major Egbert Hayessen, Legationsrat Adam von Trott zu Solz und der Berliner Polizeipräsident Wolf Heinrich Graf von Helldorf.[45] Von dieser Gerichtsverhandlung, die sich über viele Stunden hinzog, sind nur einige Bruchstücke in schlechter Qualität auf Film und Tonband überliefert.

Trott wurde am Nachmittag aufgerufen. Er sah elend aus. Sein Auftreten aber wirkte ruhig und konzentriert. Durch Freislers Ausfälle ließ er sich nicht verunsichern oder gar einschüchtern. Bei seiner Vernehmung zur Person suchte dieser ihn herabzusetzen und prangerte an, daß er eine mehrjährige Erziehung in England genossen, keinen Kriegsdienst geleistet und sich von der nationalsozialistischen Bewegung in jeder Hinsicht ferngehalten hatte.[46] Während der Vernehmung zur Sache blieb Trott konsequent bei seiner vorherigen defensiven Linie. Das konnte ihn, wie er wohl wußte, nicht retten, aber gab ihm für den Prozeß eine Richtschnur.[47] Den Vorwurf Freislers, militärisch »von Tuten und Blasen keine Ahnung«[48] zu haben, nutzte Trott sogleich zur Beantwortung der Frage, warum er dem Defätismus Stauffenbergs nicht widersprochen habe: Dafür hätten ihm »auf militärischem Gebiet die Argumente gefehlt«.[49] Gegen die Belastung, für »Unterwerfungsverhandlungen« mit England vorgesehen gewesen zu sein, führte er seine ablehnenden Worte an, dorthin »schicke man besser einen älteren und gewichtigeren Mann«.[50] Trotts Art, heiklen Punkten redegewandt auszuweichen, versetzte Freisler in Rage: »Wie Sie es immer fertiggebracht haben oder versucht haben bei Ihren Vernehmungen, immer wieder abzugleiten, gilt hier nicht!« – geiferte er. »Jetzt bleiben wir bei der Sache und reden nicht drum herum.«

Verhandlung vor dem Volksgerichtshof

Und als Trott sich auf frühere Aussagen berief, warf er ein: »Es ist richtig, daß Sie 87 Seiten lang vernommen sind und immer sich so verklausuliert ausgedrückt haben, wie Sie es hier immer wieder versuchen.«[51] Soweit an den Fragmenten erkennbar, stellte Freisler die eingestandene Mitwisserschaft in den Mittelpunkt. Nur »mit Ach und Krach«, erklärte er, habe Trott diese zuzugeben sich »bequemt«, »nachher« [d.h. nach der Folter] habe er »deutsch geredet«.[52] Beim Hinweis auf diese Demütigung, auf das gewaltsam erzwungene Geständnis, senkte Trott den Kopf. Daß er Mitwisser war, konnte er nicht mehr abstreiten. Da half auch keine noch so eloquente Umschreibung: »Ich habe mir gewiß die Vorstellung gemacht, daß auf irgendeinem Wege versucht werden würde, die Person des Führers anzugreifen oder auszuschalten.«[53] Ein Schuldbekenntnis aber konnte man ihm nicht entlocken, ebenfalls keine Äußerung der Unterwerfung oder Reue.[54] Auch in seinen Abschiedsbriefen fehlt sie.[55]

Aus späterer Sicht mag man sich fragen, warum Trott anstelle seiner Verteidigungshaltung sich nicht offen zu Attentat und Umsturz bekannt und deren Notwendigkeit begründet hat.[56] Keiner der Angeklagten hat jedoch die Verhandlung vor dem Volksgerichtshof als ein öffentliches Forum verstanden. Die anwesenden Zuhörer repräsentierten für sie nicht die Öffentlichkeit. Vermutlich blieben ihnen auch die versteckten Kameras und Tonbandgeräte verborgen. Ohnehin wäre jede das Regime schmähende Rede sofort im Ansatz erstickt worden. Hans Bernd von Haeftens berühmt gewordener Ausspruch während dieses Prozeßtages: »Nach der Auffassung, die ich von der weltgeschichtlichen Rolle des Führers habe, nämlich daß er ein großer Vollstrecker des Bösen ist«[57], fiel eben nicht als Deklaration, die man hätte verhindern können. Es war eine stockend vorgetragene Antwort auf die Frage nach seiner Treuepflicht – und wirkte daher um so mehr. Sie verschlug selbst Freisler die Sprache.

Alle sechs Angeklagten wurden ohne Unterschied wegen »Meuchelmords an unserm Führer«, wegen der Absicht, »dem Feinde unser Volk auf Gnade und Ungnade auszuliefern« und »es selbst in dunkler Reaktion zu knechten«, wegen Verrats an »Volk, Führer und Reich« und an »der Milliarde Deutscher der nächsten 250 Jahre« zum Tode durch den Strang verurteilt.[58] Vier von ihnen – Haeften, Hayessen, Helldorf und Bernhard Klamroth – wurden am gleichen Tage hingerichtet, die übrigen beiden – Hans-Georg Klamroth und Trott – ließ man noch am Leben. In einem Gestapo-Bericht heißt es zwei Tage später zur Erklärung: »Da Trott zweifellos sehr stark zurückgehalten hat, wurde das Todesurteil des Volksgerichtshofes noch nicht vollstreckt, so daß von Trott für eine weitergehende Klärung noch zur Verfügung steht.«[59]

Clarita von Trott war damals nach Berlin gefahren, in der Hoffnung, ihren Mann noch einmal zu sehen. Doch überall stieß sie auf Abweisung. Im Gerichtsgebäude durfte sie sich nicht aufhalten, ihre Bitte um Sprecherlaubnis wurde abgeschlagen, und nicht einmal einen Brief konnte sie übermitteln. Am 17. August wurde sie selbst im Untersuchungsgefängnis Berlin-Moabit in sogenannte »Sippenhaft« genommen. Vorher noch waren ihre beiden kleinen Töchter, zweieinhalb Jahre und neun Monate alt, von der Gestapo aus Imshausen abgeholt und mit unbekanntem Ziel verschleppt worden. Der couragierte Protest Eleonore von Trotts hatte dies nicht hindern können.

Nach dem Todesurteil wurde Trott ins Gefängnis Lehrter Straße 3 eingeliefert, ein Backsteingebäude aus der Mitte des 19. Jahrhunderts. Die Zellen hatten schwere Eisentüren; als »vernichtend schwer und unwiderruflich ins Schloß fallend« hat sie ein damaliger Häftling beschrieben.[60] Die Tag und Nacht durch das Haus gellenden Schreie, Hilferufe und Befehle hielten die Türen dennoch nicht ab. Die Inhaftierten des 20. Juli waren

Nach dem Urteil

ständig gefesselt, ihre Zellen nachts grell erleuchtet. »Dreck und Wanzen, Kübelwirtschaft, keinen Hofgang, dauernd Hunger«[61], zählte ein anderer Gefangener die dortigen Haftbedingungen auf. Alle zum Tode Verurteilten brachte man abgesondert in Zellen im obersten Stockwerk unter. Ihre einzigen Kontakte bildeten die Wärter sowie die Gefangenen, die zum Verteilen der kärglichen Essensrationen eingesetzt waren. Einen Anstaltsgeistlichen gab es nicht, denn das Gefängnis unterstand der Gestapo.

Elf Tage sollte Adam von Trott noch leben. In dieser Zeit war er wie in den Wochen zuvor völlig isoliert. Er durfte nicht besucht werden, er durfte keine Päckchen mit Essen oder anderem Inhalt empfangen,[62] er durfte weder Briefe schreiben noch erhalten. Niemand konnte bezeugen, ihn damals gesehen oder etwas von ihm gehört zu haben. In seinem ganzen Leben war mündlicher und schriftlicher Austausch für Trott so wichtig gewesen, jetzt am Ende umgab ihn ein großes Schweigen.

Alles was man von seinen letzten Lebenstagen weiß, steht in zwei Sätzen seines Abschiedsbriefes an Clarita. Er erwähnte seine Lektüre, die man ihm offenbar aus der Gefängnisbibliothek zugestanden hatte: das »Purgatorio« (Fegefeuer/Läuterung) aus Dantes Dichtung »Die Göttliche Komödie«, Schillers Trauerspiel »Maria Stuart« und der Roman »Jürg Jenatsch« von Conrad Ferdinand Meyer. »Sonst hatte ich solches wenig«, schrieb er – ein klagloser Hinweis auf das, was er außen erlebte – und fügte schonend hinzu: »aber sehr vieles in mir, was ich in Ruhe bewegen und klarlegen konnte.«[63]

Von weiteren, möglicherweise verschärften Vernehmungen erfährt man nichts. Fest steht nur, daß die Untersuchungskommission bis zuletzt nicht hinter die zentrale Rolle Trotts im Widerstand gekommen ist, seine jahrelangen Bemühungen im In- und Ausland für einen Regimesturz nicht herausgefunden und auch nicht geahnt hat, wie viele Beteiligte er kannte. Andernfalls hätte man dies alles aus ihm herauszupressen versucht und dabei sogar seine Frau und Kinder als Druckmittel einsetzen können.[64] Das ist unterblieben. Die Vollstreckung seines Urteils wurde auf den nächsten Hinrichtungstermin angesetzt.

Während des Krieges hatte das nationalsozialistische Regime jahrhundertealte Rituale fallenlassen oder abgeschafft. Es wurde keine Henkersmahlzeit mehr gewährt und verboten, daß ein Geistlicher die Todeskandidaten bei der Hinrichtung begleitete. Auch das Kruzifix ließ man aus der Hinrichtungsstätte entfernen. In der Haftanstalt Tegel konnte der unerschrockene Pfarrer Harald Poelchau den Verurteilten zumindest vor der Hinrichtung geistlichen Beistand und andere Hilfe leisten, aber das Gefängnis in der Lehrter Straße durften Geistliche nicht betreten. In einem Gestapobericht heißt es, daß »Major Klamroth und Legationsrat von Trott vor ihrer Exekution nach einem Geistlichen verlangt haben«.[65] Gewährt wurde ihnen das nicht.

Die Exekutionen wurden im geheimen ausgeführt, die Öffentlichkeit und auch die Angehörigen über den Zeitpunkt in Unkenntnis gelassen. Wann Trott davon erfuhr und wann er zur Hinrichtung in die Haftanstalt Berlin-Plötzensee gebracht wurde, ist unbekannt. Vermutlich ist dies erst kurz vorher erfolgt. Mit ihm sollten am gleichen Tag, zur gleichen Stunde sterben: Hans-Georg Klamroth, 46 Jahre (Mitwisser des Attentats), Ludwig Freiherr von Leonrod, 38 Jahre (von Stauffenberg als Verbindungsoffizier gewonnen), und Otto Carl Kiep, 48 Jahre (wegen Defätismus und verräterischer Kontakte bereits vor dem 20. Juli verurteilt).[66]

In der Todeszelle von Plötzensee kann Trott noch zwei Abschiedsbriefe schreiben. Zunächst an seine Frau: »Liebes Claritchen, das ist nun leider wohl das Allerletzte. [...]«, und dann an die Mutter: »Liebste Mutter, so kommt es gottlob doch noch zu einem kurzen Wort an Dich.« In jeder Zeile wird deutlich, daß die Gestapo seine Persönlichkeit nicht brechen konnte. »Es ist heute ein klarer ›Peking-Himmel‹, und die Bäume rauschen«: Immer hatten Himmel und Bäume für ihn den Inbegriff der Natur dargestellt – und daran zu denken, hinderten ihn auch jetzt die vier Zellenwände nicht. Von Lebensmüdigkeit findet sich in diesen Briefen keine Spur. Die Trennung von den Seinen fällt ihm schwer. An Clarita gerichtet: »Ich liebe dich sehr. Es bliebe noch so viel zu schreiben – aber es ist keine Zeit mehr.« Es bekümmert ihn, daß er seine kleinen Töchter so wenig gesehen hat. Anders als im Abschiedsbrief vor dem Prozeß erwähnt er jedoch keine unerfüllten Lebenshoffnungen mehr. In diesen letzten elf Tagen scheint er alles das, was ihn so stark mit der politischen Welt verbunden hatte, hinter sich gelassen zu haben. Was ihn dahin führte, deutet er nur im Guten an. Ganz offenbar ist es seine Absicht, nichts zu schreiben, was seine Frau und seine Mutter im Denken an ihn auf irgendeine Weise beunruhigen oder quälen könnte. Er versichert beide seiner Liebe und Nähe und bittet sie um Vergebung für den Schmerz, den er ihnen zufügt. Er bestärkt seine Frau für ihr künftiges Leben ohne ihn und erklärt sich seiner Mutter gegenüber versöhnt mit den Brüdern. Er bezeugt seine innere Vorbereitung auf den Tod, »in tiefer Zuversicht und Glauben«.[67] Ans Ende wollte er ein Zitat aus dem 31. Psalm stellen, aber es blieb bei einem Ansatz. Ob man ihn unterbrach, ihn holen kam?

Am 26. August 1944 erlitt Adam von Trott zu Solz im Hinrichtungsschuppen der Haftanstalt Berlin-Plötzensee den Tod durch den Strang. Er starb zwischen 12 und 13 Uhr.

Die sterblichen Überreste der Hingerichteten des 20. Juli wurden nicht zur Bestattung freigegeben. Angeblich hat man ihre Asche auf Rieselfeldern Berlins verstreut. Die »Ehrlosen« sollten nach den Vorstellungen des Regimes der *damnatio memoriae*, der Auslöschung jeder Erinnerung, verfallen. Adam von Trott, der früher einmal den Wunsch geäußert hatte, auf dem Imshäuser Familienfriedhof oder in Peking beerdigt zu werden, sollte ohne Grab bleiben.[68]

Am 29. September 1944 ließ der Oberreichsanwalt beim Volksgerichtshof Clarita von Trott mitteilen, daß ihr Mann »wegen Hoch- und Landesverrats zum Tode verurteilt« wurde. »Dieses Urteil ist vollstreckt«, heißt es dann noch lapidar.[69] Von seinem Tod hatte sie schon zuvor im Gefängnis von Pfarrer Poelchau erfahren. Am 30. September wurde sie freigelassen. Ihre beiden kleinen Töchter kamen einige Zeit später nach Imshausen zurück. Mit rund 50 anderen »Verräterkindern« hatte man sie mehrere Wochen unter falschem Namen in einem Kinderheim in Bad Sachsa gehalten.

Die nachfolgenden Abschiedsbriefe Adam von Trotts vom 26. August 1944 gingen seiner Frau und seiner Mutter erst im Februar 1945 zu.

Liebes Claritchen,
dies ist nun leider wohl das Allerletzte. Hoffentlich hast Du meinen letzten längeren Brief noch bekommen!
Vor allem: Vergib mir für all den tiefen Schmerz, den ich Dir verursachen mußte. Sei gewiß: ich bin in Gedanken auch weiter mit Dir und sterbe in tiefer Zuversicht und Glauben.
Es ist heute ein klarer ›Peking-Himmel‹, und die Bäume rauschen. Lehre unsere lieben, süßen Kleinen diese Zeichen und die noch tieferen unseres Gottes dankbar, aber auch tätig und kämpferisch zu verstehen.
Ich liebe Dich sehr. Es bliebe noch viel zu schreiben – aber es ist keine Zeit mehr.
Gott behüte Dich – ich weiß, daß Du Dich nicht unterkriegen lassen und daß Du Dich zu einem Leben durchkämpfen wirst, in dem ich Dir innerlich weiter zur Seite stehe, wenn Du auch anscheinend ganz allein bist. Ich bitte für Deine Kraft – und Du tu es bitte für mich. Ich habe in den letzten Tagen noch das Purgatorio gelesen, auch Maria Stuart und, was mich seltsam stark berührte, den Jürg Jenatsch. Sonst hatte ich solches wenig – aber sehr vieles in mir, was ich in Ruhe bewegen und klarlegen konnte. So sei um mich nicht zu bekümmert – alles ist ja im Grunde klar, wenn auch tief schmerzlich.
Ich wüßte so gern, wie Euch alles praktisch getroffen hat. Ob Du nach Reinbek willst oder bleibst. Sie werden wohl alle lieb zu Dir sein, meine geliebte

kleine Frau. In meinem andern Brief bat ich um all die vielen Freundesgrüße, die mir am Herzen liegen. Aber Du kennst sie genau und wirst sie ohne mich richtig bestellen.
Ich umarme Dich mit ganzer Seele und weiß, daß Du bei mir bist.
Gott segne Dich und die Kleinen
In unverbrüchlicher Liebe Dein
Adam
Gib Werner und Heini das Vertrauen, das sie in Liebe und Treue zu mir gewiß verdienen werden! Grüß mir Imshausen und seine Berge.
Dein Adam

Liebste Mutter,
so kommt es gottlob doch noch zu einem kurzen Wort an Dich: Du bist mir immer, auch jetzt sehr nah. Ich halte dankbar und fest an dem, was uns je und je verbindet. Gott ist mir in diesen Wochen gnädig gewesen und hat mir frohe, klare Kraft zu allem, fast allem geschenkt – er hat mich auch gelehrt, wo und wie ich fehlte. Ich bitte vor allem auch Dich um Vergebung für allen großen Schmerz und daß ich Dir jetzt noch im Alter diese Stütze nehmen mußte.
Sag Werner, daß auch er mir in diesen letzten Wochen besonders naherückte und ich die Schritte bis zu unseren inneren Trennung zurücklenken und, hätten wir uns wiedergesehen, eine tiefe, fruchtbare Versöhnung mit ihm gefeiert hätte. Ihm und seinem ritterlichen Schutz, den ich herzlich bitte, auch auf ihre innere Eigenart und Freiheit der Lebensweise auszudehnen, anempfehle ich meine geliebte Clarita und die beiden süßen Kleinen, die ich so wenig sah. Steht ihnen in aller Not bei!
Auch Heini bitte ich dies – in Liebe und Dankbarkeit.
Dir noch zuletzt einen dankbaren Herzenskuß und auf Wiedersehen.
Grüß alle, die sich meiner ohne Zorn erinnern können,
Dein Dich liebender Sohn
Adam
Auch den lieben Heini hätte ich jetzt innerlich bestimmt wiedergefunden und mit mehr Eifer und Sorgfalt der vielen unverdienten Liebe, die mir von Euch allen entgegenkam, gewaltet. Grüß auch von Herzen die besonders liebe Vera und die andern Schwestern. Auch Marline und die übrige Familie.
*In deinen Geist Herr …**
Euer Adam

* »In deine Hände befehle ich meinen Geist; du hast mich erlöset, Herr, du treuer Gott.« (Psalm 31,6)

Nachwort

Adam von Trott war ein politischer Mensch. Entsprechend spielte Politik in seinem Leben eine entscheidende Rolle. Dennoch ist dies keine politische, sondern eine allgemeine Biographie. Sie widmet sich ganz bewußt und ausführlich allen Lebensphasen und Lebensbereichen. Es ist ein Forschungsbeitrag zur Zeitgeschichte, der sich aber nicht besonders an Experten richtet und daher auf fachwissenschaftlichen Diskurs im Text verzichtet.

Ungeachtet der kurzen Zeitspanne von 35 Jahren war das Leben von Adam von Trott zu Solz überaus bewegt und abwechslungsreich. Es spielte sich vor dem Hintergrund zweier Zeitenwenden ab. Als Kind erlebte er noch die letzten Jahre der Wilhelminischen Ära, die der eigene Vater in hohen Positionen repräsentierte. Revolution und Ausrufung der Republik 1918 hat der Neunjährige schon als tiefen Einschnitt wahrgenommen. Seine Gymnasial- und Studienzeit fiel in die Jahre, in denen sich die Weimarer Republik zu behaupten und zu konsolidieren suchte. Der junge Trott glaubte an diese Republik und wollte sich an ihrem Aufbau beteiligen. Die Vorbereitung darauf war sein Hauptmotiv für ein Politik-Studium in England. Doch bevor er es abschließen konnte, war dieses Ziel hinfällig geworden. Die Nationalsozialisten waren in Deutschland an die Macht gelangt und errichteten nun eine Diktatur. Trott hat den 30. Januar 1933 sofort als Verhängnis für sein Land erkannt. Was das NS-Regime in der Realität bedeutete und wie sehr es in sein Leben eingriff, erlebte er dann auf vielfache Weise – zunächst in den drei Jahren, in denen er seine juristische Ausbildung beendete. Vorübergehend suchte er dem Druck, der auf ihn wegen fehlender Anpassung ausgeübt wurde, durch einen Studienaufenthalt in China zu entgehen. Nach seiner Rückkehr schloß sich Trott 1939 der entstehenden Widerstandsbewegung gegen das Regime mit dem Ziel an , es zu stürzen. Er, der den verzweifelten Untergrundkampf der Sozialisten und Kommunisten in der Mitte der 30er Jahre aus eigener Beobachtung kannte, betrieb seit 1940 als Mitarbeiter des Auswärtigen Amts Widerstand aus dem System heraus. Die Beteiligung an der Verschwörung des 20. Juli 1944 war für Trott, der stets zur Tat drängte, nur konsequent.

»Der Mensch lebt nicht nur sein persönliches Leben als Einzelperson, sondern bewußt oder unbewußt auch das seiner Epoche und Zeitgenossenschaft« – diese Feststellung Thomas Manns trifft für das Leben Adam von Trotts auf besondere Weise zu. Und das nicht nur, weil er sich mit den drängenden Fragen seiner Epoche auseinandergesetzt hat und sich für »das Ganze« in der Verantwortung sah, sondern auch, weil sein Leben sich auf mehreren zentralen Schauplätzen abspielte und er – ungewöhnlich für sein Alter und bei Fehlen von Rang und Amt – etlichen bedeutenden Persönlichkeiten seiner Zeit begegnet ist. Dennoch war es nicht meine Absicht, die Hauptperson in der Rekonstruktion nur als Figur ihrer Zeit zu betrachten und auch nicht auf die Rolle eines politischen Akteurs zu begrenzen, sondern Adam von Trott als denkenden, fühlenden und handelnden, als fragenden, suchenden und irrenden, als wagenden, kämpfenden und leidenden *Menschen* zu erfassen. Er wird dargestellt in den einzelnen Phasen seiner Entwicklung[1] – aufgrund seines kurzen Lebens ist es überwiegend eine Entwicklungsgeschichte – sowie in seinen Beziehungen zu Menschen. Neben der Zuwendung zu seiner Familie und den ihm sehr wichtigen Freundschaften besaß Trott ein außerordentliches Interesse an Menschen unterschiedlicher Herkunft. So ist der Auftritt einer fast verwirrenden Vielzahl von Personen unvermeidbar, obwohl es hier nur eine Auswahl ist. Man würde Trott verfehlen, richtete man den Blick nicht auch auf seine Lebensfreude und deren Quellen: die Natur, die eine elementare Bedeutung für ihn hatte, die Literatur, die Kunst, die Musik, das Reisen und Vergnügungen. Sein Humor und sein Lachen prägten sich seinen Freunden und Freundinnen unvergeßlich ein. Während zu Fröhlichkeit die Zeitumstände in späteren Jahren kaum mehr Anlaß boten, verlor Trott seine Lebensintensität bis zum Schluß nicht. Trotz allem gab es für ihn eine oberste Priorität, hat er sich für den Sturz des NS-Regimes unter Einsatz seines Lebens entschieden.

»Daß es einen Sinn hat zu sterben – gelebt zu haben«, dieser Ausspruch steht nicht nur für die Lebenseinstellung Adam von Trotts, er weist zugleich darauf hin, daß eine Biographie jenseits der »Einzelperson« und jenseits »seiner Epoche« auch zeitlose Fragen des Menschseins berührt.

Adam von Trott hat Tausende von Spuren hinterlassen. Seine eigenen Papiere: Dokumente, Briefe, diverse Aufzeichnungen, Notizbücher sowie Essays, Konzepte und Nachschriften aus der Studienzeit, die er sich zur späteren Durchsicht aufgehoben hatte, rettete seine Mutter nach dem 20. Juli 1944 vor der Beschlagnahmung. Seine Witwe Clarita hat die Materialien aufbewahrt, geordnet und durch zurückerhaltene Briefe, Zeugenberichte sowie Kopien aus anderen Beständen erweitert und ergänzt. Heute befindet sich diese umfängliche Sammlung als Nachlaß im Bundesarchiv Koblenz. Hinzu kommen Trotts eigene Veröffentlichungen sowie einige Schriften über seine außenpolitischen Widerstandsaktivitäten, die in mehreren Archiven liegen (u.a. in London, Washington und Genf). Letztere wurden zum Teil in den Jahren 1957 bis 1964 von Hans Rothfels publiziert.[2] Ferner gibt es die Briefe, die Trotts Angehörige, Freunde, Freundinnen und Bekannte aufbewahrt haben und die, wenn nicht in seinen Nachlaß gelangt, heute in verschiedenen Bibliotheken (u.a. in Oxford, New York, Uppsala) zugänglich sind. Ein Großteil der Korrespondenz Trotts und seiner Freundin Shiela Grant Duff wurde von Klemens von Klemperer mustergültig ediert.[3] Des weiteren gibt es unzählige zeitgenössische Dokumente und Berichte über Trott von anderer Hand. Das sind vor allem die vielerorts aufbewahrten Unterlagen der Institutionen, mit denen er es im Laufe seines Lebens zu tun hatte, von der Schule über die Rhodes-Stiftung bis hin zum Auswärtigen Amt und dem Reichssicherheitshauptamt in Berlin. Außerdem gibt es veröffentlichte Briefe, Tagebücher und Erinnerungen seiner Zeitgenossen, in denen Trott mehr oder weniger ausführlich Erwähnung findet. Und schließlich gibt es das Zeugenschrifttum, das Historiker und andere Interessenten zusammengetragen haben.[4]

Über Trott ist im Laufe der Jahrzehnte relativ viel Literatur erschienen. Die folgende knappe Übersicht beschränkt sich auf die Buchpublikationen.[5] Die erste Monographie verfaßte seine Witwe Clarita 1957/58 unter dem Titel »Adam von Trott zu Solz. Eine erste Materialsammlung – Sichtung und Zusammenstellung«. Diese zunächst nur in wenigen hektographierten Exemplaren vorliegende Arbeit wurde 1994 nahezu unverändert unter dem Titel »Adam von Trott zu Solz. Eine Lebensbeschreibung« veröffentlicht.[6] Es handelt sich um zahlreiche Quellenauszüge und Zwischentexte, die in sein Leben einführen und zugleich einen Überblick über den Kernbestand an Quellen bieten. Ich verdanke diesem Buch die Anregung, mich eingehender mit der Person Adam von Trotts zu befassen.

Die erste, 1968 erschienene Biographie entstand unter ungünstigen Voraussetzungen. Denn der englische Verfasser Christopher Sykes[7] war der deutschen Sprache nicht ausreichend mächtig, um das Quellenmaterial im Original lesen, geschweige denn verstehen und interpretieren zu können. Einen großen Teil der seinerzeit vorliegenden Quellen benutzte er daher gar nicht, sondern stützte sich auf die (unzulänglich) für ihn ins Englische übersetzte »Materialsammlung« Clarita von Trotts, bei wichtigeren Schriften auf mündliche Inhaltsangaben, vor allem aber auf Gespräche mit Zeugen. Dabei ließ er jedoch Kritik vermissen. Als Folge dieser Situation häuften sich Fehler, Irrtümer und Mißverständnisse und führten, gewiß gegen die Absicht des Autors, zu erheblichen Verzerrungen. Einiges wurde zwar in der deutschen Übersetzung korrigiert,[8] aber der Mangel an Quellenkenntnis konnte dadurch nicht wettgemacht werden.[9] Zudem ist die Übersetzung sprachlich mißlungen. Obwohl Sykes' Biographie wissenschaftliche Kriterien nicht erfüllt, galt sie lange Zeit als Referenzbuch für Trott und hat sein Bild in der Öffentlichkeit weitgehend bestimmt. Von einem ganz anderen Niveau ist die Dissertation, die der Amerikaner Henry O. Malone 1986 unter dem Titel »Adam von Trott zu Solz. Werdegang eines Verschwörers 1909-1938« veröffentlichte. Der Verfasser ist um sorgfältige Quellenarbeit bemüht, und seine Darstellung fällt durch Sachlichkeit und Unvoreingenommenheit auf. Sie reicht jedoch nur bis zum Jahr 1938, und spart auch vorher inhaltlich etliches aus, was der Autor offenbar nicht als zum »Werdegang« gehörig hält; so etwa bleiben Trotts Beziehungen zu Menschen ganz unterbelichtet. Seither sind noch zwei populäre Biographien über Trott mit dem Schwerpunkt auf der Widerstandszeit erschienen: 1989 »A good German« von Giles MacDonogh[10] und 2004 »Doppelspiel« von Henric L. Wuermeling[11]. Beide Bücher beruhen nicht auf Quellenstudium und sind unzuverlässig. Zu erwähnen sind noch zwei Dissertationen.[12] Tobias Hoh widmet sich den »außenpolitischen Initiativen« Trotts als »Analyse der internationalen Beziehungen am historischen Fallbeispiel«.[13] Die fehlende Benutzung englischer Archive ist ein Manko dieser Arbeit, die im Hinblick auf Trott auch wenig ergiebig ist. Mit seiner juristischen Dissertation von 2001 erweitert Andreas Schott die Kenntnis von Trotts Rolle im Kreisauer Kreis wesentlich.[14] Er widerlegt auch überzeugend verschiedene Etikettierungen und Kategorisierungen.

Ein Problem der bisherigen Forschung über Trott liegt in der mangelnden Zeugenkritik – sei es gegenüber positiven oder negativen Äußerungen.[15] Im Umgang mit den zahlreich vorliegenden Erinnerungen an und Berichten über Trott wurde zuwenig berücksichtigt, daß Zeugen keine neutralen Instanzen sind und man ihnen nicht ohne weiteres Objektivität zubilligen kann. Eigene Sichtweisen, ja eigene Interpretationen sowie eigene Interessen können die Äußerungen bestimmt haben. Mit dem Widerstandskämpfer Adam von Trott wollte nach dem Krieg so mancher gut bekannt oder gar am Widerstand beteiligt gewesen sein.[16] Aber auch Zeugen ohne jede strategische Absicht können unzureichend informiert gewesen sein, einiges mißverstanden haben oder sich verständlicherweise nicht mehr richtig erinnern. Nach Jahrzehnten dürfte es vornehmlich Personen, die Trott nicht nahestanden, schwergefallen sein, zwischen Erinnertem, Gelesenem und Gehörtem noch zu unterscheiden. Der Wert von Zeugenschrifttum an sich soll damit nicht bestritten werden.

Diese Biographie beruht auf der Auswertung des sehr umfänglichen Quellenmaterials. Schon früher bekannte Quellen wurden neu gelesen und interpretiert. Zahlreiche Quellen wurden erstmals verwendet: Aufzeichnungen, Briefe und Berichte aus dem Nachlaß Trotts, zusätzlich erschlossenes Material in Archiven verschiedener Institutionen, neuerdings zugängliche Materialien (diverse Briefe, z.B. die Trotts an A. L. Rowse, das geheime Tagebuch von Sir Stafford Cripps u.a.m.), ferner Zeitungen und andere gedruckte Quellen sowie freundlicherweise aus Privatbesitz zur Verfügung gestellte Briefe und Dokumente.

Aber so reichlich die Quellen auch sprudeln, ist die Überlieferung zeitlich sehr unausgewogen und weist in allen Lebensphasen Trotts auch mehr oder weniger große Lücken auf. Tagebuch hat Trott nicht geführt, mit der Ausnahme einiger tagebuchartiger Notizen auf Reisen und Aufzeichnungen, die er sich etwa 20jährig zur Selbstprüfung machte. Unter seinen Selbstzeugnissen kommt Briefen die größte Bedeutung zu. Trott hat eine umfangreiche Korrespondenz mit vielen Personen geführt. Wenn auch sein Anteil ungleich geringer überliefert ist als der seiner Briefpartner, so haben sich dennoch Hunderte seiner Briefe erhalten. Sie zeichnen sich besonders dadurch aus, daß sie ganz auf die jeweiligen Adressaten ausgerichtet sind und sich in Inhalt und Sprache, ja in ihrem Ton stark unterscheiden. Die gänzlich verschiedenen Briefe, die er seinem Vater und seiner Mutter schrieb, sind dafür ein Musterbeispiel. Ein vollständigeres Bild von der Person Trotts läßt sich somit nur gewinnen, wenn man seine Briefe in ihrer Gesamtheit betrachtet.

Als Selbstzeugnisse haben persönliche Briefe einen nicht selten unterschätzten Erkenntniswert. Denn sie enthalten oft viel mehr als das vordergründig Mitgeteilte. Unbeabsichtigt und unbemerkt schreiben Verfasser etwas über sich selbst hinein, geben etwas von sich selbst preis. Das kann von ihrer Augenblicksstimmung bis hin zu ihrer Lebensauffassung und Weltsicht reichen; das kann etwas über ihren Charakter und ihr Temperament, über ihre Art, zu denken und zu fühlen, verraten. Wie aufschlußreich die Briefe Trotts für all das sind, davon können sich die Leser durch viele Zitate im Text überzeugen. Die absichtlichen Mitteilungen in den Briefen sind natürlich nicht weniger wichtig. Im Zeichen der Zensur unterlagen sie jedoch ab 1933 der Einschränkung. Mit der Feststellung: »Man kann brieflich nicht allzuviel vermitteln«, sprach Trott selbst einmal das Problem an, sich nicht frei äußern zu können. Ab 1939 wurde es in dieser Hinsicht noch schwieriger.

Für die letzten Lebensjahre, 1939-1944 – identisch mit den Jahren seines Widerstands –, ist auch in Trotts Fall die Quellenlage sehr schlecht. Ihr sind denn auch die von mir ansonsten vermiedenen Verbformen

»scheint«, »könnte« und »dürfte« geschuldet. Während über Trotts offizielle Tätigkeit im Auswärtigen Amt nur ein kleiner Restbestand an Akten Auskunft gibt, läßt sich über seine geheime Widerstandsarbeit noch weniger in Erfahrung bringen. Als zeitgenössische Quellen sind einige Denkschriften überliefert, ein paar Hinweise in seinen Briefen sowie Passagen in Tagebüchern (z.B. Ivar Andersons) und Briefen (z.B. Helmuth James von Moltkes) anderer. Trott hat unter den konspirativen Bedingungen auf Schriftlichkeit weitgehend verzichtet, und dasjenige, was vorlag, nach dem 20. Juli vernichtet. Aus seinem Brief am Vorabend seines Prozesses vor dem Volksgerichtshof geht hervor, daß er ein weitreichendes Wissen mit in den Tod nahm. Zudem sind die anderen Hauptbeteiligten des Widerstands, vor allem diejenigen, mit denen Trott eng zusammenarbeitete, kurz vor oder nach ihm hingerichtet worden. Besonders für die Widerstandszeit, aber auch für vorherige Sachverhalte, stellen somit die nachträglichen Berichte wertvolle, unverzichtbare Quellen dar. Bei ihrer Heranziehung wurden die Zeugen im Hinblick auf ihre Glaubwürdigkeit und, soweit möglich, die Wahrscheinlichkeit ihrer Aussagen anhand anderer Quellen geprüft. Den frühesten Aussagen wurde jeweils Priorität eingeräumt. Eine ganz andere Bedeutung kommt den – beim Zitieren stets erkennbaren – persönlichen Schilderungen und Erinnerungen zu. Sie sind per se subjektiv, das macht gerade ihren Wert aus.

Selbstverständlich wurde für diese Biographie reichlich Sekundärliteratur herangezogen, auf ein Literaturverzeichnis jedoch aus Umfanggründen absichtlich verzichtet. Eine Literaturauswahl hätte wenig Sinn ergeben, da die Biographie Trotts zu viele unterschiedliche Themen behandelt. Interessenten ist meines Erachtens dadurch mehr gedient, daß sie in den Anmerkungen jeweils an entsprechender Stelle auf zitierte sowie ausgewählte weiterführende Literatur hingewiesen werden.

Als methodische Richtschnur diente mir die Auffassung meines langjährigen Direktors am Max-Planck-Institut für Geschichte, Rudolf Vierhaus: »Es ist nicht Amt des Historikers zu sagen, wie Menschen in der Vergangenheit hätten denken und handeln sollen, sondern zu erforschen, wie sie gedacht und gehandelt haben, und zu erklären, warum es so war und hat sein können.«[17]

Das Denken und Handeln Adam von Trotts abschließend in Form knapper Begriffe zusammenzufassen bietet sich wenig an. Einen festen politischen Platz hatte er wegen des NS-Regimes nicht finden können, und seine geistige Entwicklung war noch keineswegs abgeschlossen. Er galt bei seinen Freunden als sehr offen, undoktrinär und experimentierfreudig. Nach Johannes Winckelmann, der sich in Trotts letzten Jahren häufig mit ihm unterhalten hat, hat sich dessen Denkwelt in weiten Spannungsbögen vollzogen, »zwischen Vaterland und Weltbürgertum, zwischen West und Ost, zwischen Bewahren und Neugestalten«. Trott habe eine große Bereitschaft besessen, sich auf neue Realitäten einzustellen. »Jeder neue Standpunkt, jede neue Tatsache, die er in Erfahrung brachte, veranlaßte ihn sofort, sein Gedankenbild und seine Vorstellungswelt kritisch zu erweitern oder in ergänzendem Sinne auszubilden.« Auch angesichts der bevorstehenden Niederlage habe er sich nicht »bei Wehklagen« aufgehalten, sondern versucht, »konstruktiv zu denken«. Bewegt hätten ihn »mundiale Perspektiven einer Welt im Umbruch, einer Welt von morgen«.[18]

Adam von Trott schätzte »lebenswarme« Biographien – ob die vorliegende eine solche ist, müssen die Leser entscheiden.

Göttingen, im Frühjahr 2009 Benigna von Krusenstjern

Dank

Am Ende dieses Vorhabens folge ich gerne der Gepflogenheit, den Personen meinen Dank auszusprechen, die es auf vielfältige Weise unterstützt und gefördert haben.

Es ist zweifellos eine Last für Familien, wenn fremde Personen über einen nahen Angehörigen mit unbekanntem Resultat ein Buch schreiben. Daher danke ich allen Mitgliedern der Familie von Trott zu Solz, mit denen ich in Kontakt stand, ganz besonders dafür, daß sie mir großzügig Quellenmaterial zur Verfügung gestellt haben, ohne den leisesten Versuch einer Einflußnahme. An erster Stelle zu nennen ist Dr. Clarita von Trott zu Solz. Sie hat mich mehrmals liebenswürdig und gastfreundlich empfangen und war immer zum Gespräch bereit. Sie hat mir den Zugang zum Nachlaß ihres Mannes im Bundesarchiv und zu anderen, ihn betreffenden Beständen im In- und Ausland erlaubt. Ich durfte Bücher und Dokumente in ihrem Privatbesitz einsehen und auch die Briefe, die ihr Mann an sie geschrieben hat. Für all dieses Entgegenkommen und diese Unterstützung danke ich ihr sehr herzlich. Ihrer Tochter Verena Onken-von Trott gilt ebenfalls mein herzlicher Dank. Unermüdlich hat sie sich dafür eingesetzt, mir weiteres Quellenmaterial zugänglich zu machen. Ihr und ihrer Schwester, Prof. Dr. Clarita Müller-Plantenberg, danke ich ebenfalls dafür, daß ich im Familien-Refugium Einblick in Bücher nehmen durfte, die aus der Bibliothek ihres Vaters stammen. Gerne und dankbar denke ich an die Gastfreundschaft und die eindrücklichen Gespräche mit Heinrich von Trott zu Solz und seiner verstorbenen Frau Elisabeth zurück. Gabriele von Trott zu Solz möchte ich dafür danken, daß sie so freundlich an mich dachte, als sie schriftliche Familienschätze entdeckte.

Annegret von und zu Gilsa, Gabriele Freifrau Grote und Miriam May danke ich für ihre freundliche Bereitschaft, mir ihre Kindheits- bzw. Jugenderinnerungen an Adam von Trott zu erzählen.

Im Hause von Dr. Elaine Kaye in Oxford durfte ich vor etlichen Jahren das Biographie-Projekt vorstellen, bevor noch eine einzige Zeile geschrieben war. Elaine danke ich sehr herzlich für ihr Interesse, die mehrmalige gastfreundliche Aufnahme, für das Öffnen wichtiger Türen und andere wertvolle Vermittlung. Dankend erinnere ich mich an den gemeinsamen Besuch mit Dr. Andrew Chandler in der Lambeth Palace Library, London, wo der Nachlaß von Bischof Bell aufbewahrt wird.

In vielen Institutionen ist man mir überaus freundlich und hilfsbereit entgegengekommen. Stellvertretend für alle danke ich den Damen und Herren im Bundesarchiv Koblenz und in der Balliol College Library, Oxford.

Für wertvolle Hinweise und Informationen, auch für Kopien von entlegener Literatur und Dokumenten danke ich herzlich Irene Aue, Geoffrey Beck, Wibke Bruhns, Prof. Dr. Hubertus Büschel, Prof. Dr. Peter Clarke, Silvia Daniel, Wolfgang von der Groeben, Arthur von Gruenewaldt, Karl-Christian Hesse, Michael R. Jones, Ulrich Kratz, Prof. Dr. Hans Medick, Dr. Ryoko Mori, Prof. Dr. Joachim Radkau, Prof. Dr. Ger van Roon, Dr. Björn Ryman, Dr. Andreas Schott, Dr. Marikje Smid, Dr. Matthias Sträßner und Prof. Dr. Dr. h. c. Günter Wirth.

Für Fotos und die Erlaubnis ihrer Veröffentlichung danke ich herzlich Dr. Clarita von Trott zu Solz sowie ihren Töchtern, die bei Heraussuchen und Scannen freundlich mithalfen, der Kommunität Imshausen, Madeline Clayton, Andrea Linell, Penelope Newsome und der Gedenkstätte Deutscher Widerstand, Berlin. Dr. Ekkehard Klausa danke ich für freundliche Vermittlung und Birgitt Sippel für die Betreuung der Scans.

Prof. Dr. Jürgen Basedow, vormals kommissarischer Direktor des Max-Planck-Instituts für Geschichte, sowie Prof. Dr. Steven Vertovec, Direktor des Max-Planck-Instituts zur Erforschung multireligiöser und multiethnischer Gesellschaften, Göttingen, danke ich für das freundliche Entgegenkommen, daß ich trotz der Umwidmung des Instituts dieses Buch beenden durfte.

Meinem langjährigen Kollegen Prof. Dr. Manfred Jakubowski-Tiessen habe ich besonders herzlich zu danken. Ungeachtet seiner großen Arbeitsbelastung hat er das ganze Manuskript mitgelesen. Sein Verständnis und seine Kritik waren eine unschätzbare Hilfe. Auch Sibylle Kopf und Annette Schmidt-Klügmann, die Teile des Manuskripts gelesen haben, danke ich für ihre kritischen Anregungen.

Meiner Kollegin Heidi Oltmann danke ich herzlich dafür, daß sie ihre großen Korrekturerfahrungen den Druckfahnen zugute kommen ließ.

Die Entstehung dieser Biographie hat Dr. Levin von Trott zu Solz von Beginn an mit Interesse, Toleranz und Zuversicht begleitet. Als Dank für seine stete Ermutigung, auch zu Zeiten großer äußerer Widrigkeiten, ist ihm dieses Buch gewidmet.

Zu meiner Freude kann diese Biographie im Wallstein Verlag, meinem Wunsch-Verlag, erscheinen. Dem Verleger Thedel v. Wallmoden danke ich für ihre Aufnahme in sein Programm und ihm und seinem Verlagsteam für vielfältige Unterstützung. Vor allem gilt mein Dank Hajo Gevers für die verständnisvolle Zusammenarbeit und seine engagierte Rundumbetreuung beim Wandeln des Manuskripts in ein Buch.

Meiner Schwester, Brigitte Möllenhoff, danke ich sehr herzlich für einen großzügigen Druckkostenzuschuß.

Lebensdaten

1909	9. August: Geburt in Potsdam; Herbst: Umzug der Familie nach Berlin
1915	ab September: Besuch der Vorschule des Französischen Gymnasiums
1917	Spätsommer: Umzug nach Kassel
1918	ab Frühjahr: Besuch des Wilhelms-Gymnasiums
1919	Sommer: Umzug nach Imshausen, dem Familiensitz bei Bebra; dort Privatunterricht
1921	ab April: Besuch des Friedrichs-Gymnasiums in Kassel, Unterbringung bei Pflegefamilie
1922	ab April: Besuch des Städtischen Gymnasiums in Hannoversch Münden, Unterbringung in Alumnat
1927	April: Abitur; Sommersemester: Beginn des Jurastudiums in München
1927	ab Wintersemester: Fortsetzung des Studiums in Göttingen
1928	September: Aufenthalt in Genf
1929	Januar bis März: Gaststudent am Mansfield College in Oxford; ab Sommersemester: Fortsetzung des Jurastudiums in Berlin
1930	ab Sommersemester: Fortsetzung des Studiums in Göttingen; 20. Dezember: Abschluß des Referendarexamens
1931	18. Juli: Promotion zum Dr. jur.; August/September: Referendardienst am Amtsgericht in Nentershausen; ab Oktober: Beginn des Studiums von Philosophie, Politik und Volkswirtschaft als Rhodes-Stipendiat am Balliol College in Oxford
1932	Herbst: Die Dissertation über »Hegels Staatsphilosophie und das Internationale Recht« erscheint im Druck.
1933	27. Juli: Abschlußexamen in Oxford als Bachelor of Arts; August: Rückkehr nach Deutschland; September: zweiwöchiges SA-Wehrsportlager bei Marburg; ab Oktober: Fortsetzung des Referendardienstes am Amtsgericht in Rotenburg/Fulda
1934	ab Februar: Referendarstation am Landgericht in Hanau; ab Juli: Referendardienst am Landgericht und bei der Staatsanwaltschaft Kassel; Ende November: Praktikum im Gefängnis; ab Mitte Dezember: Referendarstation in der Simsonschen Anwaltskanzlei in Berlin; Kontakte zu Regimegegnern, u. a. zu sozialistischen Untergrundkämpfern
1935	Mai: zweiwöchiger Besuch in England; ab Juni: Referendardienst am Großen Amtsgericht in Kassel; Ende Juni: Die Auswahl politischer und journalistischer Schriften Heinrich von Kleists erscheint im Druck; ab Mitte September: Referendarstation in der Verwaltung der Reederei Deutsche Levante-Linie in Hamburg

1936 Januar bis Anfang März: achtwöchiges Referendarlager bei Jüterbog; ab Mitte März: Referendardienst am Oberlandesgericht in Kassel; 22. Oktober: Abschluß des Assessorexamens in Berlin; ab November: in London und Berlin Vorbereitung eines Studienaufenthalts in China

1937 19. Februar: Aufbruch zur Studienreise über Paris und London; Mitte März bis Mitte Juli: Aufenthalt in den USA und in Kanada; Mitte August: Ankunft in China; ab Mitte Oktober: Studienaufenthalt in Peking

1938 März bis Mai: achtwöchige Reise nach Japan, Korea und die Mandschurei; Juni: Denkschriften »Far Eastern Possibilities« und »Ostasiatische Möglichkeiten«; 27. Oktober: Tod des Vaters; 29. Oktober: Abreise aus China nach Deutschland

1939 ab Januar: vergebliche Suche nach einer beruflichen Position ohne Parteibeitritt; Aufbau von Widerstandskontakten; Februar: zweiwöchiger Aufenthalt in England; 1. bis 8. Juni: verdeckte politische Gespräche in Cliveden und London als Versuch, den drohenden Kriegsausbruch abzuwenden; ca. 12. bis 19. Juni: letzter Aufenthalt in England; Oktober bis Dezember: Mitarbeiter im Internationalen Sekretariat des Institute of Pacific Relations in New York; daneben politische Aktivitäten für den deutschen Widerstand

1940 Januar bis April: Rückreise über Tokyo, Peking, Moskau, Königsberg nach Berlin; ab April: Wiederaufnahme und Erweiterung von Widerstandskontakten; ab 1. Juni: Mitarbeiter in der Informationsabteilung des Auswärtigen Amtes; 8. Juni: Heirat mit Clarita Tiefenbacher ; 1. Juli: Eintritt in die NSDAP; Mitte August: Dienstreise nach Paris; ca. 12. bis 15. September: erste von elf Dienst-/Widerstandsreisen in die Schweiz; 29. November bis 6. Dezember: Aufenthalt in der Schweiz

1941 im Laufe des Jahres: zunehmende Beteiligung am entstehenden Kreisauer Kreis; ca. 15. bis 20. März und 11. bis 16. Juni: Aufenthalte in der Schweiz; ab 1. Juli: Wissenschaftlicher Hilfsarbeiter; ab Sommer: Leiter des Sonderreferats Indien und Betreuer des indischen Exilpolitikers Bose; August und Oktober: erste von mehreren Reisen in dieser Angelegenheit nach Wien bzw. Rom; 12. bis 19. Dezember: Aufenthalt in der Schweiz

1942 1. März: Geburt der Tochter Verena in Berlin; 17. März bis 2. April: Kuraufenthalt in Davos, danach in Genf Übergabe einer Denkschrift des Widerstands an Visser 't Hooft zur Mitnahme nach England; April bis Dezember: wegen und mit Bose Dienstreisen nach Prag, Rom, Wien, Brüssel, Den Haag und Paris; 21. bis 29. Juni: Aufenthalt in der Schweiz; 22. bis 27. September: erste von vier Widerstandsreisen nach Schweden; 23. bis ca. 28. Oktober: Aufenthalt in der Schweiz; Anfang Dezember: erstes von mehreren Treffen mit niederländischer Widerstandsgruppe bei Den Haag

1943 8. Januar: Treffen von Widerstandskämpfern, Berlin Hortensienstraße; ca. 10. bis 12. Januar: Kurzaufenthalt in der Schweiz, über Visser 't Hooft Kontakt zum amerikanischen Nachrichtendienst OSS in Bern; 28. April: Beförderung zum Legationssekretär; 12. bis 14. Juni: Teilnahme an der dritten Tagung in Kreisau; 17. Juni bis 2. Juli: Dienst-/Widerstandsreise in die Türkei; 9. August: Verabschiedung des Kreisauer Grundsatzprogramms; 18. bis 23. August: Aufenthalt in Den Haag und Brüssel; 8. bis 16. September: Aufenthalt in der Schweiz, Abfassung der Denkschrift zum Friedensprogramm der amerikanischen Kirchen; ab Herbst: enge Zusammenarbeit mit Stauffenberg; 27. Oktober bis 3. November: Aufenthalt in Schweden, Treffen u.a. mit britischen Geheimdienstagenten und dem schwedischen Außenminister; 9. November: Geburt der Tochter Clarita in Imshausen; 17. November: Planstelle als Legationsrat; 10. bis 17. Dezember: Dienstreise nach Den Haag, Brüssel und Paris

1944 13. bis 20. März: Aufenthalt in Schweden, Treffen u.a. mit dem schwedischen Außenminister; Memorandum an das Foreign Office in London; 15. bis 20. April: letzter Aufenthalt in der Schweiz, Denkschrift an OSS in Bern; ca. 20. bis 27. Mai: Dienstreise nach Oberitalien; 19. bis 26. Juni: letzter Aufenthalt in Schweden, Treffen u.a. mit britischem Geheimdienstagenten, amerikanischem Korrespondenten und Willy Brandt; Memorandum für London; Anfang Juli: letztes Treffen mit der niederländischen Widerstandsgruppe; 16. Juli: Verschwörer-Treffen, Berlin, Tristanstraße; 20. Juli: Attentat und Umsturzversuch; 25. Juli: Verhaftung; 15. August: Prozeß vor dem Volksgerichtshof; 26. August: Hinrichtung in Berlin-Plötzensee

Anmerkungen

Von Eltern und Ahnen

1 Hessische Morgenzeitung, 1.3.1901 — 2 LvSchw an Hugo vSchw, Kassel, 30.4.1901, in: Briefwechsel des Botschafters General v. Schweinitz. Berlin 1928, S. 350 — 3 Eine Familiengeschichte der von Trott zu Solz gibt es nicht. Den Stammtafeln der Familie liegen jedoch urkundliche und genealogische Forschungen zugrunde, s. Rudolf von Buttlar-Elberberg, Stammbuch der Althessischen Ritterschaft. Wolfhagen 1888. — 4 Vgl. Gerhard Schulz, Der Märkische Zweig der v. Trott, in: Genealogie 18. 1969, S. 699-708 — 5 Zedlers Universal-Lexikon, Bd. 45. 1745, Sp. 1211 — 6 Lulu von Strauß und Torney, »Eva von Trott« — 7 Der Familienbesitz war lange Zeit Fideikommiß und wurde in den 20er Jahren des 20. Jahrhunderts in Stiftungen des bürgerlichen Rechts umgewandelt. — 8 Kretzschmar, August Heinrich Freiherr v. Trott, in: ADB, Bd. 38. 1894, S. 660 — 9 Vgl. Karl von Baumbach, Bodo von Trott zu Solz (1817-1887), in: Lebensbilder aus Kurhessen und Waldeck. Bd. 2. Marburg 1940, S. 375-380 — 10 AugvT, Beiträge zu unserer Familiengeschichte (Ms.), PB — 11 Zit. nach: Vera von Trott zu Solz, 1906-1991. Hg. Kommunität Imshausen. Bebra 2006, S. 11 — 12 Laut Mitteilung seines Sohnes Heinrich soll der zehnjährige August, der die Zusammenhänge natürlich noch nicht verstehen konnte, darüber kindlich empört gewesen sein. — 13 Heinrich von Sybel an Hermann Baumgarten, Bonn, 27.1.1871, in: Deutscher Liberalismus im Zeitalter Bismarcks. Eine politische Briefsammlung. Bd. 1. Hg. Julius Heyderhoff. Bonn 1925. ND 1970, S. 494 — 14 AugvT, Imshausen, 30.12.1935, PB — 15 Am zuverlässigsten über ihn: Reinhard Lüdicke, Die Preußischen Kultusminister und ihre Beamten, 1817-1917. Stuttgart/Berlin 1918, S. 13. Hier sind auch die Studienorte mit Würzburg, Heidelberg und Leipzig richtig angegeben (irrtümlich u. a. in: Deutsche Biographische Enzyklopädie, Bd. 10. 1999, S. 99). — 16 Über ihn s. Carl Knetsch, Das Haus Brabant. Genealogie der Herzöge von Brabant und der Landgrafen von Hessen. T. 2. Darmstadt 1931, S. 192 — 17 AugvT, Reisetagebuch, PB — 18 Vgl. Kreisblatt des Kreises Höchst, Nr. 41, 21.5.1892 — 19 Amtlicher Bericht des Hofmarschallamts SKH des Landgrafen von Hessen, Archiv der Hessischen Hausstiftung, Eichenzell; auch in: Casseler Allgemeine Zeitung, 16.12. 1888 — 20 Ergänzungsband der Reihe »Die neuen Preußischen Verwaltungsgesetze«. Berlin 1898 — 21 Vgl. Kreisblatt des Kreises Höchst, Nr. 41, 21.5.1892 — 22 Bei seinem Ausscheiden aus Kassel 1905 wurde seine »große Beliebtheit in allen Kreisen« gewürdigt. Hessische Morgenzeitung, 15.5.1905 — 23 Hildegard Baronin Spitzemberg, Tagebücher, BAK, N 1429, Bd. 51, S. 142 — 24 Ein Diadem, das EvT besaß, könnte das kaiserliche Patengeschenk gewesen sein. — 25 LvSchw, Aufzeichnung, 11.8.1881, in: Briefwechsel, S. 174f. — 26 Denkwürdigkeiten des Botschafters General v. Schweinitz. 2 Bde. Berlin 1927 — 27 Zuletzt über ihn: Walter Stahr, John Jay. Founding Father. New York 2005 — 28 Zuletzt über ihn: Stephen B. Budney, William Jay. Abolitionist and Anticolonialist. Westport, CT 2005 — 29 EvT an AvT, Imshausen, 16.8.1930 — 30 LvSchw, Briefwechsel, S. 271 — 31 1899 und 1913 — 32 Vgl. LvSchw, Denkwürdigkeiten, Bd. 2, S. 250 — 33 LvSchw, Briefwechsel, S. 303 — 34 LvSchw, Denkwürdigkeiten, Bd. 1, S. 55 — 35 Von EvT selbst an MDB berichtet, vgl. MDB an GvR, Nov. 1962, IfZ, ZS/A18, Bd. 2 — 36 EvT an AvT, Imshausen, 19.8.1929 — 37 Verband der evangelischen Jungfrauen-Vereine Deutschlands, später: Evangelischer Verband für die weibliche Jugend Deutschlands — 38 Siehe dazu Petra Brinkmeier, Weibliche Jugendpflege zwischen Gesellig-

keit und Sittlichkeit. Diss. Potsdam 2003 http://opus.kobv.de/ubp/volltexte/2006/1022/ — 39 Vgl. EvT an Friedrich Siegmund-Schultze, Imshausen, 19.12.1933, EZA 51/ S II c9,2 — 40 Diese Mitteilung war der Aufmacher der Hessischen Morgenzeitung am 15.5.1905.

Potsdam

1 Seit 1990 Henning-von-Tresckow-Straße. Der Name Priesterstraße ging auf die hier einst gelegenen Predigerhäuser der Garnisonkirche zurück. — 2 Heute Sitz des brandenburgischen Innenministeriums — 3 A. L. Rowse, A Cornishman Abroad. London 1976, S. 283, bezeichnet dies irrtümlich als AvTs früheste Kindheitserinnerung und hat damit einige Verwirrung gestiftet (vgl. Giles MacDonogh, A good German. London 1989, S. 14), denn AvT verbrachte nur seine allerersten Lebensmonate in Potsdam. In seinem späteren Buch, A Man of the Thirties. London 1979, S. 69f., schreibt ALR richtiger, daß AvT ihm dieses Detail nach einem Potsdam-Besuch mit seiner Mutter erzählt habe. — 4 Joachim von Winterfeldt-Menkin, Jahreszeiten des Lebens. Berlin 1942, S. 127f. — 5 Ebd., S. 129 — 6 EvT an AugvT, Potsdam, 16.4.1908 — 7 EvT, Aufzeichnung zum ersten Geburtstag von Vera, Potsdam, 1.6.1907, PB — 8 Ebd. — 9 Louisa Barrett an DH, Tunbridge Wells, 15.2.1946, BAK, N 1416:3 — 10 EvT an Aug vT, Kassel, 10.10.1909 — 11 Friedrich von Schweinitz (1889-1914), zur Zeit von Adams Geburt Kgl. preuß. Leutnant beim 1. Garderegiment z. F. in Potsdam

Kindheit im Kultusministerium

1 Georg Siemens, Erziehendes Leben, zit. nach: Ruth Glatzer, Das Wilhelminische Berlin. Panorama einer Metropole 1890-1918. Berlin 1997, S. 36 — 2 Das Tagebuch der Baronin Spitzemberg. Hg. Rudolf Vierhaus. Göttingen [5]1989, S. 381 (Eintrag vom 20.12.1898) — 3 Nach Änderung der Hausnumerierung 1937 hatte das Kultusministerium die Nr. 69-73. — 4 Malone, AvT, S. 14 — 5 Ebd. – Malone zitiert hier MDB an GvR, Nov. 1962, IfZ, ZS/A18, Bd. 2. Für eine solche Feststellung kannte MDB EvT und ihre Einstellung zu ihren Kindern viel zuwenig. Aufschluß darüber geben die Briefe und Aufzeichnungen EvTs. — 6 So EvT im Bericht über den Tod ihrer Tochter Irene, PB — 7 Louisa Barrett an DH, Tunbridge Wells, 15.2.1946, BAK, N 1416:3 — 8 Humperdinck gehörte dem Präsidium der Königlichen Akademie der Künste an, deren Kurator AugvT war. — 9 AvT an DH, Berlin [18.3.1934] — 10 Louisa Barrett an DH — 11 Bericht VvT an CvT, 3.3.1987, BAK, N 1416:5 — 12 So Julius Kaftan an Theodor Kaftan, [Berlin] 18.7.1909, in: Kirche, Recht und Theologie in vier Jahrzehnten. Der Briefwechsel der Brüder Theodor und Julius Kaftan. Hg. Walter Göbell. München 1967, T. 1, S. 426 — 13 Agnes von Zahn-Harnack, Adolf von Harnack, Berlin 1951, S. 261 — 14 Über AugvT gibt es bisher noch keine Studie. Hinweise auf ihn und sein Wirken finden sich nur vereinzelt und sehr verstreut. — 15 Vgl. Bernhard vom Brocke, Die Kaiser-Wilhelm-Gesellschaft im Kaiserreich, in: Forschung im Spannungsfeld von Politik und Gesellschaft. Hg. Rudolf Vierhaus/B.v.B. Stuttgart 1990, S. 17-160 — 16 Friedrich Schmidt, seit 1929 Schmidt-Ott, wurde 1917 AugvTs Nachfolger als Kultusminister. — 17 Professor Fischer erläuterte am Beispiel der chemischen Synthese von Naturstoffen »die unbegrenzten Möglichkeiten« der Naturwissenschaften. Brocke, Kaiser-Wilhelm-Gesellschaft, S. 38. — 18 Vgl. Paul Kluke, Die Stiftungsuniversität Frankfurt am Main 1914-1932. Frankfurt/Main 1972, passim — 19 Vgl. Günter Wirth, Zwischen zwei Stühlen. Ernst Troeltsch und

die Berliner Universität, in: Troeltsch-Studien, Bd. 2, Gütersloh 2001, S. 118-184 – Das Ernennungsschreiben des Ministers an Troeltsch vom 15.8.1914 ist abgedr. in: Gangolf Hübinger, Gelehrte, Politik und Öffentlichkeit. Göttingen 2006, S. 185. – AugvT hat Troeltsch auch zu seiner Beratung herangezogen, vgl. Pädagogische Konferenz im Ministerium der geistlichen und Unterrichts-Angelegenheiten am 24./25. Mai 1917 [Berlin 1917]. — **20** Ansprache des Kultusministers von Trott zu Solz, in: Johannes Ziekursch, Bericht über die Jahrhundertfeier der Schlesischen Friedrich-Wilhelms-Universität zu Breslau vom 1.-3. August 1911. Breslau 1912, S. 90 — **21** Siehe dazu auch Karl Bachem, Vorgeschichte, Geschichte und Politik der deutschen Zentrumspartei. Bd. 7. Köln 1930, S. 105, 356 — **22** Bogislav von Selchow, Hundert Tage aus meinem Leben. Leipzig 1936, S. 276 — **23** Dazu gehörten die Ehrenmitgliedschaft der Akademie der Wissenschaften sowie fünf Ehrendoktorwürden von fünf verschiedenen Universitäten und Fakultäten: Dr.theol.h.c. Univ. Berlin 1910, Dr.jur.h.c. Univ. Breslau 1911, Dr. rer.pol. h.c. Kiel 1913, Dr. ing. h.c. TH Charlottenburg 1917, Dr. phil. h.c. Univ. Frankfurt/Main 1917 — **24** Konrad Studt, Kultusminister 1899-1907 und Vorvorgänger AugvT — **25** Robert Graf von Zedlitz-Trützschler, Zwölf Jahre am deutschen Kaiserhof. Stuttgart 1923, S. 162 — **26** Kaiser Wilhelm II., Ereignisse und Gestalten aus den Jahren 1878-1918. Leipzig/Berlin 1922, S. 151 — **27** Eduard Prym (Dr. jur., Geh. Reg.rat u. Vortrag. Rat a.D.), Leserbrief in: Frankfurter Allgemeine Zeitung, 20.10.1959, S. 7 — **28** Dienstanweisung für die Direktoren und Lehrer an den höheren Lehranstalten, in: Zentralblatt für die gesamte Unterrichtsverwaltung in Preußen 1910, S. 889 — **29** Zit. nach: Guido Müller, Weltpolitische Bildung und akademische Reform. Carl Heinrich Beckers Wissenschafts- und Hochschulpolitik 1908-1930. Köln 1991, S. 136 — **30** Ebd., S. 138, Anm. 125 — **31** Abgedr. in: Akademische Rundschau 1916/17, S. 252-265 — **32** Zit. nach: Müller, Weltpolitische Bildung, S. 171 — **33** EvT an AugvT, Berlin, 9.4.[1912] — **34** EvT an AugvT, Potsdam, 13.9.[1909] — **35** EvT an AugvT, Kassel, 17.10.1909 — **36** EvT an AugvT, Berlin, 4.-13.4.1914 — **37** EvT an AugvT, Berlin, 5.4.1914 — **38** Vgl. AvT an EvT, Hamburg, 28.10.1935. Der erwähnte Industrielle war Paul Heumann. — **39** Friedrich Siegmund-Schultze an EvT, [Berlin] 29.7.1931, EZA 51/P I e23,2 — **40** Vgl. Our Outlook, Bd. 3, 1910, Special number: The Berlin Conference — **41** Zwei Teile. Berlin 1912. Die Reihe wurde nach dem Ersten Weltkrieg nicht fortgesetzt. — **42** EvT an AugvT, New York, 15.5.1913 — **43** EvT an AugvT, New York, 19.5.1913 — **44** EvT an AugvT, Imshausen, 23.7.1910 — **45** EvT an AugvT, Imshausen, 1.7.1912 — **46** EvT an AugvT, Imshausen, 28.6.1913 — **47** EvT an AugvT, Imshausen, 13.7.1912 — **48** Ebd. — **49** EvT an AugvT, Imshausen, 5.9.[1912] — **50** EvT an AugvT, Salzungen, 22.6.1914 — **51** Ebd. — **52** EvT an AugvT, Salzungen, 27.6.[1914] — **53** EvT an AugvT, Salzungen, 24.6.1914 — **54** EvT an AugvT, [Salzungen] 3.7.[1914] — **55** Maria von Schweinitz an AvT, Berlin, 2.12.1938 — **56** EvT an AugvT, [Imshausen] 1.8.1914 — **57** EvT an AugvT, Imshausen, 10.8.1914 — **58** EvT an AugvT, Imshausen, 7.8.[1914] — **59** Der Angriff der deutschen Truppen auf die belgische Festung Lüttich hatte am 4. August begonnen. — **60** EvT an AugvT, Imshausen, 9.8.1914 — **61** EvT an AugvT, Imshausen, 7.8.[1914] — **62** EvT an AugvT, Imshausen, 9.8.1914 — **63** EvT an AugvT, Imshausen, 13.8.[1914] — **64** EvT an AugvT, Imshausen, 9.8.1914 — **65** EvT an AugvT, Imshausen, 10.8.1914 — **66** Vgl. VvT an CvT, 3.3.1987 — **67** Glückwunschschreiben des Ministers, Berlin, 21.10.1914, abgedr. in: Richard Wachsmuth, Die Gründung der Universität Frankfurt. Frankfurt/Main 1929, S. 255f. — **68** Vgl. den Erlaß vom 18.1.1911, in: Zentralblatt für die gesamte Unterrichtsverwaltung in Preußen, 1911, S. 277-288. An diesen Erlaß wurde in der Weimarer Republik wieder angeknüpft, um so mehr als eine Personalunion durch den Referenten Hinze gegeben war. Vgl. [Heinrich] Hirtsiefer, Jugendpflege in Preußen. Eberswalde 1930. S. 1, 3 — **69** Vgl. Zentralblatt für die gesamte Unterrichtsverwaltung in Preußen, 1916, S. 394f., 1917, S. 243f. — **70** Bad Saarow liegt ca. 70 km südöstlich von Berlin. — **71** EvT an AugvT, Saarow, 16.6.1915 — **72** EvT an AugvT, Saarow, 25.6.[1915] — **73** Ebd. — **74** EvT an AugvT, Saarow, 17.6.[1915] — **75** EvT an AugvT, Saarow, 6.7.[1915] — **76** EvT an AugvT, Saarow, 10.9.1915 — **77** Es wurde während des Zweiten Weltkriegs zerstört, einschließlich des Schularchivs. — **78** Jens Hoffmann, in: Christian Velder, 300 Jahre Französisches Gymnasium Berlin. Berlin 1989, S. 482 — **79** Zeugnisheft der Vorschule des Französischen Gymnasiums von AvT, PB — **80** Vgl. »Sei uns mit Jubelschalle« (1915) und »Dies ist der Tag, den Gott gemacht« (1916), BAK, N 1416:14 — **81** Vgl. Monika Onken, Aufzeichnungen über ihren Bruder Adam, BAK, N 1416:5 — **82** Sabine Leibholz-Bonhoeffer, Vergangen, erlebt, überwunden. Schicksale der Familie Bonhoeffer. Wuppertal 1968, S. 27 — **83** Ebd. — **84** Georg Michaelis, zeitweilig Staatskommissar für das Ernährungswesen, schreibt dazu in seinen Erinnerungen: »Die Not griff in alle Volksschichten und Kreise ein. Auch Minister haben Volksküchenportionen zu Hilfe nehmen müssen, um ihre Kinder vor Hunger zu schützen.« G. M., Für Staat und Volk. Berlin 1921, S. 287 — **85** Vgl. dazu CvT, AvT, S. 35 — **86** Michaelis trat im Sommer 1917 für kurze Zeit die Nachfolge Bethmann Hollwegs als Reichskanzler an. — **87** Vgl. Michaelis, Für Staat und Volk, S. 264f. — **88** Vgl. EvT an AugvT, Imshausen, 27.7.1916 — **89** Die Protokolle des Preußischen Staatsministeriums 1817-1934/38, GStA PK Berlin, Akten-Bd. 166, MF 997, Sitzung am 5.4.1917 — **90** Ebd., Akten-Bd. VI, MF 40, Kronratssitzung am 9.7.1917 – Als Alternative zum gleichen Wahlrecht schwebte den konservativen Ministern ein kompliziertes Pluralwahlrecht vor. Vgl. dazu Ernst Rudolf Huber, Deutsche Verfassungsgeschichte. Bd. 5. Stuttgart 1978, S. 160 — **91** Protokolle des Preußischen Staatsministeriums, Akten-Bd. 166, MF 997, Sitzung am 11.7.1917 — **92** Kaiserliche Handschreiben an die scheidenden Minister, zit. nach: Hessische Post und Casseler Stadtanzeiger, 8.8.1917 – Die gleiche Zeitung veröffentlichte am Vortag kurze Übersichten über die Laufbahn der betroffenen Minister und am 9.8. (S. 7) eine sehr positive Würdigung des scheidenden Kultusministers. Diesem wird u.a. Sachkenntnis, Klugheit, Urteilsschärfe, Großzügigkeit und Edelsinn bescheinigt. — **93** EvT an AugvT, Imshausen, 20.7.1917

Kassel – Imshausen – Kassel

1 Kasseler Neueste Nachrichten, 4.9.1917, S. 7 — **2** Die Mitteilung Malones (M., AvT, S. 15): »In einer Kasseler Volksschule verbrachte Adam zwei unglückliche Jahre. 1919 trat er für kurze Zeit in die Sexta des Wilhelmgymnasiums in Kassel ein«, enthält einige Irrtümer. AvT hat keine vierjährige Volksschule, sondern eine dreijährige gymnasiale Vorschule besucht. Laut seinem Berliner Zeugnisheft hatte er im Frühjahr 1917 davon schon zwei Jahre absolviert. So ergibt sich sein frühes Eintreten ins Wilhelmsgymnasium 1918, wo er bis zum Frühjahr 1919 auch die gesamte Sexta besucht hat. Daß diese Kasseler Schuljahre »unglücklich« gewesen sind, geht aus den Quellen nicht hervor. — **3** Der Lehrer ist ein Esel. — **4** AvT an EvT, Imshausen [Sommer 1918] — **5** AvT an EvT, Kassel, 26.12.1918 — **6** EvT starb 1948 an dieser Krankheit. — **7** Kasseler Neueste Nachrichten, 12.11.1918 — **8** Albert Grzesinski, Im Kampf um die deutsche Republik. Hg. Eberhard Kolb. München 2001, S. 84 — **9** Ebd., S. 85 — **10** Vgl. den ganzseitigen Aufruf, in: Hessische Post und Casseler Stadtanzeiger, 19.9. 1917 — **11** Hessische Post und Casseler Stadtanzeiger, 28.3.1919, S. 2 — **12** Vgl. die Rücktrittserklärung von AugvT, in: Amtsblatt der Preuß. Regierung zu Wiesbaden Nr. 27, 5.7.1919, S. 1; auch in: Hessische Post und Casseler Stadtanzeiger, 21.6. 1919 — **13** Vgl. die Meldeunterlagen der Familie AugvT, Stadtarchiv Kassel, Einwohnermeldekartei — **14** AvT, Impressions of a German Student in England, BAK, N

1416:1; vgl. unten S. 126ff. — 15 Ebd. — 16 EvT an AvT, Imshausen, 28.8. 1921 — 17 VvT an AvT, Imshausen, 15.6.1923 — 18 AvT an VvT, Pazifik, 7.8. 1937 — 19 Vgl. Paul Arnsberg, Die jüdischen Gemeinden in Hessen. Bd. 2. Frankfurt/Main 1971, S. 116ff. — 20 Friedrich vT an AvT, Solz, 16.12.1937 — 21 Lotte Cornelius an CvT, 22.9.1958, PB — 22 Walburg Steinhausen an CvT, 9.1.1965, BAK, N 1416:5 — 23 Lotte Cornelius an CvT, 5.9.1958, PB — 24 Holz-Fahrzeug, das mit den Armen über eine Kurbelwelle angetrieben und mit den Füßen gesteuert wird. — 25 Erzählung von Friedrich de la Motte-Fouqué — 26 AvT an ALR, Imshausen, 2.1.1930 — 27 Zu diesem s. oben S. 22 — 28 Maria Jaeger an EvT, Kassel, 17.4.1921, BAK, N 1416:4 — 29 AvT an EvT, Kassel, 13.4.1921 — 30 AvT an EvT, Kassel, 23.4. 1921 — 31 Ebd. — 32 Maria Jaeger an EvT, Kassel, 17.4.1921 — 33 AvT an EvT, Kassel, 13.4.1921 — 34 Die Bezeichnungen für die neun Klassen des Gymnasiums: Sexta, Quinta, Quarta, Untertertia, Obertertia, Untersekunda, Obersekunda, Unterprima, Oberprima. — 35 AvT an EvT, Kassel, 8.5.1921 — 36 AvT an EvT, Kassel, 14.6.1921 — 37 AvT an EvT, Kassel, 23.4.1921 — 38 AvT an EvT, Kassel, 14.6. 1921 — 39 EvT an AvT, Imshausen, 26.1.[1923] — 40 Helmut Boehncke, Sieben Lebensläufe zwischen 1920 und heute. Hamburg 1988 (Privatdruck), S. 64 — 41 AvT an EvT, Kassel, 13.4.1921 — 42 Maria Jaeger an EvT, Kassel, 17.4.1921 — 43 Martin Jaeger an AugvT, Kassel, 19.9.1921 — 44 Vgl. AvT an TSt, 23.2.1929, in dem er sein Erstaunen über solche Spiele ausdrückt. — 45 AvT an EvT, Kassel, 8.5.1921 — 46 »Denn ihr habt nicht einen knechtischen Geist empfangen, daß ihr euch abermal fürchten müßtet.« — 47 Martin Jaeger an AugvT, Kassel, 19.9.1921 — 48 AvT an EvT [Kassel, Sept. 1921] — 49 Ebd. — 50 Vgl. Meldung des Oberprimaners v. Trott zu Solz zur Reifeprüfung, Ostern 1927, in: Protokollband der Reifeprüfung Ostern 1927, Grotefend-Gymnasium Hann. Münden, Schularchiv — 51 Ebd.

Die Waldstadt an den drei Flüssen

1 Sämtliche bisherige biographische Darstellungen über AvT ignorieren dieses Gymnasium und verwechseln das Alumnat mit einem Internat. Dabei hätte schon ein einziger Blick auf das Reifezeugnis Auskunft gegeben bzw. eine Anfrage in Hann. Münden oder im Kloster Loccum genügt. — 2 Das Kloster Loccum, nordwestlich von Hannover, wurde als Folge der Reformation 1593 evangelisch, behielt aber seine klösterliche Verfassung. — 3 Das Gebäude beherbergt heute eine Hauptschule, während das Gymnasium, seit 1976 Grotefend-Gymnasium, 1969 einen Neubau in der Nähe bezogen hat. – Dazu s. Ulrich Kratz, Geschichte des Mündener Gymnasiums, in: Festschrift des Grotefend-Gymnasiums zum Jubiläumsjahr 2001. Hann. Münden 2001, S. 9f.; darin auch: Ders., Das Alumnat, S. 46-49 und Adam von Trott zu Solz (1909-1944), S. 50-53 — 4 Ein weiteres Alumnat des Klosters Loccum bestand seit 1886 in Goslar. — 5 AvT an EvT, Hann. Münden, 20.9.[1922] — 6 Meldung des Oberprimaners v. Trott zu Solz zur Reifeprüfung, in: Protokollband der Reifeprüfung Ostern 1927, Grotefend-Gymnasium Hann. Münden, Schularchiv — 7 Wilhelm Schützer, Bericht über das Winterhalbjahr 1921/22 im Alumnat zu Hann. Münden, Kloster Loccum, Bibliothek — 8 Wilhelm Schützer, Alumnatsbericht, Winterhalbjahr 1922/23 — 9 O. Kühnemund, Alumnatsbericht, Sommerhalbjahr 1923 — 10 Wilhelm Schützer, Alumnatsbericht, Sommerhalbjahr 1922 — 11 Vgl. O. Kühnemund, Alumnatsbericht, Sommerhalbjahr 1923 — 12 AvT an die Eltern, Hann. Münden, 2.3.1923 — 13 AvT an die Eltern, Hann. Münden, 30.6.1922 — 14 Ebd. — 15 Vgl. Mündener Tageblatt, 29.6.1922 — 16 AvT an die Eltern, Hann. Münden, 30.6. 1922 — 17 Vgl. Mündensche Nachrichten, 29.6.1922 — 18 AvT an die Eltern, Hann. Münden, 30.6.1922 — 19 Mündensche Nachrichten, 24.6.1922 – Obwohl die Mehr-

heit für den Verbleib beim Deutschen Reich abgestimmt hatte, hatten die Alliierten 1922 das Oberschlesische Industrierevier Polen zuerkannt. — **20** Vgl. das Schreiben der Neckarsulmer Fahrzeugwerke A.G. an AvT von 1926, das ihn »des Lobes voll« zitiert, BAK, N 1416:12 — **21** AvT an die Eltern, Hann. Münden, 13.6.1922 — **22** AvT an die Eltern, Hann. Münden, 30.6.1922 – Eine Dauer-Badekarte der Städt. Flußbadeanstalt Münden zum Preis von 2.000 RM hat AvT sich als Erinnerung an das Inflationsjahr 1923 aufgehoben. — **23** Bericht Erika von Selle, geb. von Bodenhausen, Nov. 1963, BAK, N 1416:5 — **24** Vgl. oben S. 46 — **25** EvT an AugvT, Imshausen, 27.7. 1916 — **26** EvT an AvT, Imshausen, 16.8.1930 — **27** EvT an AvT, Imshausen, 26.5. 1922 — **28** AvT an EvT, Kassel, 28.5.1922 — **29** Vgl. dazu VvT an AvT, Imshausen, 26.1.1923 — **30** EvT an AvT, Imshausen, 26.1.1923 — **31** EvT an AvT, Imshausen, 1.6.1923 — **32** EvT an AvT, Imshausen, 22.6.1923 — **33** Dr. Lucian Müller, Alumnatsbericht, Sommerhalbjahr 1924 — **34** EvT an AvT, Imshausen, 20.1.1924 — **35** AvT an die Eltern, Hann. Münden, 30.6.1922 — **36** AvT an EvT, Hann. Münden, 20.9.[1922] — **37** AvT an die Eltern, Hann. Münden, 2.3.1923 — **38** AugvT an AvT, Imshausen, 6.8.1923 — **39** O. Kühnemund, Alumnatsbericht, Sommerhalbjahr 1923 — **40** AvT an EvT, Hann. Münden, 18.8.1923 — **41** AvT an die Eltern, Hann. Münden [Aug./Sept. 1923] — **42** Ebd. — **43** AugvT an AvT, Berlin, 22.11.1923 — **44** Karl Löwith, Mein Leben in Deutschland vor und nach 1933. Stuttgart 1986, S. 60f. — **45** EvT an AvT, Imshausen, 8. 8.1922 — **46** Löwith, Mein Leben, S. 60 — **47** EvT an AvT, Imshausen, 22.8.1923 — **48** AvT an EvT, Hann. Münden, 18.8.1923 — **49** O. Kühnemund, Alumnatsbericht, Sommerhalbjahr 1923 — **50** AvT an EvT, Hann. Münden, 18.8.1923 — **51** AvT an EvT, Hann. Münden [Aug./Sept. 1923] — **52** EvT an AvT, Imshausen, 16.9.1923 — **53** MvT an AvT [Imshausen, 1.3.1924] — **54** UvT an AvT [Kassel], 8.8.[1923] — **55** EvT an AvT, Imshausen, 7. 2.1925 — **56** Faltblatt »Die Nibelungen. Bund für Jugendwandern«, BAK, N 1416:20 – Mit »Neigung zum politisch rechten, ›völkischen‹ Flügel«, so Malone, AvT, S. 18, ist der Nibelungenbund unzutreffend eingeordnet, er war ganz unpolitisch und läßt sich eher als vage romantisch-konservativ beschreiben. — **57** Anders als Malone, S. 19, angibt, war dies kein Bundestag, dieser fand 1923 in Wilhelmshausen statt. Vgl. Die deutsche Jugendbewegung 1920 bis 1933. Hg. Werner Kindt. Düsseldorf 1974, S. 167 – Auch von einer Freundschaft AvTs mit Ecke kann damals noch keine Rede sein. — **58** GE an AvT, Peking, 24.7.1935 — **59** AvT an GE, Hamburg, 19.12. 1935 — **60** Helmut Boehncke, Sieben Lebensläufe zwischen 1920 und heute. Hamburg 1988 (Privatdruck), S. 66 — **61** Ebd., S. 67 — **62** AvT an EvT, Hann. Münden [Juni 1924] — **63** AvT an EvT, Kopperby, 8.7.1924 — **64** AvT an EvT [Flensburg, 14.7.1924] — **65** Dazu s. Helmut Boehncke, Ms. zum 70. Geburtstag von AvT [1979], BAK, N 1416:3 — **66** Boehncke, Sieben Lebensläufe, S. 69 — **67** AvTs Austrittsschreiben ist nicht erhalten, wohl aber eine Reaktion darauf, s. die folgende Anm. — **68** Wulf von Dobschütz an AvT, Kassel, 5.1.1925, BAK, N 1416:11 — **69** In seiner Einleitung zu Walter Laqueur, Young Germany. A History of the German Youth Movement. London 1962, S. XXI, behauptet etwa R.H.S. Crossman, AvT sei ein »tragisches und echt heroisches Produkt der Jugendbewegung« gewesen. — **70** Bericht Erika von Selle, geb. von Bodenhausen, Nov. 1963, BAK, N 1416:5 — **71** AvT an EvT, Hann. Münden, 23.11.1926 — **72** AvT an EvT, Hann. Münden, 1.3.1924 — **73** EvT an AvT, Imshausen, 1.3.[1924] — **74** Hans W. Buchinger an das Ehepaar Poelchau, 10.6.1968, BAK, N 1416:3 — **75** Ders. an CvT, 25.11.1949, PB — **76** Ders. an das Ehepaar Poelchau, 10.6.1968 — **77** Ders. an CvT, 25.11.1949 — **78** AvT an EvT, Hann. Münden, 14.1.1925 — **79** »auf rauhen Wegen zu den Sternen« — **80** AugvT an AvT, Imshausen, 23.2.1925 — **81** EvT an AvT, Imshausen, 26.2.1929 — **82** AvT, Impressions of a German Student in England, BAK, N 1416:1 — **83** Gerhard Tergau, Alumnatsbericht, Winterhalbjahr 1926/27 — **84** AvT an EvT, Berlin, 3.1.1943 —

85 AvT an EvT, Kassel, 28.5.1922 — **86** AvT an EvT, Hann. Münden [ca. Anfang März 1926] — **87** AvT an AugvT und EvT, Hann. Münden, 29.8.[1925] — **88** Vgl. Bericht des Städt. Gymnasium Hann. Münden, Schuljahr 1925/26, S. 12 — **89** Vgl. Monika Onken, Aufzeichnungen über ihren Bruder Adam [1958], BAK, N 1416:5 — **90** AvT an AugvT, Hann. Münden [Okt. 1926] — **91** AvT an EvT, Hann. Münden [Herbst 1925] — **92** Dr. Walter Kaufmann, Alumnatsbericht, Winterhalbjahr 1925/26 — **93** AvT an WvT, Hann. Münden [März 1926] — **94** AvT an EvT, Hann. Münden, 29.8.[1925] — **95** AvT an EvT, Hann. Münden [Herbst 1925] — **96** Dr. Walter Kaufmann, Alumnatsbericht, Winterhalbjahr 1925/26 — **97** Heinrich Mensching, Alumnatsbericht, Sommerhalbjahr 1926 — **98** Gottlieb Eckhardt an AvT, Jena, 3.11.1925, PB — **99** AvT an EvT [Hann. Münden, Ende 1925] — **100** Meldung des Oberprimaners v. Trott zu Solz — **101** AvT an EvT, Hann. Münden [Ende Nov. 1924] — **102** Ebd. — **103** Meldung des Oberprimaners — **104** gemeint: regulären — **105** AvT an AugvT, Hann. Münden [Okt. 1926] — **106** Meldung des Oberprimaners — **107** AvT an EvT, Hann. Münden, 23.11.1926 — **108** Ebd. — **109** AvT an VvT, Hann. Münden, 23.2.[1927] — **110** AvT an die Eltern, Hann. Münden [Aug. 1923] — **111** Meldung des Oberprimaners — **112** AvT an EvT, Hann. Münden [Nov. 1926] — **113** Gerhard Tergau, Alumnatsbericht, Winterhalbjahr 1926/27 — **114** AvT an EvT, Hann. Münden, 30.1.1926 — **115** AvT an AugvT, Hann. Münden [11.2.1927] — **116** AvT an EvT, Hann. Münden, 21.2.1927. Die Nachricht vom Tode Frieda Müllers erreichte ihn Anfang Mai in München. — **117** AvT an EvT, Hann. Münden, 30.1.1927 — **118** Ebd. — **119** AvT an EvT, Hann. Münden [19.2.1927] — **120** Protokollband der Reifeprüfung Ostern 1927 — **121** Ebd. — **122** Bericht des Städt. Gymnasiums Hann. Münden, Schuljahr 1926/27, S. 9 — **123** AvT an VvT, Hann. Münden, 23.2.[1927] — **124** Vgl. Protokollband der Reifeprüfung Ostern 1927 — **125** Vgl. das Abiturientenverzeichnis in: Bericht des Städt. Gymnasium Hann. Münden, Schuljahr 1926/27, S. 13 — **126** Protokollband der Reifeprüfung Ostern 1927 — **127** Ebd., auch BAK, N 1416:20 — **128** CvT, AvT, S. 41

Erstsemester in München

1 Lebensdaten: 1802-1876 — **2** Lebensdaten: 1778-1843 — **3** Archiv der Ludwig-Maximilians-Universität München, Stud.-Kartei — **4** Dieses baulich bemerkenswerte Haus von 1911 steht heute noch. — **5** AvT an EvT, München [Anfang Mai 1927] — **6** AvT an AugvT, [München, Juni 1927] — **7** AvT an EvT, München [Anfang Mai 1927] — **8** Ebd. — **9** Vgl. Datenhandbuch zur deutschen Bildungsgeschichte. Bd. 1: Hochschulen. 2 Teile. Göttingen 1987-1995; Jahrbuch der Ludwig-Maximilians-Universität München für das Jahr 1926/27. München 1928, S. 93 — **10** Vgl. Studentenkarte AvT, Archiv der Ludwig-Maximilians-Universität München, Stud.-Kartei — **11** Belegplan, PB — **12** Ebd. – Fritz Strich (1882-1963), bekannt durch sein Hauptwerk »Deutsche Klassik und Romantik«, 1922, lehrte fast 20 Jahre in München, seit 1929 in Bern, 1941 nahm er die schweizerische Staatsbürgerschaft an. — **13** AvT an EvT, München [Anfang Mai 1927] — **14** Peter Scher/Hermann Sinsheimer, Das Buch von München. Was nicht im »Baedeker« steht. Bd. 3. München 1928, S. 18 — **15** AvT an EvT, München [5.5.1927] — **16** Scher/Sinsheimer, Buch von München, S. 1 – Hierzu paßt auch die Glosse »Adolf, wie lebst du ?«, in: Simplicissimus 33. 1928/1, S. 111, in der Hitler als »rundlich-behäbig« und selbstzufrieden, d.h. als die Harmlosigkeit in Person vorgeführt wird. — **17** AvT an EvT, München [5.5.1927] — **18** AvT an AugvT, [München, Juni 1927] — **19** Ebd. — **20** AvT an EvT, München [5.5.1927] — **21** Ebd. — **22** Ebd. — **23** AvT an EvT, München

[Anfang Juni 1927] — **24** AvT, Wiener Notizen, BAK, N 1416:21 — **25** Richard Wagners Oper »Die Meistersinger von Nürnberg« — **26** Eine dramatische Legende, die ein Jahr zuvor uraufgeführt worden war — **27** AvT an EvT, München [Anfang Juni 1927] — **28** Taufurkunde von Eleonore von Schweinitz, PB — **29** AvT an EvT, Budapest [Anfang Juni 1927] — **30** AvT an EvT, München, 28.7.1927 — **31** AvT an AugvT, [München, Juni 1927] — **32** Vgl. AvT an EvT, München [5.5.1927] — **33** Auch Victor Klemperer berichtet in seinen Tagebüchern von der Benutzung solcher privaten Leihbibliotheken. — **34** Von den Kollegs haben sich einzelne Nachschriften erhalten. — **35** AvT an AugvT [München, Juni 1927] — **36** Ebd. — **37** AvT an EvT, München [Juli 1927] — **38** Vgl. Abrechnung, PB

Corpsstudent in Göttingen

1 Bei den Göttinger Sachsen gab es in den 20er Jahren immer auch nichtadelige Aktive. Insgesamt waren die deutschen Corps bürgerliche Institutionen, in denen adelige Mitglieder nur eine kleine Minderheit darstellten. — **2** AvT an AugvT, Göttingen [Ende Okt. 1927] — **3** AugvT an AvT, Imshausen, 1.11.1927 — **4** AvT an AugvT, Göttingen [Ende Okt. 1927] — **5** AugvT an AvT, Imshausen, 1.11.1927 — **6** AvT an AugvT, Göttingen [Ende Okt. 1927] — **7** Ebd. — **8** Der Corps-Convent der Göttinger Saxonia erwartete von AvT einen Wechsel von 250-300 Mark, der jedoch auch nicht überschritten werden sollte. Studiengebühren fielen noch zusätzlich an. Vgl. Statius Frhr. von Münchhausen an AvT, Herrengosserstedt, 24.9.1927. — **9** Dieser Berufsweg war alles andere als typisch für die Göttinger Sachsen. Sie studierten in der Regel entweder Jura oder Landwirtschaft, vereinzelt Medizin. — **10** Eckart von Naso, Ich liebe das Leben. Erinnerungen aus fünf Jahrzehnten. Hamburg 1953, S. 151 — **11** Otto Freiherr von Taube, Wanderjahre. Stuttgart 1950, S. 83 — **12** Rolf-Joachim Baum, Zwischen nationaler Pflicht und nationalistischer Verführung. Studentenschaft und Kösener SC-Verband zwischen 1914 und 1933, in: Ders. (Hg.), »Wir wollen Taten, wir wollen Männer!« Deutsche Corpsstudenten 1848 bis heute. Berlin 1998, S. 135-179, hier 167 — **13** Vgl. B. von Kayser (Hg.), Beiträge zur Geschichte der Göttinger Sachsen. Oldenburg 1930, S. 256 f., 273, 284 f. – Von ähnlichen Änderungen in Tübinger Corps der Nachkriegszeit berichtet Sonja Levsen, Elite, Männlichkeit und Krieg. Tübinger und Cambridger Studenten 1900-1929. Göttingen 2006, S. 253 f. — **14** Neben AvTs Studienbuch sind seine Übungs- und Seminarscheine überliefert, für die Leistungen zu erbringen waren. — **15** AvT an EvT, Göttingen, 21.2.1928 — **16** Vgl. AvT, Studienbuch der Universität Göttingen, PB — **17** AvT an AugvT, Göttingen, 10.5.1928 — **18** AvT an AugvT, Göttingen [Ende Okt. 1927] — **19** Ebd. — **20** AvT an AugvT, Göttingen, 27.1.1928 — **21** AvT an EvT, Göttingen, 21.2.1928 — **22** Bericht Ernst Friedemann Frhr. von Münchhausen über AvT, in: Corpszeitung des Corps Saxonia zu Göttingen, Nr. 32, Sept. 1959, S. 13 — **23** Ebd. — **24** AvB an AvT, Burgkemnitz, 28.1.1928 — **25** Die Empfängerin hat diese frühen Briefe nicht aufbewahrt, vgl. Martin von Katte an GvR, 20.5.1963, IfZ, ZS/A18, Bd. 4 — **26** AvB an AvT, Burgkemnitz, 6.9.1930 — **27** AvB an AvT, Burgkemnitz, 9.6.1929 — **28** AvT an AugvT, Göttingen, 10.5.1928 — **29** AvT an EvT, Göttingen [Mai 1928] — **30** Hermann Rink, Die Mensur, ein wesentliches Merkmal des Verbandes, in: Baum (Hg.), Deutsche Corpsstudenten, S. 383-401, hier 394 — **31** AvT an AugvT, Göttingen, 27.1.1928 — **32** AvT an AugvT, Göttingen, 10.5.1928 — **33** AvT an AugvT, Göttingen [Mai 1928] — **34** Ebd. — **35** AvT an AugvT, Göttingen, 10.5.1928 — **36** AugvT an AvT, Imshausen, 1.5.1928 — **37** AvT an AugvT, Göttingen [Mai 1928] — **38** EvT an AvT, Imshausen, 28.10.1927 — **39** AvT an AugvT, Göttingen [Dez. 1927] — **40** AugvT an AvT, Imshausen, 6. 7.1928 — **41** Ebd. — **42** AugvT an AvT, Imshausen, 25.6.1928 — 43 AvT an AugvT, Göttingen, 10.5.1928 — 44 Vgl. oben S. 37 — 45 Vgl. AvT an EvT, Göttingen, 21.2.1928; 5.7.1928 — 46 AugvT an AvT, Imshausen, 25.6.1928 — 47 Vgl. Meldeunterlagen, Stadtarchiv Göttingen — 48 Vgl. AvT, Agenda 1928, BAK, N 1416:21

Genf und die Folgen

1 Der Ökumenische Rat für Praktisches Christentum war ein Pfeiler der ökumenischen Bewegung, die zur Bildung des Ökumenischen Rates der Kirchen in Genf führte. — 2 Adolf Keller, Genf als internationales christliches Zentrum, in: Neue Zürcher Zeitung, 14.10.1928 — 3 AvT an EvT, Genf [5.9.1928] — 4 Vgl. AvT an AugvT, Genf [10.9.1928] — 5 AvT an EvT, Genf [5.9.1928]; AvT, Agenda 1928, BAK, N 1416:21 — 6 Willem A. Visser 't Hooft, Die Welt war meine Gemeinde. München 1972, S. 21 — 7 Seine Kriegserfahrungen hat Conrad Hoffmann in: In the Prison Camps of Germany. New York 1920, beschrieben. — 8 AvT an EvT, Genf [5.9. 1928] — 9 Charles Clayton Morrison, langjähriger Herausgeber der Zeitschrift »The Christian Century«. Zur Kritik an seinen Friedensvorstellungen Ende der 20er Jahre vgl. Salvador de Madariaga, Morgen ohne Mittag. Frankfurt/Main 1972, S. 120 — 10 AvT an EvT, Genf [10.9.1928] — 11 AvT, Agenda 1928 — 12 Ebd. — 13 AvT an EvT, Genf [13.9.1928] — 14 Erschienen London 1928 — 15 Salvador de Madariaga, der ebenfalls bei der Veranstaltung mit Shaw zugegen war, erinnert sich ebenfalls an diese Frage und gibt die Antwort Shaws ausführlicher wieder: »Eine intelligente Frau ist diejenige, die erkennt, daß es in ihrem eigenen Interesse liegt, 15 Schillinge und 6 Pence für eins meiner Bücher auszugeben.« Madariaga, Morgen ohne Mittag, S. 149 f. — 16 Alle Zitate betr. Shaw: AvT, Agenda 1928 — 17 Beim allerersten interreligiösen Treffen auf internationaler Ebene überhaupt, beim Weltparlament der Religionen in Chicago 1893 – also genau 35 Jahre zuvor – hatte die Friedensfrage keine zentrale Rolle gespielt. Vgl. Dorothea Lüddeckens, Das Weltparlament der Religionen von 1893. Berlin 2002. — 18 AvT an EvT, Genf [13.9.1928] — 19 Samuel Parkes Cadman, Ökumeniker, Vorsitzender des Federal Council of Churches of America — 20 Die Weltreligionen gegen den Krieg. Marburg 1929, S. 28 ff. — 21 Ebd., S. 36 ff. — 22 AvT an EvT, Genf [13.9.1928] — 23 Zu ihm s. Winfried Becker, Deutsche Friedensbewegungen der Weimarer Republik in ihren Beziehungen zu Marc Sangnier, in: Historisches Jahrbuch 125. 2005, S. 175-221. — 24 Charles Freer Andrews (1871-1940), englischer Geistlicher, kämpfte viele Jahre lang an der Seite Gandhis für Bürgerrechte der Inder und die indische Unabhängigkeit und initiierte den Dialog zwischen Christen und Hindus. In Richard Attenboroughs Film »Gandhi« (1982) wird er in einer größeren Rolle dargestellt. — 25 AvT an EvT, Genf, 16.9.[1928] — 26 Dies waren in jenen Jahren vor allem: Letters to a friend. Rabindranath Tagore's letters to C.F. Andrews. London 1928; C.F. Andrews, Mahatma Gandhis's ideas including selections from his writings. London 1929, deutsch: Mahatma Gandhis Lehre und Tat. Leipzig [1932]. — 27 Mahatma Gandhi, His own way. Hg. C.F. Andrews. London 1930, dt.: Gandhi, Mein Leben. Leipzig [1930]. — 28 AvT, Agenda 1928 — 29 Frederick J. Libby, Führer des National Council for Prevention of War (NCPW) — 30 AvT an EvT, Genf, 16.9.[1928] — 31 AvT, Agenda 1928 — 32 Ihre amerikanische Schwiegertochter Beatrix war eine Kusine ersten Grades von Eleonore von Trott. — 33 AvT an EvT, Genf, 25.9.[1928] — 34 Sir Geoffrey Wilson (er verstarb 2004) an die Verfasserin, Oxford, 26.4.2003 — 35 AvT an EvT, Genf, 25.9.[1928]. Es wurde in Genf damals auch offiziell sehr viel englisch gesprochen. — 36 Die letzten Zitate alle: AvT, Agenda 1928 — 37 AvT an EvT, Zürich, 2.10.1928 — 38 Ebd. — 39 Visser 't Hooft, Die Welt, S. 188 f. — 40 Ebd., S. 189 – VH hat sich

insofern geirrt, als er schreibt, daß AvT »in seiner Familie« mit Religion überfüttert worden sei. Dies war jedoch nicht dort, wie auch AvTs Schwester Vera vermerkt hat, sondern im Alumnat erfolgt. Für den Hinweis auf die Randbemerkung VvTs in ihrem Exemplar der Autobiographie VHs danke ich Michael Auras, Kommunität Imshausen. — **41** AvT an EvT, Genf, 16.9.[1928] — **42** AvT an EvT, Genf, 25.9. [1928] — **43** Strong las damals Nikolai Berdiajews Buch »Dostojewskis Weltanschauung« und wünschte mit AvT darüber zu diskutieren, vgl. TSt an AvT, Genf, 15.2.1935. — **44** AvT an EvT, Zürich, 2.10.1928 — **45** TSt an AvT, Genf, 11.11. 1928 — **46** Zitate aus: AvT an EvT, Zürich, 2.10.1928 — **47** Ebd. — **48** AvT, Agenda 1928 — **49** AvT an EvT, Zürich, 2.10.1928 — **50** AvT, Agenda 1928 — **51** AvT an EvT, Zürich, 2.10.1928 — **52** Die letzten Zitate alle AvT, Agenda 1928 — **53** AvT an AugvT, Göttingen [22.10.1928] — **54** AvT an EvT, Göttingen [29.10.1928] — **55** AvT an TSt, Göttingen, 2.12.1928 — **56** Ebd. — **57** Ebd. — **58** AvT, Notizbuch [undatiert, 1929], BAK, N 1416:21 — **59** Der älteste Bruder von AvTs Mutter. Beide Geschwister unterschieden sich sehr und standen sich nicht nahe. — **60** AvT an TSt, Berlin [Spätsommer 1929] — **61** Conrad Hoffmann an AvT, Genf, 22.10.1928; vgl. Einladung von Tissington Tatlow, Annandale, 16.10.1928; auch AvT an TSt, Göttingen, 2.12.1928 — **62** Vgl. etwa AvT an VvT, Hann. Münden, 23.2.[1927] — **63** Tissington Tatlow an AvT, Annandale/London, 8.11.1928 — **64** Vgl. AvT an TSt, Oxford, 23.2.1929 — **65** Vgl. AvT an EvT, Göttingen, 12.12.1928; AvT, Seminarscheine des WS 28/29, PB — **66** AugvT an AvT, Imshausen, 11.12.1928; auch 20.12.1928 — **67** AvT an EvT, Göttingen [18.12.1928] — **68** Vgl. Margaret Wrong an AvT, Annandale, 17.12.1928 — **69** AvT, Konzept (Rückseite des Briefes wie vorige A.) — **70** Vgl. Margaret Wrong an AvT, Annandale, 23.12.1928 — **71** Meldeunterlagen, Stadtarchiv Göttingen

Begegnung mit England

1 Vgl. The Purpose of God in the Life of the World. London 1929, Appendix, S. 218; Tissington Tatlow, The story of the Student Christian Movement of Great Britain and Ireland. London 1933, S. 847 — **2** AvT an AugvT, Oxford, 21.1.1929 — **3** John Macmurray, Ye are my friends, in: The Purpose of God, S. 165-173 — **4** Eine Bezugnahme auf den Hungermarsch der arbeitslosen Bergarbeiter von Südwales 1927 — **5** Edward Shillito, An impression of the conference, in: The Purpose of God, S. 3-12, hier 11 — **6** AvT an EvT, [Liverpool, 7.1.1929] — **7** AvT an EvT, Oxford, 21.1.1929 — **8** AvT an EvT, Oxford, 26.2.1929 — **9** AvT an EvT, London, 9., [10.] und 11.1.1929 — **10** Die gebürtigen Amerikanerinnen Augusta Chettoynd, geb. Robinson, und Beatrix de Candolle, geb. Chapman, waren Kusinen ersten Grades von EvT. Ihre Mütter waren die Jay-Schwestern Augusta, Eleanor und Anna. — **11** AvT bezeichnete den Brief von B.d.C. als »töricht«, vgl. AvT an EvT, Oxford, 26.1. 1929. — **12** AvT an AugvT, London, 13.1.[1929] — **13** AvT an AugvT, London 13.1.[1929] — **14** Grundlegend zur Geschichte des College: Elaine Kaye, Mansfield College, Oxford. Oxford 1996 — **15** AvT an AugvT, Oxford, 21.1.1929; AvT an EvT, Oxford, 26.1.1929 — **16** William Boothby Selbie (1862-1944), 1909-1932 Rektor des Mansfield College, er veröffentlichte u.a.: Schleiermacher, a Critical and Historical Study. London 1913; The Psychology of Religion. Oxford 1924. — **17** AvT an EvT, Oxford, 26.1.1929 — **18** Ebd.; AvT an AugvT, Oxford, 10.2.1929; 21.1.1929 — **19** William George Stewart Adams (1874-1966), 1912-1933 Gladstone Professor in Oxford, 1933-1945 Rektor des All Souls College — **20** AvT an AugvT, Oxford, 5.3.1929 — **21** AvT an AugvT, Oxford, 21.1.1929 — **22** AvT an EvT, Oxford, 11.2.1929 — **23** Ebd. — **24** JCR Notes, in: Mansfield College Magazine 12/16 (Juli 1929),

S. 419 — **25** AvT an EvT, Oxford, 24. [Febr. 1929] — **26** AugvT an AvT, Imshausen, 20.2.1929 — **27** EvT an AvT, Imshausen, 14.2.1929 — **28** Frederick William Robertson (1816-1853), seine Predigten sind in vielen Auflagen erschienen. — **29** AvT an AugvT, Oxford, 10.2.1929 — **30** Ebd. — **31** Vgl. unten S. 129 — **32** AvT an EvT, Oxford, 11.2.1929 — **33** Vgl. AvT an TSt, Oxford, 23.2.1929 — **34** AvT an EvT, Oxford, 26.1.1929 — **35** AvT an AugvT, Oxford, 5.3.1929 — **36** AvT an EvT, Oxford, 6.2.1929 — **37** Ebd. — **38** AvT an EvT, Oxford, 11.2.1929 — **39** AvT an AugvT, Oxford, 10.2.1929 — **40** AvT an EvT, Oxford, 24.[2.1929] — **41** AvT an AugvT, Oxford, 10.2.1929 — **42** AvT an EvT, Oxford, 11.2.1929 — **43** AvT an EvT, Oxford, 24.[2.1929] — **44** AvT an ALR, Imshausen, 9.4.[1929] — **45** Vgl. ebd.; The Diaries of A. L. Rowse. Hg. Richard Ollard. London 2003, S. 36 — **46** EvT an AvT, Imshausen, 9. 2.1929, zitiert aus einem Brief von Beatrix de Candolle. — **47** Vgl. oben S. 122 — **48** AvT an EvT, Oxford, 11.2.1929 — **49** JCR Notes, wie oben Anm. 24 ; Bericht Geraint Jones an CvT, PB — **50** Vgl. AugvT an AvT, Imshausen, 20.2.1929 — **51** EvT an AvT, Imshausen, 9.2.1929 — **52** Vgl. EvT an AvT, Imshausen, 14.2.1929 — **53** AvT an EvT, Oxford, 11.2.1929 — **54** Ebd. — **55** AvT an AugvT, Oxford, 5.3.1929 — **56** William Adams an AvT, Oxford, 13.3.1929 — **57** Bericht Jones — **58** Diaries of A. L. Rowse, S. 38 — **59** Ebd., S. 33 — **60** Ebd., S. 35 — **61** Ebd., S. 33 — **62** A. L. Rowse, A Cornishman Abroad. London 1976, S. 287 — **63** Ebd., S. 291 — **64** A. L. Rowse, Man of the Thirties. London [1979], S. 42 — **65** AvT an ALR, Den Haag [27.3.1929] — **66** Vgl. AvT an ALR, Amsterdam [27.3.1929]. In diesem Brief schreibt AvT von seiner »verzweifelten Verwirrtheit« und ihrer »noch fremdartig neuen Beziehung«. — **67** Vgl. Diaries of A. L. Rowse, S. 33 f. — **68** Vgl. ebd.; Zitat: Rowse, Man of the Thirties, S. 43. ALR teilt auch sonst einige Irrtümer mit. Er dürfte in diesem Gespräch, als so manches auf ihn einstürmte und da AvTs Lebensverhältnisse ihm ganz fremd waren, nicht alles verstanden haben. Es erstaunt nur, daß er als Historiker später seine Tagebücher so distanz- und kritiklos verwendet hat. — **69** Diaries of A. L. Rowse, S. 55 — **70** AvT an ALR, London [19.3.1929] — **71** Diaries of A. L. Rowse, S. 33 f. — **72** AvT an EvT, Oxford, 15.3.1929 — **73** Ebd. — **74** AvT an AugvT, Oxford, 5.3.1929 — **75** Vgl. AvT an EvT, Oxford, 24.[Febr. 1929]; EvT an AvT, Imshausen, 2.3.1929; Zitat: AvT an EvT, Oxford, 21.1.1929 — **76** Vgl. EvT an AvT, Imshausen, 2.3.1929 — **77** Beide Zitate: AvT an EvT, Hardenbroek [ca. 27.3.1929] — **78** Die Niederländische Christliche Studentenvereinigung hatte Schloß Hardenbroek von 1917-1932 gemietet. — **79** BAK, N 1416:1 (13 ½ S. Masch.) — **80** Vgl. oben S. 51 f. und 78 — **81** The World's Youth, Vol. 5/9, Nov. 1929, S. 135 u. 138

»Verschiedene Welten« in Berlin

1 Darauf, daß AvT »die provinzielle Atmosphäre Göttingens geschreckt« habe, wie Malone, AvT, S. 39, meint, gibt es keinen Hinweis in den Quellen. — **2** AvT an EvT, Berlin [Anfang Mai 1929] — **3** AvT an EvT, Berlin [Mitte Mai 1929] — **4** Ebd. — **5** AvB an AvT, Burgkemnitz, 9.6.1929 — **6** AvT an AugvT, Berlin [ca. 10.7.1929] — **7** Die häufig zitierte Impression dieses Zimmers als »düstere, billige Studentenbude« mit einem »einzigen wackligen Tisch« dürfte auf einer späteren Gedächtnistäuschung AvKe.s (Albrecht von Kessel, Verborgene Saat. Hg. Peter Steinbach. Berlin 1992, S. 157) beruhen, zumal er AvT erst gegen Ende von dessen Berliner Aufenthalt kennenlernte und dort nur selten gewesen sein kann. Es ist unwahrscheinlich, daß AvT – in Essensdingen anspruchslos, hinsichtlich seiner Wohnumgebung aber empfindlich – es in einer düsteren Atmosphäre so lange ausgehalten und ein solches Zimmer als »behaglich« beschrieben hätte. — **8** AvT, Der R., BAK, N 1416:16 — **9** AugvT an AvT, Imshausen, 7.5.1929. Der Vater zitiert hier seinen Sohn, dessen Brief nicht erhalten ist. — **10** Ebd. — **11** Vgl. AugvT an AvT, Imshausen, 8.3.1930 — **12** AvT an ALR, Imshausen, 9.4.1929 — **13** AvT hatte nur einige Vorlesungen und keine Übungen belegt: AvT, Studienbuch der Universität Berlin SS 1929, PB – Für zwölf Vorlesungsstunden bezahlte er 30 Mark Unterrichtsgeld und 60 Mark Studiengebühren. — **14** AvT an EvT, Grabow [Ende Mai 1929] — **15** Bernhard von Schweinitz, der an der hessischen Bergstraße lebte, war der viertälteste Bruder EvTs. — **16** AvT an WvT, Berlin, 3.6.1929 — **17** AvT an AugvT, Berlin [ca. 10.7.1929] — **18** AvT an ALR, Berlin [5.8.1929] — **19** AvT an EvT, Berlin [Anfang Aug. 1929] — **20** Vgl. oben S. 37. Anders als Malone, AvT, S. 42, schreibt, besuchte AvT S.-Sch. nicht »auf Drängen seiner Mutter«, sondern im Gegenteil hatte er sie um das Einführungsschreiben gebeten. Es gab zwar Fälle, wo die Mutter ihn zu Kontakten zu überreden versuchte, aber nicht unbedingt mit Erfolg. Auch anders als Malone, S. 42 u. 242, schreibt, war S.-Sch. weder »im internationalen Jugendwerk« tätig, noch hatte er etwas mit dem internationalen Lager auf der Burg Wernfels zu tun. — **21** AvT an EvT, Berlin [ca. 1.5.1929] — **22** AvT an EvT, Berlin [Mai 1929] – Siegmund-Schultzes sich teilweise widersprechende und offenbar aus zweiter Hand geschöpfte Aufzeichnungen über AvT aus viel späterer Zeit (EZA 626/ II 14,6) enthalten keinen Hinweis darauf, daß er ihn persönlich getroffen hat. — **23** Vgl. Konferenzbericht von Walter Goetze, EZA 51/D III k 1,2 und knapp: W. Goetze, Studentische Wochenendkonferenz, in: Die Eiche 17. 1929, S. 493 – AvT hat sich schriftlich zu dieser Konferenz nicht geäußert, denn er konnte seiner Mutter, die sich damals in Berlin aufhielt, darüber mündlich berichten. — **24** Sie bot ihm nach ihrer Rückkehr zwei Bibeln zur Auswahl an, vgl. EvT an AvT, Imshausen, 13.6.1929. — **25** Vgl. Bericht von Gerda Frfr. von Dincklage, geb. von Wangenheim, BAK, N 1416:4 — **26** AvT an Lotte Cornelius, Berlin [Anfang Mai 1929] — **27** AvT an EvT, Berlin [Anfang Mai 1929] — **28** Vgl. AvT an TSt, Berlin, 2.6.1929 — **29** Vgl. AvT, Aufzeichnung »Die Auseinandersetzung mit …«, BAK, N 1416:1 — **30** AvT an AugvT, Berlin [ca. 10.7.1929]. An Treffen des Sozialistischen Studentenbundes nahm AvT, anders als Malone, AvT, S. 40, schreibt, nicht 1929, sondern erst 1932 teil. — **31** So z. B. AvT an EvT, Berlin [Anfang Mai 1929] — **32** AvT an EvT, Berlin [Juni 1929] — **33** Vgl. Hans Eberhard von Schweinitz, in: The Balliol College Register, 1900-1950. Oxford 1953, S. 92. Ein Kollege bei der Notgemeinschaft der Deutschen Wissenschaft hat Schw. als »intelligenten Mann von weltmännischen Umgangsformen und überlegenem Humor« beschrieben. Vgl. Kurt Zierold, Forschungsförderung in drei Epochen. Wiesbaden 1968, S. 44 — **34** Vgl. Rudolf Miedtank, Weltweite Bruderschaft, in: Der Ruf 11. 1929, S. 338 — **35** Vgl. AvT an EvT, Berlin [Anfang Aug. 1929]; AvT an ALR, Berlin [5.8.1929]; AvT, The social question [Ms. über Wernfels, Fragment], BAK, N 1416:1 — **36** AvT an ALR, Berlin [5.8.1929] — **37** Ebd. — **38** AvT an EvT, Berlin [Anfang Aug.1929] — **39** AugvT an AvT, Imshausen, 21.8.1929 — **40** Vgl. Kabir, Humayun (1906-1969), in: http://banglapedia.search.com.bd/HAT/K_0005.htm — **41** EvT an AvT, Imshausen, 15.8.1929 — **42** Bericht Humayun Kabirs, BAK, N 1416:4 — **43** Vgl. die einfühlsame Biographie von Richard Ollard, A Man of Contradictions. A Life of A. L. Rowse. London 1999 – Ollard bekennt zwar, daß es ihm schwerfalle zu verstehen, wieso AvT »auf so viele hochintelligente Menschen einen so tiefen Eindruck habe machen können« (S. 64f.), übernimmt aber unkritisch subjektive Aussagen über AvT. — **44** Rowse, A Cornishman Abroad, S. 283; Ders., A Man of the Thirties. London [1979], S. 50 — **45** AvT an ALR, Berlin [ca. Mitte Mai 1929] — **46** Vgl. AvT an ALR, Berlin [Juni 1929] — **47** Vgl. die zu einem großen Teil erhaltenen Briefe von AvT an ALR, ULE, MS 113: Rowse Collection – Die Briefe von ALR an AvT sind bis auf zwei (BAK, N 1416:12) nicht erhalten. Da die Briefe AvTs vor allem Reaktion und Echo auf die Briefe von ALR sind, ergibt sich dennoch ein zweiseitiges Bild, das durch die Tagebücher und Erinnerungen von ALR reichlich ergänzt wird. — **48** AvT an ALR, Berlin [15.7.1929] — **49** AvT an ALR, Berlin [ca. Mitte Mai 1929] — **50** AvT an ALR, Grabow [21.5.1929] — **51** Rowse, Man of the Thirties, S. 50 — **52** AvT an ALR, Berlin [Juni 1929] — **53** AvT an ALR, Berlin [9.9.1929] — **54** AvT an ALR, Imshausen [April 1929] — **55** AvT an ALR, Grabow [21.5.1929] — **56** AvT an ALR [Berlin, 6.8.1929] — **57** AvT an ALR, Berlin [4.8.1929] — **58** Ebd. — **59** The Diaries of A. L. Rowse. Hg. Richard Ollard. London 2003, S. 53 — **60** Die Gartenstadt Atlantic wurde unlängst als Modell urbanen Wohnens wiederentdeckt und restauriert. — **61** AvT an ALR, Berlin [4.8.1929] — **62** Rowse, Man of the Thirties, S. 78 — **63** Diaries of Rowse, S. 54 — **64** Ebd., S. 55 — **65** AvT an EvT, Dresden [25.8.1929] — **66** Vgl. Rowse, Man of the Thirties, S. 79f. — **67** Ebd., S. 49 — **68** AvT an ALR, Berlin, 13.10.[1929] — **69** AvT an ALR, Berlin, 21.10. [1929] — **70** AvT an ALR, Berlin [7.9.1929] — **71** AvT an ALR, Berlin, 2.12. [1929] — **72** AvT an ALR, Berlin, 13.10.[1929] — **73** AvT an ALR, Berlin, 21.10. [1929] — **74** AvT an EvT, Berlin [28.8.1929] — **75** AvT an ALR [Berlin, 11./12.9.1929] — **76** AvT an EvT, Berlin [Anfang Aug. 1929] — **77** AvT an ALR, Imshausen, 19.9.[1929] — **78** AvT an ALR, Triesch, 1.10.1929 — **79** AvT an ALR, Imshausen, 19.9.[1929] — **80** AvT an ALR, Triesch, 1.10.1929 – Mit Queen und Coburger Prinz sind Queen Victoria und ihr Prinzgemahl Albert gemeint. – Swanns Einführung bei den Verdurins bezieht sich auf Marcel Proust, Suche nach der verlorenen Zeit. — **81** AvT an EvT, Berlin [Juni 1929] — **82** Zu Friedrich Schmidt-Ott, vgl. oben S. 540, Anm. 16 — **83** AvT an ALR, Berlin, 2.12.[1929] — **84** Vgl. BAK, N 1106:101 — **85** AvT an ALR, Berlin, 2.12.[1929] — **86** AvT an ALR, Berlin [8.12.1929] — **87** Vgl. Wolfgang Matthias Schwiedrzik, Werner und Adam von Trott zu Solz, in: Deutsche Brüder. Reinbek 1996, S. 337 — **88** AvT an ALR, Berlin, 13.10. [1929] — **89** AvT an WvT, Berlin, 3.6.1929 — **90** AvT, Notizbuch, BAK, N 1416:16 — **91** EvT an AvT, Imshausen, 5.9.1929 — **92** AvT an ALR, Berlin [Mitte Okt. 1929]: »I must draw a circle around my life.« — **93** AvT an EvT, Berlin [Mitte Okt. 1929] — **94** So AvT an ALR, Berlin, 13.10.[1929] — **95** AvT an ALR, Berlin, 21.10.[1929] — **96** AvT an EvT [Berlin, 20.11.1929] — **97** AvT an EvT [Berlin, ca. 25.11.1929] — **98** AvT an EvT [Berlin, 15.12.1929] — **99** AvT, Notizbuch, BAK, 1416:16 — **100** AvT an ALR, Berlin [7.9.1929] — **101** AvT an ALR, Berlin, 2.12. [1929] — **102** AvT an ALR, Berlin, 16.11.1929 — **103** Insel-Bändchen Nr. 406, Leipzig 1929 — **104** AvT an ALR, Berlin [Ende Okt. 1929] – Zu Karl Kraus' Offenbach-Rezitationen s. Georg Knepler, Karl Kraus liest Offenbach. Wien 1984. Das Veranstaltungsverzeichnis darin (S. 212ff.) weist Ende des Jahres 1929 fünf Rezitationen in Berlin nach. AvT hat vermutlich die Rezitationen am 18.10. und 29.11. gehört. — **105** AvT an ALR, Berlin, 2.12.[1929] — **106** AvT an ALR, Imshausen, 2.1. 1930 — **107** Ebd. — **108** AvT an ALR, Berlin, 18.2.1930 — **109** Anders als verschiedentlich behauptet, hatte er damals Hegel noch nicht für sich entdeckt. — **110** Vor allem dessen »Ideen zu einem Versuch, die Grenzen der Wirksamkeit des Staats zu bestimmen« (1792) — **111** Vor allem dessen »Arbeiterprogramm« (1862) — **112** Vgl. Immanuel Kant, Metaphysische Anfangsgründe der Rechtslehre, 2. Teil, 2. Abschnitt, § 61 — **113** Die engl. Ausgabe erschien London 1921. — **114** AvT an ALR, Berlin [14.12.1929] — **115** Erschienen Berlin 1928 — **116** AvT an ALR, Berlin [Mitte/Ende Jan. 1930] — **117** AvKe.s vielzitierte Beschreibung (wie oben Anm. 7), nach der das »Kapital« von Marx damals auf AvTs Tisch gelegen habe, kann nicht als Beweis gelten. K. irrt sich auch darin, daß AvT zu jener Zeit bereits über Hegel promoviert hatte. Ein Irrtum AvKe.s mag auch die Feststellung sein, AvT habe sich vor seinen Arbeiterfreunden der Bekanntschaft mit ihm geschämt. Ein Brief von HG an AvT, Berlin, 26.2.1930, läßt erkennen, daß AvT eine solche Begegnung vielmehr angestrebt hat. — **118** Vor allem dessen »Aufruf zum Sozialismus«. Berlin 1911, ²1919 — **119** AvT an ALR, Berlin, 18.2.1930 — **120** AvT an TSt, Berlin, 21.2.1930 — **121** Ebd. — **122** AvT an ALR, Berlin [2.9.1929] — **123** AvT an EvT, Berlin [20.1.1930] — **124** AvT an AugvT, Berlin [Anfang März 1930] — **125** AvT an EvT, Berlin, 12.2.[1930] — **126** Vgl. Hildegard Baronin Spitzemberg, Tagebücher, BAK, N 1429, Bd. 42 ff., passim — **127** AvT an ALR, Berlin, 14.3.[1930] — **128** AvT an ALR, Berlin [Jan. oder Febr. 1930] — **129** AvT an ALR, Berlin, 14.3.[1930] — **130** Vgl. oben Anm. 25 — **131** EvT an AvT, Imshausen, 1.2.1930 — **132** AvT an EvT, Berlin, 12.2.[1930] — **133** Ebd. — **134** Vgl. AvTs Studienbuch der Universität Berlin, WS 1929/30, PB — **135** AvT an EvT, Berlin [Anfang Jan. 1930] — **136** AvT an EvT, Berlin [20.1.1930] — **137** AugvT an AvT, Imshausen, 8.2.1930 — **138** AvT an AvU, Berlin, 18.2.1930 — **139** AvU an AvT, Celle, 22.3.[1930] — **140** AvT an AugvT, Berlin [Anfang März 1930] — **141** AugvT an AvT, Imshausen, 26.3.1930 — **142** AugvT an AvT, Imshausen, 8.3.1930 — **143** AvT an AvU, Berlin [März 1930] — **144** AvT an AvU, Berlin, 18.2.1930

Göttingen und »Glückstornados«

1 AvT an ALR, Imshausen, 4.8.[1930] — **2** AvT an AugvT, Göttingen [11.5.1930] — **3** AvT an EvT, Göttingen [21.5.1930] — **4** AvT an EvT, Arnstein [29.5.1930] — **5** AvT, Aufzeichnungen, Mai 1930, PB — **6** AvT an EvT, Göttingen [Anfang Mai 1930] — **7** AvT an EvT, Göttingen [Anfang Juli 1930] — **8** AvT, Aufzeichnungen, Mai 1930 — **9** Ebd. — **10** AvT hatte dem Freund zum Abschied einen Gedichtband von Ludwig Hölty geschenkt. — **11** Franz Golffing an AvT, Wien, 6.3.1931 — **12** Ebd. — **13** AvT, Aufzeichnungen, Mai 1930 — **14** Ebd. — **15** MDB an AvT, Taft, 7.1.1941 — **16** heute Hermann-Föge-Weg, Haus Nr. 7 – In diesem Haus hatten zuvor der Philosoph Edmund Husserl und Maria Goeppert-Mayer, die spätere Nobelpreisträgerin für Physik, gewohnt. — **17** Mrs. Miriam May, geb. Dyer-Bennet danke ich für die Freundlichkeit, mir im Juli und August 2003 diese Mitteilungen zu mailen. Ihre vier älteren Brüder waren damals bereits verstorben und konnten nicht mehr befragt werden. – Mit John D-B hatte sich AvT zuerst angefreundet und ihn noch 1939 in den USA besucht. – Das gute Einvernehmen zwischen den D-B-Kindern und AvT, auch die heitere Stimmung dort im Hause ist seinerzeit Gabriele Freifrau Grote, geb. von Selle, aufgefallen, die als Tochter von AvTs Göttinger Freunden vS und Klassenkameradin Miriams oft bei der Familie zu Gast war. Ich danke Freifrau Grote für die Freundlichkeit, mir ihre Erinnerungen mündlich mitzuteilen. — **18** AvT, Merkbüchlein, BAK, N 1416:21 — **19** Im Original »hope, risk, confidence«, AvT an ALR, Göttingen, 4.11.1930 — **20** The Diaries of A. L. Rowse. Hg. Richard Ollard. London 2003, S. 63 (Eintrag vom 30.5.1930) — **21** Vgl. Richard Ollard, A Man of Contradictions. London 1999, S. 87 — **22** EvT an AvT, Imshausen, 25.10.1930 — **23** AugvT an AvT, Imshausen, 19.9.1930 — **24** EvT an AvT, Imshausen, 16.8.1930 — **25** AvT an EvT, Göttingen [28.3.1931] — **26** AvT an EvT, Berlin [Mitte Okt. 1929] — **27** AvT an EvT, Arnstein und Göttingen [6./8.7.1930] — **28** EvT an AvT, Imshausen, 12.7.1930 — **29** Klaus Ziegler (1908-1978), 1955-1974 Professor für Germanistik an der Univ. Tübingen, s. Internationales Germanistenlexikon. Hg. Christoph König. Berlin 2003, Bd. 3, S. 2097 ff. — **30** Bericht Klaus Ziegler, 1963, BAK, N 1416:5 — **31** Clemens Lugowski (1904-1942), s. Heinz Schlaffer in: NDB, Bd. 15. 1987; Internationales Germanistenlexikon, Bd. 2, S. 1124 ff. – Vor allem L.s Dissertation »Die Form der Individualität im Roman«. Berlin 1932, behielt in der Literaturwissenschaft bleibende Bedeutung. Neuaufl. Frankfurt a. M. 1976, [2]1994, Ü. ins E. u.d.T.: Form, Individuality and the Moral. Cambridge 1990. — **32** Bericht Ziegler — **33** Ebd. — **34** Helene Weyl geb. Joseph (1891-1948), Frau des Mathematikers

Hermann Weyl, emigrierte 1933 in die USA. — **35** AvT an SGD, Hamburg, 11.11.1935, in: Noble Combat, S. 105 — **36** Erschienen Stuttgart 1931 — **37** Werner G. Brock (1901-1974), s.: http://www.ub.uni-freiburg.de/referate/02/brock – Seine Habilitationsschrift von 1931 wurde kürzlich wiederentdeckt und veröffentlicht: W. G. Brock, Die Grundstruktur des Lebendigseins. Eine ontologische Untersuchung zur Grundlegung der Philosophischen Biologie. Freiburg i.Br. 2005. — **38** AvT, Versuch mir über die Wahl meiner Aufgabe [...] Rechenschaft abzulegen, BAK, N 1416:1 — **39** Ebd. — **40** AvT an ALR, Göttingen, 20.8.[1930] — **41** AvT an ALR, Imshausen, 4.8.[1930] — **42** AvT an ALR, Göttingen, 20.8.[1930] — **43** Das sind alle seine Briefe an Hans Gaidies sowie einzelne an Rowse und seinen Vater. — **44** Vgl. die Bezugnahme auf einen Brief AvTs vom 21.5. in: HG an AvT, Berlin, 14.6.1930 — **45** Ebd. — **46** HG an AvT, Berlin, 18.9.1930 — **47** AugvT an AvT, Imshausen, 21.9.1930 — **48** AugvT an AvT, Imshausen, 4./5.10.1930 — **49** Ebd. — **50** Der nächste Brief an den Vater, etwa fünf Wochen später, beginnt mit dem Satz »Daß ich eine solche lange Pause in unserer Korrespondenz entstehen ließ, ist nur auf die sicher von Dir wohl verstandene Ursache des Examens zurückzuführen.« AvT an AugvT, Göttingen, 12.11.1930 — **51** AugvT an AvT, Imshausen, 2.10.1930 — **52** AvT an ALR, Göttingen, 4.11.[1930] — **53** Das Deutsche Auswahlkomitee der Cecil Rhodes-Stiftung, Die Cecil Rhodes-Stipendien, BAK, N 1106:92 — **54** Ebd. — **55** AvT an EvT [Göttingen, ca. 15.11.1930] — **56** EvT an AvT, Imshausen, 16.11.1930 — **57** AvT an AugvT, Göttingen [ca. 20.11.1930] — **58** Vgl. AvT, Aufzeichungen, Mai 1930 — **59** Alexander von Quistorp an Adolf Morsbach, Berlin, 28.11.1930, BAK, N 1106:98 — **60** ALR an AvT, Oxford, 11.12.1930 — **61** Vgl. AvT an das Auswahlkomitee, Göttingen, 12.12.1930, BAK, N 1106:98 — **62** AvT an ALR, Celle, 25.11.1930 — **63** AvT an AugvT, Göttingen [ca. Mitte Dez. 1930] — **64** Ebd. — **65** AvT an AvU, Göttingen, 22.12.[1930] — **66** AvT an AugvT [Göttingen, 21.12.1930] — **67** Auswahlkomitee an AvT, Berlin, 23.12.1930, BAK, N 1106:98 — **68** Albrecht Mendelssohn Bartholdy (1874-1936), Professor für Internationales Recht und Gründer des Instituts für Auswärtige Politik in Hamburg, 1933 zwangsemeritiert. – Die beiden anderen waren die ehemaligen Rhodes-Stipendiaten Harald Mandt und Adolf Morsbach, letzterer zugleich Sekretär des Auswahlkomitees. — **69** Grundlegend zur Rhodes-Stiftung und ihrer Geschichte: The History of the Rhodes Trust. Hg. Anthony Kenny. Oxford 2001 — **70** The Will of Cecil Rhodes, in: Ebd., S. 576 — **71** Ebd., S. 577 — **72** The Rhodes Scholarships. Basis of Selection of Rhodes Scholars. London 1929, BAK, N 1106:101 — **73** Ihm wurde Imperialismus, Kapitalismus und politisches Scheitern angelastet. — **74** Neben den bereits in Anm. 68 Genannten gehörten dem Auswahlkomitee an: Friedrich Schmidt-Ott als Vorsitzender, Reichsgerichtspräsident a. D. Walther Simons sowie die ehemaligen Rhodes-Stipendiaten Botschaftsrat Albrecht Graf von Bernstorff und Eberhard von Schweinitz. Der Onkel von AvT wurde erst am 10.12. wegen kurzfristigen Ausscheidens eines anderen Mitglieds hinzugewählt. — **75** Bernstorff und AvT sind sich bei dieser Gelegenheit zum ersten Mal begegnet. Der Mitteilung, Bernstorff habe AvT schon 1929 getroffen und ihn als Rhodes-Stipendiat gewinnen wollen (vgl. Malone, AvT, S. 246, Anm. 183 u. S. 255, Anm. 129), liegt offenbar eine Verwechslung mit EvSchw zugrunde. — **76** AGB an Adolf Morsbach, London, 16.1.1931, BAK, N 1106: 93 — **77** Report. Meeting of the German Selection Committee of the Rhodes Trust on January 6th 1931 at Berlin Castle, BAK, N 1106: 92 – Richard Sheppard, The German Rhodes Scholarships, in: Rhodes Trust. Hg. Kenny, S. 377, verwechselt diese Auswahlsitzung offenbar mit einer anderen, denn sie fand am 6. (nicht am 16.) Januar statt, es waren auch nur 11 (nicht 14), von über 60 (nicht 70) Bewerbern eingeladen. — **78** Gesuch von cand. jur. AvT, BAK, N 1106:98 — **79** Sheppard, German Rhodes Scholarships, S. 377, erweckt den Verdacht unzulässiger Protektion, wenn er gleichsam als Begründung der Auswahl schreibt, daß mit AvT »der

Neffe von Schweinitz und der Sohn eines Ministers, unter dem Schmidt-Ott gedient hat«, gewählt worden sei. Schon Sch-Otts abschlägige Haltung gegenüber AvT als möglichen Bewerber 1929 (vgl. oben S. 141) kann dadurch motiviert gewesen sein, daß er jeglichen Vorwurf von Protektion vermeiden wollte. 1930 hat er AvT weder Informationen zugehen lassen noch ihn zur Bewerbung ermuntert, und dies, obwohl er ihn in einem internen Vermerk als »hervorragend geeignet« bezeichnet hat. Auf ein Höflichkeitsschreiben AvTs hin ließ er ihm erst nach Ablauf der Anmeldefrist die Unterlagen zukommen. Im Begleitschreiben zog sich Sch-O völlig korrekt auf seine Neutralität als Vorsitzender des Auswahlgremiums zurück. Vgl. AvT an FSchO, Göttingen, 18.11.1930 (darauf der Vermerk) und FSchO an AvT, Berlin, 26.11.1930, BAK, N 1106:98 — **80** AugvT an AvT, Imshausen, 17.1.1931 — **81** AvT an AugvT, Göttingen, 15.1.1931 — **82** Ebd. — **83** AvT, Kleines schwarzes Notizheft, BAK, N 1416: 21 — **84** AvT an ALR, St. Andreasberg [ca. 10.2.1931], einschl. der vorherigen Zitate aus diesem Brief — **85** Werner Brock an AvT, Berlin, 6.3.1931 — **86** AvT an AvU, Göttingen [Ende Febr. 1931] — **87** Dietrich Rauschning, Herbert Kraus (1884-1965), in: Jahrbuch der Albertus-Universität zu Königsberg/Pr. 29. 1994, S. 371-382, hier 374 — **88** Hans von der Groeben, Deutschland und Europa in einem unruhigen Jahrhundert. Baden-Baden 1995, S. 71 — **89** Ralf Dreier, Julius Binder (1870-1939). Ein Rechtsphilosoph zwischen Kaiserreich und Nationalsozialismus, in: Rechtswissenschaft in Göttingen. Hg. Fritz Loos. Göttingen 1987, S. 435-455, hier 444 — **90** Julius Binder, Die sittliche Berechtigung des Krieges und die Idee des ewigen Friedens. Berlin 1930 — **91** AvT an ALR, Göttingen, 20.8.[1930] — **92** Binder, Berechtigung des Krieges, S. 20 — **93** Ebd., S. 33 — **94** AvT, Aufzeichnungen während des Hegelstudiums, BAK, N 1416:32 — **95** AvT, Notizbuch aus der Göttinger Zeit 1930/31, BAK, N 1416:21 — **96** Vgl. AvT, Zusammenfassung des Koreferats zur »Rechtspflege bei Hegel«, BAK, N 1416:22 — **97** AvT, Hegels Staatsphilosophie und das Internationale Recht. Göttingen 1932, [2]1967, S. 4 (Vorwort) — **98** So etwa Dreier, Julius Binder, S. 440 — **99** AvT an EvT, Hanau, 8.4.1934 — **100** Zit. nach Dreier: Julius Binder, S. 455 — **101** AvT an EvT, Kassel [13.3.1931] — **102** Adele Rosenzweig (1867-1933) starb zwei Jahre danach. AugvT kannte ihren 1918 verstorbenen Mann Georg R., Inhaber eines Farben-Geschäfts in Kassel, und war auch dessen Kunde. — **103** AugvT an AvT, Kassel [15.3.1931] — **104** AvT an AugvT, [Göttingen] 18.3.1931 — **105** AvT an EvT, Göttingen [24.3.1931] — **106** AvT an EvT, Göttingen [28.3.1931] — **107** AvT an AugvT, Ponte Tresa, 7.4.[1931] — **108** Ebd. — **109** AvT an EvT, Ponte Tresa [18.4.1931] — **110** AvT an AugvT, Ponte Tresa, 7.4.[1931] — **111** Ebd. — **112** AugvT an AvT, Imshausen, 16.4.1931 — **113** AvT an AugvT, Ponte Tresa, 7.4.[1931] — **114** AugvT an AvT, Imshausen, 16.4.1931 — **115** EvT an AvT, Imshausen, 10.4.1931 — **116** AvT an EvT, Ponte Tresa [18.4.1931] — **117** Elly Heuss-Knapp am 12.2.1932, in: Bürgerin zweier Welten. Elly Heuss-Knapp. Ein Leben in Briefen und Aufzeichnungen. Hg. Margarethe Vater. Tübingen 1961, S. 210 — **118** AugvT an AvT, Imshausen, 16.4.1931 — **119** Erwin Panofsky an Percy Ernst Schramm, Hamburg, 14.12.1932, in: Erwin Panofsky, Korrespondenz 1910 bis 1936. Hg. Dieter Wuttke. Wiesbaden 2001, S. 549 (hier ohne Monikas Vornamen) — **120** AvT an EvT, Göttingen, 16.6.[1931] — **121** EvT an AvT, Imshausen, 18.6.1931 — **122** Zit. nach: Vera von Trott zu Solz, 1906-1991. Ein Lebensbild. Hg. Kommunität Imshausen. Bebra 2006, S. 17 — **123** AvT an EvT, Göttingen, 18.5.1931 — **124** AvT, Notizbuch aus der Zeit des Hegel-Studiums, BAK, N 1416:32 — **125** Ebd. — **126** AvT an EvT, Göttingen [17.6.1931] — **127** Ebd. — **128** AvT an EvT, Göttingen, 5.7.1931

Zwischenstation

1 AvT an ALR, Nentershausen, 8.9.[1931] — 2 AvT, Kleines schwarzes Notizheft, BAK, N 1416:21 — 3 Ebd. — 4 Vgl. HG an AvT, Berlin, 25.6.1931 — 5 HG an AvT, Berlin, 20.10.1930 — 6 AvT wies HG auf Bücher von Georgij Plechanov und Max Weber hin und HG ihn u. a. auf neue Veröffentlichungen von Rudolf Hilferding und Eduard Heimann. — 7 Dies waren damals, soweit bekannt, neben Gaidies noch Richard Gothe und Hans Muhle. — 8 Anders Malone, AvT, S. 53 ff., gestützt auf ein Interview mit H. Muhle von 1971. Muhle verwechselt nach 40 Jahren offensichtlich 1931 mit 1932. — 9 AvT an ALR, Nentershausen, 8.9.[1931] — 10 Ebd.

Rhodes-Stipendiat in Oxford

1 AvT an EvT, Oxford, 10.10.[1931] — 2 Ebd. — 3 Rhodes-Stipendiaten hatten eine Liste mit acht Colleges ihrer Wahl einzureichen. — 4 »the tranquil consciousness of effortless superiority« — 5 AvT an Sir Francis Wylie, Göttingen, 13.1.1931, RH, File AvT — 6 AvT an EvT, Oxford [ca. 9.10.1931] — 7 So der Student der 30er Jahre K. C. Bowen, zit. nach: John Jones, Balliol College. A History 1263-1939. Oxford 1988, S. 270 — 8 Einladungskarte zum 7. Oktober 1931, BAK, N 1416:20 — 9 Oxford 1929, ²1935 — 10 Vgl. Gandhi in Oxford, in: Drusilla Scott, A. D. Lindsay. A Biography. Oxford 1971, S. 212-219, hier 214 f. — 11 AvT an EvT, Oxford, 24.11.1931 – Rena Datta war auch eine Bekannte von EvT. — 12 Ebd. — 13 Über den Brief AvT an Rena Datta vgl. AvT an EvT, Oxford [ca. 1.11.1931] — 14 AvT an AugvT, Oxford, 5.11.1931 — 15 AvT an EvT, Oxford, 17.11.1931 — 16 Vgl. R.B. McCallum, The Schools. Arts Courses at Oxford, in: Handbook to the University of Oxford. Oxford ⁴1948, S. 131-171, hier 146 ff. — 17 AvT, Bericht über das erste Studienjahr in Oxford, BAK, N 1416:1 — 18 AvT an AugvT, Oxford, 5.11.1931 — 19 Ebd. – Guy Fawkes (1570-1606) gehörte der verfolgten katholischen Minderheit an. Zu ihm und der Erinnerung an das versuchte Attentat s. James Sharpe, Remember, remember the Fifth of November. Guy Fawkes and the Gunpowder Plot. London 2005. — 20 AvT an EvT, Oxford [1.11.1931] — 21 EvT an AvT, Imshausen, 3.11.1931 — 22 AvT an AugvT, Oxford, 5.11.1931 und an EvT, 2.12.1931 — 23 Ebd. (Ausrufungszeichen von AvT) — 24 Zufällig hat sich in AvTs Nachlaß ein Plakat erhalten, auf dem das 1349. Konzert des Musical Clubs am 10.11.1931 angekündigt wird, vgl. BAK, N 1416:22. — 25 AvT an EvT, London [Anfang Okt. 1931] — 26 Vgl. Malone, AvT, S. 62, dem ein Memorandum Pat O'Gormans vom 21.6.1956 über AvT zur Verfügung stand. O'Gorman war Zeitgenosse AvTs in Oxford und studierte dort am Ruskin College. — 27 AvT an AugvT, Oxford, 14.2.[1932] — 28 EvT an AvT, Imshausen, 17.10.1931 — 29 AvT an AugvT [London, 7.12.1931] — 30 AvT an AugvT, Oxford [28.2.1932] — 31 AugvT an AvT, Imshausen, 9. 12.1931 — 32 HG an AvT, Rheinhausen, 22.11.1931 — 33 HM an AvT, Berlin, 27.11.1931 — 34 AvT an AugvT [London, 7.12.1931]. ALR gegenüber formulierte AvT: »Oxford has done invaluable service to help me with my political judgement.« AvT an ALR, Oxford [Jan. 1932] — 35 AugvT an AvT, Imshausen, 9.12.1931 — 36 AugvT an AvT, Imshausen, 12.1.1932 — 37 AugvT an AvT, Imshausen, 9.12.1931 — 38 AugvT an AvT, Imshausen, 12.1.1932 — 39 Zu den Schwierigkeiten des Hegel-Verständnisses s. Charles E. Collins, Adam von Trott and Hegelianism, BAK, N 1416:4 — 40 Shiela Grant Duff, Fünf Jahre bis zum Krieg (1934-1939). München 1978, S. 46 — 41 AvT an AugvT [London, 7.12.1931] — 42 Vgl. Michael B. Foster, Die Geschichte als Schicksal des Geistes in der Hegelschen Philosophie. Tübingen 1929 — 43 AvT, Bericht über das erste Studienjahr – 1884 wurde in der Bibliothek des Balliol College eine Büste Hegels aufgestellt. — 44 Grant Duff,

Fünf Jahre, S. 46 — **45** AvT an AugvT, Homewood/Tenterden, 26.12.1931 — **46** AvT an AugvT, Tunbridge Wells, 30.12.1931 — **47** AvT an EvT, Oxford, 10.1.[1932] — **48** AvT an AugvT, Oxford, 14.2.[1932] — **49** EvT an AvT, Imshausen, 28.2.1932 — **50** AvT an AugvT, Oxford, 14.2.[1932] — **51** Ebd. — **52** Ebd; vgl. auch AvT an ALR, Oxford [Mitte Febr. 1932] — **53** »A Grammar of Politics« (London 1930) und »Democracy in Crisis« (London 1933) — **54** AvT an EvT, Oxford, 20.2.1932 — **55** Vgl. Charles E. Collins, Notes on Adam von Trott, BAK, N 1416:4 — **56** Vgl. etwa A. L. Rowse, All Souls and Appeasement. London 1961, S. 94f. – ALR's Buch »Politics and the Younger Generation«, S. 251, enthält noch einen positiven Blick auf Hegel. — **57** AvT an ALR, Burford, 12.1.[1932] – Richard Ollard hat auch seine Rowse-Biographie (London 1999) »A Man of Contradictions« betitelt. — **58** AvT an ALR [Oxford, ... 1932] — **59** EvT an TSt, Imshausen, 7.4.1932 — **60** AvT, Hegels Staatsphilosophie und das Internationale Recht. Göttingen 1932, S. 11 — **61** Ebd., S. 10 — **62** AvT an AugvT, Oxford, 14.2.[1932] — **63** AvT an ALR, Imshausen [März/April 1932] — **64** AvT an EvT, Oxford [4.5.1932] — **65** AugvT an AvT, Imshausen, 31.5.1932 — **66** AvT an AugvT [Oxford, Anfang Juni 1932] — **67** AvT an DH, Oxford [Mai 1932] — **68** Ingrid Warburg Spinelli, Die Dringlichkeit des Mitleids. Hamburg 1990, S. 84f. — **69** Sighle Wheeler geb. Lynd an CB, 28.7.1963, Sammlung CB, PB — **70** Vgl. Charles E. Collins, Brave against a Tide, in: Balliol College Annual Record 1987, S. 89 — **71** umgerechnet aus »six foot four« — **72** DH, Memoir of Trott's Life (Ms., 1946), S. 2, LBI, JBV Papers — **73** DH an AvT, Trethias Cottage, 24.9.1936 — **74** Vgl. Patricia Countess Russell an CvT, 28.11.1945 — **75** AvTs Zeitgenosse Pat O'Gorman hat einen ähnlichen Vorfall überliefert, vgl. Malone, AvT, S. 93. — **76** AvT an EvT, Oxford, 17.11.1931 – Die Bekannten AvTs können hier weder alle angeführt noch überhaupt ermittelt werden. — **77** Sir Isaiah Berlin, A Personal Tribute to Adam von Trott, in: Balliol College Annual Record 1986, S. 61 — **78** So Joseph Grimond 1971 im Interview mit HOM, vgl. Malone, AvT, S. 64 — **79** IB, Personal Tribute, S. 61 — **80** Vgl. AvT an IB, Oxford [25.11.1932]; The Times, 24.11.1932, S. 10 — **81** IB, Personal Tribute, S. 61f. — **82** Vgl. CEC, Notes on Adam von Trott — **83** AvT an DH, Brüssel, 12.12.[1932] — **84** So John C. Dunman 1971 im Interview mit HOM, vgl. Malone, AvT, S. 60 — **85** Diana Hopkinson, The Incense-Tree. London 1968, S. 90 — **86** Dean Rusk an HOM, 14.4.1979, vgl. Malone, AvT, S. 249 — **87** AugvT an AvT, Imshausen, 11.6.1932 — **88** Ebd. — **89** AvT an AugvT [Oxford, Juni 1932] — **90** AvT, Bericht über das erste Studienjahr, datiert Imshausen, 26.8.1932 — **91** Ebd. — **92** Ebd.; auch Friedrich Meinecke, Die Idee der Staatsräson in der neueren Geschichte. München 1924, S. 532 — **93** RH, File AvT — **94** Ebd. — **95** Vgl. Hopkinson, The Incense-Tree, S. 90 — **96** AvT an SGD, Kassel, 24.8.1934, in: Noble Combat, S. 41 — **97** AvT an EvT, London [ca. Mitte Dez. 1931] — **98** AvT an AugvT, Oxford, 28.10.1932 — **99** AvT an TSt, Imshausen, 9.8.1932 — **100** Ob die Kritik an jüdischen Funktionären teilweise auch antisemitisch bedingt war, ist nicht auszumachen. — **101** AvT an ALR, Berlin, 6.8.[1932] — **102** AvT an ALR, Berlin [26.9.1932] — **103** Dirk Blasius, Weimars Ende. Bürgerkrieg und Politik 1930-1933. Göttingen 2005, S. 83 — **104** Albert Winter, in: Das Freie Wort, München, 25.9.1932, zit. nach: Wolfram Pyta, Gegen Hitler und für die Republik. Düsseldorf 1989, S. 182 — **105** AvT an ALR, Berlin [26.9.1932] — **106** Ebd. — **107** Emil Groß an CvT, Bielefeld, 5.4.1957, zit. nach: Malone, AvT, S. 40. Das Original ist offenbar verloren. — **108** AvT an ALR, Berlin [26.9.1932] — **109** »Immer auffallender zeigt sich« (ohne Überschrift), BAK, N 1416:1 — **110** AvT an ALR, Berlin [26.9.1932] — **111** Die Zeitschrift war AvT schon bekannt, vgl. oben S. 178 . Zur ihrer Entstehung s. Martin Martiny, Die Entstehung und politische Bedeutung der »Neuen Blätter für den Sozialismus« und ihres Freundeskreises, in: VfZ 25. 1977, S. 373-419 – Die Erinnerung Fritz Borinskis, AvT am 13. Januar 1933 als Gast bei einer Sitzung des Beirats der Neuen Blätter gesehen zu haben (vgl. F. Borinski, Die »Neuen Blätter für den Sozialismus«, in: Jahrbuch des Archivs der Deutschen Jugendbewegung 13. 1981, S. 65-97, hier 80), beruht auf einer Gedächtnistäuschung, denn AvT war damals in Oxford. — 112 HC an GvR, 16.1.1964, IfZ, ZS/A18, Bd. 2 — 113 AvT an TSt, Imshausen, 9.8.1932 — 114 AvT an DH, Imshausen, 28.8.[1932] – Aufgrund eines Lesefehlers von DH wurde ›toy world‹ sinnentstellend zu ›boy world‹ (Malone, AvT, S. 82). — 115 London 1931 — 116 AvT, Junger Sozialismus in England, in: Neue Blätter für den Sozialismus 4. 1933, S. 106f. — 117 AvT an ALR, Oxford [Okt. 1932] — 118 Vgl. Anm. 116; im nächsten Heft (S. 150ff.) wurden auch noch zwei Auszüge aus Rowses Buch veröffentlicht. — 119 AugvT an AvT, Imshausen, 9.1.1933 — 120 AvT, Hegels Staatsphilosophie, S. 4 — 121 Ebd., S. 7 — 122 Ebd., S. 11 — 123 Ebd., S. 54 — 124 Ebd., S. 55 — 125 Ebd., S. 77 — 126 AvT an LL, London, 25.11.1936 — 127 AvT, Hegels Staatsphilosophie, S. 68 — 128 Ebd., S. 142 — 129 Ebd., S. 138 — 130 Ebd., S. 141 — 131 Ebd., S. 139 — 132 Ebd., S. 142 — 133 HC an AvT, Naundorf, 28.8.1934 — 134 Zeitschrift für öffentliches Recht 13. 1933, S. 623 — 135 Zeitschrift für Sozialforschung 11. 1933, S. 426f. — 136 Erschienen bei Vandenhoeck & Ruprecht, Göttingen 1967, mit einem Geleitwort von Hans Rothfels — 137 Die Forschungen, die Trotts Arbeit anführen, sind zahlreich (u.a. Shlomo Avineri, Hegel's Theory of the Modern State; Joachim Ritter, Hegel und die französische Revolution; Charles Taylor, Hegel). — 138 AvT (rückbezogen) an GE, Hamburg, 19.12.1935 — 139 AvT an EvT [Oxford, ca. 11.10.1932] — 140 AvT an IB, Oxford [Ende Nov. 1932] — 141 Abgedr. in: Schott, AvT, S. 198-206. — 142 AvT an SGD, Brüssel [Dez. 1932] — 143 Ebd. — 144 Vgl. AvT an HvT, Berlin, 2.3.1941 — 145 AvT an HC, Kassel [Ende Aug. 1934] — 146 AvT an AugvT, Oxford, 28.10.1932 — 147 Sie widmete ihrer Mutter später eine Biographie: Diana Hopkinson, Family Inheritance. A Life of Eva Hubback. London 1954. — 148 DH an AvT, London, 14.11.1932 — 149 DH an AvT, London, 17.10.1932 — 150 AvT an DH, Oxford, 19.10.1932 — 151 DH an AvT, London, 14.11.1932 — 152 AvT an DH [Oxford, Nov. 1932] — 153 DH an AvT, London, 21.11.1932 — 154 AvT an DH, Oxford, 19.10.1932 — 155 AvT an DH [Oxford, Nov. 1932] — 156 AvT an EvT, Brüssel, 20.12.[1932] – Malone, AvT, S. 84, schreibt irrtümlich, daß sich die Gespräche mit Bernstorff »um die Möglichkeit einer Anstellung im Auswärtigen Amt« gedreht hätten. — 157 AvT an DH [Oxford, Nov. 1932] — 158 Erinnerungstag an die Unterzeichnung des Waffenstillstands am 11. November 1918 — 159 AvT, Germany and Peace, BAK, N 1416:1 — 160 AvT an EvT, Oxford [Nov. 1932] — 161 AvT an AugvT, London [Dez. 1932] — 162 Ebd. — 163 AvT an DH, Brüssel, 12.12.[1932] — 164 Vgl. ebd. – AvTs damalige Briefe an DH sind nur begrenzt erhellend, offenbar sollte kein Schatten auf MDB fallen. Die Trennung brachte er erst später zur Sprache, vgl. AvT an SGD, Kassel, 24.8.1934, in: Noble Combat, S. 41, auch AvT an DH, Kassel, 27.4.1936 — 165 Sie nannte es 1936 AvT gegenüber »to encroach on your life«. — 166 AvT an DH, Brüssel, 12.12.[1932] — 167 AvT an SGD, Kassel, 24.8.1934, in: Noble Combat, S. 41 — 168 Ebd. — 169 AvT an AugvT, [Brüssel] 27.12.1932 — 170 AugvT an AvT, Imshausen, 9.1.1933 — 171 (1871-1944) — 172 Vgl. Die Reichstagsabgeordneten der Weimarer Republik in der Zeit des Nationalsozialismus. Hg. Martin Schumacher. Düsseldorf 1991, S. 287f. — 173 AvT an AugvT, [Brüssel] 27.12.1932 — 174 AvT an AugvT, Oxford, 27.1.1933 — 175 AvT an EvT, Oxford [Jan. 1933] – Das Treffen fand vom 12.-15. Januar statt. — 176 Hans Bernd von Haeften an AvT, East Anglia, 16.1.1933 — 177 AvT an EvT, Oxford [Jan. 1933]. Es handelte sich um eine Kundgebung von 16.000 SA-Leuten vor der Berliner Parteizentrale der KPD. — 178 AvT an DH, [Oxford, Jan. 1933] — 179 Vgl. CEC, Notes on Adam von Trott — 180 Ebd. — 181 AvT an AugvT, [Oxford] 13.2.1933 — 182 AvT an EvT, [Oxford]

21.2.1933 — **183** AugvT an AvT, Imshausen, 7. 2.1933 — **184** AugvT an AvT, Imshausen, 24.2.1933 — **185** AvT an AugvT, [Oxford] 13.2.1933 — **186** CEC, Notes on Adam von Trott — **187** Vgl. Malone, S. 89 — **188** Report Hilary Term 33, RH, File AvT — **189** AvT an AugvT, [Oxford] 13.2.1933 — **190** Vgl. AvT, Hegels Staatsphilosophie, S. 7 – Daß AvT Hegel anders interpretierte als Heller (vgl. ebd., S. 49 Anm. 21), tat seiner Bewunderung für ihn offenbar keinen Abbruch. — **191** AvT an AvU, Oxford, 4.2.1933 — **192** Zuvor war AvT von John Cripps dessen Eltern vorgestellt worden. — **193** AvT an DH, Oxford [Mai 1933] — **194** AvT an DH, Berlin, 11.3.1933 — **195** AvT an AugvT, Berlin, 15.3.1933 — **196** Vgl. AvT an DH, Berlin, 16.3.1933 — **197** AvT an IB, Berlin [März/April 1933], BLO, Isaiah Berlin Papers — **198** AvT an SGD, Berlin [März 1933], in: Noble Combat, S. 14 — **199** Ebd., S. 15 — **200** AvT an ALR, London, 14.4.[1933] — **201** Alfred Kantorowicz, Deutsches Tagebuch. T. 1. München 1959, S. 400 — **202** AvT an AugvT, Berlin, 15.3.1933 — **203** AvT an EvT, [Berlin, Anfang April 1933] — **204** AvT an DH, Berlin, 1.4.1933 — **205** IB, Personal Tribute, S. 61 — **206** AvT an EvT, Oxford, 22.4.1933 — **207** AvT an EvT, Oxford, 26.5.1933 — **208** E.L. Woodward, The Nationalist Movement, in: The Times, 27.3.1933, S. 8; AvT an DH, Berlin, 1.4.1933 — **209** AvT an AugvT, London, 28.8.[1933] — **210** MDB, die nach dem 30.1. in Imshausen zu Gast war, bezeugt, daß Hitler von beiden Eltern und Vera, besonders aber von der Mutter, aus ethischen Motiven entschieden abgelehnt worden sei, vgl. MDB an GvR, Nov. 1962, IfZ, ZS/A18, Bd. 2. — **211** AugvT an AvT, Imshausen, 16./17.5.1933 — **212** EvT an AvT, Imshausen, 20.1.1932 — **213** AvT an EvT, Oxford, 26.5.1933. EvTs Brief ist nicht erhalten. AvT wiederholt das Zitat in seiner Antwort. — **214** AvT an EvT, Oxford, 26.5.1933 — **215** EvT an John W. Darr, Imshausen, 22.1.1947, BAK, N 1416:5 — **216** AvT an DH, Oxford [Mai 1933] — **217** Vgl. AvT an DH, Oxford [12./13.6.1933]; Nazi Attacks on Catholics, in: The Times, 12.6.1933, S. 14; Nazi Violence, in: The Times, 13.6.1933, S. 13 — **218** HC an AvT, Lyon, 16.7.1933 — **219** Ebd. — **220** AvT an EvT, Oxford, 22.4.1933 — **221** Unterlagen der Honour School of Philosophy, Politics and Economics von 1933, PB — **222** AvT an AugvT, London, 28.6.[1933] — **223** AvT an ALR, London, 14.4.[1933] — **224** Zu ihm s. Gaby Sonnabend, Pierre Viénot (1897-1944). München 2005 — **225** AvT an DH, Holywell Manor [Ende Juni 1933] — **226** AvT, Nationalism and Internationalism, in: Blaues Notizbuch, BAK, N 1416:21 — **227** AvT an EvT, Manchester [Mitte Juli 1933] — **228** AvT an DH, Glasgow [Mitte Juli 1933] — **229** AvT an SGD, Glasgow, 22.7.1933, in: Noble Combat, S. 18 — **230** The Times, 28.7.1933, S. 16 – Das Zeugnis der Universität Oxford für AvT wurde am 13.1.1934 ausgestellt, vgl. BAK, N 1416:20. — **231** Briefkonzept AvT an MDB, Hamburg [Anfang Aug. 1933] — **232** Ollard, Man of Contradictions, S. 219 — **233** Siehe oben S. 211 — **234** Christopher Cox an AvT, Oxford, 27.7.1933 — **235** Vgl. oben S. 186 — **236** AvT an AugvT, London [Juni 1933] — **237** AvT an SGD, Glasgow, 22.7.1933, in: Noble Combat, S. 18 — **238** Antrag AvT an die Rhodes-Kuratoren, Oxford, 22.5.[1933], RH, File AvT — **239** Alexander Lindsay an CKA, Oxford, 2.6.1933, RH, File AvT — **240** CKA an AvT, Oxford, 14.6.1933, ebd. — **241** AvT an CKA, Oxford, 15.6.1933, ebd. — **242** AvT an DH, Southampton, 4.8.1933 — **243** AvT an GE, Hamburg, 19.12.1935 — **244** Siehe oben S. 166 — **245** Siehe oben S. 197 — **246** Siehe oben S. 207 — **247** Siehe oben S. 207

»Das härteste Jahr bislang«

1 AvT an DH, [Berlin, 9.8.1933] — **2** AvT an DH, [Imshausen] 17.8.1933 — **3** Vgl. AvT an ALR, Imshausen [April 1932], auch oben S. 225 — **4** AvT an EvT, London

[Ende Juli 1933]. Sumner trat durch mehrere Bücher zur russischen Geschichte hervor. — **5** DH an AvT, London, Anfang Sept. 1933 — **6** Eberhard von Schweinitz an AvT, Berlin, 15.7.1933 — **7** AvT an SGD, Imshausen, 28.8.1933, in: Noble Combat, S. 20 — **8** AvT an EvT, Marburg [Sept. 1933] — **9** Ebd. — **10** AvT an DH [Marburg, 6.9.1933] — **11** AvT an DH, Marburg [8.9.1933] — **12** AvT an DH, Imshausen, 22.9.1933 — **13** AvT an DH, Marburg, 4.9.[1933] — **14** AvT an DH, Imshausen, 22.9.1933 — **15** AvT an DH, Trottenwald, 30.9.[1933] — **16** AvT an DH, Rotenburg, 2.10. [1933] — **17** AvT an SGD, Rotenburg [Anfang Nov. 1933] — **18** AvT an CKA, Imshausen, 22.12.1933, RH, File AvT — **19** AvT an DH, Rotenburg [Ende Okt. 1933] — **20** Ebd. — **21** AvT an DH, Imshausen, 22.11.1933 — **22** DH an AvT, London, 24.10.1933 — **23** AvT an DH, Rotenburg [Ende Nov. 1933] — **24** Ebd. — **25** AvT an DH, Rotenburg [Okt./Nov. 1933] — **26** AvT an DH, Rotenburg, 6.12.1933 — **27** AvT an DH, Rotenburg, 5.12.1933 — **28** AvT an DH, [Solz] 8.12.1933 – Die späteren Vermutungen DHs (D. Hopkinson, Memoir of Trott's Life, LBI, JBV Papers), daß AvT hier seine Rhodes-Verbindungen nützlich gewesen wären, sind wenig überzeugend. — **29** AvT an DH, Rotenburg, 15.12.1933 — **30** AvT an DH, Rotenburg, 22.1.1934 — **31** AvT an DH, Rotenburg [Okt./Nov. 1933] — **32** AvT an DH, Imshausen, 22.11.1933 — **33** DH an AvT, London, 31.3.1934 — **34** DH an AvT, London [Anfang Jan.] — **35** Diana Hopkinson, The Incense-Tree. London 1968, S. 123 — **36** AvT an DH, Rotenburg, 3.1.[1934] — **37** AvT an DH, Rotenburg, 22.1.1934 — **38** Zu ihm vgl. oben S. 552, Anm. 31 — **39** AvT an DH, Rotenburg, 22.1.1934 — **40** CL an AvT, Göttingen, 25.5.1934 — **41** AvT an DH, Rotenburg, 22.1.1934 — **42** AvT an EvT, Hanau, 20.2.1934 — **43** AvT an DH, Hanau, 17.2.[1934] — **44** Ebd. — **45** Zu Felix Lesser (1887-1974) s. Hans Bergemann/Simone Ladwig-Winters, Jüdische Richter am Kammergericht nach 1933. Köln 2004, S. 108 — **46** AvT an AugvT, Hanau [Ende März 1934] — **47** [Frederick A. Voigt], The Jews in Germany. Ten Months of Persecution, in: Manchester Guardian, 22.1.1934 — **48** AvT, To the Editor of the Manchester Guardian, in: MG, 21.2.1934 — **49** [Frederick A. Voigt], in: Ebd. — **50** W. B. Selbie, in: MG, 5.3.1934 — **51** Vgl. G. V. Jones, in: MG, 12.3.1934 — **52** Vgl. H. Brown, in: MG, 7.3. und 19.3.1934 — **53** Vgl. W. G. Moore, in: MG, 16.3. 1934 — **54** Henric L. Wuermeling, ›Doppelspiel‹. Adam von Trott zu Solz im Widerstand gegen Hitler. München 2004, S. 46 – Berichte über diesen Vorfall scheinen häufig ohne Kenntnis der Quellen geschrieben worden zu sein. — **55** DH an AvT, London [Febr. 1934] — **56** IB an AvT, Droitwich [Ende Juli 1934], in: Isaiah Berlin, Letters 1928-1946. Hg. Henry Hardy. Cambridge 2004, S. 89 — **57** So etwa Michael Ignatieff, Isaiah Berlin. London 1998, S. 74. Dt. Ausgabe: München 2000, S. 100 – IB selbst hat hingegen erklärt: »In any case, we remained friends«, Isaiah Berlin, A Personal Tribute to Adam von Trott, in: Balliol College Annual Record 1986, S. 61 – Gegen die Feststellung Ignatieffs, daß Trott »immer wieder eifrig versucht« habe, »die Gunst Berlins zurückzugewinnen«, sprechen die sehr langen Pausen, die AvT in seiner Korrespondenz mit IB einlegte. – Die Verteidigung AvTs durch Rowse paßt nicht zur Feststellung Richard Ollards (Ders., The Diaries of A. L. Rowse. London 2003, S. 61), die Freundschaft mit ALR sei am MG-Vorfall zerbrochen. — **58** Wie Anm. 56, S. 90 — **59** AvT an EvT, [Hanau, Febr. 1934] — **60** AvT an DH, Hanau, 1.3.1934 — **61** AvT, in: MG, 8.3.1934 (verfaßt am 1.3., also vor Erscheinen von Selbies Leserbrief) — **62** MG, 21.2.1934 — **63** AvT an DH, Hanau, 1.3.1934 — **64** AvT an EvT, Hanau, 20.2.1934 — **65** AvT an DH, [Hanau, 6.3.1934] — **66** AvT an DH, [Hanau, Ende März 1934] — **67** AvT an EvT, Hanau [27.3.1934] — **68** AvT an DH, [Hanau, Juni 1934] — **69** WvT an AvT, Berlin, 6.2.1934 — **70** WvT an AvT, Berlin, Nov. 1933 — **71** AvT an AugvT, Hanau [ca. 22./23.3.1934] — **72** Ebd. — **73** WvT an AvT, Kiel, 6.2.1935 — **74** WvT an AvT, Berlin, 16.11.1933 — **75** WvT an AvT, Berlin, 19.7.1934 — **76** Vgl. oben S. 213 — **77** AvT an DH, Hanau, 9.3.1934 — **78** Vgl. EvT an Friedrich Siegmund-Schultze, Imshausen, 19.12.1933, EZA 51/ S II c9,2 — **79** EvT an AvT, Imshausen, 29.5.1934 — **80** AvT an EvT, Hanau, 30.5.1934 — **81** AvT an AugvT, Hanau, 22.4.1934 — **82** JPM an AvT, Berlin, 4.4.1934 — **83** WvT an AvT, Berlin, 4.4.1934 — **84** WvT an AvT, Berlin, 10.4.1934 — **85** Julius Binder an AvT, Göttingen, 4.3.1934, BAK, N 1416:11 — **86** AvT an EvT, Hanau, 8.4.1934 — **87** AvT an AugvT, Hanau, 22.4.1934 — **88** AugvT an AvT, Imshausen, 26.4.1934 — **89** AvT an AugvT, Hanau, 3.5.1934 — **90** AvT an DH, Frankfurt/Main [Ende März 1934], Bildpostkarte von Renoirs›Lesendes Mädchen‹ — **91** AvT an DH, [Hanau, Ende März 1934] — **92** AvT an DH, [Hanau], 14.2.[1934] — **93** Ebd. — **94** AvT an DH, Hanau, 15.3.1934 — **95** Gedichtbände Spenders, die AvT von IB und DH geschenkt bekam, regten ihn zu einem Artikel über Sp. an, vgl. BAK, N 1416:1. Ob er ihn, wie beabsichtigt, der Frankfurter Zeitung angeboten hat, ist nicht bekannt. — **96** Kardinal Faulhaber, Judentum, Christentum, Germanentum. Adventspredigten. München [1933], S. 9 – Ich verdanke Verena Onken-von Trott den Hinweis, daß auch ihre Großmutter EvT diese Predigten besessen hat. — **97** AvT an EvT, Hanau, 20.2.1934 — **98** Vgl. KFB an AvT, Leipzig, 23.11.1934 — **99** Hinrich Siefken, Theodor Haecker 1879-1945 = Marbacher Magazin 49. 1989, S. 6 — **100** Ebd., S. 7. Diese Einsicht hatte Haecker einem Zettel anvertraut. — **101** EvT an AvT, Imshausen, 29.5.1934 — **102** AvT an EvT, Hanau, 30.5.1934 — **103** JPM an AvT, Berlin, 8.7.[1935] — **104** Vgl. JPM an AvT, Berlin, 3.10.1933 — **105** Vgl. dazu die Briefe von JPM an AvT 1933-1934, hg. von Günter Wirth im Anhang zur Neuausgabe von Heinrich von Kleist, Politische und journalistische Schriften. Berlin 1995, S. 176 ff. – Die Briefe AvTs an JPM sind nicht erhalten. — **106** AvT an DH, [Hanau, 6.5.1934] — **107** DH, Memoir of Trott's Life, S. 45 — **108** Ebd., S. 46 — **109** Ebd. — **110** Der Reg.pr. an AvT, Kassel, 14.5.1934, BAK, N 1416:20 — **111** Der Reg.pr. an den preuß. Min.d.Innern, Kassel, 13. März 1934, BAB, ZA VI 165, Akte 1, Bl. 295 f. — **112** AvT an EvT, Hanau, 22.5.19 34 — **113** Ebd. — **114** AugvT an AvT, Imshausen, 10.5.1934 — **115** Red. Frankfurter Zeitung an AvT, Frankfurt/Main, 16.5.1934 — **116** Breslau 1934 — **117** AvT an DH, [Hanau] 24.5.1934 — **118** [AvT], Moeller van den Bruck, in: Frankfurter Zeitung, 15.7.1934 — **119** AugvT an AvT, Imshausen, 13.6.1934 — **120** Dies wird z.B. nahegelegt von: Nicolai Hammersen, Politisches Denken im deutschen Widerstand. Berlin 1993, S. 30. – Schott, AvT, S. 104, Anm. 325, verweist auf ein Gespräch HSs mit Christopher Sykes in den 60er Jahren, dem zufolge AvT von MvsBs Werk »Das dritte Reich« beeinflußt gewesen sei. Abgesehen davon, daß Sykes den Titel »Das dritte Reich« mit »Das ewige Reich« verwechselt hat, sah sich HS auch mit anderen Angaben völlig verzerrt wiedergegeben, vgl. HS über AvT, BAK, N 1416:5. — **121** Dieses Buch befindet sich auch in Trotts Nachlaß. — **122** Berlin und Hamburg 1934. Nach dem Krieg war diese Biographie, wie andere Werke Adlers alias Roedls, erfolgreich und erschien 1969 in 3. Auflage. – Die Rezension Trotts ist nicht erhalten. — **123** Vgl. Lily Pincus, Verloren – gewonnen. Mein Weg von Berlin nach London. Stuttgart 1980, S. 72 – Den Hinweis darauf verdanke ich Herrn Prof. Dr. Dr. hc Günter Wirth. — **124** AvT an AugvT, Hanau, 3.5.1934 — **125** AvT an EvT, Hanau, 18.6.1934; AvT an DH, Hanau, 18.6.1934; AvT an EvT, Hanau, 19.6.1934 — **126** AvT an AugvT, Hanau, 26.6.1934 — **127** AvT, Ergänzende Erklärung (Konzept), BAK, N 1416:1 – Zur abgesandten Erklärung schrieb AvT an EvT, Hanau, 6.7.1934: »Ich habe meine Erklärung, daß ich nicht noch nachträglich den fraglichen Organisationen beigetreten bin, nicht ausweichend, sondern prinzipiell begründet.« — **128** AvT an DH, [Hanau, Juni 1934] — **129** AvT an AugvT, Hanau, 26.6.1934 — **130** Ebd. — **131** AvT an DH, Hanau [Ende Juni 1934] — **132** AvT an EvT, Hanau, 6.7.1934 – Der Brief der Mutter ist nicht erhalten. — **133** Vgl. dazu Malone, AvT, S. 128 – HOM stützt sich auf ein Interview mit J.P. Mayer von 1971. — **134** AvT an DH, Kassel, 2.8.[1934] — **135** AvT an DH, Imshausen [Juli 1934] — **136** AvT an DH, Kassel, 19.7.1934 — **137** AvT an DH, Kassel [7.8.1934] — **138** AvT an DH, Hanau [Ende Juni 1934] — **139** HC, Erklärung an Eides Statt, Kassel, 3.3.1957, BAK, N 1416:4 — **140** AvT an DH, Imshausen, 18.8.[1934] — **141** AvT an SGD, Imshausen, 18.7.1934, in: Noble Combat, S. 36 — **142** AvT an SGD, Kassel, 19.9.1934, in: Ebd., S. 50 — **143** Shiela Grant Duff, Fünf Jahre bis zum Krieg (1934-1939). München 1978, S. 59f. — **144** Ebd., S. 60 — **145** Noble Combat, S. 39, Anm. 1 — **146** AvT an SGD, Kassel [ca. 22.8.1934], in: Ebd., S. 39 — **147** SGD an AvT, Paris, 26.11.1934, in: Ebd., S. 60 — **148** AvT an SGD, Imshausen, 19.8.1934, in: Ebd., S. 37 — **149** Vgl. die Aussage Franz Golffings über AvT, oben S. 152, die auch in späteren Jahren Bestätigung findet. — **150** SGD an AvT, Salzburg, 22.8.1934, in: Noble Combat, S. 39 — **151** SGD an AvT, Paris, 13.11.1934, in: Ebd., S. 57 — **152** AvT an SGD, Imshausen, 7.12.1934, in: Ebd., S. 61 — **153** Klemens von Klemperer, Einleitung zum Briefwechsel AvT – SGD (Ms.), S. 46, BAK, N 1416:29 — **154** Wilson hatte als Kriegsziel der USA genannt: »The world must be safe for democracy«. Siehe dazu Willi Paul Adams, Die USA im 20. Jahrhundert. München 2000, S. 41f. — **155** AvT an SGD, Kassel, 19.11.1934, in: Noble Combat, S. 58; SGD an AvT, Paris, 26.11.1934, in: Ebd., S. 60 — **156** AvT an SGD, Imshausen, 7.12.1934, in: Ebd., S. 62 — **157** SGD an AvT, Bath [Anfang Juli 1934], in: Ebd., S. 34 — **158** Ebd. — **159** AvT an SGD, Hanau, 7.5.1934, in: Ebd., S. 32 — **160** AvT an SGD, Imshausen, 18.7.1934, in: Ebd., S. 35 — **161** AvT, »Wir Deutschen …« (Fragment), BAK, N 1416:1 — **162** AvT an HC, Kassel [Ende Aug. 1934] — **163** AvT an EvT, [Kassel, Anfang Sept. 1934] — **164** VvT an AvT, Imshausen, 13.6.1934 — **165** AvT an DH, Imshausen, 2.9.[1934] — **166** Dies waren AvTs Tante Johanna vT und deren Sohn Bodo von der Imshäuser Linie. — **167** Monika Onken, Aufzeichnungen über ihren Bruder Adam (1958), BAK, N 1416:5 — **168** AvT an DH, Kassel, 27.8.[1934] — **169** Vgl. oben S. 233 — **170** DH, The Incense-Tree, S. 147 — **171** AvT an DH, Kassel, 11.9.1934 — **172** AvT an SGD, Kassel, 31.10. 1934 — **173** AvT an DH, Kassel, 6.11.1934 — **174** AP an AvT, Potsdam, 14.10. 1934 — **175** In seinem ersten Konzept vom Mai 1934 hatte AvT vorgesehen, auch einzelne Briefe Kleists und Teile aus der Erzählung »Michael Kohlhaas« in die Edition aufzunehmen. — **176** AvT an AP, Kassel, 15.10.1934 (der einzige erhaltene Brief AvTs an AP) — **177** Ebd., Postskriptum — **178** AvT an IB, Imshausen, 19.8. 1934 — **179** AvT an AP, Kassel, 15.10.1934 — **180** AP an AvT, Potsdam, 22.10. 1934 — **181** AvT an TSt, Kassel, 6.11.1934 — **182** Societäts-Verlag an AvT, Frankfurt/Main, 1.11.1934; auch AvT an AugvT, Kassel, 22.10.1934 — **183** Georg Minde-Pouet (1935), zit. nach: Marcus Gärtner, Stationen der Kleist-Rezeption nach 1933, in: Deutsche Klassiker im Nationalsozialismus. Hg. Claudia Albert. Stuttgart/Weimar 1994, S. 81 — **184** Vgl. oben S. 261 — **185** Vgl. AvT, Einleitung, in: Kleist, Schriften, S. 5-12 — **186** Ebd., S. 5 und 7 — **187** Ebd., S. 8f. — **188** Ebd., S. 10 — **189** Ebd., S. 11 — **190** Ebd., S. 10 — **191** Ebd., S. 11 — **192** Kleist, Schriften, S. 37f. — **193** Ebd., S. 27 — **194** Ebd., S. 27f. — **195** AvT, Aufzeichnungen zum Thema Sowjetwirtschaft, BAK, N 1416:1 — **196** AvT an DH, Imshausen, 7.12. 1934 — **197** AvT, Sowjetwirtschaft — **198** AvT an DH, Kassel, 2.8. [1934] — **199** AvT an SGD, Kassel, 31.10.1934 — **200** AvT an DH, Kassel, 25.11. 1934 — **201** Vgl. Verzeichnis der politischen Strafgefangenen des Zuchthauses Kassel-Wehlheiden, Staatsarchiv Marburg, 251 Wehlheiden, 307, Nr. 110 – Sieberts Personalakte ist nicht erhalten. — **202** Vgl. Christopher Sykes, Troubled Loyalty. London 1968, S. 115ff. — **203** V. I. Lenin, Aus dem philosophischen Nachlaß. Exzerpte und Randglossen. Hg. V. Adoratski. Berlin 1932 — **204** Laut Stempel hatte HS das Buch 1932 erworben und offenbar später AvT zum Andenken geschenkt,

PB. — **205** Eine Abschrift der Charakteristik befindet sich im Nachlaß AvTs, BAK, N 1416:1. — **206** JPM an AvT, Berlin, 30.5.[1934] — **207** AvT an Adolf Morsbach, Kassel, 31.10.1934, BAK, N 1238:6 — **208** AvT an AugvT, Kassel, 22.10.1934 — **209** AvT an DH, Imshausen, 7.12.1934 — **210** AvT an TSt, Kassel, 6.11.1934 — **211** Ebd. — **212** AvT an DH, Imshausen, 7.12.1934

»Unter dem Rad der Hinter-Weltgeschichte«

1 In allen Darstellungen über AvT heißt es irrtümlich, daß er »im Anwaltsbüro Paul Leverkuehns« gearbeitet habe. Damit wird das Wirken namhafter jüdischer, später vertriebener Rechtsanwälte ignoriert, die in der Simsonschen Kanzlei tätig waren. Wenn AvT der Freundin SGD am 19.11.1934 mitteilte: »I am starting work with one of the most important German lawyers« (Noble Combat, S. 59), so war damit Ernst Wolff gemeint und nicht Leverkuehn, auf den diese Beschreibung nicht zutraf. – Zu Wolff s. Georg Maier-Reimer, Ernst Wolff (1877-1959). Führender Anwalt und Oberster Richter, in: Deutsche Juristen jüdischer Herkunft. München 1993, S. 643-654; auch die Würdigung Wolffs von Paul Leverkuehn, in: Anwaltsblatt 9. 1959, S. 79. In beiden Veröffentlichungen wird AvT als Referendar Wolffs erwähnt. — **2** AvT an AugvT, Berlin, 17.12.1934 — **3** AvT an DH, Berlin, 17.12.1934 — **4** AvT an AugvT, Berlin [Ende Jan. 1935] — **5** Ebd. — **6** AugvT an AvT, Imshausen, 25.1.1935 — **7** AvT an AugvT, Berlin [Ende Jan. 1935] — **8** AvT an AugvT, Berlin, 17.12.1934 — **9** AvT an AugvT, Berlin, 28.12.1934 (P.S. zum Brief vom 25.12.) — **10** Ebd. — **11** Bodo Scheurig, Ewald von Kleist-Schmenzin. Ein Konservativer gegen Hitler. Berlin 1994, S. 95 — **12** Ebd., S. 96 — **13** Ebd., S. 138 — **14** AvT an EvT, Berlin, 7.1.1935 — **15** AvT an EvT, Berlin, 8.2.1935 — **16** JBV, Memorandum über AvT, BAK, N 1416:2 — **17** Julie Braun-Vogelstein, Was niemals stirbt. Stuttgart 1966, S. 368 — **18** Gesprächsnotizen HC über AvT, Nov. 1963, BAK, N 1416:4 — **19** Vgl. Rudolf Küstermeier, Der Rote Stoßtrupp. Berlin [3]1981, S. 17 f.; Günther Weisenborn, Der lautlose Aufstand. Hamburg 1962 (1953), S. 148 ff. — **20** Martin Schmidt, Wilhelm Leuschner und Adam Trott, zwei Freunde, in: Neues Deutschland, 20.7.1948, S. 2 – Den Hinweis auf diesen Artikel verdanke ich Herrn Prof. Dr.Dr.h.c. Günter Wirth. — **21** Vgl. die Anklageschrift und das Urteil der Strafsache Martin Schmidt, in: Widerstand als »Hochverrat« 1933-1945. Die Verfahren gegen deutsche Reichangehörige vor dem Reichsgericht, dem Volksgerichtshof und dem Reichskriegsgericht. MF-Edition des IfZ. München 1998, MF 0066, Az 1: 17J 443/35, Az 2: 2H 37/36 — **22** HC an GvR, 11.11.1963, IfZ, ZS/A18, Bd. 2 — **23** Ebd. — **24** AvT an DH, Berlin, 9.1.[1935] — **25** Julie Braun-Vogelstein, Ein Menschenleben. Heinrich Braun und sein Schicksal. Tübingen 1932 — **26** JBV, Memorandum über AvT — **27** Nach einem Bericht von HV am 5.7.1958, notiert von CvT, PB — **28** AvT an DH, Berlin, 17.12.1934 — **29** AvT an DH, Berlin, 10.3.1935 — **30** Diana Hopkinson, The Incense-Tree. London 1968, S. 135 — **31** AvT an AugvT, Berlin, 2.3.1935 — **32** Diana Hopkinson, Memoir of Trott's Life (Ms., 1946), S. 57, LBI, JBV Papers — **33** AvT an DH, Berlin [Ende Jan. 1935] — **34** AvT an EvT, Berlin, 14.3.1935 — **35** DH, Incense-Tree, S. 132 — **36** Vgl. ebd., S. 142 f. — **37** Vgl. Knut Hansen, Albrecht Graf von Bernstorff. Frankfurt/Main 1996, S. 234 f.; Richard Sheppard, The German Rhodes Scholarships, in: The History of the Rhodes Trust. Hg. Anthony Kenny. Oxford 2001, S. 390 f. — **38** AvT an AugvT, Berlin, 17.12.1934 — **39** AvT an AugvT, Berlin [Ende Jan. 1935] — **40** Ebd. — **41** AvT an AugvT, Berlin, 20./27.4.1935 — **42** Alfred Vagts, Tagebuch-Aufzeichnung am 26.4. 1935 über ein Treffen mit Albrecht Mendelssohn Bartholdy, BAK, N 1269:17 — **43** Lugowskis Habilitationsschrift »Wirklichkeit und Dichtung. Untersuchungen zur

Wirklichkeitsauffassung Heinrich von Kleists« erschien 1936. — **44** CL an AvT, [Göttingen] 25.1.1935 – Zu Unterschieden zwischen AvT und Lugowski bei der Deutung Kleists vgl. Günter Wirth, Nachwort zu: Heinrich von Kleist, Politische und journalistische Schriften. Berlin 1995, S. 152f.; auch Martin Maurach, Zwischen ›Kohlhaas‹ und Napoleon: Adam von Trott zu Solz und die ›Politischen und journalistischen Schriften‹ Kleists, in: Ders., ›Betrachtungen über den Weltlauf‹: Kleist 1933-1945. Berlin 2008, S. 70-83 — **45** AugvT an AvT, Imshausen, 25.1.1935 — **46** AvT an AugvT, Berlin [Ende Jan. 1935] — **47** AvT an GE, Imshausen, 12.3.1936 — **48** AvT an AugvT, Berlin, 20./27.4.1935 — **49** AvB an AvT, 4.4.1932 — **50** AvT an AugvT, Berlin, 20./27.4.1935 — **51** Martin von Katte, Adam von Trott zu Solz, in: Wandlung und Wiederkehr. Aachen 1965, S. 79f. — **52** Ebd. — **53** Vgl. HvT an AvT, Ilfeld, 5.11.[1935] – HvT bat seinen Bruder, einen Auftritt Jüngers in seiner Schule in Ilfeld im Harz zu vermitteln. Daß J. kein Nationalsozialist sei, spiele keine Rolle. — **54** AvT an AugvT, Berlin, 20./27.4.1935 — **55** AvT an AvK, Hamburg, 26.10.1935 — **56** AvT an GE, Neues Lager bei Jüterbog, 19.1.1936 — **57** AvT an DH, Kassel, 8. Juni [1935] — **58** HvT, Tagebuch-Eintrag am 30.1.1933, zit. nach: Michaela Seul, Ein aufrechtes Leben. Heinrich von Trott zu Solz. München 2007, S. 39 — **59** Ebd., S. 51 — **60** WvT an AvT, Berlin, 2.10.1933 — **61** DH an AvT, Köln Hauptbahnhof, 13.4.1935 — **62** AvT an DH, Berlin [Mitte April 1935] — **63** AvT an EvT, Berlin, 24.4.[1935] — **64** AvT an DH, Berlin, 26.4.[1935] — **65** AvT an AugvT, Berlin, 20./27.4.1935 — **66** AvT an AugvT, Berlin, 2.3.1935 — **67** AvT an EvT, Berlin 14.3.1935 — **68** AvT an AugvT, Berlin, 2.3.1935 — **69** EvT an AvT, Imshausen, 21.3.1935 — **70** Vgl. EvT an AvT, Imshausen, 17.4.1935 — **71** AvT an EvT, Berlin [28.3.1935] – Zu dieser Deklaration s. unten S. 295 — **72** AvT an EvT, Oxford, 17.5.1935 — **73** Ebd. — **74** Oxford 1933 — **75** Im Nachlaß AvTs erhalten, PB — **76** R.G. Collingwood an AvT, Oxford, 23.5.1935 – C. starb 1943, also noch vor AvT. — **77** AvT an DH, Kassel, 8.6.[1935] — **78** Marie Karoline geb. Riedesel Freiin zu Eisenbach, verh. mit Bodo von Trott zu Solz aus der Imshäuser Linie — **79** Die Verf. dankt Frau Annegret von und zu Gilsa, geb. von Trott zu Solz für die freundliche Mitteilung ihrer Erinnerungen an AvT (Brief vom 28.4.2005). — **80** AvT an JBV, Kassel, 26.6.1935 — **81** AvT an EvT, Kassel, 27.8.1935 – Malone, AvT, S. 154f., meint irrtümlich, daß es sich hierbei um Hans Siebert gehandelt habe. — **82** AvT an DH, Kassel, 8.6.[1935] — **83** Ebd. — **84** Nach dieser Erstausgabe, Potsdam 1935, erschien Berlin 1995 eine Neuausgabe, die sich durch ein ausführliches und vorzügliches Nachwort von Günter Wirth mit beigegebenen Dokumenten empfiehlt. Wiederabdr. in: G. Wirth, Landschaften des Bürgerlichen. Berlin 2008, S. 51-88 — **85** Original der Anzeige, BAK, N 1416:20 — **86** Vgl. oben S. 261 — **87** AP an AvT, Potsdam, 11.10.1935 — **88** Die Hilfe 41. 1935, S. 528 — **89** Wort und Tat, Literaturbeilage zur Schule der Freiheit, 3. 1935/36, S. 27 — **90** CL an AvT, Göttingen, 27.6.1935 — **91** Vgl. die Briefe von KFB an AvT, Leipzig, 28.6.1935 und HvD an AvT, Friedrichsbrunn, 27.7.[1935] — **92** Das Treffen HvDs und AvTs in Leipzig fand, anders als Smid, Dohnanyi – Bonhoeffer, S. 171 mitteilt, 1936 statt. Smid konnte nicht wissen, daß AvTs Brief an HvD vom 22.6. irrtümlich 1935 datiert ist. — **93** AvT an JBV, Kassel, 26.7.1935 — **94** HC an AvT, Bonn, 21.6.1936 — **95** Vgl. AvT an IB, Kassel [Sommer 1935] – Dieser Brief setzte die Kenntnis des Plans bereits voraus. — **96** Vgl. Göstas Brief, Amoy/Südchina, April 1924, in: Der Hort 3. 1924/1, S. 5ff.; vgl. auch AvT an AugvT, [London] 2.3.1937 — **97** GE an AvT, Peking, 24.7.1935 — **98** AvT an GE, Hamburg, 19.12.1935 — **99** GE an AvT, Peking, 24.7.1935 — **100** Ebd. — **101** AvT an GE, Hamburg, 19.12.1935 — **102** Ebd. — **103** Ebd. — **104** AvT an DH, Imshausen, 20.7.1935 — **105** Bericht »Freiherr Adam von Trott«, PRO, FO 371/39012 — **106** AvT an DH, [Kassel, Ende Juli 1935]; vgl. auch AvT an JBV, Imshausen, 8.7.1935; AvT an DH, Kassel, 10.7.1935; AvT an DH,

Imshausen, 13./14.9.1935 — **107** Hopkinson, The Incense-Tree, S. 148 — **108** Vgl. Maria Siebert an AvT, Niedervellmar, 1.3.1935 — **109** Vgl. AvT an EvT, Berlin, 3.3.1935 — **110** Li Monnard an AvT, [Sommer 1935] — **111** AvT an EvT, Kassel [22.7.1935] und AvT an DH, Kassel, 1.8.[1935] — **112** Vgl. Hans-Paul Höpfner, Die Universität Bonn im Dritten Reich. Bonn 1999, S. 229f. — **113** Alexander Graf zu Dohna an AvT, Godesberg, 6.9.1935 — **114** HC an AvT, Waldersee, 24.8.1935 — **115** Kessler tat sich in der NS-Justiz dadurch hervor, daß er 1943 einen Juden wegen »Rassenschande« zum Tode verurteilte. Vgl. Klaus Moritz/Ernst Noam, NS-Verbrechen vor Gericht 1945-1955. Wiesbaden 1978, S. 321ff. — **116** AvT an DH, Imshausen [Anfang Sept. 1935] – Anders als Malone, AvT, S. 155, meint, ging es nicht um eine Beurteilung von AvTs Leistungen am Gericht. — **117** Vgl. AvT an HvD, Kassel, 10.6.1936 — **118** AvT an DH, Imshausen [Anfang Sept. 1935] — **119** AvT an JBV, Imshausen, 1.9.1935 — **120** AvT an JBV, Hamburg, 22.9.1935 — **121** AvT an AugvT, Hamburg, 31.10.1935 — **122** Ebd. — **123** AvT an EvT, Hamburg 12.10.1935 — **124** AvT an AugvT, Hamburg, 22.9.1935 — **125** AvT an DH, Hamburg, 20.9.1935 — **126** Ingrid Warburg-Spinelli, Die Dringlichkeit des Mitleids. Hamburg 1990, S. 103 — **127** AvT an JBV, Kassel, 26.6.1935 — **128** Vgl. u.a. AvT an DH, Imshausen, 7.12.1934 — **129** Vgl. AvT an DH, Kassel, 10.7.1935 – In seinem Brief an AvT vom 8.7.[1935] hebt JPM seine »heiße Liebe« zu Deutschland hervor. Seine späteren Briefe (vom 22.7., 15.9., 9.12.1935) an AvT fallen wieder herzlich aus. — **130** AvT an AugvT, Hamburg, 31.10.1935 — **131** So Malone, AvT, S. 162 – Die Briefe von HS an AvT sind für die Beurteilung ihres Verhältnisses viel maßgeblicher als die Auskünfte, die HS 30 Jahre später Sykes gegeben und dieser unkritisch übernommen hat. Die Briefe widerlegen auch die Angabe von Christopher Sykes, Troubled Loyalty. London 1968, S. 158; dt. Adam von Trott. Düsseldorf 1969, S. 123, daß die beiden Männer sich geduzt hätten. — **132** HS an AvT, o.O., 20.3.1936 — **133** So Malone, AvT, S. 162 — **134** AvT an AugvT, Hamburg, 18.10.1935 – John Wheeler-Bennett, Hindenburg. The wooden Titan. 1936 — **135** Der Vorfall ist nur durch SGDs fast 50 Jahre später verfaßte Erinnerungen überliefert, vgl. Shiela Grant Duff, The Parting of Ways. London 1982, S. 96f., von AvT nur indirekt durch Briefe bestätigt. — **136** SGD an AvT, Paris, 2.10.1935, in: Noble Combat, S. 79 — **137** AvT an SGD, Hamburg [Ende Sept. 1935], in: Ebd., S. 78 — **138** AvT an SGD, [Hamburg, 18.11.1935], in: Ebd., S. 110 — **139** Vgl. SGD an AvT, [o.O., 15.10.1935], in: Ebd., S. 88, auch o.D., S. 86 — **140** AvT an DH, Hamburg [Ende Sept. 1935] — **141** EvT an AvT, Imshausen, 11.10.1935 – Der vorangegangene Brief AvTs an EvT ist nicht erhalten. Die Knappheit seiner Mitteilung geht aus den Worten der Mutter hervor: »Ich weiß zu wenig, um mehr schreiben zu können. Das wirst Du auch nicht wünschen.« — **142** »You said we think so differently«, SGD an AvT, Paris, 3.10.1935, in: Noble Combat, S. 81. — **143** Christabel Bielenbergs Erinnerungen über ihr Leben in Nazi-Deutschland, in denen auch AvT eine Rolle spielt, wurden zum Bestseller: The Past is Myself. London 1968; dt.: Als ich Deutsche war, 1934-1945. München 1969, [7]2000. — **144** Vgl. AvT an DH, Hamburg, 15.10.1935 — **145** DH an AvT, London, 18.10.1935 — **146** Vgl. DH an AvT, London, 27.10.1935 — **147** DH an AvT, London, 24.2.1935 — **148** AvT an AvK, Hamburg, 26.10.1935 — **149** AvT an AugvT, Hamburg, 22.9.1935 und AvT an EvT, Hamburg, 27.9.1935 — **150** AvT an EvT, Hamburg, 28.10.1935 — **151** AvT an AugvT, Hamburg, 31.10.1935 — **152** Ebd. – Der Sohn Buhl hat sich zwar 1936 um ein Stipendium beworben, wurde aber nicht als Kandidat eingeladen. Vgl. den Sitzungsbericht des Rhodes-Auswahlkomitees vom 21.12.1936, BAK, N 1106:100 — **153** AvT an AugvT, Hamburg, 26.11.1935 — **154** EvT an AvT, Imshausen, 9.1.1935 — **155** Wort der Bekenntnissynode der Ev. Kirche der Altpreußischen Union vom 4./5. März 1935 in Berlin-Dahlem. Vgl. Joachim Beckmann, Evangelische Kirche im Dritten Reich. Gütersloh 1948, S. 85f. — **156** EvT an AvT,

Imshausen, 25.9.1935 – Statt diesem Brief verwendet Malone, AvT, S. 162, HSs Behauptung, er habe bei einem von mehreren Wochenendbesuchen mit AvT in Imshausen einen Streit von EvT mit der SA wegen des Hissens der Hakenkreuzfahne miterlebt. Die Unzuverlässigkeit von HSs Angaben bestätigt sich hier erneut, denn aus Briefen AvTs geht hervor, daß er und HS damals gar nicht in Imshausen waren. — **157** AvT an AugvT, Hamburg, 4.10.1935 — **158** AvT an EvT, Hamburg, 10.11.[1935] – Aus den Briefen EvTs geht hervor, daß die drohende Hausdurchsuchung, anders als es Malone, AvT, S. 163, von CvT, AvT, S. 78, übernimmt, nichts mit der Denunziation EvTs ein Dreivierteljahr vorher zu tun hatte und diese Denunziation nichts mit der von ihr erwähnten Anzeige gegen den Jungen Günther B., der keine »Klassenkameradin« Ellos war. — **159** EvT an AvT, Imshausen, 5.11.1935 — **160** AvT, Ein böser Traum, Original (Masch.), BAK, N 1416:1 — **161** AvT an GE, Hamburg, 19.12.1935 — **162** AvT an AugvT, Hamburg, 8.1.1936 — **163** AvT an GE, Neues Lager, Kreis Jüterbog, 19.1.1936 — **164** SGD an AvT, Chelsea, 9.1.1936, in: Noble Combat, S. 122 — **165** AvT an GE, Neues Lager, 19.1.1936 — **166** AvT an AugvT, [Neues Lager] 24.1.1936 — **167** AvT an EvT, Neues Lager, 16.1.1936 — **168** AvT an AugvT, [Neues Lager] 24.1.1936 — **169** AvT an JBV, Jüterbog, 14.2.1936 — **170** AvT an GE, Neues Lager, 19.1.1936 — **171** Freiburg 1929 — **172** Franz Schnabel wurde 1936 in den Ruhestand versetzt und seit 1937 mit Publikationsverbot belegt. — **173** Freiherr vom Stein. Leipzig/Berlin 1931. AvT zog diese Biographie der ihm ebenfalls bekannten von Gerhard Ritter, Stein. 2 Bde. Stuttgart 1931, vor. Vgl. AvT an JBV, Jüterbog, 14.2.1936. — **174** AvT, Zwischengeneration (nur als spätere Abschrift mit evtl. Lesefehlern erhalten), BAK, N 1416:1 — **175** AvT an AugvT, [Neues Lager] 24.1.1936 — **176** AvT an AugvT, Jüterbog, 4.3.1936 — **177** AvT an DH, Jüterbog, 2.3.1936 — **178** Erschienen 1937 im Theaterverlag Langen/Müller — **179** Georg Basner an AvT, [Neues Lager, Mai 1936] — **180** AvT an EvT, Neues Lager, 16.1.1936 — **181** AvT an GE, Imshausen, 12.3.1936 — **182** AvT an GE, Neues Lager, 19.1.1936 — **183** HvT an AvT, Ilfeld, 5.11.[1935] — **184** AvT an EvT und HvT, Hamburg, 14.10.1935 — **185** Ebd. — **186** Vgl. EvT an AvT, Imshausen, 17.1.1936; AvT an AugvT, Jüterbog, 27.1.1936 — **187** AvT an AugvT, Göttingen, 18.3.1936 — **188** CL an AvT, Göttingen, 15.2.1933 — **189** HV an AvT, 15.3.1936 — **190** AvT an IB, London [1.8.1933] — **191** Humayun Kabir an AvT, Kalkutta, 25.12.1935 — **192** AvT an IB, Kassel, 11.5.[1936] — **193** AvT an SGD, Kassel [Juli 1936], in: Noble Combat, S. 157 — **194** Vermerk in Briefauszug HC, BAK, N 1416:4: »Laut Brief L[udwig] G[oldschmidts] vom 27.12.1963 war es David G.« — **195** AvT an DH, Kassel, 2.4.1936 — **196** AvT an Oswalt von Nostitz, Kassel, 5.5.1936, Abschrift, PB — **197** AvT an EvT, Leipzig, 18.5.1936 — **198** Karl Larenz an AvT, Kiel, 11.6.1936 — **199** AvT an EvT, Leipzig, 18.5.1936 — **200** Ebd. — **201** Vgl. Bericht HC über AvT, Nov. 1963, BAK, N 1416:4 — **202** Vgl. AvT an DH, [Kassel] 26.6.[1936] — **203** Vgl. dazu SGD, Parting of Ways, S. 119 ff. — **204** SGD an AvT, [im Zug] 7.7.1936 — **205** DH an AvT, London, 17.10.1936 — **206** AvT an DH, Berlin, 11.8.1936 — **207** AvT an SGD, Kassel, 29.4.1936, in: Noble Combat, S. 143 — **208** EvT an AvT, Imshausen, 16.10.1936 — **209** AvT an EvT, Berlin [18.10.1936] — **210** EvT an AvT, [Imshausen] 17.10.1936 — **211** AvT an DH, Berlin [19.10.1936] — **212** AvT an AugvT, Berlin, 6.10.1936 — **213** So übrigens auch zwei Jahre zuvor Helmuth James Graf von Moltke — **214** AvT an AugvT, Berlin, 23.10.1936 — **215** AugvT an AvT, Imshausen, 27.10.1936 — **216** EvT an AvT, Imshausen, 22.10.1936 — **217** In der Testamentsänderung vom 19.11.1936 nahm AugvT auf das bestandene Assessor-Examen des Sohnes Bezug, Testament von August von Trott zu Solz, PB. — **218** AvT an Ursula Grant Duff, Prag [Ende Okt. 1936], zit. nach: SGD, Fünf Jahre, S. 193 — **219** AvT an DH, [Berlin] 23.10.1936 — **220** AvT an AugvT, Berlin, 23.10.1936 — **221** AvT an AugvT, Berlin, 6.10.1936 — **222** Ebd.

Auf Erfolgskurs in England und Amerika

1 AvT an LL, London, 25.11.1936, RH, File AvT — 2 CKA an LL, Oxford, 27.11.36, ebd. — 3 CKA, Aktennotiz über AvT, ebd. — 4 CKA an LL, Oxford, 27.11.36, ebd. — 5 AvT an SGD, London, 12.11.1936, in: Noble Combat, S. 194 — 6 AvT an JBV, Berlin, 3.12.1936 — 7 Zu ihm s. Peter Oliver, Law, Politics, the Commonwealth and the Constitution: Remembering R.T.E. Latham, 1909-43, in: The King's College law journal 11. 2000, S. 153-189 — 8 AvT, Notizen über seine ursprüngliche Studienabsicht, BAK, N 1416:17 — 9 Vgl. LL an AvT, London, 16.12.1936 — 10 AvT an AugvT, Berlin, 1.12.1936 — 11 AvT an DH, im Zuge, 4.1.1937 — 12 AvT an DH, Imshausen, 11.1.1937: »You know he (Werner) really hates and despises the English.« — 13 AvT an GE, Neues Lager, Kreis Jüterbog, 19.1.1936 — 14 Dies deutete er brieflich mit den Worten an: »without encountering all those inflictations which habe numbed my working life these lasting years«, AvT an DH, Leipzig, 13.2.1937. — 15 AvT an EvT, Berlin [26.1.1937] — 16 AvT an DH, Berlin, 6.2.1937 — 17 AvT an SGD, Imshausen, 3.11.1936, in: Noble Combat, S. 189 — 18 Vgl. AvT an DH, Imshausen, 16.2.1937 – AvT hat sich auch bewundernd über den Dichter W.H. Auden geäußert, als dieser zur Unterstützung der Republikaner nach Spanien ging, vgl. ebd., 11.1.1937. — 19 Henri Maspéro (1883-1945) starb im KZ Buchenwald, wohin er im Juli 1944 deportiert worden war. Sein pionierhaftes Werk über den Taoismus erschien posthum: »Le taoisme et les religions chinoises«. Paris 1971. — 20 Vgl. dazu Klemperer, Noble Combat, S. 210 — 21 AvT an SGD, San Francisco, 30.6.1937 — 22 AvT an EvT, Southampton, 5.3.1937 — 23 So AvT an EvT, an Bord der Deutschland, 11.3.1937, nachher strich er den Namen von Cripps vorsichtshalber aus und ersetzte ihn durch den Passus »verschiedene vielbeschäftigte Freunde«. — 24 Sir Stafford Cripps an Norman Thomas, PB, eines der von AvT unbenutzten und daher überlieferten Schreiben — 25 Humphrey Sumner an Sir Hughe Knatchbull-Hugessen, PB — 26 AvT an EvT, Southampton, 5.3.1937 — 27 AvT an SGD, [an Bord der Deutschland, 12.3.1937], in: Noble Combat, S. 218 — 28 AvT, Amerikanische Eindrücke, BAK, N 1416:1 — 29 Beider Mütter, Mary Schieffelin geb. Jay und Anna von Schweinitz geb. Jay, waren Schwestern. — 30 William Jay Schieffelin an EvT, New York, 14.4.1937 — 31 Louise Schieffelin an EvT, New York, 4.5.1937 — 32 Vgl. sein Einführungsschreiben an Cordell Hull, BAK, N 1416:5 — 33 AvT an EvT, New York [April 1937] — 34 AvT an EvT, Carmel, 10.6.[1937] — 35 AvT an MO, Washington, 13.4.[1937] — 36 Ihr Großvater, William Jay d.J., war der einzige Bruder von AvTs Großmutter. — 37 AvT an EvT, Ottawa, 28.4.1937 – Ein Bild seines Vorfahren John Jay hing später in AvTs Wohnung. — 38 RB an Christopher Sykes, 23.5.1965, BAK, N 1416:3 — 39 Jo Grimond, Memoirs. London 1979, S. 89 – Die Neugier Trotts auf Menschen wird auch von anderen Freunden bestätigt, vgl. CvT, AvT, S. 89. — 40 AvT an DH, New York [ca. 10.4.1937] — 41 Ebd. — 42 AvT an SGD, Washington [Ende März 1937], in: Noble Combat, S. 220 — 43 AvT, Amerikanische Eindrücke — 44 Ebd. — 45 Vgl. AvT an SGD, Washington [Ende März 1937], in: Noble Combat, S. 220 — 46 AvT an DH, New York, 20.4.1937 — 47 AvT an JBV, New York, 9.4.1937 — 48 Zu ihm s. Robert C. Cotterell, Roger N. Baldwin and the American Civil Liberties Union. New York 2000 — 49 AvT an DH, New York, 18.4.1937 — 50 Ebd. — 51 Bericht RB, 1963, BAK, N 1416:3 — 52 RB an Sykes, 23.5.1965 — 53 AvT an AugvT, New York, 4.4.1937 — 54 AvT an SGD, Washington [Ende März 1937], in: Noble Combat, S. 220 — 55 AvT, Amerikanische Eindrücke — 56 AvT an EvT, New York, 18.4.1937 — 57 AvT, Amerikanische Eindrücke — 58 Ebd. — 59 AvT an Theodor Strewe, Carmel, 21.5.1937 — 60 Zit. in: FM an CvT, 24.12.1957, BAK, N 1416:5 — 61 AvT, Amerikanische Eindrükke — 62 AvT an EvT/AugvT, Boston, 26.4.1937 — 63 The Public and its Govern-

ment. New Haven/Yale 1930, mit dem Eintrag Frankfurters »To Adam von Trott with all good wishes, Cambridge, April 26.1937«, PB — **64** AvT an EvT/AugvT, Boston, 26.4.1937 — **65** AvT an SGD, im Zuge nach Kalifornien [ca. 6.5.1937], in: Noble Combat, S. 230 — **66** AvT, Amerikanische Eindrücke — **67** In seinen Memoiren »The good fight«. Toronto 1981, S. 64f. erinnert sich David Lewis an AvT in Oxford, aber nicht an ihr Treffen in Ottawa. — **68** AvT an DH, im Zuge nach Kalifornien [ca. 6.5.1937] — **69** AvT, Amerikanische Eindrücke — **70** Ebd. — **71** AvT an SGD, (wie Anm. 65), S. 230 — **72** Ebd. — **73** AvT an EvT, Palos Verdes, 10.5. 1937 — **74** AvT an SGD, (wie Anm. 65), S. 232 — **75** AvT, Amerikanische Eindrücke — **76** AvT an EvT, Berkeley, 7.7.1937 — **77** AvT an EvT, Palos Verdes, 10.5.1937 — **78** AvT an JBV, Imshausen, 18.1.1937 — **79** AvT an SGD, Carmel, 3.6.1937, in: Noble Combat, S. 245 — **80** AvT an EvT, [Carmel, 20.5.1937] — **81** AvT an AugvT, Carmel, 2.6.1937 — **82** AvT an EvT, Carmel, 10.6.[1937] — **83** AvT, Amerikanische Eindrücke — **84** Darauf nahm MDB an AvT, Taft, 3.11.[1939], mit den Worten Bezug: »your very justifiable fear of me«. — **85** AvT an SGD, Chinesisches Meer, 11.8.1937 — **86** AvT, Amerikanische Eindrücke — **87** AvT an EvT, Los Olivos, 12.7.1937 — **88** AvT, Amerikanische Eindrücke (19 S. Masch.), BAK, N 1416:2 — **89** AvT an JBV, Pazifik, 7.8.1937 — **90** AvT, Amerikanische Eindrücke — **91** AvT an Theodor Strewe, Carmel, 21.5.1937 — **92** AvT an JBV, Pazifik, 7.8.1937 — **93** Ebd. — **94** AvT, Streifzug durch die Provinz Kuang-hsi (Konzept), BAK, N 1416:2

China – »Im Mittelpunkt des Wirbelsturms«

1 AvT an JBV, Hongkong, 17.8.1937 — **2** AvT an SGD, Hongkong, 20.8.1937, in: Noble Combat, S. 267 — **3** Anders als Malone, AvT, S. 188 u. 292f., annimmt, war dies nicht Alexander von Falkenhausen. Dieser berichtete später CvT, daß er zwar von AvTs China-Aufenthalt gehört, ihn aber dort nicht getroffen habe, vgl. CvT, AvT, S. 131. — **4** AvT an JBV, Hongkong, 17.8.1937 — **5** AvT, Tagebuchblätter, BAK, N 1416:2 — **6** Ebd. — **7** AvT an EvT, Kanton, 4.9.1937 — **8** Ebd. — **9** AvT an SGD, Kanton, 31.8.1937, in: Noble Combat, S. 270 — **10** Vgl. das Kwangsi Pacification Commissioner's Office an AvT und WE, Kanton, 4.9.1937 — **11** AvT, Streifzug durch die Provinz Kuang-hsi (Konzept), BAK, N 1416:2; in Reinschrift: BAK, Kl. Erw. 248-2 — **12** AvT, Tagebuchblätter — **13** Ebd. — **14** AvT, Streifzug durch die Provinz Kuang-hsi — **15** AvT an JBV, auf dem Lijiang-Fluß, 18.9.1937 — **16** WE an CvT, 19.11.1957, zit. nach: CvT, AvT, S. 94 — **17** AvT an EvT, unterwegs nach Hongkong, 24.9.1937 — **18** AvT an SGD, Kanton, 31.8.1937, in: Noble Combat, S. 270 — **19** AvT an AugvT, Peking, 28.12.1937 — **20** WE an CvT, 19.11. 1957 — **21** Vgl. WE an GvR, 17.9.1962, IfZ, ZS/A18, Bd. 3 — **22** Vgl. AvT an LL, Kanton, 3.9.1937, RH, File AvT — **23** CKA an Eric Millar, Oxford, 23.9.1937, ebd. — **24** Vgl. AvT an LL, Hongkong, 26.9.1937, ebd. — **25** AvT an AugvT, Hongkong, 6.10.1937 — **26** Wegen ihrer anderen Zielgruppe enthält die etwas längere deutsche Fassung mehr Reiseerlebnisse. Sie geht auch auf die Rolle des General Pai Chung-hsi ein, die AvT bei der Rhodes-Stiftung als bekannt voraussetzt. — **27** Durchschrift, BAK, N 1416:2 — **28** wie Anm. 11; die Reinschrift hat sich in den Papieren des damaligen Vorsitzenden der Vereinigung ehemaliger deutscher Rhodes-Stipendiaten, J.L. Graf Schwerin von Krosigk, erhalten. — **29** GE an AvT, Peking, 2.9. 1937 — **30** AvT an EvT, Hongkong, 4.10.1937 — **31** AvT an EvT, Peking, 20.11. 1937 — **32** AvT an EvT, Tientsin/Peking, 14./15.10.1937 — **33** AvT an EvT, Peking, 20.11.1937 — **34** AvT, Kontakte in China, Japan und Korea, BAK, N 1416:9 — **35** AvT an AvU, Peking, 6.2.1938 — **36** AvT an AugvT, Shuzenji, 8.4.1938 — **37** AvT an

AvU, Peking, 6.2.1938 — **38** AvT an JBV, Peking, 10.2.1938 — **39** AvT an EvT, Peking, 27.2.1938 — **40** AvT an KlZ, Peking, 23.12.1937 — **41** AvT an AugvT, Peking, 10.11.1937 — **42** AvT an AugvT, 28.12.1937 — **43** AvT an EvT, Peking, 27.2.1938 — **44** AvT, Streiflichter aus Ostasien, in: Saxonia Göttingen, Corps-Zeitung 74. 1938, S. 15 — **45** AvT an EvT, Peking, 12.2.1938 — **46** AvT an AugvT, Peking, 19.1.1938 — **47** AvT an Eric Millar, Peking, 8.2.1938 — **48** AvT, Der Kampf um die Herrschaftsgestaltung im Fernen Osten, S. 277 — **49** So HW an CB, 23.6.1963 — **50** Vgl. z. B. GT an AvT, unterwegs nach Hongkong, 17.4.1939 — **51** AvT an JBV, Peking, 7.11.1937 — **52** So Schott, AvT, S. 68 — **53** AvT an AvU, Peking, 6.2.1938; ähnlich GE an EvT, Peking, 6.9.1938 — **54** GE, Adam von Trott zu Solz in China, BAK, N 1416:4 – Schott, AvT, S. 68, stellt mit Recht Eckes Begrifflichkeit für AvT in Frage. Vgl. dazu auch Helmut Boehncke, Ms. zum 70. Geburtstag von AvT (1979), BAK, N 1416:3 — **55** AvT an AvU, Peking, 6.2.1938 — **56** Wolfgang Franke, Im Banne Chinas. Autobiographie eines Sinologen. Dortmund 1997, S. 68 — **57** AvT an AugvT, 28.12.1937 — **58** AvT an JBV, Peking, 7.11.1937 — **59** GE an AvT, Peking, 27.12.1938 — **60** GE an AvT, Lamamiao, 22.2.1939 — **61** P. Eduard Bödefeld an AvT, Peking, 18.11.1937 — **62** AvT an EvT, Peking, 20.11.1937 — **63** Franke, Im Banne Chinas, S. 85 — **64** GE an AvT, Peking, 24.5.1937 — **65** Sie war eine langjährige Freundin von Golo Mann, vgl. Ders., Briefe 1932-1992. Hg. Tilmann Lahme/Kathrin Lüssi. Göttingen 2006, S. 374. — **66** AvT an DH, Peking, 1.1.1938 — **67** Yen Chang an AvT, Peking [Jan. 1938] — **68** Chuo Ping an AvT, Peking, 10.12.1938 — **69** AvT an AugvT, Peking, 10.11.1937 — **70** Vgl. dazu Malone, AvT, S. 193f. und 294 – Der zitierte J.B. Robey scheint ein zweifelhafter Zeuge zu sein. Wäre er, wie angegeben, wirklich ein Freund AvTs gewesen, hätte er keine so vagen Vermutungen anstellen müssen. Im übrigen war es eine Selbstverständlichkeit, daß jeder Deutsche im Ausland, und zwar ganz unabhängig von seiner Einstellung zum Regime, unter deutschem konsularischen Schutz stand und dessen auch bedurfte. — **71** AvT an EvT, Tsingtau, 1.10.1938 — **72** AvT an AugvT, Shuzenji, 8.4.1938 — **73** CEC, Notes on Adam von Trott, BAK, N 1416:4 — **74** AvT an HC, Hamburg, 3.10.1935 — **75** AvT, Deutscher und englischer Wille zur Macht, in: Ostasiatischer Beobachter 6/58, S. 34-36 — **76** Bertil Pfannenstill, Bernard Bosanquet's Philosophy of the State. Lund 1936 — **77** AvT, B. Bosanquet und der Einfluß Hegels auf die englische Staatsphilosophie, in: Zeitschrift für Deutsche Kulturphilosophie 4.1938, S. 193-199, hier 198 — **78** AvT an EvT, Peking, 12.2.1938 — **79** AvT an EvT, Peking, 12.2.1938 — **80** AvT an MO, Peking, 12.12.1937 — **81** A study of the Tao Te Ching and its place in Chinese thought. London 1934 — **82** AvT an Eric Millar, Peking, 8.2.1938, Anlage: The classical concept of Sovereignty in China, RH, File AvT — **83** AvT an AvU, Peking, 6.2.1938 — **84** AvT an AugvT, Peking, 13.3.1938 — **85** heute Teil der Stadt Kitakyushu — **86** AvT, Japanreise im Frühjahr 1938 (Ms., Fragment), BAK, N 1416:17 — **87** AvT an EvT, Tokyo, 23.3.1938 — **88** Ebd. — **89** AvT an AugvT, Shuzenji, 8.4.1938 — **90** AvT, Streiflichter aus Ostasien, S. 15f. — **91** AvT, Japanreise — **92** AvT an AugvT, Shuzenji, 8.4.1938 – Aus den Quellen geht nicht hervor, daß AvT mit Ott »auf freundschaftlichem Fuß stand«, wie Malone, AvT, S. 201, meint. — **93** AvT, Kontakte in China, Japan und Korea — **94** George B. Sansom, Japan. A short cultural history. London 1931 (548 S.) – Später trat er mit einer grundlegenden japanischen Geschichte hervor: Ders., A history of Japan, 3 Bde. Stanford/London 1958-1964. — **95** AvT, Kontakte in China, Japan und Korea — **96** AvT, Japanreise — **97** AvT an DH, Tokyo [Anf. April 1938] — **98** AvT, Notizkartei, BAK, N 1416:17 — **99** AvT an AugvT, Shuzenji, 8.4.1938 — **100** AvT, Notizkartei — **101** AvT an AugvT, Shuzenji, 8.4.1938 — **102** AvT an AugvT, Kyoto, 20.4.1938 — **103** Zu ihm vgl. Hiroshi Yagi, Hermann Bohner, in: Nihon to doitsu. Osaka 1985, S. 183-252 — **104** AvT kannte Sawakichis

Werk »Grundriß der Ju-Lehre«. Tokyo 1935. — **105** AvT an JBV, Nara, 16.4.1938 — **106** Hermann Bohner an AvT, Nishinomiya, 17.5.1938 — **107** AvT, Kontakte in China, Japan und Korea — **108** Rupert Klingseis an AvT, Tokwan, 29.5.1938 — **109** AvT an WE, Peking, 4.9.1938 — **110** AvT an Hermann Bohner, [Peking, Anf. Juli 1938] — **111** AvT an AvK, Peking, 3.9.1938 — **112** AvT an EvT, Kyoto, 26.4.1938 und Xinjing, 17.5.1938 — **113** AvT an JBV, Peking, 11.6.1938 — **114** AvT an SGD, Beppu, 15.3.1938, Noble Combat, S. 198 (Datum nach Reiseroute irrtümlich) — **115** AvT an AugvT, Shuzenji, 8.4.1938 — **116** AvT an EvT, Peking, 15.6.1938 — **117** AvT an AvU, Peking, 15.8.1938 — **118** AvT, Far Eastern Possibilities (Abschrift, 16 S. Großformat) + AvT an LL, Peking, 1.7.1938, RH, File AvT; auch PRO, FO 371/22109 – Die sehr verkürzte Wiedergabe der Denkschrift bei: Mechthild Leutner (Hg.), Deutschland und China 1937-1949. Berlin 1998, S. 123 ff., verfehlt deren Sinn. — **119** AvT, Ostasiatische Möglichkeiten (Abschrift, 24 S. + 3 S. Überblick), BAK, N 1416:2 — **120** Ebd. — **121** Ebd.; Far Eastern Possibilities — **122** AvT an LL, Peking, 1.7.1938 — **123** Ostasiatische Möglichkeiten — **124** AvT an AugvT, Lamamiao, 12.8.1938 — **125** Albrecht Haushofer an AvT, Berlin, 25.8.1938 — **126** Vgl. Ursula Laack-Michel, Nachwort zu: Albrecht Haushofer, Moabiter Sonnette. München 1976, S. 91-119, hier 105 f. — **127** AvT an AGB, Peking, 7.7.1938 — **128** AvT an WE, Peking, 4.9.1938 — **129** Vgl. AvT, Aufzeichnung (An Anglo-German intervention in the Far East), BAK, N 1416:2 — **130** AvT an JBV, Peking, 6.9.1938 — **131** LL an Lord Halifax, London, 2.8.1938, PRO, FO 371/22109 — **132** Ebd. — **133** AvT an LL, Shanghai, 11.10.1938 — **134** AvT an WE, Peking, 4.9.1938 — **135** AvT, Aufzeichnung (wie Anm. 129) — **136** SGD an AvT, London, 10.9.1937, in: Noble Combat, S. 273 f. — **137** GE an AvT, Peking, 22.5.1939 — **138** Vgl. AvT an SGD, Peking, 20.7.1938 u. 10.8.1938, in: Noble Combat, S. 312 ff. u. 317 f. — **139** SGD an AvT, High Elms Farm, 1.9.1938, in: Ebd., S. 320 — **140** AvT an SGD, Peking, 20.7.1938, in: Ebd., S. 315 — **141** SGD an AvT, High Elms Farm, 1.9.1938, in: Ebd., S. 320 — **142** AvT an WvT, Peking, 28.8.1938 — **143** AvT an EvT, unterwegs nach Hongkong, 24.9.1937 — **144** AvT an AugvT, Peking, 19.1.1938 — **145** AvT an EvT, Peking, 29.7.1938 — **146** EvT an AvT, Imshausen, 5.9.1938 — **147** AvT an VvT, Shuzenji, 8.4.1938 — **148** AvT an VvT, Peking, 3.6.1938 — **149** EvT an AvT, Imshausen, 16.6.1938 — **150** AvT an AugvT, Lamamiao, 12.8.1938 — **151** AugvT an AvT, Imshausen, 22.7.1938 — **152** EvT an AvT, Imshausen, 16.6.1938 — **153** AvT an WE, Peking, 4.9.1938 — **154** AvT an AugvT, Lamamiao, 12.8.1938 — **155** AvT an SGD, Yumoto Nikko, 1.4.1938, in: Noble Combat, S. 305 — **156** AvT an JBV, Nara, 16.4.1938 — **157** AvT an AvU, Peking, 15.8.1938 — **158** Erschienen 1945-1949, engl. Princeton 1979 — **159** AvT an EvT, Peking, 16.9.1938 — **160** AvT an EvT, Yenchowfu, 24.9.1938 — **161** AvT an AvU, Tsingtau, 1.10.1938 — **162** AvT an SGD, Tsingtau, 28.9.1938, in: Noble Combat, S. 325 — **163** AvT an AvU, Tsingtau, 1.10.1938 — **164** AvT an EvT, Yenchowfu, 24./25.9.1938 — **165** AvT an WE, Peking, 4.9.1938 — **166** EvT an AvT, Imshausen, 28.9.1938 — **167** AvT an EvT, Tsingtau, 1.10.1938 — **168** AvT an AvU, Tsingtau, 1.10.1938 — **169** AvT an Hermann Bohner, Im Roten Meer, 16.11.1938 — **170** AvT an EvT, Peking, 16.9.1938 — **171** AvT an EvT, Tsingtau, 1.10.1938 — **172** AvT an SGD, Shanghai, 6.10.1938, in: Noble Combat, S. 329 — **173** AvT an SGD, Tsingtau, 28.9.1938, in: Ebd., S. 325 — **174** AvT an SGD, Tsingtau, 1.10.1938, in: Ebd., S. 327 — **175** Ebd. — **176** Ausländische Niederlassungen mit eigenen Hoheitsrechten auf der Grundlage der »ungleichen Verträge« zu Lasten Chinas aus dem 19. Jahrhundert — **177** AvT an AvU, Tsingtau, 1.10.1938 — **178** AvT an AugvT, Shanghai, 12.10.1938 — **179** Ebd. — **180** AvT an LL, Shanghai, 11.10.1938, RH, File AvT — **181** H.A. Lorentz an AvT, Shanghai, 3.12.1938 mit Beilagen — **182** Hsi-Huey Liang, The Sino-German Connection. Amsterdam 1978, S. 149 ff., der das Gegenteil behauptet, verfügt über eine sehr mangelhafte Quellenkenntnis und gibt daher ein verzerrtes Bild von AvT. — **183** AvT, Streiflichter aus Ostasien, S. 17 — **184** AvT an SGD, Peking, 10.8.1938, in: Noble Combat, S. 318 — **185** AvT an LL, Shanghai, 11.10.1938, RH, File AvT

Das letzte Jahr vor dem Krieg

1 AvT an EvT, Hongkong, 29.10.1938, auch Singapur, 4.11.1938 — **2** AvT an SGD, Tsingtau, 1.10.1938, in: Noble Combat, S. 327 — **3** AvT an IB, [an Bord der Ranchi, Nov. 1938] — **4** AvT an DH, an Bord der Ranchi, 24.11.1938 — **5** Vgl. Naomi Shepherd, Wilfrid Israel. Berlin 1985, S. 217ff. — **6** AvT an SGD, Colombo, 10.11.1938, in: Noble Combat, S. 337 — **7** Shiela Grant Duff, Europe and the Czechs. London 1938, S. 136 u. 138 — **8** Vgl. AvT an SGD, Imshausen, 6.12.1938, in: Noble Combat, S. 343 — **9** Ebd., S. 342; AvT an DH, Imshausen, 30.12.1938 — **10** Nach einer bildhaften Umschreibung der Umsturzpläne erwähnte AvT gegenüber SGD (wie Anm. 12), daß er mit Schacht gesprochen habe. Dessen Namen konnte er unbedenklich nennen, ohne ihn als an den Plänen beteiligt darzustellen. — **11** Die Hassell-Tagebücher, S. 80 (Eintrag vom 20.12.1938) — **12** AvT an SGD, [Imshausen] 30.12.1938, in: Noble Combat, S. 347 – SGD, die von dem Putschplan nichts wußte, waren diese Hinweise unverständlich; sie hat sich diese von AvT auch mündlich nicht erklären lassen, vgl. Klemperer, in: Noble Combat, S. 348. — **13** WI an AvT, Berlin, 25.12.38 — **14** AvT an AvU, Imshausen, 20.1.1939 — **15** M. Th. Strewe an AvT, Berlin, 28.11.1938 — **16** AvT an EvT, Berlin, 9.3.1939 — **17** AvT an EvT, [Berlin, Ende März 1939] — **18** AvT, Der Kampf um die Herrschaftsgestaltung im Fernen Osten, in: Zeitschrift für ausländisches öffentliches Recht und Völkerrecht 9. 1942, S. 264-283 (in Heft 2. 1939/40) — **19** Ebd., S. 271, 282 — **20** Vgl. Spiegelbild, S. 56 — **21** AvT an EvT, London, 24.2.1939 — **22** AvT an EvT, Oxford, 15.2.1939 — **23** Vgl. Isaiah Berlin, A personal tribute to AvT, in: Balliol College Annual Record 1986, S. 61 – IB datiert das Treffen irrtümlich auf 1938. — **24** SLB an CB, 13.10.1963, BAK, N1416:4; Sabine Leibholz-Bonhoeffer, Vergangen, erlebt, überwunden. Wuppertal 1970, S. 130 — **25** Vgl. GL an AvT, London, 15.4.1939; SLB an CB, 13.10.1963 — **26** AvT an EvT, London, 24.2.1939 — **27** Anne Morrow Lindbergh, Blume und Nessel. München ³1994, S. 342 (Eintrag vom 1.3.1939) — **28** AvT an EvT, Berlin, 11.3.1939 — **29** Vgl. Otto John, Zweimal kam ich heim. Düsseldorf 1969, S. 50 — **30** Vgl. Christabel Bielenberg, Als ich Deutsche war. München ⁵1969, S. 40 — **31** Von wem das Angebot im AA ausging, ist nicht bekannt. — **32** AvT an EvT, [Berlin] 29.4.1939 — **33** Vgl. Reichsgruppe Industrie an AvT, Berlin, 29.6.1939, BAK, N 1416:12 — **34** EC an AvT, New York City, 8.12.1938 — **35** Das Vertrauen, das AvT bei den Rhodes Trustees genoß, zeigte sich auch dadurch, daß sie seine Rückkehr in das deutsche Auswahlkomitee wünschten. Dies wurde dann durch den Kriegsausbruch hinfällig. Vgl. FSchO an Schwerin-Krosigk, 19.10.1939, BAK, Kl. Erw. 248-2 — **36** Hassell-Tagebücher, S. 85 (Eintrag vom 22.3.1939) — **37** AvT an SGD, [Berlin, März 1939], in: Noble Combat, S. 352 — **38** AvT an SGD, Imshausen, 2.4.1939, in: Ebd., S. 353 — **39** GW an Curt Bley, 13.12.1960, BAK, N 1416:18 — **40** GW an CvT, 18.8.1957, BAK, N 1416:5 – Sir Geoffrey Wilson war so freundlich, mir aus seinen, im hohen Alter verfaßten Erinnerungen ›My working Life‹ (Ms.) die AvT betreffenden Passagen zur Verfügung zu stellen. Im Vergleich zu seinen Briefen von 1957 und 1960 weisen sie jedoch deutliche Erinnerungslücken auf, so daß die Briefe als Quellen vorgezogen werden. — **41** AvT an SGD, Imshausen, 6.12.1938, in: Noble Combat, S. 343 — **42** AvT an EvT, Berlin [April 1939] — **43** AvT an SGD, Peking, 10.8.1938, in: Noble Combat, S. 318 — **44** Vgl. oben S. 343 — **45** Vgl. DA an HvT, 29.6.1956, PB — **46** AvT an SGD, Tsingtau, 28.9.1938, in: Noble Combat, S. 326 — **47** Geoffrey Wilson, der AvT im Juni 1939 mehrfach sprach, gewann die Überzeugung, daß er damals einen anderen Weg als den Krieg, um »Hitler loszuwerden« zwar nicht ganz ausschloß, davon aber nicht wirklich überzeugt war, vgl. GW an CvT, 18.8.1957. — **48** Peter Bielenberg, Zu Sykes' Biographie (Ms.,1968), BAK, N 1416:3 — **49** Vgl. Hubert Beckers, Walther Hewel (1904-1945), http://www.shoa.de/ (18.7.2008) — **50** Vgl. PB, Zu Sykes' Biographie — **51** Akte Nr. 497, Englische Informationsreise (1.-8. Juni 1939), in: ADAP, D VI. Baden-Baden 1956, S. 562 — **52** Dies vermutet u. a. Klemperer, Verschwörer, S. 126, 128; dagegen Rainer A. Blasius, Über London den ›großen Krieg‹ verhindern, in: Der Widerstand gegen den Nationalsozialismus. Hg. Jürgen Schmädeke/Peter Steinbach. München 1985, S. 699 — **53** So David Astor, Adam von Trott: A personal view, in: The Challenge of the Third Reich. The Adam von Trott Memorial Lectures. Oxford 1986, S. 17-34, hier 27 – In seinem Bericht (S. 567) nennt AvT die Astors als die Vermittler, offenbar um deren Beziehungen hervorzuheben. — **54** David Astor, The Story of an Anti-Nazi, in: Manchester Guardian, 4.6.1956 — **55** Wie Anm. 51, S. 562-571; die Hitler vorgelegte Kurzfassung: Bericht über die Englandreise, AA PA, R 27474, Handakten Hewel, Bd. 6 — **56** PB, Zu Sykes' Biographie — **57** Wie Anm. 51, S. 562 — **58** Ebd., S. 563 — **59** William Douglas-Home, Half-Term Report. London 1954, S. 113 — **60** DA, Story of an Anti-Nazi — **61** Bericht über die Englandreise (Kurzfassung) — **62** Vgl. PB, Zu Sykes' Biographie — **63** Bei diesem Treffen erhielt AvT vermutlich LLs Erlaubnis, seinen Namen im Bericht zweckdienlich zu verwenden, vgl. J.M.R. Butler, Lord Lothian. London 1960, S. 232 — **64** Vgl. The Times, 9.6.1939, S. 7 — **65** Bericht über die Englandreise (wie Anm. 55) — **66** AvT an EvT, Berlin, 10.6.1939 – Es fällt auf, daß AvT von »Hitler« schreibt und nicht, wie damals allgemein üblich, vom »Führer«. — **67** Vgl. Silvia Daniel, »Troubled loyalty«? Britisch-deutsche Debatten um Adam von Trott zu Solz, in: VfZ 52. 2004, S. 427 ff. — **68** Vgl. ebd., S. 429, Anm. 102; A. L. Rowse, All Souls and Appeasement. London 1961, S. 96 ff. und Martin Gilbert/Richard Gott, Der gescheiterte Frieden. Stuttgart 1964, S. 173 f. — **69** Sie wurde vor allem von Christopher Sykes, Troubled Loyalty. London 1968, vertreten und später von anderen unkritisch übernommen. Die Zurückweisung des Appeasement-Vorwurfs durch AvT selbst hielt Sykes (S. 317 f.) für »Selbstbetrug«. – Dagegen wandten sich als erste Hoffmann, Widerstand, Staatsstreich, Attentat, S. 139 f., und Klemens von Klemperer, Adam von Trott zu Solz and Resistance Foreign Policy, in: CEH 14. 1981, S. 351-361, hier 356 f. — **70** StC, Confidential Diary 1939 (Kopie), BLO, Cripps Papers — **71** Ebd. — **72** StC an Lord Halifax, 9.6.1939, PRO, FO 371/22973 — **73** StC, Confidential Diary — **74** Erschienen in: Observer, 20.11.1938 — **75** Vgl. dazu Rüdiger Görner, Souveränität als Sündenfall. Zur Europa-Konzeption des britischen Föderalisten Lord Lothian (1882-1940), in: Integration 13. 1990/3, S. 103-110 — **76** AvT an DH, New Milford/Ct., 12.11.1939 — **77** Sykes, Troubled Loyalty, S. 261 f.; Henry O. Malone, Between England and Germany. Adam von Trott's Contacts with the British, in: Germans against Nazism. New York/Oxford 1990, S. 253-278, hier 268 — **78** Maurice Bowra, Memories 1898-1939. Cambridge/Mass. 1967, S. 306 – Ganz anders z. B. reagierte Trotts Freund Montgomery. Auch ihm verhehlte AvT 1939 seine Nazi-Gegnerschaft nicht, ohne daß er ihn des Gegenteils verdächtigte. Vgl. HM an Christopher Sykes, 31.12.1964 (Kopie), BAK, N 1416:5 — **79** So u. a. Klemperer, Adam von Trott, S. 354, und Daniel, Deutsch-britische Debatten, S. 418 — **80** Dies waren u. a.: David Astor, Charles Collins, Isobel und Stafford Cripps, Isobel Henderson, Diana Hopkinson, Richard Latham, Hugh Montgomery, Jane Rendel, Humphrey Sumner, Henry Spalding, Geoffrey Wilson sowie die Professoren Adams, Collingwood, Fisher und Selbie. — **81** AvT an EvT, Oxford, 15.6.1939 — **82** DA meinte sich später zu erinnern, daß AvT zuletzt im Juli 1939 in England war, doch Briefe AvTs vom Juli beweisen, daß dies nicht der Fall gewesen sein kann. Auch StC (vgl. StC an AE,

20.6.1942, PRO, FO 371/30912) dürfte die Monate Juni und Juli verwechselt haben. — **83** StC, Confidential Diary — **84** Vgl. Klemperer, Verschwörer, S. 120 — **85** StC, Confidential Diary — **86** »The Choice for Germany: Cooperation or Isolation«, Lord Halifax's Speech, The Times, 30.6.1939, S. 9 — **87** Vgl. AvT an Walther Hewel, Imshausen, 14.7.1939, AA PA, R 27474, Handakten Hewel, Bd. 6 — **88** DA verfaßte darüber einen Bericht für das Foreign Office (PRO, FO 800/316). – AvT oder seine Freunde hatten eventuell Kenntnis davon, daß Göring heimliche deutsch-britische Wirtschaftsgespräche zuließ, vgl. Helmut Metzmacher, Deutsch-englische Ausgleichsbemühungen im Sommer 1939, in: VfZ 14.1966, S. 369-412. — **89** Zit. in: Richard Cockett, David Astor and the Observer. London 1991, S. 55 — **90** Vorsicht ist bei den Namen in AvTs Adreßbüchlein geboten. Anders als Malone, AvT, S. 215, meint, war der dort angeführte Fritsch nicht der Generaloberst Werner Frhr.v.F., sondern Georg Frhr.v.F., Sekretär des deutschen Rhodes-Auswahlkomitees, und Wetzell nicht der General Wilhelm W., sondern ein Geschäft. — **91** Vgl. oben S. 371 – Noch im Sommer 1939 soll AvT es für möglich gehalten haben, daß sich die deutschen Kommunisten einer gemeinsamen Antinazi-Fronde anschließen würden, vgl. David Astor, Why the revolt against Hitler was ignored, in: Encounter 22. 1969/6, S. 4, Anm. 2 — **92** Vgl. Detlef Graf von Schwerin, ›Dann sind's die besten Köpfe, die man henkt‹. München 1991, S. 513, Anm. 12 — **93** AvKe an AvT, Berlin, 6.6.1930 — **94** Er berichtet davon entsprechend distanziert, vgl. AvKe, Verborgene Saat. Hg. Peter Steinbach. Berlin 1992, S. 158. — **95** Zu den Aktionen der Brüder Kordt vgl. Klemperer, Verschwörer, S. 99ff., 119f., 146 — **96** Vgl. Friedrich Wilhelm Heinz an GvR, 3.1.1963, IfZ, ZS/A18, Bd. 4 — **97** Vgl. Bericht HC über AvT, 1963, BAK, N 1416:4 — **98** AvT hatte Falkenhausen nicht, wie oft behauptet, bereits in China getroffen, vgl. oben S. 567, Anm. 3 — **99** Kessel, Verborgene Saat, S. 159 — **100** Vgl. DA an GvR, 5.3.1963, IfZ, ZS/A18, Bd. 1 — **101** CvT in: Dorothee von Meding, Mit dem Mut des Herzens. Die Frauen des 20. Juli. Berlin 1992, S. 171 — **102** Ebd., S. 172 — **103** CvT, in: Deutsche im Zweiten Weltkrieg. Zeitzeugen sprechen. München 1989, S. 525 — **104** AvT an CvT, Berlin, 24.8.1939 — **105** AvT an CvT, Berlin, 20.8.1939 — **106** AvT an CvT, Imshausen, 11.7.1939 — **107** AvT an EvT, Berlin [13.8.1939] — **108** Vgl. Walther Hewel an AvT, Salzburg, 18.8.1939, AA PA, R 27474, Handakten Hewel, Bd. 6 — **109** AvT an WvT, Berlin, 20.8.1939 (Abschrift) — **110** AvT an EvT, Berlin, 26.8.1939 — **111** SGD an AvT, Paris, 17.8.1939, in: Noble Combat, S. 358 — **112** AvT an SGD, Berlin, 25.8.1939, ebd. — **113** SGD, The Parting of Ways. London 1982, S. 211 – Ihr nachträglicher Vorwurf, AvT habe ihr keine Chance zur Antwort gegeben, ist unverständlich, da sie ihm, wenn sie gewollt hätte, anschließend in die USA hätte schreiben können. — **114** AvT an EvT, Berlin, 30.8.1939 — **115** Graf Galeazzo Ciano, Tagebücher 1939-1943. Bern [2]1947, S. 122 (Eintrag vom 12.8.1939) — **116** AvF an AvT, [Dresden] 5.9.1939

In Amerika zwischen Krieg und Frieden

1 Telegramm EC an AvT, New York, 11.9.1939 (eingetroffen Berlin 12.9.) — **2** EC an AvT, New York, 13.9.1939 — **3** Da er mit seiner Einberufung zur Militärausbildung sicher rechnete, hatte er sich freiwillig gemeldet und auf diese Weise von seiner Zurückstellung erfahren. — **4** AvT an EvT, Genua, 22.9.1939 — **5** Alexander Böker an CvT, 28.4.1959, BAK, N 1416:3 — **6** AvT an DH, New Milford/Ct., 12.11.1939 — **7** EC an Lord Elton, New York, 21.10.1939, RH, File AvT — **8** AvT an HB, New York, 4.10.1939 (Kopie), IfZ, ZS/A18, Bd. 14 — **9** AvT, Types of Study, BAK, N 1416:31 — **10** AvT, Gesichtspunkte für Denkschrift, BAK, N 1416:2 — **11** Vgl. AvT, Types of Study — **12** Tagebucheintrag FM, 20.11.1939 nach Gespräch mit AvT, zit. in: FM an CvT, 24.12.1957, BAK, N 1416:5 — **13** AvT an HB, New York, 4.10.1939 — **14** HB an EC, Harvard, 29.1.1942, in: Heinrich Brüning, Briefe und Gespräche 1934-1945. Hg. Claire Nix. Stuttgart 1974, S. 519 — **15** Aufzeichnung HB, 1944, in: Ebd., S. 417 — **16** JHvM, 13.12.1939, in: Briefe, S. 98 — **17** Memorandum, abgedr. bei: Hans Rothfels, Adam von Trott und das State Department, in: VfZ 7.1959, S. 322-329 — **18** Die oft als Quelle verwendeten Angaben Paul Scheffers an Margret Boveri, 30.3.1958 (Kopie), BAK, N 1416:5, über diesen Vorgang sind fehlerhaft und daher unzuverlässig; u. a. verwechselt er Stone mit Messersmith. Auch seine Feststellung, daß letzterer von der Denkschrift begeistert war, sie in mehreren Exemplaren zirkulieren ließ und einen Rundgang für AvT organisierte, dürfte diese Verwechslung betreffen. — **19** Foxworth an Edgar Hoover, New York, 16.10.1939, Federal Bureau of Investigation, Washington, DC, File AvT, Bd. 1 — **20** JBV, Was niemals stirbt. Stuttgart 1966, S. 388 — **21** AvT an EvT, New York, 29.10.1939 — **22** AvT an DH, New Milford/Ct., 12.11.1939 — **23** AvT an EvT, Washington, 18.11. 1939 — **24** Davon hat auch AvT erfahren, vgl. AvT an DA, [New York] 26.12.1939 – Maurice Bowra, Memories 1898-1939. Cambridge/Mass. 1967, S. 306: »Knowing that he (Trott) was going to the United States, I wrote to influential friends there and warned them against him, thinking that his plausibility might deceive friendly Americans.« — **25** Das Treffen AvTs mit FF und seine ungeschickte Äußerung sind nur unzuverlässig überliefert, letztere in drei verschiedenen Versionen, vgl. Gesprächsberichte mit Böker, 1965, und Caspari, 1962, BAK, N 1416:3; Scheffer an Boveri, 30.3.1958 – Anders als Sch. meint, kannten sich FF und AvT nicht aus Oxford. — **26** Es ist nicht sicher, daß AvT diesen Ausdruck gebraucht hat. Offenbar suchte GSM den Begriff »oppositionell« zu vermeiden und schrieb statt dessen von »konservativen« oder »verantwortlichen Elementen«. — **27** GSM an Außenminister und Staatssekretär, 20.11.1939, abgedr. bei: Rothfels, AvT und das State Department, S. 329-332 – Obwohl Chamberlain ein Friedensangebot Hitlers am 12. Oktober abgelehnt hatte, blieb die britische Haltung während des sog. Sitzkrieges uneindeutig. Vgl. dazu Richard Lamb, Der verfehlte Frieden. Englands Außenpolitik 1935-1945. Berlin 1989, S. 167 ff. — **28** Ein geheimes Treffen AvTs mit LL fand noch vor Beginn der FBI-Überwachung im Oktober statt, vgl. LL an Lord Halifax, 8.10.1939, PRO, FO 371/23011, ein weiteres, wohl im November, blieb unbeobachtet. — **29** Vgl. MDB an GvR, 1962, IfZ, ZS/A18, Bd. 2 – AvT berichtete MDB dies im Januar 1940, als FBI-Agenten ihr Haus Tag und Nacht belagerten. — **30** AvT an EvT, Virginia Beach, 28.11.1939 — **31** AvT, Notizblatt (Aufzeichnungen AvTs in Virginia Beach), BAK, N 1416:17 — **32** Problems of the Pacific, 1939. Hg. Kate Mitchell/W.L. Holland. New York 1940, S. 93 f. — **33** Robert W. Barnett an CvT, 5.1.1959, zit. nach: Christopher Sykes, Troubled Loyalty. London 1968, S. 311 f. — **34** AvT an EvT, Virginia Beach, 28.11.1939 — **35** AvT an DA, [New York] 26.12.1939 — **36** Memorandum (JWB), abgedr. bei: Hans Rothfels, Trott und die Außenpolitik des Widerstandes, in: VfZ 12. 1964, S. 316 ff. — **37** Vgl. AvT an WE, An Bord der President Cleveland, 20.1.1940; EC an Heribert von Strempel, New York, 14.12.1939 — **38** Strempel an EC, Washington, 30.12.1939 — **39** AvT an TSt, New York, 29.12.1939 — **40** GSM, Aktenvermerk, 7.12.1939, abgedr. bei: Rothfels, AvT und das State Department, S. 331 — **41** Tagebucheintrag FM, 7.12.1939 (wie Anm. 12) – Als Vertrauensbeweis können auch ECs Gespräche in der dt. Botschaft gelten, ebenfalls, daß er damals zur Anrede ›Adam‹ überging. — **42** GSM an Alexander Kirk, 8.12.1939, BAK, N 1416:3 (Kopie) — **43** Kirk an GSM, Berlin, 9.1.1940, ebd. — **44** Vgl. HJvM, Briefe, S. 57 f. und passim — **45** IW an CvT, März 1980, BAK, N 1416:5; Ingrid Warburg Spinelli, Die Dringlichkeit des Mitleids. Hamburg 1990, S. 116 — **46** AvT an DH, Hawaii, 18.1.1940 — **47** Toni Sender an den Herausgeber, in: New York Times, 21.9.1945 — **48** Paul Schwartz, Adam von Trott zu Solz, in: Sonntagsblatt, Staats-Zeitung und Herold, New York, 7.10.1945 — **49** Scheffer an Boveri, 30.3.1958 — **50** AvT, Notizen (»Ausgang«), BAK, N 1416:31, abgedr. bei: Rothfels, Trott und die Außenpolitik, S. 315f. — **51** Memorandum (wie Anm. 17), S. 325 — **52** AvT an DA, [New York] 26.12.1939 — **53** Ebd. — **54** AvT, Gesichtspunkte für Denkschrift — **55** AvT, Memorandum an Lord Halifax, BAK, N 1416:2 (Kopie); abgedr. bei: Rothfels, Trott und die Außenpolitik, S. 313ff. — **56** Bosanquet, ein Brite, war mit William Schieffelins Tochter Barbara verheiratet. — **57** AvT, Memorandum an Lord Halifax – Klemperer, Verschwörer, S. 174, meint, daß »Trott bei der Abfassung ganz sicher von Wheeler-Bennett beraten worden ist«, doch hatte AvT, als er das Memorandum verfaßte, JWB noch gar nicht getroffen. — **58** AvT an DA, [New York] 26.12.1939 — **59** AvT an EvT, New York, 15.12.1939 (dort auch das vorige Zitat) — **60** Über den Kontakt zwischen AvT und Frank ist viel Irrtümliches geschrieben worden. IW, Dringlichkeit des Mitleids, S. 118f., läßt das Treffen im Juni stattfinden und AvT über den Kreisauer Kreis berichten, den es noch gar nicht gab. Anders als Klemperer, Verschwörer, S. 176, mitteilt, war Frank nicht AvTs wegen in die USA gekommen, sondern um Geldmittel aufzutreiben; auch sind »unüberbrückbare Differenzen« nicht nachweisbar. — **61** Karl Frank an IW, 27.10.1939, BAK, N 1416:12 — **62** DA an AvT, London, 20.10.1939; Isobel Cripps an AvT, Goodfellows, 18.11.1939, BAK, N 1416:31 — **63** WI an AvT, London, 20.11.1939, ebd. — **64** Ebd. — **65** DA an AvT, London, 10.11.1939, ebd. — **66** Vgl. AvT an DA, [New York] 26.12.1939 — **67** Vgl. Sabine Leibholz-Bonhoeffer, Vergangen, erlebt, überwunden. Wuppertal 1968, S. 143; Eberhard Bethge, Dietrich Bonhoeffer. Gütersloh [8]1994, S. 733ff., 753 — **68** Vgl. JBV, Was niemals stirbt, S. 389 — **69** Zit. nach: Christabel Bielenberg, Als ich Deutsche war, 1934-1945. München 1969. [7]2000, S. 77 — **70** FBI-Memoranden vom 16.12.1939, 13.1.1940, 19.2.1940, Franklin D. Roosevelt Library, Hyde Park/NY, Official File 10-B, FBI-Reports; Kopie in BAK, Kl. Erw. 843 — **71** Franklin D. Roosevelt an FF, Washington, 17.1.1940, Franklin D. Roosevelt Library; abgedr. in: Roosevelt and Frankfurter. Their Correspondence. Hg. Max Freedman. Boston 1967, S. 514 — **72** FBI-Memorandum vom 16.12.1939, S. 1 — **73** So u.a. Klemperer, Verschwörer, S. 170 — **74** AvT an WE, An Bord der President Cleveland, 20.1.1940 — **75** Anschließend an eine positive Erwähnung von Mehnerts Buch »Jugend in Sowjetrußland« schrieb AvT an Helmut Conrad: »Er stand uns einmal nicht allzu fern!«, AvT an HC, Kassel [Aug. 1934]. — **76** AvT an WE, An Bord der President Cleveland, 20.1.1940 – Den Erinnerungen M. (Klaus Mehnert, Ein Deutscher in der Welt. Stuttgart 1981, S. 234f.) zufolge hat AvT ihn anscheinend politisch getestet, ob er aber mit M. über Widerstand, sogar unter Verwendung dieses Begriffs, gesprochen hat, wie dieser 40 Jahre später berichtet, muß dahingestellt bleiben. — **77** AvT an WE, An Bord der President Cleveland, 20.1.1940 — **78** AvT an DH, Hawaii, 18.1.1940 — **79** AvT an JBV, An Bord der President Cleveland, 26.1.1940 — **80** AvT an Walther Hewel, Tokyo, 11.2.1940, AA PA, R 27474, Handakten Hewel, Bd. 6 – Daß er Hewel und nicht Weizsäcker schrieb, spricht gegen die immer wieder behauptete Beauftragung AvTs durch letzteren; so u.a. Klemperer, Verschwörer, S. 169; Ulrich Schlie, Kein Friede mit Deutschland. München/Berlin 1994, S. 130. — **81** GE an EvT, Peking, 20.2.1940 — **82** Bericht Erika von Selle, 1963, BAK, N 1416:5 — **83** AvT an Klaus Mehnert, Imshausen, 26.5.1940 — **84** Götz von Selle war seit 1939 stellvertr. Direktor der Königsberger Universitätsbibliothek. — **85** AvT an EvT, Königsberg [ca. 20.3.1940] — **86** EvT an AvT, Imshausen, 26.3.1940 — **87** Ich danke Gabriele Freifrau Grote, geb. von Selle, für die lebendige Schilderung ihrer Erinnerungen an diese Zeit (am 17.6.2000 in Göttingen).

Weichenstellungen

1 Christabel Bielenberg, Als ich Deutsche war, 1934-1945. München 1969. [7]2000, S. 78 — 2 AvT, Bericht über eine Kriegsreise nach Nordamerika, Winter 1939/1940, BAK, N 1416:2 — 3 AvT an EvT, Berlin, 9.4.1940 — 4 Vgl. oben S. 404 — 5 AvT an EvT, Berlin, 21.4.1940 — 6 EvT an AvT [April 1940] — 7 AvT an EvT, Hamburg, 26.4.1940 — 8 AvT an EvT, Berlin, 24.5.1940 — 9 AvT an EvT, Berlin, 28.5.1940 — 10 AvT an EvT, Berlin, 24.5.1940 — 11 Vgl. CvT, AvT, S. 150 – Die dort erwähnten Bombardierungen fanden jedoch erst später statt. — 12 AvT an EvT, [Berlin] 22.6.1940 — 13 Arbeitsvertrag vom 1.6.1940, AA PA, Personalakte AvT — 14 Ebd. — 15 Zit. nach: Margret Boveri, Der Verrat im 20. Jahrhundert. Bd. 2. Hamburg 1956, S. 11 — 16 Mitgliedskarte AvT, BAB (ehem. Berlin Document Center), NSDAP-Gaukartei — 17 Vgl. dazu Ulrich Sahm, Rudolf von Scheliha. 1897-1942. München 1990, S. 126f. — 18 Vgl. die betr. Angaben in: Biographisches Handbuch des deutschen Auswärtigen Dienstes. Bd. 1ff. Paderborn 2000-(2005) — 19 Vgl. CEC, Notes on Adam von Trott, 1946, BAK, N 1416:4; MDB an GvR, 1962, IfZ, ZS/A18, Bd. 2 — 20 Filmdokument vom 15.8.1944, Fassung »The Supreme Court Trial of the Anti-Hitler Plot« (1945/46), Chronos Film o.J. – In einem Formular vom 27.4.1943 anläßlich seiner Ernennung zum Legationssekretär ließ AvT versehentlich die Spalte Mitgliedschaft NSDAP unausgefüllt, vgl. PA AA, Personalakte AvT. — 21 Vgl. dazu Sahm, Scheliha, S. 101f. — 22 Rudolf Rahn, Ruheloses Leben. Düsseldorf 1949, S. 141, 256 — 23 Vgl. oben S. 304 — 24 Bericht Alexander Werth, 1957, BAK, N 1416:5 — 25 Vgl. ebd. — 26 Vgl. Michael Kohlstruck, Klaus Mehnert und die Zeitschrift The XXth Century, in: Exil Shanghai 1938-1947. Hg. Georg Armbrüster u.a. Berlin 2000, S. 233-253 — 27 AvT, Aufzeichnung zur Errichtung einer Außenstelle Fernost, BAK, N 1416:2; vgl. auch den Leistungsbericht der Deutschen Informationsstelle Shanghai in: Deutschland und China 1937-1949. Hg. Mechthild Leutner. Berlin 1998, S. 367ff. – Mit Widerstandsarbeit hatte diese Außenstelle nichts zu tun; s. dazu auch Kohlstruck, Mehnert, S. 249, Anm. 21. — 28 AvT, Aufzeichnung betr. Amerikabeeinflussung über Ostasien, BAK, N 1416:2 — 29 AvT, Aufzeichnung betr. Amerikapropaganda, abgedr. in: ADAP, D XI/2. Bonn 1964, S. 524ff. – AvT ist hier irrtümlich bereits als WHA (Wissenschaftlicher Hilfsarbeiter) bezeichnet. — 30 Bericht Werth — 31 AvT an AvU, Berlin, 30.6.1940 – Der Arbeitsplatzwechsel war seit dem 1.9.1939 eingeschränkt. — 32 Vgl. Bericht Werth — 33 MW, Berliner Tagebücher, S. 57 (Eintrag vom 22.1.1941) — 34 Tatiana Metternich, Bericht eines ungewöhnlichen Lebens. München 1976, S. 116f. — 35 Vgl. AvT an EC, [Berlin, mit Adresse Imshausen] 22.4.1940 — 36 AvT an R. Rahn, Berlin, 22.4.1940 — 37 Vgl. AvT an E.H. von Tscharner, Konzept (ca. Ende August 1940); EHvTsch an AvT, Genf, 7.9.1940 — 38 AvT an WE, Berlin, 19.11.1940 (Entwurf); WE an AvT, Ankara, 21.2.1941 — 39 AvT an EvT, [Berlin], 22.6.1940 — 40 AvT an EvT, [Berlin, Ende Juni 1940] — 41 AvT, Die Fernostpolitik der Vereinigten Staaten von Amerika, in: Monatshefte für Auswärtige Politik 7. 1940, S. 827-836 — 42 Siehe oben S. 400 — 43 HJvM, 26.5.1940, in: Briefe, S. 138 — 44 AvT an seine Schwiegermutter, Berlin, 18.8.1940 — 45 Vgl. FJF an Ricarda Huch, 5.9.1946, IfZ, ZS/A18, Bd. 14 (Kopie) — 46 AvT an EvT, Berlin, 28.7.1940 — 47 AvT an EvT, Berlin, 1.9.1940 — 48 Vgl. Schreiben der Inf.-Abt., 29.8.1940, AA PA, Personalakte AvT — 49 HJvM, 6.7.1941, in: Briefe, S. 262 — 50 W.A. Visser 't Hooft, The View from Geneva, in: Encounter 33. 1969/Sept., S. 92 — 51 VH verfaßte über sein Gespräch mit AvT im Sept. 1940 zwei Berichte, einen kürzeren (»Memorandum of a conversation«), der offenbar mehr dem Wortlaut AvTs folgt, und einen etwas längeren (»Notes on the situation«), der durch seine eigene Diktion modifiziert ist. Anders als von Armin Boyens, Kirchenkampf und Ökumene 1939-1945. München 1973, S. 152ff.,

dargestellt, gehen beide Berichte gedanklich auf AvT zurück. Beide Dokumente: WCC, Box 11/4, File AvT — **52** Unverständlich ist, weshalb Klemperer, Verschwörer, das letzte Zitat auf S. 232 wiedergibt, auf S. 233 aber behauptet, AvT glaube an eine »Erosion des Nationalsozialismus«. — **53** Der Kurzbericht weist im betr. 5. Punkt einen Gedankensprung auf. Im längeren Bericht, abgedr. bei: Boyens, Kirchenkampf, S. 325 f., heißt es zusätzlich: »the struggle will have to go on the interior battlefront.« — **54** Die Abschrift von »Memorandum of a conversation« enthält den Hinweis, daß Miss Gladys Bretherton es im Sept./Okt.1940 auf ihrer Reise von Genf nach England mitnahm und dort u. a. DA übergab. — **55** Willem A. Visser 't Hooft, Die Welt war meine Gemeinde. München 1972, S. 190 — **56** Vgl. Boyens, Kirchenkampf, S. 329 (Aufstellung der Besuche AvTs in Genf 1940-1944) — **57** Vgl. oben S. 380 — **58** Vgl. HJvM, Briefe, passim – Als erstes Treffen AvTs mit M. nach seiner Rückkehr ist hier eines am 27.5.1940 (S. 139) erwähnt. Mit Sicherheit hatte er M. von seinen Gesprächen mit Brüning schon eher unterrichtet. – Zu HvD vgl. Smid, Dohnanyi – Bonhoeffer, S. 253 — **59** Zit. nach: Dorothea Beck, Julius Leber. Sozialdemokrat zwischen Reform und Widerstand. Berlin 1983, S. 200 — **60** Franz Josef Furtwängler, Männer, die ich sah und kannte. Hamburg 1951, S. 214 f. — **61** Vgl. AvF an AvT, Dresden, 16.4.1940 — **62** Grundlegend zu diesem: Klaus-Jürgen Müller, Generaloberst Ludwig Beck. Eine Biographie. Paderborn 2008 — **63** Mitteilung L. v. Hammerstein, BAK, N 1416:4 — **64** Seitdem Trott und Haeften in Berlin im AA tätig waren, befanden sich die Brüder Kordt sowie Kessel und Nostitz bereits im Auslandseinsatz, und Gerstenmaier war dem AA nur vorübergehend zugeordnet. So gab es (anders als mitunter zu lesen) während der Kriegsjahre dort keine »Widerstandsgruppe«, sondern nur Haeften und Trott als die einzigen Widerstandskämpfer. Andere Mitarbeiter waren allenfalls Sympathisanten. — **65** CvT, AvT, S. 164 — **66** Vgl. Gerhard Ringshausen, Hans Bernd von Haeften, in: Ders., Widerstand und christlicher Glaube angesichts des Nationalsozialismus. Münster 2007, S. 121-168 — **67** Vgl. dazu Christopher Browning, The Final Solution and the German Foreign Office. New York 1978 — **68** Paul Seabury, Die Wilhelmstraße. Die Geschichte der deutschen Diplomatie 1930-1945. Frankfurt/Main 1956, S. 164, 284 — **69** Auch Ulrich von Hassell erfuhr durch Haeften von Verbrechen Luthers, vgl. Die Hassell-Tagebücher, S. 282 (Eintrag vom 1.11.1941). — **70** AvT an WvT, Berlin 13.7.1940 — **71** AvT an WvT, Berlin, 2.10.1940 — **72** AvT an EvT, Berlin, 22.9.1940 — **73** AvT an WvT [Brief-Fragment, ca. Juni 1941] — **74** AvT an WvT, Berlin, 12.5.1941 — **75** EvT an AvT, Imshausen, 2.10.1940 — **76** EvT an AvT, Imshausen, 8.11.1940 — **77** AvT an EvT, Berlin, 14.11.1940 – Das Lord Mayor's Banquet wurde seit Jahrhunderten jährlich in der Londoner Guildhall veranstaltet. — **78** AvT an EvT, Berlin, 7.12.1940 — **79** Das Krankenhaus, an dem H. Onken dort arbeitete, war zu Kriegsbeginn in ein Lazarett umgewandelt worden. — **80** AvT an EvT, Berlin, 7.12.1940 — **81** Vgl. CvT, AvT, S. 183; Bericht Jenny Thurneysen, 1963, BAK, N 1416:5 — **82** Vgl. AvKe an AvT, Genf, 21.7.1941, AA PA, R 60667, Indien Bd. 1; Bericht Otto Iserland, 1963, BAK, N 1416:4 — **83** Vgl. Boyens, Kirchenkampf, S. 329 — **84** Vgl. CvT, AvT, S. 184 — **85** AvT an EvT, Berlin, 28.3.1941 — **86** Jürgen Heideking, Die ›Schweizer Straßen‹ des europäischen Widerstands, in: Geheimdienste und Widerstandsbewegungen im Zweiten Weltkrieg. Göttingen 1982, S. 143-187, hier 143 — **87** AvT an WvT, Berlin, 17.1.1941 (irrtümlich 1940) — **88** Vgl. AvT an CvT, Berlin, 15.2.1941 — **89** AvT, Der Ferne Osten 1940, in: Jahrbuch für Auswärtige Politik 7. 1941, S. 110-125, hier 125 — **90** Friedrich Berber behauptet in seinen Erinnerungen (Zwischen Macht und Gewissen, München 1986, S. 115), AvT hätte ihn gebeten, über seine Zeitschrift »die jüngere Generation des Widerstands« mit der älteren, Ulrich von Hassell, in Verbindung zu bringen. Es mag sein, daß AvT UvH als Autor vorgeschlagen hat, die Begründung aber ist unglaubwürdig. 1. hatte die Zeitschrift nichts mit Widerstand zu tun.

Laut Brief AvT an CvT, 15.2.1941, befürchtete dieser vielmehr, sich dort zu kompromittieren, 2. hatte AvT keinen Anlaß, sich dem anpassungsbereiten Berber gegenüber als Widerstandskämpfer zu entlarven, 3. UvH (Hassell-Tagebücher, S. 253) wußte von dieser Begründung nichts, sondern hatte auch »schwere Bedenken«, in Berbers Zeitschrift zu schreiben. — **91** AvT, Südostasien – Amerikas Achillesferse, in: Monatshefte für Auswärtige Politik 8. 1941, S. 395-402 — **92** MW, Berliner Tagebücher, S. 70 (Eintrag vom 22.4.1941) — **93** Es handelt sich um eine Spottgeschichte über Hitler, der einen unbeabsichtigten Besuch in England macht. – Zu Peter Fleming s. oben S. 350 — **94** MW, Berliner Tagebücher, S. 75 (Eintrag vom 3.6.1941) — **95** Ebd., S. 67 (Eintrag vom 3.4.1941) — **96** Dieser Roman hat auch einen direkten familiären Bezug. Für die Gestalt des Fürsten Sunmyra diente Jünger AvTs Bruder Heinrich als Vorbild. Vgl. Heimo Schwilk, Nachwort zu: Ernst Jünger, Auf den Marmorklippen. Stuttgart 1995, S. 150 — **97** Gemeint war Hitler. — **98** MW, Berliner Tagebücher, S. 59 (Eintrag vom 18.2.1941) — **99** Ebd., S. 59 und 66 — **100** Dienstvertrag vom 24.6.1941, AA PA, Personalakte AvT — **101** AvT an EvT, Berlin, 22.6.1941

Inder in Berlin

1 Vgl. MW, Berliner Tagebücher, S. 55 und 57 (Einträge vom 23.12.1940 und 22.1.1941) — **2** Vgl. z. B. oben S. 222 – Er hielt es für einen Vorteil, daß Deutschland keine Kolonien mehr besaß, vgl. AvT an SGD, Imshausen, 4.9.1936, in: Noble Combat, S. 179. — **3** Shiela Grant Duff z. B. assistierte Nehru im Auftrag der Indian League bei seinem London-Besuch 1936. — **4** Über Bose und sein Leben gibt es eine breite Literatur: u. a. Mihir Bose, The lost Hero. London 1982; Leonard A. Gordon, Brothers against the Raj. New York 1990; zur Deutschland-Episode: Arvinda Katpitia, Subhas Chandra Boses Verhandlungen über eine Unabhängigkeitserklärung für Indien 1941-1943. Diss. Mainz 1972; Milan Hauner, India in Axis Strategy. Stuttgart 1981; Jan Kuhlmann, Subhas Chandra Bose und die Indienpolitik der Achsenmächte. Berlin 2003 – Die genannte Literatur enthält manche Irrtümer über AvT. Kuhlmann, S. 159, z. B. übernimmt unkritisch von Ch. Sykes die nicht haltbare Behauptung, daß AvT im Interesse des Widerstands eine Schwächung Englands in Indien angestrebt habe. Sie geht auf eine irrige Aussage J. Winckelmanns (vgl. Bericht J.W., BAK, N 1416:5) von 1963 zurück, in der er die Indien-Tätigkeit AvTs als Widerstandsaktivität interpretiert. — **5** AvT hatte das nicht verschwiegen, anders als von CvT, AvT, S. 156, angenommen. — **6** Ernst Woermann an das Büro RAM, 27.5.1941, AA PA, R 29615, Büro des Staatssekretärs, Indien Bd. 1 – Anhand der überlieferten Akten erweisen sich mehrere Angaben Alexander Werths, Bericht von 1957, BAK, N 1416:5, und auf ihn gestützt, CvT, AvT, S. 156 f., als fehlerhaft und unzuverlässig. Auch die Rolle Trotts und Werths wird sehr übertrieben. – Zuverlässiger ist das spätere Buch Werths: A.W., Der Tiger Indiens. München 1971. — **7** AvT an EvT, Berlin, 8.6.1941 — **8** Er hatte somit die Oberaufsicht, war aber als Staatssekretär nicht der Betreuer Boses, wie Katpitia, S. 165, und Kuhlmann, S. 161, angeben. Unkommentiert läßt letzterer, ebd., auch die irrige Meinung von Boses Sekretär, Hitler persönlich habe Keppler beauftragt, um Boses Stellung aufzuwerten. — **9** Hans-Jürgen Döscher, Das Auswärtige Amt im Dritten Reich. Berlin 1987, S. 178 f. — **10** Bericht A.C.N. Nambiar, 1963, BAK, N 1416:5 — **11** Franz Josef Furtwängler, Männer, die ich sah und kannte. Hamburg 1951, S. 227 — **12** Vgl. Woermann an RAM, 17.7.1941, wie Anm. 6 — **13** London 1935 — **14** Vgl. Katpitia, S. 143 f. — **15** AvT an CvT, Berlin, 8.8.1941 — **16** AvT an CvT, Berlin, 16.8.1941 — **17** Werth, Tiger Indiens, S. 144 f. — **18** CvT, AvT, S. 161 — **19** AvT, Aufzeichnung, 13.3.1942, AA PA, R 27504, Handakten Keppler, Indienarbeit — **20** Bericht Nambiar — **21** Ebd. — **22** Werth, Tiger Indiens,

S. 137 — **23** (AvT), Aufzeichnung »Betr. Mazzotta«, o.D., AA PA, R 60671, Inf.-Abt., Indien Bd. 5. Die Verfasserschaft AvTs ergibt sich durch eine nicht abgeschickte Postkarte AvTs an Bose (BAK, N 1416:9), in der er ihr Treffen in Bad Gastein erwähnt. — **24** Herbert Lüthy, Die Kabinettsmission Sir Stafford Cripps' in Indien 1942, in: Schweizerische Zeitschrift für Geschichte 20. 1970, S. 629-636, hier 633 — **25** Robin James Moore, Churchill, Cripps and India, 1939-1945. Oxford 1979, S. 91 — **26** AvT an Büro RAM, 14.3.1942, AA PA, R 60671, Inf.-Abt., Indien Bd. 5 – AvT gibt diese Ansicht hier als die Boses aus, die aber wohl auf ihn zurückging. — **27** Vgl. Anm. 25 – Bezeichnenderweise wird in Moores Studie, die sich ausführlich der Cripps-Mission und ihrem Scheitern widmet, Bose nicht einmal erwähnt, auch nicht in der jüngsten Cripps-Biographie von Peter Clarke, The Cripps Version. The Life of Sir Stafford Cripps 1889-1952. London 2002. – Kuhlmann, S. 220, ignoriert diese Literatur sowie die Aktenpublikation über die Cripps-Mission. Sein Urteil zugunsten Boses ist daher nicht ausreichend fundiert. — **28** Mitteilung CB, BAK, N 1416:3 – Anders als CvT, AvT, S. 157, gestützt auf Werth, meint, war AvT für das Scheitern der Cripps-Mission nicht verantwortlich. – In einem Gespräch teilte CvT der Verf. mit, daß sie hier ihre eigenen Gedanken wiedergibt. Ihr Mann habe gelassen reagiert, was das Zitat vom »pin prick« bestätigt. – Klemperer, Verschwörer, S. 241, übernimmt den Irrtum und zieht entsprechend falsche Schlüsse daraus. Er verkennt auch, daß die Betreuung Boses eine Dienstpflicht war und keine frei gewählte Aufgabe AvTs. — **29** Vgl. P.O. Schmidt, Aufzeichnung über die Unterredung zwischen dem Führer und dem indischen Nationalistenführer Bose, in: ADAP, E II. Göttingen 1972, S. 436-441 — **30** Werth, Tiger Indiens, S. 143 — **31** Vgl. Der Dienstkalender Heinrich Himmlers 1941/42. Bearb. Peter Witte u.a. Hamburg 1999, S. 489f. — **32** Vgl. Kuhlmann, S. 229 — **33** Vgl. AvT an W. Grothmann, Berlin, 21.8.1942, BAB, NS 19/103 — **34** AvT an Walther Wüst, Berlin, 23.7.1942, AA PA, R 60673, Inf.-Abt., Indien Bd. 7 — **35** Wilhelm Keppler an Martin Luther, Berlin, 28.1.1943, AA PA, R 27504, Handakten Keppler, Indienarbeit — **36** AvT an Walther Wüst, Berlin, 4.1.1943, ebd. — **37** Gottlob Berger an Heinrich Himmler, Berlin, 10.7.1941, IfZ, MA 325, Nr. 8875 — **38** CvT, AvT, S. 158 — **39** AvT an EvT, Berlin, 3.10.1942 — **40** Werth, Tiger Indiens, S. 149 — **41** Vgl. Katpitia, S. 307 — **42** Ab September 1943 sind die Aktenbestände des Sonderreferats verloren. — **43** Girija Mookerjee, Labyrinth Europa. Düsseldorf 1956, S. 120 — **44** AvT, Aufzeichnung, 26.3.1943, AA PA, R 60676, Inf.-Abt., Indien Bd. 9 — **45** Bericht Nambiar — **46** Bericht Wilhelm Melchers, o.J., BAK, N 1416:5 — **47** AvT an EvT, Berlin, 22.2.1942, [Berlin, 25.5.1942] — **48** Walter Wüster, Gutachten über AvT, 16.10.1941, AA PA, Personalakte AvT — **49** Wilhelm Keppler an Joachim von Ribbentrop, Berlin, 17.10.1942, ebd. — **50** Furtwängler, Männer, S. 228

Leben im Widerstand – Leben im Krieg

1 Vgl. oben S. 397 — **2** Hans Mommsen, Gesellschaftsbild und Verfassungspläne des deutschen Widerstands, in: Ders., Alternative zu Hitler. München 2000 (1966), S. 55 — **3** HJvM an Lionel Curtis, Stockholm, 18.4.1942, in: Moltke/Balfour/Frisby, Moltke, S. 184f. — **4** HJvM an Lionel Curtis, Stockholm, 25.3.1943, in: Ebd., S. 212ff. — **5** Roon, Neuordnung, S. 498, Anm. 1, ordnet das handschriftliche T irrtümlich Trotha zu. — **6** Vgl. oben S. 389 — **7** Die Briefe Moltkes geben über seine Kontakte nur begrenzt Auskunft, vgl. dazu Bottlenberg-Landsberg, Guttenberg, S. 208 (wie Anm. 47). — **8** AvT an WvT, Berlin, 12.1.1941 — **9** Diesen Namen benutzte erstmals Theodor Haubach gegenüber der Gestapo, wie Theodor Steltzer dort feststellte, vgl. Th. St., Sechzig Jahre Zeitgenosse. München 1966, S. 167. — **10** AvT an CvT,

Berlin, 5.12.1943 — **11** HJvM, 4.2.1941, in: Briefe, S. 229 — **12** HJvM, 13.9.1941, in: Briefe, S. 287 — **13** HJvM, Briefe, passim — **14** HJvM, 5.7.1941, in: Briefe, S. 262 – Die Formulierung »im Augenblick besser als seit langem« deutet, anders als die Briefe belegen, auf einen kontinuierlichen Kontakt hin. — **15** AvT an CvT, Berlin, 16.8.1941 — **16** HJvM, 21.8.1941, in: Briefe, S. 275 — **17** HJvM, 13.10.1941, in: Briefe, S. 302 — **18** HJvM an Lionel Curtis, Stockholm, 18.4.1942, in: Moltke/Balfour/Frisby, Moltke, S. 185 — **19** Hassell-Tagebücher, S. 289 (Eintrag vom 21.12. 1941) — **20** Im erhaltenen Gäste- und Meldebuch der Familie Perwanger, Zirmerhof, ist AvT vom 26.8.-2.9.1941 eingetragen. Ich danke meinem Kollegen Hans Medick für die Spurensuche dort. — **21** AvT an seine Schwiegereltern, Imshausen, 9.9.1941 — **22** HvT an EvT, [im Felde] 23.7.1942, in: Michaela Seul, Ein aufrechtes Leben. München 2007, S. 146 — **23** AvT an EvT, Berlin, 10.10.1941 — **24** Vgl. dazu Seul, Aufrechtes Leben — **25** Vgl. dazu Smid, Dohnanyi – Bonhoeffer, S. 293 — **26** HJvM, 21.10.1941, in: Briefe, S. 308 — **27** HJvM, 13.11.1941, in: Briefe, S. 318 — **28** HJvM, 16.11.1941, in: Briefe, S. 323f. — **29** Hassell-Tagebücher, S. 280 (Eintrag vom 1.11.1941) — **30** Ebd., S. 286 (Sammeleintrag vom 21.12.1941) – Haeftens Mutter war die Schwester von Brauchitschs. — **31** Ebd., S. 291 — **32** Ebd., S. 291 (Eintrag vom 23.12.1941) — **33** HJvM, 8.2.1942, in: Briefe, S. 354 — **34** HJvM, 11.1.1942, in: Briefe, S. 343 — **35** HJvM, 15.1.1942, in: Briefe, S. 346 — **36** AvT an EvT, Berlin, 25.12.1941 — **37** EvT an AvT, Solz, 30.12.1941 — **38** Wilhelm Rath an Alexander Werth, Farrach, 15.1.1942, AA PA, R 60669, Inf.-Abt., Indien Bd. 3 — **39** AvT an Wolfgang Pusch, Referat D II, Berlin, 4.2.1942, ebd. — **40** Vgl. Eidlitz, Friedericke, www.ghetto-theresienstadt.info (2008) — **41** Anders als Moltke vermied AvT bewußt das Risiko, sich über heikle Themen schriftlich zu äußern. Ihn dennoch gefährdende Papiere und Briefe wurden von ihm nach dem 20. Juli bzw. nach seiner Verhaftung von seiner Mutter und Frau vernichtet. — **42** Gemeint war vermutlich die Erweiterung des bereits vorhandenen KZ Groß-Rosen. — **43** HJvM an Lionel Curtis, Stockholm, 25.3.1943, in: Moltke/Balfour/Frisby, Moltke, S. 216 — **44** HJvM, 10.10.1942, in: Briefe, S. 420 — **45** HJvM an Lionel Curtis, Stockholm, 25.3.1943, in: Moltke/Balfour/Frisby, Moltke, S. 215 — **46** Franz Josef Furtwängler, Männer, die ich sah und kannte. Hamburg 1951, S. 210 – Zum Thema jüdischer Agenten s. Winfried Meyer, Unternehmen Sieben. Frankfurt/Main 1993 — **47** Vgl. Maria Theodora von dem Bottlenberg-Landsberg, Karl Ludwig Freiherr von und zu Guttenberg. Berlin 2003, S. 214 — **48** Hassell-Tagebücher, S. 278 (Eintrag vom 4.10.1941) — **49** Schönfeld durfte nach einer Geheimverfügung des Staatssekretärs von Weizsäcker als amtlicher Kurier des deutschen Konsulats in Genf reisen, dessen Gepäck an der Grenze nicht kontrolliert wurde. Vgl. Armin Boyens, Kirchenkampf und Ökumene 1939-1945. München 1973, S. 26 — **50** Eugen Gerstenmaier, Der Kreisauer Kreis, in: VfZ, 15. 1967, S. 221-246, hier 237; Ders., Streit und Friede, S. 140 – Entgegen der Annahme von G. wurde die Denkschrift nicht von Schönfeld, sondern von AvT an VH übergeben, vgl. Willem A. Visser 't Hooft, Die Welt war meine Gemeinde. München 1972, S. 190. — **51** Vgl. oben S. 435 — **52** Vgl. dazu unten Anm. 70 — **53** Exemplare der Denkschrift: PRO, FO 371/30912 und LPL, Bell Papers, Box 42; abgedr. in: Hans Rothfels, Zwei außenpolitische Memoranden der deutschen Opposition, in: VfZ 5. 1957, S. 388-397, hier 392-395 — **54** VH an GB, 26.4.1957, LPL, Bell Papers, Box 42 (VH schreibt aufgrund seiner Notizen vom Mai 1942) — **55** Vgl. Winston Churchill an AE, 20.1.1941, PRO, FO 371/26542 — **56** VH an GB, 26.4.1957; Visser 't Hooft, Die Welt, S. 191 — **57** Vgl. AE an GB, 4.8.1942, LPL, Bell Papers, Box 42; abgedr. in: George K.A. Bell, Die Ökumene und die innerdeutsche Opposition, in: VfZ, 5. 1957, S. 362-378, hier 378 — **58** Visser 't Hooft, Die Welt, S. 192 – Alexander Lindsay berichtet, daß er 1942 eine Botschaft von AvT erhalten und sie »to the best of my judgement« beantwortet hat, vgl. A. L. an CKA, 11.10.1944, RH, File AvT. — **59** Vgl. das

Begleitschreiben zum Memorandum (mit Berufung auf Zimmern und Toynbee), PRO, FO 371/30912 — **60** Stellungnahme von Geoffrey W. Harrison, 12.6.1942, ebd. — **61** Stellungnahme von Roger Makins, 12.6.1942, ebd. — **62** AE an StC, 18.6.1942, ebd. — **63** Vgl. oben S. 287 – Der in AvTs Briefen später erwähnte »Dick« war nicht Crossman, sondern Latham. — **64** Anonymer Bericht »Freiherr Adam von Trott«, 27.5.1943, PRO, FO 371/30912; abgedr in: Richard Lamb, The Ghosts of Peace 1935-1945. Wilton 1987, S. 256, in gekürzter dt. Ü.: R.L., Der verfehlte Frieden. Frankfurt/Main 1989, S. 337f. — **65** Vgl. AE an StC, 18.6.1942, ebd. — **66** StC an AE, 20.6.1942, ebd. — **67** AE an StC, 18.6.1942, ebd. — **68** StC an AE, 20.6.1942 – Der Briefwechsel zwischen Eden und Cripps ist abgedr. in: Lamb, Ghosts, S. 259f., in gekürzter dt. Ü.: Lamb, Verfehlter Frieden, S. 341ff. — **69** Visser 't Hooft, Die Welt, S. 192f. — **70** Ergänzt wurde u.a. eine rußlandfreundliche Passage, die Forderung nach ethnographischen Grenzen wurde weggelassen. Schönfeld dürfte hier dem Rat der außenpolitischen Experten Haeften und Trott gefolgt sein. — **71** Vgl. Rothfels, Zwei außenpolitische Memoranden, S. 395-397 — **72** Vgl. Bell, Ökumene und innerdeutsche Opposition, S. 368 — **73** Ebd., S. 373 — **74** Ebd. – Vgl. auch George K.A. Bell, Memorandum of Conversations, in: Dietrich Bonhoeffer Werke, Bd. 16. Gütersloh 1996, S. 315-320 — **75** Bell, Ökumene und innerdeutsche Opposition, S. 377 — **76** Ebd., S. 378 — **77** Ebd., S. 374 – Zum Eintreten Bells für den deutschen Widerstand s. auch Andrew Chandler, Patronage des Widerstandes. Bischof Bell und das ›andere Deutschland‹ während des Zweiten Weltkrieges, in: Die Ökumene und der Widerstand gegen Diktaturen. Stuttgart 2007, S. 47-70 — **78** Vgl. Moltke/Balfour/Frisby, HJvM, S. 186 — **79** HJvM, 30.6.1942, in: Briefe, S. 387 — **80** Laut Bericht von Harry Bergholz vom 15.1.1950, BAK, N 1416:3 wurde der Kontakt über ihn und die Ökumeniker Adolf Freudenberg und Hans Schönfeld hergestellt. Die Genauigkeit der von H.B. nach acht oder neun Jahren genannten Programmpunkte der Widerstandskämpfer ist allerdings fraglich. — **81** Notizzettel o.D., mit Initialen A E [Anthony Eden], PRO, FO 371/30912 — **82** Stellungnahme Harrison (wie Anm. 60) — **83** In ihren Erinnerungen beklagt E.W., sie habe von AvT (den sie als eine »bewilderingly brilliant creature«, aber hoffnungslosen Nationalisten schildert) nicht viel mehr als seine politischen Theorien gehört. Ihr Interesse an diesem Kontakt erklärt sie nicht, betont nur, daß sie zu seinem späteren Todesurteil »keinen unvorsichtigen Beitrag« geleistet habe. Vgl. Elizabeth Wiskemann, The Europe I saw. London 1968, S. 169f., 188. — **84** Vgl. HB an EC, Harvard, 25.4.1942, in: Heinrich Brüning, Briefe und Gespräche 1934-1945. Hg. Claire Nix. Stuttgart 1974, S. 394 – Zu Elliott s. auch Klemperer, Verschwörer, S. 477f. — **85** Vgl. oben S. 394 — **86** JWB an AvT, o.D. [Ende Dez. 1939], BAK, N 1416:17 — **87** Vgl. John Wheeler-Bennett, Adam von Trott and Peace Feelers, 21.4.1943, mit Anhang, PRO, FO 371/34449 — **88** Der Aufenthalt wird häufig auf den 18.-28.9. datiert, ohne AvTs eigene Angabe von »fünf Tagen dort« (AvT an EvT, 3.10.1942) zu beachten. Es dürfte sich um den 22.-27.9. gehandelt haben. — **89** Die Kontakte AvTs in Schweden sind durch schwedische Historiker anhand dortigen Quellenmaterials relativ gut erforscht: Henrik Lindgren, Adam von Trotts Reisen nach Schweden 1942-1944, in: VfZ 18. 1970, S. 274-291; Erik Carlsson, Sverige och tysk motståndsrörelse under andra världskriget. Lund 1998 (eine dt. Ü. fehlt noch); Björn Ryman, Die schwedische Sigtuna-Gruppe und ihre Beziehungen zum Widerstand in Deutschland und Norwegen, in: Ökumene und Widerstand, S. 71-86. — **90** Zu den Mitgliedern s. Carlsson, Sverige och tysk motståndsrörelse, S. 173 — **91** Ivar Anderson, Tagebuchaufzeichnungen (Abschrift des schwed. Originals und dt. Ü.), IfZ, ZS/A18, Bd. 17; abgedr. in: Der Kreisauer Kreis (wie Anm. 129), S. 231f. – Ähnliches äußerte AvT 1943 in Ankara gegenüber Wolfram Eberhard, vgl. WE an GvR, 17.9.1962, ebd., Bd. 3. — **92** Nils Quensel an Henrik Lindgren, 19.10.1968, zit. nach: Lindgren, Trotts Reisen, S. 276 — **93** Anderson, Tagebuchaufzeichnungen — **94** AvT an Harry Johansson, Helsingborg [26.9.1942], NEI, Geheime Korrespondenz — **95** AvT an EvT, Berlin, 3.10.1942 — **96** Aage Friis, Die Bernstorffs, in: Albrecht Bernstorff zum Gedächtnis. Berlin 1952 (Privatdruck), S. 19 f. – Friis gibt nur das Jahr 1942 an; der Zeitpunkt ergibt sich daraus, daß dies der einzige Aufenthalt Trotts in diesem Jahr in Skandinavien war. — **97** Vgl. Bericht Gunnar und Alva Myrdal, o.J., BAK, N 1416:5 – Der Zeitpunkt dieser Kontakte ist nicht sicher, sie können auch 1944 stattgefunden haben. — **98** Vgl. oben S. 436 — **99** Gesandtschaftsrat Wickel an AvT, Den Haag, 4.12.1941, AA PA, R 60669, Inf.-Abt. Indien, Bd. 3 — **100** »My friends and I were much impressed by Trott, whom we liked from the start and whom we found every reason to trust«, Jan Herman van Roijen, Adam von Trott in Holland, in: Encounter 33. 1969/Sept., S. 91. — **101** Constantijn Leopold Patijn, Om te beginnen, in: Wending 19. 1964, S. 265-270, hier 267; vgl. auch Ders., Visitekaartje van het Duitse verzet, in: Marie van Beijnum/Bart Jan Spruyt, De oorlog achter de oorlog. Kampen 1995, S. 67-91 — **102** Auch Alva Myrdal berichtet, daß AvT mit ihr ein Alibi vereinbart habe, wenn er sie in Stockholm besuchte, vgl. Bericht Myrdal. — **103** Van Roijen, Adam von Trott, S. 91 — **104** Van Roijen wurde Außenminister und Botschafter, Patijn sozialdemokratischer Abgeordneter, Direktor im Außenministerium und Vizepräsident beim Europarat, Scholten Jura-Professor an der Universität Amsterdam. — **105** Vgl. C.L. Patijn, Verklaring, 21.3.1947, IfZ, ZS/A18, Bd. 6; Ders., Om te beginnen, S. 267; Roon, Neuordnung, S. 331 ff. — **106** Vgl. Ger van Roon, Oberst Wilhelm Staehle, in: VfZ 14. 1966, S. 209-223 — **107** Moltke erwähnte auch gemeinsame Treffen mit AvT und Goerschen, vgl. HJvM, Briefe, S. 467, 555, 577. — **108** CvT, in: Dorothee von Meding, Mit dem Mut des Herzens. Die Frauen des 20. Juli. Berlin 1992, S. 179 — **109** Vgl. Bericht Klaus Ziegler, 1963, BAK, N 1416:5 — **110** Vgl. Ulrich Sahm, Rudolf von Scheliha, 1897-1942. München 1990 — **111** CvT, AvT, S. 167 — **112** Vgl. Sahm, Scheliha, S. 164 — **113** Ebd. — **114** Vgl. ebd., S. 197, 199, 227 — **115** Gerstenmaier, Kreisauer Kreis, S. 224 – Die Bemerkung Freya von Moltkes in: Meding, Mut des Herzens, S. 133, sie und ihr Mann hätten »den Briefwechsel zwischen Berlin und Kreisau sehr gut kontrollieren« können, leuchtet nicht ein, denn natürlich konnten sie sich vor der Briefzensur nicht schützen. — **116** Vgl. CvT, AvT, S. 172 — **117** AvT an HvT, Berlin, 15.8.1941 — **118** AvT an HvT, Berlin, 19.1.1943 — **119** AvT an EvT, [Berlin] 2.3.1941 — **120** EvT an AvT, Solz, 10.4.1942 – Ein Anwortbrief AvTs fehlt. Die Brieflücke deutet darauf hin, daß seine eventuell ebenfalls unvorsichtige Antwort nach seiner Verhaftung vernichtet wurde. — **121** EvT an AvT, Imshausen, 20.6.1942 — **122** Aussage VvT gegenüber Christopher Sykes, vgl. Ders., Troubled Loyalty. London 1968, S. 442 — **123** EvT an AvT, Imshausen, 16.7.1942 — **124** Vgl. Bericht Klaus Ziegler — **125** Margret Boveri, Adam von Trott zu Solz, 1946, BAK, N 1416:3; vgl. auch Dies., Der Verrat im 20. Jahrhundert. Reinbek 1976 (1956), S. 152 — **126** Vgl. Knut Hansen, Albrecht Graf von Bernstorff. Frankfurt/Main 1996, S. 260 ff. — **127** Trott und Yorck knüpften die ersten Kontakte zu Delp im Oktober 1941 auf der Hochzeit von Josias von Rantzau, wo er das Hochzeitspaar traute. Roman Bleistein, Alfred Delp. Frankfurt/Main 1989, S. 375, hielt dies irrtümlich für eine Falschaussage Delps vor Freisler, da Trott und Yorck bereits hingerichtet waren. — **128** Er wurde von Haeften und Trott eingeführt. — **129** Zu den einzelnen Beteiligten s. Der Kreisauer Kreis. Porträt einer Widerstandsgruppe. Bearb. Wilhelm Ernst Winterhager. Berlin 1985 — **130** CvT, AvT, S. 165 — **131** Marion Yorck von Wartenburg, Die Stärke der Stille. Moers 1998, S. 63 — **132** EvT an AvT, Imshausen, 19.12.1942 — **133** EvT an CvT, Imshausen, 24.1.1943 — **134** Die Hassell-Tagebücher, S. 345 (Eintrag vom 22.1.1943) — **135** Gerstenmaier, Streit und Friede, S. 169 — **136** Vgl. Hassell-Tagebücher, S. 340 (Sammeleintrag vom 20.12.1942) — **137** Gerstenmaier, Streit und Friede, S. 169 — **138** Hassell-Tagebücher, S. 347 (Eintrag vom 22.1.1943) — **139** CvT, AvT, S. 166 — **140** Vgl.

Bericht Johannes Winckelmann, 1963, BAK, N 1416:5 — **141** CvT, AvT, S. 170 — **142** Das Datum ist nicht genau bekannt, ergibt sich aber ungefähr durch das Telegramm von Dulles vom 14.1.1943, s. Anm. 145 — **143** Vgl. oben S. 398 — **144** [W.A. Visser 't Hooft], Conversation with von Trott, January 1943, WCC, Box 11/4, File AvT; verkürzt in: Allen Welsh Dulles, Germany's Underground. 1947, S. 131f., in dt. Ü.: A.W.D., Verschwörung in Deutschland, Zürich 1948, S. 177f. — **145** Allen W. Dulles an OSS Washington, Bern, 14.1.1943, in: USA und deutscher Widerstand. Analysen und Operationen des amerikanischen Geheimdienstes im Zweiten Weltkrieg. Hg. Jürgen Heideking/Christof Mauch. Tübingen 1993, S. 20f. — **146** Vgl. ebd., S. 19f. — **147** Dulles, Verschwörung, S. 179 – s. dazu grundlegend Alfred Vagts, Unconditional Surrender vor und nach 1943, in:VfZ 7. 1959, S. 280-309 — **148** Zit. nach: Chandler, Patronage, S. 63f. — **149** Vgl. Winston Churchill an Anthony Eden, 14.8.1943, abgedr. in: Klemperer, Verschwörer, S. 214 — **150** Vgl. dazu Müller, Beck, S. 456ff. — **151** Hermann Kaiser, Tagebuch (Eintrag vom 20.2.1943), zit. nach: Ebd., S. 467 — **152** Vgl. Müller, Beck, S. 722f. – Müllers Annahme, daß es sich bei »Arnold« um AvT gehandelt hat, ist eindeutig zu bestätigen: ein Zivilist, dessen Vorname mit »A« beginnt, ein außenpolitischer Experte mit Verbindungen nach England und in die Verschwörung und ihren Stand eingeweiht ist. AvTs Ungeduld wird auch von Moltke erwähnt. — **153** Kaiser, Tagebuch (Eintrag vom 24.2.1943), zit. nach: Müller, Beck, S. 723 — **154** Vgl. Carl Ludwig Graf von Berg, Meine Erinnerung an Adam Trott, 1984, BAK, N 1416:3 — **155** Vgl. oben S. 189, 217, 258, 321 — **156** Zit. nach: Joachim G. Leithäuser, Wilhelm Leuschner. Köln 1962, S. 184 — **157** Vgl. Hassell-Tagebücher, S. 289, 553 (Eintrag vom 21.12.1941) – AvT hatte nicht, wie Hassell mißverstand, Niemöller als Reichskanzler, sondern als Staatsoberhaupt vorgeschlagen, vgl. Gerstenmaier, Streit und Friede, S. 172. — **158** Vgl. Dorothy Thompson, What will happen when Nazism collapses?, in: The American Mecury 5, Nr. 237. Sept. 1943 – Diesen Artikel gab AvT vertraulich an Margarete Gärtner weiter, in deren Nachlaß er erhalten blieb, vgl. AA PA, Personalakte AvT, Adh. 1. — **159** George K.A. Bell, Germany and the Hitlerite State, in: Ders., The Church and Humanity. London 1946, S. 95-109, hier 96, 100 – Vgl. Chandler, Patronage, S. 64ff. — **160** Zit. nach: Naomi Shepherd, Wilfrid Israel. Berlin 1985, S. 303, 305, 320 — **161** Vgl. ebd., S. 283, 300 — **162** AvT erhielt von WI zuletzt Post im April 1941 aus Zürich; die Briefe an WI sind nicht überliefert, doch ist nicht auszuschließen, daß AvT Mittel und Wege gefunden hat, ihm Botschaften zu senden. — **163** Zit. nach: Shepherd, Israel, S. 283 — **164** Vgl. Lutz Hachmeister, Der Gegnerforscher. Die Karriere des SS-Führers Franz Alfred Six. München 1998 — **165** Furtwängler, Männer, S. 227 — **166** Ebd. – »zum höheren Ruhm von Six« — **167** Zu den Professoren gehörte u. a. der Historiker Gerhard Ritter, vgl. G.R., Über die Verschwörung des 20. Juli und meinen Anteil daran, in: Wort und Dienst NF 8. 1984, S. 217-227, hier 222 – z. B. für den Bild- und Textband Hans Tümmler, Luther und Erfurt. Erfurt 1943, beschaffte AvT die Mangelware Hochglanzpapier, vgl. H.T., Für die Mönche in Erfurt, in: Frankfurter Allgemeine Zeitung, 21.12.1994. – Die Akten der Abt. Kult Pol sind weitestgehend vernichtet. — **168** AvT an Götz von Selle, Berlin, 23.9.1943 — **169** MW, Berliner Tagebücher, S. 165 (Eintrag vom 5.1.1944) — **170** Ebd., S. 225 (Eintrag vom 27.6. 1944) — **171** Zum ganzen Vorgang vgl. AA PA, Personalakte AvT — **172** Franz von Papen an Joachim von Ribbentrop, Ankara, 6.5.1943, Auszug, ebd. — **173** CvT, AvT, S. 186 — **174** AvT an EvT, Berlin, 3.7.1943 — **175** WE an GvR, 17.9.1962, IfZ, ZS/A18, Bd. 3 — **176** Dies wird auch durch einen englischen Kriegsgefangenen bestätigt, dem AvT im August 1943 sagte, daß er in Ankara »eine Reihe seiner alten britischen Freunde« getroffen habe, vgl. R.W. Snowden an CKA, 13.5.1945, RH, File AvT. AvT wurde im Kriegsgefangenenlager offenbar als Dolmetscher herangezogen. — **177** Vgl. GvW an GvR, 8.9.1964, IfZ, ZS/A18, Bd. 9 — **178** HJvM, Briefe, S. 531 — **179** AvT an CvT, [Kreisau], 14.6.1943 — **180** Moltke hatte seine Frau gebeten, »nur die vereinbarten Haupttexte und nicht die Vorarbeiten, wie etwa das Trott'sche Elaborat« abzuschreiben, vgl. HJvM, Briefe, S. 512. Was von AvTs Vorlage in die Haupttexte (s. Roon, Neuordnung, S. 550 ff.) eingegangen ist, ist daher nicht feststellbar. – Anders als Moltke/Balfour/Frisby, HJvM, S. 230 f., schreiben Roon, Neuordnung, S. 254, und Gerstenmaier, Streit und Friede, S. 171, AvT habe in Kreisau über konkrete außenpolitische Probleme referiert. Da die Kreisauer Tagungen programmatisch auf die Zukunft ausgerichtet waren, liegt es nahe, nach 40 Jahren bei G. einen Erinnerungsfehler anzunehmen. — **181** Abgedr. in: Roon, Neuordnung, S. 561 ff. — **182** HJvM, Briefe, S. 523 — **183** Theodor Steltzer führt die letzteren Gedanken auf Moltke und Trott zurück, vgl. Th.St., Sechzig Jahre, S. 151 — **184** Theodor Steltzer an GvR, 18.7.1961, IfZ, ZS/A18, Bd. 7 — **185** CvT, AvT, S. 173 – Vgl. dazu auch unten S. 478 — **186** So auch Mommsen, Gesellschaftsbild, S. 73 f., und Schott, AvT, S. 188; vgl. besonders die detaillierten Ausführungen Schotts über Trotts Beitrag zu den Konzeptionen der Kreisauer, ebd., S. 173 ff. Fragwürdig erscheint allerdings, anonyme Denkschriften aus dem Band: Dossier: Kreisauer Kreis. Hg. Roman Bleistein. Frankfurt/Main 1987, ohne genauen Nachweis für AvT in Anspruch zu nehmen. — **187** Vgl. Hans Werner von Oppen, Bericht über AvT, 1947, BAK, N 1416:5 — **188** Zeugenaussagen deuten darauf hin, daß AvT in der Parteienfrage nicht festgelegt war. Laut WE (wie Anm. 175) sprach er sich 1943 gegen eine Spaltung in Parteien aus, während er laut GvW (wie Anm. 177, 5.3.1964), mit dem er häufiger Kontakt hatte, für Deutschland »die Form der englischen Demokratie« befürwortete, mit gewissen Abänderungen in Richtung Sozialismus. – CvT berichtete der Verf., daß ihr Mann davon ausging, sich nach dem Umsturz für eine Partei entscheiden zu müssen. — **189** Erschienen in einer Reihe des IPR: Percy E. Corbett, Post-War Worlds. New York 1942 — **190** Vgl. oben S. 388 — **191** AvT an Percy E. Corbett, Genf, 16.6.1941, WCC, Box 11/4, File AvT; abgedr. in: Documents on the History of European Integration. Bd. 1: Continental Plans for European Union 1939-1945. Hg. Walter Lipgens. Berlin 1985, S. 391-395 — **192** Abgedr. in: Ebd., Bd. 2, S. 740-743 — **193** In AvTs Einleitung zu seiner Kleistausgabe heißt es (S. 9): »Er kämpfte nicht für die abstrakte Formel, sondern für die tatsächliche Wiederherstellung dieser durch den Despotismus zerstörten Lebensverhältnisse seines Volkes.« — **194** [AvT, Bemerkungen zu den »Six Pillars of Peace«], WCC, Life and Work, Box Peace Aims, German contributions; abgedr. in: Hans Rothfels, Trott und die Außenpolitik des Widerstandes, in: VfZ 12. 1964, S. 318-322, und in: Lipgens, Documents, S. 436 ff. — **195** Rothfels (wie Anm. 194) datiert sie auf November, als die Schrift aktenmäßig registriert wurde. — **196** Vgl. Boyens, Kirchenkampf, S. 223 – AvT erwähnte in seinem Text, daß ihm auch eine britische Stellungnahme vorlag. — **197** Diese Stellungnahme gelangte auch nach Schweden, s. IfZ, ZS/A18, Bd. 17. — **198** Vgl. Hoffmann, Widerstand, Staatsstreich, Attentat, S. 285 — **199** Schönfeld übergab CvT ein Exemplar mit handschriftlichen Korrekturen AvTs (s. BAK, N 1416:2) ausdrücklich als seine Arbeit, wie CvT der Verf. gegenüber bestätigte. — **200** So Roon, Neuordnung, S. 309 f., unkritisch übernommen u. a. von Lipgens, Documents, S. 436, und Klemperer, Verschwörer, S. 265 – Günter Brakelmann, Helmuth James von Moltke. München 2007, S. 268 ff., gibt zwar AvT als Verfasser an, schreibt aber dann jede Aussage kollektiv »den Kreisauern« zu und bewertet die Schrift als »Vermächtnis der Kreisauer«. Auch für seine Behauptung, daß AvT das amerikanische Dokument im Juni nach Kreisau »mitbrachte und beauftragt wurde, eine Antwort darauf zu verfassen«, gibt es in den Quellen keinen Anhaltspunkt. — **201** Fragwürdig ist auch das Argument, daß AvT die Passage zur Minderheitenfrage nicht habe verfassen können. Er war Völkerrechtler und konnte sich außerdem in Genf, wo es dafür an Expertise nicht fehlte, kundig machen. — **202** Vgl. oben S. 388 und 398 — **203** Vgl. W.A. Visser 't Hooft, Notes on Conversation with Adam von

Trott zu Solz, WCC, Box 11/4, File AvT — **204** Vgl. oben S. 398 — **205** Ähnlich Moltke, der ein halbes Jahr vorher schrieb: »Die kommunistische Gefahr ist in unserer Lage etwas sehr Reales«, Moltke/Balfour/Frisby, Moltke, S. 218. — **206** Anderson, Tagebuchaufzeichnungen — **207** CB, Bericht über ein Gespräch mit Roger Hinks, 1963, BAK, N 1416:4 — **208** Vgl. RPH (Roger P. Hinks), Political Memorandum, 5.11.1943, PRO, FO 371/34462; vgl. dazu Klemperer, Verschwörer, S. 289f. — **209** Vgl. dazu ausführlich, auch mit Korrekturen bisheriger Irrtümer, Carlsson, Sverige och tysk motståndsrörelse, S. 296ff. — **210** So glaubte W. (vgl. Bericht Alexander Werth, 1957, BAK, N 1416:5), die »illegale Arbeit« AvTs habe erst Anfang 1943 begonnen (unkritisch übernommen von Hachmeister, Gegnerforscher, S. 258). W.s Bericht von 1957 sowie ein früherer für Walter Hammer von 1954, IfZ, ED 106, Bd. 96, sowie seine Briefe an GvR von 1962, IfZ, ZS/A18, Bd. 9, enthalten viele vage und irrige Angaben (der Kreisauer Kreis erscheint als eine 1939 entstandene »Kampfgruppe«, der auch er selbst angehörte) und beweisen, daß W. über AvTs Widerstandstätigkeit kaum etwas wußte. – Die Ansicht CvTs, daß ihr Mann »schließlich kein Geheimnis mehr« vor W. gehabt habe, vgl. CvT, AvT, S. 159, dürfte sich auf die Kenntnis W.s vom bevorstehenden Staatsstreich kurz vor dem 20. Juli 1944 beziehen. — **211** Vgl. Furtwängler, Männer, S. 223; vgl. auch oben S. 449 — **212** Vgl. P. Gereon Goldmann OFM, Tödliche Schatten, tröstendes Licht. Reimlingen [9]2003. Die gedruckte Darstellung weist Unterschiede auf zu einem Brief des Verfassers über seine Begegnung mit AvT (G.G. an Vincens Helm, 4.2.1984), dessen Kopie ich dem Adressaten verdanke. — **213** Zit. nach: Martin Schönfeld, Heraustreten aus der Passivität, in: Haymatloz. Exil in der Türkei 1933-1945. Berlin 2000, S. 185-195, hier 189 — **214** Vgl. Hassell-Tagebücher, S. 340 (Eintrag vom 20.12.1942) — **215** Bericht Dagmar Gräfin Baudissin, geb. Gräfin Dohna, 1963, BAK, N 1416:3 — **216** CvT, in: Meding, Mut des Herzens, S. 181 — **217** AvT an CvT, Berlin, 4.12.1943 — **218** AvT an CvT, Berlin, 23.11.1943

Stauffenberg

1 Gerstenmaier, Streit und Friede, S. 180 — **2** Bericht Delia Ziegler, 1963, BAK, N 1416:5 — **3** Vgl. Spiegelbild, S. 110 – An der Aussage Yorcks ist kein Zweifel angebracht, da AvT mit Hans Bernd von Haeften gut befreundet war und daher auch seinen Bruder kannte. — **4** Bericht Ziegler – Z. gibt den Zeitpunkt von Stauffenbergs Dienstantritt irrtümlich mit November an. — **5** Etwa in der Hoffnung auf die Landung der Alliierten im Westen vgl. AvT zu Ivar Anderson, oben S. 480, und Hoffmann, Stauffenberg, S. 334 – Dabei ist zu berücksichtigen, daß I.A. den Gesprächsinhalt sofort festhielt, der Zeuge Peter Sauerbruch aber erst vier Jahrzehnte später. — **6** Die erst neulich an die Öffentlichkeit gelangte Erinnerung einer Hoteliersfrau, daß etwa ein halbes Jahr vor dem 20. Juli 1944 in ihrem Hotel »Röse« in Bebra eine geheime Zusammenkunft von Stauffenberg und Trott mit Generalfeldmarschall Rommel stattfand (vgl. HNA Online, 25.1.2009, Aussage des Sohnes Karl Werner Rehs: »Meine Mutter hat das immer erzählt. Sie haben bei uns gesessen und Erbsensuppe gegessen.«), dürfte nicht mehr auf ihren Wahrheitsgehalt nachprüfbar sein. — **7** Vgl. oben S. 371 — **8** So Yorck gegenüber Gerstenmaier, zit. nach: Gerstenmaier, Streit und Friede, S. 180 – Zu den Argumenten Moltkes gegen ein Attentat vgl. Roon, Neuordnung, S. 285 — **9** Zit. nach: Sabine Dramm, V-Mann Gottes und der Abwehr? Dietrich Bonhoeffer und der Widerstand. Gütersloh 2005, S. 210f.; vgl. auch den Kommentar der Autorin — **10** P. Gereon Goldmann OFM, Tödliche Schatten, tröstendes Licht. Reimlingen [9]2003, S. 85 – Der Theologe Herbert Krimm, der als Freund Haeftens noch Anfang Juli 1944 bei einer Diskussion über die Attentatsfrage anwesend war, teilt in einem späteren Bericht nur seine ablehnenden Argumente mit, vgl. H.K. an

GvR, 9.7.1963, IfZ, ZS/A18, Bd. 4. — **11** Zit in: CvT, AvT, S. 173 – Der Originalbrief wurde vorsichtshalber vernichtet. — **12** AvT an CvT, Berlin, 23.4.1944 — **13** HJvM, Briefe, S. 624 – Gemeint waren Trott, Yorck und Mierendorff. — **14** Vgl. AvT, Aufzeichnung vom 5.2.1944, AA PA, R 29783, Büro des Staatssekretärs, Türkei Bd. 9 — **15** AvT an EvT, Berlin, 10.2.1944 — **16** AvT an WvG, Berlin, 26.3.1944 — **17** AvT an CvT, Berlin, 26.3.1944 — **18** AvT an CvT, Berlin, 23.3.1944 — **19** Vgl. oben S. 244 — **20** Vgl. oben S. 359 — **21** AvT an WvT, Berlin, 5.12.1941 — **22** AvT an CvT, Berlin [… 1943] — **23** AvT an CvT, Berlin, 1.5.1944 — **24** AvT an CvT, Berlin [Juni/Juli 1944] — **25** Gerstenmaier, Streit und Friede, S. 160 – G. irrt sich jedoch, wenn er AvT ein vorher »konventionelles Verhältnis« zum Glauben unterstellt. — **26** EvT an John W. Darr, 22.1.1947, BAK, N 1416:5 — **27** AvT an CvT, Berlin, Juni 1944 — **28** EvT an John W. Darr, 22.1.1947 — **29** Hillarys Buch brachte er sich aus Schweden mit. — **30** AvT an CvT, Berlin, 23.3.1944 — **31** AvT an CvT, Berlin, 21.3.1944 — **32** Nanna Svartz, Abschrift des Untersuchungsprotokolls vom 17.3.1944 und beigefügte Notiz vom 9.2.1968, BAK, N 1416:5 — **33** AvT an CvT, Berlin, 23.3.1944 — **34** Zu einer »Ost-Lösung« tendierte AvT allerdings nur schwankend und vorübergehend. Im Sommer 1943 berichtete Hassell (Hassell-Tagebücher, S. 382) zwar von seinem Einvernehmen mit Trott für die Notwendigkeit einer »Verständigung« mit Rußland, aber dieser distanzierte sich im Herbst 1943 von der Möglichkeit eines Sonderfriedens (vgl. oben S. 480). Im Frühjahr 1944 scheint er ihn zeitweilig als Ausweg betrachtet zu haben, schloß ihn jedoch im Juni 1944 aus (vgl. unten S. 501). – Eine »russophile Familientradition«, die Ingeborg Fleischhauer, Die Chance des Sonderfriedens. Berlin 1986, S. 203, AvTs Familie unterstellt, gab es nicht. Sie läßt sich nicht aus der Tatsache ableiten, daß sein Großvater Lothar von Schweinitz langjähriger Botschafter in St. Petersburg war. — **35** Ivar Anderson, Tagebuchaufzeichnungen (Abschrift des schwed. Originals und dt. Ü.), IfZ, ZS/A18, Bd. 17 — **36** Henrik Lindgren, Adam von Trotts Reisen nach Schweden 1942-1944, in: VfZ 18. 1970, S. 274-29, hier 280, weist überzeugend nach, daß Inga Almström-Kempe in ihrem Bericht von 1958 die Schwedenbesuche AvTs verwechselt hat. Auch sonst fehlen stichhaltige Beweise dafür, daß AvT im Februar 1944 oder später von den Briten zum Kommen aufgefordert wurde. Zudem sagte Roger Hinks aus, daß er AvT nur einmal getroffen hat (vgl. BAK, N 1416:4). Die Überlegungen von Klemperer, Verschwörer, S. 291, sind daher irrig. — **37** Vgl. Ewan Butler, Amateur Agent. London 1963, S. 130; Henry Denham, Inside the Nazi Ring. A Naval Attaché in Sweden 1940-1945. London 1984, S. 160 — **38** Die Denkschrift hat AvT selbst nicht gesehen. Sein Berliner Gesprächspartner Johannes Winckelmann erinnert sich jedoch daran, daß er die Haltung der Alliierten sehr realistisch betrachtet hat, vgl. Bericht J.W., 1963, BAK, N 1416:5 — **39** Der britische Gesandte, dem offiziell die Hände gebunden waren, äußerte nach dem 20. Juli Bedauern über das Scheitern des Umsturzes. Vgl. Victor Mallet an George Bell, 22.9. und 4.10.1944, LPL, Bell Papers, Box 42 — **40** Vgl. Political memorandum, Germany Nr. 41, 23.3.1944, PRO, FO 371/39059; auch Richard Lamb, The Ghosts of Peace 1935-1945. Wilton 1987, S. 272f. — **41** Vgl. PRO, FO 371/39059; auch Lamb, Ghosts, S. 274 — **42** AvT an CvT, Berlin, 21.4.1944 — **43** Allen Welsh Dulles, Verschwörung in Deutschland. Zürich 1948, S. 185ff. — **44** Vgl. Annedore Leber, Den toten, immer lebendigen Freunden. Berlin 1946, S. 13 — **45** Vgl. dazu Heike Bungert, Das Nationalkomitee und der Westen. Stuttgart 1997 — **46** AvT an EvT, Berlin, 11.3.1943 — **47** AvT an EvT, Berlin, 26.3.1944 — **48** AvT an EvT, Berlin, 11.3.1943 — **49** AvT an EvT, Berlin, 3.3.1944 — **50** Vgl. oben S. 156f. — **51** AvT an EvT, Berlin, 26.3.1944 — **52** AvT an EvT, Berlin, 1.5.1944 — **53** AvT an CvT, Berlin, 23.3.1944 — **54** AvT an CvT, Berlin, 3.2.1944 – dazu auch oben S. 404 — **55** AvT an CvT, Berlin, Juni 1944 – Klaus Ziegler erinnert sich, daß AvT im Frühjahr 1944 auch erfüllt davon gewesen sei, ein Buch über China zu schreiben, vgl. Bericht KlZ, 1963,

BAK, N 1416:5 — **56** CvT, AvT, S. 210f. — **57** Ebd., S. 174 — **58** Vgl. ebd., S. 162 u. 174 — **59** FJF zu CvT, 26.2.1946, vgl. CvT, AvT, S. 174 — **60** Paulus van Husen an GvR, IfZ, ZS/A18, Bd. 4 — **61** AvT an CvT, Berlin, 23.4.1944 — **62** AvT an CvT, Berlin, 12.3.1944 — **63** Zit. nach: Hoffmann, Stauffenberg, S. 320 — **64** MW, Berliner Tagebücher, S. 242 (Eintrag vom 22.7.1944) — **65** CvT, AvT, S. 191 — **66** Bericht Delia Ziegler — **67** Vgl. unten S. 512 — **68** AvT an CvT, Berlin, 23.4., 1.5. und 18.6.1944 — **69** Vgl. auch oben S. 170 die Aussage des Studenten AvT zum Krieg — **70** AvT an CvT, Berlin, Mai 1944 — **71** Laut Johansson konnten AvT und Kollegen wenigstens die Exemplare im Auswärtigen Amt beiseite schaffen, vgl. Klemperer, Verschwörer, S. 293. — **72** Albrecht von Kessel, Verborgene Saat. Hg. Peter Steinbach. Frankfurt/Main 1992, S. 250 — **73** Der 5. US-Armee, die im Januar 1944 südlich von Rom gelandet war, gelang damals, seit dem 23. Mai, der entscheidende Durchbruch gegen die deutschen Truppen. — **74** Kessel, Verborgene Saat, S. 251 — **75** Soweit feststellbar, erhielt AvT auf seine letzte Denkschrift nach London vom März (s. oben S. 490) keine Antwort. Wenn Kessel, Verborgene Saat, S. 250, schreibt: »Aus England kam eine schroff ablehnende Antwort«, könnte es sich um ein Mißverständnis handeln. — **76** Vgl. Kessel, Verborgene Saat, S. 276 — **77** AvT an CvT, Berlin, 7.5.1944 — **78** Fabian von Schlabrendorff, Offiziere gegen Hitler. Zürich 1951, S. 175 – Müller, Beck, S. 748, verweist mit Recht darauf, daß der genaue Wortlaut dieses Zitats zweifelhaft ist, denn von einer »deutschen Widerstandsbewegung« sprach man erst im nachhinein. — **79** Schlabrendorff, Offiziere, S. 182 — **80** Zit. nach: Hoffmann, Stauffenberg, S. 395 — **81** Mottu berichtete später, daß Vizepräsident Henry Wallace, John Foster Dulles und Felix Morley sich interessiert gezeigt hätten, nicht aber die politischen Entscheidungsträger. Es erschütterte ihn, daß die amerikanischen Medien, beeinflußt von der Regierungspropaganda, die Nachricht vom Attentat nicht ernst nahmen. Vgl. Klemperer, Verschwörer, S. 539; Contacts with the German Resistance, in: Balliol College Annual Record 1987, S. 90ff. (Wiederabdr. eines Berichts von Philippe Mottu aus New World News) — **82** CvT, AvT, S. 181 — **83** Zum Abreisedatum 26. Juni vgl. das Telegramm Herschel V. Johnson an den US-Außenminister, Stockholm, 26.6.1944, in: FRUS 1944. Bd. 1. Washington 1966, S. 525; auch Carlsson, Sverige och tysk motståndsrörelse, S. 337, der anhand amtlicher schwedischer Quellen das in der Literatur (nach CvT, AvT, S. 185) irrtümlich genannte Datum 3.7. korrigiert. Damit entfällt auch das einzige Indiz von Fleischhauer, Chance des Sonderfriedens, S. 241, für eine angebliche Koordination der Schwedenbesuche von AvT und des SS-Obersturmbannführers Peter Kleist. Während Fleischhauer (S. 111) Kleists spätere Behauptung, er sei bei seinen Kontaktversuchen von AvT ermutigt worden, zumindest als subjektive Aussage in Frage stellt, übernimmt Klemperer, Verschwörer, S. 220, sie unkritisch als Tatsache. — **84** Auszug aus den Terminkalendern von Harry Johansson, IfZ, ZS/A18, Bd. 17 — **85** Dies erwähnte AvT zu Beginn seines Memorandums (wie Anm. 87). — **86** Vgl. oben Anm. 68 — **87** AvT, Memorandum vom Juni 1944, BAK, N 1416:2 (mit handschriftl. Korrekturen AvTs); abgedr. bei: Lindgren, Trotts Reisen, S. 289-291 — **88** Vgl. Bericht Alexander Werth, 1957, BAK, N 1416:5; Carlsson, Sverige och tysk motståndsrörelse, S. 342 – Carlsson weist die Reisedaten Werths mit 8.-14. Juli nach und korrigiert damit Angaben, dessen Reise hätte vor der AvTs stattgefunden. — **89** Vgl. Bericht Gunnar und Alva Myrdal, o.J., BAK, N 1416:5 — **90** Vgl. Telegramm Johnson, Stockholm, 26.6.1944, wie Anm. 83, S. 523-525, auch in: Das »Andere Deutschland« im Zweiten Weltkrieg. Stuttgart 1977, S. 232ff. — **91** Ebd. und John Scott, Mail Story, 17.9.1944, BAK, N 1416:3 (Kopie) — **92** Vor allem Taylor Cole plädierte dafür, vgl. Walter A. Jackson, Gunnar Myrdal and America's Conscience. Chapel Hill 1990, S. 183f. — **93** Dafür sprechen ein Termin Johanssons mit Åström unmittelbar zwischen zwei Terminen mit AvT, vgl. Terminkalender Johansson, sowie die Angabe Scotts über die abweisende Haltung der russischen Gesandtschaft, vgl. Scott, Mail Story. — **94** Willy Brandt, Erinnerungen. Frankfurt/Main 1989, S. 136 — **95** Willy Brandt, Links und frei. Mein Weg 1930-1950. Hamburg 1982, S. 364 — **96** Gemeint war, daß Trott und Stauffenberg Leber als Regierungschef wünschten. — **97** Brandt, Erinnerungen, S. 136f. — **98** Brandt, Links, S. 366 — **99** Brandt, Erinnerungen, S. 138 — **100** Auch der damals in Stockholm agierende Peter Kleist, ein Mann Ribbentrops, dürfte für AvT eine Gefahr dargestellt haben. — **101** Brandt, Erinnerungen, S. 137 – Über sein Treffen mit AvT informierte Brandt auch linkssozialistische Freunde im Exil (vgl. einen Bericht von dritter Hand, Dieter Nelles/Armin Nolzen, Adam von Trott zu Solz' Treffen mit Willy Brandt in Stockholm im Juni 1944, in: Kooperation und Verbrechen. Göttingen 2003, S. 256-259). Von Brandt selbst stammte ein Artikel, der nach dem Bekanntwerden der Hinrichtung AvTs erschien, in: Dagens Nyheter, 12.9.1944, im Auszug auch in: The Week, Nr. 98, 15.9.1944. Darin wird AvT einer Gruppe zugeordnet, die »eine klare demokratische Linie« vertritt, den »Wiederaufbau der Demokratie« in Deutschland allerdings nur »stufenweise und verbunden mit umfassender Erziehungsarbeit« für möglich hält. — **102** Margret Boveri erinnert sich, daß AvT im Gegensatz zu ihr einzelne Redewendungen einer Churchill-Rede vom Mai 1944 positiv interpretierte, vgl. M.B., Adam von Trott zu Solz, 1946, BAK, N 1416:3. — **103** Unconditional Surrender, in: Observer, 2.4.1944; diesen Artikel gab AvT vertraulich an Margarete Gärtner weiter, in deren Nachlaß er erhalten blieb, vgl. AA PA, Personalakte AvT, Adh. 1. — **104** AvT an Fanny Carlgren, Stockholm, 25.6.1944, abgedr. bei: Lindgren, Trotts Reisen, S. 282f. — **105** Leber, Freunden, S. 13 — **106** Vgl. Hoffmann, Stauffenberg, S. 408. Auch die Generalfeldmarschälle von Kluge und Rommel sollen darauf bestanden haben. — **107** Vgl. Ruth Andreas-Friedrich, Der Schattenmann. Berlin 1986 (1947), S. 154f. – A.-F. nennt AvT einen Freund Borchards und schreibt über ihn: »Ein guter Kopf, ein kühnes Herz und unter den Nazigegnern einer der aktivsten«, ebd., S. 154. – A.-F. und B. gehörten der Widerstandsgruppe »Onkel Emil« an, die vor allem untergetauchten Juden half. — **108** Das genaue Datum ist nicht bekannt. — **109** Constantijn Leopold Patijn, Om te beginnen, in: Wending 19. 1964, S. 265-270, hier 268f. – Im Unterschied dazu soll Schulenburg die Chancen mit 50 Prozent eingeschätzt haben, vgl. Detlef Graf von Schwerin, ›Dann sind's die besten Köpfe, die man henkt‹. München 1991, S. 394 — **110** Vgl. Spiegelbild, S. 91f., 175f. – Diese berichteten Aussagen AvTs im Verhör dürften wahrheitsgemäß gewesen sein, da er mit der Befragung auch anderer Teilnehmer dieses Treffens rechnen mußte. Vgl. unten S. 513f. — **111** Vgl. ebd., S. 101 — **112** Vgl. Müller, Beck, S. 747 – Im Entwurf für eine Rundfunkansprache, die von Stauffenberg oder jemandem aus seinem Kreis (eventuell von AvT) stammte, hieß es: »Wir wissen noch nicht, wie sich das Ausland zu uns stellt. Wir haben handeln müssen aus der Verpflichtung des Gewissens heraus.« Zit. nach: Hoffmann, Stauffenberg, S. 371 — **113** Zit. nach: Müller, Beck, S. 501 — **114** CvT, AvT, S. 197 – CvT mußte den Brief gleich nach Erhalt vernichten, merkte sich aber diese Sätze. — **115** Dies vertraute AvT am 21.7.1944 Waltraut von Götz an, einer entfernten Verwandten und guten Freundin, vgl. WvG an CvT, 20.8.1957, BAK, N 1416:4. — **116** Zum Attentat vgl. Hoffmann, Widerstand, Staatsstreich, Attentat, S. 486ff.; Ders., Stauffenberg, S. 422ff. — **117** Dies bestätigt Alexander Werth, der als Codewort »panta rei« (griech. »alles fließt«) nennt, vgl. Bericht Werth. Die Zeitangaben darin sind nicht zuverlässig. — **118** Bericht Wilhelm Melchers vom 28.2.1946, abgedr. in: Wilhelm Haas, Beitrag zur Geschichte der Entstehung des Auswärtigen Dienstes der Bundesrepublik Deutschland. Bremen 1969, S. 388-408, hier 400 – Zu beachten ist, daß M. den Bericht zur Rechtfertigung des AA und seiner Person schrieb. Die Darstellung der Vorgänge am 20. und 21. Juli erscheint jedoch glaubwürdig. — **119** Ebd., S. 401 — **120** Ebd., S. 403 — **121** Wie sich herausstellte, wurde das von ihnen benutzte Telefon Kepplers nicht abgehört, vgl. Bericht Werth. — **122** Im Schlußbericht der polizeilichen Vernehmungen AvTs vom 1.8.1944, SAM, RSHA 500-1-1168, heißt es, daß »T. am 20.7. gegen 22 Uhr Haeften zur Bendlerstraße fuhr, der sich dort nach seinem Bruder erkundigte, während T. im Wagen sitzen blieb.« Letzteres wurde als entlastend für AvT gewertet. Ob diese Mitteilungen zutrafen, ist nicht feststellbar. — **123** Dies sagte AvT am nächsten Tag Melchers, vgl. Bericht Melchers in: Haas, S. 404. — **124** Zum Staatsstreich und seinem Scheitern vgl. Hoffmann, Widerstand, Staatsstreich, Attentat, S. 506ff.; Ders., Stauffenberg, S. 426ff.

Nach dem 20. Juli

1 Zu den ungefähren Zahlen s. Hoffmann, Widerstand, Staatsstreich, Attentat, S. 628, 652, 864 — **2** Bericht Melchers vom 28.2.1946 (wie S. 585, Anm. 118), S. 404 — **3** WvG an CvT, 20.8.1957, BAK, N 1416:4 — **4** Bericht Delia Ziegler, 1963, BAK, N 1416:5 — **5** MW, Berliner Tagebücher, S. 241f. (Eintrag vom 22.7.1944) — **6** Ebd., S. 243 — **7** F.J. Furtwängler empfahl ihm einen Weg über die Schweizer Grenze (vgl. FJF an Ricarda Huch, 5.9.1946, IfZ, ZS/A18, Bd. 14), Graf Berg wollte ihn in Uniform nach Paris ausfliegen (vgl. Carl Ludwig Graf von Berg, Meine Erinnerung an Adam Trott, 1984, BAK, N 1416:3). – Die Mitteilung Bergs, er habe am 21.7. AvT und Yorck in Gesellschaft von Hassell im Adlon gesehen, dürfte auf Verwechslung beruhen. Yorck war bereits verhaftet, und AvT vermied es schon vorher, sich mit Hassell öffentlich zu zeigen. — **8** Vgl. Margarete Gärtner, Botschafterin des guten Willens. Bonn 1955, S. 544 — **9** Vgl. Spiegelbild, S. 34, 174, 493 – Soweit ersichtlich, scheint die Denkschrift mit »Deutschland« im Titel nicht vorgelegen zu haben. — **10** Ebd., S. 174 – Die Denkschrift »Europa zwischen Ost und West« wurde als »von Trott zu Solz« verfaßt im Oktober 1944 dem Auswärtigen Amt zugestellt und zu den dortigen Akten gelegt. Vgl. das erhaltene Begleitschreiben, AA PA, Inland II g Personalien, Nr. 1744. — **11** So auch Hans Rothfels, Die deutsche Opposition gegen Hitler. Neuausgabe Zürich 1994, S. 409, während Klemperer, Verschwörer, S. 529, ohne Begründung die Identität für gegeben hält. Quellenfern sind die Feststellungen Ks, der Osten sei für AvT ein »Mythos« gewesen, an den er »Heilserwartungen« geknüpft habe, ebd., S. 331, ebenfalls die ihm zugeschriebenen »religiösen Schwärmereien«, ebd., S. 264. — **12** Vgl. Spiegelbild, S. 493 — **13** Friedrich Lenz, Wirtschaftsplanung und Planwirtschaft. Berlin 1948, S. 94 – Der Wirtschaftswissenschaftler F. Lenz war ein Gesprächspartner AvTs für solche Fragen. — **14** Curt Bley an DA, 19.10.1945, BAK, N 1416:18 — **15** FJF an Ricarda Huch, 5.9.1946 — **16** Ersatzquartier des AA, nachdem das Nachbargebäude Kurfürstenstraße Nr. 137 abgebrannt war. — **17** Gärtner, Botschafterin, S. 554 – G. verwechselt hier das Datum. — **18** CvT, in: Dorothee von Meding, Mit dem Mut des Herzens. Die Frauen des 20. Juli. Berlin 1992, S. 183 — **19** Vgl. Theodor Steltzer, Sechzig Jahre Zeitgenosse. München 1966, S. 167 — **20** MW, Berliner Tagebücher, S. 258 (Eintrag vom 3.8.1944) — **21** MW, Berliner Tagebücher, S. 253; Bericht Alexander Werth, 1957, BAK, N 1416:5 – Durch seinen persönlichen Referenten, SS-Hauptsturmführer Horst Mahnke, ließ sich Six über den Stand der Ermittlungen informieren. M. behauptete nach dem Kriege, daß er im Auftrage von Six an Himmler geschrieben und ihm den Vorschlag unterbreitet habe, »die zu erwartenden Todesurteile« an Haeften und Trott nicht zu vollziehen, damit man bei künftigen Verhandlungen auf sie zurückgreifen könne. Doch als Himmler bei Hitler deswegen vorstellig geworden sei, soll dieser einen »Tobsuchtsanfall« bekommen und auf sofortiger Urteilsvollstreckung bestanden haben. Vgl. H.M. zu CvT, 18.1.1958, BAK, N 1416:5; auch die Erklärung Hans F. Richters, eine Art »Persilschein« für M. (Wiedergabe: in Lutz Hachmeister, Der Gegnerforscher. München 1998, S. 265), mit einigen Abweichungen von dessen Bericht, für den es sonst keine Nachweise gibt. Es ist schwer vorstellbar, daß sich Haeften und Trott im Falle ihres Überlebens für SS-Pläne hergegeben hätten. — **22** So sah Werth nach einer Übergangszeit in AvT den kommenden Außenminister, vgl. Bericht Werth. — **23** Vgl. oben S. 499ff. — **24** Rudolf Rahn, Ruheloses Leben. Düsseldorf 1949, S. 257 — **25** Bericht A.C.N. Nambiar, 1963, BAK, N 1416:5 — **26** Veröffentlicht unter dem Titel: Spiegelbild einer Verschwörung. Die Opposition gegen Hitler und der Staatsstreich vom 20. Juli 1944 in der SD-Berichterstattung. Hg. Hans-Adolf Jacobsen. 2 Bde. Stuttgart 1984 — **27** Die in den Berichten wiedergegebenen Aussagen AvTs können daher nicht einfach für Tatsachen gehalten werden. – Seine Verhaltensweise hatte AvT schon vorweg angekündigt: »Er sagt, wenn sie ihn verhafteten, würde er alles ableugnen, nur um freizukommen und es noch einmal zu versuchen.« MW, Berliner Tagebücher, S. 244 (Eintrag vom 22.7.1944). — **28** Spiegelbild, S. 110 — **29** Schon die Aussagen des Fahrers hatten Trott belastet. Das Fahrtenbuch (s. dazu Bericht Werth) bewahrte wenigstens Trotts Haushälterin Emma und seine Nachbarn vor Verhören. — **30** Spiegelbild, S. 111 — **31** Vgl. oben S. 494ff. — **32** Spiegelbild, S. 111 — **33** Vgl. dazu Hoffmann, Stauffenberg, S. 369ff. — **34** Schlußbericht über die Vernehmungen des LR Adam von Trott zu Solz, 1.8.1944, SAM, RSHA 500-1-1168 — **35** Spiegelbild, S. 173 — **36** Vgl. Fabian von Schlabrendorff, Eine Quelle? Die »Kaltenbrunner-Berichte« über das Attentat vom 20. Juli 1944, in: Frankfurter Hefte 17. 1962, S. 13-20, hier 18; Hoffmann, Widerstand, Staatsstreich, Attentat, S. 641ff., 739 — **37** Spiegelbild, S. 175 — **38** Ebd., S. 174 — **39** Oberstes Parteigericht an AvT, München, 8.8.1944, AA PA, Inland II g Personalien, Nr.1744 – Mit Wirkung vom 14.8. wurde AvT aus dem Beamtenverhältnis entlassen, vgl. AA PA, Personalakte AvT. — **40** Spiegelbild, S. 195 — **41** Mitteilung von Gustav Adolf Sonnenhol, 11.8.1944, AA PA, Inland II g 59; Wiedergabe in: Der Kreisauer Kreis, zw. S. 192/193 — **42** AvT nimmt im ersten Satz auf seine Angehörigen sowie auf diesen Beamten Rücksicht, wenn er schreibt: »wie man mich hier überhaupt, bei aller Strenge, ritterlich behandelt hat«. Das mag, bezogen auf das Wachpersonal, so gewesen sein. Doch ist damit nicht gesagt, daß dies auch für die Verhöre galt. Es ist evident, daß AvT gefoltert wurde. – Die Hoffnung AvTs, daß sein Brief gleich weitergeleitet werden würde, erfüllte sich nicht. Er wurde erst im Februar 1945 CvT übersandt. — **43** AvT an CvT, o.O., 15.8.1944 [tatsächlich 14.8.: »obwohl über mein Geschick erst morgen endgültig entschieden sein wird«] — **44** Eine Übersicht über alle Prozesse gibt Ulrike Hett in: Die Angeklagten des 20. Juli vor dem Volksgerichtshof. Berlin-Kleinmachnow 2001, S. 134-144. – In diesem Band sind auch das Stenogramm der ersten Verhandlung sowie die bruchstückhaft überlieferten Tondokumente weiterer Verhandlungen wiedergegeben. Eine wissenschaftliche Edition fehlt. — **45** Aufgrund der Zeugenaussage General Heinrich Kirchheims (vgl. Sönke Neitzel, Abgehört. Deutsche Generäle in britischer Kriegsgefangenschaft 1942-1945. Berlin 2005, S. 373f., korr. TB-Ausgabe Berlin 2007, S. 597), der dem Prozeß nur bis Mittag zuhörte und bis dahin die beiden Klamroths und Haeften erlebte (letzteren allerdings namentlich mit Trott verwechselte), ergibt sich eine andere Reihenfolge als bisher angenommen. AvT und Haeften wurden nicht als letzte, sondern H. am Vormittag und AvT am Nachmittag aufgerufen. Dies deckt sich mit der zweiten Reihenfolge des Urteils (wie Anm. 50), Aufführung der Urteilsgründe, S. 3ff., nach der AvT zwischen Hayessen und Helldorf an der Reihe war. — **46** Vgl. dazu oben S. 411 — **47** Dem Pflichtverteidiger kam nicht viel mehr als eine Statistenrolle zu. — **48** Filmdokument vom 15.8.1944, Fassung »The Supreme Court Trial of the Anti-Hitler-Plot« (1945/46), Chronos Film o.J. — **49** Filmdokument vom 15.8.1944, Fassung »Verräter vor dem Volksgerichtshof« (1944), Chronos Film o.J. — **50** Urteil vom 15.8.1944, Aktenzeichen OJ 3/44 gRs, in: Widerstand als »Hochverrat« 1933-1945, Mikrofiche-Edition, hg. von Jürgen Zarusky/Hartmut Mehringer. München 1998, MF 0441 — **51** Filmdokument, Fassung »Verräter« – Im Urteil gegen Hassell wurden schon 25

Protokollseiten als auffällig hervorgehoben, vgl. Spiegelbild, S. 540. — **52** Ebd. — **53** Ebd. — **54** Anders Helldorf, der seine »Treulosigkeit« und seinen »Verrat« zugab, vgl. Urteil vom 15.8.1944, S. 15 – Der Mutter AvTs ist überbracht worden, daß ihr Sohn als letztes Wort vor dem Volksgerichtshof diesem selbst Verrat vorgeworfen und Freisler vorhergesagt haben soll, dieser werde sich sehr bald vor einem ganz anderen Gericht verantworten müssen, vgl. EvT an John W. Darr, 22.1.1947, BAK, N 1416:5. — **55** In einem Kaltenbrunner-Bericht vom 4.12.1944 wird nicht wahrheitsgemäß behauptet, daß sich »unter den bisher vorliegenden Abschiedsbriefen nicht einer findet, der das Urteil des VGH nicht als gerecht anerkannt und in dem sich der Betreffende nicht selbst als schuldig bekannt hätte«, vgl. Spiegelbild, S. 516. — **56** Dazu und zu AvTs Verteidigungshaltung vgl. Jens Peter Meincke, Adam von Trott zu Solz vor dem Volksgerichtshof, in: Universität im Rathaus. Bd. 2. Köln 1994, S. 99-121, Kurzfassung in: Neue Juristische Wochenschrift 1994, 29, S. 1838-1845 — **57** Filmdokument, Fassung »Verräter« — **58** Urteil vom 15.8.1944; s. auch die daraus stammenden Zitate im Prolog, oben S. 9 — **59** Spiegelbild, S. 249 — **60** Hanns Lilje, Im finstern Tal. Nürnberg 1948, S. 16 — **61** Constantin von Dietze, 28.10.1944, abgedr. in: Der Freiburger Kreis. Freiburg i.B. 1990, S. 123 — **62** Missie Wassiltschikow und eine Freundin versuchten dies vergeblich, vgl. MW, Berliner Tagebücher, S. 277, 285f. — **63** AvT an CvT, 26.8.1944 — **64** Den Abschiedsbriefen AvTs ist zu entnehmen, daß er von der Haft und der Verschleppung seiner Familie nicht erfahren hat. — **65** Spiegelbild, S. 304 — **66** Zu Klamroth s. Wibke Bruhns, Meines Vaters Land. München 2004; zu Kiep s. Wolf Stoecker, Bericht über das Verfahren gegen O. C. Kiep vor dem Volksgerichtshof, in: Die Angeklagten des 20. Juli (wie Anm. 44), S. 76-87 — **67** CvT, AvT, S. 213f. — **68** Zum Gedenken an ihren Bruder Adam errichteten Werner und Heinrich von Trott 1949 auf einem Berg oberhalb von Imshausen ein hoch aufragendes Kreuz und einen Stein. — **69** Der Oberreichsanwalt an CvT, Berlin, 29.9.1944, PB

Nachwort

1 Der Wechsel von »Adam« zu »Trott« nach dem achten Kapitel dieser Biographie folgt einem Einschnitt im Leben des 19jährigen. In familiären Zusammenhängen wird zur Eindeutigkeit auch später der Vorname benutzt. — **2** Hans Rothfels, Zwei außenpolitische Memoranden der deutschen Opposition, in: VfZ 5. 1957, S. 388-397; Ders., Adam von Trott und das State Department, in: VfZ 7. 1959, S. 318-332; Ders., Trott und die Außenpolitik des Widerstandes, in: VfZ 12. 1964, S. 300-323 — **3** A Noble Combat. The letters of Shiela Grant Duff and Adam von Trott zu Solz, 1932-1939. Hg. Klemens von Klemperer. Oxford 1988 – Bedauerlicherweise hat der Herausgeber auf die Veröffentlichung einer ursprünglich vorgesehenen längeren Einleitung verzichtet. Sie liegt im Nachlaß AvT, vgl. BAK, N 1416:29. — **4** Z.B. die Sammlung Ger van Roons im Institut für Zeitgeschichte — **5** Auf Aufsätze über AvT und für ihn relevante Werke wird in den Anmerkungen hingewiesen. – Vgl. ferner Benigna von Krusenstjern, Adam von Trott zu Solz oder Widerstand aberkannt? Bemerkungen zu Publikationen von Theodore S. Hamerow und Christian Gerlach, in: Historische Mitteilungen 13. 2000, S. 232-242 — **6** Clarita von Trott zu Solz, Adam von Trott zu Solz. Eine Lebensbeschreibung (Schriften der Gedenkstätte Deutscher Widerstand B, 2). Berlin 1994 – Eine Neuauflage erscheint 2009. — **7** Christopher Sykes, Troubled Loyalty. A biography of Adam von Trott zu Solz. London 1968 – Zum Verfasser und den Auseinandersetzungen um sein Buch vgl. Silvia Daniel, »Troubled Loyalty«? Britisch-deutsche Debatten um Adam von Trott zu Solz 1933-1969, in: VfZ 52. 2004, S. 409-440 — **8** Christopher Sykes, Adam von Trott. Eine deutsche Tragödie. Düsseldorf 1969 — **9** Die Defizite sind zu zahlreich, als daß hier auf sie eingegangen werden konnte. — 10 Giles MacDonogh, A good German. Adam von Trott zu Solz. London 1989 — 11 Henric L. Wuermeling, »Doppelspiel«. Adam von Trott zu Solz im Widerstand gegen Hitler. München 2004 — 12 Ein Projekt der Amerikanerin Nancy Lukens Ende der 70er Jahre blieb unabgeschlossen; vgl. Dies., Adam von Trott. Resistance and contemplation work ethic in Nazi Germany, in: Human Responses to the Holocaust. Perpetrators and victims, bystanders and resisters. Hg. Michael D. Ryan. New York/Toronto 1981, S. 169-201. Eine unveröffentlichte Dissertation von Katherine Sams über politisches Denken und Handeln AvTs bis 1940, McGill University 1999, lag mir nicht vor. — 13 Tobias Hoh, Die außenpolitischen Initiativen des Adam von Trott für die deutsche Opposition von 1937 bis 1944. Marburg 1998 (Mikrofiche-Ausgabe) und u.d.T. Widerstand und Internationale Beziehungen. Marburg 2003 (Buchausgabe) – Eine fünfte Schwedenreise Trotts, die Hoh nachzuweisen glaubt, beruht auf einem Irrtum. Bei den Abschriften aus Ivar Andersons Tagebuch (IfZ, ZS/A18, Bd. 17) heißt es zwar in der engl. Fassung versehentlich 14. April, in der schwed. und dt. Fassung aber korrekt 14. März. — 14 Andreas Schott, Adam von Trott zu Solz: Jurist im Widerstand. Verfassungsrechtliche und staatspolitische Auffassungen im Kreisauer Kreis. Paderborn 2001 – vgl. auch Ders., Adam von Trott und die Wegweisungen des Widerstandes, in: Europas Zukunft. Vorstellungen des Kreisauer Kreises um Helmuth James Graf von Moltke. Hg. Ulrich Karpen. Heidelberg 2005, S. 135-140 — 15 Das bezieht sich außer auf die genannten Bücher auch auf andere Darstellungen, in denen Trott ausführlicher behandelt wird, mehr dazu in den Anmerkungen. — 16 Vgl. dazu u.a. Otto John, »Falsch und zu spät«. Der 20. Juli 1944. Frankfurt/Main 1989, S. 123f. — 17 Rudolf Vierhaus, Handlungsspielräume. Zur Rekonstruktion historischer Prozesse, in: R.V., Vergangenheit als Geschichte. Studien zum 19. und 20. Jahrhundert. Göttingen 2003, S. 30-48, hier 35 — 18 Johannes Winckelmann, Adam von Trott, o.D. [Ende der 60er Jahre], BAK, N 1416:5

Bildnachweis

Gedenkstätte Deutscher Widerstand: Abb. S. 8, 495, 517

Kommunität Imshausen: Abb. S. 19, 27, 39, 41, 45, 47, 71, 155, 268, 309, 383

Andrea Linell: Abb. S. 193, 206, 243, 247

Penelope Newsome: Abb. S. 254

Clarita von Trott zu Solz: Abb. Umschlag, S. 31, 53, 55, 77, 79, 83, 97, 117, 143, 182, 216, 229, 257, 299, 301, 339, 410, 479, 483, 499, 519

Privatbesitz: Abb. 21, 33

Abkürzungen

Personen

AvT	Adam von Trott zu Solz
AE	Anthony Eden
AGB	Albrecht Graf von Bernstorff
ALR	Alfred Leslie Rowse
AP	Alfred Protte
AugvT	August von Trott zu Solz
AvB	Anneliese von Bodenhausen
AvF	Alexander von Falkenhausen
AvK	Anneliese von Katte
AvKe	Albrecht von Kessel
AvU	Adalbert von Unruh
CB	Christabel Bielenberg
CEC	Charles E. Collins
CKA	Charleton K. Allen
CL	Clemens Lugowski
CvT	Clarita von Trott zu Solz
DA	David Astor
DH	Diana Hubback/Hopkinson
EC	Edward Carter
EvT	Eleonore von Trott zu Solz
FF	Felix Frankfurter
FJF	Franz Josef Furtwängler
FM	Felix Morley
FSchO	Friedrich Schmidt-Ott
GB	George Bell
GE	Gustav Ecke
GL	Gerhard Leibholz
GSM	George S. Messersmith
GT	George E. Taylor
GvR	Ger van Roon
GW	Geoffrey Wilson
HB	Heinrich Brüning
HC	Helmut Conrad
HG	Hans Gaidies
HJvM	Helmuth James von Moltke
HM	Hugh Montgomery
HOM	Henry O. Malone

HS	Hans Siebert
HV	Hertha Vogelstein
HvD	Hans von Dohnanyi
HvT	Heinrich von Trott zu Solz
HW	Hellmut Wilhelm
IB	Isaiah Berlin
IW	Ingrid Warburg
JBV	Julie Braun-Vogelstein
JPM	Jacob Peter Mayer
JWB	John Wheeler-Bennett
KFB	Karl Friedrich Bonhoeffer
KlZ	Klaus Ziegler
LL	Lord Lothian
LvSchw	Lothar von Schweinitz
MDB	Miriam Dyer-Bennet
MO	Margery Osborn
MvT	Monika von Trott zu Solz
MW	Marie Wassiltschikow
PB	Peter Bielenberg
RB	Roger Baldwin
SGD	Shiela Grant Duff
SLB	Sabine Leibholz-Bonhoeffer
StC	Stafford Cripps
TSt	Tracy Strong
UvT	Ursula von Trott zu Solz
VH	Willem A. Visser 't Hooft
VvT	Vera von Trott zu Solz
WE	Wolfram Eberhard
WI	Wilfrid Israel
WvG	Waltraut von Götz
WvT	Werner von Trott zu Solz

Institutionen und Briefbestände

(andere Bestände sind jeweils bei den Nachweisen angegeben)

AA PA	Auswärtiges Amt, Politisches Archiv, Berlin
BAB	Bundesarchiv, Berlin
BAK	Bundesarchiv, Koblenz
	N 1416 (6: Briefe der Mutter an AvT 1922-1940; 7: Briefe der Mutter an AvT 1940-1944; 8: Briefe des Vaters und der Geschwister an AvT; 9: Briefe von AvT an andere A-Z; 10: Briefe von AvT an die Geschwister; 11: Briefe an AvT von A-E; 12: Briefe an AvT von F-R;

	13: Briefe an AvT von S-Z; 14: Briefe von AvT an die Eltern 1915-1933; 15: Briefe von AvT an die Eltern 1933-1944)
BCL	Balliol College Library, Oxford *Adam von Trott Papers (Korrespondenz AvT mit DH)*
BLO	Bodleian Library, Oxford *Isaiah Berlin Papers (Briefe von AvT an IB)*
EZA	Evangelisches Zentralarchiv, Berlin
GDW	Gedenkstätte Deutscher Widerstand, Berlin
IfZ	Institut für Zeitgeschichte, München *ED 526 (Briefe von AvT an Klaus Ziegler)*
LBI	Leo Baeck Institute, New York *Julie Braun-Vogelstein Papers (Briefe von AvT an JBV)*
LPL	Lambeth Palace Library, London
NEI	Archiv des Nordischen Ökumenischen Instituts, Kyrkans hus Arkiv, Uppsala
PRO	Public Record Office, London
RH	Rhodes House, Oxford
SAM	Sonderarchiv, Staatliches Militärarchiv, Moskau
ULE	University Library, Exeter *MS 113: Rowse Collection (Briefe von AvT an ALR)*
UWA	University of Washington Archives, Seattle *Strong Family Papers (Briefe von AvT an TSt)*
WCC	World Council of Churches, Archives, Genf

Im Privatbesitz befinden sich die Briefe: EvT an AugvT; AvT an CvT

Verschiedenes

ADAP	Akten zur deutschen auswärtigen Politik
CEH	Journal of Central European History
FO	Foreign Office
FRUS	Foreign Relations of the United States
GStA PK	Geheimes Staatsarchiv Preußischer Kulturbesitz
Gestapo	Geheime Staatspolizei
OSS	Office of Strategic Services
PB	Privatbesitz
RAM	Reichsaußenminister
RSHA	Reichssicherheitshauptamt
Ü	Übersetzung
VfZ	Vierteljahrshefte für Zeitgeschichte

Ergänzung der Kurztitel häufiger erwähnter Quellen und Literatur

Carlsson, Erik, Sverige och tysk motståndsrörelse under andra världskriget. Lund 1998

Gerstenmaier, Eugen, Streit und Friede hat seine Zeit. Frankfurt/Main 1981

Hassell, Ulrich von, Die Hassell-Tagebücher, 1938-1944. Hg. Friedrich Freiherr Hiller von Gaertringen. Berlin 1988

Hoffmann, Peter, Claus Schenk Graf von Stauffenberg und seine Brüder. Stuttgart 1992

Hoffmann, Peter, Widerstand, Staatsstreich, Attentat. München ³1979

Kleist, Heinrich von, Politische und journalistische Schriften. Ausgewählt und eingeleitet von Adam von Trott. Potsdam 1935

Kleist, Heinrich von, Politische und journalistische Schriften. Ausgewählt und eingeleitet von Adam von Trott. Nach der Erstausgabe von 1935 mit einem Nachwort [und Quellenanhang] von Günter Wirth. Berlin 1995

Klemperer, Klemens von, Die verlassenen Verschwörer. Der deutsche Widerstand auf der Suche nach Verbündeten, 1938-1945. Berlin 1994

Der Kreisauer Kreis. Porträt einer Widerstandsgruppe. Bearb. Wilhelm Ernst Winterhager. Berlin 1985

Malone, Henry O., Adam von Trott zu Solz. Werdegang eines Verschwörers, 1909-1938. Berlin 1986

Moltke, Freya von/Balfour, Michael/Frisby, Julian, Helmuth James von Moltke, 1907-1945. Stuttgart 1975

Moltke, Helmuth J. von, Briefe an Freya, 1939-1945. Hg. Beate Ruhm von Oppen. München ²1991

Müller, Klaus-Jürgen, Generaloberst Ludwig Beck. Eine Biographie. Paderborn 2008

A Noble Combat. The letters of Shiela Grant Duff and Adam von Trott zu Solz, 1932-1939. Hg. Klemens von Klemperer. Oxford 1988

Roon, Ger van, Neuordnung im Widerstand. Der Kreisauer Kreis innerhalb der deutschen Widerstandsbewegung. München 1967

Schott, Andreas, Adam von Trott zu Solz: Jurist im Widerstand. Verfassungsrechtliche und staatspolitische Auffassungen im Kreisauer Kreis. Paderborn 2001

Smid, Marikje, Hans von Dohnanyi – Christine Bonhoeffer. Eine Ehe im Widerstand gegen Hitler. Gütersloh 2002

Spiegelbild einer Verschwörung. Die Opposition gegen Hitler und der Staatsstreich vom 20. Juli 1944 in der SD-Berichterstattung. Hg. Hans-Adolf Jacobsen. 2 Bde. Stuttgart 1984

Trott zu Solz, Clarita von, Adam von Trott zu Solz. Eine Lebensbeschreibung. Berlin 1994

Wassiltschikow, Marie (Missie), Die Berliner Tagebücher, 1940-1945. Berlin ²1996

Personenregister

Die kursiven Zahlen (Seitenzahl/Anmerkungsziffer) beziehen sich auf die Anmerkungen.

Bibliografische Information der Deutschen Nationalbibliothek
Die Deutsche Nationalbibliothek verzeichnet diese Publikation in der Deutschen Nationalbibliografie; detaillierte bibliografische Daten sind im Internet über http://dnb.d-nb.de abrufbar.

2. Auflage, 2009

www.wallstein-verlag.de
Vom Verlag gesetzt aus der Adobe Garamond
Umschlaggestaltung: Susanne Gerhards, Düsseldorf
Titelfoto: Adam von Trott zu Solz in Davos, 1943
Druck: Hubert & Co, Göttingen
ISBN 978-3-8353-0506-9